卓 越 质 量 译 丛

朱兰质量手册

——通向卓越绩效的全面指南——

（第六版）

约瑟夫·M·朱兰（Joseph M. Juran）
约瑟夫·A·德费欧（Joseph A. De Feo）
主编

中国质量协会 卓越国际质量科学研究院 主持翻译

焦叔斌 苏 强 杨 坤
段桂江 姜 琳 岳盼想
等 译

中国人民大学出版社

·北京·

译者名单

（按姓氏拼音排序）

陈　静	陈　璐	窦惠婷	段桂江	段一泓	付　雅
高　鑫	洪志生	姜　琳	焦叔斌	郎　菲	黎　煜
李高帅	李维鹏	刘建勇	秦星红	苏　强	苏博洋
孙军华	王　颂	王凯莹	王晓生	韦　娜	杨　坤
杨　乐	杨海龙	杨跃进	岳盼想	张德华	张和子
赵　飞	赵建坤				

推荐序一

袁宝华

加快经济发展，质量是关键，不从质量上提高，就没有真正的、实在的效益。为提高企业产品质量，增强企业国际竞争力，几十年来我国政府和企业界做了大量的工作。早在 1978 年，我们就举行了第一个全国质量月活动。这一年我还率中国经济代表团访问日本，专门参加了日本的质量月活动，回来后于第二年 8 月成立了中国质量管理协会，并开展质量管理小组活动。1992 年我们又开展了“质量万里行活动”。质量问题可以说是年年讲、月月讲。随着全民族质量意识的不断提高，1993 年我国首次通过并颁布了《中华人民共和国产品质量法》，2000 年又对这一法律进行了认真的补充和修订。1996 年 12 月，国务院颁布了《质量振兴纲要》，2012 年 2 月颁布了《质量发展纲要》，指出坚持以质取胜，建设质量强国，是保障和改善民生的迫切需要，是调整经济结构和转变发展方式的内在要求，是实现科学发展和全面建设小康社会的战略选择，是增强综合国力和实现中华民族伟大复兴的必由之路。这些充分反映了党和国家对质量问题的重视。

在经济全球化的条件下，质量管理有了新的内涵。中共十八大提出要全面建成小康社会的目标，我想我们建设的这个小康社会应该是有质量的小康社会。当前社会发展对质量管理的要求已经不仅仅局限于生产制造业，同时也渗透到社会经济活动的各个方面。产品质量管理也已经不再局限于对某个生产环节的管理，而是贯穿于产品的设计、制造和售后服务的全过程。因此，我们熟悉的原有的质量管理知识与模式已经很难适应国际经济竞争的需要。我们必须依据国际通行惯例来提高产品质量，积极吸收和借鉴质量管理水平较高国家的先进经验。

美国著名的质量管理专家约瑟夫·M·朱兰（Joseph M. Juran）博士就是这种先进经验的代表人物。半个多世纪以来，朱兰的质量管理理念和方法对整个世界质量管理学界产生了巨大的影响。他在质量管理方面进行的积极探索，他所提出的许多重要的质量管理原则和理念，他关于质量计划、质量控制和质量改进的论述，为许多企业赢得了核心竞争力。1982年他专程到中国访问，并举办质量管理讲座，受到中国企业界的热忱欢迎。《朱兰质量手册》是由他担任主编，集中了世界上一批著名的管理专家共同撰写的著作。这部著作集中反映了他的质量管理思想，是公认的当代质量管理领域的权威著作，自出版以来已被译成多种文字并在世界许多国家发行。正是由于朱兰博士在质量管理领域的重要地位，再加上这部著作具有全面、实用和权威的特点，所以半个多世纪以来，《朱兰质量手册》对于世界各国的质量管理发挥了十分重要的作用。

中国人民大学出版社引进和出版这部质量管理领域的巨著，是很有意义的。我相信它的出版，对于我国企业进一步树立质量管理理念，学习和借鉴质量管理知识和经验，进而提升我国企业和产品的国际竞争力，具有重要的现实意义。作为中国质量协会的名誉会长和卓越国际质量科学研究院的名誉院长，我一直关注着我国的质量问题，我很高兴为这部译作作序，希望全社会都来关心和重视质量问题，希望我国的质量管理水平上一个新的台阶。

2013年9月

推荐序二

刘源张

当我看到第六版的《朱兰质量手册》时，我首先想到的是，朱兰真是一个幸运的人。不但活到了 103 岁（这一点已是戴明不能及的幸运），而且还有后辈在他逝世后把他的已经长达 60 年历史的巨著延续了下来，这恐怕又是无人能及、空前绝后的幸运。

1982 年 3 月朱兰来华，在首钢礼堂讲课。他提出，质量的好坏要由市场的用户或顾客来说了算。这句话对当时只用标准衡量质量的中国企业简直就是一声春雷。受此启发，孙长鸣组织学员签名，建议国家成立专门负责质量的部门。信件经国务院办公室呈交给了薄一波副总理。不几天，袁宝华同志来到班上，宣布国务院决定在国家经委内设立质量局，它就是今天全球独一无二的国家质检总局的前身。这件事，对中国是个幸运，对朱兰是一个更大的幸运。国家质检总局正在发挥着越来越大的作用，没有一个质量专家像他那样对一个大国的质量事业产生这样大的影响。

朱兰在北京，我全程陪同。十几天的时间里，彼此熟悉了。我了解到，他祖籍罗马尼亚，父亲是皮鞋匠，家境贫寒。不得已，移居美国。朱兰幼时，受尽屈辱，养成他发愤图强、自力更生的精神。在 GE 等公司工作，积累了一定的资金，于是在 75 岁的时候，他创建了一家企业——朱兰研究院。他也知道我在日本是石川馨的门下，在美国是 Eugene Grant 的学生，回国后一直开展全面质量管理的工作。所以，要我为第五卷写了一篇“中国的质量”，要近藤良夫与狩野纪昭合写了一篇“日本的质量”。

大概由于个人的出身和经历，他对社会主义的中国怀有好感。也许因此，他在上第一课时，对中国的学员讲了他的亲身经历和感受，并且对听课学员言语恳切地说社会主义的中国应该更加重视质量。上海市质量协会会长兼上海质量管理科学研究院院长唐晓芬女士在朱兰生前，曾多次去看望他。每次朱兰都对她说，他关心中国的质量事业，他鼓励中国的质量工作者，祝愿他们成功。

现在，要说说这本书了。De Feo 主编的劳累是显而易见的，从概念、原则到理论、方法，以及工作的路线图和评价准则，都在书中得到详尽的叙述，可以说是面面俱到，但是，这一版去除了第五版中第 36 到第 43 章的内容，国际主义的精神没有了，对中国的感情没有了。此外，在中国，质量已经是大质量的概念了。它已经不单纯是产品、工程、服务的质量，而且已是生活质量、工作质量、发展质量、社会质量的体系概念。本书在这些方面着墨很少，它成了一本干巴巴的工具书。当然，虽然我对它做了一些批评，而且又是从我自己的立场和观点出发的，但是，我还是愿意把这本书推荐给有志于质量和质量管理的学子们。它是一本值得放在书桌上时时参考的书。最后，对翻译和出版如此庞大的著作的有关同志表示我最深的敬意。

2013 年 11 月

推荐序三

“质量管理之父”朱兰的质量理念及其方法在海尔发展的每个阶段都发挥了积极的重要的作用。其集大成之作《朱兰质量手册》给我印象最深的是其时代性的特征，随着时代进步和环境变迁，朱兰的质量观念也随之更新。这一特点从被誉为“质量管理领域中的圣经”的《朱兰质量手册》版本的持续更新中可见一斑。

即将出版的第六版在保持前版内容精华的同时，增加了对生态质量等新领域的关注与分析，反映了新时代质量的新内涵。作为企业管理者，我们很早就学《朱兰质量手册》，但在互联网时代的今天，我觉得更应学习其不断创新持续超越的精神实质。只有这样，才能创造出互联网时代的“顾客”。因为，在互联网时代，用户体验是检验质量的最终标准。

一、质量标准由用户定义，而非企业定义

这一结论只有放在互联网时代才成立，正因为质量标准由用户定义，所以，质量没有恒定的标准，因此质量需要持续动态优化。

改革开放初期不是这样的，那时是卖方市场，产品供不应求，企业只需关注狭义的质量，也就是符合国家质量检验标准就行。在那样的时代条件下，消费者对工业产品的最大要求是能买到，对质量几乎没有要求。没有要求的具体例证是，当时的产品出厂可以分为一、二、三等，甚至连等外品都有人抢购。

但到了买方市场时期，当物资由短缺变成过剩的时候，消费者和企业的主要矛盾从消费者“能不能买得到”变成了“企业能不能卖得出”。所有企业都必须在满足狭义质量标准的基础上追求广义的质量。这时，质量的范围从产品生产阶段延伸到了设计、制造、营销服务的全过程。海尔在这一阶段的创新体现在售后

服务上，以“星级服务”的差异化创新赢得消费者。

现在，进入互联网时代，用户在网络上面对海量信息，他选择谁，不选择谁，并不取决于企业对质量的定义，而是完全根据用户自己的个性化需求和体验，这就对企业的质量创新提出了颠覆性的要求。传统质量管理的观念、流程、方法、评价体系都面临崩塌。

朱兰博士有个著名的观点，即质量的“适用性”，强调质量管理的顾客导向。现在我们必须把它升级为“交互用户导向”。“顾客”意味着回款是销售的终结，“交互用户”则意味着回款是黏用户的开始。

二、质量的第一要素是人，优质的产品取决于优秀的人

影响质量的因素是全流程的，但人永远是最重要的。

首先是观念。有什么样的质量观念便有什么样的质量结果。海尔从创业以来一直强调一个观念——“有缺陷的产品就是废品”。1985年，我们毅然砸毁了76台本可以按三等品、等外品销售的冰箱，就是为了让员工明确这个观念，树立起一种精神——“要么不干，要干就要争第一”。这种观念和精神支撑海尔从小到大，从弱到强，从国内到全球，连续4年荣获全球白电第一品牌。

其次，创造用户需求是永恒的主题。创造用户需求的前提是知道自己的用户是谁。传统模式下，很多企业连用户在哪里都不知道，更谈不上创造用户需求。海尔探索人单合一双赢模式，“人”即员工，“单”即用户，就是让每个员工有自己的用户，都面对用户创造价值。比如，全国市场有2 000多个县，过去，每个县的市场人员要听命于市一级的人，市级的人要听命于省级的人。我们根据细分的市场，把组织结构扁平化，每个县的用户由一个7人团队负责，成为一个自主经营体。这个7人团队又通过镇级网络和村级联络人，把一个县的用户经营起来，满足其个性化需求。比如，有的村级联络人发现家电产品经常坏的原因不是质量问题，而是老鼠咬坏了线缆，我们就推出了防老鼠的冰箱、洗衣机等，大受欢迎。

三、将世界作为我们的研发部、质量部才能满足用户全流程最佳体验

互联网时代，企业和用户信息不对称的主导权转移到用户手中，用户的选

择决定企业的生存，企业只有通过创新跟上用户点击鼠标的速度。

海尔的做法是搭建开放的交互平台。一方面，让用户可以从产品设计阶段就参与进来，并参与制造、模块化供货、营销等环节的体验。这样，产品在生产出来之前就已经是有用户的了。一般企业把回款视为销售的终结，我们把回款作为和用户交互的开始。

另一方面，和用户交互的不仅是我们自己的研发人员，还有全球的一流研发资源，包括研发、模块化设计等利益攸关方在海尔平台上与用户直接交互，共同创造价值。这些资源方都是动态的，按单聚散。比如我们研发总部的工程师只有1 000多人，整合的研发资源多达5万人，外围合作方更是超过百万人。

现在，海尔在德国市场的冰箱售价超过当地品牌，而5年前，海尔冰箱售价只是当地品牌的零头。这得益于我们欧洲研发中心的开放平台。

海尔开放的全球研发体系还吸引了世界一流的超前研究团队，在无线电力传输领域，海尔与国外高校、研究机构、企业共同成立无线电力传输联盟，共建专利池并输出标准。目前，飞利浦等世界著名企业已经加入到该专利池中，共创价值。

在海尔开放的平台上，用户不再是被动的接受者，而是可以全流程参与交互设计的重要力量，用户参与设计和全流程的交互，赋予用户全流程最佳体验。

基于海尔对质量的认识，我诚挚地推荐本书，希望大家一起学习、交流、创新质量管理的理论和实践。

2013年11月

编者介绍

约瑟夫·朱兰博士是享誉国际质量管理界 70 多年的思想大师，也一直被视作现代质量管理之父。他将具有普遍性的“关键的少数，有用的多数”原则定义为帕累托原则，即现今我们所说的 80－20 原则。作为监事会创始成员，朱兰博士帮助创建了美国马尔科姆·鲍德里奇国家质量奖。他是朱兰研究院的创始人，著有专著 20 余本。

约瑟夫·A·德费欧先生是出色的质量管理实践者，同时作为朱兰博士的继任者，担任朱兰研究院院长一职。他因能使组织获得卓越绩效的专业技能而受到全球瞩目。德费欧先生擅长的专业领域包括指导高层管理者了解推动组织变革计划时的关键因素，其专长还在于能够运用突破性的管理原则如精益、六西格玛、战略规划和业务过程改进。

撰稿者名单

马科斯·E·J·伯廷

(Marcos E. J. Bertin)，阿根廷伯廷质量咨询公司董事。(第 31 章，董事会的作用：兼有效率和效果的治理)

马科斯·伯廷·施密特

(Marcos Bertin Schmidt)，阿根廷伯廷质量咨询公司董事。(第 31 章，董事会的作用：兼有效率和效果的治理)

R·凯文·考德威尔

(R. Kevin Caldwell)，朱兰研究院执行副总裁，康涅狄格州纽黑文市。(第 11 章，精益技术：改进过程的有效性)

理查德·C·H·蔡

(Richard C. H. Chua)，博士，朱兰研究院前执行副总裁。(第 27 章，质量办公室：引领前进的方向)

约瑟夫·A·德费欧

(Joseph A. De Feo)，朱兰研究院院长兼首席执行官。(第 4 章，质量计划：设计创新性的产品和服务；第 5 章，质量改进：实现绩效突破；第 7 章，战略计划与展开：由良好到卓越；第 8 章，业务过程管理：创建适应性组织；第 9 章，朱兰转型模型与路线图；第 12 章，六西格玛：改进过程的效率；第 14 章，运用六西格玛设计实现持续创新；第 16 章，以国际标准确保组织的符合性；第 27 章，质量办公室：引领前进的方向)

小约瑟夫·R·德费欧

（Joseph R. De Feo，Jr.），朱兰研究院合伙人。（第10章，展望：促进环境可持续性的生态质量）

史蒂文·M·德曼

（Steven M. Doerman），朱兰研究院客户关系主管、高级顾问。（第11章，精益技术：改进过程的有效性；第20章，产品组织：在精益与绿色的同时保证质量）

约翰·F·厄尔利

（John F. Early），朱兰研究院执行副总裁。（第12章，六西格玛：改进过程的效率；第14章，运用六西格玛设计实现持续创新；第19章，准确可信的测量系统及先进工具）

玛丽·贝思·爱德蒙

（Mary Beth Edmond），朱兰研究院执行副总裁、高级护理执行官。（第23章，医疗保健组织：改进保健质量和绩效；第26章，员工授权：处理“有用的多数”过程）

亚历山大·伊克沙

（Alexander Eksir），雷神整合防卫系统公司副总裁，六西格玛EMBB和质量保证任务小组，马萨诸塞州安多佛市。（第25章，国防组织：确保无忧绩效）

乔纳森·弗兰德斯

（Jonathan Flanders），朱兰研究院副院长，病患安全主管。（第23章，医疗保健组织：改进保健质量和绩效）

布鲁斯·J·海斯

（Bruce J. Hayes），高级顾问集团总裁，马萨诸塞州罗克兰市。NeuraMetrics公司创始人和董事会董事，佛罗里达州杰克逊维尔市。（第29章，软件和系统开发：从瀑布式到灵敏型开发）

亚历山大·詹森

（Alexander Janssen），朱兰研究院荷兰分部执行副总裁。（第15章，标杆分

析：确定市场领先的最佳实践）

约瑟夫·M·朱兰

（Joseph M. Juran）（第 1 章，从质量到优异结果；第 2 章，质量对社会和文化的影响；第 3 章，质量管理的普遍方法；第 5 章，质量改进：实现绩效突破；第 6 章，质量控制：确保重复和具有符合性的过程）

丹尼斯·J·门罗

（Dennis J. Monroe），朱兰研究院副总裁（第 13 章，保持绩效的根原因分析；第 26 章，员工授权：处理"有用的多数"过程；第 30 章，供应链：更好、更快、更友好的供应商）

迈克尔·J·莫斯辛斯基

（Michael J. Moscynski），朱兰研究院合伙人。（第 21 章，服务组织：最佳顾客服务）

詹姆斯·Er·罗尔斯顿

（James Er Ralston），朱兰研究院副院长。（第 17 章，运用国家卓越奖驱动和监测绩效；第 23 章，医疗保健组织：改进保健质量和绩效）

布赖恩·A·施托克霍夫

（Brian A. Stockhoff），朱兰研究院高级顾问。（第 10 章，展望：促进环境可持续性的生态质量；第 18 章，设计、控制与改进绩效的核心工具；第 19 章，准确可信的测量系统及先进工具；第 24 章，连续流程型组织：质量是一个连续的过程；第 28 章，研究开发质量：更多创新，稀缺资源）

贾尼丝·杜塞·汤普森

（Janice Doucet Thompson），汤普森事务所负责人，加利福尼亚州萨克拉门托市。（第 9 章，朱兰转型模型与路线图）

安琪儿·D·唐契夫

（Angel D. Tonchev），朱兰研究院荷兰分部高级顾问。（第 22 章，自助服务组织：质量保证在毫微之差）

克里斯托·D·唐契夫

(Christo D. Tonchev)，朱兰研究院荷兰分部高级顾问。(第22章，自助服务组织：质量保证在毫微之差)

布拉德·伍德

(Brad Wood)，朱兰研究院荷兰分部主任。(第15章，标杆分析：确定市场领先的最佳实践)

第六版引言

序　言

之前我对约瑟夫·朱兰博士和《朱兰质量手册》一无所知，直到我的职业让我结识了这位伟人，并见识了他的才华。他是我的老师、导师、老板，后来成为了我的朋友。虽然我们初识时，我的年龄还不及他的一半，但他仍用他那通用的方法，帮助我和我的同事改进我们的经营绩效。从由他命名的帕累托原则，到普遍的突破方法，再到新产品开发的质量设计，我们很快发现这些方法确实都具有普适性。它们可以在任何国家、行业或组织中，甚至家庭中发挥作用。只要你的组织实施这些方法，它们就能够帮助你改善财务绩效，提高组织业绩以及文化表现。

朱兰博士曾经说："没有见证过奇迹的人，就不会相信奇迹的发生。"我学习了他推崇的方法，也见证了神奇的效果。1986 年，我所在的组织作为朱兰研究院的顾客，开始运用他的方法，并对其进行调整以满足我们的需要。最后，我们见证了奇迹。我所在公司的质量水平得到了改善，绩效也得到了惊人的提升。我们业绩良好，并能与日本企业相抗衡。我也见证了许多组织以相同的方式改进了企业绩效。现在是时候与另一代人分享新版的朱兰手册了。

遗憾的是，朱兰博士在手册第六版完成之前，便离开了我们。2008 年，他走完了他不朽的 103 岁人生。他留下了了不起的妻子萨迪（九个月后也离开了人世，享年同样是 103 岁），和一个了不起的家庭，以及以他名字命名的推广绩效改善方法的组织，还有许多出版物。他用他的方法培训了成千上万的"从业者"、首席执行官、首席财务官、首席运营官、质量官员，以及来自各个国家各个行业的员工。他们成了他的门徒，实践着他的方法。现在，他们中的许多人都在自己的职权范围内，倡导着卓越绩效。在朱兰博士 100 周年诞辰之际，200 多名来自世界各地的人，前来感谢朱兰博士为他们所作的贡献。

我要对朱兰博士表示感谢，对所有的追随者表示祝贺。对于那些刚刚开始职业生涯的新生代从业者来说，朱兰博士最精华的知识你们还尚未学习到。

朱兰博士撰写了朱兰手册第六版中的个别章节。由朱兰博士完成的章节，只署了他的名字。他要求其他人“填补空白”，所以我的名字有些突兀地出现在第五章，即质量改进：实现绩效突破。对于他未完成的章节，我们委任了一些最优秀的从业者和研究人员去完善这些章节。因为自1999年上一版发行以来，质量管理的方法已经发生了革新和改变。所以，为保证本版手册能被真正视作重要的知识纲要，我们添加了一些新的章节，如精益和六西格玛。在这些章节中，我们加入了朱兰博士与主题相关的贡献。这些素材都源于他的论文和其他出版物。我们希望吸引新的从业者和领导者，使他们能够同样获益，有机会去学习这些方法，见证他们自己的奇迹。同时我们也希望，所有的读者都能够熟悉新一代的作者，有朝一日他们也可能成为一代大师。

我必须承认，这不是一项简单的任务。追随着领域内的巨人，如朱兰博士、布兰顿·戈弗雷博士、阿曼德·费根堡姆博士、爱德华兹·戴明博士、狩野纪昭博士和其他许多前辈的足迹，有时会令我们觉得压力巨大。但好消息是，朱兰博士为我提供了第五版的批评意见。在他去世前，他的意见为我们提供了内容增减和研究的方向。虽然当新版本提交给出版社时，他已离开了人世，但请本手册的所有读者放心，朱兰博士的精髓仍将在本版中得到体现。

我希望读到本书的任何人，在发表他们的批评前，都能给我一点点宽容。有时我在想，我把这本书做到极致了吗？最终，我们的作者们不辱使命，而且也给了我展示自己的机会。我自认我已尽己所能，对先我之前的大师和后我而来者表达了敬意。

我要感谢我的助手 Linda Ellrodt 女士，她常与我并肩战斗，并常常获得最终的胜利。同时，我也要感谢 Brian Stockhoff，Tina Pietraszkiewicz，Jackie Allard，Jeremy Hopfer，Matt Pachniuk，Geeno Carlone，以及那些帮助我将所有素材整理成大量信息的人。我要对作者们说一句，如果没有你们的努力，这本书估计还没有出版。此外，我要感谢朱兰研究院的员工，以及 Steve Chapman 和他的麦格劳-希尔团队，感谢他们对本书以及下一代读者的关怀。

致成长于朱兰研究院的我的导师们：已故的 Bill Barnard 博士，Frank Gryna 博士和 Bob Hoogstoel 先生。当我还是个新手时，正是你们的指导才让这一切变为可能。谁曾想过出身卑微的木工房师傅，竟有一日能与朱兰博士合作编书？我相信你们每个人都想到了。你们鼓励我求真务实，鼓励我去学习做研究的方法，鼓励我帮助顾客获得成功，鼓励我去实践我们宣扬的理念。我将我的感激之情献给你们。

致我的三个儿子，Christopher，Mark 和 Joe。他们都学会了像朱兰博士一样成为终生的学习者，这是向社会提供价值的最好方式。感谢你们容忍我在若干个夜晚和周末，忙于在计算机的键盘上敲敲打打。

感谢我的妻子 Monica，如果没有你，就不会有今天的我——一位父亲、一位丈夫，现在是一部拥有巨大历史影响的著作的作者。真心感谢你。

约瑟夫·A·德费欧

总编

引言重点

1. 本书的基本理念是建立质量管理领域的知识纲要。重点强调普遍原则，即“无论针对什么产品、过程或功能，都行之有效的原则”（约瑟夫·M·朱兰博士）。

2. 这些普遍的方法可以为任何公司、组织、行业、国家或过程带来出色的业绩和卓越的表现。通过对这些方法的简单学习和应用，我们可以提高财务、组织及文化的业绩表现。

3. 本书可作为所有参与制作、生产，及提供高品质的商品、服务和过程以实现卓越业绩的人士的参考书。

4. 本书附有多个目录。本书的开头部分是章节标题的目录，每个标题概括介绍该章节的内容。

5. 本书是所有作者知识的结晶。作者所写的内容提炼于比这里出版的内容浩繁多倍的素材之中。在一些情况下，与作者联系以获得更详细的阐释是非常值得的。大多数作者都不反对与他联系。这些联系不仅会带来更多的信息，而且也会带来拜访和持久的合作。

6. 在许多情况下，从业者都面临着将截然不同的技术知识，即从不同行业、产品或过程中获得的知识，应用到特定情境的情况。这种转变需要他或她识别出两者的共性，即特定情境和所学知识之间相通的共同原则。

朱兰博士对朱兰质量手册的创作

创作质量控制手册的想法源于1944年年底。当时我决定在二战后成为一名自由咨询师，该手册就是这个决定的一部分。我的头脑里已有了全套丛书的雏形：有作为全面参考书的质量控制手册，也有针对管理人员、工程师、工头和检验员的质量控制指南。

我为手册准备了一个全面的大纲，还为其他每本书准备了简短的介绍。1945年12月，我的出版商麦格劳-希尔为我提供了一份合同（只有一页纸的文件）。1951年，手册出版。它已成为我众多著作中的代表作。

该手册的理念是建立质量管理领域的知识纲要。重点强调普遍原则，即“无论针对什么产品、过程或功能，都行之有效的原则”。我隐约意识到，我将会对一门新科学——质量管理的发展作出贡献。在最终确定的十五个章节中，我编写了其中六章；其余九章由其他作者完成，我对其进行修改。从一开始，该手册就成了质量管理界的“圣经”，并已日益成为该领域专业人员和经理们的国际参考书。第五版出版时，书名改为《朱兰质量手册》，由我和布兰顿·戈弗雷博士联合主编。第六版的主编是约瑟夫·A·德费欧先生。随着本书的出版，他作为一位出色的顾问和从业者的才能也赢得了人们的认可。

约瑟夫·M·朱兰

纪念约瑟夫·M ·朱兰博士

《朱兰质量手册》（第六版）的发行是朱兰博士为美国和国际社会的质量前景所提供的经济、社会和教育服务的延续。我认识朱兰博士已经很久了，对他的逝世，我深感悲痛。正是因为他的工作、他的著作和他的指导，许多组织和个人才变得更加出色。他的影响力已然很大，而且仍将在整个世界继续增长。

我第一次见到并认识朱兰博士时，质量还没有成为一个领域，质量组织以及有意义的质量书籍和指导也还没有体现出明确的重要性并获得关注。而朱兰博士当时已是拥有很高专业地位，并拥有关键业务和政府经验的大师。他将个人的重心放到了质量之上，此举为之前一直被认为只是检测技术的一个环节的质量学科带来了巨大的关注和意义。随后半个多世纪里，质量不断发展和演进，其在全球的重要性以及在全球的高效益都要极大地归功于朱兰博士的贡献。虽然他已经离开了我们，但令我们稍感欣慰的是，我们可以从他的著作内容中，以及他永远传承的责任精神中感受到他的指导和影响。

——阿曼德·费根堡姆博士
通用系统公司总裁兼首席执行官

在质量世界里，使用最广泛的工具可能是“帕累托图”和“因果图”（又称“鱼骨图”或“石川图”）。在这两个图中，知道帕累托图的人数近年大幅下降。该图最初是由朱兰博士提出的。而众所周知，“因果图”是由石川馨博士提出的。帕累托图根据意大利经济学家维弗雷多·帕累托（1848—1923）的名字命名，他因收入分配研究而闻名于世。朱兰博士将帕累托原则称为“关键的少数和有用的多数”原则，因为质量缺陷的频率分布累积曲线，确实和帕累托揭示的收入分配曲线形状相似。

作为对朱兰博士 1975 年提出帕累托原则的文章的回应，人们提议将该原则重新命名为“朱兰原则”。朱兰博士当年回应说：“我希望大家原谅我的建议，如果这个名称的变更真的获得通过的话，也请等到我百年之后。同时我也希望大家原谅我的奢望，我希望那一天晚来几十年。”于是，这项讨论就被搁置下来。我试图在朱兰博士 100 岁生日庆典时促成此事，但我不得不放弃这个念头，因为没有获得朱兰博士的认可。我正在考虑根据朱兰博士近 30 年前的愿望，再次提议在不久的将来能将现在的帕累托原则和帕累托图，更名为朱兰原则和朱兰图。我相信，对日本产品质量创新的重大贡献，是朱兰博士一生最为自豪的事情。我们对此也深表感谢。

——狩野纪昭博士
东京理科大学名誉教授

感谢您的来信为我们 JUSE 提供了一个难得的机会，在第六版朱兰手册出版之际，奉上我们的颂词。首先，《朱兰质量手册》已被翻译成日文，并教育了日本高层管理人员，使他们认识到质量管理可以作为重要的“管理工具”。我们把朱兰博士视作真正抚育和帮助日本质量管理成长的养父母，而将戴明博士视为亲生父母。

——高取健
国际关系部代理课长
日本科学家和工程师联合会（JUSE）

除了我的家人之外，朱兰博士是对我的生活影响最大的人，无论是在专业上还是在个人生活上。我第一次见到他是在 1965 年。近 40 年来，他一直是我的导师。据他回忆，他来过瑞典 31 次。我非常荣幸地组织了 1966 年至 1991 年间他在瑞典的课程和研讨会。这些活动使我深刻了解了朱兰博士的思想和理念。这些会议不仅意味着专业的聚会，而且还带来了私人的友谊。我和妻子也非常荣幸地多次邀请到朱兰博士来寒舍做客，私人之间温暖的友谊油然而生。他对我的孩子们非常感兴趣，当我在会上见到他时，他总是问起孩子们，而且他总能记起他们的名字。我对朱兰博士的回忆永远充满了感激之情。

——伦纳特·桑德霍尔姆博士

桑德霍尔姆协会

我谨代表上海市质量协会、上海质量管理科学研究院和我本人，对朱兰博士的离世，表示深深的震惊和遗憾。朱兰博士是全世界公认的现代质量管理之父。我总会想起 1998 年春天，我见到他时的情形。总会想起 2006 年我把中文版的《质量建筑师》送给他时，他流露出的快乐。他绅士般的谈吐、大师般的作为、渊博的知识，总让我难以忘怀。20 世纪 60 年代以来，朱兰博士和他的质量三部曲对全球质量管理作出了巨大贡献，而且也将被世人永远怀念。特别是他对中国及上海质量管理的贡献将永久持续。我的组织和我本人都从他过去的鼓励和支持中获益匪浅，我们将长久地怀念他。他在自传中写道："在我弥留之时，请不要为我哭泣，因为我这一生是如此灿烂。"伴随着他的人生之旅，我们见证了质量管理发展的多姿多彩，也见证了他的辉煌人生。我们真诚地希望我们的质量事业，以及约瑟夫·德费欧先生和他的朱兰研究院能在朱兰博士精神的指引下持续成长。

——唐晓芬女士

上海朱兰质量研究院前院长

上海市质量协会会长

上海质量管理科学研究院院长

约瑟夫·朱兰博士对"质量管理之父"的称号当之无愧。他在质量三部曲，尤其是质量计划的基础上创立了这门新科学。他为全世界人民的福祉真诚实践，并为我们留下了令人深思的启示——"我为我同胞的福祉所作的贡献是项伟大而未竟的事业"。他扎实地开创了这一新兴科学，并使其得到了有效发展。如果我们把质量比作一棵树，他预言这棵树将在21世纪枝繁叶茂，那么，他那神奇的质量手册就是树根。他已因他那令人钦佩的正直、诚实、信念和他留给世人的遗产成为不朽的大师，而他的作品也会因它的真实性和全面性，被视作独特的质量先驱经典得到日益称赞。

——汉瑟姆·阿雷夫·卡什弗伊

国际质量科学院院士

我知道朱兰这个名字是在1967年，当时我还是一个罐头厂的质量技术员。某天我捡起一本厚厚的绿皮书想要查看控制图，这本书叫作《质量控制手册》(第二版)，它将我引入了美妙神奇的质量世界。这本书揭示了统计学和质量管理的秘密。在这本书的激励下，我这个初入大学校门，当年只有18岁的学子，思考着要将质量作为终生的事业。多少年过去了，我仍旧读着这本书，并购买了新版本。当我第一次在ASQC会议上发表演讲时，我在电梯里遇见了朱兰博士，他正要去开幕式做主题演讲。我惊讶于他身材那么瘦小，但当他告诉我们与会者，我们肩负着帮助美国恢复世界质量领导地位的使命时，他却变得如巨人般高大。1988年，为了聆听里根总统在第一届鲍德里奇国家质量奖颁奖会上的讲话，我和他同乘汽车前往白宫，其间我们小叙了几句。当晚，我在一个会议室门前等待餐厅的座位，而这个会议室正是鲍德里奇奖的监事会准备开会的地方。当他邀请我也进去参加会议时，我非常高兴。我很激动能与那么多质量活动的领袖进行交谈。当然，朱兰博士坐在他应坐的首席。最后一次见到他是2004年，我们庆祝他100岁生日的时候。当天是5月6日，而他的生日是12月24日。他开玩笑说他身边的人怕他坚持不到12月了。他站得笔直，声音洪亮，握手有力，我们所有的观众都坚信他能坚持到100岁，因为这看起来根本不是个问题。从我随手读到他的那本书起，已经过去40年了，它仍旧摆在我的书架上。这本书和我一样，一脸沧桑。但像它的缔造者朱兰博士一样，其中的理念永远鲜活，并充满了意义和价值。如今，在某个地方，某个读到他某部作品的年轻人将会受到他的鼓舞，立志从事那些能够帮助人们和组织实现卓越的事业，或只是决心努力工作，把事情做到更好。朱兰博士并没有离开，他将永垂不朽。

——汤姆·皮兹德克

皮兹德克研究院院长

我第一次遇到朱兰博士是在1986年。在不到两分钟时间里，我就意识到站在我面前的是一位超凡的领袖和管理的先知。之后，我有许多机会向朱兰博士学习。他教给我们关于管理科学的一切，管理层的语言以及改进的过程。他体现了为卓越奉献的自律精神。我认为像朱兰博士所拥有的那样深邃的商业智慧，或是如他所教诲的那样实用的知识，我们都很难再见识到了。

——保罗·布拉斯凯

美国质量学会首席审计执行官，执行董事兼首席战略官

本书的用途

我们的目标是使第六版手册成为所有参与领导、创造、生产及提供高品质产品（商品和服务）和过程，以获得更好结果的相关人员的参考书。前五版的经验表明，“相关人员”包括以下内容：

1. 组织机构中所有的层级，即包括董事会成员、首席执行官、业务经理和工作人员。如果认为本书唯一的目的就是为质量经理和工程师提供服务的话，那就大错特错了。本书的目的是为整个组织，包括组织所有层级的人员提供服务。

2. 各种与生产产品（商品、服务或信息）相关的职能领域，如研发、市场调研、财务、运营、市场营销、人力资源、供应商关系、顾客服务、行政管理，以及支持性活动。

3. 与开展战略战术任务以确保所有产品和业务过程设计得当、有效控制、持续改进以满足顾客和社会需求过程相关的各类专家。

4. 构成全球经济的各种产业：制造业、建筑业以及各种服务业，包括高科技、交通、通信、石油天然气、能源、公用事业、金融、医疗保健、政府等。

本书也可为某些监管人和利益相关方提供帮助。虽然他们不直接参与领导、生产或销售产品，但他们仍“需要获知”生产的质量水平，以及相关的正负面作用。这些利益相关方包括行政领导、质量人员、负责日常改进质量管理的工程师、期待更好地理解如何提高供应商水平的顾客、供应链、用户、公众、业主、媒体，甚至包括政府调节员。

我们召开了很多小组讨论会，从中了解到我们的读者和从业者使用朱兰手册的途径非常广泛。经验显示，本书的用途主要集中于以下几个方面：

1. 用以作为学习方法、工具和路线图的“一站式购物”参考指南，以创造高质量水平产品驱动下的可持续发展的商业运作模式。

2. 用以作为部门培育专家的指南，比如质量管理和质量保证部、系统工程

部、组织和运营有效性部门、财务部，以及类似部门。

3. 用以寻找特定工具或方法，以及相关主题的运用实例，如在领导质量中领导力的作用、顾客之声与产品和服务设计的融合、可靠性工程、实验设计或统计工具。

4. 对书中的案例材料进行研究，以帮助解决自己组织和业务的问题。

5. 用以对自学的特定主题进行复习，或是作为授课或培训他人的可靠教材。

本书在变革时期的使用频率似乎更加频繁，例如开发新业务项目时、致力于新工艺和新项目时、安排部门和职能工作时，或仅是尝试新想法时。

本书的构成

不管预期目的为何，本书提供的信息必须便于查找。使用者的问题一是要知道在哪能找到信息，二是要将信息应用于其特定的需求。虽然本书中有大量的实用知识，但了解这些知识的构成方式也非常重要。本书共分 4 个部分，31 章。每章都拥有自己的主题，并与其他章一同组成强大的卓越绩效体系。在此简要预览下本书的布局。

1. 引言的作用是回答问题，即为什么编写质量手册。本书的引言包括序言、献辞、致谢，以及如何使用本手册的说明。本部分中有一个短小却很重要的部分，叫作“纪念约瑟夫·M·朱兰博士”，以此纪念他对社会的贡献。本书的引言旨在帮助读者找到和应用与其手头问题相关的特定内容。要想有的放矢，就要了解本书的结构。本书由引言、第一至第四部分、附录Ⅰ和附录Ⅱ组成。各部分组成概述如下：

2. 第一部分，关键概念：领导者需要了解的质量概念（第 1 至 10 章）。本部分介绍质量管理的基本概念（计划、控制和改进），解释为什么质量管理对大多数组织的成功至关重要。本部分介绍过去质量管理的演变，以及未来组织中卓越绩效的管理。

3. 第二部分，方法与工具：如何运用方法和工具实现卓越绩效（第 11 至 19 章）。本部分重点介绍如何使用质量管理方法、基本工具和先进的统计工具来获得成果。主要议题包括：

- 六西格玛。
- 精益技术。
- 根原因分析。

- 创新和六西格玛设计。
- 标杆学习。
- 国际标准。
- 卓越的国家级奖项。
- 核心而先进的设计、控制和改进工具。

4. 第三部分，应用：各行业中最重要的方法（第20至25章）。这部分包括我们认为运用质量管理方法最为有效，且已经实现卓越绩效的行业：

- 制造业。
- 服务业和自助服务业。
- 医疗保健体系。
- 以加工为基础的组织。
- 软件开发业。
- 国防机构。

5. 第四部分，关键作用：你在卓越绩效中的角色（第26至31章）。本部分阐释组织要想获得卓越结果而必须采取的关键职能角色。

6. 附录。这部分文字提供了额外的信息和工具，为领导者、经理或从业者提供帮助。

如何查阅

从本书中查阅信息，主要有以下三种途径：

1. 目录
2. 交叉参照
3. 互联网

目录

本书有两种目录。最前面的目录介绍每部分及该部分包含的章节标题，该目录概述各章节的内容。

接下来，每一章的首页上都有本章的内容目录。内容目录中的每一个条目即该章的一个次级标题。

交叉参照

为了指引读者获得某一主题的更多信息，并避免同一主题的重复解释，本书广泛地使用了交叉参照。无论交叉参照出现在何处，读者都可以将其视为文本的延伸。交叉参照或是以不同章节的特定大标题标注，或是以特定图表或表格的编号标注。学习参照信息，可以提供进一步的启示。

缩略语的注释

通常在全称已经出现的情况下，才会使用人名或组织的缩略语。如美国质量学会（ASQ）。所有的缩略语都会列在附录里，并附有定义。

主要途径和辅助途径

本书的内容强调质量管理秘诀的“主要途径”，即那些数量相对有限但却占据从业者大量时间和关注的情形。除了主要途径以外，还有大量的“辅助途径”，即不常出现但形式多样，需要特定解决方法的情形（“辅助途径”一词没有任何贬义，面临不寻常问题的从业者必须找到方法加以解决）。关于这些辅助途径，本书没有完全涵盖，但却为读者指出了可行的解决方案。几种方法如下：

1. 引用。本书引用了大量论文、书籍和其他参考文献。在多数情况下，这些引用同时也表明了所引著作的独特之处，以帮助读者决定是否找寻原始资料以得到更详细的说明。

2. 专题文献。有些章节在参考文献下提供了补充的参考素材清单，以便读者做进一步的参考。编者努力将这些清单限定于与文本讨论的主题直接相关的内容，或是从业者非常感兴趣的内容。

3. 文献检索。本书引用的论文、书籍，以及其他参考文献中包含了可供进一步学习的参考内容，读者可通过可用的摘要和检索服务获得。在可靠性、统计方法、研发等领域，有多种专门的检索服务可利用。

4. 互联网。如今通过“网络搜索”，只需花几分钟时间，你就可以找到几乎所有已出版的书籍或文章，以及许多已经绝版的书籍。通过搜索引擎，你可以找到与若干主题或特定作者相关的上千篇文章。很多特定网站在广义上都专注于卓越绩效和质量管理。通过一封简单的电子邮件与网站作者取得联系，你就可能获得尚未出版的著作，或是尚在进行的研究。由大学院系创建的质量研究网站，对于研究特定案例以及新方法和新工具来说尤为有用。

5. 与作者联系。撰写的著作或论文通常都是作者知识的结晶。也就是说，作者所写的内容提炼于比出版物浩繁多倍的素材之中。在某些情况下，与作者联系以获得更详细的阐释是非常值得的，大多数作者都不反对与其联系，而这些联系不仅会带来更多的信息，也会带来拜访和持久的合作。

6. 协会和其他来源。资源丰富的人还能找到与手头问题相关的其他信息来源。他们联络杂志的编辑，打探哪些组织也面临着相似的问题，以便与这些组织取得联系。他们与供应商及顾客取得联系，以了解竞争对手是否已找到了解决办法。他们参加各种会议，如讲座、研讨会、专业协会的会议等。从业者面临的几乎所有问题，之前都已被其他人主动研究过。

灵活应用

在许多情况下，从业者都会面临将截然不同的技术知识，即从不同行业、产品或过程中获得的知识，应用到特定情境的情况。这种转变需要从业者识别出两者的共性，即特定情境和所学知识之间相通的共同原则。

通常，这种共性在本质上便于管理，易于掌握。例如，自我控制的理念是一种通用的管理理念，适用于任何组织中的任何人。

统计方面的共性更容易掌握，因为大量的信息被凝练在公式之中，而公式与所涉及的技术本身并没有关系。即使在表象千差万别的技术问题中，也能够识别出共性所在。例如，过程能力的概念不仅适用于制造过程，也适用于医疗保健服务，以及管理和支持性过程。类似地，虽然在技术上存在着巨大差异，但通过寻找失效原因而实现改进的各种方法都可因表现出的大量共性，而被划归到特定的类别中。

在这些情况下，从业者所面临的挑战是要建立起特定情境和已有专业知识之间的联系，即找出两者的共性所在。

（郎菲　译）

目　录

第三部分 应用：各行业中最重要的方法

第四部分 关键作用：你在卓越绩效中的角色

第一部分

关键概念：领导者需要了解的质量概念

第 1 章

从质量到优异结果 约瑟夫·M·朱兰

关于本章

本章定义了组织中产品、服务和过程之质量的作用和重要性。一个在质量上优于竞争对手的组织会被认为是市场质量领先者，最近则被称为是达到了“卓越绩效”。组织生产的产品和服务必须满足顾客的需要。如是，顾客就会购买这些产品和服务，组织就能实现销售收入。所有的组织都能将普遍质量管理方法用于设计、保持和持续改进产品和服务质量，从而取得优异的结果。

本章要点

1. 坚持不懈地提供高质量的产品和服务的组织要胜过那些不能这样做的组

织。顾客是否满意取决于产品和服务的质量能否满足他们的需要。

2. 高质量的产品和服务对于组织有着两方面的影响。首先，质量使得组织可以提供优于竞争对手的产品、服务和过程，从而改善财务业绩。其次，坚持不懈追求高质量形成了组织可持续发展的文化。

3. 高质量的产品和服务能够增加销售收入。收入的增加可以来自销售额、预算拨款、学费、政府基金，等等。

4. 质量优势可以转化为更大的市场份额，但这必须有比竞争对手进步更快的系统性做法。

5. 质量意味着“适目的性”。这意味着无论是生产产品还是提供服务，都必须“适合”其目的的要求。为了适合目的，产品和服务就必须具备正确的特性，并以最少的故障或无故障的方式（达到和超过六西格玛水平）来满足顾客的需要。

6. 顾客从自己的视角、以自己的语言来表述其需要。供应商（生产者）必须理解这些表述背后所隐藏的真正的需要，并将这些需要翻译成供应商的语言。

7. 成功建立了质量优势的组织实施了各种不同的质量策略。我们的分析表明，尽管这些组织所采用的策略各不相同，但它们的做法存在着诸多相似。

8. 本手册既提供了各种普遍性策略的细节，也就各个特定的组织如何从中获益提供了建议。

质量、卓越绩效与优异结果

追求高质量的产品和服务的组织可以从两方面获益。其一，其产品和服务由于优于竞争对手而更畅销，带来了更高的销售额、更低的成本和更强的盈利能力，从而对财务业绩产生影响。其二，对于质量的不懈追求带来了文化的转变。这缘于组织在消除不良质量、过程浪费和顾客不满方面持续取得成功。这种转变不是偶然发生的，它是组织在质量方面精益求精并实施系统化的方法论的结果。在过去几十年中，这种最高境界被赋予了多种名称。人们常常用世界级、最佳实践、前卫公司等说法来描述这些通过设计和持续改进产品和服务质量而实现了优异结果的组织，近来的提法则是卓越绩效。这是指由于产品和服务超越了顾客的期望而达到卓越绩效状态的那些组织，它们实现了优异的、可持续的结果并为同行所认可。

如何认识质量

一个重要的工作是为"质量"这个词下定义。我们必须首先就这个词的含义达成共识，之后组织才能知道如何来对"它"进行管理。如果组织能够对质量进行定义，就能够对它加以管理，能够管理就能够提供，从而获得顾客和利益相关者的满意。如果一个组织不能对质量的含义有共识，也就不能进行有效的质量管理。

我们见过人们在各种会议上就质量问题发生争执。"高质量花费更高还是花费更低?"人们常常各执己见。半数人认为花费会更高，另一半则认为花费会更低。事实上，一部分人并不清楚另一部分人谈论的究竟是什么。问题的症结在于"质量"这个词，同样的读音，同样的字形，却有着多重的含义。为了有效地加以管理，就必须从顾客——那些购买组织的产品、服务甚至声誉的人们——的角度，对"质量"这个词的定义达成共识。

一家提供金融服务的公司的领导者们不支持某个旨在减少业务过程冗余的项目提案，因为下属把项目称为"质量改进"。有些领导者认为质量改进会造成更多的花费，在他们看来，高质量就意味着更高的成本。也有观点认为高质量对应着低成本。下属为了取得批准并避免引起混淆，不得不将项目更名为"生产率改进"。如果组织能够将"质量"这个词的不同含义加以明确就会减少这些混淆。然而，只要我们使用同一个词来表达不同的含义，有些混淆就不可避免。

一直以来，人们试图通过添加一些修饰词汇来阐明相关的意义。迄今为止，这些努力并未得到广泛的接受。还有人试图通过构造一个短语来明确定义"质量"这一词汇的主要含义。《朱兰质量手册》第 3 版最早给出了一个具有普遍性的定义，"质量"就意味着"适用性"。戴明博士（Dr. Deming）使用了"符合要求"这一提法。罗伯特·高尔文（Robert Galvin），摩托罗拉公司的荣誉主席，用"六西格玛"来描述与缺陷相关的高质量水准。有些则主张质量意味着世界级、同业之最，卓越绩效则是当前的提法。

在编写这一版时，我们发现这些定义大多不太适用于服务性组织。为了找到一个广泛性的、适用于任何场景的术语，我们对于《朱兰质量手册》第 6 版以前的定义进行了修正。几十年来我们一直主张质量意味着适用性（fitness for use）。这里的用途是由购买、使用产品和服务或受到产品、服务影响的顾客所规定的。如果组织理解顾客的需要，它就应该能够设计出适用的产品和服务。可是，由于越来越多的服务性行业在应用质量管理的方法，此前的质量定义就变得不够充分了。

我们因此而构造了一个新的定义。质量意味着适目的性（fitness for purpose）。无论你生产什么——产品还是服务——它都必须适合其目的。为了适合目的，任何产品和服务都必须具备能够满足顾客需要的正确特征，并且以最少的失效来加以提供，必须能够真正满足顾客的要求，并取得优异的业务绩效。

要用一个短语给出足够充分的含义供领导者和经理们在选择质量改进行动路线时所用是很难的。你所能采取的最好策略便是理解图1—1给出的含义辨析，并根据这些辨析来定义质量。

图1—1给出了“质量”这一词语所包含的众多含义中的两个方面。这两方面含义对于质量管理而言是极为重要的。

满足顾客需要的产品特征	免于不良
更高的质量使组织能够： • 提升顾客满意度 • 使产品畅销 • 应对竞争要求 • 增加市场份额 • 提高销售收入 • 卖出较高价格 • 降低风险	更高的质量使组织能够： • 降低差错率 • 减少返工和浪费 • 减少现场失效和保修费用 • 减少顾客不满 • 减少检验、试验 • 缩短新产品面市时间 • 提高产量、产能 • 改进交货绩效
主要影响销售收入 质量越高费用越高	主要影响成本 质量越高费用越低

图1—1　质量的含义

质量对收入和成本的影响

首先，质量对于成本具有巨大的影响。在这种情况下，质量意味着没有办公室差错、工厂缺陷、现场不良等方面的问题。“高质量”意味着更少的差错、缺陷和不良。顾客感知到的产品或服务的质量低，通常都属于不良、缺陷、差劲的响应时间等。要提高这种类型的质量，组织就必须掌握普遍的质量改进方法论。这种方法论常被称为“突破”或“六西格玛”，它是一种系统的用于减少这类不良数目或降低“劣质质量成本”的方法论，应用这类方法可以实现更高的质量水平和更低的成本。

其次，质量对收入产生影响。在这种情况下，“质量高”意味着为顾客提供的产品或服务的特征能满足他们的需要。这些特征使产品或服务更加畅销。顾客追求并购买更高质量的产品，从而为厂商带来了收入。质量领先者能够卖出更高的价格并获得更多的收入，这几乎已成为定论。

作者将对那些包含多重含义的词汇加以定义。我们在本书附录中提供了一个关键术语词汇表，这将有助于实际工作者在使用本书改进工作绩效时立足在一个共同的基础上。

以下这几个重要术语将贯穿于本书之中：

“组织”包括各类企业、公司、单位、产业机构、政府部门、学校、医院等。

“收入”是指总收入，它可以来自销售收入、预算拨款、学费、政府基金等。

“成本”指组织为了满足顾客需要所花费的货币的总量。从质量的角度来说，成本包括为了设计和提供高质量的产品和服务所造成的花费，以及由于低质量而产生的成本或损失。

质量对于成本的影响和对于收入的影响存在着交互作用。具有缺陷的产品和服务不仅增加了供应商和顾客的成本，还会影响再次的购买。吃了产品缺陷苦头的顾客当然不愿再次从同一个供应商处购买。他们也不会对这类信息保密，他们会广而告之，这会影响到其他潜在购买者的决策，从而对供应商的销售收入产生负面影响。

不良质量对于组织效益的影响得到了广泛的研究。与之形成对照的是，有关质量对于收入的影响的研究却相对滞后。考虑到大多数的高层经理们对于增加收入要比降低成本更为重视，这种反差就更加令人吃惊。这一反差提示我们：可以通过更好地理解质量对于收入的影响来提升组织的经济效益。

质量、收益与股票市场

最高管理层和董事会更为关心诸如净收入和股价之类的财务指标。不同的质量水平当然会影响这些指标，但其他变量也会产生影响，如市场选择、价格、财务政策等。现在我们已经能够将质量管理所产生的市场收益与其他因素的影响分离开来。

在 1990 年代早期，某些财经类媒体发文质疑马尔科姆·鲍德里奇国家质量奖、六西格玛以及其他类似方法对提高绩效的价值。一项研究通过分析应用这些方法的组织在股票市场上的表现，对这些提出质疑的文章进行了回应。该研究对鲍德里奇奖得主与标准普尔 500 企业进行了比较，结果十分惊人。马尔科姆·鲍德里奇国家质量奖得主的表现胜过了标准普尔500企业。鲍德里奇奖得主的股价升值89%，而与之相比较的标准普尔500种股票的涨幅只有33%。（“Betting to Win on the Baldie Winner，” 1993，p. 8）这些得主后来被称为“鲍迪基金”。

对于那些不按资产价值来衡量的组织而言，质量活动所产生的影响也是显而易见的。2007年鲍德里奇奖得主珊瑚泉市（Coral Spring）的市长Michael Levinson如此说道：“每当被问及为何要参评鲍德里奇奖时，我的回答很简单：华尔街的三家评级机构给出的债券评级都是3A，投资项目按时在预算内完成，企业满意度96%，居民满意度94%，综合质量评价95%，雇员满意度97%……这就是我们投身于鲍德里奇奖活动的理由。”

市场质量领先与经营策略

构筑市场质量领先者地位

市场领先通常是由于首先进入了某个新市场并获得了被市场人士称为“特许权”的优势而形成的。一旦获得了这种优势，就可以通过不断改进产品或服务以及有效的促销而使之保持下去。可是，其他的组织可能会决定通过改进产品或服务的绩效，亦即提高质量，来获得超过市场领先者的优势，从而重新定义市场，成为顾客角度的“质量领先者”。获取了质量领先者地位的组织通常是基于如下两种基本策略：

• 顺其自然。组织兢兢业业、尽力而为，希望原领先者有朝一日犯错误或拱手让出领先地位。

• 主动争取。实施主动的策略——将获取领先地位设定为正式的经营目标并采取行动使之实现。目标一旦实现就能取得优异结果并长久保持领先地位。

那些采取行动把实现质量领先地位作为正式目标的组织，必须回答“领先什么”这一问题。适目的性概念包含了多个方面，质量领先可以体现在其中的任一方面上，而组织努力的焦点将取决于它所作出的具体选择。如果质量领先包括如下方面：

1. 优异的设计质量。

2. 优异的符合性质量。

3. 可用性。

4. 质量保证。

5. 现场维修速度。

组织就必须聚焦于：

1. 产品和服务的开发。

2. 有力的质量控制和系统的质量改进。

3. 运营控制。

4. 可靠性和可维修性。

5. 迅速、准确的现场服务能力。

质量领先地位一经确立便可持久保持，除非有足够的证据表明已有竞争对手取代了这一地位。若无这种迹象，这种质量领先地位可能会维持数十年甚至上百年。然而，质量领先地位也可能因某些灾难性的变化而丧失。

> 据报道，某啤酒厂为了降低成本而改变了配方。在几年当中，其市场份额发生了急剧的下降。尽管后来又恢复了当初的配方，但市场份额却未能得到恢复。（“The Perils of Cutting Quality,” 1982）

有些情形下，质量声誉不属于某个单独的组织，而是由许多组织形成的联盟建立起来的。这时，该联盟就会采用并公布一些符号或标志。人们认可带有这类标志的产品的质量，联盟会竭尽全力来维护其质量声誉。

> 中世纪的行会在其成员当中实施了严格的规范和质量控制。中世纪的许多城市为了保护本城市的质量声誉，还对一些制成品实施了“出口管制”(Juran，1995，Chapter 7)。

质量竞争的加剧促进了包括质量计划和质量领先计划在内的战略性经营计划的实施。（详见第7章“战略计划与展开：由良好到卓越”）

实现优异质量的途径之一是同该产品或服务的主导用户合作，共同进行产品开发。主导用户是指在某个市场中具有影响力并被人们追随的用户。例如，在医疗界的主导用户可能是这样一位人士，“他享有国际声誉，担任数个学术团体的主席，经常受邀出席大型会议发表演讲或担任主席，发表了大量学术论文”(Ollson，1986)。主导用户特征的确定需要进行一定的分析。（这在某些方面有点类似于辨识客户企业中对于购买决策最有影响的人员。）Ollson 举出了 10 种类型的主导用户，每一类都扮演着不同的角色。

质量与市场份额

提高市场份额常常是高层管理者最为重要的目标之一。市场份额越大意味着销售量越高。由于盈亏平衡机制的作用，销售量的提高会带来更高的投资回报。

图1—2中，在盈亏平衡线的右侧，因为固定成本不会增加，销售量增加20%，利润增加了50%。（实际上，恒定成本会随着销售量的改变而改变，但不是成比例变化。）提升市场份额带来的风险是适度的，因为技术、产品或服务、设备、市场等都是现有的，且其有效性已经得到了验证。

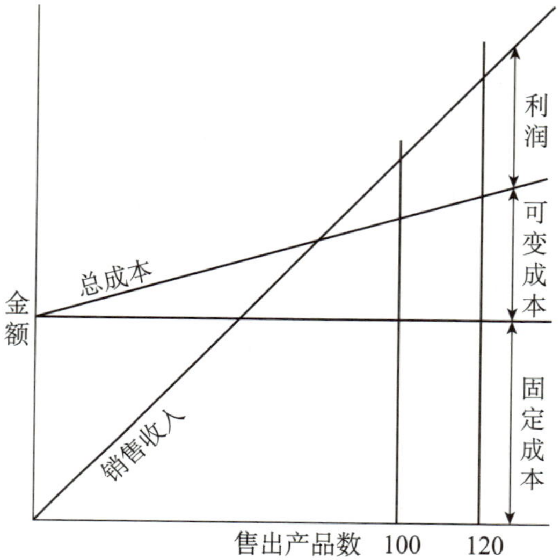

图1—2 盈亏平衡图

资料来源：Juran, J. M., *Juran's Quality Control Handbook*, 5th ed., McGraw-Hill, New York, 1999, p. 7. 13.

质量优异的效应

质量优异通常可以转化为更高的市场份额，但这可能需要付出特殊的努力。质量优异必须以顾客的需要和顾客所寻求的益处为基础。如果质量优异只是根据公司内部的标准来定义，顾客可能不会认识到其价值。病人可能愿意多花钱跑远路到美国梅奥诊所（Mayo Clinic）就诊而不选择本地的医疗机构，因为他们认为到梅奥诊所能够得到更好的治疗效果。

买方显而易见的质量优异

这种情况下，显而易见的质量优异可以转化为更大的市场份额。市场营销人员充分理解这一理念，他们总是在竭力要求产品开发者开发那些可以通过宣传而扩大市场占有率的产品特征。这方面的例子不计其数。

可以为使用者带来经济效益的质量优异

有些产品外表“相像”但性能却大相径庭。一个明显的例子是同类电器的耗电量差别。在这类例子中，产品的技术差异可以转化为货币语言。这种转化可以使不懂技术的人也很容易理解质量优异的意义。

某种动力工具所具有的高可靠性可以转化为货币语言从而卖出更高的价格。这种可靠性方面的优势还可以用来扩大市场份额。卡车轮胎的质量优异可以转化为单位行驶距离的成本。

顾客也会进行这种转化。砂轮的用户记录下砂轮的寿命，并将之转化为货币语言，即每加工 1 000 件产品的砂轮成本。这样测量单位成本使顾客不需要成为研磨技术方面的行家。

总起来看，上述这些例子可以概括如下：

- 在各种竞争性的产品和服务之间，实际上都存在着某种质量差异。
- 质量差异的实质是技术差异，但许多用户却并不理解其意义。
- 质量差异常常能够转化为货币语言或用户能够理解的其他形式。

微小但可察觉的质量优异

某些场合，即使“稍差”的竞争性产品也符合要求，优异质量仍可带来更大的市场份额。

一家滚动轴承制造商通过改良生产过程使其产品或服务明显比竞争对手更精密。然而，竞争对手的产品或服务也符合要求，所以不可能造成价格差异。尽管如此，其产品更为精密的事实却依然给客户的工程师们留下了深刻印象，从而该制造商进一步扩大了市场份额。

就消费性产品和服务而言，如果能使消费者充分感知到差异和价值，那么即使是看似微小的差异也会导致市场份额的扩大。

一家糖衣巧克力制造商的高管极力强调这样一个事实，即他们的产品不会在消费者的手上留下巧克力的污痕。他在电视广告中大肆渲染孩子们在吃完他的和竞争对手的（无糖衣）巧克力之后的手的对比情景，结果他公司巧克力的市场份额有了大幅的增加。

不加怀疑地接受的质量优异

消费者可以被说服相信那些他们自己无法证实的所谓产品优异的断言。一个例子是关于电动剃须刀的一项绝妙的市场研究。主持这项研究的公司（Schick）

聘用了一个独立实验室来进行测试。在研究中，参与者依次使用两把剃刀剃须。第一天先用 Schick 的剃须刀，接着再用竞争对手的剃须刀；第二天则颠倒顺序进行。在所有的测试中，都精确称量了第二把剃须刀所刮下的胡须重量。数据表明，当 Schick 的剃须刀作为第二把时所称出的胡须重量要大于竞争产品所刮下的胡须重量，暗示 Schick 的剃须刀刮得更为干净。几个月内 Schick 公司的市场份额上升如下：

- 9月　8.3%
- 12月　16.4%

在这个案例中，消费者无法证实所宣称的质量优异的准确性。他们可以选择不加怀疑地接受，也可以选择根本不相信。许多人还是不加怀疑地接受了它。

无质量优异

如果不存在明显的质量优异，市场份额便取决于营销的技巧，例如打动人的价值定位、诱人的包装等。各种形式的降价也能带来市场份额的扩大，但这通常只是暂时性的。竞争对手也会迅速采取类似的行动。如果因为改进过程降低了生产成本，使企业相对于竞争者建立起了成本优势，则降价策略就能产生长久的效果。

消费者偏好与市场份额

消费者在很大程度上依赖感官来判别质量。这一事实促进了人们对以感官为工具判断质量的研究。这些研究开发出了测量消费者偏好及其他形式的消费者反应的客观方法。目前，已有大量文献提出了各种类型的感观试验以及进行这类试验的方法。

最初，这些方法主要应用于过程控制以及产品和服务的接收决策方面。近年来，这些方法的应用扩展到了诸如消费者偏好测试、新产品和新服务的开发、广告以及市场营销等领域。

对某些产品或服务而言，通过“强制选择”试验很容易获得对消费者偏好的测量。例如，在百货商店摆放一张桌子，邀请一些过路人品尝一下 A 和 B 两杯咖啡，然后让他们说出自己偏好哪一杯。把几块地毯的样片展示给几组潜在顾客，然后请他们指出各自的偏好。对于那些比较简单的消费品或服务，这样的试验可以获得很好的有关消费者偏好的数据。对于更为复杂的产品，如保险或金融工具等，就要求进行更为高级的分析，如关联分析（conjoint analysis）或离散选择方法等。

将消费者偏好的数据与市场份额数据结合进行相关分析，会使这类数据的价值大大增加。图 1—3 所示的就是 41 种不同包装的食品的这样一种相关关系。这是一种非常有益的分析，值得仔细研究。

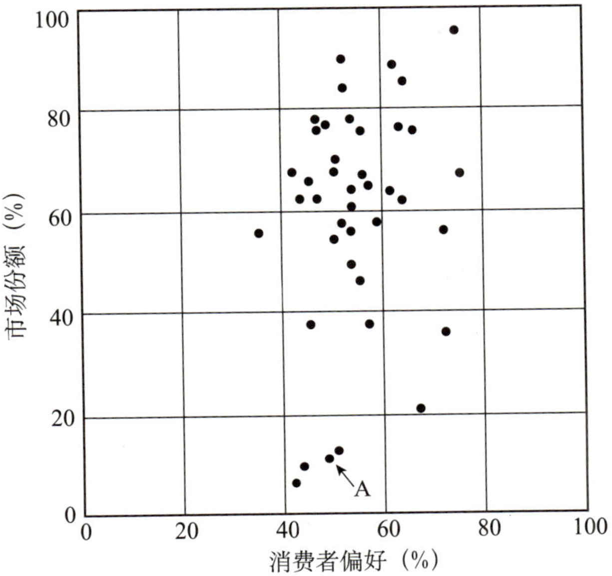

图 1—3　消费者偏好与市场份额

资料来源：Juran，J. M.，*Juran's Quality Control Handbook*，5th ed.，McGraw-Hill，New York，1999，p. 7. 17.

图 1—3 中的一个点代表着超级市场货架上的一种食品。货架上的每种食品都有竞争产品。这些竞争性产品以同一价格销售，用同一规范的盒子包装，盒内食品含量也完全相同。什么会影响消费者？

• 包装盒的内容，凭感觉和习惯判断，可能导致消费者喜好产品 A 甚于产品 B。

• 营销特征，如包装的吸引力、此前广告的感染力以及制造商的声誉等。

在图 1—3 中，水平轴表示消费者对主要竞争者的偏好，这是由经过统计处理的偏好试验确定的。纵轴表示对应于主要竞争者的市场份额，假设市场由两家厂商占有。

在图 1—3 中，没有消费者偏好低于 25％或超过 75％的产品。75/25 的偏好水平意味着产品非常具有优势（或劣势），以至于 3/4 的用户都能觉察出其产品差异。由于所有其他因素基本上都是相同的，这一结果意味着受到 75％以上消费者偏爱的产品最终会占领整个市场，其竞争对手会销声匿迹。

与代表消费者偏好的横轴具有大量的空域相对照，代表市场份额的纵轴在整个区间内都有相应的数据。其中一种产品（图 1—3 中以 A 表示）恰好位于 50％

的消费者偏好线上，这可能意味着（在强制选择试验下）用户拿不准自己到底是偏爱该产品还是其竞争产品。但产品A仅占有10%的市场份额，而其竞争性产品的份额却达90%。不仅如此，市场份额的这种不均衡状况已持续了多年，原因在于占有率90%的这家企业是率先把这种产品推向市场的，因此获得了一个“先到特权”，并通过良好的促销保持了它的地位。

结论是，当相互竞争的产品在消费者偏好方面十分接近时，微小的质量差异的影响将被营销技巧所抵消。因此，可以合乎逻辑地得出结论，在其他一切条件都相同的情况下，当用户对质量有明确偏好时，质量差异对市场份额就具有决定意义。当质量差异比较微小时，影响市场份额的决定性因素则是市场营销技巧。

据此可以推论，若质量改进会使消费者偏好（1）由显著的弱势转化到一个可接受的程度或（2）由可接受的程度变为具有明显的优势，企业就应当进行质量改进。然而，如果质量改进只能带来消费者并不看重的微弱进步，这样的改进就没有必要，因为这种情况下，是市场营销技巧对市场份额起决定性的作用。

技术专家很容易得出这样的结论，即他们认为的产品或服务中最重要的方面也是用户最为关注的方面。在地毯行业，工程师们把大部分精力投入到提高产品耐用性以及适目的性的其他技术方面。然而，一项市场调查表明，消费者选择地毯产品的理由基本上是感官方面的而非耐用性方面的：

- 颜色 56%
- 样式 20%
- 其他感官方面的质量 6%
- 非感官方面的质量 18%

从理论上说，对于较为复杂的消费性产品，只要能够获得以下两方面的量化数据，研究质量与市场份额的关系就是可行的。这两方面的数据是：（1）消费者购买模式的实际变化；（2）可能引起这种变化的供应商的行动。现实中，这样的信息是难以获得的。同样，在任何一种情形下，都难以判断为什么消费者购买的是A而不是B。倒是一些“人口统计”意义上的特征，即购买者的年龄、家庭规模等，会决定偏好A而不是B。对于通过中间商销售的产品或服务来说，消费者对质量的广泛不满会转化为“中间商的偏好”，这将对市场份额带来沉重的打击。

某家用电器制造商在产品和服务的特征、价格和交货即时性上均具有竞争力。但是，它在现场故障处理方面竞争力很差，这成为消费者向商家投诉的主要原因。如下表所示，没几年时间里，该制造商（B）便丧失了其在市场份额上的所有领先地位。该表刺激B公司的高层管理人员采取了提高产品可靠性的行动。

型号价格	各个时期市场份额的领先者			
	基年	第一年	第二年	第三年
高	A	C	C	C
中	B	B	C	C
低	C	C	C	C
特殊	B	B	B	C

工业产品与市场份额

工业产品或服务的销售主要取决于技术性能而不是感官质量。然而，顾客偏好原理在这里仍然适用，同样也必须把质量差异同顾客偏好和市场份额相联系。

质量与竞标

许多工业产品，尤其是大型的系统，一般是通过招标的方式来购买的。法律要求大多数政府机构在签订大宗合同之前必须进行招标。工业组织也要求它们的采购经理采用同样的做法。招标单中通常会包括质量参数，有的规定得很详细，也有的只是性能规范。

对于参与竞争的供应商来说，中标率具有重大的意义，他们的销售额和利润主要取决于这一比率。此外，准备投标的成本也不可小视。最后，这一比率还影响着相关人员的士气。（中标队伍的成员同竞争者较量；投标失败一方的队员则彼此争斗。）通过分析以往投标的记录来提高中标率是可行的。图 1—4 所示是一个关于 20 项未成功竞标的分析。

为了制作图 1—4，一个跨职能的团队分析了 20 项未成功的竞标，指明了未能赢得合同的主要原因和起作用的原因。该团队的研究结果显示，安装价格是影响最大的因素，在 14 次包括安装投标的竞标失败中，有 10 次都因安装价格在起作用。这一发现促成了对安装价格估算程序的修订以及中标率的提高。

遗留的易发生故障的产品特征

质量领先地位可能会因老型号产品遗留下来的易发生故障的产品特征久拖不治而失去。成为痼疾的这些产品特征人所共知，因此而产生的现场故障使售后服务人员疲于应付。尽管如此，这些易发生故障的产品特征还是会有许多被新型号产品所沿袭。这种沿袭轻则会影响销售额并提高成本，重则会像癌症一样摧毁看似有希望的产品线或服务线。

	投标未成功的原因				
合同建议书	设计质量	产品价格	安装价格	互惠购买	其他
A1		×	×		×
A2			××		
A3	××	×			
A4	××		×		
A5	××				
A6	××				
A7		××			
A8		××			
A9			××		
A10			××		
B1	×		×		
B2				××	
B3				××	
B4				××	
B5		×	×		
B6		×	××		
B7	××				
B8		×	×		
B9				×	
B10	×	×	×		
合计	7	8	10/14	4	1

图 1—4　未成功竞标分析

注：1. ×＝起作用的原因；××＝主要原因。

2. 只有 14 项投标涉及安装。

资料来源：Juran，J. M.，*Juran's Quality Control Handbook*，5th ed.，McGraw-Hill，New York，1999.

一个声名狼藉的例子是早期的静电复印机。在各种型号的复印机中，排名“前 10 位”的故障模式几乎是完全一样的。在汽车业中，类似的现象也存在了许多年。

造成这种问题遗留的原因与困扰众多企业的内部慢性浪费的原因极为类似：

1. 预警信号阻断。当浪费年复一年地发生时，会计会将之列入预算当中。这种做法阻断了预警信号，只要浪费不超过预算，就不会有警报响起。

2. 没有消除浪费的明确责任。当然也还有其他的原因。技术专家有能力消除大多数的遗留问题。可是，这些技术人员总是处在营销人员的强大压力下，被迫不断开发新的产品或服务特征以及过程特征以增加销售。此外，他们也不愿意把时间花在这些老问题上。在他们的文化中，创造新事物才是最大的荣耀。

令人惊讶的结果可能是，尽管每一个部门都恪尽职守，产品或服务却走向了衰亡。看来，除非最高管理层干预，即设定目标来解决这些遗留问题，否则这种困境就无法打破。

宏观经济对结果的影响

组织获取收益的能力受到经济环境以及各种经济体所形成的文化习惯的强烈影响。这些强大的力量影响着产品或服务的质量，也影响着其他的商业要素。

国家的富足与组织

一国的经济类型及富足程度极大地影响着其解决问题的方式。

自然经济

在这种经济中，广大贫穷的用户倾其所有来维持基本的生存需要，在此之外几乎没有其他选择。他们在低劣质量面前对自己的保护主要来自集体的政治权力而非经济实力。世界上的大多数人口仍处于这种自然经济当中。

短缺与过剩

在所有类型的经济中，产品短缺（卖方市场）会导致质量标准的松缓。由于对产品的需求大于供给，所以用户只能接受他们所能得到的（且抬高了物价）。与此相对照，买方市场会导致质量标准更加严格。

伴随失效风险的生活

随着社会的工业化，人们改变自己的生活方式以享受技术带来的好处。这些益处总的来说提高了生活质量，但它们同时也造成了新的依赖。在工业化社会中，芸芸众生把自己的安全、健康，甚至日常生活置于众多“质量堤坝”的保护之下。例如，有许多药物会让人获得暂时性的好处，但长期来看却会让疾病恶化。

有关的详细内容，参见第 2 章“质量对社会和文化的影响”。

有意的淘汰

随着顾客变得富足起来，经济组织不断地推出新产品（或新型号的老产品），并极力向目标用户推销。许多用户在购买新型号产品时还拥有着仍能使用的老产品，此做法被一些改革者认为是应受谴责的经济浪费。

改革者们在反对这种所谓的浪费的努力中，一直在抨击推出并促销这些新型产品的企业。改革者们所称的“预谋的淘汰”，隐喻（及直指）大机构凭借它们精巧的新产品和强劲的促销攻势，解除了用户的抵抗。按照这种认识，浪费的责任完全在于创造这些新产品的组织。

根据笔者的经验和判断，这种预谋淘汰的说法基本上是荒谬的。无论是对于制造商还是消费者来说，一个明显的事实是，（在是否淘汰旧的产品或服务并换新这一问题上）决策是由消费者做出的。不时地，这一事实会因某些大规模营销的失败而更加惹人注目。

- 现在的家用冰箱的许多特征都是旧型号产品所没有的，如冷冻室、制冰器、冰箱门储物架等。看到这些新的特征，购买了老式冰箱的房主们日益变得不快，这促使他们也去购买新型的产品，虽然老产品仍能使用。需要指出的是，是顾客而非生产商做出了购买新型号产品的决策。
- 1970年代后期，随着磁带录像机（VCR）的问世，预录的娱乐节目进入了人们的家中。此后的20多年里，这一发明成了全球成千上万的人的家用必需品。数字式影碟播放机（DVD）问世之后，只用几年而非几十年的时间便取代了具有同样功能的VCR。消费者选择了与VCR基本功能完全相同的DVD，因为后者具有更高的质量和更多的产品特征。通过互联网下载视频的新方式正再次颠覆着这一市场。

非本意的淘汰

还有另一类截然不同的淘汰。在这种情况下，耐用产品中包含有易损零部件，其寿命短于产品的寿命。这些零部件的寿命是由制造商的设计所决定的。因此，即使是用户决定换掉已坏的零部件（以使产品或服务能够继续使用），但淘汰产品的真正决策是由制造商做出的，因为产品设计已决定了零件的寿命。

有一种更糟糕的情况是，原厂商在设计时就决定了产品耗材、备用配件等是非标准的，从而其唯一的来源便非原厂商莫属。这使得用户被锁定在了唯一的供货源上。总起来看，这种做法助长了厂商大量的滥用材料，从而促进了保护消费者权益运动的兴起。

顾客的视角与生产者的视角

企业通过销售产品和服务而获得收益。产品是销售给“顾客”的，但顾客的身份各不相同。顾客可以是批发商、加工者、最终用户，等等，相应地有着各不相同的需要。为了满足顾客的需要从而销售更多的产品和服务，就必须搞清楚这些需要究竟是什么以及组织如何才能满足它们。

富裕度频谱

在所有的经济形态中，总人口的富裕状况都分布在一个广阔的频谱范围上。供应商则通过产品特征的差异化来对应这一频谱上的各个区段。这种差异通常被称为“档次（grades）”。

例如，所有的旅馆都提供住宿。除了这项基本服务外，不同的旅馆在其他条件的提供上会有巨大的差异，饭店的档次（如豪华套房、四星级，等等）便反映了这种差异。类似地，任何一款汽车都能提供两点之间的运输这一基本服务，但汽车却有多种档，既有保时捷、宝马、梅赛德斯、卡迪拉克、雷克萨斯这样的豪华品牌，也有诸如通用、现代、福特、丰田等许多经济性车型。高档汽车所提供的超越了纯粹的运输服务，还有更高水平的安全性、舒适、外观、社会地位，等等。

适目的性与规范符合性

有时，顾客与供应商在质量的定义上会产生分歧，这种分歧是麻烦的根源之一。在大多数顾客看来，质量意味着产品或服务所具有的那些能够满足顾客需要的特征。此外，质量还意味着产品不出故障，或发生故障时良好的顾客服务。我们对上述这些内容的一个综合定义便是“适目的性”。

与此相对照，多年来，许多供应商把质量定义为最终检验时对规范的符合。这一定义对于影响顾客所理解的质量的诸多因素未加考虑，如包装、储存、运输、安装、可靠性、维修、服务，等等。

图 1—5 列出了有关耐用产品的观点差异。

正在进行中的质量革命的内容之一，便是修正供应商的质量定义，以使之更接近顾客的定义。

所涉及问题	主要观点	
	顾客	制造商
购买什么	顾客需要的产品	制造商制造的产品
质量的定义	产品或服务生命周期内的适目的性	最终检验时符合规范
成本	使用成本，包括： • 购买价格 • 运行成本 • 维修费用 • 停工期 • 折旧 • 转卖损失	生产者的成本
确保产品使用的责任	整个使用寿命内	保修期内
零配件	不得不面对的讨厌事	有利可图的买卖

图 1—5　顾客与供应商观点的比较

使用成本

就消耗品或许多服务而言，顾客所支付的购买价格十分接近于使用（消耗）该产品或服务的成本。然而，对于长寿命的产品或服务来说，由于存在着一些额外成本，如运行成本、维修费用、停工期、折旧、牌照费、换型、交易服务收费等，其使用成本可能会同购买价格产生相当大的差异。

数个世纪以来对于购买价格的强调常常掩盖了后续的使用成本。这样所导致的后果之一便是局部的优化，即供应商优化的是自己的成本，而非供应商与顾客双方的综合成本。

寿命周期成本分析的概念为这一问题提供了一个答案，这方面的应用正在取得良好的进展。

用户的认知程度

在一个竞争性市场上，顾客具有多个供货源。在他们作出选择时，质量显然是所要考虑的一个因素。但是，顾客在评价产品质量的能力上却存在着巨大差异，尤其在购买前评价时更是如此。

从图 1—6 中可以概括出如下结论：

• 原始设备制造商（original equipment manufacturers，OEMs）可以凭借技术和（或）经济力量来保护自己，也可以依靠合同条款。经销商和维修店则主要依靠合同条款并辅之以一定的经济实力。

• 小用户只有非常有限的知识和自我保护能力。小用户的情况需进一步加以讨论。

所涉及的问题	原始设备制造商（OEMs）	经销商和维修店	消费者
市场的构成	少数大客户	一些大客户和众多小客户	非常多非常小的客户
任何一个顾客的经济力量	很大，不可忽视	中或小	微不足道
顾客的技术力量	很雄厚；有工程师和实验室	小或无	无（需要技术帮助）
顾客的政治力量	中或小	小或无	不确定，但总体上可能很大
适目的性的主要判断依据	合格检验	无消费者投诉	使用顺利
质量规范的确定	客户	制造商	制造商
进货检验的应用	进行全面检验，确保产品符合规范	经销商很少或没有；维修店在使用中检验	在使用中检验
收集和分析故障资料	良好至一般	较差甚至没有	较差甚至没有

图 1—6　顾客对质量的影响

资料来源：*Juran's Quality Control Handbook*，5th ed.，McGraw-Hill，New York，1999，p. 7. 5.

尽管会有些例外，但绝大多数小用户并不完全了解产品或服务的技术性质。用户对适用性的某些方面会有一些感性的认识，如面包闻上去很新鲜，收音机听起来很清晰，鞋子很漂亮等。除了这些感性认识外，小用户只能主要依赖自己以往同供应商或经销商打交道的个人经验，特别是在涉及一些耐用产品或服务的性能时。如果过去缺乏这种经验，那么小用户就只能通过其他一些信息（如邻居、商家、独立实验室等）在相互竞争的供应商的宣传中进行选择了。

用户对产品适用性的判断对供应商收益的影响如下：

从用户的角度来看，产品或服务若是：

- 不具有适目的性。
- 适合目的但明显劣于其他竞争产品或服务。
- 适合目的且具有竞争力。
- 明显优于其他竞争产品或服务。

相对应的供应商收入便是：

- 没有收益，或立即陷入危机。
- 因市场份额减小导致收益下降或必须降价。
- 市场价格。
- 因市场份额扩大或单价提高获得高收益。

在下表中，“适合目的”、“劣于”、“有竞争力”和“优于”这些词汇，都是从用户的角度而言的。（该表的分析无论是对大客户还是小用户都同样适用。）

从用户的角度来看，产品或服务若是	相对应的供应商收入便是
不具有适目的性	没有收益，或立即陷入危机
适合目的但明显劣于其他竞争产品或服务	因市场份额减小导致收益下降或必须降价
适合目的且具有竞争力	市场价格
明显优于其他竞争产品或服务	因市场份额扩大或单价提高获得高收益

表述的需要与真实的需要

顾客总是从自己的视角、用自己的语言来表述自己的需要。而供应商面临的问题是要了解这些表述背后的真实需要，并将之翻译为供应商的语言。

顾客常常用产品的形式来表述自己的需要，而他们的真实需要其实是这些产品所提供的服务。例如：

表述的需要	真实的需要
食品	营养、美味
汽车	运输、安全和舒适
平板电视	在家观看娱乐节目、新闻、电影
牙膏	牙齿洁白、口气清新等
每周7天每天24小时营业的银行	随时存款、取款的能力

只是一门心思想着销售产品，可能会使注意力偏离顾客的真实需要。

Levitt（1960）在其《缺乏远见的市场营销》这篇广为人知的经典论文中，强调了与产品导向截然不同的服务导向。在他看来，铁路因过于关注铁路建设而非运输而失去了扩张的机会。同样，电影业由于过于关注影片而非娱乐，而丧失了与电视产业一起蓬勃发展的机会（Levitt，1960）。

为了理解顾客的真实需要，有必要回答这样一些问题：你为什么要买这种产品或服务？你希望从中获得什么样的服务？

心理需要

对许多产品或服务来说，顾客的需要超出了产品或服务的技术特征；他们的需要中还包含着一些心理因素。无论是产品还是服务，都是如此。一位想要理发的男子可选择去（1）“理发匠”开的“理发店”或（2）“发型师”开的“发廊”。两种情况下都是由一位熟练的理发师给他剪发，所得到的发型也一模一样。所不同的是他钱包里剩下的钱数和他所获得的舒服的感受（Juran，1984）。

对服务起作用的同样也适用于有形产品。在生产巧克力糖果的工厂里，加工完的巧克力糖由传送带送到包装车间。传送带的末端有两组包装人员，一组把巧克力装到纸板做成的包装盒里，这批产品将被运到廉价商店销售；另一组则把巧克力装到用椴木做成的包装盒里，这批产品将在豪华商场销售。这样，同等数量巧克力的最终价格会相差好几倍。这两类产品的购买者也将面临其他种种差异：商店装潢、店员的礼貌程度、服务即时性、受尊重程度，等等。然而，产品是一样的。任何一块在传送带上的巧克力都不知道它最终是去廉价商店还是豪华商场。

技术人员或许会好奇消费者为何愿意对同样的产品支付额外的价钱。然而，对许多消费者来说，心理需要被认为是真正的需要，他们凭自己的感觉行动。绝大多数的供应商都会设计相应的市场营销策略来响应顾客感觉上的需要。

“用户友好”的需要

许多用户的“外行”状态导致了“用户友好”这一术语的产生，它用以描述这样一种情况，即外行人也能自信地使用技术性较强的或其他复杂产品。例如：

出版物的语言应当简洁、明了并易懂。众所周知的难懂信息包括法律文件、用户操作手册、各种表格等。使用广泛的表格（如联邦政府的退税表）应该先请那些以后会真正使用这些表格的人实际试填一下。

产品或服务应当具有广泛的兼容性。这方面的许多工作已通过标准化委员会或自然垄断机构得到了实施。个人电脑是 20 世纪 80 年代缺乏兼容性的一个例子，当时许多个人电脑只能与同一制造商生产的电脑“对话”，但与其他制造商的产品却做不到这一点。

知情的需要

有时，顾客会发现自己处于一种不确定的状态：他们要乘坐的火车晚点了，且他们不知道火车什么时候能到；遇到了停电，不知何时才能恢复。在许多这样的情况中，供应商并未制定让顾客知情所必需的政策和程序。事实上，顾客即使了解了情况，通常也是除了等待别无选择。尽管如此，知情可以减轻焦虑，它提供了某种程度的安慰，即问题受到了重视且正在解决过程中。

纽约地铁系统的规定要求司机对于所有两分钟以上的延误都必须加以解释。一项调查表明，当时这一规则实际只在约40%的情况下得到了遵守。一份市政厅的报告得出结论："信息匮乏是导致公众对公共交通当局持对抗态度的主要原因。"（Levine，1987）

与之相反，一些航空公司则尽力使顾客了解航班延误的原因以及航空公司在采取补救措施方面所取得的进展情况。

有一类不同的情况是，厂商在没有知会顾客的情况下，秘密采取了有损质量的行动。最常见的情况是，不符合规范的产品或服务被交付到了不知情的客户手中。在大多数这类情况下，尽管产品或服务不合格但不妨碍使用。有些情况下，这是值得商榷的。还有些情况下，这种交付行为轻则是不道德的，重则甚至是违法的。

1990年代后期凡士通轮胎（Firestone Tire）与福特探索者SUV的联姻成为了现代汽车工业史上最糟糕最终也是致命的结合。福特探索者车型上安装的凡士通轮胎故障频出，常常导致车辆颠覆和滚动。这一缺陷使250多人丧命，还有3 000多起其他事故。更为恶劣的是，福特和凡士通均未对这一显而易见的问题承担责任。甚至在初期事故率已经达到非同寻常的程度时，装有凡士通轮胎的福特探索者却依旧在向大众销售。在事故率和死亡人数达到无法忽视的程度之前，生产商多年间一直对问题置之不理，并未采取召回措施。

一旦被发现，所有的秘密行动都会引起怀疑，哪怕这种产品或服务实际上是适合顾客使用的。顾客会怀疑："他们背着我们还偷偷干了些什么？"

不告知顾客的原因通常是厂商未能提出这样的问题：我们必须告诉顾客什么？如果在每一份有关不合格处理的文件中，都留出一栏并标明"向顾客说明的内容"，或许会有所帮助。最终的决策或许是没有要说明的内容，但至少考虑过这一问题。

文化需要

顾客，尤其是内部顾客，还有着文化方面的需要，这包括地位的维护、习惯的延续，以及其他被广义称作文化模式的要素。未能发现顾客需要可以部分地归因于不理解文化模式的本质，或甚至根本就不知道它的存在。

文化需要很少被公开地表达出来，它们大多是以隐含的方式加以表达的。一项有关变革的建议如果会削弱某些雇员的地位，那么这项变革就会遭到这些雇员的抵制。公开的抵制理由看似有理，例如，它会影响成本，而真正的原因则不会暴露出来。没有人会说："由于这项变革会削弱我的地位，所以我反对实行这一变革。"发现隐藏于表述背后的真实的需要，是实现坦诚沟通的一个重要步骤。（有关文化模式性质和"例行规则"的详细讨论，请参见第 5 章"质量改进：实现绩效突破"。）

源自非预期使用的需要

许多质量问题的产生，是由于顾客使用产品或服务的方式同供应商预期的使用方式不同所导致的。这种情况有多种表现形式：

- 安排非熟练的护工去从事本应由熟练员工从事的工作。
- 设备超载或不按照保养规程运行。
- 产品或服务以供应商从未预期的方式使用。例如，改锥被当作榔头来使用。改锥本来不是用来砸东西的！这样会造成损坏并伤害使用者。

所有这些都会影响质量与收益之间的关系。关键的问题在于，产品或服务的开发是应当依据预期用途还是实际用途，后者常常要求在开发中提高安全系数。例如：

- 为了防止过载而在电路中加入保险丝和断路器。
- 为了查出语法和拼写错误而设计拼写检查软件。
- 水、电、气等的收费单上加上一栏顾客上期使用量的核对项，以免抄表差错。

这些安全因素会增加成本，但由于这有助于避免因实际使用或误用而引起的更高损失，因此可能得到的是一个最优的总成本。

与不满相关的需要

当产品或服务出现问题时，会产生一组新的顾客需要，即如何恢复服务并对相应的损失和不便加以赔偿。这些新的需要是通过顾客投诉来沟通的，它由诸如顾客服务或呼叫中心这样的专门部门来处理。对消费者投诉和担保条款的不当反应极大地促进了"消费者权益"运动的兴起。（见第 2 章"质量对社会和文化的影响"。）

众多有关如何应对顾客投诉的研究揭示出了能够满足顾客要求的应对系统的一些关键特征。

投诉也影响到了产品或服务的可销性。美国消费者事务署委托进行的研究项目对此进行了研究，其研究结果可归纳如下：

• 在对产品或服务不满的顾客中，有近 70%的顾客不会投诉。这一比例因产品或服务种类的不同而有所变化。不投诉的原因包括：为投诉而付出的努力不值得；认为投诉没用；缺乏投诉所需的知识。

• 在投诉的顾客中，有 40%以上的人对供应商采取的应对措施表示不满。同样，这一比例也会因产品或服务的不同而有所变化。

对投诉采取的应对措施会极大地影响未来产品的销售情况。图 1—7 大致描述了经历产品不满后的消费者行为，这种巨大的影响还会扩展到对品牌的忠诚度上。图 1—8 分别显示了对大宗耐用消费品、金融服务和汽车服务方面的影响程度。

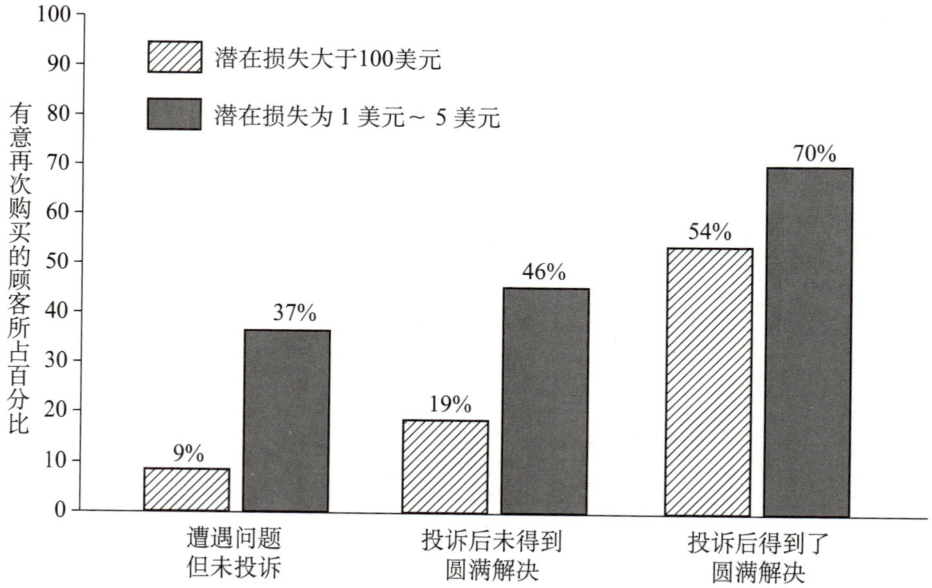

图 1—7 经历产品不满后的消费者行为

资料来源：*Planning for Quality*，2nd ed，Juran Institute，1990，pp. 4 - 12.

该研究得出结论认为，有条理的投诉处理方式会有很高的投资收益率。这种有条理的方式可包括如下的要素：

• 每周 7 天每天 24 小时服务的服务中心。

• 免费的电话号码。

• 计算机数据库。

• 电话应答雇员的专门训练。

• 主动征求投诉，以把未来的顾客流失降到最少。

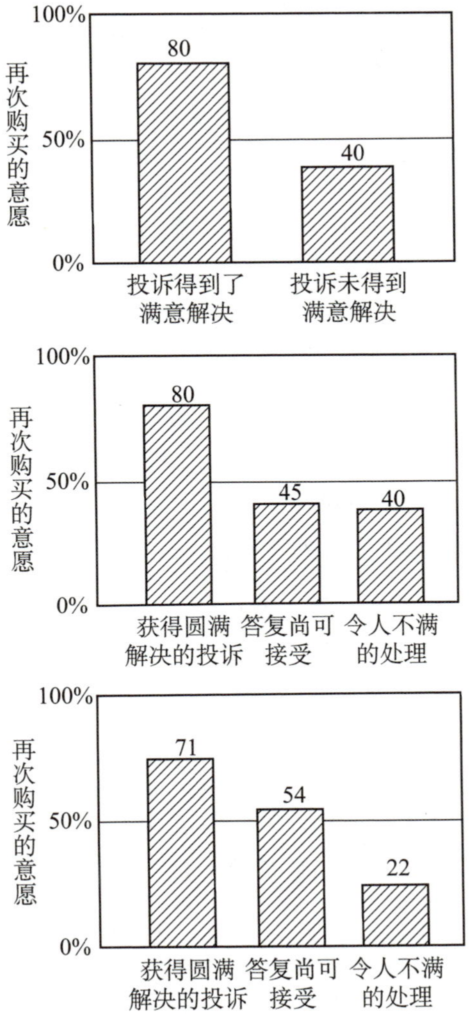

图 1—8 消费者忠诚度与投诉解决：大宗耐用品、金融服务、汽车服务

资料来源：*Planning for Quality*，2nd ed，Juran Institute，1990，pp. 4 - 14.

发掘隐藏的顾客需要

认为顾客完全了解自己的需要，而市场研究可以获得这方面的信息，这是一种最简单化的认识。事实上，顾客对自己需要的了解是相当不完全的。在某些情况下，顾客本人可能是最后意识到自己需要的人。很难想象有顾客会在 Walkman（微型便携式收录机）面市之前表达出对这种产品的需要。然而，一旦

Walkman 出现了，许多顾客便发现自己有这样的需要。

顾客认识上的这种空白主要是通过竞争性市场的力量以及企业家的行动来弥补的。

已有产品或服务的不足

当已有的产品或服务无法满足人们的需求时，就出现了一个等待填补的市场空白。人们的创造性便会想方设法去填补这一空白：

- 纽约市的出租车许可牌照已经冻结了好多年，而人口却在不断增加。由此而引起的短缺被无照运营车（黑车）、豪华接送轿车、公共汽车甚至自行车等填补了。
- 政府的纳税表填报说明使许多纳税人感到困惑，结果导致了一些关于填写报税申报单的畅销书和软件的产生。
- 手艺人提供的服务被公认为昂贵且不及时，其结果是诞生了一个庞大的 DIY 产业。

缩短服务时间

某些文化中流露出一种“即刻搞定”的迫切感。在这种文化里，那些能够以最短的时间为顾客提供服务的商家就能获得较大的市场份额。这种迫切感的一个引人注目的例子就是“快餐”业的成长。与快餐、快速服务类似的需要也是促使生产商应用“准时制”生产方式的重要的因素。

顾客习惯的变化

顾客的习惯往往反复无常。这方面的典型例子如服装的时尚和人们对健康的关注。消费主义驱动着当今的生活方式，许多人减少了牛肉的消费而更多地食用禽类和鱼类。这种变化并不仅局限于个人消费者，企业界也经常会掀起一些“运动”，其中的大多数都是来去匆匆，与之相关的一些“流行语”同样也是转瞬即逝。

完美主义

人类有一种追求精致、美丽和完善的天性。在不受经济因素约束的情况下，这种动力创造出了各个时代的艺术宝库。这种永恒的人类天性至今仍然盛行于艺术和美学之中。

在工业社会中，有许多情况下对完美的追求是同人类的需要相一致的。在食品和药物的制造中，某些微生物是必须完全消灭的，否则它们就会繁殖并对健康构成威胁。核反应堆、地下矿井、飞机以及其他易使生命遭受灾难性损害的构造，都要求彻底的完美，以使有可能危及人类安全的危险降到最低。危险品的大规模生产也是如此。

然而，也有许多情况下追求完美是同社会利益相矛盾的，因为它消耗了材料和能源，但无论在技术上还是美学上都未能增加适目的性。这种得不偿失的行为被称为“完美主义”，因为它增加了成本却没有增添价值。

质量与质量管理简史

一个年轻的应聘者在加入某个组织之后很快就会认识到，在组织中存在着大量的过程（系统）管理着组织的各种事务，包括质量的管理在内。新人或许会认为，人们一直以来就是应用这些过程实现质量管理的，将来也还会这样继续下去。这种想法是严重错误的。这些用来管理质量的过程在过去数千年中发生了巨大的变化，而且这种变化还将不断继续下去。

原始社会：家庭

质量是一个永恒的概念。虽然质量管理方式的起源隐藏于远古时代的迷雾之中，但我们仍能肯定人类一直以来都面临着质量问题。原始社会的食物采集者必须懂得哪些果实可食用，哪些有毒；原始的猎人必须知道哪种树木最适于制作弓箭。人们所获得的这些知识一代一代流传了下来。

家庭是人类的基本组织单位。孤立的家庭必须自给自足以满足自己衣、食、住的需要。家庭成员之间的工作各有分工。生产是为了自用，产品的设计、生产及使用都由同一批人来进行。虽然技术原始，但协作却是上乘的。由同一批人获得所有的质量信息，实施全部的纠正措施。原始状态的技术水平是实现更好质量的限制因素。

村庄：劳动分工

出于共同防御、社交等这样一些人类的基本需要，村庄被创造了出来。村庄刺激了进一步的劳动分工和专门技能的开发，开始出现了农夫、猎人、渔夫以及各种手工艺人——织布工、陶瓷工、鞋匠等。随着同样工作循环的反复进行，手工艺人们对所用原材料、工具、工序步骤以及制成品变得越来越精通。这种循环中包括了将产品卖给使用者并接受他们对产品性能的反馈。这种从高度熟练中获取的经验使得人类的才智向着技术进化迈出了最初的步伐。

村庄集市：两相情愿，买者当心

随着村庄的扩大，出现了村庄集市，手工艺人和买主按照预定的集日在此相会。在这种方式下，生产者和使用者当面进行货物交易。交易的货物通常为自然产品或自然材料的制成品。生产者和购买者对产品都相当了解，产品质量在很大程度上只需借助于人的感官就可以判断。

在这样一种状态下，村庄的官员会尽量避免被牵连到买卖双方的质量纷争中。这迫使买主必须保持警惕以防自己受到不良质量之害。实际上，卖主只负责提供货物，但买主却要负责提供质量“保证”。这便形成了所谓的买卖两相情愿，买者当心的习俗。买者学会了小心谨慎，在购买时对产品进行检验和试验。他们仔细地察看布料，闻鱼的味道，敲打瓜果，品尝葡萄。小心不足就有可能吃亏上当。村庄集市上的这种由买主自己当心的做法颇有合理性。这一时期这种做法在世界各地的村庄里广为流行。

群居是维系村庄集市的又一重要力量。生产者和购买者居住在同一个村庄，双方都生活在村民们的眼皮底下，品德信誉受到他人的评价。每个人也都受到村庄纪律的约束。对手工艺人而言，利害关系非常明显。他的（以及家庭的）地位和生计与他作为一个能干而诚实的手艺人的声誉密切相关。这样，手艺人的名声成为了维持高质量水准的朴实但却有力的动力。

商业发展的影响

经过一段时期，村庄扩张成为集镇和城市，改进了的运输手段为区域间的贸易创造了条件。

约在12到16世纪间，以北欧各城市为中心的汉莎同盟是一个典型的有组织多区域贸易的例子，它的影响超越了地中海和黑海地区，延伸到了斯堪的纳维亚与俄国一带（von der Porten，1994）。

在跨区域的贸易中，生产者和购买者不能再在市场上面对面地交易。产品是通过层层的供应商和加工商来制造的。产品的销售通过一层层市场商人而得以实现，同买主们直接接触的是中间商而非生产商。这种方式大大削弱了村庄市场所具有的那种质量保护，从而要求发明新的保证质量的形式。质量担保就是发明之一。

质量担保

最早的质量担保无疑是以口头形式进行的。这样的担保很难有约束力。口头约定的内容和含义在记忆上会有差异，担保的期限可能会超出当事人的寿命。由此而催生了书面形式的担保。

一个早期担保书的例子是一块从古巴比伦的尼普尔废墟中发现的陶制的碑。它是关于一枚镶着绿宝石的金戒指的。卖主保证 20 年内绿宝石不会从金戒指上脱落，如果在 20 年之内从戒指上脱落的话，卖主同意付给买主 10 个单位（mana）的银子作为赔款。落款日期是公元前 429 年（Bursk et al.，1962，vol. Ⅰ，p. 71）。

今天，质量担保在所有形式的贸易和商业中都得到了广泛的应用。这种做法激励生产者重视质量，促使销售商寻求可靠的供货来源。担保是如此重要，以至于近来立法机构规定了担保的标准以确保其措辞不致误导买主。

质量规范

卖主需要将他们所售之物与买主沟通，买主需要就他们欲买之物与卖主沟通。在村庄集市中，生产者和购买者之间直接进行口头的沟通。随着商业的发展，这种沟通扩大到分散在各地的层层生产商和层层经销商，于是新的沟通形式成为必需。这方面的一个主要发明便是书面的质量规范。这样，无论相距多远，无论产品的实质多么复杂，在设计者和生产商之间、卖主和买主之间，都能够就质量的信息进行直接的沟通。

正如担保书一样，书面质量规范的起源也很早。在 3 500 年前的埃及草纸卷中就有这方面的记载。早期的规范主要是规定产品及生产产品的过程；经过一段时期，规范扩大到对制造产品的材料进行规定；之后由于卖主与买主使用不同的检验方法而导致冲突，使得制定检验和试验规范便成为必然。

测量

检验和试验规范的出现导致了测量手段的进步。测量长度、体积和时间的仪器从几千年前就开始发展起来。仪器的种类、精度在持续不断地增加。在近几个世纪，测量时间的仪器的精度已经增加了十几个数量级（Juran，1995，Chapter 10）。

手工艺人和行会

手工艺人所拥有的职业技能是其收入、地位，以及自尊和他人尊重的来源。可是，随着村庄发展为集镇和城市，手工艺人的数量也在增加。产生的竞争威胁着手工艺人的生意和利益。

为了保证他们的利益，同一行业中的手工艺人组织起了行业协会，这就是行会。各行会请求城市管理当局授予其会员从事本行当的专有权。

行会在中世纪繁荣了数百年，一直到工业革命其影响才逐渐减弱。行会利用其垄断性权力主要为会员们提供生活和安全保障，同时也提供广泛的社会服务。（详细资料见 Bursk et al.，1962，vol. Ⅲ，pp. 1656－1678.）

行会的等级制度

每个行会内部都维持着由学徒、熟练工及师傅这三类工匠组成的等级制度。进入任一个层次都需要经过相当多的程序。

最底层为学徒或徒弟，成为学徒需要签订契约，这是一份约束学徒在一段特定时期内为师傅服务的正式合同。师傅负责将技艺传授给学徒。

为了获得提升资格，学徒必须服务够所签约的期限。此外还需要通过由师傅组成的委员会的考试。除口头考试外，学徒还必须制作一件完美的产品作为自己的代表作交由考试委员会审查。成功通过考试者正式被接受为熟练工。

熟练工从事本行当的权限受到限制。通常他可以受雇于一个师傅并按日获得报酬，也可以游走到其他城镇去寻找从事本业的机会。只有成为师傅才可以独立营业。

要成为师傅首先必须有空缺。行会规定了本地区师傅的数量。遇有师傅死亡或退休时，行会会决定是否填补空缺。如果需要，将通过正式的仪式，选拔一名熟练工进入师傅的行列。

行会和质量计划

行会在质量管理方面起着积极的作用，包括质量计划。它们对购入的原材料、制造过程、成品以及检验和试验方法等制定了规范。

行会和质量控制

行会还广泛参与质量控制。它们通过检验和审核来确保手工艺人遵守质量规范。建立“可追溯”的手段来识别产品的生产者。另外，一些行会在成品上打上它们的标记以向顾客保证产品质量符合行会标准。行会的控制还扩大到销售领域。不良质量的产品被禁止销售，违规者将受到从罚款一直到剥夺成员资格的一系列惩罚。行会还控制着销售的价格和条件。

行会和质量改进

一致性——维持成员之间的机会平等是行会的一个主导性政策。结果是，会员之间的内部竞争被限制在“正直的”竞争范围内。通过对产品或生产过程的技术革新进行的质量改进被认为是“不正直的”竞争。对质量改进的限制确实有助于维持会员之间的平等，但这却使得在面对其他城市的更先进的产品和生产过程的竞争时，行会变得更易受到打击。

行会和外部力量

行会可以控制内部竞争，但外部竞争则另当别论。有些外部竞争表现为与其他行会之间的司法纠纷，这些官司在诉辩上耗费了大量的时间。更加棘手的是来自其他城市的竞争，这些竞争不仅表现在价值和价格上，也会表现在质量上。

一致性的政策抑制了质量改进，变成了保持竞争力的障碍。因此，行会敦促当局限制输入外来产品。它们还制定了严格的规定防止行业秘密落入外来竞争者手中。（威尼斯玻璃制造业曾以死刑来威慑出卖机密者。）

检验和检验员

检验和检验员的概念古已有之。埃及古墓中的壁画和浮雕中描绘了制石工程中的检验活动。用来取齐的测量工具有直角尺、水平仪和铅锤。石头的表面平度用测杆和在石块表面拉直线的方法来检验。

随着店铺规模的扩大，检验工作成为检验员的全职工作。经过一段时期的发展，检验员的大量增加构成了检验部门的基础，随后产生了现代的质量部门。（Singer et al.，1954，vol. Ⅰ，p. 481.）

政府参与管理质量

政府长期以来一直参与着对质量的管理。这样做的目的包括保护公民的安全和健康，保卫和改善国家经济，以及保护顾客免受欺骗。所有这些目的都与质量管理有关。

市民的安全和健康

早期的安全和健康保护是事后措施。汉谟拉比法典（公元前2000年）中规定，如果所建房屋发生倒塌并造成房主死亡的话，建筑者将被处以死刑。在中世纪，同样的命运等待着那些不小心将老鼠药混在面粉中的面包师。

国家经济

随着城市之间贸易的增加，一个城市的质量声誉会成为财富或负债。许多城市采取措施对输出的商品进行质量控制来保护它们的声誉。它们指定检验员对成品进行检验并贴上质量证明的封条。这一概念被广泛应用于诸如纺织品等大批量商品上。

商业的持续发展带来了国家之间的竞争，包括质量上的竞争。行会倾向于限制质量改进，但政府希望能改进国内商品的质量以减少进口增加出口。例如，在16世纪后期，苏格兰的詹姆斯六世（James Ⅵ）从低地国家引进工匠建立纺织厂，并让他们将手艺秘密教给苏格兰工人（Bursk et al. 1962，vol. Ⅳ，pp. 2283－2285）。

保护消费者

很多国家都认识到，在一些国内贸易行为中不适合应用“买者当心”的规矩。测量便是如此。国家规定了官方标准工具来测量长度、重量、体积等等。这些工具的使用是强制性的，有专门的监督人员来确保人们遵守规定。（例如，Juran，1995，Chapter 1。）20世纪在保护消费者的立法方面有了巨大的进展。（详见 Juran，1995，Chapter 17。）

质量标志和印封

几个世纪以来标志和印封被应用于产品上以达到多种目的。标志被用来：

• 区别生产者，无论是手工艺人、工厂、商人、包装商还是其他。这样的区别可利于确定责任，保护无辜者免受责备，便于买主在众多制造商中选择，为制造者扬名，等等。

• 提供可追溯性。在大量生产中，利用批号有助于保持后续加工的一致性，明确报废日期，选择性地回收产品，等等。

• 提供产品信息。如所用成分的数量和类型、制造日期、保质期、产品型号、参数（如电压、电流）等等。

• 提供质量保证。这是行会和集镇的标志的主要用途。通过这种途径告示买主“此产品已经过独立的检验，具有好的质量”。

印封的使用则带有一些浪漫的效果。一些中世纪城市的印封是艺术设计的杰作，有些甚至成为世界知名之作。英国贵金属制品上的钢印（hallmark）便是如此。

工业革命

工业革命在 18 世纪中叶开始于欧洲。它起源于动力机械和机械动力的同时发展。工业革命导致了工厂的诞生，工厂的效率迅速超过了手工艺人和小作坊并使之在很大程度上退出了历史舞台。

工厂制度：手工作坊的破灭

工厂的目标是提高生产率和降低成本。在手工制度下，原始的技术造成了生产率的低下，而熟练工匠的高工资则导致了成本的高昂。工厂重新设计了制造过程以实现其目标。在手工制度下，手工艺人亲手操作生产最终产品——如别针、鞋、桶等——所需的每一项作业。在工厂制度下，完成一件产品所需的作业被分配给了几个或许多的工厂工人。人们设计出了专门的工具以将每项作业简化到很短的时间完成，一个工人可以在几小时内完成多次的作业循环，从而提高了生产率。

亚当·斯密在其著作《国富论》中首次讨论了手工作坊制和工厂制度的巨大差异。他指出别针的制造是由 18 项不同作业构成的一个独特的工艺。当将这些不同的作业分配给 10 个工厂工人时，产量提高到相当于每个工人一天可生产 4 800 个别针，这比由每个工人单独完成 18 项作业来制造别针的产量高出了几个数量级（Smith，1776）。对于其他类型的生产，如纺织或编织，动力机械的效率远远胜过了手工操作的工匠，同时工厂还可雇用半熟练或不熟练工人以减少劳动成本。

工厂制度的主要经济效益是低成本下的大规模生产。这使得以这种方式产出的产品更能为人们所接受，从而促进了工业化国家的经济增长，导致了一个广大的“中产阶级”的崛起。

工厂制度下的质量控制

工厂制度要求质量控制的方式也要有相应的改变。当手工作业变为许多工人之间的分工时，这些工人不再是他们自己的主顾。工人的职责不再是为了让买主（或顾客、用户）满意，工厂工人很少与买主接触。取而代之，他们的职责变成“使之像样品（或标准）一样”。

大规模生产也带来了新的技术问题。由零部件组合起来的产品要求零部件之间具有互换性。再就是，随着技术的发展和商业范围的扩大，标准化的必要性也日益呈现出来。所有这些都要求机械、工具和测量具有更高的精度。（在手工制度下，由手工艺人调节和整修所需的零部件。）

理论上而言，这些质量问题应该能在最初计划生产过程时加以避免，但受到计划制定者——“熟练技工”和工厂监督员的限制。他们拥有丰富的实际经验，但他们的方法是经验主义的，根植于代代相传的手工实践中。他们几乎不懂得过程变异以及由此而引起的产品变异的实质。他们在如何收集和分析资料以确保生产过程具有能使生产工人生产出达到标准的产品的“过程能力”方面未经训练。一直到20世纪人们才开始应用这种新的概念。

由于质量计划方面的这种局限性，由专业检验员辅助部门监督员进行的检验开始广泛流行。在这种情况下，检验员对各自的部门生产管理人员负责。由专门部门来协调质量活动的概念也是大致到了20世纪才开始出现。

质量改进

工业革命为通过开发产品和生产过程来进行持续的质量改进创造了有利的氛围。例如，对蒸汽机设计的不断改进使它的热效能从1718年的0.5%提高到了1906年的23%（Singer et al. 1985，vol. Ⅳ）。发明家和企业家的涌现带领许多国家进入了技术和工业化的新世界。经过一段时期后，一些公司创建了内部的发明资源，亦即专门的研究实验机构来从事产品和过程的开发，有些则创建了市场研究部门以起到企业家的作用。

与此相对照，通过持续的质量改进来减少慢性浪费的观念则进展甚微，其原因或许在于大多数企业主管更重视提高收益而非减少慢性浪费。行会所奉行的阻碍质量改进的一致性政策可能也是原因之一。无论如何，通过质量改进以减少慢性浪费的概念直到20世纪日本爆发的质量革命才获得了广泛的应用。

泰罗的科学管理制度

对于手工作坊制度的又一沉重打击来自F. W. 泰罗的“科学管理”制度。这一制度起源于19世纪后期，一位美国经理泰罗希望通过改进制造计划来提高产量和生产率。他的做法是将计划从执行中分离出来。他主张由工程师来进行计划，而基层主管和工人则只管计划的实施。

泰罗制极大地提高了劳动生产率。它在美国获得了广泛的应用，但在别处却不尽如此。泰罗制在人际关系方面具有负面的作用，而大多数美国的经理们对此都置若罔闻。它对质量也有消极的影响，美国经理们的应对是把检验员从生产部门中抽出来安置于新创建的检验部门。经过一段时期，这些部门承担了更多的职能而演变成为今天包含众多职能的质量部门。（详见 Juran，1995，Chapter 17。）

质量保证的兴起

从对质量保证的剖析可以看出，它非常类似于质量控制。两者都评价实际质量，都将实际质量与质量目标相对照，都鼓励采取必需的纠正措施。两者的差异在于各自服务的主要目的不同。

质量控制主要服务于那些直接负责运营的人员，帮助他们调节当前的运营状况。质量保证则服务于那些并不直接从事运营但有必要知情、有必要了解事情的进展状况并希望确保诸事进展顺利的人员。

就这一意义而言，质量保证与保险具有相似性，两者都意味着用较少的花费来获得一种免于更大损失的保护。质量保证的保护来自一种可能避免更大损失的早期预警，保险的保护则表现为发生损失后的赔偿。

村庄市场中的质量保证

在村庄市场中，买主通过他们自己的警惕性，通过在购买产品之前的检验和试验来提供大部分的质量保证。进一步的质量保证来自手工作坊制度，生产者要经过学徒期的培训，必须通过考试之后才能独立开业。

借助审核而获得的质量保证

商业的发展引入了层层的供应商和批发商，将消费者与生产者隔离了开来。这客观上要求着新的质量保证形式，其中之一便是质量担保。行会建立了一种质量保证的形式，他们制定产品和过程的标准并借助审核来确保手工艺人们遵从标准。另外，一些官方机构还建立了独立的产品检验制度以保护它们作为产品输出者的质量信誉。

对供应商的质量控制体系的审核

工业革命促进了大型工业公司的兴起。它们大规模地购买设备、原材料和产品。在早期，他们的质量保证主要是通过检验和试验来实施的，进入 20 世纪后出现了一种新的形式，即由顾客要求和定义的质量控制体系。实施并遵守这些体系成为了获得并保持供应商资格的条件。通过获得供应合同之前和期间的审核，这种制度得到了进一步的强化。

起初，这种做法为供应商带来了一些严重的问题。缺乏标准化是其中之一。

每一个买方企业对于什么是适当的质量控制体系都有着自己的理解，这使得每个供应商都面临着如何使自己的体系能够同时满足多个顾客的问题。另一个问题是多重审核。每个供应商都要接受多个顾客的审核，没有一种制度将所有的审核结果汇总到一个共通的数据库中，顾客一般也不愿意接受由自己以外的其他人所进行的审核的结果。这种多重审核尤其使小供应商不堪重负。

最近几十年来，专业协会、国家标准化团体以及最近的国际标准化组织（ISO）在体系标准化方面采取了诸多措施。质量控制体系的ISO 9000系列标准在欧洲的企业界得到了广泛的应用。虽然并没有法律要求企业接受此标准，但由于市场的力量，没有哪个企业愿意处于这样一种境地，即竞争对手获得了ISO 9000标准的认证而自己却没有。

多重审核的问题依然存在。在理论上，通过一次审核来提供所有买主都能接受的资料是可行的。保险商实验室（Underwriters Laboratories，UL）的质量审核和一些主要的财务审计公司的财务审计便是如此。随着ISO 9000认证的发展，单一审核未来将成为可行，但这要求有更高的成熟度。

向军事采购的扩展

政府向来都是大买主，特别是在国防方面。其早期的质量保证制度主要是检验和试验，进入20世纪后有一个显著的变化，这便是采用强制性的质量控制体系并通过审核来确保对这些强制性体系的符合。北大西洋公约组织（NATO）制定了一个称为联合质量保证公报（the Allied Quality Assurance Publications，AQAP）的国际标准，其中包括了最大限度减少多重审核的条款。（详见Juran，1997。）

对于强制性质量控制体系的抵制

一开始，供应商们抵制由客户所要求的质量控制体系，但所有这些都不能阻止质量保证的发展。买主的经济力量是决定性的。随着供应商们对这种新方式越来越熟悉，他们认识到许多规定只不过是经营管理的好经验而已。因此，对质量控制体系的强制要求看来注定要成为质量管理的永久性特征。

责任的转换

应当注意到，要求实施质量控制体系的做法涉及质量保证责任的重大变化。在村庄市场中，生产者提供产品，但买主对质量保证负有更多的责任。在实施质量控制体系的情况下，生产者变得对所提供的产品及其质量保证都负有责任。生产者质量保证的内容包括：

- 采用强制性的质量控制体系。
- 提供能够证明体系得到遵守的数据。

买方的审核，一是考察强制性的体系是否存在，再就是考察其是否确实得到了遵守。

20 世纪与质量

在 20 世纪出现了一些影响深远的新情况，要求做出相应的反应。这些情况包括科学和技术的爆炸性增长，人类安全和健康以及环境所受到的威胁，消费者保护运动的高涨，在质量方面日益增强的国际竞争。

科学和技术的爆炸性增长

科学和技术的增长为人类社会带来了无数的好处：延长了的预期寿命，良好的交通和运输，家务劳动的减少，新型的教育和娱乐，等等。为了将新技术转化为这些福祉而出现了大量的新产业。实现了产业化的国家有能力来改善经济和提高人民的福利。

新技术要求复杂的设计和精确的实施。过去几百年所用的经验方法难以提供所需的产品和过程设计，导致过程的产出很低而现场失效却很多。许多公司试图通过增加检验将好坏产品分开的方式来解决产出低的问题，通过担保和顾客服务来解决现场失效问题。这些办法代价昂贵，也不能减少顾客的不满。解决这些问题真正需要的是：从一开始就预防缺陷和现场失效的发生。

对人类安全、健康以及对环境的威胁

伴随着技术的益处的还有不请自来的客人。要接受这些益处就必须有生活方式上的改变，这使得生活的质量依赖于服务的连续性。可是，许多产品很容易发生故障，从而常常会导致服务的中断。大多数的中断无关紧要，但有些却是严重甚至可怕的，威胁到了人类的安全和健康，也威胁到了环境。

质量因此而成了重要的要求。技术益处的连续性取决于提供这些益处的产品和服务的质量。中断的频次和严重性也取决于质量，取决于技术性产品的持续运行和良好表现。这种依赖性便是人们所熟知的“生活在质量大堤之下”（详见第 10 章“展望：促进环境可持续性的生态质量”）。

政府质量管制的强化

政府对质量的管制古已有之。最初主要集中于人身安全方面，并以“事后算

账”的方式来实施，制定了法律来惩罚那些因提供不良质量而致人伤亡的责任者。近几个世纪以来，管制开始趋向于“防患于未然”，其性质成为预防性的。

这种趋势在20世纪得到了进一步强化。在有关人类健康的领域，人们制定法律来保证食品、药品以及医疗器具的质量。从事特定行业的许可管理得到了强化。还制定了许多有关产品安全、公路安全、职业安全，以及消费者保护等方面的法律。

政府管制的强化除了因其自身的义务之外，也是对20世纪出现的各种力量的回应。技术的提高使得复杂而危险的产品流入到对技术知之甚少的社会大众手中，而政府管制则要求产品设计应避免这些危险。对企业而言，这种干预会成为一种需要认真对付的力量。（详见Juran，1995，Chapter 17。）

消费者权益运动的兴起

消费者欢迎的是新产品所具有的新特征，而并非随之而来的新的质量问题。新产品令人陌生，大多数消费者都不具备专业技术知识。他们的直觉难以判断在众多互相竞争的产品中应当购买哪种，不同公司的宣称常常又彼此矛盾。

产品发生故障时，消费者会因含糊不清的担保和差劲的服务而焦头烂额。遇到这种倒霉事情，“体制”似乎不会提供帮助。单个的消费者不可能与体制抗争，但集中起来他们人数众多，因此在经济和政治上都具有潜在的力量。20世纪，“消费者权益”运动的出现将这种潜力化为了现实，使得消费者能够更有效地应对这些问题。这一运动对于促使政府在保护消费者方面立法也取得了成功。（详见Juran，1995，Chapter 17。）

在质量方面日益增强的国际竞争

城市以及国家之间的竞争已经存在了许多个世纪。最古老的竞争形式或许是在军备方面。20世纪在两次世界大战的压力下这种竞争变得更加激烈，它导致了新型的可怕的大规模杀伤性武器的发展。

竞争的另一刺激因素来自跨国公司的兴起。大公司遭遇的对外贸易壁垒阻碍着其产品的输出。为了绕过这些壁垒，许多大公司建立了海外分支机构，以其作为基地来参与海外市场竞争，包括在质量上的竞争。

在20世纪关于质量竞争威力的最为成功的展示来自日本。在第二次世界大战以后，日本公司发现西方不愿购买它们的产品，日本在制造和出口劣质产品方面恶名远播。商品卖不出去为日本公司敲响了警钟，由此而触发了20世纪50年代的日本质量革命。在短短几十年当中，这场革命在质量方面将日本推入了世界领先的地位。质量领先转而使得日本一跃成为一个经济超级大国。这在工业史上是一个从无先例的现象。

21 世纪与质量

这些巨大力量的累积效应将质量搬上了舞台的中心。如此宏大的运动在逻辑上讲本来应当激发起一种相应的回响，亦即一场质量管理的革命。但是，组织很难认识到这样一场革命的必要性，它们缺乏必要的警报信号。生产车间里确实存在着技术性的质量措施，但最高管理层却没有管理性的质量措施。因此，除日本外，必需的质量革命直到 20 世纪末才开始初露端倪。这场革命要有效地席卷全球，需要几十年乃至整个 21 世纪的努力。因此，当 20 世纪被称为“生产率的世纪”时，21 世纪将以“质量的世纪”而为后人所知。

西方世界未能对质量革命的必要性作出及时的反应导致了一场广泛的危机。20 世纪 80 年代众多公司开展了质量活动，这些活动大多数都远未达到预期的目标。但是，有少数公司确实取得了令人信服的成功，积累了经验并树立起了典范，为西方国家在未来的年代提供了指南。

当今所有国家都有可能在质量方面实现优异。所需的方法、工具和诀窍依然存在。一个新兴的国家可能会比几个世纪以来在质量方面一直领先的那些国家提供更高的质量。今天，以及在可以预见的未来，各行各业的组织都必须不懈努力以追求完美，必须达到卓越绩效的水准。

启示

质量管理取得成功的那些公司采用了许多的策略。分析表明，各公司的策略尽管各有特点，但确有许多共性存在。这些普遍的策略包括：

1. 将顾客和质量置于最优先地位。实现顾客满意成为首要的运营目标，体现在愿景和战略计划中，规定在公司的方针和评价体系中。

2. 创建卓越绩效体系。所有那些实现了优异结果的组织都实施了某种变革计划或系统性的变革模型，这种模型使得组织的突破得以实现。

3. 实施战略性的质量计划。经营计划中包括了质量目标和平衡计分卡，并年复一年持之以恒。

4. 对最佳惯行实施标杆分析。这种方法用于根据别人已取得的卓越水准设定自己的目标。

5. 实施持续的创新和过程改进。经营计划中包括了质量改进的目标。人们认识到质量是一个移动的靶子，因此过程改进没有终点。

6. 实施质量管理以及各类方法、工具的培训。培训范围扩展到质量部门以外的所有部门和层次，包括最高主管在内。

7. 整个组织对质量保证的重视。重视改进并保证组织中的所有产品、服务、过程和职能的质量。

8. 按项目创建跨职能的项目团队。以跨职能团队的方式团结合作，重视公司成果胜于职能目标，合作关系延伸至供应商和顾客，是对当前绩效突破的关键。聚焦于“关键的少数”改进机会。

9. 雇员的活性化。包括培训和激活员工参与计划和改进“有用的多数”的机会。通过扩大表彰和奖励来提供激励，以应对质量革命所要求的变革。通过建立测量手段以使高层主管掌握实现顾客满意、满足竞争要求、改进质量等方面的进展。最高管理层亲自掌管质量管理，认识到某些职责是不可下授的，它们必须由最高主管亲自实施。

10. 构筑具有适应性和可持续性的组织。质量是由顾客定义的，顾客受社会问题所影响。今天的质量包括了安全、对环境无害、低成本、使用方便，等等。为了取得成功，所有的组织都必须成为具有可持续性的组织。

致谢

本章大量引用了以下资料：

De Feo, J. A., and Bernard, W. W. (2004). *Juran Institute's Six Sigma Breakthrough and Beyond*. McGraw-Hill, New York.

Gryna, F. M., Chua, R. C. H., and De Feo, J. A. (2007). *Quality Planning and Analysis*, 5th ed. McGraw-Hill, New York.

Juran, J. M. (ed.) (1995). *A History of Managing for Quality*. Sponsored by Juran Foundation, Inc. Quality Press, Milwaukee, WI.

Juran, J. M., and Godfrey, A. B. (1999). *Juran's Quality Handbook*, 5th ed. McGraw-Hill, New York.

Juran, J. M. (2004). *Architect of Quality*. McGraw-Hill, New York.

作者对于版权持有者允许引用这些资料深表感谢。

参考文献

"Betting to Win on the Baldie Winners." (1993). *Business Week*, October 18.

Bursk, E. C., Clark, D. T., and Hidy, R. W. (1962). *The World of Business*, vol. I, p. 71, vol. III, pp. 1656–1678, vol. IV, pp. 2283–2285. Simon and Schuster, New York.

Durant, W. (1954). *The Story of Civilization, Part 1: Our Oriental Heritage*, pp. 182–183. Simon and Schuster, New York.

Firestone Tire Recall, Legal Information Center http://www.firestone-tire-recall.com/pages/overview.html

Juran, J. M. (1964, 1995). *Managerial Breakthrough*. McGraw-Hill, New York.

Juran, J. M. (1970). "Consumerism and Product or Service Quality." *Quality Progress*, July, pp. 18–27. American Society for Quality.

Paraphrased from Juran Quality Minute: Hair Nets.

Paraphrased from the Juran Quality Minutes (2004) Planning Quality and Meeting Customer's Needs, Discussion Guide, p 19. Southbury, CT. Juran, J. M. (1977). "Quality and Its Assurance—An Overview." Second NATO Symposium on Quality and Its Assurance, London.

Juran, J. M. (ed.) (1995). *A History of Managing for Quality*. Quality Press, Milwaukee, WI.

Levine, R. (1987). "Breaking Routine: Voice of the Subway." *The New York Times*, January 15.

Levitt, T. (1960). "Marketing Myopia." *Harvard Business Review*, July-August, pp. 26–28ff.

Levinson, M. S. (2008). *City Manager, City of Coral Springs*, FL. Prepared remarks Malcolm Baldrige National Quality Award Ceremony, April 23, 2008 http://www.nist.gov/speeches/levinson_042308.html

Ollson, J. R. (1986). "The Market-Leader Method; User-Oriented Development." *Proceedings 30th EOQC Annual Conference*, pp. 59–68. European Organization for Quality Control.

"The Perils of Cutting Quality." (1982). *The New York Times*, August 22.

Singer, C., Holmyard, E. J., and Hall, A. R. (eds.) (1954). *A History of Technology*, vol. I, Fig. 313, p. 481. Oxford University Press, New York.

Smith, A. (1776). *The Wealth of Nations*. Random House, New York. Originally published in 1937.

von der Porten (1994). "The Hanseatic League, Europe's First Common Market." *National Geographic*, October, pp. 56–79.

（焦叔斌　译）

第2章

质量对社会和文化的影响 约瑟夫·M·朱兰

关于本章

商业和科学技术的发展极大地扩展了非天然的产品和服务的范围和种类。这使许多现代工业社会中的人拥有了更长的寿命和更加安全的生活。他们在很大程度上避免了他们的祖先所要面对的各种危险的威胁。可是，这些非天然的产品和服务也带来了新的依赖和新的风险。多年前，作者提出了“质量大堤下的生活”这一短语来描述这些新的危险（Juran，1969）。本章讨论的便是不良质量对于我们的社会和环境所带来的影响。

本章要点

1. 人类社会有史以来就依赖着质量。在工业社会中，我们把我们的安全、健康甚至日常的福祉都置于了诸多质量“堤坝”的保护之下。可是，这些非天然的产品和服务给我们的社会带来了新的依赖和新的风险。这些风险必须降低，否则就会在金钱和文化上对我们造成损失。

2. 追求高质量是所有国家的共同目标。这一目标必须在能决定一国当务之急的重要力量，如政治、经济和社会力量的作用下，与国家的其他目标相竞争。

3. 保护消费者权益运动指的是通过集体行动来帮助消费者解决其问题的运动。没有人知道消费者的不满率在过去几个世纪是否增加了，但我们知道由于商品和服务总量的增加已使得消费者不满的总量增加到了一个巨大的数字。

4. 消费者对于产品的了解呈现出巨大的差异，有些甚至是一无所知。因此，产品的实际使用可能会与预期的用途大相径庭。但许多产品和服务是根据预期用途而不是实际使用情况设计的。由于人们以“不适合目的”的方式使用产品导致了伤害，从而产生了许多法律纠纷。

5. 许多权威机构组织发布和实施质量标准。有些机构是政治性的，如国家的、地区的和地方性的机构。还有些机构是非政治性的，如行会、行业协会、标准化机构等。这些权威性的机构都取得了实施各种管制计划的地位，从而成为了决定产品和服务可销性的潜在因素。所有的组织都必须考虑到这些管制的影响，否则就有可能招致惩罚。

6. 美国在 20 世纪所发生的这类法律诉讼在数量上有了显著的增加。伴随诉讼数量的增加，单件索赔和损失的规模也在显著增加。在设计所有的产品和服务时，都必须考虑到如何使不良质量可能造成的诉讼损失最小。

质量大堤下的生活

人类社会有史以来就依赖着质量。在原始社会，这表现为对于天然产品或“服务”的依赖。人类只能在很窄的气候温度、空气质量、食物质量等的变化范围内生存。对于大多数的原始社会来讲，即使是在这个很窄的范围内生存，也只是能够勉强维持，人类的生活基本上处于不确定中。人们每天要工作很长的时间，疲于奔命。营养不足、疾病、自然灾害等大大缩短了人们的寿命。为了降低这些风险，原始社会创造出了一些非天然的辅助手段，一定程度上增强了人们在智力和体力方面的能力，例如：

- 劳动分工。
- 社会共同体，如村落。
- 人工庇护所，如房屋。

- 把天然材料加工成非天然的产品，如陶器、纺织物、工具、武器等。
- 从以往经验中获得的启示，如播种时节、有毒的浆果等，并代代相传。

随后的商业和科学技术的发展极大地扩展了非天然的产品和服务的范围和种类。这使许多现代工业社会中的人拥有了更长的寿命和更加安全的生活。他们在很大程度上避免了他们的祖先所要面对的各种危险的威胁。可是，这些非天然的产品和服务也带来了新的依赖和新的风险。多年前，作者提出了“质量大堤下的生活”这一短语来描述这些新的危险（Juran，1969）。

在工业社会，大量的人将其安全、健康甚至日常的幸福都置于了许多质量控制“堤坝”的保护之下。例如，现在人们的日常安全和健康完全依赖于制造品的质量，例如药品、食品、飞机、汽车、电梯、隧道、桥梁，等等。另外，我们的生活方式的连续性是建立在各种重要服务的连续性基础之上的，如动力、运输、通信、水、垃圾处理等。一次大的电力故障会使数百万人的生活陷于瘫痪。

在质量大堤上有着许多微小的裂缝，即货品或服务偶然出现的故障。这些故障令人气恼而且代价昂贵。那些使人恐怖的重大决口便更为严重，如切尔诺贝利、博帕尔等事件。

不只是个人，各个国家以及它们的经济也都危险地栖身于质量控制大堤之下。一国的生产力依赖于其产品及过程设计的质量，一国的国防依赖于复杂的武器军备的质量，一个国家经济增长的关键在于其能源、通信、交通等系统的可靠性。

在技术给予社会极大好处的同时，它也使社会更依赖于科技产品和服务的持续性和良好运转。这是一种处在质量大堤之下的生活，一种获取了利益但却危险的生活方式。我们从技术中获取利益，正如荷兰人从海洋中攫取了大量陆地一样。然而，我们需要有好的堤坝，亦即要有好的质量来保护我们免受大量服务中断或意外灾难的危害。这些危险也导致了立法手段的介入，而开始时这些立法曾遭到工业公司的强烈反对。由此而表明，公众对于这些担忧是认真的。令人鼓舞的是，用户（无论是个人还是国家）愿意为好的堤坝付费。

不同用户处理质量大堤破损的能力有巨大差异。大型机构（工业公司、政府）雇用技术专家或发挥它们的经济、政治实力去计划、控制和改进质量。与此相对照，个人（消费者、公民）则发现他们与之抗衡的力量是如此神秘而强大，正如远古时他们的祖先在面对自然时的那种感觉一样。

任何个人在对付这些力量时都只有极其有限的能力。然而，这些个人为数众多，他们集中起来的经济和政治力量是可怕的。这种力量表现为一项运动，这便是通常所称的保护消费者权益运动。这一运动，虽然组织松散，但在为社会个体成员提供面对质量大堤破损的保护和资源方面已经非常具有影响力。

保护消费者权益运动的兴起

保护消费者权益运动是通过集体行动来帮助消费者解决其问题的运动的俗称。没有人知道消费者的不满率在过去几个世纪是否增加了，但我们知道由于商品和服务总量的增加已使得消费者不满的总量增加到了一个巨大的数字。到 20 世纪中期，消费者不满的增加使他们攻击工业公司所谓的其对消费者问题负责的言论。大多数公司都未能采取恰当的行动，由此而形成的真空吸引了众多的斗士来争夺对于保护消费者权益运动的领导权，其中包括了政府机构、政治家、社会改革者、消费者运动人士、消费者协会、标准化组织、独立的检测实验室，等等。这样便产生了一个风险，即在工业公司与其顾客之间将会介入一个谈判代理。①

消费者的认知

从 20 世纪 70 年代开始，研究者们开始识别那些主要的消费者问题以及相关利益群体对此的认知，这些群体包括消费者、消费者组织、政府、企业、保险公司，等等。表 2—1 列举了一项研究所得出的主要的质量主导的消费者问题。

表 2—1　　主要的质量问题

许多产品可靠性低
不能达到广告宣传的性能
售后服务和维修的质量低劣和反应迟缓
误导性的标签和包装
投诉无用：不会有什么实质性的结果
昂贵的保证或担保
公司不能适当而快速地处理投诉
太多的危险产品，尤其是儿童玩具
服务质量，尤其是医疗服务，缺乏可信的信息
过多的自我诊断
当所购产品出问题时不知如何处理
过多的类似但型号不同的产品让人不知如何选择

消费者的期望有时候比市场改进速度升高得更快。另外，消费者的认知也可

① 这部分内容引用了《朱兰质量手册》第 5 版（1995，第 17 章）的一些材料。

能与现实不同。例如，有许多消费者认为产品质量变得越来越差了，“产品不如从前耐用”。但作者对某些产品系列的研究总是发现质量在不断地改进。

关于企业对消费者问题的态度，消费者通常持有的是负面的而不是正面的认知。他们极力赞同以竞争作为确保产品质量更高、更安全，价格更低的手段。他们也感到大多数广告具有误导作用，有相当多的是在严重地误导。

20世纪70年代，消费者对不同行业表现的认知差异极大。认为比较好的有银行、大型百货商场、小商店、电话公司、超级市场、食品店和航空公司。在另一端，消费者感觉较差的有汽车制造商、广告公司、石油公司、汽车修理厂、二手车经销商等（Sentry，1976，p. 13）。

虽然消费者的认知有时是有差错的，但这种认知却有着极为重要的作用。人们根据自己的认知行事，因而了解消费者的认知是什么就非常重要。

消费者通常认为，在质量方面他们能够做很多事情以帮助自己。他们认为必要的产品信息是能够获得的，但消费者却没有加以利用。对于产品的安全性也具有类似的观点。他们通常认为如果使用得当，大多数产品还是安全的；许多产品安全问题的发生都是由于没有正确地阅读说明书而引起的（Sentry，1976）。

应对措施的建议

有许多关于应对措施的建议，但观点差异很大。差异的产生部分是由于对成本和价格的影响（见下文），同时也是由于对权力的竞争。各种消费者组织和政府部门都觉得它们理应发挥更大的作用，对某些传统的企业权力应当加以限制。

理想情况下，应对措施应当从源头上消除产生消费者问题的原因。保护消费者权益运动对于工业公司能否主动采取这种预防持怀疑态度，因此主要的建议是设法使消费者能够事前判断他们是否是在购买“麻烦”。

购买前获得信息

如果消费者能够了解各类产品的检测数据、使用性能等信息，他们就能够做出更好的购买决策。许多工业公司拥有这样的信息但并不愿意公开，它们将其视为私有。公司有选择地进行部分公开，主要是为了帮助产品的销售。因此信息可能存在偏向性是显而易见的。消费者对信息的需要也延伸到售后服务、对投诉的反应等方面。同样地，公司也把这些信息视为私有。缺乏来自工业公司的信息导致了一个真空，从而催生了产品信息的替代来源，以帮助消费者判断购买或者避免购买哪些产品。其中的一个替代信息来源是独立于产品制造公司和销售公司的测试实验室。

在这种观念下，合格的实验室可以对产品质量作出权威而独立的评价，从而使消费者能够获得所需的无偏向性的信息以做出合理的购买判断。合格的消费者检验服务需要有专业、熟练的技术人员，装备良好的检验实验室，可获得用以测试的产品，以及对检验信息的通报。这些活动所需的资金是如此严峻的一个问题，以至于融资的方式决定了其组织的形式和检验服务的政策。

消费者资助的产品检验

这种形式的检验实验室通过发布其检测结果而获得收入，通常是有一本按月发行的杂志以及一个年度总结。通过宣传能够从中获得做出更好购买决策所需的信息而省钱，来鼓励消费者订阅这些杂志。这类实验室的广告常会表现为这样的提问："独立检验显示这个 75 美元的用具性能一样好，你还愿意付 100 美元购买另一种吗?"

这类消费者资助的实验室的运营方式是，它们购买并检验同类产品，评价其性能和缺点，将这些评价与产品价格比较，根据某种相对价值的量表来对产品进行评级。评级情况、检验结果摘要、检验方式等都公布在实验室的月刊上。工业公司不参与产品的检验和评价。另外，不允许公司引用这些刊物公布的评级情况、检验结果或其他材料。

其提供给消费者的服务通常包括：

1. 实验室的检验结果，大体上是客观而不带偏见的。

2. 价值判断，这是主观的，有可能会带有偏见，即其广告所强调的（告诉消费者某些低价产品与高价产品一样好）造成了对于高价产品的偏见。更重要的是，这些判断未必是消费者的典型判断。

尽管由大量消费者订阅所支持的检验服务存在着这些明显的问题，但在富裕国家甚至发展中国家中仍有许多这样的服务存在。在美国，这类检验最广为人知的一个来源便是"消费者联盟"，其检验结果发表在《消费者报道》月刊上。

政府出资的产品检验

政府涉足产品质量问题已有很长的历史，最初的目的是保护公民的安全和健康，随后又包括了保护环境。详见下文的"政府的质量管制"一节。

最近扩展到了消费者经济领域，部分原因是由于保护消费者权益运动的刺激。由此而带来的一个副产品便是使某些产品的检验结果以及其他有关质量的信息变得可获得。这些信息对公众公开，或者以出版物的形式，或者应要求提供。

政府补助的检验

在一些国家，政府资助检验实验室进行消费者产品检验并将结果公布以帮助消费者。这一做法的基本理由是，对这些信息存在着公众需要，因此，其花费应该由公众来负担。

强制性政府认证

在这种做法下，法律要求产品在销售给公众之前，要被独立地证明其合格。在许多国家，这一做法适用于那些对人身安全至关重要的消费产品（如药品、食品）。对于其他产品，在具体做法上有着很大的差别。一般来说，市场经济的国家反对对于（非关键）消费品进行强制性的政府认证，而是依赖于市场竞争的力量来使质量达到要求。与此相对照，计划经济的国家，如苏联，对消费品的标准进行了严格的规定并利用政府实验室来推行这些（具有法律效应的）标准。

公司出资的产品检验

在这种形式中，工业公司向独立实验室购买检验服务以获得对其产品的标志（证书、印章、标签）。一些类别的产品没有取得合格的检验服务标志就投放市场是非法的。有些情况下虽然没有标志是合法的，但出于经济原因而必须获得标志，如保险公司会收取极高的保费，否则根本不提供保险。

一个广受欢迎的标志是保险商实验室（UL）的标志。UL（现在是独立的）最初是由全国火灾保险商理事会为了帮助预防火灾而创立的，现在涉及火灾保护、盗窃保护、危险化学物质以及其他与安全有关的事务。其业务包括：

- 制定和发布材料、产品和体系的标准。
- 检验制造商的产品是否符合这些标准（或其他公认的标准）。
- 对于检验合格的产品授予 UL 标志，即将产品“列入目录”。

还有许多其他的实验室也类似地参与了安全事务，如蒸汽锅炉和航海的安全事务。有些实验室在各自的专业领域中获得了独特的地位，从而形成了在该领域的检验垄断。

从独立实验室获得标志的另一个目的是帮助产品销售。对于这些“非官方”的标志的价值，各公司看法不一。强大的公司会认为它们自己的品牌和标志要更有威望，检验实验室的标志只对较弱小的公司具有价值。授予这类标志的检验服务在目的和客观性方面存在着很大的不同。

在有些国家，这种志愿性的标志是由国家标准化团体来提供的，如日本标准化协会或法国标准化协会（AFNOR）。其标志授予那些满足各自标准的产品。希望使用 JIS（日本工业标准）或 NF（法国标准）标志的公司必须提交产品检验并为检验付费。如果产品合格，公司即被授予使用相应标志的权利。

有关商业行为的数据库

许多消费者的不满可归因于公司的商业行为，例如逃避履行保证书中的规定等。帕累托原理在此仍是适用的，少数公司造成了大量的投诉。根据这个原理，一个有关公司商业行为的数据库将有助于人们识别少数的那些“坏家伙”，从而减少它们的影响。

消费者教育

除了产品检验和商业行为数据库之外，消费者还可以获得其他形式的购前信息。一些政府部门发布从总体上描述产品功能及产品优点（或乏善可陈）的信息。然而，最常用的产品信息来源是有相关经验可以共享的亲朋的建议。消费者相信这些建议是可靠的。

标准化组织

这类机构有许多，例如，在美国对消费者很重要的机构包括：

- 主要的制造商和销售商，它们的标准对其供应商和竞争者有着广泛的影响。
- 行业团体，如美国天然气协会（AGA）或日用品制造协会（AHAM）。
- 专业机构，如美国测试和材料协会（ASTM）。
- 独立机构，如 UL。
- 美国国家标准学会（ANSI），是一个公认的制定国家标准的各种委员会的信息中心，并是标准的正式发布者。
- 国家标准和技术学会（NIST），前身是国家标准局（NBS），建立和维持计量标准的政府机构。

消费品的标准

授予某种标志，意味着必须有相应的标准，以便在客观的基础上对产品进行检验。但是，与计量标准、基础材料以及其他技术和工业需要的标准所得到的重视相比，为消费品提供这类标准所受到的重视则远不能与之相提并论。然而，保护消费者权益运动已极大地推进了制定这些标准的步伐。特别是行业协会被激励更多地承担了这种类型的业务。

制定消费品的标准面临一个严重的局限，这便是产品更新的步伐过快而制定标准所需的时间却太长。由于必须获得有关各方的一致意见，制定一个标准常常要历时数年。为计量或基本材料这样的领域所制定的标准可以有很长的使用期限，然而，对于消费品而言，其标准的寿命受到产品更新速度的限制，许多产品标准的寿命都非常短暂，从而制定产品标准的经济性受到了严重的质疑。

有些情况下，产品更新可归因于商人的狂热。例如，检验机械手表质量的一个指标是钻石的数量。一些制造商为了宣称其质量更高，就将非功能性的钻石也包括了进来。因此必须重新定义“钻石”这个词。

消费品标准所面临的另一个问题是，标准化机构传统上将重点放在“零时间”上，即产品使用前的检验状态。然而，许多产品，特别是那些非常昂贵的产品，是预期要提供多年服务的。许多消费者问题可追溯到使用中的故障，而多数消费者产品标准并没有充分地重视这方面的“能力”，即可靠性、可维修性等。

检验服务的客观性

除非检验服务是客观的，否则消费者就很可能被他们所信赖的组织所误导。客观性的标准包括：

• 财务独立：检验服务的收入对于检验结果不应有影响。当收入来源与生产被检验产品的公司无关时，这种独立性处于最佳状态。即使做不到这一点，公司的付款也只能是为了检验，决不能与检验结果有关。违背这一标准的一个例子是那些从事双重业务的检验机构，它们一方面根据产品检验合格情况授予公司一个标志，另一方面还出版公开发行的杂志，从而要求获得标志的公司在杂志上刊登广告。在这种情况下，利益冲突的风险是非常高的，因此消费者应该谨慎而不应轻信这些标志。

• 组织独立：检验服务的人员不应从属于接受产品检验的公司。

• 技术能力：这一显而易见的要求中包括了合格的专业人员、充分的检验设备以及有能力的管理人员。对于管理人员是否应是这一能力的唯一的判断者，还有待进一步讨论。

客观性这一问题是如此重要，因此在政府管理产品质量的情况下，通常在法令中要规定一个合格的检验实验室应当满足的标准。法令的执行者负责对照这一标准来判断实验室合格与否。

结果信息

消费者检验服务为消费者提供广泛的信息。其主要形式包括：

• 针对竞争性产品在价格、适用性方面的比较性数据，以及它们性价比的判断。这种形式的信息也是一种行动建议。

- 有关产品符合标准的数据。对于这种形式的信息，需要消费者自己来判断不同产品的价格与适用性。对于许多消费者而言，这类信息是一种负担。
- 产品符合标准的证明（通过标志）。在这里消费者被要求将标准等同于适用性，而要通过其他途径去发现不同产品的差异和价格对比情况。

符合有关标准的信息对于行业购买者是非常有用的，但对于一般消费者则不尽然。对于消费者来说，最佳的信息包括了适用性的对比数据，以及有关使用成本的对比数据。

一些消费者面对的重要质量问题，如产品到货时有缺陷，产品在使用中坏掉以及对于消费者的投诉反应较差等，传统的检验服务都不能提供确切的信息。

- 产品到货时有缺陷：检验服务的测试通常是针对一个小样本，亦即一个或少数几个产品单位进行的。这种检验能够判断产品设计是否能够满足适用性，但由于样本量太小而无法提供有关产品到货时的缺陷率的信息。
- 产品在使用过程中发生故障：传统上，检验服务是在“零时刻”，即使用前对消费品进行评价的。对于需长期使用的产品，这种检验不够充分，还有必要提供有关使用故障率的信息。现在有一些检验服务会进行一定程度的寿命测试，但所测试的产品单位数太少，不足以预测使用的故障率。有一些做法是通过向消费者发放问卷来获得这些信息，另一个信息来源是从修理店获取信息。
- 对消费者的投诉反应较差：这分明是产品检验表现最差的方面。检验实验室及其手段对此无能为力，因为这里所需的信息涉及的是服务机构的能力、速度和诚信。

购买后的应对措施

在产品保证期内遇到质量问题的消费者可以有多种选择。他们可以无需别人帮助而自己解决问题，如通过研究产品的信息并发挥自己的技能和才智来解决问题。更为普通情况是，他们必须去与直接相关的某个公司打交道，即卖商品的经销商或是产品的制造商。如果这些都无法解决问题，消费者仍然具有其他可以求助的途径（见下文）。

担保

质量担保（warranties）对于消费者而言是一项主要的售后帮助。然而，有许多消费者感到担保不易理解。另外，有许多人认为担保文件主要是为了保护制造商而不是消费者。但即使这样，消费者也越来越多地把担保作为进行购买决策时要考虑的要素，这也意味着担保越来越成为了重要的营销工具（Sentry，

1976，pp.14，15)。

消费者事务部——监督员

监督员（ombudsman）本来是一个瑞典词汇，用来指专事接受公民投诉并帮助他们要求政府机构采取行动的官员。监督员熟悉政府机构的渠道，能够找到有权或有责任采取行动的政府官员。他没有强迫采取行动的职权，但具有公布行动不当的权力。

监督员的做法也应用到了产品质量问题上。有些公司设立了内部的监督员并公布了其姓名和电话。消费者可以免费拨打，提出不满或获得信息。在美国这一角色更常用的头衔是消费者事务（关系）经理（总监）。这一经理职位还负有促进变革以改进消费者关系的责任。公司的这些努力导致了消费者“权利法案”计划的实行，这些权利包括安全、知情、选择、发表意见以及要求赔偿的权利。

另一种形式是行业监督员。一个例子是由家用器具制造商协会创立的“主要器具消费者行动小组”（一组独立的消费者专家），专门负责受理在当地没有获得满意解决的消费者的投诉。

还有一种形式是“产业与消费者联合投诉委员会”。例如有些北欧国家所实施的由政府提供资金的消费者争议调停和裁定委员会。这种委员会没有强制执行其裁定的职权，而只能公布不满意的裁定。他们受到了工商界人士的广泛接受和支持。

监督员这一概念从根本上而言是很有道理的。它受到消费者、政府主管部门的广泛支持，同时也受到企业经理中的一个强大的少数派的支持（Sentry，1976，p.77)。一些报纸的读者来信部门提供了监督员的服务。

调解

调解这一概念是指，由第三方的调解者来帮助争论双方获得一个解决的办法。调解人没有强制执行的权力，没有具有约束性的协议要求必须遵守调解者的意见。尽管如此，调解还是促进了问题的解决。Best（1981）的报告说，纽约市的人事部在1977到1978年间60%的调解促成了问题的解决。

调解过程有助于开辟一个交流的渠道从而消除误会。此外，富有经验的调解者发挥了一种缓和的作用，促进了双方对于解决方案的寻求。

仲裁

仲裁时，双方同意受第三方决定的约束。仲裁是一种有吸引力的解决争议的形式，因为它避免了在大多数诉讼案件中的高昂花费和长期拖延。在大多数消费者索赔中，诉讼的费用远远超过了索赔的数目。尽管这样，使用仲裁程序仍然有一些障碍。双方必须就约束性的仲裁达成一致，必须建立地方的低花费的仲裁中心，并招募到志愿仲裁员以象征性的费用或免费提供服务。这些障碍限制了仲裁应用在消费者投诉中的增长。

消费者组织

有许多形式的消费者组织。有些组织专注于特定的产品和服务，如汽车安全和借贷信用等，有一些则是诸如工会或农会这样的大型组织的附属机构，还有不少其他的专门处理各种消费者问题的组织。此外还有大量的消费者联盟，有全国性的也有国际性的，它们主要是致力于提升所有地方的和专门的消费者组织的集体力量。

政府机构

有国家、州和地方层次的政府机构。所有机构都鼓励消费者提交未解决的投诉并检举不良的商业行为。消费者的投诉有助于这些政府机构发现具有普遍性的问题并依此：

1. 进行更加深入的调查。
2. 提出新的立法。
3. 发布新的行政法规。

这些政府机构同时也努力帮助投诉的消费者，或者以监督员的方式，或者采取法律行动以威慑。但在实践中，由于消费者不满的数量巨大，大多数政府机构不可能卷入到解决具体消费者不满的事务之中，见下文“政府的质量管制”一节中的“执行过程”。

无应对措施

在现行的自由企业、市场竞争体系下，有许多正当的消费者投诉没有得到满意的解决。但是，在这个体系中包含着一些内在的调节因素。不能够提供满意服务的公司也无法获得回头客。这些公司要么及时修正其行为，要么就将输给那些具有更好的满意记录的公司。根据作者的经验，所有其他的经济体系都更加糟糕。

对于消费者运动的认识

“消费者运动使产业界和企业保持了正确的方向”，这已成为包括企业经理在内的人们的广泛共识。同时人们也普遍认为消费者运动的要求“导致了更高的价格”。即使如此，大多数人仍然感到“所发生的变化值得付出这些额外的花费”。消费者也强烈地感到，消费者运动的倡导者们应该考虑到其提议的代价。然而，不在少数的消费者坚信，那些倡导者们没有考虑成本（Sentry，1976，pp. 39，40，42，47）。

质量与国家文化

追求高质量的目标对于所有国家都是共通的。这一共通的目标必须与处在政治的、经济的和社会的巨大力量影响之下的国家的其他目标相竞争，这些力量决定了一个国家的当务之急。本节将讨论这些力量以及它们对于实现高质量这一问题的影响。

国际贸易和跨国公司数量的增长要求必须注重理解一国文化对于质量管理的影响。为了促进这种理解，有关这一主题的内容将按照以下的粗略分类来讨论。

在所有类型的国家经济形态中，自然资源和限制都对其目标的优先次序有影响。然而，一个更为重要的影响力量是人的领导力和决心。从历史上来看，人的力量在决定目标能否实现方面要起着比自然资源更加重要的作用。

“资本主义”、“社会主义”和“发展中的”这些说法是贴在一些极其复杂的概念之上的简单标签。“资本主义”的宽泛定义是生产工具和分配工具的私人所有制，这是与社会主义的国家所有制相对而言的。但是，所有自称资本主义的国家都有某种程度的国有，例如在健康、教育、交通以及通信等事务方面。类似地，所有自称为社会主义的国家也在不同程度上含有一些生产产品和服务的私有企业。同样，工业意义上的那些“发展中”国家，在其他的方面可能是高度发达的，如在政治或社会方面。这里必须提醒读者的是，诸如“资本主义”、“社会主义”、“发展中的”等这些词的使用只是相对的含义，不能被认为是绝对的概念。

本章的主题显然会令那些从事（或预期从事）国际性经营活动的人士感到有兴趣和重要。随着贸易壁垒的逐渐消除，这类经营活动正在变得日益广泛。然而，政府壁垒的消除对文化壁垒影响甚微，这将持续作为一个问题存在下去，除非人们能够认识、理解和重视文化模式（及其背后的原因）。

就经济意义而言，资本主义发达国家属于“关键的少数”。发展中国家是绝大多数，它们占陆地面积的绝大部分，包括了地球上的大部分人口。然而，世界上的大多数商品和服务却是由资本主义发达国家生产出来的。这种更大的重要性

（在经济意义上）表明，那些从事国际贸易的人士必须对相应国家的主导文化有一个基本的了解。

全球经济中的质量

所有的资本主义经济都表现出了一些基本的相似性，影响着质量相对于其他经济目标的重要性。

质量竞争

资本主义社会允许甚至鼓励企业间的竞争，包括质量的竞争。在质量方面的竞争具有多种形式。

创立新的组织

新组织诞生的一个常见原因便是货物或服务的质量低劣。例如，某个社区的人口已经超过了当地食品店或餐馆的服务能力，使顾客必须排长队等候才能获得服务。在这种情况下，创业者就会意识到市场的机遇而创办一个新的企业，用更优质的服务来吸引顾客。

创办新企业的方便对于质量改进的促进力量远比人们通常所认识到的大得多。所有的经济，无论是资本主义的还是社会主义的，在商品短缺时都会面临质量低劣的问题。创立新企业是缓解短缺的一个途径，这意味着消除了导致质量低劣的一个根本原因。

产品改进

质量竞争的常见形式是通过改进产品以使之对用户更具吸引力，从而面对现有产品的竞争能够成功地胜出。这些产品的改进主要是通过已有公司内部的产品开发实现的。此外，有些产品改进是由一些独立人士所设计的，他们或者会成立一个新的公司，或者将他们的构思卖给现有的企业。

新产品

其中既可以包括“产品”，甚至还可以包括新的系统性方法，如最大限度减少用户维护的设计方案。今天的工业巨头有许多是建立在新的系统概念上的。正如产品改进一样，新产品可以源自内部开发，也可以从外部购买。

质量竞争会导致产品和设施的重复。有些经济学家认为这类重复是一种浪费。然而，它的总体效果是促使生产者优胜劣汰，从而为用户带来利益。

直接的市场反馈

在资本主义经济中，企业的收入取决于其销售产品的能力，不管是直接卖给用户还是通过中间销售环节。如果低劣的质量导致了过多的退货、投诉或是商品卖不出去，这对制造商就是警告的信号，是采取补救措施的前提条件。

低劣质量对于制造商的收入所带来的严峻而直接的影响也产生了有益的副产品，这便是迫使制造商持续改进其市场研究和早期预警信号，以便在遇到麻烦时能够及时地作出响应。

与市场的直接联系不只是接收投诉和其他的质量不好的信息，尽管这的确很重要。但更为重要的是，在产品投放市场和确定销售计划之前与市场的联系。在资本主义经济中，自主经营的公司都是自己来预测销售量。公司兴旺繁荣的能力取决于它们实现其预测的程度。潜在的利益与损害均迫使公司重视市场的需要，因为这是它们收入的源泉。

社会保护

资本主义企业的自主经营可能会导致企业虚假宣传产品、销售不安全的产品、破坏环境、不履行承诺，等等。这些影响大到一定程度，就会引起广泛的预防性立法。

文化差异

文化差异表现为许多方面，包括：

• 语言：许多国家有多种语言和许多的方言，这对沟通造成了严重的障碍。

• 风俗和传统：这些以及相关的文化因素提供了指导决策和行动的先例和前提。

• 公司的所有制：所有制的形式决定了长、短期战略的结果，以及所有者与非所有者的动机差异。

• 管理企业的方法：管理的方法取决于许多因素，如是依赖制度还是人，经理接受专业培训的程度，计划与实施分离的程度，单一公司的职业生涯和非固定的职业生涯，等等。

• 猜疑：有些国家中存在着因远古的战争、宗教差异、不同部族等导致的历史仇恨，由此而导致的相互猜疑一代代流传了下来。

显而易见，在同某一文化的成员进行谈判之前，了解其文化的特征是非常重要的。公司在把雇员派到境外之前为其提供专门的培训，这种做法已变得日益普遍。类似地，当公司在国外建立分支机构时，它们通常会培训当地人使其能够有资格担任高级职位。

政府的质量管制

从远古开始，“政府”就建立和执行质量标准。这些政府有些是政治性的，如国家、区域和地方的政府。有些是非政治性的，如行业协会、商会、标准化组织等。无论是通过政治权力的授予，还是由于长期的习惯，这些主管团体获得了一种地位，使得它们能够执行以下所要讨论的各种管制方式。

标准化

随着技术的进步，产生了对于某些概念和行为进行标准化的需要。

• 度量衡：标准化的一个早期应用是针对诸如时间、质量和其他基本常数的测量单位进行的。这些标准是如此地基础，它们现在通行在全球范围内。

• 互换性：这种层次的标准化使得在诸如家用电压之类的日常事务以及无数工业社会物品的互换性方面形成了秩序。符合这类互换性标准是经济的必需。

• 技术定义：标准化的进一步应用是定义了各种材料、过程、产品、检验，等等。这些标准是由来自社会各个相关部门的人员所组成的委员会来制定的。尽管是否遵守通常是自愿的，但经济规律决定了人们对于这些标准的高度接受和应用。

政府管制的上述领域都是与标准化有关的，遇到的阻力最小，而在其他的领域则会遇到不同程度的阻力。

公民的安全和健康

政府管理的一个主要部分就是保护其公民拥有安全和健康。最初的重点是放在对于“既成事实”的惩罚上，法律对那些因质量问题而导致他人伤害或死亡的人员给予惩罚。几个世纪以来逐渐形成了一种“事前”管制的趋势，其本质在于预防。

例如，美国对于房屋建筑、远洋轮船、采矿、飞机、桥梁以及其他许多结构，有相应的法律规定必须执行相关的安全标准；有些法律是针对由火、食品、药品、危险化学品等导致的灾难而规定的；还有些法律针对的是从事有关公共安全和健康的活动的资质，如行医资格、职业工程师、飞行员等。最近这些法律扩展到了许多领域，如消费品安全、高速公路安全、环境保护、职业安全和健康，等等。

国家的安全和经济健康

政府历来对于国防相关的问题给予高度的优先权，如军队的招募和训练、军备的质量等。随着商业的发展，保护国家经济健康的法律也被制定了出来。一个例子是为了保护一国的质量声誉而制定的管制出口商品质量的法律。另一个例子是保护货币制造统一性的法律（只有政府有权降低铸币的成色）。在政府作为采购者的情况下（如防御武器、公共设施等），政府管制包括了一个购买者要求确保质量的正常权利。

公民相关的经济

对公民相关经济领域的政府管制在市场经济中有极大争议。一些反对意见是基于意识形态的，他们认为竞争性的市场经济比政府机构的调节要好得多。另外的反对意见来自已知的政府管制的缺陷（见下文）。部分管制法规的增加是由于受到了保护消费者权益运动的促进。

立法数量

总体来看，与质量相关的立法量已增加到了一个可怕的程度。这一点从一本常用参考书（Kolb and Ross，1980）附录中的一个清单可见一斑：

- 对毒性物质的限制，共29页。
- 危险物质及相关运输标准，共93页。
- 美国国家安全与健康标准，共24页。
- 联邦记录保存的要求，共36页。
- 制定标准的组织，共38页。

在美国，大多数的这类立法都在联邦贸易委员会的职权范围内，它对于“商业中的不公平或欺诈行为”行使一定程度的监督职责。这导致了有关产品担保、包装和标签，以及借贷信誉等方面的专门立法和行政行为。

在某种意义上，这些行动都与工业公司针对消费者的陈述有关。在其监督中，联邦贸易委员会强调两方面的主要要求：

1. 广告、标签和其他产品信息必须清晰无歧义地陈述销售者意欲表达的意思。

2. 产品必须与其陈述相符合。

这些形式的政府管制是对多个世纪以来“买者当心”的惯习的一个突然的叫停。这种惯习在发展中国家的乡村市场上不论过去还是现在都具有合理性，然而，它已经不再适合发达的工业化国家的情况。有关这一问题的进一步讨论可参见 Juran（1970）。

管制方案

一旦决定了要在某些新的领域中对质量加以管制，实施管制所遵循的便是一个久经实践的过程。以下按顺序列出了所要做的各项活动，尽管这些活动是用政治性的政府管制的语言来描述的，但也同样适用于非政治性的政府管制。

法规

相关的法规规定了管制的目的，尤其是所要管制的主题。它确定了“游戏规则”并确立了执行法规的机构。

行政官

设立行政官的职位并授予其设定标准并监督执行的权力，并为此赋予其对被管制产业的重大事务进行奖惩的手段。

标准

行政官有权力设定标准，也可以决定采用现有的工业标准。这些标准不局限于产品，还可能针对材料、过程、检验、描述性文件、广告、人员资格等。

检验实验室

行政官被授权来设定判断“独立的”检验实验室资质的标准。一旦确立了标准，他还可以有权为符合标准的实验室签发资格证书。在有些情况下，行政官有权建立其自己的实验室。

检验与评价

这方面的做法有着很大的差异。对于有些管制领域而言，主管机构的批准是进入市场的前提，如新药品的应用或一支新的飞机机队的运行和维护方案；有些机构重视的是监督，即检查公司的控制计划以及对这些计划的遵守情况；另外一些机构则注重最终产品的抽样和检验。

印封或标志

被管制产品常常必须带有某种印封或标志以证明其遵守标准。当主管机构实施了检验之后，便会打上这种标志，如政府的肉类检查员要亲自为屠宰后的畜体加盖戳记。

更常见的情况是，主管机构不针对产品进行检测和盖章，而是通过检验来确定产品设计得符合要求与否。还可通过监督来确定公司的控制体系符合要求与否。那些体系符合要求的公司将被授权使用印封或标志。法规规定了对于未经授权而使用标志的惩罚条款。

制裁

管制机构具有广泛的执行权力，如：

- 调查产品故障和用户投诉。
- 调查公司的过程和体系控制。
- 在分销的各个阶段对产品进行检验。
- 召回已卖给用户的产品。
- 撤销公司销售产品或使用标志的权力。
- 告知用户有关缺陷的情况。
- 发布失效和终止的命令。

管制的有效性

管制者面临着两难的问题，既要保护消费者的利益，同时又要避免产生会损害消费者利益的负担。由于各个利益团体之间的利益彼此冲突，这种困难部分而言是不可避免的。但是，很多困难可以溯源到主管机构在实施管制过程中不明智的政策和执行。这主要涉及管制的思路、标准的制定、执行过程和管制的成本几个方面。

管制的思路

一个例子是国家公路交通安全管理局（NHTSA）为执行1966年制定的两条法律而采用的政策。这两条法律为：

1.《全国交通和机动车安全法案》，主要是针对机动车制定的。

2.《高速公路安全法案》，主要是针对驾驶员和驾驶环境制定的。

即使在1966年之前，汽车制造商、道路建设者等已经改进技术为驾驶者提供了一些方式以避免“第一撞击”，即由于相撞、驶离路面等而发生的事故。安全带的投入使用则为驾驶者提供了更为改良的方式以防止“第二撞击”，即因碰撞而突然减速使乘客被抛向方向盘、挡风玻璃等而产生的撞击。

在国家公路交通安全管理局成立时，美国的交通死亡率在所有工业化国家中是最低的。同时还从大量的数据中发现，驾驶员是交通安全的限制因素：

• 有约半数的致命事故都与饮酒有关。

• 年轻驾驶者（24 岁以下）在驾驶者人口中占 22%，但占发生事故总数的 39%。

• 超速和其他形式的“不当”驾驶被报告为 75%的事故的原因。（在 1974 年的石油危机期间，高速公路的强制限速导致交通死亡率减少了 15%，而车辆没有任何变化。）

• 当安全带为可选配置时，大多数驾车者都未购买。而当安全带为标准装备时，大多数人都没有佩戴。

面对这大量的证据，国家公路交通安全管理局并没有将注意力放在主要的问题，即改进驾驶员的行为上。相反，它全力为车辆设计制定了大量的标准。这些标准确实提高了一些二次撞击中的安全性，然而，收获却甚微，增加的成本则达到了数十亿美元，这些成本最终还要由消费者以更高的购车价格的形式支付。

这一政策看上去只是在严格地对付一个明显的政治性目标——汽车制造商，而避免与大量的选民发生冲突。这在政治上是安全的，但对于安全性却效果甚微。有关的详细讨论请参见 Juran（1977）。

标准的制定

制定设计标准还是性能标准，这是管制所面临的一个重要问题。

• 设计标准有着精确的定义，但也有严重的不足。其性质和数字通常缺乏灵活性，难以理解，数量庞大，难以保持更新。

• 性能标准通常没有上述的缺点。然而，它把决定如何达到性能标准的负担，亦即创造或实现某个设计的负担，加到了使用者身上。性能标准还要求具有相当水平的监督官员，他们必须具有对于是否达到标准进行主观判断所必需的教育、经验和训练。

这两种标准由一个专门负责评审职业安全和健康管理署（OSHA）的安全法规的总统特别工作组来加以审查。该工作组提出了一个“性能/危险”的概念。根据这一概念，标准将“写入对以下事实的要求，即只有确保雇员不受与使用机器有关的危险威胁时，才能实现工作场所的安全。依据这样的标准，雇主可以自由决定最适当的避免已有危险的方式，但通过确定雇员是否受到危险的威胁，可以对雇主遵守要求的情况进行客观的衡量”。

执行过程

管制过程中的一个重要的缺陷是不能集中精力于那些关键的少数问题。管制机构收到了大量的有关不满的报告，如消费者的投诉、伤害报告，以及对个别产品的控告等等，其总数是个天文数字。要详细地对每一宗都加以处理是不可能的事情，试图如此行事的机构都无可救药地陷入了困境之中。由此而造成的瘫痪成为了批评的靶子，并威胁到行政官的职位甚至是机构的存在。

在美国，职业安全和健康管理署在1970年代中期面临的正是这样的威胁。作为应对，它根据对安全和健康的威胁程度建立了案件的分级制度，同时还废除了1 000多个安全法规，这些法规被抨击为只是增加了产业成本而基本没有改进工人的安全状况。

根据经验，主管机构开始依据帕累托原理来区分关键的少数和有用的多数。这使得他们能够集中资源并获得切实的成果。

关键的少数因素的选择通常是基于诸如伤害频率或消费者投诉频率之类的定量数据来进行的。但是，主观的判断起着很大的作用，这使得有影响力的特殊诉求者的案子容易获得高的优先度，而其本来是够不上作为关键的少数的资格的。

如何处理“有用的多数”的求助需要，是所有机构都面临的一个复杂的问题。最可行的做法似乎是让人们明白该机构不是解决这类问题的，同时为消费者提供旨在帮助其自助的信息和教育材料，包括到哪里申请帮助，如何申请帮助，消费者的权利是什么，该做什么不该做什么。

管制者不能立刻处理这些消费者问题无疑使公众在面对“你认为消费者在交易中得到不公平对待应归咎于谁”这样的问题时产生“平庸的管制机构”这样一种印象。

选择关键少数的规则

作者于1972年提出了以下的定量依据用以在涉及安全事务的问题中选择关键的少数因素：

> 任一小时中人的生命都应如其他任何时候一样安全。

为了实行这一方略，首先必须基于一些共同的基础，如每百万工时的伤害数等，在全国范围内将安全定量化。总的来说，这些量化的数据已经存在，但有时需要进行一些变换以使测量单位能够一致。

例如，关于学校安全性的统计是以每100 000学生每天的伤害数来表示的，机动车的统计按每行驶1亿英里的伤害数来表示，等等。

根据由此而算出的全国平均数据，便能够判断远高于平均数的相对少数情形以及低于平均的绝大多数情形。高于平均数的那些情形便自然地被归入关键的少数当中，而低于平均数的则不会被归入。若有些特殊的事件，尽管低于全国平均数但却获得了优于明显关键的少数事件的优先地位，则其提出者便有义务提供相应的证据。详细讨论可参见 Juran（1972）。

管制的成本与价值

管制的成本大致由两个主要部分所组成：

1. 管制机构的运行成本：这些成本都有已知的确切数字。在美国，这一费用已上升到每年几十亿美元。这些成本由消费者以纳税的形式支付，然后拨付作为管制机构的经费。

2. 执行管制的成本：这些成本并没有确切的数字，但可以确信这一成本是管制机构运行成本的许多倍。这些成本起初由工业公司支付，但最终则以更高价格的形式转移给消费者支付。

所有这些管制的价值是难以估计的。（对于一个人的生命有多大的价值并没有一个共识。）安全、健康与清洁的环境被普遍认为具有无法估量的价值。向消费者提供诚实的信息和迅速的赔偿也同样被认为是无价的。但这些一般性的共识并不能为如何处理某个具体的事件提供指导。理论上，每一事件应依据其成本—价值关系来加以考虑。然而法律并未要求管制者如此做，管制者一般会避免对成本—价值关系进行量化。

在1994年以前，研究成本—价值关系的支持者还主要来自工业公司。例如，一项有关强制性车辆安全体系的研究发现：

> ……实施强制性定期检验的州并不比没有此项要求的那些州的事故率更低。
>
> ……只有一小部分（2%～6%）高速公路事故可归因于机械故障。
>
> ……人为因素（如超速行驶）是远比车况要重要得多的一个高速公路事故原因。（Crain，1980）

管制者对于成本的不重视不可避免地导致了一些法规及其实施是如此地荒谬，以至于在适当时机它便会成为改变政策的突破口。企业界促使这种荒谬引起媒体的注意，而媒体则乐于将其公之于众。（媒体对学术性的研究不会有什么兴趣。）问题的曝光将使管制者处于守势，同时促使立法机构开始举行听证。听证过程（还依赖于政治气候）提供了获得更好的成本—价值平衡的途径。

在唤起人们对于成本—价值关系的关注时，政治气候是一个重要的变量。在1960年代到1970年代，美国的政治气候通常对管制立法有利。然后，在1980年代，政治气候发生了变化，随之出现了要求合理开支的潮流。这一趋势到了

1994年年底得到了加速，当时选举使得反对管制的人在立法机构中占据了多数席位。

产品安全与产品责任

问题的增长

直到20世纪早期，还很少见到因使用产品（商品和服务）造成伤害的诉讼。即使有一些，也多半是不成功的。就算是打赢了官司，伤害赔偿的程度也非常轻微。

在20世纪，这类诉讼的数量在美国有了极大的增加。到1960年代中期，这类诉讼估计已达到了每年60 000起，而到了1970年代，每年便超过了100 000起（大多在庭外得到了解决）。与诉讼数量增长相伴随的还有个别诉讼的索赔额和赔偿额的同样显著的增长。每起事件的赔偿金额从数千美元增加到了动辄便超过10万美元的程度，1 000万美元以上的赔偿也不再罕见。

在一些领域中，产品责任的成本迫使公司放弃了某些产品线或干脆停业。

20年前，美国有20家制造橄榄球头盔的公司。从那时算起，由于产品责任的高额成本，有18家公司已不再制造这种产品（Grant，1994）。

几个因素的结合导致了诉讼数量和判决额度的增加，其中主要因素包括产品“数量的爆炸”。工业社会把大量的技术性产品交到了外行手中，其中一些产品本质上是具有危险性的。

• 有些产品会被误用。伤害率（每百万小时使用发生的伤害）或许是降低了，但伤害的总数却在升高，从而导致了总的诉讼数量的增加。

• 公司防御能力的下降。当这些诉讼进入审判时，法庭进而侵蚀了以前给予公司的法律防御。

先前，原告起诉制造商主要基于以下两个理由：

产品销售合同，其中包含了明确的或隐含的无危险保证。根据这一合同关系，原告必须证明其“合同地位”，即属于合同的一方。法庭事实上现已废除了证明合同地位的需要而采取了另一种立场，即认为隐含的保证是依附于产品的，而不论使用者是谁。

公司的疏忽。以前，原告需要提供证据证明公司的疏忽。法庭现在则倾向于采取“严格责任”的原则，这是基于这样的理由，即有缺陷的产品所导致的伤害成本应由“将产品投放到市场上的制造商而不是无力保护自己的受伤者来承担”。

事实上，一旦使用极度危险的产品而导致了伤害结果，即使制造商没有疏忽也有可能会被判为负有责任。（有时受伤者并非对此无能为力，有些是由于其自身原因而导致了伤害。然而，陪审团对于受伤原告的同情是众所周知的。）

防御行动

对诉讼的最好防御是从源头上消除造成伤害的原因。公司的所有职能部门和各级人员都可以作出各自的贡献，以使产品更加安全，并增强公司对于诉讼的防御能力。各方面所起的作用分别为：

• 最高管理层：制定产品的安全方针，组织产品安全委员会和正式的行动计划，要求提供产品记录和可追溯性，建立对于整个计划的定期审核，支持那些超出单个公司的能力的行业相关计划。此外还应有一个记分卡，以某个适当的基准来测量公司产品的伤害率。一个有用的测量单位是每百万使用小时的伤害数量，因为大多数伤害数据库都采用了这一形式或是能够转化为这一形式。

• 产品设计部门：将产品的安全性作为设计参数，采用防误设计的理念，组织正式的设计评审，遵守既定的规范，从成熟的实验室获取设计要求清单，公布评估结果，应用现代设计技术。

• 制造部门：建立有效的质量控制，包括涉及产品安全性的防误措施；将产品使用的培训作为监督员和工人激励计划的一部分；鼓励针对产品安全性的建议；建立提供可追溯性和历史证据所需的文件。

• 营销部门：提供有关警告、危险和解毒剂的产品标签；就合同条款对现场人员进行培训；向分销商和经销商提供安全信息；建立安全程序演示；进行安装后测试，就安全事项对使用者进行培训；公布安全方面必须做的和必须避免的事项清单；建立良好的顾客关系，最大限度地减少敌意和索赔。合同应最大限度地避免不现实的承诺和保证，并包括明智的免责声明以避免不正当的索赔。

• 广告部门：要求技术和法律部门对合同草案进行评审，通过教育和警告来宣传产品安全。避免“夸张”，例如广告宣称“绝对安全”，这在产品责任诉讼中会招致适得其反的后果。在广告审查中应提问这样一个问题，即“这个说法在法庭上听起来如何”？

• 顾客服务部门：观察产品的使用情况以发现产品使用（和误用）的潜在危险，把信息反馈给有关方面，为用户提供培训和警告。

• 文件部门：安全立法和产品责任的增长极大地促进了对文档管理的需要。法律对大量这类文件的保存以及相应的保存期限做出了强制性规定。

消费者具有的产品知识差别极大，有的只是在最低的水平。因此，产品的真正使用可能会与预期的用途大相径庭。例如，一些折叠梯设有一个平台用来放置工具或材料（如油漆），但不能承载使用者的重量。然而，一些使用者还是要站在这个平台上，结果导致了受伤。

大多数现代的策略都是要求根据实际的使用而非预期的用途来设计产品。

对诉讼的防御

产品责任诉讼的增加导致了对如何最好地防御诉讼的重新审视。经验表明，这种防御必须有特殊的准备，其中包括：

- 伤害事件的重建。
- 研究相关的文件，包括规范、手册、程序、通信、报道等。
- 分析相关产品和过程的内部性能记录。
- 分析现场性能信息。
- 对相关设施的实际审查。
- 分析失效的硬件。

所有这些都应由具有资质的专家迅速进行，并及早告知保险公司。

是否以及如何进入审判涉及了大量的专门知识和经验。

利用保险防御

保险被广泛用作抵御产品责任的防御手段。但保费在急剧增加，同样也是由于诉讼数量和赔偿金额的增长所致。某些领域中保险成为运营成本的主要构成。（高涨的保险费率迫使一些外科医生选择了提早退休。）

今后的预测

直到1990年代中期，在产品责任方面仍然有一些艰难的悬而未决的问题。在许多观察家看来，美国的司法制度存在着一些严重的缺陷：

- 外行的陪审团缺乏判断技术性事件责任所要求的技术能力。
- 在许多其他的发达国家，这类决定是由法官做出的。
- 外行的陪审团在决定赔偿数额时很容易受感情左右。
- 在美国，与补偿性赔偿和“精神损失”赔偿相伴随的还有“惩罚性赔偿”，正是这种惩罚性的赔偿造成了赔偿金额的飞涨。
- 在美国，允许律师按照胜诉获赔金额来收费，通常认为因此而刺激了诉讼。这种安排在许多国家是非法的。
- 这种审判的抗辩制度把重点放在了赢得官司而非公正。

• 只有少部分赔偿金落到了受害人手中，大多数都交给了律师和支付了行政费用。

到 1990 年代中期，这一法律体系中的某些要素在国会得到了热烈的讨论。然而，带有这些缺陷的这一法律体系深深地根植于美国文化之中，因此是否要作巨大变革仍然有着疑问。一个主要的障碍是律师。他们在这个体系中具有巨大的经济利益，而且他们在立法过程中具有强大的影响力——许多立法者都是律师。

大多数发达国家有关产品责任的法律体系通常都没有上述的缺陷。这些国家也没有发生类似于美国这样的因产品责任而造成的对经济如此广泛的损害。

个人责任

绝大多数的产品责任诉讼是针对工业公司的，它们和它们的保险人有着巨大的赔付能力。其结果是，这些民事诉讼很少针对个人，如设计经理和质量经理等。这些个人没必要担心相关的民事责任。他们虽不能免于诉讼，但在实质上却可以免于赔偿。

刑事责任则是另外一回事。其违犯（如果发生的话）是针对国家的，国家是原告。直到 1960 年代之前，产品伤害的刑事责任的起诉都是专门针对公司而不是管理人员。在 1960—1970 年代，公诉人对于所涉及的个人变得更为激进起来。其特定的目标主要是公司的负责人，但有时也包括有选择的分部门（如产品开发或质量部门）经理。

导致这种局面的一个因素是较早的《食品、药品和化妆品法案》中的一项条款，将生产假药或贴假商标于药品的行为定为了犯罪。美国高等法院解释该条款适用于公司的负责人，即使其没有参与，甚至对事件一无所知。

刑事责任的威胁对于绝大多数企业经理而言都很遥远。在发现负有刑事责任之前，这些经理肯定已被发现在以下方面是有罪的，即（1）故意实施了非法的活动或（2）严重玩忽职守。这必须向陪审团证明而不仅仅限于合理的怀疑，而证明起来并非易事。（许多罪犯正是由于这一困难而逃脱了被定罪。）

环境保护

环境保护是政府管制的一个特殊类型。表面上看，环境保护是诞生于 20 世纪的一个现象。但是，有学者指出，环境保护起源于 17、18 世纪的保护土地免受欧洲殖民者开拓的自然保护运动。

18 世纪中叶的工业革命开启了工业产品大规模生产和消费之门，其增长呈指数形态。为了支持这种增长，就必须有能源和原材料生产的相应的增长。由此而产出的商品为接受工业化的社会带来了许多的利益，但伴随而来的还有不受欢迎的副产品，同样也在以指数的速度增长着。

为了生产所需能源而产生了污染空气和水的排放物。核能的利用带来了核废料的处置问题以及放射性泄漏的危险。原材料的开采破坏了土地，也带来了有毒废料的处理问题。臭氧的损耗和全球变暖造成了不祥的威胁。废旧产品和过时产品的处置也在日益变得严重。与所有这些问题相伴的还有因产品使用故障而导致的许多不便和偶发的灾难。（见前文“质量大堤下的生活”一节。）

工业公司大多清楚它们在制造这些问题，但它们有其他更关注的问题。公众的意识滞后一步，但到了 20 世纪中叶，环境问题已变得非常明显。出于对公众压力的反应，政府制定了大量法律以避免这一问题的进一步恶化，同时提供经费以弥补一些环境损失。

新的立法起初因为造成了成本的增加而遭到工业公司的强烈抵制。之后随着环境保护逐步成为一个不容回避的现实，产业界开始寻求从源头来解决问题，应用技术以避免对环境的进一步破坏。一个突出的例子是日本在节约能源方面所取得的成就。在 1973—1990 年间，尽管工业生产在持续地增加，但能源的消耗并没有增加（Watanabe，1993）。

公众和媒体对于某些环境破坏事件的深切关注促成了治理这些损害的资金划拨。然而从长期的趋势来看，是致力于在源头上预防。

对于环境保护重要性的认识表现在多个方面。如：

- 许多国家建立了新的政府部门来处理环境保护问题。
- 许多工业公司出于同一目的而设立了高层职位。
- 在政府、产业界和学术界的参与下召开了许多会议，包括国际级别的会议。
- 涌现了广泛而大量的文献，其中一些是非常有针对性的。
- 公司也发展了解决环保问题的专门程序，一般包括：

  建立环保领域的方针和目标。

  建立公司各职能所实施的行动计划。

  进行审核以确保行动计划得到实施。

此外，公司的创造力使它们开始寻求降低解决问题的成本。表 2—2 列举了一些识别出的问题以及相应的解决问题的机会（Juran Institute，2009）。有关环境与质量的更多讨论请参阅第 10 章“展望：促进环境可持续性的生态质量”。

表 2—2　美国工业的环境问题与解决机会

空气污染	烟雾、对流层臭氧、室内空气质量、挥发性有机化合物
气候变化	全球变暖、全球变暗、化石燃料、海平面升高、温室气体、海洋酸化
资源保护	物种灭绝、蜂群失衡、珊瑚白化、全新世灭绝事件、外来物种、偷猎、濒危物种
消费主义	消费资本主义、有意淘汰、过度消费
堤坝	堤坝的环境影响
电磁污染	电磁放射性与健康
能源	能源保护、可再生能源、有效能源利用、可再生能源商品化
捕鱼	爆炸捕鱼，底拖，氰化物捕鱼，幽灵渔网，非法、无报备、无管制捕鱼
基因工程	基因污染、转基因食品
过度耕种	过度放牧、灌溉、单一作物、肉类生产的环境影响
土地退化	土地污染、沙漠化
土地使用	市区无序扩张、栖地零碎化、栖地破坏
伐木	皆伐、滥伐、非法砍伐
采矿	酸性矿山排水、山巅移除采矿、泥浆蓄积
纳米技术	纳米毒理学、纳米污染
核问题	核微尘、核溶解、核能、放射性废弃物
臭氧损耗	CFC
悬浮颗粒物	硫氧化物
污染	光污染、噪声污染、视觉污染
资源损耗	自然资源枯竭、过度捕鱼、切取鱼翅、捕鲸
土壤	土壤保护、土壤退化、土壤污染、土壤盐碱化
热污染	城市废物、水危机、船只残骸、海洋酸化、船只污染、废水
毒素	氯氟烃、DDT、环境内分泌干扰物、二噁英、重金属、除草剂、除虫剂、有毒废弃物、PCB、生物积累、生物富集
废弃物	电子废弃物、垃圾、废弃物丢弃事故、船只残骸、填埋、沥出物、再利用、焚烧
水污染	酸雨、富营养、船舶污染、海洋倾倒、石油泄漏

资料来源：Wikipedia，2009.

多国合作

跨文化合作是一个多边问题。例如，某个系统在 A 国设计，但其子系统的设计可能来自其他国家。相应地，来自不同国家的公司供应零部件，进行生产、营销、安装、维护等等。

有多种方法可用来协调这样的多国性活动，被广泛应用的包括：

标准化

这是通过诸如国际标准化组织（ISO）、国际电工委员会（IEC）等组织来实现的。一个特别的应用是北大西洋公约组织国家在多国缔约时广泛使用的联合质量保证公报标准。

合同管理

在许多情况下，主承包商为分包商（其中也可以包括财团）提供协调服务。（参见 McClure（1979）有关 F16 战斗机的讨论，也可参见 McClure（1976）。）

技术转让

这方面有很多广为人知的途径：国际性的专业社团及其委员会、联合会、交换访问、培训课程和研讨班。大型跨国公司的内部也有这类业务。

参考文献

Best, A. (1981). *When Consumers Complain*. Columbia University Press, New York.
Crain, W. M. (1980). *Vehicle Safety Inspection Systems. How Effective?* American Enterprise Institute for Public Policy Research, Washington, DC.
Juran, J. M. (1970). "Consumerism and Product Quality." *Quality Progress*, July 1970, pp. 18–27.
Juran, J. M. (1972). "Product Safety." *Quality Progress*, July 1972, pp. 30–32.
Juran, J. M. (1977). "Auto Safety, a Decade Later." *Quality*, October 1977, pp. 26–32; November, pp. 54–60; December, pp. 18–21. Originally presented at the 1976 Conference of the European Organization for Quality.
Juran, J. M. (1995). *A History of Managing for Quality*. Quality Press, Milwaukee, WI.
McClure, J. Y. (1976) "*Quality-A Common International Goal*," ASQC Technical Conference Transactions, Milwaukee, pp. 459-466.

McClure, J. Y. (1979) "*Procurement Quality Control Within the International Environment*," ASQC Conference Transactions, Milwaukee, pp. 643–649.

O'Keefe, D. F., Jr., and Shapiro, M. H. (1975). "Personal Criminal Liability under the Federal Food, Drug and Cosmetic Act—The Dotterweich Doctrine." *Food-Drug-Cosmetic Law Journal*, January.

O'Keefe, D. F., Jr., and Isley, C. W. (1976). "Dotterweich Revisited—Criminal Liability under the Federal Food, Drug and Cosmetic Act." *Food-Drug-Cosmetic Law Journal*, February.

Sentry (1976). *Consumerism at the Crossroads*. Sentry Insurance Co., Stevens Points, WI. Results of a national opinion research survey on the subject.

Strong, M. F. (1993). "The Road from Rio." *The Bridge*, Summer, pp. 3–7.

Watanabe, C. (1993). "Energy and Environmental Technologies in Sustainable Development: A View from Japan." *The Bridge*, Summer, pp. 8–15.

（焦叔斌　译）

第 3 章

质量管理的普遍方法 约瑟夫·M·朱兰

关于本章

本章讨论有关质量管理这一主题的基本概念，定义了一些关键的术语，并辨析了当代各种相似但又有所不同的绩效改进计划。本章明确了质量管理的关键过程，这些过程融合在组织的战略结构当中，我将之称为“普遍方法论”。本章还讨论了尽管质量管理是一个永恒的概念，但为了应对人类社会不断发生的变化和危机，这一概念也在频繁地发生变化。

本章要点

1. “质量管理”是一套普遍性的方法，企业、机构、大学、医院或任何其他的组织都可以应用这套方法来确保所有的产品、服务和过程满足利益相关者的需要，从而实现优异的结果。

2. 正如我们在第一章“从质量到优异结果”中所讨论的，“质量”具有两重含义，对此必须加以明确和沟通。第一重含义是指用于满足顾客需要并实现顾客满意的产品和服务所具有的特征的好坏程度，另一重含义则是免于不良。

3. 朱兰三部曲体现了创造高质量的产品、服务和过程所要求的普遍原理。

4. 质量管理所遵循的普遍原理适用于任何类型的组织，包括公司、机构、企业、政府部门、学校、医院等。

5. 通过发掘消费者的意愿，实施创造创新性产品和服务的过程，将使每一个组织都能更好地理解顾客的需要，从而创造或设计出满足这些需要的产品。

6. 在生产中要实施确保产品符合设计准则的过程。我们必须对质量进行控制并预测其市场表现情况。

7. 采用系统性的方法来提高质量或实现突破以消除生产过程或产品中长期存在的缺陷。

普遍性的概念

在代数和几何中我学到了两个主要思想，使我在此后的岁月中受用良多。其一是关于普遍性的概念，其二则是理论和事实的区别。

我在代数课上第一次接触了用符号来建立一般性的模型。我知道 3 个孩子再加上 4 个孩子是 7 个孩子，3 颗豆子再加上 4 颗豆子是 7 颗豆子。通过使用符号，比如说 x，我可以把 3+4 这一问题一般化，将之表达为一个具有普遍性的法则：

$$3x+4x=7x$$

这一普遍性反映了 3 加 4 总是等于 7，无论其中的 x 代表什么，是孩子、豆子还是别的什么东西。普遍性的概念于我而言犹如一道炫目的强光。我很快认识到，普遍性到处都是，但必须加以发现。它有许多的名称，如规则、公式、规律、模式、法则、类型等。普遍性一旦被发现，就可以用来解决许多问题。

1954 年，在《管理突破》这本教科书中，我首次概括了实现优异结果的诸多普遍原理。首先是关于控制，亦即防止负面变化的过程的普遍原理；其次是关于突破性改进的普遍次序，后者演化成了今天的六西格玛。1986 年，我发现了另一个普遍原理，这便是在战略层次与产品和服务层次上的质量计划。我逐步认识到这三个管理过程（计划、控制和改进）是相互关联的，因此我设计了朱兰三部曲示意图来说明这种关联关系。朱兰三部曲反映了我们对质量进行管理的核心过程。作为必然的结果，这几个核心过程构成了质量管理中的一个重要的科学领域。就我所知，人们正越来越认识到，掌握这些普遍性的过程对于实现质量领先和优异结果具有极为重要的作用。

质量管理的含义

几十年来，质量是用“适用性”来简要地加以定义的。人们普遍认为，顾客如果认为一个组织生产的产品“适用”，则这些产品就是高质量的。在20世纪的绝大多数时间里，这一定义都因其易于理解而得到了人们的认同。简单而言，顾客购买的某个产品如果好用，他们就会对其质量感到满意。对于生产商来说，只要明确了顾客的要求，就容易把产品生产出来。

因此，质量管理就意味着“确保产品符合要求”。绝大部分这类工作落在了运营和质量部门的肩上。这些部门负责生产、检验、试验并确保产品符合要求。

有两方面的进展要求我们对这一历史悠久的定义进行修改。首先是人们认识到，有形产品的质量包含的范围，亦即其适用性，要比只是符合规范更加广泛。影响质量的还有设计、包装、订单处理、送货、现场服务，以及与有形产品相关的所有其他服务。运营和质量部门已无法独自管理质量。

第二方面的进展是经济由以生产有形产品为主向以生产服务和信息为主转型。正如我们在第1章“从质量到优异结果”中所阐述的，为了反映这些变化，本书作者决定用“适目的性”这一短语取代“适用性”，来定义产品的质量。我们使用“产品”这一术语来指代有形产品、服务和信息。一个产品，无论是有形产品、服务还是信息，对于该产品的顾客而言，它必须是“适合目的”的。顾客不只是最终使用者，而是包括了受产品影响的所有人，如买者、使用者、分销商、管制机构以及产品从产生到废弃过程中所影响到的几乎每个人。面对如此广泛的顾客群体以及他们的需要，管理质量的方法和工具也必须同样加以扩展。

在21世纪，“质量管理”可以定义为：“各类组织，如企业、机构、大学或医院等，用以设计、持续改进并确保所有的产品、服务和过程满足顾客和利益相关者的需要，从而实现优异结果的一套普遍的方法。”

质量管理并非唯一的对组织进行管理的普遍方法。它是那些成功的组织已经采用，其他的组织如果要确保它们的产品、服务和信息满足顾客的要求，也应该采用的一套方法。越来越多的行业开始采用这些方法和工具来管理它们的产品和服务。那些新兴的组织和国家将根据它们的特定需要创造应用管理方法的新的途径。今天，包括医院、保险公司、医疗实验室、金融服务机构在内的各行各业都在通过管理实现优异结果和卓越绩效。

质量管理方法的加速应用始于 1970 年代后期，当时许多美国企业都受到了日本竞争对手的重创。顾客普遍认为日本制造的产品有更高的质量。这导致了“日本质量”或“丰田质量”的说法。这些说法成为了满足顾客需要的高质量的代名词。由于消费者或顾客有了更好的选择，一些美国的组织陷入了破产的境地，其他一些则只能在新的绩效水平下奋起应战。最终，有许多美国企业，后来还有欧洲的企业，凭借更高质量又重新收复了市场。

摩托罗拉公司是最早取得成功的企业之一。摩托罗拉深受 NEC、索尼等日本公司所影响。摩托罗拉的奋斗历程和质量改进使其成为了美国马尔科姆·鲍德里奇国家质量奖的第一家得主。摩托罗拉总结提炼了质量改进的普遍方法，创造了六西格玛质量改进模式。从那以来，美国的质量得到了改进，质量革命持续发展成为了全球性的革命。从 1986 年到现在，这一质量改进模式在全球许多行业中成为了最有价值的模式。今天，诸如三星、奎斯特诊断公司、甲骨文、西班牙电话公司等都变得更有竞争力并成为了所在行业的质量领先者。

所有这些组织都对质量管理方法作出了贡献。它们将六西格玛之类的基本质量管理工具的应用扩展到了业务过程以及整个供应链中。质量已经不再只是质量管理部门的职责，而成为了贯穿整个组织的责任。质量管理成为了管理整个组织的方式，它已经成为了诸多战略的驱动力。成为同业之最，实现最高的质量，提供最高的顾客满意度，这已成为所有经营战略的共同追求。如果达到了目标，这些战略就能使组织实现财务方面的成功、文化的变革和顾客的满意。

在本书中，我们致力于提供一套准确、简捷、清晰的“质量”管理方法和工具。不仅包括产品和服务的质量，还包括过程和职能的质量，它们决定了组织的总体质量。

随着顾客和社会需要的变化，满足这些需要的途径也在变化。1980 年代的质量管理方法或许已经不再适用于今天的组织，今天有效的东西未必明天也有效。即使是不断取得优异结果的普遍方法有朝一日也需要修正。本书致力于提供那些最为有效的方法，以及关于失败的教训。其中一个教训就是，随着时间的流逝，许多曾经的质量领先者未能保持住其优异的表现。为什么会这样？是由于领导不力？还是外部力量的影响？或者是由于战略执行不力？这些问题让许多曾经不得不为自己的“质量举措”辩护的实际工作者感到困扰。本书中将努力给出有关这些问题的答案。

图 3—1 辨析了质量的含义，我们强调了在用于产品和服务时，“质量”这一术语的众多含义中的两个方面，这两个方面对于质量管理而言极为重要：

1. 质量指的是满足顾客需要并让顾客满意的产品和服务的特征的好坏程度。就这个意义而言，更高的质量通常花费也更高。

2. 质量意味着免于不良。在这个意义上，质量的含义是成本导向的，“质量越高成本越低”。

满足顾客需要的产品特征	免于不良
更高的质量使组织能够： • 提升顾客满意度 • 满足社会需要 • 使产品和服务畅销 • 应对竞争要求 • 增加市场份额 • 提高销售收入 • 卖出较高价格	更高的质量使组织能够： • 降低差错率 • 减少返工和浪费 • 减少现场失效和保修费用 • 减少顾客不满 • 减少检验、试验 • 缩短新产品面市时间 • 提高产量、产能 • 改进交货绩效
主要影响销售收入 质量越高费用越高	主要影响成本 质量越高费用越低

图 3—1 质量的含义

资料来源：Juran Institute，Inc.，2009.

基于这些简明的定义，人们可以建立一套系统的质量管理方法：

• 建立设计产品和服务的过程来满足（内部和外部）利益相关者的需要。每一个组织都必须理解顾客的需要并创造或设计能够满足这些需要的产品和服务。

• 建立控制质量的过程。产品和服务设计出来后就要投入生产，这时必须保证产品符合设计准则。

• 建立持续改进或实现突破的系统方法。必须发现并消除对产品、服务以及生产它们的过程造成负面影响的慢性故障。

• 建立一个职能部门来确保上述三件事情的持续进行。

通过对质量进行设计，然后在运营中对之加以控制，并持续不断地进行改进，任何组织都可以踏上力争成为“质量型组织”的征程。上述全球质量领先者都在致力于努力使其产品和服务满足和超越顾客的要求，但并非不惜代价地这样做。质量满足了顾客的要求但不符合利益相关者的要求，这不是一个好企业应做的。要真正成为一个质量型的组织，生产产品和服务的成本必须是生产者和利益相关者能够负担得起的。但是，在进行这种判断时，必须明确质量、成本和收益间的关系。提高的特征质量必须能够带来足够的收入以弥补新增特征所增加的成本。但通过降低不良而实现的更高质量通常会降低成本并提高财务绩效。对于那些不取得销售收入的组织来说，在特征质量上的花费不应超出预算的允许，但致力于降低不良的质量改进却几乎总是能够改进财务状况。

依托这两方面的质量定义以及人们对质量优劣对组织绩效的影响的理解，便可以制订长期的计划来实现产品、服务和过程的高质量以及良好的财务绩效。立足于长期视野的管理还要求组织能够以系统性的方法，来充分理解顾客需要的变化，以避免发生卓越的绩效得不到保持的情况，甚至一些最为成功的组织都因此而折戟。

组织有效性计划

组织有效性、精益六西格玛、丰田生产系统和全面质量管理（total quality management，TQM）是各种方法的“品牌”名称，有些可能与我们的质量管理普遍方法十分相似。随着朱兰的质量管理普遍方法被导入和应用到许多新的产业中，可能会形成某种新的品牌。大多数情况下，因为有助于推动绩效改进，这些新品牌都发挥了正面的作用。正如早期的行会导致了质量标准的产生一样，社会和顾客需要的变化也要求普遍方法能够与时俱进。质量管理方法的一个常见问题发生在服务领域。服务性机构总觉得“质量”这个词是针对产品的。许多服务机构认为它们提供的不是产品，而是服务。它们用“服务卓越”这种说法来取代“服务质量”。一段时间之后，这一提法被人们所接受，我们就有了一个新的品牌。大多数情况下，新品牌是在此前品牌基础上的提高。也有些情况下，因为方法的改变带来的结果并不那么正面，而使品牌失色，TQM 就是如此。全面质量管理是 1990 年代的品牌，它后来为六西格玛所取代，为什么会这样？当时许多企业正在试图重新夺回竞争优势，这使管理质量的方法也发生了演变。TQM 的问题在于它不可测量或业务导向不足，从而逐渐失去了原有的光环。然而，有许多实现了显著绩效提升的组织，它们一直坚守着 TQM 直到现在。也有一些组织转向了新的质量管理品牌。在我们写作的此刻，精益六西格玛和卓越绩效正红极一时。它们也会随着时间而改变。归根到底，你把管理质量的过程叫什么名称并不重要，只要你做的是实现优异结果所必须做的事情。无论哪个行业、哪个国家或哪个时代，唯有满足和超越顾客的需要，才能实现优异的结果。

关键术语表

在质量管理的世界中，一些关键词汇的含义仍然缺乏标准化。然而每一个组织都可以通过使关键术语和词组标准化来有效地减少内部的混淆。关键术语表就是一个基本的工具，它可以成为报告、手册、培训教材等沟通方式的一个参照源。

“质量”的定义中包括了自身也需要定义的一些关键词汇，有几个术语尤其重要。

1. 组织。本书中我们使用这个词来指代任何机构、企业、公司、单位、办事处、营业单位、医院、银行、网络运营商、赌场，等等，它们向顾客提供某种类型的输出——产品、服务或信息，无论是出于营利的目的还是非营利的目的。

2. 普遍管理方法和工具。某种普遍的管理方法、工具或过程意味着它可以应用在任何行业、任何职能、任何文化中的任何组织中，它是真正具有普遍性的。对于组织中的绝大多数员工而言，“管理”这个词就意味着分配资源、设定目标、实施控制，并就产品、过程和人员的结果进行评审。对于“世界级”的那些组织而言，管理意味着产出预期结果以满足顾客和社会需要的一系列活动。管理过程并非只限于财务、人力资源、技术和运营这些方面，还包括针对如下方面的管理过程，即理解顾客的需要，设计满足这些需要的新产品和服务，建立制度和控制手段确保这些需要能够持续得到满足，确立持续改进的体系和举措，确保社会的需要不致受到负面的影响。

3. 产品：有形产品、服务和信息。它们是满足顾客需要的那些过程的产出。对于经济学家来说，产品包括了有形产品和服务，也包括了信息。但在一般的语境下，产品有时只指有形的产品。作者用“产品”这个词来同时表示有形产品和服务。

a. 产品可以是有形的产品，如玩具、计算机，或是含有信息的文件，如一份提案、一张建筑图纸、一个网站。

b. 产品也可以是服务，即为他人完成的工作。如木匠为屋主建造房屋，修理工为车主修理汽车，护士照看病人，网络内容商提供快速的信息以满足用户需要。

4. 特征。特征是满足顾客需要的产品或服务所具有的性质或特性。汽车的一个特征可以是音响系统满足驾驶者收听需要的保真性。这一特征对于汽车的驾驶和性能可能影响甚微，但它满足了顾客其他方面的需要。急诊室为亟须迅速抢救的危重患者提供的紧急通道也是一项特征。特征是公司、组织、系统、机构在用于满足顾客需要的产品和服务的设计中必须包括的东西。特征必须通过确切地理解如何才能满足那些最重要的需要来确定。

5. 不良质量成本（cost of poor quality，COPQ）。组织中，如果产品、服务和过程中的所有缺陷都能够消除的话，这类成本将会消失。这些成本是用占销售额或总成本的百分比来测量的。

6. 顾客。顾客指你的公司、组织、系统或机构外部任何受到产品或服务影响的人。顾客获得了组织的产品的价值。顾客可能是产品的最终使用者，也可能是组织外部的并非使用者的中间顾客，如为孩子购买游戏的家长，为病人植入器具的外科医生。一项产品或服务可能会有多个顾客。人们常常区分“外部”顾客和“内部”顾客。外部顾客如上面的定义，内部顾客指组织内部的用户。本书中，单独用“顾客”这个术语将指外部顾客。顾客有时也被称作利益相关者，这个词通常包含了外部顾客和内部顾客、股东、管理层和雇员在内。这众多的角色对组织提出了不同甚至互相冲突的要求，因此本书将对它们分别加以讨论，而非全部混在一起。

7. 操作者。操作者指组织内部从事生产或执行某个过程的雇员、部门、职能、业务单位和机构。为了实现优异的结果，组织必须聚焦于外部顾客，还必须确保所有操作者能够按照设计准时完成他们的工作。

8. 顾客满意。顾客满意指的是当顾客的需要得到了所购买或使用的产品或服务的满足之后的正面状态。满意主要受到产品或服务的特征的影响。

9. 顾客不满。这是顾客的一种负面状态，它来自因产品或服务的缺陷而导致的需要未能满足，进而会造成顾客的恼怒、投诉、索赔或退货。

10. 不良。指任何导致产品或服务不能满足顾客需要的错误、缺陷、故障、差错。呼叫中心的电话应答过于缓慢、账单的差错、保证期内索赔、动力不足、未按期交货、不能使用的产品等都属于不良。

11. 顾客忠诚。指产品和服务的特征满足了需要且交付后没有不良而使顾客达到的欣喜状态。忠诚也是相对于竞争者而言的。忠诚的顾客会持续购买和使用你的组织的产品和服务。忠诚是顾客满意度的一个战略性财政指标。创造忠诚的顾客是优秀组织的目标。

12. 顾客不忠。这是顾客的一种非常负面的状态，他们不再要你的产品或服务，而转向选择那些具有更好的产品和服务的厂商。

13. 优异绩效、世界级或同业之最。这些提法被用来描绘在市场上具有公认的最高质量产品的那些组织。这些组织成为了人们事实上希望达到的参照标杆。这方面的例子如丰田汽车、三星电子、梅奥诊所、谷歌等。

质量管理：财务和文化方面的益处

影响收入的特征

收入可以有若干种类型：（1）销售产品或服务而收取的款项；（2）政府征收的税金；（3）慈善机构得到的捐款。不管是哪种情况，收入的数量在不同程度上与提供为顾客所重视的产品特征的能力有关。在许多市场中，具有较好的特征的产品或服务能够获得较高的收入，因为它们能取得较大的市场份额以及卖出较高的价格。那些特征不具备竞争力的产品或服务只有以较低的价格才可能被卖掉。

影响收入的不良

遭遇不良产品的顾客会采取给厂商带来额外支出的行动，如抱怨、退货、索赔或提出诉讼。顾客还可能选择（或者在采取上述行动的同时）不再向差劲的厂商购买产品，以及公开披露这种不良及其来源。如果众多顾客都采取这类行动的话，将对生产商的收益造成严重的损害。

影响成本的不良

不良的质量造成了额外的不良质量成本。“不良质量成本”（COPQ）这一术语包括了如果没有不良——没有差错、没有返工、没有现场失效等——则会消失的那些成本。朱兰研究院对于不良成本的研究表明，对质量没有有效管理的那些组织的质量成本之高令人震惊。

计算不良质量成本对组织有很高的价值。COPQ向企业的领导者确切表明了不良质量给企业增加了多少成本从而降低了利润。详细的COPQ的计算为系统地消除导致不良质量成本的那些不良质量提供了一个路线图。

在1980年代早期，许多企业的领导人都宣称他们的COPQ达到了销售额的20％～25％。这一令人瞠目的数字得到了许多独立机构的不良质量成本计算的支持。为了编写本书，我们进行了进一步的研究，以对经济中的COPQ作出更加精确和更具有时效性的估计。

这一工作并非看上去那么容易。许多机构对于总额中应当包括哪些成本存有异议。此外，数据的统计方式多种多样：占销售额百分比、占经营费用百分比、占增加值百分比、绝对金额、人均金额，甚至在医疗行业还包括了死亡数。许多来源提供了原始的数据，而有些来源则只是引用含混的“专家”或“研究”。有些来源之间互相循环引用。

根据公开文献的结论和推断、中西部医疗企业集团与朱兰学院的联合报告，以及医疗行业从业人士的合理判断，可以估计直接医疗成本中的30%都源自不良质量的医疗，主要由过度使用、误用和系统中的浪费所构成。使用不足对于成本的影响尚不清晰。美国 2011 年的全国医疗支出约为 14 000 亿美元，其中的30%相当于 4 200 亿美元花在了不良质量上。其中，间接的不良质量成本（如缺勤降低的生产率）估计占到了 25%～50%，相当于 1 050 亿～2 100 亿美元。私人购买者承担了这些成本中的约 1/3。事实上，我们估计一般的雇主每年在每个雇员身上支出的不良质量医疗成本在 1 900 美元到 2 250 美元之间。即使把这些数字缩小一半，不良质量医疗成本每年也让美国花费了几千亿美元（Midwest Business Group on Health et al.，2003）。

我们的推断表明，2003 年制造业组织的不良质量成本在 15%～20%之间，许多组织因开展了系统性的削减活动而使之降到了更低的水平。服务性组织不良质量成本占销售额的比重在 30%～35%，这些数字中包括了返工的成本、控制不良过程多花的成本，以及为了正确地让顾客满意而花的成本，售前发生的不良显然增加了厂商的成本，售后发生的不良既增加了厂商的成本也增加了顾客的成本。此外，售后发生的不良还减少了厂商未来的销售额，因为顾客不愿意再购买质量不良的服务。

如何管理质量：与财务的类比

质量管理最好从建立组织的“愿景”开始，然后是确立方针、目标以及实现愿景的计划。这意味着质量目标和方针必须被纳入组织的战略计划中。（这些内容主要在本书的其他章节，尤其是第 7 章“战略计划与展开”中讨论。）目标向成果的转化（使质量得以实现）是通过建立管理过程——产生预期成果的一系列活动——来进行的。在质量管理活动中频繁地应用着三个这样的管理过程，即

- 质量的设计或计划。
- 符合、控制或保证质量。
- 改进或创造质量突破。

这些过程相互关联，被称为“朱兰三部曲”。它们与人们长期以来使用的财务管理过程十分类似。财务管理过程的构成如下：

财务计划。这一过程产出了年度的财务和运营预算。它明确了来年将要进行的活动。这些活动要转换为货币语言，即收入、成本和利润。它要算出所有这些活动的财务结果。最终要制定出组织及其各个部门和单位的财务目标。

财务控制。构成此过程的几个环节包括：评价实际的财务绩效，与财务目标进行对照，对发生的不一致采取措施，会计师称这种不一致为“差异”。财务控制过程包括诸多的子过程，如成本控制、支出控制、风险管理、库存控制等。

财务改进。这一过程旨在改进财务成果。它有很多形式：成本削减计划，为改进生产率而采用新设施，为了增加销售而开发新产品，收购，合资等。

这些过程是普遍性的，它们构成了财务管理的基础，不论企业的类型如何。

财务管理的做法使主管们认识到，他们可以利用同样的计划、控制和改进过程来管理质量。因为三部曲的概念与在财务管理中是完全相同的，所以主管们不必改变他们已有的概念认识。

他们以前在财务管理方面的许多训练和经验大多适用于质量管理。

虽然道理没有什么变化，但在具体步骤上却有所不同。图 3—2 表明了在这三个管理过程中，每一个都有其独特的活动顺序。三个过程中的每一个都具有普遍性，遵循着不变的步骤程序。每一程序适用于各自的领域，不因产业、职能、文化或其他因素而有所不同。

质量计划	质量控制	质量改进
设定质量目标 辨识顾客是谁 确定顾客的需要 开发应对顾客需要的产品特征 开发能够生产这种产品特征的过程 建立过程控制措施，将计划转入运营部门	确定控制对象 测量实际绩效 将实际绩效与目标对比 对差异采取措施 持续测量和保持绩效	提出改进的必要性 做好改进的基础工作 确定改进项目 建立项目小组 为小组提供资源、培训和激励，以： 诊断原因 设想纠正措施 建立控制措施以巩固成果

图 3—2　质量管理

实施朱兰三部曲

朱兰三部曲示意图

朱兰三部曲中的三个过程是互相关联的，图 3—3 表示了这种相互关系。

朱兰三部曲示意图是一个以时间为横轴，以不良质量成本为纵轴的示意图。初始的活动为质量计划。市场研究职能明确谁是顾客，以及他们的需要是什么；然后计划人员或产品实现团队开发用于满足这些需要的产品特征及过程设计；最后计划人员将他们制订的计划交给运营部门："你们来运行这些过程，生产所要求的产品特征，提供产品以满足顾客的需要。"

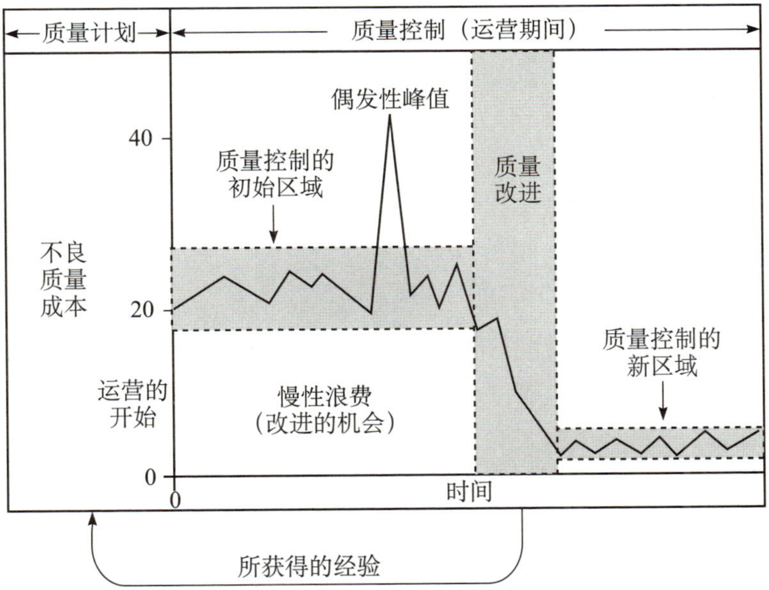

图 3—3　朱兰三部曲示意图

慢性不良和偶发不良

投入运行之后，会发现所设计的用来提供产品和服务的过程不能够生产 100%的优良产品。为什么呢？因为有隐性的或周期性的不良存在，需要返工或重做。图 3—3 表明，由于缺陷的存在，有 20%以上的工作过程必须返工。这种浪费被认为是慢性的——在组织决定找出根原因之前，它会不断持续下去。为何会产生这种慢性浪费呢？因为所运行的过程是如此设计的。计划人员在设计过程中无法预见到所有可能的障碍。

在常规的职责分工体制下，负责运营的人员无法消除这种因设计而造成的慢性浪费。他们所能做的是实施质量控制，即防止事情变得更坏，如图 3—3 所示。图中还表明一个突发的偶然事件使缺陷水平上升到 40%多的峰值。这种峰值是由于一些非预期的事件如停电、过程崩溃或人为的错误等造成的。作为质量控制工作的组成部分，运行人员要亲临现场，采取措施恢复原状，人们通常称之为"纠正行动"、"排除故障"、"灭火" 等等。最终结果是将差错水平恢复到计划所决定的约 20%的慢性水平。

这个图还表明经过一定的时间，慢性浪费可被压低到一个远低于最初水准的程度。这是通过三部曲的第三个过程——质量改进来实现的。事实上，慢性浪费被看作一个改进的机会，通过对之实施一定的步骤可以实现改进。

三部曲示意图和产品不良

三部曲示意图（图 3—3）与产品和过程的不良有关。纵轴代表着诸如不良质量成本、差错率、缺陷百分比、返修率、浪费等。在纵轴上，刻度零代表着完美，越往上越糟。减少不良的结果意味着降低了不良质量成本，更多地满足了交货承诺，减少了浪费，降低了顾客的不满等。

三部曲中的时间分配

对主管们来说，一个有趣的问题是：如何设计职能并在三部曲的各个过程中分配它们的时间？图 3—4 是一家日本公司用以表明这种相互关系的一个模型（Itoh，1978)。

在图 3—4 中，横轴代表着各类人员时间分配的百分比，刻度从 0 到 100%。纵轴代表着人们在组织中所处的层次。该图表明高层主管将大部分时间用在计划和改进上，在战略计划上他们用去了相当的时间。他们用于控制的时间不多，且集中在一些主要的控制项目上。

随着在组织阶梯上逐渐往下走，人们用于战略计划的时间在减少，而用于控制和维持的时间则迅速增加。在最底层，时间主要用于控制和维持，但在计划和改进上还是要花费一部分时间。

图 3—2 以简化的形式表示出了这些不变的步骤程序。进一步的细节将在本书的其他章节给出：第 4 章"质量计划：设计创新性的产品和服务"；第 5 章"质量改进：实现绩效突破"；第 6 章"质量控制：确保可重复和具有符合性的过程"。

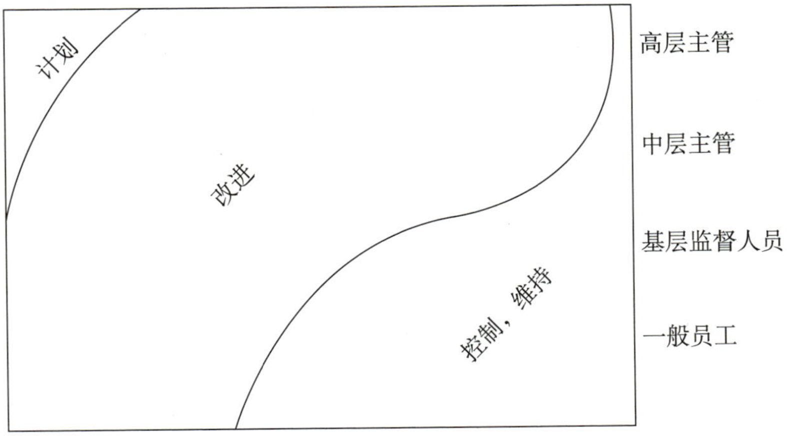

图 3—4 Itoh 模型

资料来源：*Management for Quality*，4th ed.，Juran Institute，Inc.，1987，p. 18.

参考文献

Itoh, Y. (1978). "Upbringing of Component Suppliers Surrounding Toyota." International Conference on Quality Control, Tokyo.

Juran, J. M. (2004). "Architect of Quality," McGraw-Hill, New York, NY.

Midwest Business Group on Health, Juran Institute, Inc., and The Severyn Group, Inc. (2003). "Reducing the Costs of Poor-Quality Health Care through Responsible Purchasing Leadership."

（焦叔斌 译）

第4章

质量计划：设计创新性的产品和服务

约瑟夫·A·德费欧

关于本章

新产品开发过程是组织中最重要的业务过程之一。它是未来的销售、绩效和竞争力的生命线。制造业中传统上开发新产品的方法往往来自产品开发部门。在服务类组织中，新服务的开发是由来自多个部门的从事新服务设计的专门小组来进行的。此处所讲的“质量计划”是指开发满足顾客需要的新产品（包括有形产品和服务）和过程的一个系统性过程。设计创新性产品的方法多种多样。六西格玛设计、精益设计、世界级质量设计、并行工程、软件敏捷设计等，都是常见的方法。本章主要讨论那些具有共性的方法和工具，这些方法和工具有时会被开发部门所忽略。质量设计方法和工具将促使组织开发出突破性的能够为组织创造收益的产品和服务。

本章要点

1. 质量设计与创新是朱兰三部曲的三个普遍过程之一。为了获得新的产品、服务及过程的突破，这一过程是必不可少的。

2. 有效的设计过程必须有一套稳健的方法和结构，用以创造新产品（有形产品、服务和信息），并确保在产品投入市场之前开发出包括过程控制的关键的运营过程。

3. 朱兰质量计划模型由以下这些简单的步骤所构成，它主要着眼于对那些将从新产品中受益的顾客的更好的理解。它不是六西格玛设计那样的统计设计方法，它常用于设计新的服务和过程。其步骤如下：

- 确立设计目标。
- 定义所针对的市场和顾客。
- 发掘该市场、顾客和社会的需要。
- 开发将要满足这些需要的新设计的特征。
- 开发或再开发产出这些特征的过程。
- 开发过程控制以将新设计转入运营阶段。

4. 六西格玛设计模型，常被称为 DMADV，由一系列统计设计方法所构成，主要适用于制造类产品。这一模型有着类似的步骤，也包括了朱兰模型中的一些工具：

- 定义项目和目标。
- 测量对于顾客和质量最为关键的那些特性（critical to quality，CTQ），确定所需特征。
- 分析所获信息并创建体现 CTQ 的高阶设计。
- 进行详细设计，并在转入运营之前进行评价和优化。
- 确认设计要求并制作最终产品。

三部曲的第一个过程：设计创新性产品

组织令顾客满意的能力取决于其设计过程的稳健性，因为组织所销售的商品、提供的服务均源于此。

设计过程是朱兰三部曲三要素中的第一要素，也是管理者确保组织生存的三个职能之一。通过设计产品（有形产品、服务或信息）以及产出最终结果的过程（包括控制手段在内），设计过程使创新得以实现。由于顾客的需要和技术在不断变化，设计完成后，另外两个要素，即控制及改进便进入角色，对设计进行持续的改进。

本书讨论两种形式的设计过程。本章讨论第一种类型，即朱兰的通用质量设计模型。这种模型诞生于1986年，它提供了一种结构，既可以整合到组织的新产品开发职能中，也可根据需要独立地按照项目的方式加以实施。

第二种类型是六西格玛设计（design for six sigma，DFSS），因其过程中的步骤（定义，define；测量，measure；分析，analyze；设计，design；及确认，verify）而被称为DMADV，是对朱兰模型的最新发展。它建立在六西格玛改进或DMAIC（定义，define；测量，measure；分析，analyze；改进，improve；及控制，control）的绩效改进方法的基础之上。DMADV最初是由通用电气公司所推行的，它应用了朱兰模型中的要素并融入了许多通用的统计改进工具。DFSS将在第14章“运用六西格玛设计实现持续创新”中详细讨论。

对于简单、经济的产品设计和过程再设计而言，朱兰模型是非常有用的。作者们亲眼见证了这一模型在很多优秀的产品、过程和服务的设计中的应用。

这方面的例子包括某多工厂制造商的一个获奖的安全项目；一个可使销售部门和制造部门在整个订单完成过程中追踪处理情况从而可以每天知会顾客订单的确切状态的信息系统；一个重新设计过的比以前更快更有效的应收账款处理系统。

DFSS是一个由计算机和统计软件包支持的经典模型，这样就可以使用众多的设计工具，而这些工具在没有计算机的情况下是很难使用的。六西格玛模型适用于设计更加复杂的产品并实现非同寻常的质量水平。尽管在短期来看它非常耗时、昂贵，但若使用得当，将会带来良好的投资回报。

朱兰质量设计模型

现代结构化的质量设计是用于计划满足顾客需要的特征以及产出这些特征的过程的方法论。“质量设计”指的是组织中产品或服务的开发过程。值得注意的是，计划者担负着双重责任，既要提供满足顾客需要的特征，又要提供满足运营需要的过程。过去认为产品设计只是理解产品应具有的特征，这是营销、销售和研发人员的快乐领地。但是，由于这种新的双重责任，规划者因理解顾客需要和产品特征而产生的激动还必须经受理解运营要求之火的锤炼。

这就是说，过程能否在不产生浪费的情况下产出所需特征？为了回答这一问题，就必须既理解当前过程的能力，又理解顾客的规范。如果当前过程无法满足要求，则现代的设计中就必须包括找到有能力的替代过程。

朱兰三部曲指出，“质量”这一术语包含了两方面的含义：首先，具有能够让顾客满意的特征；其次，这些特征要免于不良。简单而言，特征中的缺陷导致了不满。

1. 质量改进的目的是消除不良。

2. 质量设计的目的是创造特征。

狩野和朱兰等人很早就认识到，免于不良，亦即没有顾客不满，未必就等于获得了满意。我们很容易断定消除不良可以减少不满，但是，我们不能断定满意度就会因此提高。因为消除了讨厌因素并不会让人更满意，而只是减少了不满。

只有具备了特征才能够产生满意。满意与不满并非非此即彼的关系。很有意思的是，有很多组织都未能理解这个道理。让我们来看一个例子，即许多酒店中常见的顾客意见卡。这上面都是些封闭式的问题。例如，它们问，“用从 1 到 5 来表示你有多喜欢这里”。它们不会问“你对这里有多喜欢”？这正好是“你对这里有多不喜欢”这一问题的反面。因此，任何不允许开放式问题的所谓的满意度评估都只是一种片面的质量理解，这些开放式问题，如“我们应当做哪些我们尚未做的事情”或“是否有人提供了我们没有提供的服务”。某综合评分为 3.5 的酒店与同品牌的评分为 4 的另一家酒店相比到底意味着什么？没什么意义。他们的所谓的满意度指数其实是不满意度指数。

因此，我们又回到了究竟什么是质量这一基本问题上。正如第 1 章“从质量到优异结果”中所述，作者引用了朱兰很久以前提出的一个定义：“质量”意味着适用性，我们现在又将其扩展为了“适目的性”。让我们对这个概念加以更为深入的探讨。

首先，“适用性”这一定义考虑了质量的两个维度，即具备特征和免于不良。麻烦的问题在于，谁来决定“适合”的含义？又由谁来决定“目的”的含义？用户决定了“用途”是什么，用户也决定了“适合”是何含义。任何其他的回答都注定会有争议和误解。在这点上，供应商很少会赢，而用户，尤其是广大社会总是会赢。例如，假如你自己是个顾客。你曾经用螺丝刀撬过油漆桶吗？你当然干过。你曾经为了让孩子观察虫子而用它在广口瓶盖上钻过孔吗？你当然干过。干家务时你曾经把它当作凿子去凿木头或金属吧？别，螺丝刀的预期用途可是拧螺丝！

因此“用途”一词由两方面构成，即预期用途与实际用途。若用户按预期的方式来使用，那么供应商和用户皆大欢喜，符合规范与适目的性是一致的。但是，如前述的螺丝刀的例子那样，顾客不按预期方式使用产品又如何呢？则规范与适合性又是什么关系？

再深入一些，用户实际上是如何使用产品的呢？它满足了用户的什么需要？在此我们发现了另一个结合点：用户可以巧妙地创造出产品的新用途。例如：

> **WD-40 的“2000”种用途。** WD-40 多年前是为美国太空计划设计的，没有多少人知道该品牌名的来历。其实，“WD”是指水溶剂，40 指这是该公司的第 40 个配方。但当它进入大众消费市场后，用户发现了各种各样的新用途。有人宣称它能很好地去除地板上的磨痕。有人则说它能轻易去除台灯上的价签、挡风玻璃上的检验标签，以及粘在小孩头发上的泡泡糖。该公司为此十分高兴，但并未公布所有这些聪明的新用途供公众消费。还有人说如果把它喷在钓饵上可以钓到更多的鱼。有关节炎患者称把它喷在僵硬的肘部可以缓解症状。我们就别扯太远了。若把产品用于明显不合适之处会如何？拉丁语中有个合适的词“ab-use（abuse，滥用）”，其前缀“ab”就是“不”的意思。

有些例子会有帮助。再回到螺丝刀吧，你可能争论说把螺丝刀用作撬杆、凿子或钻头是对其原设计目的的滥用，但显然，许多厂商提供的产品都能承受这种“滥用”，这些用法也就成了“预期”用途（无论是因诉讼或是其他原因所致）。再比如商业飞机中的“黑匣子”（顺便提一下，它其实是橙色的），它可以在飞机损毁的情况下保存下来。了解所有形式的用途，这是现代设计所要努力做到的。

最后，正如我们再三强调的，现代设计与计划追求的是根据所理解的顾客需要来创造特征，我们将之称为顾客驱动的特征。新的产品、服务和过程就是所有这些特征的总和。

有一种不同类型的产品计划，它推出并不针对明示需要的特征供用户来探索，这超出了本章所讨论的范围。3M 公司的即时贴便笺纸和互联网就是这方面的例子。我们没有表达出这些需要，但是，一旦拥有了这类特征，就无法再想象没有它们的生活。

质量设计中的问题

质量设计模型及与其相关联的方法、工具和技术之所以会被开发出来，是因为纵观现代社会的历史，组织在生产能够确实使顾客满意的产品和服务方面，更多地表现为一贯性的无能。作为顾客，人们会不止一次地体会过这样的沮丧，如飞机的延误，放射性污染物的泄漏，没能达到最佳效果的医疗方案，失灵的儿童玩具，并不像所期望的那样快或好用的一个新软件，极其迟钝（如果有的话）的政府反应，或者配备了最新高科技部件的家用洗衣机以高价洗出的衣服并不比以前更干净。这些频繁而又巨大的质量差距实际上是由图 4—1 示出的一系列较小差距复合而成的。

质量差距的第一类构成是理解差距，也就是说，对顾客的需要缺乏理解。有时，这种差距的出现只是由于生产者根本就没考虑顾客是谁以及他们需要什么。更多的情况下，这种差距是由于供应商对其能够准确理解顾客真实需要的能力太过自信而造成的。图 4—1 中最后示出的感知差距也是由于未能理解顾客和顾客需要而造成的。顾客并非只是依据产品的技术价值来体验一套新服装或当地公用设施服务的连续性，顾客会针对他们对于产品或服务所带来的益处的感知情况作出反应。

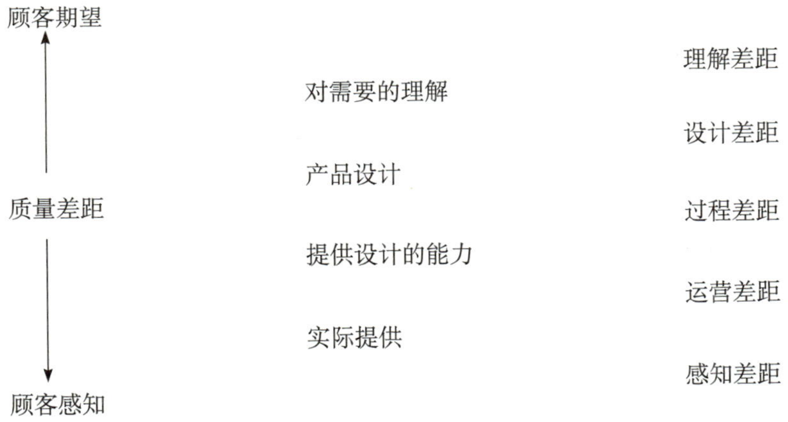

图 4—1　质量差距

资料来源：Inspired by A. Parasuraman, Valarie A. Zeithami, and Leonard L. Berry (1985). "A Conceptual Model for Service Quality and Its Implications for Further Research," *Journal of Marketing*, Fall 1985, pp. 41 - 50.

质量差距的第二类构成是设计差距。即使完全了解了顾客的需要和感知，很多组织还是不能够设计出与这种了解完全一致的产品和服务。其部分原因在于，那些了解顾客的人员以及他们用以了解顾客需要的训练常常被制度化地与实际从事设计的人隔离了开来。另外，不管是设计复杂的设备还是细微的服务，设计人员常常缺少一些简单的工具，以便能够将他们的技术专长与对顾客需要的理解结合起来，从而创造出真正卓越的产品。

第三类差距是过程差距。由于创造有形产品或提供服务的过程不能够始终与设计相符合，许多优秀的设计都遭到了失败。这种过程能力的缺乏在所有类型的质量差距中是最持久、最难缠的问题之一。

第四类差距是运营差距。用来运营和控制过程的各种手段在最终产品或服务的提供中会产生进一步的不良。

质量设计为消灭各种类型的质量差距并确保最终的总质量差距最小提供了过程、方法、工具和技术。图4—2概略地列出了质量设计的基本步骤。本章的其他部分将讨论每一个步骤的细节及范例。

质量设计
1. 确立项目和设计目标
2. 识别顾客
3. 揭示顾客的需要
4. 开发产品或服务特征
5. 开发过程特征
6. 开发控制方式并转入运营

图4—2　质量设计的步骤

资料来源：Copyright 1994，*Quality by Design*，Juran Institute，Inc.

朱兰质量设计模型

接下来我们将概略地分析每一个步骤。

第一步：确立项目和设计目标

所有的设计都应该按项目的方式进行。不存在一般性的设计，设计都是具体的。在战略计划中，我们确立了愿景、使命、战略、目标等，每一项都是具体的。在产品计划中，我们的起点是一个项目，亦即需要计划的某个事项。我们设计的可能是一个新的培训室、一辆新汽车、一场婚礼、一条免费的客服热线或一个新的互联网旅游预订竞价过程（如Priceline.com，Expedia.com）。要注意上述每一项都是一个具体的事项，且都可以与其他事物区分开来。培训室不同于咖啡屋，汽车不同于榴弹炮，一条热线并非长途电话，旅游预订过程也不是在线书店。这一点非常重要。如果不能把我们所设计的事物与其他事物区分开来，则所有的事情都将模糊不清。因此，项目是我们的起始点。

第二步：识别顾客

早在 1980 年代的全面质量管理（TQM）时期，我们就认识到顾客就是那些接受产品的人。如果我们要设计一个培训室，接受培训的人员就是一类重要的顾客。还有管理员也是顾客，因为他们要对教室进行打扫和布置。新车的顾客包括买主、保险公司、零售商、运输公司等。客服热线的顾客就是我们的客户及客服人员。旅游预订过程的顾客包括旅行者、航空公司以及网络运营商。从以上这些讨论中我们得出了一个基本的理解：顾客就是有特定需要必须被满足的各种角色。

第三步：揭示顾客的需要

我们所要揭示的顾客需要包括了欲望、需要、认知、渴望以及其他的情感。我们必须知道如何对事物加以分类和区分主次。但在这一点上，必须强调的是，优先度高的顾客（如车的买主）并非就是唯一的具有高优先度需要的人。还要强调的是，优先度低的顾客也未必意味着其需要就是低优先度的。我们既要理解“顾客之声”，也要理解“市场之声”。

例如，拿新车的运输商来说，我们绝不能忽视他们对小汽车的高度和宽度的要求。忽略了这些要求，他们可以使产品到不了最终付钱的顾客手中。主管机构也是如此（各州及全国的公路交通安全委员会以及环保机构等的“需要”若得不到满足，就会导致所有的过程停顿下来）。综上所述，我们又能得出一个结论：必须以一种一致同意的方式来确定顾客的优先等级。

第四步：开发产品或服务的特征

产品计划中的“特征”一词是指产品的用途、特性或功能。在结构化的产品计划中，我们引入了一个不同的定义：特征就是顾客用以满足其需要的事物。例如，在上述培训室的例子中，受培训者需要在学习时记笔记，则对应的特征就可以是一个活页纸板、一块白板或一张桌子。培训室的管理员可能需要经常移动东西，相应的特征就可能包括可搬动性、尺寸、重量以及模块性。

随着这个特征清单的变长，我们很快会意识到我们不能够让所有的特征都处于同一个优先度水平上。所以我们需要有一种方法来建立秩序，还是要以一种一致同意的方式。最终我们得到了经过优化的、一致同意的特征清单以及各项特征的目标。注意这里的优化是指：并非所有的特征都能在产品计划中存续下来。

第五步：开发过程的特征

特征是由过程创造出来的。我们要审视现有的过程以及可替代的过程，以考虑选用哪些过程来产出所需的特征。要确保所选过程能够实现产品特征的目标。换言之：

> 过程能力必须与产品要求相一致。这一认识非常重要。过程并不知道其产品的目标，产品目标都来自人。理想的产品目标显然要反映出各类顾客的要求。此处的关键问题在于：变异来自过程，目标来自人。

在上述培训室的例子中，过程目标可能是在20分钟内重新布置好房间，壁橱中要存放有活页纸，按一定标准为受训者颁发证书，等等。如前所述，我们要列出生产产品的所有可能路径，根据某些依据选择将要采用的过程，为过程设定目标并达到一个最优的状态。

第六步：开发过程控制方式并转入运营

开发过程控制方式

从人体对温度和新陈代谢的调节，到经营组织或家庭的财务控制，控制是所有人类活动都必不可少的。

> 在产品计划中，我们要确保过程按设计的能力来工作。在培训室的例子中，可以采用一个核对表来作为对重新布置教室以及活页纸的最小库存的控制。控制应用了反馈回路的概念。

以下是一个常见的例子：

你是否检查过你的车子的机油？量油尺就是一种控制手段。我们首先有一个控制对象（油量），一个测量单位（夸脱或公升），一个测量手段（你和量油尺）以及一个目标（让油量保持在“加满”与“添加”这两个刻度之间）。然后我们来执行抽样过程（将量油尺擦干净、放入油中，然后取出观察油量）。如果需要调整（油量低于“添加”这个刻度时），就要将油加至“加满”与“添加”这两个刻度之间的某处，这是我们定的目标。如果油量还在这两个刻度之间，则控制活动就是取出量油尺，关上机油盖，继续驾驶直至下一个检查点（可能是下个月）。注意控制活动必须反映控制的既定目标。在发动机汽油的这个例子中，控制点是“两个刻度之间”，相应的控制措施就是把油量保持在“两个刻度之间”的某一位置。许多人忽略了这个点，他们把油加到了“加满”刻度之上，这是过度控制。控制活动必须符合目标要求。

转入运营

转入运营意味着整个设计过程的结束。“运营”在此指的是实施过程的方方面面，而非“生产”。继续用前述的例子，培训室的运营指的是培训师、管理员及采购部门的活动。在新车的例子中，运营包括制造、运输、经销商关系以及法务部门。对于客服热线来说，运营指接听电话的客服人员。在旅游预订竞价过程中，其运营包括了接标者和拒标者，还包括了对潜在顾客和承运人之间的界面软件进行维护的人员。从工业革命到 20 世纪这一生产率时代的启示中，我们认识到各方面的运营相关者的参与是所有运转良好的过程的关键。

在福特的金牛座车型的开发中，人们认识到了“平台”团队的价值。设计师、工人、采购人员、销售人员以及管理者聚在同一个屋顶下开发了这款汽车。平台团队的概念渗入到今天的许多汽车厂商当中。位于密歇根州奥本山的克莱斯勒技术中心就是最近的一个广泛合作的例子。要实现向运营的成功转移，就必须尽可能早地让运营相关方面参与到设计过程中。

本章接下来的部分将针对上述的每一步骤给出详尽、实用的指南和范例。

朱兰质量设计模型详解

第一步：确立目标和项目团队

一个质量设计项目是组织为了能够提供一种新的或改进的产品、服务或过程而进行的有组织的工作。确立一个质量设计项目涉及以下一些步骤或活动：

1. 识别需要哪些项目来实现组织的销售或创收战略。
2. 编制每个项目的目标陈述书。
3. 成立实施该项目的团队。

项目的识别

决定实施哪些项目通常是组织的战略计划活动和经营计划活动的结果。（在第 7 章“战略计划与展开：由良好到卓越”中，讨论了具体的项目是如何从组织的愿景、战略和目标方面展开的。）一般来说，质量设计项目创造全新或更新的产品，旨在实现特定的战略目标，迎合新的或变化了的顾客需要，满足法律或顾客的要求，或利用新的或正在形成的技术。

最高管理层必须在识别及支持关键的质量设计项目方面起到领导作用。以设计委员会、委员会或类似的机构的形式，管理者需要承担以下的关键角色：

1. 确立设计目标。营销、销售以及类似的管理职能要识别当前未被满足的市场机会和客户需要。通过设定这些目标，管理层启动了创造新的产品、服务和过程的这个过程，以满足那些尚未被满足的需要。

2. 推荐和选择项目。管理层或委员会选出对于实现战略业务和顾客目标至关重要的那些主要的质量设计项目。

3. 选择团队。一旦确定了项目，就任命一支团队负责完成质量设计过程的剩余的步骤。团队可以由产品开发部门的项目经理来加以确定。

4. 支持项目团队。为了实现新的设计目标，一般需要新的技术与过程。保证每个质量设计团队的准备、培训和装备足以完成其任务，便成为管理层的责任。所要提供的支持包括：

a. 提供有关设计工具的教育和培训。

b. 提供一个训练有素的项目领导者帮助团队有效地工作，以及学习质量设计过程。

c. 定期评审团队的进展情况。

d. 批准项目目标的修订。

e. 辨识并帮助解决各种问题。

f. 提供数据分析的资源和技能。

g. 为非正常的数据收集需要提供资源，如市场调查时。

h. 交流项目结果。

5. 监测进展情况。为改善整个过程的有效性，委员会负责确保质量设计过程的正常运行、评价进展状况并进行中途的修正。一旦委员会对于潜在的项目来源进行了评审，它就会选择一个或数个即刻给予注意。接下来，它必须为该项目制定出目标陈述书。

编写目标陈述书

一旦委员会明确了某个项目的必要性，它就应当准备一份体现该项目特定目标的目标陈述书。目标陈述书是给项目团队的书面指令，描述了该项目的意图或目的。团队的目标要回答：

- 该计划项目的范围，亦即所要针对的产品和市场。
- 该项目的目标，也就是要取得的成果（销售目标）。

编写目标陈述书时必须对项目背后的推动力有清楚的了解。目标有助于回答以下问题：

- 为什么本组织要实施这一项目？

- 一旦实施了该项目会取得什么成果?

一份目标陈述书会促进在有关人员之间达成共识，包括受项目影响的人，以及为计划和实现项目目标贡献时间或资源的人。

例如：

- 团队的目标是向市场提供一种比同类产品便宜25%的新型的低能耗、无氟电冰箱。
- 团队将为所有商店的库存创建精确的控制及最低的成本。

虽然这些目标陈述描述了将要做什么，但它们并不完善。它们缺乏一个完美体现项目目标的质量设计目标陈述所要求的清晰和具体。写得好且有效的目标陈述通过包含以下一项或多项内容来定义项目的范围。

内在绩效　最终产品在某个或某几个方面的表现会影响项目范围，如 24 小时响应时间。

比较绩效　最终产品相对于竞争产品表现如何十分重要，例如，在大都市地区的最快响应时间。

顾客反应　与其他产品相比，顾客会如何评价该产品，例如，与其最近的竞争对手相比，某公司被评价为在准时供货方面表现得更好。

市场之声　谁是或将是该产品的顾客或目标受众，该产品将占有多大的市场份额或有怎样的市场定位，例如，成为美国本土所有商务旅行者的首选。

绩效不良　该产品在产品失效方面的表现，如故障率为每百万使用小时低于 200 次。

避免不必要的限制　避免为团队过度规定产品，例如，如果希望产品是在航空旅行时可随身携带的，那么规定准确的尺寸就过于限制了。可能会有多种方法满足可随身携带的要求。

设定质量目标的基础　除了项目的范围之外，目标陈述书中还必须包括项目的目标。在设定质量目标时的一个重要考虑是要选择目标所立足的基础。

以技术作为基础　在许多组织中，把质量目标建立在技术基础之上已经成为传统。大多数目标都是以规范和程序的形式发布的，这些规范和程序为基层监督员和一般员工规定了质量目标。

以市场作为基础　影响产品销售能力的质量目标应该基本上立足于符合或超过市场质量水准。因为在质量设计项目进行当中，市场和竞争状况无疑会发生变化，所以目标应当设定得足以应对或超过项目完成时的预期竞争水准。有些内部供应者是内部垄断者。常见的例子包括工资单的结算、设备维护、食堂服务以及内部交通等。然而，大多数内部垄断者都有潜在的竞争者，存在着能够提供相同服务的外部供应商。因此，可以将内部供应者的绩效同外部供应商的报价进行比较。

以标杆分析为基础 “标杆分析（benchmarking）”是近来出现的一个提法，意思是根据对他人已经达到的水准的了解来设定目标（见第15章）。一个常见的目标是要求新产品的可靠性至少要等于它将要代替的旧产品的可靠性，并且至少要等于可靠性最高的竞争产品的可靠性。应用标杆分析意味着所设定的目标是可达到的，因为他人已经达到了。

以历史水准作为基础 设定质量目标的第四个广泛应用的基础便是历史绩效，亦即根据过去的绩效来设定目标。有时为了刺激改进会将目标变严。对某些产品和过程来说，历史基础有助于取得所需的稳定性。而在有一些情况下，特别是涉及不良质量成本长期居高不下的情况时，历史基础会使慢性浪费得以维持。在目标设定过程中，管理层应当对此类误用历史基础的情况保持警惕。

目标是移动的靶子 人们普遍认识到质量目标必须及时调整，以应对不断扑面而来的变化：新的技术，新的竞争，威胁，以及机会。虽然那些已经采用质量管理方法的组织实际上应用了这个思想，但在提供用以评价变革影响以及修正目标的手段方面，它们仍可能做得并不理想。

项目目标 项目的具体目标，亦即项目团队要实现什么，这是一个有效的目标陈述书的构成部分。为了使事情得以成功，项目团队必须从终点开始思考。对最终结果考虑得越仔细，就越容易获得一个成功的结局。

目标的衡量 除了说清楚将要做什么和何时做之外，一个项目目标必须表明团队如何来衡量是否达到了所宣称的目标。花些时间确定如何衡量成功是很重要的。下面所列的是四件可衡量的事情：

1. 质量。
2. 数量。
3. 成本。
4. 时间、速度、灵活性。

一个有效的质量设计项目目标必须具备五个特征，这样才可以为项目团队提供足够的信息来引导计划过程。目标必须是：

1. 具体的。
2. 可衡量的。
3. 有关各方一致同意的。
4. 现实的——目标可以很高，但必须是可行的。
5. 确定时间——什么时候完成目标。

例如，看一下这个写得很糟糕的目标："为穷人设计一款新型的寿险方案"。

将其与下面的例子来对比一下："在 90 天内设计并提供一款寿险方案，该方案要使贫困家庭能以每年 500 美元以下（面市时）购买保险。该设计还要使公司能取得 4%～6%的平均回报。"

与第一个例子相比较，第二个例子要详尽得多，且可衡量，并有确定的时间。它清楚表述了目标或最终结果，并为团队计划产品的特征和实现目标的过程提供了充分的导向。

新产品方针 企业在质量和产品开发方面必须具有非常清晰的方针指导。大多数这种方针应当是针对所有新产品的，但个别的可能只与某个产品、产品线或产品群有关。四项最关键的方针如下。

1. 新设计和继承设计中的不良。很多组织建立了明确的方针，规定新产品或产品部件的不良率不得高于它所要替代的老产品或部件。此外，它们通常要求所有的继承设计必须达到一定的性能水准，否则必须用更可靠的设计代替。继承设计可靠性的最基本要求可以用下面的一个或多个标准确定：(1) 竞争者或领先者的可靠性；(2) 顾客的要求；(3) 高于领先者或顾客要求。

2. 预期的与非预期的使用。折叠梯的顶阶是否应当设计为可安全踩踏？虽然该处清楚地标示着"请勿踩踏"。医院的急诊室是否应该设计为可处理大量来院的常规非急诊病人？这些均是在项目开始前需要回答的方针问题。其答案会对最终产品产生巨大影响，在作答时需要考虑组织的战略以及产品应用的环境。

3. 对于正式的质量设计过程的要求。为了确保产品计划者辨识顾客并设计出能以最少的不良来满足顾客需要的产品与过程，要求有一个结构化的、正式的过程。结构化的正规性有时会因其对创造力的限制而让人退避三舍。再没有什么比此更能误导人们了。正式的质量设计明确了需要创造力的要点，然后鼓励、支持，使得创造力得以发挥。正式的设计活动确保了创造力聚焦于顾客，确保了创造性的设计免受不良的破坏性影响而最终交付给顾客。

4. 设计保管与变更管理。必须有专门规定以保证已批准设计的存档与调档。对设计的任何改动必须经过确认，得到适当的批准，存档，并无误地体现在产品或过程中。保存最终设计和管理设计变更的专门人员必须具有相应的职权、责任和资源。

建立团队

对于质量设计而言，跨职能团队的方式是有效的。这是基于如下的理由：

- 团队参与的方式促进了思想、经验的共享，人们感到自己是"我们的"组织的一分子，并且在帮助它实现其目标。

• 团队成员的多样性为将要计划的产品和过程带来了更完备的工作知识。计划一个产品要求对组织中各部分如何完成运营有一个透彻的了解。

• 来自不同部门或职能机构的代表会促使整个组织接受和实施新的计划。通过有关各方的主动参与所设计的产品或过程往往在技术上更为卓越，并更容易为负责实施的人们所接受。

团队选择指南 在选拔团队时，委员会要明确组织的哪些部分对于产出具有影响。有几个方面需要关注：

• 最受项目结果影响的那些方面。

• 负责项目过程中的各个步骤的部门和职能机构。

• 在项目设计中具有特殊的知识、信息或技能的那些人。

• 在实施计划时能够有所帮助的那些方面。

第二步：识别顾客

这一步看起来似乎没有必要。计划者和设计者当然知道他们的顾客是谁：汽车驾驶员，银行柜台前的存款人，就医的病人。但这些并非仅有的顾客，甚至不一定就是最重要的顾客。顾客由一系列角色所构成，必须加以充分的了解。

一般说来，有两类基本的顾客群：外部顾客，即那些在生产组织之外的顾客；内部顾客，即那些在生产组织之内的顾客。

外部顾客的类型

“顾客”一词经常用得很不严谨，它可以指一个组织，一个大组织中的一部分，或者一个人。有许多类型的顾客，有些是显在的，还有些则是潜在的。下面列出的是一个主要的分类，以帮助辨识所有的顾客。

购买者 为自己或他人购买产品的人，例如某个为其家庭购买食品的人。最终用户/终极顾客是最终从产品受益的人，例如去医疗机构进行诊断检查的病人。

商家 为了再销售而购买产品的人，包括批发商、分销商、旅行社代理和经纪人，以及任何经营产品的人，诸如超市中把产品置于货架之上的雇员。

加工者 用该产品或输出作为生产其自己产品的输入的组织与个人，例如炼油厂收到原油，对其加工处理，为各种顾客提供不同的产品。

供应商 为过程提供输入的组织或个人，例如，为汽车提供火花塞的制造商，或者为公司的环境法律事务提供咨询的律师事务所。供应商也是顾客，他们有关于产品规范、缺陷反馈、预测订单等方面的信息需要。

潜在顾客 那些目前不用该产品但可能变成顾客的组织或个人，例如，一个租车的商务旅行者，在需要购买一辆个人用汽车时可能会购买一辆类似的汽车。

隐蔽的顾客　对另外一类不易被想起而容易忽略掉的顾客的分类。他们可以对产品的设计施加巨大的影响，包括管制者、批评家、意见领袖、测试服务机构、支付者、媒体、自由公众、直接或间接受产品威胁的人、公司政策制定者、工会、职业协会等。

内部顾客

组织中的每一个人都扮演着三个角色：供应商、加工者和顾客。每个人会从别人处接受某物，对之做某些加工，然后传递给第三个人。有效地满足内部顾客的要求对服务外部顾客具有重要影响。内部顾客的辨识需要一些分析，因为这里的许多关系常常是非正式的，从而模糊了对于谁是顾客及其如何受到影响的察觉。例如，某公司决定在其一个工厂引入准时制生产系统，这将会对采购、运输、销售、运营等产生重要的影响。

大多数组织试图建立起一个机制，以使似乎具有竞争性的职能依据满足顾客需要的更高目标来协商和消除分歧。这包括了举行每周的部门领导会议以及发布程序手册等。然而，这些机制经常不起作用，原因在于内部顾客的要求没被充分理解，因此职能之间的沟通不能很好地进行。这就是识别内部顾客、发掘他们的需要并计划如何满足这些需要成为质量设计过程中的一个主要目标的原因。这也是设计过程需要跨职能团队参与的另一原因，这些成员有助于认识内部顾客所具有的利益。

识别顾客

除了上面给出的一般性指南，常见的最有帮助的方法是绘制一张概略的与所计划产品相关的过程流程图。仔细分析流程图常常会有新的发现，可能会识别出遗漏了的顾客，对顾客与过程之间的相互作用会有更精细的理解。图 4—3 就是一个流程图的例子。对流程图的考察揭示出“顾客”的角色实际上是两个不同的角色——下订单和用产品。这些角色可以是，也可以不是，由相同的人来扮演的，但它们的确是两个不同的角色，而每一个角色都需要理解其需要。

第三步：揭示顾客的需要

质量设计的第三步是揭示产品的内、外部顾客的需要。有效揭示顾客需要的一些关键活动包括：

- 对收集顾客的需要进行计划。
- 收集用顾客的语言表述的顾客需要。
- 对顾客需要进行分析并排出优先次序。

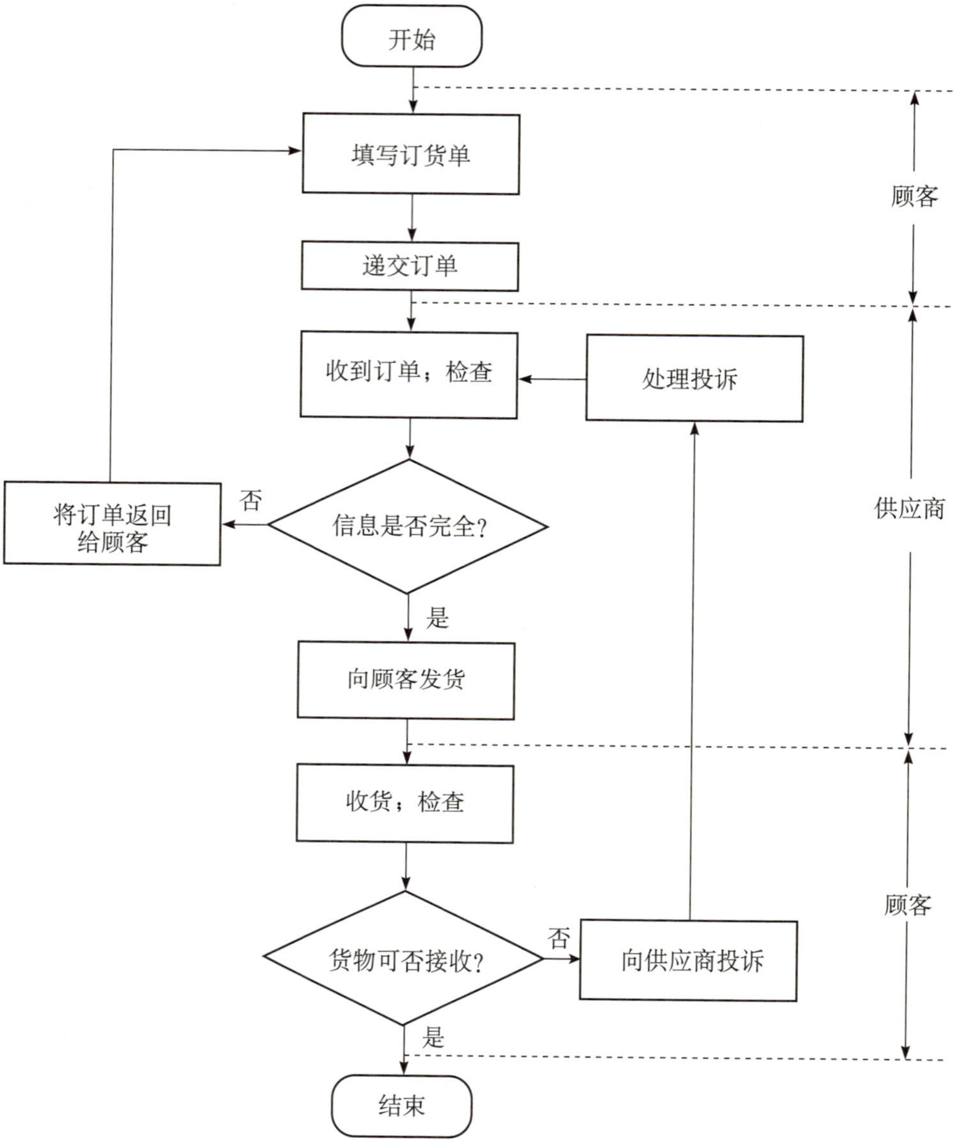

图4—3　流程图与顾客

资料来源：From J. M. Juran, *Quality Control Handbook*, 5th ed., McGraw-Hill, New York, 1999, p. 3.12.

- 将顾客的需要翻译成“我们的”语言。
- 建立测量单位与测量手段。

我们自己的经验告诉我们，人类的需要既变化多端，又非常复杂。这对于设计团队来说格外具有挑战性，因为顾客的行为不会总与他们所说的期望保持一致。从顾客所表达的或以为的所有需要中识别出最重要的需要，这是对质量设计的挑战，只有如此产品才会让顾客高兴。

设计一件产品时，事实上有两个相互关联而又彼此不同的方面需要开发：一是技术要素，即产品特征将做什么或将如何发挥作用；二是人的要素，即顾客从使用产品中得到的益处。这两方面必须综合考虑。

发掘顾客需要是一件复杂的任务。经验显示，顾客通常并不会用简单的词语准确地表达出他们需要什么，甚至经常并不提到他们某些最基本的需要。银行报表的准确性，医生的能力，计算机的可靠性，出版物的语法准确等也许都是顾客认为应有的要求，但若是没有调查他们绝不会表述出来。

顾客表达他们需要的方式之一是描述他们所经历过的问题以及对某种可以解决他们问题的产品的期望。例如，一个顾客可能说，“我不能总是亲自接听我的电话，但我又不想让打电话的人感到不便，或对无响应的应答系统感到厌烦”，或者，“我母亲的自尊和对他人的爱对我来说是非常重要的。我想找一个长期的护理设施，能对待她像一个正常人，而不是一个病人”。即使人们的需要没有用这些词汇表达出来，准确地理解顾客所期望的益处所在也是揭示顾客需要的要旨。

当一个产品的特征满足了顾客的需要时，它就会给顾客一种满意的感觉。如果它未能无缺陷地提供所允诺的特征，顾客就会感觉不满。即使一个产品完全按照其设计发挥了功能，若竞争产品的服务或性能更为优越，则后者会使顾客更为满意。

表述的需要与真实的需要

顾客总是从自己的视角并用自己的语言来表述自己的需要。顾客可能会用他们希望购买的产品或服务来表述自己的需要。但是，他们的真正需要是他们相信他们将获得的益处。

如下所示：

顾客希望购买：	顾客需要所包括的益处或许是：
新鲜的面食	营养和味道
最新型个人计算机	迅速便捷地撰写报告
	在网上寻找信息
	帮助孩子学习数学
健康保险	免遭财务不测
	获得高质量的健康保健
	在健康保健提供者之间进行选择
飞机票	运输，舒适，安全，方便

未能把握表述的需要与真实的需要之间的区别就会使所设计的产品的可销性

大打折扣。理解真实需要并不意味着计划者可以不管顾客的表述，而以自己卓越的技术理解取代顾客的真实需要，而是意味着需要提问并回答如下的问题：

- 顾客为什么购买这个产品？
- 他或她希望从产品中获得什么服务？
- 顾客如何从中得益？
- 顾客如何使用该产品？
- 过去是什么使顾客产生抱怨？
- 顾客为什么选择竞争对手的产品而不选择我们的？

感知的需要

可以理解，顾客根据他们的感知来表述其需要。这些感知会完全不同于供应商关于产品质量构成的感知。若不关注顾客的感知如何影响购买习惯，而只是考虑顾客的感知是对还是错，计划者便会误导自己。尽管顾客与供应商之间的这种差异是潜在的麻烦制造者，但同时也可能成为机会。对顾客感知的优异的理解能够形成竞争优势。

文化需要

顾客的需要，特别是内部顾客的需要，超出了产品和过程的范畴，还包括一些基本需要，如工作安全、自尊、被人尊敬、习惯的延续，以及其他我们统称为“文化价值”的要素，而这些则很少被公开表述出来。所提议的任何变动都会成为对这些重要价值的威胁，因而会遭到抵制，直到威胁的本质被理解为止。

源自非预期使用的需要

许多质量问题的起因在于顾客的使用方式不同于供应商计划的方式。这种情况有很多形式：病人跑到急诊室去诊视非急诊的疾病，未经训练的工人被分派到需要熟练工人的过程，设备未能接受规定的预防性维护。

诸如安全一类的因素会增加成本，但它们可以避免因误用产品而造成的更高损失，这又会降低总成本。重要的是知道下面的问题：

- 实际用途（及误用）是什么？
- 相关的成本如何？
- 坚持预期用途会有什么结果？

人类安全

技术把危险的产品交到了外行的手中，这些外行并不总是具备必要的技能以进行操作而不发生危险。技术还创造出威胁人类健康、安全和环境的危险的副产品。危险的程度是如此之大，以至于产品与过程计划中相当一部分投入要用于把这些风险降低到可接受的水平。有很多法律，包括刑法和民法，要求必须这样做。

用户界面友好

由于许多用户是外行而产生了“用户界面友好”这种说法，用以描述有利于外行方便地使用技术性产品的这种产品特征。例如，公开发表的信息所使用的语言应当简单、明确、容易理解。（众所周知的难懂信息包括法律文件、用户操作手册、行政机构的表格等等。应用广泛的表格，如政府税收表，应该做一个抽样测试，让那些以后会填表的人试填一下。）所发表的信息的语言还要广泛兼容（例如，新版软件应该“与以前版本向前兼容”）。

服务的及时性

服务应该是及时的。在我们的文化中，竞争的一个主要要素就是服务的及时性。连锁日程（例如邮递或乘飞机旅行）是另一个日益要求及时的来源。还有一个例子就是应用日益广泛的准时制制造（just-in-time）系统，它要求有可靠的原材料供应以使库存降到最低。所有这些例子都表明了在计划中包括及时性要素对于满足顾客需要的必要性。

与不良有关的顾客需要

在涉及产品失效时，出现了一组新的顾客需要，这就是如何恢复服务，如何补偿相关的损失及不便。显然，最理想的解决方案是计划好质量，从而不发生故障。但此时，我们需要的是了解故障发生时顾客需要什么。

担保

管制销售的各种法律要求供应商提供某些担保。然而，在我们这个复杂的社会里，提供专门的书面合同来规定保证的范围及时间已成为必要。此外，由谁来承担什么责任也应当加以明确。

销售中投诉处理的影响

投诉基本上涉及的是产品不满，但它对销售有副作用。这一领域的研究指出：对产品不满的顾客中，有将近 70%并不投诉。投诉的比例依产品的类别而变化。不投诉的主要原因有：（1）投诉的付出不值得；（2）相信投诉不会有什么用处；（3）缺乏如何投诉的知识。超过 40%的投诉顾客对供应商的应对感到不快，百分比同样依产品类别而不同。

未来的销售受到投诉处理的显著影响。这一强烈的影响还会扩展到品牌忠诚。即使是那些著名品牌的“大件”商品的顾客，如耐用消费品、金融服务以及汽车服务的顾客，也会在感觉到他们的投诉不受重视时降低购买意愿。

同一研究的结论是，有组织的投诉处理方式会有很高的投资收益率。此类有组织的方式的要素可能包括：

- 一个提供24小时服务的顾客服务中心和/或一条免费的电话热线。
- 对接听电话的雇员进行专门训练。
- 主动征求投诉，把未来的顾客流失降到最少。

使顾客知情

顾客对成为供应商秘密行动的牺牲品非常敏感，因此人们常说“买主要保持警惕”。当此类秘密日后被发现并公之于众时，对供应商的质量形象造成的损害是极其巨大的。在大多数情况下，产品尽管有一些不符合要求但还可以使用。有些情况下，可能会有些争议。而另一些情况下，发货的行为至少是不道德的，最坏的情况下则是非法的。

在涉及产品缺陷的很多情况中，顾客也有知情的要求。在许多情况中，服务的中断会迫使顾客等待不确定的时间，直到服务恢复。最明显的例子是断电以及公共交通设施的晚点。在所有这类情况中，顾客会变得烦躁不安。他们不能够解决问题，而必须依靠供应商。但是，他们希望能得到诸如问题的性质以及大概什么时间可以解决的信息。许多供应商因疏忽通知顾客而使其质量形象遭到了损害。与此相对照的是，有些航空公司付出很大努力来告知顾客延误的原因以及提供补救措施的进展状况。

收集顾客需要的计划

顾客的需要一直在变化，不可能有一个最终的顾客需要表。虽然这会使人感到泄气，但计划团队必须认识到，即使在计划过程的进行中，诸如技术、竞争、社会变动等力量也会创造出新的顾客需要，或者可能改变目前需要的优先顺序。因此，经常与顾客核实需要并监视市场变化变成极其重要的事情。

最常见的收集顾客需要的方法包括：

1. 顾客调查、焦点小组、市场调查项目和研究。
2. 例行沟通，例如销售和服务电话、报告、管理评审、公司出版物。
3. 追踪顾客投诉、事故报告、信件和电话接触。
4. 顾客参与的模拟应用试验和计划过程。
5. 具备专门顾客知识的雇员：销售、服务、办事员、秘书以及接触顾客的管理人员。
6. 顾客会议。
7. 最终用户的用户研讨会。
8. 竞争者产品的信息。

9. 到访顾客所在地，观察并讨论。

10. 政府或独立实验室的数据。

11. 联邦、州和地方管制的变化将会确定目前的需要和新的机会。

12. 竞争分析，侦察同领域竞争者的产品并进行比较。

13. 与顾客和产品有关的个人经验。（但是，没有经过顾客的直接认可而赋予个人经验太大的权重是需要特别谨慎的。分析者必须牢记从个人的角度来看待顾客的需要和要求或许会掉入陷阱。）

通常，顾客不会用他们希望从购买和使用产品中得到的好处来表述他们的需要。

收集用顾客的语言表述的顾客需要清单

要使顾客需要清单在设计新产品中发挥重要的作用，必须将之用顾客所寻求的益处的形式来表达。换句话说，就是要在顾客的表达中捕捉需要。通过聚焦于顾客所追求的益处而非提供这种益处的手段，设计者就能对顾客的需要和顾客使用产品的方式有一个更好的理解。用顾客所追求的益处来表达需要可以揭示出改进质量的机会，而只专注于产品特征时往往看不到这些机会。

对顾客需要进行分析并排出优先次序

实际从顾客那里收集到的信息往往范围太大、太含糊不清、数量太多，以至于不能直接用于设计产品。为了确保设计真正满足需要，确保设计的时间用在那些真正重要的需要上面，信息的准确含义及优先次序这两方面都必须加以确定。下列活动有助于提供这种精确性和聚焦：

- 对内、外部顾客的需要清单加以整理、综合并排出优先次序。
- 确定内、外部顾客的每一个需要的重要性。
- 把每一个需要分解成精确的术语以便识别出相对应的设计要素。
- 将这些需要翻译成提供产品的组织的语言。
- 为每一个需要确定特定的测量指标和测量方法。

分析和整理顾客需要的最佳计划工具之一便是“质量设计展开表”。

质量设计展开表

设计新产品时会产生大量有用而必要的信息，但若没有一套系统的方法来整理和分析这些信息，设计团队就会被淹没在信息的海洋里而错过其中包含的有用内容。

计划人员开发了大量的方法用以整理所有这些信息，其中最方便最基本的设计工具便是质量设计展开表。展开表是一种可用于大量场合的用途广泛的工具。

在质量设计过程中运用了数种类型的展开表，诸如：

- 顾客需要展开表。
- 需要分析展开表。
- 产品或服务设计展开表。
- 过程设计展开表。
- 过程控制展开表。

除了可以记录信息之外，在分析收集到的数据之间的关系时，在将顾客需要转化为产品特征、产品特征进而又转化为过程特征和计划时，这些工具会格外地有用。图4—4说明了这一转化过程。对顾客及其需要的分析为产品设计提供了基础。产品设计又形成了过程设计的基础，而过程设计进而又为控制展开表提供了输入。

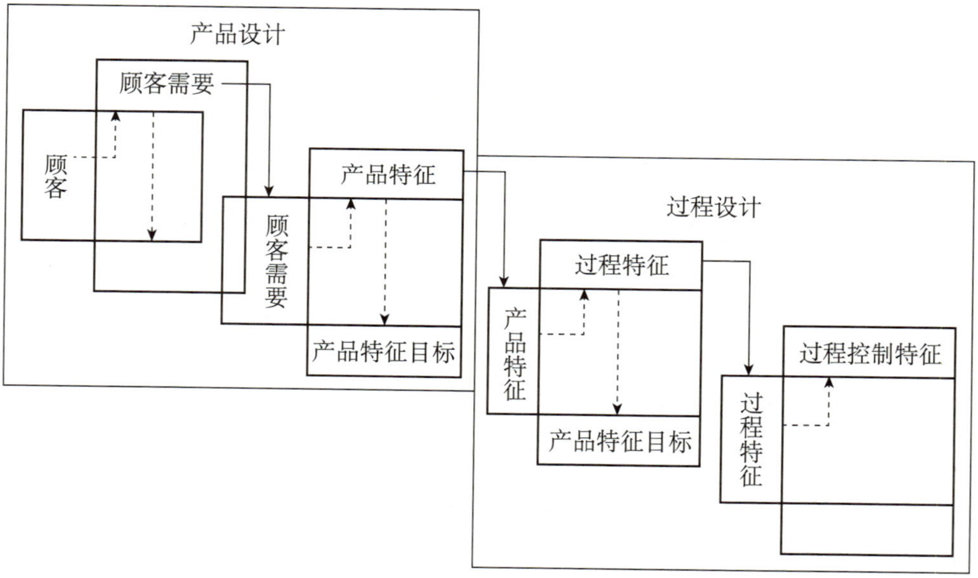

图4—4 活动次序

资料来源：Juran Institute，Inc. Used by permission.

对大多数设计项目而言，简单的矩阵展开表就足够了。对有些项目来说，更复杂的质量机能展开表非常有助于设计权衡的计算。所有这些展开表都是用来辅助质量团队记录并同时比较多个变量之间的关系的。我们将在设计过程的适当时机展示一些表格。图4—5给出了这类展开表的一般布局。一般来说，行标题是所分析的对象，如要使之满意的顾客，要满足的需要，等等；列标题是手段，例如若得到满足将能使顾客满意的需要，用以满足需要的产品特征，等等。表格的底行通常包含着对表格顶部的手段的特定衡量目标。表格的内部用符号或者数字表示手段对对象的影响，如，无、中、强、很强。还可以添加其他的列来具体衡量各行的重要性，参照标杆，等等。

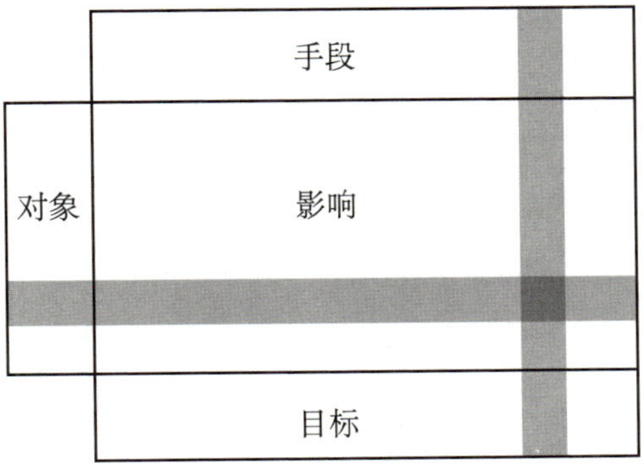

图 4—5　计划展开表

资料来源：Juran Institute，Inc. Copyright 1994.

顾客需要展开表

图 4—6 是一个简单的顾客需要展开表的例子。左边一列按照优先次序列出了所有的内、外部顾客，各列的标题是已经发现的各种需要。通过核对或是指定一个重要性，就能够针对满足各项需要的重要性，绘制出一个简单但很说明问题的图来。所有的产品开发都必须在一定的预算内进行。对顾客及其需要排出优先次序，确保了预算用在最重要的方面。

顾客	顾客需要							
	引人入胜	信息量大/文笔优美	醒目的封面标题	稳定的销路	畅销	充足的时间	材料完备	没有最后一刻的改动
读者	●	●	●					
广告客户	●	○	●	●	●			
印刷者						●	●	●
排字工						●	●	●
套色工						●	●	●
报摊	●	○	●	○	●			

图例　● 非常强　○ 强　△ 弱

图 4—6　顾客需要展开表

资料来源：Juran Institute，Inc. Copyright 1994.

精确的顾客需要

一旦必须被满足的需要排定了优先次序，为了以此为依据来设计产品，就必须用足够精确的词语将这些需要描述出来。利用顾客需要展开表有助于将这一分析综合起来。此时，顾客需要可能是由相对宽泛的期望和比较具体的要求构成的混合物，前者如"容易使用"，而后者则如"星期六可用"。图4—7展示了宽泛的（称作"初级的"）需要如何被分解为更为具体的要求（"次级的"，"三级的"，等等）。注意这里的初级和次级并不意味着更重要和不太重要，而只是分别意味着不太具体和更具体。每一个需要必须被分解到这样一个程度，即它必须能（1）被测量；（2）对产品设计作出明确的指导。有些情况下分解两级就足够了，但在另一些情况下，也许需要分解成四级或五级。图4—7展示了涉及一项群体医疗举措的基本需要"便利"是如何被展开的。

初级需要	次级需要	三级需要
便利	营业时间	下午5:00—9:00及周六的一定时间营业
	交通条件	离公共汽车站不超过三个街区，设有足够的停车位
	等候时间短	24小时内紧急预约 14天内常规预约 就诊等候不超过15分钟
	有辅助性设施	设有药房、实验室

图4—7 一个医疗机构的需要分析展开表

资料来源：Juran Institute，Inc.

将他们的需要翻译成"我们的"语言

所确认的精确的顾客需要可以用几种语言来加以表述：

- 顾客的语言。
- 供应商（"我们"）的语言。
- 一种共同的语言。

有一句古老的格言说，英国人和美国人被共同的语言分隔开来。共同语言或行话的表象可能会是麻烦的根源，因为双方都相信他们互相理解，并且期望被对方理解。因未认识到理解差异导致的沟通失败，会导致进一步的误解，从而使事情更为困难。因此，计划者采取特别的步骤，通过系统的翻译，以确保恰当地理解顾客的需要成为必然。翻译的必要性对内、外部顾客同样适用。许多公司职能部门所采用的行话并不为其他职能部门所理解。

含混的术语尤其会造成翻译的困难，这种情况甚至（通常尤其容易）在那些相信讲的是同样的行话的供应商和顾客之间发生。同一个词会有多重的含义，描述性词汇所描述的并不具有技术的精确性。

翻译的帮手

有许多帮手可以用来帮助消除模糊，在语言与行话之间搭起桥梁。最常用的如下所列：

术语表是一个术语及其定义的列表。它是公开发表的对于关键术语的精确含义的共识。它也许会伴随着其他形式的沟通方式，如草图、照片以及录像带等。

样品有许多形式，如实物（例如纺织品样品，色条，录音带）或服务（例如展示良好服务“样品”的录像带，即殷勤有礼、体贴周到等）。它们起到了产品特征的详细说明的作用。它们利用了人类除了识别文字之外的那些感官。

一个专门的组织或许是必要的，由于翻译量的巨大，由其来专门负责翻译同外部顾客的沟通。一个常见的例子是负责接收客户订单的订单编辑部门。这些订单中的某些要素是以客户的语言表述的，订单编辑部门把这些要素翻译成供应商的语言，例如产品代码、供应商的首字母缩略词，等等。

标准化在许多成熟的产业中得到了广泛应用，顾客和供应商双方都从中得益。标准化的范围扩展到了语言、产品、过程，等等。所有组织都使用了对其产品的简短标示，如编号、首字母缩略词、单词、短语，等等。这种标准化的命名使得与内部顾客的交流变得十分容易。

测量是纠正模糊不清和歧义的最有效方法——“用数字来表达”。这是在计划过程中强调测量重要性的第一个环节，但绝不是最后一个。质量计划还要求测量产品特征、过程特征、过程能力、控制项目，等等。

建立测量单位和测量手段

有效的质量计划必须有顾客与供应商之间的准确沟通。有些重要的信息通过语言就足以传递，然而，一个日益复杂和专业化的社会要求以更高的精度来沟通与质量有关的信息。达到更高精度的最佳方式莫过于用数字说话。

量化必须有一个测量系统 这一系统由下述要素构成：测量单位，它是某个质量特征的一个确定的量值，能够用数字对该特征进行评价，例如，评价服务时间的小时、评价电力的千瓦、评价药物的浓度等；测量手段，亦即测量的方法或仪器，实施评价并以测量单位的数值来表达测量结果，例如，钟表示出了时间、温度计测量温度、X 射线测量骨密度等。

通过测量顾客的需要，就建立起了一套判断该需要是否得到了满足的客观标准。此外，只有借助于测量，才能回答诸如这样的问题：我们的质量是更好了还是更坏了？我们与他人比较是否具有竞争性？我们的哪一项业务提供了最佳的质量？我们如何把所有业务都提高到最佳水平上？

特征的测量单位

测量的首要任务是针对每一个顾客需要来确定合适的测量单位。对于特征来说，我们知道没有一个简单、方便、通用的公式作为诸多测量单位的来源。特征的数量巨大、种类繁多。实际上，每个特征要求有自己独特的测量单位。最好从询问顾客他们评价产品质量的测量单位是什么来开始。如果供应商的测量单位与之不同，就有可能出现顾客不满，此时就需要团队提出一个双方都能接受的测量单位。即使顾客并没有一个明确的测量单位，也需要询问他们是如何判断自己的需要是否被满足的，他们的回答也许会带出一个隐含的测量单位。

应用于有形产品

有形产品的质量特征的测量单位大量使用了“硬的”技术单位。其中一些单位是公众所熟悉的，如用分钟测量时间，用度测量温度，用安培测量电流等。有许多测量单位则只有专家才明白。有形产品的质量还有一些“软的”方面。食品工艺师需要有关味道、柔软度及其他食品特性的测量单位，家具外表必须“美观”，包装必须有“吸引力”。为此类特征开发测量单位要求大量的努力和独创性。

应用于服务

对服务质量的评价包括一些技术性的测量单位。常见的例子是对及时性的评价，用天、小时等单位测量。服务性公司产生的环境污染物（如噪音、辐射等）也同样用技术性测量单位来测量。

服务质量还包括诸如服务人员的殷勤有礼、环境布置、报告的易读性等特征。由于这些特征是由人来判断的，其测量单位（以及相关的测量手段）必须经过顾客意见评审委员会的评判。

理想的测量单位

理想的测量单位的标准总结如下。一个理想的测量单位：

- 是可理解的。
- 为决策提供共同的基础。
- 有助于形成一致的理解。
- 使用经济。
- 与现有的测量手段相容，如果其他标准也能符合的话。

测量抽象事物

某些质量特征看起来独立于物质世界之外。服务质量常常把殷勤有礼作为一个重要的质量特征。即使是对于有形物品来说，我们也有一些诸如漂亮、味道、香味、感觉或者音调这样的质量特征。从而，我们必须建立测量此类抽象事物的单位。

处理抽象事物的方法是把其分解为可识别的部分。在这里同样，顾客再次成为识别这些成分的最佳出发点。例如，宾馆客房的外观肯定是一个质量特征，但它看起来似乎是一个抽象概念。然而，我们可以把这个特征分解成可观察的部分，然后来识别那些共同组成“外观”的成分。比如，地毯上没有污点或裸露的补丁、清洁的卫生间、台布没有串色并且按一定尺寸折叠了起来、窗户玻璃没有污痕、床单没有褶皱且距地面在一定范围内，等等。一旦为每一构成要素建立了测量单位，就应该将之概括为一个指标，例如，脏、坏地毯数与宾馆客房总数的比值，缺失台布的客房数与客房总数的比值，或顾客投诉的次数。

建立测量手段

要用数据说话，不仅需要一个测量单位，还需要根据测量单位来评价质量。进行评价的一个关键要素就是测量手段。

“测量手段”是一个专门的探测装置或测量工具，它用来辨认某种现象的存在及强度，并将感知转化为信息。随后，这些信息将成为决策的输入，因为它使我们能够评价实际的表现。

技术仪器显然是测量手段，人类的感官也是测量手段，某些数据系列的趋势也被用作测量手段，休哈特控制图也是一种测量手段。

测量手段的精确度与准确度

测量手段的“精确度”是对于测量手段在多次重复试验中重现其结果的能力的衡量。对绝大多数技术性测量手段来说，这种再现能力都很高，而且很容易量化。

众多测量手段的另一端是把人类作为测量手段的情况：巡视人员、审计人员、监督人员和评估人员等。与技术性测量手段相比较，人类测量手段的精度要差得多。从而，计划人员常被告诫，在以这类数据为基础进行决策时，一定要认识到人类感觉所具有的局限性。

测量手段的准确度是指测量手段能够反映真相的程度，亦即它对某些现象的评价与可靠标准测定的“真值”相一致的程度。观察值与真值之间的差异就是“误差”，误差有正有负。

对于技术性测量手段而言，通常很容易通过再校准来调整其准确度。一个简单的例子便是钟表，人们根据收音机播出的报时信号来对表。与此相对照，测量手段的精度则很难调整。精度的上限通常取决于测量手段的基本设计，要使精度超过其上限，就必须重新设计。测量手段会由于使用不当、保养不及时等原因，工作在其能力以下的精度水平上。因此，在为每一个需要确定适当的测量手段时，计划人员要考虑制订适当的保养维护计划，同时要有一个对照表将每次检查时要采取的措施列出来。

产品设计展开表

关于顾客需要的翻译和测量的所有信息必须记录下来并加以整理。经验表明，这些数据必须妥善安排，才能在产品设计时伸手可得。图4—8的例子展示了一些用于产品设计的顾客需要。顾客需要及其翻译和测量均置于表格的左侧，表格的其他部分将在下一节讨论。

				产品特征									
				交叉资源核对	自动查找可用时间	核对资源限制	信息传真至预约处	寄送指示给患者	●	●	●		
需要	翻译	测量单位	审查										
预约无重叠	预约无重叠	是/否	预约员审查	●									
患者有备而来	患者遵循医生指示	是/否/部分	诊疗者审查				△	●					
所有预约均履行	无“保存”	是/否	预约员审查		●	○							
所有信息都易找到	无需“查找”	是/否	预约员审查		○								
快速确认	快速确认	分钟	软件/预约员审查	○	○								
				针对所有录入信息	一键可得	非经许可不可变更其预约	总是提醒接收者	针对所有预约	●				
				产品特征目标									

符号
● 很强
○ 强
△ 弱

图4—8　产品设计展开表

资料来源：Juran Institute，Inc. Copyright 1999.

第四步：开发产品或服务的特征

一旦充分理解了顾客及其需要，我们便可以设计能够最好地满足这些需要的产品或服务了。大多数公司都有一些设计新产品并将之推向市场的过程。在质量设计过程中的这一步骤，我们将集中讨论质量在产品开发中的角色，以及这一角色如何与一个具体行业的开发和设计技术恰当地结合起来。在产品开发中，产品设计是一个基于技术或职能专长的创造性过程。

传统的产品设计者都是工程师、系统分析师、营运经理以及许多其他的专业人士。而在质量舞台上，设计者包括任何一个经验、职位和专长能够给设计过程以贡献的人。产品设计的产出是详细的设计方案、图纸、模型、程序、规范，等等。

在这一步骤中，总的质量目标有两个：

1. 确定哪些产品特征和目标将为顾客提供最优的利益。

2. 明确为使设计结果能够无缺陷地交付需要些什么。

在设计服务时，这一活动的范围有时使人迷惑。例如，在提供医疗服务时，诊断与治疗这一产品在哪里结束？实验室检测、图表分析等过程从哪里开始？思考这一区别的一种可行的办法就是认为产品是“面对顾客”的，亦即顾客所看到的和所体验的。病人看到并体验了同医师的相互作用、等待、信息的澄清，等等。把血样送到实验室并进行检测的效果和效率会影响这些产品特征，但其本身却是将最终产品交付给顾客的提供过程的特征。

设计有形产品的人也可以从思考产品设计的范围中受益。请记住，顾客的需要就是顾客想从产品中获得的益处，设计一个消费类电子产品不仅包括其本身的内容，还包括安装和使用的说明以及“求助热线”。这一步骤中有六项主要的活动：

1. 将相关联的顾客需要加以分组。

2. 确定识别产品特征的方法。

3. 选定高阶产品特征和目标。

4. 开发详细的产品特征和目标。

5. 优化产品特征和目标。

6. 确定并发布最终的产品设计方案。

将相关联的顾客需要加以分组

绝大多数质量计划项目都会面对大量的顾客需要。在前面各步骤所获数据的基础上，质量团队可以将那些具有相似功能的需要排序并分组。这个活动不需要太多时间，但能为以后节约很多时间。确定优先次序确保了产品开发的稀缺资源可以最有效地用于那些对顾客最重要的项目。将相关需要加以分组使得计划团队可以“各个击破”，即分成子团队来负责不同部分的设计。当然，这种区分子系统或构成元件的设计方法已经被广泛应用许多年了，或许有所不同的是，这里首先关注的是顾客需要的构成，而不是产品的构成。在这一步骤之后的活动中将涉及产品的构成元件设计。

确定识别特征的方法

在确定满足顾客需要的最佳产品设计方面，有很多互补的方法。大多数设计项目并不会使用所有的方法，但是在开始设计前，团队应该针对在自己的设计中将要应用的方法制订一个系统的计划。以下是一些选项。

标杆分析 这种方法明确了同业之最，也明确了使之成为同业之最的方法。细节参见第15章的内容。

基础研究 基础研究的一个方向可以是对产品的一个创新，一个目前市场上不存在或竞争者尚不具备的产品创新。基础研究的另一个方向则是探索产品及产品特征的可行性。这两方面都很重要，但要当心对产品技术能力的迷恋不要压过对产品给顾客所提供益处的主要关注。

市场试验 在市场上测试所引进的产品特征有助于人们对概念进行分析和评估。焦点小组是一项用来测量顾客反应以及确定产品特征是否确实满足顾客需要的技术。有些组织非正式地利用展示会及其他相关会议让顾客测试它们的想法，还有些组织则利用原型产品进行有限的试验性质的销售。

创造性 在开发产品特征时允许人们想象所有的可能性而不受任何限制或先入之见的妨碍。质量设计是一种求证的、结构化的、以数据为基础的满足顾客需要的方法，但这并不意味着它是僵化的、没有创造力的。在质量设计过程中的这一时刻，必须鼓励参加者在设计备选方案时充分发挥创造性，并为他们提供所需的工具。在选出了若干有前途的备选方案之后，他们会利用严格的分析和数据来设计最终产品。

设计团队可以利用个人对世界的观察，即从自己的视角来思考。每个雇员都可能发现其他的行事方法。团队要鼓励人们提出新思想和冒险。团队成员要避免被“卡住”，或花费太多时间争论一个具体的思路或问题。可以暂时将之放在一边，等到有新思路时再来讨论。在思考顾客的需要或问题时可以采用新的方法，如下所示：

- 改变关键词或短语。例如，将“需要”或“问题”称为“机会”，用“在需要时即刻交货”来代替“按时交货”。
- 随机联想。例如，拿一个常见的词，如“苹果”或“马戏团”，然后把你的业务、产品或问题描述为该词。比如，“我们的产品就像一个马戏团，因为……”
- 中心思想。把你的思路从一个中心思想移到另一个上去。例如，把焦点从产品转移到顾客，可以通过提问“小孩会受到什么样的伤害？如何能避免这种伤害？”而不是问“我们如何能把产品造得更安全一些？”

• 换位思考。用另一个人的观点，如你的竞争者、你的顾客的观点来考查问题，在考虑自己的根据之前先考虑他们的根据。

• 梦想。设想你有一支魔棒，你可以挥动魔棒消除所有实现目标的障碍，那会是一番什么样的景象呢？你将首先做什么？它会怎样改变你的思路？

• 面条原则。当你在考虑一个新概念或为如何响应一个特殊的需要而感到困难时，可以让团队随心所欲地提出新的主意，就像是把一碗面条扔到墙上，看看会粘上些什么。即使是“疯狂的”主意也常能导致可行的解决方案。

在这一时点上，初始的设计决定越简单越好。例如，在方向盘上装置收音机控制面板的想法会被看作一个高阶的产品特征。它的准确位置、控制方法以及如何作用可以在以后详细分析。随着计划项目的推进，它也许会变成细化产品特征的主题。

标准、规定与政策　现在还需要确定，所有相关的标准、规定与政策已经得到了明确和考虑。有些要求对于具体产品或产品特征只起着指导性的作用，而有些则要求了必须怎样做。有些规定来自组织内部，有些则来自联邦、州、当地政府、管制机构或产业协会。在决定最终产品设计的产品特征之前，所有的产品特征及产品特征目标都必须对照这些规定加以分析。

认识到这一点很重要，即当产品特征与标准、政策或规定相冲突时，这并不总是放弃的理由。有时，当该特征能够更好地满足顾客需要时，可以通过努力来使其被接受，涉及的是内部政策时尤其如此。但是，在提出主张时，必须有恰当的数据作为支持。

设计准则　作为高水平设计的准备工作之一，设计团队必须就用于评估备选设计方案和设计特征的明确准则达成共识。所有设计必须符合下列的一般性准则：

• 满足顾客的需要。

• 满足供应商和生产者的需要。

• 不输于（或胜过）竞争者。

• 优化顾客和供应商的总成本。

除了以上四个一般性准则外，团队成员应对未来选择时所依据的准则达成清楚的共识（如果选择相对复杂，团队就应考虑使用选择矩阵的正式技术）。团队的使命陈述书和目标是这些准则的一个来源。团队可能制定的其他类型的准则还包括：

- 特征对需要的影响。
- 所针对需要的相对重要性。
- 需要受到影响的顾客的相对重要性。
- 所提议特征的可行性和风险。
- 对产品成本的影响。
- 与标杆分析所揭示的竞争产品特征的关系。
- 标准、政策、规定、规章等的要求。

在决定如何将设计向前推进时，关于哪些产品特征是对顾客需要的最佳响应，团队还必须考虑很多其他的重要问题。在选择产品特征时，他们需要考虑是否：

- 开发一项全新的功能。
- 用新的特征代替原特征。
- 改善或修改现有的特征。
- 剔除不必要的特征。

选定高阶特征和目标

质量设计的这一阶段将鼓励团队考虑所有可能的特征以及每一个特征如何响应顾客的需要。这一活动应该在没有先验假设，即过去什么行或什么不行的限制条件下进行。因为技术或市场发生了变化，先前没能实现的顾客需要或没能解决的顾客问题可能已可以重新思考了。

团队此时应当开始执行其识别可能的产品特征的计划，应当利用其明确的选择准则来识别出最有前途的产品特征。

图4—8所示的产品设计展开表对于这一活动而言是一个非常好的指南。使用展开表的右边部分来决定并整理以下的内容：

- 哪个产品特征用来满足哪项顾客需要？
- 每一项重要的顾客需要至少有一个产品特征来对应。
- 与某个顾客需要有关的所有产品特征的总效果足以满足该需要。
- 每一个产品特征至少能满足一项重要的顾客需要。
- 每一个产品特征至少对于满足一项重要的顾客需要是必需的（即去掉了这个特征将使一项重要需要得不到满足）。

团队为每一个特征设定目标　用质量术语来说，目标就是所瞄准的质量靶子（如所瞄准的价值和规范界限）。正如前面所讨论过的，目标与质量标准不同，标准是必须遵守的，通常来自外部，标准是一种“要求”，通常决定着产品的一致性或产品如何运行，但产品特征目标则通常是自愿的和协商的。因此，质量设计过程必须提供既满足质量标准又满足质量目标的手段。

设定产品特征目标的准则　正如所有的目标一样，产品特征目标也必须满足某些准则。虽然设定产品特征目标的准则与第一步中讨论过的设定项目目标的准则略有差异，但二者还是有许多相似之处。产品特征目标应该符合所有的重要要求：

- 可测量。
- 最适宜。
- 符合法律要求。
- 可理解。
- 可应用。
- 能达到。

特征目标的测量　要测量产品特征目标，需要做以下工作：

- 确定测量单位，如米、秒、天、百分比，等等。
- 确定测量方法（即确定测量手段）。
- 设定目标的值。

对顾客需要的测量现在就可以应用了。这两方面的测量会以下列方式之一相联系：

• 测量顾客需要和测量产品特征目标可能会使用相同的单位和测量手段。例如，如果顾客的需要是以用小时来衡量的及时性所表达的，则通常会有一个或多个产品特征也将用小时测量，通过它们的共同效果来满足顾客的需要。

• 对产品特征的测量可以通过某种技术从需要的测量演化而来。例如，运送一定尺寸和重量的货物的顾客需要可以转化为对运输系统的某种工程测量。

• 对产品特征的测量可能来自与该产品特征量度有关的顾客行为。例如，汽车制造商为汽车座椅的尺寸与结构开发出了特定的参数，这些参数又可以翻译成顾客评价的“舒适”。

由于我们现在已经能够测量顾客的需要以及相关的产品特征目标，所以质量计划团队就可以确保产品设计的漫长历程始终指向满足顾客的需要，即使是在生产样机或进行任何试销之前。

对于大的或复杂的项目来说，开发产品特征的工作经常被分配给许多个人或小组来完成。在所有小组完成其工作后，综合质量计划团队就要对这些结果进行整合。整合包括：

- 当相同的特征被确定为多组时，合并这些产品特征。
- 识别并消除不同小组提出的彼此矛盾或冲突的特征和目标。

- 确认综合起来的设计满足团队设定的准则。

开发详细的特征和目标

对于大型和高度复杂的产品来说，为了进行详细的设计，通常必须把产品划分为多个组件甚至子组件。每个组件一般有自己的设计团队，他们将完成下面所讨论的详细设计。为了确保整体设计在满足顾客需要方面保持完整、一致和有效，这些大型、分散的项目就需要：

- 有一个领导小组或核心团队负责总的指导和整合。
- 针对每个组件制定具有定量目标的详细合同。
- 对所有组件进行定期的综合设计评审。
- 在产品设计阶段完成之前进行明确的设计集成。

一旦开发出最初的详细的产品特征和产品特征目标，技术设计人员就要进行初步设计并表达为详尽的规范。在团队能够应用各种质量计划工具优化产品特征模型并最后确定和公布最终产品特征和目标以前，这是必不可少的一步。

经常可以见到质量设计团队所选的产品特征过于概括，难以对应确切的顾客需要。正如在识别顾客的基本需要时那样，高阶的产品特征应当分解为清楚定义并能够测量的细目。

特征与目标的优化

初步设计一经完成，必须加以优化。也就是说，必须对设计加以调整，以便以最低的综合成本满足顾客与供应商双方的需要，并赶上或超过竞争对手。

除非以一种组织化的方式并遵循质量原则，否则要取得最优会是一件非常复杂的事情。例如，有许多设计方案均是由众多变量综合作用来产生一个最终的结果。其中有些设计是经营性的，比如设计一个信息系统，它涉及的是设施、人员、能源、资本等的最佳利用；还有些设计方案是技术性的，涉及硬件的最佳运行。无论是哪种情况，应用一定的质量原则，就会使取得最优的过程变得更容易。

取得最优涉及对需要的权衡，无论这些需要是多公司的还是公司内部的。在理想情况下，最优的实现应该通过供应商和顾客双方的参与。有若干有助于实现最优的技术可供利用。

设计评审　在这个概念下，为会受到产品影响的有关各方提供机会，在设计的各个不同形成阶段来对之进行评审。这使得他们能够运用他们的经验和专长作出如下贡献：

- 对将来会出现的问题进行早期预警。

- 提出有助于实现最优的数据。
- 挑战理论和假设。

设计评审可以在新产品开发的不同阶段进行。可用于评审关于顾客需要的结论，进而评审产品规范（产品输出的特性）。设计评审还可以在选择最优设计方案时进行。典型的设计评审的特征如下：

- 参与是强制的。
- 评审由计划团队以外的专家进行。
- 进行变更的最终决策权在计划团队手中。
- 评审是正式的、有计划的，按日程进行。
- 评审以明确的准则及预定的参数为基础。
- 评审可以在项目的不同阶段进行。

良好的设计评审的规则包括：

- 对评审的日程和文件进行充分的预先计划。
- 清楚规定的会议结构和角色。
- 部门间冲突的预先识别。
- 重点在于建设性的而非批评性的输入。
- 评审期间避免竞争性的设计。
- 评审的时间和日程要具有可行性。
- 为评审提供充分的技能与资源。
- 讨论要聚焦于未试过的/未经证实的设计思想。
- 管理层指导下的参与。

跨职能设计团队 设计团队应该包括所有那些同产品设计结果有关联的人员，以及对产品设计非常熟悉的人员。从这个意义上而言，是整个团队，而不仅仅是产品设计者，对最终设计负有责任。

结构化的协商 顾客与供应商受到强有力的局部力量的拖拽，从而使得达不到最优结果的情况极易发生。为了保证这些协商会议能够以尽可能高的生产率进行，在会议之前最好制定一些基本的规则。以下是一些例子：

- 为了实现共同的目标，团队应该以一种合作而非竞争的精神来主导。
- 观念的差异是有益的，有可能导致更有效率和更有效果的解决方案。
- 每个人都应该有机会献计献策，每一个想法都应予以考虑。
- 每个人的意见都应不被打断地倾听和尊重。
- 避免变得个人化；从正反两方面来看每一个想法，在挑剔缺点之前，先看优点。

- 挑战臆测，尊重事实。
- 讨论陷于困境时，在继续讨论分歧之前，先退回一步明确已经达成的一致。
- 不能达成一致的问题应当暂时搁置起来，以后再回来讨论。

创造新的选择 团队常常采用历史上是怎样做的来看待一个产品设计。优化活动则使得团队能够采取新视角看待产品并创造新的选择。以下是一些常见的优化设计的质量工具：

竞争分析是与竞争产品特征进行的逐一比较。（参看随后的例子。）

销售分析评估哪些产品特征会刺激顾客的购买意愿，顾客愿意支付的价格如何。（参看随后的例子。）

价值分析不仅计算某个产品特征的增量成本，而且还计算满足特定的顾客需要的成本，并且比较备选方案的成本。（参看随后的例子。）

关键性分析识别设计中易受损的“关键的少数”特征，以便得到优先的注意和资源。

故障模式和影响分析（FMEA）计算某一特定失效概率带来的综合影响，该失效的后果，以及该失效可被探测和纠正的概率，从而建立起一个有关失效预防对策的设计优先序列。

故障树分析是预防措施设计的一种辅助工具，它是通过追踪所有会导致某一特定失效的可能原因组合来进行的。

面向制造和装配的设计要对制造过程中问题的复杂性和可能性加以评估，以使装配尽可能简单和无故障。

可维修性设计对于特定设计在使用寿命期间维护的便利性和成本进行评估。

图4—9是竞争分析如何进行的一个例子。竞争分析的数据可以是不同方法所获数据的综合，如对竞争者产品的实验室分析，对这些产品的现场试验，或者对那些愿意并正在使用竞争者产品的顾客进行的深度访谈和现场观察。

要注意，通过对这一分析的评审，计划团队可以识别出设计中存在的不敌竞争者的那些部分，以及团队开发出的具有优势的部分。基于这一分析，团队就需要作出是否升级产品的优化抉择。在进行这些抉择时，团队也许要用到价值分析。

产品特征与目标	有无某一产品特征			特征性能与目标的对照(*)			判断是否为重大风险或机会
	产品 A	产品 B	我们的产品	产品 A	产品 B	我们的产品	
可从所有音频电话机上方便地获取留言	是	是	是	4	5	4	—
可远程更改留言	是	否	是	3	—	5	机会
内置两条线路	否	否	是	—	—	4	机会
竞争者产品具有而我们的产品不具有的附加特征	有无某一产品特征			特征性能与目标的对照(*)			判断是否为重大风险或机会
	产品 A	产品 B	我们的产品	产品 A	产品 B	我们的产品	
无磁带留言	是	是		4	—		风险
电话与应答机一体化	是	是		3	4		风险

图例(*)
1=差
2=一般
3=满意
4=良好
5=优秀

图 4—9　竞争分析

资料来源：Juran Institute，Inc.，Copyright 1994.

图 4—10 是一个销售分析的例子。这一分析与竞争分析类似，不同之处在于参照点是顾客对所提议设计的反应，而非同竞争者的设计特征的比较。但要注意的是，竞争分析和销售分析的要素可以结合起来，即在销售分析中加入顾客对所提议新设计与现有竞争者设计所进行的评价。

有着多个可选功能和可选配置的复杂产品，如汽车，为销售评价提供了独特的机会。对本公司已有车型与竞争者车型选装件安装率的观察，可以了解到对于该特征的市场需求水平以及某些细分市场愿意为该特征支付的附加价格的信息，虽然其他细分市场会认为该特征没有或只有很低的价值。

价值分析不仅在结构设计和定制（custom-engineered）产品的开发中有着普遍的应用，同样也可以成功用于其他环境，如图 4—11 所示。通过对满足不同顾客需要的成本进行比较，设计团队能够作出许多重要的优化决策。如果满足次要需要的成本很高，团队就必须探索变通的方案，若该产品对价格高度敏感，甚至可以考虑干脆不理会这些需要。若是非常重要的需要却没产生什么花费，团队就要确认该需要是否已经得到了充分而完整的满足。虽然高度优先的需要产生的费用较低并不一定就不合适，但它确实可以提醒设计者注意，避免将那

产品名称：汽车维修服务——调节	顾客如何评价产品？ 差 尚可 满意 良好 优秀	评价根据以前的使用还是当前的看法	顾客如何看我们的产品同竞争者产品的差异？	若价格因素并不重要，顾客是否购买？	若价格因素重要，顾客是否购买？		以下产品中顾客选购的优先次序及选购的依据	判断是否为显著的风险或机会
我们	优秀	曾使用		是	$175	是	2–特征	
竞争者 A	良好	看法	优于	否	$145	是	3–价格	机会
竞争者 B	优秀	曾使用	无差异	是	$175	是	1–特征	风险

产品名称： 报修车辆的取送 产品特征目标： 当日服务	顾客如何评价产品？ 差 尚可 满意 良好 优秀	评价根据以前的使用还是当前的看法	顾客如何看我们的产品特征与竞争产品特征间的差异？	增加的特征使产品：	判断是否为显著的风险或机会
我们——提供	良好	曾使用		无差异	
竞争者 A——未提供	满意	看法	优于	不如	机会
竞争者 B——提供，同时还向顾客提供租车服务	优秀	曾使用	不如	优于	风险

图 4—10 可销性分析

资料来源：Juran Institute，Inc.，Copyright 1994. Used by permission.

顾客需要（依优先次序列出）	产品特征与目标						满足需要的成本
	由护士处理的就诊，每周 5 天	执业产科医生接诊，每周 2 天	社工，每周 5 天	营养顾问，每周 5 天	现场计费职员为符合条件的患者办理医疗补助保险	现场实验室，1 小时内出结果	
方便利用	60 000	30 000	10 000	10 000	20 000	40 000	170 000
对职员的信任		70 000	10 000	15 000			95 000
费用合理						25 000	25 000
灵敏性			15 000	5 000			20 000
明白的选择			5 000	15 000			20 000
特征的成本	60 000	100 000	40 000	45 000	20 000	65 000	330 000

图 4—11 价值分析

资料来源：Juran Institute，Inc.，Copyright 1994. Used by permission.

些本来能够用于重要需要的资源用到了次要需要上。以牺牲产品基本功能和性能为代价来使产品“画蛇添足”的情况并非少见。

最终产品设计的确定和发布

设计方案经过优化和测试后，就到了选定最终设计方案所包括的产品特征和目标的时候，这也是通过各种形式的文件将产品开发结果正式传往其他职能部门的阶段。这些文件包括有关产品特征及产品特征目标的规范，各种展开表和其他辅助文件。各种口头或书面的指示对之构成了补充。为了完成这一活动，团队必须首先确定产品特征和产品特征目标的批准与发布过程。产品设计中除了产品特征与产品特征目标外，还应包括那些与最终的产品设计相关的程序、规范、流程图，以及各种展开表。试验、现场测试、样机，以及其他必要环节的结果要通过验收。如果一个组织已经有了一套批准产品特征目标的过程，还应当根据最新的经验进行重新的检查。要提问这样一些问题，如该批准过程是否保证了来自内、外部关键顾客的输入？是否有利于设计的优化？如果尚没有现成的产品特征目标批准程序，那么现在就应该开始着手制定一个程序。

第五步：开发过程的特征

一旦产品设计和开发完毕，就有必要确定通过何种方法持续创造并提供产品。这些方法统称为“过程”。“过程开发”是确定操作人员为满足产品质量目标所采用的具体方法的一系列活动。与此有关的一些概念包括：

- 子过程：大的过程可以分解为较小的单位以便过程的开发与操作。
- 活动：过程或子过程中的步骤。
- 作业：实施一个活动的详细的逐步描述。

为了使过程有效，它必须是目标导向的，具有具体的可测量的结果；过程必须是系统化的，活动和作业的序列得到充分而明确的定义，所有的输入和输出得到了明确的规定；过程必须具有相应的能力，即能够在运营条件下满足产品的质量目标；必须是正当的，其运营具有明确的职权和职责。

过程的开发所包括的 11 项主要活动是：

- 评审产品目标。
- 确认运营条件。
- 收集备选过程的已知的信息。
- 选择总体过程设计。
- 确定过程特征和目标。
- 确定具体的过程特征和目标。
- 针对关键要素及人为差错的设计。
- 优化过程特征和目标。

- 确立过程能力。
- 确定并发布最终过程的特征和目标。
- 确定并公布最终的过程设计。

评审产品目标

理想情况下，这一评审应当会比较简单。有关各方在之前的阶段对于产品质量目标已经进行了确认。但在许多公司，产品和过程的设计常常是由不同团队来进行的，彼此对于对方的活动并没有真正的参与，从而难以获得双方都期望产出的结果。参与的缺乏通常会减少备择设计方案的数目，这些备择方案在早期阶段很容易获得，但到后期却变得非常困难和昂贵。此外，设定产品目标的人员对于自己的决策有着既得的权益，会对过程设计团队提出的变更产品设计的建议表现出文化上的抵制。如果产品和过程设计是由不同的团队完成的，那么对产品质量目标的评审和确认就绝对是必需的。

对于产品质量目标的评审确保了这些目标能被同过程设计最为密切的人员所理解。评审有助于实现最优。过程设计者能够给产品设计者提供一些有关实现质量目标的成本的实际情况。这一评审过程应该为质疑昂贵的产品目标提供一条正当而畅通无阻的途径。

确认运营条件

要实现对运营条件的理解，必须进行多方面的调查。

用户对过程的理解 这里的“用户”指那些对于实现产品目标的过程有所贡献的人，或那些使用过程以满足自己需要的人。用户部分由内部顾客（组织单位或个人）组成，这些内部顾客负责运行过程以实现质量目标。操作者或其他类型的工人便是用户。过程计划人员需要了解这些人如何理解他们所要做的工作。过程设计必须适应他们的理解水平，或者能够提高他们的理解水平。

过程将如何被使用 设计者当然清楚他们所开发过程的预期用途。然而，他们未必清楚最终用户是如何实际使用（或误用）的。设计者可以依靠自己的经验推测，但通常还须用直接观察和与有关人员的面谈来加以补充。

使用环境 计划人员非常清楚他们的设计必须考虑环境，环境会影响过程的绩效。具体的有形过程的设计者通常会考虑诸如温度、振动、噪音水平等环境因素；那些严重依赖人的反应的计划者，特别是在服务领域里，在过程设计中应当考虑环境对人的绩效的影响。例如，一个设计顾客查询处理过程的团队，应当考虑到环境压力对于顾客服务代表绩效的影响。这些压力可能来自大量的顾客投诉、粗鲁的顾客、缺乏当前产品的信息等。

收集备选过程的已知信息　一旦清楚了目标和环境，计划团队就需要得到关于备选过程的可靠信息，以满足预期环境下的那些目标。

过程构架　计划人员应当了解一些最概括的具有一定特征的基本过程构架。“过程构架”是一个把过程结合或支撑在一起的耦合结构。这个结构支持着产品的生产或服务的提供。某一特定构架的选定，也会对产品生产的方式以及组织响应顾客需要的能力产生深刻的影响。图 4—12 是对此的示意。

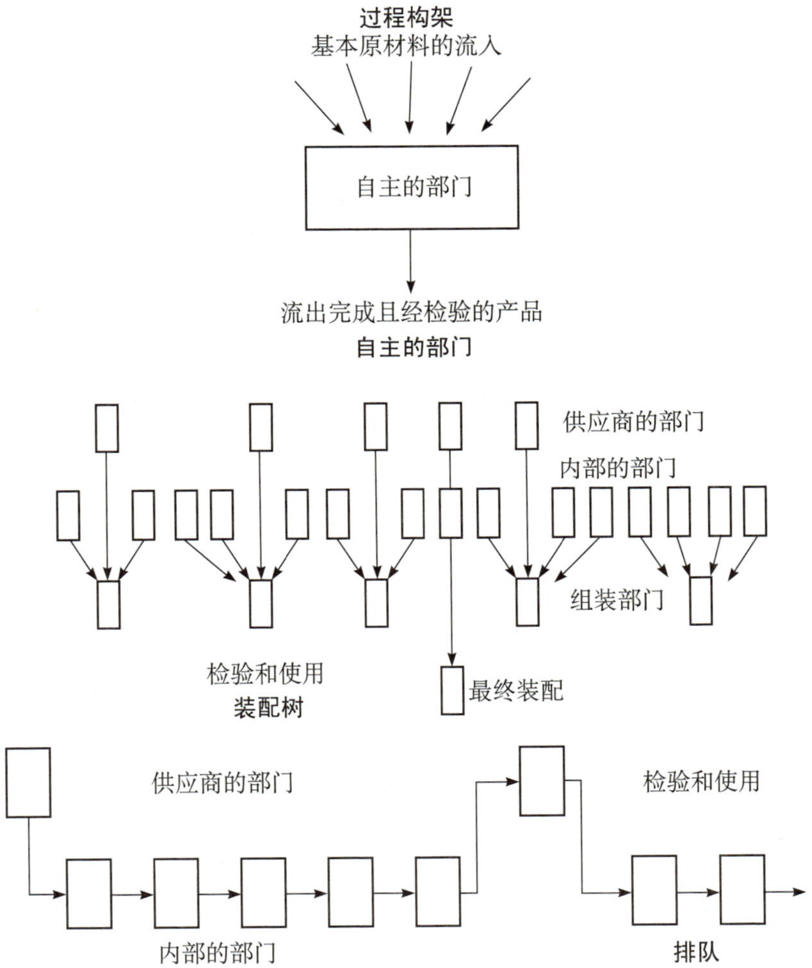

图 4—12　过程构架

资料来源：Juran Institute，Inc.，Copyright 1994. Used by permission.

装配树　“装配树”是一个常见的过程，它把若干子过程的产出组合了起来。多数这些子过程都是同时运行的，它们或者是最终装配所必需的，或者是在过程的末端获得一个最终结果。这种类型的过程构架在大型的机械产业和电子产业得到了广泛的应用，如生产汽车、家电、电子仪器等的产业。它在医院的许多过程中也有应用，如手术室中做外科手术的情况。树的枝或叶代表大量的供货者或内部制造零配件的部门。零件的组装再由其他的部门完成。

在办公室工作中，某些数据收集与汇总的过程也表现出了装配树的特征。编制主要的会计报告（如资产负债表、盈亏表）要求将许多零散数据逐步汇总，最后形成综合的报告。无论是在跨职能的层次还是在部门层次，装配树设计都得到了应用。在大的作业中，专业人员事实上是不可或缺的，他们在各种跨职能层次上贡献出不同的产出。预算过程便是一个例子。虽然在大的部门过程中并未强制使用专业人员，但事实上却常常如此。这可以从设计部门得到证实，在那里许多设计工程师分别设计一个项目的各种图纸，最后汇集成总的设计。

业务过程质量管理

许多计划人员越来越多地在其主要过程中应用被称为“业务过程质量管理”的第四种管理形式，这是一种不大传统的形式。之所以出现这种新的管理形式，是因为人们日益认识到当今企业的许多目标越来越依赖于大型的、复杂的、跨职能的业务过程。过程质量管理强调如果一个组织要维持或扩大其业务，有许多关键性过程对它是决定性的。(详见第8章“业务过程管理：创建适应性组织”。)

过程的测量

在选择一个具体的过程设计方案时，计划团队需要获得备选设计方案的效果与效率信息，包括：

- 缺陷率。
- 周期时间。
- 单位成本。
- 产出率。

为了获得所需数据，计划者必须应用很多不同的方法，包括：

- 分析现过程。
- 分析相似的或有关的过程。
- 测试备选过程。
- 分析新技术。
- 从顾客处获取信息。
- 模拟和预估。
- 标杆分析。

总体过程设计的选择

正如产品设计从高阶描述开始进而扩展到细节说明一样，过程设计也应当始于用一个高阶的流程图来描述总体过程的流向。从这样一个图出发，可以确定子过程和主要的活动，这些子过程和活动进而又可以在一个更加详细的层次上加以设计。在开发高阶流程以及之后的细节时，团队应确保其符合以下准则：

- 将会实现产品的质量目标。
- 落实关键性分析、FMEA 和故障树分析的对策。
- 符合项目目标的要求。
- 可以支持实际的，而不仅仅是预期的用途。
- 资源利用率高。
- 不需要超出预期的投资。

有些过程设计基本上是重复现有的设计，还有一些则是重新的或“原创的”再设计，大多数有效的过程再设计都是可靠的现有过程与部分明显变化的结合。

上述的准则应该成为以下这些选择的指南，即过程的某一部分是否应当原样采用，或是要进行一些改进，或用一种完全不同的方法来代替。

在过程设计的这一点上，要应用我们在产品开发部分所讨论过的一些方法，尽可能地进行创造性思考。考虑完全不同的过程构架会产生的影响。哪种方式能使顾客得到更好的服务？是常设的含有多专业的单位，还是按需提供的高度专业化的专家职能？哪种方式最有可能减少不良？如何能够显著地缩短运转周期？有无一种新技术能够让我们采取完全不同的方式？我们能否开发出这样一种技术？

一旦完成了高阶的流程，则流程图中的每一项活动和决策都要求文件化为规范，其中要包含下列内容：

- 输入。
- 输出。
- 输出的目标。
- 运转周期时间。
- 成本。
- 输入转化为输出的综合描述。

对这些因素的明确规定使随后划分详细设计的工作成为可能，并确信最终设计将会一致而协调。

在早期的新过程流完成后，就应该对改进的机会加以评审，例如：

- 消除会导致返工的错误源。
- 消除或减少冗余的子过程、活动或作业。
- 减少传递次数。
- 缩短运转周期时间。

- 替换那些输出有缺陷的任务、活动或过程。
- 修正过程中的顺序问题以减少活动或返工的数量。

测试所选过程

成功设计的一个关键因素就是把从测试产品、产品特征、总体过程以及子过程中得到的经验整合进设计中，保证它们满足质量目标。测试应该贯穿于整个质量计划过程，以便在移交到运营阶段之前能够对计划进行变更、修正和改进。为分析和评价总体过程和子过程的各种备择设计方案，测试要在各个时点上进行。

比较或标杆分析

组织内外部的其他单位也许已经使用着一个与所设计过程相似的过程。通过与已有的类似过程相比较，能够确保所设计的新过程有效。

测试限制

所有测试都有一些限制存在。下面是一些常见的应该了解并重视的限制。

运营条件的差异 试操作和模块测试显然不同于运营条件。即使是试运行测试和标杆分析也在某些细节上区别于实际的全负荷情况。测试条件与实际应用条件之间存在着以下一些普遍的差异：

- 操作过程的人员。
- 过程的顾客。
- 极端值与异常情况。
- 与组织的其他过程和其他部分间的交互作用。

规模的差异 尤其是对于关键性失效，如设备故障、关键人员流失，或任何其他潜在的失效，如外科手术过程中的并发症等，测试的规模也许不足以大到使这些罕见的失效发生。

其他影响 有时设计一个新过程或者重新设计现过程会造成或加剧其他过程的问题。例如，住房贷款审批过程中周转时间的改善可能会给结账部门带来工作的积压，这种过程间的相互作用在孤立的测试中可能不会发生。

识别过程特征和目标

“过程特征”是指创造产品、提供服务以及实现满足顾客需要的产品特征目标所必需的任何特性和属性。“过程目标”是指一个过程特征的数值指标。

产品特征回答了“我们需要具有什么样特性的产品来满足顾客的需要”这一问题，过程特征回答的问题则是，“我们需要什么样的机制来持续并无缺陷地创造和提供这些特性（并符合质量目标）”。总的来说，过程特征定义了过程。这些特征和目标中的许多，但并非全部，来自流程图。

随着过程设计从宏观层次进入到细节，一长列具体的过程特征浮现出来。每个过程特征针对着一个或多个产品特征的生产。例如：

- 开具发票要求的一个过程特征是能够进行算术运算，这样才能给出准确信息。
- 生产齿轮要求的一个过程特征是能够给齿轮毛坯准确地打孔。
- 通过电话销售信用卡要求的一个过程特征是能够准确地收集顾客信息。

大部分过程特征都会归入下列的某个类别：

- 程序——遵循正常固定顺序的一系列步骤。
- 方法——对一系列作业、活动或程序的有序安排。
- 设备和物资——过程的运行所需要的“物质”设施和其他有形货品。
- 原料——有形的要素、数据、事实、数字或信息（这些与设备和物资一道组成所要求的输入以及被加工对象）。
- 人员——人的数目，要求他们具备技能并完成目标和任务。
- 培训——完成过程所需的技能和知识。
- 其他资源——可能需要的附加资源。
- 支持过程——可以包括秘书支持，偶然的其他支持，诸如外部打印服务、复印服务、临时帮助，等等。

正如产品设计一样，如果把过程特征和目标整理到一个展开表中，用以示意该过程是如何提供产品特征与目标的，过程设计会更易管理和优化。图 4—13 给出了这样一个展开表。

		过程特征			
产品特征	产品特征目标	浇灌能力	小组规模	经认证的材料	预估完工所需用时
完成任务时间	100%低于 1 个小时	○	●		●
保证按约定时间完成	99%的工作在约定时间的 15 分钟以内				●
所有材料对环境都是安全的	全部天然材料/无合成物			●	
		每分钟 10 加仑	每 1 万平方英尺 1 人	100%农业部批准	预估时间误差小于 10%
		过程特征目标			

图例
● 特强
○ 强
△ 弱

图 4—13　过程设计展开表

资料来源：Juran Institute，Inc.，Copyright 1994. Used by permission.

这一展开表不仅是对过程的关键属性的方便的总结，它还有助于回答有效的过程设计所必需的两个关键问题。首先，该过程能实现所有产品特征和目标吗？其次，每个过程特征对于至少一个产品特征是必不可少的吗？也就是说，有没有不必要的或冗余的过程特征？还要确证其他的过程特征不能够在产品上产生同样的作用。

通常，高阶的过程设计会识别出公司范围的宏观过程所要求的特征和目标。这方面的例子如采购过程的周期时间、财务系统的具体数据、新技能的培训等。由于所设计的新过程将依赖于这些宏观过程的支持，在这一时点必须确认它们能够满足目标要求。如果不能，这些宏观过程就需要作为过程设计的一部分加以改进，或者用其他的方法来加以取代。

识别详细的过程特征和目标

大多数情况下，由单个的子团队来实施子过程和主要活动的详细设计将是最有效的。这些详细设计将以过程特征和目标作为其目标和准则。每一个子过程团队将把设计进行到这样一个层次，在此层次上，可以制定标准操作程序、编写软件、生产或购买设备以及采购原材料。

针对关键因素及人为差错的设计

过程设计的一个重要因素便是确定关键因素对设计的影响。“关键因素”是那些对人类生命、健康以及环境有严重威胁或会招致重大经济损失的方面。此类因素的一些例子涉及大规模的作业，如机场交通控制系统、巨型建筑项目、医院患者看护系统，甚至管理股票市场的过程。对这类因素的计划显然应当包括充足的安全措施，诸如结构集成、自动防故障装置、冗余系统、多重警告，等等。在这一阶段，关键性分析和失效模式与影响分析（见第19章）对于识别那些需要特别注意的因素是很有帮助的工具。

在实施特定的作业和活动时，员工的能力会有很大的差异。有些员工干得很好，而另一些则干得不那么好。所有员工都毫无例外的一点就是，他们是人类大家庭的一部分，而人是容易犯错误的。总的来说，人为差错大到了这样一个程度，要求过程设计必须提供减少和控制人为差错的手段。首先要对人为差错的数据进行分析，然后应用帕累托原理。关键少数错误的类型将成为具体的过程设计需要考虑的内容。过程设计能够处理的人为差错分为以下的主要类别：

- 由于缺乏特定的所需技能引起的技术差错。
- 因缺乏反馈而加重的差错。
- 由于人们无法永远保持注意力高度集中而引起的差错。

防误的原理

研究表明防误方法有多种不同的分类，如下所述。

消除：即改变技术以消除有错误倾向的操作。例如，在某些原材料搬运操作中，要求工人在吊绳与产品之间插入一个保护垫，以使绳子不致损坏产品。换用一根尼龙带来吊装的话就构成了消除。

替换：这种方法保留了有错误倾向的操作，但是用非人类操作者代替了工人。例如，工人可能会在装配中安装错误的元件，一个设计合适的机器人可以避免此类错误。非人类的操作，只要它们维护恰当，就不会发生疏忽的错误，不会变得疲倦，不会失去记忆，等等。

易化：在这一种方法里，有错误倾向的操作被保留，工人也被保留，但是提供给工人一种减少出错倾向的方法。零部件的彩色编码就是一个例子。

探测：这种方法对于防止差错的发生无济于事，它只是在最早阶段发现错误，从而将损失降到最低程度。一个常见的例子是在过程的各步骤之间进行自动检测。

缓解：这种方法也无助于防止差错的发生，但是，它给出了避免严重损害的手段。一个普遍的例子是利用保险丝来避免损害电器设备。

优化过程特征和目标

在计划人员已经考虑了关键因素，并从减少人为差错的角度修改过计划之后，接下来的活动首先是对子过程设计的优化，然后是对总过程设计的优化。在第 4 步的产品开发中，已经引入了优化的概念。优化产品特征和产品特征目标的活动同样也适用于过程计划。优化既适用于总体过程的设计，也适用于单个子过程的设计。

确立过程能力

在一个过程开始运行前，必须证实它能够满足质量目标的要求。确立过程能力的概念和方法在第 20 章的“过程能力”部分详细讨论。任何一个设计项目都必须衡量其过程相对于主要质量目标的能力。如果达不到过程能力，在过程投入运营前就应该对过程能力不足的根原因进行系统的诊断，并通过过程改进来消除这些根原因。

缩减运转周期时间

过程能力与过程满足顾客需要的有效性相联系。某一类特殊的需要可能与子过程的运转周期时间有关，所谓运转周期时间就是从过程的开始到结束所经过的全部时间。缩减运转周期时间对于许多组织而言几乎成了一种强迫性的思维。顾客、日益增加的成本以及竞争力量几方面的压力迫使企业去寻求实施其过程的更快的方式。这些受到关注的过程通常包括新产品的上市，提供顾客服务，招募新雇员，响应顾客的投诉，等等。对于现有过程而言，设计者遵循众所周知的质量改进过程来缩减运转周期时间，通过诊断活动来明确时间消耗过长的原因，然后开发特定的补救措施来解决这些问题。

确定和发布最终过程特征和目标

在前面的步骤中，计划团队确立了过程流向，明确了初步的过程特征和目标，考虑了关键过程及人为差错，优化了过程特征和目标，并且确立了过程能力，现在可以确定最终设计中包括的所有详细的过程特征和目标了。这一阶段还应该把过程开发的成果通过各种形式的文件正式地传达给其他的职能部门。这些文件包括产品特征及产品特征目标的规范，以及展开表和其他辅助文件。各种口头或书面的指示对之构成了补充。

填写过程设计展开表是始终贯穿于过程开发中的一项活动。展开表应该持续更新以反映设计中的修改，如对备选方案的评估、考虑关键因素及人为差错的设计、优化、测试过程能力，等等。在对过程设计展开表进行了最后修订后，还应该再次核对以确认下列事项：

• 每个产品特征与一个或多个过程特征具有强的或非常强的关系。这样将确保产品特征在没有重大缺陷的情况下有效交付。满足了每个过程目标也就意味着每个产品特征目标的实现。

• 每个过程特征对于提供一个或多个产品特征是重要的。与产品特征不存在强相关的过程特征是不必要的，应该舍弃。

完成的过程设计展开表和详细的流程图是整个过程中的经理、基层主管乃至普通员工均需要的共同信息。此外，计划团队还必须确保过程中的每项作业在以下方面得到明确：

- 谁对之负责。
- 该作业如何完成。
- 其输入如何。
- 其输出如何。
- 运行中可能出现的问题以及如何处理。
- 所用的设备及原料的规范。
- 该作业所要求的信息。
- 该作业所产生的信息。
- 所需要的培训、标准操作程序以及辅助手段。

第六步：开发过程控制方式并转入运营

在这一步骤中，计划人员要为过程开发控制方式，安排整个产品计划向运营部门的转移，并确认转移的实施。这一步中有七项主要的活动。

1. 明确所需的控制。
2. 设计反馈回路。
3. 对自我控制与自我检查进行优化。
4. 建立审核。
5. 证实过程能力和可控性。
6. 对转入运营阶段进行计划。
7. 实施计划并确认转移。

一旦设计完成，计划方案就交到了运营部门手中。之后的生产产品、提供服务并确保精确无误地满足质量目标就成为运营人员的责任。他们是通过一个有计划的质量控制体系来进行的。控制旨在持续地满足目标要求，并防止因不良改变的发生而影响产品质量。换句话说，无论生产中发生了什么（人员的变动或流失，设备或电力故障，供应商变化，等等），员工都要能够调整过程或使过程适应这些改变或变异，以保证质量目标的实现。

明确所需的控制

过程控制由三项基本活动组成：

- 评估过程的实际绩效。
- 将实际绩效与目标相对照。
- 对差异采取措施。

在第 6 章“质量控制”中有关于这些活动在反馈回路中的应用的详细讨论。

过程特征

很多控制包括对最直接影响产品特征的过程特征的评估，例如打印机墨盒的状态、炼铁炉的温度或研究人员报告中所用公式的正确性。有些特征成为受控对象的候选对象，作为避免或降低失效的手段。这些受控对象通常选自前面所确定的关键因素，或来自 FMEA、故障树分析（fault-tree analysis，FTA）以及临界分析。过程控制涉及这样的决策：该过程应当继续运转还是停止？

- 设定控制标准，即确定判断过程失控的水平以及用于决策的工具，如控制图。
- 决定不符合标准时应当采取的行动，亦即排除故障。

- 指派采取行动的人员。

借助于一个详细的过程流程图，确定控制的测量点并编制相应的文件，这一点也是采取纠正措施的地方。然后将每个控制点记录在类似于图4—14这样的控制展开表上。

	过程控制项目						
过程特征	控制对象	测量手段	目标	测量频率	样本容量	控制标准	职责
过程特征1							
过程特征2							
⋮							
波动焊接	焊料温度	热电偶	505℉	持续	—	≥510℉，降温 ≤500℉，升温	操作者
	传送带速度	测速表	4.5英尺/分钟	1/小时	—	≥5英尺/分钟，减速 ≤4英尺/分钟，增速	操作者
	合金纯度	实验室化学分析	最大杂质1.5%	1/月	15克	≥1.5%，更换焊锡	过程工程师

图4—14 控制展开表

资料来源：From J. M. Juran, *Quality Control Handbook*, 5th ed. McGraw-Hill, New York, 1999, p. 3.48.

培训

应当培训员工能够作出产品合格与否的决策，还应该对此加以检查以确保他们作出正确的决策。规范必须清楚，毫不含糊。

质量审核和控制体系的审核在本书其他部分详细讨论，如第20章中的运营质量审核部分。虽然对控制体系的审核是独立于设计团队之外的一项职能，但设计团队仍有责任确保具备了实施有效的审核所必需的足够的文件，并且保证能够持续地为审核提供资源和时间。

证实过程能力和可控性

虽然过程能力必须在过程设计期间着手解决，但在实施期间，必须对过程能力和可控性的最初表现加以确认。

对向运营的转移加以计划

在许多组织中，运营部门对过程的接收是结构化和正规化的。要提供一个由一定的标准要素构成的信息包，其中包括应达到的目标、欲使用的设施、应遵循的程序、指令、注意事项，等等。还有针对各项目的相应补充材料。此外，还在维护、危机处理等领域给操作人员提供简单指示和培训。随信息包一起的还有责任交接的正式文件。有些组织中，这种交接是在一种近乎庆祝仪式的气氛中进行的。

结构化方式的价值 它常常采用核对表和倒计数的方法，以确保交接有序而完整。如果组织已经有了一个进行转移的结构，项目信息就要按照已有的做法进行组织。如果组织只有一个松散的结构或根本没有结构，那么下述材料将有助于对项目转移的计划。

不管组织有无一个结构，除非交接已经得到了确认，每个有关的人都得到了生产最终产品所需的所有信息、方法和程序，否则团队就不应该停止对于项目的责任。

诀窍的转移 在过程设计期间，计划人员获得了关于过程的大量诀窍。如果这些诀窍能够转移给运营人员，将使他们从中受益。这种转移有很多种方法，而最有效的转移会充分利用若干互补的沟通渠道，包括：

- 过程规范。
- 情况简介。
- 在岗培训。
- 正规培训课程。
- 预先参与。

转移计划的审核 作为正式的转移计划的一部分，还应制订一个单独的审核计划作为确认计划转移的工具。这种审核不同于之前讨论过的控制审核。这种审核意在评价转移的成功程度。要使审核确有意义，就应在对转移进行计划时确立一些特定的目标。通常，这些目标与在产品、产品特征和过程特征的开发中所确立的质量目标相联系。团队也许会决定给转移活动添加某些目标，或决定在首次连续运营期间修改新计划好的质量目标。例如，在生产产品的首次试运转期间，总运转周期时间也许会超过预期目标 15%。这种更改考虑了员工需要时间来适应计划。随着他们变得熟练，获得了过程的经验，适应了他们的新职责，运转周期时间将会趋近于预期的质量目标。针对转移的审核计划应当包括以下内容：

- 欲达到的目标。
- 如何测量目标的实现情况。
- 设定目标、测量以及分析的时间安排。
- 谁来进行审核。
- 需要制作何种报告。
- 针对未能达成目标的情况，谁负责采取纠正措施。

实施计划并确认转移

质量设计过程的最后活动是实施计划并确认计划向运营的转移已经发生。制订产品计划花费了我们大量的时间和精力，最后确认其运转良好是值得做的一件事情。

常用设计工具

- 亲和图。这种图把相似的项目加以聚合，它是质量改进中所用的因果图的前身。在质量设计中，用亲和图来把相近的需要或特征归类整理。
- 标杆分析。这一方法是关于组织最佳惯行的公开分享和调查，主要针对业务过程和内部过程（而非竞争对手的或独家的制造）。今天，它已从“产业观光”发展成了以在线数据库参与为主的研究。
- 头脑风暴。这一广为人知的方法用于获取群体对于原因（在进行改进时）和特征（在进行计划时）的意见。
- 继承性分析。通常用一个矩阵来描述设计要素的继承程度，特别是关于那些有缺陷倾向的要素。
- 竞争分析。通常用一个矩阵来描述与竞争产品特征的逐一对比，尤其关注与“同业之最”目标的比较。
- 控制图。广泛用于描述过程随时间的变化情况。最常用的是休哈特的平均值控制图。
- 关键性分析。用一个矩阵来描述某个特征或要素相对于顾客需要的失效程度以及相应的纠正责任。
- 数据收集：焦点小组。这一常用的方法是将顾客置于某种场景中，在一个训练有素的专业人员的引导下来深入探索顾客的需要。
- 数据收集：市场研究。包括旨在回答以下三个基本问题的各种方法：对用户来讲什么是重要的？这些重要事项的次序如何？与竞争者相比，我们在按照这一次序满足这些事项的要求方面做得怎么样？
- 数据收集：调查。这种被动性的方法旨在获取预设的有关满意或需要的问题的回答。通常它是“封闭式”的问题，不便于评论和回答开放性问题。其主要特点是回收率很低，再就是人们怀疑即使那些不满意的人给出的评价也会较高。
- 故障模式及影响分析。也称为FMEA，用一个矩阵表示出故障的概率、重要性以及检测的难易程度，据此可以算出风险优先度数（RPN）。RPN高的要优先处理。虽然主要是用作一种设计工具，但也用于改进中。

• 故障树分析。这是一种关于故障模式的图示，表示了必须同时发生（“与”）或依次发生（“或”）才会导致故障的事件。通常采用垂直的形式，以“与”事件和“或”事件作为树的分支。

• 流程图。用标准的活动符号及流向来描述过程的最常用的方法。它最早源自 1950 年代的软件设计，后演化为今天广泛使用的过程图示工具。

• 词汇表。词汇表是用以消除顾客与供方之间在词汇及术语方面的模糊的有力武器。它是用于特定语境下的工作词典，如“舒适”一词在用于办公室椅子时的含义。

• 设计网络。一种树状图，描述了设计活动中同时发生或相继发生的事件。通常在网络图上标示了完成事件的总时间，最早开始时间以及随后的停止时间。它用于管理相当复杂的设计活动。类似的方法有计划评估评审技术（PERT）及关键路径法（CPM）等。今天的展开表式的项目管理软件通常体现了这些方法的关键特征。

• 过程分析法。这种过程流程图方法表示了每项任务所需时间，任务所需支持（如计算机网络），以及任务间所“浪费”的时间。这种方法通常通过访谈来进行，需要有熟练的过程专家。

• 过程能力。这一术语可用于描述各种揭示过程的重现能力以及满足要求的能力的统计工具。

• 销售分析。这是另一种矩阵式的工具，用于描述针对特定的产品特征所能够制定的价格或需要支付的成本。

• 散点图。这是一种图示方法，通过将一个变量相对于另一个变量打点来确定相关关系。这是进行回归分析确定预测方程的前奏。

• 选择矩阵。这个矩阵工具表示出了根据公认的准则所要做的选择。这种方法既用于改进也用于设计。

• 顾客需要展开表。这种展开表描述了顾客群体与所表述的需要之间的关系。在考虑产品特征时，所涉及顾客群越广的需要其优先度也就越高。这种展开表的高级形式即“质量屋”或质量功能展开（QFD），详见本章的“六西格玛设计”一节。

• 需要分析展开表。这种展开表用来将最初的表述需要分解成不同的层级。因此，对于新车购买者来说，“经济性”可以进一步分解为购买价格、使用成本、保险费用、燃油经济性及再销售价值。将需要分解到最基础的层级上，有助于精确响应和测量。

• 产品设计展开表。这是顾客需要展开表的续表，进一步确立了针对顾客需要的特征及特征目标。在考虑所用过程时，与需要具有最强相关性的特征将被赋予更高的优先度。

• 树图。指用并行或继起的事件作为树枝来进行描述的各种树形图。这种图不如设计网络精密，但有助于从“大局”的角度来理解各项活动。

• 价值分析。一种矩阵图示，表示了顾客的需要，以及为了提供满足特定需要的特征所需的成本。它是销售分析的近亲。

六西格玛设计

产品及服务的设计就是针对有形产品或服务以及产出产品或服务的过程，所创造的一种详细的描述。用质量理论的术语来讲，产品设计就意味着确立质量目标以及使这些目标能够持续达成的手段。用六西格玛的语言来说，产品设计（六西格玛设计，DFSS）是指以如下的方式来同时创造产品及其生产过程的设计，即要使得不仅产品与过程中的缺陷极低，而且也是可预测的。进一步地，即使在进入大规模生产阶段后，缺陷也要非常低而且可预测。要达到这种成本低、周期时间短及顾客满意度高的卓越水平，就必须对传统的设计方法加以提升。例如，每一个 DFSS 设计项目都始于识别顾客并详细分析和理解他们的需要。即使是“再设计”也从同一点开始，因为所有成功的设计都是基于顾客需要的，而且在这个快速变化的世界中，顾客需要，甚至顾客本身也在飞速改变。另一个例子就是在 DFSS 中大量集中地使用了统计方法。从统计分析中所获信息的力量为实现六西格玛质量水平提供了途径，这种水平是用百万分不良率（ppm）来衡量的。对于 DFSS 的各个阶段的描述被称为是 DMADV。

DMADV 代表的是：定义、测量、分析、设计及确认。此处的讨论并不涉及 DMADV 所用程序及工具的所有细节，这恐怕需要数百页的篇幅，这些内容可在其他公开出版物上找到。我们试图让读者了解的是那些所有管理者都应该了解的有关 DMADV 每一阶段的目的、主题、问题及步骤次序。

六西格玛设计，即 DFSS，是关于开发高质量产品的过程的一个新说法。它是质量设计的概念与六西格玛方法目标的结合。DFSS 过程指导产品的设计者们创造出了产品的设计，并使得制造部门能够以六西格玛质量水平把这些产品生产出来。在服务业的情况下，它意味着开发能够以六西格玛质量水平提供的服务过程。

DFSS 设计活动将获得一个新产品、一个现有产品的新设计或一个现有设计的修改。它由五个阶段按照以下的次序构成：定义、测量、分析、设计、确认。图 4—15 列出了每一阶段的活动。（有关 DFSS 的更详细内容参见第 14 章“运用六西格玛设计实现持续创新。”）

定义	测量	分析	设计	确认
• 提出项目 • 确定项目范围 • 项目的计划和管理	• 发掘顾客需要及其优先次序 • 开发 CTQ 及优先次序 • 测量基线绩效	• 开发设计备选方案 • 开发高阶设计 • 评估高阶设计	• 优化详细设计参数 • 评估详细设计 • 计划详细设计确认试验 • 确认产品的详细设计 • 优化过程绩效	• 试生产/分析结果 • 实施生产过程 • 转移过程所有权

图 4—15　DFSS 中的主要活动

参考文献

Designs for World Class Quality. (1995). Juran Institute, Wilton, CT.

Juran, J. M. (1992). *Quality by Design*. Free Press, New York.

Parasuraman, A., Zeithami, V. A., and Berry, L. L. (1985). "A Conceptual Model for Service Quality and Its Implications for Further Research." *Journal of Marketing*, Fall, pp. 41–50.

Veraldi, L. C. (1985). "The Team Taurus Story." MIT Conference paper, Chicago, August. 22. Center for Advanced Engineering Study, MIT, Cambridge, MA.

（焦叔斌　译）

第5章

质量改进：实现绩效突破

约瑟夫·M·朱兰　约瑟夫·A·德费欧

关于本章

本章的目的是说明突破的本质以及它与实现优异结果之间的关系。本章讨论那些普遍的和基本的概念，这些概念定义了创造“对当前绩效的突破”的那些方法。因摩托罗拉、GE 的努力而广为人知的六西格玛绩效改进模型就是最广为应用的实现突破的方法。尽管第 12 章“六西格玛：改进过程的效率”会详细对此加以讨论，我们在本章主要讨论一些理论基础，给出关键术语，对当代的各种彼此类似但又有所不同的绩效改进方法加以辨析。本章将聚焦于领导者在确立组织的持续改进战略时的作用。

本章要点

1. 对当前绩效的突破旨在消除各种不良，如过久的缺陷、过久的延误、过长的周期时间，以及由于过程不佳产生的不良质量而导致的高成本。

2. 于 1950 年代确立的朱兰通用突破程序由实现优异结果的六个步骤构成。这些步骤包括：

a. 提出并明确问题。（由管理层做。）

b. 确立项目和团队。（由管理层做。）

c. 诊断原因。（由项目团队做。）

d. 纠正问题。（由项目团队与产生问题的工作组做。）

e. 巩固成果。（由项目团队与相关的运营人员做。）

f. 复制成果并提出新的项目。（由管理层做。）

3. 所有的改进都是通过项目来实现的。为了实现突破，领导者必须确立目标和项目并提供资源，以确保目标和项目的完成并取得成果。

4. 实现突破是最高管理层的职责。具体来说，最高管理层必须：

a. 建立确定项目优先次序的跨职能委员会或推进小组。

b. 提出并选择突破项目。

c. 建立项目章程，其中包括了对问题和目标的规定。

d. 提供资源来实施项目，尤其是人员和时间。

e. 为项目指派团队、团队领导者、促进者、六西格玛的“黑带”。

f. 评审进展、消除障碍、管理文化抵制。

g. 表彰、认可。

5. 项目的选择要求管理层要有相应的技能和方法以确定“可实施”的项目，从而也能让团队理解问题和目标。

6. 要实现当前绩效的突破必须有两方面的“历程”：诊断历程和治疗历程。这些历程也就是运用基于事实的方法来解决绩效问题。

7. 诊断历程按照如下顺序进行：

a. 从问题到问题的症状。

b. 从症状到关于症状原因的假设。

c. 从假设到对假设的测试。

d. 从测试到确立症状的根原因。

8. 治疗历程按照如下顺序进行：

a. 从根原因到设计根原因的治疗措施。

b. 从设计治疗措施到在运营条件下测试和提供治疗措施。

c. 从可行的治疗措施到处理可预测的变革抵制。

d. 从处理变革抵制到针对治疗措施建立新的控制，从而能够巩固成果。

9. 有大量的努力用于创造更为简单易行的改进方法，大部分都无果而终。六西格玛 DMAIC 改进模型获得了广泛的认可以及最广泛的应用。这将在第 12 章“六西格玛：改进过程的效率”中详细讨论。其基本步骤如下：

a. 选择问题并启动项目。(由管理层做。)

b. 定义问题。(由倡导者和管理层做。)

c. 测量症状的重要程度。(由项目团队做。)

d. 分析信息以找出根原因。(由项目团队做。)

e. 通过给出关于原因的治疗措施来进行改进。(由项目团队做。)

f. 实施控制以巩固成果。(由项目团队和部门做。)

10. 在变革过程中，所有的项目和团队都会遭遇障碍，会有来自各个方面的反对，会遇到来自经理、员工或工会的推托或拒绝，我们将之称为对变革的抵制。所有的管理人员都必须懂得如何克服这些抵制。

通用突破程序

改进发生在每一天，每一个组织，甚至包括那些做得不太好的组织。就短期而言，这是企业的生存方式。改进是每个组织日复一日进行的渐进式改进活动。改进不同于突破性改进，突破必须有专门的方法和支持，才能获得显著的结果和变化。也不同于计划和控制，突破要求反思哪些因素阻碍着当前的绩效水平满足顾客的需要。本章主要讨论突破性改进，以及领导者如何创建一种体制来提升改进率。通过年复一年地实现少数关键（帕累托原理）的突破，组织就能够胜过竞争者并满足利益相关者的需要。

在此处，“突破”意味着“有组织地创造有利的变化并实现前所未有的绩效水平”。类似的说法还有“质量改进”或“六西格玛改进”等。前所未有的变化如实现六西格玛水平（3.4 ppm）或10倍于当前过程绩效水平的改进。突破带来了成本的显著降低、顾客满意度的提升，以及能够让利益相关者满意的优异结果。

通用突破程序的概念最初来自我在西方电气公司的经历（1924—1941），以及从 1945 年起我作为独立顾问的岁月。通用突破程序最初发表于一些论文上，后来则写成了书（Juran，1964）。此后，这一程序在经营管理者使用经验的基础上不断发展演变。

朱兰学院于 1979 年创建后，发行了《朱兰论突破》（Juran，1981）的系列录像带。这一录像带系列得到了广泛的传播并对许多组织推行突破起到了推动作用。这些组织纷纷开展内部的培训计划并开发了各自的突破程序。所有后来的这些程序都在很大程度上类似于 1964 年的原版程序，有些组织进行了有益的修改和增补。

突破意味着改变：向新的、更高的绩效水准的动态的、决定性的移动。在一个纯静态的社会中，突破是被禁止和忌讳的。曾经有许多这样的社会，有些存在了好几个世纪。在那些世纪中，其成员享受或忍受着完全的可预知性。他们确切地知道自己的人生地位是什么，即与他们的祖先完全一样。但是，经过一定的时间，这种可预知性让他们的后代付出了代价。代价就是由于其他动态的社会的征服或接管，导致了这种静态社会的灭亡。这些静态社会中，有些领导人或许很清楚这种灭亡的危险，有些人只是在赌自己在世时这些危险不会成为现实。正如蓬帕杜夫人写给法国国王路易十五的著名信件中说的："我们身后，哪管它洪水滔天。"

今天的领导者不可忘记历史。对静态社会的威胁来自人类的基本动机，即获取更多的动机，这包括更多的知识、物品、权力和财富等。由此而产生的竞争使得突破变得无比重要（Juran，1964）。

我们可以遵循一个不变的事件程序来打破旧的绩效水准，实现新的水平。这一程序的细节是重要的。起始点是认识到突破的必要性和可行性。在人类组织当中，除非有人倡导，否则变化就不会发生。如果有人不愿意改变，则在变革实现之前就要经历漫长而艰苦的历程。变革之路的起点就是有人坚信变革——突破——是必要且可行的。变革的必要性主要来自信念或信仰，可行性则要求进行一些研究，这引出了第二个步骤。

第二步是考虑突破是否有可能发生，即进行可行性研究。这一研究有助于将问题分拆成主要的组成部分，区分关键的少数和有用的多数，我把这称为是帕累托分析。这些关键的少数问题将成为我们发掘新知识的对象。但是，新知识的创造不会简单地发生——我们必须有所组织。这引出了下一个步骤。

组织知识的突破是下一步。这要求我们建立两个系统：一个负责对突破加以引导，一个负责收集事实并分析。我们分别将之称为方向臂和诊断臂。对于知识的突破而言，这两臂都是必不可少的。只有其中的任何一个都是不够的。当两者都具备后，诊断就开始了。通过对事实的收集和分析，获得了新的知识。到此，就实现了在知识上的一个突破。

但是，知识上的突破并不能自动创造出绩效的突破。经验表明，技术变革通常会影响相关人员的地位、习惯、信念等。人类学家将这种信念、惯习的集合命名为"文化类型"。

这样，在文化类型上的突破便成为了新增的一个重要步骤。在达成新的绩效水平之前，我们必须发现预期的变革对文化类型的影响并设法应对由此而产生的抵制。这常常成为一个困难而重要的问题。

最终，绩效的突破终于得以实现，这是我们所追求的结果。为了使之能够保持下去，我们依靠控制来维持这种状态，直到再次发生突破为止。

两类突破

突破可以针对质量的两个方面中的任一方面。

1. 更高质量的产品和服务特征带来了顾客的满意和厂商的收益。这些产品特征促进了收益的提高。

2. 免于不良将减少顾客的不满以及非增值性的浪费。对于厂商而言，减少产品的不良将减少成本，这是突破的目标所在。

突破适用于任何行业、问题或过程。为了更好地理解为何如此众多的组织开展了诸如精益六西格玛这样的改进活动，我们必须对计划和改进加以对比。在上一章中，我们讨论了设计产品特征的质量计划过程。

用于减少过多的缺陷和不良的突破可由如下的措施所组成：

- 增加生产过程的产出。
- 减少行政报告的差错率。
- 减少现场故障。
- 减少索赔障碍。
- 缩短重患临床处置时间。

两种情况的结果均为绩效改进，都有助于实现卓越绩效。但是，要成为市场领先者，改进就必须以一种革命性的速度发生，这常常让许多组织犯难。实现优异结果的方法和工具与日常一般使用的改进方法有着根本上的不同。

旨在增加收益的突破始于设立战略目标，如提供同业之最特征的新产品开发目标，或用以战胜竞争者的运转周期缩减目标。为了实现这些新的目标，就必须进行系统性的“质量计划”过程（Juran，1999）。需要进行多个层次的质量计划。一个组织必须计划新产品或进行面向质量的设计。其他类型的质量计划还包括可制造性设计、六西格玛设计、绿色及精益设计等。

质量计划与大多数的产品和服务开发方法都有所不同，它是通过一系列通用的步骤来完成的。这些步骤聚焦于理解“顾客之声”（内部的和外部的）并将之整合到产品设计中去。最好的设计方法总是以明确为谁设计开始。换言之，谁是“顾客”？然后是确定这些顾客的需要，接下来开发满足这些需要所必需的产品或服务特征，等等。综合起来，这一系列步骤便是“质量计划或质量设计路线图”。创造设计上的突破反映在第四章“质量计划：设计创新性的产品和服务”中。

许多组织年复一年地遵循着一套结构化的开发新产品和服务的做法。按照这种结构化的方式：

- 产品开发项目是经营计划的组成部分。
- 由新产品开发职能保持对这些项目的业务监督。
- 设置了专门的产品和过程开发部门，配备有开展技术工作所必需的人员、实验室和其他资源。
- 重要的技术工作有明确的职责划分。
- 有精心设计的程序以确保开发工作在各个职能部门间的进行。
- 这种长期存在的结构有利于按年度进行的新产品开发。

这种专门的组织结构尽管十分必要，但并不足以确保良好的结果。在有些公司，新产品面市的周期很长，新型号产品在市场上的竞争表现不佳，或新的慢性浪费又产生出来，这些弱点通常都可以归因为计划过程中的不足。

在非增值性的活动过多或慢性浪费造成的成本过高的情况下，产品和服务已经在生产，目标已经确立。达成这些目标的过程和使之能够保持的手段是由基层员工来实施的。可是，所产出的产品和服务并不总是能够满足目标。因此，减少这些非增值活动或慢性浪费的做法不同于设计或计划的方法。为了实现当前绩效水平的突破，首先必须获得管理层对于诸如六西格玛这样的质量改进计划的承诺。这类计划能够提供识别问题并发现原因的手段。组织必须花时间对当前过程加以诊断。揭示出原因之后，就可以采取治疗措施来消除这些原因。这种旨在实现突破的做法才是本章要讨论的主题。

必须持续地实现突破才能使不断变化的顾客需要得到满足，顾客的需要是一个移动的靶子。竞争性的价格也是一个移动的靶子。可是，改进上的突破通常滞后于设计上的突破，它们前进的速率完全不同。其主要原因在于，高层管理者对通过其他途径来增加收入给予了更高的优先度，而对于按这种方式来实现前所未有的绩效水平的突破并未给予相应的资源。这种重视程度的差异通常也反映在各自的组织结构上。企业新产品开发的方式便是一个例子。

从历史上来看，应对竞争和改进绩效在基于两种不同理念的两条路线上进行着。

• 政治领袖们固守着传统的政治解决方法，如进口配额、关税、“公平贸易”立法，等等。

• 产业领袖们日益坚信，对竞争的最好回应是具有更强的竞争力。采用这种方式必须活用那些从各行各业的模范公司中总结出来的经验。这种广泛的推广运动延续到了 21 世纪。

最近几十年来的经验使人们已经达成了共识，质量管理（计划、控制和改进）是最有效的应对威胁和机会的手段之一，它提供了必须采取的行动方式。就突破而言，这些共识主要包括如下方面：

• 全球竞争日益加剧并已成为生活中一种长期的令人不快的事实。必要的应对就是持续地以高速度进行突破。

• 顾客越来越强烈地要求供应商改进产品，这种要求进而传导到整个供应链。顾客不仅要求产品方面的突破，而且还要求改进质量管理体系

•在没有推行战略性改进计划的组织中，慢性浪费巨大。1980 年代初期，由于质量不良，许多组织约有 1/3 的工作是对以往所做工作的返工。到了 1990 年代末期，这一数字降到了 20％～25％（笔者估计）。人们普遍认识到这样的浪费不应再继续下去，因为它削弱了竞争力和盈利能力。

• 突破必须导入到影响公司绩效的所有领域，包括所有的业务过程、交易过程和制造过程。

• 突破不应只靠自发性的努力，必须将之融入到组织的战略计划和整个系统中，必须是强制性的。

• 实现市场领先，要求高层管理者亲自掌管质量管理。在曾经位居市场领先地位的组织中，都是最高管理者亲自执掌质量舵轮。就笔者所知，从无例外。

对降低慢性浪费的忽视

在大多数组织中，降低成本的呼声远低于增加收益的呼声。因此：

- 在经营计划中没有减少慢性浪费的目标。
- 这类突破的责任是模糊的，发起行动是志愿者的事情。
- 未能提供必需的资源，因为这类突破不是经营计划的组成部分。

高层管理人员对此缺乏重视很大程度上是因为他们的思维受以下两个因素的

影响：

1. 许多高层管理人员不仅把增加销售放在首要位置，而且有些人认为降低成本是一种低级的工作，不值得花费高层经理的时间。尤其在高科技领域更是如此。

2. 高层管理人员从来没有意识到慢性浪费的规模，也不清楚在这方面投资所具有的潜在的高回报。高层经理们所盯着的“仪表盘”或“记分卡”总是在强调诸如销售额、利润、现金流这些指标，但看不到慢性浪费的规模以及其中蕴含着的机会。经理们对于高层的这种迟钝负有一定的责任，他们所提交的报告总是使用专家的行话而不是管理的语言，亦即货币的语言。

突破的模型和方法

突破要回答如下的问题，即我应当如何减少和消除我的产品、服务和过程中那些不正确的因素以及相应的顾客不满？突破模型必须针对那些导致了顾客不满、产品和服务的不良质量以及未能满足内、外部的特定顾客的特定需要的那些问题。

根据我的研究，通过减少与顾客相关的问题来实现当前绩效的突破具有最高的投资回报率，而这归根结底只是纠正少数几类问题，包括：

- 过多的缺陷。
- 过多的耽搁或过长的周期时间。
- 由于返工、废品、交货延误、处理顾客不满、更换退货、顾客和客户流失、商誉损失等导致的过高成本。
- 由于浪费造成的高成本和高价格。

有效的突破模型要求：

- 在领导者的强力推动下，按项目年复一年地进行。
- 由团队来承担项目，找出问题的根源并巩固成果。
- 团队针对“问题”过程来设计治疗性的改变，消除或解决产生问题的原因。
- 团队与部门合作来实施新的控制，以防止原因回潮。
- 团队努力推广治疗方法以提升突破的效果。
- 所有的团队必须遵循一个系统化的基于事实的方法，这要求经历以下两种历程：

• 诊断历程。从症状（存在问题的表现）出发对引起问题的原因进行假设，验证假设，找出根原因。一旦找出了原因，则开始第二个历程。

• 治疗历程。从根原因出发到设计治疗性改变，以消除或解决产生问题的原因；从治疗方案到测试，再到运营条件下应用；从实施治疗到应对变革阻力；从应对阻力到建立新的控制以巩固成果。

• 无论组织如何称呼或命名其改进模型，只有当完成了上述两个历程之后，突破结果才能够发生。

自从我首次发表关于通用突破程序的文章以来，已经过去了50多年。在这漫长的时间中，我见证了许多的模型，有许多的组织都试图对这个名叫突破的简单方法加以简化、改造和重命名。有的有效，有的则不然。

最近的成功例子是六西格玛或六西格玛DMAIC。自从摩托罗拉采用了我在1970年代后期所推行的这种质量改进方法以来，六西格玛已经成为了最有效的改进品牌。六西格玛方法和工具应用了此处的许多通用原理，它与收集和分析数据的统计和技术工具结合了起来。

GE前董事长杰克·韦尔奇这样来定义六西格玛："六西格玛是这样一种质量活动，当说过和做过了所有其他的事情后，就用它来改善你的顾客的体验，降低你的成本并造就更好的领导者。"（Welch，2005）

我们将在第12章"六西格玛：改进过程的效率"对六西格玛进行详细的讨论并详解其步骤：定义、测量、分析、改进和控制。

突破性改进案例

以下概括了一个突破性改进项目的轮廓。由于本书是指南性的，我们将只集中讨论管理层所实施的一些重要的活动。下面所列出的每一个主题都包含有大量的技术知识、工具和方法。

识别项目（由管理层做）：

• 提出项目。

• 评估项目。

• 选择项目。

• 确定项目类型，如设计项目、改进项目，还是其他类型，如精益项目。

确立项目（由倡导者做）：

• 制定问题陈述书和目标陈述。

• 选择一位促进者，如为六西格玛项目则选择黑带或专家（参见第12章"六西格玛：改进过程的效率"）。

- 选拔和任命团队。

诊断原因（由项目团队和黑带做）：

- 分析症状。
- 确定、量化或修改目标。
- 提出关于原因的假设。
- 测试假设。
- 识别根原因。

治疗原因（由项目团队和产生问题的工作组做，或许在与治疗措施有关的人员的协助下）：

- 评估备选的治疗方案。
- 设计消除根原因所需的解决方案、治疗方案或改变。
- 设计新的控制方法以巩固成果。
- 设计文化（防止或克服对变革的抵制）。
- 在运营条件下证明治疗方案的有效性。
- 实施治疗方案。

巩固成果（项目团队与相关的运营人员做）：

- 设计和实施有效的控制措施。
- 必要时对过程采取防误措施。
- 对控制进行审核。

推广成果并提出新的项目（由管理层做）：

- 推广成果（复制治疗方案，必要时有修正）。
- 根据上个项目所获启示提出新的项目。
- 将骨干组织进“卓越绩效”或“质量委员会”。
- 选择需要改进的问题或新的目标，确立相应的项目。
- 建立项目章程：提出问题和目标陈述。
- 提供资源：培训、人员、技能、辅导，尤其是完成改进所需的时间。
- 任命项目团队提出治疗方案和控制措施。
- 评审进展，进行认可和表彰。

预制房屋油毡的神秘破损

这里给出的是一个简单的案例，所涉及的项目也很简单（但仍然很有价值）。它反映了突破改进方法的基本特点。

在美国所建的单户住宅中，几乎有半数是在移动的生产线上建造的。模块组件被运输到很远的地点，经过组装后，安装在购房者的住址处预制好的地基上。一旦完工并做好庭院之后，就很难区分组装的预制房屋与现建的房屋有什么不同。

一家大型的模块式住宅制造商对于其分布在全国各地的一些工厂的高昂的返工费用很是挠头。顾客的不满在增加，利润也受到了影响。各家工厂成立了由总经理和直接下属组成的质量委员会。他们接受了质量改进的培训，识别出了费用最高的返工，组建并培训了质量改进团队，开始着手降低返工的数量。以下便是这一改进项目的故事。我们从识别问题开始说起。

识别问题：工厂质量委员会对其返工问题进行了帕累托分析

对于过去 6 个月中所发生的最昂贵的返工情况进行的帕累托分析（有关帕累托分析的更详细介绍参看第 18 章“设计、控制与改进绩效的核心工具”）给出了如下的分布（各项累积百分比按降序排列）：

- 更换破损的油毡：51%。
- 修理墙体中切断的电线：15%。
- 更换现场丢失的固定装置：14%。
- 修理水管渗漏：12%。
- 修理干式墙上的裂缝：8%。

根据帕累托分析，质量委员会选出了第一号公敌：破损油毡的更换。更换破损油毡花费不菲，通常需要把墙体移开之后才能铺设新的油毡。接下来要确立正式的项目，并明确解决问题的职责。

确立项目

• 首先编写了问题陈述：“更换破损油毡的数量巨大，占到了全部返工的 51%。”

• 给团队提供了目标陈述作为其活动方向：“降低破损油毡更换的数量。”

注意这里对问题和目标都作了描述，问题陈述和目标陈述中所用的变量和测量单位是完全一样的。这很重要，因为问题陈述告诉了团队他们要解决什么问题，项目的其他部分均专注于质量委员会所选择的问题。如果问题陈述与目标陈述不一致，项目团队可能会完成目标，但并未解决问题。委员会组建了一个由来自现场的代表所构成的项目团队，油毡是在现场安装的，破损也是在现场观察到的。委员会任命了一位来自现场的员工担任项目负责人。该负责人不仅接受过质量改进的培训，还学习过如何领导一个团队。一位训练有素的促进者负责给团队辅导有关突破改进的方法。团队开始了其诊断历程：从症状到原因的历程。

诊断原因

团队的第一项任务是分析症状。（症状即问题的外在表现。）当然，主要症状就是破损油毡更换的数量。次要症状包括更换的成本、破损类型、破损位置、更换耽误的时间、更换导致的延期，等等。通过定义、量化、图示对这些症状进行了分析。接下来又分析了主要症状。

团队将油毡的破损分类为沟槽、起屑、割伤、裂口、污渍。利用流程图描绘出了各现场与油毡或油毡的更换有关的所有操作。流程图还标出了发生破损的工位。然后进行了若干帕累托分析。首先是根据破损类型进行的帕累托分析，其结果如下：

- 沟槽（凹痕）：45%。
- 起屑：30%。
- 割伤：21%。
- 裂口：4%。
- 污渍：2%。

由此，团队将注意力集中在比重最高的类型即沟槽上。

第二个帕累托分析是根据房屋中的位置对沟槽进行了分析，从中可以看出房屋的哪些区域有最高的破损发生率：

- 厨房：38%。
- 前庭：21%。
- 浴室 1：18%。
- 浴室 2：14%。
- 洗衣室：9%。

现在，团队把注意力集中在厨房油毡所发生的沟槽上，暂时忽略其他的症状。帕累托原理认为，对于任何给定的结果（一个过程的输出或本例中的一个症状）而言，都存在许多的促成因素。这些促成因素对结果的贡献各不相同，其中相对少数的促成因素作出了最大的贡献，这些因素被称作“关键的少数”。那些出现较少的促成因素被称作是“有用的多数”。根据帕累托分析的结果，团队将注意力集中在影响问题的那些关键的少数因素上，以期用最少的努力取得最大的回报。

第三个帕累托分析是按班次对厨房油毡的沟槽进行分析，分析发现在班次之间沟槽的发生没有差异，说明“班次”不是厨房油毡沟槽的促成因素。团队结合自己的经验，就导致厨房油毡沟槽的原因提出假设（或假定）。他们提出了长长的一系列假设，以下是最具有说服力的几个：

- 尖利的重物（工具）坠落。
- 在地板上拖拽物体。
- 雇员工作靴上的石子。
- 雇员疏忽。
- 新油毡没有保护层。

在房屋预制行业，前三个假设是否确实发生过是已知的，无需检验。关于"缺乏保护"这一假设呢？对这一假设进行检验的唯一做法就是将厨房油毡沟槽与保护的有无进行相关分析。团队被要求在所有油毡破损或更换的报告中都注明有无保护。

接下来，发现油毡沟槽破损发生的所有场合都不存在保护层。随后，团队又发现并没有正式的控制计划要求安装保护层。所以，质量检验或质量保证检查都没有发现此处未执行控制计划，甚至根本就没有控制计划！地板保护层是一个最大的影响因素。

解决问题

工人、采购人员和工程师一起选择和购买了结实、便宜的材料用来覆盖新铺设的油毡。大家都同意，每次由操作者负责在每道工序完成后即刻铺设保护层，领班负责检查是否完成。之后，油毡沟槽破损以及其他类型的破损有了显著的下降。（看来有好几种破损类型都有着共同的原因，其中之一便是缺乏保护层。）没过几周，油毡破损几乎完全消失了。大家举行了庆祝会，厂长指望着能拨下一大笔奖金——当然会有自己一份！

几周之后，在工厂管理层的每周例会上，质量经理报告说，油毡沟槽破损又再次神秘地出现了。这一消息让人们感到难以置信和失望。"我们还以为我们把沟槽破损给消灭了呢！"他们是曾经做到了，只是忽略了几个"小的细节"。

巩固成果

团队调查发现：（1）对安装保护层没有设计并发布正式的控制方案；（2）各工地存在着工人的轮换，这些人对于该程序未经过培训；（3）新工人未经过培训，因为没有正式的要求。更重要的是，根本就没有正规的培训计划（包括确保培训得到定期实施的控制措施），这也是没能进行培训的原因。看起来，这里的"工厂"更像是一个有屋顶的建筑工地，只是靠工匠的技能和骄傲来维持标准。

与此相比，工厂的特点是有更加正式的程序和控制。所有这些对于相关人员都是宝贵的启示，并进而引起了一系列的改进和计划项目的实施，人们树立了新的工作态度，企业在由建筑工地向工厂的转变中有了更大的进步。控制和培训都实现了正规化。

以往的举措

许多组织，尤其是在美国，为了应对危机或经济下滑，都推行了各种“改进”举措来改进它们的绩效。由于种种原因，许多这样的举措都未能达到目的。有些做法从一开始就注定了随后的命运。可是，有些组织实现了巨大的突破，改进了绩效，成为了榜样、市场领先者。

通过对这些榜样所用方法的分析，我们获得了一些启示，包括为了实现突破和成为市场领先者必须采取的措施，为了实现这些优异结果必需的工具、方法等。

关于突破的启示

我对那些成功的组织所采取措施的分析表明，大多数此类组织都实施了许多乃至全部的以下这些措施或策略：

1. 它们扩展了各个层次的经营计划，其中包括了年度的突破目标和顾客满意度目标。

2. 它们实施了系统化的突破过程，建立了推进这一过程的专门结构或组织机制。

3. 它们采用了大质量的概念，它们将突破方法应用到了所有的业务过程中，而不只是在生产过程中实施。

4. 它们对包括最高管理层在内的各个层次的人员就实现各自目标的方法和工具进行了培训。

5. 它们让员工在各自的日常工作中参与突破活动。

6. 它们应用测量指标和计分卡对照突破目标来评估进展情况。

7. 包括最高管理层在内的各级管理人员对照突破目标来评估进展情况。

8. 它们扩大了认可的范围，修改了奖励制度，对于工作中的变革与采用新方法和工具加以认可。

9. 随着绩效的改进，它们每隔几年就会对它们的改进计划进行更新，以加入一些新的变化。

10. 它们创造出了超过竞争者的“改进速度”。

突破速率举足轻重

第10个启示颇为重要。只有一个突破系统是不够的。这一启示强调，每年的突破速率决定了哪个组织能成为市场领先者。图5—1表示了不同的突破速率的效果。

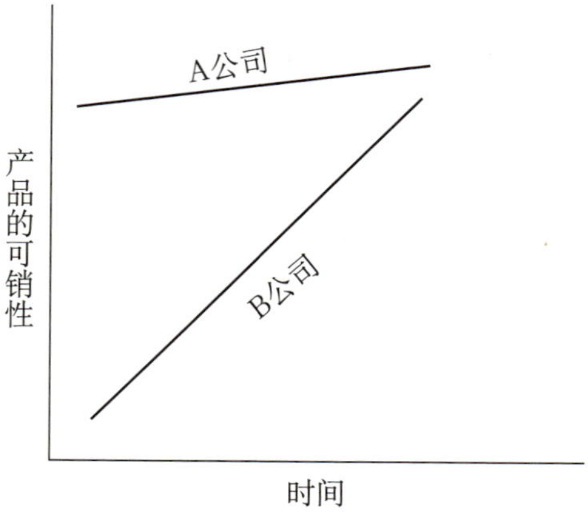

图5—1 两种改进速率的比较

资料来源：Juran Institute，Inc.，2009.

在图中，纵轴表示产品的可销性，因此越往上越好。上边的一条直线表示A公司的绩效，它在开始时处于行业领先者的地位。A公司保持着逐年增长的趋势，公司在盈利，看起来未来一片光明。

下边的直线代表竞争者B公司，开始时并非领先者。然而，B公司比A公司的改进速度要快得多。A公司正面临着失去领先地位的威胁，B公司即将超越。这里的启示是显然的：

> 在争夺市场领先地位的竞争中，一个组织所能维持的突破的速率是最具有决定性的因素。
>
> ——J. M. 朱兰

图5—1中的斜线有助于解释为何有如此多的日本产品通过质量革命获得了市场领先地位。其主要原因在于，相对于西方的渐进性改善而言，几十年来日本公司的突破速率是革命性的。最终，它们超过了西方的公司，由此而使得许多美国公司在1980年代早期陷入了经济灾难当中。今天，许多的美国汽车企业取得了巨大的进步，而丰田公司却出现了召回事件。图5—2所示的是我对汽车行业在1950—1990年的突破速率的估计。

从1980年代的众多改进竞争力的举措中也可以得出不少教训，其中的一些

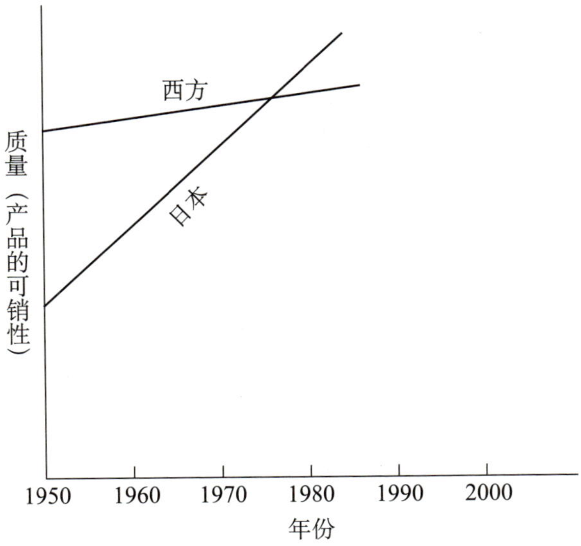

图 5—2　汽车行业质量改进速率的估计

资料来源：Juran Institute，Inc.，1994. Used by permission.

举措未能对底线收益产生影响。质量圈、雇员参与团队、TQM、再造、国家质量奖，等等，这些方法都是为了应对日本的质量革命。有些方法不能够持久而失败了。每种方法对当时采用它的公司来说都有所帮助。有一个启示是十分明显的：这些举措表明，要获得这种革命性的突破速率绝非轻而易举，必须从战略上重视保持市场领先。时至今日，在世界上的大多数地方，只有国家质量奖项目还在持续。那些宣称质量已死或 TQM 无用的组织把它们的失败归罪于方法，这只有部分正确。有些情况下，的确是方法选用不当；还有些情况下，则是由于其管理层未能在一开始处理好影响这些方法发挥作用的众多障碍和文化阻力。本章将会讨论这些障碍以及管理这些障碍的手段。

突破的基本原理

实现突破仅依赖于少数几个基本的概念。对于大多数组织和管理者来说，每年进行的突破不仅是一个新的责任，而且是对管理风格的一种激烈改变，是对组织文化的变革。因此，在讨论突破过程之前先掌握有关的基本概念是十分重要的。

突破不同于设计和控制

突破改进不同于设计（计划）与控制。三部曲示意图（图 5—3）表明了这种区别。图中，慢性浪费水平（不良质量成本）最初约为总产出的 23%。这一慢性浪费是固化在过程中的，“设计便是如此”。随后，一个突破改进项目将这一浪费减少到了约 5%。根据我的定义，这一慢性浪费的减少就是突破，它达到了一个前所未有的绩效水平。

图 5—3 中还示出了一个“偶发性的峰值”，浪费突然增加到了 40%。这一峰值是非预期的，来自各种意外。人们会迅速消除这一峰值使之恢复到约 23%的长期水平上。这一行动不符合突破的定义，它未曾实现前所未有的绩效水平，而只是去除了峰值又回到原先计划的绩效水平上。这类行动通常被称为根原因分析，采取纠正措施，或“灭火”。

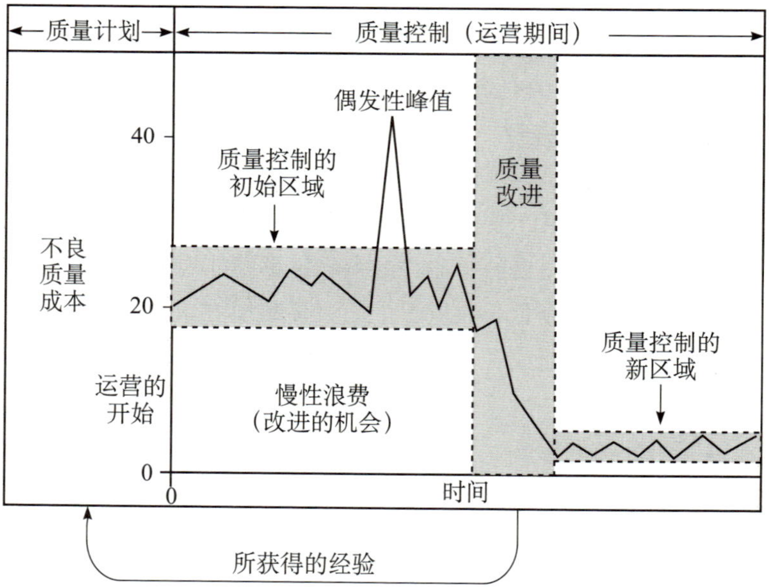

图 5—3 朱兰三部曲示意图

资料来源：Juran Institute，Inc.，1986.

对当前绩效的突破也不同于对设计的突破。当前绩效对应着已有的顾客需要和目标，新产品或服务的开发则是试图创造某种满足新的顾客需要的新东西，它是新的，创新性的，必须进行适当的计划。

三方面——设计、控制和改进——一起带来了更好的绩效，它们都是以团队的形式来实施的，其中的步骤各不相同。这有点像木工、电工和水暖工，大家都在建房子或解决问题（管道渗漏、木材腐朽或断路器失效）。他们拥有共同的方法和类似的工具，但是工作在不同的时间，为了不同的目的。

所有突破都是以项目的方式实施的

没有一般意义上的突破，所有的突破均是在一个个项目中实施的，此外别无他途。

“突破”在这里指的是“按计划（实施项目）来解决某个慢性问题以找出解决方案”。突破有着多重的理解，组织应编制术语表并培训全体雇员。引用组织中曾成功实施过的例子有助于对其的定义。

突破是普遍适用的

在 1980 年代和 1990 年代期间实施的大量项目表明了突破适用于：

- 制造业以及服务业。
- 生产过程以及业务过程。
- 运营活动以及支持性活动。
- 基于软件和信息的产业。

在这一期间，突破被应用到了包括政府、教育和医疗等领域在内的几乎所有的产业中。此外，突破成功地应用到了组织的所有职能领域，如财务、产品开发、市场营销、法律，等等。

某公司分管法律事务的副总裁对于质量改进在法律事务中的应用曾经抱有疑问，但她在两年内把处理专利文件的周期时间减少了 50%以上。（更详细的讨论及更多具体的例子请参考 www. juran. com 的朱兰学院 e-lifeline。）

突破影响到所有参数

公开发表的关于突破的报告表明，其影响覆盖了组织的所有参数：

- 生产率：人均每小时的产出。
- 运转周期时间：过程的实施所要求的时间。这里的过程尤指那些由依次在各个部门实施的多个步骤构成的过程。第 8 章“业务过程管理：创建适应性组织”中详细讨论了这类过程的突破。
- 人身安全：许多项目通过无差错措施、失效保护设计等提高了对人身安全的保护。
- 环境：类似地，许多项目通过减少有害排放而保护了环境。

有些项目的益处覆盖了多个参数。一个经典的例子是关于彩电的。日本松下公司收购了美国的一家彩电生产厂（Quasar），随后进行了多种突破，包括：

- 减少现场故障的产品再设计。
- 减少内部缺陷率的过程再设计。
- 与供应商采取联合行动提高购进元器件的质量。

改进前后的各类数据如下：

	1974	1977
失效率，即（成品）需要修理的缺陷数	150/100台	4/100台
检修人员数	120	15
保修期间故障率	71%	10%
招修服务的成本	2 200万美元	400万美元

生产商的受益是多方面的：降低了成本，提高了生产率，有了更加可靠的供应，提高了可销性。最终用户也从中受益，现场故障率减少了80%以上。

待突破的项目数目庞大

20世纪80—90年代期间那些取得突破成功的组织实际实施的突破数目表明了，需要突破改进的项目数目有多么庞大。有些公司报告每年的改进数目达数千项。在一些非常大的公司中，这一数目还要高得多，会差几个数量级。

待改进项目大量积压的存在既有内部原因也有外部原因。内部来看，新产品和过程的计划活动中一直存在着缺陷。事实上，这一计划过程是一个双重的孵化场，在孵化出新计划的同时，也孵化出了慢性浪费，这些慢性浪费年复一年地被积累了起来。每一个这样的慢性浪费都成为了一个潜在的突破改进项目。

产生这一巨大积压的另一原因是人类创造性的本能，这似乎是没有极限的。丰田汽车公司报告其8万名员工每年要提出400万件突破建议，每人每年平均达50件之多（Sakai，1994）。

外部来看，顾客和社会持续变化的需要在不断挑战着现状，今天的目标到了明天便不再合适，这也带来了巨大的项目积压。

质量改进并非没有代价

突破以及由此而实现的慢性浪费的削减并不是免费的，它要求付出多种形式的努力。必须创建一种基本的架构来调动组织的资源以实现逐年的突破。这包括设立要达到的具体目标、选择要着手的项目、分配责任、追踪项目的进展情况，等等。

与此同时，还必须进行充分的培训以使人们掌握突破改进过程的本质，了解如何在突破改进团队中工作，学会如何使用工具，等等。

除了这些准备方面的努力之外，每个突破改进项目还必须进行诊断以找出慢性浪费的原因，并进行治疗以去除这些原因。这也是所有在团队中参与解决问题的人们必须花费的时间。

所有这些汇总起来是很大一笔花费，但取得的成果会是惊人的。在那些成功的公司、行业模范那里的确已经取得了惊人的成果。详细的这类成果数字已经获得了广泛的发表，美国国家标准和技术研究院（NIST）年会的文集便是主要媒介之一，该研究院是马尔科姆·鲍德里奇国家质量奖的主管单位。

削减慢性浪费无需大量资本

减少慢性浪费很少需要资本支出。揭示原因的诊断活动通常需要的只是突破项目团队的时间。消除原因的治疗措施通常是对过程的微细调整。在大多数情况下，无需资本投入便可将已经生产出 80%以上良品的过程提高到良品率 90%以上。削减慢性浪费能够获得高投资回报率（ROI）的一个主要原因便是避免了资本的投入。

与此相对照，旨在增加销售的产品开发项目则涉及揭示顾客需要、设计产品和过程、建造装备等方面的花费。这些花费大都属于资本支出，因此降低了 ROI 的估计。在投资、设计以及销售新产品取得收入之间还存在时间的滞后。

突破的投资回报率很高

从日本（戴明奖）、美国（鲍德里奇奖）、欧洲以及其他各地的国家奖得主公开报告的结果来看，这是显而易见的。越来越多的组织发表了有关其突破改进的报告，其中包括了所取得的成果。

从突破改进项目得到的实际回报情况并未得到充分的研究。我曾经分析了各公司发表的论文，发现每个突破项目平均能削减成本 10 万美元（Juran，1985）。这都是些大公司，每年销售额在 10 亿美元以上。

我还估算了对于那些 10 万美元水平的项目来说，其在诊断和治疗措施上的投入总计约 1.5 万美元，或总投入的 15%，而所得到的投资回报是主管们所能期望的最高水平。这使得一些主管们调侃道："突破是最值得做的生意。"今天，突破项目取得的回报更高，但实现突破的成本并未偏离 15%的投入水平。

韩国首尔的三星电子公司（SEC）的改进方式达到了完美的程度。它利用六西格玛作为创新和提高效率、质量的工具。SEC 创建于 1969 年，并于 1971 年卖出了其第一台产品：一台电视接收机。从那以来，该公司使用了各种各样的工具和方法，如全面质量控制、全过程管理、产品数据管理、企业资源管理、供应链管理、顾客关系管理，等等，此后又实施了六西格玛管理以巩固已有的创新并提高 SEC 在世界市场上的竞争地位。其通过六西格玛而实现的财务收益据估计达到了 15 亿美元，这包括节约的成本以及因新产品开发和销售额提升而实现的利润增加。

SEC 在头两年中完成了 3 290 个六西格玛项目，其中的 1 512 个属于黑带水平。第三年预期完成 4 720 个项目，其中的黑带项目为 1 640 个。

SEC 的六西格玛项目使缺陷平均减少了 50%。如果没有六西格玛，很难想象会有质量和生产率的改进。这些令人吃惊的数字无疑对于三星近来的成长发挥了主要的作用。这些成长包括：

• 2001 年，SEC 的纯收入为 22 亿美元，总销售收入为 244 亿美元。市值 436 亿美元。

• 根据 SEC 2001 年的年报，SEC 现在在全球电子和电气设备制造商中位居前 10 位，具有最好的营业利润率和十分健康的财务状况。

• 该报告还称，其负债权益比率低于所有其他排名前列的公司，股东权益与净资产比率高于平均水平。

• SEC 称，2001 年在全球市场上，其技术优势、六西格玛质量举措和产品营销能力使得其记忆芯片市场份额提高到了 29%，显示屏份额提高到了 21%，微波炉份额提高到了 25%。

虽然面对世界经济下滑和对美国出口的减少，SEC 的经营利润还是达到了 8.5%，这在很大程度上要归功于其质量改进和六西格玛推广。

SEC 的质量和创新战略使它居于 2002 年《商业周刊》信息技术指南的榜首。该指南根据标准普尔的四个准则，即股东回报、所有权回报、销售增长和销售总额，特别提及了 SEC 的计算机显示器、存储芯片、电话机和其他的数字类产品。

《商业周刊》的这一排名还由于 SEC 的雇员坚信，质量是该公司销售额提高、成本降低、顾客满意和利润增加的最重要的原因。数年前，美国人对 SEC 的产品几乎是一无所知，或者被认为是日本品牌的劣质、便宜的替代品。这种认知正在改变。美国市场现在占到了 SEC 总销售额的 37%。

主要成果来自关键的少数项目

大部分的可测量成果来自一小部分质量改进项目，即那些“关键的少数”。这是些跨部门的，因此需要多个部门的团队来实施。与此相对照，大多数项目都属于那些“有用的多数”，通常由部门内的团队实施。与那些关键的少数项目相比，这些项目的效果通常要小若干个数量级。

虽然这些有用的多数项目所取得的成果只在总成果中占一小部分，但它给较低层次的员工提供了参与突破改进的机会。我们将在第 11 章“精益技术：改进过程的有效性”中讨论这类项目。在许多管理者看来，在工作生活方面的收获与经营绩效方面可见的成果一样，有着同样的重要性。

突破的阻力

虽然一些先进组织通过突破取得了令人瞩目的成就，但大多数公司却未能如此。有些失败的确是由于不懂得如何组织突破，但有些则是由于存在着一些不利于确立持续的突破体制的内在障碍。在采取行动之前搞清楚这些主要障碍的性质是很有用的。

失败造成的失望

前面提到的成果不佳使某些有影响力的杂志断言，突破活动注定会失败。这一断言忽视了那些先进组织所取得的瞩目成果（这些组织的表现证明了卓越的成果是可以实现的）。此外，先进组织也展示了它们是如何实现这些成果的，从而为其他组织提供了可供借鉴的经验。尽管如此，媒体的断言也已经使一些高层主管在突破面前裹步不前了。

质量高花费也高

有些管理人员持有质量越高成本也越高的思维定式。这种认识或许是来自一个过时的理念，即改进就是加强检验以避免不合格品流到顾客手中；也可能是来自对于“质量”这个词的两种含义的混淆。

（通过产品开发）改进产品特征这一意义上的更高质量通常需要资本投入。就这一意义而言，它确实花费更高。然而，减少慢性浪费意义上的更高质量则通常花费更少，而且要少得多。那些向管理层提出提案要求批准的人应当仔细定义关键词，明确到底谈的是哪个质量。

对授权的误解

主管们都是大忙人，各种新的需要还在不断地争夺他们的时间。他们努力通过授权来保持工作负荷的平衡。“一个好主管必须是一个好的授权者”这一原则有着广泛的应用，但它在突破方面却有点用得过头。先进组织的经验表明，确立持续的突破体制要使整个管理团队增加至少 10％的工作负荷，包括最高管理层在内。

大多数高层管理人员都力求通过大量的授权以避免背上这一新增的负荷。有些主管设立了一些模糊的目标，然后就鼓动大家做得更好，“第一次就把事情做对”。但在那些模范组织中却并非如此。在每一家这样的组织中，高层主管执掌着改进举措并亲自承担着某些不可下授的角色。

雇员的担心

突破意味着组织行事方式的深刻改变，绝非表面看上去的那样简单。它在职位说明书中增加了新的职责，赋予了职位承担者更多的任务。它要求人们接受团队的概念以实施项目，这在许多组织是一个不可接受的概念，它侵犯了职能部门的管辖权限。它需要培训以使人们学会按照这种方式做事。总之，这是一场大变革，打破了平静，也带来了许多不期而至的副作用。

对雇员们而言，这些深刻变化所产生的最为骇人的作用莫过于对饭碗和地位的威胁。削减慢性浪费减少了返工的需要，从而会减少从事这些返工作业的岗位，取消这类岗位又会威胁到与之相关的基层主管的地位和饭碗。因此削减浪费的努力受到来自员工、工会、基层主管和其他方面的抵制并不足为奇。

但是，突破对于保持竞争力是必不可少的。不能进步会将所有人的职位都置于危险之中。因此，虽然明知雇员的担心是人们对于令人不安的事情的一种合乎逻辑的反应，但公司除了选择突破别无他途可循。需要做的是建立一种沟通的渠道，以解释理由，了解人们的焦虑，并寻求最理想的解决方案。沟通不畅，非正式渠道就会登场，怀疑和流言就会传播。

其他一些担心源自文化模式。（对于旨在增加收入的产品特征的改进来说，不存在以上的担心。这类改进受到人们的欢迎，因为它提供了新的机会，提高了职位安全感。）

取得高层管理者的批准和参与

在 20 世纪八九十年代所学到的经验中很重要的一点便是：高层主管的亲自参与对于实现高速的突破是不可或缺的。这一认识表明，质量活动的发起者们应采取积极步骤以使高层认识到：

- 精心计划突破活动的价值。
- 高层管理者提供资源的必要性。

• 所需要的高层参与的确切性质。

确证必要性

高层管理人员最易被他们看到的重要威胁或机会所打动。G 公司的情况便是一个面临重要威胁的例子。这是一家生产家用电器的公司。G 公司与它的竞争对手 R 公司和 T 公司同为一家大客户的供应商，它供应四种型号的产品（见表 5—1）。该表显示，2000 年 G 公司是其中两种产品的供应商。在价格、准时交货和产品特征方面具有竞争力，但在顾客所感觉到的质量上却绝对处于下风，现场故障是其主要问题。到了 2002 年，由于缺乏应对而使 G 公司失去了 1 型产品的生意，2003 年又失去了 3 型产品的生意。

表 5—1　　某大客户的供应商

产品型号	2000	2001	2002	2003
1	G	G	R	R
2	R	R	R	R
3	G	G	G	R
4	T	R	R	R

通过向高层主管指明机会，如削减慢性浪费所能降低的成本等，也有助于确立他们的改进意识。

慢性浪费的规模

降低不良质量的成本或不良绩效过程的成本对高层管理人员来说普遍是一个重要的机会。在大多数情况下，这一成本比组织的年利润额还要高。对这一成本的量化可以有力地证明彻底改变组织的突破方式的必要性。表 5—2 给出了一个例子。该表展示了一家流程性行业的公司用传统的会计分类估算的不良质量成本。该表对于高层管理者揭示出了几方面的重要问题：

表 5—2　　不良质量成本的分析

类别	金额（美元）	百分比
内部故障	7 279 000	79.4
外部故障	283 000	3.1
鉴定	1 430 000	15.6
预防	170 000	1.9
	9 162 000	100.0

• 数字的规模：这些成本的总数每年约为 920 万美元。对该公司而言，这

个数字显示出了一个重要的机会。（如这些成本以前从未加总过的话，这一总数通常会比人们想象的大得多。）

• 应重视的领域：表中的不良成本主要由内部故障成本构成，占总数的79.4%。很显然，要显著降低成本就必须从内部故障着手。

COPQ 与降低成本

X公司欲降低10%的运营成本。高层经理们首先开会讨论哪些业务单位的成本可以削减。他们列出了有60多个项目的清单，包括取消质量审核、更换供应商、购置新的计算机系统、裁减客服部门的人员、减少研发投入等。

他们取消了为满足顾客需要而提供质量和服务的那些职能；采购了低档的零部件，花巨资更换了计算机系统；解散了他们的组织，尤其是顾客受到影响的那些方面，减小了未来提供新服务的可能。

做完这些之后，大多数高层经理都领到了奖赏。结果呢？他们完成了削减成本的目标，但雇员沮丧、顾客不满，组织仍然承受着因不良绩效而导致的巨大支出。

人们并未充分认识到改进质量成本对于组织的资产负债表底线的好处。这种不理解源于改进质量是费钱的这一旧有的误解。

然而，这一误解有一定的道理。例如，如果组织以某一价格向顾客提供某种服务，而竞争者却以同样的价格提供具有更好特征的基本服务，那么，为了达到与竞争者同样的特征，你的组织就要花更多的钱。

如果你的组织不增加这些特征，或许就会因顾客转向竞争者而失去收入。如果采取降价措施，还是会降低收入。换句话说，你的竞争者的服务具有更好的质量。

你的组织要保持竞争力，就必须在开发新特征上投资，这会对收入具有正面的影响。为了改进质量，就必须把特征设计在内，或者以今天的术语来表述的话，就是以更高的西格玛水平来提供新设计。

由于这一历史的误解，组织并不总是能够接受关于质量改进会影响成本但不会增加成本这一认识。它们忽略了与产品、服务和过程的不良绩效有关的巨大成本。这些成本源自未能满足顾客的要求，未能及时地提供产品，或者必须通过返工才能满足顾客需要。这些便是不良质量的成本（cost of poor quality，COPQ）或不良过程绩效成本（cost of poorly performing processes，COP^3）。

如果加以量化的话，这些成本就会迅速得到所有层次的管理者的重视。为什么呢？全部加起来的话，不良质量成本将占到全部成本的 15%～30%。就这一完整意义来看，质量不只是影响收入，而且影响成本。如果我们通过减少不良来改进产品、服务和过程的绩效，我们就会降低这些成本。为了改进遍布在组织中的不良质量，我们就必须应用突破改进。

六西格玛计划聚焦于降低因绩效的低西格玛水平而造成的不良质量的成本，以及设计新的特征（增加西格玛水平），使管理层能够增加顾客满意度和改进底线结果。有许多组织通过减少让顾客满意的重要的产品和服务特征来降低成本，可是对于损害底线结果并浪费股东数百万美元的不良绩效却视而不见。

更好的做法

Y 公司采取了与本节开头提到的 X 公司不同的做法。该公司的最高管理层找出了所有那些如果每件事都在更高的西格玛水平上完成的话便会消失的成本。他们所列出的包括了那些补偿或赔付给顾客的成本，这些成本源自送货延误、账单差错、废品与返工、因打折差错或其他错误而导致的应付款错误等。

该公司将不良质量成本核算之后，公司管理层对于不良绩效质量所造成的数百万美元的损失深感震惊。

这个总的不良质量成本就成为了靶子。结果？由于降低了成本，提高了顾客的满意度，从而消除了浪费，也增加了底线收入。为何能做到？因为该公司从根本上消除了这些成本存在的原因，即那些导致顾客不满的过程或产品的不良。只要消除了这些不良，质量就会提高，而成本便会降低。

虽然响应顾客要求来改进组织的所有方面都是重要的，但组织不应忽视不良绩效的财务影响。事实上，这些成本应当成为六西格玛项目选择过程的依据。

换句话说，不良质量成本为为何必须变革提供了证据。改进组织财务状况的需要与实施和衡量质量改进直接相关。增强特征与降低不良质量的成本均会影响组织长期的财务成功，无论你选择从哪里开始。

的确，把提高的成本效益、成本节约与相应的花费相对照，质量改进的程度存在着一定的限度，但是，除非你达到了五西格玛或六西格玛的水平，否则这一限度很难出现。企业应当根据顾客最重要的需要来追求下一个质量水平。顾客所要求的事情，就必须做好才能维持生意；如果顾客没有要求，那你可以慢慢筹划。

驱动底线绩效

如果你接受质量是由顾客和市场决定的这一现实，为了创造忠诚的顾客，你的组织就必须提供正确的产品或服务特征并降低不良。

有竞争力的价格，由很快的运转周期支持着的市场份额，低的保修成本，低的废品和返工成本，这些将带来更高的收入和更低的总成本。事实上，产品特征和不良质量成本的有效组合才能够真正带来实质性的利润。

在介绍识别、测量和计算不良质量的具体方法之前，先来看一下如果要理解质量成本是如何驱动财务目标的，首先应该做什么。

例如，如果组织设定了降低5 000万美元成本的目标，有一个简单的方法可以算出需要多少改进项目才能达到这一目标。如果考虑到它的财力能够支持多少活动，组织就能更加有效地管理其改进举措。这一问题的答案有助于确定需要多少专家或黑带来管理改进，以及必须进行多少培训。

这一方法包括以下六个步骤：

1. 确定成本降低目标，如未来两年降低5 000万美元，则每年就是2 500万美元。

2. 假设每个改进项目的平均回报是25万美元，计算需要多少个项目才能实现每年的目标。本例中，我们居然需要200个项目，每年100个。

3. 计算每年能够完成多少项目以及需要多少专家来领导团队。如果每个项目可以在4个月内完成，这意味着一个黑带每4个月可以完成两个项目，一年就可以完成6个项目。这样我们就需要17个黑带。

4. 估计有多少员工可以兼职参与项目，以同黑带共同完成目标。假定每个黑带每4个月需要4个员工，我们每年可能就需要约200个员工在某种程度上参与，或许只需付出他们10%的时间。

5. 确定不良绩效涉及的具体成本。从让组织每年花费25万美元以上的不良清单中选择项目。如果还未编制这一清单，则在启动任何项目之前，委任一个小组来确定成本并进行帕累托分析。

6. 应用这一方法向最高管理层据理力争，确保足够数量的改进项目得到支持。所有的组织都在改进，但世界级组织比竞争对手改进得更快。

发现不良绩效成本

若要清楚地认识到改进的机会，可以观察传统的不良质量成本，更为重要的，是那些隐藏的不良质量成本，如图5—2和图5—3所示。必须把这些隐藏的成本加以量化，才能掌握因不良绩效造成的损失的全貌。如果每一个活动每次都做得完美无缺，这些不良质量成本将会彻底消失。

组织中存在着三种类型的不良质量成本。如果按照以下三种类别来认识不良质量成本，你的努力将会更聚焦。

- 鉴定和检验成本。
- 内部故障成本。
- 外部故障成本。

鉴定和检验成本

鉴定和检验成本是为了在顾客受到影响之前发现不良而进行的检验、检查或保证所产生的成本。

这方面的例子如：

- 在向顾客提供之前检验产品或检查文件。
- 在邮寄之前评审文件并纠正差错。
- 检验设备或消耗品。
- 核对报告或信函。
- 在寄出费用清单之前审核顾客的账单。
- 因设计不良而进行的再加工。

在这一阶段发现不良，避免了此后可能发生的严重的故障成本，也有助于开发更有效果和更有效率的检验方法。这种类型的成本总会在某种程度上存在，因为必须通过一定水平的审核才能确保获得稳定的绩效。

内部故障成本

发生在组织内部的故障成本，是由于对那些尚未到达顾客手中的缺陷产品进行修理、更换或处置而发生的。

这方面的例子包括：

- 更换生产中不满足规范的冲压件。
- 重新油漆划伤的表面。
- 加班弥补因意外的计算机停机而耽误的事情。
- 更换运输中损害的零部件。
- 重写提案的某个部分。
- 通过加班来弥补延误。
- 纠正数据库差错。
- 为了更换缺陷零部件而储存的备品备件。

- 不满足规范的废品。
- 为纠正供应商收款单差错的对账时间。
- 为纠正规范或图纸的差错而进行的工程更改。

这些成本对于顾客服务有着间接的影响。

外部故障成本

外部故障直接影响顾客，通常对其的纠正也是最昂贵的。外部故障成本可能来自：

- 保证期的赔付。
- 投诉调查。
- 采用补偿方式弥补顾客不满。
- 收回坏账。
- 纠正账单错误。
- 处理投诉。
- 通过选择更昂贵的运输方式来加快延误的送货。
- 更换或修理损坏或丢失的货品。
- 为航班取消的旅客安排食宿。
- 因晚付款而支出的利息或失去的折扣。
- 因使用中的问题而对顾客提供的现场协助。
- 因性能不足或延误交付而向客户提供的补偿和优惠。

纠正外部故障的努力通常关注重获顾客的信心或丢失的生意。这两方面的支出都是有争议的，可能会也可能不会被充分计算。

诠释不良质量成本

在这一阶段，根据有把握的估算来确定不良质量成本，以便引导组织的决策。它不应作为月度财务分析的组成部分，尽管对于这些成本的认识会影响到财务和成本数据编制与解释的方式。

根据数据用途的不同，识别不良质量成本所要求的精度也会有所不同。当用于帮助选择项目时，其精度的要求就要低于对于已批准项目所进行的过程预算。

在评估项目时，有关不良质量的数据有助于识别出那些成本降低潜力最大的项目，这类项目更容易得到批准和支持。黑带或团队或许会根据对顾客或内部文化的影响来选择某些项目，但必须用数据来说明何处的成本最高，从而可以聚焦于关键的少数事项。

一项治疗措施所带来的成本降低的额度是评价项目有效性的另一指标。在设计治疗措施时，工作小组应就治疗措施将会减少的成本进行估计，依据这个估计来建立关于修正过程的预算。

测量不良质量成本时有四个主要的步骤：

1. 识别因不良质量而导致的活动。
2. 决定如何估计成本。
3. 收集数据并估计成本。
4. 分析结果并决定下一步。

识别因不良质量而导致的活动

一些活动之所以被认为是不良质量导致的，因为它们的存在完全是由于在鉴定、检验以及估计内、外部故障成本时发现了不良。

项目团队通常始于测量某个问题的基本症状的明显成本，如丢弃的消耗品、顾客投诉或搞错了的送货。建立相关过程的流程图并进行分析，通常就能识别出那些多余的活动，如为了处置或更换退货而进行的活动。

识别治疗活动的努力常常是整体性的，因为它关注的是整个组织中的不良质量成本。这一努力最好由一个或少数几个分析人员来进行，同时由熟悉该领域的中、高层经理组成的团队来协助。

任务小组首先要识别组织范围内的主要过程及其顾客。针对每个过程，任务小组通过头脑风暴来提出与不良质量相关的主要活动，然后通过与各部门各层次的关键人员的访谈来进一步扩展这一列表。这一阶段的主要任务是编制与不良质量有关的活动的列表，而非估计成本。

项目团队和任务小组发现如果能有一个与不良质量有关的典型案例的完整列表，就更容易向人们解释他们在寻求什么。这些例子基本上是此前关于不良质量成本的分类中所给出的那些。通过使用如下这些关键词，如返工、浪费、加固、退货、废品、投诉、修理、赶工、调整、退款、罚款、等待、冗余等，有助于给出更好的回答。

决定如何估计成本

一旦识别出了与不良质量有关的某个活动，则其成本的估计可以有两种策略：总资源和单位成本。这两个策略可单独使用，也可一起使用。

有关总资源策略的一个例子是，某单位计算处理顾客投诉的人力资源时间以及这一时间的货币价值。这种做法要求两方面的数据，即某一类问题所消耗的资源的总量，以及与不良质量相关的活动所消耗资源所占的百分比。

有关单位成本的一个例子是，某项目团队计算了每年花在纠正错误的送货上的成本。要获得这一成本，团队就要估计纠正错误的送货的平均成本，以及每年会发生多少次错误，然后将平均成本与错误次数相乘即可。

计算某个类目所用资源总量的数据有多种来源，如会计、用时统计报告、其他的信息系统、合理的判断、专门的用时统计、专项数据收集、单位成本等。这些来源在“计算所需资源”一节中讨论。

收集数据并估计成本

收集不良质量成本数据的程序与其他良好数据的收集程序类似：

- 确立需要回答的问题。
- 了解数据使用和分析的方式。
- 决定从何处收集数据。
- 决定由谁来收集数据。
- 理解数据收集者的需要。
- 设计简明的数据收集表格。
- 编写明晰的指示。
- 测试表格和程序。
- 培训数据收集者。
- 审核结果。

在估计不良质量成本时，有时必须收集个人对于所用时间和费用的大致判断。虽然此时不需要精确的数据，但也必须仔细计划。提问的方式常常会影响人们的回答。

当同样的活动经常在组织的不同部分进行时，可以采取抽样的方式。例如，所有现场销售部门都有着类似的职能。如果一个公司有10个现场销售部门，对其中一两个部门的估计，就能够对估计整体的不良质量成本起到很好的作用。

分析结果并决定下一步

收集不良质量成本的数据有助于作出如下的决策：

- 选择最重要的质量改进项目。

- 识别某个问题成本最高的方面。
- 识别需要消除的特定成本。

结果

值得注意的是，每一个实施六西格玛并将之渗透到自己的运营中的组织都取得了令人瞩目的节约，这些节约反映在底线绩效中。更多的顾客变得满意和忠诚，销售收入、利润和营业毛利等都有了显著的改进。

例如，霍尼韦尔公司自 1994 年实施六西格玛以来节约成本超过了 20 亿美元。通用电气公司于 1996 年开始推行六西格玛，到了 1999 年其节约就达到了 20 亿美元。百得（Black & Decker）公司 2000 年的六西格玛节约达到了 7 500 万美元，比头一年翻了一番还多，从 1997 年以来的总节约额超过了 1.1 亿美元。

将不良质量成本作为六西格玛绩效水平的函数来看更有启发：

- 当生产过程为+/－三西格玛水平时，每生产百万个零件将有 66 807 个缺陷。如果每个缺陷的纠正成本为 1 000 美元，则总的 COPQ 便是 6 680.7 万美元。
- 当组织将过程改进到+/－四西格玛水平时，每百万只有 6 210 个缺陷，此时的 COPQ 为 621 万美元
- 在+/－五西格玛水平，每百万产品的缺陷成本降到了 23.3 万美元，比+/－三西格玛过程能力时节约了 6 657.4 万美元。
- 达到几近完美的+/－六西格玛水平，每生产一百万个产品的缺陷损失几乎被削减到了 3 400 美元。

在完成了所有的数据收集和制表并进行了决策之后，还必须制订消除所识别成本主要构成的后续行动计划，至此关于不良质量成本的研究才算结束。没有必要应用复杂的会计方法来测量成本，这样做会很昂贵并浪费宝贵的精力。简单的方法足矣。

在建立有用的 COPQ 数据时，最重要的步骤就是识别影响成本的活动及其他因素。估计成本所使用的任何一致无偏的方法都能够得出有助于识别质量改进机会的充分信息。当某些项目是为了识别具体的问题原因或确定具体的节约时，可能就需要更为精确的估计。

计算所需资源

计算所需资源总额的数据有多种来源，下面分别加以讨论。

会计科目

财务和成本会计核算中的某些科目常常可以部分或全部纳入不良质量成本中。典型的例子如废品损失、保证赔付成本、职业责任保险、废弃库存、部门总成本等。

时间统计报告

许多组织平时会要求员工报告在某些活动上所花费的时间。这使得有可能将某些或全部的时间归入某个不良质量成本类别中。

其他信息系统

其他的信息系统如成本会计、基于活动的成本核算、原材料管理、销售或其他类似的报告。

用来计算不良质量成本活动所用资源比重的数据可以通过多种方法获得，这包括：

• 合理判断。管理人员和有经验的员工能够很充分地判断出本部门用于某类特定活动的时间比例。当该单位担任较少的职能或该活动用去了过多或过少的时间时，这种判断就更为容易。

• 特定的时间统计报告。这种方法被用于计算处理计算机投诉的成本。如果某个部门从事多种职能，其活动既非特别大也非特别小，或者人们对于某特定活动所应投入的时间或金钱所占比重的判断不确定或显著不一致时，就需要收集一个短期的时间分布数据。显著不一致是指差异超过了总额的10%时。

• 专门的数据收集。除了收集某个雇员在某项活动上所用时间的数据外，组织还可以收集计算机网络失效的时间，消费或遗弃的某种品目的量，或某种设备或资源的闲置时间等。

所有这些例子中，确定不良质量成本的总公式为：

不良质量成本＝(资源总量所花成本)×(某类不良质量成本活动所用资源的比重)

单位成本

有关这一策略的一个例子是，某项目团队计算了每年用于纠正送货错误所花费的成本。为了找出这一成本，就要估计纠正每次送货错误所花费的平均成本，估计每年所发生的送货错误的次数，然后把两者相乘。

单位成本要求有两方面的数据：某个特定的不良所发生的次数以及每次纠正不良所花费的平均成本。

每次纠正的平均成本的计算涉及纠正差错所需资源种类的清单，所用的某种资源的数量，单位资源的成本。

以下这些场合比较适合采用单位成本：发生次数很少但损失很大的不良，十分复杂需要许多部门共同参与来纠正的不良，时常发生且对其的纠正也十分常规导致人们甚至意识不到其存在的不良。

有关不良发生频次的数据可以来自以下方面：

- 质量保证。
- 保证赔付数据。
- 顾客调查。
- 现场服务报告。
- 顾客投诉。
- 管理工程研究。
- 内部审核报告。
- 运营记录。
- 特别调查。

对孤立的某次不良发生的成本的估计通常需要进行一些分析。标明因不良而导致的各种返工循环的流程图通常有助于识别所用的各种重要资源。

当分析资源时，要考虑所占用的工时、外购服务、原材料和损耗品、设备和设施、借款以及未收回资金的成本。

确定每种资源的使用量时，要核对以下的数据源：

- 时间统计报告。
- 成本会计系统。
- 各种行政管理记录。
- 管理工程研究。
- 基于已知情况的判断。
- 特别的数据收集。

当团队确定了每种资源的使用量后，就可以计算各自的成本，然后把所有资源的成本加以汇总。财务或工程部门通常都有用于计算团队所要求的单位成本的标准方法。

在计算单位成本时，要记住以下的提醒：

- 工资、福利都要考虑在内。
- 要包括重要器材和设备的分摊成本，尽管这对于许多活动而言微不足道，忽略掉也无妨，但对某些活动却是至关重要的。

不要被这种认识所误导，即认为资本成本是固定成本，即使不良没有发生也依然存在。这是一个不良质量成本为标准惯行所掩盖的典型例子。如果计算机使用得更加有效率，就有可能处理更多的事务而无须购买更多的设备。闲置或误用的资本资源是不良质量成本，就如同一个错误的打印作业把纸张丢弃一样。

要确定包括付款延误而导致的罚款或折扣失效，以及为紧急订单和运输而付的高价。

其他方法

还可以建立针对特定项目的其他方法。例如，对于用掉的损耗品，组织应计算假如没有缺陷的成本以及实际的成本，两者之差便是不良质量成本。这种方法也可用于将实际结果与他人已实现的最佳结果进行比较。

有些特定的情形或许会要求团队建立适合特定问题的其他方法。例如，在预防方面增加投资可能是更合算的。

可能的投资回报

使公司资产得到最佳的利用，这是高层管理人员的主要职责之一。判断是否最佳的一个关键的指标叫作投资回报率（ROI）。通俗来说，ROI就是（1）预期所得与（2）预计所需资源的比值。计算减少慢性浪费项目的ROI要求综合考虑如下这些因素：

- 该项目所涉及的慢性浪费的成本。
- 该项目成功可能带来的成本节约。
- 诊断和治疗所需成本。

许多突破提议未能得到管理者的支持，都可归因于未能给出量化的ROI。这一疏漏对于高层主管来说是一个障碍，他们无法比较（1）质量改进项目的可能ROI与（2）其他投资机会的可能ROI。

经理们以及撰写这类提议的其他人员在准备有关ROI的信息时，应当尽可能取得 ROI 方面的内行的协作。ROI 的计算之所以复杂是因为它涉及两种类型的资金，即资本和花费。虽然都是货币，但在一些国家（包括美国在内），这两类资金的课税是不同的。资本投资是从税后资金中支出的，而花费则从税前资金中支付。

课税上的这一差异反映在会计准则上。花费是即刻报销的，因而减少了申报所得从而减少了应缴所得税。资本投资是逐渐冲销的，通常要跨几个年头。这增加了所申报的收入，从而增加了相应的所得税额。这可以算是突破提议的优势所在，因为很少有突破项目是资本密集型的。（有些高层经理习惯于将投资一词仅用于指代资本投资。）

获得成本的数据

组织的会计体系一般只量化了不良质量成本的很少一部分，其余大部分都被分散在了各种各样的一般管理费用中。因此，专业人员一直在设法把这些遗漏找出来。他们为解决这一问题的主要努力如下：

1. 进行估计：这种方法比较迅速但也比较粗略。通常以抽样的方式来进行，不需要付出太大的努力。它可以用几天或几个星期就得出（1）慢性浪费成本的近似估计并（2）指出主要集中在哪些方面。

2. 扩展核算体系：这是一种更加准确的做法。这要求许多部门都要进行大量的工作，尤其是会计和质量部门。它十分费时，常常要花费两到三年时间。

> 根据我的经验，估计要省事得多，用少得多的时间就可以得出一个结果，而且足以用于管理决策。
>
> ——J. M. 朱兰

需要注意的是，对于成本数据准确度的要求取决于这些数据的用途。账目的平衡要求有很高的准确度，管理决策有时可以允许有一定程度的误差。例如，某个潜在的改进项目据估计每年产生的不良质量成本是 30 万美元，这一数据受到了质疑。争论的数字从 24 万美元到 36 万美元，相当大的一个范围。有人会作出明智的判断："哪个估计值更准确不是什么问题，就算是这个最低的数字，也是一个改进的好机会。让我们来做吧。"换句话说，尽管估计值的误差很大，但项目实施的管理决策是不变的。

组织各层次的语言

为了获得高层的认可，语言的选择是一个很微妙的方面。企业中通行着两种标准的语言，这便是货币的语言和物的语言。（还有各自的行话，各个职能的语言都是独特的。）但是，如图 5—4 所示，标准语言的使用也是不一致的。

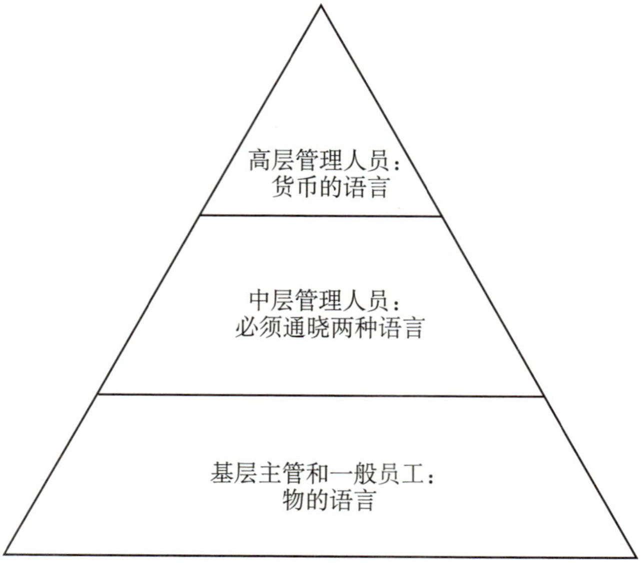

图 5—4　组织等级层次中的常见语言

资料来源：Juran Institute，Inc.，1994.

图 5—4 表示了公司不同层次使用的语言。顶部的高层管理人员使用的主要是货币的语言。在底部，基层主管和普通员工所使用的语言是物的语言。在中间，中层经理和职能专家们需要同时懂得这两方面的语言，中层经理们应当是讲两种语言的。

用物的语言来衡量慢性浪费是很普遍的，如差错率、过程产量、返工时间等。将这些衡量转化为货币的语言有助于高层管理人员将之与财务指标联系起来，因为长期以来在管理者的“仪表盘”上显示着的都是些这样的指标。

几年前，我受邀到英国的一家大型生产企业，考察其质量管理的情况并提出一些建议。我发现这家公司有着巨大的不良质量成本，完全可以在 5 年之内削减一半，这样做的投资回报率远远高于其生产和销售产品的投资回报率。当我向公司总裁作了解释后，他感到非常受震动，将慢性浪费的问题以投资回报率的语言解释给他这还是第一次。他立即责成副总裁去讨论如何着手这一机会。

向高层管理者的陈述

向高层管理者的陈述应该针对高层管理者的目标，而非发起者自己的目标。高层管理者要满足各个有关方面的需要，如顾客、所有者、雇员、供应商、社会公众（如在安全、健康、环境等方面），等等。如果建议报告能够针对有关方面的特定问题并估算了可能获得的益处，将是大有帮助的。

高层管理者会得到大量的有关配置公司资源的建议，如开辟国外市场、开发新产品、添购可以提高生产率的新设备、进行收购、创办合资企业，等等。这些建议相互之间都在争夺优先权，一个主要的判据就是投资回报率（ROI）。如果在突破建议中给出了 ROI 的估计，将是非常有利的。

在建议的阐述中，如果把数据转换成高层管理者们已经熟悉的度量单位的话，有时是很有帮助的。例如：

- 去年的不良质量成本相当于盈利额 150 万美元的 5 倍。
- 不良质量成本削减一半将使每股收益增加 13%。
- 去年订单的 13%因不良质量而被取消。
- 32%的工程设计时间花费在发现和纠正设计缺陷上。
- 25%的生产能力用于纠正质量问题。
- 70%的库存用来预防不良质量。
- 25%的总生产时间用于发现和纠正缺陷。
- 去年的不良质量成本相当我们的运营部门全年在 100%制造缺陷。

在向高层管理者提出建议时，有一些“要”和“不要”的经验值得留意。

- 要总结出不良质量成本的估计总额。这些总额会大得足以引起上层的注意。
- 要表明不良质量成本集中在哪里。表 5—2 是一种常用的归纳形式。一般说来（在该例中也是如此），大部分成本都可归因于内外部故障。表 5—2 也表明试图从减少检验和试验做起是错误的。首先要减少的是故障成本。当缺陷水平降低后，检验成本也就减少了。
- 要详细讨论构成建议报告核心的主要项目。
- 要估算可能的收获以及投资回报率。如果公司此前从未实施过有组织的削减质量成本的活动，那么一个合理的目标可以是在 5 年内将之削减 50%。
- 要事先把数据让财务（或其他部门）的有关人员评审，因为高层管理者是通过这些人来核对财务数据的正确性的。
- 不要用有争议和不明确的数据来夸大所提出的不良质量成本。这会导致在决定性的会议上陷于对数据准确性的争论，反而不去讨论建议本身的价值。
- 不要暗示不良质量成本会降低至零。这样的诱导反而会使人们偏离建议的主旨。
- 不要在开始时强行推销那些主管们并不真正喜欢或工会强烈反对的项目。最初应选择那些接受性比较强的领域。这些领域所取得的成果将决定整个质量改进事业的成败。

突破的必要性远不限于满足顾客或削减成本。各种新的压力已昭然可见。最近的例子如产品责任、消费者权益运动、国外的竞争、各种各样的立法，以及对于环境的关注。突破对于所有这些压力都是一种有力的对应。

类似地，说服高层管理者确信突破的必要性也不再仅仅靠热心的发起者们提交的报告。这种确信还可以来自对成功公司的访问、研讨会上听到的报告、成功企业公布的报告，以及公司内外专家的建议等。然而，没有什么能比本公司所取得的成果更具有说服力的了。

提交给高层管理者的陈述中的最后一个要素是要说明他们自己在发起和推动突破中的责任。

突破的动员

一直到1980年代，突破在西方企业中都还是可有可无的。它并非经营计划的内容或是职位说明的构成部分。的确有一些突破活动，但都是自发性的。某处的某个主管或非主管雇员，出于这样那样的原因，实施了某些突破项目。他们或许会劝说其他人加入到某个非正式的团队中来。结果或许不错，或许并不理想。这种自发的、非正式的活动方式产生不了多大的突破，他们的重点还是检验、控制和灭火。

正规化的必要性

伴随日本的质量革命而来的质量危机呼唤着新的战略，其中之一便是更加高速度的突破。显然，非正式的方式不可能进行每年数以千计（或更多）的突破。这导致了一些公司开始尝试采取有组织的方式，有些公司经过一段时间后成为了典范。

有些高层主管对采取正规化的必要性抱有异议："为什么我们不能就这样做?"其答案取决于所需要突破的数量。如一年只是几个项目，非正式方式就足够了，因而无需正式的动员。然而，要进行成百上千的突破就需要有正式的结构了。

实践表明，突破的发动需要两个层面上的活动，如图5—5所示。该图是关于这两个层面活动的说明。一个层面的活动是动员公司的资源来综合安排突破项目，这是管理者的责任；另一个层面的活动是分别实施各个突破项目所必需的，这是突破团队的责任。

管理当局承担的活动	团队承担的活动
建立体制：质量委员会	确认问题，分析症状
选择问题：确定目标	提出对于原因的推测
创建项目章程、委派团队	检验推测
启动团队活动评审	确定原因
提供表彰和奖励	启动治疗措施并进行控制

图 5—5　突破动员

高层“质量委员会”

发动突破的第一步是建立组织的质量委员会（或类似名称）。委员会的基本责任是发起、协调突破活动并使之制度化。许多组织都建立了这样的委员会，他们的经验成为了有用的指南。

成员与职责

委员会的成员通常来自资深经理阶层，高层管理委员会常常也就是质量委员会。经验表明，当高层主管亲任最高委员会的领导和成员时，这时的委员会制度是最有效的。

在大型组织中，通常事业部和总部都会建立委员会。此外，一些规模较大的分支机构也可能会建立委员会。当多重的委员会建立后，它们通常会联系在一起，较高层委员会的成员会出任下一级委员会的主席。图 5—6 是这种关系的一个例子。

经验表明，只在较低层建立质量委员会是没有效果的。这种做法把突破项目限制在了“有用的多数”上，忽略了那些有可能取得重大成果的“关键的少数”项目。此外，只在低层设立委员会是在向人们表示“突破没有被列入高层的议事日程”。

每个委员会明确并公布各自的职责是十分重要的，这样可以使（1）委员会成员就其目标达成共识；（2）组织的其他成员了解未来将要发生的事情。

许多委员会公布了其职责声明。主要的共同点有如下一些：

• 确立方针，如以顾客为中心、突破必须是持续不断的、全员参与、薪酬制度应反映突破绩效等。

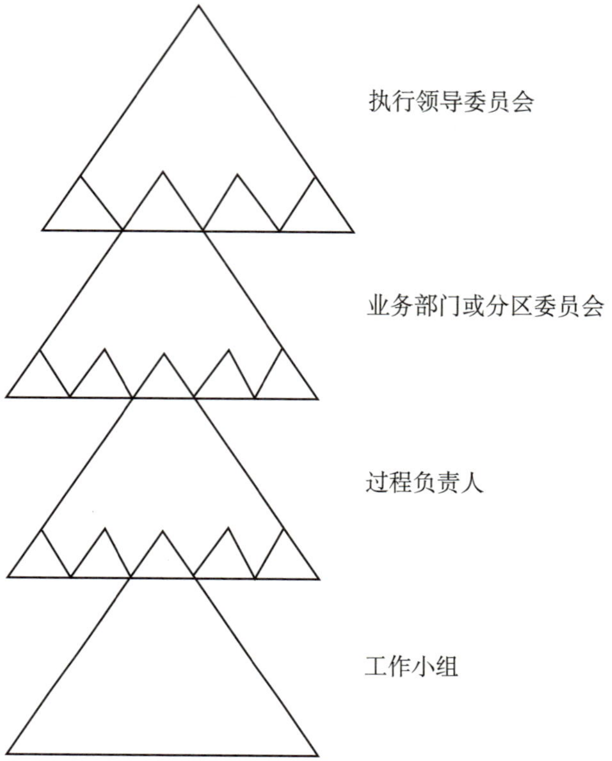

图 5—6 质量委员会之间的联系

资料来源：Juran Institute，Inc.，1994.

• 对主要情况的估计，如相对于竞争对手的质量状况、慢性浪费的程度、主要业务过程的充分性、突破要取得的成果等。

• 建立选择项目的程序，如项目的提出、审查和选择，撰写项目目标陈述书，创造突破的良好氛围等。

• 建立实施项目的程序，如选择团队的领导者和成员、明确项目团队的作用等。

• 为项目团队提供支持，如针对项目的培训时间、诊断支持、骨干支持，确保测试和试验设备等。

• 建立衡量进展情况的方法，如顾客满意度、财务绩效，或团队的参与情况等。

• 进行评审，帮助团队克服障碍，确保实施纠正措施。

• 对团队公开表彰。

• 修改薪酬制度以反映出持续的突破所必需的变化。

委员会应当预见到那些棘手的问题，尽可能在宣布开展持续的突破活动的打算时给出解答。有些高层主管甚至为此专门制作了录像带以使更多的人能够从权威的来源听到一致的信息。

领导者必须面对关于失去工作的担心

雇员们不仅要求在这一重要问题上对话，而且还要求对他们的担心能够提供保证，特别是由于改进而失去工作的风险。大多数高层主管不愿面对这些担心。这种不情愿可以理解，对不确定的未来进行保证是有风险的。

尽管如此，一些主管们在某种程度上对于两种相关变化的程度进行了预估：

1. 由于退休、提前退休、辞职等减员所产生的职位空缺。对此的估计具有相当的精确度。

2. 由于削减慢性浪费而减少的工作岗位数。这个估计带有更多的推测性质，很难预测突破速率多久之后就能达到这一程度。实际上公司的估计往往过于乐观。

对此的分析有助于主管们判断他们可以作出什么样的保证，如果能作保证的话。它还有助于对行动方案的选择：培训有空缺的岗位、将人们调整到有空缺的岗位、提前退休、协助雇员寻求其他公司的工作、提供终止服务的帮助等。

质量和/或卓越绩效部门的协助

许多委员会会寻求卓越绩效和质量部门的协助。这些部门的专家们熟悉提升质量的方法和工具。他们能够：

- 为委员会在计划导入突破时提供所需输入。
- 起草建议和程序。
- 承担重要的细节工作，如筛选项目等。
- 编写培训材料。
- 开发新的计分卡。
- 起草进展情况报告。

质量经理常常担任委员会的秘书长。

将突破目标纳入经营计划

已经成为市场领先者的组织，亦即那些典范，都扩展了经营计划，将质量目标纳入了其中。事实上，它们把公司面临的机会和威胁都转化成了目标，如：

- 在未来的两年内将交货准时率从83%提高到100%。
- 在未来的5年内把不良质量成本削减50%。

这样的目标十分清晰，每一个都是量化的，并且有时间表，使高层主管们认识到必须建立这样的目标。这是很大的一步，但还只是第一步。

目标的展开

目标在展开之前还只是一些愿望。它还必须分解成具体的实施项目，委派具体的个人和团队，并向他们提供项目实施所需的资源。图5—7展示了目标展开过程的解剖图。在该图中，委员会确立了概括的（战略性的）目标，并使之成为公司经营计划的组成部分。这些目标经过分解后被分配到较低的层次以转化为具体的行动。在大型组织中或许还需要进一步的分解才能到达行动的层次。最终的行动层是由个人和团队组成的。

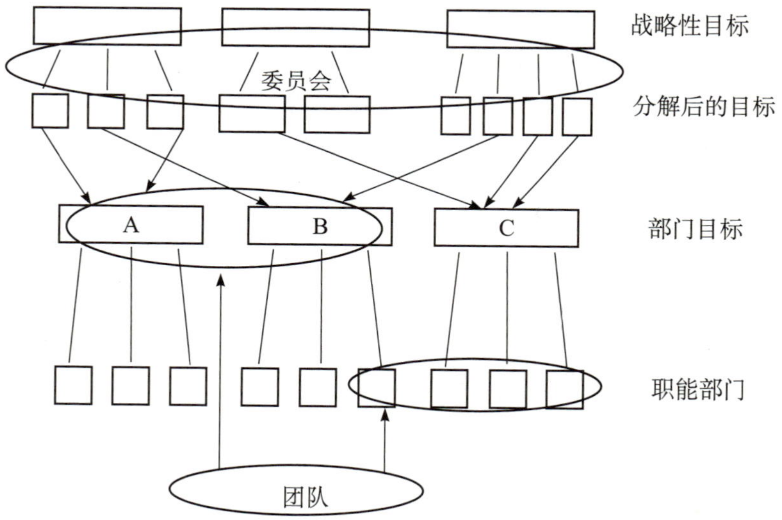

图5—7 目标展开过程的解剖图

资料来源：Juran Institute，Inc.

进一步地，行动层选择突破项目，所有的项目汇集起来实现目标。这些项目及其所需要的资源估计被提交到上一个层级。项目建议和资源估计量经过讨论和修改之后最终被决定。最后就实施哪个项目、提供什么资源、由谁来负责等达成一致。

这种起始于最高层战略目标的方法看起来似乎纯粹是一种自上而下的活动。然而，在作出最终决定之前，展开过程力求畅所欲言的双向讨论，这也是其通常的方式。

战略目标涉及的是关键的少数问题，但其并非局限在总公司的层次。事业部、利润中心、维修单位和其他分支机构的经营计划中也会包含有质量目标。目标展开过程在这些方面也是适用的。（有关展开过程的更详细讨论，请参看第 7 章“战略计划与展开：由良好到卓越”。）

项目的概念

项目在这里指的是一个业已安排解决的长期性问题。项目是突破行动的焦点。所有的突破都是通过一个个项目的方式来进行的，除此之外别无他途。

有些项目来自公司经营计划中的目标。这样的项目数量不多，但都十分重要。它们总的说来属于关键的少数项目（请参看下面的“帕累托原理的应用”）。然而，大多数项目并非来自公司的经营计划，而是来源于下面将要讨论的“提案与选择过程”。

帕累托原理的应用

在展开过程中用于选择项目的一个有效的工具便是帕累托原理。这个原理是说，在产生某种共同效果的任何总体中，相对少数的因素贡献了大部分的效果，这些因素便是关键的少数。这一原理广泛应用于各种人类事务中。如相对少数的人写了大部分的书，犯了大部分的罪，拥有大部分的财富等。

用帕累托图的形式来表示数据极大地促进了信息的沟通，尤其是有助于使高层管理人员认识到问题的根源，并对解决问题的行动方案给予支持。（关于朱兰博士命名帕累托原理的说明，参看本书附录。）

有用的多数问题和解决方案

根据帕累托原理，关键的少数项目构成了大部分的突破，因此这些项目得到最优先的考虑。关键的少数项目之外还有有用的多数项目，这些项目的总贡献构成了突破效果的一小部分，但它们提供了雇员参与的大部分机会。有用的多数项目是通过现场改进团队、质量圈、精益 5S 工具或自我导向的工作团队等方式来实施的。

提案与选择过程

大多数项目是通过提案与选择过程来确定的，它包括以下几个步骤：

- 项目的提案。
- 项目的审查与选择。
- 项目目标陈述书的编写和公布。

项目提案的来源

项目的提案可以来自组织的所有层次。在较高的层次上，提案往往在规模上很大（关键的少数），在范围上则是跨部门的。在较低的层次，提案通常较小（有用的多数），往往局限在一个部门的范围之内。

提案有许多来源。包括：

- 正式的数据系统，如有关产品性能、顾客抱怨、赔偿要求、退货等方面的现场报告；会计报告中的保证赔偿费用和内部不良质量成本；以及服务报告。（有些数据系统提供了数据分析以帮助识别问题所在。）
- 专题研究，如顾客调查、员工调查、审核、评价、与竞争对手的标杆对比等。
- 顾客的反应，这是指那些对产品不满并表达出来但继续购买的顾客，那些认为产品特性已无竞争力的顾客会干脆（默默地）离去。
- 现场情报，可以来自对顾客、供应商和其他相关方面的访问；竞争对手采取的行动；媒体的有关报导（如有关销售、顾客服务、技术服务等）。
- 社会影响，如新的立法、政府管制的程度以及产品责任诉讼的增长等。
- 管理层，如质量委员会、管理人员、基层监督员、职能专家和项目团队等。
- 普通员工，向基层主管提出的非正式想法，来自品管圈的正式的建议和想法等。
- 与业务过程有关的建议。

大质量概念的影响

从1980年代开始，在大质量概念的影响下，项目提案的范围有了显著的扩大。大质量概念的广泛性在所实施项目的多样性中一目了然：

- 改善销售预测的准确性。
- 缩短新产品开发的周期。
- 提高业务投标的成功率。
- 缩短完成顾客订单所需时间。
- 减少交易取消的数量。

- 减少发票差错。
- 减少拖欠户头的数量。
- 缩短招募新员工的时间。
- 改善准时到达率（运输服务）。
- 缩短专利文件处理的时间。

提案过程

提案当然源于人。数据系统是非人工的，不可能进行提案。为了激励突破项目的提案要运用多方面的手段：

- 提案的号召：利用信件或公告栏邀请所有人员进行提案，提案的呈交可以逐级上报，也可以交给指定的人员如委员会的秘书等。
- 寻访：这种方法是安排专业人员（如工程师）走访不同部门，与主要人员交谈，从而获得他们的看法和提案。
- 委员会成员：他们分析数据并提出建议。
- 头脑风暴会议：为了某个具体的意图组织起来提出建议。

只要能够充分强调大质量的概念，瞄准所有的活动、产品和过程，无论使用什么方法都会获得最多的提案。

各级员工的提案

员工是大量提案的潜在源泉。他们在现场的时间长，大量的常规活动都是在他们的眼皮底下进行的。因此他们非常容易识别存在的问题并推测原因。现场的细节没有谁比他们更熟悉的了。例如，“最近 6 个月没看到有维修工走近过那台机器”。此外，有许多员工更容易识别机会和提出新的办法。

员工的提案大多由局部的有用的多数项目所构成，同时还有些关于人际关系方面的建议。针对这些提案，员工们可以提出有用的原因推测以及切实可行的治疗措施。就跨职能的项目而言，绝大多数普通员工都会感到力不从心，因为他们对于整个过程及构成总体的各个步骤之间的联系缺乏了解。

在有些组织中，对普通员工的提案的鼓励似乎意味着这些提案会被最优先处理，结果造成了由员工来决定管理者应当首先着手哪些项目。来自普通员工的提案必须与来自其他方面的提案平等竞争，这本来是应该首先明确的。

与供应商和顾客的联合项目

所有的公司都要向供应商购买产品和服务，也许最终产品的多半都会来自供应商。几十年前，顾客通常采取对抗的态度，认为供应商应该处理好自己的问题，现在人们越来越认识到解决这些问题必须有建立在以下基础之上的合作伙伴关系：

- 建立互信。
- 明确顾客需要和规范说明。
- 交换重要的数据。
- 在商业以及技术层面上的直接沟通。

项目的筛选

号召人们进行提案会产生大量的回应，数量之多会超出组织的消化能力。在这种情况下，一个必要的步骤便是进行筛选，以识别出具有最高收益的提案。

要从大量的提案中筛选出一个项目清单，要求必须以一种有组织的方式进行，既要有结构也要有方法。审查过程要耗费大量的时间，因此委员会通常将筛选工作授权于一个秘书机构来进行，一般由质量部门来担任。秘书机构筛选提案，即判断提案是否满足下文列出的准则。这一判断导致了一些预先的决策。一些提案被否决，另一些被推迟。剩余的要进行进一步的深入分析，估计其潜在收益和所需资源等。

委员会和秘书机构都认识到建立一些在审查过程中使用的准则是非常有用的。经验表明需要有两类准则：

1. 选择团队的首个项目的准则。
2. 选择以后的项目的准则。

项目的准则

在以项目方式进行突破的开始阶段，每个人都处于学习的状态。项目由正在培训中的项目团队来承担，能够成功地完成一个项目构成了这种培训的一个组成部分。从这些团队的实践中总结出了一系列广泛的准则，即：

- 该项目应当针对某个慢性问题，即这一问题很久以来一直在等待解决。
- 该项目应当是可行的，在几个月内完成的可能性应该很高。从众多组织的反馈可以看出，首个项目失败的最常见原因是未能满足这个准则。
- 该项目应当具有足够的意义。项目的结果应该十分有用，足以引起关注和认可。
- 项目的成果应当是可衡量的，不论是以货币还是其他指标。
- 首个项目应当是成功的。

选择项目的其他准则旨在使所选择的项目能够为组织带来最大的益处：

• 投资回报率：这一因素举足轻重，具有决定性意义，所有其他因素重要性相当。未能计算投资回报率的项目只能依赖管理者的判断来决定重要与否。

• 可能的突破的大小：一个效果大的项目比几个效果小的项目都更有优先权。

• 紧迫性：或许必须对诸如产品安全、员工士气和顾客服务这些问题作出迅速的反应。

• 技术方案的可获程度：已有成熟的技术的项目比那些需要进一步研究来寻找所需技术的项目更有优先权。

• 产品线的健康性：涉及繁荣的产品线的项目与涉及已过时的产品线的项目相比更有优先权。

• 变革的可能阻力：容易被接受的项目要优于那些会遭到抵制的项目，如遭到来自工会或一部分主管抵制的项目。

大多数组织采用一种系统的方式依据这些准则来对提案进行评估。这产生出了一套综合的评估指标，可以表示出各种提案的相对优先程度。（更多的细节请参看第 12 章“六西格玛：改进过程的效率”。）

项目的选择

筛选过程的最终结果是提出一个排出优先次序的推荐项目清单。每一个推荐都附有相关的信息，包括符合评价准则的程度、可能的益处、所需的资源，等等。这份清单通常只限于与委员会直接相关的那些事情。

委员会对这些推荐项目进行评审并最终决定着手哪些项目。这些选定的项目便成为公司业务的正式组成部分。其他的推荐项目落在了委员会直接相关的范围之外，这些项目会再次被推荐给适当的分委员会、有关管理人员等。基层主管和员工们可以自由决定是否在本单位开展这些项目。

关键的少数和有用的多数

有些组织完成了许多项目。但是，当被问及“我们的这些努力取得了什么收获”这一问题时，他们沮丧地发现在公司的重要经营指标上并未取得显著的效果。调查表明其原因在于项目的选择过程。他们实际所选的项目包括：

• 救火式的项目：这是专为排除偶发性的“峰值”而采取的项目。这些项目没有着眼于消除慢性浪费，因此不可能改进财务绩效。（参看第 13 章“保持绩效的根原因分析”。）

• 有用的多数项目：根据定义可知，这些项目在财务方面只有很小的效果，但对人际关系具有很大影响。

• 改进人际关系的项目：在人际关系方面的效果是显著的，但在财务方面的效果通常难以衡量。

为了在重要经营指标方面取得显著的成效，除了这些有用的多数之外，还必须选择那些“关键的少数”项目。两者兼顾是可行的，因为可以由不同的人员分而治之。

有一派观点主张市场领先的关键是“积跬步、聚小溪”，换句话来说，是由有用的多数决定的。还有一派则强调关键的少数。就我的经验而言，我认为这些都不是完整的答案。两者都有必要，但时机要选对。

关键的少数项目是领先和底线指标的主要贡献因素，有用的多数项目则是雇员参与和工作生活的质量的主要贡献因素，两方面都是必不可少的，只有哪个方面都是不充分的。

关键的少数项目和有用的多数项目可以同时实施，成功的组织正是这样做的。之所以能这样做是因为他们懂得，这两类项目要求的是组织的不同类别的人员的时间。

两类项目之间的关系如图5—8所示。在该图中，横轴表示时间，纵轴表示慢性浪费的规模，越往上越不好。有用的多数项目的改进形成了缓慢的斜线；关键的少数项目的改进，尽管次数很少，但构成了整个改进效果的主要部分。

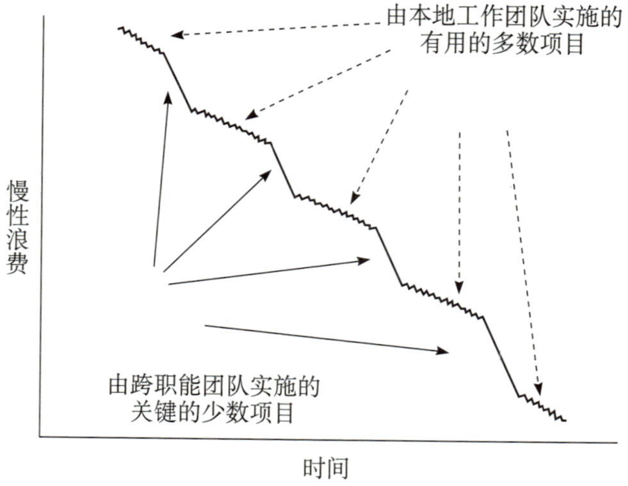

图5—8 关键的少数项目和有用的多数项目之间的关系

资料来源：Juran Institute，Inc.，1994.

项目的成本数据

要满足前述的准则（特别是投资回报率准则），需要有各种成本的信息：

- 与所涉及提案相关的慢性浪费成本。
- 该项目如果成功可能会降低的成本。
- 所需的诊断和治疗的成本。

成本与不良百分率

只根据不良（差错、缺陷等）百分率来判断重要与否是有风险的。表面上看，当这一百分率很低时，似乎该提案的优先程度也应该低。某些情况下确实如此，但在其他一些情况下这就可能是一种误导。

“大象”级项目和“可下口”项目

吃掉一头大象只有一种办法：一口一口地吃。有些项目是“大象”级的，覆盖了非常广泛的活动领域，必须将之分割为多个“可下口”的项目。在这种情况下，可以安排一个项目团队专门来“分割大象”，然后由其他团队来实施这些“可下口”的项目。因为多个项目团队同时进行，从而缩短了项目完成的时间。反之，由一个团队来做要花费几年的时间，这会出现挫折感、人员的流动、项目的延迟和士气的下降等。

分割大象的最有用的工具便是帕累托分析。对于大象级项目，负责综合协调的团队和承担分项目的团队要分别制定各自的项目目标陈述。

复制与克隆

有些组织由多个具有很多共性的独立单位组成，常见的例子如连锁零售店、修理店、医院等。在这样的组织中，某个单位获得成功的突破项目自然成为应用到其他单位的提案，这被称为项目的克隆。

其他单位抵制把这些突破项目应用到本单位的情况并不少见。有些抵制本质上是出于文化的原因（如“非我发明”症，等等）；有些则可能确实是由于运营条件不同，如电话接线员为顾客提供着相似的功能，但有些主要为产业客户服务，而另外一些则主要服务于居民。

高层管理人员在将某处产生的经验推广到其他独立单位时要格外小心。克隆当然有其好处，在可能应用的地方，无须重复以前的诊断和设计治疗方案的活动，就能实现同样的突破。

人们对此总结出了如下的程序：

- 项目团队在最终报告中应提出什么单位可以克隆的建议。
- 把最终报告的复印件送达这些单位。
- 由这些单位自主决定是否克隆该项目。

但是，这些单位要对此作出回应。通常可以采取以下三种形式之一：

1. 我们采用了这一突破。
2. 我们将要采用这一突破，但首先要对之修改以使之符合我们的条件。
3. 我们不能采用这一突破，原因如下。

事实上，这一程序是要求该单位采用这一改进或给出不予采用的原因。该单位不得对建议不置可否。

一种类似的但更不明显的克隆形式是把项目重复地运用在更为广泛的各种问题上。

一个项目团队开发了找出拼写错误的计算机软件，另一个团队提出了一个改进了的处理顾客订单的程序，第三个团队制定了实施设计评审的程序。这些项目的共同之处是其最终成果允许同一过程在更广泛的对象上重复应用，如许多不同的拼写差错，许多不同的顾客订单，许多不同的设计等。

项目章程：项目问题和目标陈述

每个被选定的项目都应当有一个书面的问题和目标陈述来规定项目关注的焦点以及最终的成果。经过批准之后，这一陈述便确定了承担该项目的团队的行动。

项目章程的目的

项目章程有若干重要目的：

- 它定义了问题以及预期的最终成果，有助于团队了解该项目的完成意味着什么。
- 它建立了明确的责任，目标成为了每一位团队成员职位说明的补充。
- 它提供了正当性，项目成为了组织的法定业务，团队成员有权花费必要时间来实施使命。
- 它授予了权利，团队有权举行会议，要求人们参加并帮助团队，得到项目所需的数据和服务。

以完美为目标

人们都会同意，完美是最理想的目标，这意味着完全没有差错、缺陷、故障，等等。现实之所以做不到完美，是因为存在着各种各样的不良，这些不良都需要各自的突破项目。如果一个组织试图消灭全部这些缺陷，就可以应用帕累托原理：

- 关键的少数不良是大多数问题的罪魁祸首，从而值得分配资源予以消除。在筛选过程中，它们会得到很高的优先权并且成为将要着手的项目。
- 其余的大多数类型的不良只造成了少部分问题。随着越来越接近于完美，剩余的缺陷就会变得越来越稀少，在筛选过程中的优先程度就会越来越低。

所有的公司都会努力克服那些出现很少但对人身安全有威胁或者有可能造成重大经济损失的故障类型。此外，那些每年进行数千项改进的公司还会攻克那些不甚重要且不多见的不良。为此它们发掘普通员工的创造性。

一些批评认为发布任何不尽完美的目标都是误导，说明愿意容忍缺陷。产生这样的认识是由于缺乏现实的经验。确立完美的目标很容易。然而，这样的目标要求公司去攻克如此稀少的故障类型，它们根本就无法通过筛选的过程。

尽管如此，进步是不容否认的。在 20 世纪，缺陷的测量单位发生了如此之大的修正。20 世纪的前 50 年，缺陷率通常是用百分率表示的；到了 20 世纪 90 年代，许多行业采用了如每百万单位缺陷数这样的指标和西格玛这样的度量。领先的公司的确每年进行着数以千计的突破。它们正在逼近完美，但这是一个永无终点的历程。

尽管许多提案项目从投资回报率而言不足以有说服力，但它们提供了雇员参与改进过程的手段，因此是有其存在价值的。

项目团队

对于每一个选定的项目，会委派一个相应的团队。这个团队负责实现该项目。

为什么需要团队？最重要的项目是那些关键的少数项目，它们一般来说都具有跨职能的性质。症状通常出现在某一个部门，但原因在哪里，是什么，应采取何种措施等都没有一致的看法。经验证明，处理这类跨职能问题的最有效的组织机制便是跨职能的团队。

有些主管更愿意把问题委派给个人而不是团队。（“由委员会设计的快马还比不上慢骆驼。”）在控制的场合，个人负责是一个十分适当的概念（“最好的控制形式是自我控制”）。然而，针对跨职能问题的突破天然地必须由团队来承担。这样的问题交由个人来处理的话，其诊断和治疗在很大程度上会受到部门的限制。

一位工艺工程师受命减少一种来自波峰焊过程的缺陷数目。他的诊断结论认为必须采用一种新的过程。管理层因为投资过多而否定了这个建议。一个跨职能的团队被指派继续研究这个问题。该团队找到了一种只需调整现过程便可以解决问题的办法（Betker，1983）。

人们会对所建议的治疗措施表现出偏见，形成一种文化上的抵制。但是，如果实施治疗措施的部门参与了该项目团队，这种阻力将会大大减小。

团队的任命：发起者

项目团队并不依赖组织结构图的指挥链，这在团队遭遇僵局时是一个很大的不利条件。出于这一原因，有些组织安排委员会的成员或是其他高层管理人员出任特定项目的发起者（或保驾者）。这位发起者密切注意团队的进展情况。当团队遇到阻力时，发起者可以帮助团队找到公司高层中的合适的人。

团队可以由项目发起者、过程主管、本部门领导或其他人来任命。在有些公司中，普通员工可以组建团队（品管圈，等等）从事质量改进活动。不论起源如何，团队都被授权依照目标陈述进行突破。

大多数团队都是为了特定的项目组建的，项目一旦完成就宣告解散。这类团队被称为专项团队，亦即为特定的目的而存在的团队，成员在下一个项目中又分散到了不同的团队中。另外也有连续性的“常设”团队，其成员保持在同一个团队中，实施一个又一个项目。

团队的职责

项目团队有着与目标陈述相当的职责。其基本职责是完成所委派的目标并遵循通用突破程序。此外，其职责还包括：

- 建议修订目标陈述。
- 必要时开发测量方法。
- 向需要了解情况的人员通告进展情况和成果。

成员

团队成员由发起者与有关主管协商后选定。选择时要考虑：（1）哪些部门应参加团队；（2）团队成员应来自哪个层次；（3）应是该层次中的哪些人。

参加的部门应包括：

- 罹患部门。该部门出现了症状，且受到了影响。
- 待检部门。被怀疑是原因所在的部门。（它们未必同意自己可疑。）
- 治疗部门。可能会提供治疗措施的部门。这只是假设，因为许多情况下原因和治疗措施都会出乎人们的意料。
- 诊断部门。给项目提供数据和分析的部门。
- 待召部门与相关专家（SME）。在团队需要时提供专门知识和其他服务。

这份清单中包括了团队成员的一般来源，当然还可以有灵活性。

选择组织中的哪个层次取决于项目的主题。有些项目与产品和过程的技术性和程序性方面有着比较密切的关系，这类项目的团队成员就会来自较低的层次；有些项目牵涉到广泛的业务和管理问题，这样的项目其团队成员就应当具备适当的业务和管理方面的经验。

最后是人员的选择。这要与相应的基层主管协商，要考虑到工作量、先后主次等。关注的焦点在于被选的人员对项目作出贡献的能力。候选成员要有：

- 时间，即参加团队会议和完成所承担任务所需要的时间。
- 知识基础，以使该成员能够贡献推测、见解、想法以及工作方面的信息。
- 培训，即突破过程和相关工具方面的培训。在首次实行的项目中，培训和实施可以也应当是同时进行的。

大多数团队由 6～8 人组成。人太多无法控制，花费也大（护航队的速度取决于最慢的船只）。

团队成员是否都应来自同一层次？在这一提问的背后是担心位置较高的成员会主宰会议。这样的情况肯定会有发生，尤其是在最初的几次会议上。然而，随着群体动力学机制的建立，随着团队成员学会了区分推测与事实，这种情况会逐渐减少。

成员一旦选定，就要公布成员名单以及项目的目标。这意味着把责任正式地赋予了团队和个人。事实上，在项目团队中的工作便成为了成员个人的职位内容，同时也意味着授予了团队前述的正当性和权利。

来自普通员工的成员

在运用突破团队的早些年，各公司通常对于团队的成员有着严格的区分。跨职能项目的团队全部由管理人员和职能专家组成，部门内的项目团队（如质量圈）全部由一线员工组成。图 5—9 比较了这些团队和跨职能项目团队的主要特征。

特征	部门内团队或品管圈	突破团队
基本目的	改进部门内过程和人际关系	通过跨部门突破来提高绩效
次要目的	改进质量	改进团队合作和参与
项目范围	在同一部门内	跨部门的
项目规模	有用的多数	关键的少数
成员	来自同一部门	来自多个部门
参加方式	自愿或强制	必须参加
成员地位	部门内的经理和员工	经理、职能专家、员工
连续性	长期存在	专题性团队，完成后解散

图 5—9　部门团队、品管圈与跨职能团队的比较

资料来源：From Making Quality Happen，Juran Institute，Inc.，1998.

经验表明，涉及有关运营条件的细节性问题，再没有谁比现场员工更为了解了。长时间在现场的工作，使得员工们能够观察到现场的变化并按时间顺序回忆出所发生过的各种事件。通过与现场员工交谈以获得这类信息的做法变得越来越多。员工们成为了随时“待召”或全勤的团队成员。医院中的医生也属于这种情况。对于从事产品生产的员工的调用，必须把他们离开本职工作的时间减少到最低限度。

因此，人们对于扩大员工的参与表现出了日益增长的兴趣，这导致人们开始尝试不区分等级层次的项目团队。这样的团队会成为常规而不是例外。（有关员工参与的进一步讨论，请参看第 26 章。）

团队中的上层管理者

有些项目由于其本身的性质而要求团队成员中要有来自管理层的成员。下面是一些有中、高层主管参与的项目团队所实际实施过的突破项目的例子：

- 缩短新产品面市的时间。
- 提高销售预测的准确性。
- 减少有故障倾向的产品特征被继承到新产品中。
- 与供应商建立团队关系。
- 开发战略计划所需要的新的指标。
- 修改突破的表彰和薪酬制度。

要求所有的中、高层主管亲自参加一些项目团队，是出于一些很有说服力的理由。亲自参加项目团队是一种以身作则的行为，这是从事领导的最高形式。这使得他们能够了解他们要求下属在做什么，需要怎样的培训，每周需要多少小时，完成项目需要几个月，以及需要什么样的资源等。有些建立持续的突破体制的良好意愿之所以失败，可以归因于高层对这些现实的缺乏了解。

基础架构的模式

关于突破的基础架构有好几种图示的方式，其中表示了组织的要素、要素之间的关系以及事件的流向等。图 5—10 以金字塔的形式表示了基础架构的要素。这个金字塔描绘了一个由最高管理层、自主经营单位和主要的职能部门构成的一个等级性架构。金字塔的顶层是公司质量委员会，有的还有分委员会。这些层级的下面是跨职能的突破团队（在质量委员会和团队之间可能还有委员会）。

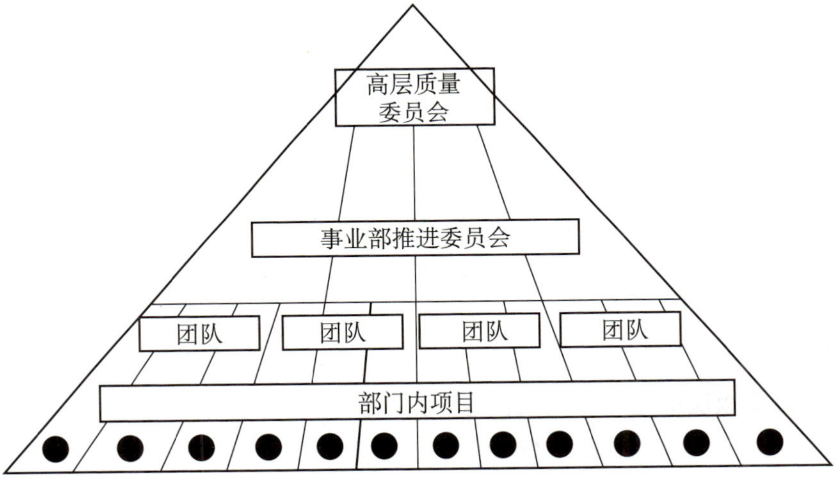

图 5—10　突破的基础架构模式

资料来源：Juran Institute，Inc.

在部门内这一层次是由基层员工组成的团队，如品管圈或其他形式。这种架构可以使组织中所有层次的雇员都参与到突破项目中，既可以是关键的少数项目，也可以是有用的多数项目。

团队组织

突破团队并不出现在组织结构图中。每个团队都是“漂浮着的”，没有由某个人担任的上司。换言之，对团队的督导不是由某个个人，而是通过目标陈述和突破路线图进行的。

团队当然有其内在的组织结构。这一结构中会包括一名团队领导者（主席等）和一名团队秘书。此外，通常还会有一个推动者。

团队领导者

团队领导者通常由作为发起者的质量委员会或其他监督层任命。团队也可以自己选举领导者。

领导者要承担若干责任。作为团队成员，领导者与其他成员共同承担着实现团队目标的责任。此外，领导者还担任着行政的职责。这一职责不能与人分担，其内容包括：

- 确保团队会议的准时开始和结束。
- 帮助成员参加团队会议。
- 确保议程、备忘录、报告等的准备和公布。
- 与发起者保持联系。

最后，领导者还负有监督团队活动的责任。这不是通过命令的权力进行的，领导者不是团队的上司，而是通过领导的影响力来进行的。这方面的责任包括：

- 协调团队的活动。
- 激励所有成员作出贡献。
- 帮助解决成员之间的冲突。
- 布置两次会议间的个人任务。

承担这些责任需要多方面的技能，包括：

- 训练有素地领导他人的能力。
- 熟悉目标所针对的领域。
- 牢固掌握突破的程序和相关工具。

团队成员

这里的团队成员也包括领导者和秘书在内。每个团队成员的职责主要由以下方面所构成：

- 安排出席团队会议。
- 代表各自所在的部门。
- 贡献自己的工作知识和技能。
- 提出对原因的推测及治疗措施的想法。
- 对其他成员的推测和想法提出建设性意见。
- 主动要求或接受所分配的个人任务。

找出从事项目的时间

项目团队中的工作是十分耗时的。一个人参加项目团队会使其工作量由此而增加 10%，这是参加团队会议和完成所分担任务所必需的。挤出时间来做这些事情是一个需要认真对待的问题，因为这些增加的工作量压在了已经忙得不可开交的那些人身上。

就我所知，没有哪位主管情愿另雇新人来解决这一问题，他们让每个团队成员自己想办法加以解决。就团队成员来说，他们采取了这样一些措施：

- 把更多的活动下放给下属。
- 把那些不太重要的活动稍缓一下。
- 改进常规工作的时间管理。
- 寻找可以取消的现行活动（有些组织采取了特别措施来取消无用的工作以腾出突破项目所需要的时间）。

当项目开始表现出高的投资回报率时，情况就会发生变化，高层会变得越来越愿意提供所需资源。此外，成功的项目会开始减少以前因慢性浪费而膨胀的工作量。

推动者与黑带

大多数组织使用内部咨询人员来帮助团队，这些人员通常被称为是“推动者”或“黑带”。黑带这样的推动者不需要是团队的成员，可以没有实施团队目标的责任（推动者这个词的字面意思是使事情变得容易）。推动者的主要作用是帮助团队实现其目标。推动者的作用通常包括以下方面：

解释组织的意图。推动者通常参加了组织将要实现怎样目标的说明会。团队对说明会的许多内容感兴趣。

协助团队建设。推动者协助团队成员学会如何为团队作贡献，如提出推测、挑战其他人的推测或提出调查路线等。在对团队概念尚不熟悉的那些公司，推动者需要与个人直接接触，激励那些不知如何做的人，抑制那些过分冒尖的人。推动者还要评价团队建设的进展情况并提供反馈。

协助培训。大多数推动者一直从事团队建设和突破过程的培训，他们通常也是其他团队的推动者。这样的经历使他们有能力在许多方面培训项目团队：如团队建设、突破路线图和工具的使用等。

介绍其他项目的经验。推动者有多种渠道获得这种经验：

- 以前服务的项目团队。

- 与其他推动者交谈分享协助项目团队的经验。
- 项目团队公布的最终报告。
- 文献中所报告的项目。

帮助重新调整项目的方向。推动者持有的超然视角有助于他/她在团队陷入困境时察觉。当团队深入到一定程度时，会发觉自己越来越深地陷入了泥潭。项目的目标可能过于宽泛、定义模糊或无法实施。推动者通常会比团队更早觉察到这些问题，从而能够指导团队重新调整项目的方向。

协助团队领导者。推动者通过各种方式来提供协助：

- 协助计划团队会议。在每次会议之前与团队领导者共同进行。
- 鼓励出席。大多数缺席都是由于对成员的时间提出了冲突的要求而造成的。纠正措施常常必须来自成员的上司。
- 改善人际关系。有些团队中的成员和其他成员没有保持良好的关系或者随着项目的进展产生了摩擦。作为“局外人”，推动者能够把这些成员的精力引导到正确的渠道中。这类行动通常在团队会议之外进行。（有时团队领导者也会是问题的一部分，此时推动者也许处在帮助解决问题的最佳位置上。）
- 团队活动范围之外的事情上的帮助。项目有时需要来自团队所及范围之外的决策和行动，推动者会因其广泛的外部联系而提供帮助。

支持团队成员。这种支持是以多种方式提供的：

- 当团队偏离主题时通过提出疑问的方式使团队聚焦于其使命。
- 通过提出如“这一推测有无事实的支持”这样的问题来挑战自以为是的看法。
- 根据对团队行动的观察向团队提供反馈。

向委员会汇报进展情况。就这一作用而言，推动者是项目进展报告过程的组成部分。每个项目团队要提出会议的备忘录和最终的报告，还包括向委员会作口头汇报。

但是，对项目的综合报告还要求有外加的过程，推动者通常便是这一外加报告网络的一部分。

推动者和黑带的资格

推动者经过了专门的训练而有资格发挥上述的作用。这些训练包括团队建立、解决冲突、沟通和质量变革管理的技能；突破过程的知识，如突破路线图、工具和技巧等；对突破与组织的方针目标的关系的了解。此外，推动者通过在项目团队中的工作经历和给团队提供帮助而逐渐成熟起来。这部分内容在第12章

"六西格玛：改进过程的效率"中有更多的讨论。

这些预先的训练和经验是推动者的重要资本，否则他们很难获得项目团队的尊敬和信任。

大多数公司都意识到高速的突破需要强大而广泛的推动，因此需要培养训练有素的推动者。然而，推动者往往是在启动阶段有着大量的需要。此后，随着团队领导者和成员逐渐获得训练和经验，对推动者的需要就会开始减少。这一建设性的职位就会转变成为维护性的职位。

这种阶段性的升降使得大多数组织避免使用全职推动者或者职业推动者的概念。推动者是以一种业余的方式工作的，他们的大部分时间用于其常规工作。

在许多大型组织中，黑带是全职的专业人员。经过了突破过程的充分培训，这些人员的全部时间都用在突破活动方面。他们的职责除了推动项目团队的活动之外，还包括：

- 协助项目的提案和审查。
- 承担方法和工具的培训课程。
- 协调项目团队活动与组织的其他活动，包括进行有难度的分析。
- 协助准备向高层管理者提交的总结报告。

团队中不存在由某个人担任的上司。团队不是由个人来监督的，规定其职责的是：

- 项目章程。每个团队的目标陈述都是独特的。
- 突破的步骤或通用程序。这对于所有的团队都是相同的。它规定了团队为了完成其目标必须采取的行动。

遵循接下来的步骤——经历两个"历程"——是项目团队的主要职责。诊断和治疗的历程如下：

- 由症状到原因的诊断历程。包括分析症状、假设原因、测试假设、确定原因。
- 由原因到治疗方案的治疗历程。包括建立治疗方案，在运营条件下测试和检查治疗方案，处理变革阻力，建立控制手段以巩固成绩。

诊断是一种以事实为依据的方法，必须理解有关的关键词的含义。一开始就对其中的一些词汇加以定义是有帮助的。

领导者必须掌握关于突破的关键术语

"缺陷"指任何不符合用途或不符合规范的状态。如无效的发票、废品、低的平均故障间隔时间等。其他的名称还有“差错”、“差异”、“不符合”等。

“症状”指存在问题或缺陷的外在表现。一个缺陷可能会有多个症状。同一个词既可以用来描述症状也可以描述缺陷。

“假设”或“假想”指针对缺陷和症状的存在原因的未经证实的论断。通常为了解释缺陷的存在可以提出多个假设。

“原因”是经过证实的导致缺陷存在的理由。通常会有多个原因存在，这种情况下遵循帕累托原理——关键的少数原因主宰着所有其他的原因。

“主导原因”指使缺陷存在的主要因素，只有将之消除才有可能实现充分的突破。

“诊断”指分析症状、假设原因、检验假设并最终确定原因的这一过程。

“治疗”指能够消除或缓和缺陷原因的改变。

诊断应当先于治疗

毋庸赘言，诊断应当先于治疗，但现实中偏见和陈腐观念仍会挡道。

例如，在整个20世纪中，有许多高层主管对于大多数缺陷是由工人差错造成的这一点深信不疑。尽管很少得到事实的佐证，但这一观念却一直根深蒂固。正是由于这一观念作祟，在1980年代，许多管理者试图通过劝告工人不要制造缺陷来解决他们的质量问题。（事实上，80%以上的缺陷是管理层可控的，工人可控的只有不到20%。）

缺乏训练的团队常常在弄清楚原因之前就匆忙采取治疗措施（预备、开火、瞄准）。例如：

• 一位自信的团队成员“知道”原因并极力主张团队针对该原因采取治疗措施。

• 一位知名专家给团队简要概括了技术问题。这位专家对症状的原因十分肯定，该团队无法对专家的意见提出异议。

• 随着团队成员的经验越来越丰富，他们会对自己的诊断技能树立起自信。这种自信将使他们能够质疑那些未经证实的断言。

• 在深信不疑的成见主导局势的情况下，或许就必须进行专门的研究。

有这样一个经典的研究。Greenridge（1953）分析了来自不同组织的850件有故障的电子产品。数据表明43%的故障是由于产品设计方面的原因造成的，30%可归因于现场操作条件，20%是由于制造的原因，其余的归因于其他各种原因。

对突破的制度化

许多组织都开展了突破活动，但没有几家组织能够成功地使之制度化以年复一年地持续下去。大多数这些组织长期以来年年都在开发新产品、降低成本和改进生产率。它们用以实现这种长年改进的方法广为人知，并能够应用于突破方面。

- 扩展年度经营计划以使之包括突破目标。
- 使突破成为每人的职位说明书中的一部分。大多数公司中，相对于实现质量、成本、交货期等目标的常规工作而言，突破活动一直被认为是一种附带的偶然性的活动。突破必须成为常规工作的一部分。
- 建立最高管理层的审核制度，其中应包括对于突破进展情况的评审。
- 修改考核和薪酬制度，其中要包括突破绩效的指标，并给予一定的权重。
- 创造非常隆重的场合来表彰突破的成就。

评审进展状况

高层主管对于进展状况的有计划的定期评审是维持持续突破的一个不可或缺的部分。不进行评审的活动无法与那些定期评审的活动在重要度上相提并论。下属很自然地会对上级定期评审的活动给予最高程度的重视。

对于突破过程也有必要进行定期的评审。这是通过包括质量管理所有方面的质量审核来进行的。（参见第 16 章“以国际标准确保组织的符合性”。）

进展状况评审数据库的大部分内容来自项目团队的报告。然而，对这些报告进行分析并归纳出上层所需的总结，仍要做很多工作。通常这些工作由委员会的秘书来承担，推动者、团队领导者以及其他方面，如财务部门等要给予协助。

当组织有经验后，就会设计出标准的报告格式，这样就会大大方便项目团队、产品线、事业部等向公司提交报告。一家欧洲大公司所使用的一种表格规定每个项目要提出：

- 最初估计的慢性浪费的大小。
- 最初估计的项目成功后的成本降低。
- 实际实现的成本降低。

- 资本投资。
- 成本净降低额。

该公司在各个层次上都要对这些总结进行评审。总公司层次的总结每季度在董事长办公会上进行评审（同填写者的个人交流）。

绩效评价

对进展状况进行评审的目标之一是进行绩效的评价。这种评价既包括对于项目的评价也包括对于个人的评价。对于个人在突破项目中的绩效评价碰到了一个复杂的问题，即成果是由团队所取得的，这实际上是要评价个人对团队活动的贡献。这一新问题尚没有科学的解决方法，因此在基层只能由主管依据来自所有可能来源的信息对下属的贡献加以判断。

在组织的较高层次上，绩效评价包括了对于中、基层主管绩效的判断。这一评价必然地要考虑多个项目所取得的成果，这导致了对管理人员在项目方面的绩效进行综合评价的指标的发展。这些评价指标包括：

- 突破项目的数量：刚启动的、正在进行中的、已经完成的、中途流产的。
- 已完成项目在产品性能、成本降低和投资回报率等方面的价值。
- 下属积极参与项目团队的比例。

上级根据这些指标及其他一些因素来评价其下属的绩效。

突破培训

纵观本章，可以看到多处对培训必要性的强调。这种必要性广泛存在，因为所有雇员都必须理解突破所用的方法和工具。组织或许尚不熟悉项目式的突破方式，人员流动可能很高，员工可能会被赋予新的职责。要承担这些新的责任就必须进行充分的培训。

最近十多年中，许多组织都花巨资对员工在实现卓越绩效的方法和工具方面进行了培训，根据 iSix Sigma 和美国质量协会的说法，有 10 万人以上接受了黑带培训，另有 50 万人接受了绿带培训，美国质量协会和朱兰学院这些机构还建立了新的认证过程，以确保这些人员具备资质并有能力取得成果。黑带培训一般为期六周，最后认证还需要一段时间。

今天的培训是对未来的投资。随着组织迈向未来，这种努力将给我们带来莫大的益处。

致谢

本章有大量内容引自朱兰学院出版的各种培训材料以及由朱兰主编的 *A History of Managing for Quality* 一书，该书由朱兰基金会资助，密尔沃基的质量出版社出版。作者对于朱兰基金会和朱兰学院允许引用这些材料在此深表感谢。

参考文献

Betker, H. A. (1983). "Breakthrough Program: Reducing Solder Defects on Printed Circuit Board Assembly." *The Juran Report*, No. 2, November, pp. 53–58.

Greenridge, R. M. C. (1953). "The Case of Reliability vs. Defective Components et al." *Electronic Applications Reliability Review*, No. 1, p. 12.

Juran, J. M. (1964). *Managerial Breakthrough*. McGraw-Hill, New York. Revised edition, 1995.

Juran, J. M. (1975). "The Non-Pareto Principle; Mea Culpa." Progress. May, pp. 8–9.

Juran, J. M. (1981). "Juran on Breakthrough," a series of 16 videocassettes on the subject. Juran Institute, Inc., Wilton, CT.

Juran, J. M. (1985). "A Prescription for the West—Four Years Later." European Organization for Quality, 29th Annual Conference. Reprinted in *The Juran Report*, No. 5, Summer 1985.

Juran, J. M. (1993), "Made in USA, a Renaissance in Quality." *Harvard Business Review*, July-August, pp. 42–50.

Juran, J. M., and Godfrey, A. B. (1999). "Juran's Quality Handbook, Fifth Edition," McGraw-Hill, NY.

Juran, J. M. "Juran on Quality Leadership," A video package, Juran Institute, Inc., Wilton, CT

Welch, J. (2005). Winning. Harper Collins, New York, NY.

（焦叔斌　译）

第 6 章

质量控制：确保可重复和具有符合性的过程

约瑟夫·M·朱兰

关于本章

本章就符合性的过程，亦即“控制过程”加以讨论。“控制”是一个普遍的管理过程，这一过程旨在确保所有关键的运营过程的稳定——防止负面的变化并“确保计划的绩效目标能够实现”。控制包括了产品控制、服务控制、过程控制，甚至还有设施控制。为了保证稳定性，控制过程就要评估实际的绩效，将实际绩效与目标对比，针对所存在的差异采取行动。

本章要点

1. 质量控制是一个普遍的管理过程，基于这一过程来管理运营活动以获得稳定性，亦即防止负面变化并“维持现状”。质量控制是通过采用反馈回路来进行的。

2. 产品或过程的每一个特征都是一个控制的主题，反馈回路正是围绕这一中心来建立的。人员的控制应该尽可能多地由基层员工来进行，这包括办公室职员、工厂工人、销售人员等。

3. 在对质量控制加以计划时广泛使用到流程图。设施控制中的最弱一环是遵守日程计划。

4. 为了确保严格遵守日程计划就必须有独立的审核。

5. 明确哪些是主导性的过程变量有助于计划人员分配资源和确定优先次序。

6. 在过程控制的设计中，应向操作人员提供区分真实变化和误报警所需的工具，最好是提供有助于区分特殊原因和一般原因的工具。这方面的一个有效的工具便是休哈特控制图（或控制图）。自我控制适用于所有职能中的过程，也适用于从总经理到一般工人的所有层次。

7. 对结果的责任应当融入到可控性当中。理想情况下，有关某个过程是否符合过程质量目标的决策应当由员工作出。

8. 要采用自我检验，必须满足几方面的标准：首先是质量第一；还有相互信任、自我控制、培训、资质等。对于被委任进行产品符合性决策的人员，除了应向他们提供决策指南之外，还必须明确规定其责任。

9. 管理的适当次序是，首先建立目标，然后计划如何实现目标，这包括了选择适当的工具。在计划质量控制时，应当提供一个供所有决策者使用的信息网络。

定义符合性和控制

符合性或质量控制是朱兰三部曲中的第三个普遍过程，另外两个是分别在第 4 章和第 5 章讨论过的质量计划和质量改进。朱兰三部曲示意图表明了这三个过程之间的关系。

本书的其他章节也利用图 6—1 来描述质量计划、质量改进和质量控制之间的关系，这是质量管理的基本管理过程。本章的重点则集中于两个“控制带”上。

在图 6—1 中很容易看出，尽管位于图的中部的过程处于受控状态，但其浪费水平是不可接受的。此时必需的不再是控制而是改进，亦即改变绩效水平的措施。

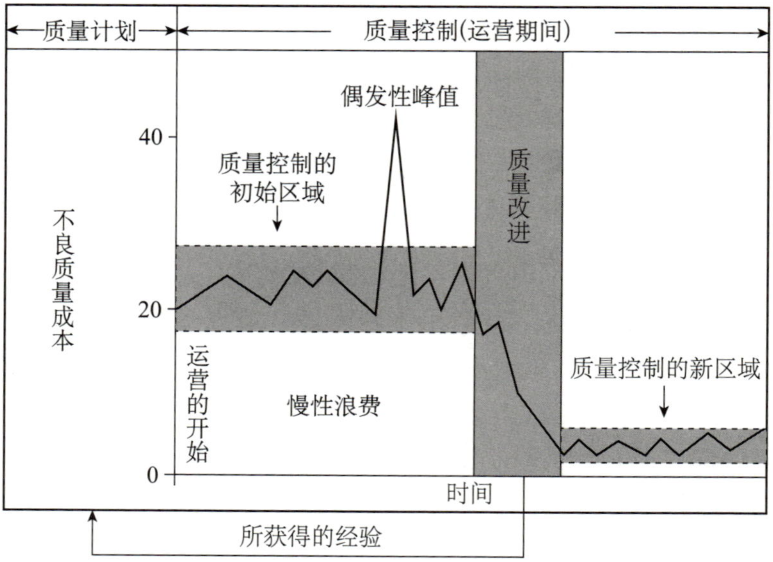

图 6—1 朱兰三部曲示意图

资料来源：Juran Institute，Inc.，1986.

通过改进，达到了一个新的绩效水平。此时的当务之急便是在这一水平上建立起新的控制，以防绩效水平退回到先前的水平甚至变得更糟。这便是图中的第二个控制带。

“质量控制”这一术语出现于20世纪早期（Radford，1917，1922）。这一概念将实现质量的方法，由当时居主导的事后检验（检测控制）扩展成为我们现在所谓的“预防（主动控制）”。随后的几十年间，“控制”一词有着很广的含义，其中还包含了质量计划的意思。以后的一些发展又使得“质量控制”的含义有所变窄。“统计质量控制”运动给人以这样一种印象，即质量控制就是由对各种统计方法的应用所构成的。“可靠性”运动声称质量控制只适用于检验时的质量，而不包括使用期间。

在美国，“质量控制”一词现常用先前定义的狭义含义，它属于“卓越绩效、卓越运营、卓越经营或全面质量计划”这些大概念中的一个组成部分。这些大概念可以彼此互换，成为描述一个组织管理质量的各种方法、手段、工具的具有广泛包容性的术语。

在日本，“质量控制”这一术语一直保持着较广的含义。他们所谓的“全面质量控制”大体上相当于我们的“卓越绩效”。1997年，日本科学技术联盟

(JUSE) 采用“全面质量管理”（TQM）这一提法代替了“全面质量控制”(TQC)，使得他们所使用的术语与世界其他地方的普遍用法更加一致。

图 6—2 示出了这一步骤的输入—输出特征。

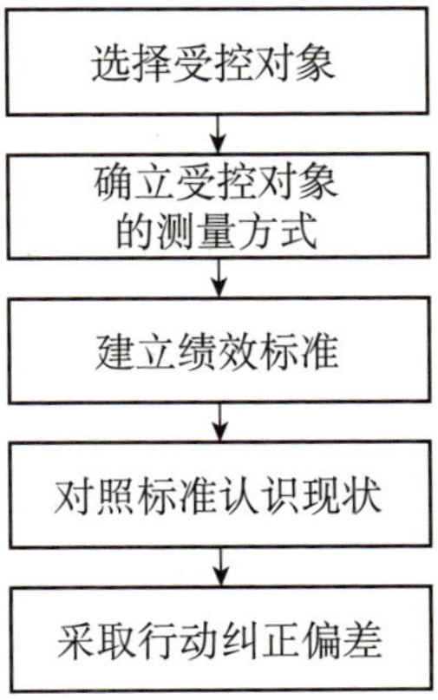

图 6—2　输入—输出示意图

在图 6—2 中，输入是运营过程的特征，或为了产出产品特征而建立的关键控制特性，或为满足顾客需要所要求的关键产品特性。其输出为一个产品和过程控制的系统，该系统为运营过程提供了稳定性。

关键产品特性（KPC）是指一定程度的变异会显著影响产品的安全性、对政府规定的符合性、性能或安装性等的那些产品特性。

关键产品特性是某个过程的输出，这些特性可从产品上、产品内或产品本身测量得到，它们是顾客能够察觉到的输出。

KPC 的例子如：

在产品“上”的 KPC：宽度、厚度、涂层紧致度、表面光洁度等。

在产品“内”的 KPC：硬度、密度、拉伸强度、质量等。

产品“本身”的 KPC：性能、重量等。

总的来说，关键控制特性（KCC）是影响输出的那些输入。这些特性是顾客看不到的，只有当实际发生时才能测量得到。

KCC 是：

- 一个过程参数，在制造和装配时其变异必须控制在一定的范围内，才能确保 KPC 的变异保持在其目标范围内。
- 一个过程参数，其变异性的降低会导致 KPC 的变异性的降低。
- 可直接追踪到 KPC。
- 对于保证 KPC 达到目标值特别重要。

• 没有规定在产品图纸或产品文件中。

与质量保证的关系

质量控制与质量保证有很多共同之处。二者均要评价绩效，均要将绩效与目标相对照，均要对差异采取措施。但二者又互相区别。质量控制的基本目的在于维持控制。绩效的评价是在运营过程中进行的，绩效所对照的也是运营过程中的目标。在这一过程中，要使用测量指标来监测对于标准的符合情况。所产生的信息为员工接受和利用。

质量保证的主要目的在于确认始终保持着控制。绩效的评价是在运营之后进行的，所产生的信息既提供给员工，同时也提供给有需要了解的其他人员。使用结果指标来确定对于顾客需要和期望的符合程度。这里的其他人员可能包括领导层、工厂、职能部门、高层管理人员、主管机关、顾客及公众。

反馈回路

质量控制是通过反馈回路来进行的。反馈回路的一般形式如图6—3所示。

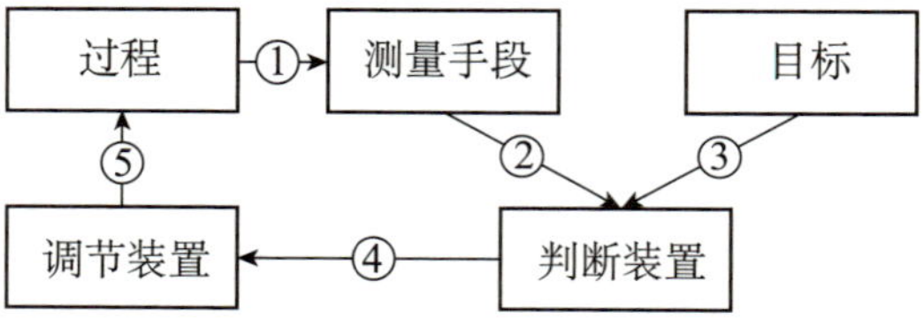

图6—3　反馈回路

图6—3中各步骤的执行过程如下：

1. 回路中的测量手段对受控对象的实际质量加以评价，受控对象即我们所关注的产品或过程的特征。确定一个过程的绩效可以直接评价过程的特征，也可以间接地通过评价产品特征来进行——产品会反映出过程的表现。

2. 测量手段将绩效信息报告给判断装置。

3. 判断装置同时也接收到有关质量目标或标准的信息。

4. 判断装置将实际绩效与标准相对照。若差异过大，判断装置将激活调节装置。

5. 调节装置刺激过程（不论是人力过程还是技术过程）改变其绩效，以使过程质量与质量目标相一致。

6. 过程以恢复符合性作出反应。

要注意的是，图6—3中反馈回路的要素是职能。这些职能在各种情况下都是普遍的，但实行这些职能的职责会有很大的差别。很多控制是通过自动反馈回路实现的，没有人的介入。典型的例子如控制温度的恒温器和汽车上控制速度所用的巡航控制系统。

另一种常见的控制形式是由员工来实现的自我控制。这类自我控制的一个例子是乡村的工匠，他执行着反馈回路中的每一个步骤。工匠本人来选择受控对象，设定质量目标，查看实际的质量情况，判断一致性，当出现不一致时他就变成了调节装置。

图 6—4 描述了自我控制的概念。其基本要素包括员工或团队必须知道他们应该做什么，明白实际做得如何并具有对自己的绩效加以调节的手段。这意味着他们有具有充分能力的过程，有调节过程所必需的工具、技能和知识，还有可以这样做的职权。

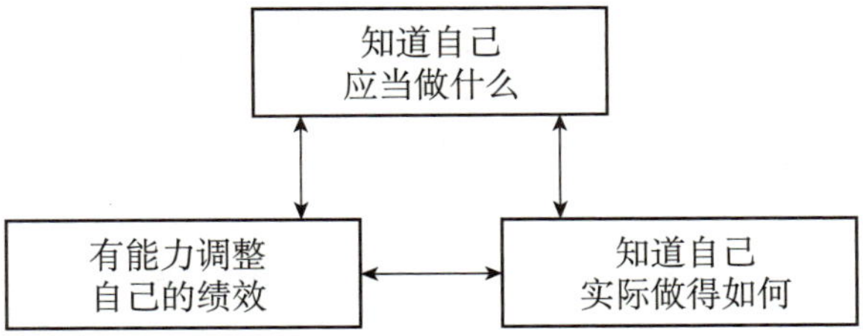

图 6—4　自我控制的概念

资料来源：Juran Institute，Inc.

反馈回路的一种更为普遍的形式是办公室文员或工厂工人，他们的工作受到以检验员形式出现的判断装置的评价。这种形式的反馈回路在很大程度上是 20 世纪早期的泰罗制的产物，它强调把质量计划与运营执行相分离。发端于一个世纪以前的泰罗制对于劳动生产率的提高起到了巨大的作用，但对质量的影响在很大程度上却是负面的。这种负面的影响导致了更大的不良质量成本，更高程度的产品和服务的缺陷，以及顾客的不满。

反馈回路的要素

反馈回路具有普遍意义，它对于保持每一个过程的控制都是至关重要的。它适用于任何类型的运营活动，不论是服务业还是制造业，也不论是营利性的还是非营利性的。它适用于组织中从首席执行官到普通员工的所有层级，无所不包。但是，反馈回路的各要素在本质上却有着很大的差异。

图 6—5 是描述控制过程的一个简单的流程图，其中包含了简单的通用反馈

回路。

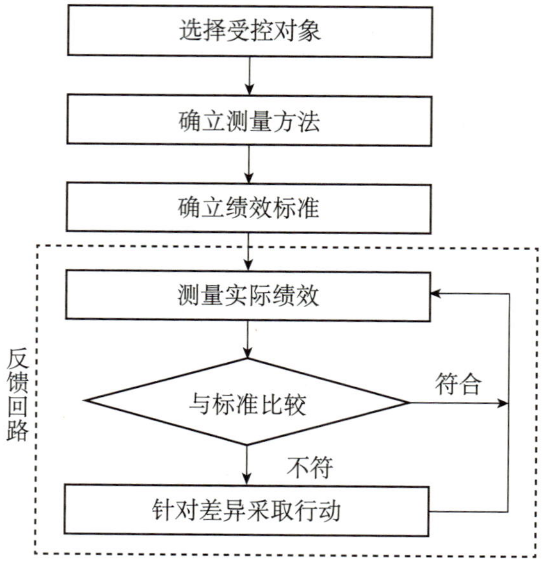

图 6—5 描述控制过程的简单流程图

受控对象

产品、服务或过程的每一个特征都可以成为一个受控对象（所要控制的特定特性或变量），亦即反馈回路所围绕的中心。选择受控对象是关键的第一步。为了选择受控对象，就要识别主要的工作过程和产品，定义工作过程的目标，定义过程本身，确定过程的顾客，选择受控对象（KPC 和/或 KCC）。受控对象可以来自很多方面，包括：

- 顾客表述的对于产品特征的需要。
- 从顾客需要转化的产品特征。
- 创造该产品或服务特性的过程的特征。
- 产业和政府的标准及法规（如《萨班斯·奥克斯利法案》、ISO 9000 等）。
- 保护人身安全和环境的需要（如 OSHA 标准、ISO 14000）。
- 避免诸如冒犯利益相关者、员工或所处社区之类的副作用的需要。
- 失效模式和影响分析。
- 实验设计的结果 。

在普通员工这一层次，受控对象主要由体现于规范和程序手册中的产品和过程特征所构成。对管理层而言，受控对象则要广泛得多，且更多体现在经营方面，其重点转向顾客需要和市场竞争方面。这一重点的转移要求更为广泛的受控对象，进而影响着反馈回路的其余步骤。

确立测量方法

选择受控对象之后，接下来的一步便是确定测量过程实际绩效或产品与服务的质量水平的手段。测量是管理中最困难的任务之一，几乎在本书的每一章中都会有所讨论。在确定测量方法时，我们必须明确规定测量方式（手段），测量工具的精确度和准确度，测量单位，测量频率，记录数据的方法，报告数据的形式，将数据转换成有用信息所要作的分析，以及负责测量的人员。在建立测量单位时，必须选择易于理解的单位以便作为共同的决策基础，必须是顾客导向的，而且应当具有广泛的适用性。

确立绩效标准：产品目标和过程目标

对于每个受控对象都必须制定一个绩效标准，亦即一个目标。绩效标准是人们追求的成果，是人们的努力所指之处。表 6—1 列出了一些受控对象以及相应的目标的例子。

表 6—1　　**受控对象与相关质量目标**

受控对象	目标
车辆里程	高速公路上最低为 25 英里/加仑
隔夜送达	99.5%于次日上午 10:30 以前送达
可靠性	在 25 年使用中故障低于 3 次
温度	最低 505 华氏度，最高 515 华氏度
采购订单差错率	订单差错率不超过 3‰
竞争性绩效	在 6 个因素上达到或超过前三家竞争者
顾客满意度	服务优秀率达 90%以上
顾客保留率	每年的关键顾客保留率达 95%
顾客忠诚度	在 80%以上的顾客处占有 100%的份额

产品和服务的首要目标是满足顾客的需要。产业顾客经常能够在一定程度上准确表达他们的需要。这类明确的需要直接就成为生产公司的质量目标。与此相对照，一般消费者常常使用含混的词语来表达自己的需要。这类表述必须转化为生产者的语言，才能成为产品目标。

同样重要的其他产品目标还有可靠性和耐久性方面的目标。产品能否达到这些目标可能会对顾客满意度、忠诚度及总费用产生重要影响。产品在保证期内出现问题会严重影响公司的利润率，这种影响会同时体现为直接的代价和间接的代价（失去回头客、坏影响的扩散等）。

生产产品的过程具有两套质量目标：

• 生产满足顾客需要的产品和服务。理想情况下，每一件产品都应满足顾客的需要（满足规范）。

• 以一种稳定且可预测的方式运营。按照质量专家的行话来讲，每个过程应当“处于受控状态”。我们将在随后的“过程符合性”部分中对此进行详细讨论。

质量目标也可以针对职能、部门或人员。用这些目标所衡量的绩效结果便成为公司的计分卡、奖酬制度的一项输入。理想情况下这些目标应当是：

- 正当的：它们应当具有不容置疑的正式地位。
- 可测的：以便能够准确地沟通。
- 可达到的：有事实表明他人已达到过。
- 平等的：职责相当的人员应当具有大致相当的可达性。

质量目标的设定可以依据下述一些基础：

• 产品和服务特征目标和过程特征目标在很大程度上建立在技术分析的基础之上。

• 职能、部门和人员目标应当以业务需要以及外部的标杆分析为基础，而不应以过去的业绩为基础。

21世纪的头一个十年的后期，组织的最高层设定质量目标已经成为常态。设定诸如降低不良质量成本或成为同业之最之类的目标常常构成了战略计划的内容。当前的趋势主要是设定“真正重大”的目标，如满足顾客的需要，满足竞争要求，保持高的质量改进率，改进业务过程的有效性，设定挑战性目标以避免出现新的具有故障倾向的产品和过程。

测量实际绩效

尽可能精确地测量过程的实际绩效是控制质量特性的一个关键步骤。要进行测量，就需要有测量手段。测量手段指的是进行实际测量的装置或人员。

测量手段

测量手段指专门的检测装置。它用于识别某一现象的存在及强度，并将所得到的数据转换成“信息”。这些信息便成为决策的依据。在组织的较低层次上，信息通常是实时的，主要用于现场控制。在较高层次上，需要将信息以各种不同的方式加以整理，以提供更广泛的指标、监测趋势及辨识那些关键的少数问题。

受控对象的广泛差异要求具有多种多样的测量手段。其中一个主要类别是用于测量产品特征和过程特征的大量技术仪器，常见的例子如温度计、钟表、磅秤等。另一主要类别是各种数据系统以及相关的报告，它们为管理层提供了经过整理的信息。还有一类利用人来作为测量手段，问卷、调查、焦点小组、访谈等也是测量手段的形式。

出于控制目的的检测遍布整个组织。对于管理而言，无论是长期还是短期，信息都是必需的。这使人们利用计算机来辅助检测活动并将所获得的数据转换为信息。

大多数测量手段根据一个测量单位来进行评价。所谓测量单位就是某一质量特征的一个规定的量，据此可以用数字或图来评价这一特征。常见的测量单位的例子如温度度数、小时、英寸、吨等。相当多的检测是通过人来进行的，这样的检测注定会具有大量的差错。利用图片作为比较标准有助于减少人为差错，采用详细的说明对于减少人为差错也是极为重要的。

与标准比较

与标准相对照这一行为常常被认为是扮演了判断装置的角色。判断装置可以是人也可以是仪器，无论哪种形式，判断装置均用于执行下面的全部或部分活动：

- 将实际过程绩效与目标对照。
- 解释观测到的差异（如果有的话），确定是否与目标一致。
- 决定需采取的行动。
- 触发纠正行动。
- 记录结果。

这些活动还需要加以详细的阐述，稍后会进一步加以探讨。

针对差异采取行动

在任何功能完备的控制体系中，我们都需要某种对期望的绩效标准和实际绩效之间的差异采取行动的手段。我们需要某种调节装置。这一装置（人工的、技术的或二者兼备）是触发恢复符合性的行动的手段。在运营或员工这一层次上，这或许就是给计算机数据库发出指令的一个键盘，一个程序的改变，一份新的规范，或是调整机器的一个旋钮。对于管理层来说，也许是给下属的一张便笺，一个新的公司政策，或一个过程变革的团队。

关键过程

在前面的讨论中，我们都假定有一个过程存在。它可以是人工的、技术的或二者兼备。它是产出产品和服务特征的手段，每一个特征都要求受控以确保符合规范。所有的工作均是由过程来完成的。过程由输入、劳动力、技术、程序、能源、材料和输出所构成。

采取纠正措施

有很多采取纠正措施的方法来修正过程并使之恢复原状。一个著名的分析根原因并采取纠正措施的方法就是图6—6所示的PDCA或PDSA循环（最初由瓦尔特·休哈特提出，后又因戴明博士的原因被称为戴明环）。戴明（1986）将之称为休哈特循环，许多人都以此描述反馈回路的这一形式。

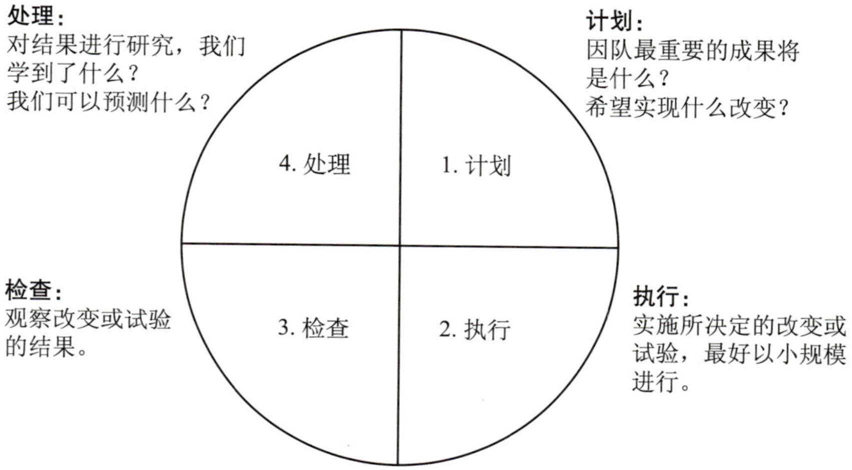

图6—6 PDCA循环

资料来源：Shewart and Deming，1986.

在这个例子中，反馈回路被分解为四个步骤，分别被称为plan（计划）、do（执行）、check（检查）和act（处理）（PDCA）或plan（计划）、do（执行）、study（研究）和act（处理）（PDSA）。这一模型被许多医疗机构和服务行业所采用。这几个步骤大致对应着如下的内容：

- “plan（计划）”包括选择受控对象和设定目标。
- “do（执行）”包括运行和监视过程。
- “check（检查）或study（研究）”包括检测和判断。
- “act（处理）”包括触发调节装置以采取纠正行动。

PDCA 循环的一个早期版本出现在戴明于 1950 年在日本的首次演讲中。此后，又有其他各种版本陆续发表出来，如 PDSA、RCCA（根原因纠正措施——译者注）等。

其中有些版本试图使 PDCA 循环成为一个同时包容控制和改进各步骤的通用模型。作者认为这种做法容易造成混淆，因为涉及的是两个完全不同的过程。我们的经验表明，所有的组织都应分别定义两种不同的方法，其中的一种方法是针对绩效中的“偶发性变化”采取纠正行动。

从所涉及问题的范围而言，RCCA、PDSA 和 PDCA 不同于六西格玛这样的改进方法，它们更倾向于针对“偶发性问题”进行较为简单的、复杂度较低的分析，以找出问题的根原因。RCCA 分析和沟通工具有助于减少困扰过程的日常性问题。用于分析和诊断偶发性问题的工具一般采用图示性工具的形式，不太重视统计方法的应用。很多接受了 RCCA 之类的方法培训的组织常常缺乏解决慢性问题的适当工具和方法，此时最好采用六西格玛的 DMAIC 改进方法。这方面的讨论详见第 12 章“六西格玛：改进过程的效率”。

控制金字塔

受控对象数目巨大，但需要加以控制的“事项”数目更要大得多。这些事项包括所发布的产品目录以及发送的价目表，乘以各自的品目数；所实现销售额，乘以各项销售额中的品目数；所生产产品件数，乘以有关的质量特征数目；还有相关的雇员关系、供应商关系、成本控制、库存控制、产品和过程开发，等等。

对一个约 350 人的小公司的研究表明，其所控制的事项高达 10 亿项之多（Juran，1964，pp. 181 - 182）。

高层管理人员不可能控制大量的受控对象，他们利用类似图 6—7 所描述的授权方案来将控制工作分类处理。

这种分工建立起了 3 种控制的责任领域，即非人工手段的控制、普通员工的控制和管理人员的控制。

技术控制（非人工手段）

金字塔的底部是自动反馈回路和防错过程，其运行中除了设备维护（但这是非常关键的）以外不存在人的干扰。这些非人工方法承担了对绝大多数事项的控制。这里的受控对象纯粹是技术性的，控制以实时的方式进行。

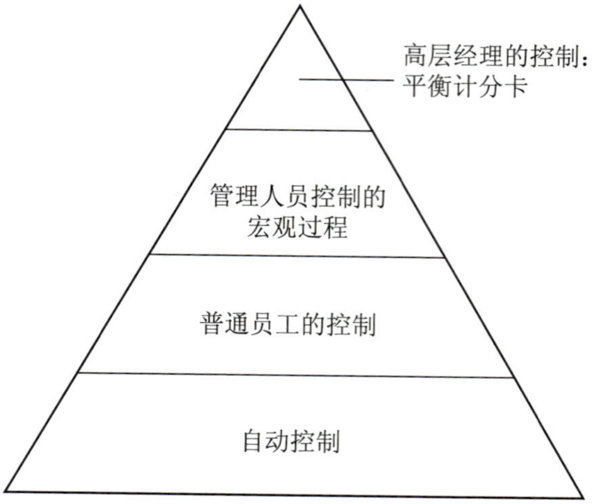

图 6—7 控制金字塔

资料来源：*Making Quality Happen*，Juran Institute，Inc.，Senior Executive Workshop，p. F-5.

金字塔的其余部分的控制要求有人的干预。往远了说，质量控制中最令人赞叹的成就发生在一个已经存在了数百万年的生物过程中，这便是受精卵成长为动物有机体的过程。在人类中，控制这一成长的基因指令是由大约 30 亿个“字母”构成的一个序列。这一序列，亦即人类基因组，被包含在双链 DNA（双螺旋）中，它在从受精卵到人的诞生这一过程中大约要“解码”和复制 1 000 万亿次。

如此巨大的数字，出错的可能性是相当大的（有些差错是无害的，但有些则是有害甚至致命的）。但实际出错的几率只是大约百亿分之一。这一低得令人难以置信的出错率是通过由三个过程构成的一个反馈回路来实现的（Radman and Wagner，1988）：

- 一个高保真的选择过程，利用化学键合来连接正确的“字母”。
- 一个校对的过程，读出最新出现的字母，如果不正确则将之去除。
- 一个采取纠正行动的过程，负责矫正探测到的错误。

员工控制

将这类决策授权于普通员工对于人际关系和运营过程的顺利实施会大有裨益。这些益处包括缩短了反馈回路；让员工在过程实施中有更强的主人翁意识，这常被称为是“授权”；使管理人员有更多的时间去进行计划和改进活动。

许多质量控制决策都能够授权给员工。很多公司已经在这样做。但是，将过程控制决策授权于员工必须满足“自我控制”或“自我管理”的准则（请参看本章随后的“自我控制与可控性”一节）。

管理层控制

控制金字塔的峰顶由“关键的少数”受控对象所构成。它们由包括最高管理层在内的各级管理人员负责。

经理们应该避免过深地陷入质量控制方面的决策，而更应该：

- 做关键的少数决策。
- 提供区分关键的少数决策和其他决策的准则。这类准则的示例请参看后文的表 6—3。
- 将其余决策授权于员工，但要确定一个提供基本工具和训练的决策过程。

关键的少数事物与其他事物的区分源自受控对象。表 6—2 比较了员工和管理人员这两种层次上的受控对象是如何影响反馈回路的各要素的。

表 6—2　质量控制在两个层次上的对比——普通员工和管理层

	普通员工的层次	管理层
控制目标	规范和程序中的产品和过程特征	经营性的、产品可销性和竞争力
测量装置	技术性的	数据系统
所作决策	符合与否	满足顾客需要与否

资料来源：*Making Quality Happen*，Juran Institute，Inc.，senior executive workshop，p. F-4，Southbury，CT.

对控制的计划

对控制的计划也就是构造由概念、方法和工具所构成的系统的活动，借助于这一系统，人们能够使运营过程保持稳定，从而生产出满足顾客需要所必需的产品特征。这一过程的输入—输出特征（包括计划和过程在内）见图 6—2。

影响质量的关键因素：顾客及其需要

控制系统的主要顾客是从事控制的公司员工，亦即执行构成反馈回路的各个步骤的那些人们。这些人员必须：（1）理解影响质量的关键因素（CTQ）、顾客的质量需要；（2）明确自身在满足这些需要中的角色。但是，他们中的大多数都缺乏与顾客的直接接触。对于控制的计划活动提供了关于顾客需要的描述，定义了实现这些需要的职责，从而有助于弥合横跨在顾客和员工之间的鸿沟。这样，对于质量控制所进行的计划一方面要向运营人员提供有关顾客需要的信息（不管是直接的顾客需要还是经过转化的需要），另一方面还要明确运营人员的控制责任。对于质量控制的计划可能会非常详尽。

谁来对控制进行计划？以往对控制的计划被委派给了以下这些人员：

- 产品开发人员。
- 质量工程师和专业人员。
- 跨职能设计团队。
- 部门经理和基层监督员。
- 普通员工。

传统上，对关键过程控制进行计划也是对运营过程进行计划的人员的责任。非关键过程通常交给质量部门的质量专家，他们的计划草案要交由运营部门的负责人批准。

最近的趋势表现为人们越来越多地应用团队的方式。团队成员包括运营部门的人员，还包括该过程的供应商和顾客。增加普通员工的参与也是近来的趋势。

符合性与控制的概念

符合性与控制的方法论建立在许多不同概念的基础之上，如反馈回路、过程能力、自我控制等。其中有些概念源自很久以前，而另一些则产生于本世纪和上个世纪。在讨论对控制的计划时，我们将详细讨论一些广泛应用的概念。

过程图或流程图

在对控制进行计划时，通常第一步是绘制出运营过程的流向，如第4章“质量计划：设计创新性的产品和服务”所讨论的那样。图6—8是流程图的一个例子。

流程图被广泛应用于质量控制的计划活动中，它有助于计划团队：

- 理解整个运营过程。团队的每个成员会十分熟悉过程中自己所在的部分，但对过程的其他部分及各部分之间的相互联系却不甚了解。
- 辨识建立反馈回路所围绕的受控对象。在此前的“受控对象”一节中，曾讨论过这些受控对象的性质。

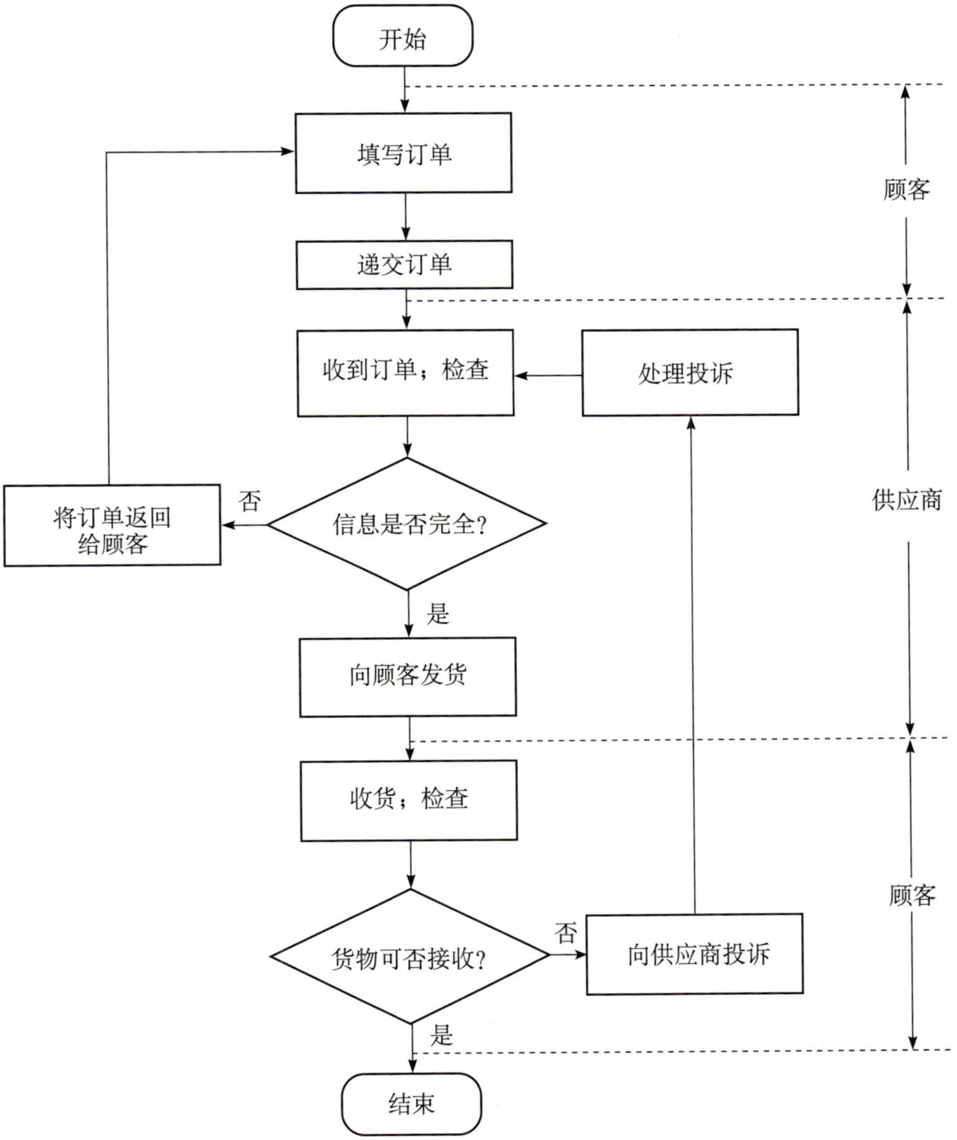

图 6—8　流程图

控制展开表

计划人员的工作通常被归纳在一张控制展开表上。展开表是一种重要的计划工具。图 6—9 是这方面的一个例子。

过程控制特征 受控对象	测量单位	测量手段的类型	目标	测量频率	样本容量	决策准则	决策职责	……
波焊状况焊料温度	华氏度(°F)	热电偶	505°F	持续	—	510°F降温 500°F升温	操作者	……
传送带速度	英尺/分钟	测速表	4.5英尺/分钟	1/小时	—	5英尺/分钟减速 4英尺/分钟加速	操作者	……
合金纯度	杂质含量%	实验室化学分析	最大1.5%	1/月	15克	到1.5%时更换焊料	过程工程师	……

图6—9 控制展开表

展开表中的行是各种受控对象，纵列包括反馈回路的要素和运营人员实施控制所必需的其他特征。

纵列中的有些内容是某些受控对象所独有的，有些内容则广泛适用于大多数受控对象。其中包括测量单位、测量手段的类型、质量目标、测量频率、样本容量、决策准则及决策职责等。

职责分工

反馈回路中涉及多项作业，每一项都要求必须有明确的职责分工。在任一控制站都可能有多个人员可以用来完成这些作业。例如，在普通员工这一层次上，一个控制站中可能会包括负责准备设置的专门人员、操作人员、维修人员、检查员等。在这种情况下，必须就由谁来进行哪个决策、由谁来落实哪些措施达成共识。类似图6—9的一种专门的展开表便是用来达成这一共识的一种工具。

在这种展开表中，重要的决策和措施列在左列。其余各列的标题分别是与该控制站相关的职责类别。然后通过员工之间的讨论，就各自的职责分工达成一致。

“谁来对质量负责”这个问题是一个由来已久但颇为模糊的问题，实践表明图6—9所示的展开表是解答这一问题的一个行之有效的方法。这一问题还从来未曾有过答案，因为单就其本身而论是无法回答的。但如果从决策和行动的角度来看，取得一致的答案是不成问题的。这样便澄清了这种模糊认识。

检测和控制站

“控制站”是实施质量控制的一个区域。在组织的较低层次上，控制站通常被界定在一个有限的物理区域中。在这一层次上的控制站可以采用巡逻段或是“控制塔”的形式。在组织的较高层次上，控制站可能在地理上是十分分散的，正如主管们的职责范围一样。

对众多控制站的考察表明，它们通常以如下方式提供评价和/或早期预警：

- 在权限变更处，责任会在此从一个组织转移到另一个组织。
- 在进行某些重大的不可逆行动之前，如签署一项合约。
- 在关键质量特征产生后。
- 在起决定作用的过程变量所在之处。
- 在适合进行经济评价的区域（“窗口”）。

控制的阶段

流程图不仅揭示了运营过程中事件的进程，从中也可以看出哪些阶段应当成为控制活动的中心。有若干个这样的适用于大多数运营过程的阶段。

启动控制

这种形式的控制所产生的最终结果是决定是否“按下启动按钮”。典型的这类控制包括：

- 倒计时，对为使过程就绪所需的必要步骤加以核对。这种倒计时有时来自供应商，如航空公司提供核对表帮助旅客计划他们的旅程，电力公司提供核对表帮助住户准备冬季取暖。
- 过程和/或产品特征的评价，以确定一旦开始，过程是否符合目标要求。
- 评价活动必须满足的准则。
- 达到准则要求的确认。
- 职责的分派。这种分派变化很大，主要取决于质量目标的关键性程度。质量目标越是重要，就越倾向去将检查活动分派给专业人员、监督员和“独立的”检查员，而非不承担监督职责的普通员工。

运行控制

这种形式的控制在过程的运营期间定期进行。其目的是作出“运行或是停止”的决策，即过程是应该继续产品的生产还是应该停下来。

运行控制由反馈回路的一次又一次闭合所构成。过程和/或产品绩效受到评价并与目标相对照。如果产品和/或过程满足目标要求，且过程没有受到什么显著的不利改变，所作出的决定便是“继续运行”。如果有不符合发生或过程有了显著的改变，便需要采取纠正行动。

这里的“显著”一词的含义超出了字典中的解释。此处的一个意思是说，所显示出的改变是真正的改变还是偶然变异的误报。过程控制的设计应提供必要的工具，以帮助运营部门的人员对于真正的改变和误报加以区分。统计过程控制（SPC）方法便提供这方面的工具。（参见第18章“设计、控制与改进绩效的核心工具”。）

产品控制

这种形式的控制发生在一定量的产品已经被生产出来之后。控制的目的是判断产品是否符合产品质量目标的要求。这一决策的职责分工因企业而各不相同。但在所有的情形下，那些作决定的人员都必须被提供以必要的设备和培训，以使他们有能力理解产品质量目标，评价实际产品的质量并判断一致与否。

因为所有这些涉及的是一个事实判断，理论上讲可以让任何人来作这个决策，包括普通员工在内。在实践中，这一职责不会授予那些其自身职责可能会影响他们的判断的人员。这种情况下，决策通常交由那些不直接相关的人员，如“独立的”检验员。统计质量控制（SQC）是一种常用的得出无偏判断的方法。

装备控制

大多数运营过程都使用有形的装备，即设备、仪器和工具。对自动化的过程、计算机、机器人等的应用正在日益成为趋势，这一趋势使得产品质量越来越依赖于装备的维护。领先的组织推行了全面生产性维修（TPM）。应用的程度因企业而不同，但TPM和以可靠性为中心的维修（RCM）对于良好的装备控制有很大的支持作用。装备控制方案的组成要素是人们所熟知的：

- 制定实施装备维护的日程计划表。
- 制定一个核对表，也就是一个维护措施所包括作业的清单。
- 训练维护人员来实施作业。
- 明确分派责任以确保对日程计划的遵守。
- 加强对于关键备件的管理。
- 将设备的预防性保养任务和频次标准化。
- 优化维修工作的人员配备和组织的效率。

• 增加设备与操作者的机械接口。

设备控制中最薄弱的环节一向便是对于计划日程的遵守。要确保计划日程得到严格的遵守必须要有一个独立的审核。

在涉及新技术的导入的情况下，维护人员的培训成为了更为薄弱的环节（White，1988）。

1980 年代，汽车制造商开始在车辆上引入计算机和其他电子设备。很快便发现许多维修店的技师缺乏这方面的技术教育基础，不能诊断和修复相关的故障。使事情更为糟糕的是，汽车制造商没有充分重视计算机的标准化，结果导致大量的培训需求得不到满足。

支配变量的概念

受控对象是如此众多，计划人员常常被建议要辨识关键的少数受控对象，以使之得到适当的优先。辨识关键的少数的工具之一便是支配变量的概念。

运营过程受到许多变量的影响，但常常有一个变量比其他所有变量的集合都更重要，这样的变量被称为“支配变量”。弄清哪个过程变量是支配变量有助于计划人员分配资源和安排优先次序。最常见的支配变量包括：

• 设置支配。有些过程在多次的运营循环中显示出高度的稳定性和结果重现性，印刷过程便是一个常见的例子。控制的设计应当向运营人员提供必要的手段，以使他们能够在运营过程开始之前进行精确的设置和确认。

• 时间支配。此处过程随时间不断地变化，例如，消耗品的损耗，发热及工具的磨损。控制的设计应提供有关的手段，以对连续性变化的影响进行定期的评价和方便的调整。

• 元件支配。此处的支配变量是投入原材料及元件的质量。这方面的例子如电子或机械设备的装配。控制的设计应致力于供应商关系，包括与供应商的联合计划，以提高投入的质量。

• 员工支配。这些过程中，质量主要依赖于员工的技能和熟练程度。那些依靠手艺的行业是这方面的典型例子。控制的设计应强调员工的能力测试、培训和认证、员工的质量评级，以及减少人为差错的防误措施。

• 信息支配。这里的过程具有“多样小批”的特征，所要生产的产品随时有变化。因此，加工信息经常改变。过程设计应着重于提供一个信息系统，能够就当前的工作与此前的差异发布准确、及时的信息。

过程能力

质量计划过程中的最重要概念之一就是“过程能力”。这一概念的主要应用是在运营过程的计划中。

这一概念在质量控制中也有应用。为解释这一概念，有必要先作一个简要的复习。所有的运营过程为了生产产品都有一种内在的一致性。这种一致性通常可以被量化，甚至在计划阶段便可以做到。过程计划人员可以利用所得到的这类信息来作出关于过程的内在一致性及其与过程目标之间的关系的决策，如关于过程的充分性、替代过程的选择、修正过程的必要性，等等。

当被应用于质量控制的计划活动中时，过程能力的状态成为了决定过程绩效的测量频次、制定装备的维护计划等的主要因素。过程的稳定性和一致性越大，所需的测量和维护次数就越少。

从事质量控制计划的人员应当清楚地理解过程能力的概念，理解这一概念在计划运营过程和计划对运营过程的控制这两方面的应用。

过程符合性

某一过程是否与其质量目标相符合？判断装置通过说明所观察到的过程绩效与过程目标之间的差异来回答这一问题。当当前绩效与质量目标确有差异时，便产生了接下来的问题，即导致这种差异的原因是什么？

变异的特殊性原因与一般性原因

所观测到的差异通常可归于以下两种情况之一：(1) 观测到的改变是由过程中一个主要变量的行为所引起的（或由于一个新的主要变量的进入所引起的）；(2) 观测到的改变是由过程中的多个次要变量的交互作用所引起的。

休哈特将 (1) 和 (2) 分别称为变异的“可归因的原因”和“不可归因的原因”（Shewhart，1931）。戴明后来则称之为变异的“特殊性原因”和“一般性原因”（Deming，1986）。以下我们将借用戴明的术语。

“特殊性原因”通常是偶发性的，多起因于某一单个的变量。这种情况相对容易诊断和纠正。“一般性原因”通常是慢性的，多起因于多个次要变量的交互作用，从而难以诊断和纠正。这一对比明确了在解释差异时，区分特殊性原因和一般性原因的重要性。这种区分有着普遍的必要性。特殊性原因属于质量控制的范畴，而一般性原因则属于质量改进的范畴。

休哈特控制图

为判断装置提供有助于区分特殊性原因和一般性原因的工具是当务之急。图

6—10 所示的休哈特控制图（或简称控制图）便是达到这一目的的最为适宜的工具。

图 6—10 的横轴是时间，纵轴是质量绩效。所标注的点显示了随时间推移的质量绩效。

图中画出了三条水平线。中间的线代表以往绩效的平均值，从而是所期望的绩效水平。其他两条线是统计“界限”，它们依据一个预先设定的概率水平，例如 1%，区分特殊性原因和一般性原因。

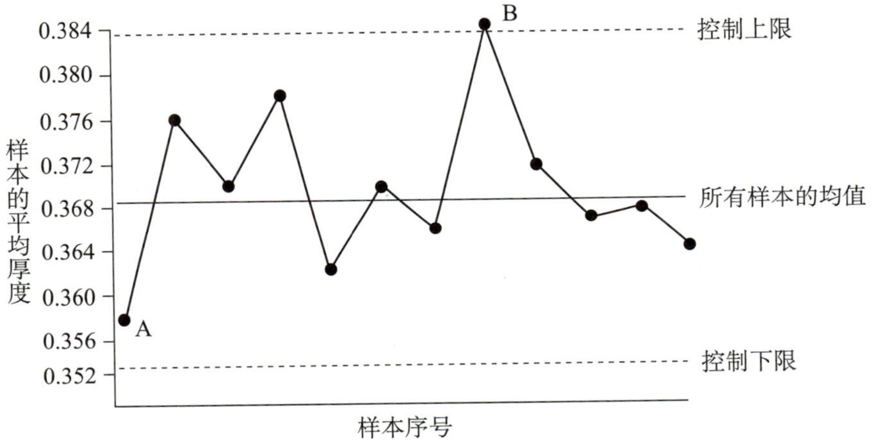

图 6—10　休哈特控制图

资料来源：“Quality Control,” *Leadership for the Quality Century*，Juran Institute，Inc.

控制限内的点

图中的 A 点不同于以往的平均值。但是，因为 A 点在界限以内，故这种差异可以归因为一般性原因（以大于 1%的概率）。从而我们认为没有特殊性原因存在。当没有特殊性原因存在时，可以作出以下一些普遍的判断：

- 只存在着一般性原因。
- 过程处于“统计控制”状态。
- 过程运行在其最佳的状态。
- 这种程度的变异必须容忍。
- 不需采取行动，否则会使情况更糟（所谓的“摆动”或“振荡”现象）。

以上的观点正在受到一个广泛的改进过程一致性的运动的挑战。虽然一些过程并没有跳出控制界限外的点，但次要变量的交互作用仍然导致了某些缺陷。

有这样一个例子，某过程尽管处于统计控制状态，但仍然实现了一个数量级的改进。这一改进是由一个跨职能的改进团队来进行的，他们辨识出了一些次要的变量并对之采取了措施。这个例子对认为由一般性的原因引起的变异应当维持的传统观点提出了挑战（Pyzdek，1990）。

其他一些例子中所反映出的挑战要更不易察觉一些。同样没有点跳到控制界限之外，也并没有产生缺陷，然而顾客却要求要有越来越高的一致性。这样的例子除了在制造过程中（如化学制品的批次间一致性、随机装配元件的一致性）出现之外，在业务过程中（如预测的准确）也时有所见。顾客这样的要求在不断地增加，他们迫使供应商针对过程中的次要变量来实施改进。

控制限外的点子

B点也不同于以往的平均值，但它跳到了控制限以外。这不可能归因于一般性原因（概率低于1%），因此我们认为B点是由特殊性原因所导致的。传统上这样的“失控”点便是采取纠正行动的信号。

理想情况下，所有这样的信号都应当触发即刻的纠正措施以恢复原状，但实际上许多失控的改变都不会导致纠正行动。通常的原因在于，由于特殊原因而造成的改变实在是太多了，可动用的人员不可能处理所有这些改变。因此应根据经济意义或其他的重要性标准来确定优先次序。优先度高的情况首先采取纠正措施，其余的则需要排队等候。有些优先度很低的改变或许要等很长时间才会轮得上采取纠正措施。

未能采取纠正措施还有一个更深层次的原因，这便是人们对于统计控制界限和质量公差的长期混淆。控制图所具有的精致性和灵敏性很容易消除这种混淆。在20世纪四五十年代，这种混淆颇为普遍，下面是作者亲身体验过的两个例子：

- 一个大型的汽车配件厂在每台机器上放了一张控制图。
- 一个化纤厂创造了一个贴着400多张控制图的“战地指挥所”。

实际上，所有这些情况下控制图都是由质量部门来维护的，但却为运营部门的人员所视而不见。这种过度应用的经历，使管理人员和计划人员对于只因其能灵敏探测改变就应用控制图颇为谨慎。相反，是否应用控制图应当根据它能否增加价值来判断。判断的理由包括：

- 直接涉及顾客的需要。
- 存在对人身安全或环境的风险。
- 涉及巨大的经济利益。
- 所增加的精确性是控制所必需的。

统计控制限和质量公差

在人类历史上的大多数时期，由产品特征或过程特征构成的质量目标通常是用语言来定义的。诸如“颜色要红”和“长度要足够长”都是目标，但自由诠释的空间实在是太大了。此后的技术发展大大刺激了测量的应用，并带来了使用数字来定义质量目标的趋势。除此之外，围绕质量目标还出现了极限或“公差”的概念。例如：

- 至少 95%的装运符合计划交货日期的要求。
- 棒长与规定尺寸的误差必须在 1mm 以内。
- 响应顾客的时间长度是 10 分钟，误差在正负 2 分钟之内。

这类质量目标具有正式的地位。它是由产品或过程的设计者来确定的，并以正式的规范加以发布。设计者是法定的质量立法者，他们颁布法律。运营人员负有执行质量法律的义务，亦即符合规定目标和公差的要求。

一直到 1940 年代之前，人们对于以控制图的形式出现的统计控制限还一无所知。在那个时代，这些控制图没什么正式的地位，它们是由质量部门的质量专家绘制并发布的。对于运营人员而言，控制图是一个神秘而陌生的概念。此外，控制图会触发不必要的纠正行动，造成工作量的增加，这一点令人生畏。运营人员认为：“产品出现不合格时，采取纠正措施总是我们的事情。控制图过于灵敏，连不会导致产品不合格的过程改变也能被探测出来，我们就会被要求采取行动，即使在产品符合质量目标和公差时也是如此。”

这就出现了责任的混淆。质量专家确信控制图提供了不应忽视的有用的早期预警信号，然而质量部门没有意识到运营人员正面临着责任的困惑，后者认为只要产品符合质量目标就没必要采取纠正措施。在那时，高层管理人员提供不了什么帮助，他们不会让自己搅和到这种事务中。由于控制图缺乏正式的地位，运营人员自行其是，对控制图抱一种视而不见的态度。这些原因促成了 1950 年代所谓的“统计质量控制”运动的衰落。

在 1980 年代又出现了运用统计方法进行质量控制的新浪潮。许多运营人员接受了“统计过程控制”的培训。这些培训使得困惑有所减少，但一些困惑依然存在。为澄清这些困惑，经理们应该：

- 明确对控制限外的点采取纠正行动的责任。这些措施是必需的还是可自由决定的？
- 确定当点出了控制限而产品仍满足质量公差时采取行动的指南。

从图 6—11 中可以明显看出决策指南的必要性。对于 A 象限和 C 象限而言，指南是明确的：若产品和过程与各自目标相符，过程可以继续运行；若二者均不符，过程就必须停下来并采取纠正措施。对于B象限和D象限的指南则常常是模糊的，这种模糊性是许多困惑的根源。如果行动的选择权被授予了普通员工，管理人员就应当确立明确的准则。

		产品	
		符合	不符合
过程	不符合	B 模糊	C 清晰
	符合	A 清晰	D 模糊

图6—11 决策领域

资料来源：*Making Quality Happen*，Juran Institute，Inc. Used by permission.

人们付出了极大的努力来设计控制图的界限，以帮助运营人员发现产品质量是否将要超出产品质量界限。

自我控制与可控性

当人们被供之以做好工作的所有必要条件之后，他们便处在了自我控制的状态。这些必要条件包括：

- 了解质量目标的手段。
- 了解自己的实际绩效的手段。
- 当绩效与目标不符时改变绩效的手段。为满足这一准则要求运营过程必须（1）具有实现目标的能力；（2）提供使运营人员可按需要调整过程以符合目标的特征。

自我控制的这些准则适用于所有职能和所有层次的过程，这里的所有层次包括从总经理一直到非监督职位的员工。

经理们常常很容易认为上述准则已经得到了满足。实际上，要达到这些准则必须解决许多细节问题。从某些过程为了确保符合自我控制的准则而制定的核对清单中可以很清楚地看到这些细节的性质，例如分别为产品设计者、生产工人、行政和支持人员设计的各类清单。

如果自我控制的所有准则在普通员工这一层次上均已达到，则所发生的任何产品不符合都被称为是操作者可控的。如果自我控制的任一准则未能得到满足，则管理层的计划活动便是不完善的，亦即没有为实施反馈回路中的活动提供必要的手段。源自这种计划不足的产品不符合被称为是管理层可控的，在这种情况下，管理人员让工人为质量负责是具有风险的。

对于结果的责任当然应当与可控性相符。然而，过去许多管理人员并不清楚在操作者层次上的可控性。朱兰在 1930—1940 年代的研究表明，在操作者层次上管理层可控的不符合与操作者可控的不符合的比例是 80：20。这些结论进一步为 1950—1960 年代的其他研究所证实。80 对 20 的比率有助于解释仅靠激励员工来解决公司质量问题的众多努力之所以失败的原因。

对过程符合性决策的影响

理想情况下，过程是否符合过程质量目标的决策应由基层员工作出。再没有比这更短的反馈回路存在。对于许多过程来说，事实也确实如此。有些情况下，过程的符合性决策是由非运营部门的人员，即独立的检查员或检验员作出的。这样做的理由包括：

- 操作者不处于自我控制的状态。
- 该过程对人身安全或环境至关重要。
- 质量没有头等优先权。
- 在管理者和基层员工之间缺乏相互的信任。

产品符合性：适目的性

产品特征具有两个层次，分别服务于不同的目的。其中一个层次的产品特征所服务的目的如下：

- 满足顾客需要。
- 保护人身安全。
- 保护环境。

服务于上述目的的产品特征被称为具有“适用性”。

第二个层次的产品特征所服务的目的有：

- 为缺乏适用性知识的人员提供工作准则。
- 营造一种纪律与秩序的氛围。
- 保护无辜者不受无根据的指责。

这类产品特征通常包含在内部的规范、程序、标准等文件中。服务于第二层次目的的产品特征被称为具有规范符合性，我们将之简称为符合性。

两个层次产品特征的存在导致了两种决策，即产品是否具有符合性和产品是否具有适用性。图6—12示出了这两类决策与流程图之间的相互关系。

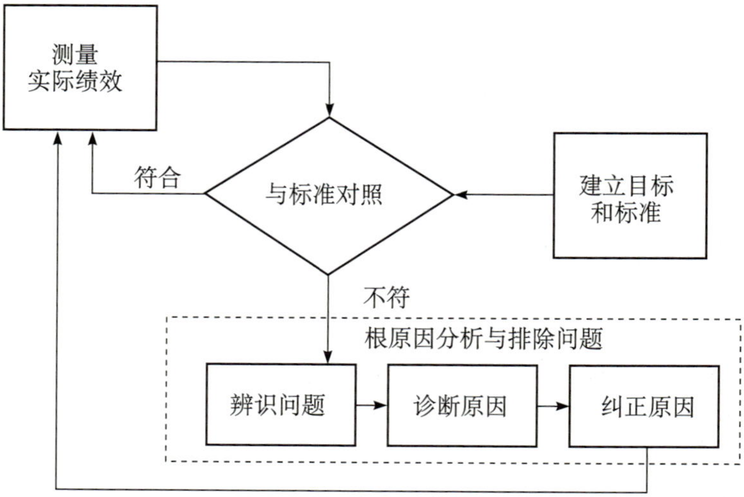

图6—12　质量控制与根原因分析的关系

产品符合性决策

普遍的做法是，符合规范的产品将被送到下一个环节或顾客手中。这里的假设是，符合规范的产品也具有适用性。在绝大多数情况下，这一假设都是成立的。

大量的产品特征加上大量的产品导致了大量的产品符合性决策。理想状况下，这些决策权应授予组织的最低层次，即自动化的装置和操作层员工。将决策权授予操作层员工导致了所谓的“自我检验”的产生。

自我检验

我们将“自我检验”定义为将对产品的决策授权于操作层员工的这样一种状态。被授权的决策主要包括：产品质量是否与质量目标相符？对产品应当采取何种处置？

要注意自我检验与自我控制完全不同，后者涉及的是对过程的决策。

自我检验的优点显而易见：

反馈回路很短。反馈常常直接指向操作人员，他们是纠正措施的驱动者。

自我检验扩大了员工的职位内容，使员工具有较强的主人翁意识。

自我检验避免了由于设置检验员、检查员等而造成的“警察气氛”。

但是，自我检验的利用必须满足若干重要的准则：

• 质量第一。质量必须具有无可置疑的头等优先权。

• 相互信任。管理人员必须充分信任员工从而愿意授权，员工对于管理人员必须具有充分的信心从而愿意承担责任。

• 自我控制。自我控制的条件必须具备，以便员工具有做好工作所必需的全部手段。

• 培训。员工应受到产品符合性决策方面的训练。

• 认证。最近的趋势是包括一个认定的程序。申请自我检验者要通过一个考试，以确保他们能够作出合格的决策。考试通过者发给证书，以后还会担任决策的审核者。

在许多组织中，这些准则并未被完全达到，特别是质量第一这条准则。如果是质量以外的一些参数具有头等优先权的话，产品符合性评价就存在着有偏见的危险。当个人绩效目标与总的质量目标发生冲突时常常会发生这样的问题。例如，某化工公司根据营业收入的目标来奖励销售人员，没有考虑产品的可用性甚至盈利性。销售人员实现了他们所有的目标，但公司却在苦苦挣扎。

适目的性决策

绝大多数产品确实符合规范。对不符合的产品则产生了一个新的问题：不符合规范的产品是否还具有适用性？

作为进行这类决策的一个完备的基础，必须回答如下一些问题：

• 谁将会是使用者？

• 这个产品将如何被使用？

• 在结构的完整性、人身安全或环境方面有无风险？

• 交货的紧要程度如何？

• 替代方案会如何影响生产者和使用者的经济性？

要回答上述问题可能需要付出相当的努力。组织期望通过程序化的指南来尽可能地减少这种付出。所使用的方法包括：

• 将所有的不符合产品视为不具有适用性。这种方式广泛用于对人身安全或环境可能具有风险的产品，如药品或核能。

• 建立一个决策机构。例子之一是广泛应用于国防工业中的“材料评审委员会”。这种措施对于重要的问题很实用，但对于没什么危险的大多数情况就太过烦琐。

• 建立一个多重的授权体系。在这一体系中，“关键的少数”决策由类似材料评审委员会这样的正式的决策机构作出，其余的则授权给其他人。

表6—3是一个某公司使用的授权表的例子（作者之一的个人调查）。

表6—3　适目的性决策的多重授权

因不符合而产生的影响	所涉及产品的量或金额的大小	
	小	大
只是内部的经济性	直接涉及的部门主管、质量工程师	有关的工厂经理、质量经理
与供应商的经济关系	供应商、采购员、质量工程师	供应商、管理人员
与客户的经济关系	客户、销售人员、质量工程师	客户，营销、生产、技术和质量方面的主管
产品的现场绩效	产品设计师、销售人员、质量工程师	客户，技术、生产、营销和质量方面的主管
具有危害社会或违反政府法规的风险	产品设计主管、法规监督职员、律师、质量经理	总经理与高层领导班子

说明：对于质量目标就是规范的要求之一的那些产业（如原子能、太空），真正的适用性决策者是客户或政府管制者。

不适用产品的处置

不适用产品的处置有多种方式，如报废、分拣、返工、退还给供应商、降价出售等。内部成本可以设法达到一个经济上的最佳点。然而，影响远不止金钱方面，如日程被打乱，人们受到了责罚等等。为尽可能降低由此而引起的人工损耗，一些公司确立了如下的一些处理规则：

- 选择使有关各方总损失最小化的方案。这样就不再有什么可争论的，更易就如何分担损失达成一致。
- 避免追究责任，反之，将损失看作质量改进的机会。
- 谨慎使用“秋后算账”。将关键的少数损失记在负责部门的头上，从会计的角度来看具有一定的价值，但对于众多的小损失，这样做常常是不经济的，也不利于改进质量。

未能利用满足顾客需要的产品是一种浪费。将不符合顾客需要的产品发出去则更加糟糕。负责产品符合性决策的人员应该被提供以明确的责任界定和决策指南。作为其审核的一部分，管理人员应确保进行产品符合性决策的过程与公司的需要相吻合。

纠正措施

使反馈回路闭合的最后一个步骤是触发一个改变来恢复与质量目标的一致。这个步骤通常被称为是“排除故障”或“灭火”。

需要注意的是，“纠正措施”这一说法一直以来被用在两种非常不同的情景下，如图 6—1 中所示的那样。反馈回路专门用于消除偶发性的不符合，如图 6—1 中的“峰值”；它并不擅长于解决该图中慢性浪费区域的问题，解决这方面的问题需要应用第 5 章所讨论的质量改进过程。

我们将在排除故障，亦即消除偶发性的不符这一意义上来使用“纠正措施”这一说法。

纠正措施需要经过诊断和治疗的历程。这些历程要比质量改进更简单。偶发性问题是由不利改变而导致的，所以诊断历程主要是要揭示出发生了什么改变。治疗历程则是要消除所发生的不利改变，恢复符合性。

偶发性改变的诊断

在诊断历程中，我们所关注的焦点在于“发生了什么改变”。有时原因并不明显，这种情况下诊断便成为纠正措施的主要困难。诊断运用这样一些方法和手段：

- 通过解剖来精确地确定产品和过程所表现出的症状。
- 比较产品。比较问题发生前后生产的产品以探究发生了何种改变。也可以将有问题的坏产品与好产品进行比较。
- 比较过程数据。比较问题前后的过程数据，弄清过程条件发生的变化。
- 情景重现。应按时间来编排（小时、天等）：（1）过程在偶发性改变的前后所发生的事件，如轮班情况、新雇员上岗、维修行动等；（2）与时间相关的产品信息，如日期代码、加工运转周期、等候时间、转移日期等。

通过对所获得的数据进行分析，通常有助于加深对各种原因推测的认识。有些推测会被推翻，有些推测则会留下来等待进一步的检验。

如运营人员缺乏实施上述诊断所必需的训练，则可能被迫暂时将过程关闭以寻求专家或维修部门等的援助。他们也可能为了赶进度而让过程“依旧”运行，但这会冒达不到质量目标的风险。

纠正措施——治疗

一旦清楚了偶发性改变的原因，事情就好办多了。大多数治疗只是恢复到先前的状态而已。这是重返故地而非探索未知的历程（如处理慢性问题的情况）。现场人员通常能够采取必要的措施来恢复原状。

过程设计本身应当提供调整过程的手段，以便必要时通过调整使之与质量目标相符。在过程启动和运行阶段会需要这类调整。理想状况下，这方面的过程控制设计应当满足以下准则：

- 在过程变量与产品结果之间存在着已知的关系。
- 应提供便于迅速调整关键过程变量的设置的必要手段。
- 在过程设置的改变程度与对产品特征的影响程度之间存在着可预测的关系。

如果这些准则得不到满足，运营人员到一定时候就会被迫胡碰乱试以采取治疗措施。因此而产生的挫折感会影响人们对质量的重视。

统计方法在控制中的作用

数据的收集和分析是反馈回路中的一项重要活动。这一活动属于“统计学”这一学科领域。其方法和工具常被称为是“统计方法”。这些方法长期被用于许多领域中的数据收集和分析工作，如生物、政府、经济、财政、管理等。第18章“设计、控制与改进绩效的核心工具”，以及第19章“准确可信的测量系统及先进工具”，对于基本的和先进的统计方法进行了全面的讨论。

统计过程控制（SPC）

这一术语有多重含义，但在大多数组织中，一般都认为其中包括数据的收集，利用诸如频数分布表、帕累托原理、石川图（鱼刺图）、休哈特控制图等工具进行的分析，及过程能力概念的应用。

诸如实验设计、方差分析这样一些先进工具也是统计方法的组成部分，但一般认为其不属于统计过程控制的内容。

优点

这些统计方法和工具对于质量控制有着非常重要的贡献，对于朱兰三部曲的其他两个过程——质量改进和质量计划——也同样如此。对于某些类型的质量问题而言，统计工具绝不仅仅是有用，而是不利用适当的统计工具，问题根本就不可能解决。

SPC运动在基本统计工具方面成功地培训了大批的基层监督员和普通员工，统计知识的增加使他们大大提高了对产品和过程行为的理解。此外，许多人懂得了依据数据收集和分析进行的决策会产出更为卓越的成果。

风险

存在着只重工具而忽视问题和结果的危险。在1950年代这种偏执曾经盛极一时，以致整个统计质量控制运动最终归于失败，“统计”一词也只好从部门名称中除去。

管理的正确次序首先是设定目标，然后计划如何实现目标，其中包括了选择适当的工具。类似地，在解决问题时，亦即在面对威胁或机会时，有经验的管理人员首先识别问题，然后他们借助于各种手段，包括选择合适的工具，来努力解决问题。

在 1980 年代，有许多公司确实采用了一种以工具为中心的方式，它们在应用统计工具方面培训了大量的人员。然而，这对于公司的基本经营目标没什么显著的效果。其原因在于，这些公司没有建立起一个基础的架构，用以辨识和选择项目、为项目分派明确的责任、提供所需资源、评审进展，等等。

经理们应当确保统计工具的培训不致以培训本身为终结。保证的形式之一是对进展情况加以衡量。评价在运营方面产生的效果可以利用这样一些指标，如在顾客满意或产品绩效方面的改善、不良质量成本的降低等等。类似于开课数目、受训人员数目这样的指标不能用来评价在运营方面产生的效果，因而是一些次要的指标。

决策信息

质量控制必须进行大量的决策。这些决策涵盖了大量的主题，发生在组织的所有层次上。针对质量控制的计划活动应当提供一个能为所有的决策者服务的信息网络。在组织的某些层次上，主要的需要是对实时信息的需求，以便迅速地探测和纠正对于目标的偏离。而在另一些层次上，信息的重点在于概要，这类信息有助于主管们对关键的少数受控对象实施控制。此外，网络还应当根据要求随时提供必要的信息，以便人们探测主要的趋势、分辨威胁和机会、评价组织中的单位和人员的绩效。

在有些组织中，质量信息系统的设计并不局限于对产品特征和过程特征的控制，也可用于控制组织和个人的质量绩效情况，如针对部门和部门负责人的控制。例如，有许多组织制作并定期发布评分榜，公布各市场区域、产品系列和运营职能等的质量绩效数据。这些绩效数据常被作为相应的分管人员的质量绩效指标。

要提供能够满足所有这些目的的信息，就必须进行专门针对信息系统的计划。这样的计划活动最好由专注于质量信息系统的跨职能团队来承担。该团队中应适当包括信息的需求者和信息的供应者。管理当局对质量控制体系的审核，应包括保证质量信息系统满足不同顾客的需要。

质量控制体系和方针手册

大量的质量计划活动是通过“程序”来进行的，这些程序也就是不断重复使用的计划。这些程序经过了仔细的考虑和字斟句酌，并且要经过正式的批准。一旦发布，便成为实施公司事务的公认方法。将质量管理的相关程序以“质量手册”（或类似名称）的形式集中发布，是一种相当普遍的做法。手册中相当一部分是关于质量控制的内容。

质量手册在以下几个方面增加了程序的实用性：

- 权威性。手册经过了组织的最高层的批准。
- 易查找。程序被汇编在一份众所周知的资料中，而非分散在众多的备忘录、口头协议、报告、会议记录等中。
- 稳定性。程序不会因记忆的淡薄和人员的流动而受到影响。

对公司质量手册的研究表明，各公司质量手册中有着非常相像的核心内容。质量控制方面的核心内容包括这样一些程序：

- 反馈回路在过程控制和产品控制中的应用。
- 确保运营过程能够满足质量目标。
- 装备的维护和计量仪器的校准。
- 在质量事务方面的供应商关系。
- 质量信息系统所需要的数据的收集与分析。
- 为实施手册条款而进行的人员培训。
- 确保遵守程序的审核活动。

对能够重复使用的质量控制体系的需要导致了产业、国家和国际标准的演化。详细的讨论请参看第16章“以国际标准确保组织的符合性”。关于开发标准操作程序的例子，包括录像带的应用，请参看 Murphy 和 McNealey（1990）。在程序制定过程中的员工参与有助于确保程序得到遵守。

质量手册的形式

质量手册大同小异。手册的一般内容包括：

1. 总经理的正式声明，其中包括正式的签名。
2. 手册的目的及用法。
3. 公司（或部门）的质量方针。

4. 组织结构图及有关质量职能的职责分工表。

5. 手册规定的绩效审核条款。

手册的其他部分涉及在职能部门、技术性产品和过程、业务过程等方面的应用。详见 Juran（1988，pp. 6.40 - 6.47）。

管理人员可以在以下几个方面对质量控制手册的适用性施加影响：

- 参与确定手册所要满足的准则。
- 批准手册的最终文本，使其正式生效。
- 定期审核手册是否落伍，是否得到了遵守。

进行审核

经验表明控制体系会受到各种类型的“损耗”的影响。人事变动会导致损失重要的知识，意想不到的变化会使体系退化，取巧和滥用会使体系被逐渐削弱直到失效。

审核是克服控制体系退化的主要手段。审核意味着建立一种定期且独立的评审制度，以回答下面的问题：该控制体系是否依然胜任要求？体系有无被遵守？

这些答案对于运营领域的经理们显然是有用的，但这不是审核的唯一目的。另一个目的是要将这些答案提供给那些虽没有直接参与运营但有必要知情的人。如果质量有着最高的优先权，有必要知情的人中就包括了最高主管们。

从而，经理们的职责之一便是要求建立一个定期的质量控制体系审核制度。

领导者的任务

1. 领导者应避免过深地陷入在质量控制方面的决策。他们应当作关键的少数决策，提出区分关键的少数决策与其他决策的准则，在建立了决策过程的条件下授权他人进行其他的决策。

2. 为消除有关控制限和产品质量公差的困惑，领导者应明确对于控制限外的点采取纠正措施的责任，并建立当点子在统计控制限外但产品仍符合质量公差时的行动指南。

3. 作为审核的一部分，领导者应确保产品符合性决策的过程适合公司的需要。同时也应确保统计工具的培训不致以培训本身为终结。对于质量控制体系的管理审核应包括保证质量信息系统满足不同顾客的需要。

4. 领导者可以在以下几个方面对质量控制手册的适用性施加影响：参与确定手册所要满足的准则，批准手册的最终文本并使其正式生效，定期审核手册是否落伍和是否得到了遵守。

参考文献

Deming, W. E. (1950). "Elementary Principles of the Statistical Control of Quality." Nippon Kagaku Gijutsu Renmei (Japanese Union of Scientists and Engineers), Tokyo.

Deming, W. E. (1986). "Out of the Crisis." MIT Center for Advanced Engineering Study. Cambridge, MA.

Juran, J. M. (1964). *Managerial Breakthrough*. McGraw-Hill, New York.

Murphy, R. W., and McNealey, J. E. (1990). "A Technique for Developing Standard Operating Procedures to Provide Consistent Quality." 1990 Juran IMPRO Conference Proceedings, pp. 3D1–3D6.

Pyzdek, T. (1990). "There's No Such Thing as a Common Cause." ASQC Quality Congress Transactions, pp. 102–108.

Radford, G. S. (1917). "The Control of Quality." *Industrial Management*, vol. 54, p. 100.

Radford, G. S. (1922). *The Control of Quality in Manufacturing*. Ronald Press Company, New York.

Radman, M., and Wagner, R. (1988). "The High Fidelity of DNA Duplication." *Scientific American*, August, pp. 40–46.

Shewhart, W. A. (1931). *Economic Control of Quality of Manufactured Product*. Van Nostrand, New York, 1931. Reprinted by ASQC, Milwaukee, 1980.

White, J. B. (1988). "Auto Mechanics Struggle to Cope with Technology in Today's Cars." *The Wall Street Journal*, July 26, p. 37.

（焦叔斌　译）

第 7 章

战略计划与展开：由良好到卓越 约瑟夫·A·德费欧

关于本章

本章描述了组织建立愿景并部署战略计划以成为市场“质量”领导者的这一过程。战略计划与展开过程解释了组织如何通过整合和校准各种方法来实现卓越绩效。本章主要讨论如下这些重要议题，即如何将战略目标与组织的愿景和使命相校准，如何在整个组织中展开这些目标，如何发挥战略计划的益处。

本章要点

1. 战略计划（SP）是确立长期的经营目标并设计实现目标的手段的系统方法。基于质量管理的组织转型应当与组织的战略计划整合起来。

2. 战略计划方案使组织能够将包括质量改进目标在内的所有目标在组织中加以展开。它为最高管理层作出合理的战略抉择以及确定组织的各种活动的主次提供了依据。

3. 与组织的战略目标不协调的活动应当加以改变或取消。

4. 本章将定义战略计划过程及其展开工作，讨论展开“质量目标”的系统方法。

5. 本章还将阐述领导者在实施战略计划并确保其成功方面所发挥的具体作用。

战略计划与质量：益处

战略计划活动（SP）是确立企业的长期目标以及明确实现目标的途径的一种系统化的方法。一个组织一旦确立了其长期目标，有效的战略计划就能够使其每年制订出年度的经营计划，其中包括了必要的年度目标，还有实现未来目标所必需的资源及行动。

许多组织建立了通过为顾客创造并生产高质量的产品和服务来成为绩效最佳者的愿景。通过这样做，它们就能超越那些没有这样做的组织。这种绩效不只是关于产品和服务的质量，而且是关于经营本身的绩效，这意味着更高的销售额，更低的成本，通过雇员满意实现的更好的文化，最终实现对股东而言更大的市场成功。

有必要将这些目标纳入到战略计划过程以及年度业务计划中。这将确保新的目标成为计划的一个组成部分，而不致与已经确立的资源分配重点发生冲突。否则，无论多么良好的变革意愿也还是会归于失败。

许多领导者将战略计划活动理解为制订战略计划方案和确立财务目标的过程。他们常常并未认识到其中包括了对战略性质量目标、分目标、年度目标以及实现目标的资源和行动所进行的部署。我们将努力突出这一区别，并在本章中使用“战略计划与展开”这一术语。许多组织通过战略展开而避免了变革计划的失败并取得了持久的效果。

六西格玛、精益六西格玛以及前几年的TQM都是被广泛应用的变革方法，很自然地被纳入到了许多组织的战略计划方案当中。将这些“质量与顾客驱动”的方法与战略计划活动整合起来，对于组织的成功是至关重要的。

不同的组织选用了不同的术语来描述这一过程。有些采用了“方针管理”这个日语词汇；有些则部分地翻译了这个术语，称之为“方针计划”；还有些则将其简单翻译为“方针展开”；在美国马尔科姆·鲍德里奇国家质量奖的早期版本中，这一过程被称为“战略质量计划”。之后，这一评奖准则中又将其更名为“战略计划”。

高层管理者是否应将质量体现在计划中，不同的组织有不同的做法。但是，将主要的变革活动或质量举措整合在战略计划中却是至关重要的。战略计划与展开的好处是显而易见的：

- 目标更加清晰——通过计划活动澄清了许多的模糊认识。
- 计划过程使目标成为可实现的。
- 监测过程有助于确保目标的实现。
- 确定了消除慢性浪费的改进过程。
- 有助于不断强化对顾客和质量的重视。

什么是战略计划与展开？

战略计划与展开是将以顾客为中心的全组织范围内的质量和卓越经营方法与组织的战略计划方案整合在一起的一种系统化的方法。战略计划活动是一个系统化的过程，组织借助这一过程来确立质量和顾客方面的长期目标，并将这些目标与财务、人力资源、市场营销以及研发方面的目标一道在平等的基础上整合到一个综合的经营计划当中。

作为一个有效的企业管理系统的组成部分，战略计划活动使组织能够计划和执行战略性的组织突破。从长期来看，这些突破的预期效果是实现竞争优势或获得“质量领先”的地位。

在过去的几十年中，战略计划活动已经不断演化为众多的组织变革过程的组成部分，如六西格玛、运营卓越活动（operational excellence，OpEx）等。它已成为支持组织的经营管理系统的基础构成。图 7—1 是一个简单的质量计划与展开的模型，它构成了本章讨论的主线。

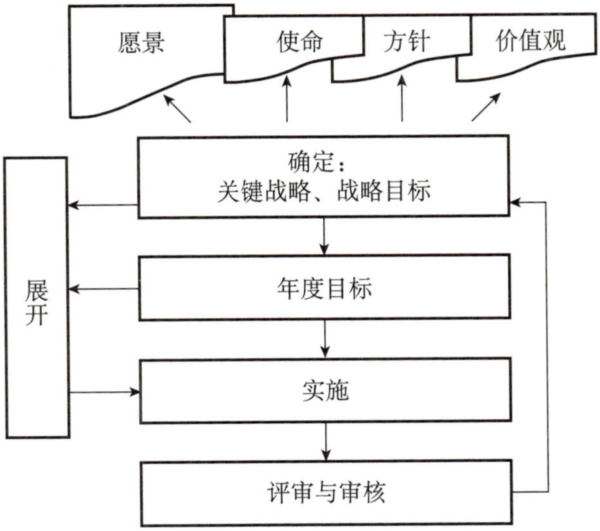

图 7—1　战略计划模型

战略计划与展开也是马尔科姆·鲍德里奇国家质量奖、欧洲质量管理奖以及其他国际的和国家的奖项的关键要素。这些奖项的评奖准则都强调，顾客驱动的质量和卓越的运营绩效同为关键的战略性经营问题，必须成为总体经营计划活动中的一个有机组成部分。对于马尔科姆·鲍德里奇国家质量奖获奖者的一个重要的评定表明，获奖公司的绩效表现远优于未获奖的公司（见图7—2）。

	1988—1996年间投资	1997年12月1日的价值	改变率（%）
所有获奖者	7 496.54美元	33 185.69美元	362
标准普尔500家	7 496.54美元	18 613.28美元	148
数据：国家标准技术研究院			

图7—2　马尔科姆·鲍德里奇国家质量奖获奖者绩效

资料来源：*Business Week*，March 16，1998，p. 60.

1995—2002年间，质量表现出了对利润的巨大影响。“鲍德里奇指数”连续8年胜于“标准普尔500种股票指数”，有些年份几乎达到了4∶1或5∶1。这一指数一直持续到2004年，从这一年开始，马尔科姆·鲍德里奇国家质量奖的表彰增加了小企业和教育机构。小企业的加入影响了“鲍德里奇指数”，但如果把诸如规模之类的因素考虑进去的话，质量仍然具有显著的影响。

Godfrey（1997）指出，有效的战略展开应当作为实现目的的一种工具、一种手段，而不应当作目标本身。它应当成为使组织的全体人员都参与其中的一种努力。它必须立足于现行的活动，而不是使组织忙上加忙。它必须有助于高层主管面对困难的抉择，理清轻重缓急。它不只是要启动新的举措，而且还要取消许多不增值的现行活动。

战略计划的现在

以往这一方法只是建立遍及整个组织的财务目标，现在则进化为旨在确立更为坚实的战略计划。为了在全球市场上更为有效，组织就必须确立一个包括了以下所讨论要素的战略计划。

质量与顾客忠诚目标

主要的质量目标都体现在了战略质量计划中，这些目标由一个层级化的较低层次的目标体系所支持着，如分目标、项目等。改进目标是这样一类目标，它旨在谋求在产品、服务过程或人员的绩效方面取得突破，这种突破是通过关注顾客、供应商以及股东的需要来实现的。“顾客的声音”融入了计划，并同整个计划整合在了一起。这种整合使这些目标取得了正当性，并将财务目标（这对于股东是重要的）与那些对顾客具有重要意义的目标进行了平衡。这也消除了人们对于财务计划和质量计划两套计划并存的担忧。

一套确立年度目标并提供相应资源的系统化、结构化的方法，必须包括如下的要素：

• 有关奖励的规定。在绩效考核和表彰体系中，依据改进目标来评价的绩效被给予相当大的权重，其中还必须包括对于正确行为的表彰。

• 广泛的参与。目标、报告和评审等的设计都旨在获得组织各层级的广泛参与。这种参与包括组织所有层次上的全体员工，为组织的变革举措提供了支持，有助于实现所期望的成果。

• 一套共通的语言。诸如质量、标杆分析、战略性质量展开等关键术语都具有标准的含义，从而使沟通变得越来越精确。

• 培训。所有雇员都要接受有关各种概念、过程、方法和工具的培训。与只在质量部门或管理人员中进行培训的组织相比较，那些在正确的时机对所有部门所有层次的员工都进行培训的组织会处于优势地位。

为何战略展开？其益处

在刚开始实施战略计划的组织中，最初提出的问题常常就是，到底为何要进行战略计划？要回答这个问题，就要考察一下其他的组织从战略计划中所认识到的益处。这包括：

• 将组织的资源集中在那些真正能够提高顾客满意度、降低成本以及增加股东价值的活动上（见图 7—2）。

• 建立起一个反应灵敏、灵活机动并训练有素的计划与实施系统。

• 鼓励跨部门的合作。

• 提供了长年持续实施突破活动的过程。

• 通过提供实施计划活动所需要的资源来充分向领导者、管理者和普通员工授权。

• 消除不在计划内的那些不必要的和浪费性的活动。

• 消除各种计划中可能存在的冲突，如财务计划、营销计划、技术计划以及改进计划中的冲突等。

• 集中资源确保财务计划的实现。

为何战略展开？其风险

许多组织实施了全面质量管理及其他的变革管理体系。有些组织取得了令人瞩目的成果，有些组织因在基本经营指标和提高顾客满意度方面收效不大而对结果感到失望，还有些活动则被认为是失败的。导致失败的基本原因之一是未能将这些“质量活动”融入到组织的经营计划当中。

其他的失败原因还有：

- 战略计划工作被指派给了计划部门，而非由高层主管亲自承担。这些计划人员缺乏这方面概念和方法的培训，也不属于组织的决策者行列，因此而导致了所制订的战略计划中未能包括旨在提高顾客满意度及过程改进等方面的改进目标。
- 各个部门只是追求本部门的目标，而未能将部门目标与组织的整体目标整合起来。
- 带有固有缺陷的新产品或新服务不断地被设计出来，这些缺陷从以前的设计中年复一年地被继承到新型号中。这些新设计未接受评估或改进，因此不是顾客所驱动的。
- 项目由于参与不充分，往往会造成耽搁和浪费，在良性的业务结果呈现之前便已经偃旗息鼓了。
- 改进目标仅局限在制造产品和制造过程中。顾客之所以发怒不仅是由于收到了有缺陷的产品，他们也会因不正确的账单和发货延误而生气。由于在年度计划中没有相应的目标而使得开具账单和发货的业务流程未能开展现代的质量计划和质量改进。

以往的战略计划过程的这些缺陷其源头在于缺乏一种将各种活动整合到一个计划中的系统化、结构化的方法。随着越来越多的公司对于战略质量展开变得熟悉，许多公司采用了这一技术，即像管理财务一样在全组织范围的基础上来管理变革。

启动战略计划与展开

要创建以质量和顾客为中心的战略计划，要求领导者成为教练和导师，亲身参与，坚持，消除责备的氛围，并且在最充分的数据基础上进行决策。

朱兰（Juran，1988）曾说过：“你需要让会受到影响的人们都参与进来，不只是在计划方案的实施时，而是在计划之初就如此。你必须避免仓促，不要让人猝不及防，要进行试点，以便了解那些具有破坏性的事物并加以纠正。”

战略展开过程

战略质量展开过程要求组织将对顾客的关注融入到组织的愿景、使命、价值观、方针、战略、长期和短期目标以及项目当中去。项目是将质量改进活动、再造以及质量计划团队与组织的经营目标联系起来的逐日逐月进行的活动。

战略展开所要求的要素一般来说对所有的组织都是类似的。但每个组织的独特性决定着各要素应用的次序和步调，以及必须增加额外要素的程度。

在战略展开过程的沟通中，存在着很多的习惯说法。不同的组织在描述同一概念时可能会使用不同的术语。例如，某个组织称为愿景的东西，另一个组织可能会称为使命（见图 7—3）。

定义摘录	
使命：	我们从事何种业务
愿景：	组织期望达到的未来状态
价值观：	符合愿景要求的原则或通过实现愿景达到的原则
方针：	我们的运营方式以及对顾客和社会的承诺

图 7—3　组织的愿景和使命

资料来源：Juran Institute，Inc.

以下是本章使用的几个关于质量计划中的若干要素的定义，它们应用得十分广泛：

愿景（vision）。组织或企业未来期望达到的一种状态。想象力和予人以鼓舞是构成一个愿景的重要成分。通常，愿景可被看作组织的最终目标，是需要花 5 年甚至 10 年来实现的目标。

使命（mission）。组织之所以存在的目的或理由，通常是要回答我们要做什么以及服务于谁的问题。

- 捷蓝航空公司（Jet Blue）在肯尼迪国际机场有着无人比肩的地位。如果用乘客人数来衡量的话，捷蓝航空的业务量几乎相当于在肯尼迪国际机场运营的所有其他航空公司的业务量的总和。捷蓝航空依托它们在这一美国最大的航空市场上的坚固地位而确保了盈利能力，即使在最困难的市场环境下也能如此。“我们的使命是让人文关怀回归航空旅行。”

战略（strategies）。实现愿景的手段。战略数量较少，它规定了诸如价格、价值、技术、市场份额，以及组织必须追求的文化这样一些关键的成功因素。战略有时是指“关键目标”或“长期目标”。

年度目标（annual goals）。组织在1～3年期内必须实现的，是工作努力所指向的终点和结果。目标有“长期”（2～3年）和“短期”（1～2年）之分。目标的实现标志着战略的成功执行。

• 捷蓝航空在增加针对所有旅客的产品选项的同时，致力于保持独特、低成本和高质量飞行的捷蓝航空的独特体验。

伦理准则和价值观（ethics and values）。组织所拥护和信奉的东西。

• 捷蓝航空连续四年被J.D. Power评为顾客服务第一名。正是这种杰出的顾客服务持续驱动着捷蓝航空并使之卓尔不群。与Sirius XM和Direct TV的合作、更舒适的座位空间，所有这些措施都使得每个顾客的飞行体验变得无比愉悦。

方针（policies）。采取管理行动的指南。组织在许多领域中都会有方针存在，如质量、环境、安全、人力资源等。这些方针指导着日常的决策。

举措与项目（initiatives and projects）。由跨职能团队进行的实现某个分目标的活动，其成功的完成有助于确保战略目标的实现。一项举措或项目意味着委派一组选定的人员组成一个团队，并赋予其实现特定目标的责任和权限。

• 经过6年计划和3年建设，捷蓝航空在肯尼迪国际机场的第五航站楼投入使用。第五航站楼为捷蓝航空的顾客提供了专属的停车场和登机通道，它有26个登机口，设置了最高水准的各种服务设施。由于更加接近跑道，使得捷蓝航空的运营更为高效。第五航站楼使该公司在纽约航空市场上进一步占据了先机。

展开计划（deployment plan）。为将愿景转化为行动，必须将愿景加以分解并转换成依次相继的更小更具体的部分，如关键战略、战略目标等，一直展开到项目层次甚至部门行动。将愿景在整个组织中分解和分配的详细计划被称为是“展开计划”，它包括分派角色和责任，以及确定实施项目并实现项目目标所需的资源（图7—4）。

计分卡和关键绩效指标（scorecards and key performance indicators）。在整个组织中都可见的测量指标，用以评价战略计划实现的程度。

• 截至2008年年底，捷蓝航空成为了美国第七大航空公司，每天执飞着600多架航班。

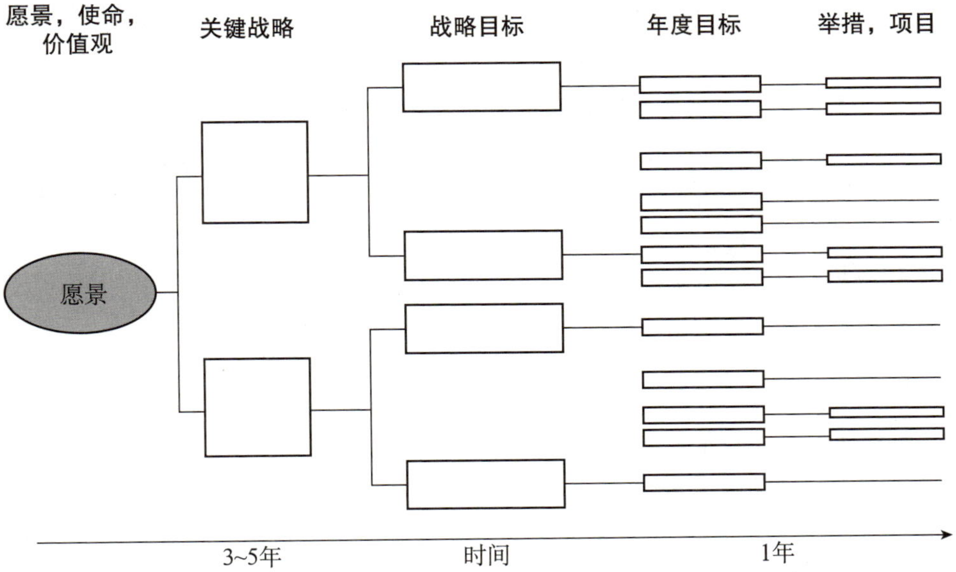

图 7—4　愿景的展开

资料来源：Juran Institute，Inc.

设计战略计划与展开的要素

建立愿景

战略展开始于一个以顾客为中心的愿景。在我们所知道的成功转变为更具有协作性的组织的那些公司中，其成功的关键是建立并依存于共同的战略愿景。当就总方向达成共识后，实现的途径则可以灵活多变（Tregoe and Tobia，1990）。

“真正有威力的愿景是简明扼要的。十诫、独立宣言、丘吉尔在二战时的演讲，提出的讯息都是如此简明和直率，你简直就能够触摸到它们。我们的公司战略同样也应当有这样一种力量。”

一个愿景应当阐明顾客、雇员、股东或社会能够期望从组织中获得的益处。

以下是几个愿景的例子：

- 世界最大的优质数码产品生产商三星公司的愿景是“引领数字化融合运动”。

三星坚信，通过今天的技术创新，我们将发现应对明日挑战的解决方案。

技术为企业的成长，为新兴市场中的人们融入数字化经济，为人们发明新的可能带来了机会。我们致力于开发创新性技术和开拓新市场的有效过程，丰富人们的生活，持续使三星成为可信赖的市场领导者。

• Sentara医疗机构（位于大西洋中部）：我们致力于通过建立创新性的医疗体系，帮助人们实现和保持最佳的健康状态，从而使我们进入全国领先的医疗机构的行列。

• Kaiser-Permanente（一家大型美国医疗机构）：我们致力于为我们的成员提供优质、经济的医疗保健。我们的医生和管理人员将通力合作，改进我们的医疗、服务和全面绩效。

上述每一个愿景都给出了关于该组织的方向和特征的一个独特的视角。每一个愿景都向顾客和雇员传达了组织将往何处去的一个总的印象。对于相应的组织来说，愿景为其提供了一个清晰的图景，常常是历史上第一次，描述了它将往何处去以及为何要到那里去。

好的愿景表述应当充满鼓舞力，且在整个组织中为人们所共有。使愿景对于组织来说具有一定的挑战性但有可能在3～5年内得以实现通常是一个不错的主意，同时要指出一个可衡量的实现标志（例如，成为最佳）。在创建愿景时，组织应当将它的顾客、它要在其中竞争的市场、组织运营的环境以及组织文化的现状都考虑在内。

愿景的陈述就其本身而言不过是几句话而已，只发布这样一个陈述并不能够让组织的成员认识到他们应当做什么与以往不同的事情。战略展开过程和战略计划是使愿景化为现实的基础。愿景的表述只是提醒人们组织在追求什么，而愿景必须落实到行为和行动上来。

在建立愿景时有一些容易犯的错误：

• 愿景只关注股东。

• 认为战略计划一旦写出来，无须进一步工作自然就会被执行。

• 未能将愿景阐释为对顾客、员工、供应商以及其他的利害相关者的益处。

• 创建的愿景过于容易或是过于困难。

• 未能考虑全球经济在未来3～5年将会发生的迅速变化的影响。

• 在创建愿景时未让各层次的关键员工参与。

• 未同竞争对手比较，或未能针对未来需要、内部能力及外部趋势考虑所有可能的信息来源。

就使命达成共识

大多数组织都会有一个使命的陈述。考虑使命陈述时要回答“我们所从事的是何种业务”这一问题。使命常常会与愿景相混淆，或者干脆就被当作一个东西来发布。使命陈述应当明确组织存在的目的或理由，它有助于明确你的组织究竟是谁这一问题。

下面是关于使命陈述的一些例子：

- 三星：我们在三星做的所有事情都是由我们的使命所引导的——成为最好的“数字化 e 公司”。
- 亚马逊：我们的愿景是成为地球上最为以顾客为中心的公司，创建一个这样的场所，使人们在这里能够买到他们希望在线购买的任何东西。
- 戴尔：成为世界上最成功的计算机公司并在市场上提供最好的顾客体验。
- eBay 首倡用信任支撑、机会激励的商业社区。eBay 通过一系列专注于商业、支付和沟通的网站，每天把地区、全国乃至全球的成千上万的人们聚集在一起。
- Facebook 是一个帮助人们与朋友、家人和同事更有效沟通的社交公司。公司通过社交图谱对人们真实世界的社交联系进行数字化映射，开发促进信息共享的技术。任何人都可以登录 Facebook，在一个信任的环境中与他们认识的人互动。
- 谷歌的使命是整合全球信息，供大众使用，使人人受益。
- 丽思·卡尔顿酒店是一个以向客人提供真诚关怀和舒适为最高使命的地方。
- Sentara 医疗机构：我们将通过聚焦、筹谋并致力于我们对社区、对顾客、对最高的医疗质量标准的承诺来实现未来的愿景。

在 Sentara 的例子中，有关未来的提法可能会让读者把这个使命陈述（我们所从事的是何种业务）与愿景陈述（我们将成为什么）相混淆。只有组织自己才可以决定这些词是否应属于使命陈述。正是在对这些问题的争论当中，组织形成了对于其愿景和使命的共识。

愿景与使命结合起来，共同为整个组织提供了一个一致同意的方向。这一方向可以作为日常决策的基础。

制定长期战略或目标

将愿景转化为可实现的计划的第一步就是将愿景分解成为少数几个（通常 4

或5个）关键战略。关键战略体现了组织针对如何实现其愿景所要做出的最基本的选择。每项战略必须对实现整体愿景作出显著的贡献。例如：

- 作为一项更为广泛的质量举措的组成部分，施乐公司启动了其质量领先（Leadership Through Quality）计划。在3年内，有10万名以上的员工接受了培训，这一培训由一个六步骤的过程所组成。得到充分激活的员工实施了大量有关环境和质量改进的举措，每年都实现了丰厚的利润增长。施乐的管理层把这些举措的成功主要归结为员工对于质量管理惯行的应用。他们组建了跨部门团队以解决各种各样的问题。

实施这些关键战略的责任被分配（或展开）给组织中关键的高层主管，这是一个连续的分解和展开过程中的第一步，借助于这一过程，最终使愿景转化为了行动。

为了确定关键战略应该是什么，必须对组织的以下五个领域加以评价并获得相应的数据：

- 顾客忠诚和顾客满意。
- 产品、服务和过程的不良质量成本。
- 组织文化和员工满意。
- 内部业务过程（包括供应商在内）。
- 竞争性标杆分析。

以上的每一项评价都能够构成一个企业平衡计分卡的基础（参见本章稍后讨论计分卡的内容）。通过分析数据，找出从顾客、质量和成本的角度而言的特定优势、劣势、机会和威胁。一旦分析完成，关键战略就可以被制定出来或加以修正，以反映可测的和可观察的长期目标。

制定年度目标

组织要树立明确的、可测量的战略目标，战略要取得成功就必须实现这些目标。这些定量的目标将把组织的努力引导到各个战略上。在这里，目标就是一个瞄准的“靶子”。目标必须是明确的，还必须是定量的（可测量），而且要在特定的时间段内实现。开始时，组织可能会不清楚怎样才算是明确的目标，随着时间的推移，测量系统就会得到改进，目标的制定将会变得越来越明确和可测量。

尽管特定的行业和组织有其独特性，但某些目标却是广泛适用的。为了制定出适当的目标，至少以下的7个领域是必须加以考虑的：

产品绩效。这一领域的目标是和产品特征相联系的。它决定了对顾客需要的反应，例如，服务的及时性、耗油量、平均故障间隔时间、礼貌等。这些产品特征直接影响着产品的可销性，在很大程度上决定着销售收入。

竞争绩效。市场经济条件下总是会有这些目标，但它们很少成为经营计划的组成部分。使竞争绩效成为长期经营目标尽管只是最近才出现的趋势，但却是不可逆转的。与其他目标不同，这类目标是参照竞争来设定的，在一个全球化的经济中，它们是一些快速移动的靶子。例如，与前五位竞争者的产品相比较，我们的所有产品在进入市场后一年之内都要成为“同业之最”。

业务改进。这一领域的目标涉及对产品不良、过程的故障的改进，或降低系统中不良质量成本的浪费。改进目标按照正式的质量改进项目的结构来展开，并委派以相应的责任。总的来说，这些项目专注于减少组织中的不良，以此而实现绩效的改进。

不良质量成本。与质量改进相关的目标中通常会包括减少不良质量成本或过程中的浪费的目标。这些成本尽管估计相当高，但并不能够精确地确定。尽管如此，还是有可能通过估计将这一目标纳入到经营计划中，并将其成功地展开到较低的层次。一个典型的不良质量成本目标是在3年内每年降低50%的不良质量成本。

业务过程绩效。这一领域的目标只是在近期才进入到战略经营计划当中。这些目标与那些跨职能的主要过程的绩效有关，例如，新产品开发、供应链管理、信息技术，还有一些诸如应收账款和采购这样的子过程。对于这些大的过程来说，一个特殊的问题是要决定由谁来承担实现这些目标的责任。我们将在后面的“展开给谁?”一节中讨论这个问题。

顾客满意。确立具体的顾客满意方面的目标，有助于使组织持续地关注顾客。很显然，要展开这类目标，必须在当前的满意/不满意的水准以及哪些因素有助于提高满意和降低不满方面，获得大量的良好数据。如果知道了顾客最重要的需要是什么，就可以改变组织的战略以便更有效地满足这些需要。

顾客忠诚和保留。除了直接测量顾客满意度之外，理解顾客忠诚的概念要更为有用。顾客忠诚是对顾客与供应商之间的采购行为的测量。一位顾客对某产品的需要是由A供应商来提供的，若他只从该供应商处购买，则说他对A供应商表现出了100%的忠诚。对顾客忠诚的研究使得组织能够从顾客的角度更好地理解产品的可销性，并且可以促使组织考虑如何更好地满足顾客的需要。组织可以通过标杆分析来发现竞争者的绩效，然后制定目标来超越它的绩效（见图7—5）。

产品绩效（以顾客为中心）：这些绩效特征决定了对顾客需要的反应，如服务的及时性、耗油量、平均故障间隔时间、礼貌等。（这里的产品包括货品和服务。）

竞争绩效：相当于或超过竞争者的绩效从来就是一个目标。这里的不同之处是将之融入了经营计划。

绩效改进：这是一个新目标。这一目标之所以必要是因为以下这一事实，即质量改进的速率决定了谁将成为未来的质量领先者。

降低不良质量成本：这一目标涉及成本方面的竞争力。不良质量成本的测量必须以估计为基础。

业务过程绩效：这涉及主要的跨职能过程的绩效，如开具账单、采购、开发新产品等。

图 7—5 经营计划中的质量目标

资料来源：Juran Institute，Inc.

为年度经营计划所选择的目标是从由组织的各个层次所提出的一系列提案中挑选的。这些提案中只有少数几个能够通过筛选过程，最终成为全组织经营计划的一部分。有些提案会进入到组织较低层次的经营计划中。许多提案会被延后，因为它们未能获得必要的优先权，因此得不到组织的资源。

高层主管应当成为战略目标提案的重要来源，因为他们可以获得重要的输入，这些输入可能来自这样一些来源，如作为高层经理委员会的成员，与顾客的接触，定期的业务绩效评价，和其他组织高层管理者的接触，股东，雇员的抱怨等。

在设定影响产品可销性和销售收入的目标时，应当至少相当于或超过市场质量的水平。有些目标和长期项目有关，例如，周期长达几年的新产品开发，一个主要业务流程的计算机化，以及几年内不会交工的大型建筑项目。在这样的情况下，目标的确定应该满足项目完成时预计达到的竞争情况，要“跃过”竞争者。

在自然垄断的行业中（例如，某些公用事业），组织经常能够利用行业数据库来进行比较。有些组织中还存在着内部竞争，各地区分公司的绩效可以相互比较。

有些内部的部门也有可能会成为内部的垄断者。然而，大多数的内部垄断者都有潜在的竞争者，即提供相同服务的外部供应商。内部供应商的绩效可以与外部供应商的提案相比较。

第三个广泛应用的设定目标的基础是历史绩效。对于一些产品和过程，历史基础有助于实现必要的稳定；而有些情况下，特别是涉及很高的慢性不良质量成本的时候，历史基础起到了很大的破坏作用，因为它维持了存在慢性浪费的绩效。在制定目标的过程中，高层管理者应该警惕历史数据的误用。较高的慢性不良质量成本的目标应该以有计划的突破为基础，这种突破是通过第 5 章中所讨论的质量改进过程实现的。

确立伦理准则和价值观

共同的价值观反映了组织的文化。简而言之，文化就是一群人所共有的一系列习惯和信念。例如，因为经营类似的业务而面对相似的问题，这是文化的内部元素；另一种是外向型的：这一群人在怎样的环境下经营，以及这会如何影响他们？他们如何与环境互动？（Bool，2008）

社会责任显然是关注第二类元素的一种价值观：关注群体（公司）与其所在环境的相互作用。

有些组织通过建立价值观陈述来进一步对自身加以定义。价值观是一个组织所拥护和信奉的东西。列出的价值观必须以管理层的行动和行为作为支持，否则它的发布只会在组织中造成人们的冷嘲热讽。对所有雇员进行价值观的培训和沟通是使人们参与计划过程的先决条件。组织的方针政策必须符合组织的价值观的要求。

例如，三星公司的价值观陈述是：

- 我们致力于用我们的人力资源和技术创造卓越的产品和服务，让世界变得更加美好。
- 我们的管理理念反映了我们为全世界人民的繁荣作出贡献的决心。员工的才能、创造性和奉献构成了我们努力的关键因素，我们的技术进步为实现更高的生活水准提供了无穷的可能。
- 在三星我们坚信，我们管理企业的方式决定了我们能否成功地为社会以及各国人民的繁荣作出贡献。
- 我们的目标是与顾客共创未来。

沟通组织的方针

这里所讲的“方针”是一种采取管理行动的指南。正式发布的方针陈述是管理层深思熟虑的结果，并得到了最高层的批准。在这一过程中，最高管理层或质量委员会起着非常重要的作用。

在重大的变革时期确立明确的方针是非常必要的，它起着引导组织行动的作用。1980 年代以来，发布“质量方针”的活动达到了前所未有的高潮。尽管细节各异，但各个组织所发布的质量方针还是有许多共性。例如，大多数质量方针都表达了满足顾客需要的意愿。方针的表述通常会明确所要满足的具体要求，例如，“本组织的产品应提供顾客满意”。

大多数的方针中都包括与质量竞争有关的语言，例如，“本组织的产品必须达到或超过竞争产品的水准”。

质量方针中第三个经常会强调的领域与质量改进有关，例如，会声明持续改进的意愿。

有些质量方针陈述中可能会包括对内部顾客的考虑，或强调改进努力将延伸到所有的业务阶段。例如：

“Helix 致力于成为生活领域解决方案的领先的提供者。Helix 的基本追求是在所有业务部门的工作和运营中毫不妥协地实现最高的质量标准。我们的目标是在为顾客提供安全、经济和专业的服务的同时持续改进我们的组织绩效。”

由于文件化的质量方针相对来说还是一件新事物，因此方针的落实也是一个新问题。有些组织制定了一些规定，要求对方针的遵守与否进行独立的评审。质量保证的国际标准 ISO 9000 要求有质量方针，以此作为满足顾客需要的意愿的声明。为确保方针的实施还规定了一个审核的过程。

领导

最高管理层的参与对于任何战略计划的制订都是一个不可或缺的步骤，这种参与是以执行委员会的方式来进行的。委员会成员通常是来自最高层的关键人员。最高管理层必须结成一个团队来确定组织的战略方向并达成共识。成立这一委员会是要监督和协调旨在实现战略计划的所有战略活动。该委员会负责实施战略经营计划并监测关键绩效指标。组织最高层的执行委员会应当每月或每季度召开会议。

该执行委员会还要负责确保其他的经营单位也有类似的较低层次的委员会。在这种情况下，各委员会之间是互锁的，亦即较高层次的委员会成员出任较低层次委员会的主席（参见图 7—6）。

如果尚没有这种委员会或其他类似的机构，组织就必须建立一个这样的机构。在一个全球性的组织中，其过程是如此复杂以至于无法按照职能来加以管理。这样的委员会确保了有一个跨职能的团队来共同努力，从而使过程的效率和效果最大化。这说起来容易，但实际上却并非如此。高层管理团队的成员或许并不愿放弃其过去所享有的控制权。例如，销售和市场经理已习惯于由他们决定顾客的需要，工程部经理已习惯于其设计产品的独享职责，制造经理则控制着产品生产的王国。短期来看，这些经理们很难轻易放弃他们的独享权力而转变为团队合作者。

目标的展开

长、短期目标的展开也就是要将目标转换为操作方案和项目。这里的“展开”意味着将目标分解为子目标后再将之分配到较低层次上去。在转换时必须仔

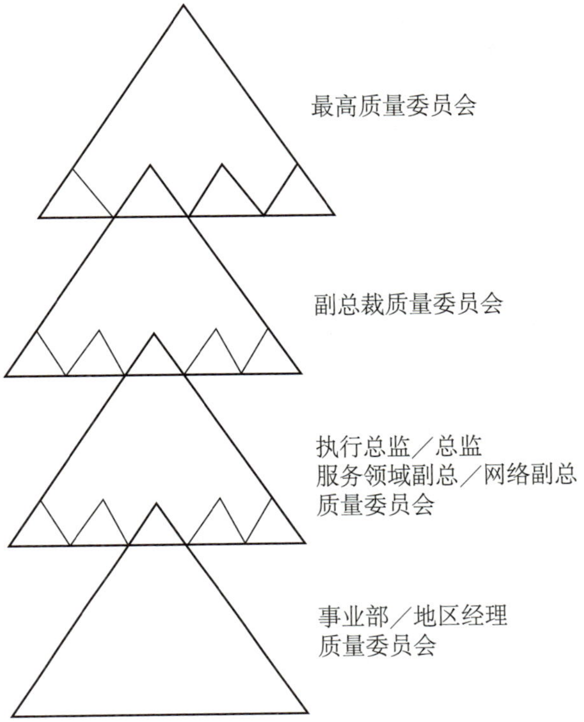

图 7—6　相互联锁的委员会

资料来源：Juran Institute，Inc.，1994.

细注意这样一些细节，如要实现这些目标需要采取哪些行动，谁来采取这些行动，需要的资源，以及计划好的日程安排和重要的管理点。成功的展开要求建立一个管理展开计划的基础架构。目标最终将被委派给跨职能的团队、职能部门以及个人（见图 7—7）。

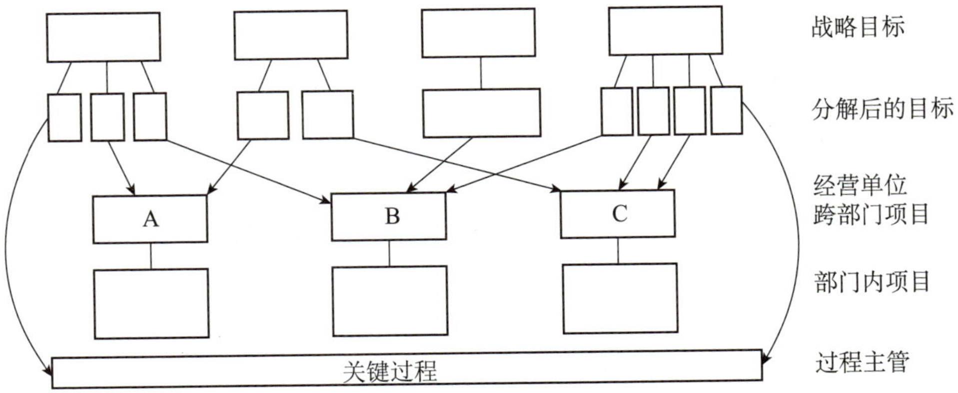

图 7—7　战略目标的展开

资料来源：Juran Institute，Inc.

目标的分解

在对战略目标达成共识之后，还必须将之进行分解并沟通到较低的层次上。展开的过程还包括将大目标分解为可管理的部分（短期目标或项目）。例如：

某航空公司实现95%的准时抵达这一目标将要求以具体的短期（8～12个月）项目来处理以下这些问题：

- 为等候延误的转接航班而推迟起飞的规定。
- 登机口工作人员的决策。
- 清扫飞机所需设备的可获得性。
- 修订部门清扫飞机的程序的需要。
- 员工的行为及认知状态。

某医院改进所服务社区的健康状况的目标会要求进行这样一些项目：

- 降低可预防疾病的发病率。
- 改进患者的就诊方式。
- 改进慢性病的管理方式。
- 开发新的服务和计划以应对社区的需要。

这一展开达到了一些重要的目的：

- 目标的分解一直持续到确定了所要采取的具体行动。
- 目标的分配一直持续到委派了完成上述行动的具体责任。

被委派了责任的人员相应地确定其所需资源并就此同上级沟通。在许多情况下，为了确保目标的实现，必须由委员会来决定具体的项目，并制定出项目团队的章程、确定团队的成员（参见图7—8）。（有关改进过程的详细讨论可参见第5章“质量改进：实现绩效突破”。）

展开给谁？

展开过程的起点是识别组织和高层管理者的需要，这些需要决定了所要采取的行动。通过考虑所需的资源，展开过程将得出一整套最优的目标。子目标通过实施具体的项目而得以实现。例如，1980年代初，福特公司新设计的福特金牛/黑貂车型的目标是“同业之最”。这一目标被分解成400多个具体的子目标，每个子目标都分别与一个特定的产品特征相联系。全部计划活动的工作量十分壮观，涉及了1 500多个项目团队。

在某种程度上，目标的展开可按照组织的层级路线来进行，如由总公司到事业部，再由事业部到职能部门等。然而，当目标涉及跨职能的业务流程，或是跨

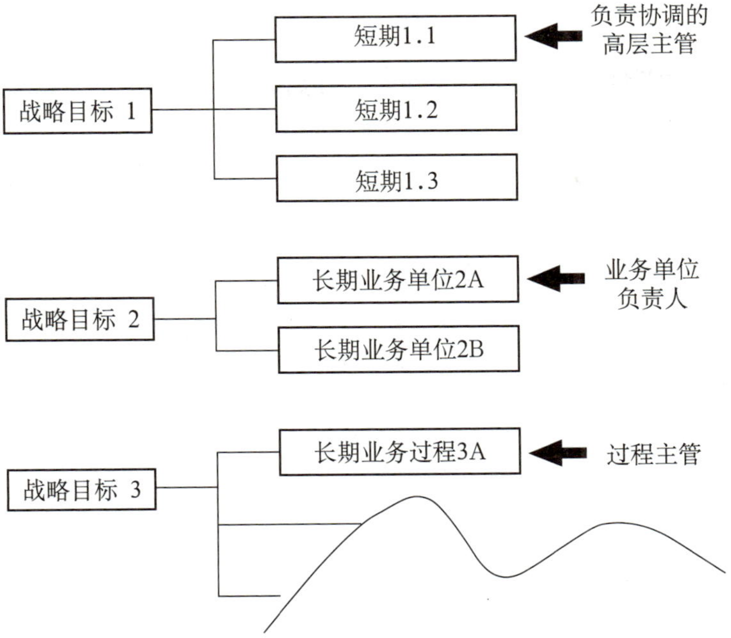

图 7—8　子目标

资料来源：Juran Institute，Inc.

职能的影响到顾客的问题时，这种简单的展开方式就会失效。

组织的主要活动都是通过利用相互联系的业务过程网络来实施的。每一业务过程都是一个跨职能的系统，由一系列首尾相连的活动所构成。既然它是跨职能的，过程就没有单独的"拥有者"，对于展开给谁这一问题的答案就不是显而易见的。从而，球被抛到了跨职能团队的手中。在团队项目结束时，才可以确定出一个过程的拥有者。监测和维护这一业务过程的重任便落在了这一过程拥有者（可能不止一人）身上。（参见第 8 章"业务过程管理：创建适应性组织"。）

计划的沟通："传球"

目标一旦确立后，就要同适当的组织单位沟通。事实上，最高层领导会问高层管理者们："你们需要什么来支持这一目标？"这一层次的主管讨论目标并向其下属提出类似的问题，依此类推。所得到的回答要进行归纳并反馈回最高层。这一过程可能会重复几次，直到对于最后的方案基本满意为止。

这一双向沟通的过程被称为是"传球"，这是日本人提出的一个说法。传球包括以下工作：

- 清晰地沟通最高管理层所提出的来年战略计划的关键核心领域。

• 由最高层以下的各个层次的主管人员来辨识和提出组织应当重视的其他领域。

• 决定分别由哪些部门和职能来承担计划中确定的领域。

要进行这种双向的沟通，必须对接受者应当如何作出反应进行培训。以前从事质量改进的经历是最有用的培训。来自那些采用了传球方式的组织的反馈表明，这种方式要优于由高层主管单方面设立目标的做法。

例如：波音航空系统公司非常成功地导入了战略质量计划，其中包括了使命、愿景、关键战略、战略目标等。为了对整个公司的使命、战略和愿景进行评审和优化，波音每年都要进行评估，包括顾客满意度评估、人力资源评估、供应商评估、风险评估、财务评估等。通过获取企业的方方面面（顾客、职工、供应商、社区、股东等）的反馈，波音颁布了经过修订的实施计划并更好地管理了它的资源分配。通过持续的评估以及管理层与职工之间的不断沟通，波音更好地识别了组织中的需要，解决了职工文化和培训方面的问题，进一步优化了使用过程。

战略展开的有用工具

树图是一种辅助展开过程的图示工具（见图7—8）。它展示出了目标、长期目标、短期目标以及项目之间的层级关系，并显示了每一项分别被分配到了组织的何处。树图在将大小目标之间或团队与目标之间的关系可视化方面是非常有效的。它也为确定是否所有的目标都得到了支持提供了一种可视的手段。

利用关键绩效指标来测量进展情况

绩效测量之所以必要并且应当以一种有组织的方式来进行，有以下几方面的理由：

• 绩效指标显示出了目标实现的程度，量化了进展的情况。

• 要监测持续改进的过程必须通过绩效的测量，这对于为了获得竞争力所必需的变革是非常关键的。

• 管理层为了进行定期的绩效评审，必须对个人、团队以及业务部门的绩效进行测量。

一旦确立了目标并进行了分解，就需要建立关键的测量指标（绩效指标）。一个根据计划监测绩效的测量系统具有以下一些特性：

• 测量指标与组织的战略目标、愿景和使命有着紧密的联系。

• 测量指标包含了对顾客的考虑，也就是说，测量指标关注内、外部顾客的需要和要求。

• 关键过程的少数关键指标的测量能够方便地及时得到，以满足最高管理层决策的需要。

• 能够识别慢性浪费或不良质量成本。

例如，Paudre Valley 医疗系统（PVHS）在实施业务计划的早期就建立了过程的测量指标，从而能够对以下几个方面加以监测和量化：

• 改进了雇员满意度，在全美机构中进入了前 10%的位置。

• 通过建立针对特定服务领域需要的市场战略，增强了整体的服务领域市场份额。通过将服务领域区分为基本/本地和整体/全国的市场份额，PVHS 确定了在 2012 年基本市场份额达到 65%，整体市场份额达到 31.8%的目标。

• 通过开办一家癌症中心来支持设施的发展。

• 通过实施医生参与度调查来强化与医生的关系，调查显示医生满意度达到了 80%的目标。

• 通过实施一个五年计划并使财务灵活度达到 11，以强化公司的财务地位。

对于战略计划过程实行情况的最好的测量应具有简单、定量和图示这几个特征。图 7—9 给出了一个简单的展开图，描述了关键测量指标及其实施状况。这只是对测量指标进行监测的一个方法。

年度质量目标	具体测量指标	测量频次	测量方式	数据来源	责任人

图 7—9　质量目标的测量

资料来源：Juran Institute，Inc.

当确立了目标并展开后，就必须仔细考虑实现每个层次目标所需的手段，以确保它们能够实现所支持的目标。所提出的资源支出必须与可能取得的成果加以对比，并且要评估其成本收益比。这方面的指标例如：

• 财务结果：
  • 收入

- 投资
- 投资回报率
- 人力资源：
  - 已培训人数
  - 在项目团队中的人数
- 项目的数量：
  - 已批准的
  - 实施中的
  - 已结项的
  - 中途放弃的
- 新产品开发：
  - 成功投放市场的产品数量或比例
  - 新产品开发活动的投资回报率
  - 开发一个产品的成本与它所替代的产品的成本比较
  - 新产品带来的收益所占百分比
  - 过去两年内产品投放市场获得市场份额的百分比
  - 产品按时投放市场的百分比
  - 与新产品开发有关的不良质量成本
  - 投放市场后的12个月内所进行的工程更改数
- 供应链管理：
  - 生产前置时间——充填率
  - 库存周转
  - 按时交货百分比
  - 一次通过率
  - 不良质量成本

以下是一家银行用于监测出纳质量的一些测量指标的例子：

- 速度：
  - 排队的顾客人数
  - 排队的时间
  - 每次交易时间
  - 无等候或邮寄交易的周转时间
- 准确性：
  - 每天结束时各出纳数钱的差异

• 注销交易数/处理交易数

一旦测量系统到位，就要定期进行评价以保证目标的实现。

评审进展状况

正规而高效的评审过程能够增加实现目标的可能性。一个组织在计划所要采取的行动时，首先要搞清楚现状与目标间的差距。评审过程就是要确定已经达到的水准与所追求目标之间的差距（见图 7—10）。

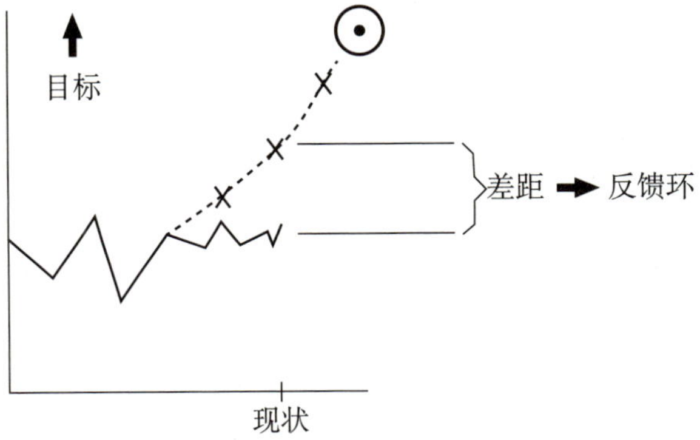

图 7—10　评审

资料来源：Juran Institute，Inc.

将战略展开多次测量的结果用图表的形式展示出来有助于识别必须加以注意的差距。要成功地消除这些差距依赖于一个具有明确的责任和权限的反馈回路来对之采取行动。除了对结果进行评审之外，还需要对进行中的项目进展状况加以评审，以便在还来得及采取措施的时候把潜在的问题识别出来。每一项目都应有明确的预先计划好的评审点，基本上类似于图 7—11 所示的情况。

项目	项目负责人	基础值	目标值	初始计划	评审要点				评审负责人
					资源	分析	计划	成果	

图 7—11　进展评审计划

资料来源：Juran Institute，Inc.

当今的组织有以下几类关键的绩效指标。

产品和服务绩效

一种产品或服务会具有多种多样的特征。对于绝大多数产品特征而言，都存在着绩效指标和技术性的测量装置，从而能够对产品进行客观的评价。

竞争性质量

这些指标与影响产品可销性的那些质量有关，例如，服务的及时性、反应能力、售前和售后服务的态度、订单完成的准确性等。对于汽车来说，其质量包括最高速度、加速性能、刹车距离，以及安全性。对某些产品特征而言，所需数据必须在谈判、说服和购买过程中从顾客处获得。还有些产品特征的数据可以从实验室测试中获得。在有些情况下，还必须进行市场研究。

为了与投放市场时的竞争状态相对应，在确立新产品目标时必须对发展趋势作出研究。

有些组织是在自然垄断条件下经营的，例如区域性的公用事业单位。在这样的情况下，行业协会会收集和发布绩效数据。在内部垄断的情况下（如工资发放、运输等），有时可以从提供类似服务的组织处获得竞争性信息。

改进绩效

在以项目的方式进行质量改进的组织中，这类评估是非常重要的。由于项目之间缺乏共性，集中的评价只限于对下面一些特征的概要说明：

- 项目数。已批准的、进行中的、结项的、放弃的。
- 财务成果。所获收入、投资额、投资回报率。
- 出任项目团队成员的人数。组织的管理团队成员实际参与改进项目的比例，这是一个关键的指标。理想情况下，这一比例应超过90%，但在绝大多数组织中，实际的比例尚不足10%。

不良质量成本

正如前面的章节中所述，“不良质量成本”是指在产品和过程完美无缺、不造成任何浪费时就会消失的那些成本。这类成本是巨大的。我们的研究表明，有15%～25%的工作都是因产品和过程达不到完美而对以前所做工作的返工。

这类成本无法精确地知道。大多数组织的会计制度只能提供测定不良质量成本的很少一部分信息。要将会计制度扩展到能够提供全面信息的程度，需要投入大量的时间和努力。大多数组织都认为这种努力是不合算的。

要填补这一信息差距所能做的是进行估计，以此向高层主管提供有关总体不良质量成本的规模以及应集中注意的领域的大致信息。这些领域便成为选择质量改进项目的目标领域。之后，完成的项目将提供有关改进前后的质量成本的相当精确的数据。

产品和过程的不良

即使会计系统不提供对不良质量成本的评估，通过衡量产品和过程的不良也还是可以进行很多评估，这种衡量既可以利用自然单位的指标，也可以换算成等值的货币。例如，每 1 美元销售额、每 1 美元销售成本、工作时数或单位产品中不良质量成本等。大多数测量指标都可以逐步在更高层次上进行累计。这一特征使得可以利用单位完全相同的指标来设定多个层次的目标，如公司层、事业部层和部门层等。

业务过程绩效

尽管业务过程广泛存在而且非常重要，但只是最近才开始对其绩效进行控制。很重要的原因之一是其跨职能的性质。这类过程不存在一目了然的拥有者，因而其绩效也没有明确而独立的责任。只有那些从属性的小过程有着明确的责任。最高管理层的控制系统必须包括对大过程的控制，这就要求建立有关运转周期、不良等方面的目标，以及对照目标来评价绩效的手段。

计分卡

为了使高层管理者能够了解实现战略质量展开的“成绩”如何，必须设计一套报表，或叫作计分卡。事实上，战略计划决定着所要评价的主题，并确定了最高管理层的计分卡所包括的测量指标。

计分卡中通常应当包括以下几方面的要素：

- 关键的绩效指标（在组织的最高层次）。
- 以数据为依据的定量绩效报告。
- 对于诸如威胁、机会，以及相关事件的定性的报告。
- 所进行的审核（参见本章后文“经营审核”部分）。

因为每一个组织都是独特的，所以这些通常的要素在必要时还要加以补充。最后应当得到一个能够帮助最高管理层实现质量目标的综合性的报告，正如财务报告可以帮助实现财务目标一样。

执行委员会对于计分卡的设计负有最终的责任。在大公司中，这种综合性报告的设计既要求有总部各部门的输入，也要求事业部中各部门的输入。在事业部层次上的输入应当来自多个职能。

这种综合报告应当设计得一目了然，应当使人很容易看出需要注意和采取行动的那些例外情况。采用表格形式的这种报告应当显示出三方面的要素，即目标、实际绩效以及差异。采用图示形式的报告最起码应反映出绩效相对于目标的趋势。选用何种形式应当根据顾客的偏好来决定，这里的顾客也就是组织的高层主管。

管理性报告通常是按月或季度发布的。发布的时间安排应当同执行委员会或其他关键的评审机构的会议日程相一致。计分卡的编辑者通常由质量总监（或质量经理）来担任，他通常也会是执行委员会的秘书。

计分卡在全球企业界发挥的作用与日俱增，甚至超出了其最初的本意。计分卡现在不只用来反映一个组织的绩效状况，而且还被用来判断一个组织有多“绿色”。Climate Counts 组织计分卡所评价的就是各行各业的组织在减少全球变暖和倡导绿色经营方面的表现，正在采取实质性努力来减轻导致全球变暖的原因的那些组织将会取得更高的得分。与其他计分卡一样，该计分卡的信息是向公众开放的，因而也是一个改善公众形象的机会。

计分卡的内容包括：

- 先行指标（如外购元器件的质量）。
- 同期指标（如产品检测结果、过程条件以及顾客服务等）。
- 滞后指标（如顾客反馈和退货的数据）。
- 不良质量成本的数据。

计分卡应当定期进行正规的评审。正规化提升了这一报告的正当性和地位，定期评审增加了透明度。最高主管亲自参与评审有助于向组织的其他部门表明评审是非常重要的。

许多组织将对财务、顾客、运营和人力资源的测量整合到一起形成了一个“仪表盘”或“平衡业务计分卡”。

经营审核

审核是高层主管采用的一种重要手段。这里的“审核”意味着独立的绩效评审。“独立”表示审核者对于被审核绩效的适当性没有直接的责任。

审核的目的是为主管经理或其他需要的人员提供独立无偏的信息。就某些方面的绩效而言，需要了解的人员中还包括了高层主管人员。

为确保质量的实现，最高管理层必须确证：

- 系统健全且运作正常。
- 能够实现预期的结果。

质量审核被应用到了越来越多的领域和行业，甚至包括科研领域在内。皇家病理医师学会（the Royal College of Pathologist）对其大量的研究报告实施了质量审核。质量审核确保了每个个人和团队符合相关的程序和标准，确保了他们的工作与研究的使命是一致的。

这些审核可以依据外部制定的标准、内部的特定目标或二者的结合来进行。在审核组织绩效方面有三套著名的外部标准，分别是美国的马尔科姆·鲍德里奇国家质量奖（MBNQA）、欧洲质量奖（EQA）以及日本的戴明奖。它们为评价整个组织的业务卓越程度提供了相似的标准。

传统上，质量审核用于提供一种保证，使人们确信产品符合规范、操作符合程序。在最高管理层，质量审核的主题扩展到了要对以下这些问题作出回答：

- 我们的方针和目标与我们组织的使命是否一致？
- 我们提供的产品质量使我们的客户满意吗？
- 我们的质量在市场的靶子不断移动的情况下是否具有竞争性？
- 我们在降低不良质量成本方面有无进展？
- 我们的职能部门间的合作是否足以保证公司绩效最优？
- 我们是否履行了我们的社会责任？

这类问题不是通过传统的技术性审核来回答的。再说，从事技术性审核的审核员很少会具有从事基于经营的质量审核所必需的管理经验和训练。因此，开展基于经营的质量审核的那些组织通常由高层管理者和外部顾问来担任审核员。

朱兰（1998）曾说过：

> 高层主管应当做的事情之一就是，审核实现计划的管理过程的实施情况。要进行审核需要做三件事情。其一是确定我们需要回答的问题。这是别人不能代劳的，高层主管必须亲自来确定这些问题。其次是整理要给出上述问题的答案所必需的信息。这可以授权他人去做，主要是要收集和分析数据。最后要根据这些答案来决定做什么。这是不可授权他人去做的，这是最高主管必须亲力亲为的事情。

由总裁亲自参与的最高层审核通常被称为“总裁审核”（Kondo，1988）。这类审核会对整个组织产生重大影响。由于其主题事项在本质上是如此重要，以至于审核会深入到每一个主要的职能。最高主管的亲自参与简化了在最高层的沟通问题，增加了未来行动取得进展的可能性。最高主管亲自参与这一事实，向整个组织表明了质量在最高层的重要程度，同时也展现了最高主管身先士卒而非只说不练的领导方式（Shimoyamada，1987）。

启示

有关实施战略展开的风险方面，有一些重要的启示：

- 同时追求过多目标，长期的或短期的，会冲淡结果并模糊组织的焦点。
- 大量的计划和案头工作会挤占必要的活动，削弱经理们的士气。
- 在缺乏有关顾客、竞争者及内部职工的充分信息的情况下开展战略计划，得到的或者是高不可攀的计划，或者是俯首可拾无助于改进财务绩效的计划。
- 领导者将责任过多下授，难以起到领导和掌舵的作用。
- 组织将质量和顾客提到最优先地位会造成一种以往备受重视的财务重要性下降的印象。这种下降感尤其会使那些与此前至高无上的财务目标密切相关的人员无所适从。

在推动战略计划活动时，将一种结构化的方式强加于那些对此不感兴趣的人员，这或许是最大的妨害。从一开始，对这种结构化方式的抵制就会是十分明显的。要导入一套持久、有效的全组织范围内的质量改进活动，一个最重要的前提便是营造一种有利于进行成功所必需的变革的环境。组织正在努力消除过去几年甚至几十年建立起来的障碍，但变革需要时间，且变革只会以一个逐渐演进的形式发生。

参考文献

Bool, H. Social Responsibility & The Corporate Values Statement, http://ezinearticles.com/?id=1871566, 2008

Godfrey, A. B. (1997). "A Short History of Managing Quality in Health Care." In Chip Caldwell, ed., *The Handbook for Managing Change in Health Care*. ASQ Quality Press, Milwaukee, WI.

Godfrey, A. B. (1998). "Hidden Costs to Society." *Quality Digest*, vol. 18, no. 6.

Jet Blue Airways, Terminal 5, JFK International Airport, http://phx.corporate-ir.net/External.File?item=UGFyZW50SUQ9MzMzODAzfENoaWxkSUQ9MzE2NTMwfFR5cGU9MQ==&t=1, 2008.

Juran, J. M. (1988). *Juran on Planning for Quality*. Free Press, New York.

Kondo, Y. (1988). "Quality in Japan." In J. M. Juran, ed., *Juran's Quality Control Handbook*, 4th ed. McGraw-Hill, New York. (Kondo provides a detailed discussion of quality audits by Japanese top managers, including The President's Audit. See Chapter 35F, "Quality in Japan," under "Internal QC Audit by Top Management.")

Shimoyamada, K. (1987). "The President's Audit: QC Audits at Komatsu." *Quality Progress*, January, pp. 44–49. (Special Audit Issue).

Treqoe, B., and Tobia, P. (1990). "Strategy and the New American Organization." *Industry Week*. August 6.

（焦叔斌　译）

第 *8* 章

业务过程管理：创建适应性组织 约瑟夫·A·德费欧

关于本章

要成功地实现优异的经营成果，很大程度上取决于对于那些大而复杂的跨职能业务过程的管理，如产品开发、开具发货清单、患者护理、原料采购、供应链、分销，等等。如果长期得不到管理，这些业务过程中的许多都会变得过时、过慢、过载、累赘、成本过高、定义不当，不能适应持续变化的环境的要求。对于未能得到适当关注的那些过程而言（这类过程的数目相当庞大，本章稍后将会讨论到），其产出的质量会远远低于有竞争力的绩效水准所要求的质量。本章通过确保重要业务过程的所有权归属，来帮助组织保持其可持续性和适应性。组织掌握了朱兰三部曲的全部过程，就能够解决业务过程的所有权归属问题。

本章要点

1. 要创建可持续和适应性强的组织，就必须对所有的关键业务过程每天进行管理。这只有当组织的愿景和使命得到充分的展开后才能够做到。

2. 要确立与组织的愿景相关联的战略目标。愿景为高层管理者所共享，并以关键业务目标的形式在整个组织中得到展开。

3. 确立跨职能、全职的业务过程团队，由管理系统（教育、沟通、绩效管理、表彰奖励、薪酬、职业通路）领导并受到管理系统的支持。

4. 每个团队的宗旨都是以持续、日常的方式来持续、显著地改进所负责的主要业务过程的效果和效率。

5. 对过程主管授权赋能，使之对这些关键的业务目标负起责任。

6. 要具有卓越绩效和项目管理方面的技能以管理进度、成本，并将工作计划在组织中进行协调和实施。

7. 最高管理层要在组织中并向外部利益相关者积极推动业务过程管理（business process management，BPM）的重要性、影响、进展和成绩。

8. 已经实施了 BPM 的组织的领导者认识到这是一个持久的过程，而非偶尔为之的一次性事件。他们知道持续重视业务过程对于组织的长期成功是至关重要的。

为何进行业务过程管理？

当今企业经营的动态环境的特征可以概括为所谓的“6C”，即 change（变化）、complexity（复杂）、customer demands（顾客需求）、competitive pressure（竞争压力）、cost impacts（成本冲击）和 constraints（约束因素）。这些因素显著地影响着组织实现其经营目标的能力。组织通过推出新的产品和服务来应对这些因素。它们也实施了大量的突破性项目，一定程度上促进了对过程的掌管。

> 业务过程是为产出预期成果（产品或服务）而将人员、材料、能源、设备和信息结合成为工作活动的逻辑构成（Pall，1986）。

衡量过程的质量有三个主要的维度，即效果、效率和适应性：

1. 若产出能够满足顾客的需要，则该过程便是有效果的；若能以最小成本实现其效果，则该过程便是有效率的。

2. 若随着时间的流逝，该过程面对所发生的诸多变化仍能保持效果和效率，则称其具有适应性。

显然，将过程保持在高质量状态的必要性是毋庸置疑的。但现实中，好的过程质量只是例外而非常规。要理解这一点，就必须仔细考察过程是如何设计的，以及随时间的流逝会发生什么样的变化。

BPM 已经成为信息技术（IT）项目的关键构成。如果没有良好的业务过程管理系统，IT 系统就有可能失败。所有专业 IT 项目的实施都必须包括良好的 BPM 过程。借助于技术，BPM 使组织能够从技术基础架构中提取出业务过程，而不再只是使业务过程自动化或解决业务上的问题。BPM 使企业能够比竞争者更快地响应消费者、市场和政府管制的变化，从而获得竞争优势。在 IT 界，BPM 常被称为 BPM 寿命周期。

由于历史的原因，企业组织模式已经演变成为由职能专业化的部门所构成的一种等级结构。管理层的方向、目标和考核由上至下地部署在这一纵向的等级构造中。然而，产出产品，尤其是产出顾客所购买产品（组织因此而存在）的那些过程却是跨职能部门水平流动的（图 8—1）。传统上，过程的每一个职能部分均由一个部门来负责，该部门的主管对这块绩效承担责任。可是，没有谁对整个过程负责。很多问题都源自部门要求与整个过程的要求之间的冲突。

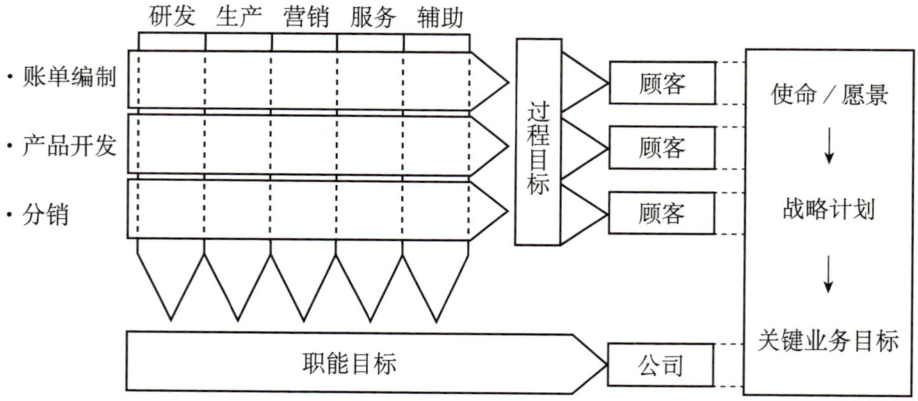

图 8—1 职能部门间的水平工作流

在与职能目标、职能资源、职能成长相竞争中，跨职能的过程备受冷落。结果，这些过程的运行常常是既无效果也无效率，也注定不具有适应性。

过程绩效不良的又一原因在于所有过程在演化过程中均会遭受的自然劣化。例如，在一家铁路公司中，从公司电话簿中可以看出，“维修职员”的数目要多于“职员”的数目。维修职员的设立是为了防止某些曾发生过的严重问题的复发。随着时间的流逝，这种分工的失衡成为了一个外在的证据，表明这些过程将维修固化为了组织的常态。

技术发展的加速，再加上顾客期望的攀升，造成了在成本和质量方面的全球性竞争压力。这些压力刺激了对跨职能过程的探索，人们在思考如何来明确和理解这些过程并改进其绩效。现有大量证据表明，在整个产品生产周期中，BPM 技术是导致过程绩效不良的一个主要原因。跨职能过程中，职能目标常常与顾客需要相冲突，这些过程还会产生出各种各样的浪费（不准时、加工废品，等等）。不难找出这类产品，如发货清单的制作、保险单的填报或收款单的支付等，本来只需 20 分钟就可以完成但实际上却要花费 20 多天。它们也很难及时改变以对持续变动的环境作出反应。为了更好地满足顾客的需要，就必须使这些过程恢复其效果、效率和适应性。

BPM 的由来

IBM 公司是最早认识到辨识和管理业务过程的益处的美国公司之一。IBM 在业务过程管理方面的最初努力发生在 1980 年代初，用该公司一位高层主管的话来说，其实质在于“改进的焦点必须放在工作过程上”（Kane，1986）。BPM 在制造业中已经实行了很长时间。在产品制造中，工厂经理“拥有”制造过程的大部分环节。他对这部分制造过程的运营负有完全的责任，同时还要对最终结果负责。作为所有者，他必须控制、改进并优化制造过程以满足顾客需要和业务要求（成本、生产周期、减少浪费、创造价值等）。为了实现这些目标，制造过程的主管们开发出了一些必要的概念和工具，包括对过程要求的定义、过程各步骤的文件化、过程测评指标的建立、过程缺陷的消除，以及过程优化的保证等。事实上，工业工程的大多数内容都与这些任务有关。在认识到这些工具在制造过程中的价值以及它们在业务过程中的应用前景之后，IBM 的高层管理委员会指示将 BPM 方法应用于所有主要的业务过程（如产品开发、经营计划、分销、订单处理、营销计划，等等）中，而不只是制造过程。

与此同时，许多其他的北美公司也开始将 BPM 概念应用于业务过程中，例如 AT&T、福特、摩托罗拉、康宁、惠普等。所有这些公司都将重点放在了跨职能的和跨组织的过程上面。BPM 方法的应用打破了过程中的职能壁垒。在各个例子中，所针对的过程均建立了新型的永久管理结构。

到了 1985 年中期，如同对职能、部门和其他的组织实体进行管理一样，许多组织和行业都在以同样的重视程度管理着所选定的主要业务过程。早期这些做法的名称有业务过程管理、持续过程改进以及业务过程质量改进。

1990年代初期，通过推行业务过程再造（BPR），Michael Hammer（1990）进一步提升了人们对于业务过程的重视。在此后的年代里，BPR常常被认为只是剧烈的变革和缩减规模的举措，而不是过程的改进，这导致了很多再造努力的失败。

BPR之后，在新千年中出现的BPM重新引起了人们对于管理工作流的必要性的重视，成为了一场低调而确实的经营革命。为了理解作为一个整体的组织为何会从过程改进进化到业务过程管理和过程负责制，我们就必须理解业务过程的基本特征以及BPM所带来的益处。传统的“职能制组织”是工业革命的遗产，其根据职能来加以组织的原则来自工作的专业化分工。

职能制组织未必会完全消失，而是发生了转化，成为了对为顾客带来价值的过程进行管理的背景。如何进行组织的决定因素不再是技术上的卓越、创新或长寿，而是多大程度上能够有效地响应和服务顾客。随着组织学会了如何通过项目改进实行跨职能的管理，它就达到了BPM的阶段。BPM就是使所有这些改进项目所带来的变化持久化的过程。

实现持久的顾客满意和成果的唯一途径就是成为一个具有适应性的组织。要具有适应性，意味着组织能够快速地响应顾客需要的变化、技术的发展和竞争者的创新。

表8—1突出了职能制组织和以过程为中心的组织在文化上的重要差异。

表8—1　　职能制组织与过程型组织

组织行为	职能制组织	过程型组织
管理者管理	资源	顾客与结果
团队产出	独立	合作
组织适应性	僵化、经常重组	灵活、适应
资源重点	满足职位要求	最佳结果、顾客
知识传播	信息孤岛	整个组织中的整合
文化	封闭	开放

BPR应当被认为也是这类方法中的一员。如同本章前面所提到的各种方法一样，BPR将管理关注的重点由职能转向了过程。按照最早讨论BPR并对之命名的那些咨询专家的观点来说，BPR与其他方法的不同之处在于其着重于对过程的剧烈变革，而非渐进式的改良。而且，BPR常常会寻求同时变革一个以上的过程。由于1990年代初期的经济环境，再加上一些作者所描述的诱人回报，BPR一时之间变得炙手可热。

然而，也有证据表明，在BPR的早期应用中，快速见效的诱惑促使一些主管（还有他们的顾问们）忽略了人的局限性，在过短的时间内实施了过多的变革，对组织的长期绩效产生了破坏性的作用。Michael Hammer，有关BPR的最畅销著作的作者之一，也证实了这一点。此外，在许多早期的应用中，人们对剧烈变革的前景是如此看好，以至于他们变革所有的事情，对于现过程设计中机能完好的那些要素视而不见，这些要素本来是可以很好地继承到新设计当中的。这样的继承会节省时间，减少对设计人员的要求，产生更好的效果。

BPM的定义

众多卓越的公司都采用了本章所讨论的方法并取得了不断的成功，其中也包括前面提及的那些公司。尽管各个公司在应用时名称和细节不尽相同，但这些方法具有一些共同的核心特征，这些特征使之与其他的质量管理方法区别开来。这些核心特征包括：有意识地面向顾客和顾客的需要；对最影响顾客满意度的少数关键的跨职能过程的特别关注；每一关键过程有着明确的责任模式；有一支跨职能团队负责过程运营；在过程层次上应用由质量控制、质量改进和质量计划所构成的质量管理过程。在本章中，这一方法被称为业务过程管理，或简称为BPM。

BPM方法论

当最高管理层选定了关键的过程，确定了过程主管和团队，向他们提供了过程使命陈述和目标，BPM活动就启动了。当过程主管和团队接受了卓越绩效方法和工具的培训后，他们的活动将沿着BPM的三阶段来进行，这便是计划、转换和运营管理。

计划阶段是对过程进行设计（或再设计）的阶段，这也是三个阶段中最耗时的一个阶段，它包括五个步骤：

1. 定义当前过程。
2. 确定顾客需要和过程流向。
3. 建立过程的测评指标。
4. 对测量结果和其他数据加以分析。
5. 设计新过程。其产出就是新过程的方案。

计划阶段是三个阶段中最耗时的阶段。

转换阶段是第二阶段，在这一阶段中，计划阶段所开发的方案由过程团队转交给实施部门，投入运营。

运营管理是BPM的第三阶段。在这一阶段，实施主管与团队首先监测新过程的绩效，主要关注过程的效果和效率指标。他们应用适当的质量控制方法来维持过程的绩效，应用质量改进方法来消除过程中的慢性不良。最后，高层要定期进行评审和评估，以确保过程持续满足顾客需要和业务要求，保持竞争力。

需要强调的是，BPM并非一次性的事件，其本身就是一个持续进行的过程。

案例研究：Unisys是一家全球性的信息技术服务和解决方案公司，其客户遍及全球100多个国家。该公司凭借其在系统集成、外包、基础设施服务、服务器技术和咨询方面的先进技术，能够提供丰富的业务解决方案。Unisys的全球基础设施服务（GIS）部门为组织在设计、集成和管理包括桌面环境、服务器、网络、移动/无线系统等在内的分布式基础设施时提供增值服务。GIS中有一个关键的部门叫作基础设施管理服务（IMS）部门，主要为客户提供基于服务的解决方案，帮助客户管理和改进基础设施以增加业务价值并降低成本。

IMS部门开始开发一个名为Unify的独特的基于过程的方法。目标是在全球的客户服务中导入可重复性和一致性。这一方法的开发要求IMS对600多个过程进行测绘和文件化。IMS需要寻求一种BPM的解决方案。

应用诸如Microsoft Visio插件和Designer（过程模拟软件）这样的技术，IMS建立了一个全面的业务过程模型。IMS开始实施其BPM方法。在项目开始后的一年内，它开始实施和管理它的关键业务过程，包括组织、资源和角色以及相关的信息在内，而且可以从多个细节层面上来加以观察。作为专门用于企业用户的动态解决方案，BPM帮助该部门识别出了提升组织效率的最佳路径，确保了各种活动的一致性并减少了培训的要求。

BPM的另一种做法是基于BPM的五种类型的活动，这便是设计、建模、执行、监测和优化。

设计

过程的设计既包括识别现有的过程，也包括设计未来的过程。这里关注的领域包括过程流的再现、其中的参与者、示警和提示、标准操作程序、服务水平协定、任务交接机制等。良好的设计减少了过程寿命期内的问题数量。无论是否考虑现有的过程，这个步骤的目的是确保提出一个正确、有效的理论设计。所建议的改进可以是在人对人、人对系统、系统对系统的工作流中，也可以针对企业所面对的管理、市场或竞争等。

建模

建模时考虑理论设计与各种变量的组合（例如，租金或材料成本的变化决定了过程在不同的环境下如何运行）。这还包括对过程进行“如果……则会”的分析：“如果我只用 75％的资源来做这一工作，则会发生什么情况？”“如果我要用当前成本的 80％来做这一工作，则会如何？”

执行

实现过程自动化的一种方式是设计或购买某种应用软件来执行所需的过程步骤。但是，在实践中，这种应用软件很少能够精确地或全面地执行所有的步骤。另一种做法是采用人与软件相结合的方式，但这会更加复杂，会使文件化过程十分困难。

针对这些问题，已经有相应的软件被开发了出来，它可以用计算机能够执行的语言来定义整个（过程设计活动所设计的）业务过程。系统既可以应用相互联系的应用软件的服务来完成业务操作（如计算某笔贷款的还款计划），也可以在因某个步骤过于复杂而不能自动化时要求人工输入。与前两种方式比较，直接执行一个过程定义变得更为直截了当，因此也更容易改进。但是，要对一个过程定义进行自动化，就必须有灵活而综合的基础设施，这就使得这样的系统在旧有的 IT 环境下无法应用。

系统应用业务规则来提供行为控制的定义，可以采用一个业务规则引擎来驱动过程的执行。

监测

监测也就是对各个过程的追踪，从而能够观察相应的状态信息，获得一个或多个过程的绩效统计。追踪的例子如确定顾客订单状态（如订单到达、等候送货、收款单发出），从而能够识别运营中的问题并加以纠正。

此外，这类信息也可供顾客和供应商用于改进他们的有关过程。这方面的统计数据如客户订单处理速度，上个月所处理的订单数量等。这些测量通常可以归入三个类别，即周期时间、缺陷率和生产率。

监测的程度取决于企业要分析和评估哪些信息以及企业所希望的监测方式，如实时、接近实时或是临时。在这里，业务活动监测要充分发挥BPM软件的检测工具的能力。

过程挖掘（process mining）是一系列有关过程监测的方法和工具的集合。过程挖掘针对过程监测的事件记录进行分析，并与一个预先设定的过程模型进行比对。过程挖掘使得过程分析人员能够探测到实际的过程执行与预设的过程模型之间的差异并进行瓶颈分析。

优化

过程优化包括检索建模或监测阶段的过程绩效信息，识别潜在的或实际的瓶颈，以及实现成本节约或其他改进的潜在机会，并将这些改进应用于过程的设计中。这将创造更大的业务价值。

加拿大蒙特利尔接口技术公司（Interfacing Technologies Corporation）的Meir H. Levi指出："了解业务过程是当今最重要的管理思维。'过程型组织'的思想正在获得日益巨大的影响。对过程的重视已经成为必须的要求。过程框架与管理结构的整合强调用一种一致而协同的方式来实现成果，这些成果直接影响着绩效基准以及顾客和股东的满意度。"

BPM的展开

挑选关键过程

组织中运行着诸多的跨职能业务过程，要从中选出少数关键的过程作为BPM的对象。组织的战略计划为选择关键过程提供了指南。（参见第7章"战略计划与展开：由良好到卓越"。）

关键业务过程的选择有若干种方法：

• 关键成功因素法。这种方法主张，对任何组织而言，只有相对少数的因素（不超过8个）可以被看作对于组织的使命和愿景的实现是"必要且充分"的。一旦识别出了这些因素，就可以用之选择关键的业务过程，并排出优先次序（Hardaker and Ward，1987）。

• 平衡业务计分卡方法（Kaplan and Norton，1992）。这一方法是从四个方面来衡量组织的业务绩效，即财务绩效、顾客所感知的绩效、内部过程绩效以及组织在学习和创新方面的绩效。每一方面都建立了绩效测评指标和相应的目标值。利用这些指标来考察绩效就可以给出一个“平衡”的绩效评估。在计分卡上造成了不平衡的那些过程便可以认为是最需要关注的过程，亦即是关键过程。

• 另一种方法是请最高管理层确定几个（4～6 个）用来对过程进行评价的具体选择标准。这些标准如：对业务成功的影响、对顾客满意的影响、与该过程有关的问题的重要性、该过程当前所涉及的资源数量、改进潜力的大小、引入 BPM 的可行性、过程对日程计划的影响，等等。借助于这些标准和一些简单的评分体系（如“低、中、高”），主管们便可以对组织的主要业务过程清单中的多个过程（10～25 个）进行评价，进而通过比较来确定关键过程。（过程清单可以通过一项单独的过程识别研究提前拟定出来，这项工作一般由公司的质量负责人负责，常常还需要借助于咨询人员。）

无论采用何种方法来识别关键过程，都可以用过程图来展示其结果。“过程图”是一种图示工具，它用业务过程来描述组织以及这些过程与组织的主要利益相关者之间的关系。传统的组织结构图回答的是“谁向谁报告”这一问题，而过程图则是要回答“组织的工作是如何进行的”这一问题。

进行组织：指定主管，挑选团队，确立 BPM 的基础架构

关键过程，亦即那些主要的跨职能业务过程，对于企业的成功起着关键的作用，质量委员会以特定的方式组织这些过程而对之加以关照。在选定了关键过程之后，质量委员会要任命一位过程主管，赋予其确保过程的效果、效率和适应性的责任，并由其对过程的绩效负责（Riley，1989；Riley et al.，1994）。

复杂的大型过程，尤其是在大公司中，常常会采用一种双重的职责安排。一位行政主管在组织的高层承担着发起人、保驾者和支持者的角色，并对过程的最终结果负责。在运营层次，一位通常由一线或二线经理担任的运营主管带领着 BPM 团队，负责过程的日常运营。行政主管和运营主管的安排是动态的。这种结构的主要优点在于同时实现了上层的紧密参与和支持以及对过程细节的充分管理。

BPM 团队是一个平级的群体，过程中的每个主要职能都有一位经理或主管参加。每位成员都是过程的某一片断的专家。理想情况下，BPM 团队的成员数不应超过八位，所选出的每个人都应是一位领导者。团队负责过程的管理和持续改进，团队与过程主管共同对过程的效果和效率承担责任。通常来说，团队的指派是动态的。

过程主管有时会设立一些专门团队来处理某些特别问题（如人力资源、信息

技术、基于活动的成本计算，等等）。这种基于项目的团队的使命是有限的，任务一完成团队便宣告解散。这种专门团队与BPM团队是不同的。

图8—2是一个多职能的组织和它的一个主要过程的简图。阴影部分包括了行政主管、营运主管、BPM团队以及利益相关者——由那些高层的职能负责人构成，他们所在职能有该业务过程的活动。一般地，这里的利益相关者与过程的行政主管都是质量委员会的成员。综合起来，图中的阴影部分即称为BPM的基础架构。

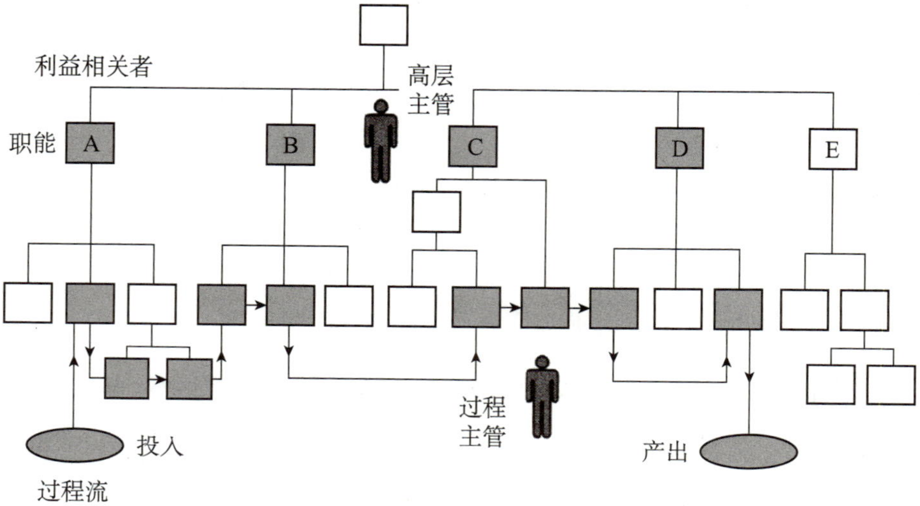

图8—2 一个多职能的组织和它的一个主要过程

建立团队的使命和目标

过程的初始使命和改进目标是由质量委员会传达给过程主管（行政主管及营运主管）和团队的。为了更有效地履行其职责，过程主管和团队还必须确立他们自己的使命和目标。这一活动是在计划阶段的第一个步骤，亦即定义过程这一步骤中进行的。

计划阶段：计划新过程

BPM的第一个阶段就是计划，它由五个步骤所构成：（1）定义过程；（2）确定顾客需要并绘制出该过程的流程图；（3）建立过程的测量指标；（4）分析过程测量结果和其他数据；（5）设计（或再设计）过程。计划阶段的输出即新过程的方案。

定义当前过程

过程主管与团队共同合作以精确地定义过程。在完成这一任务的过程中，他们的出发点和主要参照便是质量委员会在选定关键过程以及选择过程主管和团队时所建立的过程文件。这些文件中包括了使命和目标的初步陈述。

有效的使命和目标的陈述应清晰地表明：

- 过程的目的和范围。
- 具有挑战性的顾客需要及业务要求的目标。

（挑战性的目标旨在激励积极的过程改进活动。）例如，某个特别合同管理过程的使命陈述为：为大型信息系统的采购提供有竞争力的特价以及支持性的条款和条件，以可接受的成本来满足顾客对价值、合同支持及时限的要求。

这一过程的目标是：

- 自收到顾客意向书日起 30 天内，将获准的价格和合同支持文件送达顾客。
- 特别合同建议书的产出（实现了销售的建议书所占比例）不低于 50%。

团队必须就这些陈述的适切性达成共识，必要时要提出修改以获得质量委员会的批准，还要将过程的范围、目标及内容文件化。根据可获得的数据和集体的经验，团队要建立相应的文件以描述过程流、过程的优势和劣势、以往绩效、测评指标、成本、投诉、环境、资源等内容。其中有些是叙述性文件，有些肯定还会用到流程图。

业务过程的界定始于对构成该业务过程的主要子过程的调查，通常会涉及 6～8 个子过程。必须将“起始”子过程（首先实施的子过程）、“结尾”子过程（最后实施的子过程）以及中间的主要子过程包括在内。如果过程的上游活动对过程产出质量有重要影响，则这些上游活动就要包含在该过程的边界内。为了突出重点并避免模糊，将明显不属于该过程的子过程列出来也是有帮助的。过程各要素所汇总的信息要以图的形式展示出来，随着计划阶段各步骤的完成，这一图表将由子过程的集合演化成为一个流程图。

图 8—3 示出了上述特别合同管理过程的高阶示意图，它是过程再设计之前的过程分析的结果。在过程定义步骤的最后，这样一张图还算不上是一个流程图，因为还没有表示出子过程发生的次序。建立这种现存的关系是第二个步骤的工作。

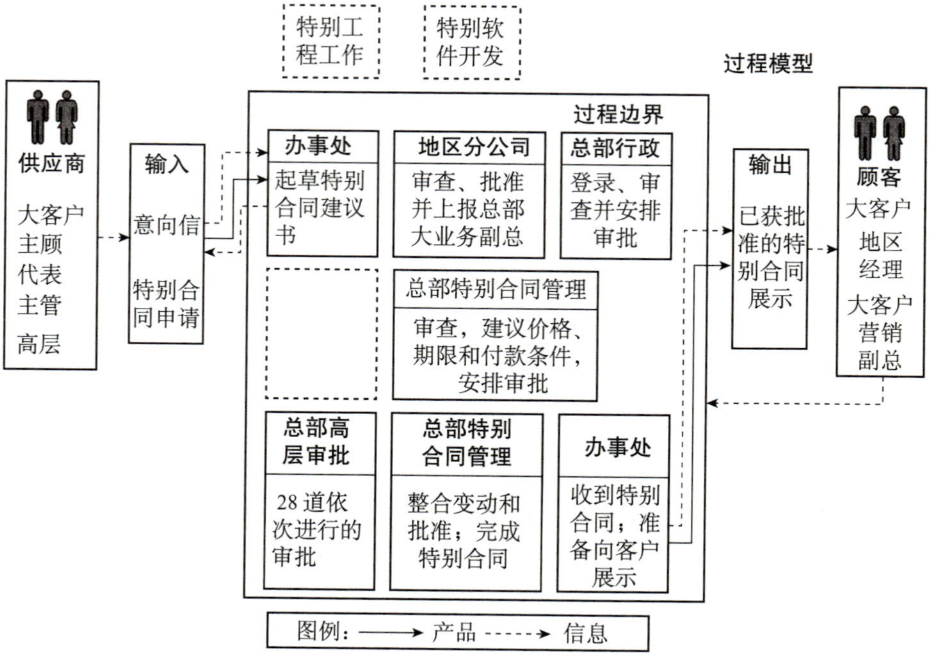

图 8—3 特别合同管理过程的高阶图

确定顾客需要并绘制出该过程的流程图

为了使过程能够高效地运行，团队必须识别出所有的顾客，确定他们的需要，并将之排出主次。明确主次能够使团队集中注意力并将精力花到最有效的地方。

确定顾客的需要和期望必须是一种持续的有训练的活动。过程主管必须确保这一活动作为顾客需求的子过程体现在业务过程的日常进行中，并且要明确对其绩效的责任。这一关键活动的输出就是不断更新的顾客需求陈述。

在过程流程图中，通常应明确关键的供应商和顾客，明确他们在过程中作为材料、产品、信息等的提供者或接收者的作用。尽管这种图可以用于大量的特定的目的，但在此处的最重要目的则是要在过程主管和团队成员之间建立起一种共同的综合的理解，理解子过程之间是如何相互联系的、子过程与顾客和供应商之间是如何相互联系的，以及产品和信息是如何在过程中流动的。在建立流程图时，团队会时常核对顾客的清单，随着对过程认识的深化，或许还会对之进行增删。

过程流程图是团队对过程进行分析以确定其是否能满足顾客需要的基本工具。通过一步一步地预演过程、共享问题和经验，团队就能够确定过程是否得到了正确的描述，必要时还要对图形加以调整以如实反映过程的实际运行情况。

在完成这一步骤后，团队就有了一个对过程分析和改进的起始点。在图 8—4 中，产品流用实线表示，信息流用点线表示。

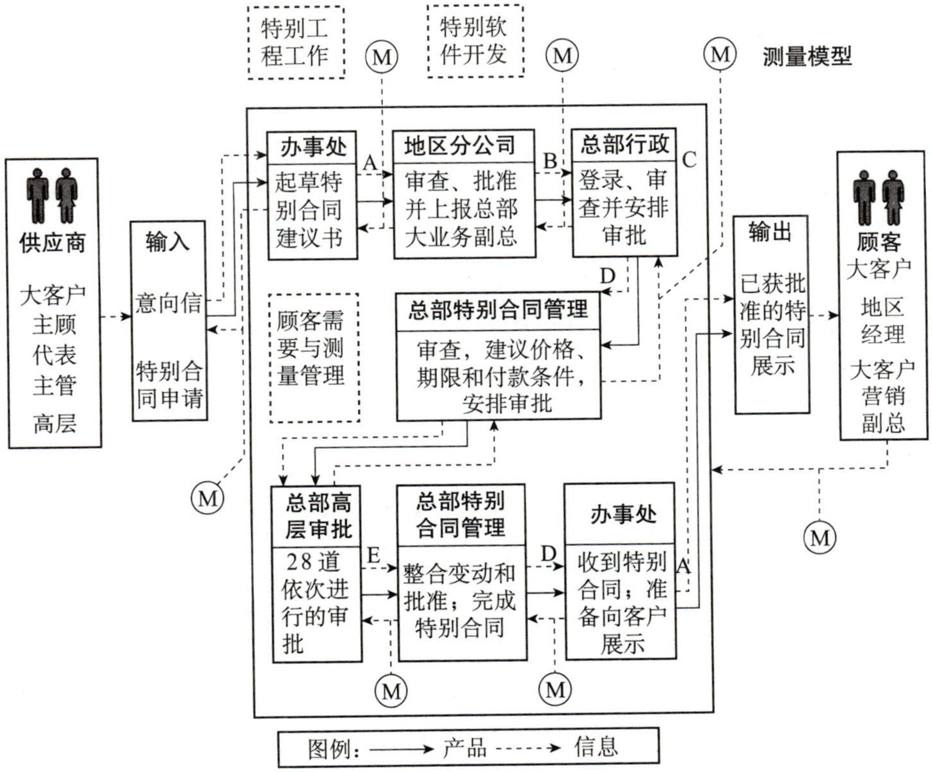

图 8—4　包括过程控制点在内的特别合同管理过程流程图

建立过程测量指标

能够测量的东西，才能够实现。在管理业务过程质量中，建立、收集并运用正确的测量指标起着关键的作用。如果“过程能力”、“过程绩效”以及其他的过程指标所描述的过程没有得到管理，这些指标就不会有什么实际意义。要得到管理，过程就必须满足一些最基本的条件：

1. 有一位主管。
2. 得到了定义。
3. 具备适当的管理架构。
4. 确立了对过程的要求。
5. 建立了测量指标和控制点。

6. 具有稳定、可预测、可重复的绩效表现。

满足这些最低条件的过程被称为是可管理的。在 BPM 中，可管理性是所有其他工作的先决条件。

在这些条件中，(1) 到 (4) 已经在本节中进行了讨论。以下将讨论 (5) 和 (6)。

过程测量

要决定对过程的哪些方面加以测量，我们可以求助于过程使命和我们的顾客需要清单。基于顾客需要的测量指标为衡量过程的效果提供了一种方法。例如，顾客要求在订单生效后 24 小时以内交货，我们就要对我们的订单完成过程规定一个测量指标，如“从接到订单到货物交付客户之间所需时间”，还要建立一个从相关数据中收集、处理、归纳和报告信息的系统。报告给过程行政主管的统计指标是诸如“在 24 小时内交付的订单所占百分比”这样的指标，这是表征及时性绩效的一个统计量。团队也需要数据，这些数据构成了分析和纠正问题以及持续改进的基础。为了实现这些目的，团队就必须有数据，从这些数据中，他们可以计算出诸如交货时间随产品类型等因素的分布这样一些描述性的统计量。在过程设计时就要对数据的用途加以仔细的考虑，以将测量指标和测量系统的设计返工降至最低程度。

基于成本、运转周期、劳动生产率、过程产出等因素设定的指标是对过程效率的测量指标。假定我们的订单完成过程的目标是将订单采选差错降至每千宗订单只有一个差错。要实现这一目标，就必须确定与订单宗数相对的订单采选差错。订单采选差错是一种无意识的差错，亦即当其发生时采选人员是意识不到的，要测量这一指标就必须通过另外的检验来辨识这类差错。检验员通过对已采选订单样本的审核，将差错识别并记录下来。就交货时间这一测量指标而言，团队必须仔细考虑这些测量结果的所有用途。如果是要预估差错率，所需数据就是所检验订单数与所发现差错数。如果是要改进这方面的过程绩效，数据就必须有助于团队识别差错来源并确定根本原因。要做到这一点，每个差错就必须与日期、班次、产品类型、包装容量等因素联系起来，这样便可以对数据加以分层，从而就可以对根原因的各种假设进行检验。

过程的适应性尽管不是一个测量指标，但却是过程主管和团队的一个重要考虑因素。有关适应性的讨论将在本章稍后部分进行。

过程的测量必须与业务绩效联系起来。如果组织的成功要求某些过程必须运行得格外良好，这意味着关键过程的集体成功对于组织的绩效是有益的。过程主管必须留意挑选与传统的经营指标强烈相关的那些过程测量指标，如收入、利润、投资回报率、每股收益、人均生产率，等等。在高层的经营计划评审中，我们鼓励和赞赏主管们努力寻求过程指标与组织的绩效指标之间的联系，这是因为 BPM 所支持的以下两个信念，即组织的成功是我们的追求，而 BPM 则是实现组织成功的途径。

图 8—5 列出了一些典型的过程测量指标以及与之相联系的传统的业务指标。举例来说，“销售定额完成率”是与改善收入这一业务目标相联系的一个传统的业务指标。上述的特别合同管理过程对于这一指标有着重要的影响，因为公司在美国国内收入的 30%以上都来自这一过程。因此，特别合同管理过程的合同成功率（合同数与提交投标建议书的总数之比）与销售定额完成率以及其他的传统收入指标之间就存在着关联，从而对管理当局而言是一个极为重要的测量指标。测量点标示在了该过程的流程图上。

传统的观点		过程的观点	
业务目标	业务指标	关键过程	过程测量指标
更高的收入	销售定额完成率	合同管理	合同成功率
	收入计划完成率	产品开发	产品开发周期
	发货后被取消的订单价值	账户管理	储备管理和系统即时性保证
	应收款项回款天数		账单质量指数
	S，G&A	生产	生产运转周期
减少费用	存货周转率		

图 8—5 业务目标、传统业务指标与过程测量指标间的联系

控制点

过程的测量也是用于维持新过程的计划绩效的控制机制的一个组成部分。要对过程进行控制，就要求将少数选定的过程变量中的每一个都作为反馈控制回路的控制对象。一般来说，各变量在大过程层次上会有 5～6 个控制点，这些点包括向外部的输出、从外部的输入、关键的中间产品以及其他一些影响度高的过程点。图 8—4 示出了上述特别合同管理过程的各个控制点。有关反馈回路设计以及其他过程控制问题的详细讨论请参见第 6 章“质量控制：确保可重复和具有符合性的过程”。

过程的变异性、稳定性与能力

正如所有其他过程一样，组织的业务过程也具有变异性。诸如休哈特控制图

（参见第6章）这样的统计过程控制工具可以帮助团队减少过程变异并评估过程的稳定性。

评价过程能力是过程质量改进中的一个重要步骤。过程能力是对稳定状态下过程变异的测量。“稳定状态”意味着过程中的所有变异都可归因为随机原因。常用的过程稳定性准则是在利用休哈特控制图来测绘和解释时，过程处于“受控状态”。

统计过程控制、过程能力以及其他有关的工具都是过程团队工具箱里的有用构成。第18章“设计、控制与改进绩效的核心工具”详细讨论了这些内容。

测量步骤的输出是一份测量计划，它包括所要实施的过程测量项目的清单以及每项测量的实施细节，如谁来测量、如何测量、时间安排，等等。

对过程进行分析

过程分析的目的在于：

- 评价现过程的效果和效率。
- 识别各种绩效不良的内在原因。
- 识别改进的机会。
- 实施改进活动。

首先，团队参照流程图，将过程一层一层地分解为构成过程的要素活动。过程的分解是应用所谓的“过程分解”程序来进行的，这一程序是从最高层开始，对过程进行逐层分解。随着分解的深入，过程就能够更加详细地被描绘出来。

在分析中，随着在某一层次上获得对于过程的优势和劣势的理解，BPM团队的阶段性假说和结论将有助于决定下一步的方向。团队会发现某些子过程比其他的子过程对整个业务过程的绩效具有更为重要的影响（帕累托原理的一个例子）。这些更为重要的子过程便会成为再下一层分析的对象。

当过程的组件已经小得足以判断其效果和效率时，过程的分解即告完成。图8—6给出了一个有关3个典型过程（采购、开发工程和办公室管理）的3层（子过程、活动和任务）分解的例子。

业务过程	子过程	活动	任务
采购	选择供应商	供应商调查	外部供应商建档
开发工程	硬件设计	工程变更	召集变更会议
办公室管理	提供秘书服务	日程管理	变更现行日程

图8—6 过程分解的三个层次

测量数据要根据测量计划来进行收集，以确定过程的效果和效率。数据的分析着重于过程的效果（与顾客要求一致），以及满足当前和未来顾客要求的长期能力。

过程的效率目标是：在满足顾客要求的前提下，以最低的成本和最短的周期时间来运行所有的关键过程。

过程的效果与效率的分析是同时进行的。效果和效率的同时最大化意味着过程能够以低成本产出高质量。换句话说，这意味着该过程能够为顾客提供最大的价值。

“业务过程的适应性”是指随着时间的变化，过程在保持其效果和效率的同时，及时地适应顾客需求和环境变化的能力。在分析业务过程时，要对流程图进行四个步骤的考查，必要时要加以修改。

“过程分析总结报告”是这一过程分析步骤的顶点和关键输出。它包括了分析所得到的结果，亦即过程绩效不充分的原因和可能的解决方案，这些是由过程主管和团队在分析过程中提出和记录下来的。这个报告完成后，是一个对过程的行政主管和利益相关者进行评审的适宜的时机。

这种评审对于过程主管、团队、利益相关者和质量委员会都具有很大的激励作用。可能的过程改进方案的展示尤其会引起人们的兴趣。这些都是在整个计划阶段收集起来的，一直保存在一个点子库中。这些设计建议要加以整理加工，作为过程分析总结报告展示的组成部分供高层评审。

在评审可能的解决方案时，过程行政主管和质量委员会要提出过程设计方案的评选标准。了解最高管理层的评选标准，有助于将过程管理团队的设计努力集中到正确的方向，从而使得经过再设计的新过程方案更容易被接受。

设计（或重新设计）过程

在过程设计中，团队要定义出实现产品目标的具体运作手段。其成果是一个新设计的过程方案。在设计上进行的变更可归纳为五个大类，即工作流、技术、人员和组织、物质的基础架构，以及政策和规章制度。

在设计步骤中，过程主管和团队必须决定是创建一个全新的过程设计还是对现行过程进行再设计。创建一个全新的设计意味着进行根本性的变革，而再设计则通常意味着渐进的变革，它会继承现行设计的某些特征。

团队会从内、外部来源获得许多的设计方案。从内部来源取得备选方案的一种方法是训练操作层人员运用创造性思维来再设计他们的过程。

以这种方式提出的各种点子被整理成文档并储存在点子库中。标杆分析能够从外部提供丰富的思路，其中也会包括根本性变革的点子。有关标杆分析的详细讨论请参见第 15 章。

在从效果的角度对过程进行设计时，过程的运转周期通常是最让人关注的变量。在服务主导的竞争中，最短的运转周期常常是起决定作用的特征。而且，缩减运转周期通常也会转化为效率的提高。对于许多过程来说，缩减运转周期的最有效手段是导入新的技术，尤其是信息技术。

面向速度的设计能够创造出惊人的竞争优势，会提高市场份额并减少库存要求。有许多公司在产品开发和生产领域的运转周期缩减方面取得了显著成就，如惠普、宾士域（Brunswick）公司、通用电气的电力分配和控制部门、美国电话电报公司（AT&T）以及贝纳通（Benetton）等（Dumaine，1989）。这些公司所取得的成就均来自针对主要业务过程所采取的努力。这些努力还有其他一些具有普遍性的特点：

- 由最高管理层提出具有挑战性的目标。
- 绝对遵守计划安排。
- 应用最先进的信息技术。
- 减少管理层次以促进雇员的活性化和自我导向的工作团队。
- 使对速度的重视体现在组织的文化中。

在面向速度的设计中，成功的再设计常常源自少数几个很简单的原则，即消除过程中的交接，消除上游活动所引起的问题，消除职能间交接的延误和差错，合并跨职能或跨业务的步骤。简单说明如下：

• 消除过程中的交接。“交接”是指材料和信息在人与人之间的转移，尤其是那些跨部门的转移。不管什么样的过程，只要涉及多个人，就不可避免地会有交接。但必须认识到，交接既耗时又有大量危害过程完整性的隐患，如搞错的指令、弄混的零件标志、过时的规范、误传的顾客要求等。在本章前面讨论过的特别合同管理过程中，并行评审委员会的采用消除了28道依次进行的高层审批和相应的交接。

• 消除上游活动所引起的问题。美国一家电脑公司因销售代表不正确地配置系统而导致了订单录入的差错。结果，销售与订单处理过程的成本比竞争对手高出了30%，某些产品的差错率甚至高达100%。通过跨职能的再设计，解决了在配置和销售人员技能方面存在的问题，从而提高了交货的准时率，显著节省了成本（Hall et al.，1993）。

• 消除职能间交接的延误和差错。在英国的一家保险公司里，新保险单的处理包括了10个交接，至少需要40天才能完成。该公司后来采用了只需一次交接的项目经理方式，保险单处理时间降到了7天以内（Hall et al.，1993）。

• 合并跨职能或跨业务的步骤。有一家美国的电子设备制造商，其硬件设计、生产、安装和维护的过程有9个步骤，涉及三个不同部门中的7个岗位。该公司后来除在销售和生产职能各保留一个岗位外，取消了其他所有的岗位（Hall et al.，1993）。

为了确定在实际运行条件下能否正常运行，还要对过程设计方案进行测试。设计测试包括试验、试运行、空转、模拟等。测试结果用于预测过程的绩效表现和成本/收益方面的可行性。

成功的过程设计必须有雇员的参加和参与。忽视了这种参与，将使组织失去实现重大改进的机会，也会对实现重大改进造成阻碍。一线职工在提出新的设计方案方面的创造性是惊人的。

创建新过程方案

当对一个关键的过程进行了重新定义后，我们必须将新过程文件化，并详细说明新的步骤。在新过程方案中，包括了新过程的构成，还有旨在保持新的过程绩效水平的控制方案。图 8—7 示出了上述的特别合同管理过程的新的过程方案，这是一个高阶的过程示意图。

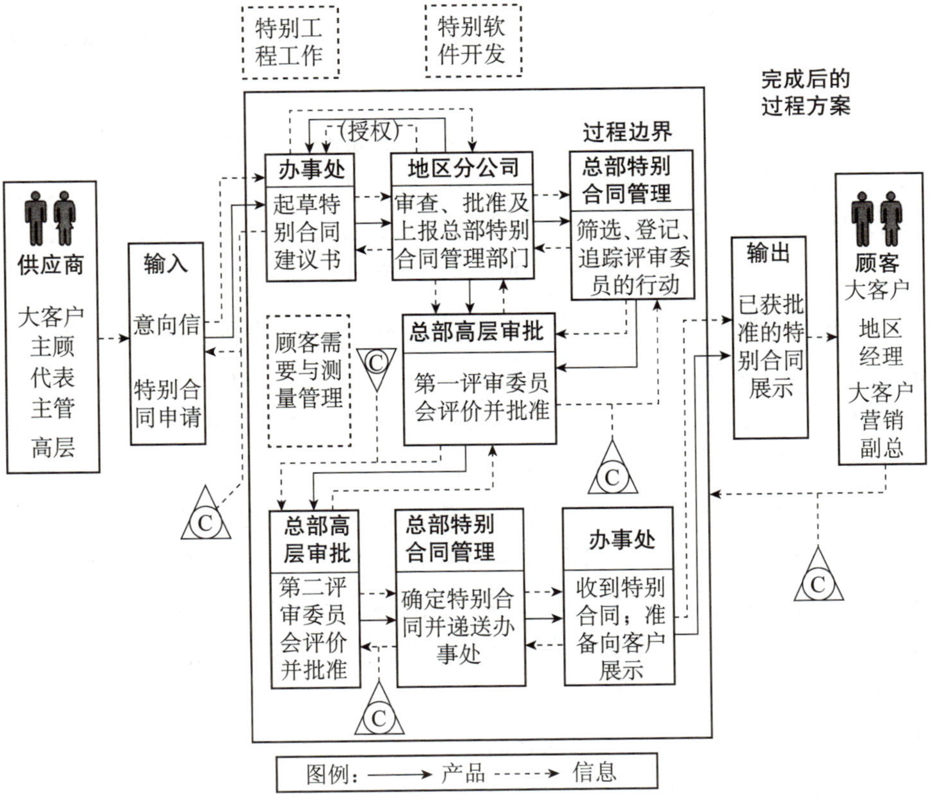

图 8—7　高阶的过程方案

转移阶段：将新过程方案转移到运营中

转移阶段包括三个步骤：（1）计划实施中所涉及的问题；（2）计划实施行动；（3）部署新的过程方案。

计划实施中所涉及的问题

一项重大的BPM活动会涉及巨大的花费并促成组织的根本性变革，影响到成百上千的岗位。所有这些都是重大的管理挑战。所有这些变革都必须仔细加以计划、安排和实现，以便新过程能够进行展开以进入到运营管理阶段。图8—8明确了所需考虑的问题的类别，并列出了其中所包含的关键要素。

问题的类别	所包含的关键要素
工作流	过程分解（宏观/微观、跨职能的、职能内的、部门间的、部门内的）
技术	信息技术和自动化
人员和组织	职位、职位说明、培训和开发、绩效管理、报酬（激励式的或非激励式的）、表彰/奖励、工会参与、团队、自我导向的工作团队、报告关系和减少层次
基础架构（物质的）	位置、空间、布置、设备、工具和装备
政策/规章	政府、社区、行业、公司、标准和文化
新过程的设计问题	环境、质量、成本和采购

图8—8　实施中所涉及问题的类别

在图8—8列出的五类问题中，人员和组织一般来说在所有的BPM活动中都是最具挑战性的变革主题的源头。在人员和组织这一类别中，计划实施所涉及的主题包括：新的职位，通常会变得更加丰富；新的职位说明书；对进入新岗位的人员的培训；新的绩效计划和目标；新的薪酬制度（奖励性工资、共享收益，等等）；新的表彰奖励机制；与工会签订的新劳动合同；过程导向所必需的团队合作和团队建设理念的导入；自我导向的工作团队的成立；团队教育；管理层次的削减；新的报告关系；对于岗位被取消人员的就业计划的开发和管理；福利待遇的临时性安排；解雇后的新职业介绍计划；以知识和贡献为基础而不是依据等级制中的提拔的新的职业生涯路径。这个单子还可以继续罗列下去。此外，还必须考虑在技术、政策和物质基础架构方面的变革。

变革管理技能的重要性是显而易见的。新过程的部署会对那些受到影响的人构成威胁。过程主管和团队必须善于克服变革的阻力。

做好变革的准备

当具备以下四个条件时，变革就会发生。第一，当前状态令人不满甚至使人痛苦，从而形成一种变革的欲求。第二，必须有一种令人满意的选择，一种事情将会如何更好的愿景。第三，存在着达到满意状态的现实步骤，包括实施这些步骤的指南以及在这一过程中的支持。第四，要维持变革的效果，组织和个人必须获得相应的技能并达到一种能动的状态。

这四个条件强化了变革的意图。对变革的进程必须加以持续的监测，以使变革的效果能够永久保持下去。在运营管理阶段，运营控制、持续改进及定期的评审和评价等活动都有助于确保新的过程方案按计划持续运行。

对实施行动的计划

这一步骤的输出是一个复杂的工作计划，这一计划将由过程主管和 BPM 团队来实施。项目管理方面的技能将有助于他们的活动。

部署新的过程方案

在实际实施新过程之前，团队要对新的过程方案加以测试。他们要对挑选出的过程要素加以测试，或许还会进行计算机模拟。测试的目的是预测新过程的绩效和确定可行性如何。测试还有助于团队对过程微调并决定是否进行平行运行（新老过程同时运行）。团队必须决定如何来部署新过程。以下是几种选择：

- 水平部署，一个职能接一个职能地部署。
- 垂直部署，全部职能由上至下地同时部署。
- 模块化部署，一个活动接一个活动，直到全部活动得以展开。
- 按优先次序部署，按优先次序来部署子过程和活动，先从改进潜力最大的开始。
- 试点部署，对过程的小规模试行，然后扩展到全面实施。上述的特别合同管理过程的首次再设计便采用了这种做法，即在全国推广之前首先进行了区域性的试验。USAA 保险公司对新过程的所有试点都是在五大湖地区进行的。USAA 采用这种方式除了要“在全国性推广之前消除新设计中的各种错误”之外，还将之作为“有前途的主管们拓展职业道路的经历”，并“以小得多的阻力将新设计推广到组织的其他部分”（Garvin，1995）。

新过程的全面部署还包括对最新控制方案的开发和部署。图8—9列出了一个新的过程方案所包括的内容。

- 过程的使命
- 过程的目标
- 过程管理结构（即主管/团队/利益相关者）
- 过程合同
- 过程描述/模型
- 顾客要求（即顾客名单、顾客需要、要求陈述等）
- 过程流
- 测量方案
- 过程分析总结报告
- 控制方案
- 实施行动方案
- 资源计划
- 日程/时间进度

图8—9　一个新过程方案的内容

运营管理阶段：管理新过程

一旦过程投入运行，运营管理阶段便告开始。运营管理中的主要活动包括：(1) 过程质量控制；(2) 过程质量改进；(3) 定期的过程评审和评价。

业务过程测量与控制

“过程控制”是一个持续的管理过程，在这一过程中，通过对控制点的测量来把握过程的实际绩效，将测量结果与质量目标进行比较，并对偏差采取行动。过程控制的目标是确保业务过程的绩效保持在所计划的水平上。（参见第6章“质量控制：确保可重复和具有符合性的过程”。）

业务过程改进

通过监测相对于顾客要求的过程绩效，过程主管就能够识别出过程的输出与实现顾客满意之间的差距，这些差距便构成了过程质量改进活动的目标。它们表现为缺陷、投诉、高昂的不良质量成本，以及其他的不良。（参见第6章“质量控制：确保可重复和具有符合性的过程”。）

定期的过程评审和评价

过程主管对当前的过程绩效进行评审和评价，以确保过程按计划运行。评审应包括对过程设计本身的评审和评价，以应对设计条件的变化和预期的未来变化，如顾客的需要、新的技术以及竞争者的过程设计等方面的变化。过程主管应当就评审顾客需要、评估和标杆分析现有过程设定一个日程表，这是非常值得做的。

随着顾客需要的变化，过程的测评指标也要重新定义，以反映这些变化。这种持续的再定义便构成了一个测量管理子过程的主题，这一子过程是由过程主管和团队所建立的，并对顾客需要子过程进行了补充。这两个子过程有着密不可分的联系。

马尔科姆·鲍德里奇国家质量奖准则中有关业务过程管理的要求为过程绩效的评审和评价提供了一个基础。

世界上的各种其他的评奖准则，以及许多国家的和国际性的标准，都为过程主管和团队考虑过程评审提供了参考和指导。

马尔科姆·鲍德里奇国家质量奖的准则正在日益被认为是对卓越绩效的事实上的定义。业务过程管理是卓越绩效框架体系中的一个重要概念。

组织已经懂得了不要将管理的注意力仅限于财务方面。它们在定义、识别和管理质量方面已经获得了经验。它们习惯了战略性的思考，即设定愿景、使命和目标并将之协调起来。它们也将获得对照这些目标来评估进展的经验。

质量改进过程是超越职能式管理的一个重要步骤，它于 1950 年代发源于日本，1980 年代初在美国得到了广泛的开展。许多组织认识到，质量改进必须有两种新的组织构件，即质量委员会和跨职能项目团队。质量委员会通常由高层管理团队组成，他们在其传统的财务管理职责上，增加了质量管理职责。项目团队认识到，在一个职能制的组织中，减少慢性故障的责任必须由一个跨职能的团队来承担。

BPM 是对早期的质量改进活动所获得的诸多经验的一个自然的扩展。这一活动要求必须有观念上的转变，要从对职能专业化的依赖中抽脱出来，理解聚焦于主要的业务过程所具有的益处。它还必须有另外一个组织构件的支持，这便是针对每个主要的业务过程有一个架构。

与技术融合的 BPM 的未来

业务过程管理（BPM）正在日益与基于服务的架构（service-oriented architectures，SOAs）技术以及诸如精益和六西格玛这样的卓越绩效工具结合起来，以促进改进和取得成果。与此同时，这些工具也提升了组织的灵活性和技术辅助的响应性。许多成功的组织都认识到了这种关联性。

根据 IBM 的认识（参考“Aligning Business Process Management，Service-Oriented Architecture，and Lean Six Sigma for Real Business Results”），那些克服了文化和组织障碍的先行者正在收获显著的绩效和财务结果。这包括：

• 通过更为协调、灵活的业务和技术架构而改进了对于市场挑战和变化的响应性。

• 通过对市场造成改变以及使业务过程更加适应关键利基市场的特定需要，改进了创新和实现战略差异性的能力。

• 通过自动化降低了的过程成本，通过应用实时数据、自动示警和有计划地升级等措施提高了对问题的监视、探测和响应能力。

• 通过共享过程模型和高的组件再利用水平而显著降低的技术实施成本。

• 通过过程模拟能力以及提高在编码之前获取反馈与预购的能力而实现的更低的分析成本和风险。

回报可能是巨大的，尤其是对于现在就起而行之的人而言。

参考文献

Dumaine, B. (1989). "How Managers Can Succeed through Speed." Fortune, February. 13, pp. 54–60.

Garvin, D. A. (1995). "Leveraging Processes for Strategic Advantage." *Harvard Business Review,* September/October, vol. 73, no. 5, pp. 77–90.

Hall, G., Rosenthal, J., and Wade, J. (1993). "How to Make Reengineering Really Work." *Harvard Business Review,* November/December, vol. 71, no. 6, pp. 199–130.

Kane, E. J. (1986). "IBM's Focus on the Business Process." *Quality Progress,* April, p. 26.

Kaplan, R. S., and Norton, D. P. (1992). "The Balanced Scorecard—Measures that Drive Performance." *Harvard Business Review,* January/February, vol. 7, no. 1, pp. 71–79, reprint #92105.

Levi, M. H. "Transformation to Process Organization." Interfacing Technologies Corporation, http://www.interfacing.com/uploads/File/The%20Business%20Process-Meir%20Levi.pdf

Pall, G. A. (1987). *Quality Business Process Management.* Prentice-Hall, Inc., Englewood Cliffs, NJ.

Riley, J. F., Jr. (1989). *Executive Quality Focus: Discussion Leader's Guide.* Science Research Associates, Inc., Chicago.

Riley, J. F., Jr., Pall, G. A., and Harshbarger, R. W. (1994). *Reengineering Processes for Competitive Advantage: Business Process Quality Management* (BBPM), 2nd ed., Juran Institute, Inc., Wilton, CT.

（焦叔斌　译）

第 9 章

朱兰转型模型与路线图

约瑟夫·A·德费欧　贾尼丝·杜塞·汤普森

关于本章

组织实现卓越绩效，将使我们这个世界免于技术失败，从而避免对于环境和人类的危害。使组织由一种文化转型为另一种文化绝非易事。但是，通过系统地实施有效的、可持续的有益变革，这种转型是能够实现的。我们从第 1 章到第 8 章讨论了普遍的原理。本章将从普遍到具体，讨论实现卓越绩效文化的路线图。我们称为朱兰转型模型的这种系统方法能够使所有的组织通过预见未来而实现转型。在达到卓越绩效的状态之前，通常需要实施六个方面的组织突破。

本章要点

1. 突破被定义为有目的地实现显著而持久的有益改变的过程，它通常与过程改进的目标联系在一起。转型要求组织实现突破。需要突破的领域包括领导与管理、组织结构、当前绩效、文化、适应性和可持续性。

2. 组织的变革之所以必要，是因为如下三方面的理由（其中的每一个方面都有可能毁掉一个组织）：(1) 高昂的不良绩效成本；(2) 持续的社会变化；(3) 不变革，组织就会死亡。

3. 所有的组织都应被看作开放系统。开放系统依赖于与组织外部环境的成功互动，依赖于组织内部的各种专门职能间的适当协调。

4. 在实现突破的过程中，某一个工作领域中出现的问题，其根源往往在过程的上游。因此，在某个工作场所受到绩效问题困扰的人们未必能够靠自己的力量解决这些问题。

5. 只有有了积极的参与才能够实现卓越绩效，这种参与既包括造成问题的人，也包括受问题影响的人，还包括能够提出问题解决对策的人（通常是处在问题源头的人，也可能涉及其他方面的人）。

6. 没有系统思考而孤立进行的组织变革很有可能比此前造成更多的问题。

7. 建立转型模型和路线图的方法。

文化转型

若没有一种综合的方法来实施和维持，对文化进行的变革会十分困难，常常会招致失败。朱兰转型模型和路线图描述了实现持久的文化变革必须进行的五种不同的突破。没有这些突破，组织也许会取得优异的结果，但这些结果可能不会长时间地保持下去。如果卓越绩效是组织应用普遍的质量管理方法达成的优异状态，那么组织必须确保这些方法得到成功的应用。要从组织的当前位置到达所追求的理想之地，就要求进行转型性的变革。这样的变革才能使组织持久保持其绩效，实现世界级的地位和市场领先。

这五种类型的突破包括：

1. 领导与管理。
2. 组织与结构。
3. 当前绩效。
4. 文化。
5. 适应性和可持续性。

朱兰转型模型

朱兰转型模型（图 9—1）以朱兰博士和朱兰学院 60 多年的经验和研究为基础。实现了上述的五种突破，就能够达到卓越绩效的状态。每种突破着眼于组织必须改变的一个子系统。每一个子系统对于支持组织的生存都是必不可少的，每一个子系统只靠自身都是不充分的。这些突破使得各个子系统能够发挥自身独特的作用以生产顾客愿意支付或使用的产品、服务和信息。在各种类型的突破中，有些活动或任务会有一定程度的重复或重叠。这是可以预见的，因为各个子系统彼此互相依存，每个子系统都会受到其他子系统的活动的影响。作者认识到，在各种突破中，读者的组织可能已经针对某些问题采取了相应的举措——这样更好。如果是这种情况，如果你们的卓越绩效征程并非从头开始，那你只需要从组织现在所处的位置开始即可。缩小差距或许会成为你的组织的下一个战略计划的组织部分。为了缩小差距，就要制定战略战术目标，确立实现目标的项目，并在所有职能和层次上加以部署。

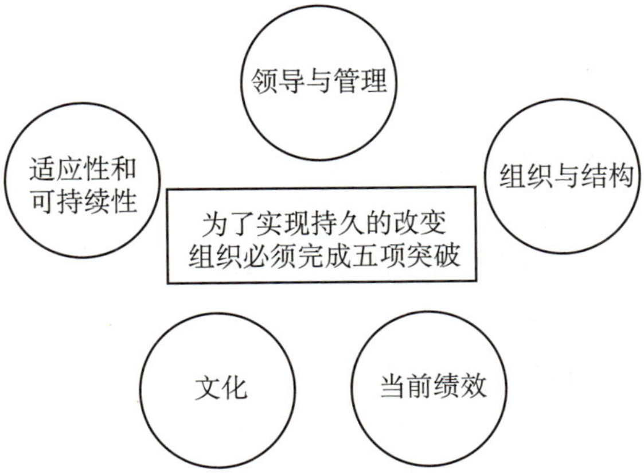

图 9—1　朱兰转型模型

资料来源：Juran Institute，Inc. 2009.

突破与转型性变革

组织中任何时候都可能发生突破，很多情况下突破的发生是由于采取了某些特定的措施，如某种改进项目（例如六西格玛改进、新服务的设计、新技术的发明等）。这类变革会为组织和社会带来迅速的良性改变。但是，它们或许还不足以引起文化的改变或者使这些变化持久保持。这是因为，这些变革也许并非出于正确的理由，它们并非是有意识地实现的，它们的发生具有偶然性。因偶然而发生的变革是不可预测的，也是不可持久的。组织所需要的是可预测的变革。

今天的组织运行在持续而不可预测的变化当中。面对巨大的外部压力，组织中的人们必须进行持续的适应性改进。这些改进或许要费时数月甚至数年才能完成，因为它是众多互相关联、彼此协调的计划、政策和突破项目综合作用的累积效果。所有这些努力综合起来，使组织逐渐发生了转型。

那些不愿改变的组织常常也会因危机或因对即将到来的危机的恐惧而引发组织变革。考虑以下的情景：

> 有两家最大的竞争对手导入了优于我们的产品。结果，我们的X和Y两种产品的销售额持续走低，我们的市场份额不断下降。使局面更为糟糕的是，我们的新产品开发速度要比竞争者慢得多。新工厂似乎什么事都做不好：设备常常停机，运行时则产出了大量的不合格品，浪费巨大。
>
> 由于差错，许多订单被退回，从而延迟了回款，导致了顾客不满升高，纠纷不断，返工成本居高不下。应收账款过高而且还在不断增加。我们开始意识到，要么在未来面对更多的问题手足无措，要么就从根本上未雨绸缪。领导层必须当机立断，否则组织就会逐渐丢掉市场、失去顾客、丧失收入。

突破是组织生存之本

离开了持续突破的治疗性效果，组织就不能长期生存。这有四个方面的重要原因：

1. 如果置之不理，不良质量成本（COPQ）会持续增加。这些成本居高不下。绩效不良的过程产生了巨大的成本，使得组织不断地被置于危机之下。我们曾在第1章和第5章讨论过，不良质量的成本据报告占到了所销售产品成本的20%以上。这一数据因行业和组织的不同而有所差异。这些成本有时会超过利润或成为亏损的主要原因，这并不少见。无论哪种情况，其总的水平都是惊人的(因其数量巨大且可避免)，给组织造成了巨大的损失。在很多削减成本的举措中，不良质量成本都是一个重要的考虑因素。这不仅是因为若不解决将损失巨大，而且还因为通过削减不良质量成本实现的节约能够直接影响绩效基线。进一步地，这种节约会一年一年地持续下去，只要纠正措施是不可逆的，或者针对可逆的改进采取了有效的控制。

2. 发现、消除并预防导致神秘的慢性浪费的原因，是符合逻辑的基本经营思路。由于能够揭示和消除问题的根原因并保持成果——这也是其基本用途所在——突破性改进成为了人们的首选措施。突破性改进可以被认为是应用科学方法来解决绩效问题，突破性改进方法论与诊断和治疗的医学模式极为相似。

3. 缓慢而持续的变化。突破对于组织的生存至关重要的另一个原因是当今经营环境的持续加剧的变化。这种变化强大而广泛，组织没有哪一部分能够免受其影响。由于组织的所有部分都会受到环境变化的威胁，组织为了生存，就必须充分地改变自身以适应新的外部条件。涉及组织多个职能方面的绩效突破是一种强大的举措，能够产生相应的抵抗措施，足以应对无情的变化。组织有时必须重新设计自身，重新审视、修正自己的核心产品、业务和服务，甚至改变自己的顾客。

4. 没有持续改进，组织就会死亡。另一个有关突破乃组织生存之本的理由来自对于组织行为的科学研究。通过研究开放系统的理论，领导者们能够就组织的运行和管理获得宝贵的启发。这一理论所带来的最重要的启示之一就是关于负熵的概念。负熵是人类组织和诸如细胞或器官（细胞的集合）这些有生命的生物系统共有的特性。熵是所有的生命体和所有的组织趋于其自身终结的趋势，负熵意味着生命系统和社会系统用以延缓其自身终结的那些反制措施。生命有机体会代谢老化的细胞，愈合伤口，抵抗疾病。组织会建立能量的储备（存货和供应）并从环境中获取更多的能量（销售和原材料）来持续补充消耗。生命有机体最终会输掉这场比赛。组织如果不能持续地适应、疗伤（进行突破性的绩效改进），构筑现金和商誉的储备，也只能是如此结局。朱兰转型模型是组织用于抗击其宿命的手段。

系统思考和转型性变革

组织如同有生命的有机体。它由大量的子系统所构成，每个子系统都发挥着独特的作用，对于整体的生命起着不可或缺的重要作用。某个特定的子系统发挥着自身的独特的功能，如设计、生产、管理、维修保养、销售、采购等。不可以把组织与生命有机体过度地类比，生命有机体用有形的边界和结构来区隔各个子系统（如细胞壁、神经系统、消化系统、循环系统等），但组织的子系统的边界与结构并非有形的，它们表现为重复性的事件、活动和交易。这种重复性的活动形式实际上就是组织的各个职能所实施的工作任务、程序和过程。开发系统理论将这些活动类型称为角色。一个角色由一种或多种重复性的活动所构成，所有这些活动的集合产出了组织的输出。

借助互相理解的期望和反馈的循环，角色以一种相对稳定的重复性方式得以维持和执行，如图 9—2 所示。三重角色开放系统理论与朱兰模型主要关注与这些活动和交互作用相关的职能角色的技术方法、人际关系、组织结构、交互作用等。详细了解组织与环境之间以及组织内部的交互作用，对于实现突破是至关重要的。这些交互作用决定了绩效的效果和效率。

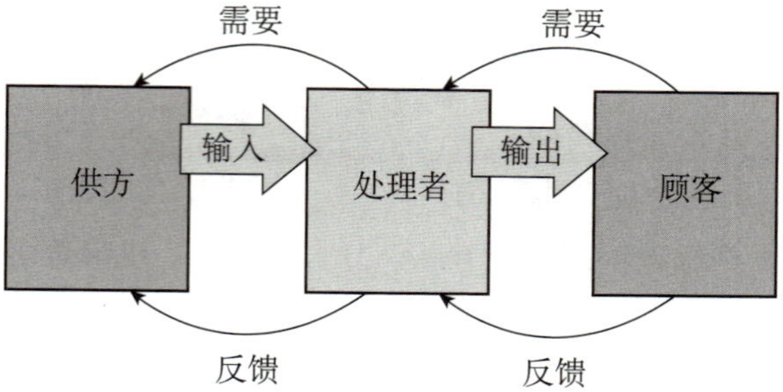

图 9—2 三重角色

资料来源：Juran Institute，Inc. 2009，p. 8.

图 9—2 所示的模型适用于组织的整体、子系统和组织的职能（如组织中的部门和单位）以及在各个职能中和各个层次上发挥作用的组织成员。所有这些实体都同时担任着三种角色，即供方、处理者和顾客。作为处理者，组织从其供方接收原材料——货物、信息和/或服务，负责把输入的能源加以转化。供方可能处在组织的外部，也可能处在组织的内部。处理者的任务就是要把接收到的这些事物转化为某种类型的新的产品——货物、信息或服务。相应地，处理者再向其顾客供应产品，这些顾客既可能处在组织的外部，也可能处在组织的内部。

这些角色之间不只是交换事物。各个角色之间的联系依靠互相理解的期望（规范、工作指令、程序等）和有关期望满足程度的反馈（投诉、质量报告、表扬、嘉奖）。注意在上图中，处理者必须向其供方详细地沟通（用箭头表示）其需要和要求。此外，处理者还要向供方提供有关其期望满足情况的反馈。这种反馈是控制环路的组成部分，有助于确保供方持续满意地提供服务。顾客对其处理者也承担着同样的责任。这里的处理者事实上也是一个供方（只是提供的是产品而非原材料）。

一旦发生了缺陷、延误、差错或过高的成本，原因就可能出在供方、处理者和顾客所完成的某种活动中，出在彼此之间的交易中，或者是需要和反馈沟通的脱节中。在突破性活动中，必须通过深入的探究和探索来准确地揭示根原因。如果原因十分复杂，要把它们查找出来，或许就需要将相应的过程置于一架具有强大威力和精度的显微镜下，实施六西格玛就相当于如此。推行卓越绩效要求所有部门和层次的参与，至少在一定程度上是这样，因为各个部门的绩效在某种意义上与所有其他部门的绩效都相互关联和相互依存。进一步地，任何一个部门的改变都会造成所有其他部门的改变，即使当时未必十分明显。各个部门之间这种相互关联的特性对于每个层次的领导者都具有实际的意义，这意味着在进行决策时，尤其是在进行有关变革的决策时，领导者必须具备“系统思维”。

由于组织是一个开放系统，它的生存就取决于（1）与组织的外部环境之间的成功的交互作用；（2）组织各个特定的内部职能及其输出的适当协调。

各个内部职能的绩效以及相互之间的适当协调取决于对计划、控制和改进的管理过程，以及领导、组织结构和文化这些人际的因素。要管理一个开放系统（如一个组织），各个层次的管理者就必须从系统的角度进行思考和行动。针对任何的变革，管理者既要考虑到对于组织整体的影响，也要认识到各个部分之间的相互关系。如果做不到这样，哪怕只是实施了一些貌似微小的变革，也有可能会招致巨大的危害。领导者们有必要这样来思考问题：“如果在 x 方面需要变革，要求所有其他职能做些什么（输入）才能实现这种变革？x 会如何影响其他的职能以及整个组织（最终输出/结果）?”无论采取什么样的突破方式，只有当组织中的人发生了变化，组织才能实现真正的改变。

从作者的经验中有三方面的重要启示：

1. 所有的组织都必须采取一种系统的做法以确保变革发生。在过程中的某个职能或步骤中表现出的问题往往根源在于过程上游的职能或步骤。某个工作领域中的人未必靠自己就能解决本领域的问题，他们需要让其他人也参与到问题解决的过程中。没有其他职能的参与，就有可能产生次优化的现象。次优化带来的是过高的成本和内部顾客的不满，与本来的意图正好相反。

2. 只有从上到下的全体员工都能够持续参与时变革才能够实现。这不仅包括处于问题源头的人员，还包括受到问题影响的人员，以及发起变革纠正问题的人员（可能是处在问题源头的人，也可能是别人）。

3. 只有职能性的变革不足以使组织发生转型。孤立而缺乏系统思考的突破很有可能比实施之前产生更多的问题。

要实现诸如卓越绩效这样的实质性变革，不能只是着眼于改变人们的行为（如通过培训），还要重新定义人们在社会系统中的角色。这其中就包括改变顾客对于其处理者的期望，也包括改变处理者对其供方的期望。换言之，绩效的突破要求组织的设计能够产出协调一致的行为来支持特定的组织目标。决定角色的其他因素或许也需要加以改变，如职位说明、工作安排、工作程序、控制方案、质量体系的其他要素、培训等。只是培训一些高水平的黑带，完成一些项目，还不足以实现突破。尽管这也会带来一定的改进，但不大可能实现长期的文化变革和可持续性。作者认为，许多组织在需要进行突破时，却只是在实施一些简单的改进。

如同我们所认识到的那样，达到卓越绩效的状态意味着实现和保持良性的改变。需要指出的是，无论关于变革的认识多么高明，都不会实现真正的变革。人们必须认识到，为什么必须进行变革，变革会带来什么影响，之后才可能改变他们所做的事以及做事的方式。最能从变革中受益的人常常也会抵制变革，尤其是当他们按照老路子取得了成功的时候。领导变革可能会十分复杂和具有挑战性。因此，试图实施变革的人就必须掌握变革的诀窍。

领导与管理突破

管理者回答了以下两个基本问题才能实现领导的突破：

1. 管理层如何设定组织绩效目标，如何激励组织中的人们去努力实现目标，如何承担责任？

2. 管理者如何最好地发挥和管理组织中的人员及其他资源的力量？

领导不只是限于一个组织的顶层，而是涉及组织的所有层次。一个实现了领导和管理突破的组织表现为具有统一的宗旨和共享的价值观，以及具有一个能够让全体人员积极参与的系统。

每一个工作群体都清楚自己的目标，明确团队及个人的绩效期望。每一个个人都了解自己对于组织的整体使命的贡献，清楚自己的绩效是如何测量的。很少发生不协调或不利于生产率的行为。关于哪些行为可取，哪些行为不可取，组织有相关的决策和行为指南，有助于相对迅速和顺利地解决问题。领导有两方面的主要要素：(1) 领导者必须明确要让雇员到何处去并进行清晰的沟通；(2) 领导者必须能够鼓励人们遵循其指出的路径，这是通过让人们理解为何这一路径更好来实现的。在本书中，“领导者”和“管理者”未必是指不同的人员。实际上，大多数领导者都是管理者，而管理者也应当是领导者。区别取决于意图和活动，而非人员。领导作用可以也应当是由管理者来发挥的，领导者也必须管理。领导意味着以一种积极的方式对他人施加影响。从这个意义上而言，处于管理层级最顶层的那些人（CEO以及其他带“总”字头衔的人）就可以是最有效的领导者，因为他们比组织中的其他任何人都具有更多的正式的职权。事实上，最高层管理者通常是最有影响力的领导者。对于那些剧烈的变革，如在组织中开展精益六西格玛这样的活动，由CEO来领导变革是最有效的方式。如果其他的领导者，如工会负责人等也能在推动精益六西格玛时发挥领导作用，将会有极大的帮助。如果高层和中层管理者、基层管理者以及非管理岗位的领导者们能够“追随领导”，言行一致地支持卓越绩效活动，也同样会如此。领导不是独裁。独裁者让人们恐惧“不当”行为，他们会通过偶尔的奖赏（如土库曼斯坦的免费汽油），释放囚犯，配合宣传的公开造势等方式，让人们追随领导人。独裁者并未让人们心甘情愿地“正确”（独裁者所说的正确）做事，人民只是因害怕而不敢违抗而已。

领导者在领导突破中的作用

战略计划与展开：由一般水准到卓尔不群

战略计划活动的第一个步骤是确立组织的使命。（我们做的是什么生意？我们提供的是什么服务？）接下来，制定和发布组织的愿景，亦即组织所期望达成的未来状态（如：我们将成为 X 产品或 Y 服务在世界范围内的首选供应商）。在宣布了组织存在的基本理由以及组织未来立志实现的总体目标之后，最高管理层要提出一些完成使命并实现愿景的关键战略（如：确保优质原材料的可靠来源，在可见的将来确保各个层次的员工稳定而合格，到本年底将不良质量成本降低到去年的 50%）。接下来的过程变得更为精确。针对每一关键战略，要提出一些量化的战略目标（指标），这是已有的资源和人员能够实现的目标。这些量化的战略目标又被进一步分解为本年度的目标，未来两年的目标，等等。最后，针对每一个量化的战略目标，要确立一定数量的操作性目标，其中要明确具体的责任人和相应的任务。通常，操作性的目标是要实现的具体项目（如六西格玛项目），是每个部门或单位具体要达成的绩效指标。

战略展开是将目标转化为具体的行动的过程，每一项行动都旨在实现某个具体的目标。展开由两个阶段构成：一个阶段是在战略计划的过程中，一个阶段则是在战略计划方案已经完成之后。在战略计划的过程中，管理层确定了关键战略之后，这些战略将传达到组织的其他人员：事业部负责人、职能部门负责人、过程主管，等等。他们再进一步往下传达至基层主管、团队领导等。他们再进而将战略传达给自己所负责的每一个个人。所有的人都要提供想法和建议，如为了实施战略需要采取哪些活动，具体采用什么样的定量战略目标，要求什么资源等。这些建议再提交给高层管理团队，他们据此进一步细化战略目标和操作性目标。这种交互可能会进行若干次。有人将这种反复的交流称为“传球”。在每一个循环中，目标得到不断的优化，变得更加具体、实际和量化。最后，就得到了一整套精确的战略目标和操作性目标，而且都各有负责人。此外，还建立了衡量绩效进展情况的测量指标，为各个层次的管理者提供了一套观测进展情况的记分卡。最重要的在于，这些目标是在具体负责实施的领导者的参与下建立的，他们将对最终的结果负责。

通过这一过程，组织凝聚在了共同的目标下。所有的职能和层次都参与了进来。这很重要，因为领导不是由身居高位的某一个个人实施的。理想的状态下，它是由所有的层次，所有的部门，所有对他人施加影响的人来实施的。在精心制订的战略计划方案的指导下，在领导者与领导者之间、部门与部门之间，在不同的时间段之间，领导行为（影响他人的努力）都具有了高度的一致性。不同层次或不同部门的决策也不会常常发生冲突。最起码，这是一种理想的状态。

激活员工，使他们能够自我控制

如果管理者能够尽其所能来激活每个人，使人们达到自我控制的状态，这将极大地提高他们的威望，提升追随者对他们的信任度。之所以如此，是因为当一个人达到自我控制的状态时，他或她就能够自由支配为了成功完成本职工作所必需的一切要素。领导者若能做到这一点，追随者就会感激和尊重他们，愿意追随他们。追随者会觉得“我的领导在帮助我。他不只是在说空话，而是在做实事”。

我们简要回顾一下自我控制的内涵，因为它对于领导力的理解十分有帮助。一个处于自我控制状态的人符合以下几方面的要求：

• 确切地知道自己应当做什么，这包括了解过程的绩效标准，知道谁应当做什么，谁负责做决定，自己相对于绩效标准做得如何。

• 及时获得反馈，从而能够对过程进行调整。

• 具有能力充分的过程，这包括必需的工具、设备、材料、保养、时间以及必要时对过程进行调整的职权。

处于自我控制状态的人能够充分支配为了成功完成任务所必需的各种要素。管理层必须为人们提供所必需的条件，因为他们控制着人们实现自我控制所必需的各种资源。那些因为长期缺乏自我控制而不能得到充分的发挥的人，会特别感激那些帮助他们实现自我控制从而走出困境的领导者和管理者们。他们会尊重和信任这样的管理者，他们更容易成为这些管理者的忠实的追随者，他们对于这些管理者所带来的诸如自信、自尊等美好事物会感铭至深。

进行定期的审核

由领导者和管理者进行定期的审核，这是一种展示对变革努力的承诺和支持的绝好方法。通过亲自巡视，与人们交谈他们的所作所为，领导者和管理者们，尤其是最高管理者们，能够有效地表现出他们的信誉和领导能力。管理审核既有正式的方式也有非正式的方式。正式的审核，要求被审核者就所控制的绩效标准回答特定的书面问题，提供数据和相关证据。如果是非正式的审核，则只是与被审核者交谈，询问他们的想法，同时也跟他们分享管理者的意见。管理审核颇有点类似战场上的将军巡视自己的部队。这是管理者展示他们对于事情进展状况的关切的一个机会，有助于了解哪些方面进展顺利，哪些方面则需要采取纠正行动。这也是倾听他人声音并表示尊重的好机会。如果管理者能够进一步追踪他们所听到的建议和抱怨，提供所需的支持和协助，就从另一个方面表现了他们对“部队”的关心。这种做法为组织中的人们与高层的直接沟通提供了渠道，这会让许多人感到自己的重要，激励他们表现出自己最好的状态。更重要的是，这样做使得管理者的领导能力也得到了加强。

实施公开奖励和表彰

领导者可以帮助追随者建立所期望的新的行为标准和模式，这可以通过对追随者进行持续一致的奖励来进行。奖励和表彰的效果能够通过以下这些方式进一步加强：

- 奖励和表彰要公开进行，要仪式化、大张旗鼓。
- 领导者要置身于他想施加影响的人们当中。
- 要解释清楚所实施的奖励与领导者期望追随者所做出的行为之间的关系。

例如，在正式推行六西格玛计划之后，组织决定召开全体大会来表彰七个六西格玛项目团队。每个团队对他们刚刚完成的项目进行了展示，包括幻灯片、说明文档、展示物等。

实施前述的不可外授的管理举措

- 成立并积极参与领导和协调绩效改进活动的执行委员会。
- 制定政策给人们提供时间以参与突破团队。
- 建立组织的基础架构。
- 提供资源（尤其是时间）。
- 评审相对于目标的绩效进展状况，包括项目的进展状况。
- 当进展太慢时，消除障碍、阻力并提供支持和其他的纠正措施。

成立并积极参与领导和协调绩效改进活动的执行委员会。这样的委员会在你的组织中也许已经存在。

为持续创新和改进提供资源

突破是通过团队的方式，一个项目一个项目来实现的。项目章程赋予了团队必须完成的目标。每一个项目都要由执行委员会发布书面的正式章程。执行委员会也要为项目团队提供完成使命所必需的人员以及其他的资源。

管理者的角色是管理组织，使之达到高的标准，鼓励适当的行为，让人们负起责任，维护设施和过程，激励和支持员工。要追踪和测量所有部门和所有层次（包括组织整体、职能、事业部、部门、工作小组、个人）完成目标的绩效。绩效指标要定期总结、报告和分析，要将实际绩效与目标相对照进行。管理层要经常采取措施纠正不良绩效，处理过于缓慢的进展状况。可以采取的措施如实施绩效改进项目，提供额外的培训和支持，消除阻力，提供所需资源，采取惩戒措施等。领导者和管理者们必须承担如下的任务：

• 建立必要的体系和程序，确保组织的所有职能和所有层次实现最佳的绩效。

• 奖励适当的行为（如果必要的话，让人们负起责任）。

• 坚持高标准。

• 注重持之以恒。

组织结构突破

实现组织结构的突破涉及：

• 设计并实施组织的运营制度（质量体系、新员工入职训练、培训、沟通过程、供应链）。

• 设计并实施正式的结构，实现各个职能的整合，确立职权层级和报告路线（如组织结构图、跨部门管理方法等）。

• 将彼此依存的各个职能整合、协调成为运转顺利的组织。

实现组织结构的突破意味着回答如下的基本问题："如何建立组织的结构和过程，从而以最优效果和最高效率实现组织的目标？"

这个领域中的趋势是清晰的。越来越多的工作由项目团队来完成。岗位任务可能是由团队的项目说明书来规定的，而不再是或不限于针对个人的职位说明书。绩效评价常常是关于团队的成绩，而不再是或不限于针对个人的成绩。

管理结构的组成除了由职能经理所管理的纵向的职能外，还包括了由过程主管管理的跨职能过程。当纵横两方面的职责同时存在时，则通过矩阵机制来解决可能发生的冲突，这种机制通过职能经理和跨职能过程主管的协商谈判来实现。

跨职能过程和纵向职能必须统一而一致地运行，才能够实现绩效的突破和组织的持久生存。所有层次的领导团队的成员都必须就目标、方法、主次等达成共识。这在实施绩效突破改进项目时尤为重要，因为许多绩效问题的原因都是跨职能的，所以针对这些问题的解决措施的设计和实施也必须是跨职能的。正因为如此，在实施精益或六西格玛活动时有如下这些称谓：质量或执行委员会、推进委员会、促进者（他们作为一个群体定期开会）、跨职能项目团队、项目团队领导者、黑带、黑带大师等。所有这些角色都参与解决变革和团队方面的问题。组织中的职权或管理层次越来越少，报告的线路越来越短，这也是一个日益明显的趋势。

> 企业界中变化的速度没有任何慢下来的迹象。可以看到的是，在未来的几十年中，大多数行业的竞争都将会日益加速。在经济的全球化以及相应的技术和社会发展的驱动下，企业不管身处何地，都面临着可怕的威胁和极好的机会（John P. Kotter，1996）。

对于管理各种职能工作而言，存在着三种广为人知的组织形式，此外还有一种新近出现的新形式。职能式、过程式和矩阵式是最传统最广为接受的组织形式。这几种组织结构的形式历经考验，得到了充分的研究，其优缺点也是众所周知的，它们是组织设计的基本形式。较新的组织设计方式被称为网络型组织。

基于职能的组织

在基于职能的组织中，根据专业化的技术设置相应的部门。对于过程和成果的职责和责任通常呈碎片状地分布在各个部门中。许多公司都是围绕职能部门来设计的组织结构，这种结构呈现为精致的管理层级。这既适合主要的职能（例如，人力资源、财务、运营、市场营销、产品开发），也适合于某个职能部门中的局部。按照职能来进行组织具有一定的好处，在职能的内部职责分明，活动高效。基于职能的组织有利于积累和培养该职能范围内的才能、技巧等。

因此，基于职能的组织具有一些长期的好处。但是，这种组织形式也在部门之间创造了“壁垒”。这些壁垒有时是有形的，有时则是无形的，它们常常造成严重的沟通障碍。这样的组织形式使得决策缓慢、僵化，职能的计划和目标与组织整体的战略计划和目标不能够协调一致。造成的后果就是，在部门内部有较高的效率，但却不能向外部的（也还有内部的）顾客提供最优的结果。

基于业务过程的组织

许多组织为了适应当今世界对快速响应的要求，开始实验新的组织形式以取代基于职能的组织。企业在不断地重新勾勒其组织方式，重新设计工作群体、部门、事业部甚至整个公司，以试图提高生产率、缩短周期时间、提高收入，或增加顾客满意度。组织结构逐渐旋转了 90 度，演化成为了基于过程的组织。

过程型组织中，报告职责与过程相关联，是由过程主管来负责的。在基于过程的组织中，每个过程都被赋予了必需的职能资源。

这种做法消除了与传统的职能制组织相关的部门间的障碍，更有利于创建跨职能的团队来持续地管理过程。

基于过程的组织形式通常要对与过程相关的业务单位负责。因此，基于过程的组织会具有更好的响应性、效率和顾客导向。

但是，随着时间的推移，纯粹的基于过程的组织可能会有降低和弱化相关职能的技能水平的风险。同时，还可能发生过程标准化程度不足的情况，导致效率低下和组织冗余。再者，这种类型的组织经常需要有一种矩阵式的报告体制，如果各个业务单位的目标存在冲突，就有可能会造成困扰。这种矩阵式结构是由职能和事业部门复合而成的混合结构。

职能卓越性与过程管理的结合

因此，我们所需要的组织应当在促进和培养持续地对过程进行管理和改进的技能的同时，能够以一种响应快速、顾客导向的方式来识别和发挥供应链优化的益处。

这种组织可以由基于职能的组织和基于事业部门的组织结合而成，由事业部门对目标、重点事项和成果负责，职能部门则负责过程的管理、改进以及资源的开发。

根据佛罗里达坦帕大学质量中心的 Frank Gryna 博士的观点，未来的组织将受到在所有组织中都存在着的两个系统的交互作用的影响，这便是技术系统（设备、程序）和社会系统（人员、角色），两者的结合被称为社会技术系统（socio-technical systems，STSs）。

有关社会技术系统的大多数研究都集中在对新的工作组织方式的设计方面，尤其是关于第一线员工的工作。例如，基层主管正在转变为“教练”，他们主要是教导和激活，而非委派和指挥。操作者正在转变为“技师”，他们从事的是多技能的工作并具有广泛的决策权限，而不再是只有有限决策权的狭窄工作。在这种新的组织形式中，团队扮演着重要的角色。有些组织现在报告它们每年有40%的人员参与在团队中，有些组织则报告说这一数字达到了80%。永久性团队（如过程团队、自我管理团队）对于包括质量在内的所有产出指标负责，专门性团队（如质量项目团队）则通常负责质量改进。有关运营和其他职能中的组织形式的文献数量很多而且还在持续增长。有关团队研究的讨论，可参看文献Katzenbach 和 Smith（1993）。Mann（1994）讨论了在基于过程的组织中工作的管理者，需要培养作为教练、培训师和"边界管理者"的技能。表 9—1 总结了事业部门管理者、职能管理者、过程管理者和顾客服务网络管理者的相关特征。越来越多的证据表明，事业部组织和职能组织缺乏适应迅速改变的市场和技术变化的灵活性。

表 9—1　　各种角色的特征

角色特征	事业部管理者	职能管理者	过程管理者	网络领导者
战略定位	创业型	专业型	跨职能型	动态的
关注的目标	顾客适应性	内部效率	顾客有效性	适应性、速度
工作责任	跨职能的	狭窄	宽泛	灵活
职权	小于责任	与责任相当	与责任相当	特设，基于领导
互相依赖度	可能高	通常高	高	非常高
个人风格	发动者	反应	积极	主动
任务的模糊性	中等	低	可变	可能很高

资料来源：前两栏引自 Financial Executive Research Foundation，Morristown，NJ。后两栏引自 Edward Fuchs.

建立一个有助于激活员工并促进员工参与的系统。传统的管理建立在佛里德里克·泰罗的专业化教义基础之上。在 20 世纪初，泰罗主张，管理制造型组织的最佳方式就是把一般的工人活动标准化为简单的重复性任务，然后施以严格的监督（Taylor，1947）。工人是干活的，经理则是计划者。在 20 世纪的前半叶，这种专业化的体制带来生产力的巨大提升，造就了具有高度生产力的经济。随着时间的推移，工人受教育程度越来越高，机器和仪器的数量越来越多，也越来越复杂。许多组织意识到员工之间的交互作用的必要性，而不再依赖职工队伍的培训和经验。20 世纪的后半叶开始出现了要求员工共同工作的团队体制，到了 1970 年代中期，由于组织改进绩效的压力日益巨大，团队方式才变得十分流行起来。1980 年代中期开始出现了自我导向的团队。为了取得最大的效益，工作的设计就必须有高度的员工参与。

活性化与承诺

在直接指挥型的管理系统中，上级发布命令而下级只管执行。很难要求长期在这种体制下工作的员工能够迅速适应需要高度参与的高绩效工作系统。有太多的新技能需要学习，太多的旧习惯需要克服。根据大量采用了高绩效工作系统的组织的报告，这种系统是逐渐演化而成的。这种演化要加以精心的管理，一步一步地，逐步让团队成员掌握许多必需的新技能和新行为。

员工参与的第一个阶段是一种咨询式的环境，在这种环境下，管理者会咨询相关人员，听取他们的意见，讨论他们的意见，然后采取单方面的行动。下一个阶段是任命专门团队或项目团队来攻克特定的问题，如改进反应器的清洁周期。这种参与方式常常使团队成员产生自豪感、忠诚和主人翁意识。

新泽西州帕特森市圣约翰医院的“闪电团队”就是一个特殊质量团队的例子。作为开展全面质量管理的组成部分，团队在该医院已经运行了一年多。所有的团队都有实质性的进展，但最高管理层仍嫌步伐缓慢。认识到组织在迅速变化的市场环境中快速取得成果的必要性，他们开发出了一种称为“闪电团队”的方法。通过增设专门的推进者，而加快了团队解决问题的步伐。推进者在问题定位、数据处理和群体互动三个方面节约了时间。

因为推进者对于解决问题的过程富有经验，这为团队提供了比常规活动更多的指导和帮助，使团队能够更加专注于成果，少走了很多弯路。为了提高速度，由该推进者负责会议间隔期间的数据处理，从而缩短了会议之间所需的时间。同时，该推进者能更加熟练地管理团队的互动，这靠训练不足的业余人士是做不到的。团队在一周之内就从首次会议到达了根原因分析阶段，并于接下来的几周设计和实施了几项纠正措施。

团队达到了医院关于缩短急诊室处置延误的目标。急诊患者得到了更加迅速的治疗，工作人员的挫败感大大减轻（Niedz，1995）。专门的团队能够有效聚焦于特定的问题。该团队的成功归功于委任了有能力迅速采取对策的人员。

项目团队

员工需要有时间来对团队将要完成的工作进行组织。为了能够对工作加以组织，确保团队成员知道他们将要做什么、为什么要这样做、如何来进行组织、涉及哪些人，就需要有一定的时间。但是，日程总是如此紧迫，从来没有足够的时间来对工作团队加以组织。

许多的团队都是仓促上马，他们以为他们知道做什么，直接就开始采取行动。他们没有时间获取他人的支持，确定正确的团队目标，制订和实施相应的计划以实现目标，或者安排好应当如何共同工作。这些团队的共同特征是，没有人清楚他们要做什么，为何做，如何做，以及让谁参与。这些问题可以通过将团队活动与五个关键成功因素相联系而加以解决。

领导风格

高度激活的团队成员共担领导职责，有时发自内心，有时则略显勉强。决策是高度合作性的，目标具有高度的共识。团队努力实现共赢，大力鼓励合作精神。关注的重点在于解决和预防问题，而非互相指责。在对宝洁公司佛罗里达 Foley 工厂的一次参观中，负责讲解的一位员工评论说，如果是在过去，他不敢相信他会有能力担任这一任务。新的领导角色赋予了他与顾客和其他外部人士打交道的自信。

自觉责任

诚实、公正、信任和尊重他人在成熟的团队中是显而易见的特点。成员们重视彼此在工作中的成长（潜能得到最大程度的发挥）。团队成员乐于分享经验，互相帮助，因为他们更关注团队的成功而非自己的成功。他们更愿意欣赏和鼓励彼此（以及团队）的成功。

高度承诺的原因

如前所述，活性化的团队成员对组织的目标拥有职权、能力、愿望和理解。许多组织相信这使得团队成员更具有主人翁的感觉，更能够像主人翁一样做事，他们愿意承担更大的责任。活性化的团队成员也具有更多的知识，这进一步提升了他们承担责任的动机和愿望。

实现高绩效的途径

人们观察到，随着雇员承担了更大的责任，拥有了更强的动机和更多的知识，他们会更容易积极为企业的利益而努力。他们开始像真正的所有者那样行事，表现出更高的自觉性和主动性。活性化的团队成员拥有职权、能力和愿望并清楚组织的方向。这样，团队成员会体会到并表现出主人翁的样子，愿意承担更大的责任。他们也具有更多的知识，这进一步提升了他们承担责任的动机和愿望。

那些活性化的组织已经取得了显著的进展，我们可以观察到一些取得成功的关键特征。这些特征来自许多咨询专家的经验，来自作者对许多公司的访问，也来自各种公开发表的著作和文章。这些关键特征有助于我们了解应当如何设计新的组织，如何对老的组织进行再设计以使之更加有效。这里强调的是那些关键的特征，而非事无巨细地描述某个公司的运营。这份清单不可能穷尽所有的特征，但它对于众多类型的组织来说，都是一个十分有帮助的核对表。

关注外部顾客

关注外部顾客，关注他们的需要以及满足这些需要的产品和服务。

- 有相应的结构和职位设计，以减少过程和产品中的变异性。
- 有较少的组织层级。
- 注重业务和顾客。
- 确立界限以在源头上减少不一致。
- 有很强的网络关系。
- 自由、无障碍的沟通。
- 员工清楚关键的顾客是谁，他们需要什么，如何用自己的行动来满足顾客的需要。这意味着所有的行动都立足于满足顾客的需要。员工（如操作者、技术员、车间经理）明白他们是为顾客而工作，不是为厂长而工作。
- 在企业管理中吸收供应商和顾客的意见。

在活性化的组织中，管理者致力于创造一种让人们充分发挥的环境，而非只是控制人们。成功的管理者擅长激发员工，让他们对自己、自己的工作和自己的组织感到自豪。正如时任田纳西 Smyrna 日产工厂总经理的 Marvin Runyon 所强调的那样，“管理就是要提供一种让人们把工作做好的环境”（Bernstein，1988）。

组织与知识管理

学习的过程可以分解为“观察—评估—设计—执行”这样一些基本的组成部分，这一过程可以沿着两个不同的维度进行：

- 概念性学习。对因果关系的更好理解，获得的是有关“为什么”的知识。
- 操作性学习。对于行动和结果之间关系的验证，获得的是有关“如何做”的知识。

田纳西州范德堡大学欧文管理学院的 M. Lapré 教授和欧洲工商管理学院福特讲座教授 L. Van Wassenhove 的研究表明，通过聚焦于质量和生产率的改进，可以加速企业的学习曲线。

当前绩效突破

实现当前绩效的突破（或改进）涉及以下工作：

- 显著改进组织当前所达到的绩效水平。这要通过采取系统的按项目进行的改进举措，发现造成慢性问题的根原因并采取措施加以消除。
- 对“问题”过程实施变革，降低运转不良过程的成本。
- 导入新的制度和控制方法以杜绝这些根原因的反复。

为了实现对当前绩效的突破性改进，就要提出这样的问题，即“如何减少产品和过程中的错误以及因此而导致的顾客不满和高成本（浪费）?”突破性改进活动针对的是质量方面的问题，即那些未能满足内、外部的特定顾客的特定需要的错误。（其他类型的问题由其他类型的突破来解决。）精益、六西格玛、精益六西格玛、根原因纠正行动以及其他类型的各种改进计划应当被纳入到一个系统的绩效改进计划当中。这些方法要解决的是某些总是出错的特定类型的问题：

- 过多的缺陷。
- 不当的延误。
- 过长的周期时间。
- 不必要的成本。

精益和六西格玛都是改进绩效的方法。它们都是基于项目的方式采取跨职能团队来改进当前的绩效水平，两者都要求应用系统的做法来实施。

改进过程绩效的系统做法意味着：

- 定义问题（由促进者和执行委员会来进行）。
- 测量（由项目团队来进行）。
- 分析（由项目团队来进行）。
- 改进（由项目团队来进行，经常需要其他方面的帮助）。
- 控制（由项目团队和运营部门来进行）。

通过这些方法就能够实现当前绩效水平的突破。借助于精益和六西格玛方法，犹如将有问题的过程置于一个具有极高精度和清晰度的显微镜下，从而能够理解和控制输入变量和输出变量之间的关系。

至于具体采取何种方式来解决问题，是常规武器系统（质量改进），还是核武器（六西格玛），组织可以根据需要来进行选择。对于相当多的问题而言，与采用更加精细而复杂的核武器相比较，常规武器已经相当有效，而且也更为便宜。两种方式的投资回报都是相当明显的，但如果你的顾客要求最大限度的质量水准，那么六西格玛方式就更加可取。

对于当前绩效的突破所解决的问题主要包括过多的缺陷、过度的延误、过长的周期时间以及过高的成本。

文化突破

众多改进的达成在组织中形成了一种改进的习惯。每一项改进都影响着质量文化的建立，积累起来，就能够：

- 建立起一套更加支持组织的目标和氛围的新型的行为标准和规范。
- 在组织的各个职能中和各个层次上注入引导组织行为和决策的价值观和信念。
- 决定组织的文化形态，例如风格（正式与非正式，灵活与僵硬，友善与敌意，创业/冒险与被动/避险，鼓励积极反馈与惩罚负面反馈），内部合作与外部合作的程度，高热情/士气与低热情/士气。总之，文化的突破就是要回答如下的基本问题："如何创造一种鼓励组织成员积极地与组织绩效目标协调一致的社会氛围?"

当雇员持续地观察到组织的领导者能够言行一致坚持不懈时，文化的变革就会发生。但这尚未达到持久或根本的变化，还需要关注如下这些问题：

- 评审组织的愿景、使命和价值观。
- 新雇员上岗引导和员工培训。
- 有关奖励和认可的政策和规定。
- 人力资源政策和管理。
- 质量和顾客满意方针。
- 对顾客满意的高度承诺。
- 对持续改进的承诺。
- 标准和行为规范，包括伦理在内。
- 消除人员、惯行和核心业务内容方面的死角。
- 社区福利和公共关系。

组织的文化对于组织的绩效有着巨大的影响。文化决定了对与错，合法与非法，可接受与不可接受。因此，文化的突破对于实现绩效的突破有着深远的影响。这也许是最为困难、最耗时的突破。有关文化突破也有着广泛的误解，这方面的努力常常会失败。

文化的突破意味着（1）建立一套支持组织目标的行为标准和一种社会氛围；（2）在组织的各个职能中和各个层次上注入引导组织行为和决策的价值观和信念；（3）决定组织的文化形态，例如风格（正式与非正式，灵活与僵硬，由上至下的权威与参与式合作，管理驱动与领导驱动，等等）、组织的等级制度（各个职能的相对地位）、奖励结构（根据什么理由来奖励什么人）。

文化的定义

组织是一个社群。根据韦伯的说法，一个社群就是"一个持续存在的合作性的社会群体，其成员通过彼此之间的交互作用发展出了结构化的关系模式……是致力于追求共同目标的一群人”。社群有着长期形成的根深蒂固的习惯和信念。你的工作场所也是一个社群，因此，它由深植于社群成员人格中的共有信念和价值观维系在一起。（在一个工作场所中，若其成员分裂为怀有彼此冲突的信念和价值观的个人和群体，它是不可能维系在一起的。各种类型的社会动荡终将爆发，这包括抵抗、反抗、叛变、罢工、辞职、调离、解雇、剥离、破产等。）

社群的成员遵循了作为行为规范的社群的信念和价值观就会受到奖赏，背离了则会受到惩罚。规范除了信念和价值观外，还包括持续的关系系统、地位、习惯、仪式、惯行等。

社群的行为规范强大而根深蒂固，形成了习惯性的社会行为模式，有时这被称为“文化模式”。在工作场所中，可以识别出影响绩效的文化模式，如参与式管理与威权式管理，随意着装与正式着装，会话风格（尊称与随意），高信任水平与低信任水平，前者让人们畅所欲言，后者则猜忌多疑，限制忠诚、充分沟通并滋生钩心斗角、欺骗和混淆。

文化在管理组织中起的作用

为了实现绩效突破，组织的行为规范和文化模式要支持组织的绩效目标，这是我们所期望的，即使算不上必须。没有这种支持，绩效目标就会被淡化、抵制、应付或忽视。正因为如此，组织的文化特征至关重要，管理层必须理解并采取行动。显然，说比做要容易得多，但这是可以做到的。

朱兰给出了一个关于文化对组织绩效的影响的很好的例子。这个例子涉及多年来管理层一直面对的一个挑战，即在生产现场推行统计控制图，这也是六西格玛控制阶段的一个关键要素。（控制图探测重复性过程的变异类型。它可以就过程绩效提供大量的信息——这些信息是从其他来源所得不到的。控制图广泛应用于制造过程，同时也应用于所有其他新型的重复性处理过程，如医院、行政机关等。在众多的作用中，控制图最主要的用途就是让雇员知道是否应当调整过程，以及何时调整过程，这一作用在很大程度上取代了传统的雇员决策做法。而且，控制图建立在概率和统计定律的基础之上，人们对这些定律有着广泛的误解，甚至认为是神秘莫测。）

> 让生产工人和一线主管接受控制图为一个生产工具有着巨大的困难。我确信这反映的是事实，这依据的是对生产领域推行控制图时令人震惊的高失败率的大量的第一手观察。这种困难不只是现在才有的一个现象。我们早在1920年代后期就对此深有体会，当时西方电气公司霍桑工厂在其生产现场

开始尝试应用控制图。也并非只是美国如此，我在西欧、日本等地都观察到了同样的困难。我个人确信，控制图之所以难以获得工厂现场的广泛接受，主要是由于对工厂文化的不适应，而不是因为控制图在技术上有什么弱点……在生产现场的基层主管看来，控制图造成了一大堆的问题：

控制图缺乏“合法性”（即推行它的是一个没有合法权力的部门）。

控制图与规范相冲突，还得让操作者来解决这种冲突。

控制图与其他的数据收集和展示方式相冲突，还得让操作者来解决这种冲突。

控制图要求操作者采取与以往惯行不同的行动，但未能解决因此而造成的新问题。

测量和控制图的合法性

人类追求“法律与秩序（law and order）”的激情不会止步于组织的大门口。即使在工厂内部，也仍然存在着同样的人类需要，人们追求生活的可预测性，希望规避令人不快的意外。反映在生产现场中，关于法律与秩序的概念融入了多方面的原则当中：

- 一个雇员对一个且只对一个人格化的上司负责。
- 对于非人格化的上司（手册、图纸、程序）的数目没有限度，但这些上司必须有合法性，亦即明确的官方地位。
- 当人格化的上司与非人格化的上司的指令发生冲突时，按前者为准。
- 当具有合法性的某一事物与未取得合法性的某一事物冲突时，前者取胜。

朱兰博士指出，“这些原则是无可争辩的，因为它们决定了工厂现场的法律与秩序”。控制图的推行，在工厂造成了一系列文化模式的改变：

- 开启了一个新的工业律法的来源，但其合法性没有明确的证据。
- 新的工业律法与长久以来一直起作用的律法相冲突，后者尚未通过公认的法律渠道被废止。
- 引入了新的基于事实的信息来源，但旧的来源却未作处置。
- 产生了新的职责，但没有清楚认识到它对于担当这些职责的雇员的影响。

结论

现代方法在工厂中的推行产生了两方面的影响：

1. 技术方面，在过程、仪器记录以及其他的运营技术特征方面的改变。

2. 社会方面，人员、地位、习惯、关系、价值观、语言以及其他的文化模式特征方面的变化。

对于变革的主要阻力来自工厂的文化模式所受到的扰动。

——J. M. Juran

行为规范的获得

家庭里新出生的婴孩，单位里新招聘的员工，新的成员进入一个社群后，就会受到为人处世方面的详细教导。简而言之，这些新成员被教导以该社群的行为规范和文化模式。随着时间的推移，他们会发现，符合这些规范和文化模式就会获得奖励和舒适，而抵制和违抗这些规范和文化模式可能会很难过，因为这会招致批评、谴责甚至惩罚。如果一个个体长时间地接受比较一致的奖励和惩罚，受到奖励的信念和行为就会逐渐内化为个人的规范、价值观和信念的组成部分；持续受到反对和惩罚的行为就会逐渐被放弃而不再重复，这个个体就被社会化了。

行为规范的改变

要注意的是，社会化的实现可能要经年之久。这对于成功的组织文化变革来说是一个重要的前提，变革的推动者们，如最高管理层，必须懂得并预计到这一点。旧的文化模式必须消除并代之以新的模式。这需要时间，需要一致而持久的努力。这就是现实。人类学家玛格丽特·米德（Margaret Mead）关于新的行为和信念的习得有如下的观点：

> 鼓励学习新的行为和态度的有效方式是持续地将人们与某种满足相联系，如具有一致性的表扬、赞赏、优待，提高社会地位，强化对于某个群体的归属，或者物质奖励。当所期望的变化很难迅速见效时，这样做就尤为重要，如营养带来的好处，某种新的播种方式与果园产量的联系等，都要数月甚至数年才能体现出来。这种情况下，效果在完全显现出来之前对行为就不能构成强化，新的行为与效果之间的缺口必须用其他的方式加以填充。

她接着阐述：

> 通过经历长长的一系列这样的场景，在这些场景中，几乎无例外的，新的行为带来了满足，而老的行为则没有带来满足，学习者才能够习得新的行为和态度。
>
> 对一个个体而言，即使从心理上有可以获得的新信息，如果这些信息与他已经形成习惯的行为、信念和态度相悖，他也可能对此浑然不觉。即使迫使他意识到这些信息的存在，他也会有意拒绝，或者几乎马上忘却。
>
> ……由于一个个体的行为、信念和态度是与其文化群体的成员共有的，因而，要改变某个个体某一方面的行为，或许就必须改变整个群体的目标或

行为系统。当这个个体对于群体接受度的需要很高时——无论是因为他本人的心理构成，还是因为他在社群中的地位——就尤其如此。

这对于实现文化突破有如下的启示：

为了真正有效，各个层次的所有管理人员都必须共享、力行并不断强化所期望的新的文化规范和行为模式，这些规范必须一致并始终坚持。

不要指望因为你正式发布了书面的价值观或者在演讲或会议上宣讲了价值观，就能够轻易地改变人们的文化规范或行为。真实的文化规范或行为模式也许与公开的宣称毫无关系。同样地，实际的影响力也不同于组织结构图所标出的那样。（不管官方如何宣称，新员工很快就会知道谁是什么人，真实的情况又是如何。）

有影响力的领导者和管理者通过他们的个人人格魅力和承诺，借助于奖励、表彰以及选择性地不予表彰，能够在短期内对他们的追随者的行为产生影响。作者知道有的组织在推行六西格玛时，向其雇员发出了如下的信息：

> 组织无法要求你相信什么，我们也不要求你相信我们的六西格玛举措，虽然我们希望你能够这样。但是，我们能够要求你表现出一定的行为。因此，我们希望你能够支持，最起码不要阻碍或反对。今后，全力支持和参与六西格玛活动的人将获得奖励和提升；不支持、不参与的人将没有资格提薪提职，他们会被靠边站，甚至会被那些支持六西格玛的人取代。

这不能不说是相当强烈的表述。这些公司通常在短期内能取得一些成果，可是，如果这些强力的领导者不能把这些新的举措植根于组织的文化规范和行为模式中（使组织的成员能够把这些新的价值观和惯行化为己有），很多情况下新举措会因缺乏一致性和持久的强化而偃旗息鼓。

对变革的抵制

奇怪的是，即使有这些强化措施，变革也常常会遭受抵制，即使是有益的变革也如此。那些变革的推动者们必须理解这些抵制的本质，并懂得如何预防或克服。

在前述的控制图的例子中曾总结出了结论，即对变革的抵制来自推动或提出变革时，对文化模式所造成的扰动。在当前的社会或技术系统中游刃有余从而舒服自在的人们不愿意他们的舒服状态被打破，尤其是被那些“不具备合法性的”变革所打破。

当一个群体中引入技术的或社会的变革时，群体成员马上会担忧在新体制下他们的安全状态和舒适水平会不同于或差于在旧体制下的状况。出于可能会无法适应或会失去往日的地位的恐惧，他们的自然反应就是对变革加以抵制。群体成员对于旧体制有太多的依赖。导入新的体制不只是让他们放弃旧体制，而且还必须面对不确定性，面对不可预知的新的做事情的方式，这对他们而言是过于苛刻的要求。对于文化规范的微小偏离也会对社群的成员造成极大的不安。

抵制的表现形式

有些抵制十分剧烈、强大，甚至是暴烈的。朱兰博士曾经举过一些例子。如 16 世纪欧洲的天文学家提出了宇宙的日心说，极大地冒犯了作为当时主流文化信念的宇宙地心说。从人们的先祖、宗教领袖、祖父母、父母一直到他们自己，地心说的信念代代相传。（而且，如果天气晴朗，人们凭自己的肉眼就可以看到太阳围绕着地球旋转。）对于新提出的"荒谬可笑"不可接受的认识的反对巨大而强烈。如果日心说的鼓动者正确，地心说信奉者就不正确，这当然是不可接受的，没有合法性，错误透顶。要相信新的认识，就必须拒绝和放弃旧的思想，但旧思想已经在文化中根深蒂固。这位"亵渎神明"的天文学家只能被烧死在火刑柱上。

朱兰博士还举过另一个例子。1940 年代，当美国的火车机车从蒸汽动力转变为柴油动力时，遭到了铁路工人的反对。他们抗议把满满一火车的人员或宝贵的货物完全交给柴油机车的一个司机，认为这是不安全的，甚至是不道德的。火车头一向是由两个人来操作的，一个司机负责驾驶，一个锅炉工负责烧火。如果其中一个人出了什么问题，另一个人还可以接手。如果是柴油机车，万一司机心脏病发作而死亡该怎么办？当时的抗议是如此剧烈，最后达成了协议，柴油机车上仍保留了锅炉工的岗位。当然，铁路工人真正抗议的是对他们的地位和工作可能造成的损失。

促进文化转型的规范

文化的转型必须获得职工队伍的高度支持。有些文化规范对于提供所需要的支持似乎有着非常重要的作用。如果这些规范还没有成为你们的文化的组成部分，可能就需要进行某些方面的文化突破从而把这些规范植入到组织当中。这些具有推动作用的规范包括：

确信与所生产的数量相比，产品或过程的质量起码同样重要，甚至更为重要。这种信念有助于做出有利于质量的决策：有缺陷的品目不流至下道工序，不出厂，慢性差错和延误要加以纠正。

坚定不移地满足顾客的需要。每个人都知道自己的顾客是谁（接收自己的工作成果的那些人)，其满足顾客需要的程度如何。需要时，组织的全体成员都要全力以赴去帮助顾客。

追求挑战性目标和持续改进。改进产品或过程的经济机会总是存在。致力于持续改进的组织才能够不输于或超过竞争者。

不进行持续改进的组织就会落后于人，甚至更糟糕，被淘汰出局。六西格玛产品设计和过程改进如果实施得当，就能够产出卓越的产品设计和近乎完美的过程，带来更加满意的顾客，实现更低的成本。由此而增加的销售收入和成本节约就会直接反映在组织的财务绩效指标中。

顾客导向的行为守则和伦理守则。这些守则要正式发布，要培训新员工，要纳入到绩效评估中，要落实在奖励上。所有人始终都要按照这些守则来行事和决策。各级的管理者要不断强化这些守则。守则适用于所有人，包括董事会成员在内，考虑到他们对他人的影响力的话，也许对他们更为重要。

坚信持续的适应性变革不仅可取而且是必需的。为了保持生存，组织必须建立一个系统来发现社会、政府、国际或技术的变化趋势，这些趋势有可能对组织造成影响。此外，组织还有必要创建一种能够对所发现的变化趋势作出快速反应的结构和过程。

考虑到在快速变化的当今世界中要把握趋势是十分困难的，组织拥有并实施这样的过程和结构就变得至关重要。如果不能够了解变化的趋势，不能够适当地适应这种趋势，组织在不知不觉之中就会落后于人，从而陷入失败的境地。世界上有那么多的满目疮痍的废弃工厂在诉说着不能够跟上步伐的后果。

方针和文化规范

方针是管理行动和决策的指南。组织手册通常是从质量方针的阐述开始的。这一方针中强调了组织成员应当对高质量的产品给予更高的重视，而不是只是考虑产出的产品数量。(“高质量的产品”意味着以最低的成本，最少的缺陷、延误和差错，满足顾客的重要需要的产品、服务或信息。)高质量的产品带来了顾客的满意，销售收入，重复的需要或销售，低的不良质量成本(不必要的浪费)。这里表述的其实就是质量改进的理由。组织的质量手册中还要包括对价值观的陈述，以强化对于实现“质量文化”和绩效突破至关重要的那些文化规范和行为模式。

应当牢记的是，价值观是决策的指南，如果受到漠视和忽略，就会变得没有价值，或者只是沦为了暂时糊弄顾客和雇员的手段。可以确定的是，顾客和雇员很快就能发现真相，并对这种质量方针不屑一顾。这将使整个组织和管理层的信誉受到重创。

人力资源与文化模式

人力资源职能对于文化规范的强化具有重要的作用。它是通过如下几种途径来实现的：

• 招募。在招募广告中要说明组织的特征（如服务导向、顾客导向、在质量方面成为世界的领先者、进取精神、世界级、公平机会等），还要明确所期望的人员特征（如可靠、活力、主动、创造性、分析能力等）。组织的价值观往往通过这些信息得到传递。

• 介绍情况和培训。在向新雇员介绍组织时，通常会包括着装要求、行为、态度、合作等内容。

• 发放员工手册。向新雇员发放员工手册，其他人则每年一次发放。手册中包括了组织的历史，传统的政策与惯行，对组织成员的期望等。所有这些主题都直接或间接地表达了组织的正式文化。

• 奖励和表彰。在这个高度变化的世界中，管理者常常会为应当鼓励何种雇员行为而犯愁。无论奖励何种行为，何时进行奖励，都是在强化行为中所体现的文化规范，奖励应当有助于让受奖者做出更多的该类行为，应当刺激其他人也表现出同类的行为。

• 职业生涯规划和提升。观察一下组织所提升的那些人，你要么会发现（1）与传统的文化规范相吻合的行为，要么会发现（2）与组织的变革所期望的文化规范相一致的行为，如开展六西格玛活动。在前一种情况下，管理者着重强化当前的文化，后一种情况中的管理者则试图创造文化的突破，建立新的文化。两种情况下，人员与组织文化的关系都是考虑提升的重要因素。

适应性和可持续性方面的突破

实现适应性和可持续性方面的突破要求必须：

• 创造相应的结构和过程，以揭示和预测可能会对组织带来机会或威胁的环境的变化和趋势。

• 建立评估环境信息的过程，授权适当的部门和人员来负责。

• 创建促进迅速适应的行动的组织结构，以最大限度地利用机会并避开威胁。

• 就“组织应当如何准备才能够迅速而有效地对意想不到的变化做出反应”这一问题做出回答。

与所有的开放系统一样，组织的生存取决于其探测内外部的机会和威胁并作出正确反应的能力。为了探测到可能的机会和威胁，组织就不能只停留在收集那些正在发生的事件的数据和信息，而且还要发掘这些数据和信息所隐含的对于组织的意义和影响。最后，组织必须采取适当的行动来最大限度地利用所发现的机会并尽可能地减少可能面对的威胁。

要做到这些，就必须有适当的组织结构（如情报部门、信息质量委员会等）和数据质量体系。信息质量委员会主要负责监听“市场之声”。数据被定义为“事实”（如姓名、地址、年龄等）或“用测量数值和单位表述的有关现实情况的测量，可以成为组织有效决策的依据”。这些测量是处于原材料状态的信息。信息是“对问题的回答”或“通过分析数据而揭示出来的意义”。在作者看来，当代的组织似乎被淹没在数据中，但却缺乏有用的信息。即使拥有多个数据库的组织，其数据质量也令人担忧，从而，能够正确地回答问题的能力就更值得怀疑。

管理者们常常为报告的可靠性进行争论，尤其是当数据中所包含的信息令人不快时。各部门的负责人常常质疑财务报表和销售数据的准确性，尤其是在它们带来了坏消息时。

很多情况下，多个数据库对于同一个问题给出的是混乱甚至矛盾的答案。这是因为，每个数据库被设计得操持不同的行话，或者依据的是某个部门或职能的专用术语。数据常常被储存（秘藏）在一些孤立而偏僻的袋子里，不在真正需要他们的人的视线范围内。对于任何依靠数据来进行战略或战术决策的人来说，如果数据得不到或不可信，他也只能是束手无策。如果不能够得到X光检查和化验的结果，内科大夫怎么可能给出治疗方案？如果销售团队不知道自己的产品相对于竞争对手产品的销售状况，他们怎么可能来设计促销方案？如果这些销售人员知道，能够回答他们的问题的数据库已经存在，可是只供组织的另一部分人员专用，他们又会作何感想？显然，如果不能获取必要的数据和信息，或者不能够信任所取得信息的可靠性，要实现可适应性方面的突破是极为困难的。对于有些组织来说，及时而可信的数据攸关性命，它们竭尽全力来获取有用的信息。可是，尽管付出了相当的努力，却仍然还是有不少的组织在受久治不愈的数据质量问题的困扰。

实现适应性的路径：适应性循环及其前提

要实现适应性的突破，就必须建立具有如下能力的结构和过程：

- 探测内外部环境中可能会对组织造成威胁或带来机会的变化和趋势。
- 分析和评估信息。

• 将提炼过的信息交给组织中负责采取行动以规避威胁和利用机会的人员。这是一个持续不断的重复性循环。

• 采取行动以规避威胁利用机会。这是一个持续不断的重复性循环。

这个循环更精确地可以构造为一个螺旋，它持续旋转，永无停止（如图 9—3 所示）。要让这个循环旋转起来，实现适应性方面的突破，还必须实施若干的前提性举措。虽然每一个前提条件都是至关重要的，但其中最关键的是信息质量委员会和数据质量体系。及时可信的数据是一切的起点，能够真实描述现实状况的数据对于组织有着至关重要的作用。

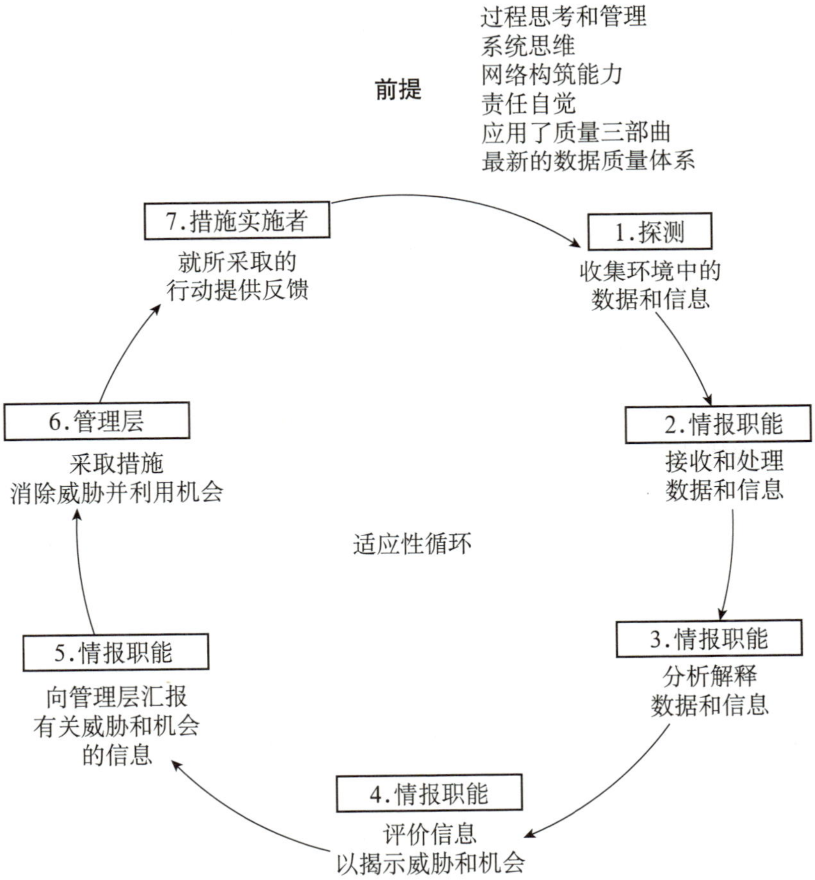

图 9—3　适应性循环——探测和应对组织的威胁与机会

资料来源：De Feo and Barnard，2004，p. 291.

适应性循环的前提：突破

• 领导和管理。

• 组织结构。

- 当前绩效。
- 文化。

适应性循环的征途

首先由情报部门收集来自内外部环境的数据和信息。至少，我们必须了解一下这些基本的情况。

关于内部环境。

- 测量和数据系统的过程能力。
- 关键的重复性过程的过程能力。
- 关键的重复性过程的绩效（人力资源、销售、设计、工程、采购、物流、生产、仓储、运输、财务、培训、产量、缺陷的类型和水平，周期时间）。
- 造成最重要的绩效问题的原因。
- 管理仪表盘信息：计分卡（相对于目标的绩效）。
- 内部成本和不良质量成本（COPQ）。
- 组织文化的特征（对目标的支持或阻碍程度）。
- 雇员的需要。
- 雇员忠诚。

关于外部环境

- 顾客的需要，现在和将来（顾客或潜在顾客需要我们和我们的产品能够提供什么）。
- 产品（有形产品、服务和信息）的理想设计。
- 顾客满意水平。
- 顾客忠诚水平。
- 可能会造成影响的科学、技术、社会和政府方面的趋势。
- 市场研究和标杆分析结果（与竞争对手对照，与最佳水平对照）。
- 现场信息（我们的产品和服务在使用中的表现）。

你还可在上述清单中加入对你的组织特别重要的那些信息。这个单子看起来似乎很长，要取得所有这些信息或许会很昂贵，你也许会想着弃之不顾。但是，组织要生存下去，就必须定期地收集这些信息，看起来别无选择。值得庆幸的是，因为有不少常规的控制和追踪程序已经在发挥作用，组织或许已经收集了大量的这类数据和信息。考虑到不掌握重要信息的后果，收集其他的那些信息的必要性也就不言而喻了。

有关内部事务的信息来自常规的生产和质量报告、销售数据、应收应付账款报告、月度财务报表、交运数据、库存，以及其他的标准控制和追踪实务。此外，专门设计的书面或面谈形式的调查，可以用于对诸如员工态度和需要之类的信息的了解。市场上有大量成熟的调查工具有售。如果组织中开展了六西格玛活动，则有关测量系统和重复性过程的过程能力的研究就已经得到了常规的实施。即使你们还没有开展六西格玛，这些研究也应当是常规的质量体系的组成部分。开展年度战略计划和展开的组织广泛应用了计分卡。计分卡相当于为管理层提供了一个仪表盘，有助于揭示出组织的特定领域中可能出现的问题。质量改进团队、六西格玛项目团队以及执行年度战略计划的其他项目的最终项目报告可以成为很好的“经验总结”的信息来源，还可以成为设想未来项目的启示。有关不良质量成本（COPQ）研究的方法很多。COPQ 结果能够识别出组织有必要改进的领域，从而是选择新的突破项目的重要依据。总的来说，收集组织内部信息的工具和材料数量众多且方便易用。

有关外部环境的信息的收集要更加复杂一些。有些方法必须有相当的技能和足够的细心。确定顾客的需要就是这样一个例子，看上去似乎简单，实际上必须有一些特定的技能才能够把它做好。首先，它要求必须积极主动。需要由个人去找到潜在或实际的顾客，询问他们的需要，亦即他们从产品、服务或信息中希望得到的益处。许多受访者会把他们的需要描述为一个待解决的问题或是某种产品的特征。这类回答必须能够翻译成他们希望获得的益处，而非要解决的问题或产品特征。有很多设计当前和未来产品和服务的方法。这些方法往往需要大量的培训才能掌握，但这是值得的，例如质量计划、六西格玛设计等，还有 TRIZ，这是俄罗斯人开发的一种预测未来的顾客需要和产品特征的方法。调查是了解顾客满意度常常采用的方法。这种调查可以在相当程度上了解顾客的感觉和认知。通过调查能够揭示出某种特别的认知模式，即为什么在一个样本中，针对某个特定的提问，有相当比例的回答表示赞同或反对，这是有用的。即使如此，这种调查的结果也很难被看作是“数据”，虽然它在保持谨慎的情况下也有其用途。这种调查方法的局限在于从调查中得到的结果是模糊的。（评分“2”和评分“3”到底有什么区别？例如，对于同一个提问，一个人可能在上午 8 点是一种回答，而到了下午 5 点就又是另一种回答。）（这个月满意度调查的分数与上个月相比有了提高，但如果两个月的调查针对的是不同的人，这种提高可能就是毫无意义的。即使是针对同一群人的调查，前面提到过的质疑也仍然是有效的。）

衡量顾客的满意度，或更准确地说，衡量他们对于从你这里获得的产品或服务的详细回答，有一种更为有效的做法是顾客忠诚调查，由经过专门训练的访谈者每隔六个月对同一个人进行调查。这种方法所得到的结果要远远好于顾客满意度的调查结果。其结果定量而直观。调查针对你的组织的产品和绩效，向顾客和前顾客提出经过精心设计的问题。访谈者针对顾客的回答进一步追加提问、澄清问题。从这些回答中可以获得大量的有用信息，这些信息可用图示的方式展示出来。你不仅可以了解到哪些产品或服务的特征让你的顾客愉悦或不快，还可以知道诸如这样的信息，如 X 缺陷（比如交货延误）有多大程度的改进会让你曾经的顾客再次给你机会。

进一步地，你可以把特定类型的改进所带来的销售（数量与收入）图示出来。你能够知道哪些“坏事”必须进行改进，改进或不改进的财务后果如何。顾客忠诚研究所得到的结果对于战略、战术计划活动以及突破性改进活动是重要的影响因素。

要发现在科学、技术、社会和政府方面可能影响组织的趋势，需要大量查阅行业出版物、学术杂志、新闻媒介、网站等，要尽可能地建立网络关系。常规的情报工作可以转包出去，以获得定期的关于重要信息的综述。有关趋势信息的来源有着大量的选择，但获取这些信息的必要性是毋庸置疑的。挑战在于如何从大量无用的信息中筛选出那些有价值的信息。

组织的情报部门的基本任务就是提供本组织的产品和服务的销售与绩效信息，以及与竞争者和潜在竞争者相比较的信息。市场调查和现场情报等方法是这方面的标准方法，有关这些领域的书籍也是汗牛充栋。

许多组织通过开展标杆分析来收集有关世界级最佳实践的信息。他们研究各种重复性过程的内部运行机制，如设计、仓储、生产、订货等等，几乎涉及所有事情。所研究的过程不一定限定于你的竞争对手的过程，它们只需要是最佳的（效果、效率和经济性）。标杆分析是经典的情报收集工作，故常常外包给那些精于此道的机构来进行。研究结果通常向所有参与者公开和共享。发现最佳实践之后，可以将之与本组织的绩效相比较，找出两者的差距，从而识别出改进的机会。

经过适应性循环，将使组织获得适应性方面的突破，从而向可持续性发展。忽略了某个突破或许在短期不会有什么问题，但它的影响是长期性的。考虑一下 2008 年波及全球的那场经济危机。曾经有许多的全球性组织被认为是市场领先者，这是业界处于顺境时的情况。在这次危机中，有许多这样的顶级企业黯然退场，或者被迫与他人合并变成了另外的面孔。为什么会有如此之多的组织陷入困境？我们的解释是，虽然这些组织擅长于满足它们的顾客的需要，但它们没有观察社会的需要。这使得它们未能在“暴风雨来临之前做好准备”，从而挺过危机。要避免这种情况的发生，就要创建一个运转良好并具有高度适应性的组织，这样在遭遇逆境时才能表现得更好。

可持续性

这一突破的第二个部分是可持续性。可持续性具有两方面的重要含义。第一方面的含义是将转型性变革所实现的成果保持下去，第二个方面的含义是从环境的角度确保组织是可持续发展的。最初我们主要关注成果的长期性，随着越来越多的组织开始重视将来可能会给我们带来灾难的环境问题，可持续性将同时涉及这两个方面。第 10 章将详细阐述生态质量的主题。

可持续性是根据信息委员会的发现对绩效进行的定期评估。有了这些信息，领导者们就能对组织进行调整，使之能够持续服务顾客，长久生存下去。

转型路线图

朱兰转型路线图

朱兰转型路线图由五个阶段组成，每个阶段都对应着本章所讨论的这些突破。每一个阶段都是独立的，但每个阶段的开始和结尾并没有清晰地划定。每个组织对变化的反应是不同的。这意味着在某一个阶段上，组织的某个业务单位可能会比其他的业务单位停留更长的时间。这些阶段的划分只是管理变革的指南，而非必须严格遵循的处方。

图 9—4 表示出了转型模型和路线图的五个阶段。路线图的起点是决定阶段。最高管理层中的某个人决定必须采取措施，否则组织就不能满足股东的期望或是完成计划的要求。这个阶段要提出一个详细的变革方案。

在决定阶段，组织要获得关于自己的新信息，或比已有信息更好的信息。这些信息来自大量的评审或评估。我们的经验表明，组织越是能够获得更多的新信息，就越能够更好地对变革进行计划。以下这些重要领域应当进行评审：

- 实施顾客忠诚评估，明确顾客关于你的产品和服务的喜好或意见。
- 识别在组织的绩效中，哪些是强项，哪些方面存在问题。
- 搞清楚雇员关于所建议变革的态度。
- 理解关键的业务过程以及变革对其带来的影响。
- 对运转不良的过程进行成本分析，确定这些成本对绩效底线的财务影响。
- 对所有的业务单位实施世界级质量评审，明确各个单位所需改进的水平。

变革之前对组织进行全面的评审，对于取得成功是至关重要的。我们这里建

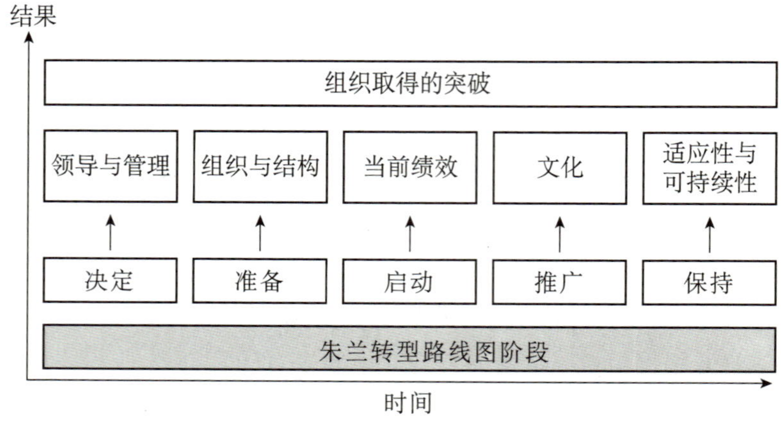

图 9—4 朱兰路线图和突破

议的评审是适合所有组织在推行六西格玛转型时的典型评审。通过这些评估和评审，最高管理层就获得了组织实施变革计划的各种定量和定性信息。

实施计划必须包括以下的内容：

- 推动变革所需的基础设施。
- 实施过程中所用的方法和工具。
- 变革所要达成的目标。
- 实现最终成果的详细的阶段性目标。

这一阶段所实现的是管理与领导的突破。

第二个阶段是准备阶段。在这个阶段中，最高管理层开始准备即将要进行的变革。其重点在于建立一个试点方案，从而在整个组织全面推行之前，先在少数的业务单位试行变革。

这一阶段的起点是将第一阶段制订的计划进行展开，终点是试点项目的成功启动。从这里开始，组织开始识别为了实现决定阶段所确立的目标而必须实施的改进项目。在这一阶段，组织开始启动试点项目，评估项目的进展情况，努力促成项目的成功。通过完成试点项目，管理层对哪些措施有效哪些措施无效进行评估。接下来，或者决定放弃原先的努力，或者修改计划并扩展到整个组织中。

组织要采取如下这些行动：

- 识别组织绩效中的优势领域并解释可能存在的问题。
- 识别价值流和需要改进的关键业务过程。
- 选择跨职能的试点项目或示范项目并制定项目宪章。
- 制订培训计划并安排培训活动来培训团队成员。

- 向一线职工沟通这一阶段所要采取的步骤。

> 这一阶段所实现的是组织结构的突破。

第三个阶段是启动阶段。在这个阶段中，最高管理层开始先在少数的业务单位推行项目。每个项目都要确立项目章程和项目团队，要评估进展情况并保持所取得的成果。这一阶段的长度取决于项目的数量和期望的成果。对于大多数组织而言，都在一年以内完成这一阶段。每个项目完成、取得成果后，领导者都要总结经验，最终启动更多的项目。

> 这一阶段所实现的是当前绩效的突破。

根据组织规模的不同，全面地推广可能需要数月甚至数年。一个只有 500 员工的组织在展开计划时所需时间要比一个 50 000 员工的组织更少。推广阶段可能需要三到五年。要注意的是，在远未实现文化变革之前就会取得积极的财务成果。在推广阶段多花时间不是一件坏事。组织必须持续地实施其计划，逐步推行到各个业务单位，直到组织花了足够的时间来实施所期望的变革。最后一个阶段是保持阶段，这个阶段的组织能够充分地协调一致地行动。所有的改进目标和六西格玛目标都与组织的战略整合起来。关键的业务过程得到了明确的定义和良好的管理，并任命了责任明确的过程主管。员工的绩效评估和薪酬与所期望的变革相一致，顺应变革的人员受到奖励。最高管理层和各个业务单位的领导者对于变革过程进行定期的评审和审核，这有时会带来对组织的战略的讨论甚至改变。组织对于自身的能力，对于自己的顾客有了更多的认识，这种情况下就有可能会导致战略的改变。

> 这一阶段所实现的是文化的突破。

保持阶段会伴随着组织对其战略目标和财务目标的追逐而持续下去。一旦发生了相对于预期成果的偏离，这也可能是由于组织外部的宏观经济情况的影响，就要对计分卡进行评审，以确定发生了何种变化。在此基础上，组织进行调整，努力使自己保持在当前的水准上。

> 这一阶段所实现的是适应性和可持续性的突破。

实施转型路线图的启示

当你在这条道路上开始征程的时候，要注意从那些曾在变革初期遭到过失败的组织中获取启示。这些失败通过适当的计划是可以避免的。这些启示包括：

• 所有的组织以及组织的业务单位都处在不同的绩效成熟度水平上。

• 倡导者和内部专家（如六西格玛黑带）是组织实现卓越绩效或最佳水平的推动者。

• 针对全体员工就方法和工具进行的强力培训确保了学习作用的发挥，使人们能够应用这些工具来改进绩效。

• 系统地应用和推广诸如六西格玛改进（DMAIC）和六西格玛设计（DFSS）这些实践证明行之有效的方法，才能够在组织中建立起一套共同的语言，才能实现绩效的改进。

• 将改进活动聚焦于顾客，首先能够促进成本的降低，而满意的顾客进而能导致财务绩效指标的突破。

• 只有改进影响顾客的过程和服务，才能实现顾客满意度的显著提升。

• 没有最高管理层的有效领导和全力以赴就不可能成功地实施计划，因为他们控制着资源，实现文化变革的沟通也是由他们来进行的。

有了这一路线图和上述的启示，所有的组织都能够在未来实现可持续的成果。随着越来越多的组织开始实施这种积极的、顾客导向的变革举措，我们就能减轻对于我们多年来一直在构筑的这个质量大堤的依赖。

组织每年通过战略计划过程来不断地自我更新，这种改进循环就能持续下去。若无领导层的更替或危机，组织就将一直行进在实现卓越而可持续的绩效的征程上。

参考文献

Bernstein, P. (1988). The Trust Culture, SAM Advanced Management Journal, pp. 4–8.

De Feo, J. A., and Barnard, W. W. (2004). *Juran Institute's Six Sigma Breakthrough and Beyond: Quality Performance Breakthrough Methods*. McGraw-Hill, New York.

Juran Institute, Inc. (2009). *Quality 101: Basic Concepts and Methods for Attaining and Sustaining High Levels of Performance and Quality*, version 4. (*Source*: Juran Institute, Inc., Southbury, CT.)

Katzenbach, J. R., and Smith, D. K. (1993). Wisdom of Teams: Creating the High Performance Organization, Harvard Business School Press, Boston, MA.

Kotter, J. P. (1996). *Leading Change*. Harvard Business School Press, Cambridge, MA.

Mann, D. W. (1994). "Reengineering the Manager's Role," ASQC Quality Congress Transactions 1994, American Society for Quality, Milwaukee, WI, pp. 155–159.

Neidz, B. A. (1995). "The Blitz Team" IMPRO95 Conference Proceedings, Juran Institute, Inc. Southbury, CT.

Taylor, F. W. (1947). The Principles of Scientific Management, Harper and Row, New York.

（焦叔斌 译）

第 10 章

展望：促进环境可持续性的生态质量

小约瑟夫 · R · 德费欧　布赖恩 · A · 施托克霍夫

关于本章

随着我们进入 21 世纪，质量管理也在开辟着新的天地。产品开发者在设计产品和服务时，必须满足其顾客的最新关注，这便是对于可持续和生态友好的产品的要求。无论是社会还是企业界，我们都不应只是固守现状，我们必须突破自我设定的界限，必须彻底地跨入一个新的天地——一个崭新的质量天地——从一开始就着眼于生态质量来设计过程和产品。本章将着重讨论质量管理的这一块新的领地，我们将其称为“生态质量”。

本章要点

1. 对环境变化的理解。不断升高的大气二氧化碳水平已经与气候变化和众多的环境问题联系在了一起。诸如冰层融化、淡水短缺、物种灭绝这些现象预示着人类在技术发展进程中构筑起来的“质量大堤”上出现了裂痕。

2. 社会责任。一向相互隔绝的社会在环境问题上开始认识统一起来，采取显著的、协调一致的行动，以加强质量大堤。特别地，人们通过采取种种立法、协定、协议、合约等措施，来鼓励正当的举措并限制那些不可取的行动。

3. 企业责任。企业界正在投入各种项目和举措以应对和减少在产品和过程的整个寿命周期中的环境影响。组织对于其股东和社会负有应对未来变化的责任，这包括明确自身的碳足迹，并实施减少碳足迹的计划。旨在实现综合的碳足迹管理的“从摇篮到坟墓”的全面评估包括了五个寿命周期的阶段。

4. 生态质量的概念及其实现方法都是崭新的，都还处在检验中。我们在此重点讨论其中的四种工具。

质量与可持续性：简介

那些在过去已经取得了成功的组织，无论规模大小，要在未来继续繁荣下去，就必须寻找并抓住机会，在满足社会需要的同时，实现自身的战略目标。组织越来越需要有全局的视野，必须均衡地关注体现了人员、地球和利润（people，planet，profits）三方面要求的产出目标（Savitz and Weber，2006）。因为进入 21 世纪以后，组织已经不能再只是满足于追求利润指标，它们还必须考虑到人和我们的星球。质量管理一直以来就包括了对于人的关注，随着我们继续前行，第三个维度又添加了进来，这便是环境的可持续性与保护。

质量与环境可持续性正在变得日益相互依存。组织不论大小，都在寻求在不牺牲环境完整性的前提下来提升效率和生产率。因此，正如我们所看到的那样，随着质量与环境可持续性的日益结合，质量管理领域中正在发生着根本性的观念转变。这种结合完美之至，我们在商业环境中孜孜以求的卓越绩效扩展到了更大的、作为企业经营背景的自然环境当中。

这种结合由于 ISO 14000 环境管理体系的诞生而进一步强化，该体系是 ISO 9000 的姊妹体系。随着人们环境意识的日益高涨，组织正在寻求新的方式，在满足社会和环境约束的前提下，实现自身的战略目标。越来越多的人开始重视诸如全球变暖和可持续性这些世界性的议题，ISO 14000 的广泛采用便是这种意识的反映。根据本书出版时这一时点的报告，全球有 14 000 个以上的场所通过了 ISO 14000 的认证。其中，大多数分布在如下这些国家或地区：

- 日本（2 600）。

- 德国（1 600）。
- 英国（1 200）。
- 瑞典（650）。
- 中国台湾（500）。
- 美国（590）。
- 荷兰（475）。
- 韩国（460）。
- 瑞士（400）。
- 法国（360）。

质量管理和环境可持续之间的这种结合对于企业和环境都会带来积极的改变。

朱兰博士在许多年之前就采用了“质量大堤保护下的生活”这种提法（Juran，1969）。正如朱兰博士所阐释的那样，这些质量大堤是我们从危险中获取福祉的一种方式。技术的发展给人们带来了福祉，而借助于这些质量大堤才能使人们免于技术副产品的伤害。朱兰博士指出，这些大堤上会出现微小的裂隙，产品和服务会偶尔失败。这些失败让人不快且代价不菲。当然还可以举出诸如切尔诺贝利和博帕尔灾难这样巨大的失败。这些算是最极端的例子了，但其在全球温室效应可能会造成的海啸面前也相形见绌。

这样的海啸一旦发生，如同许多人相信的那样，大堤将会崩裂，而不只是裂几道缝隙，从而对环境造成更加严重的威胁。近年来，随着人们对温室气体，尤其是二氧化碳，对于气温和气候的影响的讨论日益增多，温室效应的势头正在逐渐加重。二氧化碳有多种来源，既有人为的也有自然的。二氧化碳的物理和相关特性使之成为了全球气温波动的主要嫌犯。切尔诺贝利和博帕尔这些事件发生在局部，其影响也局限于一定的地理范围。但是，全球变暖却不同，顾名思义，其影响要大得多，是世界性的影响。虽然切尔诺贝利和博帕尔这类的技术招致的灾难与全球变暖问题在许多方面都有显著的差异，但在某个方面却又极具共性，这便是技术和人类都有能力带来变化，无论这种变化是好是坏。

全球变暖

全球变暖这一议题把人们的认识分成了两大阵营。一方面，有些人认为全球气温波动反映了正常的、一般性原因引起的变化，或者代表了地球正在经历的一个环境循环或物理循环的一部分，这种循环在遥远的过去也曾经发生过。另一派则主张是人类造成了地球气温的升高，具体来说是由于技术，尤其是温室气体的增加而造成的。这些气体主要是通过自然资源和人类（技术）活动而排放出的，它们造成了“温室效应”。温室气体包括水蒸气、甲烷（methane）、一氧化二氮（nitrous oxide）、氢氟碳化物（hydrofluorocarbons，HFCs）、全氟化碳（perfluorocarbon，PFC）、六氟化硫（sulfur hexafluoride）以及二氧化碳。尤为显著的是，美国环境保护署在2009年初发布的报告称，温室气体造成了空气污染，这会对公众的健康和福祉带来威胁。

在所有这些主要的影响因素中，二氧化碳被认为对我们的环境影响最广，后果也最为严重。大气中的二氧化碳含量达到了破纪录的高点，这被认为与以下现象存在关联，包括海平面上升、全球范围缺水、鱼类枯竭、物种灭绝，还有众多的其他现象。例如，极地冰层正在融化，北极的海冰在1979年到2006年间每10年最低下降量为7.5%（NASA，2009）。世界的广大地区可能会在本世纪中叶遭受严重的淡水短缺（U. N. Environment Programme，2009）。由于过度捕捞，自然的以及人为的环境影响，包括气温改变在内，大西洋的鳕鱼储量急剧下降（Cascorbi and Stevens，2004），难见恢复的迹象。未来几十年中的物种灭绝估计在30%以上，可能危及上百万个物种（Thomas et al.，2004）。

随着发展中的经济体进入到全球化阶段，预计它们的二氧化碳排放将达到警戒的程度。被称为“世界工厂”的中国拥有13.5亿人口，其中只有30%的人口在工厂工作。中国于2006年二氧化碳排放量超过了美国（Aufhammer and Carson，2008），该国的排放在全球的占比2005年是18%，预计到2030年将上升至33%（Garnaut，2008，表3—2）。为了更详细地了解二氧化碳的来源，可参看下面的饼图中所示的按照地区和行业区分的世界二氧化碳排放分布（图10—1a，b），以及按照行业区分的美国的排放分布（图10—2）。

究竟是地球正在经历着又一个环境周期，还是人类活动直接导致了地球气温的升高，或许还是一个争论未决的问题。如果我们能够做些什么来减轻可能对环境造成的损害，作为这个星球的公民，我们就有责任为了我们的孩子和未来的世代而采取措施来保护和维持我们的环境。

虽然已经在采取一些正式的措施，但许多人认为国际合作的程度与世界日益增加的相互依赖和环境威胁尚不匹配。

地球并非从父辈那里继承的，而是向子孙借用的。

——美洲原住民谚语

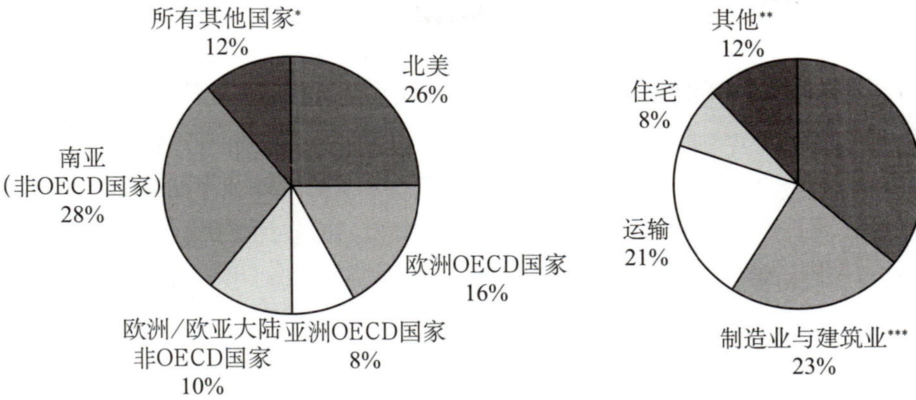

图 10—1 按地区（a）和行业（b）表示的世界二氧化碳排放

注：* “所有其他国家”包括非洲、中东、中南美洲国家。

OECD：经济合作与发展组织。

** “其他”包括商业性的和公共性的服务。

*** “制造业与建筑业”包括了其他的能源工业（如炼油、采煤、石油和天然气开采以及其他的能源产业）。

资料来源：Intergovernmental panel on climate change（IPCC，2005）.

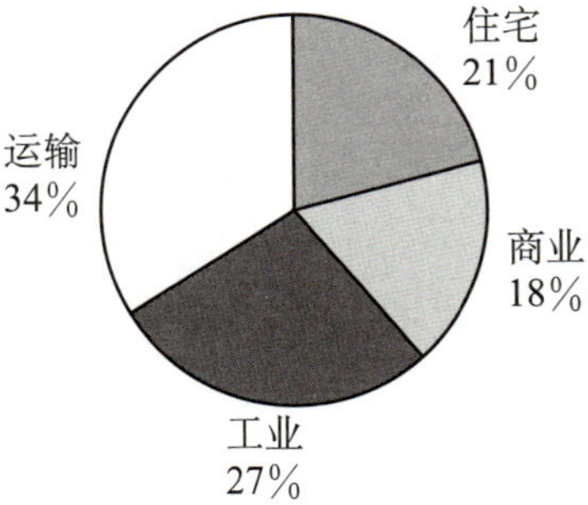

图 10—2 按照最终使用领域分类的能源相关的二氧化碳排放

资料来源：Energy Information Association，2008.

社会的责任

由于技术的进步以及跨距离影响他人的能力，人们在日常生活中的交互程度大大增加。历史上来看，“社会”，从公众这一含义而言，在功能上是由距离的物理限制来决定的。史前时代，一个人所涉及的社会无非就是其家族，后来才相继扩展到部落、村庄、城镇、文化乃至文明。确切地说，人类的社会一直存在着，但对于处在鸡犬之声相闻、老死不相往来的状态下的人们几乎没有什么实际的影响。当时的社会很小，人们所意识到的责任同样也很小。

两个因素——技术与人口数量——共同作用促进了人们的相互作用和相互依存。技术，简单的如车轮，复杂的如互联网，使人员和思想能够方便地远距离运动。人口的影响原先只是区域性的，而现在的影响则要大得多，如国际水域的捕捞作业，把镀有重金属的电子元器件运至另一个大洲回收加工等。

曾经彼此隔绝的社会在环境问题上开始捆绑在了一起。尽管有关各种人类活动对环境的影响的诸多方面尚不存在普遍的共识，政府、草根组织以及其他各种团体正在积极讨论并开始采取清晰而协调一致的行动，以加固朱兰博士在几十年前就敏锐认识到的质量大堤。这些努力无疑将会导致广泛的立法改变，以针对长期以来我们认为理所当然的那些质量领域加以控制。立法对于实现社会目标或许是必需的，但只是控制就足够了吗?

考虑一下立法、协定、协议、条约等的意图。这些手段通过对适当或不适当的活动设限，所起到的主要是限制的作用，尽管也会有所激励。这就是控制的本质——将绩效保持在一定的界限之内。通过持续、渐进的创新，消除背离环境标准的偶发性的特殊原因，质量大堤被逐渐加强。

除此之外我们还可以做些什么?一个良好的控制方案最终将使其自身变得不再必要。一旦大堤的所有漏洞都被堵上，坝体得到了加强，大堤本身就成为了质量改进的界限。就此意义而言，我们有必要超越控制来看问题，突破自我设定的界限，从根本上进入到一个新的天地中，一个新的质量地带，这意味着一开始就从生态质量的角度来设计过程和产品。这便是生态质量（eco-quality）。

企业的责任

从生态质量的角度来看，企业应当扮演何种角色?全球市场对环境变得日益重视，顾客的需要中包括了对于社会的责任。因此，组织开始投资于各种计划和举措，以处理和减少其产品和过程在整个寿命周期的各个阶段对环境的影响。例如，美国财富杂志500强企业及其全球伙伴正在认识到理解和改进其内部技术和企业惯行的环境影响的重要性。基于企业可持续发展能力能够为股东创造长期价值的信念，道琼斯在1999年创建了可持续发展指数（sustainability indexes），开始率先在全球范围内评价由可持续性驱动的组织的财务绩效。

碳排放信息披露项目（carbon disclosure project，CDP）是另一个国际性的项目。CDP 是一个非营利机构，其使命是为投资人和利益相关者提供有关商业运营在气候变化方面的机会和风险信息。CDP 是洛克菲勒慈善顾问机构（the Rockefeller Philanthropy Advisors，RPA）的一个特别项目，后者旨在通过为相关投资者提供一个协调性的秘书处，帮助全球具有 IRS 501（c）（3）慈善机构资格的捐助者创建缜密高效的慈善活动。CDP 寻求针对气候改变对商业运营和股东价值的影响，在股东与企业之间建立起持久的关系。CDP 的基本目标是借助于质量信息的支持来促进对话，从而带动对于气候变化的理性应对。

CDP 风险与机会

CDP 的主要目标之一是识别战略性的风险与机会及其商业影响。下面是从 CDP 发送给它的客户的一份问卷中摘取的一些有关风险的提问（Carbon Disclosure Project，2008）。

- 法规——贵公司在气候变化方面的法规风险是什么？
- 自然——贵公司在气候变化方面的自然风险是什么？
- 整体——贵公司在气候变化方面的整体风险是什么？
- 管理——贵公司是否采取或计划了相应的措施以管理整体风险和法规风险并/或适应所识别出的自然风险？
- 财务和经营影响——如何评估所识别风险的当前和/或未来的财务影响？这些风险可能会如何影响你的企业经营？

这些提问反映了产业界在面对气候变化的状况下，或面对正如我们所知道的全球变暖问题的状况下，针对风险和相应的机会所进行的一致的努力。随着政府在二氧化碳水平方面的管制日益严格，组织必须能够证实它们已经实施了促进可持续发展的举措。此外，世界范围内正在不同的阶段上计划和实施诸如碳配额、碳上限以及各种类似的管制。组织对于股东和社会负有责任以应对即将到来的这些变化，这包括清楚自身的碳足迹，并采取措施尽最大努力加以降低。

许多全球性的机构多年来致力于推动具有可持续性的新产品的设计。以下是其中的两个例子。

西班牙电信公司是公司责任的一个例证。2008 年，该公司在整个集团内实施了一个运营控制标准，目的是在其固定和移动电话业务中导入环境管理的最佳实践，从而最大限度地减少西班牙电信公司的环境足迹。

作为全球通讯领域中的领先者，西班牙电信公司一直在持续努力减少其活动对于环境的影响。该公司建立了一个环境管理体系并实施了一套运营控制标准，该标准反映了环境管理方面的最佳实践。该公司在开发此标准时，通过识别网络建设活动和过程中的环境问题，针对各个网络设计了具体的环境管理措施。该公司认为，通过在业务所在国推行该标准来实施环境影响控制，将有助于最大限度地减少该公司的碳足迹。在西班牙电信公司的运营中所识别出的环境问题包括：

- 能源使用。
- 废弃物。
- 无线电波辐射。
- 环境和景观影响。
- 噪声。

沃尔沃公司是另一家在全球得到认可的组织。沃尔沃环境奖授予“在广义环境领域中的杰出创新或科学发现”。沃尔沃环境奖的评定由一个独立的基金会来负责，该基金会成立于 1988 年。获奖者涉及了在环境及可持续发展研究和推广方面的所有领域。

产品和过程寿命周期分析

先前我们曾经介绍过产品或过程的寿命周期阶段的概念。在此，我们将对这一概念进行更为深入的阐述。寿命周期这一概念之所以重要，是因为要获得一个综合的碳足迹认识，就必须分析产品的各个方面，分析从摇篮到坟墓的整个支持过程。这只有综合地分析运营、供应链和分销链才能够做到。首先要建立一个碳足迹的基准，接下来的目标就是实施最佳实践，以支持产品及其过程的环境可持续性。尽管这在理论上看起来十分明确，但当前在量化产品或过程的二氧化碳排放时，关于所要包括的寿命周期活动和过程并无统一的或标准的数据要求。

但是，在产品及其支持过程的寿命周期中，我们可以首先识别出能够加以评价和分析的五个阶段。在产品及其支持过程的整个寿命周期中，我们可以确定各个阶段可能产生的二氧化碳排放的范围。一个典型的商业运营有如下五个寿命周期阶段：

1. 产品/过程设计（识别供应链伙伴）。
2. 制造过程。
3. 生产运营。
4. 供应链体系。
5. 最终处置（寿命结束）。

可以理解，组织在确立其碳足迹时，最初关注的是制造、生产和供应链这些处于直接控制之下的活动。但随着成熟度的提高，应更加充分地考虑设计和最终处置的影响。最后，致力于创造和开发具有环境可持续性的过程，这将使顾客、股东和整个社会都受益。

为了在环境可持续性方面满足股东和社会的责任要求，我们建议企业应当采取以下这些活动：

• 为估计二氧化碳排放量所包括的寿命周期活动和过程建立数据集。

• 推动产业伙伴的积极合作以进一步推进产品的环境可持续性以及持续改进。

• 持续评估和分析商业运营中的二氧化碳排放以及其他的环境指标，确保不只是转嫁了环境负担。

• 教育各行各业的厂商和消费者，让人们了解关于各种产品和过程的环境影响。

质量与环境的源起

进入 21 世纪后，质量运动发展到了一个新的天地。如前所述，我们的思路不再局限于只是控制危害（建设和维护质量大堤），而要突破界限，从根本上改进现有过程和产品的环境特性。此外，我们还必须认识到新的顾客需要和社会责任，从一开始就设计出具有生态质量的面向未来的过程和产品。这些认识体现了生态质量的概念。

质量与环境的关系并非一个新问题。朱兰博士在 1969 年就表达了对于不良质量及其相关技术对环境的影响的关切。从这个角度而言，技术是组织满足顾客需要的手段，它反映了人们与物理世界、化学世界和生物世界相互作用的方式。在社会的技术进步过程中，还必须有相应的控制手段，以确保技术进步带来的是福祉而非危害。在关于质量大堤的比喻中（第 2 章“质量对社会和文化的影响”），朱兰博士提出质量是针对技术进步可能造成的洪水泛滥的保护。大堤偶尔会出现裂隙，我们必须在其失控之前就加以修复。

在阐述对于环境的关切及其与质量管理的关系方面，朱兰博士远远先于他的时代，几乎领先了 30 多年。朱兰博士对于自然资源和环境可持续性的关切基于一个真诚的愿望，这就是要创造一种有质量的生活，不仅是为了自己的子孙，更是为了全人类。朱兰博士直觉地把质量与环境可持续性联系了起来，但未对之命名。朱兰学院将此称作生态质量，作为对朱兰博士的认可。

生态质量的定义

生态质量并非对于产品和服务的“适目的性”的替代，它是对适目的性在未来的含义的扩展。我们相信，出于自己的意愿以及社会和游说团体的压力，顾客将会创造出一个新的质量和卓越绩效的图景，一个新的质量领域，它体现了与质量管理相联系的环境可持续性的要求。我们已经有了将质量设计、质量控制和质量改进的工具与环境可持续性方面的最佳实践加以整合的知识和经验。顾客、主管机构和股东要求企业在生产产品和服务时能够负责任地满足生态方面的要求。生态质量的概念有助于各行各业的企业满足这种要求，注重认识碳足迹并将之降低到适当的水平。

生态质量与卓越绩效

有效的卓越绩效计划将来也要包括对顾客生态质量要求的满足。这也是按照朱兰三部曲进行的，包括了质量设计、质量控制和质量改进的各个过程。首先要对产品及其支持过程进行全面的需要分析，然后针对三部曲的每个步骤采取最合适的方法。过程质量改进仍然是核心，这要通过对碳排放量及来源的详细核算来进行。最后得到一个碳足迹基准，包括了相应的改进建议，旨在通过长期的持续改进，来提高过程效率，消除二氧化碳废弃物，控制排放。通过倾听顾客日益增高的呼声，减少对环境的负面影响，提高效率降低成本以实现投资回报，从而使人员、地球和利润三方面目标由赤字转为盈余。

生态质量的方法和工具

在追求生态友好和生态质量的产品时，我们有大量可用的方法和工具。

ISO 14000 环境管理体系

ISO 14000 标准要求组织建立一个环境管理体系（第 16 章“以国际标准确保组织的符合性”）。该标准适用于所有的企业，无论规模、地点或行业。该标准旨在减少企业的环境足迹并降低企业产出的污染和废弃物。该标准的最新版本是由国际标准化组织（ISO）于 2004 年发布的。

ISO 14000 环境管理标准的建立是为了帮助组织最大限度地降低运营对环境的负面影响。其结构类似于 ISO 9000 质量管理标准，两者可以同时实施。一个组织要获得 ISO 14000 的认证，必须通过得到认定的外部审核机构的审核。

作为一种管理工具，一个有效的满足 ISO 14000：2004 标准要求的环境管理体系能够让组织，无论其规模和类型，做到如下的事情：

- 识别和控制组织的活动、产品和服务的环境影响。
- 持续改进组织的环境绩效。
- 以系统的方法设定和实现环境目标，并向外部展示已经实现了目标。

寿命周期评价

这是针对产品或服务从生到死所引起或带来的环境影响进行的“从摇篮到坟墓”的分析。它并不只限于温室气体（参看以下的碳足迹一节），还包括了其他多种损害形式，如臭氧层的消耗、荒漠化、资源消耗等。寿命周期分析的目标是通过给出产品和服务对于环境的负面影响的公正比较，来鼓励明智而适当的选择。

ISO 14000 环境管理标准规定了寿命周期评价的四个阶段：

1. 目标和范围——描述评价的目标、职能单位、系统边界、评价方法以及评价中包括的影响类别。

2. 寿命周期清单——详细列出过程和环境的输入和输出（例如：材料、能源、水、化学物、排放、辐射），主要用软件来收集数据和建模。

3. 寿命周期影响评价——潜在影响的特性描述，转化为通用的测量单位，加权评价不同类别的影响。

4. 解释——对主要影响因素的敏感度、总体分析和结论，相对于目标和范围的评价。

寿命周期评价可以用作一个比较的工具，例如，比较塑料、玻璃和铝制饮料容器的环境影响，其结果可用于市场营销或新产品设计。近期的一项研究报告了寿命周期评价的各种用途：经营战略（18%），研发（18%），产品或过程设计（15%），教育目的（13%），标牌或产品宣传（11%）（Cooper and Fava，2006）。

碳足迹

碳足迹（或碳概况）是由个人、事件、组织或产品直接和间接造成的所有温室气体排放的总量（The Carbon Trust，2009）。它常报告为“二氧化碳当量”，也就是以二氧化碳作为一个便利的通用度量。因此，碳足迹并不只是指二氧化碳。这是一个非常广泛的定义，其中包括了多种排放类型，个人或组织对于各种类型有着不同的控制程度。出于实用的考虑，根据可控程度来对二氧化碳当量进行分类是很有用的。通常的分类有：

- 处于直接控制下的活动、产品和服务的排放。
- 处于间接控制下的活动、产品和服务的排放。
- 用电排放。

认识组织的碳足迹有两方面的重要理由，这在之前已经间接地讨论到。首先，顾客、供应商、股东、政府机构以及其他的第三方日益要求企业提供这一信息。例如，参与碳平衡“总量控制与配额交易”（cap and trade）的组织或那些开发绿色营销信息的机构就需要全面、准确、可验证地对温室气体排放加以报告，特别是这些信息还可能成为公众记录的组成部分。其次，正如“没有测量就没有管理”这一谚语所言，碳足迹的测量是减少、控制碳排放，进而实现前述的人员、地球和利润三方面收获的必要步骤。

能源审计

能源审计是指对建筑物、过程或系统的能源流进行的检查和分析，其目的是提高能源效率并减少总的消耗。虽然能源审计并非新事物（效率一直以来就为公司会计部门所关注），但人们对“污染”因素的日益重视起到了重要的推动作用。因为大部分能源来自碳化石燃料，二氧化碳是能源消耗必然伴随的副产品，因此能源的使用成为了碳足迹的主要构成。

能源审计由以下几种类型的信息构成：

- 建筑物信息——建筑物的类型（如办公楼、学校），此前的修护，现行的环保措施，住户状况。

- 建筑物特性——总面积、楼层高度、外墙面积、门的数量和布局、保暖层类型和厚度、玻璃面积、取暖和纳凉方法。

- 电能消耗——计量方法、需求类型（包括峰值、均值、最低值）、能耗成本、服务成本。

- 非电能消耗——其他的能源，如天然气、液化石油气、煤油、煤、木柴、蒸汽。

- HVAC系统——暖气、通风、空调、传感器和控制器、气流、气压。
- 热水——能源、初温和使用温度、热水器至使用点距离、保温、循环。
- 照明——面积、照明类型（白炽灯、荧光灯、汞蒸气灯、高压钠光灯、金属卤化灯）、功率、输出、使用时间、配电盘。

根据能源审计的结果，能够发现机会，减少能源浪费，降低二氧化碳排放和运行成本。许多国家的政府资助了鼓励“绿色建筑”的计划，并提供信息来协助能源审计，例如美国环境保护署能源之星计划中就有这样的内容。

小结

正如气候变化没有单一的影响因素一样，社会的改变也不是由单一的推手推动的，而是一种共同的努力。当组织一门心思竭尽所能满足其顾客的需要时，对那些参差不齐的变革呼声很容易充耳不闻。这样会铸成大错。不可抗拒的期望来自多个源头和视角：

- 顾客——对所购买的产品和服务的环境影响敏感。
- 股东——要求尽责、透明、良好的投资回报。
- 立法者——追求法律鼓励和限制。
- 科学界——寻求基于证据的行动。
- 供应商和分销商——关注“从摇篮到坟墓”的整个链条。

对这些因素采取视而不见的态度并不会使它们消失，真正可能的是，不能够注意这些影响的组织会很快退出历史舞台。我们所有人都以这样那样的方式面对着环境的挑战。

未来属于今天正在筹划未来的人们。

——非洲谚语

参考文献

Aufhammer, M., and Carson, R. T. (2008). “Forecasting the Path of China’s CO_2 Emissions Using Province-Level Information.” *Journal of Environmental Economics and Management*, vol. 55, no. 3, pp. 229–247.

Carbon Disclosure Project (2008). CDP6 Questionnaire, 1 February. Carbon Disclosure Project, London.

Carbon Trust (2009). “What Is a Carbon Footprint?” The Carbon Trust, London. Retrieved November 19, 2009 from http://www.carbontrust.co.uk/solutions/CarbonFootprinting/what_is_a_carbon_footprint.htm

Cascorbi, A., and Stevens, M. M. (2004). “Seafood Watch Seafood Report: Atlantic Cod.” Final Report, July 29. Monterey Bay Aquarium, Monterey, CA.

Cooper, J. S., and Fava, J. (2006), “Life Cycle Assessment Practitioner Survey: Summary of Results.” *Journal of Industrial Ecology*, vol. 10, no. 4, pp. 12–14.

Energy Information Administration (2008). “Emissions of Greenhouse Gases Report: Carbon Dioxide Emissions.” Report # DOE/EIA-0573(2007), Energy Information Administration, U.S. Department of Energy, Washington, D.C.

Garnaut, R. (2008). "The Garnaut Climate Change Review (2008)." Commonwealth of Australia, Canberra Australian Capital Territory.
Intergovernmental Panel on Climate Change (IPCC), 2005.
Juran, J. M. (1969). "Mobilizing for the 1970s." Quality Progress, August, pp. 8–17.
NASA (2009). Earth Observatory: Arctic Sea Ice. Retrieved November 17, 2009 from http://earthobservatory.nasa.gov/Features/SeaIce/page3.php
Savitz, A. W., and Weber, K. (2006). The Triple Bottom Line. Jossey-Bass, San Francisco.
Thomas, C. D., Cameron, A., Green, R. E., Bakkenes, M., Beaumont, L. J., Collingham, Y. C., Erasmus, et al. (2004). "Extinction Risk from Climate Change." *Nature*, vol. 427, pp. 145–148.
U.N. Environment Programme (2009). UNEP Climate Change Presentation: Science. Retrieved 11/18/09 from http://www.unep.org/climatechange/Science/
Wirtenberg, J., Lipsky, D., and Russell, W. G. (2009). *The Sustainable Enterprise Field Book: When It All Comes Together*. Amacom Books, New York.

（焦叔斌　译）

第二部分

方法与工具：如何运用方法和工具实现卓越绩效

第 11 章

精益技术：改进过程的有效性*

史蒂文·M·德曼　R·凯文·考德威尔

关于本章

精益是组织内部系统优化的过程，它消除或至少是减少系统内的浪费。任何不能为顾客或组织提供价值的东西都可被认为是一种浪费。本章将介绍精益方法和工具，以及它们和质量管理及优异结果之间的关系。精益方法和工具能极大地提升组织的效率。在过去十年里，精益在制造业、服务业，以及医疗保健业都走上了复兴之路。

本章要点

1. 精益的基本理念是建立“拉动系统”，以使生产更加快速，而摒弃被大多

* 译者注：原书第 11 章（Lean Techniques：Improving Process Efficiency）、第 12 章（Six Sigma：Improving Process Effectiveness）标题有误，现据正确内容，分别译为“精益技术：改进过程的有效性”和“六西格玛：改进过程的效率”。

数组织所使用的传统“推动”系统。精益的主要目标之一就是由顾客需求来拉动，而非推向顾客。

2. 价值流图是一项重要的精益工具。图中绘制和记载了过程中所有的任务（物流和信息流），以及与任务相关的指标（周期时间和成本），还包括内部的浪费。该图可以指引人们选择正确的问题，并把该问题作为过程改进项目进行解决。

3. 标准化方法和工具箱，如快速改进活动或 kaizen（日语“改善”），可以根除深入组织机体的浪费，并能加快过程速度。过程提速的过程就是暴露问题，即浪费，和解决问题的过程。由此使过程更加快速和流畅，而成本却更加低廉。

4. 6S（整理、整顿、清洁、规范、素养、安全）是一种旨在实现清洁、整齐、高效工作环境的精益方法。高效工作环境在生产和服务中带来的好处包括：预防缺陷，防止意外事件发生，消除因寻找工具、文件和其他办公用品所产生的时间浪费。

5. 精益和六西格玛整合形成了精益六西格玛方法。精益关注过程的效率，而六西格玛则揭示了提高过程的有效性是怎样使过程更快运行的，两种方法相互依存。

对精益的准确解释

精益是通过消除产品和过程中的浪费，降低成本、提高效率以实现系统优化的过程。精益的重点是消除非增值活动，如生产后期服务、缺陷、多余的库存费用、额外的成品库存、额外的内外部产品运输、过度检查，以及因过程序列的工作步骤不平衡所导致的设备或工人的等待。精益的目标一直以来也是工业工程的目标，即改进所有过程的效率。

舒克（Shuker）在他的文章《精益的飞跃》中，描述了一个通过减少各种资源而提供优良的产品和服务的组织，包括减少浪费、减少人力支出、减少生产空间、减少工具支出、减少库存、减少开发新产品的工程时间，以及减少动作等。精益生产作为一种过程管理的理念有诸多起源，但主要源头是美国战时人力委员会。这家创立于第二次世界大战时期的机构，造就了日后的丰田生产方式（TPS）。战时人力委员会以其关注的焦点而著称，即通过减少丰田定义的七种致命浪费：生产过剩、等待时间、运输、加工方法、库存、动作及缺陷（有时也被称为八种致命浪费），来提高整体的客户满意度。第八种致命浪费是指人们尚未发挥的创造力。精益常和六西格玛相结合，因为精益六西格玛既强调减少过程波动（或使过程平准），又强调与丰田生产方式的结合。虽然精益的理念起源于生产制造业，但它已成功地应用于多种行业，比如医院病人的护理、内部审计、保险业的客户服务等。精益的原则可适用于大多数过程，因为几乎所有的过程都包含有顾客不愿支付的浪费，而企业也不愿因浪费付出更多的成本。若想了解更多有关丰田生产方式的信息，请参考斯皮尔和鲍恩（Spear and Bowen）发表于《哈佛商业评论》上的文章《解码丰田生产方式的 DNA》。

对多数人来说，精益就是丰田生产方式中的一组工具，该组工具可以帮助人们识别和稳步消除浪费（日语称为 muda），并能缩短生产时间和降低成本。这个术语以及其他一些被丰田公司采用的日语术语，已经成为精益专业用语的典型代表。精益包含多种消除浪费的工具，包括持续过程改进（日语 kaizen）、6S 和防错（日语 poka-yoke）。从这点上看，精益与其他改进方法有相通之处。

第二点，也是对精益方法的补充，同样也是由丰田生产方式推动的。其重点强调系统性地改进过程的“流动”或其工作的平准度（消除浪费和不均衡），而不仅仅是消除浪费。改进“流动”的技术包括“均衡生产”、“拉动生产”（通过看板、信号板或告示板），以及生产均衡箱（实现平稳的生产流）。

因此，实施精益和丰田生产方式的核心在于，在合适的时间地点，以合适的数量，交付合适的物品，以实现完美的工作流，同时最大限度地减少浪费，并使工作具有柔性且易于转变。更重要的是，所有这些理念都必须获得从事实际工作的员工的理解、赞赏和拥护。因为他们负责制造产品，因此是创造价值的过程的所有者。精益组织的文化和管理，与生产中实际运用的工具和方法同样重要，甚至可能比后者更为重要。

非制造型企业中的精益

精益方法和工具已在许多行业中得到了应用。精益曾经是制造业减少浪费的良方，现已被广泛地用于改进周期时间、流动、速度，以及工作部门的绩效等方面，例如：用于减少医院、保险公司，以及金融服务等行业的浪费。下面是一则来自医院的案例（Volland，2005）：

改编自《案例研究：这就是精益》

Jennifer Volland

已获得《医学影像杂志》重印许可

为提高医院的工作流和病人的周转量，内布拉斯加州医学中心（位于奥马哈市）从 2002 年 12 月开始实施精益六西格玛。该中心是一家拥有 735 个床位的非营利性医院。该医院是内布拉斯加州最大的教学医院，既有来自学院的也有个体的实习医生。该组织最早开展的六西格玛项目之一，是由进行微创手术的介入放射科（IR）完成的。

项目团队由调度护士排班的护士长、主技师及部门主任组成。这些团队成员被召集在一起，共同解决病人周转量的问题。医生们从一开始就早早参与过程改进的持续输入和信息共享。

项目团队将引导病人进入介入放射科的转诊医生作为他们的主要顾客。他们很快发现，放射科当前的周转量并没有完全满足转诊医生的需求，病人流失到了社区内可以收治额外病人的其他医疗机构，这导致了收入和市场份额的损失。

该项目研究团队对每个步骤的周期时间进行测量，以确定最需要集中精力进行改善的区域。很快，减少候诊室（HR）的等待时间就成为明显可以作为的领域。每个病人的平均等候时间为 151 分钟，标准差为 242.4 分钟（2003 年 2 月 4—19 日）。经进一步考察，越来越多的问题显现出来。首先，因为房间的设备不同，所以协调病人从候诊室进入三个操作室中的哪一个便成了问题。通常情况下，负责排班的护士充当科室约诊的调度员，同时负责协调病人流量。任务的双重性导致在分诊台的及时约诊与候诊室的病人流量之间存在不合拍的问题。

精益六西格玛带来了重大变革。它的运用对病人在候诊室花费的时间产生了巨大影响。改进后，病人花在候诊室的平均时间为 32.7 分钟，标准差为 37.71 分钟（2003 年 3 月 17—24 日）。控制阶段的后续监测结果显示，改进仍在持续进行。候诊室的平均花费时间减少到了 31.02 分钟，标准差为 24.86 分钟（2003 年 10 月 29 日至 12 月 16 日）。

通过运用精益生产技术，介入放射科改进了过程，提高了能力，更好地满足了顾客的期望。该项目带来的结果是，分诊台成功地感受到了变革对介入放射科放射师的影响。除了变革巨大之外，项目完成后，该部门成功地保持了候诊室创造的良好局面。

仅是减少浪费不算精益

认为“如果消除了没有价值的浪费，我们就是精益组织了”，这样的认识还远远不够。因为，这只是成为精益组织的一个方面。虽然消除浪费可能看起来像一个简单而明确的主题，但浪费很难被识别，却也是个不争的事实。这极大地降低了组织的潜能。精益的目标是消除浪费，丰田生产方式将浪费分为三个类型：超负荷的浪费（日语 muri），不均衡的浪费（日语 mura），及非增值的工作（日语 muda）。

超负荷的浪费是指所有因组织管理不善而强加给工人和机器的不合理工作。比如，携带重物、搬运东西、从事危险的任务，甚至是工作明显快于平时都属于此类。超负荷浪费迫使人或机器超出了自然的极限。

不均衡浪费的重点是应对和消除日程安排或操作水平上的波动，比如质量或数量的波动。

当过程已经存在，且人们只是事后被动地处理过程中的超负荷浪费和不均衡浪费时，非增值活动就会随之产生。这可以由输出的波动看出（正如前文已经提到的），且可与六西格玛的应用很好地结合。管理的作用就是要识别出过程中的非增值活动或浪费，并消除引起非增值活动和浪费的那些与超负荷和不均衡浪费相关的深层次的原因。非增值活动（浪费）和超负荷浪费必须反馈，以便下一项目在策划阶段就消除不均衡的浪费。

大多数组织常常只关注非增值活动，却不明白这样做只是被动地应对，这是不正确的，只能在一定程度上决定组织的成功（如果有成功的话）。组织必须确保所有三种浪费都得到解决。

超负荷浪费可以通过标准的工作规范得以避免。为了实现这一目标，我们需要制定标准的条件或输出。随后，每一个过程和功能都必须简化到最简单的元素，以便进行检查和随后的重新组合，即采用简单的工作要素，然后将它们逐个结合起来，最后形成标准的工作序列。

不均衡的浪费可以通过准时化生产方式（JIT）避免。JIT 是指在生产过程的合适时间，以合适的数量，提供合适的部件，从而产生少量库存或零库存，实现先进先出的连续流。准时化生产方式建立了一种“拉动系统”。在该系统中，每个子过程都从它的上一级过程中获取需求，直到上溯到外部的需求提供者。当上一级过程没有获得需求的指令时，过程就不会再生产部件。

为了准确管理精益组织的成果，必须确保对三种类型的浪费都进行管理和控制。你需要平衡需求和能力，并充分了解需求。同时你也要了解当前的现状，以进行随后的拉动生产，并消除因非增值活动产生的浪费。标准作业一定要制度化，由此可以缓解作业活动中的超负荷。以上这些活动将打造出文化转变的模型，即从批量生产，转变到连续流动的、以团队为基础的、真正着眼于顾客思维模式的生产活动。

精益生产案例学习

北美AGC平板玻璃公司是全球第二大玻璃生产商，也是旭硝子玻璃公司的全资子公司。在竞争激烈的市场中，该公司在北美的45家工厂都面临着在提供成本最低产品的同时，快速满足订单要求的巨大压力。2006年9月，AGC发起了推动业务卓越和提高效益的活动。AGC的此项活动学习了日本的JPI（实行过程改进），并以丰田生产方式和精益企业原则为基础。

最早实施JPI的一家分厂是AGC希伯伦厂。该厂是一家加工厂，位置靠近俄亥俄州的哥伦布市。希伯伦厂为俄亥俄州和周边州提供产品。它从AGC一家主要的玻璃厂接收玻璃，然后将这些原料转化成一系列终端产品，包括单层玻璃和密封绝缘的组件，提供给窗户生产商，并通过加热对玻璃进行回火用于安全应用。希伯伦厂的加工过程包括切割、回火，以及绝缘部件的组装。最初的评估结果显示，该厂的生产交付期超过7天，而且时间波动很大。在某些情况下，交付期甚至会长达几周。过度的库存导致很难快速地找到特定工作，或决定下一步该加工什么。此外还要考虑员工的安全问题，尤其是在处理大块刻花玻璃的库存时，安全风险就会上升。五花八门的产品生产需求也会使局面更加复杂。有时，工厂的生产能力没有被充分利用，而有时顾客的需求又会超过生产能力的两倍。

该厂组建了一支跨职能团队来推动改进工作。团队成员包括销售、生产控制、采购和生产部门的员工，也包括公司JPI成员和一名指导转型的辅导员。团队在开始阶段接受了丰田生产方式和精益生产的概念介绍。

团队立刻开展的一项工作就是建立“现状图”，该图是了解生产车间和订单完成活动等现场情况的实用工具。现状图一旦绘制完成，就能够清晰地显示出现状，并能为将来的改进提供坚定的方向。

改进工作场所效率的第一步是以实施6S为关注点，即整理、整顿、清洁、规范、素养、安全。在最初培训后，团队开始消除浪费，从有用的物件中挑选出没用的东西，对工具和原料进行可视化控制，打扫每个角落，并建立积极的审核体系对成果进行维护。随后，团队开始关注他们的现状图。拖延和库存的问题都得到了识别，并在多数情况下得到了消除。设备进行了重新摆放，以加速产品流，减少移动和排队等待。为了控制库存，用来存储玻璃的物料架有超过一半都被挪走，将库存减少到几天的量之内，从而使交付期得到了改善。至此，希伯伦团队实践了一条座右铭——“不要拖到明天”。精益企业的关键和丰田生产方式的内在哲学，都信奉顾客的送货要求一定要满足，而且所有的产品都能够也必须在一天内生产完成，以满足顾客需求和拉动生产。这项预期也包含在工厂实现周期时间的能力之中。同时，团队也对照实际能力对需求模式进行了研究。一旦理解了两者之间的关系，交付期也缩短了，工厂就能够成功实现均衡生产，并由此进一步增强送货的可靠性，准时率高达 99%以上。这个比率也高于历史水平。改进后的生产流很快识别出了之前由过量工作而掩盖的过程中的质量问题。在随后的几周里，团队又采取了许多改进措施，如为保证可靠性而改善设备维护、运用防错方法、为供应补货提供看板，实现快速换模等。在实质变化发生的同时，另一个重要的转变也在悄然发生，即文化慢慢发生了转变。工厂开始变得不同。员工明白了顾客每小时的需求，并按此进行生产。不用费蛮劲，订单就可以在各项作业中无缝行进。这也使得工作生活变得更加容易、更加重要，而且更加安全。

几周后，顾客就开始看到并感受到这些变化。顾客对新希伯伦的抱怨变成了称赞。整体的需求稳步上升，过去因服务问题而流失的顾客开始回归。新顾客也因对玻璃的需求开始寻求与希伯伦合作。希伯伦的利润好转后，良好的财务业绩也接踵而至。希伯伦的业务经理杰里·哈克勒（Jerry Hackler）就利润发表了自己的看法：“收益影响很快就显现出来了。虽然最初几个月里工厂的销售比较少，但却实现了更高的营业利润。这就清楚地显示了成本改进所带来的效果。”

精益的历史

图 11—1 概括了制造业的历史和精益的简介。精益的使命就是要在整个供应链中实现以下内容，赢得市场。

- 尽可能短的交付期。
- 战略库存的最佳水平。
- 可实现的最高客户服务水平。

- 尽可能高的质量水平（低缺陷率）。
- 尽可能少的浪费（降低不良质量成本）。

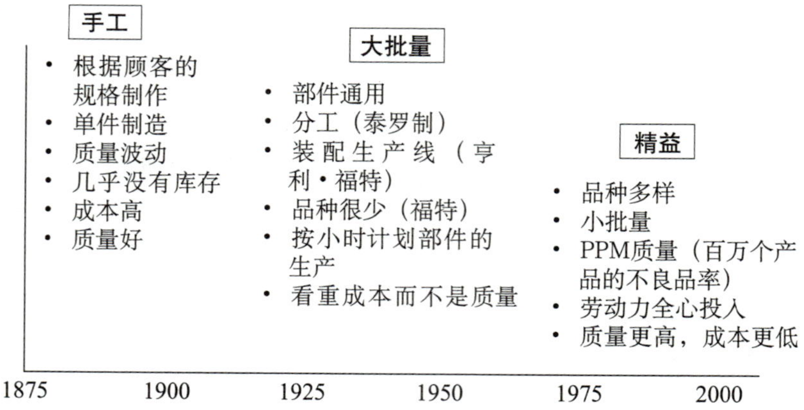

图 11—1 制造业的历史

这些是通过使过程（组织内部的或外部的）按照顾客要求的节拍（鼓点）连续流动来实现的。各种浪费（时间、材料、劳动力、空间和运动）得到了消除。总体上说，精益的目标就是通过顾客来拉动整个价值流（或供应链），来驱动减少波动并消除浪费。

在沃马克（Womack）和琼斯（Jones）的著作《精益思维》中，他们提出了精益的关键原则，内容包括：

- 明确顾客心目中的价值，顾客的声音。
- 识别每个产品的价值流。
- 确保价值不间断地流动。
- 减少产品的缺陷和过程的不足。
- 让客户拉动价值。
- 追求完美——六西格玛水平。
- 消除波动（短期的和长期的）。

精益和质量管理的关系

精益组织的一个关键组成部分，是要创造顾客眼中认同的“价值”。价值的操作性定义是指顾客在使用产品或服务中获得的利益。价值是由顾客定义的，为顾客提供价值是生产者得以存在的原因。精益始于定义价值，即在合适的时间，以合适的价格，向顾客提供产品、服务或利益。任何不为顾客提供价值的东西，都可视为浪费（见图 11—2）。

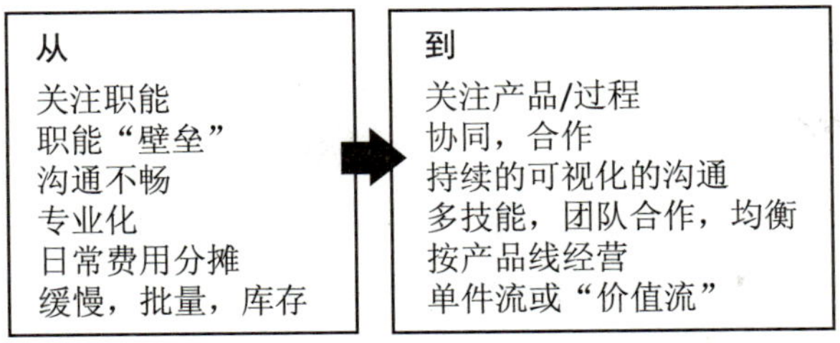

图 11—2　精益的特点

如果我们浏览图 11—3 精益和朱兰三部曲®的话，就能够看出精益和质量的概念异曲同工，即所有的产品和服务都必须“适目的”。顾客对质量的定义，既要求特征又要求不能失效。因此，既然精益通过消除非增值活动来创造价值，那么，将质量管理包含在精益之中就显得非常重要了。精益被用于质量控制，是因为它能使工作标准化，从而实现更好的符合性。在改进中运用精益以通过减少浪费的形式减少过程中不符合的成本。近来，精益方法被用于质量计划方面，以实现精益设计。精益设计与质量设计很相似，如今的组织必须对产品或服务进行设计，以使产品或服务顺利实现从客户需求到客户使用的转变。

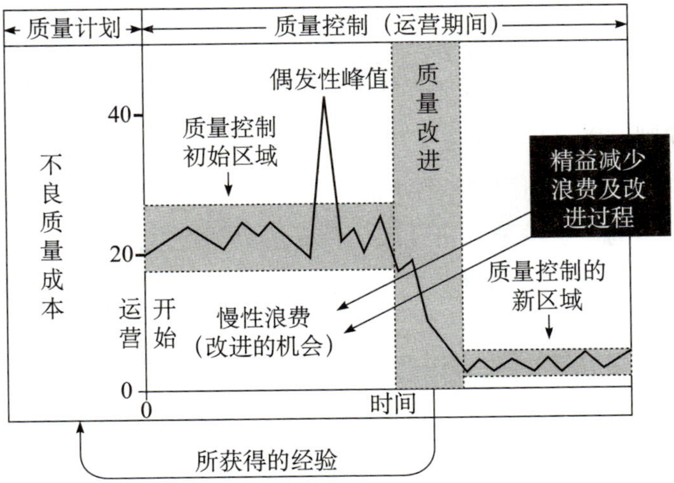

图 11—3　精益和朱兰三部曲

资料来源：Juran Institute，Inc.，Southbury，CT.

八种浪费

大野耐一（1988）提出了七种存在于多数过程和组织系统中的浪费。如果这些可识别的浪费没有得到处理或消除，就会导致不良质量成本。精益实践者和精益专家必须把重点放在减少或消除这些浪费上，而这也是 kaizen（改善）或快速改进活动的一部分。

大野提出的针对生产的七种浪费，再加上适用于所有过程的第八种浪费（这个似乎没有提出者）的内容如下：

1. 过量生产——生产或制作的比需求多，或比需要的时间早。

2. 等待——等待信息、原材料、人员和维修。

3. 搬运——人员或货物在工作现场周围或站点之间移动。

4. 过程设计不当——步骤过多或过少，缺乏标准化，进行事后检查而不是预防。

5. 库存——原材料、在制品、成品、纸张、电子文档等。

6. 多余动作——工作站、办公室布局不合理，工效差。

7. 缺陷——错误、报废、返工、不合格。

8. 未被充分利用的人力资源和创意——未被聆听采纳的想法，未被运用的技能。

精益路线图及快速改进活动

作为质量、卓越绩效和绩效突破的持续发展的组成部分，精益和六西格玛在过去几十年里得到了不断的发展演进。摩托罗拉公司创造了“六西格玛”一词，它将改进的标准提高到了新的高度；而精益源于丰田生产方式的经验。

如今，精益和六西格玛不断发展，以应对当前核心业务的挑战，即实现价值并使价值最大化，以及响应“纳秒顾客”需求的挑战。当今社会，顾客对结果的速度要求十分苛刻，于是朱兰研究院的乔·德费欧先生将这种速度称为纳秒速度。运用精益和六西格玛的目的就是要在各行各业和各种文化背景下维持可持续竞争优势。

每个组织都希望成为精益组织，并希望在整个价值链中实现以下目标：

- 尽可能短的产品和服务交付周期。
- 最佳的战略库存水平和人力资源配置。
- 可实现的最高客户服务水平。
- 尽可能高的质量水平（低缺陷率）。
- 尽可能低的浪费水平（不良质量成本）

虽然在实施精益时可使用众多技能和工具，但大多数精益工作者直到精益与六西格玛 DMAIC（定义，测量，分析，改进，控制）结合后才拥有精益的模型。图 11—4 中的朱兰精益路线图就是一个旨在实施“精益项目或活动”的模型示例。它包含了六西格玛中的 DMAIC 五项步骤，同时也包含了精益任务。这组步骤提醒精益或“精益六西格玛”的工作者，既要关注有效性也要关注效率。

定义价值

1. 定义利益相关方的价值和关键质量特性。
2. 绘制高阶流程图。
3. 6S 评估。

测量价值

1. 测量顾客需求。
2. 制订数据收集计划。
3. 创建价值流图。
4. 确定速度、节拍时间和人力。
5. 识别原材料和产能的限制。
6. 实施 6S（S1—S3）。

分析过程——流动

1. 分析价值流图。
2. 分析过程负荷和过程能力。
3. 进行增值活动和非增值活动分析。
4. 应用精益解决问题。

改进过程——拉动

1. 实施快速改进活动（RIE）。
2. 设计过程变更和流动方式。
3. 过程的供给、平衡和负载。
4. 工作标准化。
5. 实施新过程。

维持控制

1. 价值流的标准化和细化。
2. 完成过程和可视化控制。
3. 识别防错机会。
4. 实施 6S（S4—S6）。
5. 监控结果及结束项目。

图 11—4　精益六西格玛路线图及其子步骤

图 11—5 提供的工具格，用来展示该方法在每个步骤上可以使用的工具。该网格中的每个工具都可以在本章、第 18 章“设计、控制与改进绩效的核心工具”，以及第 19 章“准确可信的测量系统及先进工具”中找到。

快速改进活动或改善

快速改进活动（RIE）或改善（kaizen）通常是由精益专家或黑带倡导和执行的为期一周的集中活动，以此分析价值流和短期内可快速开发或实施的策略。这些活动已在办公室、服务机构、医疗保健领域，以及制造业中得到了应用，并不断获得极大的、实时的改进效果。Kaizen 是持续改进的日语单词，该词已和

精益	精益工具																																			
	6S	基础统计方法/图表	头脑风暴/亲和法	因果图/5个为什么	控制计划	关键质量特性矩阵图	数据收集	FMEA	看板计算器	负荷图	防错	MSA	排列图分析	防错法	过程负荷计算器	过程建模	生产控制板	产量分析	生产路径分析	项目立项表	以可靠性为中心的检修	快速改进活动	S1—S3策划文件	选择矩阵	SIPOC	SMED	排序表	SPC/控制图	标准作业/作业图	分层	超市	节拍时间	约束理论	TPM	V/NVA（增值/非增值）	价值流图
选择项目		■	■										■					■	■					■				■		■						
定义需求																				■																
a. 验证/细化项目章程			■				■																	■						■						
b. 确认价值流改进重点																		■	■																	
c. 判定相关方价值与关键质量特性						■	■						■																							
d. 绘制高阶流程图																									■											
测量价值流																																				
a. 定义顾客需求							■																							■		■				
b. 制定数据收集计划							■																							■						
c. 验证测量系统		■										■																								
d. 创建价值流图																									■											■
e. 识别原材料供给和产能的限制							■			■					■														■				■			
f. 实施6S（S1—S3）																							■				■									
分析过程——流动																																				
a. 分析价值流特性图																																				■
b. 分析负载图							■			■																						■				
c. 分析生产能力							■								■	■																				■
d. 对增值活动和非增值活动进行分解分析							■																												■	
e. 针对特定原因运用精益解决问题方法				■																																
改进过程——推动																																				
a. 实施快速改进活动								■														■														
b. 设计过程变更和流动方式																																				■
c. 过程的供给、平衡和负载									■	■																■					■					
d. 工作标准化																													■							
e. 实施新过程																	■				■													■		
维持控制																																				
a. 价值流的标准化和细化																	■				■													■		
b. 完成过程和可视化控制					■			■																				■	■							
c. 识别防错机会											■			■	■																					
d. 实施6S（S4—S6）																																				
e. 监控结果及结束项目																												■								

图 11—5　精益方法和工具

小团队定期开展的改进活动联系在一起。人们常把它作为包含所有持续改进方法的术语。我们选择使用它，是源于它的定义，即定期的小改进。RIE 团队或改善团队应是跨职能的，以便所有与团队相关的过程和问题都被考虑在内，并且使开发出的解决方法能被所有人理解和接受。快速改进团队速度快的原因在于精益比六西格玛容易，而且他们是渐进地攻克问题的。此外，他们处理的问题一般已有现成的数据。

快速改进活动是一项能够调动各层级劳动力的好工具。它有助于打造受激励的且工作积极的劳动力。同时，快速改进活动也可以用来识别和解决部门问题。

快速改进活动和改善团队所做的工作

精益专家或者黑带与管理者一起选择需要改进的区域，随后，他们进行以下的准备工作：

1. 在开展项目前的一至三周内，专家召集团队，制定立项表，并围绕需改进的领域，收集尽可能多的数据。数据的类型取决于选择的领域，但一般都应包括制造领域的重点，即：

a. 每个产品或产品系列的工艺流程图（如果有的话）。

b. 工序产出率。

c. 工序准备时间。

d. 工序换模周期。

e. 工序间的平均在制品（WIP）库存水平。

f. 原材料平均库存。

g. 成品平均库存。

h. 工序周期时间。

i. 最终产品的平均每日顾客需求。

j. 最终产品的每月顾客需求。

k. 供应商清单，包含供应的项目、数量、每年的美元价值，以及送货频率。

l. 原材料移动/存储的时间。

m. 原材料移动的距离。

n. 检查的频率和样本的大小。

o. 每个过程的 DPMO（每百万机会中的缺陷）水平或西格玛水平。

2. 活动前一周，团队接受基本的精益方法及工具培训。

3. 进入项目实施周后，团队开始验证当前状态的价值流图，开发“未来状态”图，定义顾客的需求、速度、平衡工作、定义标准化的工作，并实施改进。

4. 项目完成后，要确保控制到位，并监测进展情况。

项目实施期间，团队可能需要执行多个小任务，其中一些较重要的任务包括：

- 描绘现状价值流图。
- 了解可用的数据，并收集尽可能多的需要的数据。
- 确保设备的可用性。
- 实现6S中的S1、S2和S3（6S为整理、整顿、清洁、规范、素养、安全）。
- 验证价值流图，理解“之前”的价值。
- 研究现况。
- 完成以下步骤：
    - 增值活动和非增值活动的分解分析。
    - 现状负荷图、面条图、标准化工作表。
    - 检查现状分析。
    - 设计未来价值流图和控制板。
- 开发未来价值流图的标准作业。
- 实施变更（大动作）。
- 实施控制板。
- 检查标准作业、标准在制品，以及需要的装置等。
- 完成流动、程序、标准作业，以及生产控制板。
- 向管理层提交结果并庆祝。

拉动与推动系统

传统业务在推动系统中运行。推动系统计算起始时间，然后根据需求将产品推入业务操作中。这种方法忽略了过程中的限制或瓶颈，并且有可能导致生产不均衡和多余的在制品库存。与此相反的是，拉动系统只有在得到授权时才生产产品，而且根据过程的状态进行生产。

拉动系统的生产速度要比推动系统快，而且从本质上说，该系统可以控制并提高流量。我们的目标应该始终由客户需求拉动。

精益价值流管理

精益的重点是找出价值流。这些价值流包括产品从构思到商品化的所有活动。这些活动涵盖所有关键业务过程，如设计、获得订单、调度、生产、销售、营销及交货。了解价值流可以使人们识别出增值步骤、非增值但必要的步骤，以及非增值的步骤。增值活动可以将原材料或信息改造成或塑造成满足顾客需求的东西。非增值活动虽然花费时间或占用资源，却不会为顾客需求增加价值（但它们可能满足组织的要求）。价值流的改进之旅往往始于培训。团队接受有关精益关键概念的培训，并运用价值流图来绘制现状图。价值流图中包含原材料和信息流，以及任何与过程相关的信息（如周期时间、停机时间、生产能力、等待时间、产量，以及库存水平）。价值流管理的目标是识别出所有能够实现产品销售的必要条件，以及过程中所固有的浪费，并从中找出改进的机会。然后将期待的未来状态描绘出来作为未来价值流图，并朝着期待的未来目标实施改进措施。

我们可以为单一的产品或服务绘制价值流图，但更多的时候，一个过程会支持多个单端项目。当产品共享相同的设计和制造过程时，它们被称为一个产品家族。在实践中，人们经常围绕一个产品家族开发价值流图。价值流图常会在过程行进过程中与其他产品家族混合。

如上所述，价值流包括产品家族整个过程中所需的所有任务。价值流图有三个典型的绘制圈：从理念到启动（设计圈），从原材料到顾客（制造圈），从交付到回收（保持圈）。其中绘制最多的是制造圈。

现举一个涂装生产线的价值流图示例，其现状图和未来图请参见图 11—6 和图 11—7。有许多很好的参考资料提供了绘制价值流图的技巧，比如《学会观察》(Rother and Shook，2003)，《价值流管理》(Tapping，Lwyster，and Shuker，2002) 和《创建价值流的混合模型》(Duggan，2002)。为了产生最大的效果，绘制应该包含所有相关的过程步骤，包括供应商和顾客。每个步骤的具体属性，包括信息流都应仔细记录并得到验证。这些数据应尽可能符合实际，并显示出属性中的波动，如果存在波动的话。这些数据将成为开发未来愿景图的起点，而未来愿景图又与改进和减少浪费息息相关。

需求的影响

需求对业务的影响不可低估。使顾客满意的一个关键要素就是要了解他们对产品的需求，这是价值流中最重要的元素之一。了解需求的模式也同样重要，需求是增长了还是下降了，是季节性的还是长期的。生产者必须迅速而有效地应对不断变化的需求，以保证交货的可靠性，以及对成本的有效控制。需求的变化可由组合驱动和数量驱动，或通常情况下，由这两者共同驱动。需求的变化反过来又会影响交货的可靠性、产品质量、库存成本和总成本，此外还会带来对顾客不

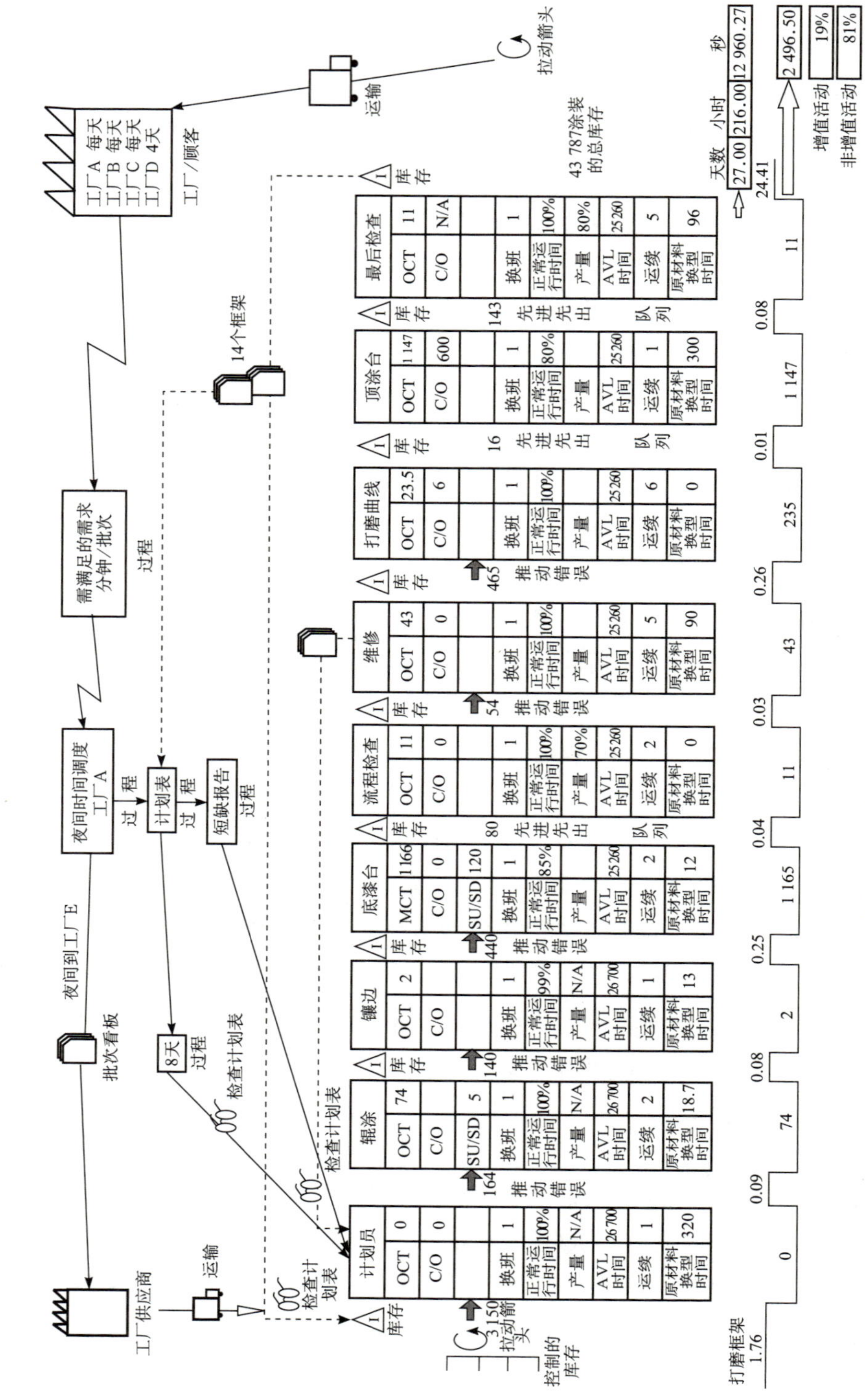

图11—6 涂装生产线的价值流图——现状图

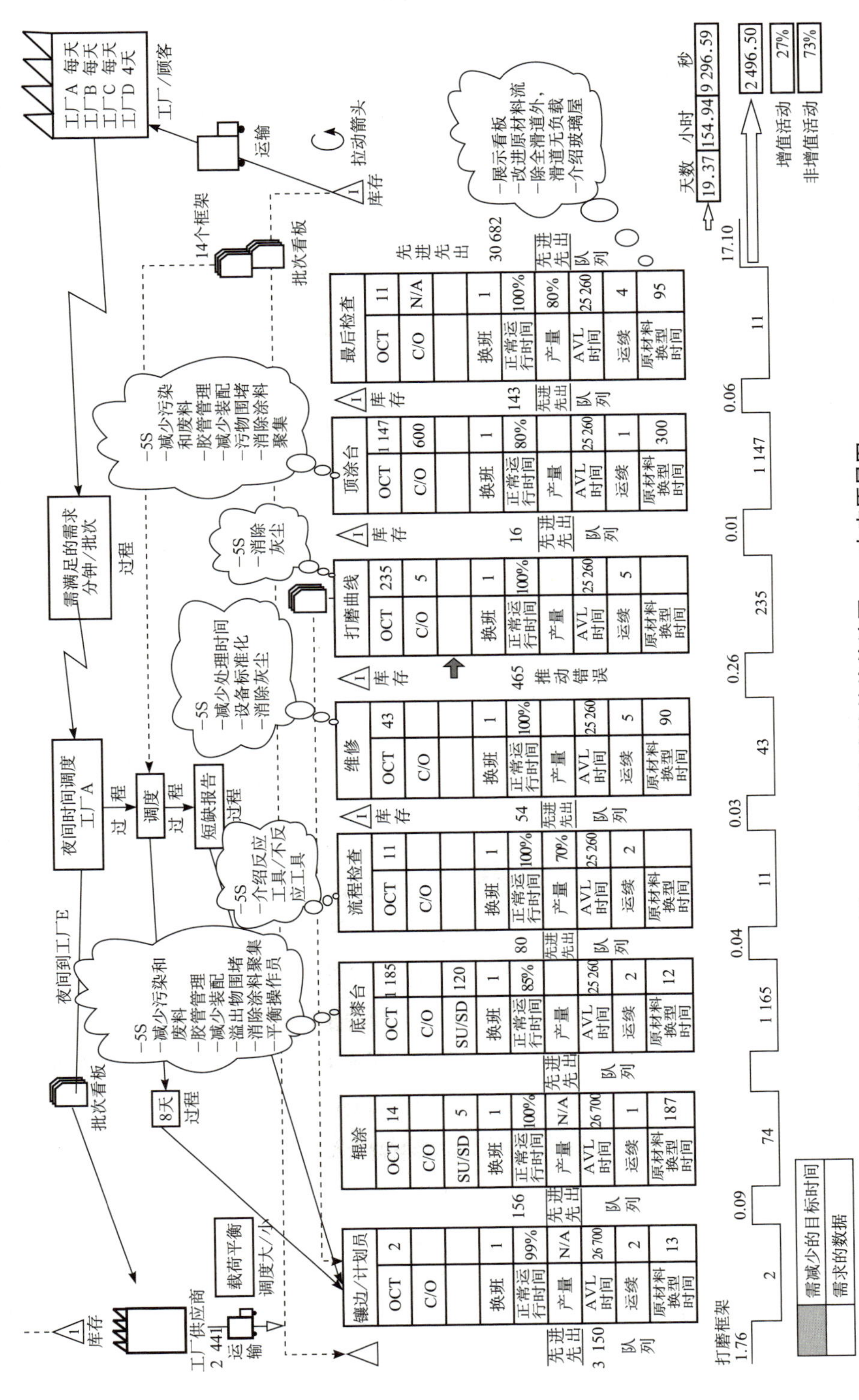

图11—7　涂装生产线的价值流图——未来愿景图

利的消极后果。需求也被用来决定节拍时间（源于德语 Taktzeit），节拍时间是指顾客购买单一部件的收货速度。节拍时间将稍后在本章进行讨论。不断变化的需求导致节拍时间的变化，由此又会导致所需资源的变化。如果这个不稳定因素没有得到正确的理解和控制，上文提到的那些不利影响就将很快变为现实。所以建议读者，如果需求变化非常明显，就一定要开发出多种价值流，每种都有特定的节拍时间和特定的资源，以满足顾客的期望。

生产能力和需求

生产能力和需求必须保持平衡，以保证合适的工作流。如果生产能力太小，你的顾客就会不满意，而生产能力太大，则会产生浪费。生产能力是指一个系统在特定时间内能够持续产出的数量，它可以简单地用可用时间除以最长周期时间来计算。理论能力（也称为设计能力或最大能力）可视为理想状态下的产出数量，它可能标示在一台机器的铭牌上。它需要在理想的条件下运行，但大多数设施都无法实现这一点。另一方面，实际能力可以基于当前的现实情况进行计算。理论能力和实际能力之间的差距正是改进的机会。需求与能力不能混为一谈，需求是顾客的要求，独立于生产者的能力之外。

增值/非增值活动的分解分析

精益生产的主要目标是识别和消除浪费。只要我们对当前的过程有个扎实的认识，我们就会实现这个目标。改进的第一步是确定什么是顾客认同的价值，什么不是。如上所述，任何不能为顾客提供价值的东西，都可被视为浪费。如果精心构造现状图的话，该图就能提供丰富的改进机会。增值/非增值分解分析的基本前提只需要简单地问个问题，即顾客愿意为此付费吗？对每个过程步骤都应该进行此提问。如果顾客不愿为此付费，那么我们应该做什么来减少浪费或完全消除浪费？在某些情况下，鉴于过程当前能力有限，非增值活动仍然是必需的，至少暂时是必需的。非增值但必要的任务的例子，包括检验或其他质量检查。为保证顾客满意，这项活动需一直保留，直到该过程足够稳健，不需要非增值活动为止。

流和节拍时间

流的概念需要对“典型”生产过程的理念进行重新梳理，绝不能只是考虑“职能”和“部门”。我们需要重新界定如何才能使职能、部门和组织发挥效能，以便对价值流作出积极贡献。流水线生产需要我们按照顾客的购买率进行生产，如果必要的话，我们应该使每天生产的每一件产品都满足顾客的订单，即满足节奏或“鼓点”。节奏或鼓点由节拍时间确定，节拍时间一词来自德语的“韵律”，如音乐中的韵律就构成了音乐中的节奏或节拍。节拍时间反映了客户购买单件产品的速率。

$$节拍时间=\frac{可用时间（每天）}{平均日常需求}$$

例如，在图 11—8 中，我们计算了以 10 天为期需求的节奏或节拍时间。

判定节拍

10天期间	需求
1	30
2	40
3	50
4	60
5	10
6	30
7	40
8	20
9	60
10	40
10	380

$$\frac{周期内可用的时间（840分钟）}{平均需求（38）}=22.1分钟$$

基于两班倒，每班上7小时的情况

图 11—8　节拍时间计算案例

节拍时间计算案例

为了符合实际，我们可以根据过程的变化，对节拍时间进行修订。当修订的节拍时间不能用该简单的公式计算时，则需另起名字，例如单元的节拍、机器的节拍或实际的节拍。虽然可以对节拍时间的修订做出计划，但它们仍是一种浪费，或说是计划的浪费。人力需求可按下面的公式进行计算：

$$所需的最少人手=\frac{过程中的总劳动力时间}{节拍时间}$$

6S——一个营造整洁工作场所的计划

很多工作场所都是一片脏乱。一个既有效果又有效率的工作场所带来的好处包括：不仅能够运用方法预防缺陷和事故，并且可以消除浪费在寻找工具、文档和其他重要物品上的时间，以完成工作过程。通过将工作重点放在消除脏乱并对工作场所的部门进行合理组织之上，工人会更加安全更加迅速地执行工作，而成本也更加低廉。

一个名为 6S 的简单工具，如今为我们提供了创造干净整洁的工作场所的框架。其步骤如下：

- 整理：移走工作场所中所有当前操作不需要的物品。

• 整顿：安置工作场所中的物品，以使它们易于被找到、便于使用，并妥善安放。

• 清洁：打扫、擦拭，并保持工作场所的清洁。

• 规范：使“清洁”成为一种习惯。

• 素养：创造条件（例如时间、资源、奖励）保持对6S方法的持续践行。

• 安全。

几十年前，关键产品的制造行业（例如，医疗保健、航空航天）意识到，干净整洁的工作场所是实现极低缺陷水平的关键。而现在六西格玛方法所要求的质量水平，也提供了相同的推动力。

也许6S方法的重要意义正在于它的简单。它的好处显而易见：这些工具是使工作简化的最简单工具，而且易于理解和应用。有时，简单的工具会产生巨大的效果，而这正是对6S的写照。欲了解详细的6S五大步骤（不包括安全），请参看图11—9，该图是The Productivty Press Development Team（1996）提出的。

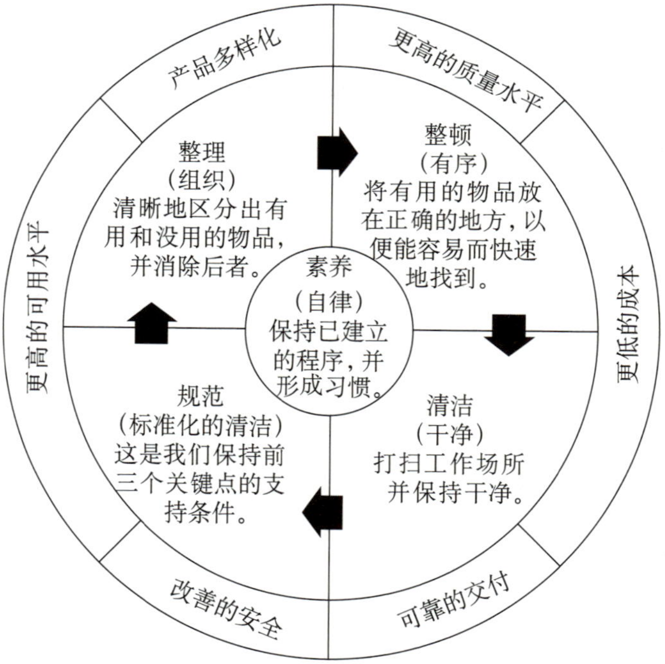

图11—9 5S理念

资料来源：The Productivity Press Development Team (1996). Reprinted with permission of Productivity Press.

整个改进过程都应实施6S，并应一直延续到将来，同时根据需要进行调整。6S为大多数精益工具和技术提供了一个坚实的基础。

对安全的注解：一旦前面 5 个 S 实实在在落实了，就会带来显著的效果，而工作场所也会变得更加安全。很多时候，不需额外的影响就能实现这样的好处。只要工作区域保持有序和清洁，与工作相关的安全事件就可能减少 50%。将 5S 与正式的安全方案相结合，就能产生惊人的效果。这被称为带来“成功”的 6S。

库存分析

库存是指组织中任何物品或资源的存储数量。在制造业中，库存通常包括原材料、成品、零部件、物资，以及在制品（WIP）。库存的目的是管理波动（需求、交付和过程本身），以方便生产调度，减少安装时间，平衡经济订购量。虽然一定数量的库存具有战略价值，但库存常被视为浪费。浪费既可以是原材料和劳动力占用的现金，也可以是多余的存储和搬动。此外，库存也很容易遭到破坏、盗窃和报废。精益的目标是减少库存，如果不能消除的话。

除了交付给顾客的那部分产品之外，其他库存需要地方存放。每个过程每天都会发生内在的波动。战略库存可以抵消因过程效率和顾客需求导致的波动。库存应该具有战略意义，并按照计算出的最低和最高库存水平进行配置，以确保整个过程的最佳流。当计算库存水平时，应该考虑顾客的需求（和变化）、补货期间消耗的数量、补货的周期间隔，以及过程中断的影响。

一种常被忽视的浪费是库存不准确。实际计数和记录计数（俗称“由账目到实际”）之间的差异对生产者和顾客来说都是一种高昂的成本。测量这种差异是提高精度的第一步。改进的另一种方法是周期盘点。周期盘点是一种计算实际库存的方法，即定期盘点库存，而不是一年只盘点一次或两次。这种定期盘点的方法有许多优点，如能够提供更准确的库存记录、减少生产过剩、减少缺货的发生，并能根据价值优化库存。

各种形式的库存都应该被消除，或至少最小化。在开发过程的改进措施时，精益工作者应检查存在库存的每个点，以确保实现持续流。如果有必要的话，应该设置针对变化的对策库存。美国生产与库存管理协会（APICS，现更名为资源管理教育学会）是一家具有教育性质的协会。该机构提供了出色的支持资源管理的信息源。运用精益库存分析工具，并根据供应链中的需求水平匹配库存，就可以减少库存。

利特尔法则

在追求精益环境实现的过程中，我们有幸找到了一个简单而有效的关系法则，即利特尔法则。简单地说，利特尔法则是一个计算在制品、提前期（lead time)，以及过程产出率之间直接数学关系的法则。

利特尔法则：

$$WIP = TP \times LT$$

WIP＝在制品，TP＝产出率，LT＝提前期

可改写为：

$$LT = \frac{WIP}{TP}$$

这个公式表明，通过减少在制品，我们可以直接缩短提前期，从而缩短产品交付给顾客的时间。该法则还规定，如果允许在制品库存发生变化，则提前期也可以变化。换句话说，如果在制品保持不变，则提前期也不变（见图11—10）。

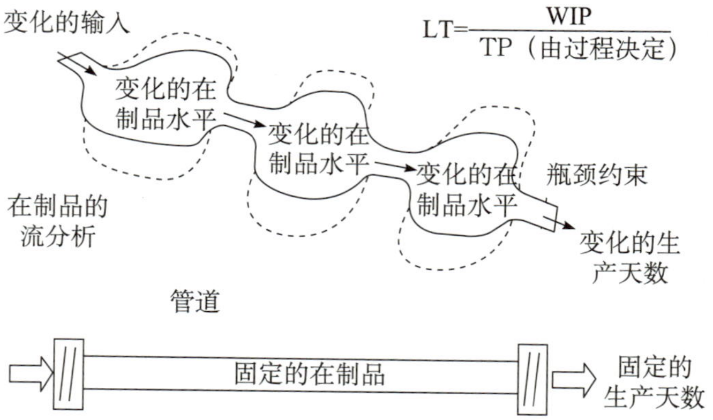

图11—10 利特尔法则

管理和消除约束

约束指所有限制系统实现更高性能或生产能力的事物。约束可以有多种形式，包括：

- 设备。容量、速度、能力。
- 劳动力。供应、技能。
- 信息。速度、精确度。
- 供应商。可靠性、质量。

当评估现状价值流时，这是一个很重要的概念。评估价值流时，应特别注意约束。如果约束不改进，则其他任何领域的改进按照定义来说都是浪费；存在约束的环节都应该进行改进。一旦某种资源不再是约束，另一种资源将会成为新的

限制速度的约束。这时，我们就需要将关注的重点转移到新的约束上来。制造业组织的目标是将约束推到销售环节。

1992 年高德拉特提出了约束理论。该理论包含解决约束的五大步骤，具体如下：

1. 识别约束。
2. 确定如何充分利用约束。
3. 其他都服从于上述的决策。
4. 提升约束的性能。
5. 移动到下一个约束，并回到步骤 1。

正如我们所看到的，这是一个持续推动、持续改进的过程。

改进过程和实施拉动系统

一旦计算出节拍时间，就应识别出各种约束（如过长的安装时间），并对其进行管理（或消除），以减小批量规模。在理想状况下，这样做可以产生单件流。如果这种减小能够实现，我们就可以消除生产过剩或过量的库存。拉动式生产计划技术的运用，可以使顾客需求通过价值流（从供应商到生产再到顾客）拉动生产需求。在拉动式生产中，于消耗点上补充原材料。原材料一旦被消耗，信号就会发送到前面的生产过程步骤，以拉动足够的原材料去补充已消耗的部分。

改进小组（或 kaizen 团队）实施精益改善的步骤如下：

- 确定节奏（节拍时间和人力）。
- 建立序列和补货（产品家族的销售额和所需的安装/换模）。
- 设计生产线或过程（临近，顺序，相互依存）。
- 供给生产线或过程（战略库存，标准在制品）。
- 平衡生产线或过程（负载，标准工作）。
- 稳定和精化（6S，持续改进）。

减少提前期的竞争压力现已成为分析改进过程的推动力。流程图，最好是价值流图，能够显示出大量的改进方向，如：

- 职能部门的数量以及它们之间的相互关系。
- 同一个宏观过程为关键客户及多数顾客提供服务的程度。
- 返工的存在。
- 瓶颈存在的程度和位置，例如需要多方签字。

- 库存的位置和数量。

有许多缩短过程周期时间的方法，其中包括：

- 为有用的多数应用程序提供简化的过程。
- 减少步骤和切换。
- 消除浪费的“循环”。
- 减少换模时间。
- 管理约束或瓶颈资源。
- 减少库存。

物理空间设计和邻近

当精益工作者继续评估价值流以寻找改进机会时，他常会发现活动的运行是一种浪费。因为与通常部门化的设备不同，按照顺序进行的操作往往并不具有紧密的物理邻近性。通过简单地将过程更紧密地结合在一起，我们就可以提高流量，并减少各种浪费。当我们把这个想法延伸开来，将所有相互依存的部件组成一个“单元”时，益处就更为明显了。单元设计会最大限度地减少空间，通常会减少50%。

单元的设计也应保证步骤之间能够相互依存，并以相同的节拍时间或节奏运行。这种做法能降低库存、缩短周期时间，并能提供快速的质量反馈。

资源调整的另一种方法是成组技术。成组技术是检查组织生产的全部物件的过程，其目的是识别具有足够相似性，并可运用相同设计或制造计划的物件。成组技术可以减少一些新设计或新的生产计划。除了可以节约资源，成组技术还可以提高设计质量，并可通过使用经过验证的设计和制造计划，来提高符合性质量。在许多企业中，最初以为需要新设计的部件里，其实只有20%确实需要。而在剩下的部件里，40%可以根据现有的设计进行制造，其他40%可以通过修改现有的设计进行制造。重新布局生产设备也可以从成组技术的理念中获益。可以按照生产的部件将机器分组，然后分成不同的机器单元，每个单元生产一种或几种部件的产品家族。

平衡过程

当对未来状态进行改进设计时，顺畅而有序的流是至关重要的。改进计划的每一步都应该实现平衡。我们要使过程的步骤相互依存，并以最低的库存和最小的批量，按相同的节拍时间运行。除了能够减少如利特尔法则计算得出的提前时间以外，这种方法还能提供直接的质量反馈。因为操作接近于一个连续流，而且是一个单件加工的过程，所以浪费很快就能得到消除。完成一系列任务所需配置的资源（人员和设备）要最小化。一般情况下，我们可以通过工作的组合，减少过程所需的资源，其方法是使组合后工作的周期时间尽可能与其他工作的周期时间接近。

看板：生产的信号

如前所述，非战略性库存、过度搬运、等待和生产过剩都属于浪费。控制这些浪费的一个有效方法，就是运用信号系统来授权价值流中的生产和活动。信号系统的表现形式有时是卡片，但也并不总是。不管什么形式的信号设备，都可称为看板。信号设备用来控制战略库存水平和标准在制品，并由此引发拉动过程。一些生产者运用做了记号的地板来标示材料应存放的位置及存放的数量。当这些区域没有货物时，供货的操作就会得到批准，以此来补充库存。集装箱也可作为信号工具。例如，当一个集装箱空着时，就会激发上游业务的生产。Hopp 和 Spearman（2000）为看板系统的设计和应用提供了详细解释。

减少转换时间或 SMED

在一些过程中，从一个产品（过程）类型转换到下一个计划的产品类型，所引起的换模浪费是巨大的。1989 年，丰田公司推进了新乡重夫的事业，将冲压机的换模时间从四个小时减少到了三分钟。减少换模的方法被称为“快速换模法”（SMED）。快速换模法是指在不到 10 分钟的时间内，或以远低于当前的水平，进行设备安装和换模操作的一套技术。这些技术原理可应用于所有类型的换模。

SMED 的好处包括：降低库存、提高生产能力和生产量、提高为客户准时交付的能力。安装时间越长，就越容易堆积库存。就如设备维修中的故障一样，换模会耗费无法弥补的生产力。快速换模也能提高灵活性，以更低的成本（废料、劳动力和技能）生产出更多元的产品。

快速换模的主要步骤包括：

- 将尽可能多的换模工作从内部活动（需要停止生产）转移到外部活动（不停止生产就可完成）。
- 运用相同的生产原则简化内部活动：减少运动和移动，注意邻接和平衡。然后，简化外部活动。
- 消除调整及试运行的需求。
- 简化外部活动。

虽然最初的开发只是为了生产不同产品时关键设备配置的更换，但同样的原理也已被应用于改善服务和知识型工作的交货时间，例如，为保险的承保人呈现数据，以使他们能够快速地订立新保单，而不是检索所需要的数据；通过预先填写文件中的关键区域，最大限度地减少客服代表签订新保单的时间；或以标准的格式对所有审计数据进行管理，以便一个课题向另一个课题的转换。

可靠性和设备性能最大化

可靠性是指在承诺的时间内提供产品或服务的能力。在操作中，这种能力通常与能始终如一地为顾客生产所要求数量和质量的资源直接相关。为保证数量，设备必须在需要时可用。卓越维护是一种理念，即通过实现设备兼容性和可靠性的最高水平来最大限度地运用资源。卓越维护基于一套完美的引导理论和合理的执行方案。这套整体的理念被称为全面生产维护（TPM），而这套执行方法，被称为以可靠性为中心的检修（RCM）。

人们普遍认为设备维护是非常重要的，但生产的压力可能会延误定期的维护。有时会出现无限期的拖延，或设备故障，从而使维护变成了消极应付，而不是积极的预防。

为保证维护计划得到实施，我们应该制定规划来确定多久进行维护是必要的，维护以何种形式进行，以及对过程应如何进行审核。维护活动的优先次序将在随后介绍的“以可靠性为中心的检修”中进行讨论。

当拟定的维护计划因成本高而遭到反对时，我们可以用过程中较差质量造成的成本数据来证明维护计划的必要性。

全面生产维护

设备维护过去通常由操作员实施，但是当工作分工更细且更加专业化时，维护更多地移交给专业人员完成。这通常是由训练有素的少数人员组成维修小组来完成的，他们几乎能解决设备的所有问题。将尽可能多的日常维护工作交回给操作员是非常必要的。全面生产维护从价值流中寻求改进机会。它能够识别出损失的源头，并为消除这些源头而努力。它将生产力的零损失（包括质量损失）作为重点。

操作员既是TPM的核心，同时也是过程专家。他们处在开展改进活动以处理事故、缺陷和故障的最适合的岗位。TPM 的理念基础是全员参与，即所谓的自主维护。操作员接受培训，以防止异常情况的出现，以及由其他原因引起的加速折旧。操作员还要执行日常的清洁检查、日常的润滑、拧紧固件等。培训是其中的关键，而且应与前文提到的 6S 相结合。

以可靠性为中心的检修

TPM 设定了总体的思路和维护标准。为了补充 TPM，我们需要一套计划方法，以此来确定资源和活动的优先次序，这就是所谓的以可靠性为中心的检修（RCM）。RCM 的目标是通过数据的收集、分析和详细规划，来保证过程的可靠性。RCM 和 TPM 一样，一旦得到正确实施，就能降低库存、缩短提前期、提供更稳定的操作，并能提高工作的满意度。

确定优先次序是 RCM 的基础。其基本前提是尽可能有效地分配资源，以消除非计划的停机时间，减少不良质量，或确保计划产量。资源的优先顺序分为三类：被动应对、预防和预测。被动式的维护方法会导致运行失败。这些资源包括非关键部件、冗余设备、简单的小部件，以及低故障率的资源。例如，电动电磁阀、继电器线圈、灯具和所有故障。这类资源的优先级很低，允许其运行失败。下一类是预防性维护。这类资源有一个已知的失效模式，并往往具有时效性。消耗品就属于这一类，其他例如电机电刷、轴承齿轮、过滤器，以及正常计划中的维护操作。因此，可以根据周期数或时间间隔制定规划时间表，以便在失效前（但愿如此）实施维护活动。最后一类是预测性维护。在规划和资源分配方面，此类资源拥有最高优先级。这些资源对于操作来说最为关键，而且也是实现顾客满意的必要资源。本类资源还包括具有随机失效模式的设备，通常不会受到磨损的设备，以及备件需要很长时间到达的设备。该类别要根据具体情况进行分析。可以通过如振动分析、润滑分析、温度、电流特征，以及高速视频等方法判断机器的状况。如果实施成功的话，RCM 可以带来显著的商业利益。基于朱兰原则的经验表明，消极应对的维护成本要比预防性维护的成本高出两到三倍；而预防性维护的成本又比预测性维护的成本高出两到三倍。

测量改进的可靠性应包括几个方面。涵盖范围最广的指标是设备综合效率（OEE）。该指标测量因设备状况如机器的可用性、机器效率和机器质量性能，而带来的所有损失的累积效应。图 11—11 显示了设备综合效率的计算方法。其他测量设备性能最大化的计算方法请参看图 11—12（a）和（b）。

$$机器的可用性（MA）=\frac{实际运行时间}{计划运行时间}$$

$$机器的效率（ME）=\frac{周期时间\times生产部件}{正常运行时间}$$

$$机器的质量性能（MQ）=\frac{良好部件的数量}{生产的全部部件}$$

$$\mathbf{OEE}=\mathbf{MA}\times\mathbf{ME}\times\mathbf{MQ}$$

图 11—11 设备综合效率的计算法

（a）可维护性——平均修复时间（MTTR）

$$MTTR=\frac{维修停机的总时间}{修理的数量}$$

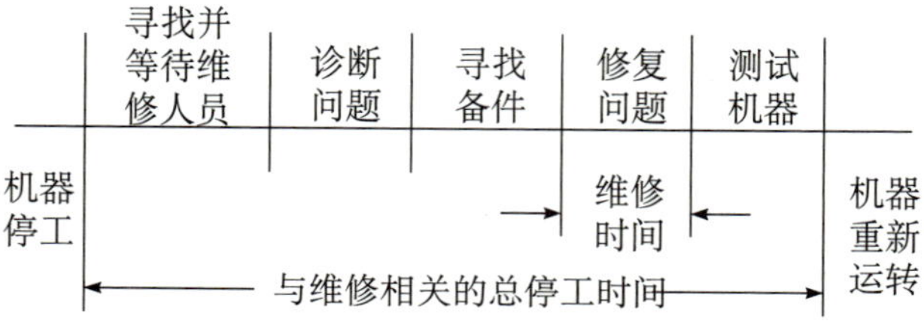

（b）可靠性——简单测量法

$$机器的可用性（MA）=\frac{实际运行时间}{计划运行时间}$$

$$平均无故障时间（MTBF）=\frac{运行总时间}{故障数量}$$

图 11—12 （a）可维护性：平均修复时间（MTTR），（b）可靠性的简单测量法

过程防错

预防的一个重要因素是通过“差错预防”（日语为 poka-yoke）来设计过程以使其没有错误。

广泛使用的防错形式是通过设计（或重新设计机器和工具，即“硬件”），使人为的错误不太可能发生，甚至是不发生。例如，可将组件和工具设计成有凸缘和凹槽的形式，这样就实现了锁和钥匙的效果，从而不会造成错误的组装。工具可以设计成能够自动感知上一步操作是否发生及是否正确，或能在感知到原材料供应中断时中止过程。例如，在纺织行业，纺线一旦断裂就会弹出一个带有弹簧的设备，来停止机器的运转。防护系统（如火灾探测）的设计应能实现“故障保护”，能够发出警报和危险解除的信号。

1985 年，中条武志和久米均两人做了一项经典研究。他们分析了约 1 000 个主要来自装配线的案例，并提出了防错的五个基本原则，即消除、替代、简单化、检测和缓和（见表 11—1）。

表 11—1 **防错原则小结**

原则	目标	案例
消除	消除出差错的可能性	重新设计产品的过程以使任务不再必要
替代	为工作替换一个更加可靠的过程	使用机器人技术（如在焊接或喷涂环节）
简单化	使工作更加容易执行	对部件进行色标
检测	在下一步加工前检查差错	开发计算机软件以提醒工人键盘输入的错误（如字母与数字）
缓和	使差错带来的影响最小化	为负荷过多的电路安装保险丝

防错是一种既主动又被动的工具。如图 11—13 所示，图的上半部分（预防差错）强调了积极的努力，而图的下半部分（缓和差错）则体现了被动的反应，因为这时问题已经存在了。最好以主动的模式来运行防错。在设计阶段就对产品和过程进行防错，以防止缺陷的发生。退而求其次，可应用被动模式的防错，即防止其进入到下一个操作过程中。

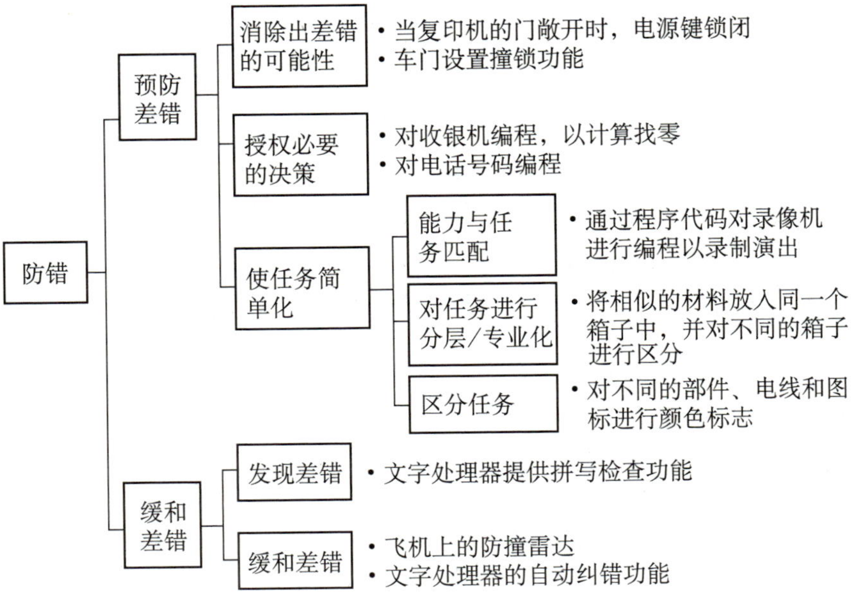

图 11—13 防错指南

防错必定会带来无缺陷的工作。防错的优点还包括能够消除许多检查操作，而且当问题确实发生时，防错可以立即作出响应。欲了解更多关于防错的信息，请参看 The Productivity Press Development Team（1997）的 *Mistake Proofing for Operators*。

小结

竞争压力以及顾客对质量、服务及价格方面不断增长的期望，促使许多企业去寻求创造性的解决方案。企业压力重重，它们既要在竞争激烈的市场中提供总成本最低的产品或服务，又要快速地履行订单。而精益的实施为组织提供了一个工具包和方法论，它使组织专注于在正确的时间，把正确的产品，以正确的数量，送到正确的地点，以达到完美的工作流。同时最大限度地减少浪费，并灵活地进行转变。实施精益的价值主张包括提高顾客满意度、降低成本，以及增加股东价值。实施精益能够增加营业利润，降低库存（占用大笔现金）和资本性支出。总之，实施精益是一件正确的事。

参考文献

Duggan, K. (2002). *Creating Mixed Model Value Streams*. Productivity Press, New York.

Goldratt, E. M. (1992). *The Goal*, 2nd ed. North River Press, Great Barrington, MA.

Hopp, W., and Spearman, M. (2000). *Factory Physics*, 2nd ed. Irwin McGraw-Hill, New York.

Nakajo, T., and Kume, H. (1985). "A Case History: Development of a Foolproofing Interface Documentation System." *IEEE Transactions on Software Engineering*, vol. 19, no. 8, pp. 765–773.

Nicholas, J. (1998). *Competitive Manufacturing Management*. Irwin McGraw-Hill, New York.

Ohno, T. (1988). *Toyota Production System: Beyond Large-Scale Production*. Productivity Press, Portland, OR.

Rother, M., and Shook, J. (2003). *Learning to See*. The Lean Enterprise Institute, Cambridge, MA.

Rubrisch, R., and Watson, M. (2000). *Implementing World Class Manufacturing*. WCM Associates, Fort Wayne, IN.

Shingo, S. (1989). *A Study of the Toyota Production System from an Industrial Engineering Viewpoint*. Productivity Press, Portland, OR.

Shuker, T. J. (2000). "The Leap to Lean," *Annual Quality Congress Proceeding*, ASQ, Milwaukee, pp. 105–112.

Spear, S., and Bowen, H. K. (1999). "Decoding the DNA of the Toyota Production System," *Harvard Business Review*, September-October, pp. 96–106.

Tapping, D., Luyster, T., and Shuker, T. (2002). *Value Stream Management*. Productivity Press, New York.

The Productivity Press Development Team (1996). *5S for Operators—5 Pillars of the Visual Workplace*. Productivity Press, Portland, OR.

The Productivity Press Development Team (1997). *Mistake Proofing for Operators: The ZQC System*. Productivity Press, Portland, OR.

Volland, J. (2005). "Case Study: Now That's Lean." *Medical Imaging Magazine*, January 2005 http://www.imagingeconomics.com/issues/articles/mi_2005-01_07.asp.

Womack, J. P., and Jones, D. T. (2003). *Lean Thinking* (revised and updated). Free Press, New York.

（郎菲 译，杨跃进 校）

第 12 章

六西格玛：改进过程的效率

约瑟夫·A·德费欧 约翰·F·厄尔利

关于本章

组织有许多方法可用来处理过程和绩效问题。在本书中，我们已经对其中的一些方法进行了详细的说明。本章涉及的是六西格玛和精益六西格玛的使用。在质量历史中，它们已经成为最有效和最广泛使用的改进方案。六西格玛是一种跨职能的、涉及整个组织的方法，用以提高过程的有效性和顾客满意度。从 20 世纪 80 年代初开始于摩托罗拉公司，到本书英文版出版（2010 年），它一直是大多数组织在需要进行绩效改善时的首选。精益六西格玛是精益方法（用以提高效率）和六西格玛（用以提高效益）的组合。这种组合也使这两种方法一致努力以提高组织的绩效。

本章要点

1. 六西格玛和精益六西格玛已经发展成为创造突破性改进的最受认可和最

有效的方法。二者都是在朱兰质量改进的普遍方法的基础上演变而来的。

2. 六西格玛方法首先致力于识别和满足顾客的需求，其次才是企业的需求。用这种方法，可以使收益增加并且成本降低，同时改善结果。

3. 自 20 世纪 80 年代六西格玛开始于摩托罗拉公司以来，三星电子、通用电气、霍尼韦尔等许多大型组织通过使用六西格玛和精益六西格玛方法都经历了巨大的成功。如今，佛罗里达州那不勒斯社区医院、梅奥诊所、美国银行、西班牙电信，以及数百家其他组织已经采用了精益六西格玛作为其改进方法的首选。

4. 六西格玛和精益六西格玛方法有助于传统的产品制造商以及服务和信息提供商提升其财务绩效，并提高顾客满意度。

5. 用以改进过程和产品的 DMAIC（本章重点）和用以帮助确保产品和过程从顾客需求到产品交付整个过程都功能完好的 DMADV（六西格玛设计）（这将是第 14 章“运用六西格玛设计实现持续创新”的重点）是两个主要的六西格玛方法。

6. 对完成一个六西格玛 DMAIC 项目所需的五个步骤进行了详细的讨论。

7. 一个成功的六西格玛部署需要对角色、职责、结构，以及员工的培训要求有一个清晰的认识。

六西格玛：关于改进的一种新的全球标准

六西格玛和精益六西格玛（即将精益工具添加到基本方法中）都是质量改进方法，它们借助于计算机和越来越多的统计或其他软件包而使价值大为增加。更多有关突破的内容参见第 5 章，“质量改进：实现绩效突破”。为简单起见，在本章我们在提及质量改进方法和工具时将仅仅指六西格玛（见图 12—1，六西格玛和朱兰三部曲）。

如果你的问题解决方案是难懂的，或者你的质量水平必须以百万分之几衡量或接近完美，六西格玛将会把你情况欠佳的过程放置在显微镜下审视以找到解决办法。图 12—2 给出了六西格玛或 DMAIC 的步骤和最经常使用的工具。DMAIC 的步骤包括：

1. 定义问题，用文字尽可能清楚地表述。

2. 测量当前的绩效水平和顾客需求。

3. 分析收集到的数据以确定问题的（各种）原因。

4. 通过选择最佳方案解决问题以实现改进。

5. 控制以巩固成果。

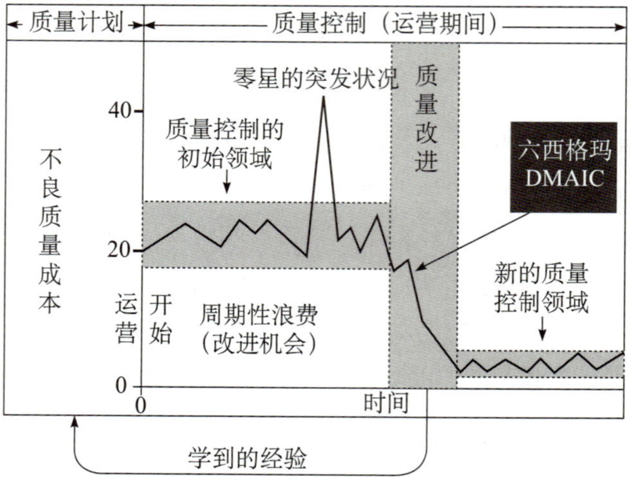

图 12—1 六西格玛和朱兰三部曲

资料来源：Juran Institute，Inc. Southbury，CT.

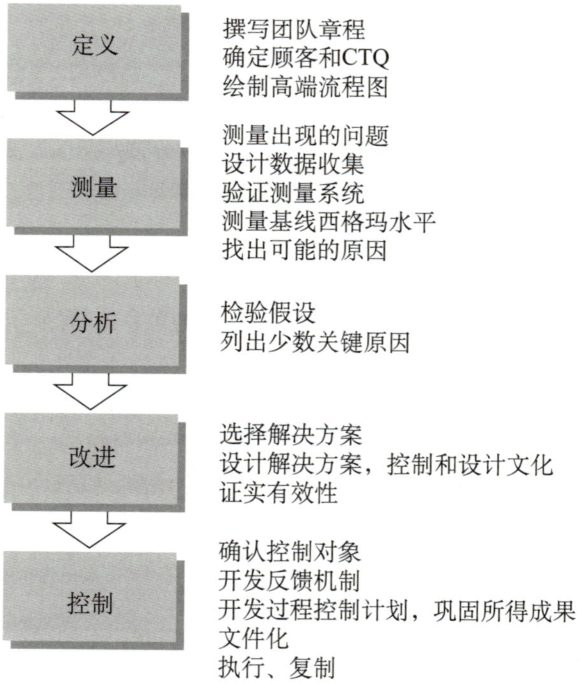

图 12—2 六西格玛阶段和步骤

通过这些基本的步骤，六西格玛使世界各地的许多组织成功实现了在此之前从未实现过的绩效突破。聪明的公司认识到这不仅是一次对问题的“解决”，而且是一种做生意的新方式。企业面临的挑战不会在一个自由的市场环境中消失，而是以不同的程度和形式不断发生变化。全世界的组织都面临着控制成本、保持高水平的安全和质量，以及满足不断增长的顾客期望的持续压力。作为实现这些及其他目标的最有效的方法，六西格玛这一突破性改进过程已被许多公司所采用，包括三星电子、通用电气、霍尼韦尔和其他组织。

六西格玛不仅仅是一个形式上的程式或教条，作为一种经营理念，它是可以使所有的人，包括顾客、股东、员工，以及供应商共同受益的。从根本上讲，它也是一种以顾客为中心的方法论，有助于消除浪费，提高质量水平，并将组织的财务和时间绩效提高到突破性水平。不管涉及的是某一产品的设计和生产，还是以顾客为中心的服务过程，六西格玛的完美目标都是实现每百万机会不超过 3.4 个缺陷、错误或失误。

这一目标正是"六西格玛"名称的来源。西格玛（σ）是用来表示过程波动程度或标准差的符号，通常记为一个小写的希腊字母。一个波动程度较小的过程将比波动程度高的过程使得更多的标准差或"西格玛"落在过程中心和最近的规范限之间。规范范围内的西格玛数量越多，缺陷数就越少。波动越小，成本就越低。西格玛数量越多，过程交付商品、产品或顾客服务的一贯性就越好。图 12—3 展示了绩效的某一西格玛水平，它意味着在过程中心和最近的规范限之间可以容纳六个标准差或西格玛。

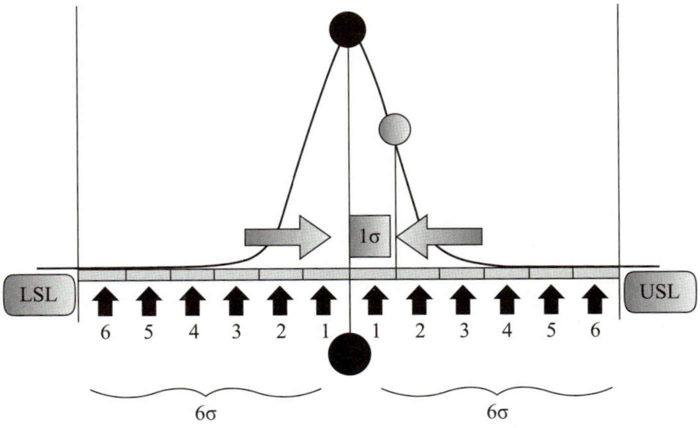

图 12—3　绩效的六西格玛水平

大多数组织的运营处于三西格玛水平，或者对其大多数过程来说，每百万机会缺陷数（DPMO）大约为 66 000 个，在一些关键任务过程中达到四或五个西格玛水平。表 12—1 给出了西格玛水平、收益，以及相应缺陷率的比照。然而，对一个组织中的所有过程来说，都努力实现绩效的六西格玛水平是不明智的。这是因为并非所有的过程都是同等重要的。例如，要求休假的过程并不像订单履行过程那样重要。真正重要的是在关键任务领域，即顾客界定的关键领域，实现重大改进。产品、服务或过程的这些关键任务领域被称为“关键质量”需求，或简称为CTQ。

表12—1　　西格玛水平、收益和缺陷水平

过程西格玛（短期）	长期收益	每百万缺陷数
6	99.999 66%	3.4
5.5	99.996 8%	32
5	99.976 7%	230
4.5	99.865 0%	1 340
4	99.379 0%	6 200
3.5	97.725%	22 700
3	93.319%	66 800
2.5	84.13%	158 000
2	69.15%	308 000
1.5	50%	499 000
1	31%	691 000
0.5	16%	841 000

六西格玛是以顾客为中心的——成功的组织范例

为什么六西格玛能如此有效呢？在很大程度上是因为对顾客的高度重视。尽管格言“顾客永远是对的”并不完全正确，但顾客确实掌握着发掘企业未实现潜力的钥匙。本质上，DMAIC过程将顾客的需求转化为可操作的业务术语，并界定出必须做好以满足顾客需求的关键过程和任务。虽然细节各不相同，随接下来的分析和改进干预而定，但六西格玛总是始终如一地驱动产品、服务和过程的绩效达到突破性水平，即新的且稳定的绩效水平。突破的实现并不是借助大规模的团队或华而不实的举措，而是通过使用稳定且协调一致的一个个项目方法。在这种方式下，六西格玛方法将帮助组织：

- 改进周期时间、质量和成本。
- 提高包括电子商务在内的过程的效益和效率。
- 设计畅销的产品和服务。
- 减少慢性浪费或不良质量成本（COPQ）。
- 通过提高收入和降低成本来增加利润。

简而言之，六西格玛从经济上来说是值得做的。我们的经验表明，投资回报率（ROI）从 10∶1 提高到 100∶1 以上是可以实现的。

三星电子

当三星电子有限公司副会长兼 CEO 尹钟龙对未来公司发展进行定位决策时，其催化剂就是六西格玛。三星电子开始其旅程的第一个重要步骤就是为准备实施该方法进行培训。最初是在 2000 年，制造和研发业务首先启动该项工作，随后公司将其推广到交易业务过程和整个供应链，最终在韩国和全球所有 16 个业务单元取得了可观的开支节约和财务利益。十几年过去了，通过培养内部专家进行日后的教授、实施、保持，并增强这种能力，该套方法的理念和技术仍然与整个公司深入地整合在一起。在三星电子没有任何一个人，或任何一项工作能免除这一过程，并且该公司仍在勇往直前。

通用电气公司

通用电气退休 CEO 杰克·韦尔奇先生是最早成为六西格玛领导者和倡导者的高知名度高管之一。作为国际商业的楷模，他在表达其作为领导人必须做些什么以取得卓越成果时直抒已见。GE 是早期的六西格玛采纳者，并通过其已被证明的成功和底线结果，使韦尔奇将六西格玛的地位从收发室一跃提升到董事会会议室。他在著作《胜出》中写道："最初以减少浪费与提升我们产品和过程质量为中心的六西格玛已经为 GE 的财务底线节约了数十亿美元。六西格玛已经从关注内部发展为关注外部，它同样提高了我们顾客业务运营的生产力和效率。GE 及其顾客群亲密度的增加使每一个人都更富有成效，并且有助于我们所有人在艰难的经济环境中成长。""现如今，"韦尔奇先生解释说，"六西格玛在 GE 已经发展为一个更重要的角色。我们最好和最有前途的员工都进入到六西格玛工作当中。我深信，二十多年后，董事会挑选杰弗里·伊梅尔特的继任者时，无论被选中的是男人还是女人，他们血液里都将是带有六西格玛的。在 GE，六西格玛已经成为我们公司领导的语言。其严格的过程管理和坚韧的以顾客为关注焦点，已经使它成为 GE 未来领导最完美的训练场地和手段。"

六西格玛为生产、服务和交易过程效力

六西格玛运动在医疗保健、金融服务、法律服务、工程、咨询和几乎所有的组织中获得了关注。除了在制造商品、管理库存、交付产品和管理重复过程方面实现重大改进，六西格玛方法还被移植到交易过程。那些总在说"这些工具不适合我们"而避开持续改进的过程也已经加入到六西格玛大潮中。像填写装货清

单、撰写合同，以及航空公司、银行、医院、保险、政府和其他服务机构的相关过程都已经开始尝试六西格玛。大部分在以下方面取得了成功：

- 优化设备的使用。
- 实现更少的废品或错误。
- 缩短顾客咨询的响应时间。
- 降低检查、维修、库存和供应链成本。
- 产生更多的内部和外部满意的顾客。

当进行战略性实施时，六西格玛还

- 有助于运营资金周转得更快。
- 减少资金花费。
- 使现有生产力可利用，而不必引入新生产力。
- 培育激励员工的环境。
- 提高士气、团队精神和职业潜力。

西班牙电信

西班牙电信是西班牙商界以及西班牙语和葡萄牙语世界的大腕之一，它具有悠久的质量管理实践的传统和成就。因此，当公司在2000年年底开始着手试验性的六西格玛方案时，其规模和雄心反映了该公司在业务改善措施方面的经验。2001年3月至7月期间，完成了21个一期项目。至此，这些项目获得的效益累计超过2 200万欧元，顾客满意程度达到历史高点。进一步的80个项目——试验性过程的第二阶段——在2001年年底之前启动并运转。在接下来的一年中，西班牙电信已经承诺了300个六西格玛项目，预计未来三年内将实施3 000个项目（European Quality，2002）。

六西格玛改进模型已被广泛用于重复生产类过程和重复交易过程。

我们需要清楚地确定生产（又称制造）和服务或交易过程之间的差异。所有过程作为转化方式，其作用是使一种或多种事物（可以是物理客体或服务）的状态发生改变。生产过程直接将原料或半成品转化为最终的有形产品（又称货物）。生产过程的输出是一个转化后的物理产品，这些过程是确定的、以工作流为导向的、高度程序化的，因此，是高度可重复的。正因为如此，生产过程非常适合用传统的、基于工作流的输入—过程—输出（IPO）三重角色或供应商—输入—过程—输出—顾客（SIPOC）的模型描述。

生产货物的过程是一系列由人和其他资源消耗型资产完成的、以将（各种）输入转换为（各种）输出为目的的作业活动。

服务过程或交易过程（有时也被称为人过程或纸过程）直接将一种或多种事

物（物体，诸如信息、数据、符号表示的抽象概念等等）的一种状态或条件转化成另外一种状态或条件。一个交易过程执行的结果是产生一种交易，其输出，反过来，可能是一些事物（诸如存货、数据和信息、人员等物理客体）状态的改变。交易过程的例子包括：

- 与生产相关的增值服务过程（运输、安装、存储、修理、维护等）。
- 制造和服务组织中的支持或后勤办公过程（销售、采购、分包、仓储、结算、人力资源等）。
- 服务行业（银行、保险、运输、医疗保健、食宿招待、教育等）中的增值过程。
- 公共部门（包括军队）和非营利部门中的增值过程（立法和行政过程、规划、指挥和控制、筹款等）。

交易过程的输出是一个状态或条件的改变，由交易界定。因为一笔交易过程的连续执行取决于每次执行开始时收到的信息输入（要求、供给等），所以这些过程都是信息（通信）驱动的。于是，连续执行可能因为不同的结果而有所差异。因此，这些过程并不总是可重复的，但都是自动调节和具有高度适应能力的。一笔交易过程是一组促使员工完成工作活动的顾客—供应商任务的逻辑集合。

使之区别于生产过程的交易过程的特征可能包括：

- 测量数据不足：可获得的测量结果主要是离散的（属性）。
- 测量系统是部分或全部 I/T 定义的（例如报告）。
- 质量的定义包括信息质量。
- 主导变量：人和信息。
- 高成本的劳动力。
- 大得不成比例的财务杠杆。

DMADV（设计）与 DMAIC（改进）

正如“本章要点”一节中所陈述的，有另外一种六西格玛方法用来零缺陷地设计和开发一种新的产品、服务或过程。对六西格玛设计的详细阐述，请参阅第 14 章“运用六西格玛设计实现持续创新”。

六西格玛设计，简记为 DFSS，采用 D-M-A-D-V 步骤。DMADV 与 DMAIC 的区别如下：

1. 定义。根据团队章程提供设计一个新产品或服务的目标和方向。

2. 测量。将顾客需求转化为CTQ。CTQ是外部顾客眼中质量问题的关键点。DMADV可以在一个设计项目中处理许多CTQ，而六西格玛DMAIC通常只关注造成顾客不满意或与手头问题相关的某一个CTQ。

3. 分析。了解从顾客处收集到的信息并对将发展成某种概念并随后发展成一个或多个高层次设计的设计特征进行界定。

4. 设计。在这一步，最终产品或服务的设计被开发出来。具有相关设计元素的细节设计已完成，并且关键过程变量被识别出来，从中开发出生产和交付货物或服务的过程。

5. 验证。新的设计方案被执行，组织准备全面推行并使控制机制处于就位状态。在DMAIC，我们控制过程以巩固成果。在DMADV，我们验证该项目的目标是否得以实现，顾客是否收到了预期的价值，并且确保对根据CTQ和产品设计交付的产品来说控制是有效的。

成功部署六西格玛的关键角色

正如在第5章“质量改进：实现绩效突破”和第9章“朱兰转型模型与路线图”中所述，部署六西格玛项目需要建立一个合适的基础结构。一些关键的角色是重要的，如图12—4所示。每个角色都是必不可少的，然而，如果不与六西格玛相结合，其本身并不足以产生组织所期望的改善。每个角色都需要方法和工具的知识。此外，由美国质量学会领导的六西格玛团体已经设立了一套标准课程和绿带、黑带、资深黑带角色的认证流程。授予认证资格的基础是完成了内容培训，开展过一些重大项目，并通过了书面和口头评审。

推动六西格玛的关键角色有：

- 领导者。
- 倡导者。
- 资深黑带。
- 黑带。
- 绿带。
- 项目团队和主题专家（SME）。
- 过程拥有者。

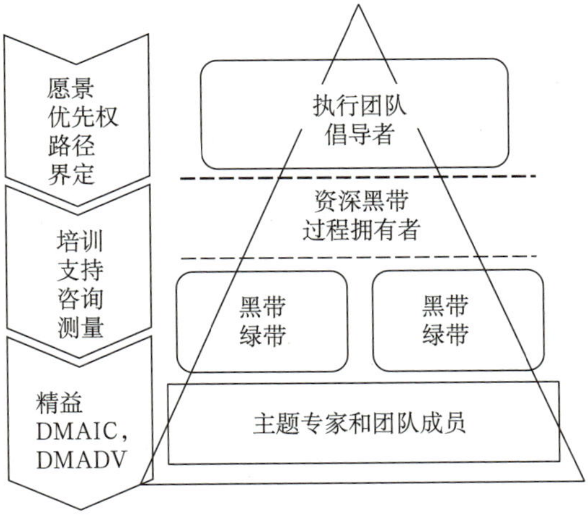

图 12—4　六西格玛的关键角色

资料来源：Juran Institute，Inc.

领导者的职责

以创建年度突破为目标的组织领导班子所有成员的职责已经在第 5 章“质量改进：实现绩效突破”中介绍过了，这里是对他们作为督导团队角色的一个总结：

- 设定改进目标。识别提高绩效的最佳机会，并为组织设定战略和年度目标。为达成目标建立问责制。
- 建立使六西格玛项目发生的基础结构。为选择和指派项目、在组织内报告项目进展、各种职责的问责制、绩效考核、奖励和表彰建立或修改管理系统。
- 任命倡导者。他们可以发起项目，并在六西格玛项目的每个 DMAIC 阶段提出恰当的质询。
- 支持项目和监测进展情况。使项目团队能够执行其项目目标。提供必要的培训、资源、设施、预算、时间，和最重要的管理支持。监测项目进展情况并确保其按既定轨道前进。
- 为应对实施突破时产生的变革阻力提供组织支持。
- 接受六西格玛方法教育和培训，以便能够对所有其他职责的工作进行支持和评估。

高层团队的所有成员和各级管理人员应致力于六西格玛的成功，同意拥护它，并以统一的关注点和一致的行动促进渐进的不可避免的文化变更的发生。断裂的高层和管理团队可以，并且通常会，对六西格玛的成就造成破坏和混乱，耗光那些试图使其成功的人们的精力，而只在它身后留下理想的幻灭和贫乏的结果。高层团队失去了它领导的信誉和能力（如果它曾拥有过信誉）。

倡导者的职责

倡导者通常是管理人员（或至少是组织中有影响力的人）。理想的倡导者是愿意发起项目并喜欢改变的人，见第26章“员工授权：处理‘有用的多数’过程”，因为更多的倡导者同时也是变革的领导者。倡导者

- 识别满足战略目标的改进项目。
- 负责创建一个项目章程。
- 识别并选择能胜任的带级和团队成员。
- 对按优先顺序处理、策划和启动六西格玛项目进行指导并提供建议。
- 消除可能阻碍带级或项目团队工作的组织障碍。
- 对实施项目团队设计的改进提供批准和支持。
- 根据项目的成功完成对黑带和团队提供表彰和奖励。
- 针对六西格玛相关的进展情况和结果，与执行管理人员和同行进行交流。
- 消除团队遇到的障碍。
- 理解并坚持六西格玛方法。

一般而言，作为拥护者，倡导者对六西格玛进行管理、支持、捍卫、保护、斗争、维护、坚持和运行。通常情况下，每一个成功的项目背后都能找到一个强大的倡导者。较弱的结果通常与较弱的倡导者相关联。

帮助督导团队挑选出项目后，倡导者对整体过程进行指导和支持。一旦制定了标准并确定了业务单元经理和倡导者，就可以根据其在突破改进中的潜力挑选项目。这意味着对机会的战略相关性、运营效率、与顾客满意或不满意相关的产品和服务质量，以及财务底线节约进行评测。

倡导者和各业务单元的领导者对六西格玛项目团队提供支持。作为管理部门有影响力的成员，他们被期望在其业务单元内以如下方式促进该过程的申请、受理和发展：

- 项目选择。
- 领导审查。
- 项目支持。
- 资源分配。
- 职业发展。

资深黑带的职责

资深黑带接受超出黑带的培训和指导。资深黑带有资格培训黑带。资深黑带

的职责包括：

- 担当内部的六西格玛顾问、教练和六西格玛专家。
- 管理并推动多个项目——及其黑带。
- 对倡导者和高层管理人员进行支持和提供建议。
- 根据需要提供技术支持和指导。

组织中其他所有的人——那些不是倡导者、资深黑带或黑带的成员——要么变成了绿带，要么变成了团队成员（一些组织称他们为黄带）。这里只想说明，不同颜色带级的区别在于所需技能的数量、接受的正规培训，以及在参与六西格玛活动中承担的活动职责不同。在理想情况下，组织的所有成员接受一些最低水平的培训，并获得相称的带级。大家都觉得参与其中，并且每个人都知道六西格玛到底是怎么一回事，同样重要的，知道它不是什么。没有人不知道六西格玛是怎么一回事或者厌恶抵制它，这使推行六西格玛的组织团结一致并显著减少了抵制的范围。

黑带的职责

黑带是能够开发、训练和领导跨职能过程改进团队的现场实施专家。他们就六西格玛问题为管理人员提供指导和建议。黑带对六西格玛哲学、理论、战略、战术和六西格玛工具有深入的了解。每个项目都以平均节省至少 25 万美元的投资回报率为目标。每年黑带预计指导三至六个项目，这进一步增大了六西格玛的投资回报率。

注册成为一名黑带所需的培训是严格且苛刻的。所涉主题的说明性清单大概包括：

关键的团队领导和促进技能	相关分析和回归
六西格玛方法	使用属性和变量数据的假设检验
核心改进工具	ANOVA：方差分析
使用恰当的统计软件包	DOE：试验设计
测量系统的分析	EVOP：进化操作
确定过程能力	精益企业的原则和工具
过程映射	防错
质量功能展开	SPC：统计过程控制
FMEA：故障模式、影响及危害性分析	过程控制计划
基本统计方法	向运营转移

凭借这一培训——通常需要四个为期一周的培训，中间穿插四到五周的间隔

——黑带开始全职致力于开展一项真正的六西格玛项目。当黑带培训完全结束时，员工能够：

- 开发、训练和领导跨职能团队。
- 就区分优先次序、策划和创设项目为管理人员提供指导和建议。
- 向团队成员介绍工具和方法。
- 取得与该公司的经营战略相匹配的，且对财务绩效来说有正面效益的成果。

绿带的职责

成为各个项目团队成员的员工通常是以绿带的身份加入到该过程中的。一名绿带需要四到八天关于六西格玛综合改进方法和工具方面的培训。他们适合做黑带级别项目的关键团队成员或者可能成为较小范围项目的领导人。

在每周的课堂教学之后会紧接着有四到五周的在他们业务单元范围内对相同项目的实践应用。如果选择恰当，这些初步的项目将会产生显著的财务底线节约，以及通常比整个培训投资更多的回报。每个项目都以平均节省至少10万到25万美元的投资回报率为目标。

现如今世界各地接受过六西格玛培训的员工总数已达几十万人。越来越多的企业，像三星和GE，正计划将这些员工提升到高层管理者级别。归根到底，能否成功运用这一过程取得成果，取决于高层管理人员，特别是CEO们，是否能接受他们无可替代角色的职责。

摩托罗拉的保罗·高尔文先生、联合信号——现在的霍尼韦尔——的拉里·博西迪先生，以及GE的杰克·韦尔奇先生都在他们的CEO任期内，使六西格玛和黑带员工成为企业文化的重要组成部分。高层管理人员可以克服任何组织都可能有的抵制方向统一的强大力量，其答案就在于找到一个像六西格玛这样普遍适用于组织中所有职能的改进过程。六西格玛是一个非常健康和富有成效的需要时间来完成的文化变革。它不是免费的。它需要资源和培训，但顾客的满意、优质的产品和服务，以及一个具有高度竞争力的组织能产生的显著回报不仅在投资方面，还在于所有员工身在一个成功团队所获得的满意感以及作为这样一个组织的一分子的自豪感。（更多有关领导在促进变革中的作用，参见第26章“员工授权：处理‘有用的多数’过程”。）

项目团队成员和主题专家的职责

六西格玛团队的成员可能来自整个组织，并经常是与正在研究的过程的运作或维护相关的职能部门的主题专家。团队成员需要参加所有的团队会议，致力于该工作过程，并完成在各次会议期间项目领导者分派的任务。通常情况下，主题专家（SME）在辅助团队方面发挥着巨大的作用：

- 识别问题的关键方面并评估项目的恰当目标（界定阶段）。
- 在流程图绘制期间贡献其专业知识（测量阶段）。
- 收集有关过程中他们最熟悉部分的数据（测量和分析阶段）。
- 识别可能的问题原因（测量阶段）。
- 在完成 PFMEA 期间识别可能的失效模式并对其严重程度、发生和检测进行等级评定（测量阶段）。
- 对已证实的原因开发可能的解决方案（改进阶段）。
- 为产品和过程的持续测量识别对照组（控制阶段）。

过程拥有者

过程拥有者通常是组织中具有高监督和管理水平，并直接负责该产品（货物、服务或信息）的成功生产的人员。他们通常不是核心团队的成员，而是可以被召集协助该团队处理所需特定任务的人。过程拥有者所支持的一些最重要的需求发生在改进和控制阶段，是在团队：

- 界定已证实问题原因的可能解决方案时；
- 计划处理文化阻力时；
- 对可能的解决方案进行试点评估时；
- 实施所选的改进时；
- 设计控制方案并将其应用到该过程绩效的日常维护时；
- 项目完成后解散团队并将全部职责转回运行团队时。

朱兰转型路线图

质量改进方法的任何部署，无论它被称为精益六西格玛、卓越绩效、精益或其他一些名字，都需要一个成功实现的系统的方法。一个开始时很小但随后逐渐扩大的阶段性方法已被证明是最有效的。对于该方法在朱兰转型路线图中应用的描述请参阅图 12—5。

决定

在部署的决定阶段，高层管理人员已经开始熟悉六西格玛方法（或其他正在

决定	筹备	启动	扩展	维持
了解精益和六西格玛。 评估组织的状态——识别战略、目标和项目。 确定是否将精益六西格玛作为战略的一部分。 决定需遵循的“路线图”。 选择外部培训/咨询合作伙伴。 参加执行情况简介。 讨论其他倡议及其对资源的影响。	组织督导团队以管理该过程。 提名并任命倡导者。 提名并选择试点项目。 培训倡导者和黑带。 决定绿带的使用并对他们进行培训。 开发第一波计划。 为第一波计划选择项目。	支持并指导黑带和绿带。 支持试点项目团队。 为项目实施分配时间。 开发项目的提名过程。 开发持续的不良质量成本指标。 完善参与的奖励和表彰。 建立持续项目选择的评估/测量。	支持基础结构和检查进展情况。 支持将所有类型和团队数量扩展到其他业务单元。 授权进行各级改进：其他带级。 创建产品开发和设计团队。 创建关键整体业务过程团队。 识别标杆机遇。	完善过程措施并移交给过程拥有者。 充分将精益六西格玛目标整合到下一年的业务计划中。 将精益六西格玛部署到所有业务单元。 赋予员工参加培训和利用资源的权利。 根据业务系统审计采取行动以推动新的项目。 继续对文化进行评估，并针对差距采取行动。 长期保持突破性绩效。

图 12—5 朱兰转型路线图

资料来源：Juran Institute，Inc.

考虑的方法），并评价该方法是否能适合其组织的战略和目标，特别是那些与卓越绩效相关的战略和目标。必须对六西格玛或是某种其他方法是否最适合该组织的需要做出决定。

随后，高层经理必须决定遵循什么样的路线图。这时所推荐的只是一个选择，也可以发生变动。重要的是，经理有一个可遵循的路线图以便部署可以有条不紊地进行。

此时必须决定选择谁作为培训合作伙伴。对一个组织来说，具备有资质的内部资源在部署期间对所开发的资源进行培训、咨询和指导是相当少见的，所以与外部资源签订合约几乎总是不可避免的。重要的是要选择与组织文化、经营风格和实现灵活要求能很好匹配的合作伙伴。选定的合作伙伴所提供的第一次培训应该是一个执行情况简介，需要整个高层管理团队出席。有关组织最高级别领导变化的重要性的更多信息，请参阅第 26 章“员工授权：处理‘有用的多数’过程”。

最后，非常重要的是，管理人员必须决定他们将停止做什么。在任何组织中，资源都是有限的，而把六西格玛的部署置于诸多其他正在进行的项目之上是一种失败的做法。正确的做法应该是对现行的举措进行评估和排序，只对关键的少数项目保持继续。对于组织来说，为了将六西格玛成功地纳入到其文化中，这必然成为创造突破性改进的方法。启动与已经在进行中的项目相似的六西格玛项目将导致问题所有权的混乱，并有可能不能有效地解决问题。

考虑下列相关情况：一家已经开始着手进行精益六西格玛（LSS）部署的朱兰客户未能像它应该充分做到的那样做到“停止做”。因此，第一波的几个项目就演变成了争夺谁对问题的解决方案或分析最好的战场。由于在 LSS 部署之前，过程拥有者已经开始着手进行了其他的“非六西格玛”项目，因此六西格玛团队最终不得不因缺少实施支持放弃他们的项目，并被分配给另外一个项目以完成他们的培训需求。这个事件导致了 LSS 部署名声的败坏，并减少了其最终成功的可能性。导致这一结果出现的一个关键因素是缺乏组织最高级别的参与和支持。

筹备

在部署的第二个阶段，高层管理人员开始界定支持的基础结构，成立督导小组或团队，指定一个企业层面的团队以便对完全展开的部署进行监督，并最终在部门甚至业务单元对部署进行区域和局部监督。这一安排的图形描绘见图 12—6。

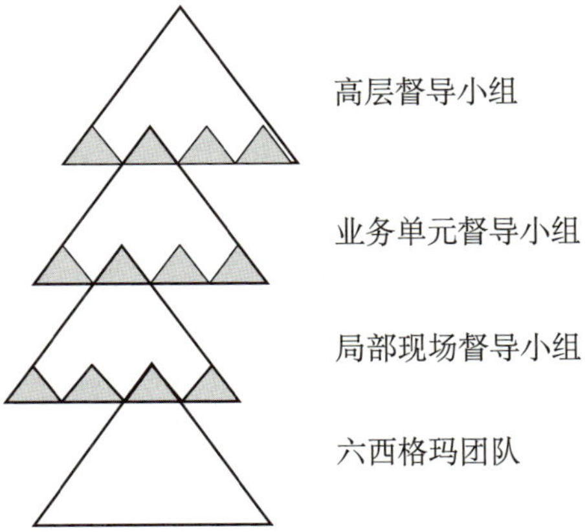

图 12—6　督导小组链接

资料来源：Juran Institute，Inc.

除了正在建立中的督导小组，这时也需要选择和培训项目倡导者的初始团队。之后，这些人可以和督导小组一起参与对要进行的初始项目的提名（参见本章稍后选择机会部分有关项目提名的讨论）。

此阶段接下来的这一步是非常重要的：对最初一波的带级进行培训。有许多方法可以解决这个问题，包括：

- 在这个阶段只开设绿带培训班，接着在展开阶段才开设黑带培训。
- 绿带和黑带共同参加一个培训班，在四周的时间里，培训班里所有人共同参加10天的培训，而黑带参与者则要参加完整20天的培训。该方法的一个示例时间表见图12—7。
- 两个培训班：一个为期10天的绿带班和一个为期20天的黑带班。如果有足够多的候选人以填补两个培训班，则这种方法更可取。

在任何情况下，在培训周之间，学生都应该有四到五个星期的时间完成项目工作。通过使用这种方法，在一或两个月的培训时间里，应该完成第一波项目。

	第一周 界定和团队技能	第二周 测量	第三周 分析	第四周 改进/控制
第一天	绿带/黑带	绿带/黑带	绿带/黑带	绿带/黑带
第二天	绿带/黑带	绿带/黑带	绿带/黑带	绿带/黑带
第三天	仅限黑带	绿带/黑带	绿带/黑带	仅限黑带
第四天	仅限黑带	仅限黑带	仅限黑带	仅限黑带
第五天	仅限黑带	仅限黑带	仅限黑带	仅限黑带

图12—7 绿带/黑带联合培训时间表

资料来源：Juran Institute，Inc.

启动

由于如上所述的培训周间隔中有实习期，因此启动阶段和筹备阶段在某些方面是重叠的。这一阶段的主要工作是执行第一波项目，包括由指定的教练对绿带和黑带进行指导。那些教练最好来自在决定阶段确定的指定培训合作伙伴机构。

同样在这个阶段，继续进行的项目选择方法应该制度化，并且持续的COPQ指标应发展成用来帮助未来项目选择的数据源。

在这个时期也应该建立奖励和认可程序。常见的是货币奖励，有时是来自项目储蓄的分红，但这并没有得到普遍的应用。诸如理想的职业生涯路径、表彰和为所做的出色工作而感到自豪，这种无形的奖励可有效地代替或补充任何货币奖励。

这时组织也应该决定如何对改进项目进行跟踪和测量。有许多市场上能买到的产品，如动力转向（Power Steering）、Minitab的质量伴侣（Minitab's Quality Companion）和促进战略执行软件（i-nexus），被广泛用于跟踪六西格玛部署。基于Microsoft Access或Share-Point的内部开发解决方案也被广泛使用。例如项目“漏斗”或项目“管道”，帮助督导小组提名接下来要考虑实施的项目。

扩展

顾名思义，此阶段包含的内容是将该方法扩展到其他部门、组织的其他（通常是更纵深的）层级和其他项目方法（例如价值流的改善、DFSS）。在这个阶段，也将开始把这种方法扩展到在初始一波项目期间可能没有考虑到的不同类型的过程。这将包括主要宏观业务过程，例如订单处理、战略规划和价格设置（见图 12—8）。

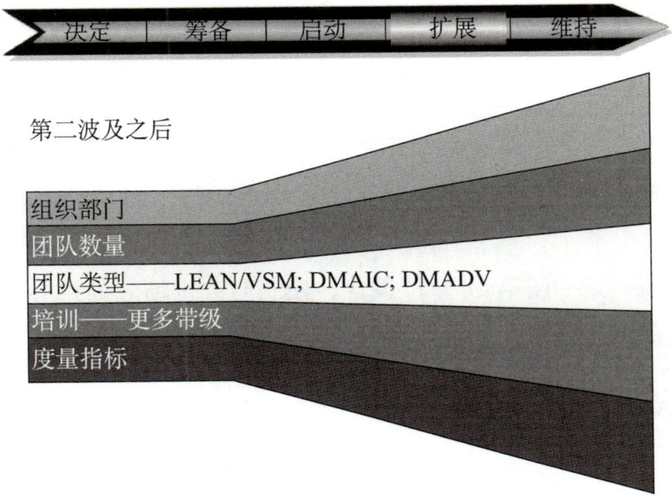

图 12—8 扩展区域

资料来源：Juran Institute，Inc.

将其他部门、企业和行业在六西格玛实施方面的最佳实践作为标杆进行学习也是这一部署阶段的一项关键活动，其目的在于使部署达到世界一流水平。

在这个阶段，企业往往会决定开始开发自己的内部资源以进行培训和指导项目前进。资深黑带和精益大师在这一阶段的成长通常受到组织聘请的上述培训合作伙伴的帮助。

维持

维持阶段的目的是巩固在部署的较早阶段所取得的结果和实施的方法。这时部署变成了企业文化根深蒂固的一部分。六西格玛目标构成了组织年度战略部署所必需的组成部分，并被广泛部署到所有业务单元。

现在，所有员工至少应该在基本六西格玛原则和工具方面获得培训，并在每天的工作场所被赋予提高质量的权力。六西格玛应该是企业生活的一种方式。

一个关键的维持功能是对常规行动方式的审计。管理部门应该对审计结果进行审查并针对任何识别出的差距采取行动。通常，这些差距将指明所应着手进行的其他项目方向。审计还可能指出企业文化采用这一过程的差距。解决这些尚存差距的最佳方式是提高参与的等级，并将其扩展到从组织顶部到底部的所有层级（如果还没有做到的话）。最后，可能有一些人就是拒绝参与，在这类情况下，最终的决策可能是他们应该到其他地方另谋高就。

六西格玛 DMAIC 步骤

应用 DMAIC 五个步骤的经验表明，在开始团队的 DMAIC 旅程之前需要先由管理人员挑选出项目。分五个步骤进行的 DMAIC 之旅以及每一步骤的一些重要活动如图 12—2 所示。本节对每一步骤进行一个简要说明。对于每个步骤中所使用工具的细节，请参阅第 18 章“设计、控制与改进绩效的核心工具”和第 19 章“准确可信的测量系统及先进工具”。

选择机会

在选择阶段，潜在的项目被识别出来。提名可能有包括顾客、报告和员工在内的各种来源。为了避免局部优化，管理人员不得不对项目进行评估和选择。虽然项目选择的评价标准是多种多样的，最常见的依据应该是组织或部门层级的不良质量成本（COPQ）。其他标准包括对顾客忠诚度、员工有效性和与规章或其他要求的一致性造成的影响。项目的问题和目标陈述被起草并包含在一个由管理部门确认的团队章程中。管理部门挑选出最合适的项目人员，确保他们获得适当的培训，并分配必要的优先权。要对项目的进展情况进行监测以确保成功。

选择：可交付的成果

潜在项目清单。

每个潜在项目的 ROI 和对（各）战略业务目标的贡献。

项目评估。

项目选择。

每个项目的项目问题、目标陈述和团队章程。

由黑带率领的（各）正式项目团队。

选择：待解决的问题

1. 我们所面临的与顾客相关的问题是什么？
2. 我们有哪些应该解决的、难以理解的、代价高昂的质量问题？
3. 通过一一解决这些问题可能获取的收益是什么？
4. 哪个问题应该首先解决、其次解决，等等？
5. 我们应该交给每个项目团队什么样的正式的问题陈述和目标陈述？
6. 对于各个项目来说，谁应该成为项目团队成员和领导者（黑带）？

定义阶段

定义阶段从选择阶段形成的章程开始，完成项目的界定。团队对问题、目标和项目的范围进行确认。完成的界定应包括以下内容：

- 识别出与项目有关的主要顾客。
- 根据顾客之声（VOC）确定与项目相关的顾客需求。
- 将 VOC 转化成 CTQ 的需求陈述。
- 定义一个高层次的过程流以界定项目范围。

定义：可交付的成果

- 经确认的项目章程。
- 顾客之声。
- CTQ 陈述。
- 一个高层次的流，通常以供应商—输入—过程—输出—顾客（SIPOC）图表的形式给出。

定义：待解决的问题

1. 用可测量的术语表述，问题究竟是什么？
2. 团队的可测量目标是什么？
3. 该项目的范围是什么？什么在范围之内，什么在范围之外？
4. 为完成该项目，可获得的资源是什么——团队成员、时间、财力？
5. 与这个项目相关的顾客是谁？
6. 他们的需求是什么，以及在实践中我们如何对其进行测量？

测量阶段

项目团队通过测量基准绩效（和问题）并对该过程进行如下记录展开过程描述：

- 详细地理解并绘制过程。
- 测量基准绩效。
- 绘制并测量产生该问题的过程。
- 制订数据收集计划。
- 测量关键产品特性（输出，Y）和过程参数（输入，X）。
- 测量关键顾客需求（CTQ）。
- 测量潜在失效模式。
- 测量测量系统的能力。
- 测量过程的短期能力。

绘制过程

专注于经帕累托分析识别出的一个（或几个）重要的输出（Y），通过绘制流程图对产生它（们）的过程进行图形描绘以详细剖析了解该过程。

确定基准绩效

对造成该问题的实际绩效（输出，Y）进行测量，如不良质量成本、缺陷数和（各）过程周期时间，以便通过帕累托分析了解到底是哪个重要的输出（Y）对该问题的影响最大。

识别关键输入和输出变量

为了更详细地了解过程，通过分析流程图识别出与每个过程步骤相关的关键过程输入变量（KPIV，X）和关键过程输出变量（KPOV，Y），并指出哪些过程步骤是增值的以及哪些是非增值的。聚焦于最重要的变量。为了进一步缩小项目团队的焦点，并区分出团队将优先审查哪个具体的 KPIV（X）和 KPOV（Y），利用过程分析中产生的 KPIV 和 KPOV 清单创建一个功能展开矩阵（FDM）。FDM 可以识别出对关键顾客需求造成最大影响的 KPIV 和 KPOV，它还可以将顾客需求转化成产品的设计规范（期望的 Y）；反过来，再将设计规范转化成适当的零件、过程和生产要求（期望的 X，CTQ）。

测量潜在的失效模式

参照已分析的过程流程图（PFD）和 FDM，通过列举可能发生的潜在过程缺陷（Y）、影响（Y，KPOV）和潜在原因（KPIV，X），对每个过程步骤执行失效模式和影响分析（FMEA）。（可能的 KPIV 想法的另一个来源是因果图，它表现为对一个给定结果通过头脑风暴分析出可能的原因。）此外，对每种影响的严重程度、发生的可能性，及其发生而被发现的可能性进行评级。完成分析后，就能识别出过程中那些潜在的最危险的失效。这些结果被用来进一步将项目聚焦于那些最需要改进的变量。

为短期能力研究制订数据收集计划

• 为了确定测量系统（测量项目团队所聚焦的 KPIV 和 KPOV）的能力以及过程的短期能力，制订样本和数据收集计划。

• 为了确定过程的短期能力，对测量系统（将用于测量 KPIV 和 KPOV）持续提供准确和精确数据（项目团队可以据此得知关于过程的“事实真相”）的能力进行考量。

• 如果发现测量系统能力不足，就采取纠正措施使其达到应有的能力。

• 如果发现测量系统能力充足，就进行下一步骤——确定过程是否能对给定的变量（Y）实现统计意义的控制。

测量过程的短期能力

• 为了测量过程的短期能力是否能满足给定规范（Y），需要确定该过程是否能对给定的输出（Y）实现统计控制。测量过程稳定性的一个好方法是使用控制图描绘过程数据从而发现任何不稳定迹象。

• 如果该过程没有处于统计控制状态——也就是说，如果控制图检测到过程变异的特殊原因——就需要在进行过程基准绩效测量之前采取措施消除该变异的特殊原因。

• 如果过程处于统计控制状态——也就是说，控制图没有发现过程变异的特殊原因——就进行短期能力研究，以提供该过程持续产生给定输出（Y）能力的基准数据。

确认或修改目标

根据对当前过程性能测量的发现，确定问题和目标陈述是否仍然适合这个项目。

• 评价该项目的问题陈述和目标陈述。

  • 问题陈述和目标陈述是否符合一个有效的具有明确界定范围的问题和目标陈述标准？

  • 问题陈述中的变量和度量单位是否与目标陈述中的相同？

  • 该项目是否能由一个团队单独承担？

  • 它是否能在避开不必要约束的同时，仍然对任何必要的全局约束，诸如组织战略，做出明确的规定？

  • 是否有任何需要澄清或修改的条款？

  • 团队成员是否能代表受项目影响的科室、部门或工作单元？详细的过程流程图可以对这一点有所帮助，尤其是“泳道”式的流程图。

• 验证该问题确实存在。如果问题还没有得到测量，团队必须在这时做到这一点。

• 确证项目（各）目标。验证该项目（各）目标的依据来自以下一个或多个：

  • 技术。
  • 市场。
  • 标杆。
  • 历史。

• 如果两者之中任何一个不符合上述标准，就对问题陈述和目标陈述进行修改。

• 对项目目标或团队成员任何必要的更改需获得来自领导团队、倡导者、黑带或质量委员会的确认。

• 为你的项目创建一个词汇表（操作性定义列表）作为查找与你的项目相关的重要术语的“字典”。挑选一名团队成员作为维护该项目词汇表的负责人。

根据过程流程图和测量编制的根原因理论列表

团队需要开发一个全面的且有创造性的根原因理论列表。根原因是一个影响结果的因素，如果它被移除或减轻将消除问题或降低问题的级别。通常使用的工具包括因果图（鱼骨图或石川图）、FMEA 和故障树分析。

测量：可交付的成果

• 描述输出（Y）的基准绩效指标。

• 过程流程图、关键过程输入变量（KPIV）、关键过程输出变量（KPOV）、因果图、功能展开矩阵（FDM）——可选的、潜在失效模式和影响分析（FMEA）（以获得缺陷输出（Y）的可能原因（X）的线索）。

• 包括抽样计划的数据收集计划。

• 测量仪表的再现性和可重复性或属性测量系统分析（以测量测量系统本身的能力）。

• 对缺陷率、能力指标和/或西格玛水平的能力测量。

• 经确认或修改的项目目标。

• 根据因果分析、FMEA 或类似工具区分了优先次序的原因理论列表。

测量：待解决的问题

1. 针对帕累托分析识别出的特定的 Y（输出），当前过程的表现如何？

2. 为了对（a）（各）测量系统和（b）（各）生产过程的能力进行评估，我们需要获取什么样的数据？

3. （各）测量系统的能力如何？

4. 过程是否处于统计控制状态？

5. （各）过程的能力如何？

6. 该项目目标是否需要修改？

7. 对于该问题来说，所有可能的根原因有哪些？

分析阶段

在分析阶段，项目团队对过去和当前的绩效数据进行分析。通过这一分析，对前一阶段构建出的关键信息问题进行回答。提出可能的因果关系假设并检验。使用适当的统计工具和技术：可能用到直方图、箱线图、其他探索性图形分析、相关分析和回归、假设检验、列联表、方差分析（ANOVA），以及其他图形和统计检验。这样，团队确认出过程绩效的决定因素（即识别出影响（各）响应变量的关键或“关键的少数”输入）。如果通过分析过去和当前的绩效数据可以建立确切的因果关系，则团队可能不用在下一个（改进）阶段开展试验设计（DOE），这是有可能的。

分析响应变量（输出，Y）和输入变量（X）的程序如下：

- 通过使用诸如直方图、箱线图和帕累托分析等工具进行图形分析。
- 直观地缩小重要的分类离散输入变量（X）列表的范围。
- 了解分类离散输入（X）对输出变量（Y）的影响，并通过图表形象地展示该影响。
- 进行相关分析和回归分析以便：
  - 明确缩小重要的连续输入变量（X）列表的范围，以了解特定输入变量（X）和特定输出变量（Y）之间的“相关强度”。
- 计算置信区间以便：
  - 确定以某一给定概率包含我们已经从某一样本（例如，总体中心和/或分布）估计出的总体参数的真值的范围。
  - 对特定的 Y 和 X 之间的关系进行分析以证明其因果关系。
  - 确认过程绩效（Y）的关键的少数决定因素（X）。
- 利用连续变量数据进行假设检验以便：
  - 回答这个问题：总体的实际标准差与目标标准差是相同还是有所差异？执行单方差检验。

• 回答这个问题：总体的实际均值与目标均值是相同还是有所差异？执行单样本 t 检验。

• 回答这个问题：经过某一特定处理后，总体的均值与处理前的均值是相同还是有所差异？或者 X 因子在 1 水平的平均响应与该因子在 2 水平的是相同还是有所差异？执行双样本 t 检验，或者如果存在响应变量的一个自然的配对，则执行配对 t 检验。

• 回答这个问题：多个（大于 2）均值是相同还是有所差异？执行多因素方差分析。

注：以上检验被称为参数检验，是因为它们假设响应数据服从正态分布，对于 ANOVA，假设因子在每一个水平下所服从的正态分布方差相等。当违背正态性和/或方差相等的假设时使用非参数（也被称为“分布树”）检验，有关非参数检验的讨论请参阅第 19 章“准确可信的测量系统及先进工具”。

使用属性数据进行假设检验以便：

• 回答这个问题：样本中某个因子（例如，缺陷）的比例与目标比例是相同还是有所差异？执行 Minitab 检验并计算某一比例的置信区间。

• 回答这个问题：比例 1 与比例 2 是相同还是有所差异？执行二项式检验并计算两个比例的置信区间。

• 回答这个问题：某个给定的输出（Y）是独立于还是依赖于某个特定的输入（X）？（这涉及检验某个给定的 X，它是否能作为一个重要的具有因果关系的因子，被包含在我们的关键的少数 X 列表中。）执行独立的卡方检验（也被称为列联表）。

分析：可交付的成果

• 直方图、箱线图、散点图、帕累托分析、相关分析和回归分析（以分析响应变量（Y））。

• 假设检验的结果（以分析输入变量（X））。

• 关键的少数已被证明是实测问题根原因的过程输入（X）列表。

分析：待解决的问题

1. 如果有的话，当前过程的输出（Y）向项目团队展示了什么样的模式？

• 分析响应变量（输出，Y）。

• 分析输入变量（X）。

• 分析特定 Y 和 X 之间的关系以识别出因果关系。

2. 过程绩效的关键决定因素（关键的少数 X）是什么？

3. 哪些过程输入（X）看上去决定了各个输出（Y）？

4. 该项目团队应关注哪些关键的少数 X？

改进阶段

在改进阶段，项目团队设法对因果关系进行量化（输入变量和响应变量之间的数学关系），以便对过程绩效进行预测、改进和优化。如果对特定的项目适用的话，团队可能使用 DOE。筛选试验（部分因子设计）被用于识别关键性的或“关键的少数”原因或决定因素，通过使用 2k 因子试验建立起过程绩效的数学模型。如必要的话，执行全因子试验，然后确定输入或过程参数设置的操作范围。团队可以进一步通过使用诸如响应曲面法（RSM）和调优运算（EVOP）等技术对过程绩效进行微调或优化。（有关 DOE 的充分讨论，请参阅第 19 章“准确可信的测量系统及先进工具”。）

界定、设计和实施改进的程序包括：

1. 为设计出的试验制订计划。
2. 实施筛选试验以确定决定性的、关键的少数过程决定因素（X）。
3. 实施设计的试验以建立过程绩效的数学模型。
4. 优化过程绩效。
5. 评估改进。
6. 设计改进。

为设计的试验制订计划

- 了解有关 DOE 的知识以便为计划和落实改进“问题”过程的试验做准备。
- 为了设计因子试验，需要了解有关随机区组设计的知识。
- 对项目所需的试验进行详细设计。

进行部分因子筛选试验

- 执行部分因子筛选试验以便进一步缩小关键的少数对输出具有强烈影响的输入变量列表的范围。（通过相对较少次数的试验仅在两个水平下对相对较多个数的因子（X）进行测验。）

实施进一步的试验，如果有必要，开发数学模型并优化绩效

- 执行 2k 因子试验。对多项因子（X，经筛选试验识别出的）仅在两个水平下进行测验，以便凭借相对较少的试验次数经济地获得信息。构造方程预测给定的影响因子 X 对输出 Y 的影响，从而发现 X 和 Y 之间的精确数学关系。此

外，不仅能识别出关键因子（X），而且能识别出每个因素在哪一水平执行最好，以及因子之间任何有意义的相互作用。

• 如果有必要，执行全因子试验。这可能需要提供比 2k 因子试验更多的信息。全因子试验可以产生与 2k 因子试验相同类型的信息，但需要对多项因子（X）在多个水平下进行测验。

• 此外，如果有必要，利用 RSM 和/或 EVOP 技术进一步协助确定出最佳过程参数。

• 利用试验结果得出过程的数学模型，并建立过程参数（X）的最佳设置以实现期望的输出（Y）。

评估替代方案，并选择最佳的改进

- 确定一个大概的可能改进的范围。
- 对评估改进所依据的标准以及每个标准应有的相对权重进行商定。通常依据以下标准：
  - 总成本。
  - 对问题的影响。
  - 效益—成本关系。
  - 文化对变革的影响或阻力。
  - 实施时间。
  - 风险。
  - 健康、安全和环境。
- 使用商定的标准对改进进行评估。
- 商定出最适宜的改进。

对改进进行设计

- 根据项目目标对改进进行评估。
- 验证其是否能满足项目目标。
- 识别以下改进的顾客：
  - 将创建部分改进的那些人。
  - 将管理改进过程的那些人。
  - 改进所服务的那些人。
- 确定有关改进方面的顾客需求。
- 确定以下所需的资源：人员、资金、时间、原料。
- 指定程序和其他所需的变革。

- 核定人力资源需求，尤其是培训。
- 验证改进的设计是否满足顾客的需求。
- 计划以应对变革的任何文化阻力。

改进：可交付的成果

- 为设计的试验所做的计划。
- 缩减了的关键的少数输入（X）的列表。
- （各）数学预测模型。
- 建立的过程参数设置。
- 设计出的改进。
- 实施计划。
- 应对文化阻力的计划。

改进：待解决的问题

1. 为了最终找出过程参数的最佳设置，需要进行哪些具体的试验?

2. 哪些关键的少数输入（X，仍然可以通过试验进一步缩小其范围）对输出（Y）影响最大?

3. 对具体的 X 和 Y 之间的关系进行描述和预测的数学模型是什么样的?

4. 使过程在六西格玛水平产生（各）输出的理想的（最佳的）过程参数设置是什么?

5. 是否已经考虑和挑选出相应的改进措施以解决分析阶段已证实的关键的少数 X?

6. 是否已经对变革预期的文化阻力进行了评估，并制订了克服它的计划?

7. 是否已经开发并执行了试点计划，并根据结果适当地调整了解决方案?

8. 所有的解决方案以及所需的培训、程序变革、对工具和过程的修订，是否都已经得到了充分的实施?

控制阶段

项目团队设计并记录必要的控制，以确保一旦实施变革可以维持改进工作的收益。使用有效的质量原则和技术，包括自我控制和自主支配、反馈回路、防错，以及统计过程控制的概念。更新过程文件（例如失效模式和影响分析），并开发过程控制计划。对标准作业程序（SOP）和工作指令进行相应的修订。验证测量系统，并建立改进的过程能力。对执行情况进行监测，并在一段时间内对过程绩效进行审核以确保维持收益。项目团队向管理部门报告完成的目标，经批准后将过程完全交给运行部门并解散团队。

在第6章“质量控制：确保可重复和具有符合性的过程”中对质量控制进行了非常详细的讨论，因此在这里只对DMAIC所特有的元素和控制步骤的重点进行说明。完成控制步骤所需的活动包括：

1. 设计控制并记录改进的过程。
2. 设计文化。
3. 验证测量系统。
4. 建立过程能力。
5. 实施并监测。

设计控制并记录改进的过程

- 更新FMEA以确保没有必要的控制被忽视。
- 对（各）改进措施进行防错处理，如果可能：
    - 识别出（各种）可以纳入到改进措施中以使其具有防错能力的策略。部分选项包括：
        - 设计系统以减少错误的可能性。
        - 采用技术而非人类感觉。
        - 采用主动而非被动的检查。
        - 保持反馈回路尽可能短。
        - 设计并吸收具体的防错步骤作为改进的一部分。

• 设计过程的质量控制，以确保持续地获取输入（X）和输出（Y）的改进水平。使所有在改进的过程中起作用的人处于一种自我控制的状态，以确保他们拥有所有取得持续成功所必需的手段。

- 提供测量新过程结果的手段：
    - 控制对象：
        - 输出度量（Y）。
        - 输入度量和过程变量（X）。
        - 建立每个控制对象的控制标准。
        - 把各个控制标准建立在新过程的实际绩效基础之上。
- 确定实际绩效与标准相比情况如何。
    - 统计过程控制。

• 如果绩效不符合标准，则设计行动对它进行调整。使用控制试算表为每个控制对象制订行动计划。

- 建立个人的自我控制。

- 他们精确地知道所期望的是什么（产品标准和过程标准）。
- 他们知道他们的实际绩效（及时反馈）。
- 他们可以对过程进行控制，因为他们拥有：
  - 一个有能力的过程。
  - 必要的原料、工具、技能和知识。
  - 调整过程的权限。

设计文化以减少或克服阻力

- 识别可能的阻力（障碍）和支持（帮助）来源。阻力出现通常是因为：
  - 对未知的恐惧。
  - 不愿意改变惯常的程序。
  - 需要掌握新的技能。
  - 不愿意采取“非我发明”的补救措施。
  - 不承认存在问题。
  - 先前解决方案的失败。
  - 费用。
- 根据他们感觉到的强度对障碍和帮助进行估计。
- 识别克服障碍所需的对策。考虑：
  - 提供参与机会。
  - 提供足够的时间。
  - 使人们无负担地提出建议。
  - 有尊严地对待员工。
  - 换位思考以更好地了解对文化的影响。
  - 认真且直接地应对阻力。

• 必要时设置统计过程控制（SPC），以确保过程保持稳定且可预测，并以最经济的方式运行。

• 考虑引入 5S 标准，使工作场所以最大增值活动和最小非增值活动的方式顺利运行。

验证测量系统

利用市售的诸如 Minitab 等软件对测量系统的能力进行评估（像在测量阶段一样），以确保可以根据对控制对象进行评估的测量系统了解真实情况。

建立过程能力

- 对新的、改进的过程的有效性进行证明，以确保新的控制起了作用并了解原来的问题是否有所改进，同时确保（各项）改进措施不会无意间产生新的问题。

- 决定如何对改进措施进行检验：
  - 商定（各）检验的类型。
  - 决定何时、多久，以及由谁来实施（各）检验。
  - 为每种改进准备检验计划。
  - 识别检验的局限性：
    - 开发一种用于解决局限性的方法。
    - 实施检验。
    - 测量结果。
    - 如果结果不令人满意则调整改进措施。
    - 重复检验、测量和调整直到改进的过程可以在运营条件下工作。

• 利用控制图，以确保新的过程对于每一个控制对象而言都处于统计控制状态。如果不是，则进一步改进过程直到其处于统计控制状态为止。

• 当且仅当过程处于统计控制状态下，利用 Minitab 能力分析——像在测量阶段一样——以确定对每一个控制对象的过程能力。

实施控制和监测

• 将所有更新的控制计划等移交给运营部门，并对新程序中过程所涉及的人员进行培训。

- 制订将控制计划移交给运营部门的计划。移交计划应指出：
  - 何时、何地，以及如何实施改进措施。
  - 变革之所以必要的原因及其准备实现的目标。
  - 实施过程中所要遵循的具体步骤。
- 在计划和实施过程中包含变革所影响的部分。

• 与领导团队、黑带、倡导者、执行委员会和受影响的经理就变革进行协调。

- 实施前确保准备工作已完成，包括：
  - 书面程序。
  - 培训。
  - 设备、原材料和用品。
  - 人事变动。
  - 任务和职责变化。
  - 对结果进行监测。

- 对过程和新的控制措施进行定期审核，以确保持续巩固成果。
- 将控制措施和平衡计分卡进行整合。
- 开发结果报告系统。开发结果报告系统时，确定：
  - 哪些措施需要报告。
  - 频度如何。
  - 向谁报告（应是某一级的管理人员，他们负责对进展情况进行监测，并在收益不再保持时作出反应）。
- 记录控制措施。当记录控制措施时，应指出：
  - 控制标准。
  - 过程的测量结果。
  - 反馈回路职责（控制有缺陷时，什么人应该采取什么措施）。
- 经过一段适当的时期，将审核职能移交给运营部门并解散团队（与此同时有恰当的庆祝活动和表彰）。

控制：可交付的成果

- 更新的 FMEA、过程控制计划和标准作业程序。
- 经确证有能力的（各）测量系统。
- 处于统计控制状态的生产过程，尽可能最佳可行地接近六西格玛水平，至少实现项目目标。
- 更新的项目记录、最终的项目报告，以及以监测成果和巩固成果为目的的定期审核。

控制：待解决的问题

- 确保过程始终处于统计控制状态，并且只在六西格玛水平或接近六西格玛水平产生缺陷的计划应该是什么样的？
- 测量系统是否能够提供精准数据以管理过程？
- 新的过程是否具有满足所设立的过程绩效目标的能力？
- 如何确保所有在该过程中起作用的人员都处于自我控制状态（拥有所有在工作上取得成功的手段）？
- 应该对什么样的标准程序加以落实并遵循以巩固成果？

带级培训和认证

在过去十年中，对六西格玛的引入引发了带级认证方面的骚动，这主要归因于从全面质量管理时代吸取的教训。在TQM时代，许多所谓的专家受训于“TQM方法”。不幸的是，很少有人在收集和分析数据的工具方面受到过培训。结果很少有组织能从TQM项目中受益。

摩托罗拉推出了所有六西格玛从业者都需要学习的一系列核心课程。这演变成一个超越了摩托罗拉范围的认证项目。其结果是，有许多“认证机构”提供资深黑带、黑带、绿带等方面的认证。大多数认证声称得到认证的人作为一名“专家”拥有六西格玛或精益或两者兼备的技能。认证确实改进了绩效，但由于缺少对认证机构的监督，也产生了一批能力弱的专家，他们当中有许多人并不精通六西格玛和精益方法或工具，但在给一些公司或大学提供咨询服务。

美国质量学会（ASQ）多年来提供质量技师、质量审核员、质量工程师和质量经理方面的认证。随着六西格玛运动的发展，ASQ及其世界各地的分支机构开始从事黑带认证。虽然并不完美，但ASQ比利己型公司在认证监督方面处于更有利的地位。认证必须立足于有效的合法性。有太多公司从事带级认证只会导致一个较弱的认证过程。

ASQ注册质量工程师（CQE）项目针对的是有志于了解产品和服务质量评估与控制原则的人员（ASQ，2009）。对于CQE知识体系的详细列表，读者可参阅www.asq.org中注册质量工程师的要求。

ASQ还提供对质量管理层面质量官员的认证，称为注册质量/组织卓越经理。ASQ将注册质量/组织卓越经理看作“一名能够领导和倡导在各种服务和工业设置方面具有区域或全球焦点的过程改进活动——从小型企业到跨国公司所有方面——的专家。注册质量/组织卓越经理促使并带领团队致力于建立和监测顾客/供应商关系，支持战略规划和部署举措，并帮助开发测量系统以确定组织改进。注册质量/组织卓越经理应该能够对员工进行激励和评估、管理项目和人力资源、分析财务状况、确定和评估风险，并运用知识管理工具和技术解决组织面临的难题”（ASQ，2009）。

注：无论通过什么组织对你的专家进行认证，这里有一些有关认证方面的经验教训：

- 一个项目不足以让一个人成为专家。
- 通过一项没有监考的笔试不能保证应该接受测验的人事实上已经接受了测验。
- 如果在组织中能找到签字保证带级项目成功的人，那么需要有独立证据证明这个人了解六西格玛方法。
- 选择一家有信誉的认证机构。

参考文献

Alonso, F., Rafael de Ansorena, and Gregorio del Rey. (2002). "How Telefonica Makes Its Management Connections." *European Quality*, v. 8, Number 6.

Chua, R., and Jong-Yong Yun (2002). "Samsung Uses Six Sigma to Change Its Image." *Six Sigma Forum Magazine*, November.

De Feo, J., and Barnard, W. (2004). "Six Sigma Breakthrough and Beyond," New York, McGraw-Hill.

Juran Institute, Inc. (2008). Six Sigma Black Belt, version 2.1, Southbury, CT.

（岳盼想 译，刘建勇 校）

第 13 章

保持绩效的根原因分析 丹尼斯·J·门罗

关于本章

在这一章中，我们将讨论用以发现偶发性问题之根原因的三种方法。源自朱兰的根原因分析——我们称之为 RCCA 基本四步法——已经被使用了 60 年。计划—实施—检查—处置，又称作 PDCA 环或休哈特环（有时称为戴明环），以及计划—实施—学习—处置已经被许多服务型组织所采用——例如医疗保健。我们将尝试定义一种被称作“放手去做（just do it）”的近期现象。这是一种最近才出现的方法，目的是避免漫长的、持续很久的问题诊断过程，而以“放手去做（just do it）”来代替。当今优秀组织应用这种方法的最大风险是可能仅获得一种最小的收益。

本章要点

1. 朱兰 RCCA 方法是识别和解决产品和过程中偶发性问题根原因的一种有效方法。它遵循四个基本步骤：识别问题、诊断原因、纠正原因，以及巩固成果。

2. 根原因分析是所有员工都需要掌握的最重要的技能之一。其核心是要找出所有组织都会发生的“因果关系”。

3. 在进行根原因分析、计划和实施潜在有利变化测试方面，PDSA 和 PDCA 是相似并且实用的方法。一些服务和医疗保健组织也应用这两种方法。四个步骤分别是计划、实施、学习、处置和计划、实施、检查、处置。

4. 当迫切地需要解决一个问题时，“放手去做”是一种有用的方法，失败“解决方案”风险的损失低，而有效（基于经验的）解决方案的回报高。

引言

全部“问题解决”（problem-solving）活动的核心是充分理解问题的原因，找到一个可接受的解决方案。能否找到问题的“根原因”或“原因”是决定一个问题解决方法成功或失败的最重要的因素。这适用于所有类型的问题：对解决方案已经具有抵抗力的长期性问题、不经常出现但有复发倾向的日常偶发性问题、与识别和消除浪费相关的问题——所有这些都有赖于有效的根原因分析和确认，以降低与改变过程相关的风险和阻力。

为什么我们需要识别问题的根原因

虽然有效的根原因分析是所有问题解决方法（如六西格玛、精益、RCCA 以及计划、实施、学习/检查、处置）的关键，但其目的是用来解决由特殊或固定原因引发的问题。特殊原因是指在日常运营期间产生的问题原因。由于它是不定期发生的，所以被视为偶发性因素，但如果持续存在，可能会对组织造成大的破坏。这些问题不同于像六西格玛等质量改进项目所关注的较大的和长期性的问题。更多关于解决前面提到的其他类型问题的根原因分析，请参阅第 12 章“六西格玛：改进过程的效率”。表 13—1 给出了用来寻找根原因的不同方法及其用途的一个比较。

表 13—1　　根原因纠正措施的用途与其他方法比较

方法	用途（目的）	风险	益处（优点）	难度等级
六西格玛 DMAIC	解决大的、长期的、涉及多职能的问题	低	高 ROI（25：1）	高：大范围问题需要艰难的诊断和专业技能
朱兰突破模式	解决大的、长期的、涉及多职能的问题	低	高 ROI（25：1）	高：大范围问题需要艰难的诊断和专业技能
RCCA	解决偶发的日常问题	低	中 ROI（5：1）	低：偶发性问题需要找出发生的变化；技能容易被全体员工掌握
PDCA	解决偶发的日常问题	低	中 ROI（5：1）	低：偶发性问题需要找出发生的变化；技能容易被全体员工掌握
精益问题解决	解决偶发的日常问题	中	中 ROI（1：1）	低：目的是识别浪费及其原因，往往容易被很好地理解
PDSA	解决偶发的日常问题	中	中 ROI（1：1）	容易：许多服务部门不使用工具来分析数据；相反，它们直接从症状得到解决方案
放手去做	根据已知的事物进行日常决策	高	中 ROI（0：0）	容易：尽管不受推崇，但很容易做；除了凭直觉没有其他方法

何时使用根原因分析

朱兰三部曲®已经在第3章“质量管理的普遍方法”中进行了详细的讨论，但问题是：基本的RCCA适用于三部曲的哪个阶段？要回答这个问题，请参阅图13—1。

图中可以看出，RCCA基本过程的应用是一项控制活动：将过程绩效恢复到先前可接受的水平。虽然控制也有广义持续改进的因素，但在此处的讨论中，我们将严格使用三部曲的定义，也就是说，控制是将过程绩效恢复到先前可接受的水平。同时，改进被定义成对过程特有性质进行改变，创造突破并上升到一个新的、更好的具有更少浪费和不良质量成本的绩效水平。前者主要针对特殊原因，后者针对波动的共性原因。

朱兰 RCCA

朱兰RCCA四步法是J. M. 朱兰博士撰写的质量改进普遍过程著作的一个

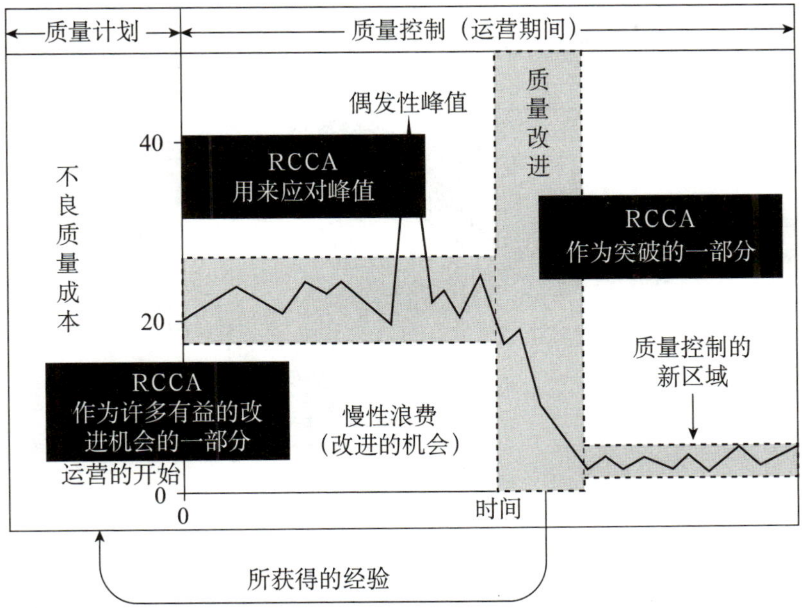

图 13—1　RCCA 和朱兰三部曲®

副产品，如图 13—2 所示。正如朱兰博士在第 3 章“质量管理的普遍方法”和第 5 章“质量改进：实现绩效突破”中所讲述的，这个普遍方法“现在被称为‘六西格玛’”。第三个普遍方法是指“控制——预防有害变化的过程”。为了确保所有过程处于控制状态，需要三个基本要素：

- 了解过程实际绩效的手段。
- 将实际绩效与目标或质量目标进行比较的能力。
- 消除差异以保持控制的手段。

第三步需要一种确定应该采取什么纠正措施的工具和方法。几个世纪以来，在消除差异方面已经有了许多版本的方法。沃尔特·休哈特创造了 PDCA 循环（计划、实施、检查、处置）作为一种执行控制功能的手段。PDCA 实践者需要掌握如何使用该手段。虽然有很多辅助根原因分析的工具，但是一个简单的用于解决日常的、偶发性的、小范围问题的方法仍是需要的。

这里所说的朱兰 RCCA 方法是对朱兰阐述的普遍的改进过程的一个简化，包括四个步骤：

1. 识别问题。
2. 诊断原因。
3. 纠正原因。
4. 巩固成果。

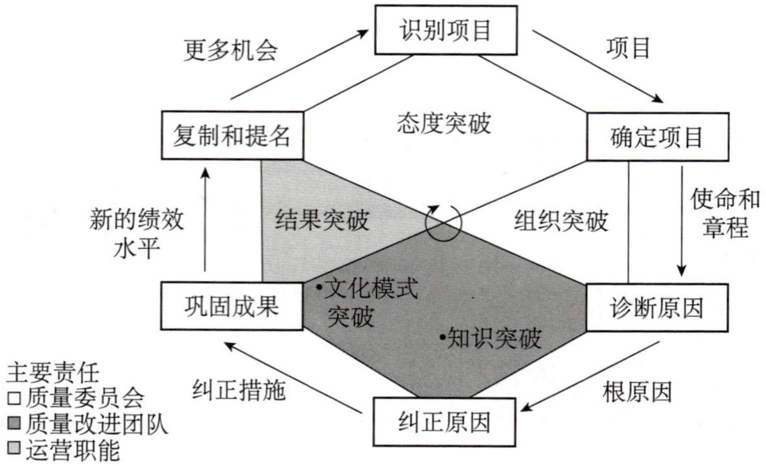

图 13—2　解决问题的六个主要步骤

“质量控制可以被定义为是对按照（满足）可接受的缺陷水平和顾客需求的规定而测量的运营现状的维持或恢复。”（Monroe，2009）图 13—3 描绘了控制质量的机制。控制反馈回路的故障排除部分是需要 RCCA 的地方。当控制对象的测量指标超出已设立的可接受的标准范围时，就需要使用某种工具对原因进行识别。一旦根原因或原因被识别出来，就必须采取纠正措施予以消除。原因被消除后，控制反馈回路继续监测这一过程，避免这样的原因和问题再次出现。

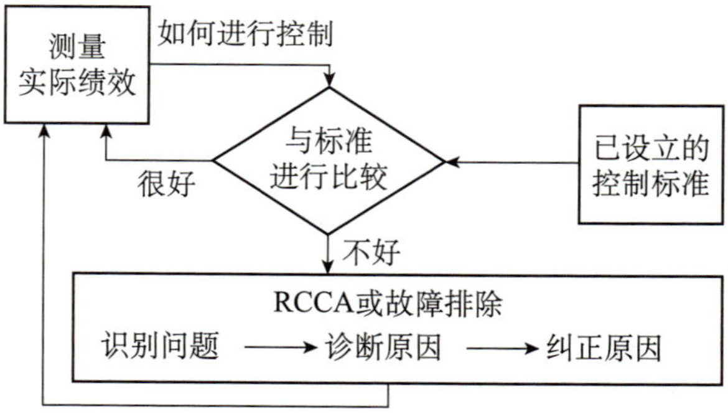

图 13—3　控制反馈回路

为了有效地诊断和纠正原因，上述的四步 RCCA 方法必须采取一些子步骤：

1. 识别问题。

- 问题是偶发性的还是长期性的？（如果是后者，应用突破方法。）
- 如果该问题尚未在控制计划中，应确立责任人去解决它。
- 准备问题陈述。

2. 诊断原因。
- 分析症状。
- 形成推测。
- 检验推测。
- 识别根原因。

3. 纠正原因。
- 设计并实施纠正措施。

4. 巩固成果。
- 调整控制。

下文将对朱兰 RCCA 方法各个步骤和子步骤进行详细讨论。

与医疗的类比

朱兰 RCCA 方法与医生在治疗病人时所采用的方法相类似。首先，医生会想了解病人怎么了：问题是什么？如果对问题缺乏一个清楚的认识，将不可能解决问题。

接下来，医生会想知道更多有关问题存在的外在证据：症状。他可能会测量病人的体温，询问病人正在经历什么样的不适，观察病人的喉咙和耳朵，等等。

基于观察到的症状，医生会做出初步诊断——关于可能造成病人病情原因的推测。这时医生仍不能确定病情的真正原因是什么，因此他会安排一些检查以确定哪一个初步诊断是正确的。或许会需要从病人身上抽血进行分析，或许会对病人进行 MRI 检查或其他诊断检查。

当收集完疾病可能原因的数据后，医生就可以根据事实做出最终的诊断。现在，如果顺利的话，在明了病人疾病的真正根原因后，医生可以实施适当的治疗方法。或许让病人吃药、采取物理治疗、建议调整某种生活方式——任何用于缓解已证明的病因的适当治疗方法。

最后，医生可能会说，“两周后回来复查”。这是巩固成果的活动，其目的是确保病人继续采用的药物和治疗方法有效：病人正逐渐好起来。

有效 RCCA 的要素

对于有效的根原因纠正措施来说，所必需的要素如下：

- 问题。问题是事物出现不正常并需要解决方案时所表现出来的证据，例如，在重要的设计、制造、服务或业务过程的输出中有一项明显的绩效缺陷。
- 数据和信息。只有当我们有了确凿的事实证明什么是根原因时，我们才能解决该问题。没有数据，我们仅能对问题的原因进行猜测，而且解决该问题的努力也会因为缺乏了解而受到阻碍。更重要的是，我们会产生怀疑，更大的风险也将被引入到我们的系统中。

• 工具。当一个问题出现时，会有许多疑问需要回答。这些答案将来自在过程中发现的数据。有时，我们往往面临大量的数据，但信息或事实却很少。这时，可以使用一些工具来帮助我们组织和理解这些数据。它们是进行有效根原因分析的无价的辅助手段。

• 结构。需要有一种符合逻辑的和结构化的方法来指导 RCCA 过程。这种结构，而不是试图解决该问题的人，是“向导或老板”。至少，该结构需要使用并涉及多个职能以找出根原因。这一结构将使我们能够“不断地拷问数据直到它有所供认”。数据包含信息，我们需要一种方法来提炼它。

问题解决团队可用的工具数量几乎是无限的，但对于基本的 RCCA 来说，最经常使用的有以下这些：

• 亲和法和头脑风暴。头脑风暴是一种激发创造力的质量工具。它非常实用，因为可以帮助团队思考出大量关于可能原因的意见。亲和过程有助于对这些意见进行组织。

• 因果图是一种有效的组织和展示有关问题各种潜在原因的方法。

• 数据收集方法用于收集有关质量问题的信息。一种典型的数据收集表应便于使用，并包含清晰的用法说明。

• 失效模式与影响分析（FMEA）是一种结构化的方法，用以识别过程中潜在的失效模式和评估与失效相关的风险。它有助于识别最有可能的潜在原因，并帮助设计一个更稳健的纠正办法。

• 图表是数量型数据的图示化表示。它们可以将大量的信息汇总在一个小区域内，简明而清楚地表达复杂的形势。

• 直方图是对一组数据变化情况的一种图形化总结。直方图这种图示化特性能使我们看出从一个简单的数值表中难以看出的变化模式。

• 箱线图和直方图一样，提供一组数据变化模式的图形化总结。箱线图尤其适用于小的数据集合或对许多不同的分布进行比较时。

• 朱兰帕累托分析是对与一个质量问题相关的影响因素的排名比较。它有助于识别和聚焦关键的少数因素。

• 防错法是一种主动通过设计和实施创意装置和程序以消除产生缺陷的机会从而减少缺陷的方法。

• 过程控制计划是对过程失控所采取的行动措施的概述。其目的是记录使过程恢复到控制状态所采取的必要措施，并协助过程拥有者保持通过问题解决所获取的收益。

- 散点图是对两个变量之间关系的一种图形化表示。在根原因的纠正措施中，散点图通常被用于在诊断过程中探究因果关系。
- 分层法是将数据划分成各种类别。其最常见的用途是在诊断阶段，识别出哪些类别对所要解决的问题影响最大。

第 1 阶段：识别问题

有人说，明确定义问题是成功解决问题的一半。对在 RCCA 项目中需要解决的问题的明确识别和定义是早期通往成功的关键。在实践中，一个精心构建的并带有有效反馈回路的控制计划将几乎实时地发现需要通过 RCCA 解决的问题。对于控制活动的进一步讨论请参阅“巩固成果”部分。

提名项目

RCCA 项目是通过监视过程和探测非常规状况识别出来的。并不是所有的问题都严重或复杂到需要通过全面的 RCCA 活动来解决。RCCA 项目提名可能来自：

- 对从运营过程、控制图、自动数据采集和员工观察中收集到的数据进行的分析。
- 从内部或外部顾客、不满的表述、担保返修、质量警告和纠正措施要求中接收的信息。
- 从运营部门、问题观察、“救火”报告和内部纠正措施请求接收的信息。

在此步骤中最常用的工具是头脑风暴和亲和过程、数据收集，以及流程图。

选择问题

选择需要解决的问题。在收集完需要解决的潜在问题的数据和信息后，就必须采用一些工具，选择出需要解决的最重要的问题。数据收集和朱兰帕累托分析最常用于识别待解决的关键少数问题。

在挑选出要解决的问题后，必须清楚且简明地陈述问题的性质。好的问题陈述应该包含以下特征，概括为缩写 MOMS：

- 可测量的（Measurable）。该问题必须用可测量的术语加以说明，要么使用某个已存在的测量系统，要么创建出一个新的测量系统。虽然到目前为止该问题可能还不能测量，但问题解决团队必须能够对如何用计量性术语测量该问题概念化。

- 可观察的（Observable）。该问题必须是可见并可通过症状证实的。症状是问题存在的外在证据。
- 可管理的（Manageable）。问题陈述的范围必须足够窄，以便团队可以在一个合理的时间内合理地应用资源解决它。应该避免“好高骛远”的项目。
- 具体的（Specific）。问题陈述应聚焦于具体的产品、服务或信息，组织的具体部分，或较大问题的具体方面。

除了MOMS准则之外，问题陈述绝不应包含对某一原因的暗示、指责问题的发生，或建议的解决方案。

该问题本质上是偶发性的还是长期性的

这是一个岔路口。如果问题涉及的过程已经失控——例如火警已经发生并在继续燃烧——可以应用本章所讨论的RCCA过程和工具使过程恢复控制。如果一个问题已经存在了一段时间（长期性的），并且无法容忍的COPQ困扰着运营，可以考虑使用在第11章“精益技术：改进过程的有效性”和第12章“六西格玛：改进过程的效率”中描述的更复杂的突破性改进方法。

在此步骤中最经常使用的工具是数据收集和朱兰帕累托分析。

确立责任

选择负责解决问题的团队。利用一个团队，而不是一个人，因为这样做结果可能会更好。套用一句古老的格言：整体大于部分之和。之所以使团队构成跨职能，是因为从组织中不同职能的人员处所获取的更多专业观点将使问题解决得更快更好。

在此步骤中最经常使用的工具是过程流程图（特别是矩阵或泳道图）和朱兰帕累托分析。

准备一个目标陈述

通常，RCCA项目的目标陈述很简单：消除问题的根原因或原因，并恢复到控制状态。在某些情况下，彻底消除也许是不可能或不切实际的，这时目标应该是减小原因的影响以便使不良影响降到最低程度。在这种情况下，目标可以表述为一个百分点的改进、缺陷水平的降低等等。

第 2 阶段：诊断原因

分析症状

症状分析是寻找问题根原因的一个重要步骤，原因在于这项活动使我们能够了解当前的状况。该问题多久发生一次？其严重程度如何？哪种类型的失效对正在分析的问题影响最大？在过程的哪个环节最经常观测到该失效？关于当前状况的这类问题必须给予回答，因为它们能帮助我们更好地了解根原因在哪里。

这样想吧：当你被问到开车到克利夫兰走哪条路线时，你的回答会是什么呢？通常，人们会根据他们自己的参照系做出回应："嗯，前往东 224 路，然后转向北 I-77……"然而这忽略了重要的一点：该问题没有指定一个起点。根据人们前往克利夫兰旅程的起始点不同，到那里去的路线将完全不同。关键是除非你知道你的出发点在哪（问题的症状），否则很难绘制出前往你想去的地方（目标的实现）的路线图。这就是为什么进行一个彻底的症状分析作为诊断原因的第一步是如此重要。当团队对可能的原因进行头脑风暴时，这种分析会有很大帮助，并且会产生一个比用别的方法所能获得的更加彻底的可能原因清单。

在此步骤中经常使用的工具是数据收集、过程流程图、朱兰帕累托分析和分层法。

确认目标

通常，在症状分析阶段发现的关于问题具体性质、严重程度或关键症状的一些情况将引导团队修改目标，也许是更加积极的结果，也许更加保守一些，这依赖于症状分析阶段所识别出的机会的数量。这种修改不应该轻率地或随便地进行，而是当数据和信息清楚地指明原目标需要修改时才进行。

在识别阶段由于信息十分不充分而靠最佳猜测确定目标的情况并不少见。如果已经进行了完全的症状分析，那么现在恰当的目标就应该清晰了。最常用的协助确认目标的工具是数据收集、流程图、图示法和朱兰帕累托分析。

形成推测

推测仅仅是对某种状况原因做的未经证明的陈述。考试分数低的学生可能会跟他或她的父母说，原因在于老师在考试中包含了没在课堂上讨论过的材料。但家长可能会认为这仅仅是一种推测。家长也可能会考虑其他一些推测，如学生没有读过包含考试材料的指定章节或学生没有每天去上课。同样地，当对某种质量问题的原因进行确定时，必定会有关于它的许多可能原因的推测。在没有对诸多推测进行通盘考虑并证实哪个是正确的之前就得出结论，意味着我们可能会在某种不恰当的解决方案上浪费时间和资源。

推测的产生遵循一种从创意到实证，从发散到收敛的思维过程。从头脑风暴开始，团队和主题专家努力识别出尽可能多的原因。接下来，团队将这些头脑风暴得出的推测整理成符合逻辑的集合，可能会用到亲和过程。最后，通过使用因果图、FMEA 和其他可能的确定优先顺序的工具，详细推敲这些集合中最有可能的根原因。

这些最可能的原因将作为下一步诊断过程的输入。

检验推测以识别根原因

"在开始检验推测之前，团队应该非常清楚究竟对哪些推测进行检验。在这一点上，因果图是团队非常有效的向导。将需要用一组特定的数据进行检验的推测绘制成图表。如果数据显示某一推测并不重要，那么这个推测不是可能的原因，应该删除。因果图还有助于识别能够一起检验的其他相关推测。当要检验的推测像其所被理解的那样被清楚而精确地表述出来时，就应该制订计划收集数据，检验这些推测。"（Juran Institute，Inc.，2008）

根据收集的数据对推测进行评估，给出某个推测是真是假的回答。除非数据表明该推测是真实的，否则总假定该推测是假的。数据收集齐后，必须使用适当的分析工具将数据转换成信息。然后，将信息变成问题的答案。这个过程有时被称为"不断地拷问数据直到它供认"。

项目团队应该认识到对某一个问题的回答几乎很少就是探索活动的结束。推测的检验通常是一个反复的过程。对一个问题的回答会导致另一个问题的出现，然后另一个，然后又一个。每一次发现答案，团队应该再次追问，为什么？为什么这个分析看上去是符合逻辑的？我们验证的上层（而不是根）原因为什么发生？当"为什么"问题没有更多答案或超出了可以控制的原因水平等级时，团队就找到了（可操作的）根原因。

一个例子是国家公园管理处几年前经历的关于杰弗逊纪念堂的问题。纪念碑石由于频繁的清洗以去除鸟粪使得岩块剥蚀。公园管理处最初采取的（错误）方法是减少一半的碑石清洗次数。这样做节省了一笔钱，也减少了对石材的侵蚀程度，但容易发现该“解决方案”导致了其他问题的产生：参观纪念碑的人对肮脏的环境感到不满。

因此，公园管理处进行了更深入的分析以找出问题的根原因。他们先是问：“为什么有那么多鸟粪?”当然，他们考虑了几种推测来回答这个问题。这些鸟或许是被游客丢弃的食物吸引来的，或许是被结构良好的栖息场所吸引来的，或许是这里有丰富的天然食物供给。他们能立即确定这些推测哪个是真实的吗？当然不能。他们有必要到问题发生的地方（日语叫作“gemba”，现场）进行观察，收集有关可能原因的数据，并找出在纪念碑附近鸟类增殖的真正原因。最后证明第三种推测是真实的：数以百计的多脂肪蜘蛛为鸟类提供了充足的食物来源。但调查完成了吗？不，这是因为调查者还没有找到该问题的根原因。

接下来要回答的问题是：“为什么有这么多蜘蛛?”有关这个问题同样会提出若干推测。

- 纪念碑的破口提供了一个良好的蜘蛛结网空间。
- 在那里有昆虫为蜘蛛提供食物。
- 蜘蛛被吸引并隐藏到纪念碑里面的阴影里。

进一步的数据收集证明第二种推测是真实的。在杰弗逊纪念堂里有成千上万的小蠓（蜘蛛喜欢吃的一种小型飞虫）。调查者已经接近问题的根原因了，但还没有到那里。

“为什么有这么多的蠓?”他们问。可能的答案包括：

- 蠓是被纪念碑里的食物供给吸引来的。
- 杰弗逊纪念堂，像许多其他华盛顿特区里的建筑一样，紧挨着水源（波托马克河），而蠓是在水里产卵的。
- 蠓是被夜间照亮纪念堂的灯光吸引来的。

第二种推测实际上只解释了为什么在纪念碑附近会有这么多蠓，但没解释它们为什么会在纪念碑的上面和里面。调查显示，每天晚上日落时这些蠓会恰恰在灯光亮起的时刻飞出来进入“交配狂潮”。它们是被纪念碑的照明吸引过来，定居在了蜘蛛可以把它们当作美餐的地方。现在调查人员已经找到了问题真正的根原因：每天黄昏时刻纪念碑的照明。他们推迟了一小时的照明（纠正措施），蠓群急剧减少，接着食物链断裂。现在公园管理处可以大大减少清洗次数，进而，减少石碑岩块的剥蚀（最初问题）。与最初仅仅是减少清洗次数的解决方案相比，对真正的根原因采取纠正措施节约了大量的资金。这一解决方案还可以被复制到其他的特区纪念碑以获取额外的节约（The Juran Quality Minute：Jefferson Memorial）。

有人可能会问："我怎么知道什么时候停止追问'为什么'?"换句话说，调查人员钻研到什么时候才是足够深入，以至于可以判断达到了根原因水平?

有两个问题将有助于你确定是否已经找到了根原因：

1. 数据是否预示了其他可能的原因?每次数据收集和分析后，通常可以排除一些推测而对其余的推测更具信心。然而，推测不是一项一次性的活动。对每种数据展示——帕累托图、直方图、散点图或其他图表——总是应该加以检查，追问是否预示着还有其他推测。如果你还有分不清的似是而非的推测与新数据一致，且不能根据其他数据排除，那么你就还没有找到根原因。

2. 所提议的根原因是否在某种程度上可控?有些原因是超出我们的控制能力范围的，像天气。天气的影响可以通过调高温度或开启一台加湿器来加以控制，但不能直接控制天气。所以检验天气为什么寒冷是没有用处的。

在形成和检验推测步骤中最经常使用的工具是数据收集、流程图、图表法、直方图、朱兰帕累托分析、散点图和分层法。

形成和检验推测的这些步骤完成了问题的根原因诊断过程。也许有人会问，我为什么要经历所有这些麻烦，仅仅是为了找到问题的根原因?它为什么重要?丹尼斯·罗比泰勒，一名美国质量学会（ASQ）会员和根原因分析领域最重要的专家在题为"你应该从根原因分析中得到的四样东西"的文章中给出了令人满意的回答。对有效的根原因分析的强调，在一些行业已经得到了越来越多的关注。例如，登记处要求提供更充实的根原因分析的证据，作为请求采取纠正措施的一部分。所有这一切都是好消息。不过，我的个人经验是，尽管人们知道他们需要进行根原因分析，但他们不了解以下三个问题：

- 根原因分析是什么?
- 如何进行有效的根原因分析?
- 根原因分析应该产生什么样的结果?

我们先回顾一下什么是根原因分析。它是对某个已识别问题的原因所进行的一项深度调查。它询问事情为什么会发生，还应该调查出问题的过程，这将有助于识别影响因子和临时故障。

有两件重要的事情需要从一开始就记住。根原因分析聚焦于原因，其最终目的是要利用这些信息来制订纠正措施计划。这种认识与接下来人们需要了解的两个问题有关。

人们不知道如何进行根原因分析，仍然将它当作一个偶然性的活动。组织没有给员工良好的调查技巧方面的培训。他们仍旧指责文化："让我们找出是谁把事情搞砸的"，并且根本不把根原因分析看作一个受控的过程。

除了五个为什么（5W），还有其他许多可以使用的工具，例如流程图、头脑风暴、鱼骨图、帕累托图和试验设计。为了获得最富有成效的结果，应该搭配使用多种工具。例如，通过使用头脑风暴或五个为什么推测出可能是哪里出了问题，然后在鱼骨图中对推测结果进行组织，以此为路径找到证据，客观地总结出什么是真正的根原因。组织必须停止指派人员执行根原因分析任务而又不为他们提供必要的培训和工具的做法。

最后，人们需要了解这个过程的预期结果是什么。说我们要进行根原因分析了，这样说很好，但人们是否知道找出原因后应该做些什么呢？

通过根原因分析应该获得四样东西：

- 揭露问题的根原因或原因。这是该过程的基本输出。
- 识别弱点或其他影响因子，它们本身或其中一些未必是不符合项。这可能是短视决策的结果，为了获得效率或节约成本而不惜缩减活动。例如，你或许决定要等到使用时才检测零件，这种在收货过程中的时间节约可能会导致后续昂贵的延误和调度混乱，使得预计的节约相形见绌。它在当时并不是一个坏主意，但却会导致延迟交付。
- 对与问题相关的过程和支持过程的更好的理解。如果没有，说明你还没有完成全面的根原因分析。如果缺乏对过程的高度理解，你就无法明白有些看似互不相关的过程间的相互联系、相互依存或其他因素。这有助于我们获得最终结果。
- 创建一个可以从中制订纠正措施计划的架构。纠正措施不是单纯的一项活动，而必须是一套计划，反映问题的方方面面。如果你已经进行了一个很好的根原因分析，那么你不仅会识别出根原因，而且还可以识别出许多其他需要解决的因素，以确保同样的问题不再发生，确保不会无意间产生新的问题，并确保组织从所采取的措施中获益。

根原因分析将发现可能需要改进的过程、需要修改的文件和表格、需要培训的人员以及在执行典型的项目计划时需考虑的无数其他因素。

没有根原因分析，采取有效的纠正措施是不可能的。如果不采取纠正措施，根原因分析也是在浪费时间。

第 3 阶段：纠正原因

既然项目团队已经找到了问题的根原因，现在的任务就是恢复过程的控制。

这是通过采取适当的补救措施实现的，这些措施将直接影响原因并消除它，或至少大大降低其不良影响。

评估备选方案

与形成推测步骤相同，该步骤也是一个从创意到实证、从发散到聚合的思维过程。从头脑风暴开始，团队、主题专家和过程拥有者将试图确定出尽可能多的备选解决方案。创造力在这一点上至关重要，通常情况下，解决方案必须相当新颖以彻底解决根原因。接下来，团队将对这些头脑风暴得出的潜在解决方案进行评估，以确定哪种或哪些组合的解决方案能最好地解决和消除（各种）原因。

团队可以绘制各个解决方案实施过程的流程图，形象化地分析哪个方案最有效。他们也可以使用基于准则的选择矩阵辅助决策过程，并帮助找到最佳解决方案（见图 13—4）。选择矩阵可以帮助团队对一些最佳的备选方案进行组合，以优化最终的解决方案。

备选方案选择矩阵
对可能的备选方案从 1 到 10 进行打分。10＝完全符合标准　　更新日期：10/12/09

		可能的备选方案					
准则	权重	A	B	C	D	E	F
低成本	3	9	8	10	7	9	7
高效	2	8	10	9	10	9	9
低风险	2	8	8	7	9	9	7
低阻力	1	9	8	5	8	9	10
最小过程中断	2	6	7	7	6	8	7
	总得分	80	82	81	79	88	77

图 13—4　备选方案选择矩阵

在该步骤中最经常使用的工具是头脑风暴、数据收集、选择矩阵和流程图。

设计和实施补救措施

当团队选择了补救措施时，会执行以下四项任务设计补救措施：

1. 确保补救措施能实现项目目标。评审项目目标以验证补救措施能达到预期的结果，并且所有相关的人都在这一点上达成一致。这是继续推进前的最后一次检查。

2. 确定所需的资源。尽力准确地确定执行补救措施所要求的资源，包括：

- 人员。
- 资金。
- 时间。

• 原材料。

3. 详细说明所需的程序和其他更改。在实施补救措施之前，清晰描述需要经过什么样的程序以采取建议的补救措施。任何对组织现有的方针、程序、系统、工作模式、报告关系和其他关键运营的变化也必须加以说明。任何路线外的意外都可能破坏补救措施。

4. 评估人力资源需求。任何补救措施的成功都依赖于实施所需变革的人。通常情况下，有必要对全体员工进行培训或再培训。要充分挖掘全部的培训需求以及所需要的培训资源。

这些任务完成后，就可以绘制一个流程图，清楚地详细描述新的程序。

团队在设计补救措施时，应考虑该补救措施的防错需求。他们应该考虑和开发各种技术以避免、防止或减少伴随改进过程可能发生的偶发错误。

这一步骤的最后一项活动是实施补救措施。根据正在处理的问题和将要实施的解决方案的复杂性，可能需要一个正式的实施计划。至少需要对程序、过程标准或工作指南进行修改以使该变更制度化。

第 4 阶段：巩固成果

这个阶段是 RCCA 过程中确保问题不再发生，或即便发生也能快速对复发情况进行识别和纠正的最重要的一个阶段。如果发现某个问题复发，则表明项目团队的工作还没有完成——他们在解决问题的过程中忽略了某一个根原因或者设计并实施了一个无效的补救措施。

如果问题得到有条不紊的解决，就像这里所描述的一样，在形成推测和评估备选方案的步骤中全面考虑了可能的原因和补救措施，那么补救措施就应该是稳健的，原因和问题都不应该再次发生。巩固成果的控制将表明是否做到了这一点。

重新设计控制

在设计控制过程中，主要的活动是开发控制计划。理想的话，组织应该有了一个针对当前过程的有效控制计划，目前只需要一定的修改，加入与该问题的解决方案相关的控制对象。

建立一个有效的控制计划的第一步是选择合适的控制对象。控制对象是指那些需要经过测量以确定过程是否受控的产品或过程特性。每一个控制对象的绩效都是通过图13—3中所描述的反馈回路进行监测的。使用控制计划矩阵对反馈回路的功能进行跟踪，并在过程或产品不符合标准时制订纠正计划。过程控制矩阵的一个重要作用是在过程失控时提醒过程操作者，并告诉他需要做些什么将过程恢复到受控制状态。

在这个矩阵中（见图13—5），行描述每个对象的控制元素，列标题表明控制活动的每个元素：

过程控制计划：						日期：		修订级别：		审批人：
控制对象	控制目标（标准）	测量单位	测量工具	测量频率	样本大小	测量结果记录位置	测量员	采取行动的准则	采取的行动	决策人

图13—5 控制计划矩阵

• 控制对象。那些需要经过测量以确定过程是否仍然处于受控状态的产品或过程特性。

• 控制的目标或标准。产品或过程可接受的绩效限值。通常这些都是SPC图上的控制限，是判断过程稳定或失控的主要依据。

• 测量单位。测量数据如何表示？英寸？毫米？百分比缺陷？

• 测量工具。为了获取测量结果需要使用的设备、人员或两者的组合。

• 测量频率。控制对象需要多久测量一次？（例如每小时、每天、每周等。）

• 样本大小。在规定的频率下需要进行多少次测量？

• 测量结果记录位置。日志、图表、数据库等。

• 测量员。谁负责对控制对象实施测量并获取和记录测量结果？

• 采取行动的准则。这通常包括所有超出控制目标或标准范围的过程绩效。这种波动通常是由特殊原因引起的，并将触发反馈回路的故障排除功能。

• 采取的行动。对失控状况原因的了解有助于指定人员采取适当的行动，以将过程恢复到与控制目标相一致的状态。

• 决策人。谁负责下令采取行动？

• 执行人。执行人负责对控制对象采取具体的（各项）行动，以将过程恢复到与控制目标相一致的状态。

• 行动记录的位置。确定解决问题所采取行动的记录位置。这个记录对今后发生类似问题的分析非常有用。

实施控制

合适的控制计划设计完成后，实施就是在应用计划的过程中培训过程拥有者和操作员的问题了。如果 SPC 是计划的一部分，则对控制图的正确使用、解读及恰当反应的具体培训也必须包括在内。过程拥有者也是控制计划的拥有者，因此，他们在控制实施中的参与是必不可少的。

审核控制

经过短时间的控制后，项目团队应该与过程拥有者和操作员一起对其有效性进行监测，这将有助于识别计划中的无效元素以及据此进行相应的修改。

按照上述的 RCCA 四阶段法，项目团队将会一致地识别出根原因并在较短的时间内采取适当的补救措施。在识别和减轻这些原因所耗费的时间里，可能需要采取某种临时措施以确保有缺陷的产品、服务或信息不传递到客户手中。这些措施有时被称为遏制政策，它们应该被设计成临时性的有效对策，直到确定并减轻问题的根原因。

计划—实施—学习—处置（PDSA）

PDSA 是另外一种用于发现和处理问题根原因的问题解决方法。该方法最初由沃尔特·休哈特博士在其著作《制造品质量的经济控制》（1931）（作为 PDCA，计划—实施—检查—处置）提出的，而后由 W·爱德华兹·戴明推广。戴明称该方法为休哈特环，但许多人，特别是在戴明成名后，称其为戴明环。

该方法不同于前述的根原因分析法，因为它主要是通过试验方法识别根原因的指南。这意味着，在循环实际开始前需要完成症状分析和原因推理，然后进行反复试验以深入钻研待解决问题的根原因。

PDSA 方法在医疗保健机构特别受欢迎，这可能是医疗保健改善研究所（IHI）将其作为一种寻找原因和刺激改善的方法加以推广的结果。

在进行实际的 PDSA 循环之前需要首先进行“目标设定”，这与朱兰 RCCA 过程中目标的建立相类似。然而，待解决问题陈述的这一部分可能缺失，因此人们可能不知道哪些团队活动应该成为重点。于是团队收集与他们正在试图改进的过程有关的知识，使他们能够提出好的改变过程的想法。

“……相应的知识越全面，将这些知识应用到改进时效果就越好。因此，任何改进方法必须以建立并运用知识为基础。这种观念引出了一系列基本问题，其答案构成了改进的基础：

- 我们试图完成什么?
- 我们如何得知某项改变是一种改进?
- 我们做什么变革才会带来改进?”（Langley，et al.，1996）

与朱兰 RCCA 相比，PDSA 方法设法识别那些有可能改进过程或过程结果的变革，然后实施这些变革以观测它们是否能有效产生改进。PDSA 循环是应用于这类试验性变革的方法。换言之，PDSA 试图通过解决方案的试验和错误来确证或反驳关于问题原因的各种观点。

“[以上] 这些问题提供了一个‘试验和学习’方法的框架。‘试验’这个词意味着将进行某种变革的检验，‘学习’一词意味着已识别出的准则将被用于学习和从试验中汲取知识。”（Langley，et al.，1996）。

PDSA 方法遵循以下这些阶段和步骤：

1. 计划：

- 界定待检验的变革。
- 设计试验以检验变革。

2. 实施：

- 执行试验计划。
- 收集有关变革有效性的数据。

3. 学习

- 分析试验数据。
- 总结学到的知识。

4. 处置：

- 确定需要实施的永久性变革。
- 确定需要检验的额外的变革。

显然，这种方法具有以下优点：

- 如果试验人员善于挑选出产生真正改进的方案，它就能够迅速见效。
- 它遵循一种试验的方法，能产生大量有用的知识。
- 它已被广泛接受，特别是在医疗保健和其他通常依赖试验方法来确定有益变革的组织（例如，药物开发）中。

人们也可能会注意到它的一些缺点：

- 如果试验人员不擅长挑选出产生真正改进的方案，结果可能会来得很慢。

• 失败的变革可能不会产生大量有用的信息。

• 除非是在实验室环境下完成的，否则试验可能会对过程造成破坏，并且试验本身可能会是资源密集型的。

• 试验在许多情况下会是代价高昂的。

在这些利弊的基础上，项目团队应该选择最适合自己工作风格和组织需要的方法。

放手去做（JDI）

顾名思义，放手去做（JDI）实际上没有包含问题的根原因分析，这是因为这个根原因通常是显而易见的，有时称它是“明摆着的事情”。因此在这种情况下，对根原因的分析完全是通过观察完成的。

若干年前，咨询顾问从使用支架幻灯机的旧教学方式过渡到新的计算机方法：以演示文稿图形的程序构造要讲授的素材，并利用液晶显示投影仪（LCD）放映。伴随着从旧方式过渡到新方式的进步，越来越少的会议室还保留支架幻灯机，而越来越多地开始使用 LCD 投影仪。一些培训机构出现了一个问题：假如培训师赶到培训教室，准备使用支架幻灯机放映幻灯片，却发现没有这种设备，那么培训要么不得不推迟，要么以低于期望的方式完成，即仅仅是阅读和参考印刷资料。这个问题的明显原因是什么呢？咨询机构没有给咨询顾问提供在新环境下完成工作所需要的适当工具（或者是笔记本电脑，或者是一些可用于培训教室的台式电脑的数字媒体）。毫无疑问，这种情况下的 JDI 就是给培训师提供所需的工具。

JDI 方法可能适用的另一种情况是对解决方案的需要十分迫切并且耽搁会产生严重影响。

这样的一个迫切需要解决方案的例子发生在 1854 年的伦敦。当时爆发了严重的霍乱，最后在 10 天时间内就有超过 500 人丧生。约翰·斯诺博士前往参加救援工作。在使用浓度图分析发生死亡的模式后，斯诺意识到大多数的死亡集中发生在百老汇街水泵附近。即使他还没有认识到问题的根源是水中的细菌，斯诺直接确定了一个解决方案，拆除了水泵的手柄。几天内霍乱疫情结束了。（The Juran Quality Minute：London Cholera Epidemic）

要在没有进行全面分析并找出问题的根原因之前实施 JDI，必须包含三个因素：

• 改变的需求必须是迫切的。不要只是因为 JDI 方法快速和简单就使用它。

• 这种改变必须具备低的失败成本。如果你错了怎么办？为改变所付出的代价必须要低，最好是零。拆除水泵手柄可能给斯诺博士带来的损失微乎其微。可能发生的最坏的情况就是人们可能要走稍远点去取水。

• 这种改变必须具备一个显著的潜在回报。这里的判断是："那么，如果我是正确的怎么办？如果这种改变是有效的，事情会有很大改善。"

在适当的时间以及适当的情况下使用 JDI 可能是一种有益且有效的快速见效方法。

小结

有效的根原因分析是产品、服务和信息生产者成功实施控制活动的关键。如果缺少根原因分析，问题会经常复发并且缺陷品会不断到达顾客手中。在本章中讨论了几种不同的方法，以及多种变革。重要的不是具体使用哪种方法，而是生产者拥有了一些有效识别日常问题原因的方法。

参考文献

The list and descriptions of tools in this section are edited from the pertinent sections of Juran Institute, Inc. (2008) "Root Cause, Corrective Action, Version 1.2," Southbury, CT.

Juran Institute, Inc. (1994). *Quality Improvement Tools, Second Edition*, Wilton, CT., Ch. 1, p. 5 and p. 13.

Monroe, D. (2009). "Process Variables Controlled," *Quality Magazine*, November.

Juran Institute, Inc. (2007). *Six Sigma Manufacturing Black Belt*, Volume 2, Section 10a, p. 14.

Paraphrased from Juran Institute, Inc. "The Quality Minutes: The Jefferson Memorial."

Robitaille, D. (2009). "Four Things You Should Get from Root Cause Analysis," November 10, *Quality Digest The Quality Insider* (used by permission).

Langley, G. G., Nolan, K. M., Norman, C. L., Provost, L. P., and Nolan, T. W. (1996). *The Improvement Guide: A Practical Approach to Enhancing Organizational Performance*, Jossey- Bass, New York, pp. 3–4.

Paraphrased from Juran Institute, Inc. "The Quality Minutes: London Cholera Epidemic."

（岳盼想 译，赵建坤、刘建勇 校）

第 14 章

运用六西格玛设计实现持续创新

约瑟夫·A·德费欧　约翰·F·厄尔利

关于本章

创造出满足顾客需求的新产品和服务将有助于一个组织在销售和收入方面有所增长。这些新产品和服务，如果设计有效的话，就能满足顾客的特定需求。要使一个新产品或服务更好地为顾客和市场所接受，其设计应包含以下三个关键方面：一是该设计的整体创新能力能给人以惊喜；二是新产品或服务的特征能有效满足顾客的需求；三是组织零缺陷地提供所有创新产品和特征的能力。组织如果具有设计既创新又节约成本的商品的能力，就能最终创造出畅销的产品和服务。本章对当代设计和开发方法进行了回顾，并重点关注了推动组织实现卓越的持续创新理论。本章内容并不是关于产品开发功能的质量，而是组织在开发新产品、服务，以及关键工序时必须运用以实现创新的方法。

本章要点

1. 创新是所有组织生存的关键。如同持续改进一样，创新是应用系统化方法的结果，而不是无计划的偶然性结果。

2. 持续创新（CI）不同于产品开发。持续创新必须在一个组织的所有领域发生作用，从创造产品、服务或流程以满足内外部顾客的需求，到设计新的设施或办公环境。

3. 在过去十年中，用于设计和开发产品和服务的方法有了很大改善。制造设计、装备设计、精益设计、环保设计，以及六西格玛设计，所有设计已成为能够满足顾客关键质量需求的典范，并最终导致创新产品的出现。

4. 正如人们通常所提到的那样，运用六西格玛设计或 DMADV 步骤实现的持续创新类似于朱兰质量设计模型（见第 4 章“质量计划：设计创新性的产品和服务”），并已成为所谓的“产品、服务和流程的持续创新”的基础。

5. 培养创新习惯要求管理人员创建出类似于持续改进的基本结构。设定目标、选择项目并培育团队创建创新产品和服务——一个项目接一个项目地逐步进行。

6. 运用六西格玛设计实现持续创新包括以下五个实施步骤：

a. 定义新产品、服务或过程的目标和目的。

b. 测量并了解顾客的潜在需求。

c. 分析顾客需求并确定能够满足这些需求的创新特征。

d. 结合各特征进行设计，从而使创造出的新产品、服务或过程能够包含所需特征。

e. 验证新的创新发明是否能满足顾客和组织的需求。

持续创新与朱兰三部曲

我们之前曾在质量计划部分探讨过朱兰三部曲。由于一个有效的设计过程能发现隐藏的顾客需求，因此根据顾客需求进行设计总是会导致更高质量的产品和服务，并产生创新性成果。对顾客隐性需求的发现，以及随后对这些问题的解决都会导致创新（见图 14—1）。本章介绍了用以产生持续改进（CI）的 DMADV

步骤和工具的使用。通过采用最有效的模式，如美国食品和药物管理局（FDA）采用的质量设计，以及 GE、三星、微软所使用的六西格玛设计，组织可以像培养改进习惯那样培养创新习惯。通过部署 CI 方案将确保组织满足社会和企业需求的适应性和持续性。

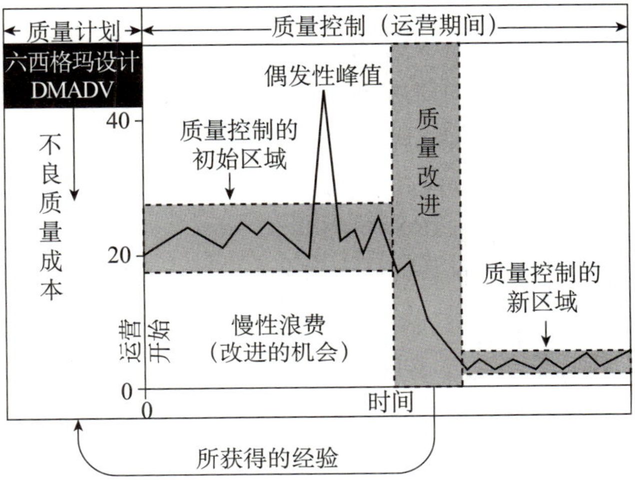

图 14—1 六西格玛设计与朱兰三部曲

资料来源：Juran Institute，Inc.，Southbury，CT.

通过运用第 4 章（“质量计划：设计创新性的产品和服务”）介绍的 GE 医疗在移植朱兰质量计划模式过程中产生的六西格玛设计模型和工具，CI 作为一个功能强大的引擎有助于组织真正将质量计划到其产品中去，这里所说的产品通常指的是商品而不是服务或过程。

朱兰把质量计划设计步骤（见图 4—2）作为策划（设计）新的（或改良的）产品和服务的框架。这些步骤既适用于制造业和服务行业，又适用于提供给内外部顾客的产品。

为改进项目（见第 3 章“质量管理的普遍方法”）设计一个有效的解决方案可能需要完成质量计划过程的一个或多个步骤。Early 和 Colletti（1999）以及朱兰（1988）对这些步骤进行了广泛的讨论。这些质量计划的步骤必须与正在开发的产品所使用的技术工具相结合。设计一辆汽车需要汽车工程学知识，设计一种治疗糖尿病的方法需要医学知识，但都需要质量计划的工具，以确保满足顾客需求。

尽管图 4—4 提供了一个相当详细的路线图，但在这里有必要进行一个概述以便对各步骤做简单说明（Early and Colletti，1999）。

一旦识别出顾客的隐性需求，就会产生新的设计或创新。举例如下：

砂布：布料的耐用性越好，抛光零件所需的内部成本越低。

汽车：关门少费力，关门“声音”有所改善。

洗碗机：作为家用电器的重要组成部分，其耐用性要求更高。

电子设备：简单的一体化设备，如 iPhone，iPod。

软件：便于理解的用户使用指南。

纤维：纤维加工过程中要求更低的断裂量。

轮胎气门阀：轮胎生产商使用气门阀进行硫化操作时的生产能力更高。

感光胶片：为了降低变异，胶片处理过程要求较少的工艺调整。

日用产品：24 小时内交付订单，而不是标准要求的 48 小时。

住房抵押贷款申请：比竞争对手更短的审核时间。

传统上，利用这些洞见的主要活动都是按次序相继进行的。例如，规划部门研究顾客的欲望，然后将结果提交给设计部门；设计部门执行任务，并把结果递交给工程部门；工程部门创建出详细的规范说明书，然后将结果交付给制造部门。不幸的是，这种按次序进行的工作方式会导致整个计划过程中各部门之间缺乏足够的沟通——每个部门都只是将本部门的结果交付给下一个部门。这种沟通上的缺乏往往会给下一个内部客户部门带来问题。为了防止这种情况的发生，从项目一开始就应该像一个团队一样组织所有过程，即制造过程应该和产品设计与工程计划同步运行，这种方式可以使团队在编制规范说明书的过程中解决生产可行性问题。

创建新的产品和服务有助于组织的生存发展。许多组织已经采取了很多方法以提高其设计产品的可销性。从 20 世纪 80 年代到现在，人们采用了一些新的基于朱兰质量设计的方法来提高产品的可销性。现如今许多方法仍在继续产生效益：

1. 设计和开发阶段门。
2. 并行或同步工程。
3. 制造设计。
4. 装配设计。
5. 六西格玛设计。

在过去十年中还涌现出许多新方法。最近出现的有发展前景的如：

1. 环保设计。
2. 精益设计。
3. 可持续发展设计。

如今，六西格玛设计作为一种系统化方法，为实现新的服务和创新性设计提供了方法和手段。设计新的产品和服务以实现创新的步骤如下：

- 识别顾客及其需求。
- 收集和研究信息，并观察这些顾客的行为。
- 生成并设计解决方案，以满足他们的需求。
- 设计解决方案并确认需求得到满足。
- 将设计转入业务营运。

以这种方式，这些步骤迫使人们"跳出条条框框进行思考"，迫使人们以结构化和有条理的方式获取新的信息，间或以创新性方法创造出新的服务。

用于商品、服务和交易过程的 DFSS

六西格玛设计模型已被用于包括电子、化工、尖端工业设备、运输设备和大批量消费品在内的各种实物商品的新产品导入（NPI）过程中。它也被成功地用于发展保险、医疗保健、银行和公共服务等高品质的新服务。

在 DFSS 设计阶段，跨职能团队负责开发详细到完整工程图纸的产品设计，以及交付产品的过程设计，包括所有的设备、工作说明、工作的基层组织等。一旦实物产品被生产出来，产品设计和过程设计的区别就变得非常清晰了。而对于两者交互作用的服务产品，其差别有时就不是太明确。

识别服务设计和实现该服务的过程设计之间的差别，并按照该差别展开行动已被证明是非常有用的。服务设计是顾客所感受到的活动流。服务的过程设计是使顾客的感受成为可能所需的活动流。

例如，支付客户保险理赔的服务应具有时效性、易于操作性、响应性和透明性的特点，这些都是客户能看到、感觉到、听到和触摸到的。为了准确无误地向顾客提供这种活动流，服务的生产过程会包括有关数据处理、信息获取、付款程序和政策，以及在过程中与顾客进行交互的人际交往能力的特征。这种幕后的生产过程对顾客来说在很大程度上是不可见的。事实上，当这些无形的生产过程对顾客可见的时候，通常是因为它已经失败，并且未能按设计提供准确无误的服务。

经验表明，首先设计顾客感受到的服务，然后再设计使服务成为可能的过程，这样的工作划分是有帮助的。那些试图一步将服务和过程同时设计的团队通常认为顾客感受相较于业务营运来说是次要的。

服务设计的例子

在一个服务行业的例子中，质量计划过程被一家大型银行集团的下属银行用于再计划其获得企业客户和商业信贷客户的过程。下面是质量计划过程步骤的一个概要。

1. 建立项目。设定本年度信贷客户的销售收入目标为4 300美元。

2. 识别客户。该步骤确定了10个内部客户部门和14个外部客户组织。

3. 了解客户需求。内部客户有27项需求，外部客户有34项需求。

4. 开发产品。该产品具有良好的满足客户需求的产品特征。

5. 开发过程。为生产出所需的产品特征，开发了13个过程。

6. 开发过程控制并向运营转移。定义了过程的检查和控制，并在具体运作上制订了计划。

修订后的过程实现了既定的收入目标，并且，以该方式获取客户所花的费用仅为其他下属银行客户费用平均值的四分之一。质量计划过程产生大量必须经过梳理和系统分析的信息，对这些信息的校准与联合是对产品进行有效的质量计划必不可少的。一种有用的工具是质量计划展开表或矩阵（本质上是一个表格）。图14—2显示了与质量计划过程步骤相对应的五张展开表，注意展开表之间是如何相互影响并彼此依赖的。这些表格既涵盖了产品的质量计划过程，又包含了创造产品的过程的质量计划过程。这种方法通常被称为质量功能展开（QFD）。因此，QFD是一种技术，它将顾客需求转化为产品和过程特征的逻辑记录下来。质量计划过程展开表的使用在本章稍后展示。

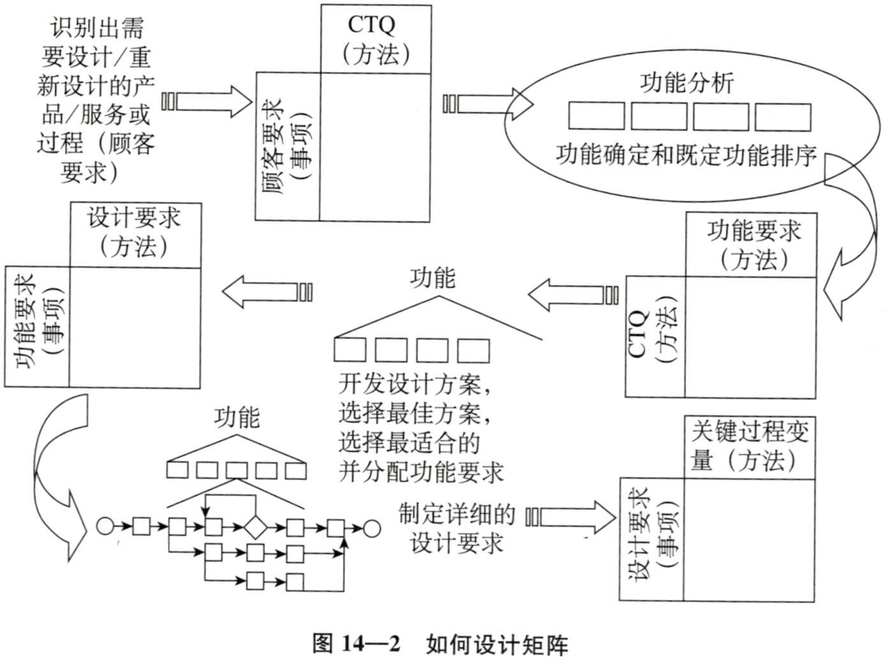

图14—2 如何设计矩阵

资料来源：Juran Institute，Inc.，used by permission.

质量计划的这六个步骤适用于任何行业新的或改良的产品（商品或服务）或过程。在服务业中，产品可以是信用卡审批、抵押贷款审批、呼叫中心应答系统或医院护理。此外，产品也可以是向内部顾客提供的服务。Endres（2000）描述了质量计划的六个步骤在路德援助协会保险公司和斯坦福大学医院的应用过程。

CI 需要了解客户的需求并解决他们的问题

要设计出具有创新性的、质量上乘的服务和产品，就需要清楚地了解顾客的需求并将这些需求转化为旨在满足这些需求的服务。这是大部分创新产生的驱动力，尽管大多数人还没有意识到这一点。

创新与创造新的东西相关。在激烈的商业竞争中，成功往往涉及最好的创新。许多组织具有创建年度计划以发展新模式和新服务的设计和开发职能。有时，这些内部职能为组织设计出商品或服务，然后再寻找顾客将其售出；另一些创新来自解决社会问题。还有一些组织寻找顾客的问题加以解决，结果是它们创造出新的、创新性的事物。我们研究发现，后者是最经济的，因此其投资的回报也最大。

为了实现持续创新，组织必须设计以满足顾客未被满足的（通常是隐藏的）需要。要做到这一条，必须：

1. 捕捉顾客——潜在的新顾客或现有的顾客——的声音。
2. 发现隐藏的顾客和需求。必须找到隐藏顾客或隐性需求。
3. 设计解决方案来满足这些需求。这通常意味着解决一个挑战或矛盾。
4. 使用系统化的方法以确保产生持续的创新。
5. 有捕捉信息的工具，并用它来确保商品或服务被有效地生产。
6. 雇用来自多个职能部门的员工执行系统化过程，以确保商品或服务按计划完成。

创新意味着“创造新的事物”，人们可以通过研究过去的创新以及创造性方法来了解创新。

宝丽来（Polaroid）相机

传统的摄影过程中涉及感光材料曝光，曝光过程需要依次进行胶片的显影、定影和晒印，以及印片的显影和定影，整个过程可能花费几个小时（或者几天，如果胶片处理设备距离照片拍摄地点比较远的话）。1947 年，美国物理学家 Edwin Herbert Land（1909—1991）提出了一种全新的显影和照相系统。Land 在度过大学第一学年之后便离开了哈佛，开始了自己的光学偏振研究。两年后，他发明了一种能够在相机镜头上使用的偏振滤光镜片，用来消除反射和眩光。1937年，Land成立了宝丽来公司，用来生产和销售他的滤光器、灯具、遮光窗帘和太阳镜。1947年2月，他推出了宝丽来即时摄影（拍立得）技术，并应用在自己的宝丽来兰德照相机上。兰德相机（美国专利号2543181）在1948年11月26日首次发售。宝丽来摄影是在一个夹带感光相纸的扁平的密封舱里处理化学药品的。胶片曝光时，一对定影压辊会将化学药品均匀地涂到相纸上，并在一分钟后完成晒印。1963年，宝丽来公司推出Polacolor，一种全彩色胶片，可以在不到一分钟的时间内完成冲洗。

救生员（Life Savers）糖果

1912年，当糖果制造商Clarence Crane刚开始销售Crane牌薄荷味救生员糖时，救生圈仅被用在船舶上——一个环形中间有个洞的扔给落水乘客救生用的物品。但这并不是故事的全部。Crane原本是一个巧克力制造商，但巧克力在夏天很难卖，因此，他决定尝试生产薄荷糖，以提高他的夏季销售额。当时，市面上可见的薄荷糖大多来自欧洲，并且都是方形的。有一天，Crane在一家药店购买瓶装调味品时注意到药剂师正在用机器制作药片。这是手工操作的，制成一个个圆圆的扁平药片。Crane有了想法。药片制作机对他的薄荷糖生产很有用，他甚至可以通过在中央打小孔的方式制成救生圈形状。1913年，Crane以仅仅2 900美元的价格将救生员糖果的生产权卖给了Edward Noble。随后Noble将救生员糖果制成包括最初的薄荷味在内的多种口味进行销售。Clarence Crane可能会后悔当初出让的决定，因为救生员糖果为新的生产商赚取了数百万美元。

iPod

iPod源于独立发明家Tony Fadell凭空设想出的一个商业理念。其最初的想法是基于一个MP3播放器，创建一个为其提供补充的Napster音乐销售服务，并建立一个以之为中心的公司。这最终导致了苹果创造出iPod。

赛格威思维车（Segway）

这种新的交通工具意味着对上世纪有关交通工具传统智慧的全方位突破，从移动方式到燃料再到操作手段都进行了重新设想。其结果是，电力驱动的交通工具与之前出现的任何交通工具从外观、感觉或移动方式上都完全不同。2001年，Dean Kamen宣布了第一台自我平衡、零排放个人用运输工具——赛格威个人运输车（PT）的到来。基于利用动态稳定技术开发更高效、零排放交通运输方案的愿景，赛格威将其研发聚焦于寻求空间占用量最小、机动性最强，并能在人行道和小路上行驶的设备创造。如今，赛格威仍在继续开发安全、独特的交通方案，用以缓解城市交通拥堵和污染。

两种创新类型

创新有两种基本类型。第一种是Ⅰ型创新，会发生，但很少。类型Ⅰ创造的是全新的事物。但世界上新事物的出现并不像我们所想象的那样经常发生。第一辆汽车和内燃机当然属于新的创新，但它们仍然是在已有的车轮、推车和其他技术的基础上建造的。

像核能、无线电设备、电话、家用电器和载人飞机等事物肯定是世界上相当接近新生事物这一概念的很好例子。所有伟大的、真正全新的创新，往往都源于一个天才、一个幸运的意外，或两者兼而有之。

我们知道很多天才的人物——费米、莱特、爱迪生、奔驰和福特，然而，这并不是一个无止境的列表，并且尽管幸运的意外总是好的，但它们太偶然。Ⅱ型创新提供了一种更好的方法。

Ⅱ型创新较Ⅰ型创新更为常见。这第二种类型的创新可以归结为以下三种普遍方法：

- 使已有的事物变得更大。
- 使已有的事物变得更小。
- 将两种已经存在的事物结合起来。

类型Ⅱ的简单是深刻的。它可以创造惊人的突破并改变我们的生活方式。我们看到的那些伟大的创新大多来自Ⅱ型创新中列出的这三种方法。

例如，装在你口袋里的手机或 PDA 曾经是一个挂在墙上的具有相当大尺寸的木箱，从最初的挂在墙上与外界进行硬连接的模型，到现在电话变得越来越小，而且手机还是一种无线电设备、计算器、计算机、电视和音乐播放器的“结合体”。平板电视是从一种曾经的家具，并且比躺椅占用更多空间的设备演变而来的。随着时间的推移，电视机的厚度和高度已然“变得更小”，其宽度“变得更大”，添加适当的技术，人们就有了平板显示器。

一个例子是基于网络的学习。基于网络的学习产生于投影胶片被诸如 PowerPoint 等电子幻灯片所取代的时期，这导致了演示图像质量的提高，然后添加带有 IP 语音和视频的动画效果，放在互联网上，就产生了基于网络的学习。

回过头看时，“变大/变小/组合”的方法听起来很简单，但诀窍是如何在当下做到这一点以完成未来的一项创新。尽管如此，这仍然比成为一个天才要容易得多。

好消息是你可以在Ⅱ型创新上有所提高。和现在的情形一样，我们也可以通过实践变得更好。

下次，当你身处一项重要的头脑风暴会议，会上要求创造出一项新的产品、服务、营销策略或类似任务时，建立三个新的标题栏，并依次解决它们。

标题栏里放的是你的想法。当然，三个标题分别是“使它变大”、“使它变小”和“使它结合”。“它”指的是任何产品或服务或任何你正在从事的工作。要乐在其中，切记不要批评或放弃这些想法，直到产生想法的过程结束。大多数人都出奇地善于进行Ⅱ型创新，将某些疯狂的想法变成可行的事情。伟大的创新者亨利·福特说过：“不论你认为你能或不能，你都是对的。”

创新者并非生来如此。如果你有志成为下一个托马斯·爱迪生，你可能想得太远了。但是，无论你的“创新商”现在如何，你都可以通过实践和运用产生创新的方法使其变得更好。

举例来说，我们听到过多少次“跳出条条框框思考”了？这很正确，但问题是条条框框是什么？很少有人认识到，条条框框其实就是我们自己。学会暂时放手、愚蠢一下并适应不确定性，对创新都是必要的。

跳出“被框住”的自我是一项可以通过技术、实践和勇气来加以学习和改进的技能。例如，想象自己是别的人，并通过他或她的眼睛观察一切，就可能是一项非常好的技术。

达到放手的级别将有赖于一套系统化的方法。许多方法已被用于开发更简单、更好的产品。这些设计过程中包含了早期的介入团队。

这些团队由不同职能的员工、客户和供应商组成，他们凭借跳出条条框框进行观察和思考的系统化的过程来一起工作以解决问题。其效果是显著的，并能发现新的产品。

推出新发明（如玩具和食品）的想法是一项持续使新产品充斥市场的短期活动。有些是好的，并能持续很长一段时间；而很多是短暂的。如果你尝试创新以解决顾客或社会的问题，则这种有明确目标的设计结果往往导致长期有益于社会的产品的出现。药物开发就是一个很好的例子，阿司匹林已经存在了100多年，新的降低胆固醇的药物也将存在几十年。

为什么有些产品能持续很长时间，而另一些产品却不能呢？答案就在于设计或创造新发明所使用的方法。创新需要系统化的过程和全套工具，从而创造出以顾客为中心、以需求为驱动的设计。

设计世界一流的服务和产品，需要清楚地了解顾客的需求，并将这些需求转化为旨在满足这些需求的服务。其过程是，首先设计和优化产品特性，然后开发并执行新的设计。该过程有时被称为服务开发过程、设计过程或 DFSS 过程。

随机的、创新性的想法，无论多么巧妙，都不会带来经济上的成功，除非它们比目前的方法能更好地满足顾客的需求或是满足了一个前所未知的或尚未被满足的需要。一旦详细说明了该设计是谁所需要的，以及他们具体需要什么——“他们”指的是细分市场的顾客，组织所拥有的优秀设计人员就能为我们提供优秀的设计。

大多数失败的新产品和服务的问题不在于设计不好，而在于没有顾客需要和乐意接受实际生产出来的产品或服务。问题是，是否存在一种确实解决良好设计所面临的这一问题的方法。也有一些创新被替代或迅速发生了演变，以时尚饮食为基础的食品以及以电视节目为基础的玩具霎来即去；其他创新，如计算机，却经久不衰。为什么一些创新性的产品和服务昙花一现而其他创新却经久不衰呢？答案通常在于最初进行这些创新的原因。

DFSS 的开发正好填补了这一方法的空缺。DFSS 是一个具有完备的核心方法的丰富概念。该过程蕴含一个五阶段的服务或产品开发方法，各阶段如下：

定义

在界定阶段，高层管理人员必须批判性地看待组织业务。对组织的战略规划进行重新审视是很有助益的。（如果没有一个最新的战略规划，那么就应该做一个。）管理人员可以为设计团队在新服务或产品需求方面提供具体指导，但不应该设计产品，提供高层次的想法是可以的，但最终设计还是应留给设计师。

测量

测量阶段就是要发现并发掘顾客及其需求——尤其是那些未被满足的需求。这是 DFSS 的中心要点。你如何向目标受众询问他们希望一个并不存在的服务或产品是什么样子的？答案是你不能，至少是不能直接做到。因此，最好把重点放在需求上。同样地，让设计师设计产品，而不是顾客。

之后项目团队将顾客需求转化成更技术层面的事物，我们称之为关键质量特性（CTQ）。在 CTQ 中，我们将顾客表述的需求转化为可以测量的词和短语，CTQ 就变成了设计师需要实现的目标。这一步骤使我们能够设计出顾客目标群体感兴趣的产品或服务。（回想一下，这正是大多数不成功产品或服务的缺点所在。）

分析

在分析阶段，设计师们尝试各种可能满足在测量阶段获得的 CTQ 的概念设计。此时，这些概念可追溯至一个或多个 CTQ，进而又可追溯到一个或多个顾客需求。该团队开发概念设计的功能要求并使之与 CTQ 相匹配。分析阶段对大多数设计师来说是振奋人心的精彩阶段，但其基础在定义和测量阶段奠定。

设计

接下来是细节设计。在设计阶段，我们采用胜出的概念设计并将所有细节填充进去。当不可避免地必须做出选择和权衡时，我们有现成的选择标准：CTQ。CTQ 就像在每一个决策点都有顾客站在我们身边一样。我们将对分析阶段得出的功能要求进行开发，并将其与细节设计的设计要求相匹配。

验证

一旦团队对设计细节感到满意，就应着手准备验证其是否满足界定阶段管理人员交付给他们的业务需求，以及测量阶段提供的顾客需求。对采购、生产、交货、广告宣传、质量保证以及其他项目的完整计划也是在验证阶段完成的。

创新可以提高。如果组织可以培育出自己的创新人才，那么大多数创新将会蓬勃发展。Ⅱ型创新是关键——要鼓励所有员工考虑如何使事物变大、变小或与其他事物结合。然后，DFSS 帮助我们识别顾客、了解他们的需求，并提供满足这些需求的产品或服务。创新不是命令出来的，一定可以通过指定团队解决顾客问题，通过创造新的产品和服务来鼓励和管理创新，从而实现组织目标。

设计和创新方法的演变

质量设计

质量设计的概念最初是在朱兰博士的各种著作中勾勒出来的，最著名的要数由朱兰博士和朱兰研究院编写的《朱兰质量设计》。书中指出，质量必须设计到产品中，并且大多数质量危机和问题都与质量最初是如何设计到产品中的密切相关。质量设计原则已被用于各个行业，特别是汽车行业，以提升产品和过程的质量。最近，它被美国食品和药物管理局（FDA）所采用，作为研究药物如何被发现、开发和商业化生产的手段。食品和药物管理局将质量设计定义为设计职能在确定产品操作要求（及其与设计要求相结合）方面的有效性水平，这些操作要求能经过生产过程转变成最终的产品。今天，质量设计已经演变出许多其他的方法。下面是一些最流行的：

并行工程（或称协同设计）

并行工程是一种流行的新产品开发过程，在此过程中，所有负责开发和生产的人员在产品设计的最初阶段就参与其中。70%到 80%的产品成本锁定在这些早期开发阶段，这时需要确定产品的结构并选择制造工艺和产品原材料。如果要求产品最终具有成本竞争力，则在进行这些决策时考虑成本是绝对必要的。

马萨诸塞大学的 Boothroyd 教授和 Dewhurst 教授提出的制造与装配设计（DFMA）是质量设计最早的形式之一。他们创建了一套方法，以及后来的软件技术，来帮助指导设计团队甚至在雏形设计模型建立之前，就完成带有成本信息的产品开发这一关键阶段。

制造设计

制造设计（DFM）是一种系统化的方法，它使工程师在设计过程的早期，甚至在只有开发产品的粗糙几何形状时，就预先考虑制造成本成为可能。鉴于有大量的工艺技术和可用材料，设计工程师很少具备所有主要成型过程的详细知识。因此，工程师们倾向于以他们熟悉的制造工艺进行设计。DFM 方法鼓励各工程师和并行开发团队研究其他工艺和材料，并开发出生产起来更经济的设计。具备了可行工艺和材料的更多信息，用户可以量化相竞争的备选设计方案的制造成本，从而决定哪个设计最好。

制造设计在选择材料和工艺方面提供指导，并在产品设计的各个阶段对零件和工具配备的成本进行估算。DFM 是 DFMA 过程的一个重要组成部分，它为装配设计的成本缩减分析提供制造知识。

装配设计

装配设计（DFA）是评估装配的各部分设计和整体设计的一套方法，是一种在装配中识别出不必要零件并决定装配时间和成本的量化方法。利用 DFA 软件，产品工程师对各个零部件的成本进行估计，然后通过各种零部件削减战略简化产品概念。这些战略需要在经济允许的范围内将尽可能多的产品特性融合进一个零部件。基于 DFA 设计的结果是具有更少零部件的更精致的产品，既功能高效又易于组装。基于DFA设计的更大的好处是降低了零部件的成本，提高了质量和可靠性，并缩短了开发周期。

环保设计

为了满足日益增长的环保市场的需求，DFMA使产品设计师可以在设计的概念阶段进行环境评估，在此期间，他们可以评估材料选择的影响，并对他们产品寿命结束时的状态进行说明。

这些分析有助于设计人员从DFMA数据库中选择他们愿意使用或希望避免的材料，然后给出这些材料在产品中所占的比例（重量比）。它还对产品中再利用、再循环、填埋和焚烧的成分比例进行估计和标注，这些措施可以帮助制造商满足像欧盟有害物质限制指令（RoHS）等法规的要求。

可持续发展设计

可持续发展设计（也称为环境设计、环境可持续发展设计、环保意识设计等等）是一种用来设计符合经济、社会和生态可持续发展原则的实物商品的方法。可持续发展设计的目的是通过识别潜在影响，运用创造性的或最佳的方法，防止或减轻对环境的负面影响。可持续发展设计表现为：拒绝不可再生资源、环境影响最小、将人与自然环境相联系。

六西格玛设计

吸取的很多经验教训最终导致了DFSS的发展。它侧重于建立具有显著较高性能水平（接近六西格玛）的新的或改良设计。定义、测量、分析、设计、验证（DMADV）序列是一套适用于开发新的或改良的产品、服务和过程的设计方法。虽然DFSS意味着通过设计使潜在缺陷水平最低，即六西格玛，但它并不止于此。DFSS的步骤使人们能够了解顾客及其需求。事实上，DFSS致力于质量的两个方面：正确的功能和最少的故障。

六西格玛设计——DMADV步骤

表14—1总结了DMADV每个步骤的主要活动，这些都会在本节中做更详细的讨论。应用DMADV五步骤的经验使我们相信定义一个步骤在项目团队实际开始DMADV之旅前进行项目的选择是有益处的。

表 14—1 **DFSS 阶段的主要活动**

定义	测量	分析	设计	验证
商定机会	确定顾客	开发设计备选方案	制定详细的设计	执行生产/运营验证
商定目标	了解顾客需求	完成功能分析	集成设计	执行试点和规模生产
商定范围	将需求转化成 CTQ	选择最适合的设计	建立模型对性能进行预测	执行控制计划
建立项目计划	建立设计计分卡	明确说明功能要求	优化设计参数	最终确定设计计分卡
分配资源		明确说明子系统的功能要求	制定统计公差	转给运营业主并确认
		完成高层次设计审查	明确说明过程特点和具体运营	
		由顾客进行确认	设计完整的控制计划	
		更新设计计分卡	完成设计验证试验	
			由顾客进行确认	
			完成设计审查	
			更新设计计分卡	

选择机会

DFSS 的选择阶段比质量改进或 DMAIC 项目规划（见第 12 章“六西格玛：改进过程的效率”）中的选择更具战略意义。新产品或功能的目标是作为战略和年度业务规划进程的一部分被确定的。重要时机一到，领导就会决定是提供一项新的设计更好还是对已存在的事物进行重新设计更好。这通常意味着一个新的或正在形成的市场目标已被锁定；这也可能意味着现有市场的顾客需求在发生变化，或者是竞争已经发生转移，从而需要一种新的入口。

这种类型的项目选择不同于以现有产品或过程的特定缺陷或浪费为目标的 DMAIC 项目。很少有现有产品或过程衰败的程度使得 DMAIC 初步分析得出的结论是需要进行彻底的重新设计。一家大型健康保险公司在涉及索赔支付问题时曾得出过这样的结论。为了将顾客满意度从 75%提高至 93%，时效性提高 10 倍，并且降低超过一半的成本，这家公司重新设计了整个索赔支付服务，而不是采用多次改进的方案。

要预先确定项目机会和目标说明并将其写入到一个由管理人员确认的团队章程中。不同于相当简单且直接的DMAIC项目目标说明，DMADV的目标说明可能，从实际情况来说，是有关新产品服务的市场和可实现的经济回报的复合型说明，如市场渗透能力、增长和营利能力。管理人员针对该项目挑选出最合适的员工团队，确保他们得到适当的培训，并分配必要的优先权。要对项目进展情况进行监测，以确保成功。

选择：可交付的成果

- 列出潜在项目清单。
- 计算每个潜在项目的投资收益及其对战略业务目标的贡献。
- 确定潜在项目。
- 对各项目进行评估，并精选出一个项目。
- 筹备项目机会说明和团队章程。
- 挑选并启动团队。
- 正式的项目组长应该是一名合格的实践者或黑带。

选择：待解决的问题

1. 我们有什么样的新的市场机会？
2. 我们要追求什么样的新兴顾客或顾客需求？
3. 获取或增加这项业务可能带来的好处是什么？
4. 确定清单列出的机会的顺序，首先是什么，其次是什么，等等。
5. 我们应该分配给每个项目团队什么正式的机会说明和目标说明？
6. 对每个项目来说，谁应该成为项目团队的成员和领导者（黑带）？

定义阶段

管理团队正式启动某个项目时，都是从定义阶段开始的。对管理团队或倡导者来说，与项目设计团队进行密切合作对完善设计机会来说可能是必需的。这种修改完善将导致该项目的一个准确定位，并确保对目标和可交付成果达成共识。经验表明，未能实现预期结果的项目通常在一开始对项目进行定义时就偏离了轨道。

定义阶段的主要任务是创建初始业务环境，以验证选择的合理性，并通过降低的产品成本、增加的销售或整个新市场的机会来证实业务的正当性。最初的业务环境调查是在管理团队的主持下进行的，然后由设计团队在设计项目的后续阶段对其进行验证和不断更新。管理团队挑选出一名黑带来领导该设计项目。倡导者，也就是拥有设计成功所得利益的资方发起人，与黑带一起，负责选择一个跨职能团队来执行所有活动，以完成设计并将其投入生产。

定义：可交付的成果

- 开发初始业务环境。
- 确定设计战略和项目，选择领导人和团队。
- 起草项目章程，包括项目机会说明和设计目标。
- 启动团队并定义顾客类型：市场顾客、非市场顾客——使用者、监管者、项目利益相关者等——和内部顾客。

定义：待解决的问题

1. 该项目的设计目标或目的是什么？
2. 该项目团队的具体目标是什么？
3. 证明该项目正当的业务环境是什么？
4. 管理人员制定什么样的章程以授权团队成员完成该项目？
5. 该项目的方案是什么？
6. 如何管理该项目？
7. 谁将是这个项目的顾客？

测量阶段

DMADV 序列中的测量阶段主要用来识别重点顾客，确定他们的关键需求是什么，并开发出可测量的对成功设计出的产品来说是必不可少的关键质量特性（CTQ）要求。为了识别出重点顾客，需要对市场和根据各种因素进行的顾客细分做初步的评估。这种评估往往是由营销组织完成后，交由设计团队进行审查和验证的。但是，完成顾客需求分析并将结果编入顾客需求优先级比较表则是设计团队的职责。设计团队从设计的角度将关键顾客需求转化为可测量的术语。这些转化后的需求成为必须通过设计方案得到满足的可测量的 CTQ。竞争性标杆和创新性的内部开发是产生 CTQ 的另外两个来源。这些方法对顾客通常不能表达甚至可能没有意识到的设计需求进行探究。其结果是得到一组用组织的声音说出来的以具体的技术设计要求表述的 CTQ，它们成为产品性能和最终成果的可测量的目标（规范）。

项目团队可以使用多种工具为各个 CTQ 设定目标。这些工具包括竞争性标杆、竞争分析、价值分析、关键性分析，以及当前性能的弹性目标分析。其结果是对顾客所表达出的需求和顾客可能通常不能表达甚至没有意识到的需求的一种结合。测量阶段以基于所列出的CTQ对当前基准性能和风险评估性能进行的评估结束。可以使用典型的过程能力方法和工具建立这些基准，包括以下内容：

1. 建立测量系统能力，以使用测量系统分析（MSA）收集准确数据。

2. 使用统计过程控制技术测量当前或（各）替代过程的稳定性。

3. 计算当前或（各）替代过程的能力和西格玛水平。

4. 团队可以使用诸如设计失效模式与影响分析（DFMEA）和过程失效模式与影响分析（PFMEA）等工具对风险进行评估。

一些设计项目团队使用的另外一种工具是质量功能展开（QFD）矩阵（见图14—2）。每个矩阵垂直列出要实现的一些目标（即“事项”），然后水平列出实现目标的手段（即“方法”）。矩阵里面给出的是衡量每个目标通过相应的手段得到满足的程度的指标。例如，第一个矩阵显示的是各个顾客需求通过具体的CTQ得到解决的好坏程度如何。作为一个整体，各个矩阵是捆绑在一起的，一个矩阵的手段（即“方法”）是下一个矩阵的目标（即“事项”）。通过这种方式，顾客需求与CTQ、功能要求、设计要求、过程要求，并最终与控制要求进行无缝对接。通过这种方式，就不会丢失关键的事项，并且也不会引入多余的事项。

QFD矩阵（或更简单的版本）的目的是为了突出目前存在的优势和弱点，特别是代表着设计团队必须缩小或克服的差距的弱点。因此，对团队的要求就变成了提供创新性的解决方案以经济地满足顾客的需求。保持该矩阵的实时更新为团队提供了一个动态的差距分析。

了解顾客需求

- 制订计划以收集来自内部顾客和外部顾客的顾客需求。
- 收集用顾客的语言表述的顾客需求清单。
- 了解并按顾客感知效益对顾客需求区分优先次序。

对顾客需求进行转化和排序

- 将来自顾客声音（VOC）的需求和效益转化成作为CTQ要求的生产者的声音。
- 为所有排好优先次序的CTQ建立测量方法，包括计量单位、测量器和有效性验证。
- 为所有CTQ建立目标和规范上下限。
- 为每个CTQ建立目标允许的缺陷率（DPMO，西格玛）。

建立基准和设计计分卡

一旦排列好CTQ的优先次序表，设计团队就要开始确定现有的有关产品和生产过程的基准性能。当前基准性能的确定取决于多个分量：

- 测量系统分析。
- 产品功能。
- 生产过程能力。
- 通过使用诸如产品 FMEA 等工具进行风险评估。
- 竞争力表现。

最后，创建设计计分卡，以追踪朝着六西格玛产品性能发展的设计的演变过程。使用该工具的目的是对整合所有设计元素后的最终产品的性能和缺陷水平进行预测。设计计分卡在整个项目期间保持更新，以确保目标的实现。

测量：可交付的成果

综上所述，完成测量阶段所必需的关键可交付成果是：

- 顾客需求的优先次序表。
- CTQ 的优先次序表。
- 当前基准性能。
- 设计计分卡。

测量：待解决的问题

1. 新产品必须满足什么样的顾客需求？
2. 使顾客需求得到满足的关键的产品和工艺要求是什么？
3. 我们目前的产品和生产过程满足这些要求的能力如何？
4. 为满足这些要求，新产品和生产过程的能力必须达到什么水平？

分析阶段

分析阶段的主要目标是挑选出一个高层次的设计，并开发相应的设计要求作为细节设计的性能目标。这有时被称为系统级设计，与子系统或组件级别设计相对。

设计团队开发一些代表了对共同的 CTQ 要求的不同功能解决方案的高层次备选方案。然后制定一套评价标准，用以对设计备选方案进行分析。最终选定的配置可能是两个或更多备选方案的一个组合。在项目进程中，随着越来越多设计信息的产生，设计可能会被重新审视和完善。

在高层次设计的开发过程中，团队建立起系统的功能结构。信号流、信息流、机械联动装置表明各设计备选方案子系统间的关系。分层功能图、功能块图、功能树和信号流图常用来说明这些相互关系。在可能的情况下，开发模型并运行模拟来评估整个系统的功能性。

对每个子系统的要求体现在它们的功能性和接口方面。功能性可表示为系统的转化功能，用来代表系统或子系统所需的行为功能。接口用输入和输出的要求和控制（反馈、前馈、自动控制）描述。这些规范将在设计阶段提供给细节设计团队。

在分析阶段，DMADV 分析工具使设计团队能够对每个设计备选方案的性能进行评估，并对只能选其一的设计备选方案的性能差异进行测试。这些测试的结果有助于选出最合适的设计，是移入下一阶段——细节设计的基础。这些分析通过图形分析和统计工具得以完成，包括：

- 竞争力分析。
- 价值分析。
- 关键性分析。
- 故障树分析。
- 风险分析。
- 能力分析。
- 基于 QFD 的高层次设计矩阵。
- TRIZ。
- 更新的设计计分卡。

几种统计分析工具的应用是影响这一过程的重大进展之一。这些在台式机或笔记本电脑上运行的应用软件，加快了执行前述分析所需的数字运算的速度。这一应用也使得通常不使用这些工具的个人有必要通过培训学会使用并解释所得出的结果。

分析：可交付的成果

开发一个高层次的产品或服务、过程设计以及细节设计的要求。

- 设计备选方案。
- 功能性分析。
- 选出的最佳备选方案。
- 最佳拟合分析。
- 高层次定量设计元素。
- 高层次资源需求和经营范围。
- 高层次设计能力分析和预测。
- 子系统/模块的细节设计要求。
- 关键采购决策。

- 最初的产品介绍资源和计划。
- 更新的设计计分卡。
- QFD 设计矩阵。

分析：待解决的问题

1. 什么样的设计备选方案可能会被应用到新的产品或过程服务？
2. 哪一个是最佳备选方案？
3. 细节设计的要求是什么？
4. 是否已获取顾客的反馈信息？
5. 高层次的设计是否能通过业务和技术设计审查？
6. 该设计是否已经顾客验证？

设计阶段

设计阶段是基于高层次的设计要求建立起来的，提供了详细的优化功能设计，以满足制造和服务的操作要求。细节设计是在子系统基础上进行的，并最终整合成完整的功能系统（产品）。DMADV 工具致力于对细节层次设计参数的优化。

特别地，有计划的试验和/或模拟有多重作用。作用之一是确定采用的最佳功能设置（最佳配置），另外一个作用是获得可用于随后建模和模拟的数学预测方程。从最小运行筛选试验到多层次重复设计，试验通常是基于不同层次的复杂性进行设计的。筛选试验通常设法确定哪些因素对系统有影响，为建模提供有限的几个结果。更细节层面的试验，包括响应曲面和混合设计，被用来更准确地确定系统的性能和产生适合预测和建模应用的数学方程。更复杂的产品往往需要用到非线性响应曲面模型以及混合和多重响应模型。

在设计阶段，设计团队也关注为提供服务或创建产品所必须开发的过程。在测量阶段，团队对目前按预期质量水平（接近六西格玛）提供产品或服务的业务能力进行审查。在设计阶段，团队根据设计试验的结果、标杆学习结果、过程能力研究和其他研究不断更新设计计分卡，以对既定目标的设计性能进行跟踪，在整个项目运行中持续进行差距分析。产品设计也会根据生产或经营能力进行重新评估。产品设计可能会根据需要进行修订，以确保可靠的、有能力的制造和运营。

运营设计的内容包括每个参数的公差验证。有计划的试验有助于得到这些公差，统计公差也可以对其进行验证。

要完成设计阶段，需要通过蓝本测试、试制模型、最初试点样品或试点运营对性能设计目标进行的验证。为了验证设计验证试验（DVT）计划中的产品/服务的性能，需要有测试、试验、模拟和试点创建，并由设计团队负责记录整套过程。经过DVT和试点运营期间的几次迭代后，设计被确定下来并对测试结果进行汇总。设计审查会议标志着设计阶段的结束，此时会对DVT的结果进行审查。要对设计计分卡进行更新，并且根据需要对开发计划中的各个领域（质量计划、采购计划、生产计划等）进行调整。

设计：可交付的成果

- 优化的设计参数（元素）——最稳健的标称值。
- 预测模型。
- 最佳公差和设计环境。
- 详细的功能设计。
- 细节设计和设计图纸。
- 运营/制造的细节设计。
- 标准作业程序、工作标准和工作指南。
- 可靠性/寿命分析结果。
- 设计验证试验结果。
- 更新的设计计分卡。

设计：待解决的问题

1. 什么样的详细的产品设计参数使产品性能的变化最小？
2. 什么样的公差是既实用又能确保性能的？
3. 我们如何确保最佳的产品可靠性？
4. 我们如何确保简单和易于制造或经营？
5. 什么样的详细工艺参数持续且可预见地最大限度地降低生产过程在目标值附近的变化？

验证阶段

DMADV序列中验证阶段的目标是确保新的设计可制造或服务可交付，以及场所在所要求的质量、可靠性和成本参数范围内可支撑。在DVT以后，通过生产验证试验（MVT）或运营验证试验（OVT），生产增加到全规模生产阶段。这一系列试验的目的是发现任何潜在的生产或支撑争议点或问题。业务营运过程通常是通过一个或多个试点运营来进行演习的。在这些试点运营期间，会出现适当的过程评价，如能力分析和测量系统分析。对过程控制进行验证，并对标准作业程序、检查程序、流程表和其他过程文档进行调整。这些正式的文件被传递给下游的过程所有者（例如制造、物流和服务）。它们要对所需的制造和服务应该遵循与保持的控制和公差限度进行概述。这些文件属于公司内部质量体系管理范围。设计团队的考虑因素之一，是确保该项目的文件符合质量体系的内部要求。

设计团队应确保对服务和现场支撑环境进行适当的试验，以发现潜在的寿命或适用性问题。试验因产品和行业的不同差别很大。试验可能是漫长的，并且可能不会在投产之前结束。没有完成所有试验的风险取决于早期测试的有效性以及正在进行中的最终 MVT/OVT 测试的进展情况。应该完成一份最终的设计计分卡，所有主要结果应记录并存档备查。团队应完成一份最终报告，其中包括对项目执行过程的一个回顾。对正面的和不那么正面的事件和问题进行识别和讨论，将有助于团队从犯过的错误中吸取教训，并为 DFSS 序列的持续改进提供基础。

验证：可交付的成果

- 根据项目目标验证产品/过程性能。
- 完成试点建设。
- 完成试点试验并对结果进行分析。
- 完成所有操作和控制文件、程序、控制和培训。
- 做出规模化生产决策。
- 建立并实施全规模过程。
- 确定/分析业务结果。
- 过程转交给所有者。
- DFSS 项目结束。

验证：待解决的问题

1. 产品或过程是否满足规范和要求？
2. 生产过程是否企业“所有”？

运用六西格玛设计实现持续创新过程的实例

例 1：六西格玛设计（DMADV）项目①

项目背景

现有的对诸如部件规范图纸和产品结构等工程设计信息进行查询、检索并解

① 改编自 Dave Kinsel 在朱兰研究院的一家客户组织领导的六西格玛设计项目的最终报告，在此表示感谢。

释的过程自1998年就开始使用了。这个系统很复杂并且维护起来很昂贵。从其主要使用者——生产车间的角度来看，从一开始该过程就有许多不足之处。这些不足使公司在生产力损失和较高的系统维护成本方面花费大量金钱。

DMADV过程实施

基于长期的投诉历史和有限的客户基数，不难对需要改进的领域做出判断。为了给团队提供聚焦点，我们开展并分析了一项调查，以确定顾客群和顾客需求的优先次序，以及他们对新系统的性能预期。这些需求被转化为顾客的CTQ项目。

我们与顾客进行合作，以便根据以下四个准则确定基准能力：

- 信息的准确性。
- 信息的快速检索性。
- 信息的易于检索性。
- 信息的易于理解性。

基于这一列表，我们构造了一个质量功能展开的向下展开矩阵，以便将CTQ转化为支持顾客需求的产品特征备选方案，并将当前过程映射到较高的水平以及随后更加精细的水平，以确定改进区域。

首先提出了一个高阶的设计，并对高阶能力进行了估计。接下来要开发、模拟、记录和验证一个更加详细的设计。

成果

- 精度水平不变（六西格玛能力）。
- 在图纸访问/输出的平均时间上有451%的改进（从1.5西格玛到6西格玛）。
- 在虚拟查看/查询能力方面有100%的改进。
- 在绘图线磅值区分方面有300%的改进。
- 最终预期节约开支：并非无足轻重。

项目细节和选定的幻灯片

问题描述 车间质量和顾客服务/技术支持人员发现，在查找和查看产品组件和装配信息方面，我们目前的系统对于访问、解释和维护来说是烦琐的。

项目定义 目的是通过一个单一的用户友好界面以一种统一的格式更加快速地访问产品工程设计信息。

任务描述 该项目团队将开发一个用户界面和培训系统，以便为车间质量经理、工程师、客户服务和技术支持人员提供更快的对产品结构以及 2004 年 7 月制定的相关组件和装配规范的单点访问。

从图 14—3 到图 14—20 所示的幻灯片，突出强调了该项目的各个阶段：定义、测量、分析、设计和验证。

这个例子很好地描述了 DFSS 过程是如何发生的，以及是如何被实践者用来指导自己的项目的。

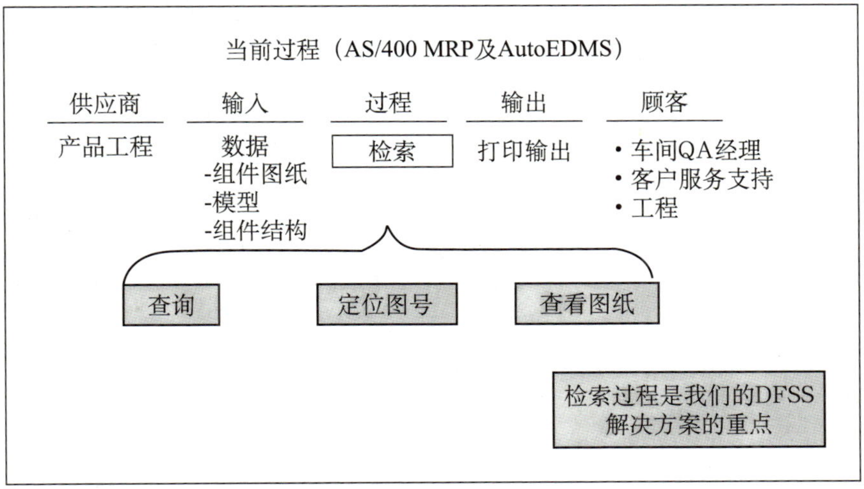

图 14—3 SIPOC（高阶流程图）

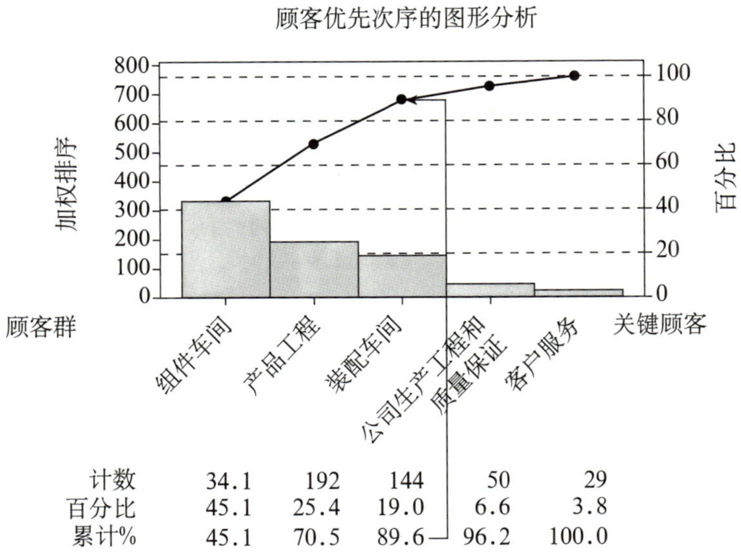

图 14—4 顾客优先次序的帕累托图

区分优先次序的顾客（基于各组用户数量和需求频率）	顾客加权	顾客需求（基于调查结果）	信息的准确性	检索速度	易于检索	格式
		需求加权	592	343	275	260
		关联表 顾客加权×需求加权				
组件车间	341		201 872	116 963	93 775	88 660
产品工程	192		113 664	65 856	52 800	49 920
装配车间	144		85 248	49 392	39 600	37 440
		总计	400 784	232 211	186 175	176 020

图 14—5 向下展开的顾客与顾客需求

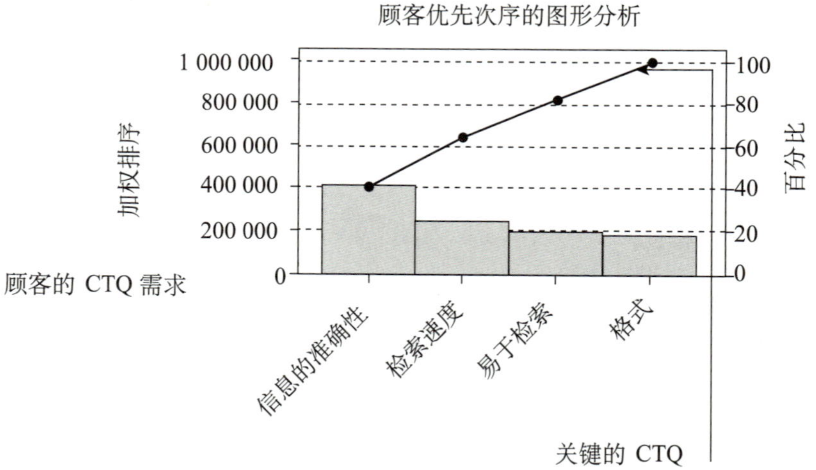

计数	400 784	232 221	186 175	176 020
百分比	40.3	23.3	18.7	17.7
累计%	40.3	63.6	82.3	100.0

图 14—6 关键的少数 CTQ

需求/期望	优先权	特性	测量/测量器	目标	规范上限	允许的缺陷率
信息的准确性	400 784	图纸描绘了正确的零件编号	是否匹配/目视	Y	必须匹配	3.4 DPMO
信息的快速检索性	232 211	获取并打印一个组件图纸的时间	时间/秒表	1.7 min	+1.6 min	10 700 DPMO
信息的便于检索性	186 175	为找到一个图纸，用户需输入的数据数量	输入的次数/目视	10	+3	3.4 DPMO
信息的易于理解性（格式）	176 020	不同的线条粗细在图纸上清晰可见	线宽的种类/目视	3	+1	3.4 DPMO

图 14—7 将顾客需求转化为可测量的 CTQ

基准CTQ的能力分析

图纸访问的技术规范（结合模糊和非模糊数据查找）

正态性检验

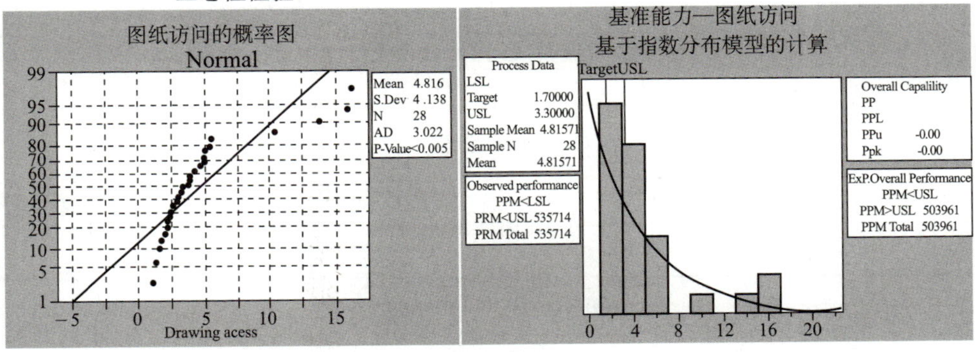

Alpha:0.05

H_0: 数据正态

Ha:数据非正态

P-value:<0.005, 因此拒绝H_0。

数据非正态

结论：

使用单样本的Wilcoxon检验对数据进行统计分析

结论：

基于500 000 DPMO的基准能力是1.4西格玛

图 14—8 基准 CTQ

基准 CTQ 的能力分析

图纸访问的技术规范（结合模糊和非模糊数据查找）

根据 CTQ 调查，顾客的期望是 1.70 分钟或更快地访问和打印图纸。当前系统是否在按顾客的期望运行？这是我们设计计分卡上的主要 CTQ。

H_0=样本中位数等于 1.70 分钟

Ha=样本中位数不等于 1.70 分钟

Alpha=0.05

Wilcoxon 符号秩检验：图纸访问

```
Test of median = 1.700 versus median not = 1.700

                       N
                      for   Wilcoxon              Estimated
                  N  Test  Statistic       P        Median
Drawing Access   28    28      393.5   0.000         3.750
```

P-value=0.000<0.05

因此拒绝 H_0。

Ha=样本中位数不等于 1.70 分钟

H_0=样本中位数等于 1.70 分钟

Ha=样本中位数大于 1.70 分钟

Alpha=0.05

Wilcoxon 符号秩检验：图纸访问

```
Test of median = 1.700 versus median not = 1.700

                       N
                      for   Wilcoxon              Estimated
                  N  Test  Statistic       P        Median
Drawing Access   28    28      393.5   0.000         3.750
```

P-value=0.000<0.05

因此拒绝 H_0。

Ha=样本中位数大于 1.70 分钟

结论：当前系统不能满足顾客期望

图 14—9 基准 CTQ

CTQ					
产品描述	技术规范/目标 LSL	技术规范/目标 USL	当前能力	高层次的能力	特征能力（源自验证试验）
信息准确	0 错误（6 西格玛）		0 错误（6 西格玛）		
快速检索	0 秒	3.3 分	4.82 分（1.4 西格玛）		
便于检索（最小输入）	8	12	17（0 西格玛）		
易于理解的格式（线宽种类）	2	4	1（0 西格玛）		

图 14—10 设计计分卡

CTQ \ 功能	根据零件编号进行检索的技术规范	可获取最新版本的图纸	多种线宽以获取高打印质量	可随时访问	图纸的属性信息（种类/颜色等）	文件柜的3D图画	可存储历史数据/图纸	
易于理解（格式）	□2	⊖1	■3	⊖1	■3	□2	⊖1	13
快速检索	■3	⊖1	⊖1	■3	⊖1	⊖1	□2	12
用户的输入次数最少	■3	■3	⊖1	⊖1	⊖1	⊖1	⊖1	11
信息准确	■3	□2	⊖1	⊖1	⊖1	⊖1	⊖1	10
	11	7	6	6	6	5	5	

图例

■3	强相关
□2	一般相关
⊖1	弱相关

图 14—11 QFD 向下展开：CTQ 与功能

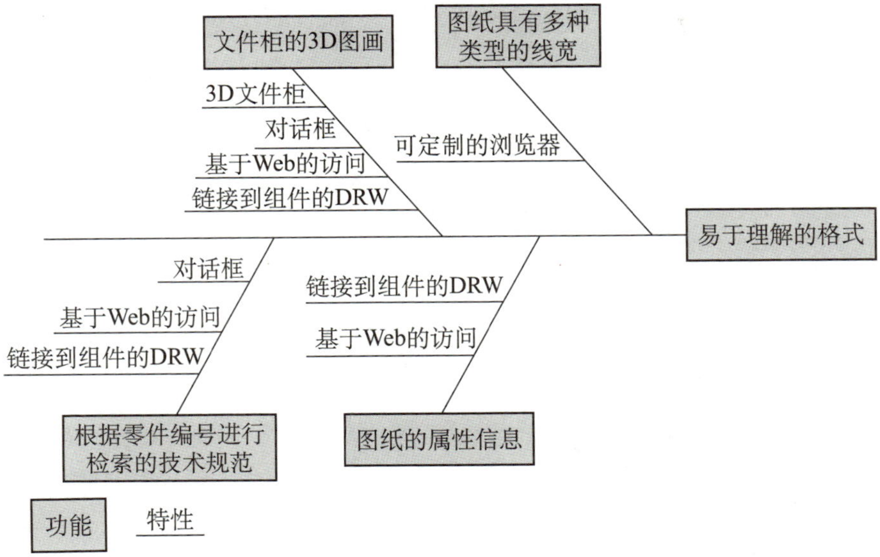

图 14—12　功能/特性图，易于理解的格式

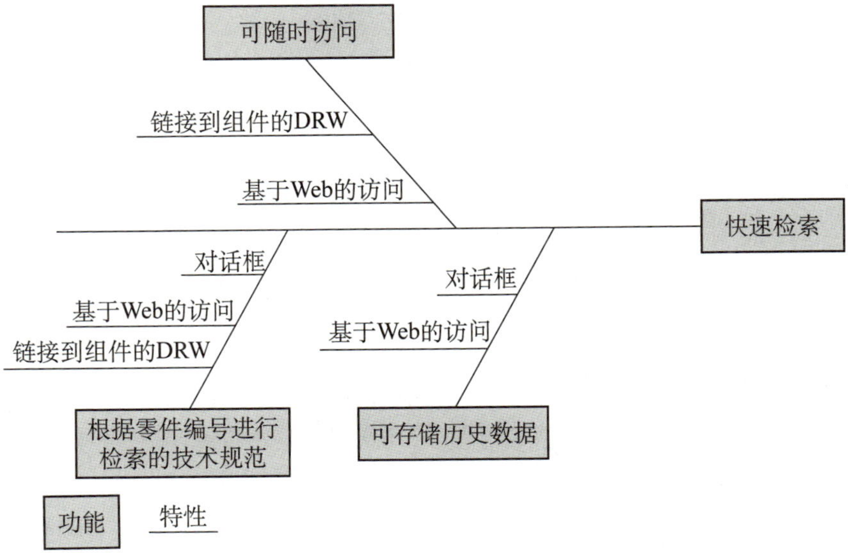

图 14—13　功能/特性图，快速检索

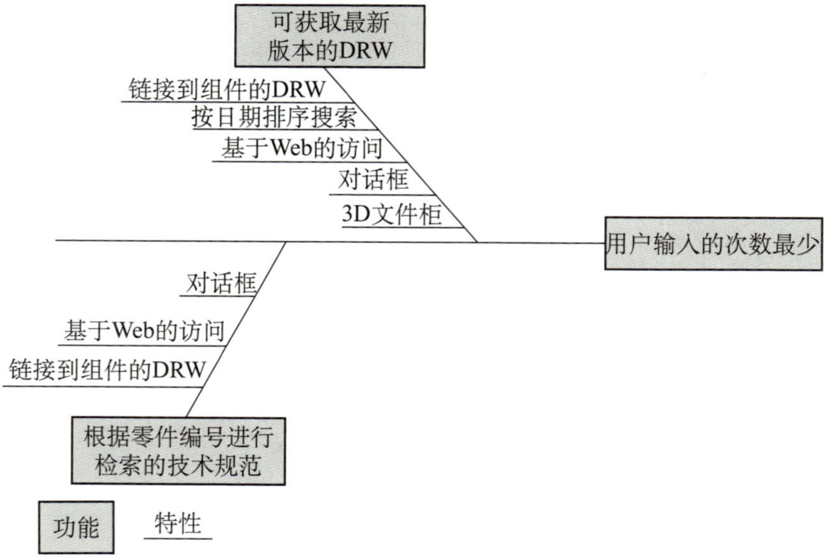

图14—14　功能/特性图，用户输入的次数最少

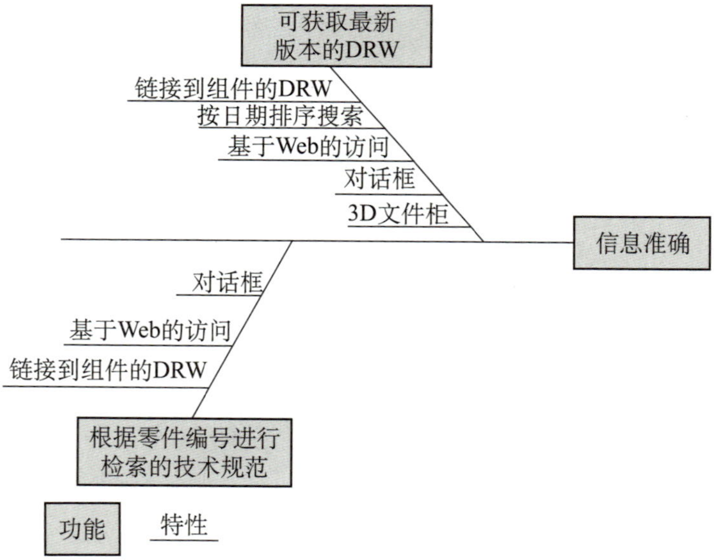

图14—15　功能/特性图，信息准确

功能 \ 功能	可链接到组件的DRW	基于Web的访问	对话框	虚拟座舱查看	按日期排序搜索	可定制的浏览器	
可获取最新版本的图纸	■3	□2	□2	□2	■3	⊖1	13
文件柜的3D图画	□2	□2	□2	■3	⊖1	⊖1	11
可随时访问	■3	■3	⊖1	⊖1	⊖1	⊖1	10
根据零件编号进行检索的技术规范	□2	□2	■3	⊖1	⊖1	⊖1	10
图纸的属性信息（种类/颜色等）	■3	□2	⊖1	⊖1	⊖1	⊖1	9
可存储历史数据/图纸	⊖1	□2	□2	⊖1	⊖1	⊖1	8
多种线宽以获取高打印质量	⊖1	⊖1	⊖1	⊖1	⊖1	■3	8
	15	14	12	10	9	9	

图例

■3	强相关
□2	一般相关
⊖1	弱相关

图 14—16　QFD 向下展开，功能与特性

特性 \ 备选方案(X)	使用基于案例的培训材料	JSP网页	浏览器插件	列表链接	Java小程序输入框	缩略图链接	
基于Web的访问	■3	■3	■3	■3	■3	■3	18
虚拟座舱查看	■3	□2	■3	■3	⊖1	■3	15
可链接到组件的DRW	■3	■3	□2	■3	■3	⊖1	15
对话框	■3	■3	⊖1	⊖1	■3	⊖1	12
按日期排序搜索	■3	■3	⊖1	⊖1	⊖1	⊖1	10
可定制的浏览器	■3	⊖1	■3	⊖1	⊖1	⊖1	10
	18	15	13	12	12	10	

图例

■3	强相关
□2	一般相关
⊖1	弱相关

图 14—17　QFD 向下展开，特性与备选方案

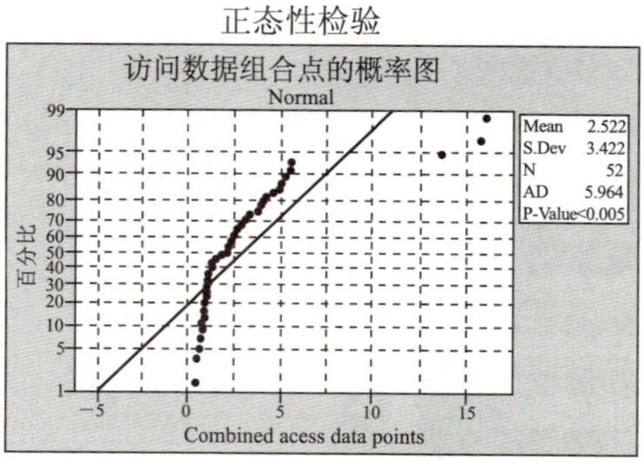

Alpha:0.05

H_0: 数据正态

Ha:数据非正态

P-value:<0.005,因此拒绝H_0。

数据是非正态的。执行等方差的Levenes检验

结论：

采用Mann – Whitney进行数据的统计分析

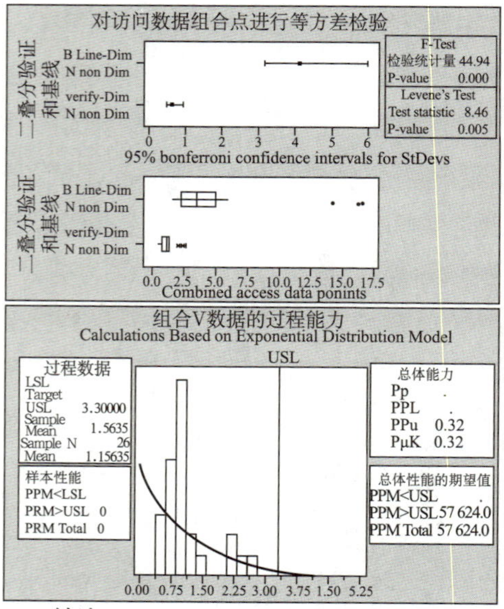

结论：

基于0 DPMO的基准能力是6西格玛

图 14—18 验证 CTQ 能力的分析

验证 CTQ 能力的分析

图纸访问的技术规范（结合模糊和非模糊数据查找）

根据 CTQ 调查，顾客的期望是 1.70 分钟或更快地访问和打印图纸。当前系统是否在按顾客的期望运行？这是我们设计计分卡上的主要 CTQ。

H_0＝样本中位数等于 1.70 分钟

Ha＝样本中位数不等于 1.70 分钟

Alpha＝0.05

Wilcoxon 符号秩检验：组合的 V 数据

Test of median = 1.700 versus median not = 1.700

	N	N for Test	Wilcoxon Statistic	P	Estimated Median
Combined V Data	26	26	53.5	0.002	1.033

P-value＝0.002＜0.05

因此拒绝 H_0

Ha＝样本中位数不等于 1.70 分钟

H_0＝样本中位数等于 1.70 分钟

Ha＝样本中位数小于 1.70 分钟

Alpha＝0.05

Wilcoxon 符号秩检验：组合的 V 数据

Test of median = 1.700 versus median ＜ 1.700

	N	N for Test	Wilcoxon Statistic	P	Estimated Median
Combined V Data	26	26	53.5	0.001	1.033

P-value＝0.001＜0.05

因此拒绝 H_0

Ha＝样本中位数小于 1.70 分钟

结论：对图纸的访问用时来说，DDL 和用户界面的设计将满足顾客的期望。

图 14—19 验证 CTQ 能力的分析

CTQ					
产品描述	技术规范/目标		当前能力	高层次的能力	特征能力（源自验证试验）
	LSL	USL			
信息准确	0 错误（6 西格玛）		0 错误（6 西格玛）	0 错误（6 西格玛）	0 错误（6 西格玛）
快速检索	0 秒	3.3 分	4.82 分（1.4 西格玛）	0.75 分（6 西格玛）	1.07 分（6 西格玛）
便于检索（最小输入）	8	12	17（0 西格玛）	10（6 西格玛）	10（6 西格玛）
易于理解的格式（线宽种类）	2	4	1（0 西格玛）	3（6 西格玛）	3（6 西格玛）

图 14—20　更新并经过验证的设计计分卡

例 2：六西格玛设计（DMADV）项目

这第二个项目是一个有关 DFSS 被应用于一个新产品的开发以及该应用是如何将一个更好地满足顾客需求的更成功的产品推向市场的例子。由于这一项目具有敏感的竞争性，因此该事例刻意在表述上做了泛化处理。

项目背景

该项目的目的是设计一个新的、更具竞争力的消费类医疗设备。以下各节详细说明了项目的背景、重要的商业考虑和客户的特点。

开发目标

提供更好的消费设备以最好地满足产品线的功能和效益要求。

产品描述

该产品是供需要使用自我监控系统监测身体状况的患者使用的医疗设备。

开发范围内的（各）过程

- 工业设计。
- 包装配置。
- 设备的颜色、质地。
- 设备配置。
- 设备的人体工学设计，易用性。
- 投产日程安排表。

市场战略

此设备目前的市场反映为更高层次设备的市场需求。然而，报告显示只有 40％到 50％的更高层次设备的使用者正在使用当前版本的该设备。在我们所有竞争性产品中，此设备产生的收益要高得多，而这将意味着，人们可以以较低的成本生产该设备。

财务战略

现如今 98％的类似设备进入成套生产状态。因此，降低成本是很重要的。

技术战略

现有的原始设备制造商（OEM）的设备都没有提供多重功能。然而，该项目可以利用之前的开发成果在其设计中实现更强的功能。

产品战略

其战略是提供一种设备，以最大限度地提高顾客对所有主要的更高层次设备平台的接受程度。

设计项目方法

充分利用源自［设备名称］的现有设备的开发，特别是减少反跳（与疼痛有关）的内部机制。

图 14—21 显示了该团队遵循的流程、完成的每一个步骤和相关的时间安排。此外，还可以看到根据上述营销和财务战略仔细斟酌得出的该项目的实际成果。该项目以事实上每台设备 0.335 美元的成本削减超出了每台设备削减 0.13 美元的目标。

此外，还可以从图 14—21 中看出，整个项目花费了两年多的时间。尤其对于应用 DFSS 设计新产品来说，就像这个例子的情况一样，DMADV 项目通常会比 DMAIC 项目花费更长的时间。

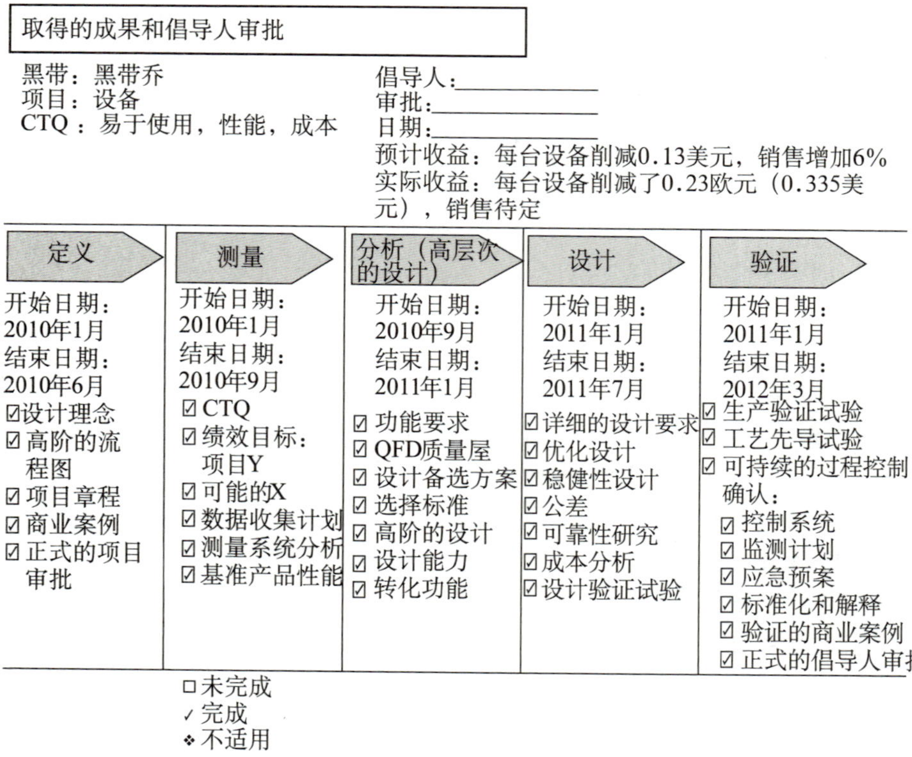

图 14—21　DFSS 在医疗设备设计上的应用

经验教训

1. 竞争性标杆学习是一个针对最棘手的竞争对手或领先企业的产品、服务和实践对自身产品、服务和实践进行测量的持续不断的过程。

2. 质量可能是影响销售损失的决定性因素，并且有时其影响是可以量化的。

3. 已消除顾客抱怨但未达到彻底让顾客满意会导致显著的销售损失。

4. 对产品质量的计划必须立足于满足顾客的需求，而不是仅仅满足产品规范。

5. 深入的市场调研可以识别出突然出现的顾客需求。

6. 质量计划必须识别出具有不同需求的顾客的范围。

7. 对于某些产品，我们需要设计得完美；对于其他产品，我们需要设计得实用。

8. 寿命周期成本是指用户在产品寿命期间购买、使用和维护产品的全部成本。

9. 质量优势可以解释为较高的市场占有率或溢价。

10. 新的或改良产品的质量计划遵循以下步骤：建立项目、识别顾客、发现顾客需求、开发产品、开发过程特性，开发过程控制，以及将计划转入运营阶段。在所有步骤期间都必须进行测量。

参考文献

Early, J. F., and Colleti, O. J. (1999). "The Quality Planning Process," *Juran's Quality Handbook*, 5th ed., McGraw-Hill, New York.

Endres, A. (2000). *Implementing Juran's Roadmap for Quality Leadership*, John Wiley and Sons, Inc., New York.

Gryna, F. M., Chua, R. C. H., and De Feo, J. A. (2007). *Quality Planning and Analysis*, 5th ed. McGraw-Hill, New York.

Juran, J. M. (1988). *Juran on Planning for Quality*, The Free Press, New York.

Juran, J. M., and Godfrey, A. B. (eds.) (1999). *Juran's Quality Handbook*, 5th ed., McGraw-Hill, New York.

（岳盼想 译，刘建勇 校）

第 15 章

标杆分析：确定市场领先的最佳实践

布拉德·伍德　亚历山大·詹森

关于本章

本章定义了标杆分析以及如何使用标杆分析来有效地驱动组织绩效并辅助战略计划。本章介绍了成功实施标杆分析的结构化并且行之有效的步骤，以及成功实施标杆分析管理层需要提供哪些资源。

本章要点

1. 标杆分析是一个系统和持续的过程，它能帮助不同的组织对绩效进行测量和比较，并确定有助于绩效改进的最佳实践。

2. 标杆分析的主要目的是找出组织内部和外部的最佳绩效，确定该绩效的特征和实现原因，并比较您所在组织的绩效与最佳绩效之间的差距。

3. 组织实行标杆分析的原因有很多，但最主要的原因应该是改进组织绩效。

4. 标杆分析的分类方法有很多，但成功实施标杆分析所使用的基本原则和方法是一致的。

5. 标杆分析在与朱兰管理三部曲的互相影响下，会为绩效改进过程提供重要的输入。

6. 标杆分析为战略计划过程提供直接的输入，由标杆分析得到的事实依据帮助组织形成世界一流的领导者应具备的愿景、目标和计划。

7. 为成功实现标杆分析，一个结构良好、系统化的过程是必不可少的，比如朱兰标杆分析七部曲。

8. 成功的关键是清晰的目标和范围、合理的定义、充分的认证、有效的标准化、清楚的报告以及对最佳做法分享的意愿。

9. 必须在法律和道德允许的范围内实施标杆分析。

10. 如果想从标杆分析中获得真正的价值，必须由管理层提供实施标杆分析所需的资源并按照研究结果进行改进。

标杆分析：它是什么，不是什么

标杆分析已经存在了很多年。人们观察他人如何完成某一给定工作，并将观察所得用于改进自己工作的完成情况，这是人类学习和发展的一个基本途径。在管理领域，向竞争对手学习也存在已久。但是在法律和道德允许范围内，有组织、有系统地学习行业中最佳实践还是相对比较新近的事情。施乐公司通常被认为是标杆分析的鼻祖，即使说当今大部分标杆分析的做法都来自 20 世纪 70 年代施乐公司开创的方法也不为过。

尽管施乐公司的故事已经被众多不同的管理教材提及，在此仍值得做简要评价，以便为之后的展开描述做一下铺垫。20 世纪 70 年代，产品质量低劣、成本过高加上来自日本同行的越来越多的竞争，导致施乐公司危机重重。施乐公司的管理者在出访日本后，清醒地意识到如想生存必须做出改变（Nadler and Kearns，1993）。此后，它实行了一系列的标杆分析，旨在找出其所在行业中各方面表现最好的组织，并分析这些组织的哪些做法成就了它们的最佳绩效。在这些标杆分析活动中，最有名的就是对比恩公司（L. L. Bean）物流管理的标杆分析（Camp，1989）。自此，现代标杆分析诞生了。

标杆分析现在已经发展成为组织绩效改进的一个基本工具，并广泛应用于不同的领域。但尽管如此，它仍然是一种饱受误解的改进工具。不同的人对标杆分析有不同的理解，标杆分析项目也经常不能实现改进的初衷或者取得真正意义上的改进成果。

不过，如果标杆分析实施得当，就能为组织提供强有力的焦点，将事实分析得非常透彻，并且让组织意识到着手改进战略的必要。标杆分析能够识别最佳实践并指导组织最终实现卓越，这是基于对组织所在行业的事实分析而不是内部标准或者历史趋势实现的。

标杆分析不是我们所说的“企业参观”。简单的企业参观没什么参照点，也无助于改进过程。匆忙的一次参观或者短暂的一次访问，不可能获得对所参观企业的翔实理解，通过这样简单的企业参观，也几乎不可能形成一套实现改进的行动计划。缺少前期的标杆分析，很难决定应该参观哪些组织，因此对一些凭想当然认为是最好的组织或者较好的组织的参观学习是有风险的，这些组织可能实际上并非优秀。然而，如果这种企业参观事先经过系统的标杆分析，并且所参观组织是公认的最佳实践者，就是很有价值的。

标杆分析同样也不应该作为个人绩效评估的工具，其重点应该放在组织以及组织的员工身上。如果没有意识到这一点就实施标杆分析则只能导致抵触，并无疑会对成功实现标杆分析造成障碍。

标杆分析不应是一时的兴趣，而应是持续改进的过程。当今，组织必须快速地改进绩效来保持在行业中的竞争力。在一些行业里，如果组织之间不断地互相学习，普遍实行标杆分析，组织就需要更快地改进绩效。一个典型的例子就是石油和天然气行业，组织要应对不断增长的行业、技术和监管的需求。该行业的大多数组织基本上每年都参加标杆分析的联盟。标杆分析不仅是竞争力分析，它也能够考察竞争对手的产品和服务的价格以及性能。这种考察不光针对最终产品或者服务，也针对产生产品和服务的过程。标杆分析也不仅是市场调查，它还学习最佳实践者如何采取适当的商业活动以满足顾客需求并最终实现最佳绩效。标杆分析提供了有事实依据的输入，使组织专注于管理，让组织明白进行改进的必要性。

不能把参与标杆分析看作孤立的活动。如想获得成功，必须使标杆分析成为持续改进战略的一部分，不断对其进行指导，而且要将其融入到公司的持续改进文化中。和其他项目一样，标杆分析必须得到高层管理者的支持，需要有足够的资源来完成目标，并且需要依附于一个健全的项目计划。

最后，不能完全依赖标杆分析活动来解决问题，它只是实现目标的一种方法。任何公司都不可能单纯依靠标杆分析来改进绩效。组织必须根据标杆分析研究的结果来进行改进。标杆分析的输出应该为决策或改进计划提供输入。这需要对标杆分析、学习要点的构成，以及行动计划的形成进行详细的思考，以促进改变并实现改进。

那么我们如何来定义标杆分析？浏览文献会发现众多定义（Anand and Kodali，2008），这些定义的主旨基本相同，只有细微的差别。这里我们不再重复以前的定义，只给出我们自己的定义：

标杆分析是一个系统的、持续的过程，它促进对绩效的测量和对比，识别最佳实践，最终帮助组织实现卓越绩效。

这个定义是通用的，因此能够包含各类型的标杆分析。在这种情况下，绩效的测量和对比可以是公司之间、业务部门之间、业务职能之间，以及公司过程、产品或者服务之间的。标杆分析可以是内部或外部的，可以是在竞争者之间的，也可以是同行业或者跨行业的。不管标杆分析如何分类，这个定义依旧适用。

标杆分析的目标

标杆分析的目标可以概括为以下几点：

1. 确定最佳绩效的水平。
2. 量化绩效的差距。
3. 识别最佳实践。
4. 评价最佳绩效的原因。
5. 理解在关键业务领域的绩效差距。
6. 分享成就最佳绩效的工作实践。
7. 让研究成果成为绩效改进的基础。

当人们谈及最佳绩效时，毫无疑问指的是世界一流的最优表现。但事实上，在某个特定的标杆分析实践中，很难确保有全球领先的公司参与其中。所以要认真选择标杆分析的对象，以确保标杆分析活动的输出能够为企业增值。

一旦确定了最佳绩效，实施标杆分析的组织就可以将其绩效水平与最佳绩效之间的差距进行量化。在确认最佳实践并评估了成就最佳绩效的因素后，参与标杆分析的组织就可以将所得知识分享，并将此作为绩效改进项目的一部分内容付诸行动。

因此，标杆分析可被视为包括两个阶段的过程，第一阶段是定位分析，找出与最佳绩效之间的差距，第二阶段是从最佳实践中学习。

为什么进行标杆分析?

组织进行标杆分析有两个原因。第一，通过持续改进，超越同行和竞争对手，使组织基业长青。第二，保证组织通过学习而不断地努力改进。标杆分析是开放包容的，不光是向同行学习新的理念，也可以从毫不相干的行业中学习，吸取它们处于世界领先的经验。

很多组织进行标杆分析是证明给利益相关方看的，比如客户、股东、债权人、监管机构等，向他们证明组织的绩效水平处于可接受的范围内。当然，这的确是实施标杆分析的一个完全合理的理由，但如果仅仅因此实行标杆分析，那么其价值就大大缩水了。

标杆分析根据外部的数据，通过树立可靠而现实可行的目标，为组织的战略规划过程提供有效的输入。

为了真正领会标杆分析的实质，组织除了要明确最佳实践，同时还要确定实现显著绩效改进的方式。那些组织文化中看重绩效改进的组织会不断地进行标杆分析，因为标杆分析提供的客观依据为组织指明了改进活动应关注什么，改进的空间有多少，以及为了实现改进应做出哪些改变。

标杆分析的分类

标杆分析的分类方式有很多（见表 15—1），已有文献中充斥的不同的类别（Anand and Kodali，2008）也让初次接触标杆分析的人感到迷惑，弄不清楚究竟什么是标杆分析，用哪种方法实施标杆分析最适合自己。事实上，不论哪种类型的标杆分析都可以用一个基本的过程来概括。为了清楚各种分类的不同，我们需要从以下三个方面进行思考，标杆分析的对象是什么，标杆分析涉及谁，以及如何实施。

表 15—1　　标杆分析的分类

分类标准		
内容（什么）	参与者（谁）	信息来源（如何）
职能性标杆分析 过程标杆分析 业务单元或者业务地区间标杆分析 项目标杆分析 通用性标杆分析 卓越经营模式	内部标杆分析 外部标杆分析 竞争性标杆分析 非竞争性标杆分析（同行或跨行）	数据库标杆分析 调查标杆分析 自我评估标杆分析 一对一标杆分析 联合标杆分析

资料来源：Juran Institute，Inc.，Copyright 1994. Used by permission.

- 目标和范围（什么）。
- 内部和外部、竞争性和非竞争性标杆分析（谁）。
- 数据与信息来源（如何）。

目标和范围（什么）

标杆分析通常可以根据其内容进行分类，包括：

- 职能性标杆分析。
- 过程标杆分析。
- 业务单元或者业务地区间标杆分析。
- 项目标杆分析。
- 通用性标杆分析。
- 卓越经营模式。

职能性标杆分析

职能性标杆分析关注的是某个具体业务功能借以形成标杆分析焦点的过程。在具体的组织背景下，这种标杆分析可能涵盖不同的业务单元和业务地点。典型的职能性标杆分析案例包括对采购、财务、互联网技术、安全、运营，以及维护职能方面的分析。分析关注的重点是职能的各个方面而不是所涉及的过程以及具体展开的行动。

过程标杆分析

过程标杆分析的关注点是具体的业务过程或者是其中的一部分。过程标杆分析一般包括产品研发、结算、订单管理、合同管理以及顾客满意管理。过程标杆分析通常涵盖不同的业务单元和不同的业务地点。过程标杆分析和职能性标杆分析通常会有一些重叠的地方（比如，有关采购过程的标杆分析和采购职能的标杆分析看起来就很相似）。许多过程都不是某个行业特有的，因此对不同行业的分析能拓宽视野，使组织受益更多。

业务单元或者业务地区间标杆分析

在一个组织内部，有时会进行不同业务单元之间或者不同业务地区间的标杆分析。组织会将每个业务单元的表现与其他业务单元对比分析，这种分析可能是对某业务单元的所有活动的分析，也可能是对某些选定的业务部门或者过程的分析。比如说，朱兰每年会对全球范围内主要的石油天然气处理设备的表现进行标杆分析。该分析涵盖了所有关键的过程，参与者来自大范围的各种不同的组织。

项目标杆分析

这种类型的标杆分析关注的是组织实施的不同项目。因为不同项目区别很大，所以项目标杆分析也相应地被分为不同的类型。比如，有针对输油管工程项目的标杆分析，有软件实施项目的标杆分析，有设备淘汰项目的标杆分析，等等。这类标杆分析活动通常会分析与项目有关的所有业务过程，但其范围一般会限定在过程的某一部分。比如，工程项目的标杆分析会关注承包商选择、采购和投产。

通用性标杆分析

通用性标杆分析关注的是某特定领域里需要达到一定绩效水平的所有过程。关注的是结果以及为达到目标需要做什么。比如，医院实施通用性标杆分析寻求缩短候诊时间的途径。为此，要与特别看重顾客等候时间的不同行业进行对标，比如保险索赔处理、主要水域（比如苏伊士运河）的船只通关手续、应急服务（警察、火警、救护车）对灾难的响应时间。过程性标杆分析和通用性标杆分析有重叠的部分，但后者不太关注差距分析，而更多关注如何进行实践。

卓越经营模式

卓越经营模式发展到目前已经能够为组织提供全方位评估并提高其绩效的框架。卓越经营模式设计的目的涵盖了能够驱动企业绩效的方方面面。在这些模式中，最著名的当属鲍德里奇奖（见第17章）和EFQM卓越模型。这两个模式在很多方面都很相似，并且都确立了实现最佳绩效的一些关键标准。

尽管这两个模式是用来支持组织自评的，但它们同样为标杆分析的对标提供了很好的框架，不过很少有人这样用。使用这种模式的标杆分析本质上是通用性标杆分析的一种形式，需要考量最佳绩效的各种要素。另外，鲍德里奇奖和EFQM模式都要求组织进行标杆分析活动。

内部和外部、竞争性和非竞争性标杆分析（谁）

标杆分析通常根据参与者的类型分类。由于标杆分析的类别不同，组织不总是能掌握选择参与者的主动权。在可以选择参与者的情况下，选择对标的对象是标杆分析最先要做的并且也是最难做的部分之一。选择潜在参与者的标准有很多，主要的标准是感知绩效水平（目标是最佳绩效或者是全球领先的绩效）。

四个主要的标杆分析类型是：

1. 内部标杆分析。
2. 外部标杆分析。

3. 竞争性标杆分析。

4. 非竞争性标杆分析。

在选择最适合的标杆分析类型时要考虑到每种类型都有优缺点。需要考虑的事情包括：

- 就标杆分析的对象而言，参与者间的相似之处。
- 对标杆分析过程的控制程度。
- 为实施标杆分析需要投入的成本和时间。
- 可能达到的公开度以及需要的保密度。
- 学习以及改进绩效的可能性。

内部标杆分析

内部标杆分析是指组织内部运作方式类似的部门间绩效和工作的对比。根据组织规模和行业的不同来判定组织是否有必要让相似的部门都来做这样的活动。如果有必要，内部标杆分析能够使组织在完全掌控过程的情况下，做好在更大范围内开展标杆分析的准备，因此通常作为标杆分析的第一步。内部标杆分析通常也是花费时间和金钱最少的，但它找到绩效领先者的可能性很小，并且学习的机会也很有限。

外部标杆分析

外部标杆分析的参与者来自不同的组织。与内部标杆分析相比，外部标杆分析学习的机会更多，但同时也要求企业与外界做信息分享。这就使得外部标杆分析存在一定的局限。组织愿意分享的信息肯定是受限的，尤其是与其他参与者有竞争关系时，对于信息的保密性要求就会更高。根据对标对象性质不同，外部标杆分析又可以近一步分为竞争性标杆分析和非竞争性标杆分析。以下会做详细阐述。

竞争性标杆分析

竞争性标杆分析是外部标杆分析的一种形式，参与其中的组织都是竞争关系。根据定义，竞争性标杆分析的参与者来自同一行业，关注的重点通常是行业中特定的过程。比如，朱兰曾对不同医院病人安全情况进行研究。竞争性标杆分析通常会伴随着高敏感度，如想获得成果必须很好地处理这个问题，如果处理得当，就会取得很有意义的成果。另一方面，如果选择标杆分析的主题与核心业务关系不大，竞争对手间就此进行标杆分析敏感度也就相应小很多。具有讽刺意义的是，公司不常就这些与核心业务不太相关的主题与竞争对手进行标杆分析，因为这种标杆分析的效果往往没有跨行业标杆分析好。另外，有一些领域的组织是不愿与竞争对手进行标杆分析的，比如专利工艺、产品和创新等凸显公司竞争优势的地方。

非竞争性标杆分析

非竞争性标杆分析是外部标杆分析的一种形式，参与者之间不存在直接竞争关系，他们可能是同行也可能来自不同的行业。比如一家在美国运营集装箱港口的公司可以与它的欧洲同行进行标杆分析。尽管它们是同行，但由于面向的市场不同，不太可能成为竞争对手。朱兰每年都对全球范围内的天然气管道公司进行标杆分析。参与者都来自相同的行业并且都对它们行业特有的工艺感兴趣，但是由于它们所处不同地区，面向不同的市场，它们并不是直接的竞争者。这就意味着它们乐意为了相互间的利益而分享好的观点和做法，而不担心失去竞争力。

在跨行业的非竞争性标杆分析中，分析最多的领域都不是某行业特有的，一般通用性标杆分析都属于此类。它们通常都是一些支持性的业务，比如管理、人力资源、研发、财务、采购、IT，以及健康、安全和环境（HSE）。跨行业外部标杆分析通常为学习和绩效改进提供了最佳机会，原因有很多。首先，潜在的参与者群体更为广大。其次，在要进行标杆分析的业务领域拥有最佳绩效的组织可以受邀参与其中。第三，由于不存在竞争压力，参与者较其他形式的标杆分析更乐意进行信息分享。

数据与信息来源（如何）

标杆分析还可以根据对比分析中所用到的数据源进行分类。这种分类也有很多形式，以下是主要的几种类型：

- 数据库标杆分析。
- 调查标杆分析。
- 自我评估标杆分析。
- 一对一标杆分析。
- 联盟标杆分析。

数据库标杆分析

这种类型的标杆分析，是将参与者的数据与已有数据库中包含的绩效数据进行对比。通过分析，参与者得到对比结果。这种类型的标杆分析通常需由第三方来管理数据库并进行分析。近些年随着因特网的发展，此类型的标杆分析因其易于在线管理而被更广泛地应用。参与标杆分析的组织可以通过网络提交问卷调查的数据并且很快得到一份分析报告。在网上进行搜索就会发现有很多此类的数据库。

一些咨询公司积累了某些行业和领域的绩效数据，通常也会提供此类标杆分析服务。比如，朱兰从 1995 年起就开始对石油天然气企业进行标杆分析，并在此期间开发了与该行业相关的综合绩效数据库。这些数据在收集过程中，经过了恰当的定义和充分的论证，因此十分可靠。该数据库也成为石油天然气行业组织可以进行标杆分析的极佳数据源。

很多组织是通过向数据库所有者购买数据开始自己的标杆分析之旅的。尽管这类标杆分析能够迅速地对绩效作出反馈报告，但也有缺点。参与者不能掌控分析的内容，并且只能被动地接受用来衡量绩效的标准。由于这类数据源通常不会对外披露，参与者就很难确保所得分析结果的实质作用。标杆分析中使用的标准或许没有明确界定也没有经过有效的证明，从而导致数据和分析结果欠佳。因此在使用这类标杆分析时需要特别注意，要充分意识到此类分析潜在的缺陷。为了取得最好的效果，在进行此类标杆分析时要找值得信赖、声誉好、业绩佳的咨询顾问进行合作。

调查标杆分析

调查标杆分析是指通过调查或者访谈来实现的标杆分析。此类标杆分析典型的做法是将调查文件送至参与标杆分析的组织，由其完成后再将调查文件返还。有时候，实施标杆分析的组织事先并不征求一些公司是否意愿参与，就将调查问卷发到这些组织，希望它们能够完成问卷并反馈。显然，由于回收率很低，这种做法的成功概率很小。

调查可能由第三方咨询公司或者某个参与标杆分析的组织来指导开展，但后者实施起来会在数据共享方面遇到更大的阻力，要确保符合反垄断法。有时这样的调查需要收取参与者一定的费用，还有些时候某个参与的组织或者咨询公司会全额赞助此类调查，但是在这种情况下对于参与的非赞助组织来说，结果就不那么理想了。

此类标杆分析的缺点和数据库标杆分析类似，参与的组织对于标杆分析过程的掌控不够，对所用的标准定义不够充分，提交数据的有效性可能受限。尽管此类分析的结果有一定局限性，但是对参与者来说也不需要投入太多的精力。

此类调查的过程也可以继续延展来做实地考察。作为调查过程的一部分，标杆分析的协调者（通常为第三方的咨询公司）会对参与的组织进行逐一的实地考察。实地考察使咨询顾问能够获得更翔实的信息（通常都是定性数据），这将丰富参与者的学习，尤其有助于评估成就最佳绩效的工作实践。

自我评估标杆分析

如此前所说，自我评估是很多卓越绩效模式基本的组成部分。这种自我评估可以被用于跨行业组织间的通用性的标杆分析。这种模式为需要考虑所有要素的标杆分析提供了很好的框架。这种分析不但注重对定量数据的分析而且对工作实践作出定性的分析。但是由于自我评估的主观性，这种分析方法也有其弱点。有时，需要雇用第三方（咨询顾问）监督整个过程，来引导评估的客观性，甚至是指导评估。

一对一标杆分析

这类标杆分析可能是文献中最常见的形式，但是正如我们指出的，标杆分析不是组织间为了研究绩效进行的简单的企业参观。这种彼此参观几乎不可能产生太多收益，并且通常很难确定参观的组织真正拥有最佳绩效。

但是，如果已经进行了标杆分析研究，某组织被确认在某一领域拥有最佳绩效，那么可以实施一对一的标杆分析，在具体的领域进行深入的调研，获取丰富的信息以改善绩效。这种方法被普遍用于标杆分析联盟中，在参与的组织收到标杆分析结果后，两个组织同意在具体的业务领域实行进一步的一对一的标杆分析，以获得更加深入细致的了解。朱兰曾组织过跨行业的采购过程标杆分析联盟，这是一个很好的案例。在参与该项研究后，其中的两家组织同意进行一对一的标杆分析。其中一家组织擅长合同投标和承包商选择，另一家则在战略采购方面具有优势。双方进行合作，就能对这两个业务领域有更好的理解，从而使双方都达到改进绩效的效果。

标杆分析联盟

毫无疑问，这种分析方式最有可能使参与者达到绩效改进的目的。这种标杆分析联盟除了参与的组织以外，通常（但不总是）还有一个第三方的协调者。他们就以下内容达成一致：受邀参与者；标杆分析的对象；使用的方法；采取的标准（以及对标准的定义）；对标准的验证；分析、报告、交付结果的特征要求；遵循的时间表。在这种情况下，参与者对整个过程有高度的掌控，并且会得到一些可靠的数据、透彻的分析和有价值的结论。使用这种分析方法，对于每个参与者来说，为达到预期的效果，需要付出很多努力，因此需要花费更多的时间和金钱。但是与其他方法相比，这种分析法所得的附加值也高出许多。

根据分析的对象、标杆分析参与者的特征、数据来源、使用方法的不同，我们将标杆分析分成了很多不同种类。这些不同主要体现在学术层面，虽然这些方法都有着各自的优缺点，有些分析法明显要比其他方法高效，但是它们最终的目的都是相同的，即学习如何改进组织绩效。

标杆分析与绩效改进

在第一章“从质量到优异结果”和第二章“质量对社会和文化的影响”中对朱兰三部曲有详细介绍，它为有效进行质量管理、实现绩效改进提供了一个框架。标杆分析为绩效改进提供输入的方式，可以通过与朱兰管理三部曲间的相互作用来说明（图 15—1）。

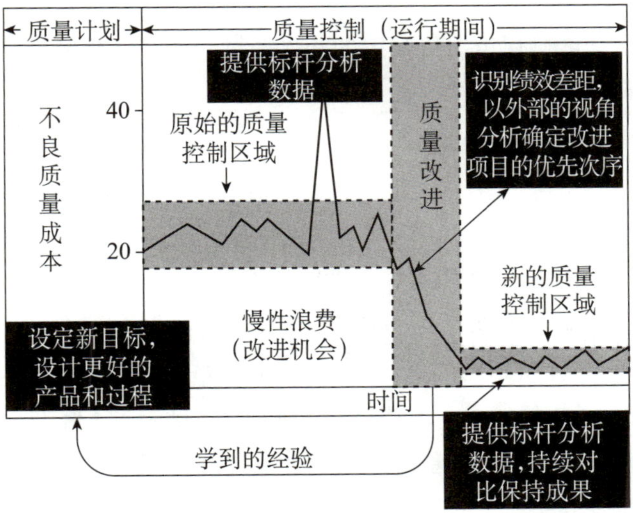

图 15—1　标杆分析与朱兰管理三部曲

资料来源：Juran Institute，Inc.，Copyright 1994. Used by permission.

标杆分析的成果通常包含对关键业务单元或者业务过程的量化差距分析。管理者通常使用帕累托法则，即通常所说的 80/20 法则，将有限的资源用于最需要改进的地方。为改进绩效，资源应该用于“关键的少数”领域（尤其是高回报或者投资回报快的领域），而不是改善可能性不大的“次要的多数”领域。

标杆分析与新产品设计

质量设计的目的是让组织为实现绩效目标而做好准备工作。为达到这个目的，组织必须做到以下几点：

1. 识别客户。

2. 确定客户需求。

3. 开发满足客户需求的产品（服务）特征。

4. 设立满足顾客需求的质量目标。

5. 设计满足产品（服务）特征的过程。

6. 证明公司的过程可以达到预期目标。

标杆分析通过使组织学习最佳实践，并将所学融入到设计新过程和改进原有过程的方式，为组织实现以上步骤提供帮助。同时，组织通过标杆分析看到其他组织所达成的绩效目标，从而设立自己的绩效目标。另外，通过标杆分析还能挖掘客户的潜在需求，识别产品或者服务应有的特质。

标杆分析与质量控制

质量控制活动能确保组织以可控的和可持续的方式实现绩效目标。质量控制的关键内容包括：

- 识别需要控制的对象。
- 测量。
- 设立绩效标准。
- 说明区别（比如实际绩效和标准间的差别）。
- 就存在的差距采取相应的行动。

标杆分析与质量控制之间的关系是双向的。质量控制的输出为标杆分析活动提供数据，这就使得公司可以不断地与参与标杆分析的公司进行对比；反过来，组织可以长期保持通过绩效改进取得的成果。标杆分析使得组织有能力来挑战控制的标准。改进的过程增强了过程能力，减少过程波动和缺陷，增强了对过程的控制。

标杆分析与突破式改进

过程改进的主要目标可以概括为：

- 描述改进的需要。
- 识别需要改进的具体项目。
- 对问题进行诊断并找出根本原因。
- 提供补救措施。
- 证明在突破式改进方面补救措施是有效的。
- 提出新的控制方法以保持改进成果。

标杆分析从外部的视角客观地分析哪些绩效水平是可以达到的，以及为达到这种水平的绩效需要什么样的业务实践，从而为突破式改进提供支持。标杆分析还可以帮助组织测量自己与其他拥有最佳绩效的组织之间的差距，同时使组织识别其绩效的最强项和最弱项，从而帮助潜在的绩效改进项目确立改进的优先次序。表 15—2 概括了标杆分析与朱兰管理三部曲的关系。

表 15—2　　标杆分析与朱兰管理三部曲

过程	目标	与标杆分析的关系
计划	计划并为实现绩效目标做好准备	• 向最佳实践学习 • 设定可达到的目标 • 设计更好的过程
控制	保证达到绩效目标	• 为标杆分析提供数据 • 不断地进行对比 • 巩固成果
改进	改进绩效，达到更高水平	• 以外部的视角分析问题 • 识别绩效差距 • 确定改进项目的优先次序

资料来源：Juran Institute，Inc. Copyright 1994. Used by permission.

标杆分析与战略计划

一个组织的目标通常达不到利益相关方的期望。导致失败的一个主要原因在于组织的目标是基于过去的发展趋势和当前的业务实践情况来设定的。很多组织通常会犯保守内向的错误，忽视从外部的视角来看问题。顾客的期望是由同行业和跨行业的最佳实践者的标准来驱动的。组织可以通过标杆分析获得这些外部资源，为对比分析和学习最佳实践打下基础。这样，标杆分析可以为战略计划过程提供直接的输入，这在第 7 章“战略计划与展开：由良好到卓越”中有详细阐述。图 15—2 所示即标杆分析如何帮助组织寻找战略方向。

以下是几个必备的条件：一个经过恰当定义的过程、对进行标杆分析的对象范围和原因的清楚了解、经过详细计划的系统方法。如果引导得当，标杆分析掌握的那些标杆组织最佳实践的相关信息，将为战略绩效管理提供有效的支持。标杆分析对基于证据的最佳实践进行分析，为组织形成自己的愿景、目标和计划并进一步实现全球领先的领导力奠定基础。

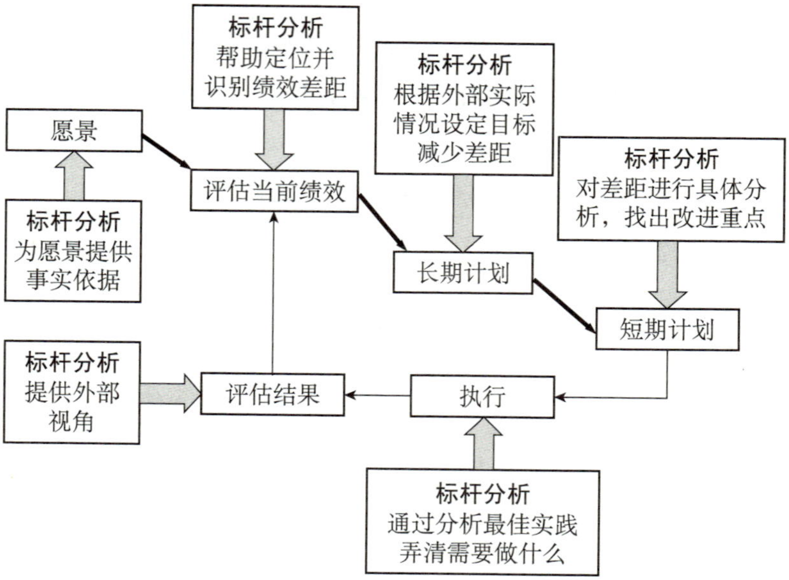

图 15—2 标杆分析与战略计划

资料来源：Juran Institute，Inc. Copyright 1994. Used by permission.

标杆分析与愿景的开发

图 15—2 描述的是绩效改进的一个典型的战略计划过程，该过程始于组织的愿景。组织的愿景总是在一定程度上受到组织外部商务环境及其他组织所能达到的水平的影响。标杆分析能够对组织外部环境进行详细的分析，并且对什么是全球领先的组织作出有事实依据的阐述，从而帮助组织设立愿景。

评估当前绩效，并测量其与愿景之间的差距对组织的长期发展至关重要。测量组织的当前绩效的方法有很多，包括市场调查、竞争对手分析，当然还有标杆分析。标杆分析能够明确组织目前的绩效水平，根据外部商务环境和愿景对公司进行定位并确定绩效差距。这些使组织能够调整战略，缩小现实与愿景之间的差距。

标杆分析与长短期计划

长期计划或者关键策略是由愿景派生出来的，将构成涵盖组织绩效各方面的战略目标，包含业务过程绩效、产品或服务绩效、客户满意度、不良质量成本，以及竞争力绩效。这些战略目标必须要不断升级。标杆分析帮助组织根据外部实际情况设定这些目标，并确保组织集中精力缩小实际绩效与愿景绩效之间的差距。

通过标杆分析，组织可以清楚地意识到为达到最佳绩效，究竟需要做多少改进。定期有规律的标杆分析能帮助组织根据现实情况，而不是过去的绩效，设立具体的、可测量的短期目标，这将有助于组织逐步地进行绩效改进（图 15—3）。其目的是使组织超越绩效领先者，缩小绩效差距，成为最佳绩效的领导者。

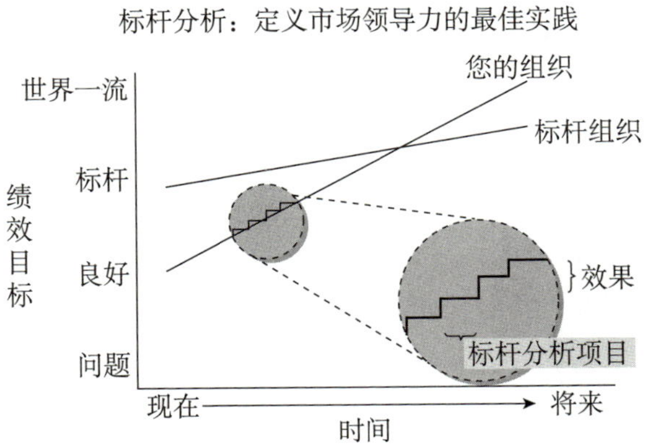

图 15—3　随时间推移进行的标杆分析

资料来源：Juran Institute，Inc.，Copyright 1994. Used by permission.

执行阶段是将长、短期计划转化为可操作计划的一个过程。这需要组织确定究竟该如何实现其具体的战略目标，并明确为此需要采取的行动，由谁来负责执行该行动，对所需资源进行统计和分配，以及对执行阶段做好计划、时间安排和进行控制。标杆分析的输出结果再一次以外部的视角客观地分析问题，为该阶段提供最佳实践的相关信息。

组织应该定期地进行绩效评估，确定设定的目标的进展，测量现状和愿景之间的差距。标杆分析是用来评估的特别好的方法，它能客观清楚地描述现状、测定自己的组织与其他组织之间的绩效差距，识别出最佳实践，并为组织提供向绩效领导者学习的机会。

由此可以看出，标杆分析是组织有效地、有战略地进行绩效管理的有力武器。它拓宽了组织及其管理者的视角，突破舒适区，向表现卓越的组织学习并刺激组织进行改变。标杆分析通过客观的分析，列举事实，让组织发现拥有最佳绩效的组织的做法及取得的成果，帮助组织通过绩效管理来达到世界领先水平。

标杆分析过程

以下是成功的标杆分析项目需要具备的一些关键要素。

1. 确定研究范围和目标。
2. 确定并定义所用的标准。
3. 安排好时间进度并严格照此执行。
4. 确保标杆分析所需资源。
5. 在整个标杆分析过程中为参与者提供支持。
6. 验证所有数据。
7. 将数据标准化。
8. 清晰而有效地报告结果。
9. 对最佳实践进行分享。

无论采用哪种类型的标杆分析，想要获得成功，都要遵循一个结构合理、系统化的过程。在文献资料中，有很多是介绍标杆分析过程的（Anand and Kodali，2008），但最早的模型由 Camp（1989）提出，并被施乐公司采用，随后有很多模型是根据这个模型演进而来的。Camp 的标杆分析过程十步法在《朱兰质量手册》第 5 版中有详细介绍（Camp and DeToro，1999）。朱兰那个时候已经提出了自己的标杆分析七步法，此后，七步法经过多年发展，自 1995 年起成为多个年度标杆分析联盟的基础。尽管这里说的方法是运用在外部标杆分析联盟中的，但是这个过程是通用的，可以用于所有类型的标杆分析。

图 15—4 描述的朱兰标杆分析七步法可以分为两个阶段。第一阶段是定位分析，通过综合分析，让组织清楚所有标杆分析参与者的绩效以及自己与最佳绩效之间的差距。第二阶段主要是学习第一阶段的研究成果，向最佳实践学习并开发实现改变的改进项目。以下是对每个步骤的具体描述。

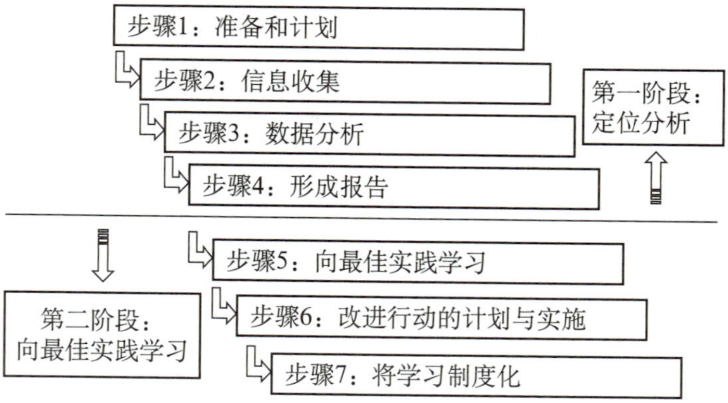

图 15—4 朱兰标杆分析七部曲

资料来源：Juran Institute，Inc.，Copyright 1994. Used by permission.

计划和项目启动

第一步是识别标杆分析的需要，弄清对什么进行标杆分析及原因，确定使用什么方法进行标杆分析以及对谁进行分析。标杆分析项目与其他项目一样，如要取得成功，必须在开始阶段进行周密的准备和计划。通常需要引入一个商业案例来说明标杆分析的必要性。

在设计标杆分析项目时，关键要弄清标杆分析的范围，包括什么不包括什么。然后就可以确定分析所使用的标准，这些标准也必须有清晰明确的定义以确保所收集到的数据具有可比性。最后，还要确定最适合的数据收集方法。

在确立了标杆分析的主题之后，还应当确定由谁来参与标杆分析。如前文中提及的，最理想的是有最佳绩效组织的参与。但是，参与的组织还是由实施标杆分析的类型以及选择参与者的方式来确定的，当然最终的目标还是要与公认的绩效领先者进行对标。

在最初的计划阶段，参与者的目的还有以下几点：

- 识别用来评估绩效的关键绩效指标并达成一致。
- 设立标准模型，说明所使用标准的相互关系。
- 给出使用的标准的清晰准确的定义。
- 为参与者准备一份数据收集文件，作为收集和提交数据的载体，并在提交数据前进行初始的数据验证。
- 就项目的时间进度、重要节点、截止时间达成一致。

数据收集和标准化

确定了关键绩效指标及相关定义后，需要形成一套从所有参与者处收集数据的方法。一般来说，组织者会发给每个参与者一份数据收集的文件用来收集和提交数据。数据提交正逐渐通过安全的门户网站来进行。专有电子数据表由于其广泛适用性，也是常用的方式（几乎所有参与者都能使用数据表），它操作简便，计算能力强大并且可以根据需要，自动地进行验证和计算。数据收集文件的设计应满足易学好用的特点，能提供一套数据有效性检查的方法以实现数据质量最优化及误差最小化。

标杆分析过程中参与者的支持

在整个标杆分析过程中，最好设立一个咨询处为数据提交和验证提供帮助。通常有第三方咨询公司支持的标杆分析项目中会有这样的设置。咨询处可以就如何填写数据表格提供专业的建议，并回答与项目相关的一些具体问题（比如各种定义之间的相互关系)。其目的就是快速响应参与者的问题，以免造成数据提交的延误。当然，如能提供清晰详细的数据收集文件，并附有详细清晰的注释，那么参与者为此需要的帮助也会相应减少。但是，咨询处的确会为标杆分析提供相当有意义的帮助，尤其是对新开展的标杆分析项目来说。如有需要，可以发给参与者一份常见问题与解答。

数据有效性

对于任何一个标杆分析项目来说，能否使用有效数据是决定项目成功与否的关键，正所谓进去的是垃圾，出来的也是垃圾。不准确或者不精确的数据很容易误导结论并影响行动，最终导致改进项目的失败。另外，不断的澄清说明会引起参与者的不满并耽误标杆分析的进程，因此必须对数据有效性给予高度重视。在朱兰指导的标杆分析项目中，他们采用了两段式的方法，即自动验证法加人工手动验证法的双重验证。

自动验证是数据收集文件的一部分，这样设计的目的是容易填充，文件中嵌入了一些有效性验证法，以优化数据质量并减少误差。嵌入的自动防错检查是为了阻止输入虚假数据，让使用者在提交数据之前可以进行自我检查，也是第一遍的人工手动检查。使用者仔细的初次检查将大大减少以后为了验证数据而花费的时间和精力。

数据提交后，推动者还要根据严格的数据验证过程进行一系列的人工手动检查。朱兰通常实行以下三个步骤：

1. 检查数据完整性。
2. 检查数据完全性。
3. 检查数据一致性。

这些检查应该由经验丰富的人来完成，该人应该熟悉标杆分析过程，并且理解所提交数据的特性以及不同数据点之间的相互关系。首先应该检查数据的完整性。然后要通过比较不同的相互关联的数据来检查数据的完全性，以确保数据间存在着预期的关联。最后可以开展一系列的智能交叉检查，进一步确保所收集数据与历史数据的一致性。发现异常数据要与相关提供者进行一对一核实以保证数据的正确性。在遇到有大量明显错误的数据或者参与者收集数据遇到困难时，可以让参与者一起进行数据诊断，其目的是澄清所需数据的混乱情况。

数据标准化

对于标杆分析来说，最大的问题就是如何以相同基准对不同对象进行比较(比如如何拿苹果和梨作比较)。在某些情况下，对标者之间十分相似，很容易就其绩效作出比较。但是，更多的是一些不尽相同的对象之间的标杆分析，比如整个公司、业务单元、不同现场、不同职能部门、业务过程或者产品。没有两个对象是完全一样的，两者之间的差别会因就什么进行标杆分析以及与谁进行对标的不同而有所不同。因此我们需要一些干预措施来对不同的绩效水平进行对比。在就完全不同的对象进行比较时，需要用到某些数据标准化的方式。如果不这样做，就没法进行绩效比较，而且通常还会导致错误的结论。标准化可以以很多因素为基础来展开，比如范围、合同、监管需求、地理和政治上的差别等。

其中一个解决方法是将参与标杆分析的组织进行分类，成立对等组或者将数据特征类似的分为一个数据集。关键是要识别驱动绩效的因素，并在随后进行绩效指标对比时，能将这些驱动力纳入到所用的方法中。最简单的方法就是根据基本标准将数据进行分层。举例来说，某健康机构要比较不同地区的人员死亡率，可以根据性别和年龄对数据进行分层。还有一个有关化工行业的例子。一些化工公司决定就环境管理进行标杆对比，他们可以就不同污染气体（如氮氧化物和硫氧化物、二氧化碳和甲烷）的排放水平进行比较。人们可以根据这些气体对环境的危害程度使用标准的测量方法，比如单位环境负荷，来对数据进行分层。再比如，有些公司要比较研发部门的效率，他们通过关键绩效指标测量新产品或者服务（比如上市少于两年的产品）对销售额影响的比率。

当然，即使在这些分组中，参与标杆分析的组织间也存在着差异。要对绩效实行有效的比较，在分析时需要考虑这些不同的特质。最有效的方式就是将绩效数据标准化。

标准化的本质就是将标准进行转化，转化后使所比较对象具有可比性，它兼顾所有（或者说尽可能多地兼顾）进行标杆分析的对象之间的差异。标准化因子应该是绩效的驱动力之一。举例来说，要对公司的结算职能的运营成本进行标杆分析，或许可以使用的一个合适的标准化因子就是发票的数量。又如，可以通过分析单张发票来对成本进行对比。但是，有一些发票要比其他发票复杂（比如，这些发票可能包含更多重要款项，也可能因为金额较大，在开发票前需要反复核查），所以这种标准化的方式可能根本就不合适。

最常用的标准化方式是研究每个单位或者每小时的绩效情况。比如我们要测算制造一辆汽车的成本，我们可以比较生产每辆车的成本；又比如我们要研究治疗某特定疾病需要花费的时间，我们可以考虑医生每小时诊治病人的数量。

在某些情形下，进行简单的单位测量，尚不足以应对标杆分析参与者之间存在的差异，因而需要一种更复杂的方法。在这种情形下，采用能代表标杆分析对象差异的加权因子是实现标准化的有效方式。加权因子可以由时间、成本或者效力发展而来。一个有效的加权因子的例子就是朱兰复杂性因子（JCF）。JCF已经被用于对不同规模和设计的石油天然气产品设施进行同类比较。标准化因子考虑的是设施的装备，以及正常情况下操作和维护设备所用的时间。JCF被用来把标杆分析中所有设施的绩效成本标准化，这就使得组织能够直接与其他组织的设备进行标杆分析，尽管这些设备存在设计和规模的差异。

在使用任何一种标准化方法之前，都要对其效力进行检测。如前所述，如果要标准化因子有效，它需要能够代表标杆分析对象的绩效驱动力。所以说，绩效指标与标准化因子之间应该有良好的对应关系。有效的检验方式就是检查标准化因子与标准化绩效指标之间的相互关系，两者之间应该有很强的直接关联性。比如，标准化因子的增长应该能引起标杆分析指标的增长（反之亦然），只不过这种关系有可能是线性的，也有可能是非线性的。

最佳实践的分析与识别

分析的目的是从数据中寻找结论，这些数据包括标杆分析中收集的，也包括其他有参考价值的数据，比如来自公共领域的、参与者所在公司的，以及以前的标杆分析研究中的数据。分析的水平取决于标杆分析开始时确定的范围和目标。

进行分析的关键是要公正地、完全客观地进行，还要与标杆分析的目标保持一致。同时，一项有价值的分析还要指出组织的优缺点，在能进行量化的地方，找出与最佳绩效者之间的差距，并尽可能找出差距的原因。还有一点很重要，要整体地而不是孤立地考虑绩效指标，因为与某一项指标相关的结果可能有助于解释其他指标的相关结果。还应该研究和利用每个参与者的战略和工作实践，以探究它们是如何影响绩效的。

分析绩效数据和标准化数据可以比较参与标杆分析的组织的绩效并确定绩效差距。同时，还要考虑到数据的统计检验水平，确保数据是具有统计学意义的，并进一步保证由此得出结论的有效性。

定量分析的对象一般是绩效一流的（比如排名前25%的），分类中最优秀的（如某个最优表现者），或者是标杆分析总体的均值。这些标准都有其优缺点。最常用的方法是分析与最优表现者之间的差距，这从表面看也是最直观的，毕竟分析的目的就是缩小与最优表现者之间的差距，但是，与某一个标杆分析参与者在某一时间点的数据作对比往往会有数值不准确的风险（尽管数据验证的过程会将数值的错误最小化），另外绩效水平在长期范围内是不可持续的，因此会不符合实际情况。相比而言，与一流绩效，尤其是平均值作比较，结果会更加稳定可靠，因为这些数据来自多个参与者。

在分析过程中，应该考虑到导致绩效明显不同的原因。在跨国或者全球范围内的标杆分析中，考虑因地理位置不同引起的差别是很重要的。比如，在分析费用成本（比如薪资）时，就不能简单地把西方的数据与东方、俄罗斯、非洲或者拉丁美洲的数据进行对比。另外，货币间兑换率的波动也会对比较分析产生很大的影响。同样，不同的税收体制、监管要求、政策和文化差异也会对绩效产生重要的影响。

报告进展

一旦分析完成，必须向参与标杆分析的组织进行报告。报告的内容和所用形式在标杆分析开始时已经确定好了，在某种程度上也是由标杆分析的类型决定的。

报告可以以电子版的形式在网上发布，也可以以印刷版形式发布。不管用何种媒体来发布，报告必须清晰、简洁、易懂地阐述分析结果。另外为了帮助分析结果的表达，可恰当地使用色彩区分、图表、图片和表格。表格和图表要有所注释，以便为读者提供指导。分析的同时应该详细提出建议，因为绩效改善活动的焦点是缩小差距。

在报告中还要强调非常重要的一点，即数据的匿名化程度。保密性和学习机会通常是互相矛盾的。保密性越高，学习的机会就越小。如果不能解释优秀绩效的本质，那么学习机会就大大减少。但是，遵守反垄断法是最基本的要求。因此，报告内容必须符合标杆分析参与者之间签订的保密协议并且不违反法律规定，但为了学习更多的内容，应该尽量提高开放度。

不幸的是，很多标杆分析到此就结束了。为了充分挖掘标杆学习的价值，组织还应进一步理解最佳绩效者的实践。这是朱兰标杆分析过程七部曲第二阶段的目的所在。

从最佳实践中学习

标杆分析项目远不止对比绩效数据那么简单，还有关键的一点是将从最佳实践者处学来的知识传递给标杆学习参与者。重要的是最大化知识传递的有效性，这会带来很多成功的转变或者是成功的过程改进项目。我们可以通过以下方式实现有效的知识传递：

- 内部论坛。
- 一对一标杆分析。
- 最佳实践论坛。

内部论坛

参与标杆分析的组织应该充分地学习标杆分析报告，并仔细地思考研究成果。因此很多组织都会举办内部论坛，召集组织内与标杆分析活动相关的各方人士参与，共同讨论研究成果，确定从哪里入手来缩小差距和改进绩效。如果一个组织有很多的标杆分析参与者（比如一个组织可能同时进行几个不同业务单元的标杆分析），这些内部论坛是不同业务单元间进行知识共享的很好的平台。朱兰学院石油天然气方面的专家曾主持并出席了一系列石油天然气行业（比如，2004 年墨西哥国家石油公司、2008 年卡塔尔石油公司和沙特石油公司）内部知识共享的论坛，共有来自不同部门的 500 多名员工参与其中，其目的只有一个，就是分享与关键过程和主题相关的知识和最佳实践。

一对一标杆分析

在参与了集体的标杆分析学习后，很多组织通常会展开一对一的标杆分析。一旦确定了各个领域的最佳绩效者，组织间就会进行一对一的合作，通过现场参观或者进一步的数据交换和分析，就具体问题进行细致的探究以扩大学习成果。

最佳实践论坛

这是为所有参与标杆分析组织的共同利益进行的最佳实践分享。当然，如果是和竞争对手做标杆分析，这种方法可能会受到限制，为了学习可能需要采取其他的方式。

在向参与标杆分析的所有组织报告研究成果后，就可以举办由所有参与标杆分析的组织参加的最佳实践论坛。标杆分析模型的各个环节的最佳实践者会被邀请在这个封闭的论坛上作报告。在论坛开始之前，主办方会征集参与者向最佳实践者的提问，这些问题也是他们希望能在报告中给予重点讲解的。

论坛的目的是利用好机会，把最佳实践者的知识传播给标杆分析活动的参与者。最佳实践者将向同行展示成功实现最佳实践的原因和做法，其目的是使听众在报告中有所收获，并随后帮助他们制定自己的改进项目。在离开最佳实践论坛之后，参与者应该能够就改进项目的实施形成行动计划。

改进行动的计划与实施

在弄清了学习要点之后，每个组织应该形成并讨论实现改进的行动计划。组织将标杆分析所学融入到组织战略计划中，并在绩效改进过程中得到实施。但组织如何将标杆学习的成果转化为行动计划来实现绩效改进呢？

标杆分析活动的输出结果应转变为行动计划的输入。标杆分析活动的一个典型输出结果是参与者和最佳实践者在关键业务过程之间的绩效差距。在把绩效差距用货币的形式表现出来时，组织通常的反应是不相信或者否认，他们一般会说：不可能节省这么多钱，这些数据是错的。为保证标杆分析结果的可信性以及确保管理层的信任度，最重要的是在行动计划之前，先对组织的内部情况进行认真的审视。组织需要真正理解存在的绩效差距，因此必须消除对差距的任何曲解。为了可以就绩效差距采取针对性的行动，组织需要将差距区分为可控差距和不可控差距。不可控差距是指那些目前组织还不能直接控制的事项。比如，这可能包括启动资金、一次性费用、额外成本、组织必须遵循的规章、与地区相关的业务问题（比如气候、地理、地形等）、和地缘政治及安全相关的成本。

一个可行的绩效差距应排除不可控因素（如图 15—5 所示）。管理者应做到以下几点：

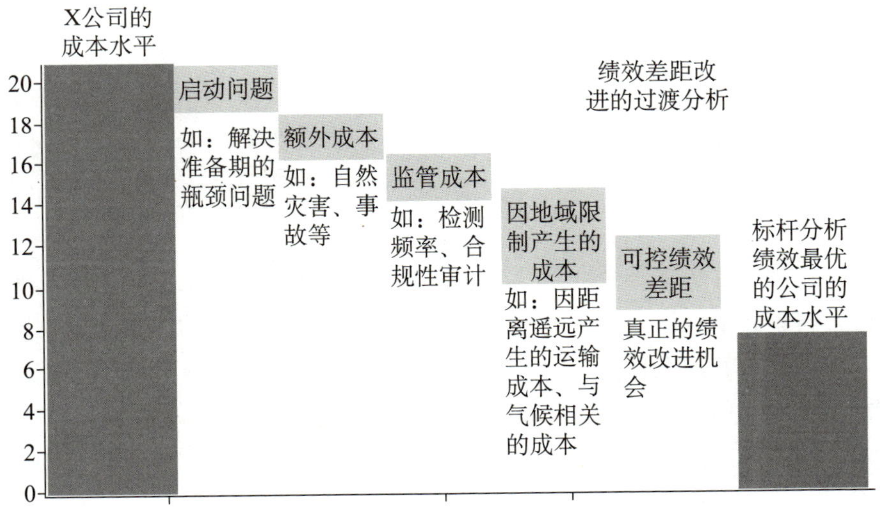

图 15—5　绩效过渡分析，选自《从总体绩效差距到实际绩效差距》

资料来源：Juran Institute，Inc.，Copyright 1994. Used by permission.

1. 评估他们能理解并接纳的绩效差距。

2. 对需要改进的地方进行优先排序，并区分改进机会中“关键的少数”和“次要的多数”。

3. 分配资源以解决问题，逐渐缩小差距。这些资源包括负责任的管理者、预算、时间要求及任务。此后，组织即可授权管理者和员工来完成任务。

4. 要实施控制，通过对管理层和员工层的任务设定、薪酬计划及业务规划方面提出要求，推动改进活动。

因此，应将标杆分析的成果融入到绩效改进行动计划中，并与商业周期相结合，确保集中了资源、投入了人力，且目标是可达成的。

将学习制度化

最后，要将所学的东西和已经完成的绩效改进植根于组织，确保所获收益能长时间在组织内推行并保持。标杆分析可能是公司层面的、运行层面的或者是职能层面的，重要的是让这些层面的标杆分析通过一系列的目标互相关联起来，确保系统逐步实现组织愿景。

在出现改进机会的时候，要在所有参与标杆分析的组织中推行并复制改进机会。朱兰学院为这个过程提供全天候（一周 7 天，一天 24 小时）支持，目前只有参与标杆分析的会员组织可以通过登录网站得到这种支持。这就为知识共享和知识管理提供了一个平台，这已远超出普通标杆分析项目的范围，它为组织提供随时按需向同行学习的机会。在目前不断快速变化的商业环境下，遇到相似问题时可以便捷地得到面临相似挑战的专家的集体解答是很有意义的。

标杆分析的法律和道德层面

标杆分析的合法性是受到竞争法（反垄断法）和知识产权法约束的，所有标杆分析参与者必须意识到自己进行的标杆分析活动可能产生的法律和道德层面的后果。标杆分析的理念是让参与者为了相互的利益而进行信息和知识共享，组织必须重视共有知识的潜在价值并对其使用进行严格的控制。

法律问题

在标杆分析过程中，通常会将知识和信息在参与者之间进行分享。如果其中某个组织将分享的信息用于自己的绩效改进过程中，那么有可能会侵犯提供信息的组织的知识产权。通常组织意识不到这种侵权的风险，尽管出于无心，但还是有可能产生标杆分析与知识产权法之间的纠纷（Boulter，2003）。

在进行标杆分析的研究时，交换信息要谨慎，尤其是在竞争者之间进行的标杆分析，或者是涉及定价信息以及商业机密的标杆分析。当然，大部分的标杆分析活动会避开这两个话题，但它们仍有可能被认定是反竞争行为。

尽管有关竞争的法律条文在美国的反垄断法和欧盟的罗马条例（第 81 条）

中有翔实的表述，但其在标杆分析中的适用性尚不明确。这些法律条例的主要目的是防止垄断组织的形成和价格管制。欧美以外的国家对竞争也有相关的法律要求，因此在跨国标杆分析中相关的法律形势更为复杂。所以，我们强烈建议有意实施标杆分析的组织在行动前寻求法律帮助。

标杆分析的行为准则

标杆分析行为准则最早是由国际标杆学习交流中心于 1992 年发布的（见 www. apqc. org），该中心是隶属于美国生产力和质量中心（APQC）的一家机构。欧洲版本的行为准则（见 www. efqm. org），是根据美国的版本，并遵循欧洲的竞争法而定的。这两个文件都不具有法律约束力，但都从法律和道德层面为标杆分析规定了基本原则。其主要原则强调的是合法性、保密性和信息交换，并且要求所有标杆分析项目保证其参与者遵守这些规定。

保密性

所有的标杆分析研究都对保密性有一定的要求。对保密性要求的严格程度取决于标杆分析对象的敏感度、相关竞争法的要求，以及参与者愿意对信息和数据分享的公开程度。很明显，在对价格进行标杆分析时要特别谨慎。在很多情况下，成本被认为是价格的指示器，因此在对比成本时，也需要注意保密性。

标杆分析研究中的保密程度会各不一样。一个极端是，由于没有透露身份，标杆分析参与者对于和谁进行对标可能完全不知情，只有第三方协调者了解每个参与者是谁。不幸的是，如此严格的保密程度有一个很大的缺陷，即会大大降低参与者的学习潜能。如果标杆分析的参与者不知道最佳绩效者的身份是什么，他们如何能从研究成果中有所得？标杆分析的整个目标都没有了，研究实质上沦为一份绩效名次表了。

因此，一个比较务实的做法是将一些敏感数据（比如成本）做加密隐匿处理，对于那些不那么敏感的数据可以更公开化。在第三方协调者的帮助下，参与者还是可以尽量多地从标杆分析成果中学习的。

不管保密度和匿名度如何，标杆分析的各方，包括协调者（通常是咨询顾问或者某参与标杆分析的组织），应签署保密协议。这份协议具有法律效用，会对标杆分析参与者如何共享、使用以及宣传分析中涉及的数据、信息和成果作出解释。

标杆分析的有效性管理

只有通过有效的管理，标杆分析才能取得成功。

每个参与标杆分析的组织通常都会设置一个由来自不同部门的人组成的标杆分析团队，这个团队将自始至终负责管理标杆分析活动。团队的规模取决于组织的规模以及标杆分析的规模和范围。组织应该指定一个人来领导团队，由此人来负责团队内部事宜并担当和其他参与者及第三方的联络人。项目负责人负责向团队简要介绍项目成果并保证从高层管理者那里取得必要的资源支持。团队负责交付标杆分析项目、设定目标并确保实现目标。

尽管高层管理者可能不会直接指导标杆分析，但他们对标杆分析的成功执行起到关键作用。发挥高层管理者的关键作用，需做到以下几点：

- 设立标杆分析目标。
- 将标杆分析纳入到组织的战略计划中。
- 做出榜样。
- 营造一个乐于改变的环境。
- 为标杆分析做好基础准备工作。
- 监管过程。

设立标杆分析目标

必须清楚标杆分析的意图，并在组织内部清晰传达，明确标杆分析的目的及原因。应制定有关标杆分析的方针策略并形成文件。

将标杆分析纳入到组织的战略计划中

标杆分析必须作为组织商业规划的一个基本要素。标杆分析的方向必须明确，其研究成果应该在组织内广泛宣传。研究成果必须融入到组织的目标中并在组织内推广。

做出榜样

高层管理者必须公开说明自己承担的标杆分析责任，尽管他们不太可能每天都参与标杆分析活动。他们必须清除阻挠标杆分析团队的一切障碍，确保标杆分析所需的资源以及保证资源得到有效利用。这既是财务上的承诺也是时间上的承诺，让员工暂时离开原岗位，加入到标杆分析团队中。

营造一个乐于改变的环境

管理者必须表明乐意接受标杆分析的结论并愿意依照结论而改变，营造一个变革的环境来实现绩效改进。

为标杆分析做好基础准备工作

在标杆分析开始时，管理层必须对成功实施标杆分析所需的资源做出承诺。如有必要，需要对过程的参与者进行相应的培训；同时还要对标杆分析团队的成员、对为组织实现优秀绩效作出贡献的人员进行奖励和认可。但是，不能对标杆分析确定的不良绩效做出惩罚，这一点很关键。如我们此前所说，标杆分析不应该成为员工考核的工具！

监管过程

组织必须在一开始就承诺提供标杆分析所需的资源。必要时，要对参与标杆分析过程的人员做培训。

参考文献

Anand, G., and Kodali, R. (2008). "Benchmarking the Benchmarking Models." *Benchmarking: An International Journal*, vol. 15, no. 3, pp. 257–291.

Boulter, L. (2003). "Legal Issues in Benchmarking." *Benchmarking: An International Journal*, vol. 10, no. 6, pp. 528–537.

Camp, R. C. (1989). *Benchmarking: The Search for Industry Best Practices That Lead to Superior Performance*. ASQC Quality Press, Milwaukee, WI.

Camp, R. C., and De Toro, I. J. (1999). "Benchmarking," in Juran, J. M., Godfrey, A. B., Hoogstoel, R. E., and Schilling, E. G. (eds.), *Juran's Quality Handbook*. 5th ed.. McGraw-Hill, New York.

Juran, J. M., and Godfrey, A. B. (1995). *Managerial Breakthrough*. New York, Barnes & Noble.

Kearns, D. T., and Nadler, D. A. (1993). "Prophets in the Dark—How Xerox Reinvented Itself and Beat Back the Japanese." Harper Business, New York.

Spendolini, M. J. (1992). *The Benchmarking Book*. Amocom, New York.

Stapenhurst, T. (2009). *The Benchmarking Book: A How to Guide to Best Practice for Managers and Practitioner*. Elsevier, Butterworth-Heinemann.

Tonchev, A., and Tonchev, C. (2005). "Single Index Measures Operational Performance of Hydrocarbon Facilities." *Oil and Gas Journal*.

Wood, B. (2009). "7 Steps to Better Benchmarking." *Business Performance Management*, Penton Media Inc. October 2009.

案例分析

这个案例讲述的是某石油码头如何通过参加标杆分析联盟实现绩效改进的。

2005年该码头首次参与标杆分析活动。在标杆分析之前，该码头认为自己应该是绩效最优者之一。但是通过对2004年绩效的分析，研究结果显示其绩效在包括运营和维护费用、员工工时和整体费用等方面排名垫底，它的总支出约为该绩效分析小组均值的两倍。更让人吃惊的是，该公司的支出是最佳绩效公司的9倍。最大的差距存在于维护支出和员工工时方面，这两项在研究中都是最高的，尤其是第三方（承包商和服务）费用及员工工时值得特别注意。

码头的管理者们的第一反应是否认，但是经过重新审视研究成果，他们从实际的绩效水平中清醒过来，组建了一支绩效改进团队并任命了新的绩效改进项目经理。针对标杆分析研究中发现的弱点，他们进行了行动计划。第一步就是把可控成本和不可控成本区别开来。比如，由于设备的位置较远，管理层认为一些成本是无法降低的，至少在初期无法降低。因此，这些成本问题就暂时搁置不予处理，集中精力应对那些可以控制的且存在巨大绩效差距的成本。

团队举行了一次组织的设计评审，并进行了结构调整，在包括运营、维护、完整性管理和项目等关键领域实行清晰的责任制。他们着重对维护进行改进。为了快速实现绩效改进，他们设计了一系列跨越式发展项目，所做的改变如下：

- 从低效率的等级体制到更高效的自我管理团队。
- 工作班次形式的改变，将每班8小时改为每班12小时，效率提高了50%。
- 改进了对第三方服务提供商和承包商的控制，节约了30%的承包商方面的开销。
- 对工作计划和执行过程进行再造。
- 采取以风险为本的维护方法，优化维护工作频率。

该石油码头每年都进行标杆分析，到2007年时，就看到了绩效改进的成果。2007年进行的标杆分析是对2006年绩效的考察，结果表明该码头绩效有明显改进。总支出和员工工时排名为前75%，总支出减少后只比均值高25%，与支出最少的码头的差距缩小到3.5倍。总的来说，在这期间该码头的存贮和装载成本减少了27%。

在运营和维护方面有突出改进。该石油码头在运营成本和员工工时方面排名前 25%。在 2005 年到 2007 年间，码头的维护成本从排名最后到排名前 75%，员工工时从排名最后到排名前 50%，这种转变意味着维护成本节约 58%以及员工维护工时缩减 50%。

通过我们的标杆分析经验，尤其是从这个标杆分析案例中，可以得出很多结论。

首先最重要的是可以对不同的码头进行绩效对比。但要做到这一点，关键是要使用正确的标准化方法，检查方法的有效性，确保所测量的对象间的正常相互关系。

其次，标杆分析是有效的绩效改进工具。另外，它能唤醒自鸣得意的组织，就像上述所说的石油码头一样，与同行相比，您的组织的绩效并非如您所想。但还必须明白，要想取得任何绩效上的改进，很关键的一点是根据标杆分析的结果来采取行动。

第三，如果采用结构得当，且经过充分调研的方法进行绩效改进，就会取得显著的成果。

最后，要理解持续开展标杆分析的重要性，主要原因有两点。持续实行标杆分析，石油码头可以随着时间推移掌握自己绩效的发展趋势，从而确定绩效改进方法的有效性。与此同时，同行也在努力地改进绩效，这样标杆分析就可以持续推进了。及时了解这些改进并跟上业绩领先者的发展也需要一个持续的方法。

（姜琳 译，杨跃进 校）

第 16 章

以国际标准确保组织的符合性 约瑟夫 · A · 德费欧

关于本章

能够在良好管理实践方面提供要求或给予指导的国际标准是被全球许多组织广泛应用的标准。在发布的许多国际标准中，有一些已经实现了真正意义上的全球地位，而且这些标准目前已经融入了全球经济以及使用它们的组织中。本章将讨论支持质量管理的标准：

- 质量管理体系 ISO 9000 标准。
- 环境管理体系 ISO 14000 标准。
- 制药与医疗设备 cGMPs 标准。
- 汽车制造行业 ISO/TS 16949 标准。
- 软件质量 CMMI 标准。
- 航空航天 AS 9100 标准。

本章集中讨论这些标准作为一种工具对保证产品和服务质量的重要性。我们认识到许多行业存在着多种适用的标准。我们选出上述标准，并无意认为它们是最好的，而是这些标准与质量管理相关。ISO 是国际标准化组织（International Organization for Standardization）的缩写。

本章要点

1. ISO 9000 标准对于国际贸易的实施以及全球机构的质量体系有很大的影响。其标准已在工业/经济部门以及政府管理领域得到广泛应用。ISO 9000 标准涉及的是组织使用的管理体系，以确保产品在设计、生产、配送和产品支持过程中的质量。

2. 为了维持注册状态，供应商组织必须通过注册机构的周期性监测审核。监测审核通常每半年进行一次。这种审核与一次完整的审核相比可能没有那么全面。如果是这样的话，完整的审核应当每隔几年就进行一次。

3. ISO 14000 是一个环境管理体系的标准。它适用于所有企业，无论其规模、地点、行业。这一标准的目的是减少生态足迹，减少经营过程中的污染与浪费。

4. cGMP 指的是美国食品和药物管理局（FDA）执行的现行药品生产质量管理规范条例，cGMPs 提供了一种体系，确保对生产过程及设备的恰当的设计、监管和控制。

5. CMMI 是能力成熟度模型整合（Capability Maturity Model Integration）的缩写。它被用作一种比较的基准，并为理解软件开发提供帮助。

6. AS 9100 是航空航天工业广泛采纳的标准化质量管理体系。

国际标准综述

标准的存在主要是为了促进国际贸易以及避免对顾客和社会造成伤害。在前标准化时期（1980 年以前），有许多国家内的和跨国的标准。电气、机械、化学过程兼容性的标准已经存在数十年了。其他标准，例如军事标准，是为了军队以及其他核能工业，只有很少的标准是为了商业和工业用途而开发的。这些标准之间有着共性和历史上的联系，然而，在国际贸易中广泛应用的术语和内容方面经常存在不一致。因此，组织只能重新建立自己的标准或者改编现有的标准，这就使得通用性更差。20 世纪 80 年代，随着大部分工业化国家中的组织以史上最快的速度提升质量和安全，填补这一空白的需求就应运而生了。这一空白就是一个共同的质量管理体系，这一体系将成为顾客与供应商之间不具约束力的“合同”。ISO 176 技术委员会以 ISO 9000 系列标准的形式填补了这一空白。紧接着，ISO 14000 填补了环境标准中的空白。在全球范围内，很多组织开始使用这些标准并将其作为绩效“认证”标准。尽管它们的本意很重要，但这些标准更多地成为一种可以打动顾客的承诺书，而不是确保顾客的需求能够得到满足。

随后，基于 ISO 9000 的逐步采用以及对行业标准补充的需求，某些工业/经济部门开始开发整个行业的质量体系标准。在世界许多地区，汽车制造行业（QS 9000），制药与医疗设备行业（cGMPs），政府管理机构和军队采购机构（AS 9100 和任务保证条款，MAP）都采用这种方法。即使是软件开发也使用 20 世纪 90 年代早期在卡耐基梅隆大学创建的软件质量标准 CMMi 来确保有一个共同的方法来管理软件质量。这些标准在质量管理方面扮演着重要的，但有时并不被理解的角色。

我们将对以下标准或行业中的应用实践作简短的讨论：

- 质量管理体系 ISO 9000 标准。
- 环境管理体系 ISO 14000 标准。
- 制药与医疗设备 cGMPs 标准。
- 汽车制造行业 ISO/TS 16949 标准。
- 软件质量 CMMI 标准。
- AS 9100 以及美国国防工业 MAP。

ISO 9000 质量管理体系标准

ISO 9000 标准对于国际贸易和全球组织质量体系的实施有很大的影响。该国际标准已被 100 多个国家作为国家标准采用。其标准已在工业/经济部门以及政府管理等领域得到广泛应用。ISO 9000 标准论述的是组织使用的管理体系，以确保产品在设计、生产、配送和产品支持过程中的质量。其标准适用于所有通用的产品类别：软件、硬件、加工材料和服务。ISO 9000 族标准为质量管理提供指导、满足质量保障需求，并为机构质量管理体系的技术提供支持。这一系列标准对一个组织的管理体系中应展现什么特点提供指导和要求，但并不描述这些特点是如何实现的。这一非指令性的特点使该标准体系对于不同的产品和情形具有广泛的适用性。实施 ISO 9000 后，一个机构可被注册为认证质量管理体系。

ISO 9000 体系中的标准是由国际标准化组织（ISO）的 176 技术委员会创

建、制作和维护的。ISO/TC 176 的第一次会议于 1980 年举行。ISO 8402 术语标准最初于 1986 年颁布。最初的 ISO 9000 系列于 1987 年颁布，它由以下内容组成：

- 基本概念和路线图指南 ISO 9000。
- 质量保证的三个要求标准（ISO 9001、ISO 9002 或 ISO 9003）。
- 质量管理指导标准 ISO 9004。

自 1987 年起，附加标准已经颁布，如今 ISO 9000 系列包含许多对最初系列的补充标准，尤其是对基本 ISO 9000 系列的修订。在 1994 年、2000 年分别颁布了 ISO 9000 到 ISO 9004 标准。近来在 2008 年，颁布了 ISO 9000：2008 标准。本部分在介绍完最初版本的标准之后，就是对 2008 修订版本的介绍。表 16—1 给出了 ISO 9000：2008 条款的列表。

表 16—1　　ISO 9000 的条款及标准结构

条款名称	
1	范围
2	引用标准
3	定义
4	质量管理体系
4.1	管理职责
4.2	质量体系
4.3	合同复审
4.4	设计控制
4.5	文件与数据控制
4.6	采购
4.7	顾客提供产品的控制
4.8	产品鉴定与跟踪
4.9	过程控制
4.10	检测与测试
4.11	检测设备的控制
4.12	检测与测试的结果
4.13	不满足标准的产品的控制
4.14	改进与预防措施
4.15	处理、仓储、包装、保存与配送
4.16	质量控制的记录
4.17	内部质量监督
4.18	培训
4.19	服务
4.20	统计技术

为了达到质量保证的目的，在全球范围内，ISO 9000 已经被协议双方采纳

并广泛用于第三方的认证和注册。对标准的使用是在 20 世纪 90 年代和 21 世纪初发展起来的，但随后发展开始减慢。经过近 8 年的更新，随着 ISO 9000：2008 的颁布，ISO 9000 将得到再一次的发展。一些基础的注册机构、认证机构、委托机构、课程提供商、供应商、咨询顾问，以及标准的审核人员也是类似的发展模式。随着将来对 ISO 发起的质量体系认可的可能性的增加，各国之间的标准互认会持续发展。周期性监督与审核是第三方认可和注册的一部分，为供应商机构提供了持续的动力，这不仅有利于维持它们质量体系与标准的完全一致，而且有利于对标准进行改进以不断满足它们在质量方面的目标。

质量管理的市场和质量保证标准本身正在快速成长，这在一定程度上是对国际贸易协定（例如欧盟、关税及贸易总协定、北美自由贸易协定）的响应。这些协议都依赖于减少非关税贸易壁垒的实施标准。在实施这些协议方面，ISO 9000 体系扮演了关键的角色。

外部驱动力

我们可以用一个词——商业全球化，来作为对推动 ISO 9000 普遍实施的动力的总结。“后工业经济”、“全球村”等表达方式反映了近几十年的重大变化。这些变化包含以下方面的内容：

- 在几乎所有工业/经济部门出现的新科技。
- 全球电子通信网络。
- 全球旅游的普及。
- 世界人口的显著增长。
- 自然资源储备、耕地、渔场、矿物燃料的消耗。
- 土地、水、能源和大气更加集约的利用。
- 普遍存在的环境问题和人们对此问题的普遍关注。
- 大型机构和其他机构的精简，扁平化的组织结构，以及将组织的核心业务之外的业务外包。
- 全球经济面临的语言、文化、法律和社会机构的多样性和复杂性。
- 多样性：永恒的关键因素。
- 发展中国家在全球经济占据很大比例，出现了新的竞争对手和新的市场。

这些变化使得经济竞争更加激烈，顾客对质量的要求进一步提高，以及组织为了满足更加严格的产品质量标准而对自身的要求进一步提高。

即使对于一些小型和中型企业来说，也要面对商业全球化这样一个事实。和大型组织一样，这些较小的组织现在发现：它们主要的竞争者有可能总部设在另一个国家。如果仅考虑当地的竞争对手，只有越来越少的企业能够继续存活。商业全球化会影响不同规模的企业的战略方法和产品计划。

对于外部力量的内部反应

每个组织都面临着需求的改变。现在这种需求更集中地体现在人力资源、组织文化、授权，以及使员工胜任自己的工作方面。ISO 9000 的实施包括建立方针、为质量设置标准、设计管理系统、设计文件编制程序，以及培养工作技巧。所有这些都是阐明人们所从事的工作的要素。

组织采纳了卓越绩效的项目，这些项目将业务过程的管理作为一种应对不断变化的客户需求的手段。ISO 9000 标准强调了这一理念。指标的运用越来越广泛，它能更加高效地描绘产品的质量和顾客的满意度。

组织正在实施更好的产品计划、工作过程设计程序及改良的产品策略。标杆管理和竞争力评估正得到越来越多的应用。

人们经常会问到的一个重要问题是："在当今这个快速变化的世界，单一的 ISO 9000 体系如何能够适用于所有的行业和经济部门、所有的产品、所有规模的组织？"

ISO 9000 是基于这种理念建立的：同时使用两种类型的标准来使产品质量得到持续的保证。

- 产品标准（技术规范）。
- 质量体系（管理体系）标准。

产品标准提供适用于产品特性的技术规范，这种技术规范通常也适用于产品生产过程。产品标准针对特定的产品：既包括预期的功能，又包括产品最终的使用功能。

管理体系属于 ISO 9000 标准的领域。通过区分产品规范和管理体系的特征，ISO 标准适用于所有的行业和经济部门、所有的产品、所有规模的组织。

朱兰三部曲与 ISO 标准的区别

ISO 9000 体系包含要求和指南。ISO 9001（与 9002、9003、9004 等相对）是这一体系的要求标准，是为了达到质量保证的目的——保证对产品和服务的信任而建立的质量管理体系模型。在以下两种情况下，这一要求标准已经对所有的组织起了约束作用：

- 在组织与顾客之间有着明确的合约。

• 寻求并得到第三方证明。

ISO 9004是指南标准的一个例子。指南标准是建议性质的文件，它在措辞上使用“应该”这个词语，意味着这些标准是建议。

就ISO 9000体系适用于所有的产品和组织这一点而言，所有的ISO 9000体系是通用的。就ISO 9000体系描述应该具备何种管理体系的功能这一点而言，所有的ISO 9000体系都不是说明性的，它们没有指明如何实现这些功能。

ISO 9004为各个组织的质量管理提出了一种规范，这与许多国家卓越奖很相似。它们之间的主要差别在于：国家卓越奖标准集中于商业领域，而ISO 9000标准不是。为什么？因为ISO 9000体系的标准不包括许多影响因素，这些因素确保一个组织内所有的过程都服从组织的规定。ISO 9000体系的标准没有包括朱兰定义的关于质量管理的全部范围，它也没有打算这样做。我们经常听到有些人抱怨ISO 9000没有做到我们期望它做的事情，也经常听到有些人说ISO 9000对他们来讲非常好。说ISO没发挥作用的组织期望这些标准一旦实施，就能保证更好的质量和更好的经济效益。这些组织对ISO不满，它们也不知道ISO标准不包括涉及产品和服务生产过程之后的任务的条款。如果ISO 9004是注册标准，更多的组织将会看到这一注册的好处。这是因为ISO 9004是一个质量管理体系，而ISO 9001只是一个保障体系（见表16—2），是质量管理需要的一部分。那些说ISO 9004对它们起作用的组织把这些标准看作一个更好的体系的基石。它们填补了以前的标准没有做到的空白。因此，这些组织将ISO标准看作实现卓越绩效的重要组成部分。

表16—2　　质量管理与质量保证

焦点问题	
质量管理	质量保证
• 达到符合质量要求的结果 • 受到组织内部人员，尤其是管理人员的激励 • 目标是使所有的利益相关者满意 • 有效、高效并不断提高所有与质量相关的性能是想要达到的结果 • 范围涵盖影响组织内与质量相关的业务的结果的所有活动	• 证明已经达到（或可能达到）质量要求 • 受到所有利益相关者的激励，尤其是顾客与组织外部人员 • 目标是使所有的顾客满意 • 对组织生产的产品有信心是想要达到的结果 • 范围涵盖直接影响与质量相关的进程和产品的结果的活动

朱兰将计划、控制和改进过程看作质量管理的必要因素。质量保证非常重要，因为它向我们提供了体系根据计划运行得如何的信息。朱兰所讲的质量控制与质量保证不同。控制是应该对什么进行控制，保证是确保你控制的因素的确得

到了控制（见图 16—1）。

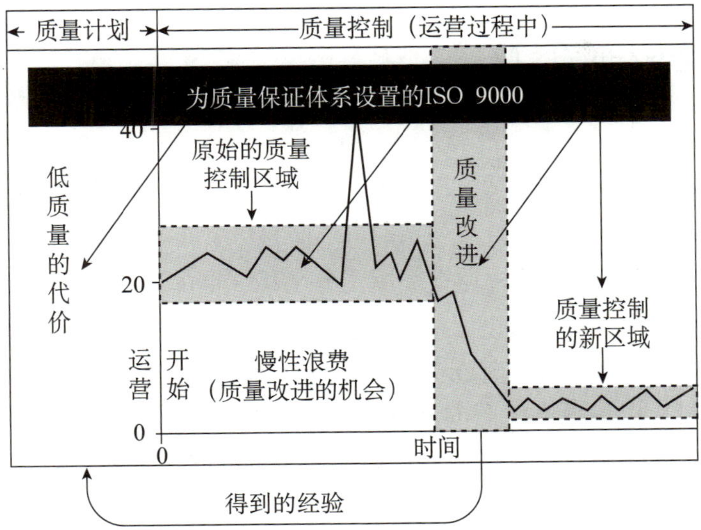

图 16—1　ISO 9000 和朱兰三部曲

资料来源：Juran Institute，Inc.，Southbury CT.

在 ISO/TC 176 实施的早期面临的一个非常迫切的问题是如何在世界范围内使“质量控制”与“质量保证”的含义一致。在不同的国家，甚至在同一个国家内，这两个术语有着完全不同的含义。“质量管理”是作为对质量控制和质量保证的概括性术语引入 ISO 9000 标准的。“质量管理”这一术语在 ISO 8402 中被定义并在国际范围内被采用。相应地，这也使得“质量控制”与“质量保证”这两个术语达成一致的定义。

根据 ISO 9000：2008，在认证之前需要以下内容：

组织应当建立、记录、实施并维持一个质量管理体系，使之与国际标准一致，不断提高其效率。

组织应当：

确定质量管理体系所需的过程及其在组织中的应用。

确定这些过程的顺序及其相互作用。

确定需要的标准和方法以保证这些过程的操作和控制是有效的。

保证为维持这些过程操作与监控的资源和信息的可获得性。

监控、测量（适用时）和分析这些过程，实施必要的措施以达到计划的结果，并使这些过程不断提高。

组织应当根据国际标准来管理这些过程。当组织选择把会影响产品与需求的一致性的过程进行外包时，组织应当确保对这些过程的控制。对这些外包过程的控制的种类和内容应当在质量管理体系中明确指出。

质量体系的认证/注册

质量保证要求标准的早期使用者是一些大型组织，例如电力供应商和军事组织，这些组织经常购买具有特定的功能设计的复杂产品。在这种情况下，质量保证要求被称作双方合约，供应商被称作“第一方”，顾客被称作“第二方”。这种典型的质量保证要求包括由供应商的管理人员发起的内部审核，以保证它们的质量体系满足合约的规定，这是第一方审核。这种条约通常也包括由顾客方发起的外部审核，以保证供应商的质量体系满足条约的规定，这是第二方审核。在双方的合约安排中，有可能适当地调整需求以维持顾客和供应商之间的持久关系。

当这样的保证在经济领域内成为一种普遍行为时，双方的个别的合约就变得十分烦琐。现在逐渐出现一种情况：供应链中的各个组织从属于由许多顾客进行审核的周期性管理体系，并且这些组织本身使它们的次级供应商从属于这些审核机构。供应链中存在着许多冗余的工作，因为从本质上来讲，每一组织的同一质量要求都进行了多重审核。无论对于实施审核行为的组织而言还是对于被审核的组织而言，审核行为都变成了一种严重的成本浪费。

认证/注册活动

质量认证/注册体系的发展是减少冗余、减少多重审核中非增值行为的一种方式。为了评估质量是否满足 ISO 9001 或 ISO 9002 标准，在一些国家被称作“认证机构”而在另一些国家（例如在美国）被称作“注册主管”的第三方机构对供方组织实施一种正式的审核。当供方组织被判定完全符合标准时，第三方机构将颁发证书给供方组织并对该组织的质量体系给予公开注册。因此，术语“认证”和“注册”有着同样的市场含义，因为它们是代表同一过程成功完成的两个连续步骤。

为了维持注册的状态，供方组织必须通过注册机构周期性的监督审核。通常，每半年进行一次监督审核。这种审核可能不如完全审核复杂，如果是这样，则每隔几年实施一次完全审核。

当今世界上存在着上百个认证/注册机构，大多数是私有的、以营利为目的的组织。通过它们注册的供方组织和供方组织的顾客组织看重它们的服务，因为注册服务是对供应链的增值。认证机构客观、合格地完成它们的工作是至关重要的，所有的认证机构也必须满足它们商业活动的标准要求。它们实际上是在经济活动中提供所需服务产品的供方组织。

认可活动

为了保证注册机构的能力和客观性，注册机构的认可体系在全球建立起来。认可机构审核注册商与国际认证机构运营指导标准的一致性。注册机构的质量体系处于认证机构的审核监督之下，这些审核监督涵盖了具有文件说明的质量管理体系、注册商聘用的审核员的资格证书、账目记录以及其他办公业务内容。另外，在供应商组织的帮助下，认可机构监督注册商的审核员进行特定的审核。

国际互认

其他许多国家也实施了这三方面的活动：

1. 认证/注册机构的认可。
2. 审核人员的认证。
3. 审核人员培训课程的认可。

多种双方认证协议在一些国家之间实施，例如，在一个国家内经过认证的审核员其资质在另一个国家也同样被认可。在另外一些情况下，两个国家之间就合作备忘录进行谈判。可以说，在正式的双方相互认可之前它们已经进入了一种合作的模式。根据合作备忘录，双方的认证机构可以共同对注册主管机构进行审核，审核人员可以共同记录审核的结果。然而，根据具体情况，每一个认证机构都可以对是否给予认证或者是否能继续保持资质做出自己的决定。

供方组织没有必要获得多个认证，从原则上讲，来自一个认证机构的证书在世界上任何地方都应被顾客接受。实际上，在任何国家建立类似的基础架构都耗费时间，此外基础架构运作的成熟度以及在其他国家建立对于这些基础架构的信心还要耗费额外的时间（数年的时间）。当然，并不是所有的国家都打算建立自己的基础架构，有些国家会通过在另外一个国家雇用注册商服务这种方式，让想要获得注册的供应商组织建立基础架构。

实际上，许多注册商在国际范围内运作，并在许多国家提供服务，这样的注册商通常寻求多个国家的认可，因为它们的顾客（供应商组织）希望在它们熟悉的、可信赖的注册机构体系中进行认证。

目前，存在大量单一的或多重的认证机构的认证、单一的或多重的审核人员的认证、单一的或多重的培训课程的认证。整体系统向着互认的方向发展，但是对其信度的最终检验在于市场是否愿意接受单一认证和鉴定。

ISO 在 1995 年 1 月重申了它对质量体系评估认证（QSAR）的支持并批准了一个让项目运转的计划。这有效地为旨在让全球都接受 ISO 9000 认证的自发的系统提供了基础。

当前，注册机构和课程提供者可能有多重认证，审核人员也可能有多重认证，这一状况看起来比需要的要冗杂得多。如果我们退一步考虑，将当前状况与供应商组织质量体系中普遍的第二方审核进行比较，我们就会承认当前的状况更好，因为：

- 审核中更少的冗余。
- 审核中更高的一致性。
- 通过将国际标准和指南作为基准以及通过由市场驱动的相互协调的努力而实现更少冗余和更高一致性的可能。

正式的国际互认

对于美国来说，它还有一个复杂的情况。和世界上其他国家不同，美国标准体系是一个私立机构的活动。作为一个私立的组织，美国国家标准协会（ANSI）是美国标准的协调机构，在 ANSI 的保障下，许多组织推出并维护着大量的美国国家标准。大多数标准是与产品技术规范相关的。美国材料与试验协会（ASTM）、美国机械工程师协会（ASME）、电气与电子工程师协会（IEEE）是几个美国标准最大的生产商。但是也存在一些其他的组织，它们提供适用于特定产品及特定领域的美国国家标准。美国国家标准协会提供公开、公平的标准发展的进程，并为所有实质上可能受其影响的相关方敞开大门。美国经济的优势以及美国标准被国际和跨国机构广泛采用都证实了美国体系的成功。

在国际贸易中，与符合性评估相关的活动和基础架构有三个层面。其中两个层面已经被讨论过：认证/注册层面和资格认可层面。第三个层面是互认。在互认层面，国家 A 的政府向国家 B 的政府保证国家 A 的证书和认证的基础架构符合国际标准和指南。在全球绝大多数国家中，标准体系由政府、半官方的机构执行，其认证活动也由上述的机构实施，互认就是自动执行的。在美国，多个政府机构就可能被要求提供正式的认证。

例如，在处理某个不合欧盟控制健康、安全、环境风险的政策要求的产品方面，欧盟坚持通过特定的政府渠道来处理，而与此相关的美国政府机构与欧盟的政策又不尽相同。在很多领域，由最近刚被授权的美国国家资源合格评定体系评估程序（NVCASE）来负责互认，NVCASE 将通过美国国家标准与技术协会由商务部运营。写这篇文章的时候，NVCASE 还没有开始运行。

合格评定和国际贸易

欧盟的合格评定方法具有代表意义。对于在欧盟国家出售的监管商品，它们必须具备“CE”标志。在欧盟的系统化方法下，为了获得使用标志的资格，供应商组织必须在以下四个方面具有合格证明：

1. 产品设计的技术资料。
2. 型式测试。
3. 产品监测（抽样或者全样本）。
4. 质量保证的监督。

根据政策，欧盟将为供应商提供不同的途径（模块）以使他们满足要求。这些途径的范围从“产品的内部控制”到“完整的质量保证”。“产品的内部控制”集中于产品监测层面，“完整的质量保证”集中于 ISO 9001 认证方面，其在产品设计方面依赖于 ISO 9001 的能力要求。对于大部分模块，制造商必须将产品单元、产品设计的技术信息、质量体系信息提交给一个作为政府“指定机构”的认证机构。在一些模块中，指定机构必须提供所需的产品测试。一些模块包括 ISO 9001、ISO 9002 或 ISO 9003 的认证。

欧盟（以前称作欧洲共同体）对监管产品在合格评定中实施这些模块是早期 ISO 9001 或 ISO 9002 认证在世界范围内迅速扩展的最大的一个动力。例如，美国与欧洲贸易中大概一半的贸易额源于监管产品。然而，全球范围内技术的发展和对质量的需求以及第三方审核相对于普遍的第二方审核所节约的成本（正如前面讨论的）有力地刺激着标准在全球范围内的持续应用以及第三方质量体系认证/注册的发展。

另外，对于供方组织来说，同时使用两套质量管理体系，一套应用于监管产品，一套应用于非监管产品，这也不切实际。因此，出于多种原因，许多直接或间接参与国际贸易的供方组织，会酌情采用符合 ISO 9001 和 ISO 9002 的质量管理体系。

指导原则

现在存在很多注册机构，每一个都可进行很多供应商质量体系的注册，每一个供应商都和很多顾客打交道。希望仅仅通过认可机构举行的周期性审核来充分地监督这样一个系统的运营是不切实际的。因此，指导原则是将主要依赖的内容放置在“真相标签”的理念下。通过这一方式，每个顾客都有获取信息的途径并能通过这些信息评判供应商注册质量体系范围内的所有四个要素。

ISO 14000 环境管理体系

ISO 14000 是一个环境管理体系的标准。它适用于所有商业，无论其规模、地点、行业。这一标准的目的是减少生态足迹，减少商业过程中的污染与浪费。2004 年 ISO 颁发了最新的版本 ISO 14001。

ISO 14000 标准是为了帮助组织，使它们的运营对环境产生的负面影响最小化。在结构上，它与质量管理体系 ISO 9000 类似，它们都可以并行实施。为了获得 ISO 14001 的认证，组织必须由一个被认证机构认可的审核机构进行外部审核。

满足 ISO 14001：2004 标准的有效环境管理体系是一种管理工具，这种管理工具能够使所有规模和所有种类的组织做到以下几点：

- 确定并控制自身的行为、产品及服务对环境的影响。
- 不断地提高自身的环保性能。
- 通过一种系统的方法来设定环境目标，达到所需目的，并证明这些目的已经实现。

标准的认定

认证机构的审核员需要得到国际审核员注册协会的认可。认证机构必须经美国认证委员会或者爱尔兰国家认可委员会认可。

ISO 14000 系列标准关注环境管理的不同方面。最初的两个标准 ISO 14001：2004 和 ISO 14004：2004 论述的是环境管理系统（EMS）。ISO 14001：2004 提出了对 EMS 的要求，ISO 14004：2004 提供了 EMS 的一般指南。

ISO 14000 体系的其他标准和指南强调环境的特定方面，包括标号、性能评估、生命周期分析、沟通和审核。

这些标准由以下要素组成：

- ISO 14001 环境管理体系——要求和使用指南。
- ISO 14004 环境管理体系——原则、体制以及支持技术的一般指南。

- ISO 14015——场所和组织的环境评估。
- ISO 14020 系列（ISO 14020—ISO 14025）——环境标签和声明。
- ISO 14031——环保性能评估的指南。
- ISO 14040 系列（ISO 14040—ISO 14049）——生命周期评价（LCA），讨论预生产计划和环境目标的设定。
- ISO 14050——术语和定义。
- ISO 14062——讨论环境影响的目标以及如何取得进步。
- ISO 14063——环境交流：指南和实例。
- ISO 19011 为 ISO 14000 和 ISO 9000 系列的标准制定了一种审核协议，这替代了 ISO 14011——如何判断你期待的管理工具是否起作用。现在，使用 ISO 19011 来确定这一问题是唯一推荐的方法。

ISO 14000 如何工作

- ISO 14001：2004 并不明确说明环境绩效的水平。如果它说明环境绩效的水平，就必须具体描述每一项业务活动，这将需要特定的环境管理体系标准，而这并不是我们的目的。
- ISO 有许多关于环境问题的其他标准。ISO 14001：2004 的目的是基于整体的、战略性的方法，为机构内的环境方针、计划和行为提供一种框架。
- ISO 14001：2004 给出了环境管理体系的一般要求。基本理念是：无论机构的什么活动，有效环境管理系统的要求是同样的。

这为环境管理体系中组织与它们的顾客、协调者、公众和其他利益相关者之间就环境问题的交流提供了一种共同的参考。

由于 ISO 14001：2004 没有指定环境绩效的等级，因此无论组织当前的环境成熟程度如何，这一标准都能被广泛地实施。然而，我们需要一种符合环境法律与条约的承诺，需要一种持续改进的承诺——环境管理系统（EMS）为此提供了框架。

ISO 14000 标准

ISO 14004：2004 提供了对环境管理系统中各因素的指南，并讨论了包含的主要问题。

ISO 14001：2004 指定了这样一个环境管理系统的要求。这些要求的满足需要一种客观证据，这些证据能够证明环境管理系统在符合标准的前提下高效运行。

可以实现什么目标？

ISO 14001：2004是一种能够满足内部目标的工具。这些内部目标是：保证组织中所有对环境有影响的过程和活动受到管控，保证员工在一个对环境负责任的组织中工作。

ISO 14001：2004也能满足以下的外部目标：

• 为外部的利益相关者（诸如顾客和社区）提供环境问题方面的保障。管理机构遵守环境条例，支持组织的要求，传达自身的环境方针、计划与行动。

• 提供一种框架，通过供应商对合格性的声明、外部利益相关者（例如商业客户）对合格性的评定、独立的认证机构的合格性认证，这三方面来证明其合格性。

ISO 14000标准对于质量管理的重要性

本书的第2章“质量对社会和文化的影响”、第10章“展望：促进环境可持续性的生态质量”列出了组织要满足客户扩大的需求这一问题的重要性，随着我们进入下一个十年，顾客需要供应商表明它们关心环境，它们的产品和服务是对环境无害的。这一标准与质量标准同等重要。越来越多的顾客需要对组织的信任以证明组织的价值，这就会给组织施压，使其加入ISO 14000认证。若想获得关于这一标准更多的信息，请登录www. iso. org.

特定行业对ISO 9000标准的采用以及ISO 9000标准的扩展

在全球经济的一些领域，存在着一些特定行业对ISO 9000标准的采用以及ISO 9000标准的扩展。这些情形是问题与机遇并存的经典例子。作为问题，这些采用与扩展损坏了防扩散性的目标。作为机遇，在一些情形特殊的行业以及一些恰当的基本规则可以不断被发展实施的行业，它们很有作用。这些特殊的情形有以下特点：

1. 其产品对健康、安全或者环境方面的影响可能很严重，因此，大多数国家对于供应商的质量管理体系有一种管制要求。

2. 其拥有已经建立好的、全球部署的特定行业或特定供应商的质量体系要求文件，先于 ISO 9000 标准发行。

幸运的是，在目前存在的极少数实例中，ISO/IEC 指令的运营不扩散化标准已经被遵循。

医疗设备行业

情形 1 与医疗设备制造行业相关。例如美国的食品和药物管理局（FDA）发布的药品生产质量管理规范（GMP）。GMP 在 FDA 规程的合法认可下运行，这早于 ISO 9000 标准。FDA 定期检查医疗设备制造商是否符合 GMP 要求。这些要求中的大多数是质量管理体系要求，这与随后颁布的 ISO 9002：1987 要求一致。GMP 的其他管制要求与健康、安全、环境方面更相关。对于这类产品，许多国家有类似的管制要求。

在美国，FDA 推出了 GMPs 的增补版，此版本与 ISO 9000 标准接近，增加了对健康、安全或环境方面相关的要求，扩大了 ISO 9000 标准的范围，将产品设计方面对质量体系的要求涵盖其中，这反映了在全球医疗器械行业领域，人们对于产品设计重要性的认可和质量管理实践更高的成熟度。在其他国家也出现了类似的倾向，很多国家已经不再照搬 ISO 9001 原版，而采用相应的 GMP 管理规定。

为人类医药服务的现行药品生产质量管理规范（cGMPs）影响着每一个美国人。顾客希望他们吃的所有药物都满足质量标准以保证它们是安全有效的。然而，大多数人都不知道 cGMP，不知道 FDA 如何保证药物生产过程符合这些基本目标。最近，基于 cGMP 的不足，FDA 针对药品制造商宣布了很多管制行为。

cGMP 是什么？

cGMP 指的是 FDA 执行的现行药品生产质量管理规范，cGMP 所提供的体系确保对制造过程和设备进行恰当的设计、监管和控制。通过要求药物制造商充分控制它们的生产运营，遵守 cGMP 能够保证药物产品的特性、优势、质量和纯度。这包括建立强大的质量管理体系，获得合适的质量原材料，建立稳健的操作程序，检测产品质量偏差，维持可靠的测试检验。如果在实践中充分应用，这一正式的制药控制体系就会有助于防止污染、混杂、偏差、失败和错误的发生。这就保证了药品能满足质量标准。

cGMP 的建立是灵活的，这是为了使每一个供应商独立地做出以下决定：如何通过使用科学合理的设计、处理方法和测试程序来最好地实施必要的控制。这些规程的灵活性使公司能够通过使用现代科技和创新方法达到更高的质量与持续的改进。因此，cGMP中的“c”代表“现在”，要求公司使用最新的科技和系统来顺应规程。在10年或20年前用来防止污染、混杂和错误的最好系统和设备，以今天的标准来看可能远远不够好。

cGMP是最基本的要求，了解这一点是重要的。很多药物生产商已经在实施超越这些标准的全面现代的质量体系和风险管理方法。

为什么cGMP对软件开发是重要的？

消费者经常不能（通过嗅觉、触觉或视觉）察觉药物产品是否安全以及是否起作用。尽管cGMP需要测试，然而仅靠测试不足以保证质量。大多数情况下，仅对一小批样本进行测试（例如，对于总共200万粒药的一批药物，药物制造商仅对其中的100粒进行测试），以保证大部分药物能被病人服用，而不会因测试使这些药物遭到损坏。因此，药物在cGMP规则要求的条件下进行生产是重要的，这可以确保设计和生产过程中每一步的质量。良好状态下的设备，正确维护和校正下的设备，合格、训练有素的员工，可靠的生产过程是cGMP如何帮助确保药物产品安全性和有效性的一些例子。

FDA如何确定一个组织是否符合cGMP规程？

FDA聘用经过cGMP科学培训的人员来检查全球的制药生产设备，这些人员的工作就是评估一个组织是否符合cGMP规程。FDA也依赖来自公众和行业的有潜在缺陷的药物产品报告。FDA经常使用这些报告来确定进行检查和调查的地点。大多数被检查的公司完全符合cGMP规程。

2002年8月，FDA宣布了制药行业cGMP 21世纪倡议。在那份公告里面，FDA阐释了代理商将质量体系与风险管理方法整合到现有项目中以鼓励制药行业采纳现代的创新的制造技术这一意图。cGMP倡议受到以下实际情况的激发：1978年，关于cGMP的最新的主要修订版本颁布了，从那以来，在制造科技以及我们对质量体系的理解方面都有了很多进展。另外，许多制药厂商已经开始实施全面现代的质量体系和风险管理方法。这一指南是为了帮助制造商实施现代质量体系和风险管理方法以满足代理商的cGMP规程的要求。代理商也看到了使cGMP与其他非美国药物管理体系以及与FDA自身的医疗设备质量体系规则一致的必要性。这一指南支持这些目标。它也支持关键路径计划的目标。关键路径计划的目的是使医学创新产品的发展更有效率，以便使安全有效的治疗更早地惠及病人。

cGMP 21世纪倡议指导委员会创建了质量体系指导发展工作小组（QS工作

小组）来将当前需要特定质量管理元素的 cGMP 规程与其他现存的质量管理体系进行比较。QS 工作小组对比了 cGMP 规程与多种质量管理模型之间的关系，例如药品生产检查程序（即基于体系的检查程序），为发展环境项目的质量体系而设立的环境保护机构指南，ISO 质量标准，其他质量出版物以及从监管案例获得的经验。QS 工作小组决定，尽管 cGMP 规程有着很大的灵活性，但它们不能明确地包含当今组成质量管理体系的所有元素。

cGMP 和其他质量管理体系在组织和某些构成要素方面有些不同。然而，它们非常相似并有着一些相同的基本原则。例如，cGMP 规程强调质量控制，近期发展起来的质量体系强调质量管理、质量保证、风险管理工具的使用，另外也同样强调质量控制。QS 工作小组认为：在当今的全球制造业，检验 cGMP 规程是否符合现代全面的质量体系的要素是有用的。这一指南正是检验的结果。

在 ISO 里，一个新的技术委员会——ISO/TC 210 已经建立了，这一委员会专门针对医疗设备体系。TC 210 已经建立起补充 ISO 9001 条款的标准。这些补充主要反映在医疗设备的健康、安全和环境方面，这与许多国家的管制要求一致。

ISO/TS 16949：汽车行业

在 1987 年 ISO 9000 标准颁布之前，汽车行业中的很多原始设备制造商（OEM）已经建立起了公司专有的质量体系要求文件。这些要求是 OEM 向在它们供应链上的上千家组织采购零件、物料和部件的合同的一部分。OEM 有很多负责第二方审核的员工以证实这些 OEM 的特定要求被满足。

基于 ISO 9001：1994 的颁布，美国主要的 OEM 开始在全球实施共同标准——QS 9000——包含 ISO 9001 与特定行业的补充要求。一些补充的要求是通用 ISO 9001 要求规定的方法，一些是被主要的 OEM 认同的附加的质量体系要求，一小部分是针对特定 OEM 的。

在 2006 年 12 月 14 日，所有的 QS 9000 认证被终止。QS 9000 未被终止时，位于 ISO 9001 与 ISO/TS 16949 之间的认证不再有效，企业可以选择 ISO 9001 与 TS 16949 中的任意一个。可以认为 QS 9000 已被 ISO/TS 16949 取代。

ISO/TS 16949：2009 与 ISO 9001：2008 为设计开发、产品，以及与汽车相关产品的安装与服务定义质量管理体系要求。

ISO/TS 16949：2009 适用于组织中为产品或服务制造顾客指定部件的场所。

支持功能，无论是现场的还是远程的（如设计中心、公司总部、配送中心），由于其支持现场而构成了现场审核的一部分，但它们不能获得单独的 ISO/

TS 16949：2009认证。ISO/TS 16949：2009可用于整条汽车供应链。

计算机软件

全球经济中充满了计算机信息技术（IT）。IT产业在影响和驱动全球经济方面扮演着重要的角色。随着过去重大技术的进步，自相矛盾的是，整个世界既彼此不同又相互一致。计算机软件的发展在这个矛盾体中占据着中心位置。

首先，与其说计算机软件的发展是一种行业不如说它是一门学科。

其次，许多IT从业者强调，由于其方式的多样性，计算机软件问题是复杂的，计算机软件的质量在供应商组织的业务中是至关重要的。例如：

• 供应商的产品可能是复杂的软件，这些软件的功能设计要求是由顾客指定的。

• 供应商生产的大部分软件产品可能是自己编写的，也可能是对次级供应商现成的软件包进行整合。

• 供应商可能将计算机软件/固件整合到它的产品中，这可能主要是硬件或服务。

• 供应商可能开发或从次级供应商购买软件，这些软件将被用于自己的设计或自己产品的生产工艺中。

然而，需要注意的是，一个供应商组织的业务以同样多样的方式涵盖了硬件、已加工的原材料、服务。

那么，在将ISO 9001应用到计算机软件开发过程中的争议点是什么？全球有以下共识：

• 通用的质量管理体系以及ISO 9001的相关要求都与计算机软件有关。正如它们与其他通用产品类别（硬件、其他形式的软件、已加工的材料和服务）相关一样。

• 在将ISO 9001运用到计算机软件的过程中有一些不同之处。

当今，在全球范围内，以下问题尚未达成共识：哪些事情足够不同以至于需要进行区分？关于这些事情应该做些什么？

作为一种处理这种重要的、自相矛盾的问题的方式，ISO/TC 176发展并颁布了ISO 9000—3：9001。ISO 9000：3包含将ISO 9001应用到（计算机）软件的开发、供应和维护中的指南，这是有用的并已被广泛使用。ISO 9000—3提供了优于ISO 9001要求的指南，它做出了关于软件开发、供应和维护生命周期模型的假设。在英国，通过同时使用ISO 9001与ISO 9003，与软件开发相关的一个单独的认证方案（TickIT）已经运行了多年。这一方案在全球范围收到了来自多方的评价，有称赞也有批评。支持这一方案的人认为该方案：

- 解决了经济领域的一个重要需求：确保顾客对购买软件（单独的产品或包含在硬件中的软件）的质量要求得到满足。
- 包含除 ISO 9001 中常规认证之外的明确条款，以确保认证机构软件审核师、培训以及审核程序管理的能力。
- 提供一种单独的认证机制和商标，以便能够公开展示它的地位。

批评这一方案的人认为改方案：

- 是不灵活的，试图规定一个生命周期方法来进行软件开发，这与当今最好的计算机软件的开发实践不协调。
- 在计算机软件开发的技术方面有不切实际的严格的审核资格方面的要求，对软件开发管理体系人员有不必要的技术深度的职位要求。
- 是对 ISO 9001 第三方认证的冗余，在 ISO 9001 中，认证机构已经对审核人员的能力负责。认证机构证实可胜任能力是认证程序的一部分。
- 增加了除 ISO 9001 常规认证之外的大量成本，但只为供应链提供了少量的附加价值。

在美国，曾经向 ANSI/RAB（注册资格认证委员会）提出过采纳类似 Tick-IT 软件方案的提议。这一提议遭到了拒绝，这主要是因为在 IT 行业和 IT 使用者圈子里没有达成一致的共识和支持。

CMMI：软件和系统开发

另一种流行的标准是能力成熟模型（CMM），这是卡内基梅隆大学（CMU）拥有的一种服务商标，它指的是一种由实际数据得出的开发模型。数据来源于与美国国防部存在合约的部门，这些部门为研究提供支持，这成为 CMU 创建软件工程研究所（SEI）的基石。与其他模型一样，CMM 是对现有体系的一种抽象。与其他来自学术界的模型不同，这一模型基于观察而非理论。

当应用到已有机构软件开发的进程中时，CMM 允许运用一种有效的方法来改善它们。最终证明这一模型也可被用于其他进程，这导致了一种更加一般化观念的形成，这一观念适用于业务过程以及人才的培育。

起初，政府为了执行一项合约软件项目，CMM 是作为一种客观评价政府承包商业务过程能力的工具而发展起来的。CMM 以 1989 年瓦茨·汉弗莱在《软件过程管理》中首先描述的过程成熟度的框架为基础。之后，在 1993 年的报告（技术报告 CMU/SEI-93-TR-024 ESC-TR-93-177，1993 年 2 月，软件能力成熟度模型 SM，1.1 版本）中出版，并在 1995 年被刘小青（音）等人作为一本书出版。

尽管CMM来自软件开发领域，但它被作为一种通用模型，在不同的领域帮助改善组织的业务过程。例如，软件工程、系统工程、项目管理、软件维护、风险管理、系统采集、信息技术、服务、一般业务过程、人力资源管理。CMM在全球范围内被政府、商业、工业和软件开发组织广泛使用。

一个组织可能被SEI授权的首席鉴定员评估，然后该机构就能够声称它被授权了CMM的X等级，X是取值为1到5的数（成熟度水平）。成熟度1是初级，成熟度2是“可重复的”，成熟度3是已定义级，成熟度4是已定量管理级，成熟度5是最优级（了解各等级的更多说明需要进行深度阅读）。尽管有时被称为CMM认证，但SEI并不在特定法律含义使用这一术语。

在20世纪70年代，计算机的使用更加广泛、更加灵活和更廉价。组织开始采用计算机信息系统，软件开发的需求迅速增长。这些软件开发的进程属于初级阶段，只定义了一些“最佳实践”方法的标准。

因此，成长是伴随着疼痛的，项目的失败是常见的。计算机领域仍处于初期，项目规模和复杂性的期望超出了市场交付的能力。

20世纪80年代，一些美国军事项目（包括软件分包）超出了预算，比预期计划完成得晚，为了确定造成这种结果的原因，美国空军资助了SEI的一项研究。

标准的CMMI过程改进评估方法（SCAMPI）是提供与CMMI相关的基准质量评级的官方SEI方法。由于CMMI是被纳入到过程领域的最佳实践过程的集合，因此该模型被作为衡量组织过程定义的标尺。SCAMPI评估方法用来衡量一个组织将过程定义制度化为日常工作方式的程度。SCAMPI评估用来定义当前进程的优缺点、揭示发展/收购的风险、确定能力和成熟度等级。这些评估主要用于过程改进项目或用于对预期的供应商进行评价。这些评估方法由准备阶段、现场活动、初步观察和发现、等级评定、最终报告和后续活动组成。

SEI的这一模型的快速发展始于1986年，当年，从IBM退休后，汉弗莱在宾夕法尼亚州卡内基梅隆大学加入了SEI。在美国空军的要求下，他开始将过程成熟度框架形式化以援助美国国防部对软件承包商进行评估并将其作为授予合同的一部分。

在美国和其他国家，ISO 9000标准及ISO 14000标准的兼容性是标准化工作的一部分。其实施要求每个国家在认证机构、注册机构、审核认证机构中建立起相似的协调性和兼容性并在国际方针的指导下进行运营。写这篇文章时，ISO 14000还处于初期。然而，在按特定顺序解决过程问题的基础上，组织的进程是阶段性成熟的。正是由于汉弗莱对此独特的洞察力，他的方法与其他方法有所不同。汉弗莱的方法基于一个机构内软件开发实践的系统的分期进化，而不是基于对每个独立开发进程的成熟度测量。因此，许多机构将 CMM 看作理解并提高通用业务过程性能的一种综合的、强大的工具。

CMM 对很多机构都很有用，但是，它在软件开发方面的实施有时存在问题。在培训、评估、改进活动方面，使用没有整合到组织内的模型成本很高。CMMI 项目是为了整理使用多个 CMM 带来的问题。

尽管在公共域 CMM 仍是一个综合的理论过程能力模型，但对于软件开发过程，CMM 已被 CMMI 取代。

什么是能力成熟度模型？

成熟度模型可以用来作为比较的基准，并且可以帮助理解。比如，对有某些共同之处的组织进行比较评估时，就可以将成熟度模型作为类比的基础。就能力成熟度模型来说，进行比较的基础是组织软件发展的进程。

CMM 包括以下方面：

成熟度级别。5 级过程成熟度统一体，其中最高级（5 级）是一个名义上的理想状态，在该级别过程会被过程优化和持续的过程改进系统化管理。

关键过程领域。关键过程领域（KPA）确定了一组相关活动，当共同执行时，会达到一组很重要的目标。

目标。KPA 的目标说明了使 KPA 以一种有效持续的方式实施所必须具备的状态。目标完成的程度表明组织在那一成熟度水平上具备的能力。目标意味着范围、界限和每个 KPA 的意图。

共同特征。共同特征包括 KPA 实施及其制度化的实践。共同特征有 5 种类型：执行承诺、执行能力、执行操作、测量与分析，以及实施验证。

关键实践。关键实践描述了基础架构的组成要素以及对 KPA 实施及其制度化贡献最大的实践。

CMM 的等级

CMM 连续体的定义有 5 个等级。依据 SEI：“随着组织向五个等级依次推进，其可预测性、有效性、对组织软件过程的控制也将逐步提升。虽然不严谨，但是至今的经验证据能证实以上的判断。”这五个等级是：

等级 1：混乱的或临时的

这一等级过程的特点是：它们是（典型地）无文档化的，处于一种动态变化的状态。在一种临时的、不受控制的、被动的行为下容易被用户或事件驱动。它为过程提供的是一种混乱的、不稳定的环境。

等级2：可重复的

这一等级过程的特点是：一些过程是可重复的，并可能会获得一致的结果。过程的规范不太严格，但只要有规范，它就有助于保证在非常情况下过程能够维持运行。

等级3：已定义的

这一等级过程的特点是：建立起一系列有明确定义的、有完整文档的标准过程，并根据某些改进需要来调整。这些标准的过程已经准备就绪（即现有的过程已经是标准的过程），这些标准的过程可以在整个组织内保证过程绩效的一致性。

等级4：已管理的

这一等级过程的特点是：通过过程指标，管理人员能够有效地控制现有的过程（例如软件开发）。特别地，在没有质量损失和不偏离规范的前提下，管理人员能够识别出调整进程使其适应特定项目的方法。从这一级开始，建立了过程能力。

等级5：最优的

这一等级过程的特点是：其焦点是通过增加和创新技术变革或改进而不断改进过程绩效。

在等级5，过程关注的是统计常见原因引起的过程变异及改变过程（例如改变过程绩效的平均值）以提高过程绩效。这应该与努力达成已建立的定量过程改进目标共同进行。

每一个过程等级都有描述那一等级特性的关键过程域（KPA）。对于每个KPA，有5个术语。

1. 目标。
2. 承诺。
3. 能力。
4. 度量。
5. 核实。

CMM提供了一个过程成熟度从一个等级向下一个等级递增发展的理论连续体，等级跳跃是不允许的。

CMM原本是作为一种评估政府的承包商执行某软件项目合约能力的工具，它被用于此目的而且可能也适用于此目的。但有人指出：CMM对于成功的软件开发并非强制使用的。现实生活中存在 CMM 与成功的软件开发不相关的例子。这类例子涉及很多公司（也称为 COTS 公司或软件包公司），例如 Claris 公司、苹果公司、赛门铁克公司、微软公司、IBM 公司等。尽管这些公司成功地开发了自己的软件，但它们不一定像 CMM 规定的等级 3 或者更高的等级那样思考、定义或管理它们的过程，相反它们可能只符合模型中的 1、2 等级。从表面上看，这并不能妨碍它们软件的成功开发。

AS 9100：航空标准

AS 9100 是被航空航天工业广泛采纳的标准化质量管理体系。该标准于 1999 年 12 月由汽车工程师协会和欧洲航空航天工业协会颁布。AS 9100 替代了早期的 AS 9000，该标准在增加了一些与质量和安全相关的额外要求的同时，也完全包含了当前版本 ISO 9000 的整体要求。全球主要的航空航天制造商和供应商需要遵守 AS 9100 标准或进行 AS 9100 标准认证，并以此作为和它们进行业务往来的条件。

在采纳航空特定的质量标准之前，许多企业使用 ISO 9000 以及它们自己补充的质量要求，例如波音公司的 D1—9000 或者汽车制造的 Q 标准。这造成了各种竞争要求混杂的局面，很难实施。美国主要的航空航天制造商努力创造了一个单一的、统一的质量标准，AS 9000 应运而生。AS 9000 颁布之后，波音公司等公司停止使用其先前的质量标准而选择了 AS 9000。

在 2000 年发行的 ISO 9000 修订版修订期间，AS 团队与 ISO 组织合作很密切。2000 年，ISO 9000 的修订版包含了许多组织的、哲学上的改变。AS 9000 也进行了修订。ISO 9000 新版本发行的同时，针对国际航空航天工业的 AS 9100 也发行了。AS 9100 的修订版 AS 9100C 于 2009 年 1 月发行。

标准化深入人心

标准化已深入人心。许多公司在不同的标准下一起工作，从而周期性地提高它们的标准并包含尽可能多的体系以保证产品的安全和质量。例如，一项新的国际化标准——ISO 31000：2009，风险管理——准则和方针——用来帮助组织有效地管理风险。ISO 31000 以一种明晰的、系统的、可靠的方式提供了适用于任何范围和内容的风险管理的原则、框架和流程。

另外，基于 ISO 9001：2000，医疗设备行业的 ISO 颁布了有利于实行质量管理体系的标准。“ISO 13485：2003 的关键目标是使医疗设备组织在最大程度上满足全球质量体系要求，提供安全有效的医疗设备，满足顾客需求，”开发新标准的工作小组召集人 Ed Kimmelman 如此说。

ISO 13485：2003，医疗设备质量管理体系用于法规的要求，是建立在全球医疗器械法规当前的质量管理体系要求和 ISO 9001：2000 中的相关要求基础上的。新标准用于医疗器械的生产、设计、安装、服务及相关服务的设计、开发和提供方面。它也被外部认证机构用来评估一个组织是否具备满足要求的能力。新标准取代了 ISO 13485：1996，是由 ISO 技术委员会 ISO/TC 210、质量管理和相应的通用医疗装置、WG1 工作小组、医疗器械质量体系应用、全球协调医疗仪器规管专责小组（研究小组 3）的成员共同开发的，新标准是在 1992 年构思的，其目的是使国家之间的医疗设备管理体系达到更高的一致性。

标准化包括常见的操作程序、多维策略以及设备使用的指南。

——Barney and De Feo（2005）

标准正在成为全球组织的一种生存方式，准备好吧，有更多的事情要做。

参考文献

Barney M., and De Feo, J. A. (2008). "The Future of Manufacturing. Quality Digest, Chico CA."

Carnegie Mellon Software Engineering Institute. (2006). CMMI Executive Overview." Sponsored by U.S. Department of Defense, Carnegie Mellon University. Pittsburgh, PA.

Department of Health and Human Services (2004). "Final Report: Pharmaceutical CGMPS for the 21st Century—Risk-Based Approach." U.S. Food and Drug Administration, September.

Gasiorowski-Denis, E. (2003). Quality Management Systems for Medical Device Industry, ISO Management Systems, November-December 2003, http://www.iso.org/iso/medical_device_ims6_2003.pdf.

Humphrey, W. S. (1989). Managing for Software Process, Addison-Wesley, Reading, MA.

International Standard ISO 9001. (2008). 4th ed., November 15, 2008, www.iso.org

Liu, Xiaoqing. (1993). Technical Report CMU/SEI-93-TR-024 ESC-TR-93-177, Capability Maturity Model SM for Software, Version 1.1.

Software Engineering Institute. (2007). CMMI Version 1.2, Overview, Carnegie Mellon University, Pittsburgh, PA.

U. N. Secretariat, Geneva. Also reprinted in a number of other countries and languages, and in the *ISO 9000 Handbook*, op cit., chap. 11. *The ISO 9000 Family of International Standards* 11.27 034003-x_Ch11_Juran 3/6/00 1:38 PM, page 27 034003-x_Ch11_Juran 3/6/00 1:38 PM, page 28.

译者注：

ISO 9000 族质量管理体系标准自 1987 年颁布以来，经过了 1987 年版、1994 年版、2000 年版、2008 年版等多个标准修订阶段。其中 2000 年版的标准结构、内容与以前版本有了极大的不同。本书最初是按 1994 年以前的版本内容编写的，改版时虽将标准号改为了新的版本号（如 ISO 9001：2008），但其中一些内容仍按以前的版本内容未改，如表 16—1 中标准结构仍是旧版本的结构内容。2000 年版后的质量管理体系要求标准已取消了 ISO 9002 和 ISO 9003 标准，在进行第三方质量管理体系认证时只有 ISO 9001 标准，不同组织类型在认证时可对 ISO 9001 标准要求进行删减，而本书仍保留 ISO 9002 认证等内容。请读者在阅读本章内容时参照最新的 ISO 9000 族质量管理体系国际标准内容。

（王卫卫 译，王晓生 校）

第 17 章

运用国家卓越奖驱动和监测绩效

詹姆斯 · Er · 罗尔斯顿

关于本章

本章探讨质量奖的历史和结构，包括对几项最具影响力的奖项进行较为全面的讨论，如马尔科姆·鲍德里奇国家质量奖、EFQM（欧洲质量管理基金会）卓越奖、日本戴明奖。对其他许多国家质量奖的信息也进行了详细讨论，并附有参考清单。尽管许多质量奖是由国家支持和举办的，但本章也介绍了一些由地区、州和个别组织举办的质量奖。最后，本章探讨组织如何将这些奖项用作评估和持续改进的基础，以达成更优的组织结果。我们也将这些奖项与包括 ISO 9000、精益、六西格玛等在内的其他方法和项目进行了比较。

本章要点

1. 有证据表明，采用质量和卓越绩效奖的模式和准则，并将其作为追求卓越的一种方式，可以促进组织的改进。

2. 质量和卓越绩效奖计划在过去 30 年里迅速增长。许多国家、地方和区域奖计划都适当地为其所服务的组织带来了益处。

3. 为保持质量领导者的绩效，许多组织通过定期评估以识别和利用关键少数的改进机会，将质量和卓越绩效奖用于改进循环。

4. 许多组织已经发现，当质量和卓越绩效奖计划与国际标准和/或认证机构一同使用时会产生协同效应。

5. 近年来，许多质量和卓越绩效奖获奖者认识到，使用精益六西格玛工具和方法论有助于实现高水平的绩效。

在过去的 20 年里，国家质量和卓越绩效奖对于组织取得出众的结果产生了重大影响。事实上，可以说，要不是摩托罗拉公司成为了第一批荣获美国鲍德里奇国家质量奖的公司之一，六西格玛方法也许无法达到今天这样的知名程度和实践的广泛程度。

特别是，国家质量奖极大地影响了许多组织对质量和卓越绩效的系统管理方式。赢得国家质量奖的荣誉不仅提高了对获奖者典型做法（role model）的认可，还为许多组织创造了额外的激励，促使他们申请质量奖和秉承自己的做法。然而，多数获奖者表明，真正的益处不在于奖项本身，而在于采用质量奖模式和准则促使组织实现的改进，并将其作为一种追求卓越的方式。

大多数质量奖计划包括以下组成部分：

申请准则

准则内容由一些提问构成，通过对这些问题的回答，可以找到关于组织使用的方法和取得的结果的信息。例如，鲍德里奇准则包含 100 多个问题，分成七个部分或类别。许多组织发现利用奖项准则进行自我评估，即使没有提交奖项的申请，也能获得巨大的益处。例如，每年从鲍德里奇网站下载的准则超过 100 万份。

评分系统

评分系统提供了一种确定组织质量领导力和成熟度水平的手段。评分系统给出某些方面的得分，以帮助组织指出显著的优势或弱势。例如，组织可能会发现，它们有系统的方法但多年来没有对其做任何改进。

评审（examination）和审定（judging）过程

这确定了组织如何被评估以及获奖者如何被选拔出来。许多奖项过程分成几个评估阶段，因此在过程中表现出的先进性就表示了质量领先的水平。例如，在鲍德里奇奖过程中，获得现场评审（site visit）机会的组织有时被认为是“半决赛选手”，就是说获奖者将从这最后一组选手中选拔出来。

国家质量奖的历史

日本戴明奖，于20世纪50年代设立，是最早获得欢迎的国家级质量奖项之一。30多年后，1988年美国马尔科姆·鲍德里奇国家质量奖和欧洲质量奖的创立引起了强烈关注，不仅仅是在美国和欧洲，在全世界也得到了非常高的重视。此后，国家质量奖在世界各地雨后春笋般地涌现出来。区域、州、地方、组织内部的质量奖也陆续开展起来，它们大多数效仿了鲍德里奇奖或欧洲质量奖（现在称为EFQM卓越奖）的结构。

自质量奖于1988年设立以来，1 300多家美国企业申请了鲍德里奇奖。在鲍德里奇奖设立的第一年，就有66家企业申请。在过去20多年里，申请鲍德里奇奖的组织数量没有很大的波动，1991年申请数量达到最多，106家，1997年数量最少，26家。1997年以后申请者的数量增长程度很大，主要可以归结于申请资格扩大到一些新的部门，1999年增加了教育和卫生保健组织，2006年增加了非营利组织（包括政府机构）（见图17—1和17—2，以及表17—1）。

鲍德里奇计划也报告了美国的州、地方和区域质量奖的申请者的数量。报告始于1991年，当年总共217家企业申请。这一数字随着更多的州、地方和区域质量计划的启动在后续几年里稳步增长，在1999年达到了1 015个申请者的数量高峰。从那时起这个数字开始下降，在2008年仅报告有167家申请者。这种下降是由于随着质量计划的持续，申请者整体数量减少造成了一些质量奖计划的中止（见图17—3）。

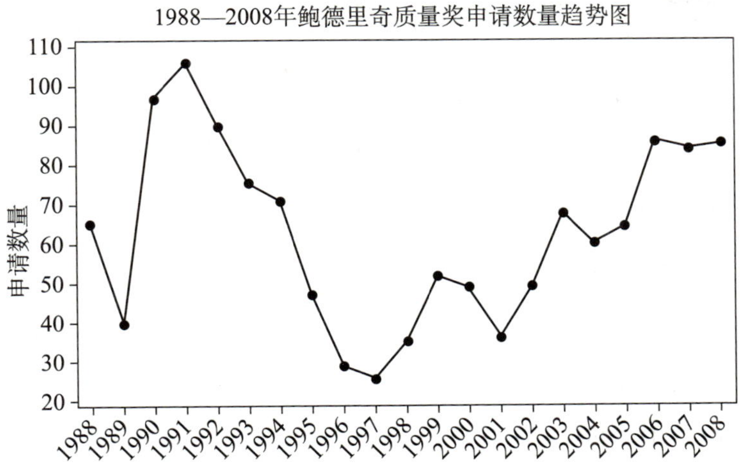

图 17—1　历年鲍德里奇质量奖申请者总数量图

资料来源：Baldrige National Quality Program and the Alliance for Performance Excellence

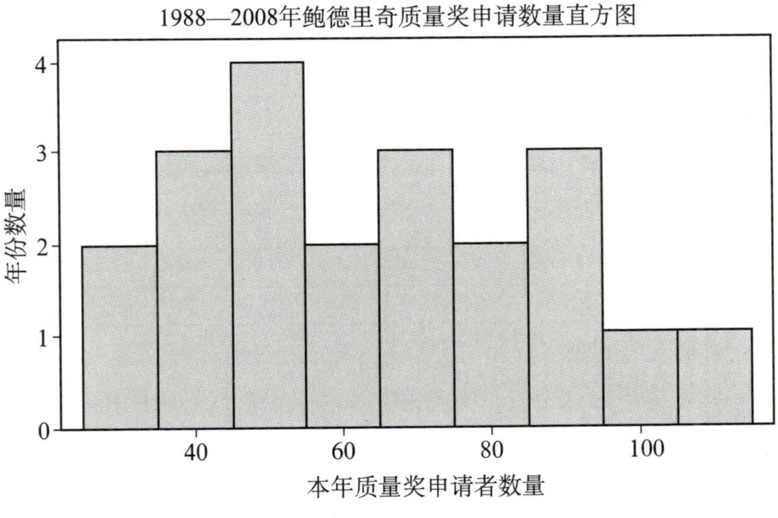

图 17—2　鲍德里奇质量奖申请者数量直方图

资料来源：Baldrige National Quality Program and the Alliance for Performance Excellence

表 17—1　　美国商务部国家标准技术研究院鲍德里奇质量计划提供的年度行业申请鲍德里奇奖的数量信息

年份		制造业	服务业	小企业	教育行业	医疗行业	非营利	申请总数	申请阶段 2	申请阶段 3	获奖总数
1988	申请	45	9	12				66			
	合议										
	现场	10	2	1						13	
	获奖	2	0	1							3

续前表

年份		制造业	服务业	小企业	教育行业	医疗行业	非营利	申请总数	申请阶段2	申请阶段3	获奖总数
1989	申请	23	6	11				40			
	合议										
	现场	8	2	0						10	
	获奖	2	0	0							2
1990	申请	45	18	34				97			
	合议								26		
	现场	6	3	3						12	
	获奖	2	1	1							4
1991	申请	38	21	47				106			
	合议								28		
	现场	9	5	5						19	
	获奖	2	0	1							3
1992	申请	31	15	44				90			
	合议								30		
	现场	7	5	5						17	
	获奖	2	2	1							5
1993	申请	32	13	31				76			
	合议								29		
	现场	4	5	4						13	
	获奖	1	0	1							2
1994	申请	23	18	30				71			
	合议								29		
	现场	6	5	3						14	
	获奖	0	2	1							3
1995	申请	18	10	19	191[1]	461[1]		47			
	合议								27		
	现场	7	4	2						13	
	获奖	2	0	0							2
1996	申请	13	6	10				29			
	合议	10	5	7					22		
	现场	5	2	2						9	
	获奖	1	1	2							4
1997	申请	9	7	10				26			
	合议	8	5	5					18		
	现场	5	3	3						11	
	获奖	2	2	0							4

续前表

年份		制造业	服务业	小企业	教育行业	医疗行业	非营利	申请总数	申请阶段 2	申请阶段 3	获奖总数
1998	申请	15	5	16				36			
	合议	11	3	7					21		
	现场	5	1	3						9	
	获奖	2	0	1							3
1999	申请	4	11	12	16②	9②		52			
	合议	3	3	5	5	2			18		
	现场	3	2	2	2	1				10	
	获奖	1	2	1	0	0					4
2000	申请	14	5	11	11	8		49			
	合议	7	3	5	5	3			23		
	现场	4	1	2	1	1				9	
	获奖	2	1	1	0	0					4
2001	申请	7	4	8	10	8		37			
	合议	7	2	3	7	4			23		
	现场	2	2	3	4	2				13	
	获奖	1	0	1	3	0					5
2002	申请	8	3	11	10	17		49			
	合议	5	2	6	4	10			27		
	现场	2	2	3	0	4				11	
	获奖	1	0	1	0	1					3
2003	申请	10	8	12	19	19		68			
	合议	6	8	3	7	12			36		
	现场	3	3	2	2	3				13	
	获奖	1	2	1	1	2					7
2004	申请	8	5	8	17	22		60			
	合议	6	4	3	6	15			34		
	现场	3	2	2	2	4				13	
	获奖	1	0	1	1	1					4
2005	申请	1	6	8	16	33		64			
	合议	1	3	3	8	21			36		
	现场	1	1	2	3	7				14	
	获奖	1	1	1	2	1					6
2006	申请	3	4	8	16	45	10③	76			
	合议	2	2	3	10	22	10		39④		
	现场	0	1	3	3	6	2			13④	
	获奖	0	1	1	0	1					3

续前表

年份		制造业	服务业	小企业	教育行业	医疗行业	非营利	申请总数	申请阶段 2	申请阶段 3	获奖总数
2007	申请	2	4	7	16	42	13	84			
	合议	2	4	7	16	42	12		83⑤		
	现场	0	0	2	1	7	4			14	
	获奖	0	0	1	0	2	2				5
2008	申请	3	5	7	11	43	16	85			
	合议	3	5	7	11	43	16		85		
	现场	1	0	2	2	7	1			13	
	获奖	1	0	0	1	1	0				3
总数	申请							1 308			
	合议								634		
	现场									263	
	获奖										79

① 1995 年医疗和教育行业试点计划——这些数量不计入 1995 年总申请者。
② 1999 年是教育和医疗组织具有资格申请鲍德里奇奖的第一年。
③ 2006 年非营利试点计划——这些数量不计入 2006 年总申请者。
④ 不包括非营利试点的 10 个合议和 2 个现场评审。
⑤ 从 2007 年起，所有的申请者都接受合议评审。

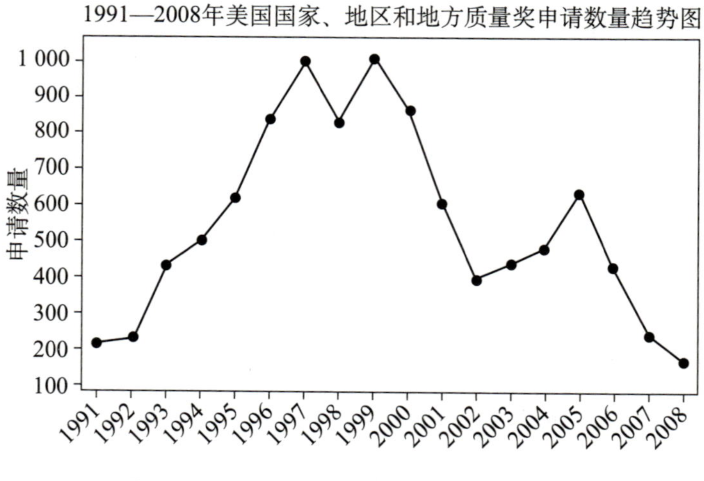

图 17—3 美国历年鲍德里奇奖总申报数量

资料来源：Baldrige National Quality Program and the Alliance for Performance Excellence

当联系鲍德里奇计划的主任哈里·赫兹（Harry Hertz）并征求其对本书的建议时，他回复说，本章的关键内容“应该追溯奖项准则的演变，展现不断演进的质量定义”。他所指的演变，就反映在过去 20 多年来持续修订的各种质量奖准则中。所有奖项计划的准则都远远超出了其初始专注于产品和服务的质量的范畴，甚至有些奖项根据准则的调整而相应地改变了名称。例如，欧洲质量奖现在的名称是 EFQM 卓越奖，该奖项反映了更广泛的关注，超越了以往传统的聚焦于产品和服务质量的观点，而关注组织过程和结果的绩效的整体质量。

鲍德里奇准则于 1988 年首次引入时，专门聚焦在产品和服务的质量，主要应用在制造业领域。准则自那以后已经大大演进，目前广泛关注组织整体的竞争力和可持续发展能力。原来的准则像今天的准则一样，有七个类别，但类别名称已经发生了十分明显的变化（见表 17—2）。

表 17—2　　1988 年鲍德里奇奖准则与 2009 年鲍德里奇奖准则对比

1988 年鲍德里奇奖准则类目	2009 年鲍德里奇奖准则类目
领导	领导
信息与分析	战略计划
战略质量计划	以顾客为中心
人力资源利用	测量、分析与知识管理
产品和服务的质量保证	以人为本
产品和服务质量保证的结果	过程管理
顾客满意	经营结果

对后续多年准则内容的回顾，可以发现一些很有意义的变化。

1991　与 1988 年准则有同样的类目。增加的新条目有竞争性的比较和标杆、员工的福祉和士气、业务过程和支持服务的质量。

1995　更加重视战略业务的驱动；在确定绩效改进的优先次序时更加强调财务数据；更加强调员工的发展；更加强调持续学习；关注的过程包括支持过程。

1999　更全面地覆盖了战略驱动的绩效，满足所有利益相关者的需要；更加重视绩效管理的系统观点和关键要素的校准；更加重视组织和员工的学习和知识共享。

2000　修订核心价值观并增加两个新的价值观：创新管理和系统视野。

2001　增加了组织简介以提供对组织更好的认识；增加了互联网和电子商务的使用。

2005　更加重视领导者在道德管理和良好治理方面的责任；增加了对财务计划和支持过程的资源管理的重视。

2009　更加重视客户参与，以及识别并提供顾客当前和未来需要的相关产品，探索与使命、战略和可持续发展有关的核心竞争力之间的关系；探索对社会责任的贡献，包括环境、社会和经济系统。

马尔科姆·鲍德里奇国家质量奖

鲍德里奇国家质量奖表彰那些在质量和业务绩效方面取得卓越成就的美国组织。该奖项也引起了对质量和卓越绩效作为竞争优势的重要性的关注。

要获得这个奖项，组织必须有一个典范的组织管理体系，它能确保产品和/或服务交付过程的不断改进，展现有效率且有效益的运营，并能提供一种能够满足和响应利益相关者需要的方式。该奖项每年颁发给六个有资格类别的组织：制造业、服务业、中小企业、教育、医疗保健和非营利组织。

这个奖项以马尔科姆·鲍德里奇的名字命名，他从1981年直到1987年7月死于一场牛仔竞技事故之前，一直担任美国商务部部长。鲍德里奇是“质量管理是国家繁荣和长期富强的关键”的倡导者。为表彰他的贡献，美国国会为他命名了该奖项。

马尔科姆·鲍德里奇国家质量奖的创立

在20世纪80年代，全面质量在美国逐渐兴起。许多美国领导人认为类似于日本戴明奖的国家质量奖，将有助于刺激美国组织在质量方面做出努力。

一些个人和组织提出了这个奖项的建议，后来引发了众议院科学、研究和技术分委员会的一系列听证会。约瑟夫·M·朱兰博士是在听证会中证明这个奖项潜在益处的人员之一。最后，在1987年1月6日，马尔科姆·鲍德里奇国家质量改进法案获得通过。罗纳德·里根总统于1987年8月20日签署了该法案，成为“公法100－107”。该法案为鲍德里奇国家质量奖计划的创立提供了支持。这一计划的目的是通过完成如下事项来提高质量和生产率（众议院812号决议，美国国会）：

- 使美国公司为荣誉而改进质量和生产率，同时增加利润、获得竞争优势；
- 表彰那些改进了其货品和服务质量的公司的成就，并为其他公司树立榜样；
- 建立指南和准则，以使企业、行业、政府及其他的组织可以用来评估各自的质量改进活动的成效；
- 通过提供获奖组织如何变革其文化并实现卓越的详细信息，为其他希望实现高质量的美国组织提供具体的指导。

鲍德里奇国家质量计划是隶属于美国商业部的国家标准与技术研究院（NIST）的一部分。美国质量学会（ASQ）根据与NIST的合同（鲍德里奇准则）执行奖项计划。

一个指导委员会监督商务部鲍德里奇国家质量计划。该委员会成员由商务部长任命，他们是美国经济各领域的杰出领导人。约瑟夫·M·朱兰博士曾是该委员会最初成员之一。

> 指导委员会评估该计划的所有方面，包括确定获奖者的准则和过程的适宜性。委员会职责的一个重要内容是评估该计划在服务国家利益方面发挥的作用如何。因此，委员会会向商务部部长和 NIST 主任提出一些关于该计划的变革和改进的建议。
>
> 该奖项的评审委员会评价申请者的自评报告并准备反馈报告。裁定小组是评审委员会的一部分，向 NIST 主任提出得奖建议。评审委员会由来自美国企业、教育、医疗保健和非营利组织的一流专家组成。NIST 通过一个竞争性的申请过程选择评审委员会成员。2008 年，评审委员会拥有约 570 名成员。其中，12 名（由商务部部长任命）担任裁定员，约 100 名担任资深评审员，其余担任评审员。该委员会的所有成员必须参加评审员预备课程。
>
> 为促进该计划的成功，美国设立了鲍德里奇国家质量奖基金会。其主要目的是筹集资金以持续资助该奖项计划。基金会的托管人由美国各类组织的杰出领导人担任，以确保基金会目标的实现。美国不同行业的大量组织对基金会提供财政支持。(鲍德里奇准则)

马尔科姆·鲍德里奇国家质量奖准则

鲍德里奇卓越绩效准则是一个框架，任何组织都可以利用这个框架来提高整体绩效。2009—2010 年度鲍德里奇质量计划提供三个不同领域的准则：

2009—2010　卓越绩效准则（与商业/非营利组织相关）。

2009—2010　教育类卓越绩效准则。

2009—2010　医疗保健类卓越绩效准则。

鲍德里奇准则可以从网站 http://www.quality.nist.gov/Criteria.htm 免费下载（译者注：现已收费）。个人用的纸版文件可以通过联系鲍德里奇国家质量计划免费获得。大宗订单可以向美国质量学会（ASQ）购买，P. O. Box 3005，Milwaukee，WI 53201—3005 或 600 North Plankinton Avenue Milkwaukee，WI 53203。

准则的每个版本都是根据各自关注的领域定制的。为简单起见，以下仅重点解释和描述商业/非营利准则。构成准则的七个类别相互关联并整合于如图 17—4 所示的框架中。

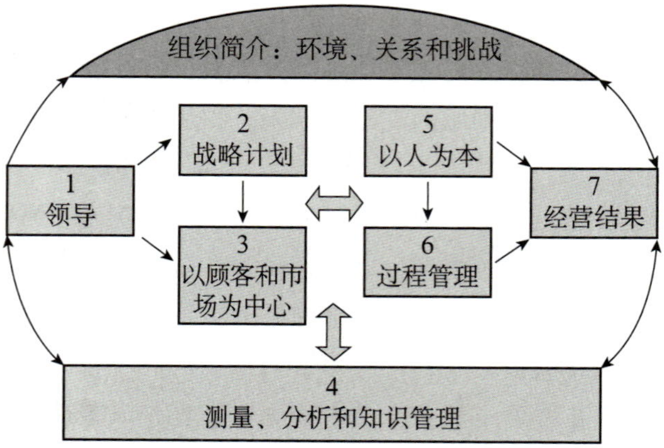

图 17—4 鲍德里奇卓越绩效准则框架图

资料来源：Baldrige National Quality Program.

该框架包括三个重要组成部分：

1. 顶部的组织简介构建了一个组织的运营环境。体系的运营处于框架中心，并由六个鲍德里奇类别组成，它们界定了运营的内容和实现的结果。

2. 三个类别（领导、战略计划与以顾客和市场为中心）代表了“领导三角”。把这些类别放在一起是为了强调关注战略和顾客的领导的重要性。另外三个类别（以人为本、过程管理和经营结果）构成“结果三角”。这意味着，组织的员工和关键过程完成组织的工作，进而产生整体绩效结果。

3. 框架图底部是该系统的基础，由鲍德里奇准则的测量、分析和知识管理类别构成，标志着这一类别对于通过组织的有效管理和基于事实的知识驱动系统来提高组织绩效和竞争力的重要性。

鲍德里奇奖准则的类别

• 领导。检查高层领导者如何指导组织，以及组织如何应对公共责任，实施好的治理和公民责任。

• 战略计划。检查组织如何确立其战略方向，如何制订其关键的行动计划。

• 以顾客和市场为中心。检查组织如何开展顾客活动以实现长期的市场成功，建立以顾客为中心的文化，倾听顾客的声音并使用这些信息来改进和识别创新的机会。

• 测量、分析和知识管理。检查数据和信息的管理、有效利用、分析和改进，以支持关键的组织过程和组织绩效的管理系统。

• 以人为本。检查组织如何雇用、管理和培养员工，以充分发挥他们的潜能，组织的人力如何与组织的目标相匹配。

- 过程管理。检查工作系统的设计和关键过程的设计、控制和改进等方面。
- 经营结果。检查组织的绩效和关键业务领域的改进：产品和服务，以顾客为中心，财务和市场，以人为本，过程的有效性和领导。该类别还检查组织如何处理与竞争对手和生产同类产品的其他组织的关系。

在鲍德里奇准则每个类别（译者注：称之为“类目”）内，都有一些要求和提问，它们可用于组织的评估或准备申请质量奖的自评报告。共有 18 条准则（译者注：称之为“条目”），如图 17—5 所示。

18 个条目下包含 36 个“着重方面”。众多的要求（译者注：称之为“详细要求”）表达为准则的不同问题。准则格式如图 17—6 和 17—7 所示。

鲍德里奇奖的核心价值观

奖项准则中有 11 项核心价值观。

远见卓识的领导

组织的高层领导者应确定发展方向，创建以顾客为中心的清晰、明确的价值观和高的期望。这些发展方向、价值观和期望应全面平衡组织利益相关者的需要。领导者应确保组织建立适宜的战略、体系、方法，以实现卓越绩效、激励创新、构建知识和能力，以及确保组织的可持续发展。已确定的价值观和战略应有助于指导组织所有的活动与决策。高层领导者应激励和鼓励全体员工贡献、发展和学习，积极创新和变革；应建立对其行动和绩效负责的治理体制；应在组织的道德规范、行为和绩效方面对所有利益相关方负责；应以自己的道德行为和人格魅力，在策划、沟通、指导、培养接班人、评价组织绩效和表彰员工方面起到表率作用。作为表率，高层领导者应在建立领导作用、承诺和培养主动性的过程中，增强组织的道德观、价值观和期望。

顾客驱动的卓越

质量和绩效是由组织的顾客来判定的。因此，组织必须重视所有那些能够给顾客带来价值的产品与服务的特征和特性，以及所有接触和支持顾客的方式。这样做可以引来顾客，获得顾客的满意、偏好和忠诚，得到顾客的推荐，并由此扩大业务。顾客驱动的卓越包括对当前和未来两方面的关注：理解今天的顾客需求，预测未来的顾客期望和市场潜力。顾客（感知）的价值和满意会受到他们与组织接触的全过程中很多因素的影响，这些因素包括组织中有助于建立起信任、信心和忠诚的顾客关系。顾客驱动的卓越所要求的远不止减少缺陷和失误、符合

卓越绩效准则——条目清单

类目和条目		分值
P 前言：组织简介		
P.1 组织的概况		
P.2 组织的环境		
1 领导		120
1.1 高层领导	70	
1.2 治理和社会责任	50	
2 战略计划		85
2.1 战略制定	40	
2.2 战略展开	45	
3 以顾客为中心		85
3.1 顾客参与	40	
3.2 顾客的声音	45	
4 测量、分析和知识管理		90
4.1 组织绩效的测量、分析和改进	45	
4.2 信息、知识和信息技术的管理	45	
5 以人为本		85
5.1 员工参与	45	
5.2 员工环境	40	
6 过程管理		85
6.1 工作系统	35	
6.2 工作过程	50	
7 经营结果		450
7.1 产品和服务结果	100	
7.2 以顾客为中心的结果	70	
7.3 财务和市场结果	70	
7.4 以人为本结果	70	
7.5 过程有效性结果	70	
7.6 领导结果	70	
总分		1 000

图 17—5　鲍德里奇卓越绩效条目清单，包括类目和条目分值

资料来源：Baldrige National Quality Program.

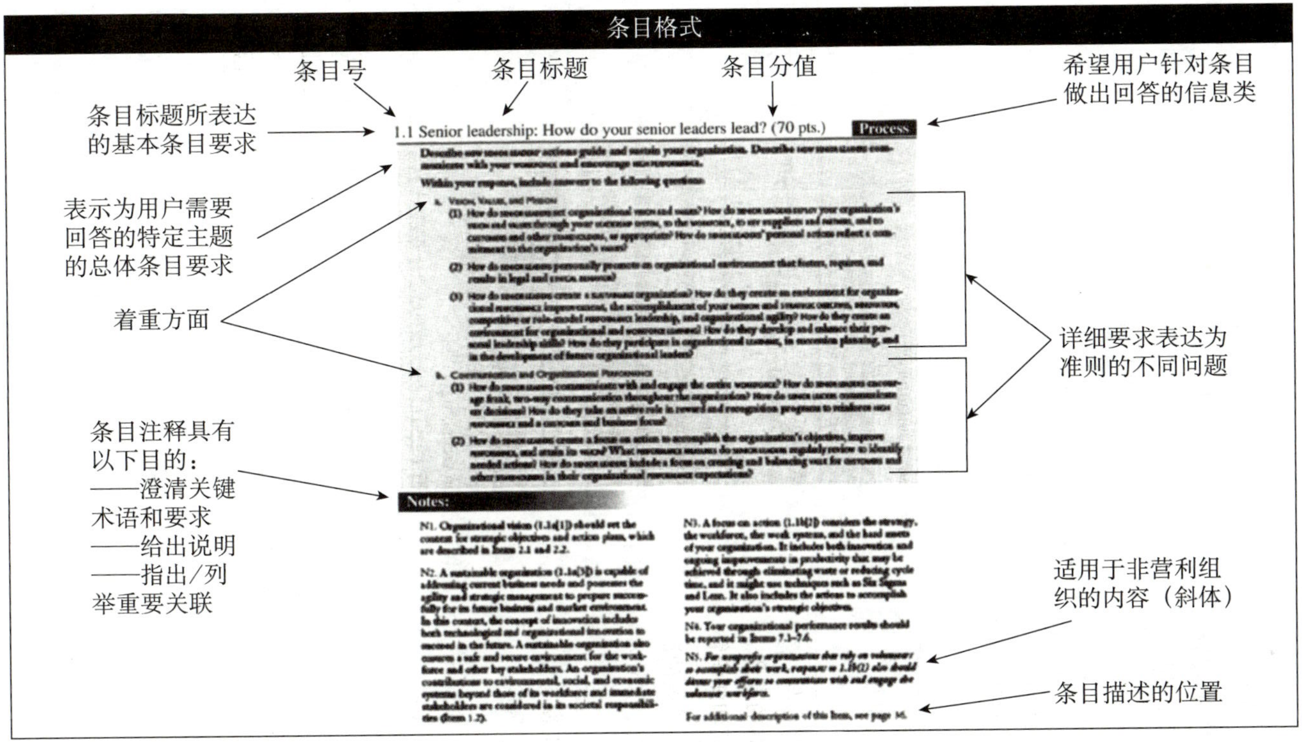

图 17—6　准则条目示例，包括着重方面和详细要求

资料来源：Baldrige National Quality Program.

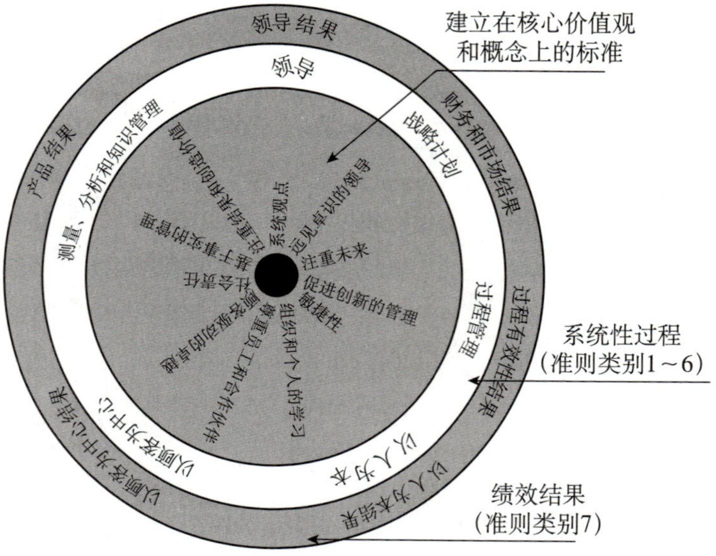

图 17—7　鲍德里奇奖准则中核心价值观的作用

资料来源：Baldrige National Quality Program Criteria for Performance Excellence.

规范或减少抱怨，然而，这些因素会提升顾客对组织的印象。因此，它们也是顾客驱动的卓越的重要组成部分。此外，组织成功地消除缺陷、服务差错和误会，对于留住顾客和与顾客建立长期关系起着至关重要的作用。顾客驱动的组织不只重视满足顾客基本要求的产品与服务的特性，而且还重视将自身与竞争对手相区别的那些特征和特性。这种差异可以是基于创新的提供物、产品与服务的不同组合、提供物的定制化、多重的接触机制、快速的响应或特殊的关系等。顾客驱动的卓越是一个战略性概念，它意在留住顾客，增加忠诚，获得并提高市场份额。它要求组织对变化和新出现的顾客和市场需求，以及驱动顾客参与的因素保持敏感。同时，它要求组织密切关注顾客的声音，预测市场变化，营造以顾客为中心的文化。因此，顾客驱动的卓越要求组织具有灵活性。

组织的和个人的学习

实现最高水平的组织绩效，需要一个通过系统过程分享知识的方法以实现组织的和个人的学习。组织的学习既包括对当前做法的持续改进，又包括产生新的目标和方法的巨大变革与创新。学习必须植根于组织的运行中。这意味着学习：（1）要成为日常工作的一部分；（2）要在个人、部门、组织各个层次中实践；（3）要引导解决问题的根源（根原因）；（4）注重在组织内构建和分享知识；（5）通过能够引起重大、有意义的变革和创新的机会来驱动。学习的资源包括：员工的创意、研究与开发、顾客的输入、最佳实践分享和标杆学习。组织的学习可以带来以下结果：(1) 通过新的和改进的产品和服务，为顾客增加价值；(2) 开发新的经营机会和模式；(3) 减少失误、缺陷、浪费和相关的成本；(4) 提高快速响应能力和周期时间的绩效；(5) 提高对组织全部资源利用的生产率和有效性；(6) 提高组织在实现社会责任方面的绩效。

员工的成功日益依赖于是否有个人学习和新技能实践的机会。领导者的成功也同样依赖于能否获得这些机会。在那些依靠志愿者的组织中，志愿者的学习是很重要的，而且他们的学习和技能培养应该与正式员工一样被重视。组织应通过提供教育、培训和其他机会，对个人学习进行投资，促进他们不断成长。这种机会可能包括岗位轮换和提高所展现的知识和技能的报酬。在岗培训是一种效费比很高的交叉培训方式，能够更好地与组织的需要和重点机会相结合。教育和培训可以有多种方式，包括基于计算机和网络的学习以及远程学习。

个人的学习可以带来以下结果：

- 更有意愿、更满意和多才能的员工。
- 组织内的跨职能学习。
- 增加组织的知识财富。
- 改善的创新环境。

因此，学习不仅直接导致了更好的产品和服务，而且还提升了响应能力、适应能力、创新能力和效率，从而给组织带来市场潜力和绩效优势，并且赋予员工更高的满意度和追求卓越的动机。

重视员工与合作伙伴

组织的成功越来越取决于勤于奉献的员工，而有意义的工作、清晰的组织方向和明确的绩效责任，以及安全的、相互信任和协作的环境将有助于这支员工队伍的形成。此外，成功的组织能够充分利用员工与合作伙伴的多样化背景、知识、技能、创造力和动机。重视员工意味着要确保员工的工作、满意、发展和福祉。进一步，这包括为员工提供更高灵活性、高绩效的工作实践以适应不同的工作场所和家庭生活的需要。在重视员工方面，主要面对的挑战包括：

- 体现领导者对员工取得成功的承诺。
- 提供超越常规薪酬制度的表彰。
- 提供组织内部的发展和晋升。
- 在组织内做到知识共享，使员工能更好地为顾客服务，进而实现组织的战略目标。
- 营造一个鼓励员工承担风险和创新的环境。
- 营造一个支持员工多样化的环境。

组织为更好地达成总目标，需要建立内部和外部的合作关系。内部合作关系应包括员工与管理者之间的合作。与员工的合作关系可以是提供发展机会、交叉培训或新的工作组织，包括高绩效的工作团队。内部合作关系还可以是在工作单元之间或者员工与志愿者之间创建网络关系，以提高灵活性、促进快速反应和知识共享。外部合作关系可以是同顾客、供应商、教育和相关社会团体之间的合作。战略性的合作或联盟已成为日渐重要的一种外部合作的形式。这种合作伙伴关系可以提供进入新市场的通路或成为开发新产品和新服务的基础。

此外，这种合作伙伴关系还可以使公司的核心能力和领导力与合作者的优势和能力相互补充，以应对面临的共同问题。这种伙伴关系也许会成为组织的一种战略优势资源。成功的内部和外部合作关系应树立长远目标，以建立相互投入和尊重的基础。合作者应明确成功的关键需求、定期沟通的手段、评价进展的方法、适应情况变化的措施等。在某些情况下，联合教育和培训可以提供一个效费比很高的员工发展方法。

敏捷性

要在当今不断变化、全球化竞争的环境中取得成功，组织需要有敏捷性——一种快速变化和灵活的能力。组织面临着越来越短的新的或改进的产品和服务的导入周期，非营利性组织和政府部门也一直被要求快速解决新的或不断出现的社会问题。在响应时间上的重要改进，常常要求简化工作部门和工作过程或者要求具备在过程之间快速转换的能力。在这种需求环境下，受过交叉培训和授权（活性化）的员工是一项重要的资产。应对竞争挑战的一个重要因素就是从设计到导入（产品/服务）或创新的周期。为了满足快速变化的市场的需要，组织需要进行从研究或概念到商品化或实施之间各活动的阶段间整合（例如并行工程）。时间绩效的所有方面都变得越来越重要，周期已成为一个关键的过程指标。对时间的关注还可以带来其他重要益处，时间方面的改进通常会同时推动工作系统、组织、质量、成本、供应链整合和效率等方面的改进。

注重未来

创建一个可持续性组织，要求理解影响组织和市场的长期与短期因素。追求可持续增长和持续的绩效，要求有强烈的未来导向以及对关键利益相关者做出长期承诺的意愿，这些利益相关者包括你的顾客、员工、供应商和合作伙伴、股东、公众和社区。组织的计划活动应当预先考虑到诸多因素，如顾客的期望、新的商机和合作机会、员工的发展和雇用需要、全球市场的增长、技术的发展、新的顾客和市场细分、新的商业模式、不断变化的管制要求、社区和社会的期望与需要的变化、竞争对手的战略性举动等。战略目标和资源分配必须与这些影响因素相匹配。注重未来包括培养组织的领导者、员工和供应商，完成有效的继任安排，创造创新的机会，以及预测社会责任和关注。

创新管理

创新意味着实施有意义的改变，改进组织的产品、服务、程序、过程、运营，以及商业模式，为组织的利益相关者创造新的价值。创新将指引组织达到一个新程度的绩效。创新已不再是研究和开发部门的专有职责，它对组织运营的所有方面以及所有工作系统和工作过程都非常重要。我们应当对组织进行引导和管理，以使创新成为学习型文化的一部分。创新应当融入到日常工作中，并应得到绩效改进系统的支持。创新的系统过程应当部署到整个组织中。创新建立在组织和员工所积累的知识之上。因此，对于驱动组织的创新而言，快速传播和利用这些知识的能力至关重要。

基于事实的管理

组织离不开对绩效的测量和分析。这种测量应源于经营需要和战略，并且它们能够提供关键过程、输出和结果的重要数据和信息。绩效管理需要多种类型的数据和信息。绩效测量应该包括顾客、产品和过程的绩效，运营、市场和竞争绩效的对比，供应商、员工、合作伙伴、成本和财务绩效，以及监管和符合性结果。数据应该按照市场、产品线、员工群组等进行分类，以助于分析。分析是指从数据和信息中提取具有更深意义的东西，用于评价、决策、改进和创新。分析需要用数据来确定趋势、预测值及尚未明晰的因果关系。分析可用于多种目的，如计划、全面评价组织的绩效、改进运营、实施变革管理、将组织的绩效与竞争对手或标杆的“最佳做法”进行比较。

在绩效改进和变革管理中需要考虑的一个重要内容就是测量指标的选择和使用。所选择的测量指标应能最好地反映那些导致顾客、运营、财务和社会绩效改进的因素。一套与顾客和组织绩效紧密相关的全面的测量指标，为组织的所有过程与组织的目标实现校准提供了清晰的基础。在一个快速变化的环境中，测量指标应为决策制定提供支持。通过对跟踪过程数据的分析，测量指标本身也可以得到评价和改变，以更好地支持组织的目标。

社会责任

组织的领导者应重视对公众的责任、道德行为，以及重视社会的福祉和利益对组织的需要。在恪守商业道德和保护公众健康、安全、环境方面，领导者应当成为组织的榜样。对公众健康、安全和环境的保护涵盖了组织的运营，以及产品和服务的生命周期。此外，组织还应注重保护资源，并从源头上减少废弃物排放。在计划时应考虑到产品的生产、分发、运输、使用和报废等带来的不利影响。

有效的计划应能防止问题的发生，当问题发生时能够立即响应，在需要保持公众知情、安全和信心时能够提供有用的信息和支持。对于许多组织而言，从公共责任的角度看，产品的设计阶段是非常重要的。设计决策会影响生产过程，也往往影响城市垃圾和工业废弃物的成分。有效的设计战略应该预测到不断提高的环境隐忧和责任。组织不应仅仅满足所有地方、州和联邦法律与法规的要求，还应把这些隐忧与责任及相关要求视为超越基本规定的改进机会。

组织应在与所有利益相关者的交易和交往中强调道德行为。高标准的道德行为应当是组织监管体制所要求的并受其监视的。“社会的福祉和利益”是指组织在其资源许可的条件下对重要的公众目的的领导和支持。这种目的可包括在社区内改善教育和医疗保健、美化环境、成为社会重要问题的引领者、保护资源、提供社区服务、改善工业和商业的习惯做法、分享非产权性信息等。作为榜样的组织，其领导作用意味着影响其他的私人或公共组织，结成合作伙伴以实现上述目的。对社会责任的管理要求采用适当的测量指标，也要求领导者负起使用这些测量指标的责任。

注重结果和创造价值

组织的绩效测量必须注重关键的结果。这些结果应当用于建立和平衡关键的利益相关者（顾客、员工、股东、供应商、合作伙伴、公众及社区）的价值。通过为关键的利益相关者创造价值，组织可以建立起忠诚，并为持续发展的经济和社会作出贡献。要满足这些平衡多方面价值的有时冲突和变化的目标，意味着组织的战略显然应该包括关键利益相关者的要求。这将有助于确保计划和行动能够满足不同利益相关者的需要，避免对任何一方造成不利影响。合理利用一套前测和后测的绩效指标组合，可以为沟通短期和长期的优先事项、监视实际的绩效和提供改进结果的依据提供一种有效的手段。

系统的视野

鲍德里奇准则为管理组织及其关键过程实现结果和争获卓越绩效提供了一个系统的视野。鲍德里奇准则的七个部分、核心价值观和评分指南，形成了该系统的结构单元和整合机制。然而，对总体绩效的成功管理需要组织的特定综合、校准和整合。“综合”意味着将组织视为一个整体，并建立主要的经营属性，包括组织的核心能力、战略目标、行动计划和工作系统。“校准”意味着采用鲍德里奇准则类别规定的各条款要求之间的联系来确保计划、过程、测量和行动之间的一致性。“整合”建立于校准基础上，以使绩效管理系统的各个要素能够以充分互联的方式运行，交付预计的结果。

系统的视野包括高层领导者对于战略方向和顾客的关注。这意味着组织的高层领导者依据经营结果来监视、响应和管理绩效。系统的视野也包括运用测量、指标、核心能力和组织的知识来建立关键战略。它意味着这些战略要与工作系统和关键过程联系起来，将资源配置到改进组织总体绩效和对顾客与利益相关者的关注上来。因此，系统的视野意味着管理整个组织及其组成部分以实现成功（如图 17—7 所示）。

鲍德里奇评分系统

鲍德里奇评分系统的分值范围是 0～1 000 分。类目和条目的现行分值分布如图 17—5 所示。其中，关于结果的类目 7，“经营结果”分量很重，占 1 000 总分值的 450 分。表 17—3 中给出了 1988—2007 年申请者的得分分布。在评估或申请评审时，评审员会根据评分指南给出分值。鲍德里奇准则给出了两个评价维度的评分指南：（1）过程；（2）结果。“过程”类目 1 至类目 6 的评分指南如图 17—8 所示。

表 17—3　1988—2007 年奖项申请（译者注：“奖项申请”即“自评报告”）书面成绩分布

历年申请者得分带百分比									
得分带*	1988/1989	1990	1991	1992	1993	1994			
0～125	0	0	2.8	0	2	2			
126～250	1	7.2	13.2	12	8	10			
251～400	9	18.6	35.8	30	24	28			
401～600	43	52.6	34	40	47	50			
601～750	33	19.6	14.2	18	19	10			
751～875	14	2.1	0	0	0	0			
876～1 000	0	0	0	0	0	0			
得分带*	1995	1996	1997	1998	1999	2000	2001	2002	2003
0～250	6	3	4	3	13	12	11	10	17
251～350	15	7	19	22	23	27	16	23	27
351～450	11	14	15	33	29	14	16	37	27
451～550	32	41	27	17	25	31	41	18	22
551～650	30	31	35	22	10	14	16	12	7
651～750	6	3	0	3	0	2	0	0	0
751～875	0	0	0	0	0	0	0	0	0
876～1 000	0	0	0	0	0	0	0	0	0

续前表

得分带*	2004	2005	2006	2007					
0～275	3	5	1	11					
276～375	22	17	13	27					
376～475	40	34	41	31					
476～575	20	28	30	25					
576～675	15	14	13	6					
676～775	0	2	1	0					
776～875	0	0	0	0					
876～1 000	0	0	0	0					

*修订的得分带。

资料来源：Baldrige National Quality Program.

“过程”指组织针对类目1至类目6中的条目要求所应用和改进的各种工作方法。“过程”类目1至类目6的评分指南如图17—8所示。在评价过程条目时应考虑四个因素：方法、展开、学习和整合（A—D—L—I）。

• “方法”指实施过程所应用的办法；这些办法相对条目要求和组织的运营环境的适宜性；这些办法应用的有效性；方法可重复及基于可信数据和信息的程度（如系统性）。

（译者注：本章原文中多次出现approach和method，都有方法的意思，为了区分，approach译成“方法”，method译成“办法”。）

• “展开”指在以下方面所达到的程度：方法应用于应对与组织相关的且对组织重要的条目要求；方法被一贯性地应用；方法被组织所有适当的工作单位所应用。

• “学习”指通过评价和改进循环来完善你的方法；鼓励通过创新对方法进行突破性的变革；与组织的其他相关工作单位和过程共享改进和创新。

• “整合”指在以下方面所达到的程度：你的方法与组织概述和其他过程确定的组织需要一致；指标、信息和改进系统在过程及工作单位之间是互补的；计划、过程、结果、分析、学习和行动在过程与工作单位之间相融合以支持整个组织的目标。

“结果”指组织在实现类目7条目7.1～7.6的要求方面的产出和成果。“结果”类目的得分指南如图17—9所示。四个因素用于评价结果：水平、趋势、对比和整合（Le-T-C-I）。

• “水平”指组织当前的绩效水平。

• “趋势”指组织绩效改进的速度或良好绩效的持续性（趋势数据的斜率）；

绩效结果的广度（展开的广泛程度）。

过程评分指南
用于类目 1～6

分　数	过　程
0%或 5%	• 没有系统方法应对评分条款的要求；信息是轶闻性的。(A) • 没有或几乎没有系统方法的展开。(D) • 没有改进导向；已有的改进是对问题的被动反应。(L) • 没有组织范围内的校准；各个方面或工作单元都在独立运作。(I)
10%，15%，20%或 25%	• 开始有系统方法应对评分条款的基本要求。(A) • 方法在大多数方面或工作单位中还处于展开的早期阶段，阻碍了实现条目基本要求的进程。(D) • 处于从“对问题的被动反应”向“大体的改进导向”转变的初期阶段。(L) • 主要通过联合解决问题的方式，使方法与其他方面或工作单位相校准。(I)
30%，35%，40%或 45%	• 有系统、有效的方法应对评分条款的基本要求。(A) • 方法已得到展开，虽然一些方面或工作单位的展开尚处于初期阶段。(D) • 开始系统地评价和改进关键过程。(L) • 方法与在回应组织概述和其他过程条款中确定的组织基本需要实现了初步校准。(I)
50%，55%，60%或 65%	• 有系统、有效的方法应对评分条款的总体要求。(A) • 方法得到了很好的展开，虽然一些方面或工作单位的展开有所差异。(D) • 进行了基于事实且系统的评价、改进和一些创新，以提高关键过程的有效性和效率。(L) • 方法与在回应组织概述和其他过程条款中确定的组织需要之间实现了校准。(I)
70%，75%，80%或 85%	• 有系统、有效的方法应对评分条款的详细要求。(A) • 方法得到了很好的开展，无明显的差距。(D) • 基于事实且系统的评价、改进和创新已成为关键的管理工具；存在清楚的证据，证实通过组织级的分析和分享，方法得到不断完善。(L) • 方法与在回应组织概述和其他过程条款中确定的组织需要之间实现了整合。(I)
90%，95%，或 100%	• 有系统、有效的方法充分应对评分条款的详细要求。(A) • 方法得到完全的展开，在任何方面或部门均无明显的弱点或差距。(D) • 基于事实且系统的评价、改进和创新已成为全组织的关键管理工具；有证据表明通过分析和分享，在整个组织中方法得到不断完善和创新。(L) • 方法与在回应组织概述和其他过程条款中确定的组织需要实现了很好的整合。(I)

图 17—8　过程评分指南

“过程”评分条款分数为 50%，表示方法满足该评分条款的总体要求并持续展开，且展开到该评分条款涉及的大多数部门；经过了几个周期的评价和改进，应对了关键的组织需要。

资料来源：Baldrige National Quality Program，2009－2010 Criteria for Performance Excellence.

结果评分指南

用于条目7.1～7.6

分　数	结　果
0%或5%	• 没有组织的绩效结果或结果很差。(Le) • 没有显示趋势的数据或呈现了负趋势。(T) • 没有对比性信息。(C) • 在对于达成组织的使命重要的方面以及绩效预测方面，均未报告结果。(I)
10%，15%，20%或25%	• 绩效结果很少，在少数方面有一些早期的良好绩效水平。(Le) • 有一些显示趋势的数据，其中部分呈不良的趋势。(T) • 没有报告或报告了很少的对比性数据。(C) • 在对于达成组织的使命重要的少数方面报告了结果，没有或有有限的绩效预测。(I)
30%，35%，40%或45%	• 在对评分条款要求重要的一些方面有良好的绩效水平。(Le) • 有一些显示趋势的数据，其中多半呈有利的趋势。(T) • 处于获得对比性信息的早期阶段。(C) • 在对于达成组织的使命很重要的很多方面报告了结果，有少量的绩效预测。(I)
50%，55%，60%或65%	• 在评分条款要求所涉及的大多数重要方面有好的绩效水平。(Le) • 在对达成组织的使命重要的方面，存在有利的趋势。(T) • 与有关竞争者和（或）标杆进行对比评价，部分指标具有良好的相对绩效水平。(C) • 结果回应了大多数关键的顾客、市场、过程的要求，有高优先度的绩效预测。(I)
70%，75%，80%或85%	• 在评分条款要求所涉及的大多数重要方面有良好到卓越的绩效水平。(Le) • 在对达成组织的使命重要的大多数方面，呈可持续的有利趋势。(T) • 与有关竞争者和（或）标杆进行对比评价，多数乃至大多数指标具有非常好的相对绩效水平。(C) • 结果回应了大多数关键的顾客、市场、过程和行动计划的要求，且包括对未来绩效的一些预测。(I)
90%，95%，或100%	• 在评分条款要求所涉及的大多数重要方面有卓越的绩效水平。(Le) • 在对达成组织的使命重要的所有方面，呈可持续的有利趋势。(T) • 在许多领域被证实处于行业领先和标杆地位。(C) • 结果全面回应了关键的顾客、市场、过程和行动计划的要求，且包括对组织未来绩效的预测。(I)

图17—9　结果评分指南

“结果”评分条款分数为50%，表示具有良好的绩效水平、有利的趋势，在该评分条款所覆盖的以及对组织的经营和使命重要的方面具有适宜的对比数据。在高优先度的结果方面进行了绩效预测。

资料来源：Baldrige National Quality Program，2009－2010 Criteria for Performance Excellence.

• “对比”指相对于适当的比较对象（如竞争者或同类组织）的绩效；相对于标杆或行业领先者的绩效；

• “整合”指以下方面所达到的程度：组织的结果指标（常常进行了细分）满足“组织概述”和过程类条目中所确定的重要的顾客、产品和服务、市场、过程、行动计划的绩效要求；组织的结果包括未来绩效的有效指标；组织的结果在工作过程和工作单位间取得协调，以支持整个组织的目标。(2009－2010 Criteria for Performance Excellence，Baldrige National Quality Program.)

鲍德里奇奖获奖资格

鲍德里奇奖有六个种类的获奖资格：制造业、服务业、小型企业、非营利组织、医疗保健和教育组织。资格是否符合要依据提交的申请资料包确定。资格确定时还要考虑下属公司和母公司之间的关系、申请者所在地，以及前五年质量奖获奖情况。

在鲍德里奇奖计划存在期间，各行业申请者的分布有了戏剧性的转变。最早的几年，奖项只有制造业、服务业、小型企业类。早期的申请者多数来自制造业。近年来，仅有少数制造业的申请者，大量申请者来自新增类别的教育和医疗保健组织。2005—2008 年，医疗保健类申请者占据了申请者总数的一半（见表 17—4)。

表 17—4　　1988—2008 年按种类的鲍德里奇奖申报数量

年份	制造业	服务业	小型企业	教育	医疗保健	非营利	总量	州、地区和本地申请*
1988	45	9	12	N/A	N/A	N/A	66	N/A
1989	23	6	11	N/A	N/A	N/A	40	N/A
1990	45	18	34	N/A	N/A	N/A	97	N/A
1991	38	21	47	N/A	N/A	N/A	106	217
1992	31	15	44	N/A	N/A	N/A	90	234
1993	32	13	31	N/A	N/A	N/A	76	433
1994	23	18	30	N/A	N/A	N/A	71	499
1995	18	10	19	N/A	N/A	N/A	47	621
1996	13	6	10	N/A	N/A	N/A	29	833
1997	9	7	10	N/A	N/A	N/A	26	1 000
1998	15	5	16	N/A	N/A	N/A	36	830
1999	4	11	12	16①	9①	N/A	52	1 015
2000	14	5	11	11	8	N/A	49	862
2001	7	4	8	10	8	N/A	37	609
2002	8	3	11	10	17	N/A	49	395

续前表

年份	制造业	服务业	小型企业	教育	医疗保健	非营利	总量	州、地区和本地申请*
2003	10	8	12	19	19	N/A	68	437
2004	8	5	8	17	22	N/A	60	481
2005	1	6	8	16	33	N/A	64	635
2006	3	4	8	16	45	10②	76	426
2007	2	4	7	16	42	13	84	243
2008	3	5	7	11	43	16	85	167
总量	352	183	356	142	203	29	1 308	9 937

1988 年至 2006 年的数量，按照第 1 阶段独立评审统计。2007 年的数量，按照合议评审统计。在现场评审后没有对申请者重新评分。

* 不完整的数据，依据每年报告的质量奖计划数量会有所不同。

①1999 年教育和医疗保健组织不计入总量。

②2006 年非营利组织不计入总量。

资料来源：Baldrige National Quality Program.

鲍德里奇奖过程

鲍德里奇奖申请流程如下：

资格审查

组织必须提交资格确认材料。提交的截止日期一般在每年 4 月上旬。

提交申请材料

组织应以 CD/ PDF 格式或书面格式提交奖项申请材料。该申请材料应包括一个 50 页或更少的对准则要求的书面答复。除了描述性文字外，申请材料通常充分利用图表、图形、表格和其他形式来展示成果。提交的截止日期通常为每年 5 月中旬到下旬。

申请材料评审

至少有六名评审委员会成员负责独立评审，随后由一名高级评审员带领评审小组进行合议评审。

现场评审

评审小组由 12 名评审委员会成员组成，审查所有申请者的得分数据后，选择那些应接受现场评审的申请者。现场评审小组通常由 6～8 名评审员组成，然后对合议结果进行验证和证明。

裁定评审

裁定评审小组审定独立评审、合议评审以及现场评审报告后，给 NIST 主任提供获奖者建议书。

获奖者

获奖者由商务部部长公布。获奖者应与其他美国机构分享他们成功的绩效战略的信息。主要的信息分享机制是每年一度的追求卓越大会。

鲍德里奇奖获奖者

到 2008 年，共有 79 家鲍德里奇奖获奖单位。鲍德里奇计划网站上公布了每一个获奖单位的联系信息和组织概述。

2008　北美嘉吉谷物粉制公司（Cargill Corn Milling North America），伯特利·山谷医疗中心（Poudre Valley Health System），伊尔德尔-斯特泰斯菲尔学校（Iredell-Statesville Schools）

2007　领先科技镀锌板轧钢公司（PRO-TEC Coating Co.），仁惠医疗中心（Mercy Health System），夏普医疗护理中心（Sharp Health Care），珊瑚泉城市政府（City of Coral Springs），美国军备研发和工程中心（U. S. Army Research, Development and Engineering Center，ARDEC）

2006　普利梅尔公司（Premier, Inc.），MESA 产品公司（MESA Products Inc.）北密西西比医疗中心（North Mississippi Medical Center）

2005　阳光保鲜食品公司（Sunny Fresh Foods Inc.），狄·麦克·德蒙特石油公司（DynMcDermott Petroleum Operations），帕克·佩莱斯雷克萨斯汽车销售和服务公司（Park Place Lexus），詹克斯公立学校（Jenks Public Schools），理查兰德学院（Richland College），堡森卫理公会教派医院（Bronson Methodist Hospital）

2004　白迈公司（The Bama Organizations），得克萨斯标牌公司（Texas Nameplate Company Inc.），肯尼思·蒙方特商学院（Kenneth W. Monfort College of Business），罗伯特·伍德·约翰逊大学附属汉密尔顿医院（Robert Wood Johnson University Hospital Hamilton）

2003　曼德里得公司（Medrad Inc.），波音航空服务支持部（Boeing Aerospace Support)，卡特比勒财务服务公司（Caterpillar Financial Services Corp.），斯托尼公司（Stoner Inc.），15社区联合学校（Community Consolidated School District 15)，潘萨可拉教会医院（Baptist Hospital Inc.），堪萨斯城圣鲁克医院（Saint Luke's Hospital of Kansas City)

2002 摩托罗拉商业、政府及行业解决方案事业部（Motorola Inc. Commercial, Government and Industrial Solutions Sector)，史密斯印刷分公司（Branch Smith Printing Division,)，SSM保健中心（SSM Health Care)

2001 克拉克美国支票公司（Clarke American Checks Inc.），鲍尔快速服务（Pal's Sudden Service)，乔克奇学区（Chugach School District)，珍珠河学区（Pearl River School District)，美国威斯康星大学斯陶特分校（University of Wisconsin-Stout)

2000 达纳公司—斯派塞驱动轴分公司（Dana Corp. -Spicer Driveshaft Division)，KARLEE公司（KARLEE Company Inc.），运营管理国际公司（Operations Management International Inc.），洛斯阿拉莫斯国家银行（Los Alamos National Bank)

1999 意法半导体公司—美国地区（ST Microelectronics Inc. -Region Americas)，BI公司（BI)，丽思·卡尔顿酒店有限责任公司（The Ritz-Carlton Hotel Co. L. L. C.），阳光保鲜食品公司（Sunny Fresh Foods Inc.）

1998 波音公司运输机和加油机项目（Boeing Airlift and Tanker Program)，太阳透平公司（Solar Turbines Inc.），得克萨斯标牌公司（Texas Nameplate Co. Inc.）

1997 3M齿科产品部门（3M Dental Products Division)，旭电公司（Solectron Corp.），美林信贷公司（Merrill Lynch Credit Corp.），施乐商务服务公司（Xerox Business Services)

1996 ADAC实验室（ADAC Laboratories)，达纳商业信贷公司（Dana Commercial Credit Corp.），市场调查研究公司（Custom Research Inc.），三叉戟精密制造公司（Trident Precision Manufacturing Inc.）

1995 阿姆斯特朗世界工业建筑产品运营公司（Armstrong World Industries Building Products Operation)，康宁电信产品事业部（Corning Telecommunications Products Division)

1994 美国电话电报公司顾客通信服务部（AT&T Consumer Communications Services)，通用电话与电子公司（GTE Directories Corp.），温赖特工业公司（Wainwright Industries Inc.）

1993　伊士曼化工有限公司（Eastman Chemical Co.），艾姆斯橡胶公司（Ames Rubber Corp.）

1992　美国电话电报公司网络系统集团/传输系统业务单元（AT&T Network Systems Group /Transmission Systems Business Unit），得克萨斯州仪器公司防御系统电器集团（Texas Instrument Inc. Defense Systems & Electronics Group），美国电话电报公司通用卡服务（AT&T Universal Card Services），丽思·卡尔顿酒店公司（The Ritz-Canton Hotel Co.），花岗岩石材公司（Granite Rock Co.）

1991　旭电公司（Solectron Corp.），Zytec 公司（Zytec Corp.），马洛公司（Marlow Industries）

1990　凯迪拉克汽车事业部（Cadillac Motor Car Division），IBM 罗契斯特（IBM Rochester），（美国）联邦快运公司（Federal Express Corp.），华莱士公司（Wallace Co. Inc.）

1989　麦立肯公司（Milliken & Co.），施乐公司商业产品和系统（Xerox Corp. Business Products and Systems）

1988　摩托罗拉公司（Motorola Inc.），西屋电气公司商业核燃料部（Commercial Nuclear Fuel Division of Westinghouse Electric Corp.），全球冶金公司（Globe Metallurgical Inc.）

鲍德里奇基金会资助的卓越绩效网站，是获取关于鲍德里奇奖信息的一个窗口。该网站（www.baldrigepe.org）可以链接到以下网站：

- 鲍德里奇基金会。
- 鲍德里奇国家质量计划。
- 卓越绩效联盟（进一步的讨论在本章“州和地方质量奖”部分进行）

朱兰研究院感谢国家标准技术研究院的鲍德里奇国家质量计划允许在本书中引用卓越绩效准则的文字和图形（Gaithersburg，MD，2009）。

EFQM 卓越奖

EFQM 卓越奖颁给欧洲取得最佳绩效的组织和非营利组织。这个奖项对位于欧洲地理区域内的组织开放，不受政治上的国家边界的限制。该奖原称欧洲质量奖，首个奖项由西班牙国王在 1988 年（译者注：应是 1992 年）马德里欧洲质量基金年度论坛上颁发。

EFQM 卓越奖是 EFQM（一家会员制非营利组织）所提供的许多认证和其

他服务项目之一。EFQM是由超过600家来自不同规模、不同行业的私有和公共部门的组织所构建成的一个网络。EFQM的经费来源于会员费和服务费，与任何政治团体或政府没有关系。EFQM提供四种类型的服务：评估、培训、表彰和分享。

EFQM将其卓越模式描述为“一个理解组织所做的与其能够实现的结果之间联系的非规定性框架。它用于对组织进行合乎逻辑的、系统的评审，允许与类似的或不同的组织进行比较。它还用于确定组织为实现战略目标所必需的能力和资源。”

EFQM卓越模式在2010年进行了更新，之前最新的是2003年版。2010年版本对它的基本理念、模型和RADAR元素（结果、方法、展开、评估、评审）进行了修改。这些修改更多的是更新，而不是进行全面的改变，而且基本结构和理念仍然保持原有的名称。进行更新的主要目的之一是认识到并考虑一些新出现的趋势和话题，包括：

- 关注外部网络并利用网络资源来实现创新和创造。
- 更加均衡地关注人的需求和组织的需求。
- 增强对财务和社会责任的关注。
- 有意识地运用风险管理并保持灵活性，以采取快速、及时的行动应对变化的需要。

2010年EFQM卓越模式如图17—10所示，整合了8个理念、9个准则和RADAR工具。图形周边外的小圆点代表8个基本理念，中心的大圈代表RADAR元素，内圈里面的9个方框代表模型准则。

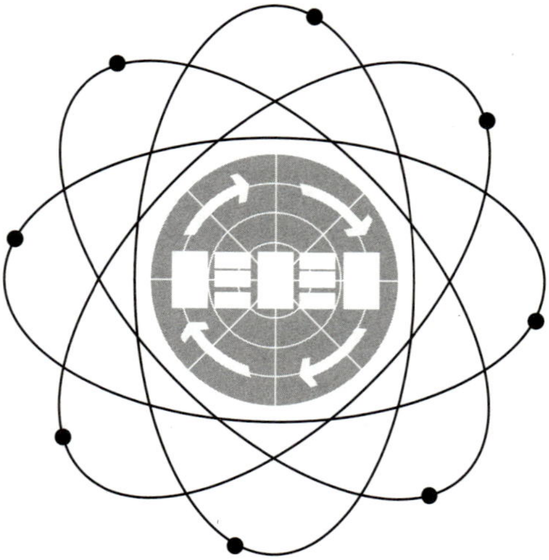

图17—10 2010年EFQM卓越模式

资料来源：Copyright 2009 EFQM.

EFQM 卓越模式准则包括 5 项“驱动因素”类目和 4 项“结果”类目（如图 17—11 所示）。

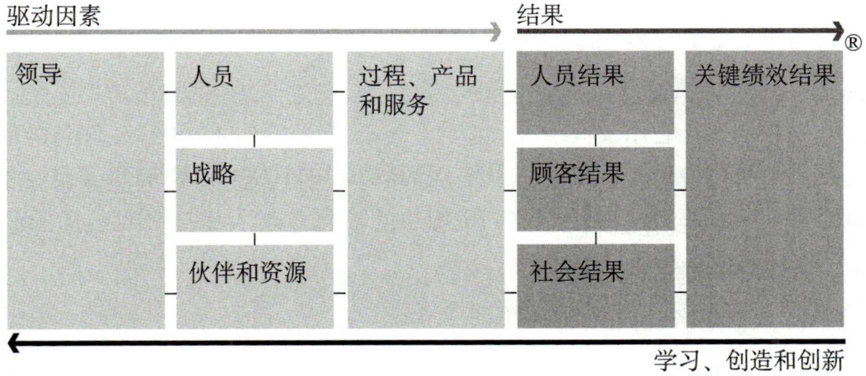

图 17—11　EFQM 卓越模式准则

资料来源：Copyright 2009 EFQM.

与鲍德里奇准则类似，给准则按照方法类目和结果类目平衡的方式赋予权重。2010 年修订的模式权重如下：

- 领导（10%）。
- 人员（10%）。
- 战略（10%）。
- 伙伴和资源（10%）。
- 过程、产品和服务（10%）。
- 人员结果（10%）。
- 顾客结果（15%）。
- 社会结果（10%）。
- 关键绩效结果（15%）。

也与鲍德里奇准则一样，EFQM 包括一套核心价值观，被描述为基本理念，如下：

- 实现平衡的结果。
- 增加顾客价值。
- 以愿景、激励和诚实的方式领导。
- 过程管理。
- 通过人取得成功。
- 培育创新与创造。
- 建立合作关系。

• 承担可持续发展的责任。

在2010版的模式中，EFQM显示了模式的8项基本理念与32项子准则部分之间的直接联系。图17—12显示了模式的理念与准则内容之间的清晰关系，这种方式也对理念进行了明确的解释。

EFQM RADAR

当使用EFQM准则来评审一个组织时，EFQM RADAR提供了评分指南。RADAR表示了参照卓越模式评审一个组织的不同方面。基于RADAR的分值是确定EFQM获奖绩效水平的基础。

如图17—13所示，RADAR指南应考虑：

• 如何计划和开发方法。

• 方法如何展开。

• 如何评估、优化方法与展开。

• 结果是如何相关和有用的，并显示出在趋势、目标、比较和原因方面有良好的结果。

EFQM过程

所有EFQM申请者在获准参加评奖过程之前必须获得资格，新申请者要提供资格文件，再申请者要提供获得进展的证据。申请者均需要提供一份用于评审的30～75页的文件。这份文件作为评审工作的起点，然后是由4～8名评审员组成的小组进行现场评审，从组织各层级选择一定数量的雇员进行访谈。

EFQM认可

EFQM提供分层级水平的认可，被称为EFQM卓越水平。分成不同层级水平或采用不同方案的主要目的，是帮助组织通过追求卓越提升其竞争力。个体组织可以获得连续水平的认可。

致力于卓越

“致力于卓越”是组织、组织单位开始卓越之旅的起点。对于这些组织，重点是在内部利益相关者中间创造一种热情和承诺，以产生必要的动力。对卓越进行承诺给组织提供了一个积累关于EFQM卓越模式与RADAR逻辑的知识和经验的实用而简单的方式。

	1					2				3					4					5					6		7		8		9	
准则	领导					战略				人员					伙伴和资源					过程、产品和服务					人员结果		顾客结果		社会结果		关键绩效结果	
子准则	A	B	C	D	E	A	B	C	D	A	B	C	D	E	A	B	C	D	E	A	B	C	D	E	A	B	A	B	A	B	A	B
实现平衡的结果		X	X			X		X	X							X	X		X						X	X	X	X	X	X	X	X
增加顾客价值			X				X														X	X	X	X	X	X		X				
以愿景、激励和诚实的方式领导	X			X	X			X					X														X		X			X
过程管理		X					X		X			X				X	X	X	X	X		X				X		X		X		X
通过人取得成功	X			X						X	X	X	X	X													X	X	X			
培育创新与创造			X				X		X			X						X	X	X	X				X	X	X	X	X	X	X	X
建立合作关系			X			X	X								X							X			X	X	X	X	X	X	X	X
承担可持续发展的责任	X	X	X		X	X	X	X					X	X			X				X		X	X			X		X	X	X	

X＝在子准则中直接反映基本理念

X＝在子准则中对基本理念进行了调整

图 17—12　基本理念与 EFQM 模式的整合

资料来源：Copright 2009 EFQM.

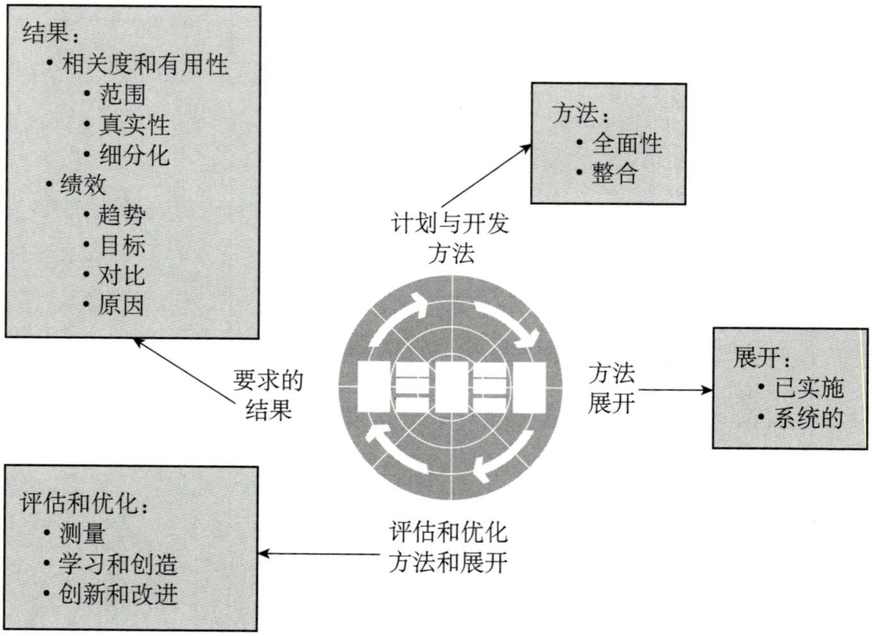

图 17—13 EFQM RADAR

资料来源：Copyright 2009 EFQM.

“公认的卓越”是下一个水平，表示组织较好地走上了追求卓越的道路。这些组织或组织单位已经拥有了实施卓越理念和管理框架的经验。这个水平认可该组织在实施卓越和良好实践方面已经付出的卓有成效的努力。公认的卓越给组织提供了从外部角度识别其优势和需要改进的方面的机会。

2006 年 6 月，EFQM 在意大利首都罗马举行的学习前沿会议上，对“公认的卓越”进行了修订，引入了三星级、四星级和五星级的认可方式。这些认可级别分别授予那些已取得超过 300、400 和 500 分的组织。

EFQM 卓越奖是 EFQM 卓越水平的最高级别，由独立评审委员会选择获奖者，其决定以评审小组通过现场评审后的建议为基础。在做出决定时考虑两个维度：RADAR 得分概况和组织能够成为的榜样类型和程度。针对每种奖项，评审委员会评审所有申请者之后，首先选择入围组织（入围奖），然后从入围组织中选择表现最佳的组织作为得奖者（单项奖）。如果申请者确实杰出，评审委员会可以决定宣布其作为获奖者（最高奖）（见表 17—5 和 17—6）。

表 17—5　　历年 EFQM 入围奖、得奖者（单项奖）和获奖者（最高奖）数量

年度	入围奖数量	得奖者（单项奖）数量	获奖者（最高奖）数量
1992		3	1
1993	2	1	1
1994	2	2	1
1995	3	1	1
1996	3	3	1
1997	4	4	2
1998	10	7	3
1999	18	5	4
2000	11	8	3
2001	14	5	2
2002	9	6	1
2003	6	9	4
2004	3	9	2
2005	5	9	2
2006	7	6	4
2007	8	3	4

资料来源：Copyright 2009 EFQM.

表 17—6　　历年 EFQM 获奖者（最高奖）

2007		
Lauaxeta 新闻合作社（Lauaxeta Ikastola Sociedad Cooperativa）	西班牙	获奖者
雪松基金会（The Cedar Foundation）	英国	获奖者
威乐马萨公司（Villa Massa S. r. l.）	意大利	获奖者
混凝土制品有限公司（Tobermore Concrete Products Ltd.）	英国	获奖者
2006		
宝马公司（BMW）	德国	获奖者
格兰富公司（Grundfos）	丹麦	获奖者
德国 TNT 快递公司（TNT Express GmbH-Germany）	德国	获奖者
圣玛丽大学（St. Mary's）	英国	获奖者
2005		
TNT 快递信息与通信服务公司（TNT Express Information and Communication Services）	英国	获奖者
FristPlus 金融集团（FirstPlus Financial Group Plc）	英国	获奖者
2004		
科贾埃利工业商会（Kocaeli Chamber of Industry）	土耳其	获奖者
黄页（YELL）	英国	获奖者

续前表

2003		
博世工业与贸易公司（Bosch Sanayi ve Ticaret AS）	土耳其	获奖者
朗沙学院（Runshaw College）	英国	获奖者
马克西可可-马特萨马克西公司（Maxi Coco-Mat SA Maxi）	希腊	获奖者
爱丁堡国际会议中心（Edinburgh International Conference Centre）	英国	获奖者
2002		
弹性模建筑模具有限公司（Springfarm Architectural Mouldings Ltd. Springfarm）	英国	获奖者
2001		
北爱尔兰圣玛丽学院（St. Mary's College Northern Ireland）	英国	获奖者
牙科护理（Zahnarztpraxis）	瑞士	获奖者
2000		
欧洲和非洲的诺基亚手机业务部（Nokia Mobile Phones，Europe and Africa）	芬兰	获奖者
内陆税收局（Inland Revenue），坎伯诺尔德账户办公室（Accounts Office Cumbernauld）	英国	获奖者
Burton-Apta 耐火材料制造有限公司（Burton-Apta Refractory Manufacturing Ltd.）	匈牙利	获奖者
1999		
黄页（Yellow Pages）	英国	获奖者
沃尔沃汽车（Volvo Cars Gent）	比利时	获奖者
丹麦国际持续教育中心（DiEU）	丹麦	获奖者
Servitique 网络服务（Servitique Network Services）	法国	获奖者
1998		
英国 TNT 快递股份有限公司（TNT Express United Kingdom Ltd.）	英国	获奖者
新德勒霍夫大酒店（Landhotel Schindlerhof）	德国	获奖者
倍科电器（Beko Ticaret）	土耳其	获奖者
1997		
意法半导体有限公司（SGS Thomson Microelectronics）	意大利	获奖者
贝克萨（Beksa）	土耳其	获奖者
1996		
布里萨（BRISA）	土耳其	获奖者
1995		
欧洲得克萨斯州仪器（Texas Instruments Europe）	法国	获奖者

续前表

1994		
D2D 有限公司（D2D (Design to Distribution) Ltd）	英国	获奖者
1993		
麦立肯欧洲分部（Milliken European Division）	比利时	获奖者
1992		
兰克施乐公司（Rank Xerox）	英国	获奖者

信息来源于 www. EFQM. org。请参考网站的所有入围奖、得奖者（单项奖）和获奖者（最高奖）的完整名单。

资料来源：Copyright 2009 EFQM.

戴明奖

戴明奖由日本科学技术联盟（JUSE）于 1951 年创建，是为了纪念已故的威廉·爱德华兹·戴明博士，他为日本二战后统计质量控制的发展作出了巨大贡献。最初该奖项是为表彰在质量改进方面作出重要成绩的日本组织而设立的。今天的戴明奖也面向对提高质量有重要贡献的其他国家的组织和个人。

表 17—7 显示了戴明奖的四个表彰类目。

表 17—7　戴明奖类目

戴明个人奖	颁发给个人或组织
	颁发给在全面质量管理或用于全面质量管理的统计方法的研究方面取得杰出成绩的个人或组织，以及对传播全面质量管理作出杰出贡献的个人或组织
戴明传播和推广杰出服务奖（海外）	颁发给活动范围在日本以外的个人
	颁发给对全面质量管理的传播和推广有杰出贡献的个人，每 3～5 年评审一次
戴明实施奖	颁发给组织或者独立管理经营的组织分部
	颁发给在规定的年份，通过运用全面质量管理使组织获得与众不同的绩效改进的组织和分部
经营运作部门质量控制奖	颁发给组织中的一个经营运作部门
	颁发给在规定的年份，通过使用全面质量管理中的质量控制和质量管理方法，获得与众不同的改进效果的经营运作部门

资料来源：http://www. juse. or. jp/e/deming/.

戴明奖网站定义全面质量管理（TQM）是："一套全组织执行的有效且高效

实现其目标的系统活动，从而在适合的时间以适合的价格，提供达到顾客满意的质量水准的产品和服务。”

该网站详细说明了TQM定义的许多重要名词和短语，使其得到了进一步的解释。例如，它解释“‘系统活动’的意思是实现组织使命（目标）的有组织的活动，它由较强的管理层领导，并由建立的清晰的中期和长期愿景战略以及适当的质量战略和方针引导。”（http://www.juse.or.jp/e/deming/）

戴明奖委员会主管评审和戴明奖授奖活动。委员会成员是来自各行业和学术界的全面质量管理专家。委员会下设五个分委员会，管理和执行奖项过程。戴明奖没有规定申报组织要遵循一个具体的模式。戴明奖委员会评价申请组织的活动是否能在它们的处境和环境下取得更高的绩效（获奖者名单见表17—8）。

表17—8 **戴明奖实施奖获得者**

年度	获奖组织名称
1951	昭和电工株式会社 田边制药株式会社 富士制铁株式会社 八幡制铁株式会社
1952	旭化成工业株式会社 盐野義制药株式会社 武田药品工业株式会社 东洋纺织株式会社 日本电气株式会社 古河电气工业株式会社 九州布业株式会社
1953	川崎制铁株式会社 信越化学工业株式会社 住友金属工业株式会社 东京芝浦电气株式会社
1954	东洋轴承制造株式会社 东洋人造丝株式会社 日本曹达株式会社
1955	旭玻璃株式会社 株式会社日立制作所 本州制纸株式会社
1956	小西六写真工业株式会社 株式会社东北工作所 富士写真胶卷株式会社 三菱电机株式会社

续前表

年度	获奖组织名称
1957	无获奖企业
1958	钟渊化学工业株式会社 吴羽化学工业株式会社 日本钢管株式会社 松下电子工业株式会社 株式会社中与通信机制作所（中小企业奖）
1959—1960	旭玻璃株式会社 仓毛纺织株式会社 日产汽车株式会社 株式会社东和制作所（中小企业奖）
1961	帝人株式会社 日本电装株式会社 日本散热器株式会社（中小企业奖）
1962	住友电气工业株式会社
1963	日本化药株式会社
1964	株式会社小松制作所
1965	丰田汽车工业株式会社
1966	关东汽车工业株式会社 松下电器产业株式会社零部件事业本部（事业部奖）
1967	神钢钢丝钢缆株式会社 小岛冲压机工业株式会社（中小企业奖）
1968	普利司通轮胎株式会社 洋马柴油发动机株式会社 中国化药株式会社（中小企业奖）
1969	新宝工业株式会社（中小企业奖）
1970	丰田车体株式会社
1971	日野汽车工业株式会社
1972	爱信精机株式会社 埼玉铸造工业株式会社（中小企业奖）
1973	三轮精机株式会社（中小企业奖） 埼玉机器株式会社（中小企业奖）
1974	株式会社堀切弹簧制作所（中小企业奖） 株式会社协同测量社（中小企业奖）

续前表

年度	获奖组织名称
1975	理光株式会社 株式会社武部铁工所（中小企业奖） 东海化成工业株式会社（中小企业奖） 理研锻造株式会社（中小企业奖）
1976	株式会社三协精机制作所 派通株式会社 小松造机株式会社（中小企业奖） 石川岛播磨重工业株式会社航空宇宙事业本部（事业部奖）
1977	爱信—华纳株式会社
1978	株式会社东海理化电机制作所 中越合金铸工株式会社（中小企业奖）
1979	株式会社竹中工务店 积水化学工业株式会社 九州日本电气株式会社 东北理光株式会社 浜名湖电装株式会社（中小企业奖）
1980	萱场工业株式会社 小松叉车株式会社 高丘工业株式会社 富士施乐株式会社 株式会社共和工业所（中小企业奖）
1981	爱峰株式会社（中小企业奖） 京三电机株式会社（中小企业奖） 东京重机工业株式会社工业用缝纫机本部（事业部奖）
1982	鹿岛建设株式会社 山形日本电气株式会社 横河—惠普株式会社 丽声钟表工业株式会社 爱信化工株式会社（中小企业奖） 新和工业株式会社（中小企业奖）

续前表

年度	获奖组织名称
1983	清水建设株式会社 株式会社日本制钢所 爱信轻金属株式会社（中小企业奖）
1984	关西电力株式会社 小松 ZENOAH 株式会社 株式会社安川电机制作所 安城电机株式会社（中小企业奖） 北陆工业株式会社（中小企业奖）
1985	丰田工机株式会社 丰田合成株式会社 日本碳株式会社 日本瑞翁株式会社 株式会社内野工务店（中小企业奖） 格满林株式会社（中小企业奖） 丰容精机株式会社（中小企业奖） 日本得克萨斯州仪器株式会社电极事业部（事业部奖）
1986	株式会社丰田自动织机制作所 株式会社间组 株式会社三洋电机制作所（中小企业奖） 日东建设株式会社（中小企业奖）
1987	爱信化工株式会社 爱知制钢株式会社 DAIHEN 株式会社 集成电路微机系统日本电气株式会社
1988	爱信轻金属株式会社 阿斯莫株式会社 株式会社富士铁工所 常磐兴产株式会社常磐夏威夷中心（事业部奖）
1989	爱信新知株式会社 株式会社伊藤喜工作所 东陶机器株式会社 东北日本电气株式会社 前田建设工业株式会社 佛罗里达电力株式会社（美国） 阿莱斯蒂株式会社（中小企业奖） 丰兴工业株式会社（中小企业奖）

续前表

年度	获奖组织名称
1990	爱信丰容株式会社 天田瓦西诺株式会社 静冈日本电气株式会社
1991	关西日本电气株式会社 株式会社不二越 北辰工业株式会社 飞利浦株式会社（中国台湾） 辰荣工业株式会社（中小企业奖） 新潟凸版印刷株式会社（中小企业奖）
1992	爱三工业株式会社 捷特科株式会社
1993	NTT 数据通信株式会社
1994	株式会社前田制作所 AT&T 电力系统（美国） AW 工业株式会社（中小企业奖） NT 科技株式会社（中小企业奖） 合资会社兴立产业社（中小企业奖） 金刚石电机株式会社（中小企业奖）
1995	石川岛播磨重工业株式会社原子力事业部 MTEX 株式会社 菊池冲压机工业株式会社 东洋精机株式会社
1996	爱信辰荣株式会社 安藤电气株式会社 柯尼卡株式会社日野生产事业部 日本电气无线电子株式会社 富士写真光机株式会社
1997	爱信机工株式会社 小岛冲压机工业株式会社 东洋玻璃株式会社

续前表

年度	获奖组织名称
1998	爱信 AW 精密株式会社 安藤电气技术服务株式会社 伊藤喜全钢株式会社 冲绳石油精制株式会社 三电株式会社 富士美工研株式会社 Sundaram Clayton 有限公司制动器事业部（印度）
1999	株式会社三山工业
2000	金秀铝工业株式会社 三电物流株式会社 三和科技株式会社 株式会社 GC
2001	三电系统工程公司 Sundaram 制动材料有限公司（印度） 泰国碳烯酸纤维有限公司（泰国） 泰国碳黑有限公司（泰国）
2002	泰国暹罗水泥集团（泰国） TVS 内燃机有限公司（印度）
2003	而至齿科工业株式会社 印度刹车和刹车部件制造有限公司铸造事业部（印度） 马恒达有限公司农业机械事业部（印度） Rane 制动材料有限公司（印度） 暹罗耐火材料制造有限公司（泰国） SONA KOYO 转向系统有限公司（印度） 泰国纸业有限公司（泰国）
2004	CCC 聚烯烃有限公司（泰国） Indo Gulf 肥料有限公司（印度） Lucas-TVS 有限公司（印度） 暹罗三井 PTA 有限公司（泰国） SRF 有限公司合成工业产品事业部（印度） 泰国制陶有限公司（泰国）
2005	丰生制动器工业株式会社 Krishna Maruti 有限公司座椅事业部（印度） Rane 发动机气门有限公司（印度） Rane TRW 转向系统有限公司转向装置事业部（印度）

续前表

年度	获奖组织名称
2006	株式会社西泽电机计器制作所 三电国际（新加坡）株式会社（新加坡） 三电国际（美国）株式会社（美国）
2007	朝日印度玻璃株式会社汽车玻璃事业部（印度） Rane（金奈）有限公司（印度）
2008	塔塔钢铁有限公司（印度）

资料来源：http://www.juse.or.jp/e/deming/.

其他质量奖

尽管确切数字不详，但全球范围内许多国家已经开始实施了国家质量奖。大部分的结构和业务模式是相似的，评奖过程类似于鲍德里奇奖或EFQM。

全球卓越模式委员会（GEM）

近年来，许多国家质量奖计划合作形成了全球卓越模式委员会（GEM）。全球卓越模式委员会由几个国家质量奖计划的首席管理者组成。目前全球卓越模式委员会的成员包括以下几个：

- 澳大利亚经营卓越奖。
- EFQM卓越奖（欧洲）。
- 伊比利亚美洲卓越奖（巴西、墨西哥、西班牙等）。
- CII-EXIM商业银行卓越奖（印度）。
- 日本质量奖。
- 新加坡质量奖。
- 美国鲍德里奇国家质量奖（美国）。

全球卓越模式委员会所明确的任务是：

- 在卓越模式方面保持一个领先的位置。
- 敏锐观察影响卓越模式的经营趋势和外部因素。
- 探索新产品和活动的机会。

• 协调和分享具体奖励活动。

（http：//www. excellencemodels. org/）

FUNDIBEQ

FUNDIBEQ（伊比利亚美洲质量管理基金会）是一个国际性的非营利组织，旨在促进和发展伊比利亚美洲的全面质量管理。FUNDIBEQ 促进了伊比利亚美洲管理卓越模式（IEM）并赞助了伊比利亚美洲质量奖。FUNDIBEQ 的战略目标是在伊比利亚美洲提供“朝着更强、联系更紧密的竞争力迈出一大步”的机会。伊比利亚美洲质量管理基金会成立于 1998 年。FUNDIBEQ 提供的一些服务如下：

• 联系地方质量协会和基金会，并使其成为 FUNDIBEQ 的战略盟友。
• 实施伊比利亚美洲卓越管理模式和组织伊比利亚美洲质量奖。
• 组织伊比利亚美洲质量会议。

FUNDIBEQ 的合作伙伴包括来自以下国家的质量奖组织：阿根廷、巴西、智利、哥伦比亚、古巴、多米尼加共和国、厄瓜多尔、墨西哥、巴拉圭、秘鲁、葡萄牙、西班牙、乌拉圭和委内瑞拉。（http：//www. fundibeq. org/English/ingles2. html＃modelo。）表 17—9 列出了国家和地区质量奖项目录。

表 17—9　　国家和地区质量奖目录（世界各地的国家和地区）

国家/地区	奖项名称	成立时间	网址
澳大利亚	澳大利亚经营卓越奖	1998	http：//www. saiglobal. com/improvement/business-excellence-awards
加拿大	加拿大卓越奖	1992	http：//www. nqi. ca/
中国台湾	台湾质量奖	2001	http：//nqa. csd. org. tw/eng/main. htm
埃及	国家卓越奖	2005	http：//www. nationalawards-eg. com
欧洲	EFQM 卓越奖	1988	http：//www. efqm. org
匈牙利	国家质量奖	1996	无法定位
伊比利亚美洲	伊比利亚美洲卓越奖	2000	http：//www. fundibeq. org/English/ingles2. html＃subir
印度	CII-EXIM 商业银行卓越奖	1994	http：//www. cii-iq. in/CII-Exim％20Bank％20Award％20for％20Excellence. htm
印度	拉吉夫·甘地国家质量奖	1991	http：//www. bis. org. in/other/rgnqa _ geninfo. htm
牙买加	国家质量奖		http：//www. jbs. org. jm/nqa _ pro. htm

续前表

国家/地区	奖项名称	成立时间	网址
日本	戴明奖	1951	http://www.juse.or.jp/e/deming/
日本	日本质量奖	1995	http://www.jqac.com/website.nsf/new-mainpagee? openpage
罗马尼亚	约瑟夫·M·朱兰罗马尼亚质量奖	2000	无法定位
新加坡	新加坡质量奖	1994	http://www.spring.gov.sg/sqa.aspx
斯里兰卡	斯里兰卡国家质量奖	1995	http://www.nsf.ac.lk/slsi/training/National%20Quality%20Awards.html
美国	鲍德里奇国家质量奖	1987	http://www.quality.nist.gov

州和地方质量奖

美国有一个卓越绩效联盟，由鲍德里奇基金会资助，于 2003 年成立，是一家由州和地方质量奖计划构成的协会，是一个基于州和地方鲍德里奇奖计划的非营利性的网络。该联盟提供具有潜力的奖项申请者和评审员，推进鲍德里奇准则的应用，传播奖项过程和概念的相关信息。该联盟的使命/愿景是：

- 加强和促进基于鲍德里奇准则的各州质量奖过程的成功。
- 通过州提高组织卓越和美国竞争力。

在 MBNQA 创立之前，几个州在 19 世纪 80 年代初期和中期设立了美国参议院生产力奖，包括亚拉巴马州、马里兰州、新墨西哥州、内华达州和弗吉尼亚州。1986 年和 1987 年，怀俄明州和康涅狄格州也创立了类似项目，起初使用一些其他的准则，最终，所有这些项目都转换成使用鲍德里奇准则（Belter，2009）。

20 世纪 80 年代中后期，组织的力量推动几个州开始运用鲍德里奇准则。到 1992 年，在康涅狄格州、特拉华州、佛罗里达州、缅因州、马萨诸塞州、明尼苏达州、新墨西哥州、纽约州、北卡罗来纳州和怀俄明州，启动了至少 9 个基于鲍德里奇的计划。

在接下来的五年内，阿肯色州、亚利桑那州、加利福尼亚州、佐治亚州、爱达荷州、伊利诺伊州、堪萨斯州、肯塔基州、路易斯安那州、密歇根州、密苏里州、内布拉斯加州、新罕布什尔州、新泽西州、内华达州、俄克拉何马州、俄勒冈州、罗得岛州、南卡罗来纳州、田纳西州、得克萨斯州、犹他州、佛蒙特州、华盛顿州和威斯康星州纷纷建立了质量奖计划。一些个体在康涅狄格州、肯塔基州和马里兰州建立了附加项目。印第安纳州建立了不基于鲍德里奇准则的质量奖计划。

在这同一时期，地方和区域奖计划在孟菲斯、奥斯丁、兰开斯特、匹兹堡、费城、休斯敦、得克萨斯州西部、辛辛那提、代顿、科罗拉多州泉城和其他城市设立。大孟菲斯商会继续运营其区域内的基于鲍德里奇奖的计划，并在兰开斯特、孟菲斯和奥斯汀有地方计划。

过去十年中，俄亥俄州、宾夕法尼亚州、科罗拉多州和阿拉斯加州等四个州设立了质量奖计划。卓越绩效联盟通过努力在 2003 年建立了一个联系州和地方质量奖计划的协会。

20 世纪 90 年代中期以来，几个州计划都以失败告终，主要是由于缺乏项目资金——爱达荷州、缅因州、俄勒冈州、犹他州、怀俄明州、新泽西州和内华达州。肯塔基州、北卡罗来纳州、纽约州和华盛顿州的质量奖项目最初也失败了，但通过志愿者的努力，又建立了新的质量奖计划。（参见《州和地方质量奖计划简史》，Hilary Belter）

联盟网站列出了 46 个不同的州和地方质量奖项。虽然有些州并没有正在开展的质量奖活动，但是也有一些州既开展州质量奖，也开展地方或区域质量奖。

从 1996 年至 2009 年，55 名鲍德里奇奖获奖者中的 41 名曾获得州质量奖 (Baldrige Program FAQs，Baldrige National Quality Program)。

到本书英文版出版时，存在的地方和区域奖有：

- 马萨诸塞州大斯普林菲尔德附属商会的先锋谷经营卓越奖。
- 杰出卓越奖组织（ONE)，俄亥俄州辛辛那提为当地非营利组织设立的一个奖项。
- 孟菲斯地区商会质量金杯奖，是由位于田纳西州中南部的质量生产力促进中心赞助的一个区域奖项。
- Mid-South—PerfX 卓越绩效联合奖，是为大孟菲斯和田纳西州三态区域的大、小企业和组织设立的地方奖项。
- 得克萨斯大学中心卓越绩效奖，是得克萨斯州的一个区域性质量奖。
- 康涅狄格卓越奖（CAFE)。

最新的州和地方质量奖详细信息可通过以下网站查询：

www. baldrigepe. org/alliance/programs. aspx.

组织中的质量奖

许多组织创立了内部质量奖，它们往往使用国家质量奖计划作为模型。经营单位、设施、部门和组织的其他单位可被提名或申请该组织奖，这是一种在整个组织中部署质量管理体系的有效方法。例如，内部质量奖计划的评估和结果可以作为战略计划阶段信息收集的一部分。在组织的不同单位的申请材料和评估中记录下来的方法和结果能够驱动最佳实践和标杆的分享。

多种方法可用于评价一个组织的内部质量。除了采用国家质量奖这样典型的标准方法外，还可以根据自我评价和评审员的认证，也可以仅根据评审小组实地的现场评审。组织可以选择聘用内部评审员或者外部第三方评审员进行评奖。

例如，嘉吉是农业、食品和风险管理的产品和服务的国际供应商，建立了一个基于鲍德里奇国家质量奖的持续改进的框架，名为“卓越经营”。嘉吉公司建立了内部质量奖表彰计划，最高的是卓越经营主席奖（Cargill，2008）。

将质量奖作为一种系统的评价工具

许多组织使用国家质量奖准则的目的是为了获得一次对组织的全面评审，而往往不是取得质量奖表彰。选择完成评价的方法，要基于许多因素，包括组织规模的大小和地理位置、设施数量，以及可参与评价的内部专家的状况。

书面回答

如果不能完成一份正式的申请报告，组织可以使用“提问—回答”的方法对质量奖准则问题进行回答。如果希望回答有多个来源，那么每个问题都可能会有多种答案。一些高级的书面回答格式能够获得每个问题的深入信息。例如，一份基于鲍德里奇的书面回答问卷可以通过编排获得与过程相关的问题的方法、展开、学习和整合的具体信息，这样可以为使用质量奖过程评分指南对申请报告进行评分提供更丰富的信息。

调查

这种方法被用于收集来自大量人员的评价输入信息。设计问题以收集关于组织绩效的整体输入，这与奖项标准相关。为此，鲍德里奇国家质量计划提供了一个名为“我们正在取得进展吗?”的免费调查表。该调查表包括 40 个问题，可在 10 分钟内完成。一项调查可以作为基本信息的收集方法，也可以作为更全面的评价收集补充或附加信息的方法（Baldrige National Quality Program，2008）。

申请

准备正式的申请可以模拟实际奖项的申请流程。这需要付出比简单的书面回答更多的努力，但它也是更有启迪作用的，因为撰写者在试图使用一致的语言、识别联系和组织最重要的优势时进行了详细的思考。对于刚刚开始的组织，它们可能仅适合回答较高层次的问题，而不是奖项标准的详细要求问题。例如，如果评审鲍德里奇准则的类目 3 部分，“以客户为中心”，自我评价小组可以只回答条目层次的问题，如下所示：

3.1 顾客参与：你如何让顾客参与以满足他们的需求和建立关系?

3.2 顾客的声音：你如何获得和使用客户的信息?

这是一个非常简单的过程，然而与在条目层次的两个问题相比，类目 3“以客户为中心”的详细要求包括了 35 个独立的问题。

面访

在这种方法中，评审小组将与回答准则问题的主要人员一起安排面访计划。在面访中，评审小组将记录被评审组织所使用的方法和已经取得的结果，以便在收集全部的信息之后进行更深入的评价。这种方法与书面回答相比，需要更少的准备时间。缺点是在面访中，回答者也许不能提供完整的信息，其完整程度要取决于他们对问题的理解以及在单次面访中对相关信息的回忆情况。与书面回答相比，回答者这一方获得较少程度的学习，因为他们参与的程度不高。

专题小组

除了有多人参与以回应准则评审的不同部分之外，专题小组这种方式与面访类似。例如，当对鲍德里奇准则条目 1.1“高层领导”进行评审时，可能会在专题小组中包含高层领导团队中的几名成员。与面访方法一样，评审小组将记录组织所使用的方法和已经取得的结果，在收集全部的信息之后，进行深入的评价。这种方法相对于个人面访的优点是：因为有了一个小组的共享知识并能够借助于他人的回答，所以可以提供完整的评审信息。

协同评审

该方法是专题小组方法的一个变种。在这个方法中，回答者为评审准则的每一部分提供对优势和改进机会的意见，而不是对方法问题收集具体的回答。专题小组在评审时实时捕获对问题的回答。在专题小组评审的结尾，每个人都可以提供他或她对每个改进机会重要性的评价。协同评审方法的优点是：可以让多人参与收集信息，并在组织内达成对优势和改进机会的共识（Hoyt and Ralston，2001）。

多个周期的改进

"一蹴而就"几乎总是浪费力气。这不足以达到一定水平的质量领先。真正的目标是始终保持质量领先绩效。从长远观点来说，许多组织将使用质量奖过程来进行一年一次或半年一次的周期性评估和改进。这些组织认识到，实现和维持质量领先是一个旅程。

一个典型的改进周期可能包括以下内容：

- 评估。这包括将实际绩效与获奖准则和评分指南进行对比。这可以通过奖项申请或自我评价、第三方评审等其他形式的评价来完成。
- 计划。这包括评价上述的评估结果，识别少数的重要改进机会，并确定优先顺序。
- 改进。这包括实施一些改进项目和活动，以实现少数的重要改进。
- 重复。继续进行多次反复的周期改进。

相当常见的是，国家质量奖获奖者在获奖之前往往要经历几个周期的申奖过程。这些组织利用申请过程和反馈报告来不断确定改进计划中的最优先事项，并监视改进的进展。因为并非所有的差距都可以同时得到解决，所以组织需要执行改进项目以解决少数的关键改进方面。企业在一个周期内解决了一些差距之后，在下一个周期可以集中精力解决另一个水平的重要差距。这样经过几年聚焦于一个个项目的解决，组织在许多最重要的领域都可以实现突破性的改进。奖项过程周期提供了一个关于评估、确定优先顺序和改进的计划。

使用多种评估方法可以实现多重的改进循环。

国家质量奖：一种方法是，组织每年申请国家质量奖，使用每年的反馈报告来监视进展和重新确定优先的改进目标。这种方法使组织保持在一个周期中，为组织提供了一个关于实施重要改进的固定时间表。

自我评估：另一种方法是，以自我评估为起点启动最初的几个改进循环。这种方法的优点是不受奖项过程周期的约束，这就为组织创造了一种可能，如果需要，组织可以采取尽可能快的改进周期。这种方法对立志达到“获奖”绩效水平而无意申请获奖表彰的组织也是具有吸引力的。

州和地方质量奖：许多组织在准备国家质量奖申请材料时，往往已经申请了州和/或地方质量奖，以便获得早期的改进循环。组织往往更容易获得州或地方质量奖的现场评审机会，它可以提供比仅通过申请反馈报告更全面的关于目前状态的评估。

质量奖的申请

大多数国家质量奖都要求提供针对奖项准则问题的回答的书面申请报告。虽然对申请报告的页数有限制（例如，鲍德里奇奖限制 50 页内），但申请报告通常是综合性的，准备时需要大量的时间和高超的技能。一份优秀的书面申请报告并不一定会增加获奖的机会，但是一份低劣的书面申请报告，如果不能令评审员准确了解组织的方法与结果，可能会减少获奖的机会。此外，写一份好的申请报告是很重要的，因为它可以给评审员提供更好的信息，评审员可以据此提供有价值的反馈。

撰写申请报告的一些常用方法如下：

合同写作者：许多组织聘请一名合同写作者或一家咨询机构来撰写申请报告。一名有经验的申请报告写作者可能会给组织带来关于如何撰写和编排回答格式的知识，这可以帮助组织更好地阐述自己的成就。一个潜在的缺点是，高层领导者可能没有恰当地参与到这一过程中，从而错过从尝试充分回答准则要求的过程中学习的机会。

一个内部申请报告写作者：一位组织的内部人员可能被任命撰写申请报告。这种方法的优点是，有一致的写作风格和对整个申请报告的熟悉，有助于实现申请报告内的重要联系和校准。但一个潜在的缺点是，其他人无法从写作过程产生的学习和责任感中获益。同时，对于任何一个人来说，去了解或收集申请报告所要求的全部信息都是很难的。

多名内部申请报告写作者：许多组织安排多人参与申请报告的撰写，包括关键的高层领导者和管理人员。一个常见的做法是，安排类目的组长和领航员，他们各自负责相应的类目和/或条目的回答。该类目/条目的负责人往往主管推动指定类目/条目的改进。这种方法的一个好处是，对于撰写者而言，其任务超出了撰写申请报告本身，还为持续评估和改进创建了一个结构基础。一个潜在的缺点是，多名撰写者可能会导致各人过于关注其被分配的准则部分，而不是寻求所要求的校准和整合。这可能导致书面申请报告中方法不一致和缺乏连续性。

申请软件：市场上有一些方便申请过程的软件。这些应用软件可以为回答准则的详细要求以及将这些回答组织起来给出提示。一些软件也提供了与高绩效组织进行比较的功能，提供了帮助回答准则某些要求的模板。

本书英文版出版时已有的协助申请的软件包括：

- 全面质量公司的“方便申请”（EasyApp）。
- 史蒂文斯集团公司的 IAS 2008。
- JIT 软件有限公司的“绩效组织者”（Performance Organizer）。

决定申请质量奖通常是一项重大决策，因为完成申请需要重要的资源。当现场评审是申请过程的一部分时，高绩效组织还需付出更多的资源。许多组织在申请国家质量奖之前，先用一定的时间进行自我评估或申请州或地方质量奖。组织递交一两次申请就获得国家质量奖的现象是非常罕见的。有些组织还决定每隔一年申请一次，利用两次之间的时间间隔来完成基于上次申请反馈的改进。

对卓越绩效体系的影响

国家质量奖产生的一个最重要的影响是以国家质量奖框架和模型为蓝本设计组织的卓越模型。许多从不申请国家质量奖的组织采用了与奖项模型或框架相同或非常相似的内部卓越模型。

一份来自名称为布兹·爱兰汉·密尔顿（Booz Allen Hamilton）且具有领先地位的咨询公司的研究报告表明，“鲍德里奇奖在其评选资格领域内的组织领导者当中，享有十分广泛、积极的评价……在世界 1 000 强组织中，超过 70%的被调查的领导人说，他们可能会使用卓越绩效准则”（Booz Allen Hamilton，2003）。

国家质量奖产生的影响之证据可能体现在组织的手册和程序中，可能体现在战略计划过程中，也可能体现在平衡计分卡的类目中。例如，一些美国本土的组织按照与鲍德里奇类目 7“经营结果”相匹配的方法设计了自己的平衡计分卡（见表 17—10）。

表 17—10　使用类目 7“经营结果”条目为战略重点类目制作的平衡计分卡示例

战略重点	绩效指标
产品结果	产品缺陷率 用户满意度
客户结果	客户忠诚度 客户投诉
财务和市场测量指标	总收入 净利润
员工测量指标	员工离职率 员工交叉培训指数
过程测量指标	准时送货率 产品交货前置时间
领导测量指标	法规符合率 社区支持率

一个典型的方法就是选择类似于国家质量奖类目的重要领域。下一步是确定方针和程序，以指导组织在各个重点领域的活动和过程。对组织的专用术语、方法和工具将予以定义，成为质量管理体系文件的一部分。开发组织的评估工具，针对确定的组织关键方面、方针和程序评估组织的方法和结果。

与国际标准和认证机构的关系

ISO 9000 是位于瑞士日内瓦的国际标准化组织（ISO）于 1987 年首次颁布的 5 个系列国际标准之一。组织可以使用该标准来确定保持一个高效的质量符合体系需要什么。例如，标准阐明需要建立一个有效的质量体系，需要确保测量和检验设备进行定期校准，还需要维护适当的记录系统。ISO 9000 认证确定组织是否符合其自身的质量体系。

鲍德里奇计划指出：“鲍德里奇奖和 ISO 9000 的目的、内容和关注焦点是非常不同的。总的来说，ISO 9000 认证的内容不超过鲍德里奇奖准则内容的 10%。”

一些组织已经用其ISO体系完成了更多的工作，这是因为它们将标准扩展成全组织的体系来使用。这导致一些组织声称，对制造业组织来说，ISO可以覆盖大约50%的奖项标准。(NIST，2003)

联合委员会，前身是医疗机构认证联合委员会（JCAHO)，是一个独立的、非营利性的组织，于50多年前建立。联合委员会通过由医生、护士和消费者构成的董事会管理，它建立了在美国及世界各地应用的评价医疗保健服务质量的标准。联合委员会为医院及其他医疗服务提供认证服务。许多医疗服务提供者发现参与国家质量奖计划，如鲍德里奇奖，提高了他们在维持联合委员会认证方面的表现和能力。

与持续改进项目的关系

质量奖是组织可以选择的驱动组织绩效改进的众多方案之一。其他一些方法包括全面质量管理（TQM)、六西格玛、精益，以及其他。对许多组织而言，这些似乎是竞争性的做法。之所以有这种想法，是因为他们认为学习和运用这些方法都需要组织的投资。然而，也有许多组织认为这些方法是互补的。

全面质量管理

全面质量管理（TQM）在世界上许多地方仍然流行。这是一个用来在组织范围内管理质量的系统。TQM的做法在持续演进，并且经常受到质量奖标准内容变化的影响。朱兰博士曾经指出，鲍德里奇卓越绩效准则是全面质量管理哲学与实践的具体化。

六西格玛

六西格玛是一种通过确定变异源并消除和减少变异原因以降低产品、过程和服务中的缺陷的方法。六西格玛改进方法的起源和认可与早期的鲍德里奇国家质量奖有关。摩托罗拉的一名可靠性工程师比尔·史密斯被普遍认为是最早提出六西格玛方法的人，他说服摩托罗拉高层领导采用这种方法并实现了更高水平的产品可靠性绩效。巧合的是，摩托罗拉公司在提出六西格玛不久后便获得了鲍德里奇国家质量奖。荣获鲍德里奇奖的组织被要求向全世界展示它们的理念。因此，随着六西格玛逐渐成为一种成熟的改进方法，摩托罗拉质量专家向其同行描述这种方法，并意识到相比较于其他组织，他们的方法遥遥领先。

近年来，许多鲍德里奇奖获奖者都认为使用六西格玛工具和方法能使他们达到高水平的绩效。基于一些使用六西格玛的组织所取得的成果以及已获得的奖励表彰，有大量证据表明，这些方法在设建卓越绩效系统和结果方面是兼容的和相互支持的。霍尼韦尔国际公司是一家总部设在美国的制造商，为各种各样的客户生产多样的消费产品、工程服务和航空航天系统，结合采用基于鲍德里奇的名为“霍尼韦尔质量价值（HQV）”模型与六西格玛理念。爱德华·M·罗曼诺夫，霍尼韦尔国际通信的六西格玛和生产力主任说，“HQV 为如何总体运营业务提供了框架，六西格玛为改什么和如何改提供了数量标准”（Green，2000）。长老会医疗保健服务（PHS）的总裁兼首席执行官吉姆在分享时说，他们于 2002 年建立了一个全国卓越战略，选择美国鲍德里奇国家质量奖作为质量框架，认为它是“获得更好更快的最佳途径”。在追求更低成本更高质量以获得表彰的旅程中，他们发现需要进行更大程度的标准化和不懈地聚焦于过程改进。“这个时候，我们认识到我们的工具箱需要额外的工具，于是增加了精益六西格玛。精益六西格玛的重点是提高效率和效果。结合使用精益六西格玛和 MBNQA 卓越绩效框架将我们带到了另一个可信性建设水平。”

精益生产是一种提高客户价值，并在过程中消除浪费的方法。精益是从所谓的丰田生产模式（TPS）中提炼的。像应用六西格玛一样，近年来许多鲍德里奇奖获得者都已使用精益工具和方法来提高它们的绩效。事实上，许多组织同时使用六西格玛和精益方法，有人称之为“精益六西格玛”，认为它是一种改进产品、服务和过程的混合方法。尽管许多组织把精益作为效率工具，但是它通常强调一开始就将质量做好，然后才是重点关注效率。质量和卓越绩效实践者需要确定在精益环境中管理质量的最佳方法。

由于大多数奖项重点关注设计、控制、管理和改进过程的系统方法，因此，引入精益和六西格玛方法对组织回应国家质量奖计划准则的能力来说是必要的。

参考文献

Baldrige National Quality Program. (2008). Survey: Are We Making Progress?

Baldrige Performance Excellence. The Alliance for Performance Excellence. Available from Internet: <http://www.baldrigepe.org/>; Accessed 26 March 2009.

Baldrige Performance Excellence. The Foundation for the Malcolm Baldrige National Quality Award. Available from Internet: <http://www.baldrigepe.org/>; Accessed 26 March 2009.

Belter, M. (2009). A Short History of State and Local Programs.

Booz, A. (2003). Report, Assessment of Leadership Attitudes about the Baldrige National Quality Program. Assessment of Leadership Attitudes about the Baldrige National Quality Program submitted to NIST, p. 7.

Cargill Corn Milling North America. (2008). Application Summary, 2008 Manufacturing Recipient of the Malcolm Baldrige Award.

EFQM. Brussels, Belgium. Available from Internet: http://www.efqm.org/; Accessed 09 April 2009

EFQM Excellence Model. (2010). EFQM, Brussels, Belgium 2009.

Gemoets, P. EFQM Transition Guide, EFQM, Brussels, Belgium 2009.

Green, R. (2000). "Reshaping Six Sigma at Honeywell." *Quality Digest*, December.

Global Excellence Model Council. Brussels, Belgium. Available from Internet: http://www.excellencemodels.org; Accessed 25 March 2009.

Hoyt, G., and Ralston, E. (2001). *White Paper: Building on Baldrige: American Quality for the 21st Century*. Diane Publishing Co., Darby, PA.

Ibero American Foundation for Quality Management. Madrid (España). Available from Internet: http://www.fundibeq.org/DePortada/APremio.html; Accessed 23 April 2009.

International Organization of Standardization. Geneva, Switzerland. Available from Internet: http://www.iso.org/; Accessed 23 April 2009.

Japanese Union of Scientists and Engineers, The Deming Prize. Tokyo, Japan. Available from Internet: http://www.juse.or.jp/e/deming/; Accessed 24 March 2009.

Link, A. N., and Scott, J. T. (2001). Economic Evaluation of the Baldrige National Quality Program, National Institute of Standards and Technology.

NIST. (2001). The Malcolm Baldrige National Quality Improvement Act of 1987-Public Law 100-107, National Institute of Standards and Technology, Gaithersburg, MD. Available from Internet: <http://www.baldrige.nist.gov/Improvement_Act.htm>; Accessed 23 April 2009.

NIST. (2003). Frequently Asked Questions about the Malcolm Baldrige National Quality Award, National Institute of Standards and Technology, Gaithersburg, MD. Available from Internet: <http://www.nist.gov/public_affairs/factsheet/baldfaqs.htm>; Accessed 16 April 2009.

NIST. (2009). Baldrige Criteria for Performance Excellence, National Institute of Standards and Technology, Gaithersburg, MD. Available from Internet: <http://www.baldrige.nist.gov/Criteria.htm>; Accessed 23 April 2009.

The Joint Commission. Oakbrook Terrace, IL. Available from Internet: http://www.jointcommission.org/; Accessed 23 April 2009.

The Center for Performance Excellence of The University of Texas at Austin, Austin, TX. Available from Internet: http://www.utexas.edu/cee/cpe/awards/index.php?page=overview; Accessed 23 April 2009.

（赵建坤、徐立镇 译，赵建坤 校）

第 18 章

设计、控制与改进绩效的核心工具

布赖恩·A·施托克霍夫

关于本章

当前，各行各业的组织开始更加清晰地意识到，系统性地改进组织绩效对于在激烈的市场竞争中获得成功是至关重要的。显然，要实现这一目标，需要对相关工具和方法的使用进行培训。本章将介绍本书中所述及的各种用于计划、控制及改进的方法工具。需要说明的是，只有一小部分“核心工具”是人们经常使用的。至于其他一些更为先进和复杂的工具，虽然也很重要，但并不经常使用，或只是用于特定目的。关于这部分工具，将在第 19 章“准确可信的测量系统及先进工具”中进行讨论。本章将介绍每种核心工具的性质、用途、创新及使用步骤。同时，针对每一工具，将通过一个例子来演示其用途，以使读者更好地理解各工具的用途及其与他们所遇到的问题间的联系。

本章要点

1. 只有正确地提出问题，才能获得准确、可信和客观的信息。也就是说，正确的提问意味着准确的数据。但是，如何做到这一点？需要多少数据？需要使用什么工具？本章将对这些问题加以回答。

2. 核心工具往往被集成在结构化的设计、控制与改进方法之中加以应用。对于管理者和团队而言，掌握这些工具意味着一个良好的开端，即他们已经为解决将要面对的问题做好了充分准备。

3. 有很多有用的工具可用来帮助管理一个组织，或者设计、控制及改进过程。用于改进的工具往往需要对推测进行验证并找到问题的根原因。

4. 设计工具往往需要收集观点或技术说明，并进而确定开发可靠的新产品或服务的方法。

5. 控制工具往往需要使用统计学工具来从普通或特殊因素中识别出造成波动的原因以降低风险，从而做出适当的调节。

6. 掌握这些主要的核心工具可以使组织在获得成功所需的数据和信息的能力方面得到显著提升，而其他一些工具则用得不是很普遍，且只用于特殊情况。

7. 本章将按照A到Z的顺序对各个核心工具进行介绍。

引言

日本杰出的质量领袖石川馨编写的经典著作《质量管理入门》（1972）被公认为第一本专门讲授用于质量改进的“解决问题的工具”的培训资料。这本书的第一版在日本工厂中是质量管理小组成员的参考教材。质量管理小组是企业中一些员工组成的旨在改进其所在部门工作绩效的团队组织。

本书中，我们在石川馨的“七种质量工具”的基础上，进一步介绍了在设计、控制以及改进方面应用的其他工具。当然本书中所列的方法并不完备，任何列表也无法做到这一点，还有很多其他的好方法。但是，这些工具足以使掌握并应用它们的管理者和团队获得一个良好的工作开端，并为解决他们将要面对的各种问题做好准备。

核心工具往往被集成到结构化的设计、控制与改进方法中加以应用。每种方法，如精益生产、六西格玛管理，都是利用一些工具来完成每一个过程步骤的，如图18—1所示，其中的每一列对应着一种工具，每一行对应着一个过程步骤，而在每一个节点上则用一个符号来表示该工具在相应过程步骤上的应用频率（常用、不常用、很少用）。

图18—1所示的过程图在以下几方面对于问题解决团队具有重要的指导作用：

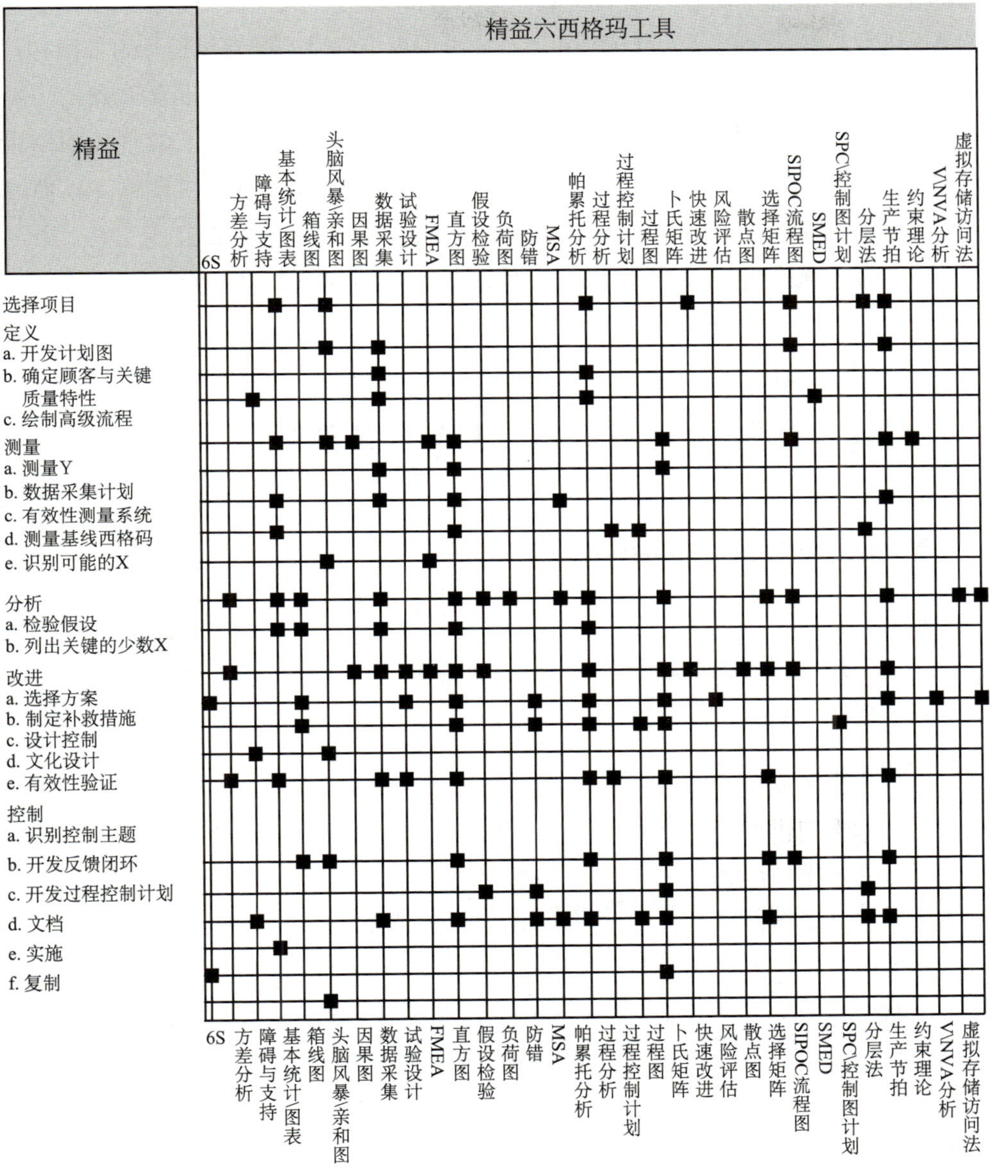

图 18—1　质量改进工具的应用

资料来源：Juran Institute，Inc. Used with permission.

1. 时刻提醒团队在解决问题的过程中应遵循一个结构化的工作流程，这有助于使团队保持正确的方向。

2. 在某些特定的步骤上，团队可能会对于下一步应当做什么感到茫然，这时，一些常用的工具会提示其下一步应采取的行动。

3. 如果在某些特定步骤使用了一些在图 18—1 中标示为“很少用”的工具，

则释放了一个信号，表明团队应当重新考虑其行动路线。关于这一点，一个代表性的例子便是应用头脑风暴法（这是在群体成员中提出假设、设想和观念的一种有效方法）来验证某项推测（这项工作需要的是丰富的数据而非团队成员的观点）。

本部分将介绍每种工具（它是什么，以及为什么要使用它）及其创建和使用的步骤。此外，针对每一种工具，还将通过一个典型例子来演示其用途，以使读者更好地理解各种工具在不同情形下的用途及其间的联系。关于这些工具，更为全面的讨论可参阅相关的教科书，如“质量改进工具”课程的教材以及由 Wadswarth 等人编写的《质量控制和改进的现代方法》(1986)。

核心的卓越绩效和质量工具：从 A 至 Z 的顺序

亲和图（affinity diagram）

目标

亲和图用于将各种信息归类成有意义的组群。该工具往往在从顾客及员工处收集各种各样的相关信息时使用。

创建步骤

1. 用头脑风暴法提出想法：

- 设定时间限制；
- 在便笺纸或“3×5 卡片”上记录每一个观点；
- 整理观点并去掉重复项。

2. 将这些还没有分类的观点放在桌子上或贴在墙上。

3. 不经过讨论，而是根据自己的观点将这些信息分类：

- 将相似观点归入一组；
- 如果某人对某观点的归类不认同，他（她）可以移动这个观点；
- 如果一个观点看起来可以归入多个类别，则复制这个观点并归入相应类别；
- 重复这个工作直至满意，通常归类为 5～10 组；
- 可以考虑将大的组细化为小的组。

4. 为每一类命名并创立标题。

5. 将这些组转化为亲和图。

6. 讨论分组方案并理解各组之间的关系，如有必要，可继续调整，直到得到一致同意的亲和图。

一个顾客焦点小组正在利用头脑风暴的方法确定儿童玩具应具备的优点。他们将所有想法都写在黏性便笺纸上并贴在白板上，然后给每组定义一个标题，从而得到如图 18—2 所示的亲和图。

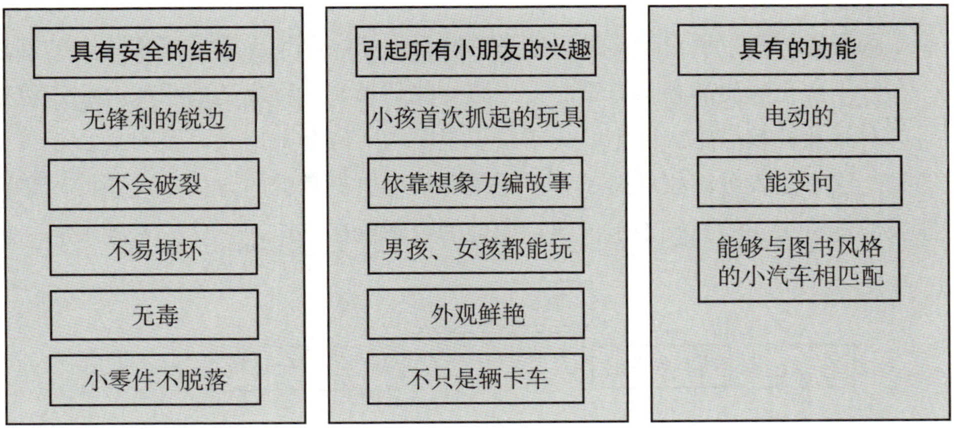

图 18—2　亲和图

资料来源：*Lean Six Sigma Pocket Guide*. Juran Institute, Inc. , © 2009. Used with permission.

障碍与补救措施表（barriers and aids chart）

目标

障碍与补救措施表是识别质量改进过程中的障碍，并制定相应补救措施的图表工具，它主要用于识别及克服阻碍质量改进的技术与文化障碍。

创建步骤

主要步骤是确定所有可能的阻力（阻碍）及支持力量（补救措施），按照影响大小整理这些障碍及已有的补救措施并进行分级，随后确定克服这些障碍的对策。详细的步骤为：

- 在纸的最右端放置清晰定义的目标，并划一条指向目标的粗箭线。
- 用头脑风暴的方法列出潜在的障碍。
- 选择需要克服的“关键的少数”障碍，标明补救措施，将其置于粗箭线上方，并标明障碍，用小箭头指向下方。
- 用头脑风暴的方法列出能克服这些障碍的补救措施。
- 把每一个障碍所对应的补救措施列在其下方，并用细箭线加以标识。
- 识别那些还没有足够的补救措施的障碍。

- 在补救措施下面画一条水平线写上“对策”。
- 为补救措施不足的障碍制定对策并置于相应的位置。
- 重新审查完成的图表，看看是否遗漏了重要的障碍，并检查补救方法及对策的有效性。

工程研究的新过程设计。某个改进团队开发了一个用以完成工程研究的新过程。在计划文化障碍的补救方案时，团队要找到影响过程成功的阻碍并制定克服阻碍的对策及补救措施。图18—3给出了主要的阻碍补救措施以及对策。值得注意的是，这个图表虽然相对简单，但还是有很多值得考虑的方面。此图同因果图有些类似，将主要的阻碍置于顶端，期望的目标放在右边。

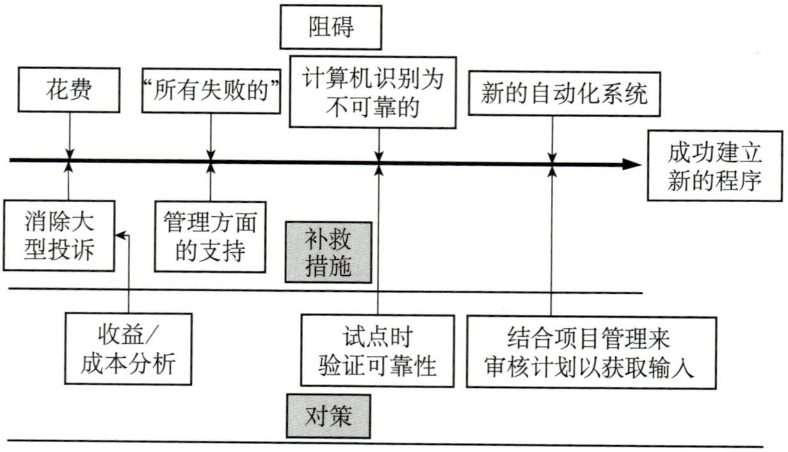

图18—3 阻碍与补救措施表

资料来源：*Lean Six Sigma Pocket Guide*. Juran Institute, Inc., © 2009. Used with permission.

团队用头脑风暴的方法列出了用来克服主要阻碍的补救措施。接着他们仔细审核并挑选出了那些可以用来克服主要阻碍影响的补救措施，并列于对应障碍的下方。

最后，团队找出了那些补救措施尚不充足的阻碍，为其制定了特定的应对策略，并将这些对策置于补救措施的下方（见图18—3）。

基础统计（basic statistics）

目标

在分析解释采集到的数据时需用到统计学的知识和方法。描述性统计用以描述问题的统计特性，是应用统计方法——例如假设检验等——的基础。

数据集中度的度量值

- 均值——一组数的平均数。
- 中位数——一组数中位于中间的数。
- 众数——一组数中出现次数最多的数。

数据离散度的统计量

描述数据在中心区域周围离散程度的统计量。它的度量如下：

- 极差——最大值与最小值间的差。
- 方差——每一个值与均值的差的平方的均值。
- 标准差——方差的平方根。

数据类型

数据类型决定了可采用的分析的类型：

- 连续性数据可在无限水平上测量。例如：时间、温度以及浓度。
- 类别性数据分为两类：
    - 序列类数据——可按自然顺序排列（例如：矮、中等、高）。
    - 名义类数据——不能按照自然顺序排列（例如：颜色、公寓）。

抽样

有时，只需采集某一样本的信息而非整体的信息。抽样的目的是通过样本找到整体的规律，即所谓的统计推断。

抽样需考虑的关键问题包括：

- 抽样模式：随机、分层。
- 精度要求（+/−?）。
- 特征的波动量。
- 置信水平（例如：95%）。
- 样本容量。

一个好的样本应具备以下特点：

- 无偏倚——偏倚是指由于某些因素所引发的样本与总体实际不相符的情况。
- 代表性——所采集的数据能如实地反映总体或过程。有代表性的样本可以避免偏倚的出现。
- 随机性——随机样本中数据的抽取无预先的顺序，且每个元素被抽到的概率相同。随机抽样能避免时间、数据收集顺序、操作者及数据采集者等因素带来的偏倚。

一个诊所的项目团队关注其病人看病等待时间。他们将最近 500 个病人的等待时间绘制在一张 X 轴代表等待时间、Y 轴代表等待病人数目的图上。团队发现，大多数数据在 60 分钟附近波动，然而，极少数病人等待时间少于 47 分钟或长达 75 分钟（如图 18—4 所示）。

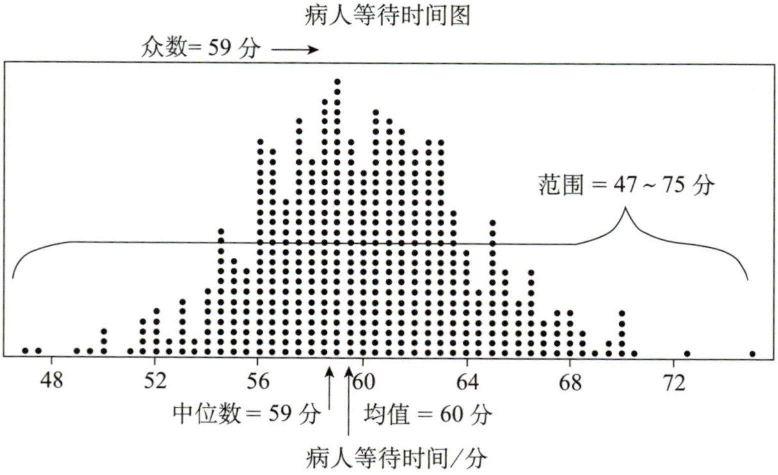

图 18—4 集中趋势和散点图

资料来源：Juran Institute，Inc. Used with permission.

收益/成本分析（benefit/cost analysis）

目标

收益/成本分析用来描述一个解决方案的得与失。它在编写质量改进方案或从几个候选方案中做出选择时尤其有用。

创建步骤

- 估计一次性投入成本。
- 估计年度运作成本。
- 估计年度节约成本。
- 如果可能，估计利用每个补救措施有多大可能防止问题发生。或者，对不同的措施的影响进行打分排序。
- 评估消费者满意度的影响。那些会降低消费者满意度的选择应该被抛弃。
- 计算每年的净运行费用。负数意味着预期的净节约。
- 计算每年的一次性投入成本。
- 计算每年的总成本，包括每年净成本与一次性投入成本的代数和。
- 检查这些数据，并对不同的方案进行排序。

计算机与人工方案的比较。确定了质量问题的根原因后，项目团队认为这两种方法都是可行的且都符合顾客要求。为从经济的角度来对比两种方案，团队应该应用收益/成本分析法，将这些信息分成两列，如图 18—5 所示，可看出计算机方案比较好。

维修选择	人工	计算机
一次性成本	\$7 500	\$134 000
年度一次性成本	\$1 500	\$26 800
年度附加运行成本	0	\$17 000
年度节约成本	\$1 462 200	\$1 562 200
年度净运行成本（节约）	(\$1 462 200)	(\$1 545 000)
年度总成本（节约）	(\$1 460 500)	(\$1 518 200)
问题的影响	70%	75%
消费者满意的影响	低	低
收益/成本评估值	1.7	1.3

图 18—5　收益/成本分析

资料来源：*Lean Six Sigma Pocket Guide*. Juran Institute, Inc.，© 2009. Used with permission.

箱线图（box plot）

目标

箱线图是一种用五个值描述数据集变异的图表工具，包括数据的最小值、第一四分位数、中位数、第三四分位数和最大值。箱线图可用来展示小样本数据的变差，也可用来比较组间的变差。

创建步骤

1. 收集原始数据并从小到大进行排序。
2. 确定要构建的箱线图的类型。
3. 计算特征值：

中值深度 $= d(M) = (n+1)/2$

第一四分位深度 $= d(Q1) = (n+2)/4$

第三四分位深度 $= d(Q3) = (3n+2)/4$

上相邻＝比第三四分位数小的最大观察值－（1.5×IQR）（注：IQR 为四分位距）

下相邻＝比第一四分位数大的最小的观察值－（1.5×IQR）

4. 画出横轴并标记。

5. 画出纵轴并标记。

针对复印机坏掉影响工作的投诉，小组做了一个研究来分析两家复印机维修商的绩效。维修商响应越快，机器就能更早修好恢复工作。小组基于A、B两家维修商的10个维修请求电话进行分析，并绘制了如图18—6所示的箱线图。图中显示出B维修商的绩效较优，其响应时间的中位数小于维修商A并表现出较小的变异性。

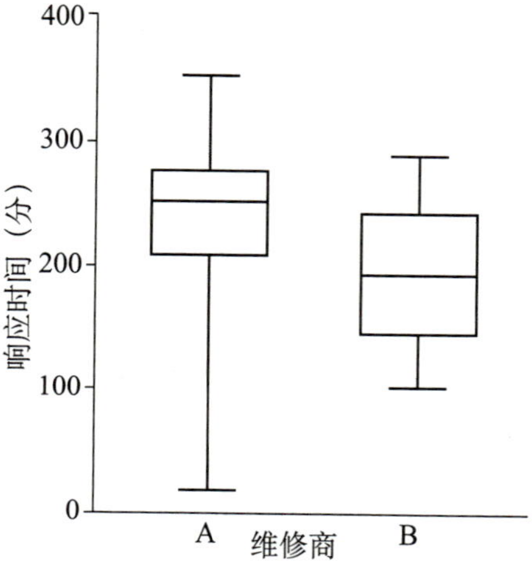

图18—6　基本箱线图

资料来源：Juran Institute，Inc. Used with permission.

头脑风暴法（brain storming）

目标

头脑风暴是一种从所有参加者中产生建设性和创造性建议的群体方法。应用这种工具可提出新的设想或现有设想的新用途和新用法。图18—7是对这种方法的简要说明。

- 对于好的主意既不称赞也不认可。避免在开始时作出判断以促使人们提出各种主意。
- 想法应当非常规、富有想象力甚至是不合情理的。避免自我批评和自我判断。
- 不鼓励分析性的或批评性的思考。要训练团队成员在最短的时间内提出尽可能多的主意。
- 团队成员应当“搭便车”来对他人的看法加以拓展、修正或通过联想提出新的点子。

图18—7　头脑风暴

资料来源：Juran Institute，Inc. Used with permission.

创建步骤

1. 声明本次头脑风暴活动的主题。
2. 为头脑风暴做准备。
   a）提前交流主题。
   b）提供适当的表达载体。
3. 介绍会议流程。
   a）重申头脑风暴的原则。
      i. 没有任何形式的批评与评价。
      ii. 想法要打破常规。
      iii. 力争在短时间内获得大量想法。
      iv. 可以搭其他想法的“便车”。
   b）说明活动规则。
      i. 按顺序轮流提出想法。
      ii. 每次只提一个想法。
      iii. 可以选择弃权。
      iv. 不需要解释。
4. 热身。
5. 头脑风暴。
   a）写出议题并让大家看到。
   b）让另外一个人写出想法并让大家看到。
   c）直到想法穷尽。
6. 对这些想法进行处理。

会议前，焦点小组的成员被告知本次会议的主题：“你认为儿童玩具应该具备哪些优良特征?”小组成员依次轮流将想法写在黏性便笺纸上并贴在墙上。当所有想法都被记录下来后，对它们进行处理，消除那些重复的想法（这在前述的亲和图部分提到过）。

因果图（cause-effect diagram）

目标

因果图是由石川馨提出的，为了纪念他的贡献，也被称作石川图。它用于整理和展示引发某个问题的多种根原因之间的相互关系。通过一种结构化的、系统化的方式，项目团队可以将注意力集中于某一特定问题的可能原因。该工具有助于项目团队理清分析引发问题的各种潜在原因的思路，使团队能够更有效地找出真正的根原因。

创建步骤

1. 清楚地定义需要分析原因的问题（即 Y）。

2. 将要分析其原因的问题画在一个矩形框中并置于纸面的右侧，画一条指向这个矩形的粗的中心线。

3. 使用头脑风暴法或逐步确定可能的原因（即 X）。

4. 把潜在原因的主要领域（一般为 2～5 个）画在矩形中，并用一条约倾斜 70°的直线与中心线相连。

5. 为每一个重要领域增加潜在原因，并置于水平线上。

6. 为每个已有的原因添加次要原因。

7. 持续增加可能的原因直到每个分支都达到了其根原因。

8. 检查每一个因果链在逻辑上是否正确，应该沿因果链逆向溯源。例如，轮胎瘪掉使车急转弯，而一个钉子将轮胎扎破了，这个钉子是由一个人丢在路上的。

9. 检查完整性。

任命一个团队来研究打印机损坏的原因。团队考虑了五个相关方面，即 5Ms（操作、人员、机器、材料、方法以及措施），并初步建立了 5Ps（设备、产品、操作人员、策略以及程序）分类的鱼骨图。然而，团队通过头脑风暴法深入分析，发现可能的原因应该为操作、打字液、复印纸、环境、原物以及复印机。于是团队便对原图表进行了修改，新表如图 18—8。

检查表（check sheets）

目标

检查表用于收集并分析数据，是一种能够针对数据立即作出包括模式和趋势等结论的图表。

创建步骤

1. 用分析的主题或过程给检查表命名。

2. 确定能否实现快速分析，以及是否有必要通过对研究对象的观察来收集数据。若已完成，则将时间区间记录下来。

3. 提供能够帮助其他人审查该分析的所有信息（即分析人员、分析时间、

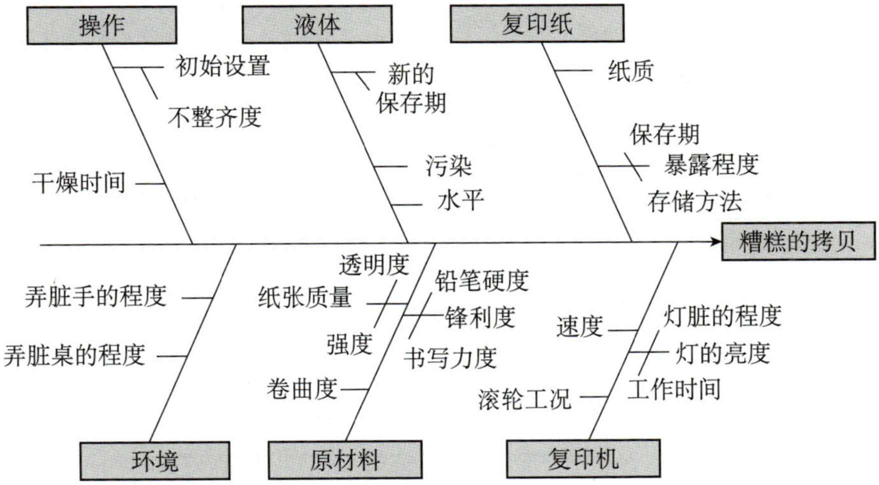

图 18—8　因果图

资料来源：*Lean Six Sigma Pocket Guide*. Juran Institute，Inc.，© 2009. Used with permission.

实施分析的地点与原因）。

4. 在表格的右手边列出相关的子类或主题，若超过一项，则分成若干具有各自标题的部分。

5. 用如范例中所示的 5 个一组的标签棒记录信息。

一个大型电视机制造商的顾客服务中心发现三种型号的电视零部件的投诉率偏高，于是维修部门为返回维修的电视机作了一个快速评估。维修部门利用检查表来确定需要更换的零部件及数量。图 18—9 所示表格是基于 1013、1017 以及 1019 型电视构建的检查表。

控制计划（control plan）

目标

控制计划可以有效保证质量改进项目的成效。控制计划中指定了要管理的控制主题、这些主题的测量手段，以及采取响应措施所依据的标准。

创建步骤

1. 识别出那些对顾客及补救措施有直接或间接影响的变量。

2. 确定触发动作的标准。控制图的控制限是最好的触发标准，因为其在实践中具有较好的可操作性。

3. 确定测量每种控制变动的手段，将这些信息填在控制变动的“如何测量”

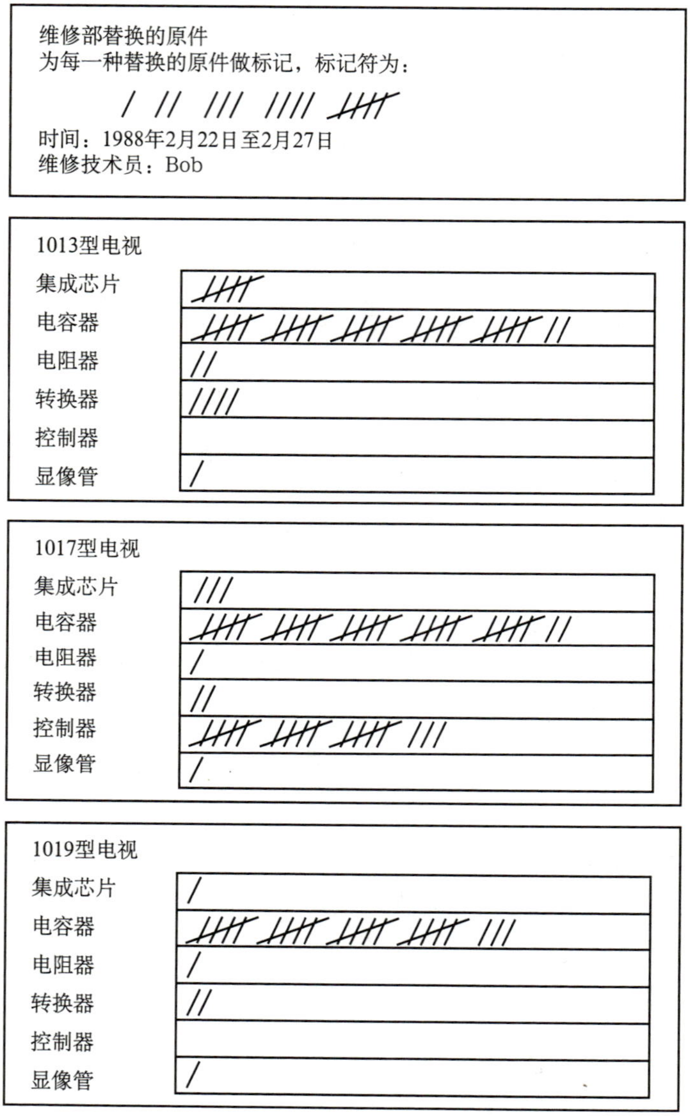

图 18—9 维修部更换的原件

资料来源：Juran Institute，Inc. Used with permission.

栏中，后续各步类似。

4. 确定测量实施的时间、地点以及记录方法，包括所用控制图的类型。

5. 确定将要实施测量的人员——由谁来确定该过程是否失去控制了。

6. 确定由谁来负责诊断并消除那些引发过程失控的非随机原因。

7. 确定使过程恢复受控状态的措施。虽然无法预见所有问题，但提前确定措施更有利于有效地实施过程控制。

8. 对这个控制计划矩阵进行检查，以确定：

- 是否识别了关键的控制变量。
- 控制计划是否能够有助于使过程快速地恢复到受控状态。
- 控制计划是否有助于充分发挥自我控制的效应。

第三改进小组完成了对过程的分析，总结出四个应在整个改进过程中加以管控以确保改进效果的主要因素。如果过程变得不稳定或达到了触发行动的标准，管理部门和小组成员可以确切地知道谁应该对过程失控负责，并采取有效处置措施。有关如何采取措施使过程回归受控状态的详细描述也被列在了控制计划中，见图 18—10。

顾客需求表（customer needs spreadsheet）

目标

分析并确定顾客需求的优先级。通常，从顾客那里获得的信息若直接用于设计产品则显得太过大量、宽泛、含糊，因此确定顾客及其需求的优先级能使团队专注于设计中最重要的部分并确保预算的分配合理。

创建步骤

1. 创建一个有多列的表格。

2. 第一列记为“顾客”，按优先级顺序列出“关键的少数”顾客。“有用的多数”顾客群分组归并后，作为一个整体，也可被认作“关键的少数”顾客。

3. 将第一行标记为“顾客需求”，并在每列写出所有已识别的顾客需求。每一列只写一种需求。

4. 将顾客与需求加以关联。

a）创建一个定义关系的图例。

b）基于确凿的证据来确立顾客与需求之间的关系。

c）不同的顾客可能有同一种需求。

d）当顾客与需求有关系时，用恰当的标记对其关系进行标示。

e）检查表格，补充可能遗漏的顾客及需求。

5. 检查并总结收集到的数据。

6. 从以下方面对每一种需求进行分析。

a）顾客及需求间关系的强度。

b）顾客的重要性。

第三改进小组的过程控制计划　　时间：11/22/2009　　版本修订：2.1　　被公认为：冠军水平

控制主题	主题目标	测量单位	传感器	检测频率	样本容量	所使用的测量方法或工具	测量人员	行动准则（什么时候采取行动）	采取的措施	决策人员	执行人员	措施记录
喷射量	每分钟10加仑	每分钟的加仑数	水表	每项工作开始前	每一工作	计量器具	领班	大于11加仑或小于9加仑	降低流速或增大流速	拥有决定权的当班工人	Ⅱ号专家	无
雇员数	每100 000平方英尺1个人	每100 000平方码的雇员数	领班	每次例行工作开始前	每一工作	目测计数	领班	大于等于12或小于等于3个人呼叫办公室	请示领导	当值领班	Ⅱ号专家	无
不采用计算机辅助进行日程规划所需时间	预测时间与实际时间相差10%以内	工人数	领班	每一工作	每一工作	目测计数	领班	现实工人数与预计相差7	调整项目，将差距降低3	当值领班	督察员	根据实际情况确定
采用计算机辅助进行日程规划所需时间	预测时间与实际时间相差10%以内	工作地点	领班	每一工作	每一工作	目测计数	领班	现实工人数与预计相差7	调整项目，将差距降低3	当值领班	督察员	根据实际情况确定

图18—10　过程控制计划

资料来源：Juran Institute，Inc. Used with permission.

7. 定义评价标准并据此将顾客需求从最关键到最不关键加以排序。

针对一本新杂志的设计及出版进行了一次顾客需求分析。将以前分析所确定的顾客及需求列入顾客需求表中。左侧一列按优先级顺序列出所有内部及外部的顾客，每一列的标题是已识别的各种需求。有了上述分析后，团队认为，关注于杂志的两个主要领域，有助于取得最佳成绩：第一，杂志必须吸引读者并有易记的标题；第二，杂志上发表的内容必须正确无误，如图 18—11 所示。

顾客	顾客需求							
	吸引力	信息全且写得好的文章	引人关注的标题	稳定的流通	销售	非常完整	材料完整	没有临时更改
读者	●	●	○					
广告商	●	○	●	●	●			
印刷商						●	●	●
排版人员						●	●	●
分色器						●	●	●
报摊	●	○	●	○	●			

图例
- ● 相关程度很强
- ○ 相关程度强
- △ 相关程度弱

图 18—11　VOC/顾客需求表

失效模式及影响分析（failure mode and effect analysis）

目标

失效模式及影响分析（FMEA）用于识别失效可能发生的形式及其导致的风险。该工具也可以对风险进行优先级排序，并列出降低失效风险的系列措施。有很多种风险，但人们一般最常用的是设计 FMEA（或产品 FMEA）及过程 FMEA。

创建步骤

1. 创建一个九栏的表格。
2. 创建一个分值配置表。
3. 在第一栏中列出所有可能的失效模式，每一个模式占单独一行。
4. 第二栏中确定每种失效模式的所有可能原因。
5. 第三栏中确定每种失效对顾客、整个产品、其他组件以及整个系统的影响。

注意第 6、7、8 步中要使用分值配置表中建立的分值。

6. 评估每一种失效模式发生的频率，将恰当的整数分值填入第 4 栏中。
7. 评估每种失效带来影响的严重程度，将恰当的整数分值填入第 5 栏中。
8. 评估失效原因被提前探知的难易程度，将恰当的整数分值填入第 6 栏中。
9. 将第 4、5、6 栏的分值相乘作为风险优先系数填入第 7 栏中。
10. 仅仅对那些引发高风险的关键因素设计相应的措施或加以修正，将失效风险降低到可接受的水平上。
11. 验证每一项措施。

某银行成立了一个改进团队来改进其支票账户的相关服务。团队研究了该业务的相关活动，包括打印支票等。由于这些相关活动的失效会直接或间接地影响到顾客，所以团队利用 FMEA 方法来确定并描述潜在失效的特征，如图 18—12 所示。

流程图/过程图（flow diagram/process diagram）

目标

流程图是产出某种输出所需的步骤顺序的图形表示。这里的输出可以是有形的产品、服务、信息，或是三者的组合。流程图的符号有着特定的作用，图 18—13 给出了说明。

创建步骤

1. 讨论使用流程图或过程图的目的。
2. 确定期望的输出。
3. 定义过程的范围，利用正确的流程图符号确定起始及终止步骤。

产品：新的支票账户
活动：打印新的支票

1	2	3	4	5	6	7	8	9
失效模式	失效原因	失效影响	发生频率（1～10）	严重程度（1～10）	发现的概率（1～10）	风险优先系数（1～1 000）(4)×(5)×(6)	设计措施	设计生效
打印错误的支票	应用表上的错误信息	支票必须重新打印	4	6	8	192	职员与顾客共同核对信息	职员在核对后签字
	日期录入错误	同上	8	6	5	240	软件中增加检查步骤	运行软件
	在申请表中录入信息时填错栏目	同上	5	6	2	60		

记录以下值

项目/值	1	2	3	4	5	6	7	8	9	10
4. 频率（每 10 000 个顾客的出错数）	<2	4	8	10	15	20	25	30	35	>35
5. 客户严重性	很小				引起投诉			主要时间或钱		流失顾客
6. 探知	一定能				可能					不可能

图 18—12 失效模式及效果分析

资料来源：*Lean Six Sigma Pocket Guide*，Juran Institute，Inc.，2009.

4. 从第一步（或最后一步）开始，逐次列出每一步。以从上到下或从左到右的顺序列出流程。

5. 当遇到决定或分支时选择某一分支并继续。

6. 遇到不熟悉的部分时先加以标记，然后继续。

7. 重复第 4、5、6 步直到达到过程的最后一步（或第一步）。

8. 回到分支处建立另一分支的流程图。

9. 检查流程图是否漏掉了某些决策点或特例。

10. 填入不熟悉的部分并检查正确性。

  a）审查过程。

  b）咨询专业人士。

11. 分析流程图。

一个过程改进团队被任命来改进技术手册的分发过程。他们意识到，首先需要更好地理解现有过程的步骤及范围。依据与过程相关的人员的经验，团队建立

矩形用来表示活动。它表示过程中的一个步骤。关于活动的简洁描述写在矩形中。

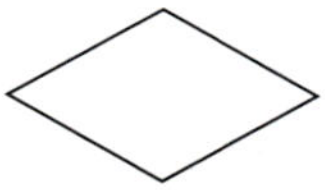

菱形表示决策点。它表示过程中的决策点或分支点。菱形中通常以问题的形式写入关于决策或分支的描述。对问题的回答决定了走出决策点后所选择的路径。对应于每个回答的路径都要标注出来。

圆角矩形表示过程的起点或终点。“起点”或“终点”标注在符号中。

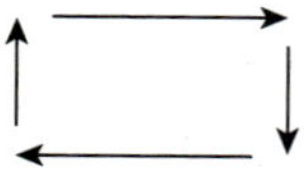

箭头线表示序列中的步骤的前进方向。箭头的方向即过程的流向。

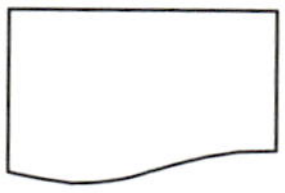

文件符号表示过程的书面信息。文件的名称或描述标注在符号中。

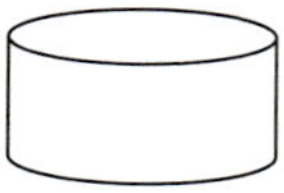

数据库符号表示以数字形式储存的过程信息。数据库的名称或描述标注在符号中。

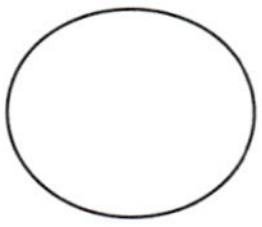

圆圈表示连接点，用来表示流程图的连接关系。圆圈中标有字母或数字。同一字母或数字标注在另一流程图的圆圈中，表示过程是相对应连续的。

这些基本的流程图图元按照自上至下或自左至右的序列合理排布，从而准确地描述过程的执行序列。正如我们所看到的，从菱形决策点可以进入分支，指回之前的活动节点或重复之前的步骤。

图 18—13　流程图中的图元

资料来源：Juran Institute，Inc. Used with permission.

了如图 18—14 所示的流程图。这个基线流程图也可以帮助团队确定导致分发错误或延误的那些潜在问题。

图示法（graphs and charts）

目标

图示法包括了整理定量数据的一系列工具。其中的折线图、条形图和饼图是

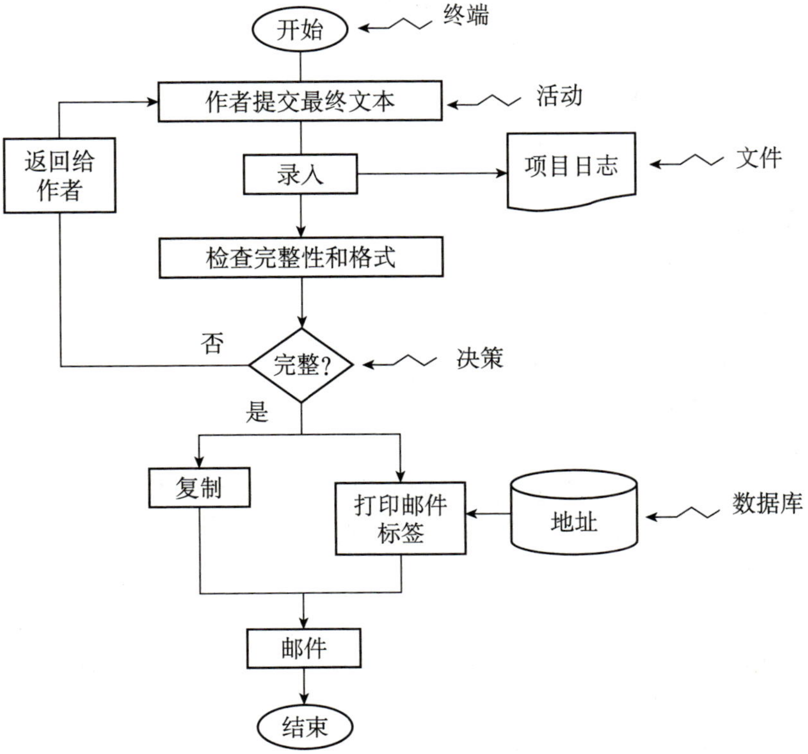

图 18—14　流程图/过程图

资料来源：*Lean Six Sigma Pocket Guide*，Juran Institute，Inc.，2009. Used with permission.

在质量改进中尤为有用的三种图示方法。折线图将成对的定量数据的点连接起来，以表示两个连续变量（如成本与时间）之间的关系。条形图也用来表示成对变量间的关系，但只要求其中一个变量是定量的变量。饼图用来表示所研究现象的各种构成之间的比例关系。

创建步骤

折线图

1. 确定纵轴的范围及单位，标记纵轴含义。
2. 横轴同理。
3. 画轴线，需要时画出网格。
4. 画出数据点。
5. 连线。
6. 标记图表并命名。

条形图

1. 确定纵轴的范围及单位，标记纵轴含义。

2. 选择条形图形式：简单、群组或堆叠状。

3. 确定条数，画出横轴并标记。

4. 确定条形的顺序。

5. 画条形图。

6. 给图表命名。

饼图

1. 确定每一种类所占的百分比。

2. 将百分比转换为角度。

3. 用圆规画出一个圆并用量角器分割饼图。

4. 标记每一部分的含义并给图表命名。

在创建图表时应该注意：

图表真实性：图表不能造假，不能误导读者。真实性不能只依赖于图表本身，还应该注意标注的数据以确保图能传达真实的信息。

标度单位一致：数字单位必须有一致的间隔，可能会用来做对比的不同的表格应有相同的单位。

易读性：表格是否易理解、易记忆取决于它是否易读。使用标记能简化图表。标记应置于其说明的对象附近。

符号的一致性：当两个或多个表格对比时，符号以及其他许多维度上的一致性对减少图表互译时的困难是非常重要的。

简洁：为了不因冗余的解释使信息变得难以理解，在给图表加文本或解释前先自问一下："我加的是什么附加价值或信息？"

折线图：两个计算机中心中计算机操纵系统的故障时间随月份变化的关系（图18—15a）。

条形图：顾客投诉按类别（外观的、尺寸的、电子的）随月份变化的关系（图18—15b）。

饼图：售货员参与不同活动的时间占全部时间的比例（图18—15c）。

直方图（histogram）

目标

直方图是对一组数据的分布情况的图示。以下关于数据集波动的四个概念充分说明了直方图所具有的应用价值：（1）数据集的数值总是会表现出波动性；（2）波动性存在着一定的类型；（3）波动类型从简单的数值表中是难以看出的；（4）用直方图来图示整理的数据更容易看出波动的类型。

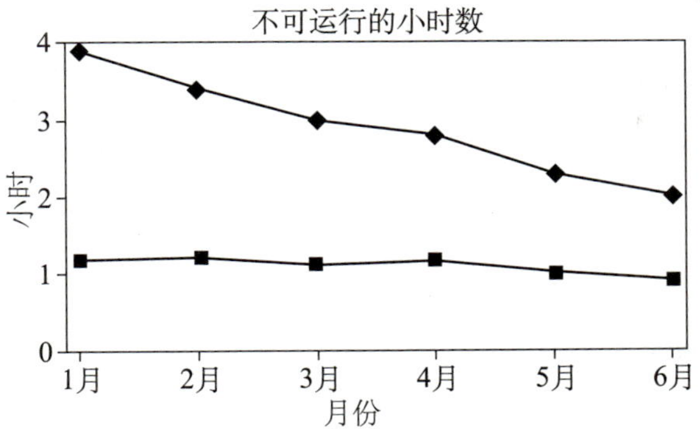

(a)

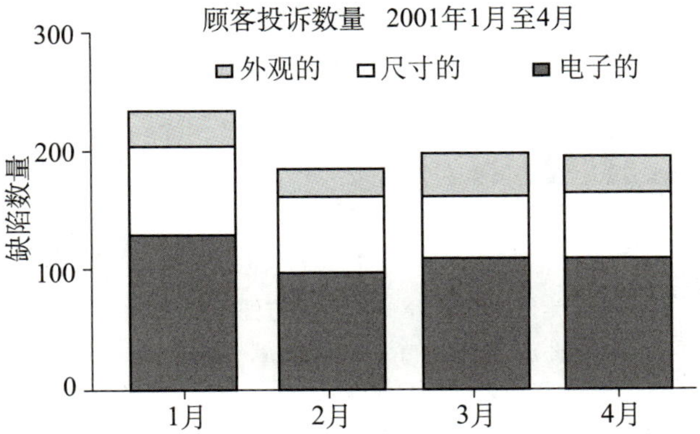

(b)

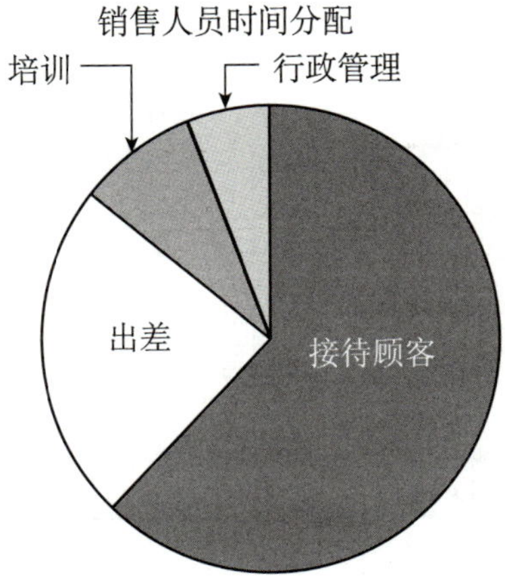

(c)

图 18—15　(a) 折线图 (b) 条形图 (c) 饼图

资料来源：*Lean Six Sigma Pocket Guide*，Juran Institute，Inc.，2009. Used with permission.

直方图分析包括辨识和划分直方图所展示出的变异类型（例如形状、中心位置，以及数据从中心向两边的分布），然后将其与对应的实际情况相关联，以解释这些因素对于波动类型的作用。图 18—16 展示了一些常见的分布类型。

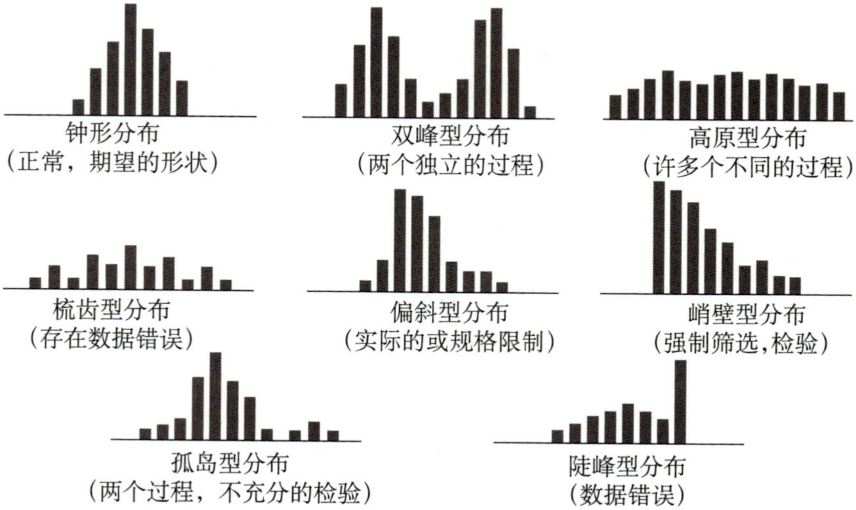

图 18—16　直方图

资料来源：*Lean Six Sigma Pocket Guide*，Juran Institute，Inc.，2009. Used with permission.

创建步骤

1. 确定最大值、最小值及极差。

   极差＝最大值－最小值

2. 确定分组数。

数据点	组数*
20～50	6
51～100	7
101～200	8
201～500	9
501～1 000	10
1 000 以上	11～20

* 少于 40 只作为分层的结果。

3. 计算近似分组区间。

   近似分组区间＝范围/组数

4. 将分组区间取整为一整数。
5. 设置组间界限。
6. 计算每一组中的点数。

7. 绘制并标出横轴。

8. 绘制并标出纵轴。

9. 画出条形图，每一条代表一组中数据点数目。

10. 为表格命名并指出总数。

11. 确定变化模式并对其分类。

12. 为模型作注释。

图 18—17a 中的数据表示的是部门之间的会面请求和实际会面之间的延误天数。图 18—17b 中的直方图帮助团队确认了不可接受的延误时间的范围，它也生动地揭示了一个人为的现象，即为了在 15 天的目标内处理尽可能多的请求而出现的第 15 日高峰现象。这一直方图帮助团队将注意力集中在为缩短延误时间应采取的措施上。

14	15	18	19	13
12	18	22	14	18
15	17	19	15	17
18	20	10	15	15
20	14	17	20	21
15	24	15	18	14
23	13	23	21	20
18	21	18	15	15

(a)

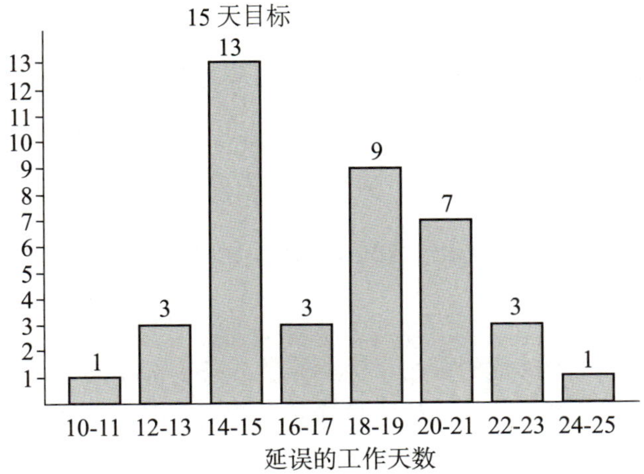

(b)

图 18—17　(a) 用数据表形式展示的延误时间（工作日）(b) 延误时间的直方图表示

资料来源：Receipt of Request to Preliminary Review and Contact with Manager，Juran Institute Inc. Used with permission.

帕累托分析（Pareto analysis）

目标

帕累托分析是一种将影响因素划分优先次序，区分“关键的少数”和“有用的多数”的工具。帕累托图包括三个基本要素：（1）按照重要程度排列的对于总效果的影响因素；（2）定量表示的每一因素的贡献程度；（3）依序表示的影响因素对总效果的累积百分数。

创建步骤

帕累托图与普通的软件实现的图表分析工具不同。以下这些有关如何创建帕累托图的步骤可让我们更清晰地理解这些不同之处。

1. 将每个因素的值求和作为总计值。
2. 按最大到最小的顺序记录这些贡献因素。
3. 确定每一贡献因素占总量的百分比。
4. 从零到总计值或略大于总计值绘制并标记左纵轴。
5. 绘制并标记水平轴。从左到右按从大到小的顺序列出所有因素。
6. 从 0%到 100%绘制并标记右纵轴，以 100%表示左纵轴上的总计值。
7. 用条形表示每种因素影响的大小。
8. 画一折线图来表示总体的累积比例。
9. 分析找到累积比例图表的转折点。给表格命名并标记“关键的少数”及“有用的多数”因素。

为了对新改进项目的决策过程提供支持，创建帕累托图来更好地理解顾客询问的各类问题信息。基于这些信息，团队可以找出重点需要加以处理与解决的 A、B、C 三类查询，如图 18—18 所示。

计划矩阵与树形图（planning matrix and tree diagram）

目标

树形图是用来确定为达到最终目标所需要的各个部分的图表方法。计划矩阵是树形图的延伸，它显示了达到最终目标所需的所有因素、成分及任务。树形图确定了实现每一步骤的人员以及实现时间，还具体指出了为实现该步骤所需的支持人员、预算、涉及团队以外的任务时的联系人，以及任务的状态。

创建步骤

1. 用树形图来确定完成特定工作所需的所有任务。

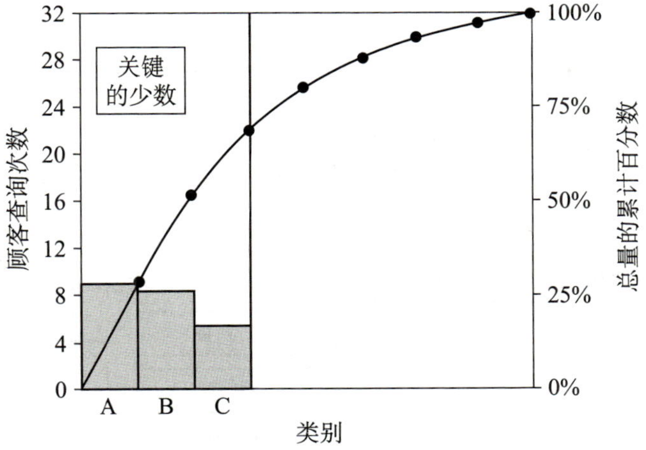

图 18—18　帕累托分析

资料来源：*Lean Six Sigma Pocket Guide*，Juran Institute，Inc.，2009. Used with permission.

2. 将每个任务列在黏性便笺纸上并以竖列的格式贴在墙上或活页挂图上。
3. 用“人员”和“时间”来标记其他栏。
4. 基于如下步骤逐一完成各项工作：
   a）讨论并确定执行该工作的最佳人选或小组。
   b）就完成日期达成共识。
5. 就团队如何监控计划过程达成共识。例如：
   a）在每次会议上均形成一份日程计划，以及针对活动任务的简报。
   b）让团队领导（或一个指定的成员）在会议前与每一个责任人沟通，确定需要讨论的事项并列在日程表上。
6. 将矩阵转换成标准文件，其中需包括团队的时间及日程安排。

改进团队要建立一个新的医疗记录跟踪程序，以求减少记录的丢损现象。在制订建立新过程的计划时，团队将整个过程分为四个主要部分，为了更好地实现主要步骤（即回答要实现什么需求），又将主要部分进一步分解为所需的元素。利用树形图，团队添加“人员”及“时间”等信息，从而创建了如图 18—19 所示的计划矩阵。

皮尤矩阵（普氏矩阵）（Pugh matrix）

目标

该工具多用于基于预先制定的准则，在多种备选方案中进行选择。利用皮尤

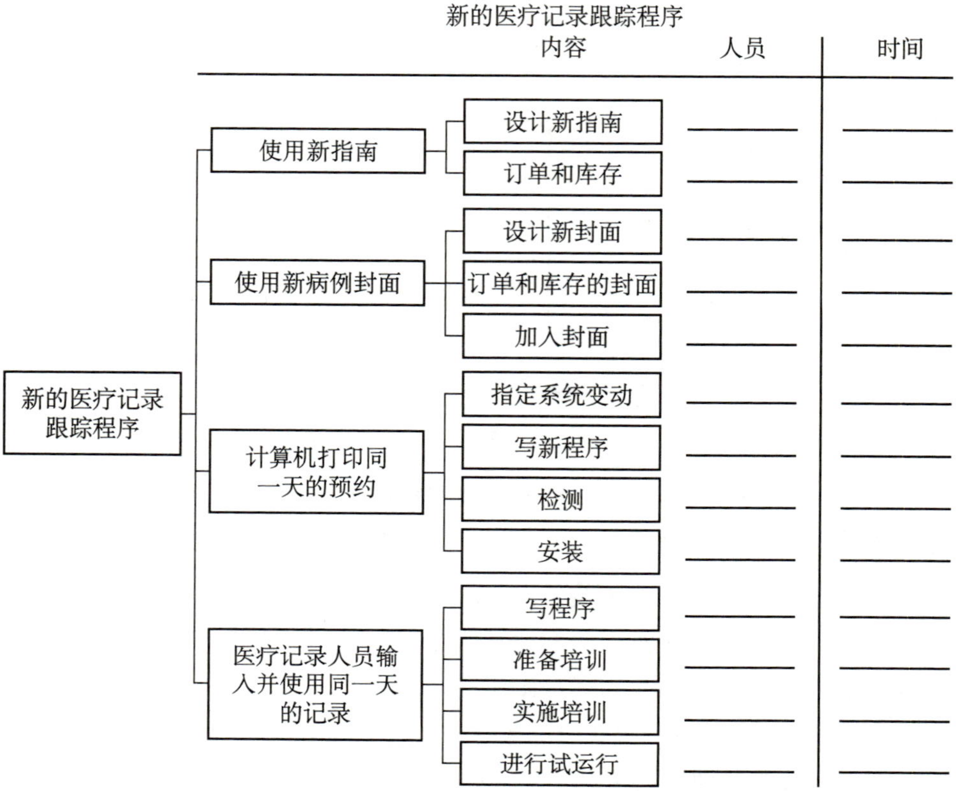

图 18—19　计划矩阵和树图

资料来源：*Lean Six Sigma Pocket Guide*，Juran Institute，Inc.，2009. Used with permission.

矩阵可以：

- 根据项目的关键质量特征或要求来对比、优选各种解决办法。
- 基于较弱的解决方案创造更强有力的解决方案。
- 将解决办法综合或转变后得到一个更为优化的方案。

创建步骤

建立准则。顾客的关键质量特征必须包含在其中。在这些准则中，还可以包括商业准则，例如上市时间、复杂性以及专利等。

1. 基于重要性给准则分配权重。

2. 评价每一种方案相对于基准方案的优劣程度，并用好（+）、不好（—）或一样（s）来标记。

3. 对比不同方案的“+”、“—”及“s”的数目。能否再创建一个与现有方案中的最佳方案相当的新方案？

图 18—20 为构建皮尤矩阵的模板。

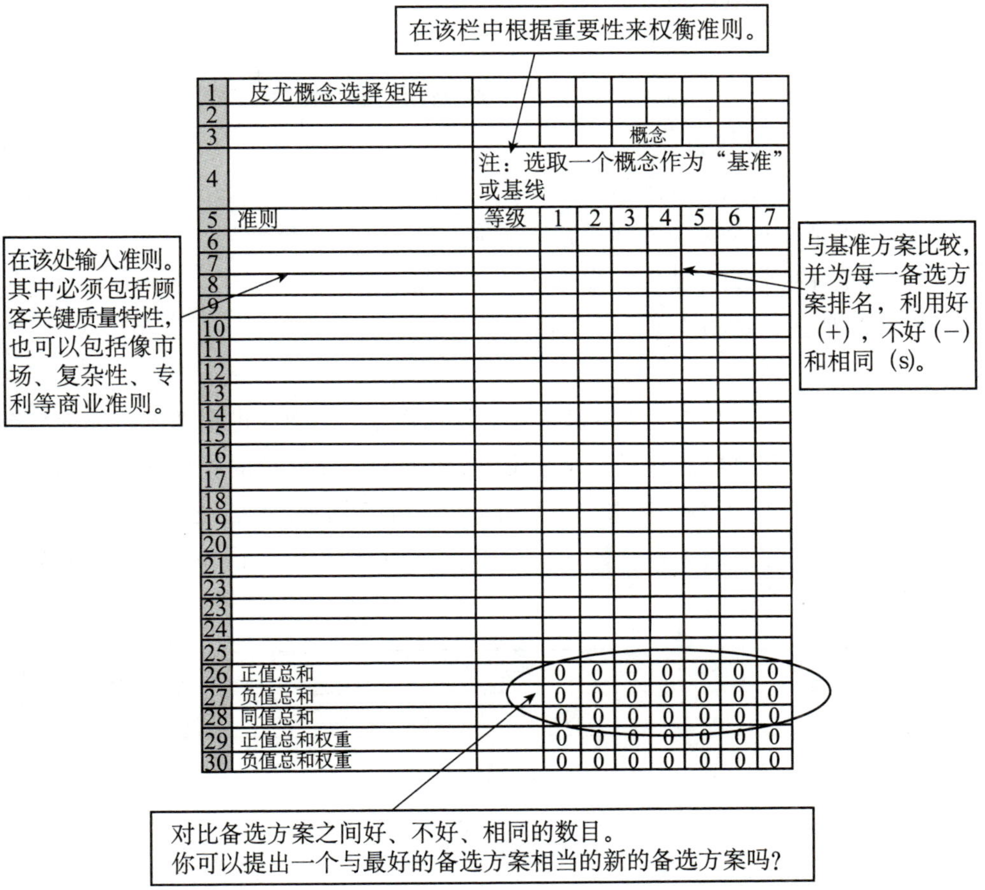

图 18—20　皮尤矩阵

选择矩阵（selection matrix）

目标

此工具可用来依据明确的评价标准对备选方案进行筛选，以减少备选方案的数目。由于通常“最好”的方案无法轻易找到，所以利用选择矩阵来在各有优劣的方案之间做出选择。选择矩阵不像投票法等工具带有主观性，它提供了一个客观的选择过程。

创建步骤

1．建立方案的评价标准。

2. 团队成员将满分100分配置到评价标准中的各个评价准则。

3. 计算每一评价准则所占的平均分数。

4. 审核并就权重配置方案达成共识。

5. 列出待评价的全部方案。

6. 评价方案，每个团队成员根据方案与评价准则吻合的程度来给方案打分，1分代表最差，5分代表最好。

7. 计算每位成员为方案打的分数。

8. 用表格向每个评价人展示其他评价人对方案的评价情况。

9. 讨论评价分数并就下一步行动达成共识。

如下例所述，该矩阵可用于选择项目及解决方案。

团队正在对锯切高档细工家具木料的锯切作业的绩效改进方案进行评价与选择。团队利用头脑风暴法制定了评价准则，并按总分100分为各项标准分配了权重。然后用1～5分为每一备选方案与准则符合的程度打分（5分为最高分）。然后计算每一备选方案的平均分数，如图18—21所示，通过平均分可判断方案一为最好方案。

准则	权重	方案一	方案二	方案三
方案名称		大修并改变速度	更换设备	保留并调整速度
总费用	20	5	2	5
对问题的影响	10	3	5	4
收益与成本的关系	30	4	3	5
变革的文化影响与阻力	20	4	5	1
实施时间	2	5	4	2
效果的不确定性	6	4	5	3
健康和安全	10	4	5	5
环境	2	3	3	3
平均比率		4.10	3.74	3.68

图18—21 选择矩阵

资料来源：*Lean Six Sigma Pocket Guide*，Juran Institute，Inc.，2009. Used with permission.

SIPOC

目标

SIPOC代表供应商、输入、过程、输出及顾客。这是一种在较高的宏观层面上描述过程最初供应者（负责原料的供应）以及增值过程的流程图。该过程旨在生产满足甚至超过顾客需求的产品。SIPOC 工具主要用在项目初期阶段，可以用来识别过程特点，并指定恰当的团队成员。SIPOC 既可用于产品过程，也可用于服务过程。

创建步骤

1. 定义过程，为其命名，并明确其起点、终点。
2. 识别供应商以及过程从其处接受的主要输入。
3. 识别过程的顾客（即接受产品的人），以及在满足顾客需要方面的过程输出。
4. 识别产生输出的 5～8 个主要过程步骤。
5. 通过与关键过程步骤的主要执行部门的协同工作来对关键过程加以验证。

为改进接收订单的过程，组建了一支质量改进团队。团队为了在较高层面明确项目的过程步骤及项目范围，创建了如图 18—22 所示的 SIPOC 表，描述了从接收订单直至产出产品的整个过程。

供应商	输入	过程	输出	顾客
储存位置	电子订单	获得订单	队列文件	订单分拣系统
订单分拣系统	队列创建文件	订单序列化	现金订单 TIF 文件	录入订单
订单录入	现金订单 TIF 文件	订单录入系统	准备调度的订单	检查订单
订单检查	电子订单	检查订单	调度表	调度
调度	调度表	调度产品	报告	产品移植

图 18—22　SIPOC，六西格玛工具

资料来源：Juran Institute，Inc. Used with permission.

统计过程控制（statistical process control）

目标

许多员工每天都在依照事先预定的边界条件来执行操作过程，以确保过程输出的结果符合规范界限。这些规范界限是在质量计划或质量改进方案中设定的。从历史角度而言，这种做法严重依赖事后的检验，旨在剔除不合格产品。相反地，过程控制则旨在对过程进行预防性控制，以使其性能保持在给定的范围内。不同于仅仅是筛查不合格产品（“检查产品的质量”）的做法，控制旨在查找并消除导致异常波动（以及潜在的规格不符，但这一点并非必须）的因素，以寻求持续的改进。

统计过程控制是一种运用统计技术来测量和分析过程波动性的方法。其中，过程是指将投入转变为产品或结果的一系列活动。通过运用控制图工具，统计过程可以用来辅助查找引发过程内参数以及过程终了（即产品）参数波动的特定原因。控制图的目标并不是在过程结束后达到某种统计状态，而是着眼于减少过程的波动。

在创建控制图前，有必要深入讨论一下过程控制语境中的引发波动的特殊原因与一般原因。控制图是将过程绩效数据与计算出来并绘制在控制图上的上下控制线相比较。过程绩效数据通常由多组按照一定顺序采集的测量值（称为样本空间）构成。由于控制图最根本的目的是找到过程波动的特殊（或可归因）原因，识别“特殊原因”并将其与一般（随机或偶然）原因区分开就显得非常重要。

存在两种类型的过程波动：(1) 一般（随机或偶然）波动，这是过程中固有的波动。(2) 特殊（或可归因）波动，这种波动将引起过程超差（如表 18—1 所示）。理想情况下，应该只存在一般波动，这样才能得到一个稳定、可预测、波动最小的过程。将无异常波动源的过程称为处于统计控制状态。处于统计控制状态的控制图中所有的数据点都在统计控制限内，并且不存在典型的异常模式。

表 18—1　　波动的随机原因和可归因原因间的差别

随机（一般）原因	可归因（特殊）原因
描述	
由多个相互独立的原因构成	仅由一个或少数一些原因构成
每个随机因素可能会导致微小的波动（但是众多的随机因素集合起来也会产生显著的波动效应）	任何一个原因都会引发显著波动
例如，不同人在设置控制盘时的微小差异、机器的轻微振动，以及原材料的 NS 特征的微小变化	例如，员工的失误、启动错误，以及原材料的批次性缺陷。
解释	
消除随机原因在经济性上是不划算的	特殊原因是可以找到的，消除这些原因的措施通常是具备经济性的。
处于控制限内的随机波动意味着过程不需要调整	控制限外的观察值意味着过程需要调整和修正。
若只存在随机波动，则过程是足够稳定的，可以使用抽样方法来预测总体质量或进行过程改进方面的研究	若出现了特殊原因，过程的稳定性就不足以支持采用抽样方法来预测总体质量。

资料来源：*Quality Planning and Analysis*，Juran Institute，Inc.，Copyright 2007. Used with permission.

控制图利用控制限来对引发特征波动的一般原因和特殊原因加以识别和区

分。利用概率法则计算各个统计量以及控制限，从而推测哪些波动原因是特殊原因而非随机原因。当波动超出统计控制限，就说明该过程中存在特殊原因，应该对过程展开深入研究以确定引起过度波动的原因。当波动位于控制限内时，说明波动仅仅是由普通（或随机）原因造成的，此时波动幅度较为稳定，应避免对过程进行任何微调（或干预）。值得注意的是，控制图仅仅能够识别出特殊原因的存在，但却无法找出具体是什么原因，还必须通过后续对过程的深入研究来找出具体的原因。

创建步骤

创建控制图需要遵循以下步骤：

1. 选择控制图所要监控的质量特征。

2. 找出导致不合格品的那些主要的质量特征。帕累托分析是识别主要特征的有效工具。

3. 识别出那些对最终产品特征有影响的过程变量或条件，从而识别出对产品质量有影响的潜在因素，并建立从原材料直至最终质量特征的控制要素。例如电解液的 PH 值、盐度以及温度是对电镀件的表面光洁程度有直接影响的过程变量。

4. 审核测量方法的准确度和精确度，以确保能够获得关于制造及服务过程波动的有效数据。观察到的测量数据反映了制造过程的波动，以及制造过程与测量过程共同导致的波动。Anthis（1991）指出，不准确的测量过程将导致无法有效识别制造过程中的波动，进而成为质量改进的障碍。Dechert（2000）也指出测量误差的水平对统计过程控制方法的应用有明显的影响。

5. 找出能够最早发现过程异常的点，以充分发挥统计过程控制的预警作用，避免后续不良品的生产。

6. 选择合适类型的控制图。表 18—2 给出了三种控制图的对比。Schilling（1990）就如何选择控制图类型给出了一些指导。

表 18—2　控制图的对比

绘制的统计量	均值（$\bar{X}$）和极差 R	不合格百分数（p）	不合格数（c）
需要的数据类型 应用的一般领域	波动数据（某一特征的测量数据） 对单个特征的控制	属性数据（产品中有缺陷的单位数） 控制过程中总体缺陷的百分数	属性数据（单位产品中的缺陷数） 控制每单位产品的缺陷数
主要优点	能够最大限度地从数据中发掘有用的信息，能提供关于过程的均值和波动的详细信息	从已有的测量结果中获取数据 易于被员工理解 提供了对质量的总体描述	与 p 列具有相同的优点，而且提供了对缺陷数的测量

续前表

绘制的统计量	均值（$\bar{X}$）和极差 R	不合格百分数（p）	不合格数（c）
主要缺点	没有相应的培训，是很难理解并使用这些方法的 有可能会混淆控制限和公差极限 不能用于“通过/不通过”类型的数据	不能提供对某一单独特征进行控制所需的详细信息 不能够区分不同产品单位的缺陷程度	不能提供对某一单独特征进行控制所需的详细信息
样本容量	通常是 4～5	使用已有的测量结果或取样本为 25，50 或 100	任何易得到的产品单位，例如 100 英尺的电线或一台彩电

资料来源：*Quality Planning and Analysis*，Juran Institute，Inc.，Copyright 2007. Used with permission.

7. 确定用于计算控制限的中心线。该中心线可以是过去数据的平均数，也可能是期望值（即标准值）。控制限通常由“3s”准则确定，也可以根据选定的统计风险选择其他倍数。

8. 选择合理的子样大小。控制图上每一点都代表了由多个产品组成的子样（或样本）。对于控制图而言，合理的子样意味着子样内的单元应具有最大的相似性，而不同子样的单元间则具有最大的差异性。

9. 建立一个系统来收集数据。如果将控制图作为日常工具来使用，它必须简单易用，测量工具也必须简单无误差。当然，更好的指针式仪表应该能够在准确读数的同时有效记录数据，而经过深思熟虑设计的数据记录表格将能够有效简化数据的记录。工作条件也是一个需要考虑的重要因素。

10. 计算控制限，并提供关于过程波动结果的解释方法以及各岗位人员应如何采取行动的指南。表 18—3 给出了三类基本控制图的控制限的计算公式。这些公式依据±3σ，中心线等于在计算控制限时得到的数据的均值。这些公式中用到的 A_2、D_3 和 D_4 因素的值都列在表 18—4 中。每年，《质量进展》都会发布一个软件目录，其中列出了那些可以用来计算样本参数、控制限以及绘制数据的软件。这些软件的一般规则都是在建控制限前收集 20～30 个样本（合理的子样）。

表 18—3 控制限

统计量	中心线	下限	上限
均值 $\bar{X}$	$\bar{\bar{X}}$	$\bar{\bar{X}}-A_2\bar{R}$	$\bar{\bar{X}}-A_2\bar{R}$
极差 R	$\bar{R}$	$D_3\bar{R}$	$D_4\bar{R}$
不合格比例 p	$\bar{p}$	$\bar{p}-3\sqrt{\frac{\bar{p}(1-\bar{p})}{n}}$	$\bar{p}+3\sqrt{\frac{\bar{p}(1-\bar{p})}{n}}$
不合格数 c	$\bar{c}$	$\bar{c}-3\sqrt{\bar{c}}$	$\bar{c}+3\sqrt{\bar{c}}$

资料来源：*Quality Planning and Analysis*，Juran Institute，Inc.，Copyright 2007. Used with permission.

表 18—4　　**$\overline{X}$ 和 R 控制图的因子**

$\overline{X}$ 和 R 控制图的 s 的因子；基于 R^+ 估计 s 的因子

每一样本的观察值数目	A_2	D_3	D_4	从 $\overline{R}$ 中为 s 估计因子 $d_2=\overline{R}/s$
2	1.880	0	3.268	1.128
3	1.023	0	2.574	1.693
4	0.729	0	2.282	2.059
5	0.577	0	2.114	2.326
6	0.483	0	2.004	2.534
7	0.419	0.076	1.924	2.704
8	0.373	0.136	1.864	2.847
9	0.337	0.184	1.816	2.970
10	0.308	0.223	1.777	3.078
11	0.285	0.256	1.744	3.173
12	0.266	0.284	1.717	3.258
13	0.249	0.308	1.692	3.336
14	0.235	0.329	1.671	3.407
15	0.223	0.348	1.652	3.472

上控制限为　$\overline{X}=UCL_{\overline{X}}=\overline{\overline{X}}+A_2\overline{R}$

下控制限为　$\overline{X}=LCL_{\overline{X}}=\overline{\overline{X}}-A_2\overline{R}$

上控制限为　$R=UCL_R=D_4\overline{R}$

下控制限为　$R=LCR_R=D_3\overline{R}$

11. 在控制图上绘点并对结果进行分析。

虽然控制图是一种强大的统计工具，但不可将其作用绝对化。生产过程的最终目的是使产品适于使用，而不是仅仅使产品在统计控制限内。一旦控制图达到其应用目的，就应该将过程固定下来，进而将工作重点转向需要改进的其他特征。Schilling（1990）对控制图应用的生命周期进行了跟踪（表 18—5）。一个特定的过程可能会用到多种控制图。值得注意的是，随着过程逐步趋于统计控制状态，就可以用现场抽查的方式来代替一部分控制图的使用。

表 18—5　　**控制图应用的生命周期**

阶段	步骤	方法
准备阶段	陈述研究的目的 确定控制状态 确定关键变量 确定控制对象 选择适当的控制图 确定如何抽样 选择子样大小和采样频率	与质量体系建立联系 属性表 鱼骨图 帕累托图 数据和目标为依据 合理子样大小 确定合理的灵敏度

续前表

阶段	步骤	方法
启动阶段	确保人员之间的协作 对使用人员进行培训 分析结果	采用团队机制 对行动进行记录 寻找特定的模式
运行阶段	评估效果 保持兴趣 调整控制图	定期对控制图的使用及其相关事项进行检查 邀请用户参加对控制图的调整 基于当前结果保持控制图的频率及属性
退出阶段	实现过程控制的目标后停止控制图的使用	现场检查、定期抽样检查、p 控制图、c 控制图

控制图的类型

传统的休哈特控制图（为纪念休哈特的贡献以休哈特命名的控制图，参见《朱兰质量手册》（1999）第 45 章（Juran and Godfrey，1999））主要分为两类：计量型控制图（用于连续类测量数据）以及计数型控制图（用于计数类数据）。如何选择合适类型的控制图，可参照图 18—23 中的原则。下文将介绍这些不同类型之间的差别。

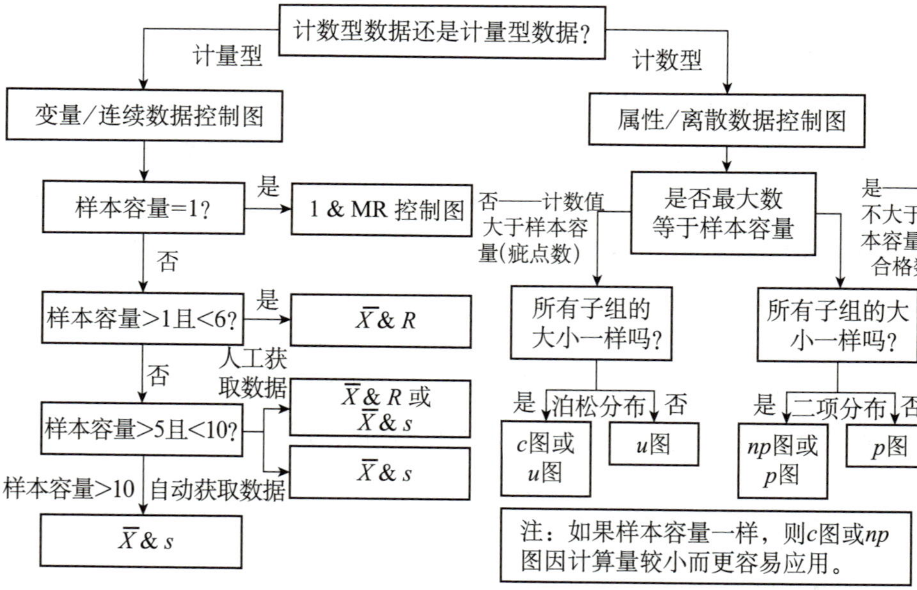

请注意，“计量型”意味着一个特征是连续的。“计数型”用于结果是通过/失败、接受/拒绝或其他分类的情况下，即使原始测量是连续的。同样，控制的上下限取决于样本中的观测数，当分组大小不同时，控制的上下限在任何图表中都不会是直线。

图 18—23　控制图选择流程图

资料来源：Juran Institute，Inc. Used with permission.

若过程是稳定的，无论是何种类型的控制图或统计量（例如平均值、范围、标准差、比例），控制图上下限的设定都应该避免过程处于稳定状态时统计量落在控制边界之外。控制边界线通常以±3 标准差来确定。

此种控制图以均值、极差或标准差作为管理的数据对象。将这些数据绘制在两个控制图中，均值控制图绘制样本均值及每个子组的平均值（若子组中只有一个个体，则需要绘制移动均值图（*X-mR* 图，也叫作 *I-mR* 图））；极差图或标准差图绘制子组的极差或标准差。各种类型的控制图描述如下：

$\bar{X}$-*R* 图　也叫作均值—极差图。$\bar{X}$ 是子组的均值，用来反映因变量的集中趋势随时间变化的情况；*R* 是极差（即每一子组最大值与最小值的差），用于控制子组变量的一致性程度随时间变化的趋势，这反映了因变量的变异性。需要指出的是，由于规格限针对的是个体对象而非统计量，所以，不能将产品质量特征的技术规格限直接用作控制图中的控制限。

$\bar{X}$-*s* 控制图　$\bar{X}$-*s* 控制图与 $\bar{X}$-*R* 控制图类似，但在 $\bar{X}$-*s* 控制图中使用的是标准差 *s*（而不是极差 *R*）。虽然对于子组容量大于 2 的情况，标准差控制图的统计效能要高于极差控制图，但是极差控制图更易于计算和理解，因而在子组容量小于或等于 10 的情况中经常被采用。

***X-mR* 控制图**　也被称为 *I-mR* 图，该控制图采用个体测量值以及移动极差作为控制依据，适用于子组容量＝1（例如无法获得多个测量值来计算平均值）的情况。

***Z-mR* 控制图**　*Z-mR* 控制图除了每个变量要经过 *Z* 变换外，与 *X-mR* 控制图类似。对于运行数据少于建立预测控制图所需的 20～30 的数据量的短期过程而言，这种控制图非常有用（有关短期过程控制图详见第 19 章“准确可信的测量系统及先进工具”）。

单值控制图　也称为运行图，是均值图的替代者，它仅仅依据时间顺序将各个测量单值绘制在控制图上。在最简单的情况下，可以直接将技术规格限添加到控制图中作为控制限；在其他一些情况下，则以测量数据的±3σ 作为控制限。但是，单值控制图不如 $\bar{X}$ 控制图敏感。

下面以图 18—24 中所列出的 $\bar{X}$-*R* 控制图为例来看一下计量型控制图的应用。图中的上半部分是对 N-5 和 N-7 这两台机器的各自的观察值。对于每一台机器来讲，按照生产的时间顺序绘制了 10 个样本（每组样本中有 6 个产品）的数据。下半部分绘制了每台机器的 $\bar{X}$-*R* 图。对于 N-5 机，其所有的点都在控制限内，因此根据原则可知该过程中没有引发波动的特殊原因，过程处于统计控制状态。然而对于 N-7 机，由极差图可看到存在样本内波动，又由样本均值图可看出存在样本间波动。由 $\overline{X}$ 图可以看出，像工具磨损这样的特殊原因的存在导致了随时间产生较大波动的特征值（注意：在收集数据的过程中，记录测量顺序是十分重要的）。

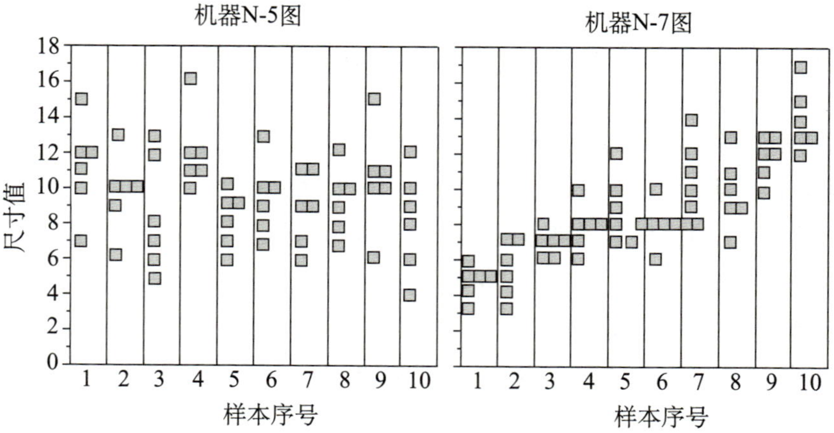

机器N-5

样本	1	2	3	4	5	6	7	8	9	10
$\overline{X}$	11.2	9.7	8.5	12.0	8.2	9.5	8.8	9.3	10.5	8.2
R	8.0	7.0	8.0	6.0	4.0	6.0	5.0	9.0	9.0	8.0

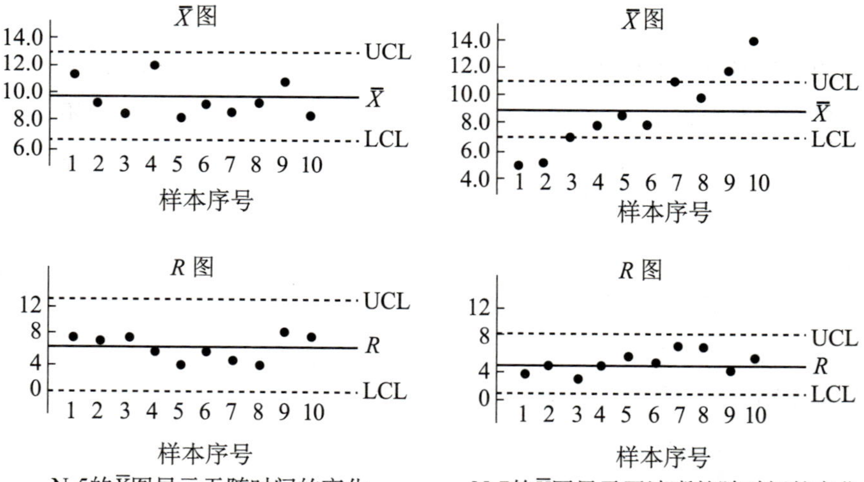

N-5的$\overline{X}$图显示无随时间的变化　　N-7的$\overline{X}$图显示了清晰的随时间的变化

图 18—24　均值—极差控制图明确反映出设备之间的差异

数据来源：*Quality Planning and Analysis*. Juran Institute, Inc.，© 2007. Used with permission.

对波动控制图的解释：将 $\overline{X}$-R 图或 $\overline{X}$-s 图叠放以使每个子组的均值和极差都处在同一垂直线上，观察是否某个或两个统计量都揭示出过程缺少控制。通常，首先解释 R 图或 s 图，因为在计算 $\overline{X}$ 图中的控制限时要用到极差或标准差。

R 或 s 落在控制限外，说明过程的一致性被某些因素破坏了。其典型原因有人员的变动、材料变异增加，以及设备的过度磨损等。若 R 或 s 图反映了引发波动的特殊原因的存在，则组内波动就同时包含了一般原因与特殊原因的共同作用，并且用它们在 $\bar{X}$ 图中计算控制限会产生一个过大的控制限（会降低发现失控条件的能力）。若取样时过程发生了偏移，就可能产生一个位于控制限之外的孤立 R 点。

位于控制限外的 $\bar{X}$ 点反映了自第一个位于控制限之外的子样之后总体所发生的变化。在寻找导致子样失控的原因时，需要仔细研究数据收集过程、生产工艺准备以及工人的经验等因素。典型的原因有材料变化、人员、设备调整、工具磨损、温度或振动等。

在寻找异常模式及非随机性因素方面，Nelson（1984，1985）给出了在基于 3σ 控制限的控制图中查找异常模式的 8 种方法（见图 18—25），图中的每个区域都代表 1σ 宽（请注意，图 18—25 的检测 2 中，每行需要 9 个点，而其他作者建议每行 7 个或 8 个点（可参见 Nelson（1985）中的详细说明）。

关于在建立初始控制图之后如何展开分析，Ott 和 Schilling（1990）有清晰的论述，并给出了很多广泛收集的创新统计分析的例子。

不同于计量型控制图需要定量的数据测量（如光阻工艺中的线的宽度），属性类数据的控制图仅需记录特征测量的数量结果（例如一个样本中不合格项目数）。由于产品被归入不同的组中，例如通过与不通过，所以这些数据也被称为分类数据。

p 图。也称为比例图，该图用于基于时间序列记录每一样本中不合格产品的比例或百分比（缺陷百分比）。

np 图。该图用于记录每一样本中不合格或缺陷产品数量随时间的变化。np 图只能用于样本数量恒定（或基本恒定）的情况。

c 图。用于记录不合格数（即缺陷数，而不是 p 图中的缺陷产品数）。

u 图。是 c 图的变异，与 np 图类似，该图记录了 n 个单位组成的样本中每单位的不合格数或缺陷数。与 np 图相同的是，样本数必须近似是恒定的。

在此，以描述继电器中磁铁数据的 p 图来作为属性类数据控制图的应用例子。以 19 周为单位，记录所检查的磁铁的总数以及不合格磁铁的数量。总共测量了 14 091 个磁铁，而不合格磁铁数为 1 030，达到了 7.3%。图 18—26 给出了以平均样本容量为 741.6 计算控制极限的控制图。值得注意的是，有几个点超出了控制限，预示着存在特殊原因。对于最后一个样本中偶尔出现的低点而言，识

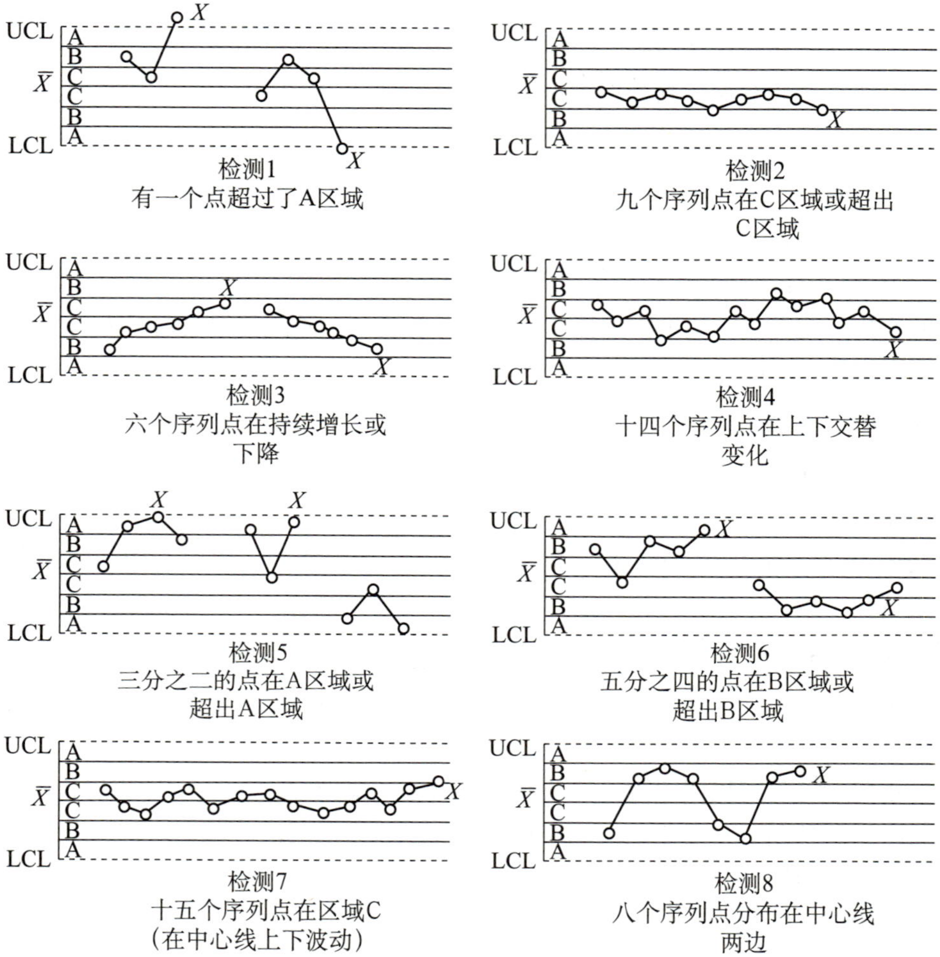

图 18—25 运用 $\overline{X}$ 控制图来探测引发变差的特殊原因

资料来源：Nelson，1984.

别并加强能产生超高质量的特殊原因也许是非常有价值的。图 18—25 中所展示的判断规则也同样适用于属性类控制图。

分层（stratification）

目的

分层是将数据分别归入不同的类别。在对问题进行分析以识别哪些因素对问题的发生有影响的时候，经常用到这种方法。此外，在识别项目、症状分析、假设检验，以及确定解决方案的过程中，都有可能用到分层。分层可以帮助人们回答关于缺陷的频率、导致质量问题的因素，以及不同组间的差异程度等问题。

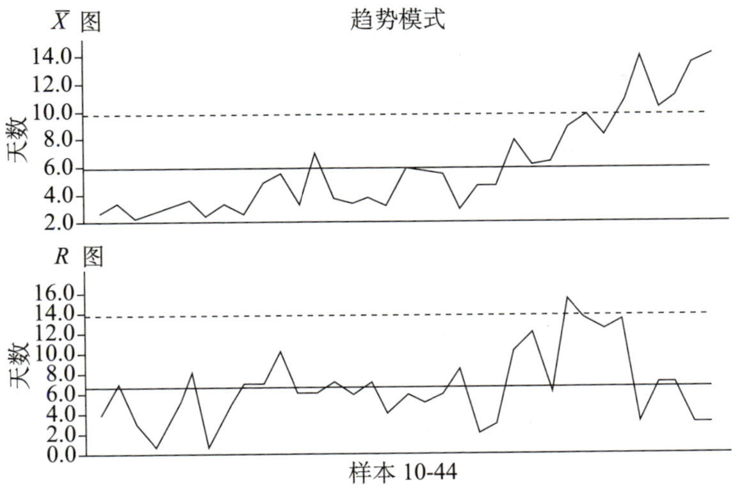

图 18—26　均值—极差控制图

资料来源：*Quality Planning and Analysis*. Juran Institute, Inc., © 2007. Used with permission.

创建步骤

1. 选择分层变量。如果要收集新的数据，就要确保所有潜在的分层变量都能够作为标识加以收集。

2. 建立将用于变量分层的类别。类别可能是一系列离散值或某一取值范围。

3. 将某一分层变量的所有观测值进行分类。每一类中都包含其范围内的一系列观测值。

4. 计算每个类别的症候值。症候值可以是某一类别中观察值的数目、观察值的均值或是对类别的可视化描述（如直方图）。

5. 对结果进行展示。条形图通常是最有效的。

6. 准备并展示其他分层变量的结果。重复步骤 2 到 5。酌情进行第二阶段的分层。

7. 规划进一步的确认。

某机械设备制造商最近收到了关于嵌入式插座的钢针松动的投诉（槽号为 128B）。这些插座是由制造商在良好的统计过程控制下自行生产的，而与该插座匹配的钢针是由三个不同的供应商提供的（见图 18—27）。

针对投诉，质量改进小组对 120 个钢针进行了测量，每个供应商都取了 40 个。钢针直径的名义值为 10mm，上限为 10.2mm，下限为 9.8mm。

为了对数据有一个更好的理解，质量改进小组绘制了该 120 个钢针的直方

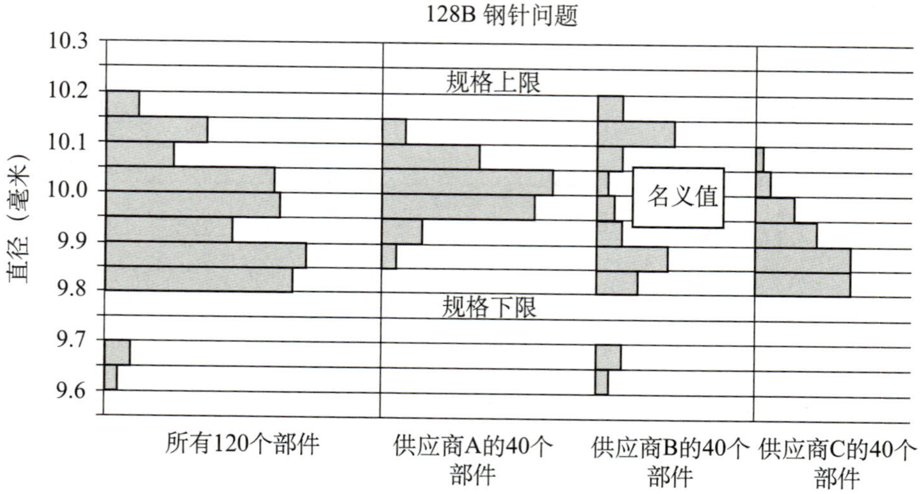

图 18—27 128B 钢针问题分层

资料来源：*Lean Six Sigma Pocket Guide*，Juran Institute，Inc.，© 2009. Used with permission.

图。直方图显示，钢针的直径测量值是一个宽的、多峰的分布，且大多数测量值都处于规格下限与名义值之间。由于绝大多数的钢针都小于名义尺寸，所以松动的概率确实很大。

但是，该直方图无法告诉质量改进小组问题的原因是什么。因此，小组决定根据供应商对这些钢针进行分层，并重新绘制了直方图。

基于上述直方图，小组得出了以下结论：

• 供应商 A 对过程有很好的控制。绝大多数产品都接近名义尺寸，而且由于过程中的固有波动小于规格极限范围，所以生产出的产品很少超出规格极限范围。

• 供应商 B 似乎在运行两个不同的过程，但是没有一个能够生产接近名义值的钢针。供应商 B 的分布就像两个与供应商 A 的分布类似的分布的叠加，但两个分布一个向上方偏移，一个向下方偏移。

• 供应商 C 的过程有很大的波动，无法生产符合名义值的钢针。分布中出现突然结束（或截断）的模式表明，供应商采用检查手段筛查出了不合格的钢针。

参考文献

Anthis, D. L., Hart, R. F., and Stanula, R. J. (1991). The Measurement Process: Roadblock to Product Improvement, Quality Engineering, vol. 3, no. 4, pp. 461–470.

Dechert, J., Case, K. E., and Kautiainen, T. L. (2000). Statistical Process Control in the Presence of Large Measurement Variation, Quality Engineering, vol. 12, no. 3, pp. 417–423.

Ishikawa, K. (1972). *Guide to Quality Control*. Asian Productivity Organization, Tokyo.
Juran, J. M., and Godfrey, A. B. (1999). *Juran's Quality Handbook*. 5th ed., McGraw-Hill, NY.
Juran Institute, Inc. (2009). *Lean Six Sigma Pocket Guide*. Southbury, CT.
Nelson, L. S. (1984). The Shewhart Control Chart-Tests for Special Causes, Journal of Quality Technology, vol. 16, no. 4 October, pp. 237–239.
Nelson, L. S. (1985). Interpreting Shewhart Charts, Journal of Quality Technology, vol. 17, no. 2, pp. 114–116.
Ott, E. R., and Schilling, E. G. (1990). *Process Quality Control Troubleshooting and Interpretation of Data*. McGraw-Hill, New York.
Schilling, E. G. (1990). Elements of Process Control, Quality Engineering, vol. 2, no. 2, p. 132. Reprinted by courtesy of Marcel Dekker, Inc.
Wadsworth, H. M., Stephens, K. S., and Godfrey, A. B. (1986). *Modern Methods for Quality Control and Improvement*. Wiley, New York.

（段桂江　译）

第19章

准确可信的测量系统及先进工具

约翰·F·厄尔利　布赖恩·A·施托克霍夫

关于本章

本章我们将讨论如何使用一些工具来帮助我们获得用于支持决策以取得良好结果的信息。我们将提供一个用于规划和收集决策数据的框架，这些数据是寻求良好结果的决策过程所必需的。我们提供了关于确保收集到的数据的适用性和准确性的工作指南。最后，在第18章“设计、控制与改进绩效的核心工具”的基础上，简要介绍了收集、分析、利用统计数据的最有用的工具，以使这些数据能够回答战略的和运营的问题，并为制定能够获得高绩效、高质量、忠诚的顾客及最优结果的决策奠定基础。

本章要点

1. 只有问对问题，才能获得准确、可靠、相关的信息。问对问题，你就能获得正确的数据。

2. 有效测量的十原则可以帮助建立准确可靠的绩效测量。

3. 规划数据收集时，关键问题不是怎样收集数据，而是如何生成有用的信息。要想达到上述目的，要对测量系统有清晰的认识，要清楚各种数据收集及决策分析方法的优缺点，并在脑海中对整个过程有个框架。

4. 有很多在组织管理方面很有用的工具，它们提供了过程改进、设计及控制方法。改进工具需追根究源并进行理论的检验。设计工具要求先收集观点与技术规范，然后确定开发可靠的新产品或服务的途径。控制要求使用统计工具来区分波动的普通原因和特殊原因，从而降低风险并进行调节。

5. 第 18 章“设计、控制与改进绩效的核心工具”中已经讨论了部分用于质量设计、控制及改进的基础工具。本章我们将介绍一些可以用于更细致和更复杂的分析的其他工具。

测量及最优效果

读者会发现，本书的其他章节曾多次提到：准确、可靠、相关的信息对于做出旨在获得优良结果的决策是至关重要的。首要的是，信息必须与所存在的问题紧密相关。如果想要获得忠诚的顾客，就要知道关于忠诚的确切数据，以及现有顾客与潜在顾客的消费观。我们还需要那些能够揭示出影响顾客行为的因素的数据。其次，获得的信息必须准确无误。这里的准确应包含两方面的意思：无偏且抽样误差（与抽样方法相关的不确定性）保持在足以支持我们做出正确决策的范围内。例如，想要改善保健计划中哮喘人群的医疗条件，就需确定对该条件的测量无重大偏差，而且抽样样本要足够大，以确保抽样的不确定性相对于实现的改进足够小。第三，信息必须可靠。可靠性包含了准确性及相关性，但其向前更进了一步，旨在强调在运行过程及商业环境中保持测量手段的准确性、相互联系性的能力，从而确保我们能够相信这些数据，并依据这些数据作出决策。例如，要建立一个制造满足顾客要求的复杂电子连接器的工艺过程，要求该过程中的波动因素如温度、压力以及速度必须控制在要求范围内，则该过程能否取得成功，在很大程度上取决于对温度、压力及速度的测量的准确度及相关性能否满足生产无缺陷连接器的需求。

测量、分析以及朱兰三部曲

朱兰三部曲的质量计划、质量改进及质量控制中的每一部都是以准确、可信、相关的信息为基础的。虽然每一个都是相对独立的管理过程，但它们都对信息有相同的需求、应用同样的工具，并使用相同的数据以确保成功。然而，每一个过程也都有其独特的构成质量测量及分析的基础的信息需求。以下内容介绍了三部曲中每一部的关键问题。

质量计划的测量问题

- 什么水平的产品市场绩效才能满足战略目标?
- 产品绩效与竞争者相比如何?
- 产品表现是否满足顾客期望?
- 大多数顾客对产品（商品和服务）或过程的期望是什么，以及他们愿意支付的金额是多少?
- 产品（商品和服务）或过程的顾客是谁?
- 每个顾客的重要程度如何?
- 每个重要顾客的需求或利益是什么?
- 顾客需求或利益的相对重要性如何?
- 每个产品特征对顾客需求的影响如何?
- 如何在不同产品特征之间进行数学上的权衡?
- 过程特征或参数对最终交付的产品特征的影响如何?
- 生产合格产品需要什么样的过程能力?
- 产品及过程特征的最优公差是多少?
- 计划项目的战略目标完成的程度如何?

质量改进的测量问题

- 导致顾客不忠诚的最重要的缺陷是什么?
- 质量损失成本中的最主要的细分类别是什么?

- 为满足战略目标，需要在成本及顾客忠诚度方面有多大改进？
- 已确定的问题的主要原因是什么？
- 每一个引发问题的原因的影响度是多少？
- 哪一个可能的原因被证实为根原因？
- 预期改进措施能够产生多大成效？
- 项目最终获得了多大改进？

质量控制的测量问题

- 对过程波动影响最大的变量是什么？
- 波动控制中正常的随机波动是什么？
- 偶发的异常波动是否是由可归因的特殊原因引发的？

有效测量的十原则

质量测量是质量控制与改进的核心："测量什么，就能完成什么"。在详细讨论良好测量与分析之前，充分考虑以下原则对于我们建立有效的质量测量方案是很有帮助的：

1. 确定测量的目的及用途。一个尤其重要的例子就是测量在质量改进中的应用。在进行最终测量的同时，还必须包括用于诊断的过程间测量。

2. 强调与顾客相关的测量，这里的顾客包括内部顾客与外部顾客。

3. 聚焦于有用的测量，而非易实现的测量。当量化很困难时，利用替代的测量至少可以提供关于输出的部分理解。

4. 在从计划到执行测量的全程中，提供各个层面上的参与。那些不使用的测量最终会被忽略。

5. 使测量尽量与其相关的活动同时执行，因为时效性对于诊断与决策是有益的。

6. 不仅要提供当期指标，同时还要包括先行指标和滞后指标。对现在及以前的测量固然必要，但先行指标有助于对未来的预测。

7. 提前制订数据采集、存储、分析及展示的计划。只有当拟采用的测量方案通过了严格的审查，才能认为计划完成了。

8. 对数据记录、分析及展示的方法进行简化。简单的检查表、数据编码、自动测量等都非常有用，图表展示的方法尤为有用。

9. 对测量的准确性、完整性与可用性进行阶段评估。其中，可用性包括相关性、可理解性、详细程度、可读性以及可解释性。

10. 要认识到只通过测量是无法改进产品及过程的。

测量必须与资源以及人员的培训结合起来才能够实现改进的目标。

对测量及数据收集进行计划

在数据收集上，“谋定而后动”是最佳的行动策略。在此，“定”指的是获得计划、控制及改进所需的信息。在进行数据统计分析前，我们首先必须考虑对数据收集过程进行计划。在计划过程中，需要考虑这些用于分析、解决问题的数据的来源。其中最常见的来源有历史数据、新收集的运行数据，以及实验获得的数据，而这些来源又各有优劣。不管数据来自哪里，在用于分析、提取信息前一定要对这些数据进行仔细的审查。

对数据的收集及分析进行计划

在数据收集及分析的过程中，质量团队实质上就是在寻找以下问题的答案：“这个问题发生的频率有多高？”“导致该问题的原因是什么？”换句话说，他们是在寻找有用的信息。有用的信息建立在数据（事实）的基础上，但是仅仅依靠收集数据是无法获得有用的信息的。所以问题的关键不在于如何收集数据，而在于如何获得有用的信息。虽然很多组织在其运行中收集了大量的数据，但往往缺乏能够用以获取真正有用的信息的数据。这些常见的表现使很多组织陷于海量的“数据泥潭”中，它们努力想通过这些数据找到与过程相关的信息。虽然它们有可能从中发现一些有用的信息，然而，从本质上讲，这种做法是不经济的，并且非常耗时，会拖延项目的进程。下面将要介绍的基于“谋定而后动”原则对数据采集进行计划的方法是非常有价值的。

信息的获取通常始于问题，并终止于问题。想要获取信息，我们就要：

- 对我们将要回答的问题进行规范化。参见此前在朱兰三部曲的每一部中所给出的例子。
- 收集与问题相关的数据。
- 分析这些数据来确定问题的真实答案。
- 用某种方法表达数据，以便于就问题的答案进行沟通。

有效数据收集的关键在于“提出恰当的问题”。即使通过精心设计的统计抽样方案获取了准确、简洁的数据，如果得到的数据无法回答研究者所关心的问题，那也是没有用的。

请注意图 19—1 所示的计划过程在模型中是如何“反向工作”的。我们的工作开始于定义问题。接着，不是一头扎到细节数据收集之中，而是要考虑我们如何回答问题，以及需要执行哪些类型的数据分析。这将有助于我们定义数据需求，以及明确数据中最重要的特性。只有理解了这些，才能更好地处理数据收集的地点、人员、方式及内容这些相关信息。

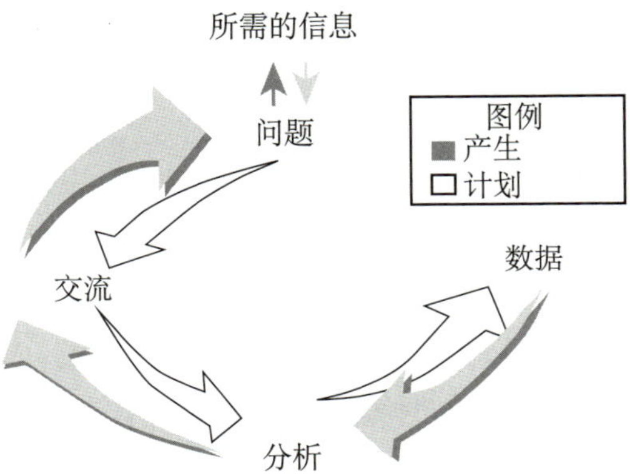

图 19—1　数据收集计划

为获得有用的信息，按照下述步骤及相关条件对数据收集、分析及使用过程进行良好的计划是十分有益的。

1. 确定数据收集目标，并按照以下格式对问题进行规范化。
   - 数据收集的目标是什么？
   - 需要监控以获得数据的产品或过程是什么？
   - 通过本实验，想要验证什么“理论”？
   - 想要解决什么问题？
2. 考虑如何交流与分析数据，并在此基础上确定测量内容。
   - 你需要哪些数据？
   - 该测量的类型？是像长度、质量、体积以及温度一样的时间及物理量的测量，还是像等级（低—中—高）、比率（速度）、指标（如医院等待时长的案例中的相关系数）一样的其他测量？这些内容可参考有关测量方法的讨论的“测量的类型”这一部分。
   - 数据类型是什么？计量型数据（读取测量读数）的测量成本可能比计数型数据（通过/不通过）的测量成本要高，但其包含的信息也更加有用。

• 每一测量方法的操作规范是什么？操作规范是指对一个过程、活动或项目的详细描述，以确保小组成员对此建立共同的认识。

• 数据如何交流与分析？

• 以前的数据现在还可用吗？（然而，要牢记历史数据的危害，将在下面讨论。）

3. 确定如何测量总体或抽样。

• 将用何种测量工具？卡尺还是李克特量表？

• 选择何种抽样策略？简单随机抽样还是分层随机抽样？

• 需收集多少数据？根据结果的期望精度、统计风险、数据的波动、测量误差、经济性等因素计算样本容量。

• 测量方法是什么？

4. 基于最小的偏倚收集数据。

5. 确定合理的数据收集点。

• 在过程的哪一环节可获得合理的数据？

6. 选择或训练无偏倚的数据收集器。

• 理解数据收集器及其环境。

• 谁在过程中提供这些数据？

• 如何最容易且尽量准确地收集这些数据？

7. 设计、准备数据收集方法、格式以及说明，并加以测试：

• 为以后的分析、引用、追溯，还应该额外收集什么信息？

• 进行测量系统分析（MSA）以确保测量的准确性。

8. 对数据收集过程进行审核，并对结果进行验证。

9. 过滤数据。

10. 分析数据。

11. 对样本量及数据分析方法的假设进行验证。若有需要，采取纠正措施（包括额外的观察）。

12. 应用图表或统计方法对原问题进行评估。

13. 确定是否需要进一步的数据及分析。

14. 对灵敏性进行分析（例如，调整关键的样本估计以及其他分析因素，并记下其对最终结论的影响）。

15. 审查数据分析结论以确定原技术问题是否得到了评估，或是否已进行了改变以满足统计方法。

16. 展示结果。

- 撰写报告，包含执行摘要。
- 用意义明确的方式陈述结论，例如应强调与原问题的关系而不是分析中所用的统计指标。
- 在需要的地方用图形表示结果，在报告正文中使用简单的统计方法，把复杂的分析放在附录中。

17. 确定该结论能否用于其他问题，或该问题的数据与结论是否为其他问题提供了有价值的参考。

测量的类型

在制订数据收集计划时，要清楚地了解需要收集的数据的特性，以及如何使用这些特性来解决问题。这里有两种有用的数据类型：数学特性及实际要解决的质量问题。

数学特性也就是通常所说的测量尺度，是测量系统的一部分。其中最有用的测量尺度是比率尺度，用来记录参数（如重量）的实际量值。比率尺度也被称为连续变量数据。而区间尺度则用来记录顺序量，它没有算数零点，其典型代表如钟表的时间。

顺序尺度用于记录排序的信息，如顾客对于不同饮料的热爱。顺序尺度的一个与众不同的例子就是 Wong-Backer 的 FACES 疼痛量表，其广泛应用于医院中，护士用其来判断小孩的疼痛程度。这是一个由六张小孩脸构成的表，从笑脸（即无疼痛）到非常悲伤的脸（疼得最厉害）。

名义尺度用于将目标分类，这种分类没有顺序和起点，例如，好与不好、性别、颜色、生产变换、产品及地理位置。

顺序尺度与名义尺度由一系列离散或分类数据构成。

测量尺度的类型决定了可以用来分析数据的统计方法。从这方面来讲，比率尺度是最有价值的尺度，详细介绍见 Emory and Cooper（1991）。

就质量目的而言，有五方面的质量测量：

- 缺陷（失误及不良）。
- 不良质量成本。
- 产品及过程特征。
- 顾客需求。
- 顾客行为。

产品缺陷的测量单位通常用分数表示：

$$\frac{\text{实际发生数目}}{\text{可能发生数目}}$$

其中分子可以是缺陷产品的数目、内部失效的数目或是赔偿费用的成本。分母可以是产品数、销售额、服务量或服务时间。缺陷是基于将交付的产品与其技术说明相比较来确定的。对物理产品来讲，这些技术说明可以是物理尺寸、电气的或物理的特性，以及性能指标等。对于服务型产品，最常见的说明就是及时性，其他的说明通常与实际表现和服务标准的比较有关，这些说明将在下面有关服务特征的讨论中阐明。

不良质量成本通常用现金花费来表示，但也可以通过质量成本与销售额、总成本或毛利的比值来表示。

建立产品特征的测量单位往往是比较困难的。这些特征的数量与种类可能是巨大的。创建一种新的测量单位有时是一项艰巨的技术挑战。在下例中，一家生产新开发的聚苯乙烯产品的制造商必须创建一种新的评价单位以及传感器来对产品的重要特征进行测量，进而才有可能在产品投入生产前测量自己及竞争对手产品的特征。在豆类收割等其他例子中，又需“柔软度”的测量标准以及“柔软度”的测量方式。所以，为确保豆子已成熟可以收割，需要创建一系列的度量标准。

对服务产业来讲，执行及时性是一个非常重要的特征。通常，服务的内容也有相应的绩效特征。维修服务具有维修有效及可信的特征。

财务服务往往需要测量诸如顾客接收财务服务的资格、特定回报或利率等方面的质量特征。此外，还可能涉及计算回报、支付额及价值等方面的指标。基于这些规则可以生成可测量的结果。这些规则可通过自动决策引擎得到广泛应用，但是这些自动决策引擎的准确性有待进一步验证，而且在设置及执行过程中通常也会存在人为因素。

卫生保健兼有对过程及输出质量特征的测量。首先需要建立用于描述特定症状处置方式的标准。结果测量则主要涉及医疗行为在保持健康，避免更深度伤害发生，病人在住院治疗过程中避免诸如医疗失误、不良反应及程序错误等风险的安全性等方面的表现。

保险赔偿是根据保险范围及承保事件的特征确定的。保险政策由赔偿损失标准构成。“索赔引擎”负责绝大多数计算，但仍需要人来输入相关规范。支付的准确性可由货币值表示，也可由缺陷百分比来表示。

通常会有很多重要的产品特征。通过建立全面的测量单位，我们能够确定重要的产品特征并进而确定这些特征之间的相对重要性。在之后的测量中，为每一种特征打分。整体测量是计算所有特征的平均权重，其策略如表 19—1 所示。在使用阶段性的或连续的测量时，有一些事项是需要加以注意的（Early，1989）。首先，特征的相对重要性并不是绝对精确的，而且会随时间发生较大变动。其次，对某些特征的改善能改善测量整体的性能，但也能隐藏某一重要特征的退化。

表 19—1　　**多属性研究**

属性	相对重要度（%）	公司 X		公司 A		公司 B	
		排名	权重排名	排名	权重排名	排名	权重排名
安全性	28	6	168	5	140	4.5	126
性能	20	6	120	7	140	6.5	130
质量	20	6	120	7	140	4	80
现场服务	12	4	48	8	96	5	60
易用性	8	4	32	6	48	5	40
公司形象	8	8	64	4	32	4	32
工厂服务	4	7.5	30	7.5	30	5	20
总数			582		626		488

资料来源：*Quality Planning and Analysis*，Copyright 2007. Used by permission.

测量装置

测量装置是用于测量的手段。绝大多数测量装置都基于特定的测量单位提供实际的测量数据。在操作控制层面，测量装置一般为技术类仪器或承担检查职责的员工（如检验员、审核员）；在管理、服务层面，测量装置通常为一套数据系统。测量装置的选择通常包括确定实施测量的方式，即何时、由谁、如何来实施测量，以及采取相应措施的准则。

很明显，测量装置必须经济、便于操作。另外，由于测量装置负责为生产及过程中的一些重要决策提供信息支持，所以正如在“测量系统分析”中讨论的，测量装置还必须准确和精确。

历史数据、操作数据及实验数据

历史数据是已有的与当前待解决问题相关的数据。例如，在生产过程中，通常会保存一定的数据。若一个运行多年的稳定过程失去了控制，一般认为，在对过程进行分析与调整的时候，基于历史数据进行统计分析比收集新的数据或设计新的实验来收集数据更节省时间与开支。进而，我们可以得到已有的测量数据 Y（例如，过程产量或材料的强度等），以及与过程相关的变量 x_1，x_2，……，x_k

（例如 x_1 为压力，x_2 为酸度，$k=2$）。若不存在这样的数据，我们就需制定数据收集策略来收集新的操作数据。

基于以下原因，历史数据或新的操作数据都是非常宝贵的：

• 能够经济、快速地收集数据。尤其是考虑多个可能的情况时，对于某些关注七个因素或更多因素的过程而言，看似非常轻巧的八因子实验设计也会显得过于复杂。

• 对于人为因素影响较大的操作，不用说做实验，仅收集数据都会对人甚至过程有不可预期的影响——例如著名的霍桑效应。

• 以前稳定的过程产生了失控现象，这时收集信息的问题是找出“什么条件改变了”，即查找出现了哪种特定的可归因因素，而不是进行显著性实验。

• 很多长期存在的随机波动一般也可以基于操作数据定性甚至定量地找到根原因。

• 虽然要观察验证，但很多操作数据在开发或测试将用于实验的理论时是很有价值的。

• 在处理操作数据与实验数据时，都面临一个相同的陷阱，即无法找到所有可能的原因或超出实际测量范围推广结果。

然而，历史数据与操作数据也都有以下一些缺点：

• 在执行时，各变量彼此紧密相关，因此无法区分其影响。

• 变量 x 可能只覆盖了操作范围中很小的一部分，以至于过程自身的波动淹没了由 x 的波动导致的 Y 的波动。

• 其他影响过程输出的变量（如时间、空气条件、操作者等）可能没有保持恒定，而它们可能才是引发过程波动的真正原因。

在以上例子中，实验数据是优异的。实验在基于统计实验原理提前设定好的一系列 x_1，……，x_k 组合条件下进行。

测量系统分析

过程控制、新产品设计及长期性随机波动的消除都需要对预期的结果及其影响因素进行准确的测量。一个好的提供关键信息的测量系统应具有下列性质：

• 偏倚最小。偏倚是测量的平均值与参考基准值之差。参考基准值就是约定的基准标准，例如可溯源的国家标准。参考标准用于校准测量系统，也就是将测量得到的值控制在可接受的、已知的范围内。偏倚有时也叫作“准确度”，但“准确度”有多个意思，所以在本书中推荐使用“偏倚”。

• 可重复性。可重复性是指同一操作人员利用同一测量仪器对同一零件的特定特征进行多次测量时测量结果的变动。

- 再现性。再现性是指不同操作人员利用同一测量仪器对同一零件的特定特征进行测量时得到的平均值的变动。
- 稳定性。稳定性是指由一个人或一组人利用测量系统对某一单独特征进行一段时间的测量所获得的测量结果的总的变动。测量系统若能在不同时间测得相同的结果，就说明该系统稳定。
- 线性。线性是指由同一测量仪器在量程内的不同测量点上的测量偏倚。
- 精确性。“精确性”包含了可重复性、再现性及稳定性这三个随机的特性。图 19—2 用图像描述了偏倚与精确性间的区别。

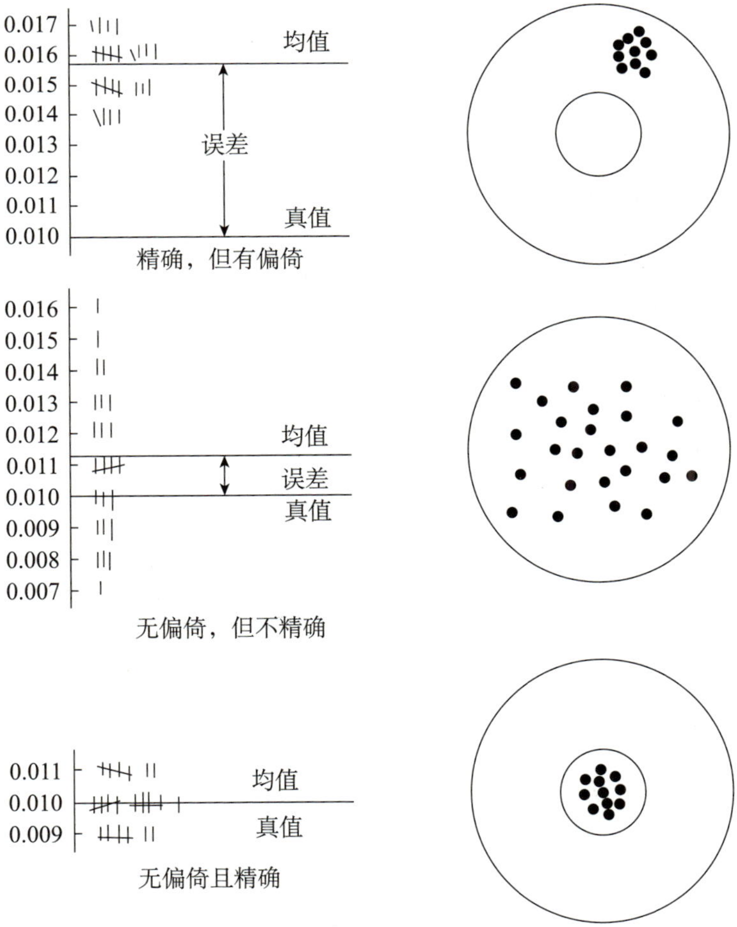

图 19—2 偏倚与精确性

资料来源：*Quality Planning and Analysis*，Copyright 2007. Used by permission.

图 19—3 给出了五种引发测量偏差的因素，并配以由美国汽车工业行动集团（AIAG）《测量系统分析指南手册》给出的定义（Automotive Industry Action Group，2003）。

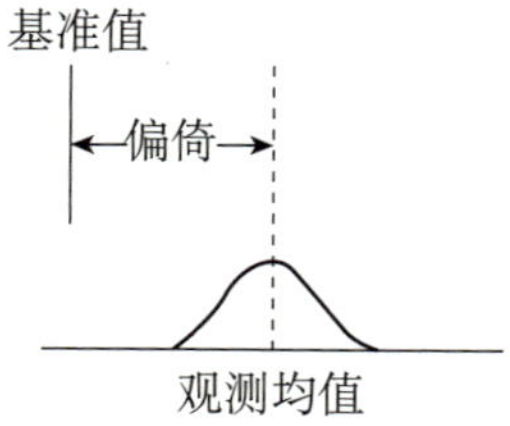

偏倚：
偏倚是观测到的测量值均值与基准值之间的差。测量基准值，也就是我们所说的可接受的基准值或主控值，是一种得到广泛认可的测量基准值（ASTM D 3980—88）。测量基准值可以由更高等级的测量设备（如专业的测量实验室或基准设备）的多次测量的均值来获得。

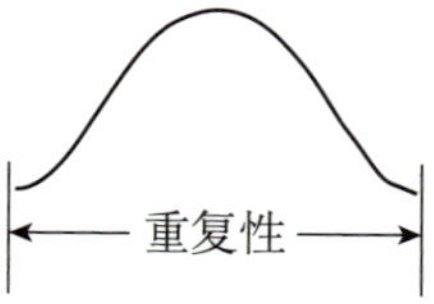

重复性：
重复性是指同一操作人员利用同一测量仪器对同一零件的特定特征进行多次测量时测量结果的变动。

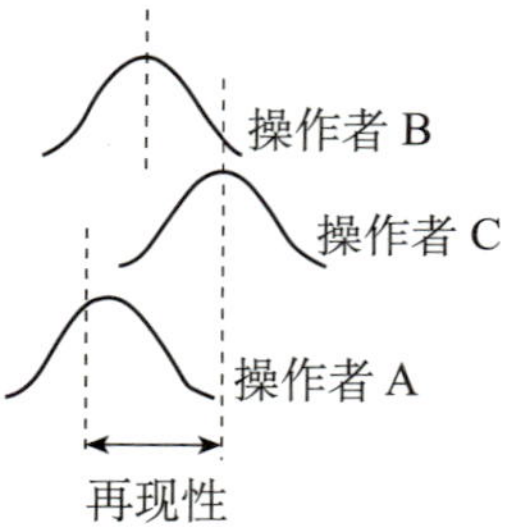

再现性：
再现性是指不同操作人员利用同一测量仪器对同一零件的特定特征进行测量时得到的平均值的变动。

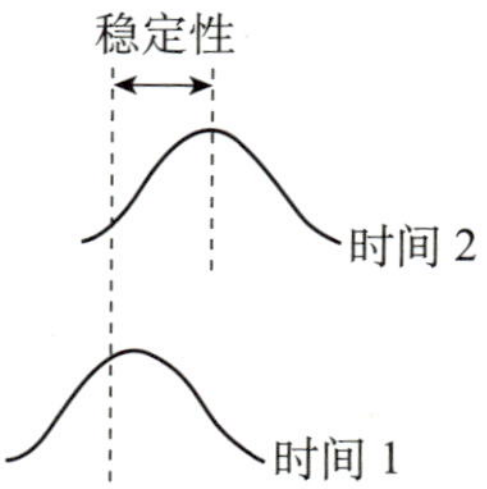

稳定性：
稳定性是指在一段时间内，由同一个主体对同一零件的某一特定特征进行测量所获得的测量结果的变动。

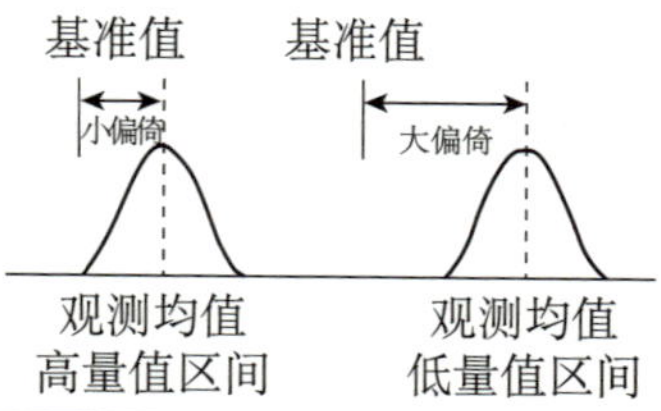

线性：
线性是指测量偏倚在量程内的不同测量点上的变化情况。

图 19—3 测量偏倚的五种来源

资料来源：Reprinted with permission from the MSA Manual Daimler Chrysler，Ford，General Motors Supplier Quality Requirements Task Force.

关于偏倚及精确度的任何解读，都必须基于以下三个前提：

1. 测量方法的定义。这个定义包括逐步执行的程序、使用的仪器、测量样本的准备以及测量条件等。

2. 定义引发波动的原因系统，例如，材料、分析者、仪器设备、实验室、时间等。美国实验材料学会（ASTM）推荐将“精确度”一词稍加修改后用于确定精确测量的范围。可做的修改例如单一操作人员，单一分析人员，单一实验室、操作人员、材料、时间，以及多实验室。

3. 要有一个统计受控的测量过程。测量过程在规定的偏倚及精确度范围内，必须处于稳定的状态。稳定性可通过控制图来确定。

测量误差对可接受精度的影响

测量误差会导致对单位产品或一批样本对象做出错误判断。例如在测某一材料的软化温度时，测量精度的标准差为 2 度，产生了±4 度的误差，而该材料的规范极限为±3 度。那么就可以看出，在这样的条件下，难免会做出错误的判定。

在对产品进行鉴别时，会产生两类错误：(1) 接受了不合格的单元（顾客风险）；(2) 拒绝了合格的单元（制造商风险）。Eagle (1954) 在一篇经典论文中描述了测量精确度对这两类错误的影响。

由于测量误差导致发生接受不合格单元的错误（称为测量错误，Eagel 用 σ_{TE} 表示）的概率如图 19—4 所示。横坐标代表测量错误相对规范界限的正负分割（也等于产品标准差的两倍）的多少。例如，若测量误差是规范公差带的一半，那么由于测量误差的存在，不合格的单元被认为是合格、可接受的可能性就约为 1.65%。

图 19—5 所示是另一类测量错误，即合格单元被拒绝的概率。例如，若测量误差是规范公差带的上、下限的一半，那么就有 14%的单元在被拒绝的范围内，因为测量错误导致这些合格单元落在规范带外。

可以相对于性能规范对测量规范进行调整，如图 19—4 和 19—5。若将测量规范置于性能规范内，就会降低接受不合格产品的可能性，但会增加拒绝合格产品的可能性。相反地，若将测量规范置于性能规范外，则降低了拒绝合格产品的可能性，而增加了接受不合格产品的可能性。若测量的精确度得到改进，即 σ_{TE} 的值减小，则两种可能性都会降低。

1975 年，Hoag 等人研究了检验员误差对抽样测量中第Ⅰ类（α）风险与第Ⅱ类（β）风险的影响。（第Ⅰ、Ⅱ类风险的定义见“假设检验”部分。）对于一个独立的抽样测量，若检验员失误的概率为 80%，则 β 的值是该值的 2～3 倍，

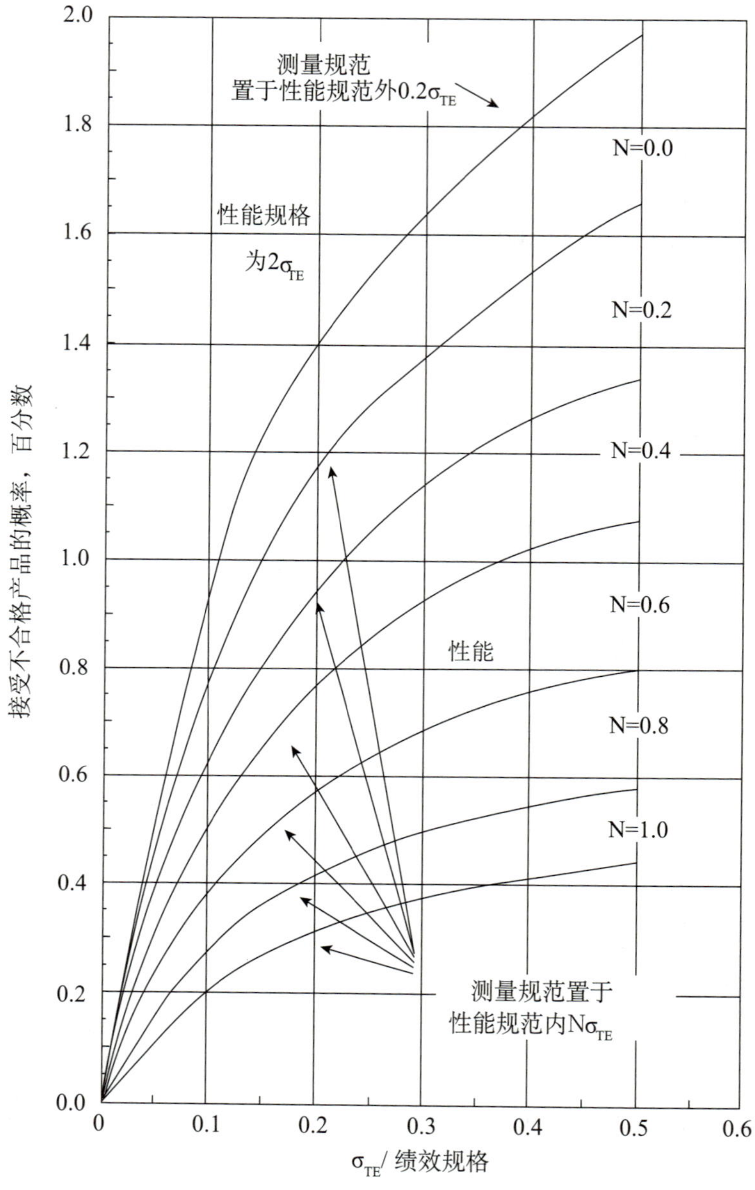

图 19—4　接受不合格产品的概率

而 α 的值是该值的 1/4～1/2。

1975 年，Case 等人研究了检验误差对某一属性抽样过程的平均流出质量（AOQ）的影响。他们用 AOQ 曲线揭示了 AOQ 值是变化的，而且可能发生大的变动。

汽车工业行动集团（1995，p. 77）通过量具性能曲线揭示了在重复性、再现

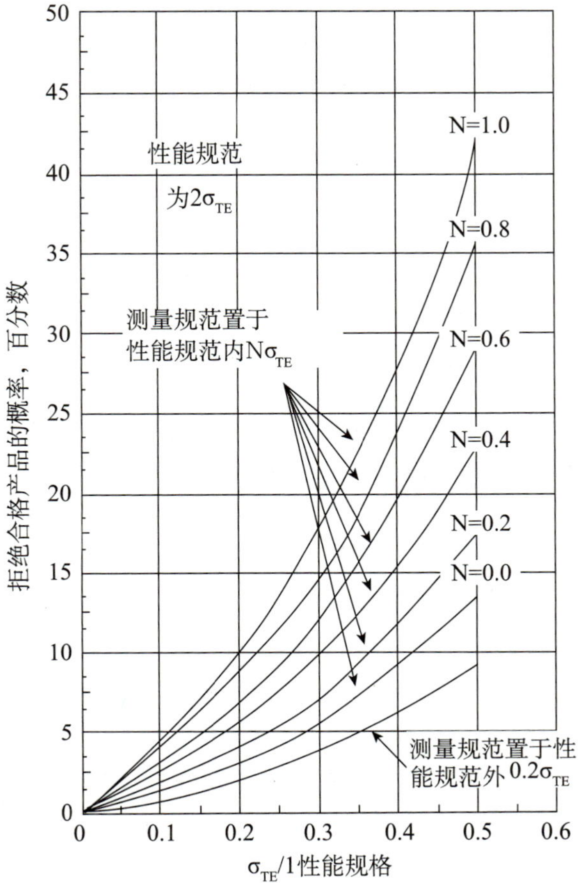

图 19—5 合格产品被拒绝的概率

性（R&R）不确定的条件下接受或拒绝某一零件的概率。

以上所有研究表明测量误差是一个很重要的问题。

波动的构成

在得出有关测量误差的结论时，有必要研究一下引起观察值波动的原因，其间关系可以表示为：

$$\sigma_{观察}=\sqrt{\sigma^2_{原因A}+\sigma^2_{原因B}+\cdots+\sigma^2_{原因N}}$$

公式表明，其中各原因都是独立发生作用的。

找出读数波动的数值是非常有意义的，因为这样我们就可以知道，关注哪里可以减少产品波动。将读数波动分解为产品波动与其他波动原因可以帮助我们找到制造过程以外的关键原因。因此，若发现测量错误在总波动中占了很大比例，那么在进行质量改进项目前就要对这一发现进行分析。若能找到错误的组成（如仪器、人员），就能减少测量错误，从而可能彻底地消除这个问题。

用一台仪器测量产品不同单元得到的读数波动可以被看作由测量方法带来的波动与产品本身波动的总和。这些数值可表示为：

$$\sigma_O=\sqrt{\sigma_P^2+\sigma_E^2}$$

其中，σ_O＝观察数据的 σ 值

σ_P＝产品的 σ 值

σ_E＝测量方法的 σ 值

解出 σ_P 得到：$\sigma_P=\sqrt{\sigma_O^2-\sigma_E^2}$

测量错误的构成通常与可重复性和再现性（R&R）有关。可重复性本质上来源于测量量具及仪器误差；再现性是人为因素及进行测量或使用仪器的人员带来的误差。对这些因素的研究通常被称为“量具 R&R”研究。

“量具 R&R”研究能分别提供可重复性与再现性的数字估计。通常有两种分析实验数据的方法，每一种方法都需要一定数量的测量人员、一定数量的零部件以及测量人员对不同零部件的测量的跟踪记录。例如，一个 R&R 研究可能有 3 个研究人员、10 个零部件及 2 次实验。

一种方法是分析这些测量研究数据的均值及极差。这种方法只需要用到很少的统计背景知识，一般不需要用到计算机。另一种方法是对波动进行分析，即在“用于质量改进的统计学工具”部分所提到的方差分析（ANOVA）。与第一种方法相比，方差分析需要用到高水平的统计知识来解释结果，但该方法能够对检测人员与零件之间的交互作用进行分析。方差分析可以利用 Minitab 或其他软件在计算机上很好地实现。总的说来，方差分析要优于均值和极差分析。关于这两种方法的详细介绍，可参见汽车工业行动集团出版的《测量系统分析》（1995），也可以参见由 Tsai（1998）写的操作人员与零件之间存在相关性与不存在相关性情况下使用方差分析的例子。Burdick and Larsen（1997）提出了一种在 R&R 研究中构建置信区间的方法。

在用方差分析法确定了可重复性与再现性的标准差之后，必须就测量过程的能力是否充分做出判断。一种常用的方法是将 5.15σ（±2.575σ）作为涵盖 99% 的测量值的总范围。若 5.15σ 小于等于质量特征的规范范围的 10%，则认为测量过程对于该特征来讲是可接受的；如果超过了规范范围的 10%，则认为测量过程的能力是不足的。1997 年 Engle 和 DeVries 研究了测量误差与产品规范范围之间的关系是如何影响产品检测中的质量判定的。

降低并控制测量误差

可采取一些措施来降低并控制测量中的误差。引起偏倚的系统误差有时可通

过定量修正测量数据来加以控制。假设一个仪器的误差为 0.001，那么，它的读数可能均减少了 0.001，可以通过给每个数加 0.001 来修正数据。当然，更好的做法是将仪器校准作为校准规程的一部分。

在校准规程中将仪器测得的数据与已知准确度的参考标准相比较（校准规程应包含定期的审核）。若仪器超出校准范围，则应该做适当的调整。

由于以下原因，校准规程可能会比较复杂：

- 测量仪器的数量很大。
- 许多仪器都需进行定期校准。
- 需要很多校准用的参考标准。
- 新的仪器在技术上越来越复杂。
- 存在各种各样的仪器（包括机械式的、电子的、化学的等）。

通过以下步骤中的一步或两步可以改进测量的精度：

• 找到波动的原因并修正。一个有效的办法就是前文提到的将观察值分解为各个波动因素。这一过程可帮助找到诸如不充分的培训、易腐的试剂、没有描述清楚的过程等各种各样的问题。这一基础方法还可以用来找到那些未被发现或不经济的修正措施（也就是测量程序的基础再设计）。

• 在测量中，应用多重测量或统计方法来控制错误。多重测量是基于以下关系：

$$\sigma_{\bar{x}}=\frac{\sigma}{\sqrt{n}}$$

在所有抽样方案中，要将测量误差减半需要四倍（而不是两倍）的测量数据。

随着测量次数的增多，只有再做大量的附加测量才能大幅减少测量错误。在这种情况下，就需要对大量增加的测量成本与对测量误差的微小改进之间的经济性进行权衡了。这时，就很有必要寻求一种减少测量波动的替代解决方案。

对减少测量误差的其他途径的进一步讨论，可参见汽车工业行动集团（2003）与 Coleman 等人（2008）的相关文献。

一个成功的测量系统分析（MSA）不仅对控制是重要的，对于下面这个六西格玛改进项目中所描述的质量计划与质量改进中的测量来讲也是非常重要的（在朱兰研究院的一次客户论坛上由 Steve Wittig 和 Chris Arquette 提供）。同时，该案例中也描述了属性类 MSA 研究对于离散变量测量的重要性。

背景

HT 涂装生产线的一次合格率为 74%，也就是说 26%的产品都需要至少重做一次。其中与工作相关的缺陷占15%，材料（木材）因素占11%。本改进项目仅仅关注工作因素，因为这些因素是我们可以控制的。任何返工都不增加价值，而且还要造成涂料（底漆）、劳力、工具、在制品、能力的浪费以及有毒物质的排放。我们的目标是将一次合格率改进到90%。

MSA改进方案的汇总

生产线过旧了，有一些因素被忽略了。我们所做的第一个MSA的结果正如预期的一样不理想，检验员拒绝好的产品对合格率的下降负有一定责任。针对这点，我们通过对检验员进行持续的质量控制培训实现了改进。我们又进行了两次MSA并得到了可接受的结果。后续还需要持续地开展测量/培训工作。图19—6至19—8是属性类MSA的结果，图19—9与19—10是变量MSA的结果。

验证测量系统的属性数据分析——MSA 1

样本号	专家	操作者1		操作者2		操作者3	
		测量1	测量2	测量1	测量2	测量1	测量2
1	Blister	Blister	Blister	Blister	Blister	Blister	Blister
2	Good	Light Ed.	Good	Good	Good	Good	Good
3	Dirp	Dirp	Dirp	Dirt	Dirt	Dirp	Dirp
4	Dirt	Contarn	Dirt	Dirt	Dirt	Dirt	Dirt
5	Contarn	Contarn	Contarn	Good	Good	Over run	Over run
6	Blister	Blister	Blister	Blister	Blister	Dirt	Blister
7	Good	Good	Good	Good	Good	Good	Good
8	Dirt	Light Ed.	Contarn	Good	Good	Dirt	Dirt
9	Good	Good	Dirp	Dirt	Good	Dirp	Dirp
10	Good	Orange P.	Good	Good	Good	Good	Good
11	Dirt	Dirt	Good	Dirt	Dirt	Dirt	Dirt
12	Good	Contarn	Light Ed.	Good	Good	Over run	Over run
13	Good	Light Ed.	Light Ed.	Good	Good	Light Ed.	Over run
14	Contarn	Contarn	Contarn	Good	Good	Good	Good
15	Dirp	Dirp	Light Ed.	Dirt	Good	Dirp	Dirp
16	Light Ed.	Light Ed.	Light Ed.	Good	Good	Good	Good
17	Dirt	Contarn	Contarn	Good	Dirt	Dirt	Dirt
18	Dirt	Contarn	Contarn	Dirt	Dirt	Dirt	Dirt
19	Blister	Blister	Good	Good	Blister	Blister	Blister
20	Good	Good	Good	Good	Good	Orange P	Orange P

图19—6　关于检测员接受/拒绝决策的基线属性MSA

资料来源：Juran Institute，Inc.

数据筛选

在实践活动中，很多数据都会包含一些错误值，这些错误值可能是在实验中由于某些特定原因（如仪器故障）、测量系统失效，或者是其他原因导致的。找到这些错误数据的过程就叫作数据筛选，这一环节是必不可少的。

数据筛选方法

寻找异常值的方法有很多，这里的异常值是指与其他数据不符的一个或一系列观察值（Barnett and Lewis，1994）。数据筛选的最常用方法就是将处于由以均值为中心的 L 倍标准差所确定的区间外的观察值作为异常值，其中 L 通常取 2.5、3 或 4。若 L 取较大值，则有可能找不到异常值；而 L 取值较小时，又有可能将正确的观察值误判为潜在异常值。例如，当 L 取 3 时，接近 99.73%的样本值会处于$\pm 3\sigma$范围内，也就意味着会产生 100×0.002 7=0.27%的观察值位于 3σ 范围外，即使该

属性数据分析——MSA 1 的结果

同一评估者

评估一致性

评估员＃	检测数	匹配数	百分比(%)	95.0%CI
1	20	11	55.0	(31.5，76.9)
2	20	16	80.0	(56.3，94.3)
3	20	18	90.0	(68.3，98.8)

匹配数：评估员在多次测试中得到一致结果

全体评估员 vs 标准

评估一致性

检测数	匹配数	百分比(%)	95.0%CI
20	2	10.0	(1.2，31.7)

匹配数：所有评估员的评估与标准相一致

每一个评估员 vs 标准

评估一致性

评估员	检测数＃	匹配数	百分比(%)	95.0%CI
1	20	8	40.0	(19.1，63.9)
2	20	11	55.0	(31.5，76.9)
3	20	12	60.0	(36.1，80.9)

匹配数：评估员的评估与标准一致

注：38%所谓的"坏的"实际是"好的"，而 22%所谓的"好的"实际则是"坏的"，这将潜在地提升 16%的缺陷率。

评估员之间

评估一致性

检测数	匹配数	百分比(%)	95.0%CI
20	2	10.0	(1.2，31.7)

匹配数：所有评估员的评估彼此一致

图 19—7　基线属性 MSA 的结果，结果是不可接受

资料来源：Juran Institute，Inc.

数据中无异常值，这0.27%的观察值也会被认为是异常值，这种方法假设观察值服从正态分布。随着数据资料的增多，即使这些数据都没有问题，也会确定出更多的异常值。因此，用这种方法确定的异常值，只有确定它是由于像记录错误、实验错误这些特定原因产生的时，才应该从分析中删除。否则，有可能会删掉“会告诉你某些问题”的数据。

通常，L的大小是由要筛选的数据的多少确定的，当n=1 000个点时，L=3是合理的；当n=100时，可以取L=2.5，这时候若数据没有问题，就只有100×0.012 4=1.24个值被认为是异常值。在删除或替换坏数据（在实验计划说明的条件下实验可重复运行时需要这样做）后，还应该再次筛选数据。去除或更正了那些最不好的数据后，可能有较少的情况被识别为可能的异常值，并需要再次研究分析。

另一种常用的方法就是用某种形式（例如盒状图或散点图）来可视化地描述数据。当观察到某些点离其他点很远，而且当且仅当这些点是与现在研究的问题无关的某些特定原因时，就可以仔细审查这些数据，并将其作为异常点删除。回

属性数据分析——MSA 2的结果

同一评估者

评估一致性

评估员	检测数	匹配数	百分比(%)	95.0%CI
1	20	16	80.0	(56.3，94.3)
2	20	19	95.0	(75.1，99.9)
3	20	20	100.0	(86.1，100.0)

匹配数：评估员在多次测试中得到一致结果

全体评估员 vs 标准

评估一致性

检测数	匹配数	百分比(%)	95.0%CI
20	13	65.0	(40.8，84.6)

匹配数：所有评估员的评估与标准相一致

每一个评估员 vs 标准

评估一致性

评估员	检测数	匹配数	百分比(%)	95.0%CI
1	20	15	75.0	(50.9，91.3)
2	20	19	95.0	(75.1，99.9)
3	20	18	90.0	(68.3，98.8)

匹配数：评估员的评估与标准一致

评估员之间

评估一致性

检测数	匹配数	百分比(%)	95.0%CI
20	13	65.0	(40.8，84.6)

匹配数：所有评估员的评估彼此一致

结论：MSA比第一次分析时已经有了很大改进，持续对检验员进行QC培训，将提升评估员与标准的一致性。

图19—8　改进后的属性MSA

资料来源：Juran Institute，Inc.

归分析可以作为一个非常有用的额外步骤，利用残差（观察值与预期值之间的差）来标出潜在的异常点（可能对回归模型有不好影响）。回归模型将在本章稍后部分介绍。

数据汇总

数据分析的一个准则就是数据分析的前三步：第一，绘制数据；第二，绘制数据；第三，绘制数据。非常重要的一点是，很多非常有用的数据汇总方法在概念上都很简单。根据数据汇总的目标，有时仅用一种方法就可以得到有用而且完整的数据汇总，但大多数时候要清楚地描述问题需要用到两种或多种方法。几种重要的方法是按时间顺序绘制数据图、频率分布图和直方图，以及采用描述集中趋势/位置（平均值、中位数、众数）或散布趋势（极差、标准差、方差）等的统计量来描述样本数据的特性，并用图表加以表述。

测量系统分析——光泽度仪研究案例

量具 R&R

数据源	变差比	贡献百分比（关于变差比）
全量具 R&R	0.051 9	0.69
重复性	0.029 8	0.39
再现性	0.022 1	0.30
操作者	0.002 8	0.04
操作者×测量	0.019 3	0.26
零件间	7.485 1	99.31
总变差	7.537 0	100.00

数据源	标准差（SD）	学习变差（5.15×SD）	学习变差百分比（%SV）
全量具 R&R	0.227 76	1.173 0	8.30
重复性	0.172 48	0.888 3	6.28
再现性	0.148 74	0.766 0	5.42
操作者	0.052 94	0.272 6	1.93
操作者×测量	0.139 00	0.715 9	5.06
零件间	2.735 90	14.089 9	99.66
总变差	2.745 36	14.138 6	100.00

识别类型数＝17

图 19—9　关于光泽度仪的基线变量数据 MSA 分析结果是可接受的

资料来源：Juran Institute，Inc.

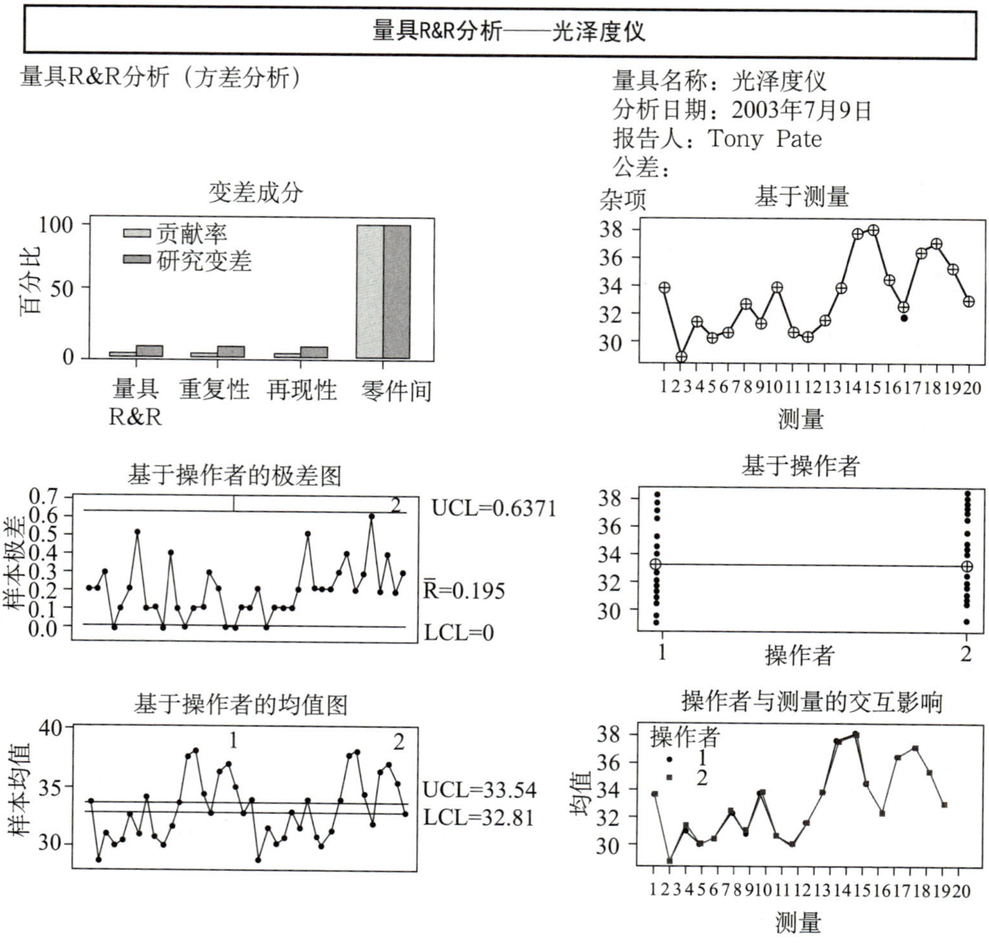

图 19—10 量具 R&R

资料来源：Juran Institute，Inc.

按时间顺序绘制数据 将输出 Y 按数据获得的时间先后关系绘制（尤其是随时间变化绘制 Y 的散点图）可揭示很多可能的现象：

• 一些观察值离其他值很远。需要研究这些现象出现的原因，若这些值是错误的，改正或摒弃这些值。

• 在一定的时间段（一天或一周）内有一个趋势或周期。这可能揭示了机器的发热、操作者疲乏、季节性需求、顾客的时效性偏好，以及其他类似的与时间相关的趋势。

• 波动随时间的增减。这可能是由于学习曲线或原始材料特征的波动导致的。例如，当一批材料用完后，另一批材料可能比前一批均匀性更好或更差。这也可以反映服务行业中顾客行为的改变。

虽然仅仅通过绘制观察值随时间改变的原始图就有可能明显地显现出先前提

到的这些趋势，但是如果经过回归分析，利用回归曲线以及残差，则可以更清晰地看出这种趋势。（回归分析见本章的“相关分析与回归分析”部分。）

直方图　频数分布是根据数据量的大小绘制的格式化数据表格。用这种形式描述数据，可以明显地看出集中趋势及测量值在区间的分布情况，也可以看出不同数值发生的相对频率的大小（即数据分布的形状）。分布的形状有可能揭示过程中的某些波动的原因（见第 18 章“设计、控制与改进绩效的核心工具”）。直方图通常最少要 40 个点来提供有用的分析支持。

盒状图　这种图也描述了频率分布、集中趋势以及测量值在区间的分布情况。这种图虽然没有直方图那么详细，但可用于 8 个点甚至更少点的分析，并很方便用于进行多种分布的对比。（见第 18 章“设计、控制与改进绩效的核心工具”。）

样本特性　诸如平均值、中位数、众数、极差、方差，以及标准差等统计数据可以用数字形式来描述数据的特性，这种方法应该与前面讨论过的各种方法结合起来使用。

分析

本部分的重点是质量设计、控制及改进中数据分析使用的统计学工具。统计学的目的就是使用一个小的数据样本来反映我们感兴趣的一个整体或总体的特性。统计学基于概率，而概率就是衡量一件事发生的可能性的大小的量度。通过恰当地收集数据，我们可以利用统计学及概率来弄清用于质量管理的信息的准确性，并评估采取或不采取行动的风险。

以下是一些可用统计学分析解决的问题：

- 在预测产品特征的真实值方面，判断这些有限的测量结果是否有用。
- 确定为得到评估所需的充分数据，需做多少次测量。
- 比较两种候选设计方案的测量数据。
- 预测符合规范要求的产品数目。
- 预测系统绩效。
- 通过早期检查过程波动来控制过程质量。
- 设计能找到影响产品/过程特征的因素的实验（即探究性实验）。
- 确定两个或多个变量间的定量关系。

统计波动的概念

波动也就是我们常说的“生活中的调味品”，在统计的意义上亦是如此。波动的本质是没有任何两样事物是完全一样的。波动在工业领域是非常自然的现象，但也是祸根所在。例如，即使是一模一样的双胞胎，在出生时他们的身高、体重也有不同。集成电路芯片的每一片和每一片都不相同，番茄汁罐头也各有所异，每位顾客在飞机上登机入座的时间也各有差别。在解决重要问题时，若忽略了波动的存在（即使其真的很小），就可能做出错误的决定。统计学可以帮助我们在考虑波动存在的基础上，合理地分析数据并做出结论。

统计波动，也就是由随机原因产生的波动，比我们想象的要大很多。通常，我们会根据最近的数据来判断应采取什么行动，但是我们却忽略了一点，即这些点也已经是历史数据的一部分了。

要做决定或改进过程就必须对统计波动加以考虑。波动可以利用直方图、盒状图及其他类似的工具可视化地表示出来。由于集中趋势的区别比较显著而波动相对很小，通常而言，用这些工具就足够得到某些结论了。但是当我们观察到的图像越来越不清晰时，就需要利用统计学工具了。

在描述性统计的基础上，我们将讨论其他统计学工具的基础——概率分布。概率分布通常用于数据建模及估计事件发生的可能性。当我们遇到一个新的术语时，需要给其下一个定义，并进行进一步的列举讨论与分析。下面就结合一些典型例子来介绍统计推断、假设检验等统计学方法。

概率分布

在深入讨论前，我们先来区分一下样本和总体的概念。总体是指正在研究的所有现象，而样本是总体中有限的个体。通过测量一小部分个体，我们就可以得到一个样本的统计值（例如平均值），并利用该样本统计值来估计总体参数。统计学中的样本必须是随机的，这里的随机抽样指总体中的每一个元素被选作样本的概率是相同的。对于像分层抽样这样更加复杂的抽样方案，则不要求每个元素被选中的概率一定相等，但必须是已知的。

概率分布函数就是有关总体中的特征值发生概率的数学公式。这些概率的集合就叫作概率分布。概率分布中的均值（μ）通常也叫作期望值。图19—11总结了多种分布及其函数。下面就详细讨论其中的两种分布：

连续型（计量性数据） 当被测量特征可以任意取值时（相对于其测量过程），所对应的概率分布就叫作连续概率分布。例如，表19—2中电阻值的概率分布就是连续型概率分布，因为电阻可以有任意值，仅仅受到测量工具的精度限制。绝大多数连续特征可用以下几种概率分布来描述：正态分布、指数分布或威布尔分布。

离散型（计数性数据）　当被测量的特征只能用像 0、1、2、3 这样的特定范围值表示时，这种概率分布就叫作“离散概率分布”。例如，每 5 个产品为一组，测量缺陷数 γ，由于 γ 只能取 0、1、2、3、4、5，而不能取 1.25 这样的中间值，所以 γ 的分布为离散概率分布。常见的离散分布有泊松分布与二项式分布。

统计推断

统计推断是通过抽样并应用统计方法估计总体某个特征的过程。在质量领域，可用这些估计及统计学结论得到实用的结论，增加从业人员通过采取一系列措施（或不采取措施）来改进过程的信心。

分布类型	分布形状	概率函数	应用范围
正态分布	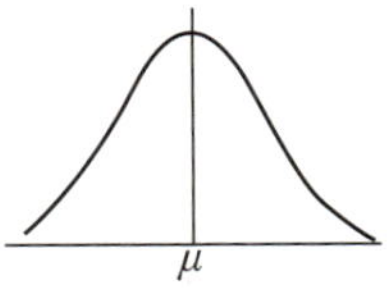	$y=\frac{1}{\sigma\sqrt{2\pi}}e^{-\frac{(x-\mu)^2}{2\sigma^2}}$ μ=均值 σ=标准差	适用于当观察值集中在均值周围且出现在均值两边的可能性相等的情况。观察值的变异通常是众多微小原因作用的结果。
指数分布	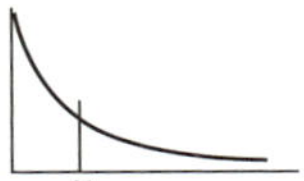	$y=\frac{1}{\mu}e^{-\frac{x}{\mu}}$	适用于观察值出现于平均值之下较之出现于平均值之上为多的情况。
威布尔分布	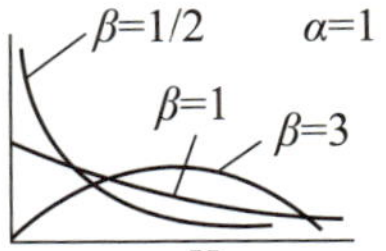	$y=\alpha\beta(x-\gamma)^{\beta-1}e^{-\alpha(x-\gamma)^{\alpha}}$ α=尺度参数 β=形状参数 γ=位置参数	适用于描述各种不同的变异类型，包括背离正态分布和指数分布的情况。
泊松分布	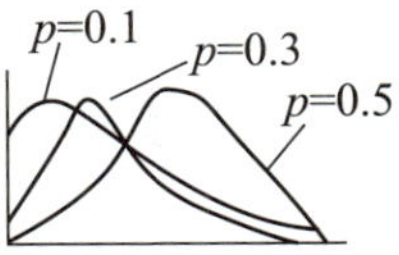	$y=\frac{(np)^{\gamma}e^{-np}}{r!}$ n=实验次数 r=发生次数 p=发生概率	应用范围与二项分布相同，但特别适用于某一事件有许多发生的机会，但每次发生的概率都很小（小于 0.10）的情况。
二项分布	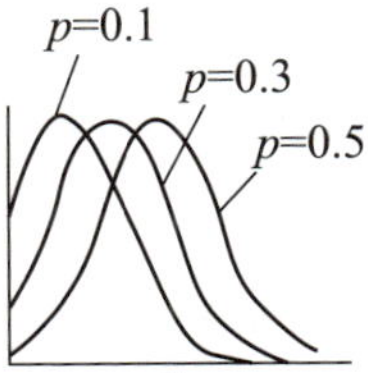	$y=\frac{n!}{r!(n-r)!}p^{r}q^{n-r}$ n=实验次数 r=发生次数 p=发生概率 $q=1-p$	适用于定义某一事件在 n 次试验中发生 r 次的概率，该事件每次试验中发生的概率为 p。

图 19—11　常见概率分布一览

资料来源：*Quality Planning and Analysis*, Copyright 2007. Used by permission.

表 19—2　　100个线圈的电阻值（Ω）

3.37	3.34	3.38	3.32	3.33	3.28	3.34	3.31	3.33	3.34
3.29	3.36	3.30	3.31	3.33	3.34	3.34	3.36	3.39	3.38
3.35	3.36	3.30	3.32	3.33	3.35	3.35	3.34	3.32	3.38
3.32	3.37	3.34	3.38	3.36	3.37	3.36	3.31	3.33	3.30
3.35	3.33	3.38	3.37	3.44	3.32	3.36	3.32	3.29	3.35
3.38	3.39	3.34	3.32	3.30	3.39	3.36	3.40	3.32	3.33
3.29	3.41	3.27	3.36	3.41	3.37	3.36	3.37	3.33	3.66
3.31	3.33	3.35	3.34	3.35	3.34	3.31	3.36	3.37	3.35
3.40	3.35	3.37	3.35	3.32	3.36	3.38	3.35	3.31	3.34
3.35	3.36	3.39	3.31	3.31	3.30	3.35	3.33	3.35	3.31

资料来源：*Quality Planning and Analysis*，Copyright 2007. Used by permission.

抽样变异与抽样分布

假设要检验一种电池，看其是否达到了30小时的期望平均寿命。原始数据显示其寿命分布服从标准差为10的正态分布。从总体中随机抽取四个电池作为一个样本进行测量，若其寿命的平均值接近30小时，说明这些电池总体是符合要求的。图19—12绘制了总体中每个电池寿命的分布，并假设真正的平均值恰好为30小时。

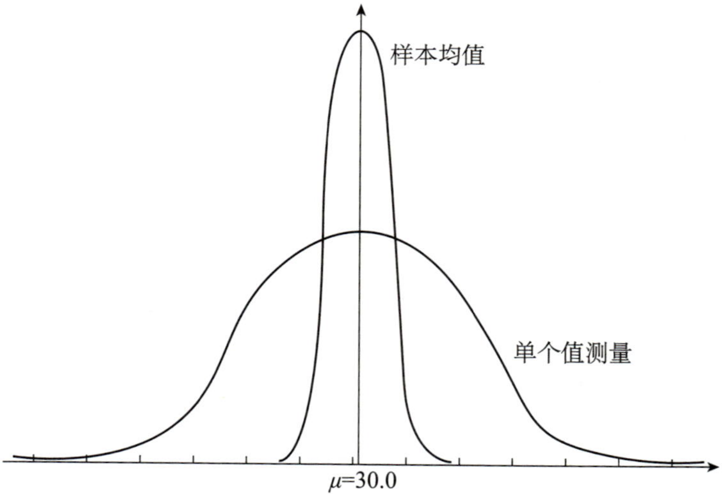

图 19—12　个体测量分布及样本均值

资料来源：Juran Institute，Inc.，1994.

假设对一个样本的四个电池进行寿命测量，可能会得到：34、28、38、24小时，其平均值为31.0小时。但是，这个样本是从同一过程的许多电池中随机选出的。假设再选四个电池为另一样本，这一样本的四个电池与第一个样本中的不同，它们的寿命可能分别为40、32、18、29小时，其平均值为29.75小时。

如果抽取 4 个电池构成样本的过程多次重复，而每一个样本又会得到不同的结果，结果就是同一过程生产的不同样本会得到不同的结果，反映了样本的波动。

这时，如果再要对电池进行评估，就会感到左右为难。在真正的评估中，假设由于时间和成本限制，我们只能抽取一个由四个电池组成的样本，而通过对很多样本的抽样已经可以明确样本存在明显的差异，那么，根据一个由四个电池组成的样本得出的结论的可信度有多高呢？最终的结论可能只能凭借抽样的“运气”来确定了。这其中的关键在于，抽样变异的存在意味着任何一个样本都不足以给出一个适当的决策。统计学方法在分析样本的结果时，充分考虑了抽样变异发生的可能性。

计算抽样变异大小的公式已经被建立了。尤其是中心极限定理指出，若 x_1，x_2，……，x_n 为随机变量 x 的 n 个独立的观察值组成的一个样本，那么这 n 个样本值的平均值为近似正态分布，且均值 μ 与标准差满足 $\mu=\overline{X}$ 且 $\sigma\overline{X}=\sigma\sqrt{n}$。当 n 很大（$n>30$）时，正态近似值的估计非常接近；而对于比较小的样本，应适用修正的 t 分布。中心极限定理对很多实际统计工作都非常有用：第一，由于均值的变异小于基本总体的变异，所以比较容易得出结论。第二，由于均值为近似正态分布，所以我们可以运用很多基于正态假设的技术。

用于改进的统计学工具

抽样分布是我们将在下面讨论的统计推断的两个主要领域——估计与假设检验的基础。

统计估计：点估计与置信区间

估计是分析样本结果以推断总体参数相关值的过程。换句话说，这个过程就是通过恰当地测量和计算样本值以估计总体参数。例如，前述的一组由 4 个电池组成的样本的平均寿命为 31.0 小时，若这是该过程的一个典型抽样，我们将对电池总体的真正平均寿命做出怎样的估计呢？估计包括以下两部分：

1. 点估计是用一个值来估计样本参数。例如，31.0 小时就是总体平均寿命的一个点估计。

2. 置信区间是一个（以预定的称作置信水平[①]的概率）包含总体参数真值的

① 置信水平是断言总体参数正确的概率。实际应用中常用的置信水平有 90%，95%和 99%。

范围。置信极限是置信区间的上、下界限。注意不要将置信极限与其他极限（如控制极限、统计公差极限等）相混淆。

表19—3列出了一般参数的置信极限计算公式。下例是这些公式的一个应用。

表19—3　　置信极限公式（（1−α）置信水平）

正态总体的均值 （标准差已知）	$\overline{X}\pm Z_{\alpha/2}\frac{\sigma}{\sqrt{n}}$ 其中 $\overline{X}$＝样本均值 Z＝正态分布系数 σ＝总体标准差 n＝样本容量
正态总体的均值 （标准差未知）	$\overline{X}\pm t_{\alpha/2}\frac{s}{\sqrt{n}}$ 其中 t＝分布系数（自由度为 $n-1$） $s=\sigma$ 的估计值（是样本标准差）
正态总体的标准差	上置信限＝$s\sqrt{\frac{n-1}{x^2_{\alpha/2}}}$ 下置信限＝$s\sqrt{\frac{n-1}{x^2_{1-\alpha/2}}}$ 其中 x^2＝自由度为 $n-1$ 时的卡方分布系数 $1-\alpha$＝置信度水平
总体缺陷率	见本章末的总体比例的95%置信区间和二项分布，第717～719页
两个正态总体均值的差 （已知标准差 $\sigma_1=\sigma_2$）	$(\overline{X}_1-\overline{X}_2)\pm Z_{\alpha/2}\sqrt{\frac{\sigma_1^2}{n_1}+\frac{\sigma_2^2}{n_2}}$
两个正态总体均值的差 （$\sigma_1=\sigma_2$，但未知）	$(\overline{X}_1-\overline{X}_2)\pm t_{\alpha/2}\sqrt{\frac{1}{n_1}+\frac{1}{n_2}}$ $\times\sqrt{\frac{\sum(X-\overline{X}_1)^2+\sum(X-\overline{X}_2)^2}{n_1+n_2-2}}$
平均故障间隔时间 （基于服从指数分布的平均故障间隔时间）	上置信限＝$\frac{2rm}{x^2_{\alpha/2}}$ 下置信限＝$\frac{2rm}{x^2_{1-\alpha/2}}$ 其中 r＝样本中的发生数（也就是失效数） m＝样本的平均故障间隔时间 自由度＝$2r$

资料来源：*Quality Planning and Analysis*, Copyright 2007. Used by permission.

问题：25个黄铜样本的平均硬度为54.62，估计标准差为5.34，确定该均值的95%的置信区间。总体的标准差未知。

解答：注意当标准差未知且由样本来估计时，就必须用到表19—4中的 t 分布。在表 19—4 的 t 分布中，95%的置信水平的值可在 0.975 与自由度①为 25－1，即 24 的交界处找到，可读出 t 值为 2.064。

$$置信极限=\overline{X}\pm t\frac{s}{\sqrt{n}}$$

$$=54.62\pm(2.064)\times\frac{5.34}{\sqrt{25}}$$

$$=52.42 和 56.82$$

即有 95%的可能确信黄铜的硬度平均值在 52.42 与 56.82 之间。

表 19—4　　*t* 分布

t 分布

t 的值与确定选择的概率值相关（即曲线的尾部）。例如：样本自由度为 20，概率为 0.975，那么 $t=+2.086$，或者小于该值。

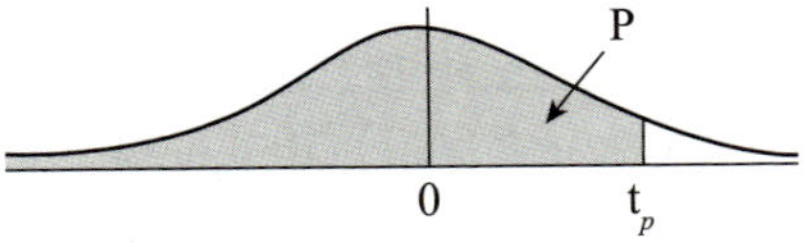

DF	$t_{0.60}$	$t_{0.70}$	$t_{0.80}$	$t_{0.90}$	$t_{0.95}$	$t_{0.975}$	$t_{0.99}$	$t_{0.995}$
1	0.325	0.727	1.376	3.078	6.314	12.706	31.821	63.657
2	0.289	0.617	1.061	1.886	2.920	4.303	6.965	9.925
3	0.277	0.584	0.978	1.638	2.353	3.182	4.541	5.841
4	0.271	0.569	0.941	1.533	2.132	2.776	3.747	4.604
5	0.267	0.559	0.920	1.476	2.015	2.571	3.365	4.032
6	0.265	0.553	0.906	1.440	1.943	2.447	3.143	3.707
7	0.263	0.549	0.896	1.415	1.895	2.365	2.998	3.499
8	0.262	0.546	0.889	1.397	1.860	2.306	2.896	3.355
9	0.261	0.543	0.883	1.383	1.833	2.262	2.821	3.250
10	0.260	0.542	0.879	1.372	1.812	2.228	2.764	3.169
11	0.260	0.540	0.876	1.363	1.796	2.201	2.718	3.106
12	0.259	0.539	0.873	1.356	1.782	2.179	2.681	3.055
13	0.259	0.538	0.870	1.350	1.771	2.160	2.650	3.012
14	0.258	0.537	0.868	1.345	1.761	2.145	2.624	2.977
15	0.258	0.536	0.866	1.341	1.753	2.131	2.602	2.947
16	0.258	0.535	0.865	1.337	1.746	2.120	2.583	2.921
17	0.257	0.534	0.863	1.333	1.740	2.110	2.567	2.898
18	0.257	0.534	0.862	1.330	1.734	2.101	2.552	2.878

① 关于自由度的数学推导已经超出了本书的范围，但下面的概念还是能够加以解释的。自由度（DF）是使用样本的标准差估计总体的标准差时所要用到的一个参数。自由度等于样本中测量值的数量减去基于计算标准差的数据所估算出的约束数量。在本例中，仅仅需要估计一个约束（总体均值）来计算标准差。因此，DF=25－1=24。

续前表

DF	$t_{0.60}$	$t_{0.70}$	$t_{0.80}$	$t_{0.90}$	$t_{0.95}$	$t_{0.975}$	$t_{0.99}$	$t_{0.995}$
19	0.257	0.533	0.861	1.328	1.729	2.093	2.539	2.861
20	0.257	0.533	0.860	1.325	1.725	2.086	2.528	2.845
21	0.257	0.532	0.859	1.323	1.721	2.080	2.518	2.831
22	0.256	0.532	0.858	1.321	1.717	2.074	2.508	2.819
23	0.256	0.532	0.858	1.319	1.714	2.069	2.500	2.807
24	0.256	0.531	0.857	1.318	1.711	2.064	2.492	2.797
25	0.256	0.531	0.856	1.316	1.708	2.060	2.485	2.787
26	0.256	0.531	0.856	1.315	1.706	2.056	2.479	2.779
27	0.257	0.531	0.855	1.314	1.703	2.052	2.473	2.771
28	0.256	0.530	0.855	1.313	1.701	2.048	2.467	2.763
29	0.256	0.530	0.854	1.311	1.699	2.045	2.462	2.756
30	0.256	0.530	0.845	1.310	1.697	2.042	2.457	2.750
40	0.255	0.529	0.851	1.303	1.684	2.021	2.423	2.704
60	0.254	0.527	0.848	1.296	1.671	2.000	2.390	2.660
120	0.254	0.526	0.845	1.289	1.658	1.980	2.358	2.617
∞	0.253	0.524	0.842	1.282	1.645	1.960	2.326	2.576

资料来源：*Introduction to Statistical Analysis*，Copyright 1969. Used by permission.

确定样本容量

获得总体参数（如平均值）真值的唯一方法就是利用一个完美的测量系统来测量总体中的每一个个体，但是对于统计学来讲这不现实，也不必要，所以就引入了样本的概念。但是样本容量应为多少呢？这个问题主要取决于（1）期望的抽样风险（包括 α 风险和 β 风险，将在下面讨论，并用表 19—5 给出了定义）；（2）期望能够探知的最小偏差的大小；（3）被测量的特征的波动情况。

表 19—5　　假设检验定义

零假设（H_0）：无变化和无差异的声明。在有充分的证据证明其错误前，应该接受的假设。

备择假设（H_a）：有变化和有差异的声明。当 H_0 被拒绝时，应该接受的假设。

第Ⅰ类错误：当零假设为真时拒绝该假设的风险，也就是说当没有变化时认为有变化的风险。

α 风险：犯第Ⅰ类错误的最大的风险或概率。该概率的值取决于预先确定的研究者愿意接受的犯第Ⅰ类错误，也就是错误拒绝 H_0 的风险，通常取 5%（或 0.05）。如果 p 值小于 α 值，则拒绝 H_0。

显著性水平：犯第Ⅰ类错误的概率。

第Ⅱ类错误：当零假设错误时没有拒绝该假设，或者是在存在偏差的情况下认为没有偏差。

β 风险：犯第Ⅱ类错误或忽略了有效解决问题的方法的概率。

显著性差异：该术语用于表示统计假设检验中的这样一种情况，即变化是非常显著的，以至于不能归因于偶然的因素。

p 值：当总体没有差异时得到一个有差异的样本的概率，也就是犯第Ⅰ类错误的概率。

续前表

p 值是错误地拒绝零假设的实际概率，也就是零假设为真时拒绝它的概率。当 p 值小于 α 值时，拒绝 H_0。反之，如果 p 值大于 α 值，则接受 H_0。 检验能力：当差异真的存在时统计检验可以发现这种差异的能力，或者正确地拒绝 H_0 的概率。该值通常用来确定样本容量是否足够找到差异，如果确实存在的话。检验能力＝$(1-\beta)$，也就是"1－犯第Ⅱ类错误的概率"。

资料来源：*Quality Planning and Analysis*, Copyright 2007. Used by permission.

例如，假设我们很有必要检测一下之前引用的那些电池的平均寿命为 35.0 小时（回忆一下，期望值为 30.0 小时）。特别地，我们想基于 80％的把握识别出这种差别（这称作检验的能力，相应的风险系数 $\beta=0.2$，这也就意味着有 20％的可能性无法探测出这 5 小时的电池寿命偏差，即便确实存在偏差）。更进一步，若真正的平均值是 30 小时，而且我们希望所推断的电池寿命不是 30 小时的风险只有 5％（即 $\alpha=0.05$），那么就使用下面的公式计算：

$$n=\left[\frac{(Z_{\alpha/2}+Z_{\beta})\ \sigma}{\mu-\mu_0}\right]^2$$

代入值可得到

$$n=\left[\frac{(1.96+0.84)\ \times 10}{35-30}\right]^2=31.4$$

所得的样本容量为 32（Gryna et al., 2007, p. 605）。

注意样本容量有时会受到成本及时间的限制；另外，也可用经验法则来估计样本容量。然而这也可能导致抽样不足，或由于过度抽样造成时间及精力的浪费。推荐使用检验能力和样本容量计算器来输入收集的数据，这样可以利用完备的统计学知识进行假设检验，确定合适的样本容量。检验能力及样本容量计算工具可以在网络上或统计学软件中找到，目前已经有针对不同抽样情形的计算公式了。

假设检验

这里所说的"假设"是指对某个总体所做的断言。通常，假设是成对出现的：零假设（H_0）与备择假设（H_a）。零假设之所以取名为"零"就是指没有改变或变动，而备择假设是指有改变或变动。因此，若我们拒绝了零假设，则备择假设就是成立的了。

例如，为了检验某种电池的总体平均寿命的假设的正确性，设

H_0：$\mu=30.0$ 小时

H_a：$\mu\neq30.0$ 小时

假设检验就是对这个断言的真实性的检验，这是通过分析样本数据来实施的。基于以下两方面的原因，对于从样本中得到的结论必须加以仔细的审核。其一，还有许多其他的样本也是有可能被抽中的。其二，基于我们实际所抽中的样

本获得的定量结果能够很容易地与几个不同的假设相符合。通过理解上文中提到的两种抽样错误，就可以很容易地理解以上两点。

两类抽样错误 在评估一个假设时可能会犯两种类型的错误：

- 当假设为真时拒绝该假设。这称为第Ⅰ类错误，其概率称作显著性水平，用 α 表示。
- 当假设为伪时接受该假设。这称为第Ⅱ类错误，其概率通常用 β 表示。

我们可以将犯这两类错误的概率控制在一定的范围内。检验某一假设可能得到的结果如表 19—6 所示，表 19—5 给出了它们的定义。关于质量领域中的抽样错误的详细信息可参见 Gryna et al.（2007）。

表 19—6　　第Ⅰ（α）类错误和第Ⅱ（β）类错误

分析得到的结论	H_0 是	
	真	假
接受 H_0	正确决策 $p=1-\alpha$	错误决策 $p=\beta$
拒绝 H_0	错误决策 $p=\alpha$	正确决策 $p=1-\beta$

资料来源：*Quality Planning and Analysis*，Copyright 2007. Used by permission.

假设检验的步骤 正如前文强调过的，数据收集与分析的计划是非常重要的。理想的调查应在确定了样本容量的前提下展开假设检验。假设检验是一个反复的过程，正如在数据收集部分讨论过的，在原始数据收集后，可能还会需要进一步的数据。例如，可能需要扩大样本容量来达到期望的检验能力，进而可以提前明确第Ⅰ类与第Ⅱ类错误。

通常，对一个假设的检验按以下步骤进行：

1. 提出实际问题。
2. 提出零假设和备择假设。
3. 选择第Ⅰ类错误的概率（即 α 的值），通常为 0.01，0.05 或 0.10。
4. 选择检验该假设所用的检验统计量。
5. 确定检验的拒绝域，即决定拒绝零假设的检验统计量的取值范围。
6. 取得观测的样本，计算检验统计量并与拒绝域比较，决定接受或拒绝原假设。
7. 做出实际结论。

常见的假设检验 只运用一种假设检验方法是无法得到研究所希望得到的所有信息的。表 19—7 给出了常见的假设检验的公式。表 19—8 是根据检验的问题及数据的类型对检验的分类。图 19—13 以路径图的形式列出了如何选择合适的假设检验方法。读者会发现，将这几张图表结合起来，将有助于更好地理解那些具有多面性的论题。

表 19—7　　**假设检验公式**

假设	检验统计量及其分布
H_0：$\mu=\mu_o$（正态总体的均值为一特定值 μ_o；σ 已知）	$Z=\frac{\overline{X}-\mu_o}{\sigma/\sqrt{n}}$ 标准正态分布
H_0：$\mu=\mu_0$（正态总体的均值为一特定值 μ_o；σ 的估计值为 s）	$t=\frac{\overline{X}-\mu_o}{s\sqrt{n}}$ 自由度为（$n-1$）的 t 分布
H_0：$\mu_1=\mu_2$（总体 1 的均值等于总体 2 的均值，假设两总体均为正态分布且 $\sigma_1=\sigma_2$）	$t=\frac{\overline{X}_1-\overline{X}_2}{\sqrt{1/n_1+1/n_2}\sqrt{[(n_1-1)s_1^2(n_2-1)s_2^2]/(n_1+n_2-2)}}$ 自由度为（n_1+n_2-2）的 t 分布
H_0：$\sigma=\sigma_0$（正态分布的标准差为一个确定的值 σ_0）	$X^2=\frac{(n-1)\ s^2}{\sigma_0^2}$ 自由度为（$n-1$）的卡方分布
H_0：$\sigma_1=\sigma_2$（假设两分布均为正态分布，且分布 1 的标准差等于分布 2 的标准差）	$F=\frac{s_1^2}{s_2^2}$ 自由度为（n_1-1）和（n_2-1）的 F 分布
H_0：$\hat{p}=p_0$（分布的不合格率为一个确定的值 p_o；假设 $np_0\geqslant 5$）$\hat{p}$=样本率	$Z=\frac{\hat{p}-p_0}{\sqrt{p_0\ (1-p_0)\ /n}}$ 标准正态分布
H_0：$p_1=p_2$（分布 1 的不合格率等于分布 2 的不合格率；假设 n_1p_1 和 n_2p_1 都大于等于 5）	$Z=\frac{X_1/n_1-X_2/n_2}{\sqrt{\hat{p}\ (1-\hat{p})\ (1/n_1+1/n_2)}}$　　$\hat{p}=\frac{X_1+X_2}{n_1+n_2}$ 标准正态分布
在 $J\times K$ 列联表中检测交叉分类变量 A 和 B 的独立性 H_0：A 与 B 相互独立 H_a：A 与 B 不独立	$X^2=\sum_{j=1}^{J}\sum_{k=1}^{K}\frac{(f_{jk}-e_{jk})^2}{e_{jk}}$ 自由度为（$J-1$）（$K-1$）的卡方分布 其中 f_{jk}=变量 A 的 j 类以及变量 B 的 k 类观察频率 e_{jk}=期望频率 $f_{j0}f_{0k}/f_{00}$ f_{j0}=变量 A 的 j 类频率总和 f_{0k}=变量 B 的 k 类频率总和 $f_{00}=J\times K$ 表的频率总和

资料来源：*Quality Planning and Analysis*, Copyright 2007. Used by permission.

表 19—8　　**假设检验表**

问题：参数存在差异吗?	样本组数	连续的 Y（正态）		分类的 Y	
		参数	检验	参数	检验
对比某一标准	1	μ σ	单样本 t 检验 卡方检验	比例	单比例检验
两组间	2	μ σ	双样本 t 检验 F 检验	比例	双比例检验

续前表

问题：参数存在差异吗？	样本组数	连续的Y（正态）		分类的Y	
		参数	检验	参数	检验
所有组间	≥2	μ σ	ANOVA* 球形检验	比例	单独卡方检验

* ANOVA假设正态分布且方差相等。

资料来源：Juran Institute，Inc. Used by permission.

假设检验都是基于问题来组织的。所有的假设检验都是以 $Y=f(X)$ 的形式假定一个 X 集合。例如，X 可能代表制造车间，可以是1个、2个甚至更多个需要检测产出率的车间。连续量的 Y 值可能代表每日产出的均值或标准差，离散量的 Y 值可能代表每一天产出的缺陷比率。

下面就以一个例子来说明假设检验的过程。

1. 提出实践问题。在研究木板弯曲的问题中，认为弯曲是由于这种层压产品在晾干前层间的湿度不同导致的。对层1—2及层2—3抽样获得的数据如表19—9所示，它们的湿度存在显著的不同吗？

表19—9 **潮湿度**

层1—2		层2—3	
4.43	4.40	3.74	5.14
6.01	5.99	4.30	5.19
5.87	5.72	5.27	4.16
4.64	5.25	4.94	5.18
3.50	5.83	4.89	4.78
5.24	5.44	4.34	5.42
5.34	6.15	5.30	4.05
5.99	5.14	4.55	3.92
5.75	5.72	5.17	4.07
5.48	5.00	5.09	4.54
5.64	5.01	4.74	4.23
5.15	5.42	4.96	5.07
5.64		4.21	

资料来源：*Quality Planning and Analysis*，Copyright 2007. Used by permission.

2. 提出假设：

H_0：$\mu_{1-2}=\mu_{2-3}$

H_a：$\mu_{1-2}\neq\mu_{2-3}$

3. 选择 α 的值。在本例中，第Ⅰ类错误的概率（即 α 的值）定为0.05。

4. 选择检验该假设所用的检验统计量。

由于我们有两个样本，并想得到两个平均值之间的差异，所以应选择两样本的t检验。（注意：概率图或正态检验可检验数据是否服从正态分布。方差齐性检验判断方差是否基本上是相等的。）

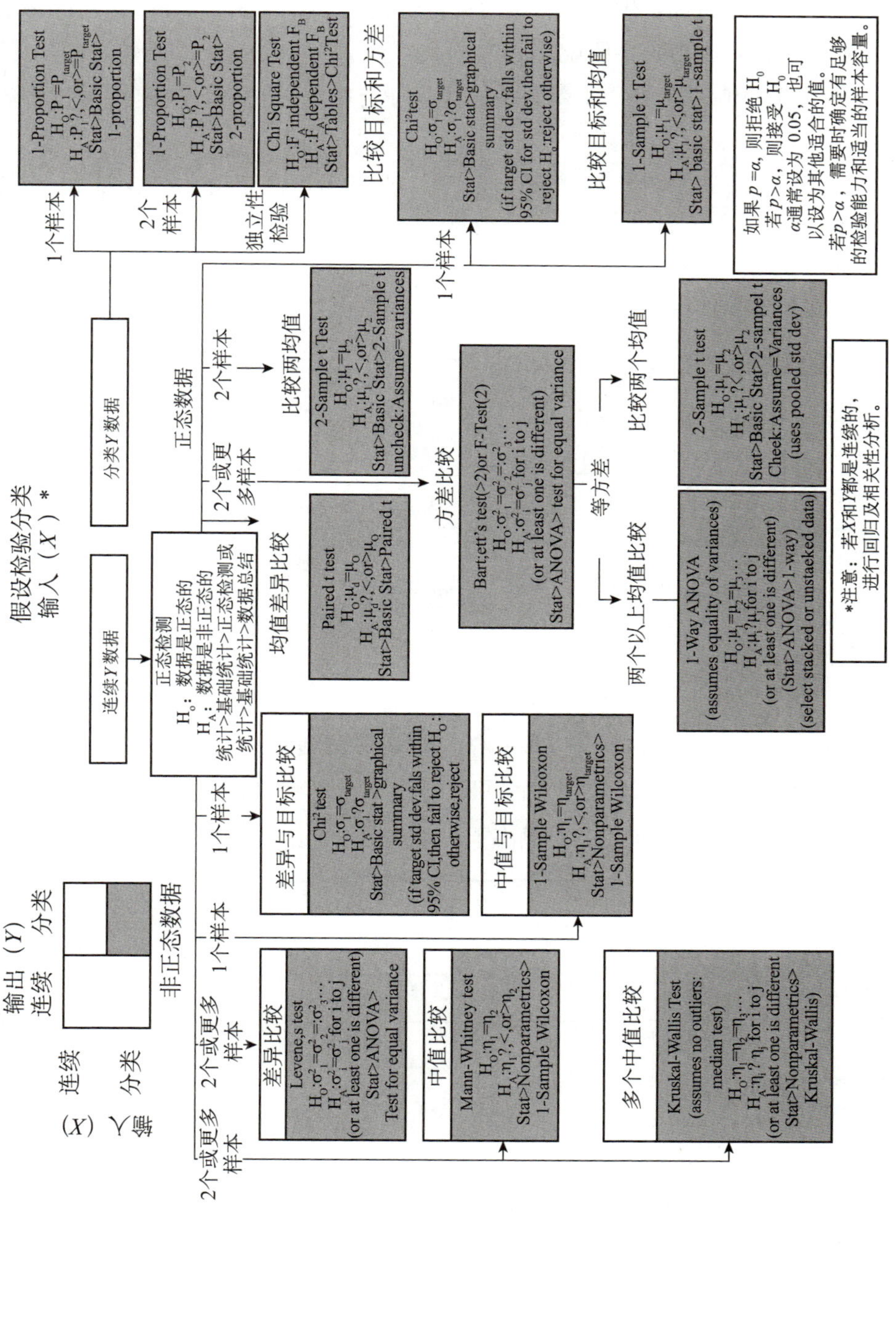

假设检验分类
输入（X）*
输出（Y）
连续
分类
(X) 输入
连续
分类
连续Y数据
分类Y数据
正态检测
H_0：数据是正态的
H_A：数据是非正态的
统计>基础统计>正态检测或统计>基础统计>数据总结
非正态数据
正态数据
1个样本
2个样本
独立性检验
1-Proportion Test
H_O:P_1=P_{target}
H_A:P_1?,<,or>=P_{target}
Stat>Basic Stat>
1-proportion
1-Proportion Test
H_O:P_1=P_2
H_A:P_1?,<,or>=P_2
Stat>Basic Stat>
2-proportion
Chi Square Test
H_O:F_A independent F_B
H_A:F_A dependent F_B
Stat>Tables>Chi²Test
比较目标和方差
Chi²test
H_O:σ_1=σ_{target}
H_A:σ_1?σ_{target}
Stat>Basic stat>graphical summary
(if target std dev.falls within 95% CI for std dev.then fail to reject H_o:reject otherwise)
比较目标和均值
1-Sample t Test
H_O:μ_1=μ_{target}
H_A:μ_1?,<,or>μ_{target}
Stat>basic stat>1-sample t
2个样本
比较两均值
2-Sample t Test
H_O:μ_1=μ_2
H_A:μ_1?,<,or>μ_2
Stat>Basic Stat>2-Sample t
uncheck:Assume=variances
2个或更多样本
均值差异比较
Paired t test
H_O:μ_d=μ_O
H_A:μ_d?,<,or>μ_O
Stat>Basic Stat>Paired t
方差比较
Bart;ett's test(>2)or F-Test(2)
H_O:σ_1^2=σ_2^2=σ_3^2…
H_A:σ_i^2=σ_j^2 for i to j
(or at least one is different)
Stat>ANOVA> test for equal variance
等方差
两个以上均值比较
比较两个均值
1-Way ANOVA
(assumes equality of variances)
H_O:μ_1=μ_2=μ_3…
H_A:μ_i?μ_j for i to j
(or at least one is different)
(Stat>ANOVA>1-way)
(select stacked or unstaeked data)
2-Sample t test
H_O:μ_1=μ_2
H_A:μ_1?,<,or>μ_2
Stat>Basic Stat>2-sampel t
Cheek:Assume=Variances
(uses pooled std dev)
如果 p =α，则拒绝 H_0
若 p>α，则接受 H_0
α通常设为 0.05，也可以设为其他适合的值。
若p>α，需要时确定有足够的检验能力和适当的样本容量。
*注意：若X和Y都是连续的，进行回归及相关性分析。
1个样本
差异与目标比较
Chi²test
H_O:σ_1=σ_{target}
H_A:σ_1?σ_{target}
Stat>Basic stat>graphical summary
(if target std dev.fals within 95% CI,then fail to reject H_O: otherwise,reject
1个样本
中值与目标比较
1-Sample Wilcoxon
H_O:η_1=η_{target}
H_A:η_1?,<,or>η_{target}
Stat>Nonparametrics>
1-Sample Wilcoxon
2个或更多样本
差异比较
Levene,s test
H_O:σ_1^2=σ_2^2=σ_3^2…
H_A:σ_i^2=σ_j^2 for i to j
(or at least one is different)
Stat>ANOVA>
Test for equal variance
中值比较
Mann-Whitney test
H_O:η_1=η_2
H_A:η_1?,<,or>η_2
Stat>Nonparametrics>
1-Sample Wilcoxon
2个或更多样本
多个中值比较
Kruskal-Wallis Test
(assumes no outliers:
median test)
H_O:η_1=η_2=η_3…
H_A:η_i? η_j for i to j
(or at least one is different
Stat>Nonparametrics>
Kruskal-Wallis)

图19—13 假设检验

1. 确定检验的拒绝域。

由表 19—4 可得到，确定拒绝域的关键值接近 2.0。若计算得 t 分布的绝对值大于该关键值，则拒绝零假设。

2. 取得观测值的样本，计算检验统计量并与拒绝域比较，决定接受或拒绝原假设。

箱线图（一定要绘制数据!）显示，层 1—2 的湿度高于层 2—3。从 Minitab 绘制的图 19—14 中可看出，计算得 t 值是 4.18，在拒绝域内。

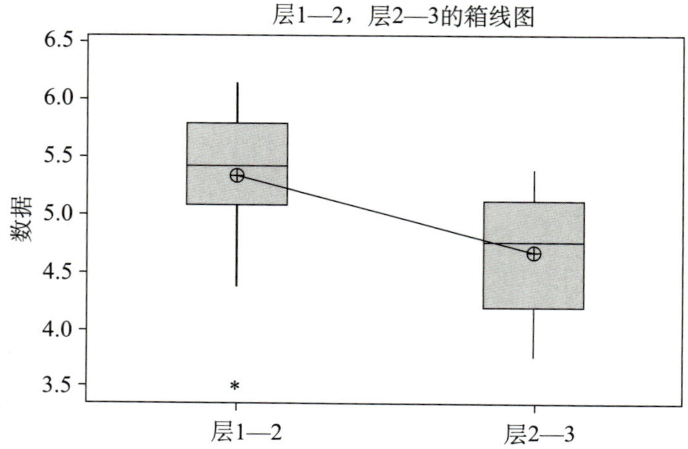

图 19—14　层 1—2，层 2—3 的箱线图

资料来源：*Quality Planning and Analysis*, Copyright 2007. Used with permission.

由于计算 t 值大于关键值，p 值小于 α 值，所以拒绝该假设。

N	均值	样本标准差	样本标准误差	
层 1—2	25	5.350	0.613	0.12
层 2—3	25	4.689	0.499	0.10

差值$=\mu_{层1-2}-\mu_{层2-3}$

估计差值为：0.660 901

95%的差值置信区间：(0.343 158，0.978 644)。

T 检验差值=0（或≠0）；t=4.18；p=0.000；自由度=48。

两种都采用 StDev=0.558 7。

3. 做出实际的结论，认为层 1—2 间的湿度大于层 2—3。

非参数假设检验、数据变换以及自助法

本章前面部分讨论的都是“参数型”假设检验（之所以这么命名就是因为它依赖于对参数的估计）。经常会出现这样的情况：某些参数检验所基于的假设条件没有满足，工作人员还经常会遇到不对称或者是非正态的数据，这时，若继续使用基于标准钟形分布的参数型假设检验可能会得到错误的结论及采取不恰当的措施。幸运的是，我们还有非参数型假设检验、数据变换及自助法等解决方案。

非参数假设检验是“分布自由”的，这就有效避免了与某种特定分布（如正态分布）的关键前提的冲突。但是，调查者应该注意到，非参数检验也有其自己的前提。实际上，这个方法是将原始数据排序，然后针对排列好的数据进行假设检验。虽然非参数方法不如参数检验成熟，且其统计能力要比参数检验低，但由表 19—7 底部和图 19—13 的左边可以看出，非参数方法对于基本的单样本、双样本或更多组样本的检验是有用的。在 Sprent and Smeeton（2001）的书中有更多的关于传统非参数方法的介绍。很多新方法也在不断地涌现出来，例如小波分析和非参数贝叶斯法，详见 Kvam and Vidakovic（2007）。

数据变换是对一组不符合某些参数检验前提的数据做变换，使其符合那些前提。例如，将非正态数据或方差不等的数据变为正态的或有同样方差的数据。有以下三种常见的数据变换方法。

幂函数法　通常运用平方（x^2）、平方根（$x^{1/2}$）、对数（log（x））、自然对数（ln（x））或倒数（x^{-1}）这些标准函数，因为这些函数易由计算器实现。通过不断的尝试与失败才能找到能够将数据恰当地转换为满足假设检验前提条件的形式的转换函数。

Box-Cox 变换法　这种方法提供了一种联立的幂函数法来找到能使方差最小的最佳值 λ，通常要估计一个处于 95％置信区间内的合适的幂值（也就是 λ 值）。（例如，平方：λ＝2；平方根：λ＝0.5；自然对数：λ＝0；倒数：λ＝－1。）Box-Cox 变换不能用于负数。

约翰逊变换法　这种方法是从三种分布谱系（有界的、无界的和对数正态的）中选择最佳函数。可在 Box-Cox 变换不能使用的情况下使用，结果转换是非直观的。

这些方法都非常容易使用（在有软件可以利用的情况下），而且还可以使用检验能力更强的参数检验方法。然而，转换得到的数据并不一定有直观的含义。

自助法是众多的计算密集型再抽样方法中的一种。这种方法是根据经验来确定分布，而不是假定为任何一种典型的统计检验分布（如正态分布）。更为特别

的是，这种方法从样本中自主地有放回地取样来重复性地计算目标统计量（如均值）。进而，这些统计量的分布被用作推断获得某个特定值的概率的基础。自助法是一种灵活的无参数方法，而且受到了越来越多的认可。对于自助法及其应用的详细介绍见 Davison and Hinkley（2006）。

相关分析与回归分析

相关分析与回归分析能帮助我们理解关系。具体地说，回归分析建立了相关或不相关变量间关系的模型，而相关分析研究各变量间的线性相关程度。从实践的角度来讲，简单线性回归旨在研究某一变量分布（响应变量或因变量）与一组独立变量（自变量或预测变量）之间在各个不同的水平上的函数关系。注意，因果关系在此是已明确的，而我们要通过检验来确定的恰恰就是这种因果关系在统计意义上的显著性。另外，回归分析常用于基于重要自变量的估计和预测，或用于作业条件的优化。与之相反的是，相关分析主要用于找到未经实验发现的两变量间的变动联系，此时还没有关于因果关系的明确的假设。

例如，已知刀具寿命随切削速度而改变，我们想验证两者间的关系，因此，寿命为因变量（Y），切削速度为自变量（X）。表 19—10 中列出了在四种切削速度下收集到的数据。

表 19—10 **切削速度**

X	Y	X	Y	X	Y	X	Y
90	41	100	22	105	21	110	15
90	43	100	35	105	13	110	11
90	35	100	29	105	18	110	6
90	32	100	18	105	20	110	10

注：X 的单位是英尺/分钟，Y 的单位是分钟。

资料来源：*Quality Planning and Analysis*，Copyright 2007. Used by permission.

一定要图示数据！从图 19—15 的描点可以看出寿命是随速度变化而变化的，速度增大，刀具寿命缩短，而且可以看出，两者呈线性关系变化，即速度增大一定的值，相应地寿命也就缩短一定的值。注意图中点分布在直线周围，所以该关系并不是完美的。

通常可以得到一个回归方程。本例中，首先给出线性关系的通式

$$Y=\beta_0+\beta_1 X+\varepsilon$$

其中，β_0 和 β_1 分别是未知的截距和斜率，ε 是随机误差项，这个随机误差可能来自测量误差，也可能是其他自变量的影响。进而得到一个预测方程

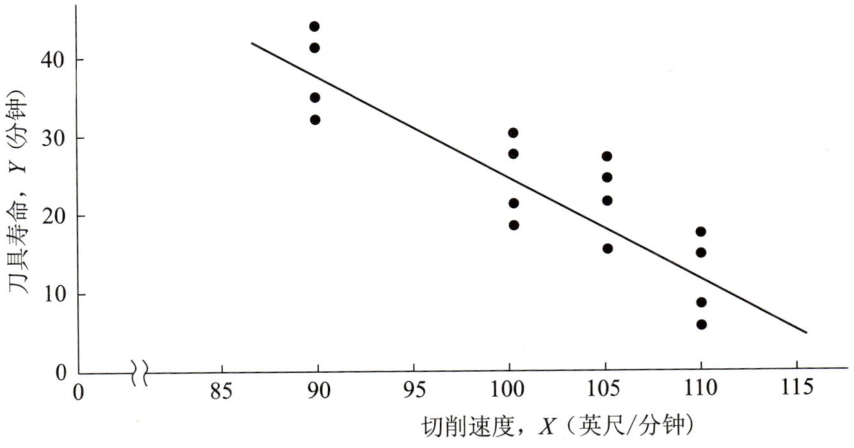

图 19—15　刀具寿命（Y）和切削速度（X）

资料来源：*Quality Planning and Analysis*，Copyright 2007. Used by permission.

$$\hat{Y}=b_0+b_1X$$

其中 $\hat{Y}$ 是给定 X 时 Y 的预测值，b_0 和 b_1 是对 β_0 和 β_1 的样本估计。估计值通常由最小二乘法得到，有关公式可参见相关统计著作，例如 Kutner et al.（2004）。

在本例中，最终的预测方程为

刀具寿命＝106.90－1.361 4×（切削速度）

将切削速度的值代入该方程就可预测刀具寿命。然而，当用这个方程来估计超出例中范围的切削速度（也就是低于例中最低速度或高于最高速度的速度）对应的寿命时，就需要特别加以注意了，因为尚缺乏这些范围内的观测数据来支持这个方程。

虽然已经找到了一个数学预测方程，但在尚未确定其是否“适当”的情况下，也不应该使用该方程。判断预测方程是否适当存在着很多的标准，一个常用的测度指标是 R^2，预测方程所能解释的变差比例。R^2 也叫作判定系数，是回归变差与总变差的比。R^2 越大，预测方程基于 X 对 Y 进行预测的准确性就越高。

另一种度量两变量间相关程度的指标就是简单线性相关系数 r。r 是判定系数的平方根，所以 r 的值介于－1 到＋1 之间。正 r 代表正相关，即一个变量随另一个变量的增加而增加，相反地，负 r 代表负相关，即一个变量随另一个变量的增加而减小。由散点图可直接看出这种相关关系，而且基于散点图的不同模式可对 r 做出明确的判断。r 的显著性水平与样本容量有关，在此，建议使用统计软件来得到显著性水平的精确值。

以上介绍的是两变量间变化趋势与相关程度的简单线性相关分析与回归分

析，它描述的是对于单一自变量 X 和因变量 Y 的预测。对其自然而然的延伸就是针对两个或两个以上自变量的多元回归分析，有关多元回归预测方程的估计与检验方法的讨论，可参见 Kutner et al.（2004）。

方差分析

方差分析（ANOVA）是一种与线性回归有关的方法，属于广义线性模型的类别。但是与回归不同的是，X 是离散变量而非连续变量（注意：广义线型模型兼有回归分析与方差分析两者的特点）。在方差分析中，在总体均值附近的所有测量值的总变差被划分到用于统计显著性分析的各个变差源之中。当研究人员想要对比两组或多组离散量的均值时，常会用到方差分析。例如，一名研究人员想要研究三种不同配置的机器的绩效，方差分析揭示了这些不同配置方案的均值之间存在差别（即至少一个均值与其他均值不同），进而可以运用置信区间以及两两对比等更进一步的实验方法来判断哪一个（或哪几个）均值存在差别。方差分析是我们将要讨论的实验设计的基础。

实验设计

自从 Ronald A. Fisher 爵士在农业领域进行了开创性的应用之后，实验设计便开始在各领域的质量改进工作中发挥越来越重要的作用。在这一部分，我们将首先对传统实验方法与经过设计的实验方法进行对比，以便读者能理解传统实验方法的局限性，以及现代实验方法的优越性。接着会通过一个质量改进范例来介绍一些基本内容和术语，随后通过一系列的实验设计来简要介绍几种不同的设计方法及其典型进展。最后，我们会介绍一下田口设计方法。

传统实验方法与现代实验方法的对比

传统的实验设计方法是一次只改变一个因子（OFAT），保持其他因子不变。为了说明这种实验设计，来看一个例子。从前有一个人想研究醉酒的原因，第一天他喝了一些威士忌和水，因此酩酊大醉；第二天，他又重做了这个实验，他决定用伏特加来代替威士忌并保持其他条件都不变，大家可以猜到，他又大醉一场；第三天，他最后一次做了这个实验，这一次他用波特酒代替了威士忌和伏特加，而这次他足足花了两天的时间才恢复了体力来分析这次实验的结果。清醒后，他得出结论：导致醉酒的原因是水。为什么呢？因为水是共同的因子。

传统方法与经过设计的方法之间的对比是明显的。尤其是经过设计的实验方法能够从非常少的数据点（有效的实验）中得到大量的信息，并据此估计因子间的相关影响。表 19—11 结合一个研究两种因子（或变量）对某特征的影响的实验案例来对两种方法进行了更详细的对比（当然，对于多于两种因子的实验而言，这些结论依然成立）。

表 19—11 传统实验方法与现代实验方法的对比

准则	传统的	现代的
基本程序	除了要调查的因子之外，保持其他因子恒定。改变影响特征的因子，并记录其效果。如要调查另外的因子，还需要以同样的方式再次进行实验。	通过良好的设计与规划在一次主要实验中对多个因子进行评估，同步评估多个因子的影响。
实验条件	在整个实验过程中，要特别注意原材料、工人，以及设备保持不变。	认识到在整个实验中保持条件相当恒定是很困难的。因而，实验被划分为多个组或多个测量区块。在每个区块中，条件都必须保持合理恒定（有意地改变被研究因子的除外）。
实验误差	知道有误差，但无法量化表达。	量化表达。
评价基准	仅仅基于对实验误差的模糊认识来估计因子的效应。	在定量考虑实验误差的前提下，通过对比因子引发的波动来评价因子的效应。
由于测量顺序导致的偏差	通常认为不同测量顺序对结果没有影响。	通过随机化来防止这种偏差。
多个因子波动的交互效应（交互作用）	实验中没有充分考虑。通常假定因子 1 的效应在因子 2（因子 2 保持某一恒定值）的任何取值水平下都是一样的。	在实验规划中有关于各因子间交互效应的研究。
结果有效性	若存在交互作用，而这种交互作用没有被认识到，则将导致实验结果错误或具有误导性。	即使存在交互作用，也能有效地评价主要因子。
测量的数量	为获得有用且有效的信息，所需要的测量参数要多于现代实验方法。	通过较少次数的测量即可获得有用且有效的信息。
问题定义	通常缺乏对实验目标足够清晰的定义。	对实验进行设计时通常需要对实验目标进行详细的定义（实验想要的效果、可能承担的风险等）。
结论的应用	常常只能用于与进行实验时相同的特定条件下。	由于实验中设计了广泛的条件，所以，实验结论可以应用于较广泛的实际环境。

资料来源：*Quality Planning and Analysis*, Copyright 2007. Used by permission.

概念和术语——一个经过了设计的实验范例

假设我们要对比三种洗衣粉（A、B、C）在自动洗衣机中洗衣时的清洁能力。通过某一特定测量程序获得的“白度”作为因变量，也叫响应变量；作为研究对象的自变量（如洗衣粉）称为因子，而因子的每一种不同的取值叫作水平。在这个例子中有三个水平。处理方案是指针对一个因子，如洗衣粉 A，设定一个水平；处理方案集是指在一次给定的实验操作中所有因子的水平的合集。因子可能是定性的（如不同的洗衣粉），也可能是定量的（如水温）。有些实验采用固定效应模型（即调查者所研究的水平体现了其关心的所有水平，例如，三种特定的洗衣机或品牌）；另一些实验可能采用随机效应模型，也就是说选择的水平仅仅是从庞大总体中抽取的样本（例如，三个洗衣机操作员）；混合效应模型既包含了固定因子也包含了随机因子。

图 19—16 列出了六种可能的实验设计方案。图 19—16a 是传统的实验方案。该方案中，除了洗衣粉外，其他因子都是固定的。因此，需进行 9 次实验，在相同的清洗时间、机器、水温及其他因子下，针对每种洗衣粉进行三次实验。这种设计的一个缺点就是对于不同品牌的洗衣粉的结论只适用于特定的实验条件。

图 19—16b 的方案又确定了具有三个水平的第二个因子（即洗衣机品牌Ⅰ，Ⅱ和Ⅲ）。然而，在这个设计中，不能够确定观察到的差异是由于洗衣粉还是洗衣机造成的（有可能会混淆）。

在图 19—16c 中，9 次实验都是完全随机分配的，因此被称为“完全随机设计”。然而，洗衣机品牌Ⅲ没有使用洗衣粉 A，洗衣机品牌Ⅰ没有使用洗衣粉 B，因此，结论变得复杂。

图 19—16d 是随机区块设计方法。这里每块是一种洗衣机品牌，而且在每块中洗衣粉是按随机顺序放置的。这种设计排除了洗衣粉的使用顺序带来的误差，而且有利于后续的数据分析和结论。首先，可进行一次假设检验来比较洗衣粉，再由一个单独的假设检验来比较洗衣机。这两次假设检验中用到了这 9 次实验的全部数据。其次，关于洗衣粉的结论三个洗衣机都适用，反之亦然，从而提供了适于更广泛条件的结论。

现在假设其他因子（如水温）也要进行研究，这时，可以使用图 19—16e 所示的拉丁方设计。请注意，这种设计要求针对每种洗衣机、每种水温只用一种洗衣粉。因此，通过三次独立的假设检验，只需要 9 次实验，便可对三个因子都进行评价。然而，在此可能会有一种风险：这种实验设计方案假定各个因子间是没有交互作用的。洗衣粉与洗衣机之间没有交互影响意味着洗衣粉 A、B、C 的效应不依赖于所使用的洗衣机，也不依赖于其他因子。交互作用的影响如图 19—17 所示。洗衣粉与洗衣机之间无交互作用，而在洗衣粉与水温之间则存在交互作用：在高温时，C 的性能最好；在低温条件下，A 的性能最强。

A	B	C
—	—	—
—	—	—
—	—	—

(a)

Ⅰ	Ⅱ	Ⅲ
A	B	C
A	B	C
A	B	C

(b)

Ⅰ	Ⅱ	Ⅲ
C	B	B
A	C	B
A	A	C

(c)

Ⅰ	Ⅱ	Ⅲ
B	A	C
C	C	A
A	B	B

(d)

	Ⅰ	Ⅱ	Ⅲ
1	C	A	B
2	B	C	A
3	A	B	C

(e)

Ⅰ ABC	Ⅱ ABC	Ⅲ ABC
1———	———	———
2———	———	———
3———	———	———

(f)

图 19—16　一些实验设计方案

资料来源：*Quality Planning and Analysis*, Copyright 2007. Used by permission.

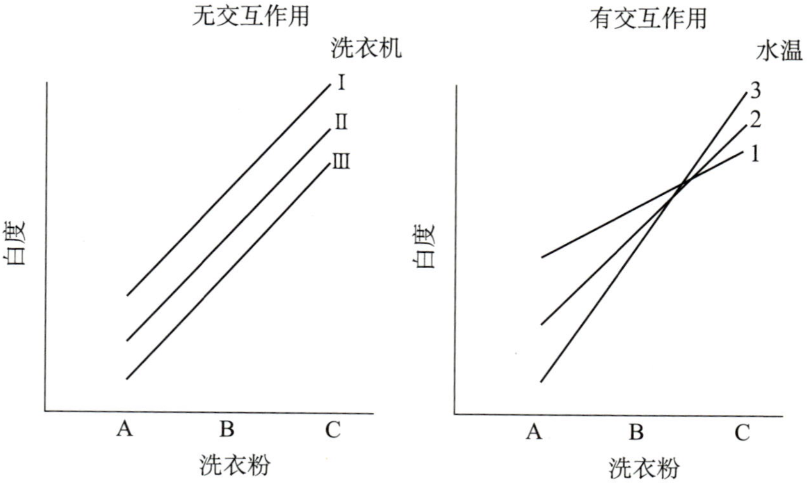

图 19—17　交互作用

资料来源：*Quality Planning and Analysis*，Copyright 2007. Used by permission.

最后，可以用图 19—16f 所示的析因设计来找出主要因子和可能的交互作用。析因是指针对主要因子的每个组合至少做一次实验，在本例中则需 3×3×3 即 27 次实验。可以通过相应的假设检验来评估主要因子和可能的交互作用。需着重指出的是，所有的观测值对于每组对照都有意义。当存在许多影响因子且实验条件受到限制时，部分析因实验就显得很有必要了（在后续的例子中我们会看到该方法的具体应用）。

大多数问题都可以通过标准实验设计或其组合来解决。可以根据研究的因子数目、实验设计的结构、实验可提供信息的类型等对实验设计加以分类（见表 19—12)。有关各种实验设计的设计方案及其结构的详细分析与描述可参考 Box et al.（2005），另一本很好的参考资料是 Myers et al.（2009）详细介绍响应面设计的著作。

表 19—12　实验设计的分类

设计	应用类型
完全随机	适用于实验中只研究一个因子的情况。
析因	适用于对几个因子在两个或多个水平上进行研究，因子间可能存在显著的交互作用的情况。
区块析因	适用于存在大量研究因子且难以在实验中完全保持均质化的情况。
部分析因	适用于存在较多的因子和水平，但难以对全部的因子组合都进行实验的情况。
随机区块	适用于对一个因子加以研究，且实验材料或环境可分为区块或均质化的小组的情况。

续前表

设计	应用类型
平衡不完全区块设计	适用于不能将全部处理方案归入一个区块中的情况。
部分平衡不完全区块设计	当平衡不完全区块需要超出能力范围的大量区块数目时，该方案较为适用。
拉丁方设计	适用于所研究的是一个主要因子，而其结果可能受到两个其他实验变量或两个非均质来源的影响的情况。该方案假定不存在交互作用。
尤登方设计	与拉丁方相同，但行、列数与处理方案数不需要相同。
嵌套	适用于旨在研究相对变异性而非变异源的平均效应的情况（例如，同一样本的方差和不同样本的方差）。
响应面设计	目的是提供实验数据图（等高线图）以说明因子在实验者控制下是如何影响响应的。
混合设计	适用于固有约束的情况（例如，涂料的各种成分之和必须是 100%）。

资料来源：Adapted from JQH5，Table 47. 3.

依照一定的顺序展开实验往往是很有帮助的。简而言之，遵从典型的实验设计流程能够帮助实验人员快速有效地从众多的因子（或精益六西格玛术语 $Y=f(X)$ 中众多的 X 们）中聚焦并发现重要的因子，进而细化其间的关系，以找到每个关键因子的最佳设置。可以按照以下一些步骤展开工作：

1. 筛选实验。在这个阶段，采用部分析因实验可能无法找出交互作用，但却可以找出其中有重要影响的因子。

2. 部分析因设计。在这一阶段，可以对筛选实验中确定的少数因子进行研究，以找到它们之间的交互作用。

3. 全面析因设计。检验少量的因子（通常不超过五个）以探知其效应及高阶（例如，三路、四路）交互作用。该类实验设计方案也可用于测定曲率，而曲率对于寻找潜在最佳值来说是很有必要的。

4. 响应面设计。通过以特定的方式增加数据点（例如，综合设计），实验者可以基于早期实验充分描述非线性关系，并找出最佳设置。

5. 调优运算。在生产模式下，一旦启动了质量改进过程，就可以在一些改进操作技术的指导下，随着时间的推移来针对生产单元展开一些小的实验。虽然每一次的改进都很微小，但是随着时间的推移，累积的效应是相当大的，这也充分体现了持续改进的价值。详细内容可参见 Box and Draper（1969）关于该问题的经典论述。

关于按照一定顺序开展实验设计的详细说明，可参看 Carter（1996）的四篇系列论文，Emanuel and Palanisamy（2000）讨论了一个针对两个水平、最多七因子的顺序实验设计的案例。

田口实验设计方法

田口玄一教授在实验设计中所采用的方法有三个目的：

- 设计产品和过程，使这些产品和过程能够稳定地实现目标，并使其对难以控制的因素相对不敏感（稳健）。
- 设计出对零部件波动相对不敏感（稳健）的产品。
- 使特征值围绕目标值的波动幅度尽可能小。

因此，虽然由于其与实验设计有关而被放在“改进工具”这一部分介绍，但这种方法一般被认为旨在为产品设计和开发提供有价值的信息，见本章的“面向质量设计的统计工具”一节。田口将质量控制分为线上控制（例如，在生产过程中对过程进行诊断和调整）和线下控制，线下控制包含工程设计过程及其三个阶段：系统设计、参数设计和容差设计。有关田口方法及其相关争议的更多内容和总结可参考 Box and Draper（1969，pp. 47. 58 and 47. 59）。

有很多关于工程及制造领域的实验设计的著作。非制造专业的读者，可能会对 Ledolter 和 Swersey（2007）的著作感兴趣。在 del Castillo（2007）的一本教材中，不仅包含了经典的技术，也包含了很多现代技术（例如：贝叶斯推断、克里金方法）。

离散事件和蒙特卡罗仿真

软件在用户友好性方面的进步，使得那些没有强大的数学、编程或建模背景的质量工作者也能够越来越多地使用计算机仿真方法。存在多种类型的仿真模型，但读者最感兴趣的两个模型可能是离散事件和蒙特卡罗仿真。它们都是质量改进过程中的强大工具，尤其是建模提供了对“如果……就……”这类问题的回答，并能在一个安全、低风险的环境下迅速测试过程调整的效果和潜在的解决方案。

离散事件仿真

离散事件仿真（DES）试图模拟含有独立的、可识别的事件和交易的场景。例如，在医院中病人到达急诊室以及随后的一系列诊疗过程：到达、登记、分类、护士评估、医师评估、住院、出院或转院。离散事件仿真能够改变系统要素并跟踪得到的过程流随着时间的变化，以帮助人们更好地理解输入、输出和过程变量之间的关系。

通常情况下，对活动的流程和顺序进行图形化表达的过程流程图（或过程“地图”）构成离散事件仿真的基础。离散事件仿真以流程图为基础，并增加了输入和掌管交易过程的过程变量。下面我们继续讨论医院的例子，其中包括输入（如病人的到来）、人力资源（例如护士的人数、医生时间表、加班的可能性、技能水平、支付率等）、设备资源（例如病床的类型和数目、拍片设备等）、过程规则（必要的步骤、批量输入或输出、优先规则、例外、决定）、资源获得（为完成一项活动需要哪些资源，例如，一名注册护士或一名医生助手、两名注册护士、一名护士和一名医生等）、活动周期时间（工作时间、等待时间），以及类似的其他细节。

一旦将这些细节加入到模型中，就可以通过跟随对象（如医院的例子中的患者）从进入到退出的全过程来模拟“运行”该模型。病人被依照规定的活动、规则和约束进行处置，同时，对病人的具体特点及其相关属性（如视力水平、年龄、性别）也要进行设定。输出结果包含大量用来描述过程的参与人员随时间互动和移动的集体行为的描述性统计和措施。

虽然各个仿真模型及其细节存在很大不同，但是在仿真研究中，还是应该有一些基本的步骤。这些步骤和相关问题（改编自 Law and Kelton（2000））如下：

1. 提出要解决的问题。需要仿真的业务是什么？需要修正什么问题？要寻求什么答案？

2. 准备仿真研究计划。谁要参与？需要什么样的数据以及将如何收集数据？要测试何种备选方案？完成的标志和时间期限是什么？

3. 收集数据。我目前的状态是什么？为备选方案准备了哪些数据？数据间有差别吗？如何处理它们？

4. 建立和验证概念模型。鉴于现有的数据，模型的总体结构是什么？输入、过程变量、输出都分别是什么？在何处需要怎样的统计累加器？如果建立了模型，是否就能够提供问题的答案？

5. 建立和验证运作模式。模型组件是否必要并有效？模型是否能得到与当前的状态相一致的结果？

6. 设计能解决问题的方案或实验。要改变哪些模型参数？哪些是固定的？需要进行测试的因素有哪些？

7. 运行方案或实验以获得所需的输出。结果是否可重复？需要其他方案或实验吗？

8. 分析并输出数据。统计结果是什么？做描述性统计和/或统计检验会有有意义的影响吗？什么是原问题的答案？需要额外提出问题吗？

正如本章开头所强调的，确定要解决的问题是成功地应用仿真建模的关键的第一步。不能清晰地认识要用模型做什么就会产生构建不佳的模型、输入或过程细节不充足的模型，或过于复杂的模型，在建立和运行方面花费不必要的时间和精力。此外，明确地传达业务的需求将争取到利益相关者在收集数据、评估模型及实现改进建议方面的支持。

蒙特卡罗

以著名的赌博胜地命名的方法，其目的是计算输入的不确定性（变异），并将其传递到输出结果的概率分布上。本质上，这种方法在方程式中不再运用单一、固定的变量（如 $Y=f(X)$），而是将分布用于输入（X），并从分布中多次进行抽样，最后输出 Y 值的分布，而不是输出一个单一的值。例如，预测一种新产品的净回报值，可以简单地预测为一千万美元，应用这种方法可以估计出实现该目标的可能性，或者可以估计有多大的不确定性，即负回报的概率有多大。

举例来说明一下，假设我们将三个组件 A、B 和 C 首尾相接，以组装一个最终产品。如果平均长度分别是 5、10 和 15mm，那么我们可以简单地将它们加起来以达到预计的长度 5mm＋10mm＋15mm＝ 30mm。然而，我们从统计波动的概念知道这些组件会有变化。假设我们对每个组件的总体进行抽样，并找到 A、B、C 各自的分布，我们可以期待组装产品的总体分布的长度看起来是怎样的？通过反复从每个分布中随机抽样，并将长度相加，用蒙特卡罗仿真产生总长度的分布。图 19—18 是由蒙特卡罗仿真产生的组装产品中的三个组件的相对频率分布，而且这三个组件具有相同的标准差 0.1mm。组装件总长度的期望均值应该约等于 30mm，但仿真结果表明，只有 45％的组装件长度的均值落在期望均值＋/－0.1mm 的范围内。这种方法与单纯进行 30mm 的单值估计相比，提供了更多的信息。

仿真实验设计

将多种工具以新的方式结合起来就发展成为一种新方法。一个例子是，蒙特卡罗、离散事件仿真及实验设计的组合。简言之，这种方法包含了两部分内容，即将概率分布用于输入及过程变量（即蒙特卡罗）的离散事件仿真（DES），以及调查者基于结构化的、设计好的策略对变量（因子）进行调整的试验设计（即 DOE）。尽管所有的仿真实验结果和结论在通过实际实验验证之前都只能作为初步猜测，但对于在现实中对因子进行调整非常困难或危险的情况，仿真实验设计还是特别有用的。

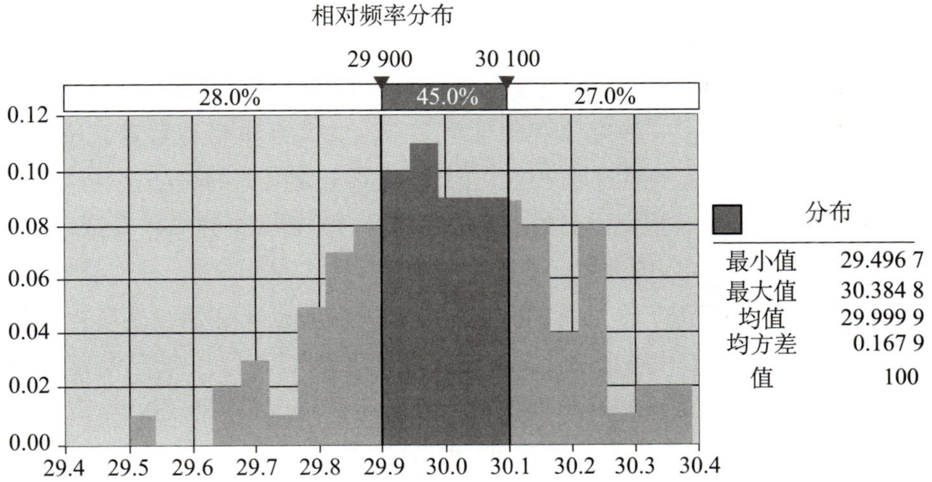

图 19—18　蒙特卡罗仿真结果

注：蒙特卡罗仿真的结果显现了由均服从正态分布且标准差均为 0.1mm 的 A、B、C 三个零件（其尺寸分别为 5mm、10mm、15mm）构成的组件的总尺寸分布频数。组件长度的均值近似于 30mm，但仿真结果却显示出围绕该均值的变差，也就是仅仅有 45％的组件位于均值＋/－0.1mm 的范围内。

更多先进的分析工具

当研究人员面临诸如多变量（多个 Y 和/或 X）、非线性数据或分类输出等更为复杂的情境时，可以考虑应用广义线性模型及其他方案，尤其是多元分析法，该方法是一种对项目的多重测量结果进行并行分析的统计学方法。此外，还有一些其他的对单变量（单变量分布）和双变量（相关、回归）方法的扩展可供使用。这些方法都超出了本章的范围，其中包括：

• 多元回归。在研究一个连续的因变量随多个连续的自变量（X）变化的关系时适用。

• 非线性回归。适用于数据无法用标准的线性方法处理的情况（值得注意的是，曲线型数据不一定非要用非线性方法处理）。

• 非参数线性回归。当常规回归假设不成立时，可以使用该方法。

• 多元判别分析。适用于单个、分类数据的因变量（二类或多类）与连续自变量（X）的情况。

• 逻辑回归分析。也叫作逻辑特分析（logit analysis），是一种由多元回归和多元判别分析结合而成的方法，该方法利用一个或多个可分类或连续自变量（X）来预测单一的、可分类的因变量（Y）。这种方法经常需要计算优势比。

• 多元方差和协方差分析（MANOVA，MANCOVA）。它们是方差分析（ANO-

VA）方法的延伸，允许有超过一个的连续因变量（*Y*）与多种可分类的自变量（*X*）。

• 主成分分析（PCA）和因子分析。这两种方法分析大量变量间的相互关系，并在不丢失信息的前提下将其浓缩为一个规模较小的因素集。

• 聚类分析。这是一种基于相似性将多个独立的个体聚类为多个互斥子组的方法。与判别分析法不同的是，这些组并不是事先定义好的。

• 典型相关分析。多元回归的扩展，用于同时分析几个连续因变量（*Y*）和几个连续自变量（*X*）间的关系。

• 联合分析。常用于市场营销分析，这种方法有助于评估复杂实体（例如产品）的属性和水平的相对重要性。当需要进行权衡比较时，该方法非常有用。

• 多维尺度。这是一种互依赖性分析方法，也叫作感知映射，该方法将对一类相似事物的喜好与判断转化为多维空间中的距离。

• 对应分析。这是另外一种互依赖性分析方法，能够将关于对象（如产品）的感知映射归入一个可分类属性集。该方法可用于分类数据和非线性关系。

我们鼓励读者研究满足其需要的任何现有技术，虽然很复杂，但这些方法的确都是从数据中获得有用信息的有力手段。下面是一些有价值的参考资料。

多变量技术：

Hair, J. F., Jr., Black, W. C., Babin, B. J., Anderson, R. E., and Tatham, R. L. (2006). *Multivariate Data Analysis*. Pearson Prentice-Hall, Upper Saddle River, NJ.

Affifi, A., Clark, V. A., and May, S. (2004). *Computer-Aided Multivariate Analysis* (4th ed.). Chapman and Hall/CRC Press, Boca Raton, FL.

Coleman, S, Greenfield, T., Stewardson, D., and Montgomery, D. C. (2008). *Statistical Practice in Business and Industry*. John Wiley&Sons, Hoboken, NJ. (see Chapter 13).

假设检验和实验设计：

Box, G. E. P., Hunter, J. S., and Hunter, W. G. (2005). *Statistics for Experimenters: Design Innovation and Discovery* (2nd ed.). Wiley-Interscience, Hoboken, NJ.

逻辑回归、泊松回归、优势比：

Agresti, A. (1996). *An Introduction to Categorical Data Analysis*. John Wiley&Sons, New York.

非参数方法：

Sprent, P., and Smeeton, N. C. (2001). *Applied Nonparametric Statistical Methods* (3rd ed.). Chapman and Hall/CRC Press, Boca Raton, FL.

面向质量设计的统计工具

有关设计和开发过程的质量的统计工具包括图形汇总、概率分布、置信区间、假设检验、实验设计、回归、相关分析等。这些方法在本章的前面部分已经讨论过了，作为补充，在这部分将介绍一些研究可靠性与可用性的统计工具以及确定产品特征规范限的工具。

复杂产品失效模式

可靠性量化的方法最初是针对复杂产品而提出的。假设正在对一台设备进行测试，保持该设备一直运行，直到失效，并记录该失效时刻。然后修理该设备，让其再次运转，并记录此次的失效时刻。重复该过程并记录数据，得到如表 19—13 所示的结果。计算相等时间间隔内的失效率，即单位时间内的失效数，绘制失效率与时间的关系曲线，就可以得到如图 19—19 所示的常见的“浴盆曲线”。在图中很明显可以看到失效率及失效原因模式分为三个阶段：

表 19—13　　一台设备的失效记录

失效时刻 早期失效阶段		失效时刻 稳定失效率阶段		失效时刻 磨损阶段	
1.0	7.2	28.1	60.2	100.8	125.8
1.2	7.9	28.2	63.7	102.6	126.6
1.3	8.3	29.0	64.6	103.2	127.7
2.0	8.7	29.9	65.3	104.0	128.4
2.4	9.2	30.6	66.2	104.3	129.2
2.9	9.8	32.4	70.1	105.0	129.5
3.0	10.2	33.0	71.0	105.8	129.9
3.1	10.4	35.3	75.1	106.5	
3.3	11.9	36.1	75.6	110.7	
3.5	13.8	40.1	78.4	112.6	
3.8	14.4	42.8	79.2	113.5	
4.3	15.6	43.7	84.1	114.8	
4.6	16.2	44.5	86.0	115.1	
4.7	17.0	50.4	87.9	117.4	
4.8	17.5	51.2	88.4	118.3	
5.2	19.2	52.0	89.9	119.7	
5.4		53.3	90.8	120.6	
5.9		54.2	91.1	121.0	
6.4		55.6	91.5	122.9	
6.8		56.4	92.1	123.3	
6.9		58.3	97.9	124.5	

资料来源：*Quality Planning and Analysis*. Copyright 2007. Used by permission.

• 早期失效阶段。这一阶段的特点是失效率很高（见图 19—19 的下半部分）。通常，导致失效的原因是设计或制造错误、错误操作或误用。一旦纠正，这些失效通常不会再出现（例如，油孔没有钻）。有时，可以通过模拟使用测试或过应力（在电子领域也叫作老化）测试来找出产品的早期缺陷。这时，有缺陷的部分会发生失效，但这种失效是发生在实验台上，而不是在交付使用后的运行过程中的。O'Connor（1995）的著作就老化测试和环境筛检测试进行了详细介绍。

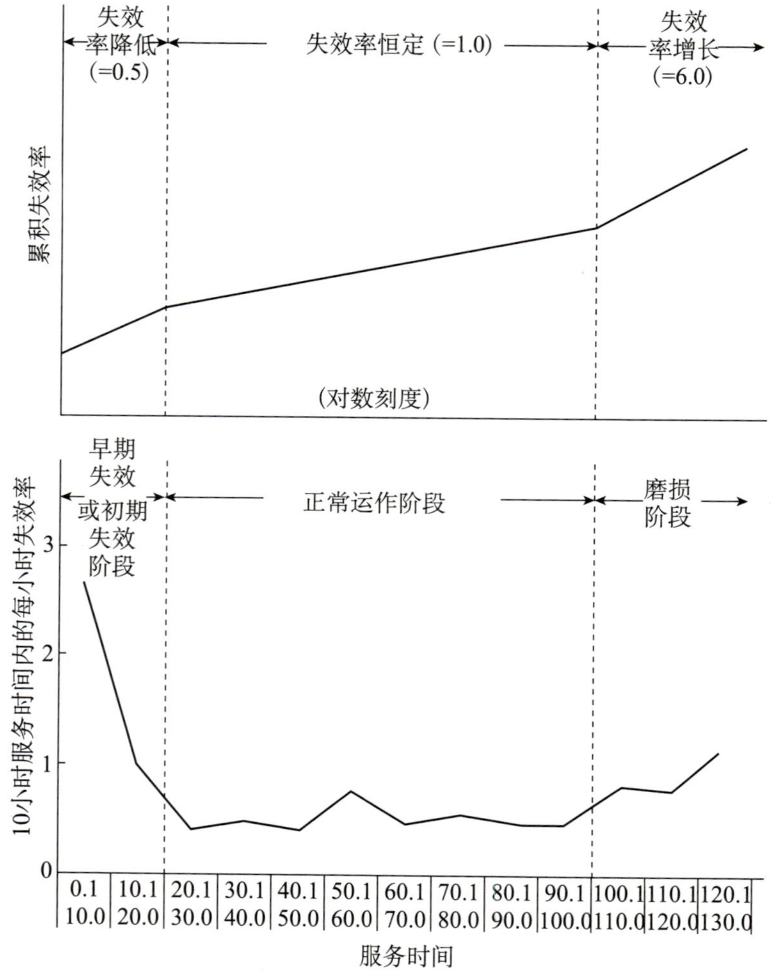

图 19—19 失效率—时间图

资料来源：*Quality Planning and Analysis*，Copyright 2007. Used by permission.

• 稳定失效率阶段。这里失效的原因通常是设计本身的局限性、环境的变动以及使用和保养中的事故。对操作及维修程序施以良好的控制可以降低事故率。但是，要减少失效率，则需要从根本上进行重新设计。

• 磨损阶段。这些失效是因为时间过长（例如，金属脆化或绝缘老化）发生的。要减少此阶段的失效率，就需在灾难性的失效发生前，预防性地更换这些老化的组件。

图 19—19 的顶部是对应于 $\alpha=2.6$ 时原始数据的威布尔分布（见表 19—14）。形状参数 β 值分别约为 0.5、1.0 和 6.0。当形状参数值小于 1.0 时，代表故障率降低，值为 1.0 时，代表恒定的故障率，而值大于 1.0 时，代表故障率增加。

表 19—14　　**威布尔分布纸**

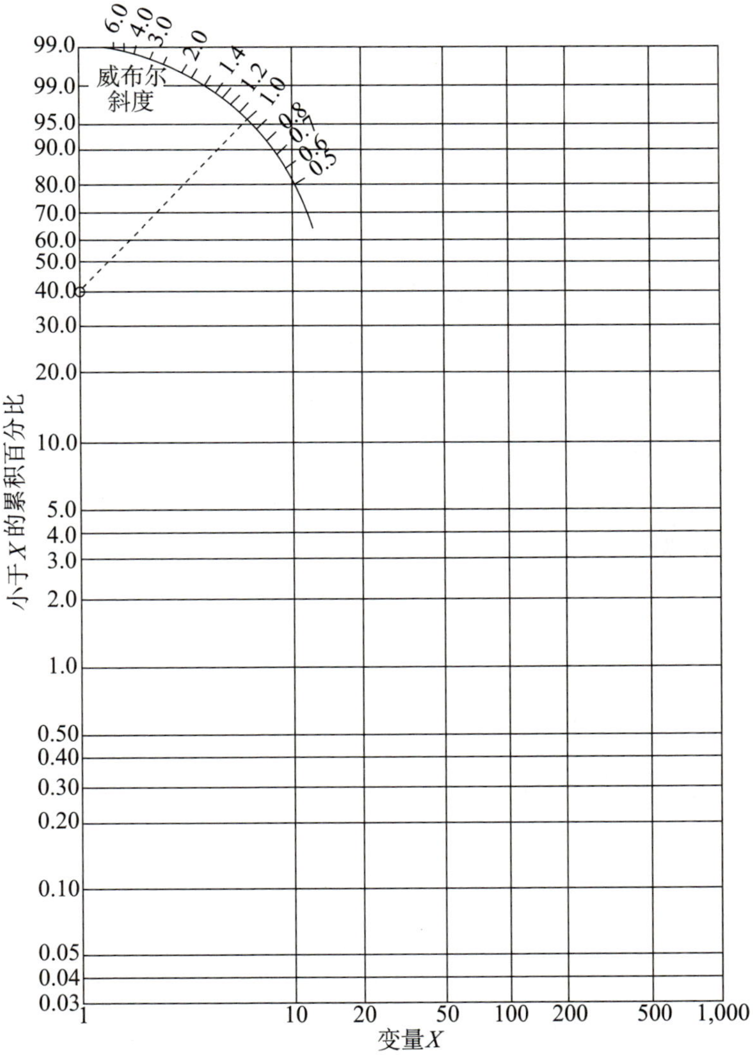

数据来源：*Quality Planning and Analysis*. Copyright 2007. Used by permission.

无故障工作时间的分布。用户希望在初期阶段有较低的故障率，接着产品会在无故障的条件下工作相当长的一段时间。因此，对于可维修的产品，故障间隔时间（TBF）是一个重要特征。可以用统计的方法研究无故障工作时间的变化。

不可维修产品的相应特征就称为失效时间。

当失效率恒定时，无故障工作时间是按照指数形式分布的。我们看一下表 19—13 中在稳定失效阶段的 42 次失效。将连续的故障之间的时间累加合计，则这 41 个故障间时间（TBF）即可形成如图 19—20a 所示的频率分布。分布大致呈指数形式，说明当失效率恒定时，无故障工作时间（注意：不是平均无故障工作时间）的分布是指数分布。这一分布是可靠性指数分布的基础。

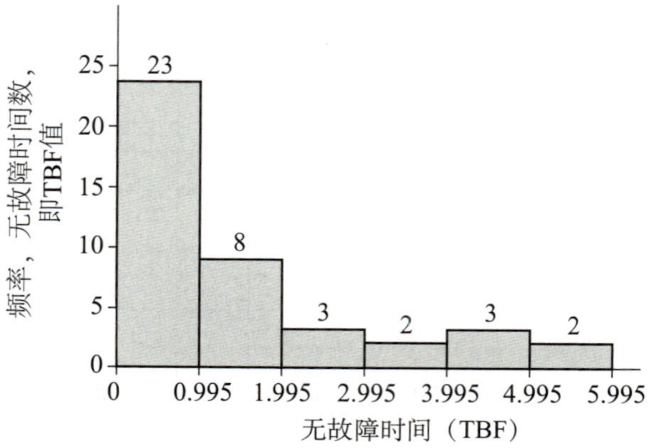

图 19—20a　TBF 直方图

资料来源：*Quality Planning and Analysis*. Copyright 2007. Used by permission.

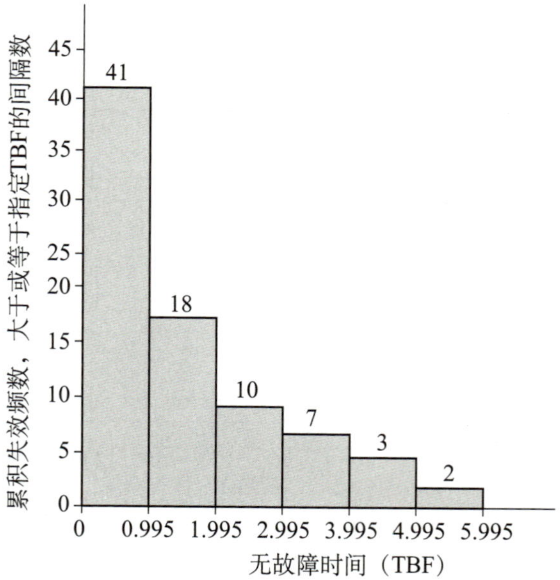

图 19—20b　TBF 的累计直方图

资料来源：*Quality Planning and Analysis*, Copyright 2007. Used by permission.

可靠性指数公式

TBF 分布表明了在规定的时间内无故障运行的概率。要想获得在特定时间区间或更长时间区间内无故障运行的概率，可以通过将 TBF 分布转变为区间数大于或等于该特定时间区间的分布实现（图 19—20b）。若将此概率表达为相对概率，则是生存概率的估计。当失效率恒定时，该生存概率（可靠性）就是

$$P_s = R = e^{-t/\mu} = e^{-t\lambda}$$

其中，$P_s=R=$在大于或等于 t 的时间区间内无故障运行的概率。

e=2.718

t=无故障运行的特定时间区间

μ=平均无故障工作时间（TBF 分布的均值）

λ=失效率（μ 的倒数）

请注意，这个公式仅仅是在可靠性语境下改写的指数概率分布。

问题

洗衣机洗一桶衣物需要 30 分钟，洗衣机的平均无故障时间为 100 小时。假设具有恒定的故障率，那么洗衣机无故障工作一个周期的概率有多大？

解答

应用指数公式，我们可以得到

$$R = e^{-t/\mu} = e^{-0.5/100} = 0.995$$

有 99.5%的概率无故障完成一个洗涤周期。

那么关于失效率恒定的假设怎么样呢？实际上，通常人们没有充分的数据来评估假设。但是，经验表明此假设往往是真实的，尤其是在下列情况下：(1) 产品交付使用前已经消除了初期失效；(2) 在进入磨损阶段前用户已经更换了产品或特定的组件。

平均故障间隔时间的意义

平均故障间隔时间（MTBF）的概念较容易被混淆，我们有必要进行进一步的解释：

- MTBF 是指产品连续两次失效间的平均时间。这个定义假设产品在每次故障后可以修复，而且可以重新投入使用。对于不能维修的产品，要使用平均失效时间（MTTF）的概念。
- 如果失效率是恒定的，那么产品无故障运行时间等于或大于它的 MTBF

的概率只有 37%。这一结果是基于指数分布得出的（当 t 等于 MTBF 时，R 等于 0.37），这个结果与有 50%的概率超过 MTBF 这一直观感觉不一致。

- MTBF 与"使用寿命"、"服务寿命"这些指标是不同的，后者通常指检修或更换时间。
- MTBF 的增加并不会导致可靠性比例（生存概率）的增加。当 $t=1$ 小时时，下表是针对不同的可靠度的 MTBF 值。

MTBF	R
5	0.82
10	0.90
20	0.95
100	0.99

为了将可靠度由 0.95 增加到 0.99，即增加 4 个百分点，平均无故障时间需要从 20 小时增加至 100 小时，是原来的 5 倍。与之相应的是，仅需将平均无故障时间从 5 小时增加到 10 小时（增加一倍），便可将可靠度由 0.82 增加到 0.90，增加了 8 个百分点。

MTBF 是可靠性的一个很好的量度，但它并不适用于所有的情况。在第 28 章"研究开发质量：更多创新，稀缺资源"中列出了其他一些可靠性指标。

零部件与系统可靠性之间的关系

人们通常假定，系统可靠性（也就是生存概率 P_s）是由构成系统的 n 个部件的可靠性的乘积构成的：

$$P_s = P_1 P_2 \cdots P_n$$

例如，如果一个通信系统有四个子系统，其可靠性分别为 0.970、0.989、0.995 和 0.996，系统的可靠性是这几个值的乘积，即 0.951。该公式假设：（1）系统每一部分的失效都会导致系统失效；（2）每一部分的可靠性都是独立的，也就是每一部分的可靠性不依赖于其他部分的功能。

这些假设并不总是正确的，但在实际运行中，该公式有两个意义：第一，它显示了设备复杂性的增加对整体可靠性的影响。随着系统部件数量的增加，系统的可靠性急剧下降（见图 19—21）。第二，该公式通常是一种简便的近似估计，并在获得各部分间相互关系的信息后可以进行修正。

当满足以下假设条件：（1）任何部件的故障都会导致系统故障；（2）每一个部件都是独立的；（3）各部件均服从指数分布，则系统的可靠性可以表示为：

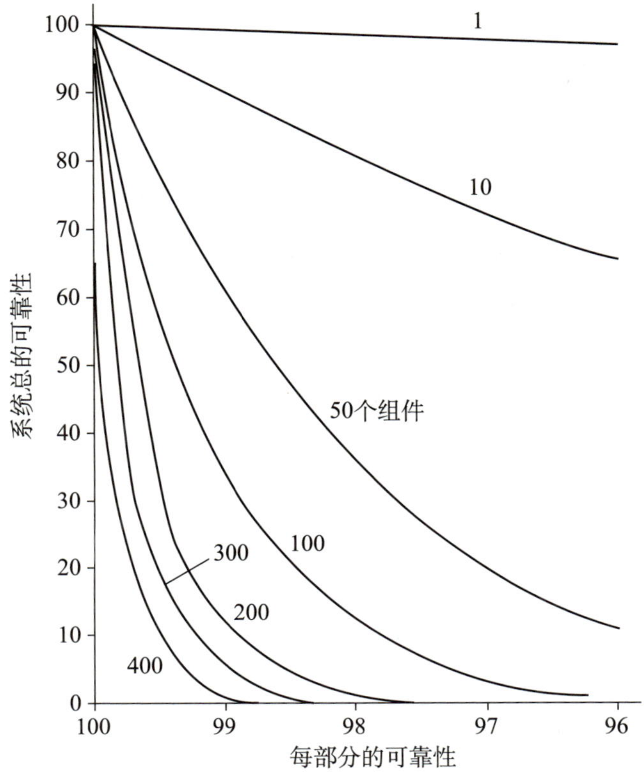

图 19—21　组件及系统可靠性的关系

资料来源：*Quality Planning and Analysis*. Copyright 2007. Used with permission.

$$P_s = e^{-t_1\lambda_1} e^{-t_2\lambda_2} \cdots e^{-t_n\lambda_n}$$

此外，如果每一部件的 t 是相同的，则

$$P_s = e^{-t\Sigma\lambda}$$

因此，当失效率恒定时（因此可用指数分布），系统的可靠性可在各部件的失效率相叠加的基础上得到。（参看后续的“设计中可靠性的预测”部分）。

有时，为了使部件的失效不会导致系统故障，会运用冗余设计。冗余是一种在可靠性预测技术问世之前早就发明了的很古老但仍然很有用的设计方法。然而，现在设计师可以在数量上研究冗余对系统可靠性的影响。

冗余是指针对一项特定的任务，设置多个重复的元素，只有所有元素都失效了，系统才会整体失效。在并联冗余（冗余的几种类型之一）中，为完成一个任务，两个或多个元素在同时运作，而且任何一个元素在其他元素发生故障的情况下仍能够自主进行工作。在并联冗余中，整体可靠性由如下公式计算：

$$P_s = 1 - (1 - P_1)^n$$

其中P_s=系统的可靠性

P_1=冗余中各个元素的可靠性

n =冗余元素的个数

问题

假设某一单元完成某特定任务的时间具有99.0%的可靠性，若并联冗余中有两个相同的单元，那么总体可靠性将会是多少呢?

解答

应用上面的公式，我们可以得到

$$R = 1 - (1 - 0.99)(1 - 0.99) = 0.9999$$，或99.99%

设计中可靠性的预测

除了失效模式和影响分析（FMEA）外，可靠性预测方法仍在不断发展。Ireson et al.（1996）对可靠性预测进行了广泛的讨论，其内容远远超出了本书中讨论的方法，读者可加以参考。

可靠性预测方法的步骤如下：

1. 定义产品及其功能操作。必须准确界定系统、子系统及单位的功能配置和边界条件。这一细致的定义工作可以借助功能框图来辅助实现。功能框图中显示了子系统、较低级别的产品、其间的相互关系，以及与其他系统的接口。给定了功能框图和产品功能需求的明确说明，就可以定义导致失效或表现欠佳的条件了。

2. 准备一个可靠性框图。对于其中有冗余或各部分间有特殊关系的系统，可靠性框图是非常有用的。可靠性框图与功能框图类似，但是它显示的是为使系统成功运作应具有什么功能，以及操作的冗余或备选模式。可靠性框图是构建可靠性概率模型的基础。进一步的讨论可参见O'Connor（1995）。

3. 建立预测可靠性的概率模型。一个简单的模型可能只包含失效率，而一个复杂的模型会考虑冗余及其他条件。

4. 收集各部件的可靠性数据，该数据包括部件功能、部件等级、应力、内部和外部的环境、工作时间等信息。来自多种情况的失效率信息表明，失效率是运行参数的函数。例如，固定陶瓷电容器的故障率就是以下两个量的函数：（1）预期的工作温度；（2）工作电压与额定电压的比值。这些数据表明降效使用（也就是以低于其额定电压的水平工作）可以降低失效率。

5. 选择零部件的可靠性数据。所需的数据包括那些关于在特定的时间、已知的操作及环境条件下出现灾难性故障及容差波动的信息。由于缺少像材料的物理性质手册那样的可靠性数据库作为参考，对设计者来讲，如何获得这些数据是一个主要问题。设计人员必须通过多种渠道来获取数据，进而建立可靠性数据库。

可控条件下的实地性能研究：

- 指定的寿命测试。
- 从零部件生产企业或行业协会得到的数据。
- 顾客对零部件的质量检验测试。
- 政府机构的数据库，例如，政府行业数据交换计划（Government Industry Data Exchange Program，GIDEP）和可靠性信息分析中心（Reliability Information Analysis Center，RIAC）。

综合使用上述资源就可以获得很多可靠性预测数据。

Ireson et al.（1996）和 O'Connor（1995）的著作均是可靠性预测方面很好的参考书，其中包含了关于可靠性预测、可维修及不可维修系统、电子及制造的可靠性、可靠性试验，以及软件可靠性等方面的诸多方法。Box 和 Draper（1969）对可靠性数据分析进行了进一步的讨论，其中包括已审查的寿命数据（并不是所有的测试单元在测量过程中都会失效）以及加速寿命实验数据分析。Dodson（1999）阐释了如何借助计算机电子数据表来利用各种统计分布简化可靠性建模。

基于各组件的故障数据来估计系统故障率的可靠性预测方法引起了一些争议。Jones 和 Hayes（1999）给出了五种基于部件数据预测系统可靠性的方法得出的数据与实际数据的对比，发现预测数据与观察到的数据差别很大，且预测数据之间也存在很大差异。ANSI / IEC / ASQC D60300—3—1—1997 标准（可靠性管理—第 3 部分：应用指南—第 1 篇—可靠性分析方法）比较了五种分析方法：FMEA/FMECA、故障树分析、可靠性框图、马尔科夫分析，以及基于零部件的可靠性预测。

系统的可靠性涉及设计、开发、实验、生产、现场使用等诸多阶段。可靠性增长是指导致产品失效的原因已经被找到并通过某些措施消除了，进而产品的可靠性得到了改进（也就是“测试、分析及修复”）。可靠性增长模型提供了关于改进后的可靠性的预测，详细介绍见 O'Connor（1995）或 ANSI / IEC / ASQC D601164—1997（可靠性增长—统计实验和估计方法），以及相关的 IEC 61164 Ed. 2.0（2004）（可靠性增长—统计实验和估计方法），这些资料中都描述了可靠性增长的估计方法。

基于指数分布的可靠性预测

当故障率恒定且功能框图表明只有所有的部件都正常工作才能保证系统正常工作时，可靠性预测就是各故障率的简单加和。表 19—15 就是一个子系统预测的例子。对子系统故障率的预测就是各零部件故障率的加和，MTBF 就是故障率的倒数。

有关可靠性预测的方法，可参看 Gryna et al.（2007），其中还列举了一个电子系统的例子。

表 19—15　　机械组件及子系统失效率示例

组件描述	数量	每百万小时的平均失效率	每百万小时的总失效率
重型球轴承	6	14.4	86.4
制动器	4	16.8	67.2
凸轮	2	0.016	0.032
气动软管	1	29.28	29.28
固定排量泵	1	1.464	1.464
歧管	1	8.80	8.80
导针	5	13.0	65.0
控制阀	1	15.20	15.20
装配体总失效率			273.376

MTBF=1/0.000 273 376=3 657.9 小时

资料来源：Adapted from Ireson et al., p. 19.9. *Quality Planning and Analysis*, Copyright 2007. Used by permission.

基于威布尔分布的可靠性预测

只有故障率恒定时，总体的可靠性预测才相当于各组件故障率的简单叠加。当此假设不成立时，可使用基于威布尔分布的另一种方法。

1. 用威布尔分布来预测指定时间段的可靠性 R，$R=100-$失效率百分比。对每个组件进行上述实验（见表 19—14）。

2. 使用该产品的规则和（或）冗余法则将各组件的可靠性联系起来以预测系统可靠性。

使用指数分布或威布尔分布的可靠性预测都是以将可靠性作为时间的函数为基础的。下一步我们将要考虑作为应力和强度的函数的可靠性。

作为应力和强度的函数的可靠性

故障并不总是时间的函数，在某些情况下，若某一零件的强度大于其所受到的应力，则该零件可以无限期地工作。这里的“强度”与“应力”分别指零件的固有能力以及操作条件下施加于零件上的负荷。

例如，工作温度是一个很重要的参数，预期的最高温度为 145°F（63°C）。此外，由强度分布（图 19—22）可得到该能力的平均值为 172°F（78°C）以及标准差 13°F（7°C）。仅仅基于最高温度的信息，安全边际为

$$\frac{172-145}{13}=2.08$$

由安全边际可知道平均强度比预期温度 145°F（63°C）高 2.08 倍的标准差。由表 19—16 可计算得可信度为 0.981（也就是超过 145°F（63°C）的区域）。

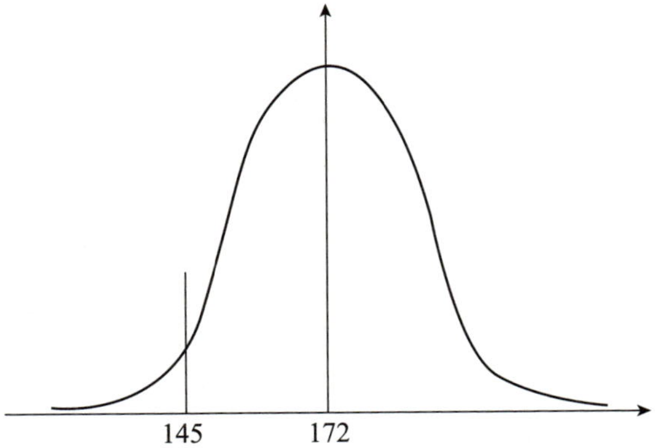

图 19—22　强度分布

这个计算说明，在设计中除了平均值外，波动也是非常重要的。设计师们也总是承认波动的存在，所以他们在设计中使用安全系数，安全系数通常被定义为平均强度与预期最大压力的比值。

请注意，在图 19—23 中，所有的设计具有相同的安全系数。还应该注意的是，可靠性（某一零件强度大于其承受应力的概率）的差别很大。因此，通常与安全系数的设定有关的不确定性部分是由于它没能反映强度与应力的波动。通过安全界限可部分估计该波动，定义为：

$$\frac{\text{平均强度}-\text{最大应力}}{\text{强度的标准差}}$$

由此可以反映出强度的波动，但仍是不全面的，因为其无法反映应力的波动。

表 19—16

正态分布

表A

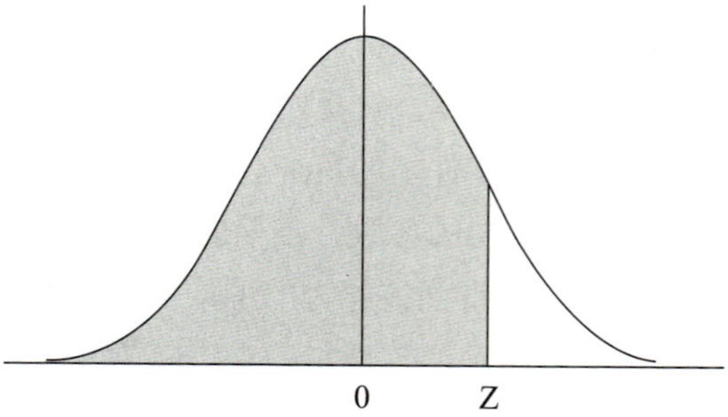

曲线下方从$-\infty$到 $Z=\frac{X-\mu}{\sigma}$ 的面积代表了 $Z=2$ 时，小于等于 X 的分布概率为 0.977 2

z	0.09	0.08	0.07	0.06	0.05	0.04	0.03	0.02	0.01	0.00
−3.0	.00100	.00104	.00107	.00111	.00114	.00118	.00122	.00126	.00131	.00135
−2.9	.0014	.0014	.0015	.0015	.0016	.0016	.0017	.0017	.0018	.0019
−2.8	.0019	.0020	.0021	.0021	.0022	.0023	.0023	.0024	.0025	.0026
−2.7	.0026	.0027	.0028	.0029	.0030	.0031	.0032	.0033	.0034	.0035
−2.6	.0036	.0037	.0038	.0039	.0040	.0041	.0043	.0044	.0045	.0047
−2.5	.0048	.0049	.0051	.0052	.0054	.0055	.0057	.0059	.0060	.0062
−2.4	.0064	.0066	.0068	.0069	.0071	.0073	.0075	.0078	.0080	.0082
−2.3	.0084	.0087	.0089	.0091	.0094	.0096	.0099	.0102	.0104	.0107
−2.2	0.110	.0113	.0116	.0119	.0122	.0125	.0129	.0132	.0136	.0139
−2.1	.0143	.0146	.0150	.0154	.0158	.0162	.0166	.0170	.0174	.0179
−2.0	.0183	.0188	.0192	.0197	.0202	.0207	.0212	.0217	.0222	.0228
−1.9	.0233	.0239	.0244	.0250	.0256	.0262	.0268	.0274	.0281	.0287
−1.8	.0294	.0301	.0307	.0314	.0322	.0329	.0336	.0344	.0351	.0359
−1.7	.0367	.0375	.0384	.0392	.0401	.0409	.0418	.0427	.0436	.0446
−1.6	.0455	.0465	.0475	.0485	.0495	.0505	.0516	.0526	.0537	.0548
−1.5	.0559	.0571	.0582	.0594	.0606	.0618	.0630	.0643	.0655	.0668
−1.4	.0681	.0694	.0708	.0721	.0735	.0749	.0764	.0778	.0793	.0808
−1.3	.0823	.0838	.0853	.0869	.0885	.0901	.0918	.0934	.0951	.0968
−1.2	.0985	.1003	.1020	.1038	.1057	.1075	.1093	.1112	.1131	.1151
−1.1	.1170	.1190	.1210	.1230	.1251	.1271	.1292	.1314	.1335	.1357

资料来源：*Quality Planning and Analysis*. Copyright 2007. Used by permission.

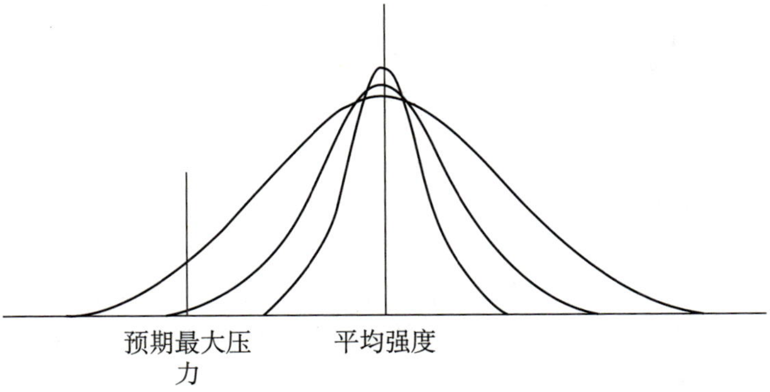

图 19—23 变差及安全因子

资料来源：*Quality Planning and Analysis*. Copyright 2007. Used by permission.

可用性

可用性是指产品在给定条件下在使用中表现良好的概率。可用性考虑产品的工作时间以及修理需要的时间，空闲时间则不考虑在内。

将工作时间与工作时间加停机时间的比值记为可用性。但是，这里的停机时间有两种界定方法：

- 总停机时间。这一时间包括主动性维修（诊断和修复）时间、预防性保养时间、物流（等待人员、备品备件等）时间。使用总停机时间时，该比值叫作操作可用度（A_0）。
- 主动性维修时间。得到的比值称为内在可用度（A_i）。在特定条件下，可用度计算如下：

$$A_0=\frac{\text{MTBF}}{\text{MTBF}+\text{MDT}}\text{和 } A_i=\frac{\text{MTBF}}{\text{MTBF}+\text{MTTR}}$$

其中，MTBF＝平均无故障时间

MDT＝平均停机时间

MTTR＝平均维修时间

这就是稳定状态可用性的公式，这个公式是很简洁的。但是，该公式是建基于很多在现实中无法达到的假设之上的，这些假设有：

- 产品在整个寿命阶段都是以恒定的失效率运作的，因此故障时间分布呈指数型。
- 停机或维修时间分布也是指数型。
- 对局部系统失效率的改进不会改变整体系统的失效率。

- 没有可靠性增长（增长可能是由于设计改进或修复失效的部件带来的）。
- 在计算可用性的时间中不包括预防性维修时间。

更加精确的计算可用性的公式还需要考虑工作条件及统计假设。有关这些公式的论证见 Ireson et al.（1996）。

设置规范界限

实物产品开发的一个主要步骤就是将产品特征转化为空间的、化学的、电子的以及其他的产品特征。因此，汽车供暖系统有加热器、空气管道、鼓风机总成、发动机冷却液等许多特征。

对于每个特征，设计者必须列出（1）期望的平均值（或“名义值”）；（2）该类产品必须满足的高于或低于名义值的规范限制（或“耐用极限”）。这两个因素与参数及公差设计有关，具体的讨论见 Gryna et al.（2007）。

规范界限应能反映该产品的功能需求、制造变异和经济后果，接下来的三小节将解决这三个方面的问题。有关规范界限的统计处理的深入讨论见 Anand（1996）。

规范界限和功能需求

有时可开发数据使产品绩效与关键部件的测量相关。例如，一个恒温器，可能需要分别在指定的高温或低温下打开或关闭电源，设定并测量一系列恒温器的元素。记录初始数据：（1）打开温度；（2）关闭温度；（3）恒温元素的物理特性。然后我们就可以绘制散点图并建立回归方程，如图 19—24 所示，以确立在置信极限范围内具有科学依据的关键组件的耐用度。理想情况下，样本大小应该足够大，而且数据应来自统计控制过程——这两个条件基本上都达不到。O'Conner（1995）解释了该方法如何与田口方法联系，以开发一种更加稳健的设计。

规范界限与制造变异

通常，不会给设计师提供过程能力方面的信息。他们的问题就是如何从过程中获得数据，计算过程能力可以达到的极限，并将这些极限与他们将要设定的极限做比较。若他们不考虑任何限制，由过程数据中计算得到的能力极限将会给出在生产角度上看起来是现实的一系列极限。接下来，这些极限必须根据产品的功能需求进行评估。

在统计学上，该问题就是用一个样本数据来估计总体的每一元素的变动极

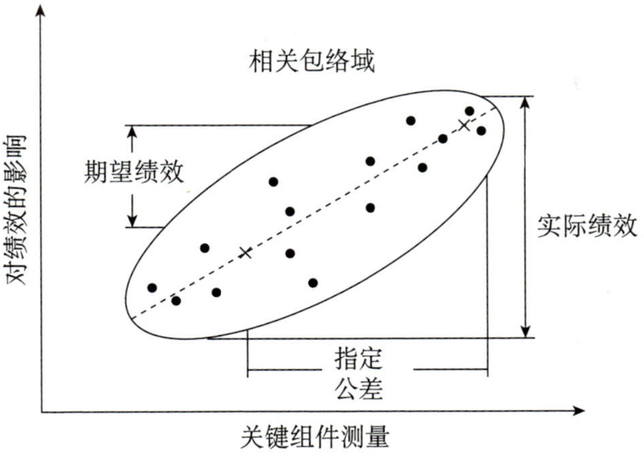

图 19—24　功能公差策略

资料来源：*Quality Planning and Analysis*. Copyright 2007. Used by permisson.

限。例如，假设一个产品特征服从正态分布，总体平均值为 5.000 以及标准差为 0.001。然后，根据任意给定的总体的百分比都可以计算其极限。图 19—25 给出了总体的 99%界限的位置。表 19—16 表明，2.575 个标准差将包括总体的 99%，因此，在此例中，耐用限度的实际值是：

5.000±2.575（0.001）=5.003 和 4.997

总体中 99%的个体的值都位于 4.997 与 5.003 之间。

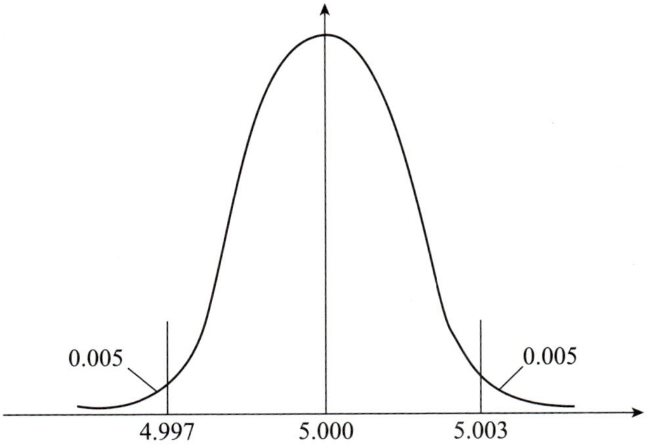

图 19—25　99%界限的分布

资料来源：*Quality Planning and Analysis*. Copyright 2007. Used by permission.

在实际中，总体的均值和方差通常是不知道的，这时就必须根据过程中的一组产品样本进行估计。第一次近似估计时，公差范围可设为：

$$\overline{X} \pm 3s$$

这里样本的平均值 $\overline{X}$ 以及标准差 s 直接用作对总体值的估计。若总体真正的均值与标准差与该估计值相等，而且该特征属于正态分布，那么总体中有99.73%的个体将落在计算的范围内。这个极限通常叫作自然公差范围（因为该极限能辨别过程的自然变动，所以是可行的）。这种近似忽略了估计均值及标准差的样本中可能存在的错误。

已经有了寻找公差范围的更加精确的方法了。例如，正态分布中用于确定公差范围的公式和表格。表19—17提供了在样本均值与标准差不确定的情况下计算公差范围的因子。公差范围的计算公式为：

$$\overline{X} \pm Ks$$

系数 K 是期望的置信水平、在公差范围内的总体的比例以及样本中数据的个数的函数。

例如，假设从某一过程中抽取10个电阻作为一个样本得到平均值和标准差分别为5.04和0.016。总体的99%处于公差范围内，而且公差范围的置信水平为95%。参考表19—17，可得到 K 值为4.443，公差范围为：

5.04±4.433（0.016）＝5.11和4.97

有95%的信心认为总电阻中至少有99%的电阻的阻值在4.97～5.11Ω之间。以这种方式得到的公差范围通常称为统计公差范围。这种方法比3s法严格，但是这种方法得到的两个百分比对那些没有统计背景的人来讲是难以理解的。

对于某些行业（如电子业）的产品，在特定范围外的产品数量是以百万分之（ppm）计量的。因此，若使用标准差的3倍作为范围，那么将有百万分之2 700（对应于百分制的99.73%）在范围外。在很多应用中（例如，有很多逻辑门的个人电脑），这种水平是完全无法接受的。表19—18给出了一些标准差对应的ppm值，这些ppm值的水平假设在标称规范中的过程均值是恒定的。为了适当调整过程的均值，一些制造商遵循±6σ准则来制定规范限制。

设计师往往必须要在只有过程的几个测量值（或更可能是在实验条件下的开发测试）的情况下设定公差范围。

例如，开发一种涂料配方时，得到了以下的光泽度值：76.5，75.2，77.5，78.9，76.1，78.3和77.7。若让一组化学家设定范围的最小值，他们肯定会说75.0——这个答案对于没有统计学背景的人来说是合理的。图19—26在正态概率纸上绘制了数据的分布点。若将推断置于75.0这一行，从图中可以看到大约11%的总体值在75.0的范围外。当然，可以扩大样本的容量或者做进一步的统计分析，但是绘制图形提供了一种评价小样本数据的有效工具。

表 19—17　　正态分布的公差因子

正态分布公差因子（双侧）

P \ N	γ=0.75					γ=0.90				
	0.75	0.90	0.95	0.99	0.999	0.75	0.90	0.95	0.99	0.999
2	4.498	6.301	7.414	9.531	11.920	11.407	15.978	18.800	24.167	30.227
3	2.501	3.538	4.187	5.431	6.844	4.132	5.847	6.919	8.974	11.309
4	2.035	2.892	3.431	4.471	5.657	2.932	4.166	4.943	6.440	8.149
5	1.825	2.599	3.088	4.033	5.117	2.454	3.494	4.152	5.423	6.879
6	1.704	2.429	2.889	3.779	4.802	2.196	3.131	3.723	4.870	6.188
7	1.624	2.318	2.757	3.611	4.593	2.034	2.902	3.452	4.521	5.750
8	1.568	2.238	2.663	3.491	4.444	1.921	2.743	3.264	4.278	5.446
9	1.525	2.178	2.593	3.400	4.330	1.839	2.626	3.125	4.098	5.220
10	1.492	2.131	2.537	3.328	4.241	1.775	2.535	3.018	3.959	5.046
11	1.465	2.093	2.493	3.271	4.169	1.724	2.463	2.933	3.849	4.906
12	1.443	2.062	2.456	3.223	4.110	1.683	2.404	2.863	3.758	4.792
13	1.425	2.036	2.424	3.183	4.059	1.648	2.355	2.805	3.682	4.697
14	1.409	2.013	2.398	3.148	4.016	1.619	2.314	2.756	3.618	4.615
15	1.395	1.994	2.375	3.118	3.979	1.594	2.278	2.713	3.562	4.545
16	1.383	1.977	2.355	3.092	3.946	1.572	2.246	2.676	3.514	4.484
17	1.372	1.962	2.337	3.069	3.917	1.552	2.219	2.643	3.471	4.430
18	1.363	1.948	2.321	3.048	3.891	1.535	2.194	2.614	3.433	4.382
19	1.355	1.936	2.307	3.030	3.867	1.520	2.172	2.588	3.399	4.339
20	1.347	1.925	2.294	3.013	3.846	1.506	2.152	2.564	3.368	4.300
21	1.340	1.915	2.282	2.998	3.827	1.493	2.135	2.543	3.340	4.264
22	1.334	1.906	2.271	2.984	3.809	1.482	2.118	2.524	3.315	4.232
23	1.328	1.898	2.261	2.971	3.793	1.471	2.103	2.506	3.292	4.203
24	1.322	1.891	2.252	2.950	3.778	1.462	2.089	2.480	3.270	4.176
25	1.317	1.883	2.244	2.948	3.764	1.453	2.077	2.474	3.251	4.151
26	1.313	1.877	2.236	2.938	3.751	1.444	2.065	2.460	3.232	4.127
27	1.309	1.871	2.229	2.929	3.740	1.437	2.054	2.447	3.215	4.106
30	1.297	1.855	2.210	2.904	3.708	1.417	2.025	2.413	3.170	4.049
35	1.283	1.834	2.185	2.871	3.667	1.390	1.988	2.368	3.112	3.974
40	1.271	1.818	2.166	2.846	3.635	1.370	1.959	2.334	3.066	3.917
100	1.218	1.742	2.075	2.727	3.484	1.275	1.822	1.172	2.854	3.646
500	1.177	1.683	2.006	2.636	3.368	1.201	1.717	2.046	2.689	3.434
1000	1.169	1.671	1.992	2.617	3.344	1.185	1.695	2.019	2.654	3.390
∞	1.150	1.645	1.960	2.576	3.291	1.150	1.645	1.960	2.576	3.291

续前表

P / N	γ=0.75					γ=0.90				
	0.75	0.90	0.95	0.99	0.999	0.75	0.90	0.95	0.99	0.999
2	22.858	32.019	37.674	48.430	60.573	114.363	160.363	188.491	242.300	303.054
3	5.922	8.380	9.916	12.861	16.208	13.378	18.930	22.401	29.055	36.616
4	3.779	5.369	6.370	8.299	10.502	6.614	9.398	11.150	14.527	18.383
5	3.002	4.275	5.079	6.634	8.415	4.643	6.612	7.855	10.260	13.015
6	2.604	3.712	4.414	5.775	7.337	3.743	5.337	6.345	8.301	10.548
7	2.361	3.369	4.007	5.248	6.676	3.233	4.613	5.488	7.187	9.142
8	2.197	3.136	3.732	4.891	6.226	2.905	4.147	4.936	6.468	8.234
9	2.078	2.967	3.532	4.631	5.899	2.677	3.822	4.550	5.966	7.600
10	1.987	2.839	3.379	4.433	5.649	2.508	3.582	4.265	5.594	7.129
11	1.916	2.737	3.259	4.277	5.452	2.378	3.397	4.045	5.308	6.766
12	1.858	2.655	3.162	4.150	5.291	2.274	3.250	3.870	5.079	6.477
13	1.810	2.587	3.081	4.044	5.158	2.190	3.130	3.727	4.893	6.240
14	1.770	2.529	3.012	3.955	5.045	2.120	3.029	3.608	4.737	6.043
15	1.735	2.480	2.954	3.878	4.949	2.060	2.945	3.507	4.605	5.876
16	1.705	2.437	2.903	3.812	4.865	2.009	2.872	3.421	4.492	5.732
17	1.679	2.400	2.858	3.754	4.791	1.965	2.808	3.345	4.393	5.607
18	1.655	2.366	2.819	3.702	4.725	1.926	2.753	3.279	4.307	5.497
19	1.635	2.337	2.784	3.656	4.667	1.891	2.703	3.221	4.230	5.399
20	1.616	2.310	2.752	3.615	4.614	1.860	2.659	3.168	4.161	5.312
21	1.599	2.286	2.723	3.577	4.567	1.833	2.620	3.121	4.100	5.234
22	1.584	2.264	2.697	3.543	4.523	1.808	2.584	3.078	4.044	5.163
23	1.570	2.244	2.673	3.512	4.484	1.795	2.551	3.040	3.993	5.098
24	1.557	2.225	2.651	3.483	4.447	1.764	2.522	3.004	3.947	5.039
25	1.545	2.208	2.631	3.457	4.413	1.745	2.494	2.972	3.904	4.985
26	1.534	2.193	2.612	3.432	4.382	1.727	2.460	2.941	3.865	4.935
27	1.523	2.178	2.595	3.409	4.353	1.711	2.446	2.914	3.828	4.888
28	1.497	2.140	2.549	3.350	4.278	1.668	2.385	2.841	3.733	4.768
29	1.462	2.090	2.490	3.272	4.179	1.613	2.306	2.748	3.611	4.611
30	1.435	2.052	2.445	3.213	4.104	1.571	2.247	2.677	3.518	4.493
31	1.311	1.874	2.233	2.934	3.748	1.383	1.977	2.355	3.096	3.954
32	1.215	1.737	2.070	2.721	3.475	1.243	1.777	2.117	2.783	3.555
33	1.195	1.709	2.036	2.676	3.418	1.214	1.736	2.068	2.718	3.472
34	1.150	1.645	1.960	2.576	3.291	1.150	1.645	1.960	2.576	3.291

γ = 置信水平

P = 公差带内总体的百分比

N = 样本数量

表 19—18　　标准方差和 PPM（对称分布过程）

标准差值	每百万数（ppm）
±3σ	2 700
±4σ	63
±5σ	0.57
±6σ	0.002

注：若过程不是对称公布，且均值上下移动 1.5σ，则±6σ 将为 3.4ppm。

资料来源：*Quality Planning and Analysis*. Copyright 2007. Used by permission.

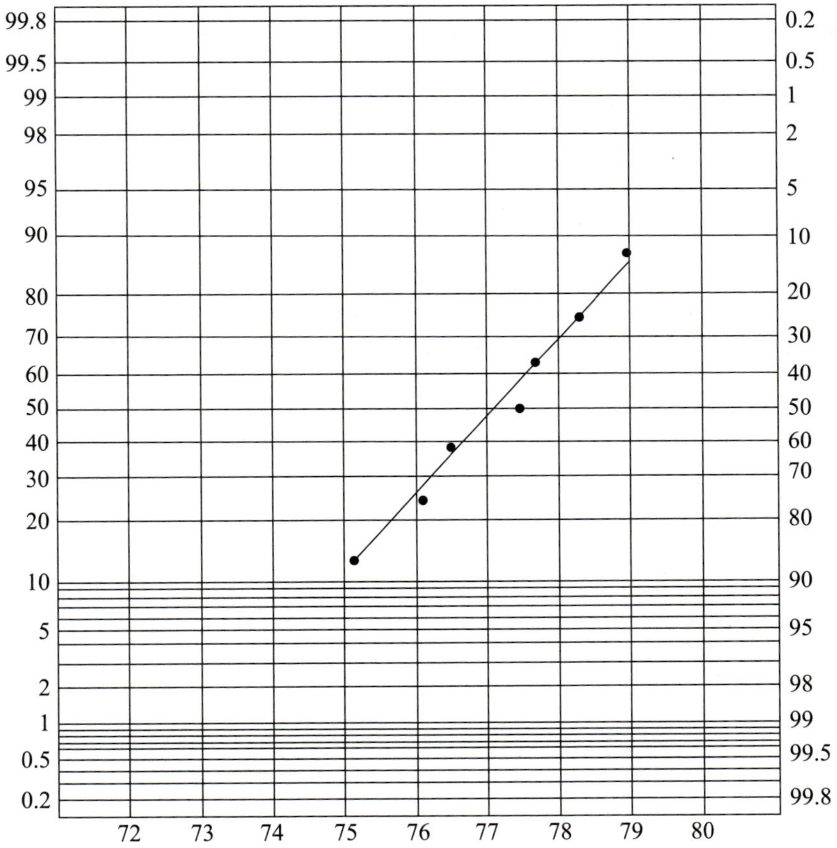

图 19—26　开发数据的概率图

资料来源：*Quality Planning and Analysis*. Copyright 2007. Used by permission.

根据过程数据设置公差范围的各种方法都要求数据样本代表的过程足够稳定、可预测。实际操作中，通常不经任何正式的评价就接受该假设。若能够获得足够的数据，就应该用控制表格来检验该假设。

统计公差范围有时会和工程及统计学中的其他极限相混淆，表 19—19 总结了五种类型的极限之间的区别（另可参见 Box，pp. 44.47 - 44.58）。

表 19—19 各极限间的区别

极限名称	意义
公差极限	由工程设计功能决定，定义了产品能正常工作的最大、最小值
统计公差极限	由过程数据计算得到，定义了过程中存在的变动的数量，这些极限包含了总体的一定比例
预测极限	由过程数据计算得到，确定了所有未来观察量的极限
置信极限	由数据计算得到，确定了总体参数分布的间隔
控制极限	由过程数据计算得到，确定了中心值附近的随机变动极限

资料来源：*Quality Planning and Analysis*，Copyright 2007. Used by permission.

规范界限和经济后果

在传统的于某一标称值附近设置规范界限的方法中，我们假设在规范范围内产品不会带来经济损失，而在规范范围外的产品带来的损失是替换该产品的花费。

另一种观点认为，任何与标称值的偏差都会造成损失。因此，存在一个顾客所期望的理想值（标称值），任何与该理想值的偏差都会导致顾客不满，其损失由损失函数来描述（见图 19—27）。

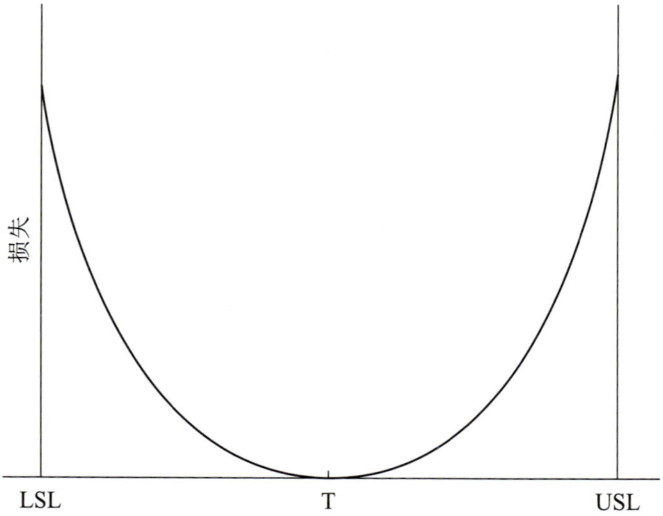

图 19—27 功能损失

有许多公式可以通过把损失看作一个对目标的偏离的函数来预测损失，田口提出了一个简单的二次损失函数

$$L=k\ (X-T)^2$$

其中，L=经济损失

k =成本系数

X=质量特征值

T=目标值

Ross（1996）举了一个例子来说明如何运用损失函数来确定规范界限。在卡车的自动变速箱中，换挡点一般设计在一定的速度和油门位置上。假设当顾客在保修期内投诉换挡点时，生产商要花费 100 美元来调整阀体。研究表明，一般顾客会在第一到第二级齿轮的换挡点偏离了标称值 40rpm 时要求进行调整，那么损失函数就是：

损失$=k(X-T)^2$

$100=k(40)^2$

$k=0.0625$ 美元

工厂可以在花费较低，大约 10 美元的情况下做出调整。现在就可以运用损失函数来计算规范界限了。

$10=0.0625(X-T)^2$

$(X-T)=\pm 12.65$ 或± 13rpm

规范界限应该设置在期望标称值附近的 13rpm 处。若变速器的换挡点超过标称值多于 13rpm，那么在出厂时进行调整要比在保修期内等待顾客投诉再调整要便宜。Ross（1996）讨论了如何用损失函数设定单边的规范界限，例如最大值或最小值。

相关作用尺寸的规范界限

相关作用尺寸与其他尺寸联系或合并以得到最终的结果。考虑图 19—28 所示的简单的机械装配图，三个元件 A、B、C 的尺寸就是相关作用尺寸，因为它们决定了装配体的长度。

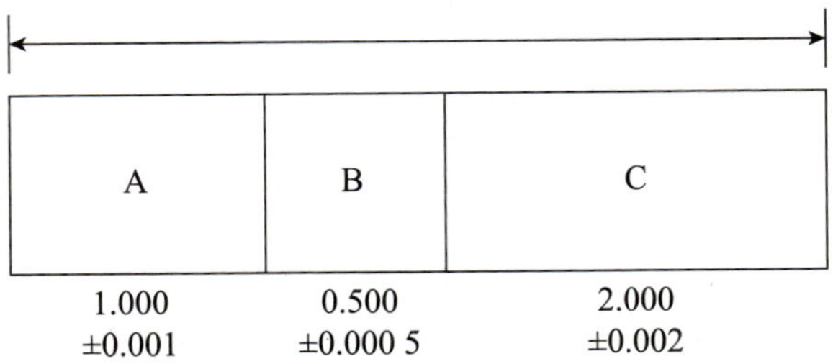

图 19—28　机械装配

资料来源：*Quality Planning and Analysis*. Copyright 2007. Used by permission.

假设各元件是在图 19—28 所示的规范界限范围内制造的。从逻辑上看装配体的规范应是 3.500±0.003 5，极限是 3.503 5 和 3.496 5。这种逻辑可由下表中所示的两个极端组件验证。

最大值	最小值
1.001	0.999
0.500 5	0.499 5
2.002	1.998
3.503 5	3.496 5

组件公差相加的方法在数学上是正确的，但往往过于保守。假设约有 1%的组件 A 低于其最小的公差极限，而且假设 B、C 也是这样的，那么任意选取一个 A 或 B 或 C 组件，就有 1%的可能在最低限度之下。关键问题就是：若装配体是随机安装的，而各组件又是独立制造的，那么装配体中的三个组件同时低于最低限度的概率是：

$$\frac{1}{100}\times\frac{1}{100}\times\frac{1}{100}=\frac{1}{1\ 000\ 000}$$

三个组件都偏小而导致装配体很小的概率只有百万分之一。因此用各组件的公差极限简单相加的方法得到装配体公差的方法是保守的，因为一个装配体中的组件都很小或都很大的概率是极小的。

基于多个独立自变量的变化与因变量或最终结果的变异关系的统计方法可以写为：

$$\sigma_{结果}=\sqrt{\sigma^2_{原因A}+\sigma^2_{原因B}+\sigma^2_{原因C}+\cdots}$$

在该装配体的例子中，计算公式为：

$$\sigma_{装配体}=\sqrt{\sigma_A^2+\sigma_B^2+\sigma_C^2}$$

现在假设每个组件的公差范围都等于其标准差或者是标准差的常数倍，因为 σ 是 T 的三分之一，所以方差关系可写为：

$$\frac{T}{3}=\sqrt{\left(\frac{T_A}{3}\right)^2+\left(\frac{T_B}{3}\right)^2+\left(\frac{T_C}{3}\right)^2}$$

或者

$$T_{装配体}=\sqrt{T_A^2+T_B^2+T_C^2}$$

因此，装配体方差的平方等于各组件方差平方之和。这个公式能比得上常用的各公差简单相加的方法。

统计方法的影响是巨大的。下面列出的是用前述公式计算得到的装配体公差为 0.003 5 的两种不同的组件公差组合。

组件	方案 1	方案 2
A	±0.002	±0.001
B	±0.002	±0.001
C	±0.002	±0.003

在方案 1 中，组件 A 的公差是原来简单相加方法中公差的两倍，组件 B 的公差是原来的四倍，组件 C 的公差与原来相同。若选择了方案 2，各组件的公差与方案 1 类似有了显著增加。运用这个公式就可以在不改变制造过程与装配体公差的情况下增大组件的公差。

这种方法的风险就是装配体有可能超出装配公差范围。然而，将各组件的标准差设定为其公差范围后，就可以计算该概率，计算整体的标准差并找到正态曲线下方超出装配公差界限的范围。例如，如果每个组件公差等于 $3s$，那么就有 99.73%的可能使装配体在装配范围内，也就是说 0.27%或者说是大约千分之三的可能使装配体在装配公差外。通过改变公差范围外的少数装配体的组件就可以消除该风险。

该公差公式没有严格限制装配体的外廓尺寸。一般地，方程的左边是因变量或物理结果，而方程的右边是自变量或物理原因。当结果在左而原因在右时，公式中通常会在根号下有加号——即使公式是内部尺寸，例如轴与孔的间隙也是这样。无论物理结果为何，都要加上产生波动的原因。

该公式已应用于各种机械和电子产品。这一概念也可用于工程关系中几个交互变量的情况。这个关系的本质并不必须是加法（如装配体的例子）或减法（如轴与孔的例子），该公差公式稍加修改还可用于预测多个变量的积或商的变动。

公式的假设

该公式是基于一系列假设的：

• 组件尺寸是独立的，而且进行组装的各组件是随机选择的。该假设在实际中通常是成立的。

• 每个组件的尺寸应呈正态分布。在一定程度上不符合这一假设也是可以的。

• 每个组件的实际平均值要等于规范中的标称值。以前述的装配体为例，组件 A、B、C 的实际均值必须分别为 1.000、0.500 和 2.000，否则就无法达到装配体的标称值 3.500，而且 3.500 的公差范围也就不符合实际了。因此控制相关作用尺寸的均值是非常重要的。所以，在变量测量中需要过程控制技术。

若有任何与假设不符的情况就应该注意了，如果是在合理范围内与假设不符，仍可用该公式。注意在上述例子中，该公式的使用使各公差都翻倍了，但是从过程能力的角度看并不需要如此大的增长。

Bender（1975）通过一些复杂的装配体研究了这些假设，根据“概率与经验的结合”得出在应用假设时应包括一个系数1.5：

$$T_{结果} = 1.5\sqrt{T_A^2 + T_B^2 + T_C^2 + \cdots}$$

Graves（1997）建议对下列这些情况制定不同的系数，初始生产与成熟的生产，大批量生产与小批量生产，已经成熟的与正在发展中的技术与测量过程。

最后，变异仿真分析是一种运用计算机模拟分析公差的方法。无论产品的特征是不是正态分布都可用该方法处理。Dodson（1998）描述了仿真在电路公差设计中的应用，Gomer（1998）介绍了发动机设计中仿真的应用。关于可靠性的全面论述，见Meeker and Escobar（1998）。

质量控制中的统计工具

除了在第18章“设计、控制与改进绩效的核心工具”中介绍的基本控制图之外，还有一些用于特殊控制目的的方法有时也是很有用的。

预控

预控是一种探知可能导致缺陷（而不是统计上显著的变化）的过程条件和变化的统计方法。预控关注对规范符合性的控制，而不是统计控制。预控由处于规范界限内的过程中心开始并探测可能会导致某些部件超出界限的偏移。该方法既不需画图也不需计算，它只用三次测量即可给出控制信息。该方法采用正态分布曲线来探知可能导致缺陷产品增加的目标或产品过程的显著变化。

与统计控制图相比，相对简单的预控在很多应用中都有明显优势，但是其概念还是存在争议的。关于预控与其他方法的比较以及如何最恰当地对其加以运用方面的讨论，可参考Ledolter and Swersey（1997）和Steiner（1997）的文章。在这些文章中，也包含了对于该方法的来龙去脉的完整叙述。

短期控制图

有些过程运行的时间过短，所以很难收集到20～30个样本来建立控制图。这类短期运行部分是由在特定时间发生的已知原因造成的（例如在生产中频繁地在不同品种之间切换，正如精益生产系统中的例子）。Hough and Pond（1995）

讨论了在该情形下创建控制图的四种方法：

1. 忽略系统性波动并绘制单一表格。
2. 将数据分层，并将它们绘在同一张表上。
3. 运用回归分析对数据建模，并将残差绘在表格上。
4. 将数据标准化，并把标准化了的数据画在表中。

最后一个方法用得最多，它需要对数据进行 Z 变换：

$$Z=\frac{X-\mu}{\sigma}$$

从而消除水平和波动中的所有系统性变化（因此要将数据正态化到一个共同的基准上）。Nelson（1989）、Wheeler（1991）和 Griffith（1996）都讨论了休哈特图的标准化，Pyzdek（1993）还讨论了短期、小样本的运行。

累积和控制图

累积和（CUMSUM 或 CUSUM）控制图是对统计样本（如 $\overline{X}$，p，范围外数据）相对参考值（如标称值或目标规范）的偏差的累积和按时间进行绘制。由定义可知，CUMSUM 控制图主要研究的是一个目标值而不是过程数据的实际均值。绘制的每一个点都包含了所有观测值的信息，即累积和。CUMSUM 控制图在探测过程均值的微小偏移方面尤其有用（比方说，从 0.5σ 到 2.0σ）。图 19—29 示范了创建 CUMSUM 控制图的一种方法。

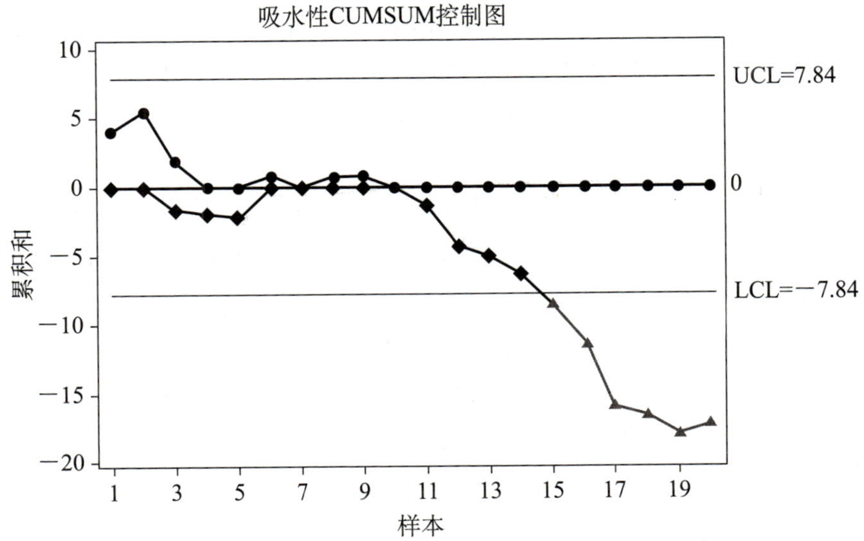

图 19—29　累计和控制图

资料来源：Juran Institute，Inc. Copyright 1994. Used by permission.

创建累积和控制图的方法如下：

1. 计算控制统计量（例如图19—29中的$\bar{X}$）。

2. 确定目标值T（图19—29中为10）。

3. 计算标准差s（图19—29中为1.96）。

4. 在“0”位置和上、下控制极限$\pm 4s$处绘制参考线（分别叫UCL和LCL）。

5. 计算每一样本点k的上累计和C_U：

$$C_{U,k}=Maximum\left\{0,\sum_{i=1}^{k}\left[\bar{x}_i-(T+s/2)\right]\right\}$$

6. 计算每一样本点k的下累积和C_L：

$$C_{L,k}=Minimum\left\{0,\sum_{i=1}^{k}\left[\bar{x}_i-(T-s/2)\right]\right\}$$

7. 分别绘制C_U和C_L的曲线。

8. 当C_U大于UCL时，就出现了一个向上的偏移，当C_L小于LCL时，就出现了一个向下的偏移。

移动均值控制图

另一种特殊的图表是移动均值控制图。此图是通过不断地放弃以前的测量数据并加入最新测量数据以计算均值，并将该均值随时间进行绘制的图表方法。因此，新的平均值是由每一个测量值计算而得的。进一步的细化就是指数加权移动均值（EWMA）控制图。在EWMA控制图中，观测值都是加权的，且最新的数据拥有最大的权值。移动均值控制图在测量小偏移、显著趋势方面是很有效的，其所使用的是在较长一段时间生产单一项目的过程的数据。

Box-Jenkins 手动调整表

还有一种方法就是Box-Jenkins手动调整表。均值—极差控制图、CUMSUM控制图及EWMA控制图都是监控过程变量，并设法降低控制图所识别的引发波动的特殊原因所导致的变异性。而Box-Jenkins手动调整表的目的则是：在每次观测后，通过对数据的分析来规范过程，以最大限度地减少过程变异。对于该先进工具的详细介绍见Box and Luceño（1997）。

多元控制图

最后，我们讨论多元控制图。当一个产品单元具有两个或多个质量特征时，可以分别绘制控制图监测。每一个特征的样本均值超过3σ极限的概率为

0.002 7，那么对于有两个特征的产品，两个变量同时超过控制范围的联合概率是 0.002 7×0.002 7，或 0.000 007 29，远小于 0.002 7。当质量特征越多时，这种现象就越明显。基于这种及其他的原因，分别监控多个特征就会产生错误。多元控制图及统计学（例如 Hotelling's T^2 图，多变量 EWMA）都描述了该情况。更详细的讨论可参见 Montgomery（2000）著作中的第 8.4 节。

过程能力

从质量规划的方面来看，对过程是否能够满足规范的预先确认是最重要的。近几十年来兴起的过程能力的概念为过程充分性提供了量化估计。这种定量预测的能力已经使其成为了质量计划领域中被广泛认可的主要元素。过程能力是过程所产出产品的可测量的、固有的变动。

基本定义

该定义中的每一个关键词本身都必须清楚地定义，因为能力的概念具有非常广泛的范围，而非科学性的术语是不能满足工业领域的交流需要的。

- 过程是指机床、工具、方法、材料和从事生产的人的一些特定的组合，通常能够灵活、明确地区分并定量分析该组合中各变量的影响。
- 能力是达成可衡量的结果的一种可测量的性能。
- 测量能力是指从数据中得到的量化的过程能力，换句话说，就是过程中测量工作的结果。
- 固有能力是指从处于统计控制状态的过程中获得的产品的一致性（也就是无随时间的“飘移”或者其他引发变动的可归因原因）。“瞬时重复性”是固有能力的同义词。
- 因为产品变异是最终的结果，所以要对产品进行测量。

对过程能力信息的利用

过程能力的信息有多种用途：

- 预测过程中将会出现的波动的程度。这种能力信息将为设计师提供制定切实可行的规范界限所需的重要信息。
- 从多个竞争过程中选出最能满足公差的过程。
- 规划连续过程间的相互关系。例如在齿轮齿的硬化中，某一个工序可能会破坏前一工序获得的精度。通过量化每个工序的能力通常可得到一个解决方法。

- 为建立定期过程控制及调整的时间表提供了量化依据。
- 按照机器最适合做的工作对其进行分类。
- 验证质量改进过程中缺陷原因的假设。
- 为设定要购买的设备的质量绩效要求提供基础依据。

这些用途扩展了过程能力的应用范围。

过程能力研究的规划

进行能力研究有很多原因，例如，回应顾客对于过程能力指数的要求，评估或改进产品质量。在进行数据收集前，需要明确做该研究的目的，以及实现该研究目标所需的步骤。

某些情况下，能力研究关注于确定一个相对简单的过程的能力指数和直方图。这时规划应确保过程条件（例如温度、压力）能够得到完全定义和记录。所有其他输入（即特定的设备、材料等，当然还有人员）必须明确表示。

对于更复杂的过程，或者在期望缺陷水平仅为百万分之一到百万分之十的情况下，建议采取以下步骤：

1. 描述过程，包括输入、过程步骤以及质量特征输出。描述涵盖了从简单的设备识别，直至建立每个过程变量对质量特征的影响的数学方程的内容。

2. 为每一个过程变量定义过程条件。简单情况下，这一步包括说明温度和压力的设置，但是对于某些过程来讲，则意味着需要确定每一过程变量的最佳值或目标。统计实验设计提供了相关的方法。还需要确定过程变量在最佳值附近的操作范围，因为这个范围会影响过程所输出的产品特征的波动。

3. 确保每一个质量特征至少对应一个可以用来对其进行调整的过程变量。

4. 确定测量误差是否显著。这可以通过对测量系统的误差进行单独研究来加以确定。在某些情况下，测量误差可以作为总体研究的一部分进行评估。

5. 明确能力研究是仅专注于变量，还是包含导致质量问题的错误或失误。

6. 规划评估过程稳定性的控制图的用途。

7. 制订一个数据收集计划，包括足够大的样本容量，其中的样本能够给出质量特征及过程条件（如所有过程变量的值），并能够按照测量的顺序记录信息，以便评估趋势。

8. 计划用哪些方法来分析研究中获得的数据，以确保在开始研究之前，所有必要的数据分析都可用。该分析应包括变量的过程能力计算、错误数据的属性及类别分析，以及研究中由统计设计实验获得的数据的分析。

9. 在过程能力计算之前，需要花费一些时间进行中间结果调查，包括过程变量的最佳值及范围的分析、控制图中的失控点，以及其他不寻常的结果。这些调查将引领我们迈向终极目标，即过程得到改进。

请注意，这些步骤的重点在于质量改进，而非仅是确定能力指数。

标准化的过程能力公式

最常用的过程能力公式是：

$$\text{过程能力} = \pm 3\sigma(\text{总共为 } 6\sigma)$$

其中，σ 是处于统计控制状态（即无漂移与突然变化）的过程的标准差。如果该过程位于名义规范中心并遵循正态概率分布，那么将有 99.73%的产品落在 3σ 的名义规范带中。

与产品规范的关系

量化过程能力的一个重要原因是为了计算过程保持产品规范的能力。对于统计控制状态下的过程，将该规范范围与 $6s$ 波动相比较，就可运用传统的统计学理论来计算缺陷率。

规划者希望选择 $6s$ 过程能力位于产品规范范围内的过程。这种关系的一种度量就是能力比率：

$$C_p = \text{能力比率} = \frac{\text{规范范围}}{\text{过程能力}} = \frac{\text{USL} - \text{LSL}}{6s}$$

其中，USL 是规范上限，LSL 是规范下限。

请注意，$6s$ 作为 6σ 的估计使用。

一些公司将上述公式的倒数定义为比率。有些行业用每百万多少来计算缺陷率。以每百万为单位的缺陷率要求的能力比率约为 1.63（规范范围比过程能力）。

图 19—30 显示了四种过程变动和规范范围的关系以及每种关系可能的应对方案。请注意，在所有这些例子中，过程均值在规范上下限的中点处。

表 19—20 显示了过程能力比率和相应的缺陷率水平之间的关系，该表假设过程均值在规范界限的中点附近。恰好满足规范界限（规范界限为$\pm 3\sigma$）的过程的 C_p 值为 1.0。但许多过程的均值并不总是在规范范围的中点处，所以 C_p 值至少应为 1.33。值得注意的是，在 $C_p=2.0$ 的短期运行情况下（且均值位于规范范围中值附近），会相应得到 $3C_p$ 或 6 西格玛的过程西格玛能力（在运行较长时间的情况下，允许 $1.5s$ 的偏移，则相应得到 $6s-1.5s=4.5s$，这时，可以预计每百万分之 3.4 的产品将会处于规范界限之外）。

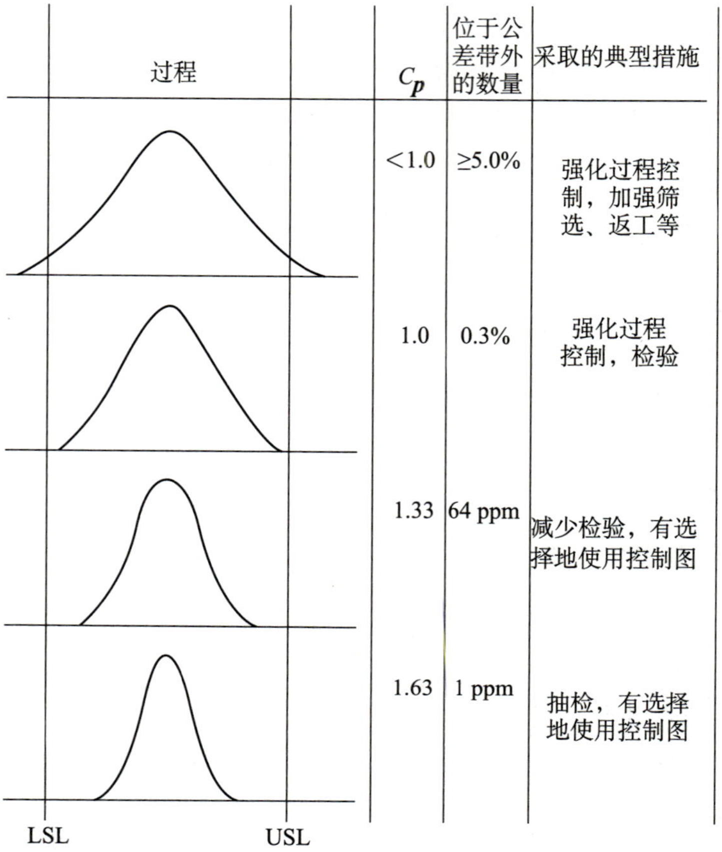

图 19—30 过程波动的四个实例

资料来源：*Quality Planning and Analysis*. Copyright 2007. Used by permission.

表 19—20 过程能力指数（C_p）和规范界限外的产品

过程能力指数（C_p）	落在双侧规范界限之外的产品数量*
0.5	13.36%
0.67	4.55%
1.00	0.3%
1.33	64ppm
1.63	1ppm
2.00	0

*假设过程集中于规范界限的中值处。

资料来源：*Quality Planning and Analysis*. Copyright 2007. Used by permission.

请注意，C_p指数用来衡量过程变动是否在规范范围之内，但是这并不能说明过程是否确实在规范范围内运行，因为该参数并不包含对过程均值的度量。包含过程均值度量的是 C_{pk} 。

常用的三个能力指标如表 19—21 所示，其中最简单的是 C_p。对于三个指标来说，均是指标值越大，在规范范围外的产品数就越少。

表 19—21 **过程能力及过程绩效指数**

过程能力	过程绩效
$C_p=\frac{\text{USL}-\text{LSL}}{6\sigma}$	$P_p=\frac{\text{USL}-\text{LSL}}{6s}$
$C_{pk}=\min\left[\frac{\text{USL}-\mu}{3\sigma}, \frac{\mu-\text{LSL}}{3\sigma}\right]$	$P_{pk}=\min\left[\frac{\text{USL}-\bar{X}}{3s}, \frac{\bar{X}-\text{LSL}}{3s}\right]$
$C_{pm}=\frac{\text{USL}-\text{LSL}}{6\sqrt{\sigma^2+(\mu-\text{T})^2}}$	$P_{pm}=\frac{\text{USL}-\text{LSL}}{6\sqrt{s^2+(\bar{X}-T)^2}}$

资料来源：*Quality Planning and Analysis*. Copyright 2007. Used by permission.

Pignatiello 和 Ramberg（1993）对各种能力指标进行了深入讨论。Bothe（1997）的著作是一部包括了数学方面的广泛讨论的全面的参考书。这些参考文献都解释了如何计算各种过程能力指标的置信区间。

过程能力指数 C_{pk}

由 C_{pk} 衡量的过程能力包含了过程中变量均值的变化，图 19—31 说明了该概念。正如分布曲线的宽度所表明的，由于每个分布的 6σ 是相同的，所以两个过程具有相等的能力（即 C_p 值）。以 μ_2 为目标的过程将会产生缺陷产品，是因为其目标值偏离了中心，而不是因为其目标值固有的波动（即能力）过大。

因此，假设过程均值是规范界限的中值，而且过程是在统计控制下运行的，则 C_p 衡量的是潜在的能力。但由于均值一般都不是规范界限的中值，所以就需要一个既可以反映变动又可以反映过程均值位置的指标，即 C_{pk} 。

C_{pk} 反映的是现有过程均值对 USL 或 LSL 的接近性。C_{pk} 的计算公式如下：

$$\hat{C}_{pk}=\min\left[\frac{\bar{X}-\text{LSL}}{3s},\frac{\text{USL}-\bar{X}}{3s}\right]$$

Kane（1986）给出的例子是：

USL=20 $\bar{X}$ =16

LSL=8　s=2

标准的能力指数估计为：

$$\frac{\text{USL}-\text{LSL}}{6\sigma}=\frac{20-8}{12}=1.0$$

这就意味着，过程集中于规范范围的中心（14）时，只有一小部分（约 0.27%）的产品会有缺陷。

然而，通过计算 C_{pk} 的值，得到：

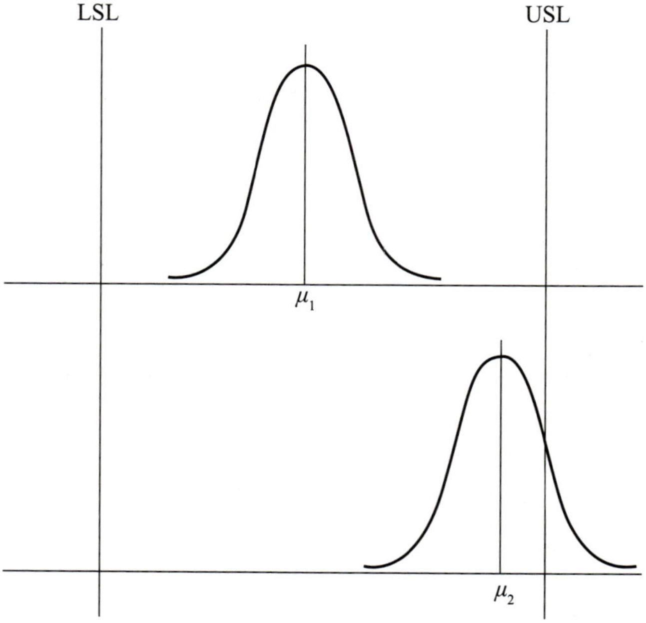

图 19—31　过程能力相同但目标值不同的两个过程

资料来源：*Quality Planning and Analysis*. Copyright 2007. Used by permission.

$$\hat{C}_{pk} = \min\left[\frac{16-8}{6}, \frac{20-16}{6}\right] = 0.67$$

这表明过程均值接近USL。(请注意，若过程集中于14附近，那么 C_{pk} 的值就是1.0)。一个可接受的过程意味着要降低标准差，并且/或者将均值居中。还应该注意的是，当均值等于规范范围的中值时，$C_{pk}=C_p$ 。

C_p 值越大，产品在规范范围外的数量就越少。在鉴别供应商时，一些组织将 C_{pk} 当作认证标准的一个元素。在这种情况下，供应商的 C_{pk} 值是采购产品品种的函数。

能力指数也可以围绕一个目标值而非实际均值来加以计算，这个指数叫作 C_{pm} 或田口指数。该指标侧重于从目标值着眼来降低波动，而不是通过降低波动来满足规范。

大多数能力指数都是基于质量特征为正态分布这一假设的。Krishnamoorthi和Khatwani（2000）提出了通过威布尔分布来处理正态和非正态质量特征的能力指标。

关于这两种过程能力的研究描述如下：

1. 关于过程潜力的研究。在这类研究中，获得了关于过程在特定条件下可以做什么的估计（即统计控制状态下的过程在短期定义条件下的变动）。C_p 指数估计的是潜在过程的能力。

2. 关于过程绩效的研究。在这类研究中，能力估计提供了对一个过程在较长时期内如何工作的描述。同样假设过程处于统计控制状态，C_{pk} 指标估计的是绩效能力。

从控制图分析中估计固有能力或潜在能力

在过程潜力的研究中，数据来自无材料批次、工人、工具或进程设置变化的运行过程。这种短期的评价所采用的是某一时间段的连续生产过程的数据。在进行这样的分析之前，应先进行控制图分析，找到并消除过程中的系统性原因。

由于规范的范围通常适用于特定值，所以无法将样本均值的控制极限与规范极限进行比较。假设要进行比较，就必须先将该特定变量的 R 转化为标准差并计算出 $3s$ 极限，然后再与规范极限作比较，该过程如下所述。

如果一个过程在统计控制状态下，则该过程正在以最小的可能变动运行（即偶然原因带来的变动）。当且仅当处于统计控制条件下，可以基于下面关系将 s 用作 σ 的估计。

$$s=\frac{R}{d_2}$$

表 19—22 和 19—23 给出了 d_2 的值。如果已知标准差，过程能力界限就可设为 $\pm 3\sigma$，并以该值作为对 3σ 的估计。

表 19—22　　$\bar{X}$-R 控制图参数

$\bar{X}$-R 控制图的参数；基于 R 估计 s 的参数				
样本中观察数	A_2	D_3	D_4	基于 R 的均值估计得到参数：$\bar{R}$∶$d_2=\bar{R}/s$
2	1.880	0	3.268	1.128
3	1.023	0	2.574	1.693
4	0.729	0	2.282	2.059
5	0.577	0	2.114	2.326
6	0.483	0	2.004	2.534
7	0.419	0.076	1.924	2.704
8	0.373	0.136	1.864	2.847
9	0.337	0.184	1.816	2.970
10	0.308	0.223	1.777	3.078
11	0.285	0.256	1.744	3.173

续前表

样本中观察数	A_2	D_3	D_4	基于 R 的均值估计得到参数：$\overline{R}$ ：$d_2=\overline{R}/s$
12	0.266	0.284	1.717	3.258
13	0.249	0.308	1.692	3.336
14	0.235	0.329	1.671	3.407
15	0.223	0.348	1.652	3.472

$$\begin{cases}\overline{X}\text{ 的上控制极限}=UCL_{\overline{X}}=\overline{\overline{X}}+A_2\overline{R}\\ \overline{X}\text{ 的下控制极限}=LCL_{\overline{X}}=\overline{\overline{X}}-A_2\overline{R}\end{cases}$$

$$\begin{cases}R\text{ 的上控制极限}=UCL_R=D_4\overline{R}\\ R\text{ 的下控制极限}=LCR_R=D_3\overline{R}\end{cases}$$

$s=\overline{R}/d_2$

源自1950 ASTM《材料质量控制手册》与ASTM《数据表达手册》，1945。美国测试与材料学会。

资料来源：*Quality Planning and Analysis*. Copyright 1997. Used by permission.

表 19—23　　$\overline{X}$-R 控制图常数

n	A_2	D_3	D_4	d_2
2	1.880	0	3.268	1.128
3	1.023	0	2.574	1.693
4	0.729	0	2.282	2.059
5	0.577	0	2.114	2.326
6	0.483	0	2.004	2.534
7	0.419	0.076	1.924	2.704
8	0.373	0.136	1.864	2.847
9	0.337	0.184	1.816	2.970
10	0.308	0.223	1.777	3.079

资料来源：*Quality Planning and Analysis*. Copyright 2007. Used by permission.

根据图19—32（N-5机）的数据

$$s=\frac{\overline{R}}{d_2}=\frac{6.0}{2.534}=2.37$$

且

$\pm3s=\pm3$（2.37）$=7.11$

或

$6s=14.22$（原始数据单元中为0.012 4）

规范范围是0.258±0.005。

因此，USL=0.263

LSL=0.253

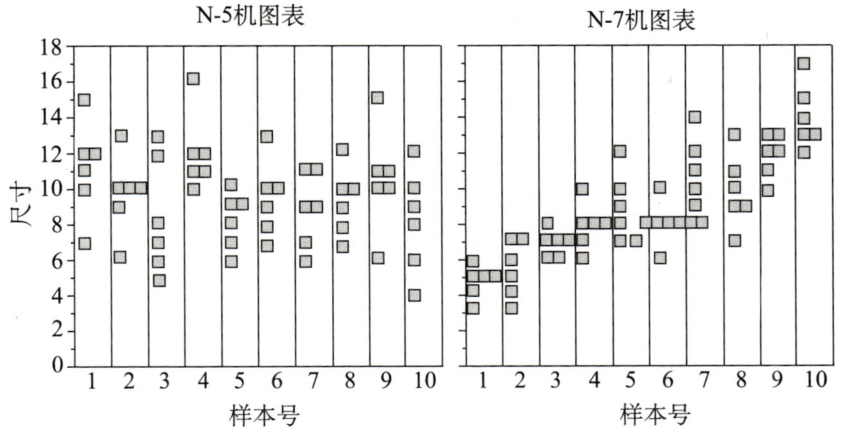

对于机器 N-5:

样本	1	2	3	4	5	6	7	8	9	10
$\bar{X}$	11.2	9.7	8.5	12.0	8.2	9.5	8.8	9.3	10.5	8.2
R	8.0	7.0	8.0	6.0	4.0	6.0	5.0	5.0	9.0	8.0

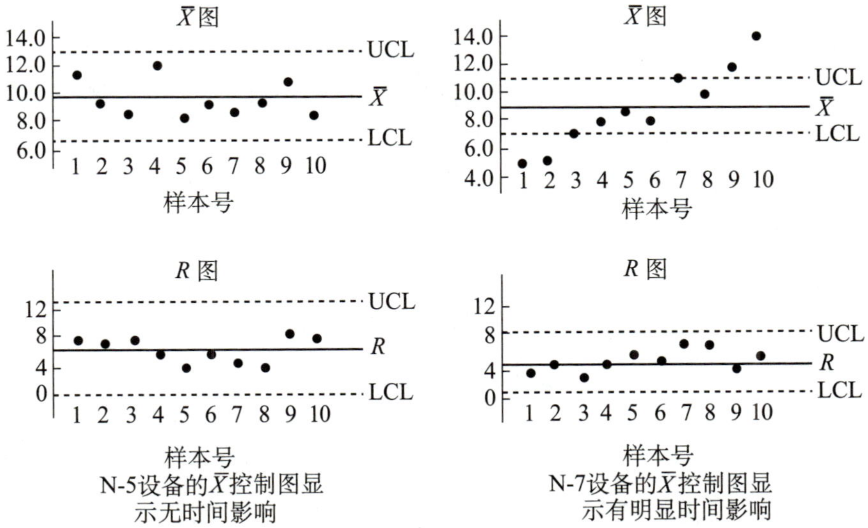

图 19—32 $\bar{X}$-R 控制图再说明

资料来源：*Quality Planning and Analysis*. Copyright 2007. Used by permission.

于是

$$C_p = \frac{\text{USL} - \text{LSL}}{6s} = \frac{0.263 - 0.253}{0.014\,2} = 0.70$$

即使过程恰好集中在 0.258（事实上不是），它也是没有能力的。

关于统计控制及其对过程能力的影响的假设

所有的统计预测都假定是在一个稳定的总体上的。在统计意义上，稳定的总体是可重复的（也就是总体处于统计控制状态）。统计学家理所当然地认为，在做预测前这些都是满足的。制造工程师也认为工艺条件（如进给量、速度等）都应该是已定义好的。

实践中，原有的控制图分析往往能显示过程已处于统计控制之外（它可能符合也可能不符合产品规范）。但是，研究结果显示这些原因无法经济地从过程中消除。理论上，过程只有处于统计控制状态下时，才能预测其过程能力。然而，实际中往往需要将某些能力与技术规范进行比较，不及时进行这种比较将可能导致过程中的可归因原因永远都无法消除。这将引发部门间关于“规范是否太严”或“制造过程是否太粗心”等方面的持续争吵。

一个较好的解决方式就是绘制测量值相对于规范界限的图表。这一步骤有可能揭示出：即使存在可归因原因，过程也能够满足规范范围。若一个过程中存在引发波动的可归因原因，但是仍能满足规范界限，则说明该过程中不存在经济性问题。统计学家往往会指出，存在可归因波动源的过程是无法预测的。虽然该观点已被广泛接受，但是在确定质量改进项目的优先次序时，不满足规范要求的过程往往很少被给予较高的优先级。

若一个过程失控了，而且其原因无法经济地消除，其标准差和过程能力边界仍然可以计算（包括失控的点）。由于过程无法在其最佳状态运行，所以边界范围会扩大。另外，过程的不稳定性意味着，这些预测都只是近似的估计。

对满足规范的过程与处于统计控制状态的过程这两个概念进行辨析是非常重要的。处于统计控制状态并不意味着该过程产出的产品都能满足规范。由于规范范围与产品个体有关，所以样本均值的统计控制范围无法与规范范围相比。对于那些不在统计控制状态的过程，若满足了规范就不需要采取任何措施；而对于那些处于统计控制状态的过程，若其未能满足规范要求，则仍需采取措施。

总之，我们需要既稳定（在统计控制下）又有能力（满足产品规范）的过程。

对能力指数的应用越来越多，但这也导致了很多因不能正确理解与验证统计有效性所必需的一些重要假设所引发的失误。五个关键假设是：

1. 过程稳定性。统计有效性要求过程处于无漂移或振荡的统计控制状态。

2. 被测量特征是正态的。除非使用非参数方法或备择分布，否则，正态性是对总体进行统计推断的必要前提。

3. 充足的数据。充足的数据对于减少能力指数估计中的抽样误差是至关重要的。

4. 样本代表性。必须是随机样本。

5. 独立的测量。连续的测量之间不能存在相关性。

这些假设并非是理论上的精益求精，而是正确使用能力指数的重要条件。在使用能力指数前，读者需先阅读 Pignatiello 和 Ramberg（1993）的论文。在直方图上将基于充分数据得出的能力指数与规范边界相比较永远是一种最佳的工作方式。

测量过程绩效

过程绩效研究中的数据来自一个在典型条件下运行的过程，但是该典型条件包括材料批次、工人、工具或过程设置的正常变动。该研究比过程潜力研究需要更长的过程运行时间，而且要求过程处于统计控制状态下。

过程绩效研究的能力指数是：

$$C_{pk} = \min\left[\frac{\overline{X} - LSL}{3s}, \frac{USL - \overline{X}}{3s}\right]$$

问题

来看一个关于输送溶液的泵盒的案例（Baxter Travenol Laboratories, 1986）。其中一个关键质量特征是在规定时间内泵送溶液的体积。规范极限是：

USL＝103.5　　LSL＝94.5

控制图运行了一个月，而且在该过程中实现了无失控点。从控制图数据中，我们可以得到：

$\overline{X} = 98.2$ 以及 $s = 0.98$

图 19—33 给出了过程数据和规范极限。

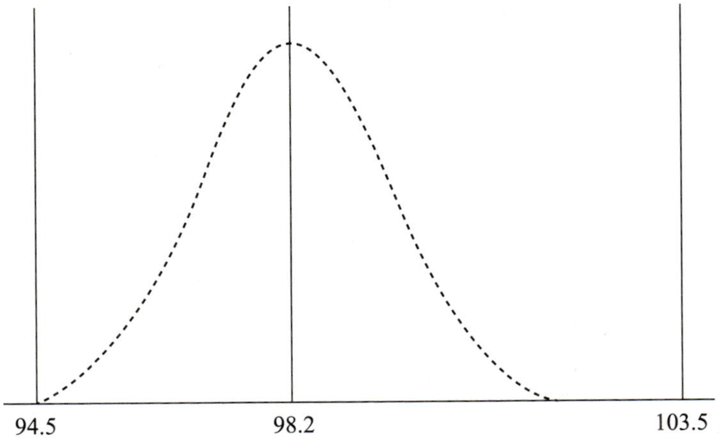

图 19—33　溶液泵送量

解答

能力指数是：

$$C_{pk}=\min[\frac{98.2-94.5}{3(0.98)},\frac{103.5-98.2}{3(0.98)}]$$

$$C_{pk}=1.26$$

在多数情况下，1.26 是 C_{pk} 的一个可接受的值。

解读

在使用 C_{pk} 评估一个过程时，我们必须认识到：C_{pk} 是均值和标准差这两个参数的浓缩。这种浓缩有可能会在不经意间掩盖这些参数中的重要细节。例如，图19—34 中三个完全不同的过程具有相同的 C_{pk}（此图中的 $C_{pk}=1$）。

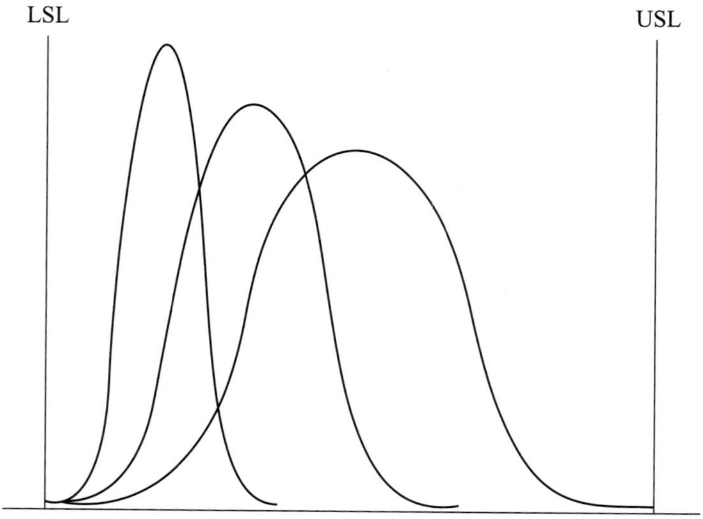

图 19—34　$C_{pk}=1$ 的三个过程

资料来源：*Quality Planning and Analysis*. Copyright 2007. Used by permission.

要使 C_{pk} 的值增加，就需要改变过程的均值或标准差，或同时改变两个值。对于某些过程来讲，要想增加 C_{pk} 的值，通过改变过程均值（可能只需简单地调整过程目标）要比降低标准差（通过找到引发波动的多种原因）更为简单。应该经常查看过程的直方图以关注过程的均值与范围。

值得注意的是，表 19—21 中还包括了能力指数 C_{pm} 。该指数是在目标值 T 附近而不是在均值处测量能力。当目标值等于均值时，C_{pm} 的值也等于 C_{pk} 的值。

属性（或类别）数据分析

前面已经讨论过的那些方法均假设过程可对数字量加以测量。然而，有时候只存在属性或类别形式的数据（即不合格的以及可接受的产品数量）。

表 19—24 所示的关于保单编制方面所犯错误的数据也可用来分析属性数据的过程能力。数据显示六名保单编制人员总共有 80 个错误，或者说平均每人犯了 13.3 个错误——也就是现在的绩效。在排除掉研究中发现的不正常的绩效（员工 B 犯的第 3 类错误，第 5 类错误以及员工 E 犯的错误）之后，就可以计算出过程能力。那么其余五位保单编制人员犯的错误就分别为 4、3、5、2、5，平均每人犯错为 3.8。过程能力估计为 3.8，而先前的估计为 13.3。

表 19—24　　保单编制人员犯错矩阵

	保单编制						
错误类型	A	B	C	D	E	F	总数
1	0	0	1	0	2	1	4
2	1	0	0	0	1	0	2
3	0	16	1	0	2	0	19
4	0	0	0	0	1	0	1
5	2	1	3	1	4	2	13
6	0	0	0	0	3	0	3
.							
.							
.							
27							
28							
29							
总数	6	20	8	3	36	7	80

资料来源：*Quality Planning and Analysis*. Copyright 2007. Used by permission.

该例子是根据错误或失误数量而不是过程参数的波动量来计算过程能力的。Hinckley 和 Barkan（1995）指出，在很多过程中，不合格的产品都是由于过度的变异或错误（例如零件缺失、零件错误、信息错误及其他过程错误）造成的。对于某些过程，失误可能是导致无法满足顾客质量目标的重要原因。在降低错误率方面需采取的措施与降低参数波动需采取的措施是有所不同的。

读者可以通过 DeVor et al.（1992）的文献来深入学习过程控制图的相关背景。

软件

虽然本章中提到的工具都可用诸如 Microsoft Excel 之类的软件实现，但是还有很多的软件包提供了更加专业的支持。下面按照不同关注重点列出一些软件及其供应商，很多供应商都提供了多款软件。

基础统计

- QI Macros
- SigmaXL
- StatPlus

高级统计

- JMP
- Minitab
- Systat

实验设计

- StatSoft STATISTICA
- Stat-Ease
- STRATEGY
- Statgraphics

蒙特卡罗，离散事件仿真

- @Risk
- Crystal Ball
- iGrafx

可靠性和可用性

- Isograph
- Relex 2009
- ReliaSoft

控制图

- CHARTRunner
- Statit

参考文献

Anand, K. N. (1996), The Role of Statistics in Determining Product and Part Specifications: A Few Indian Experiences, *Quality Engineering*, vol. 9, no. 2, pp. 187–193.

Automotive Industry Action Group (2003). *Measurement Systems Analysis* (3rd ed.). Southfield, MI.

Barnett, V., and Lewis, T. (1994). *Outliers in Statistical Data* (3rd ed.). John Wiley & Sons, New York.

Bender, A. (1975). Statistical Tolerancing as It Relates to Quality Control and the Designer, *Automotive Division Newsletter of ASQC*, April, p. 12.

Bothe, D. R. (1997). *Measuring Process Capability*. McGraw-Hill, New York.

Box, G. E. P., and Luceno, A. (1997). *Statistical Control by Monitoring and Adjustment*. Wiley, New York.

Box, G. E. P., and Draper, N. R. (1969). *Evolutionary Operation: A Statistical Method for Process Improvement*. John Wiley & Sons, New York.

Box, G. E. P., Hunter, J. S., and Hunter, W. G. (2005). *Statistics for Experimenters: Design, Innovation and Discovery* (2nd ed.). Wiley-Interscience, Hoboken, NJ.

Burdick, R. K., and Larsen, G. A. (1997). Confidence Intervals on Measures of Variability in R&R Studies, *Journal of Qualitiy Technology*, vol. 29, no. 3, pp. 261–273.

Carter, C. W. (1996). Sequenced Levels Experimental Designs, *Quality engineering*, vol. 8, no. 1, (pp. 181 -188), no. 2 (pp. 361-366), no. 3 (pp. 499–504), no.4 (pp. 695–698).

Case, K. E., Bennett, G. K., and Schmidt, J. W. (1975). "The Effect of Inspector Error on Average Outgoing Quality," *Journal of Quality Technology*, vol. 7, no. 1, pp. 1–12.

Coleman, S., Greenfield, T., Stewardson, D., and Montgomery, D. C. (2008). *Statistical Practice in Business and Industry*. John Wiley & Sons, Hoboken, NJ. (See Chapter 13).

Davison, A. C., and Hinkley, D. (2006). *Bootstrap Methods and Their Applications* (8th ed.). Cambridge: Cambridge Series in Statistical and Probabilistic Mathematics, Davison Hinkley, Cambridge University Press, Cambridge.

del Castillo, E. (2007). *Process Optimization: A Statistical Approach*. Springer Science and Business Media, New York.

DeVor, R. E., Chang, T., and Sutherland, J. W. (1992). *Statistical Quality Design and Control: Contemporary Concepts and Methods*. Prentice Hall, Upper Saddle River, NJ.

Dodson, B. (1999). Reliability Modeling with Spreadsheets, *Proceedings of the Annual Quality Congress*, ASQ, Milwaukee, pp. 575–585.

Eagle, A. R. (1954). A Method for Handling Errors in Testing and Measurement, *Industrial Quality Control*, March, pp. 10–14.

Emory, W. C., and Cooper, D. R. (1991). *Business Research Methods* (4th ed.). Boston: Irwin/McGrawHill.

Engel, J., and DeVries, B. (1997). Evaluating a Well-Known Criterion for Measurement Precision, *Journal of Quality Technology*, vol. 29, no. 4, pp. 469–476.

Gomer, P. (1998). Design for Tolerancing of Dynamic Mechanical Assemblies, *Annual Quality Congress Proceedings*, ASQ, Milwaukee, pp. 490–500.

Graves, S. B. (1997). How to Reduce Costs Using a Tolerance Analysis Formula Tailored to your Organization, Report no. 157, Center for Quality and Productivity Improvement, University of Wisconsin, Madison.

Griffith, G. K. (1996). *Statistical Process Control Methods for Long and Short Runs*, 2nd ed., ASQ Quality Press, Milwaukee.

Gryna, F. M., Chua, R. C., and De Feo, J. A. (2007). *Juran's Quality Planning and Analysis* (5th ed.). McGraw Hill, New York.

Hinckley, C. M., and Barkan, P. (1995). The Role of Variation, Mistakes, and Complexity in Producing Nonconformities, *Journal of Quality Technology*, vol. 27, no. 3, pp. 242–249.

Hoag, L. L., Foote, G. L., and Mount-Cambell, C. (1975). The Effect of Inspector Accuracy on Type I and II Errors of Common Sampling Techniques, *Journal of Quality Technology*, vol. 7, no. 4, pp. 157–164.

Hough, L. D., and Pond, A. D. (1995). Adjustable Individual Control Charts for Short Runs. *Proceedings of the 40th Annual Quality Congress*, ASQ, Milwaukee, pp. 1117–1125.

Ireson, W. G., Coombs, C. F., Jr., and Moss, R. Y. (1996). *Handbook of Reliability Engineering and Management*, 2nd ed., McGraw-Hill, New York.

Early, J. F. Quality Improvement Tools, *The Power of Quality*, The Health Care Forum, June 1989.

Jones, J., and Hayes, J. (1999). A Comparison of Electronic Reliability Prediction Models, IEEE Transactions of Reliability, vol. 48, no. 2, pp. 127–134.

Kane, V. E. (1986). Process Capability Indices, *Journal of Quality Technology*, vol. 18, no. 1, pp. 41-52.

Krishnamoorthi, I. S., and Khatwani, S. (2000). *Statistical Process Control for Health Care*, Duxbury, Paciric Grove, CA.

Kutner, M., Nachtsheim, C., Neter, J., and Li, W. (2004). *Applied Linear Statistical Models* (2nd ed.). Irwin/McGraw-Hill, New York.

Kvam, P. H., and Vidakovic, B. (2007). *Nonparametric Statistics with Applications to Science and Engineering*. John Wiley & Sons, Hoboken, NJ.

Law, A. M., and Kelton, W. D. (2000). *Simulation Modeling and Analysis* (3rd ed.). McGraw-Hill.

Ledolter, J., and Swersey, A. (1997). An Evaluation of Pre-Control, *Journal of Quality Technology*, vol. 29, no. 1, pp. 163–171.

Ledolter, J., and Swersey, A. J. (2007). *Testing 1-2-3: Experimental Design with Applications in Marketing and Service Operations*. Stanford University Press, Palo Alto, CA.

Meeker, W. Q., and Escobar, L. A. (1998). *Statistical Methods for Reliability Data*. John Wiley & Sons, 1998.

Meeker, W. Q., and Escobar, L. A. (1998). *Statistical Methods for Reliability Data*. John Wiley & Sons, New York.

Montgomery, D. C. (2000). *Introduction to Statistical Quality Control*, 4th ed., Wiley, New York, NY.

Myers, R. H., Montgomery, D. C., and Anderson-Cook, C. M. (2009). *Response Surface Methodology: Process and Product Optimization Using Designed Experiments*. John Wiley & Sons, Hoboken, NJ.

Nelson, L. S. (1989). Standardization of Shewhart Control Charts, *Journal of Quality Technology*, vol. 21, 287–289.

O'Connor, P. D. T. (1995). *Practical Reliability Engineering*, 3rd Ed. rev., John Wiley and Sons, New York.

Pignatiello, J. H., Jr., and Ramberg, J. S. (1993). Process Capability Indices: Just Say No, *ASQC Quality Congress Transactions 1993*, American Society for Quality, Milwaukee.

Pyzdek, T. (1993). Process Control for Short and Small Runs, *Quality Progress*, April, pp. 51–60.

Ross, P. J. (1996). *Taguchi Techniques for Quality Engineering*. McGraw- Hill, New York.

Sprent, P., and Smeeton, N. C. (2001). *Applied Nonparametric Statistical Methods* (3rd ed.). Chapman and Hall/CRC Press, Boca Raton, FL.

Steiner, S. H. (1997). Pre-Control and some Simple Alternatives, *Quality Engineering*, vol. 10, no. 1, pp. 65–74.

Tsai, P. (1988). Variable Gauge Repeatability and Reproducibility Study Using the Analysis of Variance Method, *Quality Engineering*, vol. 1, no. 1, pp. 107–115.

Wheeler, D. J. (1991). *Short Run SPC*. SPC Press, Inc, Knoxville, TN.

Wong, D., and Baker, C. (1988). Pain in Children: Comparison of Assessment Scales, *Pediatric Nursing*, vol. 14, no. 1, pp. 9–17, 1988.

Young, F., Malero-Mora, P., and Friendly, M. (2007). *Visual Statistics: Seeing Data with Dynamic Interactive Graphs*. John Wiley & Sons, Hoboken, NJ.

表 19—3 的参考图

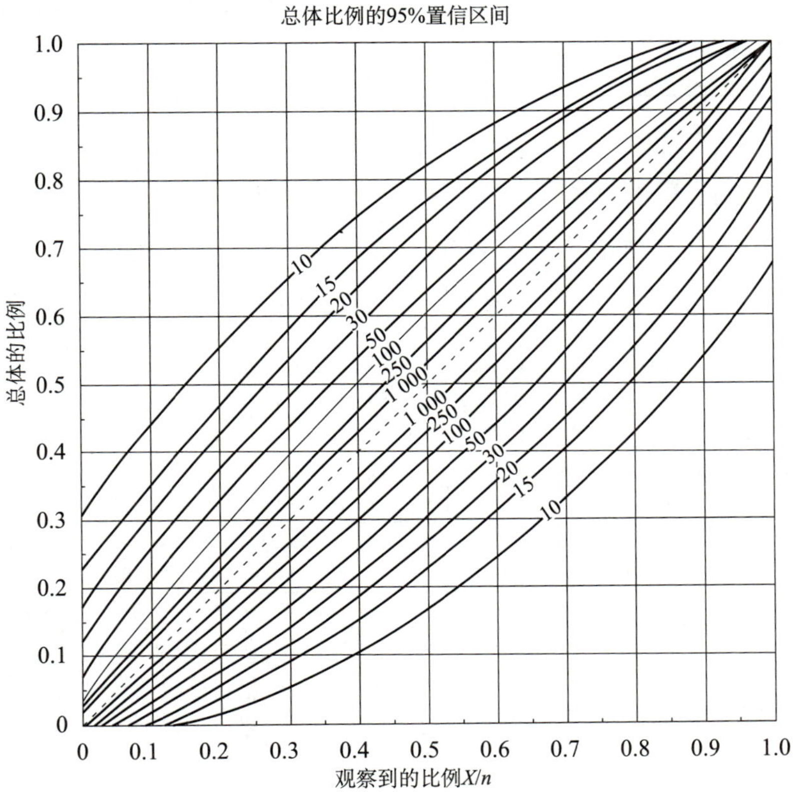

注：本例是一个包含 10 个项目的样本，有 8 个缺陷（$X/n=8/10$）。从两条曲线（$n=10$）读出 95% 的置信极限的总体缺陷比例为 0.43 和 0.98。

资料来源："Ninety-five percent confidence belts for population proportion" from *Selected Techniques of Statistic Alanalysis — OSRD* by C. Eisenhart, M. W. Hastay, and W. A. Wallis. Copyright 1947 by the McGraw-Hill Companies, Inc. Reprinted by permission of The McGraw-Hill Companies, Inc.

二项分布

在 n 次试验中，某一事件发生 r 次或小于 r 次的概率；p 是每次试验中该事件发生的概率。

n	r	P									
		0.05	0.10	0.15	0.20	0.25	0.30	0.35	0.40	0.45	0.50
2	0	0.9025	0.8100	0.7225	0.6400	0.5625	0.4900	0.4225	0.3600	0.3025	0.2500
	1	0.9975	0.9900	0.9775	0.9600	0.9375	0.9100	0.8775	0.8400	0.7975	0.7500
3	0	0.8574	0.7290	0.6141	0.5120	0.4219	0.3430	0.2746	0.2160	0.1664	0.1250
	1	0.9928	0.9720	0.9392	0.8960	0.8438	0.7840	0.7182	0.6480	0.5748	0.5000
	2	0.9999	0.9990	0.9966	0.9920	0.9844	0.9730	0.9571	0.9360	0.9089	0.8750
4	0	0.8145	0.6561	0.5220	0.4096	0.3164	0.2401	0.1785	0.1296	0.0915	0.0625
	1	0.9860	0.9477	0.8905	0.8192	0.7383	0.6517	0.5630	0.4752	0.3910	0.3125
	2	0.9995	0.9963	0.9880	0.9728	0.9492	0.9163	0.8735	0.8208	0.7585	0.6875
	3	1.0000	0.9999	0.9995	0.9984	0.9961	0.9919	0.9850	0.9744	0.9590	0.9375
5	0	0.7738	0.5905	0.4437	0.3277	0.2373	0.1681	0.1160	0.0778	0.0503	0.0312
	1	0.9774	0.9185	0.8352	0.7373	0.6328	0.5282	0.4284	0.3370	0.2562	0.1875
	2	0.9988	0.9914	0.9734	0.9421	0.8965	0.8369	0.7648	0.6826	0.5931	0.5000
	3	1.0000	0.9995	0.9978	0.9933	0.9844	0.9692	0.9460	0.9130	0.8688	0.8125
	4	1.0000	1.0000	0.9999	0.9997	0.9990	0.9976	0.9947	0.9898	0.9815	0.9688
6	0	0.7351	0.5314	0.3771	0.2621	0.1780	0.1176	0.0754	0.0467	0.0277	0.0156
	1	0.9672	0.8857	0.7765	0.6554	0.5339	0.4202	0.3191	0.2333	0.1636	0.1094
	2	0.9978	0.9842	0.9527	0.9011	0.8306	0.7443	0.6471	0.5443	0.4415	0.3438
	3	0.9999	0.9987	0.9941	0.9830	0.9624	0.9295	0.8826	0.8208	0.7447	0.6562
	4	1.0000	0.9999	0.9996	0.9984	0.9954	0.9891	0.9777	0.9590	0.9308	0.8906
	5	1.0000	1.0000	1.0000	0.9999	0.9998	0.9993	0.9982	0.9959	0.9917	0.9844
7	0	0.6983	0.4783	0.3206	0.2097	0.1335	0.0824	0.0490	0.0280	0.0152	0.0078
	1	0.9556	0.8503	0.7166	0.5767	0.4449	0.3294	0.2338	0.1586	0.1024	0.0625
	2	0.9962	0.9743	0.9262	0.8520	0.7564	0.6471	0.5323	0.4199	0.3164	0.2266
	3	0.9998	0.9973	0.9879	0.9667	0.9294	0.8740	0.8002	0.7102	0.6083	0.5000
	4	1.0000	0.9998	0.9988	0.9953	0.9871	0.9712	0.9444	0.9037	0.8471	0.7734
	5	1.0000	1.0000	0.9999	0.9996	0.9987	0.9962	0.9910	0.9812	0.9643	0.9375
	6	1.0000	1.0000	1.0000	1.0000	0.9999	0.9998	0.0994	0.9984	0.9963	0.9922
8	0	0.6634	0.4305	0.2725	0.1678	0.1001	0.0576	0.0319	0.0168	0.0084	0.0039
	1	0.9428	0.8131	0.6572	0.5033	0.3671	0.2553	0.1691	0.1064	0.0632	0.0352
	2	0.9942	0.9619	0.8948	0.7969	0.6785	0.5518	0.4278	0.3154	0.2201	0.1445
	3	0.9996	0.9950	0.9786	0.9437	0.8862	0.8059	0.7064	0.5941	0.4770	0.3633
	4	1.0000	0.9996	0.9971	0.9896	0.9727	0.9420	0.8939	0.8263	0.7396	0.6367
	5	1.0000	1.0000	0.9998	0.9988	0.9958	0.9887	0.9747	0.9502	0.9115	0.8555
	6	1.0000	1.0000	1.0000	0.9999	0.9996	0.9987	0.9964	0.9915	0.9819	0.9648
	7	1.0000	1.0000	1.0000	1.0000	1.0000	0.9999	0.9998	0.9993	0.9983	0.9961

续前表

n	r	P									
		0.05	0.10	0.15	0.20	0.25	0.30	0.35	0.40	0.45	0.50
9	0	0.6302	0.3874	0.2316	0.1342	0.0751	0.0404	0.0207	0.0101	0.0046	0.0020
	1	0.9288	0.7748	0.5995	0.4362	0.3003	0.1960	0.1211	0.0705	0.0385	0.0195
	2	0.9916	0.9470	0.8591	0.7382	0.6007	0.4628	0.3373	0.2318	0.1495	0.0898
	3	0.9994	0.9917	0.9661	0.9144	0.8343	0.7297	0.6089	0.4826	0.3614	0.2539
	4	1.0000	0.9991	0.9944	0.9804	0.9511	0.9012	0.8283	0.7334	0.6214	0.5000
	5	1.0000	0.9999	0.9994	0.9969	0.9900	0.9747	0.9464	0.9006	0.8342	0.7461
	6	1.0000	1.0000	1.0000	0.9997	0.9987	0.9957	0.9888	0.9750	0.9502	0.9102
	7	1.0000	1.0000	1.0000	1.0000	0.9999	0.9996	0.9986	0.9962	0.9909	0.9805
	8	1.0000	1.0000	1.0000	1.0000	1.0000	1.0000	0.9999	0.9997	0.9992	0.9980
10	0	0.5987	0.3487	0.1969	0.1074	0.0563	0.0282	0.0135	0.0060	0.0025	0.0010
	1	0.9139	0.7361	0.5443	0.3758	0.2440	0.1493	0.0860	0.0464	0.0232	0.0107
	2	0.9885	0.9298	0.8202	0.6778	0.5256	0.3828	0.2616	0.1673	0.0996	0.0547
	3	0.9990	0.9872	0.9500	0.8791	0.7759	0.6496	0.5138	0.3823	0.2660	0.1719
	4	0.9999	0.9984	0.9901	0.9672	0.9219	0.8497	0.7515	0.6331	0.5044	0.3770
	5	1.0000	0.9999	0.9986	0.9936	0.9803	0.9527	0.9051	0.8338	0.7384	0.6230
	6	1.0000	1.0000	0.9999	0.9991	0.9965	0.9894	0.9740	0.9452	0.8980	0.8281
	7	1.0000	1.0000	1.0000	0.9999	0.9996	0.9984	0.9952	0.9877	0.9726	0.9453
	8	1.0000	1.0000	1.0000	1.0000	1.0000	0.9999	0.9995	0.9983	0.9955	0.9893
	9	1.0000	1.0000	1.0000	1.0000	1.0000	1.0000	1.0000	0.9999	0.9997	0.9990

（段桂江　译）

第三部分

应用：各行业中最重要的方法

第20章

产品组织：在精益与绿色的同时保证质量

史蒂文·M·德曼

关于本章

本章介绍了良好运营质量系统的基本原则，使质量人员对他们目前的质量方法进行反思，并寻求改进的机会。

本章要点

1. 随着产品和过程日益复杂，顾客对质量水平的要求越来越高。为了保持竞争力，制造商必须坚持不懈地关注质量。

2. 质量计划是很重要的。质量计划必须贯穿整个产品生命周期，从设计到后续生产过程。计划者要理解关键产品参数及其和过程能力的关系，以满足顾客的需求。

3. 为了实现最高水平的运营质量，员工必须处于自我控制的状态，并且能够获得达到质量目标的所有资源。这就是所谓的可控性，它是良好质量管理框架的核心。

4. 为了确保产品或者服务符合顾客的要求，并且适合市场，需要进行一个正式的评估。可以围绕生产工人、自我控制或者传统的检验和审核过程来设计这个评估系统。

5. 生产商如果要满足顾客不断增长的需求，其运营就必须关注持续的改进，这就需要有一个促进质量提高并注重长期效果的组织文化。

21世纪的运营质量

运营是组织的神经中心——行动的发生地。在本书中，“运营”一词用于两个领域：制造业的生产活动和服务业的支持性活动。在制造业中，运营是指那些通常在工厂中进行的活动，即将原材料转换并增值成为最终产品。在服务业中，运营是指那些处理顾客交易的过程，但是它们并不直接与外部顾客接触（例如顾客订单准备和支付过程的支持性活动）。这两个行业领域都有它们自己的特殊需求。本章的讨论涵盖运营活动的计划和执行，目的是提供一个反映组织目前的运营状态和寻求提高的机会的框架。本章和此书的其他章节可以指导企业通过高质量的产品和服务获得竞争优势并满足顾客。

Molex公司的质量副总裁Jay Williamson阐述了质量改进对管理质量和降低成本的作用：“即使在充满挑战的这一年（2008），我们还是努力实现了我们最初的节约目标……在设置这个目标之前，没有人料到经济会下滑。这个具有足够的灵活性的过程使我们的组织在需要的时候，可以重新进行优先排序和改变焦点。”

顾客需要更高的质量、更少的库存和更快的响应

由于产品和过程变得越来越复杂，新的“世界级”质量水平变得普遍。对于很多产品而言，1%～3%缺陷率的质量水平已经被每百万1～10的缺陷率的质量水平所替代（或者是六西格玛方法中的百万分之3.4的缺陷率）。顾客需要企业应用“准时化生产”（JIT）降低库存水平。在JIT下，大批量生产的概念面临准备时间减少、过程重新设计和工作标准化的挑战。结果就是需要更小批量的生产

和更低的库存。但是，JIT 只有在产品质量水平很高的情况下才能发挥作用，因为很少库存或者没有库存用来替代有缺陷的产品。最后，顾客需要供应商以更快的响应时间来开发和生产新产品。更快的响应时间给产品的开发过程施加了压力，并导致对新设计产品的性能和可制造性的审查不足。总之，质量、库存和响应时间这三个变量为运营增加了沉重的负担。

敏捷竞争

一个敏捷的组织可以快速响应不断变化的市场机会。敏捷组织可以充分发挥组织内部与合作组织的人才和资源优势，根据顾客的小批量订单来生产产品或者提供服务，快速地从一个产品转换到另一个产品，为单个客户提供定制的产品和服务。Goldman et al.（1995）描述了这个概念并举出例子。这个概念包括“虚拟”组织——通过电子网络联结起来的一群组织，帮助成员来满足一个共同的市场需求。虚拟组织可以部分地通过功能外包方式建立。

技术的影响

通过提供更多样化的输出和更稳定的输出，技术（包括计算机信息系统）明显地提高了产品质量。技术的引入使有些工作更复杂，因此需要更多的工作技能和质量计划；技术也降低了一些工作的复杂性，但可能导致工作的单调性。这些问题表明，运营过程中的质量可以不再关注于检验和测试，而必须对不断提升的顾客需求和变化的竞争环境作出响应。

精益及其对质量的影响

精益是一种系统设计方法，通过消除产品和过程的浪费来实现成本的降低。它与质量有一种天然的关联。很多精益的理念和工具可以完善质量并使顾客满意。任何想通过提高产品质量来提高顾客满意度的人都需要掌握精益技术。对于精益的完整介绍可以参看第 11 章“精益技术：改进过程的有效性”。

下面，我们将介绍生产和服务运营过程中的质量计划、控制和改进的具体方法。

质量计划：概述

运营执行前的质量计划是很重要的。ISO 9000 和 ISO 14000 等国际标准提供了一个最基本的计划框架（详细的内容可以参看第16章“以国际标准确保组织的符合性”）。这些标准涵盖了过程控制、检测和测试，原材料控制，产品可溯性，测量设备的控制，不合格产品的控制，质量文件，过程环境条件和过程对外部环境的影响等重要内容。

计划的职责因行业不同而不同。在机械和电子行业，质量计划通常由执行制造职能的一个专门部门来完成（例如制造工程或工艺工程部门）。对于流程型行业，质量计划通常被分成两个部分。宽泛的计划（例如制造工艺的类型）由研发部门执行，详细的计划由制造部门执行。类似地，服务行业在质量计划职责的分配方面也有所不同。例如，在金融服务行业，一线的运营管理者负责质量计划；然而在快餐行业，食品准备的质量计划则通常是由一个公司的规划部门完成的。

影响质量计划职责分配决策的主要因素包括制造产品的复杂性、生产过程的组织结构、劳动力的技术涵养，以及依赖于系统还是依赖于人员的管理理念。

一些工业化国家只分配很少的运营计划职责给部门监管或者工人。在美国，这种情形主要是将生产计划与执行分离的泰罗制导致的结果。泰罗制促使了生产计划部门的分离。

泰罗制在20世纪初就被提出，在那时候，工人的受教育水平很低，同时产品和技术变得越来越复杂。泰罗制在提高生产效率方面非常成功，所以它在美国得到了广泛的采用。它深深地扎根于公司中，不论是在部门之间还是在部门内，它都是运营计划的主要方法。

但时代已经变化了。泰罗制的一个主要前提为工人是技术文盲，但因为劳动力教育水平有了巨大的提高，这个前提已经过时了。很多组织认识到工人现在掌握了大量工作所需的知识，并且开始采取措施来使用那些知识。运营计划应该是工人有机会参与的一项合作。在美国，因为泰罗制的广泛应用及其带来的既得利益，这种合作的进展很缓慢。

质量的初步计划和新产品的导入

计划开始于对产品设计的审查（见第14章“运用六西格玛设计实现持续创新”）。然后，我们审查过程设计来识别关键的产品和过程特征，决定每个产品特征的重要性，分析工艺过程，了解工艺变量间的相互关系，决定过程能力，对过程进行防错，验证测量过程，并计划操作工人的自我控制。这些因素将在下面进行讨论。

审查产品设计

在设计最终确定投放市场前，由运营人员对新产品设计进行审查十分有好处。实践中，这种审查的程度有很大的差异——从不做任何处理（几乎不和下道工序沟通就甩给操作人员）到使用正式标准进行结构化审查和对后续问题进行跟踪处理。尽管产品设计的审查通常发生在设计和研发过程中（见第 14 章“运用六西格玛设计实现持续创新”），但审查的重点在于现场性能的满足。

在运营之前，产品设计的审查必须包括对可生产性（可制造性）的评估。评估包括下面的内容：

1. 识别关键的产品和过程特征。

2. 不同产品特征的相对重要性。

3. 为可制造性进行设计。

4. 过程稳健性。如果过程具有灵活性、容易操作、防错，并且过程性能对不可控的内部和外部因素不敏感，这个过程就是稳健的。这样理想的过程要通过对所有过程要素的认真计划来实现，例如可以通过对员工进行交叉职能培训来替代休假。对于稳健性的讨论可以参见 Snee（1993）的文章。

5. 具有能满足产品需求的制造过程能力，也就是说过程不仅满足规范还能够以最小波动来满足规范。

6. 具备测量过程的能力。

7. 识别产品或者服务的特殊需求，例如在制造过程中的搬运、运输和储存。

8. 原材料控制，例如标志、可追溯、隔离、污染控制。

9. 运营人员需要的特殊技能。

产品设计的审查必须辅以工艺设计的审查。工艺审查包括最初在产品设计审查中提出的可制造性问题。

识别关键的产品和过程特征

关键产品特征是产品必须满足顾客需求的特征。关键过程特征是那些创建关键产品特征的过程特征。产品和过程特征可以通过市场调查、质量功能展开、设计审查、失效模式及效果分析等方法来识别。

产品特征的相对重要性

当计划人员知道了众多产品特征的相对重要性，他们就能够更好地分配资源。

建立相对重要性的一种方法是识别关键项目（见第14章“运用六西格玛设计实现持续创新”）。关键项目是指那些需要高度关注和重点保证的产品特征。组织可以通过部件复杂性和高失效率标准来识别“质量敏感部件”。对于这样的部件，要有特殊的计划，包括合同前和合同中的供应商参与、过程能力研究、可靠性确认和其他活动。

另外一种方法是对特征的分类。在这个系统中，确定特征的相对重要性并将其标示在图纸和其他文件上。分类可以是简单的“功能的”（“对质量关键的”）或“非功能的”。另外一种方法是对重要程度进行分类，例如关键的、主要的、次要的和偶然的。这个分类使用的指标涉及安全、操作失效、性能、服务和制造等。

工艺过程的分析

可以通过将整个过程用流程图展示出来的方式对工艺设计进行审查。有几种方法很有用，一种是显示出原材料逐步加工成最终产品的路径。例如，在图20—1中展示了James River制图公司的一个涂层过程的例子。计划人员使用这样的图示将过程划分成被称为工作站的不同的逻辑部分。对于每一个工作站，他们准备一个正式的文件，上面罗列了诸如要进行的操作、操作的顺序、要使用的设施和工具，以及要维持的过程条件等内容。这个正式的文件成为生产督导和工人要实施的计划。这个文件是检验员进行控制活动的基础，它也成为过程审核的标准。

另外一种很有用的方法是价值流图，这个方法在第11章“精益技术：改进过程的有效性”中有详细的讨论。除了上述的产品或者服务过程外，价值流还确定了所有与过程相关的信息。这个额外的分析可以揭示浪费的来源，包括那些顾客关注的浪费。

过程变量和产品结果的相关性

运营过程中质量计划的一个重要方面是通过数据分析发现过程特征或变量与产品特征或结果的关系。这些知识可以使计划人员建立起过程控制的特征，包括变量的界限和控制机制，从而保证过程处于稳定状态并实现指定的产品结果。在图20—1中，每个过程变量都列在代表操作的圆圈所连接的方框中，产品的结果列于可以进行验证的操作之间的方框里。有些特征（例如涂层重量）既是过程变量也是产品结果。对于过程中的每一个控制站，设计者都要识别大量的需要实施控制的控制主体。每个控制主体都需要一个反馈信息，包括多种过程控制特征。过程控制展开表或者控制计划有助于总结这些细节。第18章“设计、控制与改

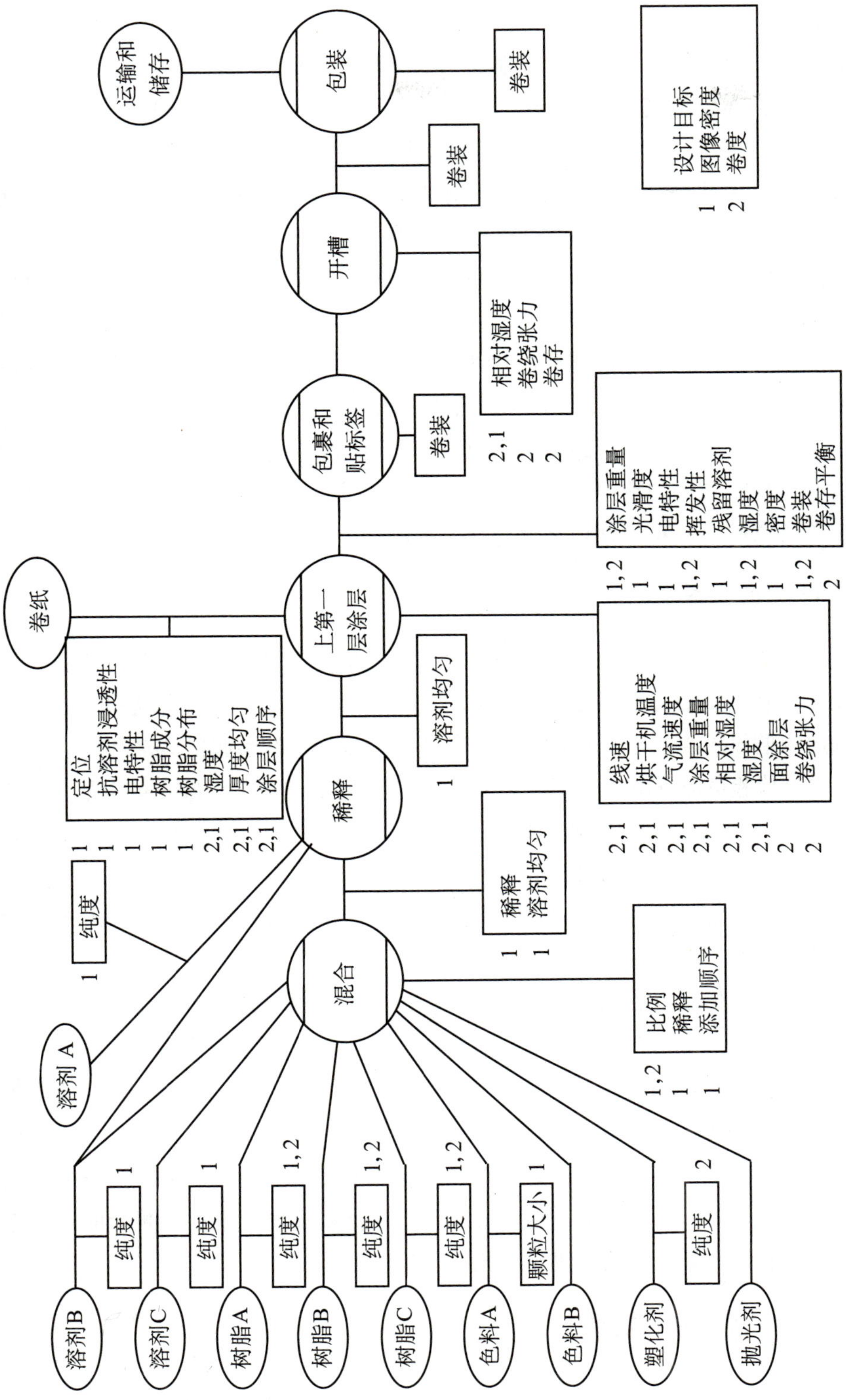

图20-1　产品和过程分析

资料来源：Stiff(1984).

进绩效的核心工具"中的例子表明了每个控制主体的测量单位、测量装置的类型、目标、测量的频率、样本大小和决策的标准与责任。

有时候，需要很多数据和分析来决定过程变量的最优取值和公差。Eibl et al.（1992）讨论了一个涂装工艺过程的计划和分析，其中只有很少的过程变量和产品结果相关性信息可用。很多组织并未研究过程变量和产品结果的关系，这种情况可能会导致很严重的后果。在电子元器件制造产业，由于没有深入研究过程变量，一些企业的产出率非常低。在所有的行业中，如果要实施六西格玛质量管理，离不开对产品结果和过程变量的深入理解。为了充分了解过程变量和结果变量之间的关系，通常我们需要应用统计实验设计的概念（见第19章"准确可信的测量系统及先进工具"）。还可参见关于田口方法的讨论。在六西格玛方法中，为了理解一些变量和产品结果之间的关系，有必要进行因子实验。但是上层管理者必须提供必要的帮助，例如保证由全职人员来进行设计和分析实验，以及培训工艺工程师，以将这种理念融入到工艺计划中去。

验证测量系统

六西格玛方法要求特别低的缺陷率水平，于是了解制造过程的能力和测量过程的能力就极为重要，因而测量过程的计划和控制成为六西格玛方法的一部分。早先的研究假设：相对于制造过程引起的波动，测量过程引起的波动很小，可以被忽略（实际上，在很多的行业中这个假设很少得到检验）。当测量过程引起的波动较大时，产品质量判定就会错误——一些"好"的产品会被错误地判定为有缺陷，有些"坏"的产品会被错误地判定为好的产品。量化测量过程，可参见第19章"准确可信的测量系统及先进工具"。因此，我们需要评估测量能力和确定测量设备是否能正确测量过程输出。

图20—2提供了有关测量问题的观点。请注意观测到的过程波动（也就是记录测量值的波动）有两个来源：制造过程的波动和测量过程的波动。这两个来源进而又包含各种构成要素。可以通过量化和分析图20—2中列出的构成要素来决定测量能力。由产品制造过程产生的波动也可以被量化——参见第19章"过程能力"一节。甚至在消费品行业，例如制造剃须刀片的公差大小也可能与可见光的波长相当，与公差为千分之一或万分之一，用微米或超微米工具测量的年代相去甚远。测量过程必须能够处理这些情况。

理解过程能力的重要性

在运营质量计划时，最重要的就是预先确保过程满足规范。近几十年，出现

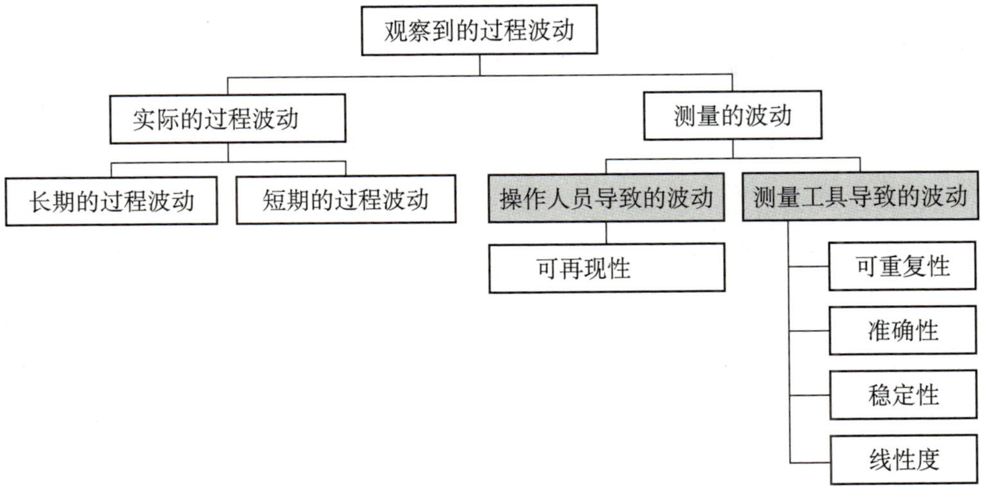

图 20—2　波动的可能原因

资料来源：Juran Institute.

了过程能力的概念，它可以对过程适切性进行定量预测，从而使它成为质量计划的主要元素而被广泛采纳。

过程能力是过程产出的产品能够被测量出的固有波动。很明显，了解这些波动是运营成功的关键。我们这里介绍了这个概念，但是强烈建议读者对过程能力的概念和应用有更详细的了解，相关知识可以在第 19 章“准确可信的测量系统及先进工具”中找到。

过程能力的概念可以超越当前过程本身。这包括供应商质量的影响，以及在质量改进中的应用。过程能力也可以在服务行业中得到有效的应用。

供应商质量的影响

供应商的能力对最终产品的质量有着巨大的影响。在先前的价值流管理讨论（见第 11 章“精益技术：改进过程的有效性”）中提到，产品或服务的生产活动通常超出组织的直接控制。对生产者来说，对供应商导致的波动进行测量、分析和必要的响应是很重要的。对供应商质量的完整讨论参见第 30 章“供应链：更好、更快、更友好的供应商”。

过程能力和质量改进

能力指数能够定量描述过程满足顾客质量目标的能力。然而，我们不能仅仅停留在确定某个产品特征的能力指数上，更加重要的是如何改进过程。要达到顾客的质量目标（尤其是1～10ppm的质量水平）意味着所有变量和属性的特征都要满足需求。降低变量特征波动量（即使已经满足了规范界限）有很多好处。Gryna et al.（2007）讨论了六个这样的好处。实现波动的减少需要使用基本的和先进的改进技术。第19章“准确可信的测量系统及先进工具”介绍了许多这样的技术。

服务行业的过程能力

过程能力分析的概念产生于制造行业，它关注过程波动性的评价（以六倍标准差为基准），将其作为对过程能力的测量。然而，这个概念可以应用于任何过程，包括制造业的非制造过程和服务行业的方方面面。但是，目前有关将过程能力应用在制造领域之外的出版物还很少。

对于服务过程的特定参数，可以用六西格玛和各种能力指数来衡量过程能力。例如，在一个贷款机构，完成贷款审批过程的周期时间是关键且可分析的。

其他服务过程可能没有可用的变量数据。例如公司为顾客在零售交易中所填写的支票提供的担保服务。是否提供担保的决策要基于一个包含六个因素的在线评估。一定比例的公司担保的支票由于资金不足而必须向顾客追讨，空头支票的百分比可以被认为是对过程能力的测量。这个方法使用的是离散（属性）数据而不是传统的计算六西格玛方法中的变量数据。先前所给的保险公司的例子说明了如何使用属性数据来计算服务行业的过程能力。

随着质量管理中对过程的关注，评估过程能力不仅需要评估波动（例如六西格玛），并且还需要一个更宽泛的视角。Gryna et al.（2007）描述了开发更宽泛的框架所涉及的问题。

防错机制

运营计划的一个重要元素是通过防错机制来设计不犯错误的过程。这个概念有时候被称为防错或者“poka-yoke”。尽管在这里引出这个概念，更深入的讨论见第11章“精益技术：改进过程的有效性”。运营质量系统的设计者最好熟悉防错机制的应用方法和功效。

可控性的概念：自我控制

一个运营计划的理想目标是使人们处于自我控制的状态，也就是说，为他们提供一切所需以达到质量目标。要做到这一点，我们必须为人们提供以下内容：

1. 知道他们被期望做什么。

- 清楚和完整的工作程序。
- 清楚和完整的绩效标准。
- 充分的员工选拔和培训。

2. 知道他们实际做的（绩效）情况。

- 充分的工作审查。
- 审查结果的反馈。

3. 通过最小波动来控制过程的能力和愿望。

- 能够满足质量目标的过程和工作设计。
- 最小化波动的过程调整。
- 在调整过程方面有充分的员工培训。
- 保证固有过程能力的过程维护。
- 强大的质量文化和环境。

正如我们将会看到的，大多数的组织没有坚持自我控制的三个元素和十个子元素。自我控制的概念与丰田生产系统有类似的目标。Spear 和 Bowen（1999）将丰田系统归纳成四个基本原则。

根据自我控制的三个基本标准，可以按照“控制性”把缺陷分成不同种类，其中最重要的是：

1. 员工可控。如果三个自我控制的标准都满足，则发生的缺陷或者不符合情况属于员工可控的。

2. 管理可控。如果一个或者多个自我控制标准没有满足，这时发生的缺陷或者不符合情况属于管理可控的。

只有管理层才能提供可以满足自我控制标准的方法。因此，自我控制标准的不满足一定是管理的失败，由此而导致的缺陷不是员工所能控制的。这个理论并非百分之百的合理。在控制系统中，员工通常有责任引起管理者对缺陷的关注，但是有时候他们做不到这点（有时候他们做到了，但是管理者没有行动）。然而，这个理论大多数情况下是正确的。

正确判断缺陷或不符合是管理可控的还是员工可控的是最为重要的。减少管理可控的缺陷主要需要管理者、监管者和技术专家的努力，减少员工可控的缺陷则更多需要员工的努力，因此，管理者在启动主要项目之前，应该明确可控性状态。

表 20—1 给出了可控性研究的例子。为研究 17 个工作日的 6 个车间部门的

废料和返工报告，建立了一个诊断团队。负责收集数据的质量工程师在每份报告中输入缺陷的原因。当原因不明显的时候，团队审查这个缺陷，并在需要的时候与其他专家联系（管理人员根据项目的优先级通知专家）来识别原因。研究的目的是确认废品和返工率高的原因。这项工作确实产生了效果，使大家对改进计划达成一致。在不到一年的时间里，节省了200万美元，在减少生产积压方面也取得了重要的进展。

表20—1　　一个加工车间的可控性研究

类别	百分比
管理可控	
培训不足	15
设备不足	8
设备维护不足	8
其他过程问题	8
物料搬运不足	7
工具、量具、夹具（TGF）维护不足	6
TGF不足	5
错误的原材料	3
不按次序操作	3
杂项	5
总计	68
员工可控	
检查工作失效	11
操作设备不正确	11
其他（例如零件错位）	10
总计	32

也可以通过对自我控制的三个标准设定特定的问题来评价可控性（本章给出了典型的问题）。尽管这个方法不能得到量化的评估，但它能说明这个缺陷是管理可控的还是员工可控的。

经验表明80%的缺陷是管理可控的。这个数据在行业之间的差异并不大，但是在不同的过程之间有很大的差异。在日本、瑞典、芬兰和捷克斯洛伐克的调查研究也有类似的结论。

尽管已有的定量研究表明缺陷主要是管理可控的，很多行业的管理者却不了解这一点或者不能接受这个数据。他们长期坚持的观念是：大部分的缺陷是员工粗心、不重视，甚至是破坏的结果。这样的管理者比较倾向于启动员工激励计划，这样的计划针对的往往是少数次要的问题，注定只能获得不佳的效果。因此，问题的关键并不在于一个行业的质量问题是不是管理可控的。对一个特定的工厂来说，重要的是如何根据事实对缺陷进行可控性研究，如表 20—1 所示。

我们现在讨论自我控制的三个主要标准。

标准 1：知道“应该做的事情”

这通常包括以下内容：

1. 产品标准，可能是一个书面的规范、一个产品样品或者是对应达到的最终结果的定义。

2. 过程标准，可能是一个书面的过程规范、书面的过程指令、口头指令或者其他“达到目的的方法”的定义。

3. 职责的定义，也就是说要做什么决策和采取什么行动。在设计产品规范时，必须遵守一些重要的预防措施。

必须提供明确的信息

规范应当是定量的。如果无法获得这样的规范，则应该提供有形的或者图片形式的标准。但是产品规范除了需要明确以外，还需要一致和可信。在有些组织中，生产监管者有个秘密的“黑皮书”，里面说明了产品接收的“真正”的规范要求。另一个问题是沟通规范变更，特别是当这种变更连续发生时。

提供信息的重要度

所有的规范都包含很多特征，但是这些特征并不是同等重要的。必须引导和培训生产人员来满足所有规范界限，但是必须告知他们不同特征的相对重要度，从而使他们先关注高优先级的信息。

解释原因

解释产品和规范设计的原因，可以帮助员工理解为什么要满足标称规范值和界限。

提供过程规范

工作方法和工艺条件（例如温度、压力和时间周期）必须非常明确。例如，钢铁制造商使用一个高度结构化的系统来识别关键过程变量、定义过程控制标准、与员工沟通信息、监控绩效，并及时诊断出现的问题。因此，过程规范就是一系列的过程控制标准。程序是用来控制关键过程波动的（必须控制波动来满足产品的规范界限），控制程序要包括下面的问题：

- 过程标准是什么？

- 为什么需要控制？
- 谁负责控制？
- 测量什么以及如何测量？
- 什么时间来测量？
- 如何报告日常数据？
- 谁负责数据报告？
- 如何审计？
- 谁负责审计？
- 对于不合格的产品如何处理？
- 谁来开发标准？

通常，员工只有对工艺十分熟悉之后才会了解详细的工艺指令。在生产部门，基于工作经验对工艺指令进行的更新，可以随之在生产部门张挂一张因果分析图，并附上检索卡片，说明基于最近经验的附加工艺指令。

上述的讨论涉及了自我控制的第一个标准：人员必须有途径了解他们应该做什么。为了评估标准的遵守情况，可以创建一个问题检查表，包括以下内容：

充分和完整的工作程序

1. 是否有书面的产品规范、工艺规范和工作指令？
2. 如果在多个场所都有书面材料，它们是否一致？是否易辨识？
3. 员工是否可以方便地得到它们？
4. 员工能否自动和及时地收到规范的变更？
5. 员工是否知道如何处理有缺陷的原材料？
6. 是否明确定义了决策和行动的职责？

充分和完整的绩效标准

1. 员工是否认为标准可以达到？
2. 规范是否定义了不同质量特征的相对重要性？
3. 如果需使用控制图或者其他控制技术，它们与产品规范的关系是否明确？
4. 工作领域是否有目视缺陷的标准？
5. 给员工的书面规范是否与检验员使用的标准一致？
6. 是否经常允许与规范有偏差？
7. 员工是否知道产品如何使用？
8. 员工是否知道如果没有满足规范，对未来运营和产品绩效会带来的影响？

充分的选拔和培训

1. 员工选拔过程是否满足工作需要并与员工技能匹配？

2. 是否对员工进行了足够的培训来理解规范，并执行相应程序以满足规范？

3. 是否通过测试或者其他的方法对员工进行了评估，以确定其是否称职？

标准 2：了解绩效

为了实现自我控制，员工必须有途径了解他们的绩效是否符合标准。符合性指：

- 产品符合特征规范要求。
- 工艺符合规范要求。

可以通过三种方法了解绩效：过程固有的测量、生产工人的测量和检验员的测量。

对工人良好反馈的标准

生产工人（与监管者和技术专家不同）要求反馈数据一目了然，只处理少数重要的缺陷，只处理员工可控的缺陷，及时提供有关问题和原因的信息，以及提供足够的信息来指导纠错行动。良好的反馈应该做到以下几点：

• 能一目了然地读取。工厂里事情的发生是很快的，工人应当能够在工作中快速检查反馈信息。当工人需要一段时间里的工艺性能信息时，图表可以提供最好的反馈形式，前提是图表要设计得与工人的职责一致（表 20—2）。为了突出反复出现的问题，建议使用直观的显示方法。例如，在挂图上用大的黑体字写上“外仓开关安装在后面”，比在工作文件的边角备注同样的信息会有更好的效果。

表 20—2　　工人职责与对应的图示

工人的职责	对应的图示
使每个产品满足产品规范	单个产品的测量值与产品规范界限的比较
保持过程状态符合过程规范的要求	过程状态的测量值与过程规范界限的比较
保持均值和范围符合统计控制界限	均值和范围与统计控制界限的比较
保持不符合百分比低于某一特定水平	实际的不符合百分比与限定水平的比较

• 只处理少数重要的缺陷。一味地让员工关心所有的缺陷数据会导致对少数重要数据的忽视。

• 只处理员工可控的缺陷。任何其他的做法都是没有意义的。

• 及时提供有关问题和原因的信息。及时性是对良好反馈的基本要求，系统越能够反映实时状态越好。

• 提供充足的信息以指导纠错行为。提供的信息应当可以为补救行动提供决策依据。

与工人行动有关的反馈

工人需要清楚对过程进行哪种调整可响应产品的偏离问题。这类信息来自：

- 过程规范。
- 工人试错的经验。
- 产品和工艺的度量单位是相同的。

如果工人缺少这些知识，只能不断地进行试错或者停止过程并拉响警铃。

有时候可以将反馈数据转换成有效的形式，从而帮助工人决策如何调整过程。例如，铜帽有六个主要尺寸，很容易测量这些尺寸，并发现产品偏离。然而，很难在产品数据中反映出过程的变化。此时，可以应用位置—尺寸图（P-D图），将六个测量值进行“矫正”，即都减去最小的测量值。然后用矫正后的数据画出P-D图，从而可以分析工装问题。

对管理者的反馈

除了给工作站提供反馈信息之外，还需要向管理者提供短期总结信息。可以通过如下一些形式。

矩阵总结

一个普遍采用的形式是工人与缺陷对应的矩阵总结：垂直列的标题是工人的名字，水平行的标题是缺陷的类型。这种矩阵可以清楚地表示出哪种缺陷类型发生得最多，哪个工人导致了最多的缺陷，以及他们之间的关系如何。其他的矩阵形式包括机器号与缺陷类别的对应，缺陷类型和工作周的对应。得到这些总结结果后，通常可以圈出一些矩阵单元来强调哪些是值得关注的少数重要情况。还可以用对角线将单元格一分为二，从而可以填入两个数字，例如缺陷的数量和生产的数量。

帕累托分析

一些组织喜欢简化细节，只提供每天的总缺陷量，同时列出最严重的三个缺陷以及这些缺陷的数量。在一些行业，可以用“图室”显示不同产品和不同部门的绩效与目标的对比情况。

自动化质量信息

有些情形下，我们需要自动化的数据记录和分析。在生产现场将数据输入到计算机终端是很普遍的。有很多软件可以分析、处理和展示在生产现场收集的质量信息。“质量信息设备”（QIE）专指可以测量产品和过程、归纳信息并为决策提供信息的仪器设备。有时这类设备有自己的产品开发周期，以满足多种产品有效性参数。

以下是为了评估自我控制的第二个标准的检查表，检查表包含如下的问题：

充分的工作审查

1. 是否为工人提供了测量工具？它们是否提供了数字的测量方法，而不是简单地将好产品和坏产品分开？它们是否足够精确？是否经常检查它们的准确性？

2. 是否告知了工人多长时间抽样一次？是否留有足够的时间？

3. 是否告知了员工如何评估测量结果，并由此来决定什么时候需要调整过程，什么时候不用管它？

4. 是否有一个检查程序，指导工人进行抽样检查和过程调整？

充分的反馈

1. 检验的结果是否提供给工人？这些结果是否得到管理者和工人共同的审查？

2. 反馈是否及时和详细，从而可以纠正问题？是否向员工咨询过在反馈中需要哪些详细信息？

3. 员工是否收到特定类型错误的详细报告？

4. 除了负面的评价，反馈是否包括正面的评价？

5. 负面的反馈是否是私下传递的？

6. 是否有特定类型的错误是从外部顾客的反馈开始追溯的？

7. 其中的一些错误是否能够从内部的早期指标开始追溯？

标准 3：调整的能力和期望

自我控制的第三个标准是调整的能力和期望。调整过程依赖于不同的管理可控因素，包括以下内容：

过程必须能满足公差

这个因素是非常重要的。在有些组织中，规范的可信性是很重要的问题。通常，在产品设计发布后会创建一个制造过程，进行几次试运行，然后开始批量生产。批量生产过程中发生的质量问题，通常是因为过程不能稳定地满足设计规范导致的。这时，需要通过调整过程或者改变规范来解决问题，就会导致生产延迟。在产品研发周期中，应当在批量生产之前验证生产过程能力。对过程能力的全面讨论参见第 19 章“准确可信的测量系统及先进工具”。

过程必须能对调整行动价值进行响应

例 20.1　在制造聚乙烯薄膜的过程中，工人需要满足很多生产参数的要求。设备上装有不同的调整仪器，每个仪器可以控制一个或多个参数。然而，没有一个预定的满足所有参数要求的设定列表指导工人设置调整仪器。因此，需要不断试错，并努力同时满足所有的参数。在试错的过程中生产出的不合格产品将损害生产率和延迟交货期。工人无法预测试错过程要持续多长时间才能满足全部的要求。因此，在实践中，通常是经过一个合理的时间段后，不管是否满足要求，工人都停止试错，然后进行大量生产。

必须培训工人了解如何应用调整机制和程序

培训应该包含整个活动的所有方面——在什么情况下行动，做什么类型和什么程度的调整，如何使用调整仪器，以及为什么需要采取这些行动。

例 20.2 在一个食品生产过程中有三个工人，只有一个工人每周都操作生产并且成为能手。只有在这个工人休假或者生病的时候才使用另外两个工人，因此他们也成不了能手。对替班人员进行持续的培训被认为是不经济的，并且工会的协议中也禁止在上述情形外使用替班人员。这种问题是管理可控的，也就是说，额外的培训或者对工会协议进行调整是必要的。

调整的行动不应该使工人不满，例如，不应该要求过度的体力消耗

例 20.3 在生产玻璃瓶的工厂，一个调整机械装置位于熔炉区旁边。在夏天的几个月中，这个区域非常热，以至于工人都希望尽量离开那里。当调整需要不同的操作技术要素时，就出现了一个新问题：工人是否有能力去调整？

必须充分维护过程以保证它固有的能力

在生产环境中，没有足够的维护，设备就会发生故障并且需要频繁的调整——结果通常是缺陷和围绕名义值的波动的增多。很明显，这种维护必须既有预防性又有矫正性。

维护的重要性促生了全面生产维护（total productive maintenance，TPM）的概念和最近的以可靠性为中心的维护（reliability-centered maintenance，RCM）的概念的出现。在这些方法中，要组建团队来识别、分析和解决维护的问题，从而使过程设备的正常运行时间和可靠性最大化。团队人员包括生产线的工人、维护人员、工艺工程师和其他需要的人员。在全面生产维护下，问题的范畴会比较集中，从而实现持续不断的小改进。改进的例子有：工具丢失数量的减少和过程调整的简化。相反，以可靠性为中心的维护更关注于通过数据搜集分析和详细的计划来对整个资源和行动进行优化排序。

在上面两个案例中，目标都是最大化设备的性能，两个方法互为补充。第11章“精益技术：改进过程的有效性”中提供了关于在运营中维持卓越的详细评论。

控制系统和主导的概念

控制特征的特定系统与主导一个过程的根本因素相关。主导的主要分类如下：

工装主导。对于整批产品来说，这样的过程具有高度的重复性和稳定性，因此控制系统强调在生产前对工装进行验证。这类过程的例子有钻削、贴标签、热封、印花和印刷工作。

时间主导。这种过程将随着时间逐渐变化（例如工具磨损、试剂消耗、机器变热）。相应的控制系统的特征是安排一个检查计划，使工人能够根据反馈信息做出补偿性的调整。螺纹加工、容器注料、羊毛梳理和造纸都是时间主导的工艺。

零件主导。在这种情况下，材料和零件的质量是最重要的。控制系统的重点是供应商关系，重视来料检验和次品检验。很多装配操作和食品加工过程是零件主导的。

工人主导。对于这样的过程，质量主要依赖于生产工人所掌握的技能和窍门。控制系统强调诸如工人的培训课程和认证、防错，以及工人和质量的等级划分等特征。工人主导的过程如焊接、涂层和订单填写等。

信息主导。在这类过程中，工作信息通常有频繁的变化。因此，控制系统强调提供给工人（和其他任何人）的信息的准确性和及时性。这种过程的例子包括订单编辑和工作车间使用的轨道车。

主导因素不同的过程，其控制工具也不相同。表 20—3 列出了不同的过程主导形式以及过程控制中使用的工具。

表 20—3　　各种主导过程的控制工具

工装主导	时间主导	零件主导	工人主导	信息主导
过程状态的检查 成品首件检查 批计划 预控制 窄界限测量 属性目视检验	定期检查 $\overline{X}$ 控制图 中位数控制图 $\overline{X}$-R 控制图 预控制 窄界限测量 p 控制图 过程变量检查 自动记录 过程审核	供应商评级 来料检验 预加工控制 验收检查 模型评估	验收检查 p 控制图 c 控制图 工人打分 工人的再认证 过程审核	计算机产生信息文件的“主动”检查 条码和电子输入 过程审核

检查表

评估自我控制第三个标准的检查表通常包括如下的问题：

过程能力

1. 测量的质量能力是否同时包括固有波动和时间导致的波动？是否能定期地检查过程能力？

2. 工作的设计是否使用了防错准则？

3. 设备及其软件是否设计得符合工人的能力和局限？

过程调整

1. 是否已经告诉了工人多长时间对过程进行一次重置，或者如何评估测量结果以决定什么时间对过程进行重置？

2. 工人能否对过程进行调整来消除缺陷产品？工人应当在什么样的条件下调整过程？工人应当在什么时间关闭设备并寻求更多的帮助？寻求谁的帮助？

3. 是否与工人沟通了那些导致缺陷产品的工人活动和必需的预防活动，最好是用书面的形式？

4. 工人是否可以将确认能够改进过程的工作变化制度化？是否鼓励工人提出改变/调整建议？

在调整方面的工人培训

1. 是否有工人拥有潜在的值得发现并传授给所有工人的诀窍？

2. 是否为工人提供了识别问题、分析问题和提出对策的时间和培训？培训是否包括诊断性培训以寻找错误的模式并确定问题的来源和原因？

过程维护

过程是否有充分的预防维护程序？

强大的质量文化/环境

1. 是否作了足够的努力去创建和保持质量意识？

2. 是否有管理领导力的证据？

3. 是否有员工自我发展和授权的规定？

4. 作为一种激励的方式，是否有员工参与的规定？

5. 是否有对员工认可和奖励的规定？

自我控制检查表的使用

这些检查表可以在以下方面对操作有所帮助：设计（和重新设计）工作来预

防错误，诊断单个工作的质量问题，识别很多工作的共同缺陷，支持管理者担任员工的导师，为过程审核进行准备，以及指导质量方面的培训课程。

质量的组织结构

未来的组织会受到两个系统的交互作用的影响：技术系统（设计、设备、程序）和社会系统（人、角色），因此将其命名为“社会技术系统”（STSs）。

组织工作的新方法，尤其是在员工层面上正在出现。例如，管理者渐渐变成“教练”，他们用教导和授权代替了分配和指导工作。操作者渐渐变成“技术员”，他们执行需要大量决策的多技能工作，而不是有限决策的小范围工作。团队的概念在这些新方法中扮演了重要的角色。在一些组织中，40%的人员参加了团队，有些组织的目标是达到 80%。永久性团队（例如工艺团队、自我管理团队）对包括质量在内的所有输出参数负责，专案小组（例如质量项目团队）通常对质量改进负责。

尽管这些不同类型的质量团队取得了显著的成果，在现实中，各部门的日常工作仍由配有可以执行各种任务的员工的管理者负责。在运营中，这种配置是“自然的工作团队”。但是团队的概念当然可以应用于日常工作，团队结构是质量过程三部曲中的控制过程。具体步骤包括选择控制主体、建立测量方法、设定性能标准、测量实际性能、与标准进行比较，以及对差异采取措施。

产品评估的计划

计划活动必须识别出产品正式评估的所需，以确定其对市场的适应性。它包括三个活动：

1. 测量产品与规范的符合度。
2. 对不符合的产品采取行动。
3. 对不符合产品的处置的信息沟通。

这些活动在第 12 章“六西格玛：改进过程的效率”中有讨论。不过这些活动对制造计划过程也有影响。举例来说，判断符合性有几种可能的方法：让生产工人执行这个活动，让独立的检验人员执行，或者让两者一起执行。人们越来越多地采用最后一种方式，即由生产工人和检验人员一起来判断符合性。

自检与产品审核相结合的概念得到了发展。在这个概念中，对于过程和产品的所有检验和所有符合性决策都由生产工人作出（然而，对于不符合产品要采取的行动的决策权没有授予工人），但是，要对这些决策进行独立审核。质量部门定期随机抽样检验产品，以保证工人所采用的接受或者拒绝产品的决策过程仍然有效。审核验证了决策过程。需要注意，从纯粹的审核概念来说，检验人员不能转变为生产部门的检验员。除非是有必要做审核的，否则检验职位都取消了。

如果审核显示工人做了错误的决策，则从上次审核以来的产品要进行重新检查——通常由工人自己来进行。

相对于传统的将检验授权给独立的部门，自检具有决定性的优势：

• 生产工人感到对他们自己的工作质量承担更多的责任。

• 对性能的反馈是即时的，便于过程的调整。

• 传统的检验还有一个心理劣势，就是认为一个“局外人”在向工人报告缺陷。

• 可以减少一个独立的检验部门的成本。

• 通过向生产活动中增加检验工作使工人的工作范围扩大化，有助于减少很多工作中固有的单调和无聊。

• 取消专门的检验工作站，可以缩短产品的生产周期时间。

例 20.4 在纺织纱线成锥操作中，传统的检验方法通常导致完成的线锥在检验部门放置几天，因此延迟了对生产的反馈。在自检的情况下，工人收到即时的反馈，可以更及时地维修机器和改进工装。总体而言，这样的程序将不符合品率从8%降低到3%。对工人分类为“好”的产品进行审核，结果显示所有的产品分类都正确。在这个组织中，工人也可以将产品分类为“有疑问的”。在一项分析中，工人将3%的产品检验分类为有疑问的，随后一个独立的检验人员重新审核了有疑问的产品，然后将2%分类为可接受的产品，1%分类为不合格的产品。

例 20.5 一个药品制造商在胶囊产品发布销售前实施了各种测试和检验。这些检验包括化学测试、重量检验和胶囊的目视检查。习惯上，需要由检验部门进行100%的目视检验。缺陷的分类从“严重的”（例如一个空的胶囊）到“微小的”（例如错误的印刷）。这种检验很耗费时间并且频繁地引起生产延迟。于是该制造商发起了一个由机器操作工人进行自检的实验。操作工目视检查500个样本，如果样本是可接受的，操作工将整个容器的产品运送到仓库；如果样本是不可接受的，整个容器的产品被送至检验部门进行100%的检验。在这个实验中，样本和整个容器的产品都被送至检验部门进行100%的全检，样本的再检验结果被单独记录下来。实验得到了两个结论：（1）操作工的样本检验结果与检验员的样本检验结果一致；（2）500个样本的结果与100%的检验结果一致。

实验说明进行操作工抽样检验是合理有效的。在这个新系统下，好的产品被迅速地送至仓库，有问题的产品得到了高度的关注，进行了 100%的检查。另外，缺陷水平下降了。改进的质量水平归功于操作工的强烈的责任感（他们自己决定产品是否可以销售），以及工人通过自检所得到的及时的反馈信息。还有另一个优点——检验人员减少了 50 人。这 50 个人转做了其他工作，包括实验和对不同类型缺陷的分析。

自检的标准

对于自检，有些标准必须满足：

• 质量必须是组织中首要的。如果这个要求不明确，工人可能迫于进度和成本的压力，将本应该拒绝的产品划分为可以接受的。

• 相互的信任是必要的。管理者必须对工人有足够的信任，愿意授权员工决定产品是否符合规范。反过来，工人必须对管理者有足够的信任，愿意承担这个责任。

• 必须满足自我控制的标准。若不能消除导致产品缺陷的管理可控因素，则表明管理者没有把质量视为最高等级，这种环境可能使工人在检验过程中产生偏差。必须培训工人理解规范和执行检验。

• 规范必须清晰明确。工人应当了解产品在企业内部和外部的使用情况，从而理解符合性决策的重要性。

• 过程必须明确决策责任。例如，一个工人操作一台机器，这样他对产品制造和产品的符合性决策都有明确的责任。相反，一个很长的装配线或者一个包含大量步骤的化学过程，使职责分配变得困难。对于这样的多步骤过程，自检的应用最好推迟，应在一些简单的过程中取得了经验之后再考虑。

自检应当仅仅应用于稳定的和符合规范的产品和过程，并只授权给那些已经证明了自身能力的员工。

工人一般都喜欢这种授权，这意味着工作职责扩大了。然而，胜任自检的工人通常会因此要求某种形式的奖赏，例如更高的级别、更多的报酬。组织往往会对这些需求进行建设性的响应，因为授权的经济效果是令人满意的。另外，由此产生的差异对不能胜任的工人是一种刺激，使其具备必需的能力。

自检的一个辅助手段是在检验中使用 poka-yoke 工具。这些工具安装在机器上以检查过程的状况和产品的结果，并为操作工人提供及时的反馈。例如可以应用限位开关和干涉销确保材料的正确定位，它们也属于检验过程状况的 poka-yoke 工具。过规/限规是检验产品的 poka-yoke 工具。

过程质量审核

质量审核是一个独立的检查过程，它对质量性能的某些方面与对应的标准进行比较。质量审核在制造业中的应用已经很广泛，包括对活动的审核（过程审核）和对产品的审核（产品审核）。

过程质量审核的对象包括影响最终产品质量的所有活动。这种现场审核通常由一个或者多个人员，对特定的过程按照工艺操作的程序进行。虽然强调与现有程序的一致性，但是审核经常会发现不正确的或者不存在的程序。本章前面的自我控制检查表列出了过程审核的具体项目。审核必须以审核报告中呈现的事实为基础，以此来帮助那些责任人决定并执行需要的纠正行为。

产品审核是对产品进行重新检验，以验证接受和拒绝的决策的正确性。理论上，产品审核是不需要的，在实践中可以通过现场投诉来验证。产品审核可以在产品检查站或者在装配和包装后进行。有时候，在产品转移到下一个操作之前需要进行一次审核。

表 20—4　　审核检查表

1. 生产人员是否能得到规范?
2. 文件是否是最新的修订版本?
3. 文件上的内容是否是正确的并且值得参考?
4. 如果参考文件张贴在设备上，它们是否符合规范?
5. 如果规范中参考了记录表，规范中是否包含记录表的样本?
6. 操作人员是否根据规范填写记录表?
7. 不合规的批次是否有工程部门或合适的监管者负责处理?
8. 是否根据规范对文档进行了更改?
9. 是否根据规范设定了设备时间?
10. 是否根据规范设定了设备温度?
11. 设备上的校准标签是当前的吗?
12. 规范中列出的化学品和气体是否符合实际的使用?
13. 规范中列出的数量是否与生产线设定符合?
14. 是否根据规范对化学品或者气体进行调整?
15. 生产操作人员是否有资质? 如果没有，该员工是否得到了监管者的授权?
16. 生产操作程序是否符合规范?
17. 操作人员是否根据规范执行书面化的清洗程序?
18. 如果规范中列出了安全须知，是否遵守了这些须知?
19. 如果过程控制程序写在规范中，过程控制执行的行动是否可验证?
20. 如果设备维护程序写在规范中，执行行动是否可验证? 是否是根据规范进行的?

资料来源：Quality Progress，October 1990.

运营中的质量测量

对关键工作过程的管理必须包括有关测量的规定。对于测量问题，读者可以回顾第 4、5、6 章：质量计划、改进和控制中的质量测量基础。

表 20—5 给出了制造活动的例子。值得注意的是，很多控制对象是以各种工作输出形式存在的，就目前使用的测量指标来看，生产率是一个重要的指标。生产率通常定义为输出与输入资源之比。令人吃惊的是，仍然有些组织只计算总的输出（可接受的和不可接受的）。很明显，正确的输出测量应是对顾客有用的（可接受的输出）。

表 20—5 中列出的测量指标可以使用统计技术进行分析，例如在第 12 章“六西格玛：改进过程的效率”中讨论的控制图技术。但还有更基础的内容：测量指标的选择和定期的数据收集与报告，以向操作人员表明，管理者认为这个指标具有优先的重要性。这种情况有利于改进。

表 20—5　　生产质量测量的例子

主题	测量单位
生产输出的质量	符合规范的输出百分比（“首次产出率”） 在中间和最后检验中符合规范的百分比 废品总数（数量、成本、百分比等），返修的总数（数量、成本、百分比等） 输出免检放行的百分比 在产品审核中（检验后）发现的缺陷数量 由于生产缺陷导致的质量保证成本 产品质量的综合测量（每百万的零件缺陷数、每单位的加权缺陷、关键特征的波动等） 降级使用的产品数量
生产输入的质量	关键工位操作者的认证百分比 生产设备停机的总时间 产品输入符合规范的百分比 检测工具符合校正计划的百分比 颁布后需要调整的规范百分比

详细的运营质量计划

工艺审查的最好方法是进行有效的预生产试错。诸如失效模式和效应分析技术（FMEA）（类似的还有失效模式影响、关键性分析）等技术也可以在产品生产前提供一个更早的预警。一旦建立了工艺，过程控制必须到位来保证符合性。下面将讨论这些方法。

预生产运行

理想的情况下，产品批次应当历经整个生产系统，进而在进行全面生产之前发现并纠正缺陷。实际上，组织通常对这样理想的方法做出一些妥协。预生产可能成为常规生产的第一步，只是比较重视问题反馈和纠正。或者，可以只针对现有经验不足的新的产品和工艺特征进行预生产。虽然有些组织坚持严格的预生产准则，即通过预生产来验证产品和过程，但是更多的组织采用灵活的方法，根据如下情形决定预生产：

1. 产品中包含新的或者未经测试的质量特征的程度。

2. 生产工艺的设计中包含新的或者未经试验的设备、工具等的程度。

3. 在就过程、产品和使用难度得出具有说服力的证据之前所需产出的产品的数量和价值。

生产规模的扩大是一个连续过程，从产品设计概念到原型（或模型）搭建再到测试。从模型车间制造的模型并不能判断出大规模生产的充分性。模型车间的目的是证明工艺的可行性，生产车间的目的是达到质量、成本和交付速度的标准。模型车间的机器、工具、人员、监管和动机等都与生产车间的相应条件不同。

工具试验

在工作站层次上，当新的工具完成后，需要经过试验程序的验证，绝大多数公司已将这一程序正规化。试验主要是利用新工具生产足够多的产品来证明工具可以在车间环境下满足质量标准。

试验结束需要有一个正式的文件，文件中要有数据的支持，通常也包含质量数据。试验文件能否得到批准，决定了工具能否被投放用于大规模生产。

少量的试制产品

除了在单个工作站进行试验外，还需要整体的试验。这需要试制生产小批产品，这是验证生产工艺的必须步骤。试制小批产品通常是在正常的生产车间进行的，为大规模生产中可能遇到的问题提供预审查。在加工工业中，这种正式投产前的试验是在试制工厂进行的，它可以提供批量生产的决策信息。

软件验证

与新工具一样，用于过程中的软件也需要一个试验过程，同样需要正式的分析和批准过程。

实验批

试制批量的概念为计划人员测试其他备选方案提供了机会，他们通常将实验的概念与非实验性试产中的验证结合起来。

获得良好过程产出是试验批的最重要目的之一。这些试验可以利用第 19 章“准确可信的测量系统及先进工具”中，以及本书有关统计方面的章节中讨论的所有技术。

过程的失效模式、影响和关键性分析

失效模式、影响和关键性分析可以应用于产品设计分析。该技术可以剖析潜在的失效模式和它们对目前或者新设计工艺的影响。失效模式、影响和关键性分析的详细讨论可以参见第 19 章“准确可信的测量系统及先进工具”。

计划过程控制

工艺规范、程序和工作指令/标准对操作很关键。它们的目的是告知生产人员如何准备、运行和调整过程，从而得到优良产品。相应地，生产人员应当遵循这些计划，否则就生产不出良好的产品。

很多组织建立过程控制来保证这些计划在实际中得到遵循。有多种类型的控制，它们由制造工程师、质量工程师、生产监管人员和工人的某种组合建立起来。具体的组合方式因组织而不同。

过程控制基于反馈环。操作过程控制的计划步骤需严格遵循应用反馈环的一般方法。

控制标准

控制计划的执行一般授权给工人，在允许工艺运行前，通常要设置相应的标准。这些标准包含三个主要方面：

1. 准备标准。对于一些过程而言，必须先满足了前置标准（例如，连续

生产的五个产品的测试结果必须都是“良好”）才开始生产。在关键情况下，这种早期警告的保证模式可能需要监管人员或者检验人员独立验证前置结果。

2. 运行标准。对于很多过程来说，需要定期检查运行状况来决定过程是否可以继续运行或者应当停下来进行调整。运行标准中应明确检查的频率、样本的规模、样本选择的方式、要做的测试和要满足的公差等内容。

3. 设备维护标准。对于有些过程，要保证质量，对设备自身必须进行严密的控制。这种类型的控制本质上是预防性的，与设备故障导致的维修的概念不同。这种预防性的设备维护包括一套精心定义的标准，定义了设备重要的性能特点。然后，依据一个需严格遵守的时间表，根据这些标准检查设备。在美国，设备维护的这个方面做得不是很好，需要采取积极的行动来加强。

与产品控制的关系

过程控制有时候会与产品控制相混淆，但是它们有着明显的区别。过程控制与“过程应该进行还是停止”的决策有关，产品控制与“产品是否符合规范”的决策有关。通常，这两个决策都需要从产品抽样和测量中得到输入数据。（直接测量过程几乎是不可行的。）然而，选择样本的方法通常是不同的。生产中通常要决策“过程是进行还是停止”，并倾向于以可以获得尽量多的过程信息的方式进行抽样。检验通常（在美国）决策“产品符合性”，并倾向于以可以获得尽量多的产品信息的方式进行抽样。

抽样的不同很容易导致对“同样的”产品产生不同的结论。生产部门通常按时间计划，在产品仍然可追溯到具体的过程的时候进行抽样。检验部门则通常进行随机抽样，此时产品的可追溯性已经变得模糊。

尽管出于不同的目的，这两个部门进行联合规划仍是可行的。通常它们可以建立各自的控制，这样两个目的都达到了，双方的数据也可以互相支持。

保持对持续改进的关注

长久以来，运营职能总是在处理各种偶发的质量问题。当发现长期存在的问题时，可以采用多种方法来解决，例如质量改进小组。通常改进的措施涉及质量计划或者重新计划。这三种类型的措施总结在表 20—6 中。

表 20—6　　三种类型的措施

采取措施的类型	什么时间采取措施	基本的步骤
排错 （质量控制的一部分）	性能指标超出控制界限 性能指标具有趋向控制界限的明显趋势	识别问题 诊断问题 采取纠正措施
质量改进	控制界限过宽，虽然过程受控但是偏离目标值 性能指标经常偏离目标值	识别项目 立项 诊断原因 修正原因 保持成果
质量计划	很多过程性能指标频繁偏离目标 产品没有满足顾客的重要需求	立项 识别顾客 发现顾客需求 开发产品 开发工艺 设计控制

资料来源：Juran Institute，Inc.，1995，pp. 5-7.

很明显，保持对质量改进的关注需要组织中具备积极的质量文化。因此，我们必须首先明确现有的质量文化，然后采取措施将质量文化改变成促进持续改进的文化。另外，为了保持对改进的持续关注，必须向运营职能部门提供支持。质量部门应当成为一个关键的支持者。因此质量部门应当将运营部门作为自己的重要内部顾客，并提供培训、技术质量专家和其他类型的支持，从而使运营部门可以保持对改进的关注。同样地，质量部门可以要求高层管理人员建立跨职能的团队来解决可能由其他职能部门导致的运营问题，例如工程、采购和信息技术部门。

参考文献

Eibl, S., Kess, U., and Pukelsheim, F. (1992). "Achieving a Target Value for a Manufacturing Process," *Journal of Quality Technology*, January, pp. 22–26.

Goldman, S. L., Nagel, R. N., and Preiss, K. (1995). *Agile Competitors and Virtual Organizations*. Van Nostrand Reinhold, New York.

Gryna, F. M., Chua, R. C. H., and De Feo, J. A. (2007). *Quality Planning and Analysis*, 5th ed. McGraw-Hill, New York.

Herman, J. T. (1989). "Capability Index—Enough for Process Industries?" *ASQC Quality Congress Transactions 1989*. American Society for Quality Control, Milwaukee, WI, pp. 670–675.
Quality Progress, October, 1990. "Motorola's Secret to Total Quality Control" by E. Pena.
Siff, W. C. (1984). "The Strategic Plan of Control a Tool for Participative Management." ASQC Quality.
Snee, R. D. (1993). "Creating Robust Work Processes." *Quality Progress*, February, pp. 37–41.
Spear, S., and Bowen, H. K. (1999). "Decoding the DNA of the Toyota Production System." *Harvard Business Review*, September-October, pp. 97–106.

（孙军华 译，苏强 校）

第 21 章

服务组织：最佳顾客服务

迈克尔·J·莫斯辛斯基

关于本章

本章以服务行业为主题。服务行业的特点是向顾客提供无形的服务而非实物。本章主要对一般保险、医疗保险、呼叫中心、业务过程外包（BPO）和信息技术外包这几种服务行业进行研究，阐述如何理解服务行业的质量及其所面临的问题。每种特定服务作为一小节，研究内容包括质量问题、服务指标以及每种服务中蕴藏的机会。本章结尾给出一些对服务行业有意义的参考文献，供读者翻阅。

本章要点

1. 私营服务业的产值占美国国内生产总值（GDP）的 68.2%。
2. 质量指实现顾客期望的服务特征，消除服务中的不足和缺陷。
3. 如果缺乏足够的可靠数据，就必须立即采取实际行动，收集这类数据。

虽然收集数据这项工作看起来比较艰巨，但却是必需的，而且如果有远见的话，这项工作其实也没有它最初看上去时那么艰巨。

4. “缓行以便速达”，改进服务质量并不容易，必须谨慎考虑。

5. 高层管理者的支持是服务质量项目成功的关键。

导言

服务组织是通过某些途径向顾客提供服务而不是制造或生产产品的商业组织。商务部经济分析局报告，2008年私营产品生产行业的产值仅占GDP比重的19.8%，而私营服务业的产值占GDP比重高达68.2%（如图21—1所示）。可见，美国2/3的经济发展是由服务业贡献的。产品生产行业可细分为农业、林业、渔业、狩猎、采矿业、建筑业和制造业。服务产业包括公用事业、批发贸易、零售贸易、交通和仓储、信息、金融、保险、房地产、租赁业、专业及商务服务、教育服务、卫生保健和社会救助、艺术、娱乐、休闲、住宿和饮食服务，以及其他除了政府之外的服务。

	2005	2006	2007	2008
国内生产总值（GDP）	100%	100%	100%	100%
政府部门	12.6%	12.5%	12.6%	12.9%
私营产品生产行业	19.7%	19.8%	19.3%	18.9%
私营服务产业	67.7%	67.7%	68.0%	68.2%

图21—1 分行业增加值占GDP（现价比）的比重

资料来源：Bureau of Economic Analysis, Dept. of Commerce.

本书篇幅有限，不对整个服务业经济做全面研究，而是选择几个具有代表性的服务行业进行分析讨论，包括一般保险、医疗保险、呼叫中心、业务过程外包（BPO）和IT服务外包。

服务组织的质量

服务行业质量的定义和其他行业是一致的，包括两个基本方面：服务能够实现顾客期望的产品或服务特征，同时该产品或服务中没有缺陷或不足。

服务组织的质量是不是更为复杂？通常情况下，衡量服务组织的质量要比衡量制造业组织的质量更为困难。现代制造业历史悠久，起源于18世纪。制造业的性质决定了它的质量常常是依赖于尺寸、数量和重量等的定量测量。然而，服务组织常常依赖于定性测量，比如“好、更好、最好”和“经济、豪华、奢侈”。

“缺乏数据”问题

事实上，一个服务组织想启动一个质量改进项目最先碰到的困境经常是缺乏数据。虽然在开始某个质量改进项目时，我们可能会拥有少量有用的精确数据，但往往不能满足分析的需要。在实施质量改进之前，相关人员必须首先联系 IT 部门，因为这些部门通常拥有大量的未经发布的常规数据。对现有数据库的快速查询往往可以得到大量数据。在使用和分析数据之前，需要检验所用数据的真实性。

如果真的只有极少数据或者无数据可用，又或者数据是错误的、不可靠的，那么必须重新收集有用的数据。与所有的变化一样，突然收集以前从未收集过的数据，可能会惊扰员工或顾客，或者使两者都受到影响。当一个之前从未被收集过数据的人要接受测量时，其对变化的担心是自然的。为了减少这种担忧，在收集数据之前很有必要对改变的方法进行适当的介绍。如果跳过这一步或者使人误解收集数据的目的，质量改进项目的执行将会从一开始便埋下失败的种子。太多人花时间仅是为了收集数据，或者解释收集数据的目的或质量系统的价值，这看起来似乎是在浪费时间。对开始项目的渴望可能难以抑制，但最好牢记一句古话：“缓行以便速达”。这句话正好适用于为改善质量所作的努力，它并不意味着工作拖拉或者放慢质量项目的实施，而是在告诫质量低下的快速往往难以实现相应的改善。

管理者支持

在所有行业中，任何组织范围的质量项目，都必须获得全体管理者尤其是高层管理者的理解、赞同与支持。即使让员工感觉到一丁点儿的犹豫不决或者“等等再看”的态度，该质量改进项目往往也会以失败告终。员工更关注管理者所为而非管理者所言。应尽快建立一个由高级管理人员组成的质量委员会以监督质量改进计划。委员会必须定期召开会议，季度会议就是不错的选择。他们的关注和对项目的指导需要明确地传达给组织。

一般保险业

一般保险业包括提供个人和群体的财产险、事故险、工人赔偿险和汽车险等保险产品的组织。

质量问题

保险指保险企业销售承诺给投保人。关于未来发生的事件所造成损失的赔偿承诺总是存在很多曲解。从顾客的观点来看，质量包括能够准确理解承诺的条款和界限——不多也不少。顾客的错误理解可能意味着失望和显著的金钱损失，而保险公司对承诺的错误解释则可能意味着商业机会的丧失和重大的经济损失。

双方必须完全清楚他们所签署的确切事项。保险公司的责任是尽可能多地了解投保人。一旦发生错误，保险公司将会因为相关索赔产生金钱上的损失，或者丧失商业机会。保险公司需要有精确、及时和相关的数据来描述承保亏损的风险。数据质量是关键。

而对风险的准确评估最终也将有利于投保人。条款用语应该简洁明了，既不太多也不太少，使双方都能够充分理解承保的细节。投保人对于质量的观点将会在很大的范围内变化。例如，投保额越大，与投保量相关的可减免条款对投保人关于产品质量特征的观感影响就越大。保险公司必须对同类产品的成本和收益作出清晰的比较，以便投保人可以详细地了解其差别。投保人可能会转去购买竞争对手的产品，因为他们以更低的成本提供同样的收益，比如，增加减免条款从而实现更低的成本。

收入和支出是保险公司两大重要的衡量指标。然而，所有行为都要综合平衡风险的影响。比如，雇用一个工资水平和技术水平都较低的员工来调整条款，引起严重错误造成的成本可能是高工资熟练员工的数倍之多。成本降低策略必须综合考虑高额的补偿金所导致的成本支出。忽略其他衡量指标，而单独考虑成本是不可取的。

指标

一般保险业的典型指标包括：

- 收入费用率。
- 支付未来索赔款项。
- 费用与赔偿成本。
- 过程、任务和子任务的处理周期。
- 周期内顾客电话呼入量/率。
- 遵守标准方法。

机会

未来保险业的发展充满各种可能。如果资本市场仍然紧缩，就要在资本密集型的自动化和人工操作之间进行相应的取舍和权衡。业务过程外包（BPO）在保险业中的应用还相对有限，因此大有发展潜力。采用 BPO 可降低成本，并且增加行业的收益率和提高顾客满意度（后文将进一步探讨 BPO 服务）。当前比较受欢迎的质量改进项目，包括卓越运营、精益、精益六西格玛（LSS）已被应用于保险业，这些手段在未来也许能够为企业获得更多潜在利益。应该考虑公司整体范围内的质量项目。充分利用 LSS 工具包，比如可以使用参数和非参数统计、回归分析和实验设计等。多元回归分析也可以用来进行事件预测，Logistic 回归分析可以用来判断事件发生的概率。此外，为了减少风险，也可以在小范围内进行方法测试和试点计划，直到能够证明该方法在更大的范围是有效的。

医疗保险业

医疗保险公司提供医疗保险给组织或个人客户。它包括几个组成部分：病人、医生、卫生保健提供者、投保组织或个人、医院，以及政府监管机构。这是一项由众多参与者构成的复杂业务。在本书写作之时，美国政府正在考虑改革医疗保健和医疗保险服务的提供和支付方法。

质量问题

医疗保险服务中的众多利害关系人加剧了该业务的复杂度。其最终目标是通过具有良好成本效益的方式，为病人提供及时有效的治疗和疾病预防。在众多的医疗保健提供者中，包括医院这样的医疗机构和保险公司等，保险公司往往有着最好并且最完整的数据。谁是顾客取决于被要求向哪个利益相关团体提供卫生保健。而各利益团体的目的有时是互相矛盾的。

机会

医疗保险业适合应用精益和六西格玛质量计划。由于医疗保险业可以获取足够的数据，因此可以对数据进行显著性分析并用来改善服务。即使是微小的改善，通常也会带来明显的经济效益和影响。

指标

医疗保险业的指标包括：

- 索赔周期。
- 对不正当拒绝索赔的上诉。
- 医疗成效。
- 医疗的可获得性。
- 医疗体验的满意度。
- 健康计划的稳定性。
- 服务的使用情况。
- 医疗费用。
- 健康保险的描述信息。

呼叫中心

呼叫中心可以是内部呼叫中心也可以是第三方呼叫中心，后者是一个向其他商业组织提供服务的服务组织。这里主要研究第三方呼叫中心，当然也可被运用到内部呼叫中心。呼叫中心接收客户请求和抱怨，并为终端用户处理交易问题。

质量问题

终端用户总是希望他们的问题能够得到快速并且满意的解决，而客服组织和它的顾客有着一样的诉求，都希望能够用最低的成本解决问题。第三方呼叫中心处于一个竞争市场中。呼叫中心的工作重点在于实现良好的人与人之间的沟通。第三方呼叫中心通过它所支持的委托企业的客户端进行业务操作。呼叫中心和委托组织之间的信息越是相互透明，对该业务的相关参与者就越是有利。大部分代理商仅代表一个外部客户，以便能够增强这种感知。

机会

呼叫中心自身可以很好地进行质量改进计划，因为它拥有很多计算机自动收集的精确数据，这将使分析变得简单。然而，由于竞争造成的成本压力，呼叫中心企业需要谨慎平衡好服务提供和质量改进之间的关系，因为能够完成这两项任务的劳动力是有限的。结果表明呼叫中心非常适合使用兼职的质量项目团队。呼叫中心本质上需要保持精益。几年前，呼叫中心几乎都是通过电话实现沟通的，兼有少量信件和 e-mail。而随着社交媒体的出现，传统的沟通方式正在改变。顾客可以使用手机短信、Facebook 和 Twitter 等社交媒体实现沟通。和不久以前相比，现如今呼叫中心的顾客在交互上有着更多的技术选择。这一现象方兴未艾，并有望改变呼叫中心的运营方式。

离岸外包也是呼叫中心的一种新现象。其发展的首要原因在于成本驱动，但同时要保证委托单位和顾客对于质量的要求。当呼叫中心运营实现全球化时，必须使用同样的指标以同样的方法进行质量测量。

指标

呼叫中心的通用指标包括：

- 利润率（公司和客户）。
- 交互时长/人工小时。
- 平均处理时间（AHT）。
- 呼叫等待时间。
- 呼叫放弃率。
- 首次呼叫解决率。
- 呼叫“质量”。
- 预报准确率。
- 客户服务水平协议（SLA）指标。
- 自助服务使用百分比。
- 离岸服务百分比。
- 顾客满意度评分。

计算机和 IT 服务

计算机和 IT 服务支持企业的产生仰赖于企业电子商务（B2B）的推行。多年以前，大部分组织自己建立 IT 部门，如今把部分或所有的 IT 职能外包给合同供应商的现象已经越来越普遍。IT 服务内容包括：硬件和软件的采购、安装、维护与存货、后台服务、服务器处理、桌面和专业软件问题。随着计算服务正在从定制化和一次性服务向现成的标准化服务转型，目前 IT 已经更多地成为一种商品功能，最好交给专业公司处理，而企业应当专注于自身的核心竞争力、产品和服务。提供IT服务的企业可通过现场提供IT服务，也可通过电话或者网络提供IT服务，或两种形式结合。

质量问题

IT服务组织必须频繁地修复系统并且解决问题。但确定问题的根源和解决问题是有难度的。终端用户最经常报告IT问题的症状给服务公司。

指标

计算机和IT服务的指标包括：

- 服务水平协议（SLA）指标。
- 平均故障间隔时间（MTBF）。
- 终端用户的可用性。
- 平均维修间隔时间。

机会

计算机和IT服务组织可以充分利用精益和六西格玛质量改进项目。此外，六西格玛设计（DFSS）项目还可以被用来设计新的软件或者制定系统规范。IT服务企业合同的制定总是在严格的服务水平协议（SLA）的指导下完成的，一般情况下，SLA往往是和财务后果紧密相连的。不幸的是，SLA指标的选择往往是为了方便测量和清楚阐述，而忽略了能够真正给最终用户带来满意的详细复杂的指标。SLA会设置最低服务水平以避免惩罚。客户组织想要从IT服务提供商那里得到“更快、更好、更便宜”的服务，而IT服务提供商可获取的数据质量总是较为贫乏。具有讽刺意味的是，虽然每个呼叫电话都会记录在案，但经常会缺失一些后续分析需要的特定数据。例如，一台服务器在最近几个月已经故障数次的事实可能不容易获知，能得到的仅仅是服务器发生故障，缺乏历史的参考数据。

此外，信息可能被准确记录，但却因为存储在错误的领域而无法找到。近些年来，客户组织开始改变把所有业务外包给同一个服务供应商的方式，而是同时雇请多个IT服务商。事实上，当客户企业和不同的服务供应商签订合同后，他们就必须为相同的故障签订不同的惩罚措施。由于术语和实践的关系，这也使得不同IT服务商之间的沟通变得困难。在解决多元供应商问题时，国际标准化组织（ISO）和信息技术基础设施库（ITIL）标准显得更为有用。当客户组织越来越全球化，IT服务供应商必须能够满足全球性的24/7的支持。精益和六西格玛都可以应用到 IT 服务提供商，作为质量改善项目的一部分。然而，由于顾客对停机服务感到不耐烦，项目工作必须谨慎开展，尽量避免在停机状态下进行。

业务过程外包

业务过程外包（BPO）正日渐普及。业务过程外包指的是一个组织把其流程的部分内容外包给第三方组织，令其帮助完成。之前后台服务过程的外包已经较为普遍，但逐渐开始包括一些主要功能，比如销售、订单填写以及其他活动。第三方组织可以直接和终端用户或顾客建立契约关系。把服务外包出去的组织有时被称为“客户”组织，而终端用户的个人或组织则被称为“顾客”，第三方或者 BPO 组织提供服务。客户组织采用 BPO 是因为它不想做这件事情，或者由于 BPO 组织在这方面的服务更为专业，可以用更低的成本或以更好的质量完成这些任务。

质量问题

采取业务过程外包能够使客户组织更集中于它们的核心竞争力，比如产品开发或市场营销。第三方组织和顾客的交流并不一定会产生某个过程，比如信用卡和支票交易。有的客户组织使用海外 BPO 的离岸服务，这虽然可能降低成本、减少时间，但也可能面临语言、文化或者沟通困难的风险。实际上，出于各种实际的目的，BPO 组织有时以“客户组织”的身份提供服务给最终顾客。当 BPO 组织跟客户组织之间的区分对于终端用户变得透明时，就可以形成一个三赢的局面。

指标

当要同时处理离岸、近岸和国内 BPO 组织时，需要特别注意通用指标。通用指标必须被均衡地应用并且符合全球的普遍理解。BPO 组织经常包括如下指标：

- 交易故障率，或者相反，未出现故障的百分比。
- 用均值和标准差表示的过程波动减少。
- 每个代理商单位时间内的交易量。
- 单位人工小时的交互数。
- 顾客满意分值。

机会

BPO组织主要与人打交道，因此他们自然雇用具有良好人际交往能力的员工构建职能团队，这是好事。然而，在BPO的复杂世界里，一样需要出众的分析能力。随着BPO组织逐渐成熟和面临更激烈的竞争，仅仅在顾客面前有好表现是不够的，顾客需要的是全球领先的质量水平。BPO组织也希望有高的质量并且希望能够每年保持较低的成本支出。以精益和六西格玛为代表的系统性质量改进计划非常适合BPO组织实现质量改善和成本减少。在经济低迷时期，客户组织为了在保持甚至提高面向终端顾客的服务水平的同时能够降低成本，将增加对BPO组织的依赖和采用。

所有组织的事务性操作

不管是否直接处于一个服务行业，所有的业务都有“内部服务”的部门或职能。这些职能可以被当作“内部服务行业”处理。例如，一个内部呼叫中心或者咨询台在进行质量项目时将和一个第三方呼叫中心服务企业有着许多相同的考虑因素。即使是非服务产业的公司也应包括内部服务部门，作为公司推进质量改进的一部分。

其他服务行业

除了本章所讨论的服务行业外，很多服务行业也是实行质量项目的良好候选者。例如，酒店住宿、零售、金融服务、银行、航空公司以及旅游业，都可以充分利用质量项目提高顾客满意度，从而增加利润和市场份额。

致谢

本章作者对为本章作出直接或间接贡献的所有人表示感谢，尤其感谢Brain Swayne，Elizabeth Hamill，Mark Strassburg，Larry C. Pickett，Dave Quandt，Robert J. Callahan，and Darryl Bonadio等对本章的贡献。

参考文献

Gryna, F., Chua, R. C. H., and De Feo, J. A. (2007). *Juran's Quality Planning & Analysis for Enterprise Quality* (5th ed.), McGraw-Hill, New York.
American Society for Quality (ASQ) http://www.asq.org/, March 7, 2010
The Conference Board (for best practice sharing) http://www.conference-board.org/, March 7, 2010
iSIXSIGMA http://www.isixsigma.com/, March 7, 2010
iSIXSIGMA Magazine
Information Technology Infrastructure Library (ITIL) http://www.itil-officialsite.com/home/home.asp, March 7, 2010
International Association for Standardization (ISO) http://www.iso.org/iso/home.htm, March 7, 2010
Juran Institute http://www.juran.com/, March 7, 2010
Robert W. Baird (industry research and trends) http://www.rwbaird.com/research-insights/baird-research-insights.aspx, March 7, 2010
Society of Consumer Affairs Professionals (SOCAP) http://www.socap.org/, March 7, 2010
National Committee for Quality Assurance (NCQA) http://www.ncqa.org/, March 7, 2010
URAC http://www.urac.org/healthcare/ (aka American Accreditation HC Commission), March 7, 2010
Center for Medicare and Medicaid Services (CMS) http://www.cms.hhs.gov/, March 7, 2010

（洪志生、付雅　译，陈璐、苏强　校）

第22章

自助服务组织：质量保证在毫微之差

安琪儿·D·唐契夫　克里斯托·D·唐契夫

关于本章

本章有两个目的：一是加强读者对自助服务的理解，二是详细说明自助服务的质量管理。本章可供两种组织的管理者和质量专家参考，一种是完全围绕自助服务而设计的组织，另一种是考虑实施自助服务的传统服务组织。

本章要点

1. 自助服务是经济增长中最快的一部分。在自助服务的交易过程中，服务的提供者和服务的接受者之间没有人际沟通。

2. 自助服务具有独特的本质。其主要特点包括无人交互性，基础设施可用性，使用者可控性和付出必然性。

3. 自助服务和人工辅助服务并不矛盾，相反，它们可以同时使用并互相支持。

4. 自助服务的质量受很多因素的影响，包括：基础设施、用户界面和顾客的技能。

5. 自助服务的演变分为三个不同的阶段：效率驱动阶段、技术驱动阶段和顾客驱动阶段。

6. 自助服务需要全面的质量观，包括服务生命周期内的所有阶段。

简介

在本书的第 21 章“服务组织：最佳顾客服务”中已经详细地介绍了服务组织。大多数服务组织都依赖于员工和顾客大量沟通的传统方式。然而，服务提供者和顾客之间无人交互的服务以惊人的速度和范围冲击着我们现在的生活，这就是自助服务。它无处不在：街道、商店、银行、餐馆、机场，还有互联网。它惊人的增长速度主要是由于这几年通信和信息技术的革新的推动，尤其是互联网的扩张。自助服务改变了我们的生活和经营方式，它对社会、文化和商业环境的全面影响值得期待。

自助服务行业的分类

当前的行业和经济分类系统并没有把自助服务看作一个单独的行业，在未来很可能也不会，因为自助服务遍布经济领域的很多部分，仅仅因为这一个特点而将这些部分划分为独立的行业是不大可能的。

其实，行业分类只是为了政府部门统计经济活动信息所用。这里可能有一定的主观性，并不一定可以完全反映经济实况。虽然联合国在努力建立一个国际行业分类标准（对所有经济活动的国际标准行业分类），但是目前不同国家之间仍然存在行业分类的差异。

参考当前的联合国行业分类系统，可以发现信息通信行业和自助服务行业紧密地联系在一起，因为绝大多数基于网络和信息技术（IT）的组织都可以被划分为自助服务组织。自动取款机、公用资讯站和自动售货机逻辑上都属于自助服务业。甚至像银行和零售业这样的服务商都可以包含在这一类里（如它们提供的在线销售、网上银行）。这类组织有很多，因此就由读者来自行决定它们各自是哪种服务类别。

自助服务的特点

什么是自助服务？它有什么特征？怎样区别自助服务与标准服务？自助服务之间有区别吗？这些是我们很容易想到的问题，我们必须在深入探讨自助服务组织的质量之前先解决这些问题。本节的目的就是说明自助服务的本质。

在自助服务的交易中，服务提供者和服务接受者之间没有人与人的接触。从消费者的角度来看，他们使用组织的基础设施、服务设计等通过自己实现了服务，无人交互的方式取代了他们与服务提供者之间的人际互动。在这种情况下，消费者是服务的发起者、实现者和控制者。自助加油站和快餐店都是这种服务的典型的例子。相反，从一个自助服务组织的角度看，自助服务是用可以实现全部服务的技术来取代服务过程中人与人之间的接触，这类技术的例子包括：自动取款机、自动售货机、电子资讯站和网络。学术文献经常将后一种类型的自助服务称为基于技术的自助服务或自助服务技术（SST）。

自助服务的特点

自助服务主要有四个特征：无人交互性、基础设施可用性、可控性和付出必然性（effort inevitability）。它们可以简称为“NICE”自助（从四个特征的首字母得来的缩略词）。为了让大家更明白，我们简单地描述一下每个特征。

无人交互性

自助服务与普通服务之间的区别就是，提供服务的组织和顾客之间没有人与人之间的交流。因此，自助服务第一个最本质的特征就是无人交互性。这意味着自助服务活动中只有一个人参与。

基础设施可用性

基础设施可用性是自助服务的一个重要特征。虽然自助服务有无形的特征，但是它的无人交互需要有有形的（物质的）媒介或设施支撑。

可控性

自助服务的另外一个重要特征就是服务接受者的可控性。这意味着自助服务的顾客可以控制自助服务的相关活动。很大程度上，顾客的知识、能力和行为决定了最终的自助服务结果。

付出必然性

自助服务的最后一个特征是顾客付出的必然性，这意味着在自助服务时，接受者的积极参与是必需且不可避免的。一般来说，相对于传统的基于人际互动的服务，自助服务需要更高程度的顾客的参与。

NICE 方法可以成为辨别和分析自助服务的有用工具。不过，不应该因这个模型而将自助服务局限在以上四个特征上，而应该将其视为自助服务的一个指导方针。另外，与每个特征的相关度可能会因特定的自助服务而不同。

服务的连续性

服务有着复杂的特性，并由各种相关的过程构成。有些过程的进行并不需要人直接参与，而有些过程则需要人的参与。因此，所有服务都可以位于按照从高程度的人的参与到高程度的自助服务来排列的连续统一体上（Tonchev and Tonchev，2003)。图 22—1 生动地表现了这个概念。

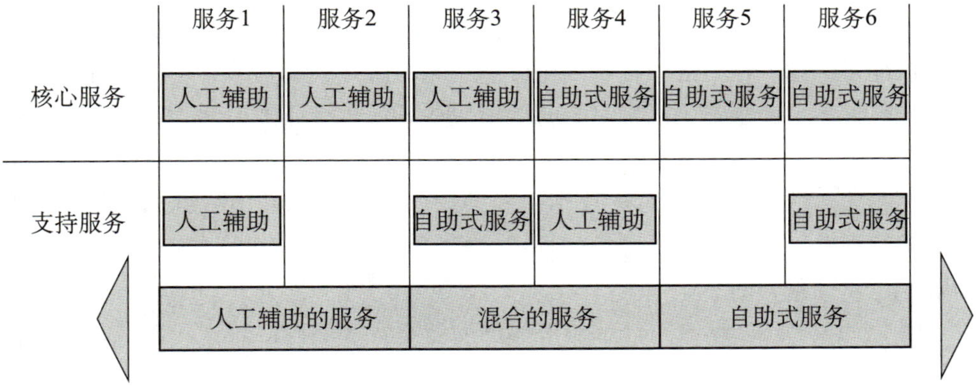

图 22—1　服务连续统一体

资料来源：Tonchev and Tonchev，2003.

这个模型里，从左侧的只有人工辅助的服务到右侧的纯自助服务是逐渐变化的。一共有六种服务组合，每种都可以分为核心部分和支持部分。核心部分是指能激起顾客兴趣并决定选择某项服务的部分。相应地，支持部分帮助主要服务成功实现，如果单独考虑这部分，它并不会为顾客创造利益。举个例子，我们可以考察一下购买机票的习惯做法。核心服务是寻找合适的航班并预订，而支持服务是机票的付款。借助这个例子就可以区分出六个不同水平的自助服务组合。当顾客只想接受航班的信息而不想买机票的时候，前两种情况出现了。换句话说，他们只需要核心服务。在这种情况下，他们有几种选择：去航班代理处或打电话给他们获取人工帮助（服务连续体中的服务 2），或者自己在网上寻找获取相关信息（服务 5）。然而，如果顾客还想购买机票，那么与此相关的还有四个附加的部分。当他们去航班代理处获取航班信息，并在人工帮助下购买机票时，第一种情况发生了（服务 1）。他们也可以选择打电话询问航班信息并订票，但是使用电子方式或支票支付（服务 3）。当然，他们也可以通过网络、电视广播或自动语音应答（IVR）收集航班信息，并在机场的航班服务台付款（服务 4）。最后一种情况是，顾客通过使用网络或机场电话自己安排好一切（服务 6）。

上面的例子表明了服务组织和顾客之间交互的复杂性，也说明了自助服务的渐变过程，服务 5 和服务 6 是自助服务的最高的水平。

服务连续体说明自助服务和人工辅助的服务不一定就互相排斥，相反，它们可以同时进行并互相结合。连续体中的混合服务就证实了这一点，这为服务设计和顾客渠道管理提供了建设性的意见。

用户服务界面

顾客可以通过很多方式与服务组织沟通并接受服务。从实体商店到网络，他们面临很多选择。在上部分提到的服务连续体中就列举了很多种类。然而，要阐明人工服务和自助服务的区别，有必要对服务界面进行详细说明，这还能促进读者对自助服务质量的理解（在本章的后面讨论）。

面向大多数用户的界面被看作一个系统（Kendall and Kendall，1998）。在服务的过程中，界面反映了服务的提供过程（Van Riel et al.，2001），这对于自助服务是非常重要的。

图 22—2 提供了所有可能的服务界面的概要。我们可以看到，服务界面可以分为两个主要部分：人工的和非人工的。

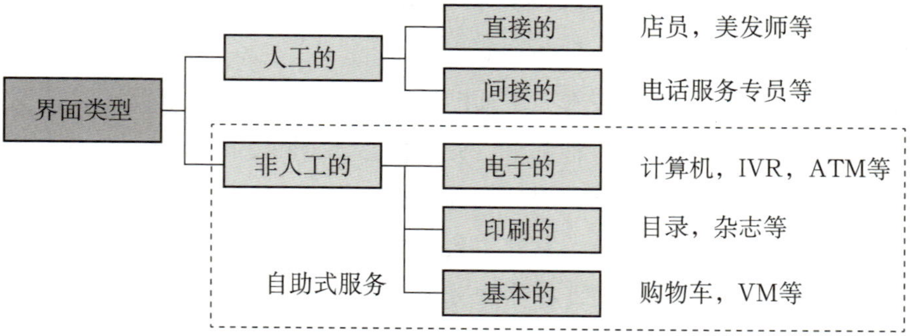

图 22—2 服务界面的类型

资料来源：Tonchev and Tonchev，2003.

人工服务界面

已经有学者对人工界面进行了大量的研究，人工界面一直被认为是最常见的服务形式。它涉及组织员工与顾客之间的沟通。人工界面可以分为直接的（人对人）联系或间接的联系。

人工服务界面——直接的（人对人）界面　人对人的界面意味着在服务提供者和接受者之间有一个直接的交互，很多服务都是这样的，如理发、实体零售业、医疗处治和教育。当两个人交互时，他们通过语言和非语言的形式交流（Santrock，1997a）。因此，人对人的界面有两部分内容：语言交流和非语言交流。

人工服务界面——直接的界面和语言交流　语言交流是基于说和听的。通常顾客的声音接收器官听到服务提供者的声音并赋予它们含义。这里有两种类型的含义：字面性的和隐含的（Santrock，1997b）。字面性的含义是对单词客观的解释，而隐含的含义是对单词的主观的、情感的或个人的解释。员工的语言行为影响顾客对员工友好性和能力的认知，并影响顾客对服务质量的感知（Elizur，1987）。例如，如果员工的语言里包含问候和礼貌的词语，这很有可能对顾客产生积极的影响。

在社会心理学领域，越来越多的证据显示人际接触会影响人类神经系统的反应（Hallowell，1999）。据观察，人与人之间的联系会降低血液中的压力激素，如肾上腺素、去甲肾上腺素和皮质醇的水平。相反地，当我们对另一个人感到同情，尤其是当我们面对面地接触时，推动信任和结合的激素（如催产素和抗利尿激素）会上升。还有证据显示，当人们身体上是分离的时候，他们的结合激素会处于最低水平，这就解释了一个事实，即通过邮件比面对面接触更容易对他人严厉。

理论上来讲，所有的人类感官，譬如视觉、听觉、触觉和嗅觉，都参与到人与人之间的交互中。然而，每种感官的参与程度取决于服务的种类。

人工服务界面——直接的界面和非语言交流　非语言交流包含人体动作学、副语言、空间行为学和体态学（Webster and Sundarman，2000）。交流领域的研究表明在影响员工与顾客相互作用的结果方面，非语言部分至少是和语言部分一样重要的（如 Barnum and Wolniansky，1989；Burgoon et al.，1990；Mehrabian，1981）。

人体动作学，也被称为肢体动作学，包含身体的姿势（如放松的、开放的姿态）、眼神交流、点头、握手和微笑。有研究（如 Burgoon et al.，1990；Mehrabian and Williams，1969）表明，一些动作，譬如随意的微笑、轻微的笑声、向前倾斜的身体、开放的身体姿势和频繁的眼神交流，可被视为在传达亲近和非主导的信息，这些动作特征通常与友谊和礼貌联系在一起。比较起来，克制的面部表情，譬如紧紧盯着或者回避眼神交流、向后倾斜身体、紧闭的身体姿态，则被认为是用来表达主导性、不友好和情感距离。

副语言反映的是非内容和非语言方面的信息。副语言的例子有声音的音高、声音的强度和振幅、音高的变化、停顿和流畅。众多研究表明，所有这些元素在人际沟通中都扮演着很重要的角色。Argyle et al.（1970）发现即使信息内容被打乱，听者也可以仅仅根据语气就判断出信息中所表达的情感。据说，自信的人比不自信的人说话更快，声音更大（Kimble and Seidel，1991）。然而，对声音特征的研究（Erickson et al.，1978）显示，不夹杂长时间的停顿、犹豫和重复的讲话被认为比不熟练的讲话更可信。Scherer 和 Ekman（1982）进一步研究发现，短暂且适度的停顿会加强可信性和真实性的感觉，这种声音的变化把握可能与能力和善于交际有关。另一方面，长时间的停顿、加快或降低语速、较高的声音和话语不流畅与消极情感和焦虑有关（Siegman and Fildstein，1978）。因此，在人际互动中，服务提供者的副语言是影响感知质量的一个重要因素。

空间行为学指的是相互作用的两者之间的距离和相对姿势（Webster and Sundarman，2000）。在服务领域，触觉是空间行为学中最形象的例子。根据关系沟通的理论，在人际交流中使用非语言的接触可以增加有意的行动和人际交往的参与（intentional arousal and interpersonal involvement），并严重影响接触者对触觉来源的态度（Price et al.，1995；Hornik and Ellis，1988；Patterson et al.，1986）。

体态学是服务人员在与顾客面对面交流时，外形上要考虑的另一个非语言内容。这里，主要应考虑两个要素：外表吸引力和着装。研究表明有外表吸引力的人更有说服力（Chaiken，1979），在改变对方的态度方面更能获得成功（Kahle and Homer，1985），并且有外表吸引力的人被认为比没有外表吸引力的人更友好、更热情、更善于社交（Chaiken，1979）。着装从另外一个方面体现了组织的身份，并能提高服务提供者的外表吸引力。不过，什么才是合适的服装要随服务行业和服务人员的性别而改变（Webster and Sundarman，2000）。

人工服务界面——间接的界面

当两个人并不在同一物理空间内沟通时，就称为间接交流。很大程度上，技术协助了这种类型交互的广泛传播。最常见和常用的间接交流是电话交谈。顾客和电话客服代表（TSR）之间的互动大多是语言上的，因此所有的语言交流和我们上面讨论的副语言都会产生作用。为了提供尽可能真实及友好的客户体验，一些电话客服代表在与顾客交流之前会用镜子看看他们的笑容。一个人脸上的笑容在一定程度上会影响他（她）的副语言。不过，笑容这样的动作则不能通过电话线直接传递。

其他形式的间接接触有网上聊天和网络课程。在这种情况下，联网的计算机代替了或支持着电话沟通方式。寻找信息的使用者和操作者之间的聊天是在实时的文本界面上实现的。这种方法出现在许多商业和非商业的网站上，利用如 LivePerson 和 Microsoft Messenger 等即时通信软件。尽管很多咨询服务大量使用了这种聊天方式，但是这种方法在取悦客户方面的作用还是有限的，因为它仅仅提供了简单的文本交流。网络课程则创造了一个非常接近面对面交流的虚拟环境。网络课程是通过常规的电话或电脑（互联网语言协议）进行语言交流，而非语言交流的部分则表现为电脑屏幕上的视频。除了空间行为学之外，大多数的语言和非语言交流形式（人体动作学、副语言、体态）都可以用在网络课程中。然而，交流的质量则在很大程度上取决于许多技术因素，如网络连接速度和电脑硬件水平。

非人工服务界面

非人工服务界面指顾客与提供服务的组织之间的非个人的接触。正如前面所讨论的，无人是自助服务最与众不同的特征。在这方面，非人工服务界面可以被认为是自助服务固有的。（图 22—2 通过虚线标记了非人工服务界面。）非人工界面有三种基本的类型：电子界面、印刷界面和基本界面。

非人工服务界面——电子界面

电子的非人工界面指顾客和组织之间是通过连接到网络的电子设备进行联系的，如电脑、手机、手持设备（PDA）、电子零售网点和自动取款机。这种交互构成了电子商务，简写为 e-commerce。通常这些设备都有一个显示器和某种类型的键盘或定位工具。显示器的大小、技术特征和对使用者的影响的差异非常大。例如，显示器可以很大（超过 15 英寸），中等（10～15 英寸），也可以很小（小于 10 英寸，用于手持设备和手机）。一般来说，大的和中等的显示器比小的显示器更容易获得信息和操作。同样地，电子设备的键盘和定位键也是不一样的。例如，键盘是基于特定的语言和配置的（例如，中文的键盘和英文的是不一样的），它们可以是实体的也可以是虚拟的。定位工具包括鼠标和滚动按钮以及触摸板。

根据 Hartson（1998）和 Baecker（1995）等人的研究，电子界面包括两个部分：物理媒介（硬件）和内容展现（软件）。这些元素影响服务体验并能决定用户对界面的参与程度，也即一个用户界面提升用户对服务的兴趣的能力（Reeves and Nass，1996；Shneiderman，1998）。对很多学者来说，基于电子的物理界面在获得高度的参与程度方面是有限的，因为电子硬件（如显示器、键盘和电子指示器）限制了常见交流方法的使用，因此阻碍了界面参与（Shackel，

1997；Jacob，1996；Muter and Maurutto，1991；Pavlovic et al.，1997）。为了增加使用者的兴趣，电子物理媒介必须克服技术上的局限性（Card et al.，1996；Cook and Coupey，1998；Shackel，1962）。手机和PDA设备的最新的技术革新，如基于指纹模式的交互式手势和对手部运动的回转追踪，就是自助服务的组织开始着手解决这些局限性的一个清楚的信号。另一方面，对内容展现界面的研究也表明，信息呈现的方式很大程度上影响着用户对界面的参与（Shneiderman，1998；Griffith et al.，2001）。展现内容的核心是媒介的生动性，也即“一个中介环境的展示方式的丰富性，正如它的形式特征所定义的”（Steuer，1992）。媒介的生动性可以从低到高地连续排序。只有文本的展示被认为具有低生动性，而包含多媒体特征的展示，如动画影像、视频和声音，被认为具有很高的生动性（Morrison and Vogel，1998）。一般来说，高生动性会带来高程度的用户界面参与（Rogers，1989；Morrison and Vogel，1998）。

此外，除了媒体生动性，其他内容展现界面的特征，如对使用者的友好性、逻辑性和功能性（Van Riel et al.，2001），在刺激用户界面参与方面也起一定的作用。例如，顾客与一个组织网站互动，顾客的目标是获取一个产品的信息，菜单栏、导航栏、搜索选项和网站地图上的设计逻辑性、用户友好性和功能性对良好的客户体验是非常重要的。同样地，在自动语音应答互动的情况下，顾客的参与在很大程度上受内容展现设计的影响。最后，同样重要的内容展现的特征是它的互动性，即顾客可以实时修改媒介环境的形式和内容的程度（Steuer，1992）。

非人工服务界面——印刷界面

印刷界面指顾客接触到的组织印制的服务材料，如零售目录和杂志。同电子界面相似的是，印刷界面也分为物理媒介和内容展现两个方面，前者是实质性的页面，后者是静态的文本和图片（Hoffman and Novak，1996）。根据界面参与理论（Griffith et al.，2001），在促进顾客参与服务方面，印刷的物理媒介界面比电子的物理媒介更有效。然而，这个理论也声称电子界面的内容展现比打印的界面更能激起高水平的顾客参与。当使用者与界面互动时，就建立了两种环境：使用者所处的物理环境和通过一定渠道建立在展示内容上的虚拟环境（Steuer，1992）。如果使用者参与到展示的内容（虚拟环境）比物理环境更多时，界面参与度就更高（Nass and Steuer，1993）。例如，当读者深陷于一部小说时，他们就对物理环境失去了感觉，如阅读和翻页，而完全集中于作者所创造的故事（虚拟环境）中。相反地，当与展示内容接触少时，顾客就会被物理环境吸引而忽略了展示的内容（Griffith et al.，2001）。物理环境和虚拟环境也即电子界面中的物理媒介和内容展现。

非人工服务界面——基本界面

最后一种非人工服务界面是基本界面。它与自助服务有关，如自助加油站、自助餐厅、超市和售货机。通常这种界面没有内容展示的元素，仅仅包含一个物理媒介。可见这种界面对使用者参与的影响是很有限的。

自助服务的类型

自助服务是一个大规模的异质群体，其对经济有很大的影响，并有不同的形式和命名。根据观察者的角度不同，自助服务的分类五花八门，有许多类别与一般的服务也相关。

图 22—3 展示了自助服务的分类模型，其中区分了六个不同种类的自助服务（Tonchev and Tonchev，2003）。每个种类都是独立的，并包含至少两种类型的自助服务，同一种类里的服务是不同的。这就意味着一种自助服务可以归类到六种独立的自助服务类型里，或者说是归类到每个种类下的一个类别。下文将对每个种类进行描述。

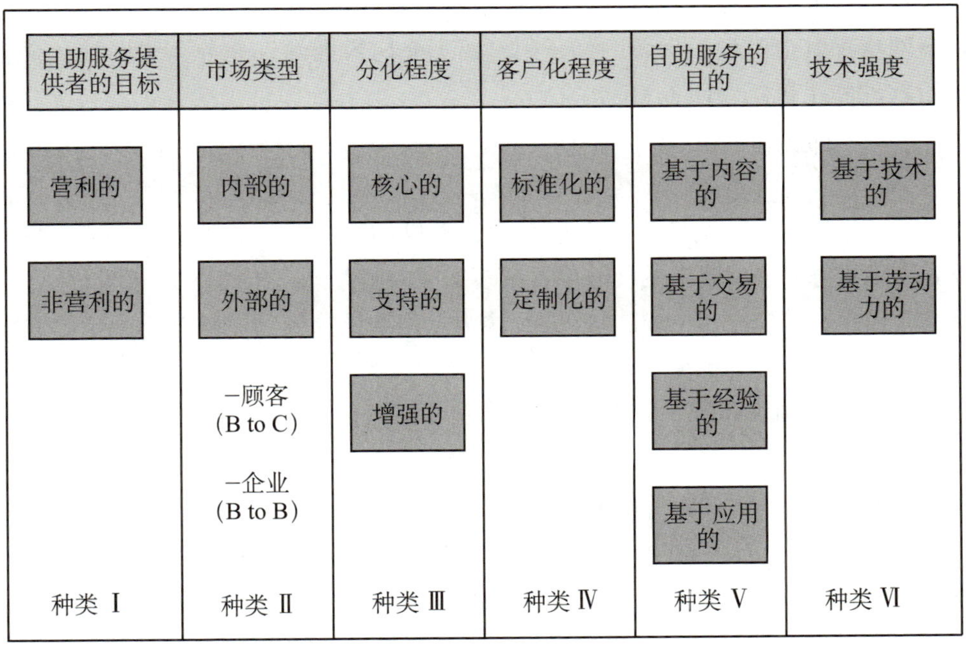

图 22—3　自助服务分类模型

资料来源：Tonchev and Tonchev，2003.

自助服务提供者的目标

组织有着多种多样的目标和宗旨。不过，它们都可以被划分为两种主要的类型，营利的和非营利的（Dibb et al.，1994）。自助服务提供者也不例外。与私有组织一样，政府组织和非营利机构在推动自助服务方面也有很大的功劳。因此，自助服务可以根据服务提供者的目标不同而分为营利的和非营利的。营利的自助服务包括结账时的自助扫描、网上银行和自助加油站，非营利的自助服务包括政府网站和博物馆信息资讯站。

市场类型

第二种自助服务考虑了市场的类型。通常有两种市场类型的自助服务：内部的和外部的。内部的自助服务是相对比较新的概念，也被称为员工自助服务（Elswick，2001），即基于网络的 HR（人力资源）和 HR 信息服务（Wilson，2001）。员工自助服务的应用包括津贴登记、雇用和薪水验证、计时卡登记、交税/缴费、培训注册和实时报告。相反地，外部的自助服务与组织的外部环境有关，可以分为两种类型：消费者型自助服务（企业对消费者）和企业型自助服务（企业对企业）。前者的例子如数码摄影评论门户网站、在线电影出租、社交网络和其他类型，后者的例子则包括工业门户网站、业务网络网站、企业应用软件和主机托管服务。

分化程度

一个组织的战略性定位会直接影响它提供的自助服务的类型。在某些情况下，自助服务是非常复杂的，并包含很多细节的服务；而在另外一些情况下，它又非常简单。Grönroos et al.（2000）认为，网络上提供的服务（不一定是自助服务）可以分为三种类型：核心服务、便利性服务和支持性服务。然而，后两种服务之间的区别不是那么清晰。Anderson and Narus（1995）创造了一个新词“补充性服务”，Van Riel et al.（2001）认为这个词可以整合便利性服务和支持性服务。另一方面，Kasper 和他的同事（1999）认为服务可以区分为核心服务和附加服务。他们还认为核心服务和附加服务的结合可以被看成是增强的服务。基于以上讨论，可以区别出三种主要的服务类型：核心的、支持的和增强的。例如，考虑自助洗车服务，核心服务就是洗车本身。如果有吸尘器，这就是一个支持的自助服务，两种服务混合后就将核心的自助服务变成增强的自助服务。

定制化程度

这个类别考虑了自助服务的独特性水平。这里的重点在于自助服务是为一个使用者唯一设计的还是为大多数消费者设计的。Kasper 和他的同事（1999）区分了两种类型的服务：标准化的和定制化的，这也可以用于自助服务的分类。标准化的自助服务为大量的顾客提供同样的服务，这种类型的自助服务包括资讯站、自动售货机和在线新闻，而定制化的自助服务则完全取决于一个顾客的需求和喜好，例如联邦快递在线包裹追踪和网上银行。

自助服务的目的

从消费者的观点来看，自助服务的目的是一个重要的分类因素，可以区分出四个主要类型的自助服务：基于内容的、基于交易的、基于体验的和基于应用的。基于内容的自助服务指所有涉及信息传递的服务，而基于交易的自助服务与实体的和电子的交易有关。前类的例子有信息资讯站、互联网信息门户网站和文本新闻；典型的基于交易的自助服务有在线购买和交易、在加油站自助加油、自动取款机取款和自动售货机交易。同样的，自助服务也可以是基于体验的，这类服务正在快速增长，它包含很多电脑、电子类、快艇和娱乐游戏。另外，酒吧的音乐自动点唱机和赌场的二十一点赌博机也属于这一类。基于体验的自助服务的最明显的特征是消费者借助这些服务来满足自己情感和心理的需求。最后一个是基于应用的自助服务。这里，消费者不需要体验，而是需要一个服务应用。这种自助服务包括众多的软件服务和主机托管选项。

技术强度

技术强度是自助服务分类里一个常用的类别。大量已有的自助服务研究（Bobbitt and Dabholkar，2001；Dabholkar，1994，1996，2000；Meuter et al.，2000）已经探讨过自助服务与高技术强度的关系，并创造了如“自助服务技术”（SST），“基于技术的自助服务”和“网络自助服务”等术语。相反地，非技术导向的自助服务有点被学术研究忽略了。这类自助服务通常涉及较高劳动强度的活动，如自助洗车、加油站加油、在沙拉吧里装盘和在杂货店推购物车。

自助服务管理的思考

本节概括了学术界提出的自助服务的优缺点，来帮助管理者形成更好的经营策略和改进质量的方法。就这个话题我们将同时从组织和顾客的角度来考虑。

从组织的观点来看自助服务

现在相当大部分的自助服务文献都是从服务提供者的角度来研究自助服务

的。组织提供自助服务给客户，其潜在利益是巨大的。然而，自助服务也有很多缺点。

成本降低

服务组织的成本因素是非常重要的，前台员工的开销占了运营成本的很大部分。这项开销以及顾客对服务的高要求、严酷的价格竞争和全球化的需要，都刺激组织提供自助服务。根据 Mills and Moberg（1982），自动化的服务可以实现明显的成本降低。对于诸如信息收集、制作交货单、金融业务、购后评估调查和问题解决服务，这点尤其明显。如果没有自助服务，与顾客互动就需要通过其他渠道（如现场人员的帮助、呼叫中心、电子邮件回复系统）解决，而它们都比自助服务成本更高。例如，在美国，人工实现的银行交易成本比自动取款机平均高3倍，比网上银行交易高57倍（Moon and Frei，2000）。很明显，自助服务为组织提供了显著降低成本的可能性和弹性。

生产力的提高

组织从使用自助服务中获取的第二个重要优势是生产力的提高（Chase，1978；Lovelock and Young，1979；Schneider and Bowen，1985）。这就意味着在同样数量员工的基础上，组织可以服务更多的顾客。例如网页自助服务，它可以为世界上任何一个人提供服务，这让缺乏资源的小公司变得更有竞争力（Porter，2001）。

更强的可扩展性

向终端顾客提供自助服务的功能可以增强组织的可扩展性。我们用固定成本与可变成本的比例来表示"可扩展性"，它可以衡量组织达到规模经济的能力。在大多数的服务组织中，人力资源是一个主要的成本因素。招聘、培训和薪水的开支可能占总开支的很大一部分。例如，在呼叫中心行业，接线员的总开支高达呼叫中心总成本的70%（Anton，2001）。因此，用顾客自助服务代替人工服务可以降低可变成本并提高组织的可扩展性。另外，这也可以帮助组织更有效地安排人力资源。尤其是在对服务要求很高，而市场上合格的员工很少时，借助于自助服务，公司就不需要额外雇用昂贵的员工。另外，当经济衰退、顾客对服务的要求有限的时候，组织也可以避免裁员和支付相应的赔偿。而当组织考虑融资时，高的可扩展性或只增加很少的成本就能服务额外顾客，是吸引风险投资家的一个重要的因素（Hallowell，2001）。

满意的员工

大多数转化为自助服务的传统服务都有以下特征：操作简单、标准化程度高和较高的重复性。在加油站加油、在超市购买食物、从银行取款都是具有这些特征的例子。当这些服务由组织的员工提供时，直接参与到服务中的员工满意度和积极性就会明显降低。这些简单和重复的任务只需要有限的技能和知识，通常它们不能为员工带来个人学习和职业发展的机会，这就导致员工对工作冷漠和不满。这类服务都有着高的员工流动率也就不足为奇了。呼叫中心和快餐店都面临类似的挑战。例如，在有些呼叫中心，平均员工流动率高达每年 125%，这个数字说明了问题的严重性（Anton，2001）。然而，通过使用自助服务，技术或顾客将会执行大部分简单重复的任务，组织就可以提高员工的工作满意度。一个被普遍接受的理论是，满意的员工会带来满意的顾客（Albrecht，1990；Berry and Parasuraman，1991；Grönroos，1985）。

服务差异化和市场细分

自助服务的另一个优点是它可以提高组织的市场细分和差异化能力（Devlin，1995；Thornton and White，2001）。新的技术可以提供高度定制化的服务以满足顾客特定的喜好和口味。基于已完成的交易中获得的信息，自助服务系统可以不断自助更新和扩展顾客特征数据库，然后对顾客的信息进行分析和整合，用于提高新的或已有的服务的价值。它帮助组织研究顾客的行为，并更好地定义顾客的需求。

直接的销售

通过自助服务，组织可以更接近它们的顾客。提供服务过程中的先进的技术和积极的顾客参与可以缩短和优化产品的销售渠道。例如，许多公司通过网络销售它们的产品和服务，从而消除了对现存的冗长的分销渠道的依赖，并提高整个组织的效率。值得一提的是，网络销售还明显地降低了仓储和库存的费用，并让预测变得更简单。组织直接服务顾客的最大优势是有机会更好地监控和了解顾客。通过这种方式，组织可以用最好的方式管理与终端顾客的关系。

有竞争力的价格

自助服务可以帮助组织提供价格有竞争力的产品。由于新技术的使用或更密集的顾客参与可以实现成本的节约，自助服务组织可以提供更便宜的服务。另外，自助服务可以摆脱漫长的销售渠道并推进组织的竞争力。

为核心业务活动释放资源

自助服务另外一个重要的优势是可以改进组织的资源分配。从进行简单重复服务的任务单元中释放人力资源，自助服务可以帮助组织将这些资源重新分配到可以创造价值的核心业务活动中。

扩大顾客范围

自助服务的一个明显优势是可以帮助企业扩大顾客范围。这主要是针对那些基于网络的自助服务而言，因为它们不受服务顾客的数量的限制，能为组织提供全球性的业务。交互式语音应答系统、印刷产品目录和自动取款机等形式的自助服务也有这个作用。

初期投资

通常自助服务都需要大量的初期投资（Quinn，2000）。这些投资用于获取合适的技术，发布自助服务广告或进行顾客培训。甚至基于网络的自助服务也需要硬件和软件的基本投资。对于没有足够财务资源的组织来说，自助服务会对它们的短期绩效产生负面影响。

缓慢的顾客认同

经验表明，顾客不会轻易地接受新形式的自助服务，原因是他们需要时间来习惯和适应。对于基于技术的自助服务来说尤其如此，因为老一代人吸收技术的速度比年轻一代要慢很多。

现实服务的减少

自助服务的一个共同的缺陷是它们减少而不是增加了现实的服务（Martin，2000）。在大多数情况下，这是由于企业缺乏对顾客需求和喜好的正确理解。仅提供自动化的工具而不补充提供额外的服务功能是非常低效的方法（Avalone，2002）。如果组织只是将第一线员工的职能转移给顾客，而不提升顾客附加的利益，那么顾客将不得不做更多的工作并很可能产生不满（Moon and Frei，2000）。结果是组织的财务业绩将会受损。

顾客期望的提高

根据一些研究（Fingar et al.，2000；Welch and Lyons，2000；Wagner，2000），自助服务在降低顾客咨询数量方面非常有效。然而，更好地告知顾客组织要提供的服务，也增加了顾客对咨询回复的期望。这就迫使组织雇用技术人员并支付更高的薪水。在一些极端的情况下，逐步提高的顾客期望会耗费完自助服务带来的财政收入。

从顾客的观点来看自助服务

组织不仅将自助服务提供给外部的顾客，在组织内部也使用了自助的方法。学者们认为内部的顾客与外部的顾客在行为模式和喜好上是相似的（Gremler et al.，1994；Berry，1984）。我们需要从顾客的角度，从积极和消极两方面来看自助服务。

广泛的可及性

自助服务一个最公认的顾客优势是其广泛的可及性。广泛的可及性是指更多的可得到的服务和更长的营业时间（Zeithaml et al.，2000）。根据 Szymanski and Hise（2000）的研究，技术使顾客在不同地方在任何时间都可以得到服务。例如，自动取款机已经成为一个最流行的自助服务接口（Leblanc，1990），因为它们到处都是。同样地，电子售卖亭分布于各种方便的地方，如机场、火车站、汽车站、电话亭、超市和邮局，每周 7 天，每天 24 小时都可以用。然而，当谈到可及性时，网络也是非常重要的媒介，因为通过网络提供的服务，其位置是没有限制的。

节省时间

自助服务的第二个重要的优点与其广泛的可及性有关，即相应的时间节省。Meuter et al.（2000）的研究指出，延长的营业时间和广泛的可及性使自助服务便于帮助顾客立刻解决问题。Dabholkar（1994）提出技术是提高交易速度的一个主要因素。Lovelock and Young（1979）提出了另外一种观点，他们认为有些人喜欢自己完成服务来减少交易时间。假如顾客明确地知道他们想要什么，他们就可以避免排队和等待帮助，而选择最快的可用渠道得到他们想要的服务。此外，一些顾客相信他们所拥有的技能和知识可以让他们比组织的服务人员更快地执行特定的交易。

增加的选择

一般来说，顾客寻求多样性。他们会衡量一个组织能否提供多样的选择。这些选择可以与产品、服务或交易过程有关。自助服务扩大了顾客选择的范围（Alsop，1999）。通过优化客户渠道管理，组织可以结合不同形式的自助服务，从而为它们的顾客提供极大的灵活性和支持。

感知到改进的服务质量

自助服务为使用者带来的另外一个好处是对整个服务感知质量的提高。特别是由于没有直接的人工接触，顾客相信他们可以比公司员工提供更有效的服务（Meuter et al.，2000）。顾客依靠他们自己的知识和技能来影响服务结果。由于这种积极参与，他们感觉服务质量更好。

感知可控性

自助服务另一个重要的优点是顾客对服务交易的可控感。研究者（Langeard et al.，1981；Bateson，1985；Bowen，1986；Dabholkar，1996 and Zeithaml et al.，2000）发现人们选择自助服务的一个主要原因是有可控感。因为通过自助服务，顾客可以自由选择时间、地点和服务的方式。

更令人愉快

自助服务的一个积极元素是它更令人愉快。根据 Langeard et al.（1981）的研究，一些有技术背景的人喜欢与机器打交道，因此他们会被自助服务的界面高度吸引。同样地，Davis et al.（1989）发现顾客喜欢使用计算机技术时的娱乐感。进而，Dabholkar（1996）认为顾客之所以喜欢自助服务，是因为它们是市场上的新事物。在顾客的眼中，自助服务被视为新奇的产品，这些自助服务能吸引顾客注意力并刺激顾客消费的欲望。最后，Pine and Gilmore（1999）分析了顾客经验的重要性。根据他们的研究结果，顾客认为服务体验是消费产品不可缺少的部分。

更低的价格

自助服务经常提供省钱的机会（Meuter et al.，2000）。它帮助组织降低产品的价格，这归因于成本的下降和生产力的提高。反过来，这令顾客很高兴，因为他们只需要为服务付更低的价格。另外，组织为了吸引新顾客，会经常免费提供自助服务。今天，顾客可以使用免费的终端、免费的连接点和免费的订阅去浏览在线新闻杂志、互动地图和天气预报就是这样一些例子。

隐私性

由于缺乏人际互动，自助服务为保护顾客隐私提供了可能性。在某些情况下，顾客可能会在意他们的社会形象、外貌或担心销售人员咄咄逼人的行为方式，因此更趋向于避免人际互动。一般地，人们不希望自己的私人生活公之于众，因此，每个人都会去寻求某种形式的隐私。研究表明：提高私密感会让顾客更愿意就某一个特定服务或商品表达抱怨或咨询问题。当顾客可以伪装在任意用户名下时，他们会更自由地分享他们的经验并对所消费的服务给出评价。

一致性

自助服务增加了服务的一致性，这意味着顾客几乎每次都会接受到同样的服务。一般来说，顾客会重视服务的一致性，因为这可以确保他们在后来的服务消费中能重复之前的良好的服务体验。另外这也告诫自助服务组织，不可忽视任何负面的服务体验，这会促使顾客选择其他的服务供应者。

服务支持的需求

由于缺乏必要的技术和知识，或者没有组织员工的帮助，而导致顾客不能完成自助服务，这是顾客使用自助服务遇到的最大困难。当自助服务使用者遇到一个他们不能解决的问题时，他们会感觉挫败、尴尬，或不愿再使用类似的方式。当自助服务使用新的复杂的技术时，就会遇到这种问题。为了避免不开心的经历，组织需要为它们的顾客提供合适的服务展示和培训。可能的解决方法包括：通过传统的服务渠道提供使用说明信息，搭建容易使用的界面，详细描述的帮助菜单，列出常用的问答（FAQ）和提供向导程序。另外，人工帮助也是值得推荐的。

设备需求

自助服务可能需要恰当的设备，基于网络的自助服务尤其如此。例如，缺乏网络连接，相应的电脑或软件就会阻止顾客使用自助服务。因此，以特定的顾客群或区域人口为服务目标的组织，必须考虑设备的需求问题。可喜的是，高能力的信息网络在持续扩张，无线技术也在快速发展，这都有助于顾客方便地使用基于网络的自助服务。

安全性和购买风险

自助服务具有安全性不足和存在购买风险的缺点。Evans and Brown（1988）发现安全问题是人们不愿意使用基于技术的自助服务的一个常见理由。同样地，Pavitt（1997）也认为顾客将安全问题视为网上购物的一个主要障碍。顾客最常见的顾虑是担心他们的个人信息或信用卡信息被滥用。Fram and Grady（1997）认为顾客会避免在有高度风险的网站购物——因为它非常昂贵并且技术非常复杂。

缺乏社会接触

自助服务缺乏社会接触的特点会为顾客带来消极的影响。研究（Dabholkar，1992，1996；Prendergast and Marr，1994）显示，有些人倾向于避免自助服务，因为他们需要人际互动。同样地，有学者发现，对很多顾客来说，与服务员工的接触非常重要，因为他们可以即时地给顾客建议和推荐（如 Forman and Ven 1991；Berkowitz et al.，1979）。然而，对于另外一群人，他们喜欢与机器（Langeard et al.，1981）和计算机（Holbrook et al.，1984）打交道，他们不太关心人际社交。因此，在自助服务中缺乏社会接触未必对所有使用者都是限制。Cowles and Crosby（1990）认为人们对用机器代替人有不同的忍受度，也是支持这个结论的。

参与的需求

与传统的服务相比，自助服务需要更高程度的顾客参与。正如前面所述，这种参与是不可避免的和自助服务所固有的。顾客经常将增加的工作量和复杂性作为自助服务的缺点（Meuter et al.，2000；Dabholkar，1996；Davis et al.，1989；Langeard et al.，1981；Bateson，1985）。顾客对一个自助服务的评价取决于他们具有的完成服务的能力的信心（Hoffman and Novak，1996）。例如，如果使用者对他们的能力有信心，他们更可能将自助服务评价为简单的，并需要较少的付出。

总之，自助服务对组织和顾客都有很多的优点。然而，它们也会带来很多缺点。积极或消极成分的强度取决于环境、市场、组织和个人的相关因素。

自助服务行业的演变

自助服务的最初形式在人类诞生之初就已经存在了。我们的祖先以群居的生活方式，保持着一定的自给自足的生活水平。然而，现代化的自助服务的出现要晚得多。在20世纪初，顾客自助服务开始萌芽。随着信息和通信技术的不断创新，自助服务很快就得到了空前的发展，我们与组织机构的互动方式也得到了改变。今天，自助服务是世界经济不可或缺的一部分，这是一个正在努力寻找共同名称的行业。为了充分理解和评价自助服务带来的商业影响，我们必须来看看它的历史发展。

通过对历史事件的回顾，可以将自助服务的演化划分为三个阶段：效率驱动阶段、技术驱动阶段和顾客驱动阶段。这三个阶段相互依存，当一个新的阶段开始在市场上出现时，原先的阶段并没有消失。这三个阶段的界限并不明显，然而，它们的历史顺序是十分明确的。

效率驱动阶段

顾客自助服务的第一个阶段是效率驱动阶段。正如其名称所指出的，这个时期的特点是组织着重于成本降低和服务流程优化。由于竞争带来的压力以及工资水平的上升，组织被迫去寻找替代办法来降低成本和扩大市场份额。当生产效率低的问题得到解决后，为了降低价格刺激消费，顾客自助服务成为一个新的选择。因此，在20世纪初，自助服务的浪潮首先冲击了服务业。最开始是直邮目录和自动售货机，后来杂货店、超市、快餐店和加油站都提供了自助服务。这个阶段最典型的特征是大部分的自助服务都要求顾客有大量的体力劳动。以下是这个阶段重要的里程碑事件：

19 世纪末期：直邮目录行业的兴起

19 世纪末期出现了第一个直邮目录，它有效地连接了偏远地区的顾客（Windham and Orton，2000）。在 20 世纪末期，直邮目录行业得到了快速的发展，零售商成倍增加，通过这种渠道销售的产品范围越来越广。很大程度上，直邮目录让购物不再依赖于人，因为早期订单的发出和完成都是通过邮寄的方式。

19 世纪末期和 20 世纪早期

这个时期出现了自动售货机。在 19 世纪 80 年代初，英国伦敦引进了第一台商业的投币式自动售货机（www.inventors.about.com）。后来在 20 世纪 20 年代初，出现了第一台可以自动分配汽水的自动售货机，在 1926 年发明了香烟自动售货机。这些发明都很受消费者的欢迎，同时对自助服务业的繁荣发展起到了很大的推进作用。

1916 年：第一家自助服务杂货店

Piggly Wiggly，美国第一家真正意义上的自助服务杂货店（www.pigglywiggly.com），于 1916 年成立于田纳西州孟菲斯市。在当时的杂货店里，顾客向店员出示他们的订单，店员再从货架上取出商品。管理人员注意到这种方法很浪费消费者的时间和工人的工时，所以他们设计了一种顾客能够自助服务的消费流程。

1930 年：第一家超市

尽管 20 世纪 20 年代洛杉矶的 Ralphs 商店可能更加符合“第一家超市”之称（www.groceteria.net），但是 1930 年，在纽约开设的第一家 King Kullen 商店被认为是第一家超市。7 年之后，A&P 公司开始将它的 15 000 家小商店改造成自助服务超市（www.aptea.com）。

1937 年：第一辆购物车

购物车是在 1937 年由 Sylvan Goldman 设计的，Sylvan Goldman 是最早的自助服务零售商之一，他通过观察消费者的购物习惯，意识到如果他能够让顾客搬运更多的商品，他就能够提供更好的服务，同时销售更多的商品（www.unarco.com）。根据这种简单的观察，购物车便诞生了，自助服务的大规模市场零售也得到了有力的发展，直至今日。

20 世纪 60 年代：快餐店的发展

1954 年，第一家麦当劳餐厅在加利福尼亚州的圣贝纳迪诺市成立了（www.mcdonalds.com）。一年后，在伊利诺伊州开设了第二家，由此麦当劳公司开始蓬勃发展。在整个20世纪60年代，快餐、自助服务餐厅在北美深入人心，而且很快成为他们生活方式的一部分。

20世纪70年代：自助加油站的发展

虽然自助加油站自20世纪30年代便已出现，并且有安全的保障，但是直到1975年，在美国仅仅15%的汽油是通过自助服务售出的（Phillips and Schutte，1988）。然而，伴随着随后几年的汽油短缺，改变出现了。排队的汽车长龙般蜿蜒围绕在服务站周围，服务人员几乎没时间运行油泵，更不要提检查油以及清洁挡风玻璃。此外，随着油价上涨，消费者希望通过别的方式来降低费用，而解决的方法就是自助服务。到了1979年，超过50%的加油站都提供自助服务（Phillips and Schutte，1988）。

技术驱动阶段

在20世纪，顾客成功地接受并适应了自助服务，相应的技术也不断地进步，这些都激励了组织去尝试不同类型的自助服务技术（SST），进而加速了下一个自助服务阶段的到来：技术驱动阶段。与前一阶段相比，这个阶段不仅考虑效率，更主要的关注是各种技术在自助服务上的应用。以下是值得一提的历史里程碑式的事件：

20世纪30年代到80年代：电脑革命

正如我们现在所理解的那样，计算机是一种演进式的发展而不是一个简单的发明。计算机的起源要追溯到20世纪30年代后期的两位科学家：Konrad Zuse和John Atanasoff教授（Mollenhoff，1988）。1936年Zuse制作了一台被称为Z1的机械计算器，即第一台二进制计算机，进而在1939年他完成了Z2，即第一台全功能的电子机械计算机。在1939年到1942年期间，Atanasoff教授和他的研究生Clifford Burry在艾奥瓦州立大学制作了第一台电子数字计算机。Atanasoff-Burry计算机展现了计算处理方面的多项创新，包括二进制算法、并行处理、再生存储器，以及存储和计算功能的分离。

在整个20世纪40年代，计算机继续创新发展，在20世纪50年代，John Presper Eckert和John W. Mauchly制作了第一台桌面计算机（UNIVAC）。几年后，在20世纪70年代，第一台桌面计算机（IBM 5100）诞生了。20世纪80年代，个人计算机革命到来。今天，计算机已经渗透到我们社会的方方面面，没有什么东西比计算机更能代表现代人的生活。现在的计算机做的远不止简单的计算：它可以通过超市扫描仪计算商品清单来保持商店的库存量；对于数以百万计的电话，计算机控制的电话交换中心可以发挥交通警察的作用，并且保持线路畅通；自动取款机让我们几乎在世界的任何地方都能进行银行交易。可以说，计算机对扩大发展自助服务业功不可没。

20 世纪 60 年代：第一台自动取款机

1969 年，DocuTel 发明了第一台现代化的自动取款机，并把它卖给了总部设在纽约的化学银行（www. inventors. about. com）。在这台 ATM 上顾客可以进行取款交易，但由于采用的是离线模式，这意味着钱并不是自动实时地从账户中扣除。

大约 30 年后，EMMA 交易处理系统进入了实际应用，通过这个系统，自动取款机能够快速执行多网络的复杂交易（www. cashtechnologies. com）。这个系统使四个主要渠道之间的连接成为可能：（1）ATM 网络；（2）信用卡（服务点或者 POS 机）；（3）自动清算所（ACH）网络；（4）现金。今天自动取款机成为了电子终端机，通过互联网的方式连接到备用计算机，具有对交易、机票以及电子账单支付的能力。

20 世纪 60 年代：互联网时代的到来

互联网可以让多台计算机之间进行信息交流。在 20 世纪 60 年代，第一个计算机网络（ARPAnet）由美国国防部高级研究计划局开发成功（Griffiths，2001），该系统主要用于军事目的。30 年后，在 1990 年，万维网联盟（W3C）的 Tim Butners-Lee 与总部设在瑞士的欧洲核研究组织（CERN）进行磋商，写出了第一个 GUI 浏览器，并称之为“万维网”（www. kiosk. org）。相比 ARPAnet，www 或者 Web，主用是以商业或者信息沟通为目的的。互联网创建了一个新的市场，在这之中，新兴企业和现有的组织展开竞争，都希望从这个虚拟环境中挖掘出更为广阔的商业潜力。“电子商务”、“E-客户”、“网上冲浪”，以及“新经济”等新名词进入了商务领域。很快，www 便成为提供高质量自助服务最重要的媒介。

20 世纪 80 年代和 90 年代：无线通信的扩张

无线通信技术早在 20 世纪 40 年代便已出现（例如 1940 年摩托罗拉公司设计的一款手持便携式双向无线电系统）。然而，这项技术的大规模商业化始于 20 世纪 80 年代初期，当时手机（又名移动电话）出现了。后来，在 20 世纪 90 年代中期，Wi-Fi 标准的引入更加方便了电子设备之间的通信交流。这些技术的发展对自助服务行业的成长起到了积极的促进作用。

20世纪90年代：交互式语音应答的渗透

在20世纪90年代中期，许多呼叫中心引入了交互式语音应答（IVR）技术。这是一种自助服务技术，它可以帮助组织机构更好地管理不断增加的来电。尽管IVR的引入具有争议，因为它起初对客户的满意度产生了负面的影响，但最终这项技术应用还是让呼叫中心以及客户都感到满意。

20世纪90年代：搜索引擎的战争

在整个20世纪90年代，互联网搜索引擎技术的开发组织竞争激烈（Griffiths，2001）。以下是技术革新的简短列表：

• 1990年：麦吉尔大学（蒙特利尔市）开发的Archie，是最早用来查找和检索计算机文件的搜索引擎。

• 1991年：由明尼苏达大学开发的Gopher系统，代表着FTP（文件传输协议）检索的革新。

• 1991年：内华达大学开发的Veronica，遵守与Archie系统一样的准则，但是能让用户区分目录检索和未分类文件的搜索。

• 1991年：由Thinking Machines公司开发的WAIS（广域信息服务器），是基于内容的信息检索。

• 1991年：万维网虚拟图书馆是万维网上的第一个内容索引。是www的创始人Tim Berners-Lee开发的。

• 1994年：斯坦福大学的两位博士David Filo和Jerry Yang创建了雅虎。雅虎是先进的"蜘蛛"式索引搜索引擎。

• 1995年：数字设备公司西方研究实验室的研究人员开发了AltaVista，这是第一个包括翻译服务，以及图像和声音文件搜索的网站。

• 1996年：加州大学伯克利分校的Eric Brewer教授和研究生Paul Gauthier开发了Inktomi。该技术是基于现有的搜索引擎的成功案例开发的。

• 1998年：微软使用Inktomi的搜索引擎开发了MSN搜索引擎。直到2004年开发出它自己的搜索引擎（msnbot），微软一直使用第三方的搜索引擎技术。

• 1998年：斯坦福大学的两位学生Larry Page和Sergey Brin创建了谷歌。Page和Brin坚信与高度相关性的网页链接最多的网页一定是与搜索内容最具相关的网页，并以此作为搜索引擎技术的基础。由于其简单的设计及实用的结果，谷歌搜索引擎吸引了众多互联网用户。

顾客驱动阶段

前两个阶段主要关注效率和技术应用，此阶段则将关注点转移到顾客身上。组织意识到仅仅依靠降低成本和技术革新并不能显著提高竞争力。相反，他们注意到只有重视顾客的需求和偏好，自助服务的接受度和顾客的满意度才会提高。以下是在自助服务最后一个发展阶段中的几个里程碑事件：

20 世纪 90 年代：顾客服务满意度的降低

密歇根大学的美国顾客满意指数的测量结果显示，自 20 世纪 90 年代以来，顾客满意度呈下降趋势。根据刊登在《纽约时报》上的文章《顾客永远正确吗？伴随着技术的进步，顾客服务反而衰退和没落》（Hafner，2000），导致这一衰落的部分原因是技术和对顾客关注的缺失。庆幸的是，顾客的不满意已引起了产业界的注意，并且各组织已开始重新设计自助服务的策略。

2000 年代初期：互联网泡沫

在 2000 年代初期，IT 业的不景气对自助服务来说是一个危机，因为它给了各组织和投资者一个明确的信号：要想确保生存，只依靠互联网是远远不够的。网站公司明白强调短期利益是有害的，竞争性优势源于自助服务质量的提高和长期的顾客关系。

2000 年代中后期：后网站时期

在互联网泡沫之后，基于网络的自助服务已经开始平稳地扩张。这个扩张很大程度上源于自助服务质量的提高和满足顾客需要所采取的创新方式。这个时期的一些最重要的进展是出现了视频共享网站（例如 YouTube）、测绘导航服务（例如谷歌地图）、远程桌面应用程序和用于人际交流的社交网站（例如 Facebook 和 MySpace）。

自助服务组织的质量维度

无论哪个行业的组织，质量都会影响其绩效和品牌。因此，无论是在自助服务行业还是制造业或传统服务业中，质量都同等重要。然而，自助服务质量究竟是由哪些维度构成的呢？

朱兰博士将质量定义为“适用性”（Juran，1988）。对于自助服务来说，这是指设计、基础设施和服务交付方法的有效性，能满足于顾客的要求。朱兰博士的定义将顾客的效用和满意放在首位，这与顾客的感知质量是紧密相连的，感知质量是一个在学术界和商业文献中被广泛使用的概念。

感知服务质量是顾客在服务消费之后对服务的总体评价，因此也被称为“体验”质量。感知质量是对客观服务或产品特征的主观评价（Antonides and van Raaij，1998）。换句话说，感知质量可以被定义为顾客期望和顾客感知服务结果的差距（Grönroos，1984；Parasuraman et al.，1985）。然而，顾客不仅仅对服务结果进行评价，还会对服务过程和交易场景进行评价。因此，感知服务质量由两个主要部分组成：过程和结果（Berry and Parasuraman，1991）。过程质量指交易发生的方式，而结果质量反映了服务所达到的最终结果。类似地，Grönroos（1984）提出三种不同类型的感知服务质量：技术的、功能的和企业形象的。技术质量和功能质量相当于结果和过程质量，而第三种类型（企业形象）的质量是指顾客对供应商的感知。实证研究已经证明这三种主要的服务质量类型对总体的服务质量和顾客满意具有一定的影响（Dabholkar et al.，1996；Zeithaml et al.，1996）。

由于顾客将质量维度作为对产品的整体评价中最重要的部分，大量的相关研究都关注于识别影响服务质量的主要维度（Parasuraman et al.，1985；Dabholkar et al.，1995；Meuter et al.，2000）。对于服务质量的组成存在很多不同见解，但是其中被最为广泛接受的是 SERVQUAL 模型（Parasuraman et al.，1988），该模型包括有形性、响应性、可靠性、保证性和移情性。这五个维度反映出顾客从服务中获得的主要利益。如果应用于自助服务场景中，则需要修正这五个维度，将服务交互过程中缺乏人际交流整合进去（Van Riel et al.，2001）。鉴于此，自助服务可从以下五个维度来评估：

用户界面

用户界面指组织所提供的基础设施和服务设计。正如上文所提到的，有三种自助服务的用户界面：电子界面、印刷界面和基本界面。这三种类型都使用了实体媒介。此外，其中两种界面（印刷界面和电子界面）则都提供了内容展示。因此，自助服务中顾客对用户界面的质量感知是基于两个因素的：实体媒介和内容展示。用户可以通过功能性、外观和逻辑性这几个方面对这些因素进行评价。

响应性

响应性是指组织对于顾客的要求能在合理时间期限内作出响应。响应速度将会影响顾客的感知质量。例如，网页打开速度慢或者文件下载速度慢都会给顾客的自助服务体验造成负面影响。

可靠性

可靠性是指在线服务交付的准时性，所提供信息和结果的准确性，服务提供过程的稳定性和规范符合性。该维度对信息密集型的自助服务的顾客质量评价有重要影响。

保证性

保证性与用户个人信息的安全性、保险性、私密性，以及可信赖度相关。这个维度对涉及财务处理的自助服务尤为重要，如网上银行和网上零售。

移情性

移情性是指服务供应商对客户需求和请求的了解程度，以及自助服务的定制化程度。这个维度可能与在线零售商尤为相关，在线零售商应该收集剖面数据和历史交易，从而提供个性化的自助服务，满足顾客的需求。

通常，由于顾客兴趣、知识层面、服务预期和情境等的不同，在评价同一自助服务时会产生不同的结果。此外，自助服务的类型不同，适用的相关质量维度也不同。例如，如果客户要搜索信息，他们就会期望有快速准确的服务，而如果是执行金融交易，他们更关心的是服务的安全性和可靠性，因此可以接受慢一点的速度。

自助服务的质量维度构成了顾客对整个自助服务质量的感知。质量不仅影响顾客的满意和忠诚，而且对自助服务供应商的财务状况有重要影响。因此，从管理的角度看，了解自助服务的质量维度是很重要的，因为它有助于组织合理地分配资源，从而设计和实现更优越的自助服务。

自助服务质量生命周期

如前面章节所述，质量维度强调了顾客在自助服务中最先考虑的内容。然而，要把顾客期望和需求转换为实际的自助服务是一项管理方面的工作。通常这需要经过几个连续阶段，然后最终形成一个自助服务的操作系统。对于自助服务，需要用全局质量观来整合自助服务的生命周期的所有阶段。

学术文献和商业文献对产品和服务的生命周期进行了区分。自助服务有它自己独特的阶段和关系。图 22—4 展现了一个生命周期模型，有助于自助服务组织的质量管理。

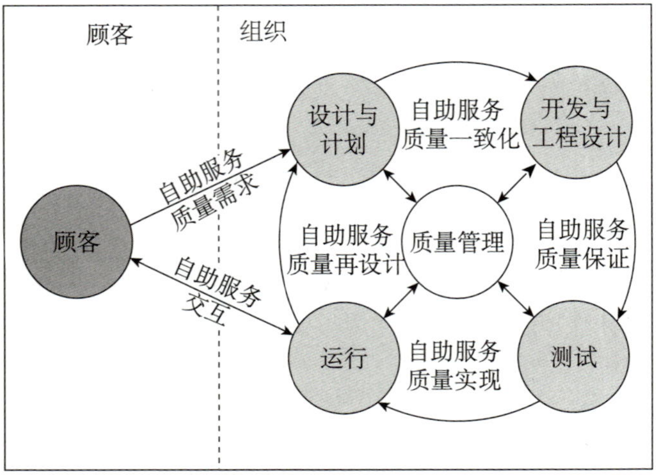

图 22—4 自助服务质量生命周期

资料来源：Juran Institute，Inc. Copyright 2009. Used by permission.

自助服务质量生命周期包含了构成自助服务交互的两个部分：顾客和组织。不同于商品和服务的生命周期，顾客也是模型的一部分，因为他们同时参与了自助服务的消费和操作。另一方面，组织由四个连续阶段组成：设计与计划、开发与工程设计（engineering）、测试，以及运行。这些阶段都与质量管理相关。另外，每个阶段都与前后阶段密切关联。这些关系由质量管理来协调，而且每一个阶段的输出都作为另一个阶段的输入。基于此，即可以识别出四个主要的评价产品质量途径：自助服务质量一致化、自助服务质量保证、自助服务质量实现和自助服务质量再设计。以下是对自助服务质量生命周期模型各要素的详细分析。

自助服务的顾客

顾客可以从两个方面来影响自助服务质量生命周期：对自助服务的质量需求和与自助服务的交互。大部分自助服务相关的实证研究都集中于识别自助服务的用户群的概貌。虽然研究给质量管理人员提供了有价值的线索，但是这些线索却不能被盲目地应用，主要有两个原因：首先，由于研究设计和实现的限制，结论的推广常常不准确或者有偏差；其次，对于不同类型的自助服务，用户群的概貌是不同的。但是，可参考以下主要的研究发现。

控制点

控制点是人对自己命运来源的认知。一些人认为他们掌控自己的命运，另一些人认为自己是命运的人质，并且相信生活中发生的事情完全取决于运气或机会。第一种类型的人——认为自己掌控命运的人——被称为内控者（或者说具有内控倾向）；而后者——认为自己的生命被外部力量控制的人——被称作外控者（或者说具有外控倾向）（Rotter，1966）。在服务接触领域，学者们不使用控制点，而是讨论感知控制（Bateson and Hui，1987；Langeard et al.，1981），他们将其定义为顾客对服务过程或结果控制程度的感知。但是，可以看出，这两个概念很相似。

有确凿的证据表明，有内控倾向的人具有喜欢自助服务的倾向。例如，Dabholkar（1996）发现对基于技术的自助服务来说，可控性和等待时间是重要的决定因素。他指出顾客更喜欢使用给他们控制感和零等待的基于技术的自助服务。类似地，Bateson（1985）研究了人们在自助服务和人工服务之间的选择。Bateson 发现，当金钱或节约时间这样一般的因素可控时，自助服务就很具有吸引力，甚至很大一部分人即使不能享受到省钱或节约时间的好处也会选择使用自助服务。Bowen（1986）声称人们选择自助服务是为了感受可控性，而不是为了时间或金钱上的节省，这正好支持了 Bateson 的发现。Kelly et al.（1990）和 Dabholkar（1990）提出偏好自助服务的顾客能够感受到更好的控制性和更高的服务质量。

年龄

Langeard et al.（1981）最早对喜欢使用自助服务的顾客做了综合性的研究。他们发现使用自助服务的多是年轻人。Quinn（2000）也支持这个观点，他研究了员工自助式销售（ESS）的接受度。他指出员工人群从婴儿潮出生的一代（即 1946 年至 1964 年间出生的人）到 X 一代（即 1960 年至 1970 年间出生的人）的变化给 ESS 带来了积极的影响。

教育

一些研究者还指出更高的教育水平促进了自助服务的应用。Langeard et al.（1981）发现顾客的教育背景与自助服务的选择具有正相关性。这对于基于技术的自助服务尤为明显。

技术成熟度

另一个影响大多数技术性自助服务（SST）的因素是技术成熟度。这个概念可以定义为“人们为了完成生活和工作中的任务而采用新技术的倾向”（Parasuraman，2000）。基于此，Liljander et al.（2006）的研究识别出四个技术成熟度的维度：不适感、不安全感、乐观主义和创新精神。他们发现乐观主义和创新精神与顾客采用 SST 呈正相关，而不适感和不安全感则与之负相关。

收入

少数的研究表明低收入顾客更偏好于自助服务而不是人工帮助。Graffeo（1997c）发现信用卡一族，即债务服务的主要使用者，有 60%使用电子在线服务进行交易，而存款超过 24 000 美元的群体，使用电子操作的只占到 32%。Langeard et al.（1981）也支持收入与使用自助服务呈负相关这一观点。

婚姻状况

除了年轻、教育水平高和低收入几个因素外，Langeard et al.（1981）的研究也指出自助服务使用者多为单身者。当然，这也是由于使用者年龄较小导致的。换句话说，自助服务使用者多为年轻人，他们未婚的概率是很大的。因此可以说，婚姻状况对是否使用自助服务产生影响是因为与年龄相关。

文化

“文化是指特定群体中代代相传的行为模式、信仰和所有其他东西”（Santrock，1997c）。无论群体规模有多大，它的文化都会影响其成员的行为（Triandis，1994；Lonner and Malpass，1994；Matsumoto，1994）。Geert Hofstede，一位最早和最全面从事跨文化研究的荷兰科学家，曾在他的《文化与组织，头脑的软件》一书中，通过五个维度来评价民族文化：个人/集体主义、男性/女性、不确定性规避、权力差距和长/短期适应。对自助服务来讲，其中有两个维度是比较相关的：个人/集体主义和不确定性规避。以下是 Hofstede 的定义：

> 个人主义是指社会中个体关系比较松散：每个人都被期望自己照顾自己以及自己的直系亲属。与此相反，集体主义是社会中的个体从出生开始就融入一个强大的关系紧密的集体中，这个集体对个体终生持续提供保护，相应地，成员对集体怀有毋庸置疑的忠诚。不确定性规避可定义为某文化群体的成员对不确定或未知的环境所感受到的威胁的程度。这种感受会表现为神经紧张，对可预测性产生需求，即对书面或者非书面规则产生需求。

根据 Kasper et al.（1999）的研究，个人主义是影响自助服务的最重要的文化维度。事实上，正如前面自助服务演化部分所述，自助服务的萌芽和发展，都发生在美国和英国这两个高度个人主义的国家。这不仅仅是巧合，而是证明了这些国家的公民有能够容纳和接受低程度人工辅助的文化背景。

对于第二个维度，不确定性规避与公民的内外控倾向有很大关系。具体来讲，内控倾向的人比外控倾向的人能够更好地处理风险和突发事件。因此，具有低不确定性规避的民族有更多内控倾向的公民。例如，我们观察美国文化，其最核心的价值观就是进步，人们相信技术以及生活标准会持续提高（Assael，1995）。因为美国人深信他们能够改变未来，所以在一定程度上可以认为美国人是具有内控倾向的。由于这个关系，这个民族在不确定性规避方面的分数是低于平均水平的。

自助服务设计和计划中的质量

自助服务设计和计划是自助服务生命周期的初始阶段。这个阶段一方面受顾客需求的影响，另一方面受质量管理的影响（见图 22—4）。自助服务需求与顾客对自助服务的期望息息相关，并且包含了前面所提到的质量维度。因此，任何一个基于自助服务的组织的首要目标都是设计一个能够满足顾客需求的自助服务。但是，这个目标必须与质量管理和宏观组织战略同步，以此来确保自助服务的设计质量和自助服务的成功实施。以下是该阶段中质量管理人员要面对的主要问题。

识别自助服务顾客和他们的质量需求

设计自助服务的第一步是要识别潜在顾客和他们的质量需求。本章我们讨论了自助服务使用者的主要特征和自助服务质量的常见维度。但是，自助服务组织应该自己进行市场研究来识别组织的特定目标群体和这些群体的质量需求。对这个环节来讲，包括问卷调查、访问、观察和听取顾客的声音（VOC）等质量工具是有帮助的。

确定自助服务的类型

组织在设计自助服务时，通常需要在不同的自助服务种类中进行选择。例如，银行为了满足顾客交易的需求，可能要在 ATM、网上银行和 IVR 电话服务系统之间作出选择。类似地，零售商为了满足顾客购买的需求，可能要在产品目录、直接销售、网络销售和电视销售中作出选择。最终的选择必须依据详细的顾客分析，要按重要性对质量需求进行排列，然后选择能最好地满足这些需求的自助服务。

确定自助服务说明书

为了保证自助服务设计的质量，客观和可量化的说明书是必需的。说明书应该包括定性和定量两个方面的信息：

定性的。自助服务信息是描述性的、非数值的信息，包括：自助服务的外观、用法和功能；流程和工艺图；测量单位；服务水平协议（SLA）；运作水平协议（OLA）等。

定量的。自助服务信息是包括一些测量单位的数值化信息。这些信息应该与测量单位一起及时记录下来，并且注意要使用正确的精度。定量信息可以用来设计标准，作为自助服务的开发目标，或者用于生命周期的后续阶段作为进行测试、监控和针对外部的标杆管理的标准。以下是一些常用的定量的自助服务质量标准：

网络定量质量标准

- 延迟（数据包从发送点经由网络到达接收点的运行时间）。
- 抖动（点对点传输延迟的变化程度；在数学上这是完全可测的）。
- 带宽（两个终端之间可维持的最大数据传输速度）。
- 数据包遗失率（由于客户端冲突、多路径、衰弱等造成的数据包遗失率）。

网站定量质量标准

- 页面登录时间。
- 传送首字节的时间。
- 开始生成时间。
- 每页的链接错误。
- 每页的代码错误。
- 每页的内容错误。
- 停机时间。
- 可利用率。

公共资讯站定量质量标准

- 正常运行比率。
- 故障率。
- 差错率。
- 每一项事务的平均处理时间。

自动语音应答系统的质量标准

- 放弃率。
- 交易故障率。
- 平均办理时间。

- 平均等待时间。
- 完成率。
- 一次解决率。

软件定量质量标准

- 每 1 000 行代码的缺陷或者错误数。
- 代码行数（包括注释）。
- 代码行数（不包括注释）。
- 字符数。
- 注释数。
- 注释字符数。
- 代码字符数。
- 程序长度（操作数和运算符总量）。
- 程序估计长度。
- 程序长度的詹森指数。
- 麦克白圈复杂度（发现可能导致潜在错误/难以维护的代码的测量标准）。
- Belady 带宽指数（测量嵌套层次的标准）。
- 熵值（对模块内部凝聚力和模块间耦合度的测量标准）。
- Henry-Kafura 指数（信息流复杂度的测量标准）。
- 拒识行的数目（衡量不能被解析器成功解析的非空非注解行数）。

基本自助服务定量质量标准

- 自助服务平均处理时间。
- 人工帮助的请求次数。
- 停机时间。
- 可利用率。

评估基础设施和硬件需求

自助服务常常需要使用基础设施和硬件。例如，公共资讯站或者 ATM 机需要在交通繁忙地带摆放，并能够有电能供应和网络接口。类似地，自助服务网站必须有服务器（如 Web、电子商务、数据库服务器）和充足的网络带宽。每个自助服务都需要单独的基础设施和硬件，这些都需要谨慎地评估。

评估信息存储器和数据库

基于技术的自助服务经常需要处理大量的信息。信息以具有逻辑关系的记录的形式存储在一个集成集合中，也被称为数据库。数据库可以通过特定的数据库支持语言（如SQL、XML等）形成不同的数据模型（例如平面的、相关的、面向对象的、分层的、空间的等）。每种配置都有其优缺点。由于技术的复杂性，建议质量管理人员与IT部门一起来评估新设计的自助服务的数据库需求，因为数据库对自助服务质量有非常大的影响。

设计软件结构

软件结构设计对基于技术的自助服务是很重要的。软件系统结构是系统的抽象表征。为了保证软件的质量，质量管理人员需要确保软件系统能够满足产品需要，并且保证未来的需求也可以得到解决。此外管理者还应注意软件系统与其他软件、隐藏的硬件和主机系统的接口。

分析收益源

产品财务分析通常是财务部门的职责。但是，对于自助服务组织来讲，则需要财务部门与质量部门协同进行财务分析。由于顾客通常喜欢免费的自助服务，这就迫使组织去寻求其他的收益来源（如广告、辅助商务、赞助和公共支持）。收益源的选择可能会对自助服务产生影响。例如，过于炫目的在线广告条可能会造成自助服务网站的信息混乱，从而导致顾客的较低的质量感知。

使用第三方组件和服务

自助服务可能要提供并非组织能力范围之内的复杂硬件组件或软件服务。因此，借助第三方是自助服务行业的惯例。当自助服务设计需要使用第三方组件和服务时，采购要到位，从而保证最终的自助服务质量。

优化自助服务过程

到目前为止，我们的关注主要集中于与自助服务输出质量相关的设计。然而，要成功地实现自助服务，服务的过程质量也同等重要。为此，利用自助服务的过程分析来识别过程流和潜在瓶颈是十分必要的。并且，实施过程分析同时也要有行动计划和时间表（如甘特图）。

资源配置

最后，合理地配置财力和人力资源是保证自助服务质量的先决条件。在这方面，要有适当的预算和财务分析，还要明确每个人的职责。

自助服务开发和工程设计的质量

开发和工程设计是自助服务生命周期的第二个阶段。此时，自助服务要从一个概念性陈述进入到具有有形内容的实质性阶段。将最初的质量需求和设计说明书变为实际的自助服务质量的方法如图22—4中自助服务质量一致化所示。以下是本阶段相关的质量论题：

产品质量语境下的自助服务开发

从产品质量角度讲，自助服务呈现出二象性：一方面它们类似于产品制造，另一方面又与服务产品很相似。为了避免混乱，在此作一说明：

• 自助服务开发和工程设计阶段与产品制造的过程相似。开发有形基础设施和硬件的质量与批量制造消费品的质量没有区别。

• 与传统服务的相似点体现在自助服务生命周期的运行和监控阶段。服务生产和自助服务生产都具有不可触摸的特性，并且都同时伴随着消费的发生。两者之间的主要不同在于，前者有两个参与者（服务供应商和消费者），而后者是由同时作为生产者和消费者的顾客一方参与的。虽然如此，服务和自助服务有很多质量维度是相同的。

重视自助服务开发和实现中的质量

如前所述，自助服务开发和工程设计的质量与产品制造中的质量具有相似性。本书第 20 章“产品组织：在精益与绿色的同时保证质量”，已讨论过关于产品组织的制造质量，在此就没有必要重复了。但是本章会关注信息制造，这也是自助服务开发的一个方面。

信息制造

信息制造与产品制造在几个值得注意的方面有所差异。Wang（1998）将这些不同点概括为三个方面：输入、处理和输出（见图 22—5）。根据他的说法，制造可以被看作一个将原材料加工成实体产品的加工系统，而信息制造则可被看作一个将原始数据加工成信息产品的加工系统。两者之间一个很重要的不同点是：原材料只能用来加工单一的实体产品并会发生消耗，而数据可被很多消费者使用而不会产生消耗。类似地，私密性和可信性这样的质量概念在产品制造中毫无意义。

	产品制造	信息制造
输入	原材料	原始数据
处理	装配线	信息系统
输出	实体产品	信息产品

图 22—5 产品制造与信息制造

资料来源：R. Wang，“A Product Perspective on Total Data Quality Management，” *Communications of the ACM*，vol. 41，no. 2.

“信息制造”是一个广泛的概念，它贯穿于整个软件开发过程，包括调查、设计、实现、整合、测试、安装和发布阶段。不要把信息制造与通过软件实现和整合的自助服务开发与实现阶段相混淆。软件开发过程是很符合自助服务的生命周期的。

软件实施是对应用、程序或软件组件的实现，它涵盖了程序工程师和软件设计者的工作。通常有两种类型的软件实施：代码编写和可视化编程。代码编写是用可读的电脑程序语言表示语句或动作，可视化编程是使用可视化工具绕过编码，并创造一个可视的、编程者与终端用户一对一的用户界面。但是，如果应用可视化程序，会需要更多的代码来实现软件。

在软件业有一个通用的准则，即越多的编码就意味着越高的复杂性、越低的可解释性和可理解性、越差的持续性和质量。通常，较长的编码可以被功能和操作性能等同的较短的编码替换。本章前面关于软件的定量质量标准里就包含了复杂度的测量方法。

软件集成是将软件和硬件集成到一个整体系统中，这个集成反映了前面所讨论的软件结构的实现。

自助服务测试的质量

自助服务生命周期中的下一个阶段是自助服务测试。在这个阶段需要确保根据设计说明书开发的自助服务程序工作正常、零缺陷、零故障和零组件不相容。将开发和工程设计质量转为测试质量的途径在图22—4中被表示为自助服务质量保证。回顾一下适合于自助服务的测试：

• Alpha测试。Alpha测试在开发者环境中进行，是在向外部顾客发布自助服务之前在内部员工中进行的测试。

• Beta测试（即现场测试）。Beta测试在顾客环境中进行，测试中让一组顾客在他们自己的所在地使用自助服务，从而在向其他顾客发布之前获得顾客的反馈。

• 功能测试（即黑箱测试）。功能测试是从自助服务的外部角度进行测试。测试人员通过选择有效和无效的输入来确定正确的输出。这里不涉及自助服务内部结构和运作的相关知识。

• 可用性测试。可用性测试是一种功能性beta技术，通过顾客测试，获得顾客对自助服务的相关评估。此测试可用来确保顾客能够有效率、有效果、满意地完成预期任务。几乎所有自助服务都可以从可用性测试中获益。

• 负荷测试（即压力测试）。负荷测试是一种功能性 alpha 技术，用来判定自助服务系统的稳定性。它以超出服务正常运转能力的方式进行测试，经常要达到一个极限强度，然后观察结果。负荷测试经常被用作性能测试、可靠性测试和容量测试的同义词。该方法在基于技术的自助服务中很受欢迎。例如，负荷测试可用来检查高负荷下网站的性能，以此揭示潜在问题，如数据损坏、缓冲区溢出、死锁和竞态条件。类似地，在全面部署 IVR 系统之前或之后，可以应用负荷测试来确保系统在中高呼叫负荷下的稳定性。

• 结构测试（即白箱测试）。结构测试是基于内部结构，从自助服务内部的角度来设计测试事项的。该测试通常用于基于技术的自助服务，并需要一定的工程技能。例如，一个软件测试人员首先需要识别出所有通过软件的路径，然后选择测试输入，演算代码路径，最后确定恰当的输出。同样地，电子硬件工程师需要对电路中的每一个节点进行探测和测量。在软件方面，有三种常用的结构测试方法（Jalote，1997；Bhattacherjee et al.，2007）。

• 基于控制流的测试。应用控制流测试时，程序模型用控制流图来表示，控制流图的各个覆盖对象则作为测试的标准（如语句覆盖范围、分支覆盖范围和补丁覆盖范围）。

• 基于数据流的测试。在基于数据流的测试中，要使用定义变量和应用变量的控制流和信息来确定测试案例。基于数据流的测试是为了确保定义的变量及其应用都被测试到。

• 突变测试。突变测试是一种对程序源代码或字节码进行微调的软件测试方法。该测试的目的是帮助测试人员找到测试数据或所选代码片段的薄弱环节。突变测试是一种虽然强大但是计算量很大的测试方法。

自助服务运行和监控中的质量

在自助服务的运行和监控阶段，自助服务对顾客开放，顾客依次参与实际的服务操作。有两种质量方法与该阶段相关：分别是自助服务质量的实现和再设计（见图 22—4）。自助服务质量实现是将服务从测试环境下转换到真实操作中去，而自助服务质量再设计是将操作和监控阶段作为重启自助服务质量周期的改善程序的输入项。这个阶段的主要质量问题可概括如下：

自助服务布局质量

自助服务经开发和测试后，需要向顾客发布。有些自助服务需要实体布局（如终端机、自动售货机和 ATM），而其他的自助服务则需要通过互联网、电话线和无线网络分销（如网页、网上银行、IVR 和在线零售）。后一种方式涉及二进制信息的传输，因此也被称为数字化布局。关于实体布局的质量本书已有讨论，但是数字化布局质量却未详细涉及过。数字化布局的特点概述如下：

• 直接性。数字化布局在本质上是直接的。这就意味着通过最低程度的中间商参与和最少的业务开支来将自助服务连接到顾客端。这种方式允许使用可提高自助服务质量的创新型的商业模式（如免费试用版、小额付款、免费订阅等）。

• 可及性和全球性覆盖。网络提供的自助服务可以每周7天每天24小时地进行服务，此外，来自全球不同国家和地区的顾客都可以连接并使用。可及性与感知自助服务质量呈正相关。

• 无实体库存。数字化布局意味着转移的是信息。既然信息无任何实体特性，它就可以在没有质量损失的条件下储存和有效复制。

• 版权侵犯和盗版。由于数字布局的以上特性，自助服务难以避免侵权和盗版的问题。一个可行的解决方案是数字化版权管理，它可以提供保护来防止未授权内容的发行。

• 环境影响。数字化布局对环境的影响很小。这可能会吸引很多具有环保意识的自助服务使用者。

自助服务运营质量

自助服务运营是自助服务计划、开发和测试的产物。如果说管理者的质量目标是打造一个可靠、安全、易于使用、操作快捷、符合顾客需求的自助服务系统，那么自助服务运营就是实现管理人员质量目标的最终测试，即顾客测试。为了保证自助服务的正常运行，以下后勤支持活动是很重要的：

• 运营和维护。要经常保养和维修自助服务的实体部分，以确保运行质量。这对所有基本的自助服务和基于技术的自助服务都同样适用。举例来说，自动售货机经营者需要将硬币和现款收集起来、重新补充货物、更换标签以提示新选择以及保持机器清洁吸引人。另外，他们还需要检查售货机的按键、电机、出货槽和其他部位是否正常运作。如果机器运行有问题，就需要对它们进行修理。最后，自助售货机经营者需要进行预防性维修，防患于未然（如定期清洁制冷凝汽器、润滑机械零件和校正零件）。同样地，基于技术的自助服务经营者需要进行常规数据备份、内容编辑、搜索引擎优化、软件升级和硬件检测等工作，以确保自助服务运行的质量。

• 安全和保护性防护。为自助服务提供安全和保护性防护是非常重要的。自助服务中的安全性防护是旨在提供安全、零危险和零伤害的服务。举个例子，自助加油站应该定期检查气泵的安全性，测试灭火系统是否正常。类似地，提供青少年不宜内容的网站应该监控和限制对可能造成威胁的网络资源的访问。而自助服务保护性防护则是致力于防偷窃，例如，ATM 机运营商应该有一些适当的监控方法来识别可疑行为。相应地，在线零售商应保护他们的支付系统不受黑客侵入，从而保证交易安全。

• 保护隐私。我们通过公共记录、智能搜索引擎和数据挖掘技术都可以得到有效信息。但是，如果个人和组织滥用这些信息，则会威胁到自助服务使用者的隐私。顾客会评价服务的隐私性，如果感觉缺少了隐私性，顾客将会不满意。为此，自助服务组织可以通过以下模糊处理技术来保护顾客隐私（Parameswaran and Douglas，2008）：加密（敏感信息用密钥编码并只允许授权者使用）、数据随机化（对源数据增加干扰量，从而降低精确信息内容的精确性），以及数据匿名化（将数据划分为固定或不定间隔）。

自助服务监控

由于缺少人与人的相互交流，因此，自助服务要付出额外的努力来评价自助服务的提供质量，以及顾客的反馈。在这方面，自助服务质量的监控可以使用以下方法：

• 过程监控可以检查自助服务是否正常运行。具体内容包括过程观察和性能测试，要保证过程质量符合规定。

• 观察顾客，旨在得到顾客对于自助服务的反馈。在监控中要对使用者的行为进行观察，进行顾客调研、抱怨分析等。主要目的是评估顾客对自助服务的感知质量。

• 第三方评价和外部标杆管理需要外界的帮助来评估自助服务质量。这种方法在网络自助服务中很流行。下面是一些提供独立网站质量评估的机构：

• BizRate. com 让购买产品的顾客对各类产品进行评估（包括玩具、服装、电子产品、健康美容产品、家居）。BizRate 的量表有 10 个维度：网站性能、订购简易性、产品选择、产品信息、价格、产品展示、及时交付、顾客支持、运送和隐私政策。

• Gomez. com 让研究人员而非顾客来评估网站。该机构用以下指标来评估网站：使用简易性、信息的有效获得、顾客信任、可靠性、网站或机构已经营年数、在线资源、总成本和客户关系服务。

• ResellerRatings. com 通过使用者评论和打分来对在线零售商进行监控和评价。该网站给出两种分数：累计分数和最近 6 个月分数。

• EC-Plus. net 是一个在线的网站标杆，它可以快速评估网站性能。它有很多测试内容，包括有效 HTML/XHTML 编码、多窗口页面应用、搜索引擎优化、搜索引擎定位和网站可访问性测试。

• WebsiteCriteria. com 的标杆测试通过专业评审员来评估网站吸引力、易于操作性和可访问性。评审者要检查网站的 100 多个特征（如第一印象、外观和感受、信息结构、导航、内容、搜索、功能性、多媒体、市场营销、电子商务、可访问性和技术），然后将数据记录到标杆管理数据库服务器，与其他网站进行对比。

自助服务再设计的质量

自助服务使用一段时间后，通常需要再设计来适应新顾客的需求和市场趋势。与设计一个新的自助服务相比，再设计可以缩短投入周期，减少资源使用。自助服务再设计通常解决与提高技术性能和服务美观相关的事项。但是，自助服务质量管理人员必须谨慎进行再设计，因为这些改进可能会导致新旧系统功能的不相容。可能直到最终设计阶段结束，这些矛盾才会显现出来。一些常用的自助服务再设计的工具包括技术创新理论（TRIZ）、田口方法和实验设计（DOE）。

自助服务质量管理

自助服务质量管理是自助服务生命周期的质量基础。它贯穿于自助服务生命周期所有阶段以及阶段间的交互。自助服务质量管理也可以表述为质量方法和途径。在自助服务产业中可以使用的质量方法如下：

朱兰三部曲是由朱兰博士提出的质量理念，他认为质量管理是通过三个管理相关的过程实现的：计划、控制和改进（Juran，1986）。这个方法是基于产品制造而设计的，但是也同样适用于自助服务。例如，在计划阶段首先要确定顾客及他们的需求，然后根据这些需求设计开发自助服务，最后将计划转化为执行力。执行力的作用是要实现这些设计，开发自助服务。然而，由于各种因素，如初始计划的缺陷，在任何一个过程中都会存在劣质带来的长期浪费。通常执行力并不能避免计划缺陷带来的长期浪费。它可以做的是质量控制，这可以防止事情变得更坏（偶尔发生的）。随后计划人员将执行力转变为实际的改善措施，以此来减少长期浪费。

六西格玛是一种有助于减少缺陷的缜密的、基于数据的质量途径、方法论和哲学（六西格玛指在均值和最近的规范界限之间存在 6 个标准差的距离或每百万单位中有 3.4 个缺陷）。该方法在制造业和交易型商务环境中广泛应用。但是，在很多基于技术的自助服务的信息制造中，其应用却没有那么广泛。

有两种六西格玛过程：六西格玛改进 DMAIC 和六西格玛设计 DMADV（又可写为 DFSS）。六西格玛改进 DMAIC 是根据六西格玛的规范，对现有过程进行定义、测量、分析、改进和控制的过程。六西格玛设计 DMADV 是对要达到六西格玛质量水平的新过程进行定义、测量、分析、设计和检验。在 DMAIC 或 DMADV 的每个阶段，六西格玛可使用多种质量管理工具，这些工具也可以单独使用，如失效模式分析（FMEA），实验设计，关键质量树，成本—收益分析，因果图，业务流程图，质量功能展开（QFD），过程能力，根原因分析，供应商、输入、处理、输出、顾客分析（SIPOC），田口方法，TRIZ，各种图表（如控制图、直方图、帕累托图、趋势图等），以及各种统计检验（如二项分布、方差分析、卡方分析等）。更多关于六西格玛方法的信息可参考第 12 章“六西格玛：改进过程的效率”。

精益生产认为不创造顾客价值（顾客愿意为之支付的东西）的资源花费是一种浪费，应作为消除的目标。它在产品和信息制造、服务业中都受到广泛欢迎。自助服务的精益生产将以下几种浪费作为改进目标：重复（顾客重复输入数据和重复操作）、延迟（顾客需等待）、不必要移动（由于自助服务界面的导航不完善或缺少工效学设计）、复杂性（自助服务设计太复杂导致顾客难以理解），以及自助服务交易中的错误（不符合顾客的要求或与预期不一致的结果）。一些广泛使用的精益生产质量方法有 5s、价值流图表、防错计数（poka-yoke）、均衡生产、拉动式系统（看板管理）、负载平衡（均衡化生产）、排队论、激励和测量等。关于精益生产方法的更多信息可关注本书第 11 章“精益技术：改进过程的有效性”。

精益六西格玛是精益生产和六西格玛两种质量方法的结合。精益生产的原则是有效果，而六西格玛的原则是有效率。这两种方法的结合为质量管理提供了一个两者兼顾的方法。精益生产方法可以帮助自助服务变得稳定、可约束，并降低自助服务的运营费用，优化服务速度。六西格玛方法可以识别自助服务过程的关键变量，建立运行标准，实施控制工具来确保自助服务问题得到及时修正。

能力成熟度模型整合（CMMI）是一种过程改进的方法，它可以帮助组织更好地管理业务单元和项目之间的过程，从而提高组织绩效。因为 CMMI 是一个能力成熟度模型（为软件开发设计的参考模型）的升级版，它主要被应用于信息制造业。但是，这种方法也可以应用于服务业和产品制造业。CMMI 包括一系列关键过程区域，这些区域被分成不同的成熟水平。更多关于CMMI的信息可见www. sei. cmu. edu。

CMMI与六西格玛具有一些相似性。它们都致力于降低缺陷，依据数据进行测量，并且都有常用统计工具的支持。然而，每种方法都有其优缺点。例如，六西格玛方法在理解顾客需求和利用统计方法方面更强大些，而CMMI在整合现行项目和利用行业标杆案例方面会更好一些。

以上质量管理方法不是相互排斥的，而是可以成功整合的。通常认为，精益生产、六西格玛和CMMI本身都是强大的，组合后还会有很高的协同效应（Gack and Williams，2007；Jacowski，2008；Siviy et al.，2005）。因此，自助服务组织应该将这些方法纳入它们的自助服务生命周期，确保整体的自助服务质量。

自助服务的展望

一个多世纪以来，我们见证了自助服务指数级的增长和惊人的发展，在本章也按年代展示了自助服务的演变历史。令人惊讶的是，自助服务增长中并未显示出任何衰退的迹象。人口统计、社会经济状况、技术和环境的趋势表明自助服务会进一步繁荣。自助服务的重要性和复杂性都会继续增强。这反过来给质量管理创造了新的机遇也提出了挑战。以下是对自助服务的简单展望：

人口变化

人口和人口统计特征一直是动态变化的，通常根据人们出生的年代来对人群进行分组，因为共同的历史事件会对人格的塑造产生影响。因此，现有人口可根据一些共同特征分为几代人（如沉默的一代、婴儿潮、X代、Y代、Z代）。在后三代人中，我们见证了技术的加速进步外加个人主义的增长。这个趋势可能会在下一代继续，因为人们越来越依赖技术，这对自助服务是有利的。但是，人口特征还会变化，不同时代的人在技能上的差距会进一步加大。为了有效地管理自助服务质量，组织需要对不同人群的需求作出不同的响应（如自助服务分割和定制），并找到提高顾客技能的方法（如演示、教程和指导）。

技术进步

技术进步将改进现有自助服务，并给市场带来新产品。这种改进会产生更好的自助服务设施，更为友好的用户界面和更高的性能。在不远的将来，顾客会见证新一代的导航和输入装置、更高分辨率的和三维特征的显示器、以空前的速度和精确度传输大容量信息的信息网络，以及性能非同一般的计算机处理器和硬盘。但是，技术的革新也将增加自助服务的复杂性，这给质量带来了挑战。

全球化

跨国公司首先开启了近代的全球化趋势。但是，全球化的最大功臣是互联网的出现。信息、交流、运输和教育的改进将进一步加速这一进程。全球化将为自助服务组织提供进一步拓展顾客群的机会。语言可能是自助服务的一个壁垒，会影响顾客的感知质量，这驱使自助服务组织为它们世界范围的客户提供多语言的选择。

竞争

自助服务行业有可能会是一个充满竞争的行业，主要竞争集中于三个领域：技术、内容和商业模式。技术竞争将给组织带来压力，驱使它们设计新的自助服务，加速自助服务的生命周期进程以及以更高的速度再设计自助服务。自助服务的战略计划、改进和控制，以及有效质量方法的应用将十分重要。内容竞争同样激烈。自助服务组织必须为顾客提供吸引人的、最新的、零缺陷的和个性化的内容。交互性将会是质量的一个重要部分，因为虚拟现实可能会在自助服务中扮演重要作用。最后，商业模式竞争将主要包括自助服务收益源和物流。这些模式将产生重要的质量差异，并可能具有专有权（取得商业过程的专利权，如 e-Bay、Netflix 和谷歌都是现在的通例，也有可能是未来的模式）。

知识产权和盗版

正如专利能够保护商业模式，数字内容也能够受版权保护。但是，由于数字内容易于获得和复制，对一些自助服务组织而言，盗版可能成为一个问题。打击盗版的努力与数字版权管理（DRM）将一直进行下去，尽管如此，非法的内容传播还是有可能存在。

虚拟消费

虚拟消费是一种新现象并可能会进一步流行。该概念意味着使用真实的货币来交易虚拟物品，预示着从实物消费到虚拟消费的转变（Lehdonvirta et al.，2009）。现在，虽然只有少数在线机构和网络游戏在推动虚拟消费（如哈伯饭店、第二生命、网络创世纪、模拟人生和魔兽世界等），但是，虚拟消费量是在增加的。因此，许多相关自助服务组织需要重新评估其商业策略和质量方法。

环境

顾客越来越多地意识到实物消费给环境造成了影响。因为我们的星球持续受到人造污染以及自然资源的不断消耗，顾客将会理智地选择环保型的消费。因此，将会有一个从实物消费到数字化消费（如数字视频、数字音频和数字内容）直至虚拟消费（例如虚拟制品、虚拟现实）的转变。自助服务要在这个转变中准确定位从而从中受益。

对于自助服务来说，前景是令人兴奋的。它在我们生活中将逐渐普及，影响将会继续增大，自助服务质量的重要性也会增强。未来能成为市场领导者的组织，是将质量作为头等重要事情的组织。如本章所论，这些组织需要有一个纵观所有生命周期阶段的全局的质量观，并将其与整体组织战略相结合。

参考文献

Albrecht, K. (1990). *Service Within*. Dow Jones-Irwin, Homewood, IL.

Alsop, S. (1999). "The Dawn of E-Service." *Fortune*, vol. 9, p. 138.

Anderson, J. C., and Narus, J. A. (1995). "Capturing the Value of Supplementary Services." *Harvard Business Review*, vol. 73, no. 1, pp. 75–83.

Anton, J. (2001). *Call Center Benchmarking Report*. Center for Customer Driven Quality, Purdue University, Lafayette, IN.

Antonides, G., and van Raaij, W. F. (1998). *Consumer Behaviour: A European Perspective*. Wiley, Chichester, England.

Argyle, M., Salter, V., Nickolson, H., Williams, M., and Burgess, P. (1970). "The Communication of Inferior and Superior Attitudes by Verbal and Non-Verbal Signals." *British Journal of Social and Clinical Psychology*, vol. 9, pp. 222–231.

Assael, H. (1995). *Consumer Behavior and Marketing Action*, 5th ed. South-Western College Publishing, Cincinnati, OH, pp. 80–96, 252, 267, 460.

Avalone, S. (2002). "Hold the Line on Costs." *Chain Store Age*. Lebhar-Friedman, New York.

Baecker, R., Grudin, J., Buxton, W., and Greenberg, S. (1995). *Readings in Human-Computer Interaction: Toward the Year 2000*. Morgan Kaufmann, San Francisco.

Barnum, C., and Wolniansky, N. (1989). "Taking Cues from Body Language." *Management Review*, pp. 59–60.

Bateson, J. E. G. (1985). "Self-Service Consumer: An Exploratory Study." *Journal of Retailing*, vol. 61, no. 3, pp. 49–76.

Bateson, J. E. G., and Hui, M. K. M. (1987). "Perceived Control as a Crucial Perceptual Dimension of the Service Experience: An Experimental Study." In C. F. Surprenant, ed., *Add Value to Your Service*. American Marketing Association, Chicago, pp. 187–192.

Berkowitz, E., Walton, J., and Walker, O. (1979). "In-Home Shoppers: The Market for Innovative Distribution Systems." *Journal of Retailing*, vol. 55, pp. 15–33.

Berry, L. (1984). "The Employee as Customer," in Services Marketing, Lovelock, C. (Ed.), American Marketing Association, Chicago, IL, pp. 242.

Berry, L., and Parasuraman, A. (1991). *Marketing Services: Competing through Quality*. The Free Press, New York.

Bhattacherjee, V., Suri, D., and Mahanti, P. (2007). "Software Testing: A Graph Theoretic Approach." *International Journal of Information and Communication Technology*, vol. 1, no. 1.

Bobbitt, M., and Dabholkar, P. A. (2001). "Integrating Attitudinal Theories to Understand and Predict Use of Technology-Based Self-Services." *International Journal of Service Industry Management*, vol. 12, no. 5, pp. 423–450.

Bowen, D. E. (1986). "Managing Customers as Human Resources in Service Organizations." *Human Resource Management*, vol. 25, no. 3, pp. 371–383.

Burgoon, J., Birk, T., and Pfau, M. (1990). "Non-Verbal Behaviors, Persuasion, and Credibility." *Human Communication Research*, vol. 17, pp. 140–169.

Card, S., Robertson, G., and York, W. (1996). "The Webbook and the Web Forager." In R. Bilger, S. Guest, and M. J. Tauber, eds., *Human Factors in Computing Systems: CHI'96 Conference Proceeding*. ACM Inc., Danvers, MA, pp. 357–358.

Chaiken, S. (1979). "Communicator Physical Attractiveness and Persuasion." *Journal of Personality and Social Psychology*, vol. 37, pp. 1387–1397.

Chase, R. (1978). "Where Does the Customer Fit in a Service Operation?" *Harvard Business Review*, vol. 56, November/December, pp. 137–142.

Cook, D., and Coupey, E. (1998). "Consumer Behavior and Unresolved Regulatory Issues in Electronic Marketing." *Journal of Business Research*, vol. 41, pp. 231–238.

Cowles, D., and Crosby, L. (1990). "Consumer Acceptance of Interactive Media." *The Service Industries Journal*, vol. 10, no. 3, pp. 521–540.

Dabholkar, P. A. (1990). "How to Improve Perceived Service Quality by Increasing Customer Participation." In B. J. Dunlap, ed. *Developments in Marketing Science*, vol. 13, Academy of Marketing Science, Cullowhee, NC, pp. 483–487.

Dabholkar, P. A. (1992). "The Role of Prior Behavior and Category-Based Affect in On-Site Service Encounters." In J. Sherry and B. Sternthal eds., *Diversity in Consumer Behavior*. Association for Consumer Research, Provo, UT, vol. 19, pp. 563–569.

Dabholkar, P. A. (1994). "Technology-Based Service Delivery: A Classification Scheme for Developing Marketing Strategies." In T. A. Swartz, D. E. Bowen, and S. W. Brown eds., *Advances in Service Marketing Management*. JAI Press Inc., Greenwich, CT, pp. 247–271.

Dabholkar, P. A. (1996). Consumer Evaluations of New Technology-Based Self-Service Options: An Investigation of Alternative Models of Service Quality." *International Journal of Research in Marketing*, vol. 13, pp. 29–51.

Dabholkar, P. A. (2000). "Technology in Service Delivery: Implications for Self-Service and Service Support." In T. A. Swartz and D. Iacobucci eds., *Handbook of Service Marketing and Management*. Sage Publications, Beverly Hills, CA, pp. 103–110.

Dabholkar, P. A., Sujan, M., and Kardes, F. (1995). "Contingency Framework for Predicting Causality between Customer Satisfaction and Service Quality." *Advances in Consumer Research*, vol. 22, pp. 101–108.

Davis, F., Bagozzi, R., and Warshaw, P. (1989). "User Acceptance of Computer Technology: A Comparison of Two Theoretical Models." *Management Science*, vol. 35, no. 8, pp. 9 82–1003.

Devlin, J. (1995). "Technology and Innovation in Retail Banking Distribution." *International Journal of Bank Marketing*, vol. 13, no. 4, pp. 19–25.

Dibb, S., Simkin, L., Pride, W., and Ferrell, O. (1994). *Marketing Concepts and Strategies*. Houghton Mifflin: Boston, Chapter 24, p. 671.

Elizur, D. (1987). "Effect of Feedback on Verbal and Non-Verbal Courtesy in a Bank Setting." *Applied Psychology: An International Review*, vol. 36, no. 2, pp. 147–156.

Elswick, J. (2001). "Self-Service Enrollment Evolves Rapidly." *Employee Benefit News*, vol. 15, no. 10, pp. 4, 45.

Erickson, B., Lind, E., Johnson, B., and O'Bar, W. (1978). "Speech Style and Impression Formation in a Court Setting: The Effects of 'Powerful' and 'Powerless Speech.' " *Journal of Experimental Social Psychology*, vol. 14, pp. 266–279.

Evans, K., and Brown, S. (1988). "Strategic Options for Service Delivery Systems." In C. Ingene and G. Frazier eds., *Proceedings of the AMA Summer Educational Conference*. American Marketing Association, Chicago, pp. 202–212.

Fingar, P., Kumar, H., and Sharma, T. (2000). *Customer Care—Through the E-Commerce Looking Glass, Defining the Limits.*, Montgomery Research, San Francisco, pp. 105–114.

Forman, A., and Ven, S. (1991). "The Depersonalization of Retailing: Its Impact on the 'Lonely' Consumer." *Journal of Retailing*, vol. 67, pp. 226–243.

Fram, E., and Grady, D. (1997). "Internet Shoppers: Is There a Surfer Gender Gap?" *Direct Marketing*, vol. 59, pp. 46–50.

Gack, G., and Williams, K. (2007). "Connecting Software Industry Standards and Best Practices: Lean Six Sigma and CMMI®," *CrossTalk, The Journal of Defense Software Engineering*, February.

Graffeo, J. C. (1997). "With Bank Customers, Old Habits Die Slowly." *Indianapolis Business Journal*, vol. 18, no. 33, p. 27.

Gremler, D. D., Bitner, M. J., and Evans, K. R. (1994). "The Internal Service Encounter." *International Journal of Service Industry Management*, vol. 5, no. 2, pp. 34–56.

Griffith, D., Krampf, R., and Palmer, J. (2001). "The Role of Interface in Electronic Commerce: Customer Involvement with Print versus On-Line Catalogs." *International Journal of Electronic Commerce*, vol. 5, no. 4, pp. 135–153.

Griffiths, R. (2001). *History of the Internet*. Universiteit Leiden, Netherlands, September.

Grönroos, C. (1984). "A Service Quality Model and Its Marketing Implications." *European Journal of Marketing*, vol. 18, no. 4, pp. 36–44.

Grönroos, C. (1985). "Internal Marketing–Theory and Practice," in Bloch, T., Upah, G., Zeithaml, V. (eds). Services Marketing in a Changing Environment, American Marketing Association, Chicago, IL, pp. 41–47.

Grönroos, C., Heinonen, F., Isoniemi, K., and Lindholm, M. (2000). "The Netoffer Model: A Case Example from the Virtual Marketspace." *Management Decision*, vol. 38, no. 4, pp. 243–252.

Hafner, K. (2000). "Is the Customer Ever Right? The Decline and Fall of Customer Service with a Technological Push." *The New York Times*, July 20.

Hallowell, M. (1999). "The Human Moment at Work." *Harvard Business Review*, vol. 77, no. 1, pp. 58–66.

Hallowell, R. (2001). "'Scalability': The Paradox of Human Resources in E-Commerce." *International Journal of Service Industry Management*, vol. 12, no. 1, pp. 34–43.

Hartson, R. (1998). "Human-Computer Interaction: Interdisciplinary Roots and Trends." *Journal of Systems and Software*, vol. 43, no. 2, pp. 103–118.

Hoffman, D., and Novak, T. (1996). "Marketing in Hypermedia Computer-Mediated Environments: Conceptual Foundations." *Journal of Marketing*, vol. 60, no. 3, pp. 50–69.

Hofstede, G. (1991). *Cultures and Organizations, Software of the Mind*. McGraw-Hill, London.

Holbrook, M., Chestnut, R., Olivia, T., and Greenleaf, E. (1984). "Play as a Consumption Experience: The Role of Emotions, Performance and Personality in the Enjoyment of Games." *Journal of Consumer Research*, vol. 11, pp. 728–739.

Hornik, J., and Ellis, S. (1988). "Strategies to Secure Compliance for a Mall Intercept Interview." *Public Opinion Quarterly*, vol. 52, no. 4, pp. 539–551.

Jacob, R. (1996). "Human-Computer Interaction: Input Devices." *ACM Computing Surveys*, vol. 28, no. 1, pp. 177–179.

Jacowski, T. (2008). "Integrating Lean Six Sigma with CMMI," retrieved October 13, 2009, from http://ezinearticles.com/?Integrating-Lean-Six-Sigma-With-CMMI&id=1037357.

Jalote, P. (1997). *An Integrated Approach to Software Engineering*, 2d ed. Springer-Verlag, New York, pp. 419–434.

Juran, J. (1986). "The Quality Trilogy: A Universal Approach to Managing for Quality." *Quality Progress*, vol. 19, no. 8, pp. 19–24.

Juran, J. M. (1988). Juran on Planning for Quality. New York: The Free Press, pp. 11.

Kahle, L., and Homer, P. (1985). "Physical Attractiveness of the Celebrity Endorser: A Social Adaptation Perspective." *Journal of Consumer Research*, vol. 11, pp. 954–961.

Kasper, H., Van Helsdingen, P., and De Fries, W. (1999). *Service Marketing Management—An International Perspective*. John Wiley & Sons, Chichester, England, pp. 12–45, 152–166, 576.

Kelly, S., Donnelly, J., and Skinner, S. (1990). "Customer Participation in Service Production and Delivery." *Journal of Retailing*, vol. 66, no. 3, pp. 315–335.

Kendall, K., and Kendall, J. (1998). *System Analysis and Design*, 4th ed. Prentice-Hall, Upper Saddle River, NJ.

Kimble, C., and Seidel, S. (1991). "Vocal Signs of Confidence." *Journal of Non-Verbal Behaviour*, vol. 15, pp. 99–105.

Langeard, E., Bateson, J. E. G., Lovelock, C. H., and Eiglier, P. (1981). *Marketing of Services: New Insights from Consumers and Managers*. Marketing Science Institute, Cambridge, MA.

Leblanc, G. (1990). "Customer Motivations: Use and Non-Use of Automated Banking." *International Journal of Bank Marketing*, vol. 8, no. 4, pp. 36–40.

Lehdonvirta, V., and Johnson, M. (2009). "Virtual Consumerism: Case Habbo Hotel." *Information, Communication and Society*, vol. 12, no. 7.

Liljander, V., et al. (2006). *Journal of Retailing and Consumer Services*, vol. 13, pp. 177–191.

Lonner, W., and Malpass, R. (1994). "When psychology and culture meet: An introduction to cross-cultural psychology," In "Psychology and Culture," ed. W. Lonner and R. Malpass, pp. 1–12. Needham Heights, MA: Allyn & Bacon.

Lovelock, C., and Young, R. (1979). "Look to Customers to Increase Productivity." *Harvard Business Review*, vol. 57, May/June, pp. 168–178.

Martin, J. (2000). "Will Service Still Stink?" In: Time Magazine, Monday, May 22, 2000.

Maslow, A. (1954). *Motivation and Personality*. Harper & Row, New York.

Matsumoto, D. (1994). *People: Psychology from a Cultural Perspective*. Brooks/Cole, Pacific Grove, CA.

Mehrabian, A. (1981). *Silent Messages*. Wadsworth, Belmont, CA.

Mehrabian, A., and Williams, M. (1969). "Non-Verbal Concomitants of Perceived and Intended Persuasiveness." *Journal of Personality and Social Psychology*, vol. 13, no. 1, pp. 37–58.

Meuter, M., Ostrom, A., Roundtree, R., and Bitner, M. (2000). "Self-Service Technologies: Understanding Customer Satisfaction with Technology-Based Service Encounters." *Journal of Marketing*, vol. 64, no. 3, pp. 50–64.

Mills, P., and Moberg, D. (1982). "Perspectives on the Technology of Service Operations." *Academy of Management Review*, vol. 7, no. 3, pp. 467–478.

Mollenhoff, C. (1988). *Atanasoff, Forgotten Father of the Computer*. Iowa State University Press, Ames.

Moon, Y., and Frei, F. (2000). "Exploring the Self-Service Myth." *Harvard Business Review*, vol. 78, May/June, pp. 26–27.

Morrison, J., and Vogel., D. (1998). "The Impacts of Presentation Visuals on Persuasion." *Information and Management*, vol. 33, pp. 125–135.

Muter, P., and Maurutto, P. (1991). "Reading and Skimming from Computer Screens and Books: The Paperless Office Revisited?" *Behavior and Information Technology*, vol. 10, no. 4, pp. 257–266.

Nass, C., and Steuer, J. (1993). "Voices, Boxes, and Sources of Messages: Computer and Social Actors." *Human Communication Research*, vol. 19, no. 4, pp. 504–527.

Parameswaran, R., and Douglas, B. (2008). "Privacy Preserving Data Obfuscation for Inherently Clustered Data." *International Journal of Information and Computer Security*, vol. 2, no. 1, pp. 4–26.

Parasuraman, A. (2000). Technology Readiness Index (TRI): A Multiple Item Scale to Measure Readiness to Embrace New Technologies." *Journal of Service Research*, vol. 2, no. 4, pp. 307–320.

Parasuraman, A., Zeithaml, V., and Berry, L. (1985). "A Conceptual Model of Service Quality and Its Implications for Future Research." *Journal of Marketing*, vol. 49, pp. 41–50.

Parasuraman, A., Zeithaml, V. A., and Berry, L. L. (1988). "SERVQUAL: A Multiple Item Scale for Measuring Consumer Perceptions of Service Quality." *Journal of Retailing*, vol. 64, pp. 22–37.

Patterson, M., Powell, J., and Leniham, M. (1986). "Touch Compliance and Interpersonal Affects." *Journal of Non-Verbal Behavior*, vol. 10, no. 2, pp. 41–50.

Pavitt, D. (1997). "Retailing and the Super High Street: The Future of the Electronic Home Shopping Industry." *International Journal of Retailing and Distribution Management*, vol. 38.

Pavlovic, V., Sharma, R., and Huang, T. (1997). "Visual Interpretation of Hand Gestures for Human-Computer Interaction: A Review." *IEEE Transactions on Pattern Analysis and Machine Intelligence*, vol. 19, no. 7, pp. 677–696.

Phillips, O. R., and Schutte, D. P. (1988). Identifying Profitable Self-Service Markets: A Test in Gasoline Retailing." *Applied Economics*, vol. 20, pp. 263–272.

Pine, B. J., and Gilmore, J. H. (1999). *The Experience Economy*. Harvard Business School Press, Cambridge, MA.

Porter, M. (2001). "Strategy and the Internet." *Harvard Business Review*, March, pp. 63–78.

Prendergast, G., and Marr, N. (1994). "Disenchantment Discontinuance in the Diffusion of Technologies in the Service Industry: A Case Study in Retail Banking." *Journal of International Consumer Marketing*, vol. 7, no. 2, pp. 25–40.

Price, L., Arnould, E., and Tierney, P. (1995). "Going to Extremes: Managing Service Encounters and Assessing Provider Performance." *Journal of Marketing*, vol. 59, pp. 83–97.

Quinn, R. (2000). "At the Water's Edge." Employee Benefit News, Vol. 14 No. 13, pp. 35–9.

Reeves, B., and Nass, C. (1996)."The media equation: how people treat computers, television, and new media like real people and places," Cambridge University Press/CSLI, New York, N.Y., 1996.

Rogers, Y. (1989). "Icons at the Interface: Their Usefulness." *Interacting with Computers*, vol. 1, pp. 295–315.

Rotter, J. B. (1966). Generalized Expectancies for Internal versus External Control of Reinforcement." *Psychological Monographs*, vol. 80, no. 609.

Santrock, J. W. (1997a). *Psychology: Alternative and Enhancement Chapters*, 5th ed. McGraw-Hill, Dubuque, IA, pp. 5-inc (Chapter: Interpersonal Communication).

Santrock, J. W. (1997b). *Psychology: Alternative and Enhancement Chapters*, 5th ed. McGraw-Hill, Dubuque, IA, pp. 22-anb (Chapter: Animal Behavior).

Santrock, J. W. (1997c). *Psychology: Alternative and Enhancement Chapters*, 5th ed. McGraw-Hill, Dubuque, IA, pp. 22-sop (Chapter: Social Psychology).

Scherer, K., and Ekman, P. (1982). *Handbook of Methods in Non-Verbal Behavior Research*, Cambridge University Press, Cambridge, England, pp. 136–198.

Schneider, B., and Bowen, D. (1985). "Employee and Customer Perceptions of Service in Banks." *Journal of Applied Psychology*, vol. 70, no. 3, pp. 423–433.

Shackel, B. (1962). "Ergonomics in the Design of a Large Digital Computer Console." *Ergonomics*, vol. 5, pp. 229–241.

Shackel, B. (1997). "Human-Computer Interaction: Whence and Whither?" *Journal of the American Society for Information Science*, vol. 48, no. 11, pp. 970–986.

Shneiderman, B. (1998). *Designing the User Interface*. Addison-Wesley, Reading, MA.

Siegman, A., and Fildstein, S. (1978). *Non-Verbal Behavior and Communication*. Lawrence Erlbaum, Hillsdale, NJ, pp. 183–243.

Siviy, J., Penn, L., and Harper, E. (2005). "Relationships between CMMI® and Six Sigma," Technical Note: CMU/SEI-2005-TN-005, retrieved October 14, 2009, from http://www.sei.cmu.edu/reports/05tn005.pdf.

Steuer, J. (1992). "Defining Virtual Reality: Dimensions Determining Telepresence." *Journal of Communication*, vol. 42, no. 4, pp. 73–79.

Szymanski, D., and Hise, R. (2000). "E-Satisfaction: An Initial Examination." *Journal of Retailing*, vol. 76, no. 3, pp. 309–322.

Thornton, J., and White, L. (2001). "Customer Orientations and Usage of Financial Distribution Channels." *Journal of Services Marketing*, vol. 15, no. 3, pp. 168–185.

Tonchev, A., and Tonchev, C. (2003). "Self-Service Marketing—Antecedents of Self-Service Usage and Customer Satisfaction," Maastricht University.

Triandis, H. (1994). *Culture and Social Behavior*. McGraw-Hill, New York.

Van Riel, A. C. R., Liljander, V., and Jurriëns, P. (2001). "Exploring Customer Evaluations of E-Services: A Portal Site." *Journal of Service Industry Management*, vol. 12, no. 4, pp. 359–377.

Wagner, T. (2000). *Multichannel Customer Interaction, Defining the Limits*. Montgomery Research, San Francisco, pp. 277–280.

Wang, R. (1998). "A Product Perspective on Total Data Quality Management." *Communications of the ACM*, vol. 41, no. 2.

Webster, C., and Sundaram, D. (1998). "Service Consumption Criticality in Failure Recovery." *Journal of Business Research*, vol. 41, pp. 153–159.

Webster, C., and Sundaram, D. (2000). "The Role of Non-Verbal Communication in Service Encounters." *Journal of Services Marketing*, vol. 14, no. 5.

Welch, A., and Lyons, N. (2000). *MultiCAST—The New Face of Multi-Channel Marketing, Defining the Limits*. Montgomery Research, San Francisco, pp. 165–170.

Wilson, T. (2001). Web-powered HR. In: Internetweek, March 12.

Windham, L., and Orton, K. (2000). *The Soul of the New Customer: The Attitudes, Behavior, and Preferences of E-Customers*. Allworth Press, New York.

Zeithaml, V. A., Parasuraman, A., and Malhotra, A. (2000). "A Conceptual Framework for Understanding E-Service Quality: Implications for Future Research and Managerial Practice." Working Paper, Marketing Science Institute, Cambridge, MA.

Zeithaml, V., and Bitner, M. J. (1996). *Services Marketing*. McGraw-Hill, New York.

www.aptea.com (17.08.2009)
www.groceteria.net (17.08.2009)
www.pigglywiggly.com (17.08.2009)
www.unarco.com (17.08.2009)
www.mcdonalds.com (17.08.2009)
www.inventors.about.com (17.08.2009)
www.cashtechnologies.com (17.08.2009)
www.kiosk.org (11.09.2009)
www.sei.cmm.edu (01.10.2009)

（韦娜、杨乐 译，孙军华 校）

第23章

医疗保健组织：改进保健质量和绩效

玛丽·贝思·爱德蒙　乔纳森·弗兰德斯　詹姆斯·Er·罗尔斯顿

关于本章

医疗保健体系的功能在于帮助人们保持健康的生活状态，应对慢性疾病或残疾，远离病魔，以及对抗死亡。对医疗保健低劣质量的代价进行研究表明，在美国，每年花费在医疗保健上的资金高达2万亿美元，超过30%的资金被过度使用、使用不当或是滥用在对于患者没有任何价值的保健资源上（Midwest Business Group on Health，2003）。医疗保健服务，比如抢救室或是加护病房，要么太迟，要么太贵，没有充分考虑病人的偏好或价值。我们的医疗保健体系通常提供无效率以及不均衡的服务。本章重点在于探讨如何获得良好的医疗保健质量和卓越绩效。我们将讨论低成本地提供高质量及安全的医疗保健服务所需要的结构、理论和工具。这并不是改变医疗保健体系的准则或是万能之法，而仅仅是变化的基础，是保证全球人民得益于健康社会的持续改革的一部分。

本章要点

1. 医疗保健产业还面临着一系列挑战，包括：提升效果、降低保健成本、降低服务传递瓶颈、较差的测量体系、分散的参与者的低参与度，以及作为制约质量提升重要因素之一的系统复杂度。

2. 医疗保健体系的质量管理和安全管理可以帮助解决以上问题。

3. 开发结合当代理论和工具的绩效卓越项目可以缓解临床、患者、雇员、企业的诸多忧虑。

4. 许多卫生保健体系现在采用精益生产、六西格玛和根原因分析方法提供一个数据驱动的、严谨的质量提升方法，特别是当组织缺乏对其自身工作过程根原因的了解的时候。

5. 企业文化必须由几部分组成，包括使命、愿景、价值观，医生和领导对于保证患者安全的承诺，以及降低危险的责任。

6. 许多医疗保健体系借助最佳实践效果和绩效而一路领先。

医疗保健质量已取得很大进展

质量和安全已经上升为医疗保健体系的全球性的重要战略问题。尽管公众仍然关注于那些更重大的问题，但质量和安全问题的解决正在地方层面取得相对缓慢的进展。在最近的《2008国家医疗保健质量报告》中确定了三个关键主题：(1) 医疗保健质量未达最优标准并以较慢节奏稳步提升；(2) 医院品质报告正逐步改善，但患者安全相对滞后；(3) 医疗保健质量的测量不断发展，但仍有很多工作要做。基于这些，我们在此将讨论广泛存于医疗保健中的主要挑战以及能够解决某些特定领域问题的现行措施。

那不勒斯社区医院（NCH，Naples，Florida）的首席执行官兼总裁艾伦·韦斯博士（Allen Weiss）说道："NCH能做些什么来提升质量、降低成本并全面产出更高的价值？我们在过去的几年中一直不断地问自己这个问题，并且决心借鉴其他产业良好的实践经验。我们还运用了运营管理，即设计、运作和改善医疗保健服务过程。为了将运营管理引入NCH，我们采用了朱兰三部曲。目标就是通过诸多方法来提升NCH的保健服务。当然，最明显的就是逐步保证患者在最短的时间内获得最合理的保健服务。”

自 20 世纪 80 年代中叶质量改进革命萌芽开始，医疗保健服务质量取得了很大的进步，这部分归功于医疗保健服务质量改善的国家示范计划和朱兰研究院的探索性工作（Berwick et al.，1990）。这同时带来了相关附属产业的兴起及行业质量专员进入医院董事会和医院管理领域。因此，医疗保健组织更加意识到仅有稳定是不够的，在成本和质量上得到改善才更为重要。新的管理方法，即质量管理，或许会为医疗保健提供巨大帮助，尽管这些理论来源于并一直被应用于其他产业。

早期的改进把国家级示范项目的结果编制在一篇名为“诊断医疗保健”的文章中。它重点集中在医疗保健组织的典型业务过程上，如调度问题、设备维护、账单管理和患者转移。例如，1987 年，密歇根医学院在美国康宁股份有限公司一名质量专员的帮助下，在短短几个月内成功地将门诊排队时间降低了 89%，这成为了一则非常成功的案例。

虽然已经进入了 2010 年，但此革命仍在继续。现在已经有很多医疗保健领域的国家质量奖获得者，在美国有成百上千个医院推行鲍德里奇奖，而其他国际医院也纷纷效仿。大多数医院都有隶属于董事会的质量安全协会，并且诸如精益生产和六西格玛等理论也已广泛应用于医疗保健体系中。即使医疗保健体系在美国乃至全球的很多地方均有了很大的进步，其仍然面临着挑战。这些挑战的解决一部分是通过政策实现，一部分需借助质量安全管理方法，还有一些则主要通过技术。

本章仅关注对于医疗保健改善最有效的方法、工具及组织。我们并不致力于处理所有的政治挑战和相应的政策形成，这些都是政治家应该做的。但是我们会列出若干挑战以便你的体系可以在恰当的时间挑选合适的质量方法并且正确地运用。以下是面临的几个具体挑战：

1. 以更低的成本改善产出。在全球的很多国家，医疗保健成本正以一个比通货膨胀还要快的速度持续地增长。虽然改善成果愈加明显，来自纳税人和政治家的压力将持续驱动降低成本和改善财务绩效，否则将面临持续的危机。

2. 实施上遭遇的瓶颈。哈佛商学院的 2008 年全球商业峰会“重新定义全球医疗卫生保健”探究了在医疗保健上的战略挑战，会上提到了诸多关键点（Porter et al.，2008）。一个主要结论是：全球医疗卫生保健服务传递的障碍不是资金或者如何传递医疗保健服务的知识问题，而是实现的能力。

3. 测量失败。医院通常具备存储了大量数据的服务器，然而这项优势却难以满足推动变革的潜力。收集和记录错误比比皆是（例如，对朱兰的一个客户急诊室记录的检查发现关于患者进入方式、住院天数和处理方法这几类的记录错误比例就高达15%）。大量具体的报告通常由彩色柱状图、趋势线和多层次水平图组成，然而它们却未经检查、理解和实施就被搁置一旁或被丢弃。更糟的是，关键的结果还未被测量。这些测量往往是过程测量（如每小时的就诊患者）而不是结果测量（如救治的生命数）。无论什么原因，测量能力不足成为战略能力发展的巨大阻碍。

4. 过于散漫和割裂。大型和正规的管理环境中的管理者通常要与时俱进并且不断吸收在质量管理案例中的成功经验，并始终意识到质量改进的价值。然而，在那些欠发达的管理环境中，比如医院的医务人员、办公室里的医疗实践、养老机构以及跨专业过程（如同时包括医生和护士的活动）等对行业质量改进的实施被证明是较不敏感的。员工认为自己是医院的顾客，而不是合作伙伴或雇员、医生等，这为他们了解和相信协调的企业发展目标制造了困难。他们抵触参加质量改进小组会议，抵触作为贡献者参与重新设计他们自己的工作以便其工作更系统化地适应于整个体系。在医疗保健上发展出来的多种专业语言和界限（以及那些为了加强保健质量而进行的专业认证）妨碍了有助于系统改善的充分合作。医院的记录现在仍然维持单独的“护理诊断”和“医疗诊断”。各个职位有时甚至不共享休闲区、食堂或会议时间。在医院中，“护理笔记”和“医生笔记”在同样的医疗记录中分处不同的部分很是常见。

5. 复杂的系统。与其他行业相比，医疗保健体系具有明显的复杂性。一个有4 000名员工的制造业组织可以将员工分成50种作业单元，而一个同样拥有4 000名员工的医疗保健组织可能可以将员工分成500个工种。这种专业化设计最初用来提高质量，现在却在患者医疗过程中产生了大量的中间冗余环节，成为质量改进的障碍。由于专业化而导致的复杂度在美国政府医疗保险和医疗补助服务中心（CMS）编码系统中得到明显的例证，该系统拥有成千上万的独立计费编码程序。哪些人支付、哪些人有访问权限、政府的角色、欺诈滥用、昂贵的新技术、增长的药品成本，这些都是许多医疗保健体系在今后的十年中需要解决的问题。这些挑战远远超过个体组织可以解决的范畴，尽管它们的参与是至关重要的。不过可以确定的事情之一是，即使没有重大的变革，医疗保健服务质量的提升也是可能的。

医疗保健应对挑战的战略举措

在过去的十年中，医疗保健体系的目标从照顾疾病及伤损的患者转到提升整个社会的健康水平。护理种类的提供，护理服务的场所和病人对于护理计划制订的参与度等都因为过程再造而实现了重大的变化。医疗保健信息越来越多地可通过电子手段获得，公众和管理者对透明度的需求能够让病人和付款者清楚地了解成本和产出等相关信息。

为了测量、控制和提升保健价值，降低保健成本，提升保健供应者对大众和承保人的责任感，一系列关于公共政策、金融和保健组织的措施被实施。重要例子包括以下几项：

医疗改革

本书英文版出版时，关于美国医疗改革的争论正成为国家议程的重要内容之一，因为当前的整个体系正把越来越多的资金投入到建立适合的基金上面。成本的不断提升导致价格的不断上涨，越来越多的人未能获得医疗卫生保健。在比较实证研究中，越来越注重在平衡定额配给保健体系的隐患时确定什么在起作用和什么不起作用。

国家医疗保健联盟为改革医疗保健体系指出了五项原则：

1. 健康卫生保健需要全面覆盖。
2. 注重卫生保健的成本管理。
3. 提升医疗的质量和安全水平。
4. 公平的融资管理。
5. 简化管理过程。

财务绩效和低质量过程成本

发现和最大限度地降低低绩效过程成本的能力，对组织的财务表现有着重要的影响。一些成本可能对工作于这些过程中的员工来说是十分清楚的。护士可能因总是要寻找治疗病人的医疗药品与器具而厌烦，如果这类浪费的时间能够减少，这个病人可能会提早出院。遗憾的是，这个过程已经在这种错误水平中执行太久了，以至于它已经变成标准工作的“规范”，致使没有什么能够被改变或者需要改变的文化观念已经根深蒂固。医生允许病人出院后，病人还要等待两个小时才能出院的情形司空见惯。员工也可能对储藏室存放了太多库存而熟视无睹。通过辅助部门更好地计划和安排治疗似乎也是不可能的。医疗机构就在这样的过度浪费上损失了数千美元。于是在近几年它们已经开始运用在这章提到的理论去发现那些显性的和许多隐性的成本，这些成本可以分为以下四种类型：

- 内部错误。包括用药错误、账单对账、病人跌倒，以及由医院导致的褥疮的出现。

• 外部错误。大致包含由于不当的初步治疗而重新入院的患者和因医疗能力限制而转院的患者两种情况。

• 评估。鉴于有大量的病患评估信息库，而认为注册时没有必要寻找正确的病人数据。

• 预防。包括高血压的诊断筛查、癌症早期诊断，以及药物的筛选。

作者主要依据已发表文献的研究与推断，参考了2003年由朱兰研究院和美国中西部医疗企业集团发布的一篇报告，同时也听取了知识渊博的专家的理性判断后估计，现今所有直接医疗花费的30%是劣质服务的结果，这其中主要包括过度使用、滥用，以及浪费。（未完全使用对成本的影响尚不清楚。）2001年国家的医疗花费大约是1.4万亿美元，根据上面的30%计算，劣质服务直接造成的医疗花费为每年4 200亿美元。此外，劣质服务所产生的间接花费（举例来说，因为旷工带来的生产率下降）估计使国家医疗支出增加了25%到50%，或者说增加了1 050亿美元到2 100亿美元。这部分支出的1/3是由私人买单的。实际上，上文提到的报告估计，低质医疗服务让老板在每个员工身上每年多花了1 900美元到2 250美元的额外花销。即使这些数字能够减少50%，低质量医疗服务每年也要浪费国家医疗支出数千亿美元（Midwest Business Group on Health，2003）。

案例

在新英格兰儿童医院的急诊室使用精益项目的测量阶段，改善团队惊奇地发现超过65%的来访者是严重水平为4和5的患者，根据疾病的严重程度，这些患者处于较低水平值。但是这些较不严重的病人通常平均要花费两个小时的等待时间才能接受治疗。这个团队也发现了这部分病人的收益对医院是相当可观的。通过深入的分析发现，如果改善等候时间，急诊室就能够降低50%的未就诊人数，这可能实现每年节省150 000美元。

在2009年，Sentara海湾医院被授予美国志愿医院领导者（VHA）的殊荣，主要是因为其在临床方面的优势而达到高绩效水平。其主要优势包括急性心肌梗死（AMI）、心力衰竭、肺炎和由CMS（医疗保险和医疗补助服务中心）与联合委员会测量的手术治疗改善计划（SCIP）临床质量指标。在2007年7月到2008年6月，这家医院展现了其全部四个核心范畴里的国家顶级绩效（Sentara Bayside Web Publication）。

电子病历（EHR）：一个病人，一份记录

把治疗传递体系的各个方面——从门诊就医、急诊诊断到住院治疗和之后的急症看护——整合到一个单一的电子医疗记录中，这样能够减少治疗过程的烦琐环节，提高病人治疗的安全性和诊断结果的正确性，同时能够降低治疗费用。在医疗体系中，医生与联邦和州政府，投资数十亿美元用于电子病历研究，希望能获得显著的成果与回报。联邦政府已经为参与退伍军人医疗管理系统的退伍军人建立了一个 EHR 系统。谷歌已经创建了提供医疗卫生记录的一个公共数据库，被称作健康储藏室，网址是 www. healthvault. com。但是到目前为止几乎没有确凿的证据说明该种治疗系统会明显降低成本。它对病人护理和安全方面的改善可能也是有限的。2009 年 3 月，学术期刊《健康事务》发表了一篇对四年医疗护理数据的分析报告，通过报告可以发现，该系统仅仅微弱地改善了病人的安全——相当于平均每年在每所医院减少两个感染者。损坏或不良运行的过程未能与引进的技术互相协调。实际上，该方法仅仅夸大了缺陷，却不能在真正意义上改正它们。通过对电子病历技术实施前过程重设的关注，医院和诊所就能够最大化此技术带来的收益。

医护专家 Joseph Duhig 说过："电子医疗记录（EMR）对许多医院的主管们来说是一个圣杯。许多行业内专家认为这是解决企业困扰的灵丹妙药。将治疗分配系统的各个方面——从门诊就医、急诊诊断到住院治疗和之后的急症看护——整合成一个单一的电子医疗记录，能大幅度地减少花费和提升治疗效果。"

在 2005 年，Hillestad 等人估计如果能把 EMR 检索出的数据完全运用于预防和管理慢性疾病，该行业每年能够节省比现在节约的 810 亿美元多一倍的花费。但是，尽管医疗卫生委员会一致认为 EMR 是下一个伟大的飞跃，但是许多医院和卫生系统还是很难获取真正的利益。医生、护士和其他护理人员都抱怨电子图表降低了生产力，同时这个过程中的低效率仍然存在。如前所述，这通常是浪费和低效率的过程自动化导致的结果。过程再造是电子病历实施前的一个必要步骤。如果这个步骤被跳过了，不仅员工和管理人员会遇到挫折，而且财务总监也很难计算投资回报率（ROI）。

绩效奖金（P4P）

政府部门（CMS 和国家医疗补助计划）、商业健康计划、雇主或其他机构为奖励能达到既定绩效指标或在选定的性能标准方面表现出明显进步的服务提供者，正越来越多地采纳绩效奖金计划。Leapfrog 团队近期的一项调查显示，在

2007年底有超过148个P4P的发起人提供了258项计划。针对医院的P4P计划最著名的例子是CMS/关键医疗质量激励示范项目，其中包括250多家美国医院。P4P被视为追求卓越的病人医疗保健服务质量的一项必要的激励措施。医生和医院可能被要求在未来分享个人和集体取得的成果。

医疗保健改善研究所（IHI）——三重目标

美国医疗保健体系长期以来一直饱受争议，这是因为医院和医生可以从治疗疾病和损伤中得到酬劳，因此过分重视急性严重的治疗而较少关注预防和保健治疗。对于这一现象，IHI发起了一项运动，促进医疗卫生体系追求三大目标：提高护理经验、提高人口健康水平、降低人均医疗费用。为了完成这三大目标，该体系涵盖了对个人和家庭的关注，重新设计初级医疗保健服务和结构，人口健康管理，成本控制平台，以及系统的集成与执行。

消费者保护和供应商透明度

在过去的几年中，人们对医疗保健质量和成本信息的收集和公开报道越发感兴趣。政府（联邦和州）、商业健康计划和患者权益组织，通过推动价格和质量的透明，帮助控制整体医疗费用、提高临床效果、支持消费者作出更明智的健康决策。以消费者为导向的健康计划旨在让消费者了解真实的健康成本，并且让消费者更加积极地参与到他们自己的保健计划中。当前，消费者可以越来越方便地通过网站了解医药和健康资讯，也可以通过多渠道直接接触药物和保健服务的广告，这都显著影响着消费者的偏好和行为选择。医疗保健体系的领导者也使用这些比较数据和内部平衡记分卡来确定组织改革的优先事项，并依此向主要股东展示相关的进展。

应对挑战的质量和安全管理

转型变革不管在全球还是国家层面都是必要的，然而即使没有重大变革的产生，医疗保健的质量提高也是可能的。此处所要讨论的是——能够把这个理论运用到个体组织实践中的高质量医疗保健和创新意味着什么。

定义医疗卫生保健上的质量和质量管理

美国医药组织将质量定义为“医疗保健服务为个人和全民提供理想健康服务

的程度和与当前专业知识相一致的程度”。在这种情况下，高质量意味着以先进的技术手段，结合良好的沟通、文化敏感度和决策共享的方式，为患者提供合理的服务。在医疗保健中，质量评估是基于结构、过程和产出进行的。结构质量评估医疗系统组织护理的能力，过程质量评估患者和医生相互作用和相互干预的能力，产出质量评估患者健康状态的改善成果。以下几个旨在实现“质量管理和安全”的主要措施，例如 PDSA、改进小组、设计团队、六西格玛和精益化生产等质量管理方法，都可以用于使质量水平符合医疗保健质量的定义，从而改善患者体验，提高财务业绩。

医疗协会提出的六个目标和十项简单规则

医疗协会（IOM）2001 年在名为“跨越质量鸿沟：面向 21 世纪的新医疗保健体系”的报告中指出，医疗保健服务质量目标包括六个：安全、及时、有效、高效、患者至上和公平合理。遗憾的是，病人通常未接收到他们所需的保健服务，或是接收到的是有损其健康的保健服务。医疗协会意识到若要这六个目标真正可行，还需要确定十项简单的规则：

1. 基于持续疗养关系的医疗保健。无论病人何时需要，他们都应该获得多种手段的有效治疗。

2. 基于患者需求和重要性的差异化服务。医疗保健体系的设计，应满足最常见的患者需求，但同时也应具有应对个别病者需求的能力。

3. 以病人作为控制的源头。患者应能收到必要的信息，并且能够选择对与他们自身有影响的医疗决策的控制程度。

4. 知识共享和信息的自由流动。患者应能够自由获取自身的医疗资料，临床医生应与患者进行有效的交流并共享信息。

5. 循证决策。患者应接受基于科学的最佳医疗服务。不合逻辑地变动临床医生或是护理地点，都是不允许的。

6. 安全是系统属性。降低风险和确保安全应得到更多的重视，从而有助于预防和减少系统错误。

7. 透明度的必要性。医疗保健系统应使患者和他们的家人更加容易地获得信息，这样才能令他们做出明智的决策。这些信息包括系统的安全性、循证实践和患者的满意度。

8. 需求预测。医疗卫生保健系统必须预知病人的需求而不是简单地对事件作出反应。

9. 减少浪费。医疗卫生保健系统不应该浪费资源和患者的时间。

10. 临床医生间的合作。临床医生和机构应该积极交流和合作，以确保适当的信息交流和护理协调。

在个体组织层面，管理者有义务重点发展这些规则，并且确定合适的方法来测量和改善它们的绩效表现。

六个目标和十项基本规则为标杆绩效提供了一个坚实的基础。

在医疗保健中采用国家质量奖

为了努力培育医疗保健的战略质量管理，修正了制造业、服务业、小型企业和教育业（包括最近加入的非营利组织）的马尔科姆·鲍德里奇国家质量奖以及其他国家品质奖，使其涵盖针对医疗保健的标准。由美国总统和商业部推行、国家标准与技术研究所（NIST）管理的美国奖章，是美国各组织关于质量管理和质量成就的最高荣誉。获奖组织在它们的行业中被视为首屈一指的领军楷模。许多医院以追求此荣誉为发展的驱动力。该标准支持本书中描述的卓越绩效方法和工具。图 23—1给出了医疗保健的鲍德里奇分类。若要更多地了解鲍德里奇计划，可参阅第 17 章“运用国家卓越奖驱动和监测绩效”。

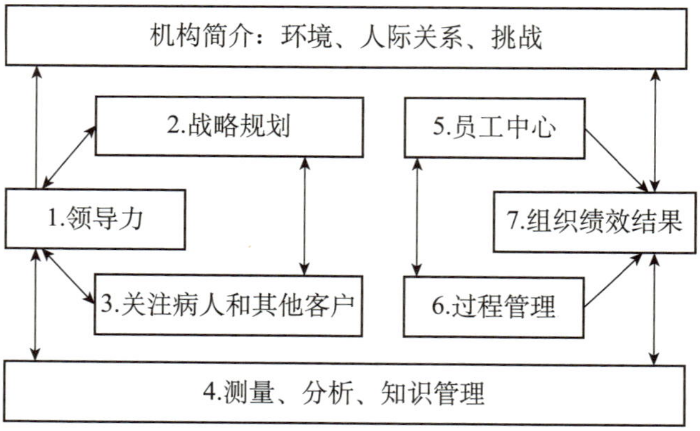

图 23—1　卫生保健鲍德里奇标准

资料来源：Used with permission of NIST.

联合委员会 2010 年全国患者安全目标

联合委员会在评估医疗保健质量和患者安全方面一直处于领先地位，并致力于评估基于标准的性能数据。现今超过 15 000 个医疗保健机构——从农村的小诊所到全面的复杂医疗中心——运用联合委员会制定的标准来指导如何护理患者和持续提升绩效。2009 年，患者安全顾问小组修正了领导力标准。标准指明了领导者的责任：建立一个医院范畴的安全计划，积极探索潜在的系统故障，分析问题并在问题发生时及时采取措施，鼓励报告负面事件和近期的错漏（Leadership in Healthcare Organizations，A Guide to Joint Commission Leadership Standards，A Governance Institute White Paper，The Governance Institute Winter 2009）。

设计改善绩效的结构

在当前系统中，董事会需要对组织使命负责和承担起责任，以提供最好的照顾和提升病人的安全水平。董事会保障和改善医疗的责任，不能下放给医务人员或行政领导，这是他们受托责任的核心。董事会和行政领导及医生团队的共同合作可以确定系统层面的期望，并且能对病人的安全和临床疗效负责。

治理和董事会参与

不同医院的董事会在规模、组成和成员上有很大的不同，但是它们有一个共同点，就是大多数成员通常不是医护专业人员。从历史上看，董事会将他们的注意力集中在战略规划、财务管理、设施升级或建设方面，对医疗质量和病人安全的关注则留给了行政领导和医务人员。医疗成本上升、利润萎缩、严重的安全事故已经改变了董事会对质量和安全的关注度。政府领导人、社区和股东也给董事会施压，使医院通过职能改进来提升安全性。如今董事会参与设定积极的质量和安全目标、监测质量和安全数据、向行政领导提出更难的要求、设立更高水平的问责体制，来实现质量和安全性能的目标。虽然医院的变革不是董事会成员的责任，但是预期变化的发生却是他们的职责。许多董事会已经形成一种标准的做法，以一个关于严重医疗安全事故的小故事作为每次董事会质量会议的开始，使大家都把注意力集中到质量问题上。如今表现卓越的董事会都会设定质量和安全目标，一般是通过声明“在什么样的时间内、以哪种测量指标、达到什么样的程度”实现。例如，辛辛那提儿童医院的目标是在 18 个月内，以重大安全事件发生率计算，安全性力求提高 80%以上（Reinertsen，“Quality and Patient Safety：Understanding the Role of the Board”）。

领导团队参与

系统中领导人的作用是提供指导方向、建立目标、使命和价值观。一旦这些到位了，领导者必须为使命的实现提供相应的资源。成功实现使命的重要因素之一是领导者必须选择最有效的方法，以改善和维持组织绩效。

例如，佛蒙特州西南医学中心的首席医务官和首席执行官Novotny博士对该中心有一个愿景："努力成为最好的综合性的卫生系统，医生、护士、工作人员在一个自我调节的治理体系中，与领导和管理团队一道工作，以适应不断变化的环境。"他们通过一个系统来实现这一愿景，这个系统包括：

- 病人、住院医师和家属明确达成共识的护理目的。
- 医生、管理者、病人对各层面的影响。
- 与病人及家属之间保持长期的紧密联系，提供标准化的护理服务。
- 通过可承受和可持续的社区需求定义医疗服务。
- 使用能够支持愿景实现的卓越绩效法。

方法的说明将提供一个实现愿景的共同语言和方法。

医师参与

董事会参与建设以质量为导向的文化至关重要，但董事会和医生之间的合作关系也是一个关键因素。董事会和医生必须有一个共同的质量目标。若是没有医生的参与，医疗保健系统的实施是很难的。由于医生的专业权威，几乎所有的医疗保健行为都是他们决策和建议的结果。因此，病人的护理计划，以及护理方式的改变都需要遵循医嘱。

医院采用各种方式与医生绑定。一些医院通过经济保证来提升医师忠诚度，有的医院使用如医疗职位、雇员补偿模式和收益分享等方法。这些做法有效地加强了医院与医师的关系，但仅是短期的解决方案。

结果是对医生有效参与度的评估。下面是医生参与并共享一个质量目标的几个优秀例子。弗吉尼亚梅森医学中心、麦克劳德区域医疗中心、哈肯萨克大学医学中心、伊曼纽尔·圣约瑟-梅奥卫生系统和塔拉哈西纪念医院的组织已经取得了惊人的成果。例如塔拉哈西纪念医院和伊曼纽尔·圣约瑟-梅奥卫生系统已减少了30%～40%的死亡率。哈肯萨克和麦克劳德现在有能力基于循证护理提供"完美护理成果"，对于所有CMS核心测量，缺陷率仅有1%～2%。运用IHI触发工具方法（用药造成的伤害的客观计数，它不依赖于事件报告或其他自我报告系统），麦克劳德已经连续七个月没有一例药物不良事件。如果没有优秀的医生参与，这些结果是不可能达到的（Reinertsen，IHI Engaging Physicians in a Shared Quality Agenda Innovation Series，2007）。

设计一个医师参与质量议程的有效方法时，第一步是对医院和医生之间的关系作出切合实际的评估。测量医生参与度的指标之一是规定医生职责和权限的现行医务人员章程。由于医务人员包括多个专科的医师，有必要为参与人员开发一个菜单式的战略。促进医师之间的合作伙伴关系，推进系统和个人的质量目标，提供改进方法和工具的培训，提供医师治疗数据等，这些都有利于帮助医院实现质量目标。数据不应该被用作惩罚，而应被用来激励。医生应该通过回答如下问题来引导质量议程：我们做得怎么样呢？和同行最好的相比，我们做得怎么样？我们能做得更好吗？

精益医疗服务过程管理和服务线性结构

在罗兰·海勒和迈克·尼科尔斯的《六西格玛过程管理》中，作者描述“端到端的核心过程和高层次过程都主要是由价值、满意度和利润驱动的”。知道如何识别和管理这些过程，是开发可靠的工作系统模型的首要步骤之一。因为大多数医疗保健系统提供了基于不同患者人群的多种服务，过程管理变得复杂和具有挑战性。过程设计不能“一刀切”。因此，问题变成了如何设计我们的过程以满足所有患者的不同需求。医疗机构已经将过程思维与服务线性结构整合，以建立一个有效的工作系统。

对业务过程管理（BPM）的关注已经有很长一段时间了，早期受朱兰和戴明等人的影响，后来受迈克尔·哈默等人工作的影响（要更多地了解业务过程管理，可参见第 8 章“业务过程管理：创建适应性组织”）。日本制造业和全面质量管理的概念对其也存在一定的影响。由于其高度专业的培训和工作分工，以及大多数医疗保健组织系统的功能结构，业务过程管理在医疗保健领域尤为重要。鲍德里奇模型对医疗保健的业务过程思维也产生了巨大的影响。精益制造理论和六西格玛也起到了一定的作用。

在卫生保健上的挑战就是：如何设计一个稳健的业务过程，包含标准化实践和最小化变动，同时能满足众多患者的不同需求。考虑到所提供的医疗保健服务的多样性，对病人护理过程勾画相应的业务过程变得极其复杂。遵循复杂过程的人员培训也是相当困难的。由于缺乏做出重大和可持续改变所需的足够的知识、权威和影响，业务过程的所有权也成为医疗保健服务的挑战之一。

解决方法在于把过程管理和服务线管理整合起来。服务线为患者在某期护理中所需要的合理服务集提供一个基础性的组织架构。服务线也被称作临床方案、卓越中心以及其他称号或表述。虽然还没有系统间的标准模型，服务线通常根据下列三种服务之一进行组织：

- 干预措施，如外科服务或紧急服务。

- 疾病，如癌症、心力衰竭。
- 人群，如儿童和女性。

历次美国医疗保健鲍德里奇奖的获奖者记录显示，大多数获奖单位至少提及了使用服务线作为其组织的一部分。一个杰出的服务线模型整合案例是密西西比医学中心（NMMC）的卓越绩效计划：

> NMMC 通过五条服务专线（SL's）协调医疗服务：心血管疾病、急诊和手术、医药、肿瘤和行为健康、妇女和儿童。我们研究了患者的人口特征并针对他们的需求开发了专门服务。
>
> 我们兼顾卫生保健和服务后勤的过程设计是为了达成在保持成本效益基础上改善健康的使命。为了做到这一点，我们通过 SL's 来组织服务，并且以多种环境来提供服务：门诊、回声探测、医院、家庭、康复中心、长期护理和社区。SL's 模型关注患者需求，消除部门冗余，包含了为提供价值和提高产出而设置的专业 SL's 医务人员和过程。（Application Summary for North Mississippi Medical Center；Baldrige website，2009）

在过程和服务线管理的混合方法中，过程管理者在整个过程中移除了不必要的变动，服务线管理者根据病人特殊需求调整护理标准，建立系统层面的医疗实践标准。通过专业实践及相关根据，服务线可以根据特定需求来定制过程。

这种方法需要包括服务线领导和过程管理领导的基础结构，这一结构和行政领导的职责相互整合。该方法的优点如下：

1. 标准化做法。这是一种消除系统不合理偏差的标准方法。
2. 灵活性。过程需要具有灵活性以满足不同患者的不同需求。
3. 个性化。病人护理过程的设计是为了满足个别患者的护理需求。
4. 科学化。服务线采用护理标准和实践标准。
5. 最优化。最有效地使用系统资源实现病人的高价值。

医疗保健中的质量和安全管理

近几年，质量管理方法迅速传播，从几十个到数以百计的医院和其他医疗保健组织，意识到其重要性并取得了初期实施的成功。

领导者组织了质量委员会，正式的质量改善团队被广泛认可，更多的保健系统基础架构重造使系统更加具有病人友好性。一般来说，医疗保健业中的改善管理模式与其他行业有着相似性。也许是因为这个原因，这一模式从一开始就在医疗保健业中能够更为顺畅地工作，在结构上更“公司”。

然而，尽管存在文化障碍，卫生保健上的质量改进仍然有很大的希望。最近，医疗保健系统运用六西格玛和精益原则，正采用更加复杂的方法进行质量管理。

本章接下来的内容将结合相关模版、例子和案例研究，介绍质量管理方法和工具，主要包括：

- 战略规划和结构。
- 质量控制和 PDSA，特殊原因分析和根原因分析。
- 运用精益理论和六西格玛的质量提升。
- 开发新的以病人为中心的服务：六西格玛设计（DMADV）和精益设计。
- 提高病人安全。

质量控制和 PDSA，特殊原因分析和根原因分析

根据公认的标准，质量控制主要是维持性能。当一个过程超出一定的界限（由顾客诉求或过程诉求确定）时，就需要采取行动对过程进行纠偏，并消除不佳绩效的根源。PDSA、特殊原因分析和根原因分析就是三种进行质量控制的方法。

PDSA

计划—执行—研究—行动（PDSA）是一种快速循环的改变和控制工具，主要用于解决突发问题和日常问题。它广泛应用于医疗保健中，PDSA 也为记录变化试验（有时也称为试点）的必经步骤提供了一个有用的框架，从而避免了常见的直接从症状跳到解决方案的问题。这四步的缩略词解释如下：

Plan 计划——计划如何实施变化的试验。

Do 实施——实施变化的试验。

Study 研究——观察试验的结果，并分析出结论。

Act 行动——确定哪些修订是必需的。

这些步骤可能需要重复进行，直到变革实施，并且渗透到整个组织。下文的案例说明了 PDSA 在一个特殊原因分析中是如何得以应用的。

特殊原因分析

特殊原因分析（SCA）可用来确定特殊原因产生的根源。这些突发事件由某些原因造成，而这些原因可以快速且很容易地被识别并纠正。SCA 可以用来

提高病人的安全性，如对微小事故和细微误差的跟踪，或者发现某些错误的前兆。

特殊原因分析包含以下几个步骤：

1. 初步调查。搜集并验证实情，运行一遍过程，隔离可疑的设备或供应材料，查看病历，采访员工。

2. 事件描述/问题陈述。依据实情以问题陈述的形式来描述该事件。

3. 当前状态/事件流程图。保持原样画出流程图，确保能把握上游部分的重要信息，这些信息可能帮助揭示触发事件的原因。

4. 过程故障/人为错误的识别。在流程图上标注出违反正常过程的地方，包括人为原因。

5. “五个为什么”分析/识别特殊原因。多问几次为什么，以便探索出特殊原因。

6. 未来状态图/改进方案。得出可能的解决方法，再进行评估，从而选出最佳的解决方案；修改流程图，并作为将来的可以施行的流程图。

7. 改善计划。拟定计划，使得该解决方案每天得以使用。

8. 控制计划/后续。对相同或类似的事件进行过程监控，从而确保过程固定不变。

图 23—2 显示了范例的模板，该模板应用于 PDSA 循环，并将以上内容缩减到一页。

根原因分析

根原因分析（RCA）是一个更加深入的分析，致力于识别真正的最根本的原因（特殊原因可能是一个根原因，但是它往往更有针对性）。PDSA 假设对于症状和可能的根原因的分析是在试验循环周期前完成的。相反，RCA 整合了这些前导阶段（根原因的纠正行为具体包括了后续的修正，见第 13 章“保持绩效的根原因分析”）。

此处是一个应用于医院注册程序的根原因分析的例子，主要包括四个阶段：

1. 识别问题。住院一天的错误登记流程，以及观察任务可能导致对医疗保障方案的拒绝。这些拒绝引起收入缩减、应收款减少，以及由于索赔支出导致的生产率下降。

2. 诊断原因。分析表明注册部门并不总是接收病人的订单，而是只依赖与护士或是部门秘书的沟通处理订单，从而造成数据错误。

3. 补救原因。对过程进行了修订，要求发一份订单副本给注册部门，从而使其可以根据订单收据对病人进行分类。

基于 PDSA 循环针对健康管理的特殊原因分析

部门：
日期：
事件编号：

（计划）

事件描述/问题陈述：通过确认“问题所在”，描述内（外）部用户所遇到的问题，并用量化指标详述。

现状/事件流：

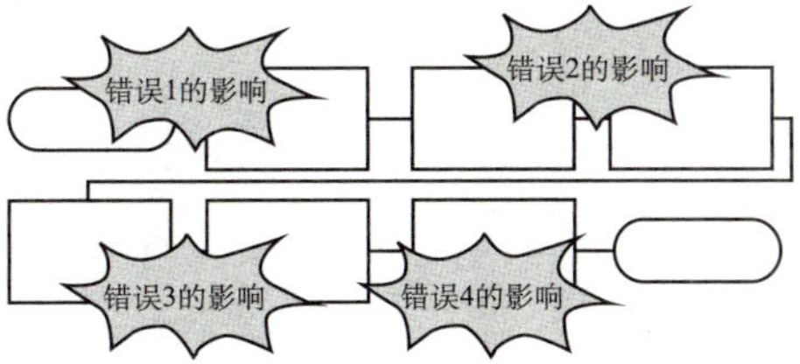

五个“为什么”分析/差异分析：

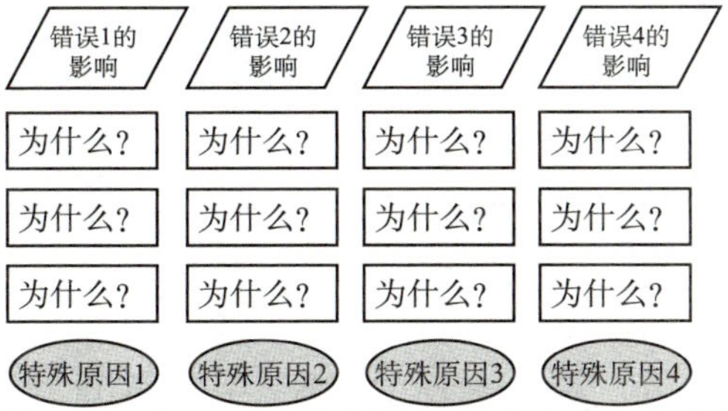

过渡性补救措施（ICA）：定义、验证、实现过渡性补救措施，以将影响从内（外）部用户的问题中分离出来，直到实现永久性补救措施（PCA）。最后验证补救措施的有效性。

未来状态流：

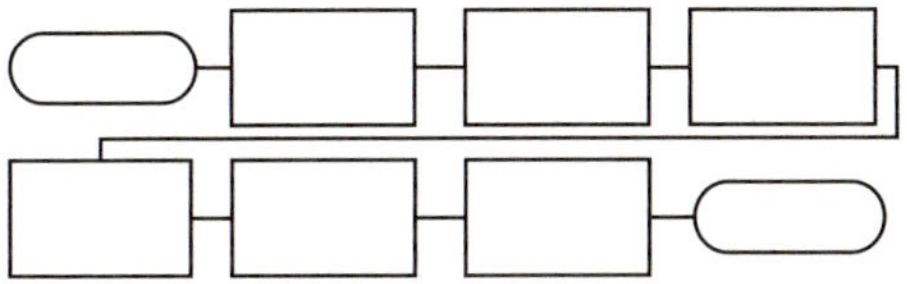

（执行）

改善策略：分别选择能够清除特殊原因和控制特殊原因影响的最优的永久性补救措施，分别验证以上两个选择在执行时不会导致不良影响，任何实施的补救措施（包括防误操作）应在一定程度上适合于问题的重要性和承担风险的程度。

1.
2.
3.

实施计划：计划并实施所选永久性补救措施（PCA），移除过渡性补救措施（ICA）。验证功效并监控长期结果。

任务项（PCA）/度量标准	目标日期	过程负责人

（学习，行动）

控制计划/后续措施：为消除不合格品而实施的补救措施和控制计划，也会作为问题解决方法的一部分在其他相似的过程和产品中得以实施。

任务项（PCA）/度量标准	目标：规格要求（USL，LSL，目标）	实施责任人（学习）	决策规则/补救措施（行动）

图 23—2　特殊原因分析模板

资料来源：Juran Institute，Inc.

4. 保持收益。项目在8个月内实施并完成。通过形式和培训的一致性实现了注册过程的标准化。然后在接下来的一年中进行结果监测，并对产生的特殊原因进行识别和消除。收益是显著的：通过注册的标准化，这个组织在规避成本上节约了308 000美元，在返工（每周20小时）上节约了37 770美元，总共节约了345 770美元。

由于资源限制，根原因分析团队只在一定准则下召集，并在高级执行官的支持下正式授权许可。更多关于根原因分析的信息见第13章“保持绩效的根原因分析”。

精益和六西格玛的质量提升

通过精益技术减少浪费

精益原则并非新有的，而是已在制造业有效地应用了多年。在采用管理驱动的改革举措方面，医疗保健业往往滞后于其他行业，因此精益生产被广泛视为保健服务改革的最新创新。尽管医疗保健业和制造业明显不同，但是它们仍存在很多相似性。不论是制造小汽车还是向患者提供医疗保健服务，工作人员都必须依靠众多复杂的工作过程来完成他们的任务并为顾客或是患者创造价值。需要注意的是，即使卫生保健包含一个生产系统（例如医院、诊所、手术室、实验室），健康护理专业人员并不是生产工人。医生、护士和其他保健提供者从各种资源中收集信息并运用自己的知识来做出好的诊断决策。一个精益生产系统可以帮助那些努力满足病人需求的护理人员消除诸多容易带来挫败感的困扰。

为了能够成功应用精益原则，领导者首先必须努力创造一种接受精益思想的组织文化。医疗保健趋向于关注资源的匮乏，不管是人员、设备、用品还是辅助测试的获取和医疗环境。为了学习了解工作过程中的浪费，医疗保健专业人员应该了解不合理的物理空间设计，以及影响提供良好护理服务的工作过程。对临床和辅助人员活动的分析发现，他们有超过50%的时间被浪费在寻找履行其工作职责所必需的用品和设备，以及对患者、用品、信息或是设备的不必要的移动上。

当前医疗系统的组织是一个批处理队列生产系统，即病人一旦进入系统，就被带入既耗时又存在潜在交接危险的连续护理过程中。例如，一个有心脏病症状的病人抵达急诊室，他有可能经过以下所有的部门：影像诊断、心导管室、重症监护、遥测护理、手术室、恢复病房、医疗/外科楼、心脏康复。在3～5天的留院中，病人由超过10个职责的20～50个医护人员护理。

精益试点项目正实施于不同的医疗保健系统中，旨在重新设计身体护理环境和工作过程。像万能床（病人只需停留在某一固定位置，所需设备、技术、人员轮番上前服务）这样的精益概念就是一个改用精益生产系统的例子。

第 11 章“精益技术：改进过程的有效性”更具体地介绍了精益的原理和工具。为了更好地阐述精益理论在医疗保健上的应用，这里介绍了两个精益理论应用的例子。第一个例子是减少急诊室等候时间的快速改进项目。第二个例子说明了如何通过 6S 消除浪费。

快速改进项目（RIE）减少急诊室等候时间

问题：病人的吞吐量过高，超过 20%的病人停留超过 6 小时。这导致病人和医生的满意度较低，增加了病人流失和收入损失。

方法：RIE 是运用精益工具和技术的一系列高度便利的步骤，可以快速改进某一特定的工作领域。这一决策得到评估的支持，评估结果显示，病人流动的延误是程序和组织问题，而不是执行过程本身的错误和缺陷。

第一天：查明原因

- 价值流的分析表明，急诊部门中，病人 76%～94%的时间是没有任何价值增值的等待时间。图 23—3 是价值流的例子。
- 应用延迟评估工具阐明延迟的具体领域和原因。例如，登记（无法访问的旧记录、查找病人），分诊（安全中断、找医生），对离开的安排（命令延迟、等待转院）等。

第二天：设计未来状态

- 团队集思广益改进观念以解决具体的根原因。
- 通过选择矩阵筛选观点（见第 18 章“设计、控制与改进绩效的核心工具”）。问题包括：成本是多少？会有阻力吗？对我们的使命有没有积极的影响？在其他医院的使用取得了积极成果吗？如果这不起作用，会带来新的问题吗？
- 创建一个节省等待时间的新过程，在一个有利于增加患者护理价值的过程步骤中提供更流畅的病人转移过渡。举例如下：

急诊部门：简化医生书写病历的过程；为已有或将面临危机的急诊部创建新的代码；组建一个转移团队。

出院：修改家政协议，以更快地整理床位；基于患者而非批次整合出院信息。

第三天：变革的实施

- 起草实施计划，指定截止日期和具体的责任。
- 试用方法，并在标准化和最终部署之前进行修订。

RIE 使等待时间超过 6 个小时的病人减少了 25%，未接受治疗便离开的病人减少了 50%。

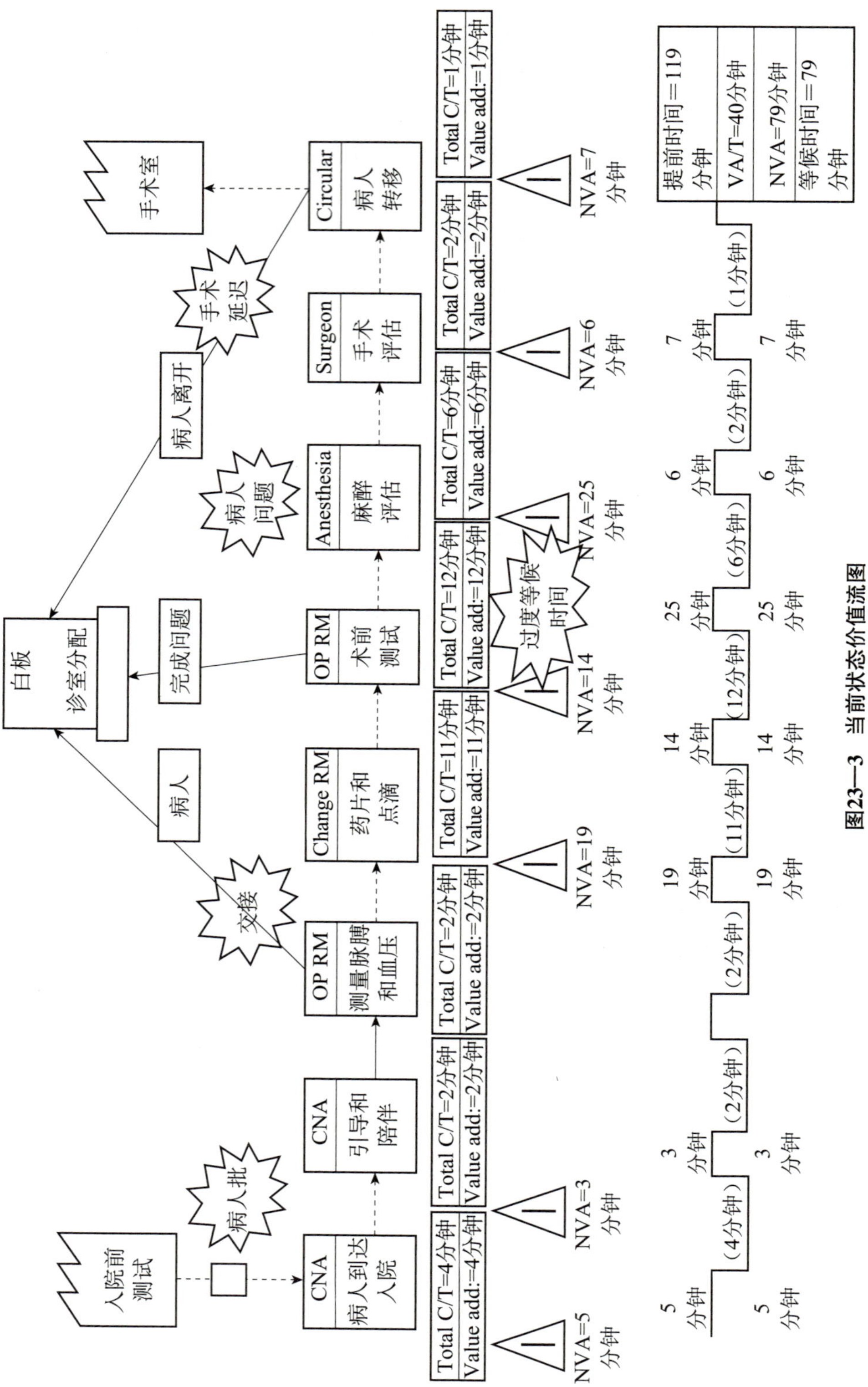

图23—3 当前状态价值流图

6S 工作间安全与构架

6S 的目标在于创建一个优质的工作间，在该工作间采用系统的方法实现浪费减少、组织化和事务管理。6S 有以下好处：

- 减少抱怨，达到更高的客户满意度与忠诚度。
- 减少错误，实现更高质量的产出。
- 减少时间上的浪费，形成更好的过程。
- 适当的时间、合理的位置获得合适的供应，增加员工的满意度与产量。
- 减少杂乱，使工作标准化，提高病人的安全。

6S 的组成如下：

1. 分类。
2. 排序
3. 清理。
4. 标准化。
5. 自律。
6. 安全（在日本开发的 5S 基础上添加的）。

在第 11 章“精益技术：改进过程的有效性”中有更为完整的描述。下面将阐述其在医院应用的例子。

运用 6S 来减少和消除浪费

问题陈述　新生儿重症监护病房（NICU）缺乏组织，导致员工不得不整理过多的用品、设备来寻找急需的物品。库存记录不当的用品比比皆是；用品没有依据用途或储藏归类；行政区域到处堆放着过量纸张；设备存储在过道走廊里，堵塞了通道。这使员工产生了挫败感，导致医疗服务的延误，降低了员工的生产效率，增加了存货水平和成本。

这听起来熟悉吗？尽管浪费是一种为人所熟知的常识，6S 团队成员在进一步深挖之后，都惊讶于其浪费的巨大性。例如，在步骤 1（分类）中，团队识别出上千个不需要的、过期的，或是过度浪费成本的物品。对它们的处理如下：

返回存储室作为储备物资：	4 389
出售物品：	6 599
过期库存：	5 371
捐赠：	756
搬迁到其他单位：	294
总计	17 409 项

继续 6S 剩下的其他步骤，团队提高了安全规范，提出了一个能增加员工满

意度的文档，并且明显降低了供应以及具体的订单费用。

六西格玛

许多医疗系统采用六西格玛方法来提供数据驱动的、严谨的质量改善方法，尤其是当组织缺乏对自身工作过程中根原因的了解时（见第12章“六西格玛：改进过程的效率”）。在此情形下，六西格玛（使用DMAIC方法）是一个更好的方法，因为它对测量和分析工具严谨应用。医疗系统不断在新技术领域投入巨资，从而能够更加容易地获取数据，而越来越少地依赖于慢速且费用高的视图表，那时临床医生通常需要从图纸中手工提取数据。医生接受科学管理方法的训练，并对于像六西格玛这样的数据驱动型的改善积极响应。

卫生系统已认识到在改善措施的开发中需要更有策略。在过去，组织依赖于基层的方法，项目的提名由员工或管理人员确定，以解决部门或单位中的特定问题。虽然许多项目是成功的，但它们并没有改变整个组织的绩效。高层领导者在看到平衡计分卡和改善投资的影响无法测量时感到沮丧。

六西格玛是典型的战略部署方法并经常聚焦于财务方面。依照战略优先次序和商业目标选择和排列项目。例如，许多卫生系统参加医疗改善协会（IHI）的运动，以减少对住院死亡率降低情况的“大散点”的测量。调整严重性后的死亡率被视为临床质量和病人安全的最好度量。IHI确定了基于一个目标的六项干预措施，该目标是18个月内减少10万个可避免的死亡人数。这即是一个六西格玛思想的例子：$Y=f(x)$。医院死亡率$=f(x_1, x_2, \cdots)$。美国超过一半的医疗保健系统参加了这个“10万人生命运动”。运动的成功使其成为采用科学改进方法改进整个医疗系统的首个明显案例。

下面用一个例子来说明把DAMIC应用于急性护理病人住院时间的重要事项(Juran Healthcare 2009 Case Study：Reduce Heart Failure Length of Study)。

减少心力衰竭住院治疗时间的例子

问题 在一个中型的急性护理医院，被归为诊断相关组（DRG）（心力衰竭和休克）的住院病人127位，其平均住院时间（ALOS）为5.18天，比整体平均住院时间4.1天（来自医疗保险和医疗补助服务中心的统计）多了1.08天，1年内出院的491例患者中，只有280人（57%）的住院时间少于4.1天，计算得过程西格玛值为1.68。这导致了由于医疗服务拖延而产生的治疗风险以及护理成本的增加。

项目目标 该项目的目标在于到2008年1月4日之前，6个月内使得诊断相关组DRG 127（心力衰竭和休克）的患者住院时间少于4.1天的人数比例增加到

95%，使过程西格玛值达到 3.18。这存在很大的挑战但却是可实现的目标，因为 57%的患者平均住院时间少于 4.1 天本身就是一个不错的绩效。实现这一目标，将产生比 CMS 的几何平均住院时间较大幅度减少的平均逗留时间，代表了绩效的卓越水平。

基线过程与性能　项目的因变量 Y 是平均住院时间，通过测量所有属于 DRG 127（心力衰竭和休克）的成年住院患者的住院天数得出。为了更好地了解当前过程，收集住院时间数据并从主要工作流的角度描述过程。在过去的一年中，57%的 DRG 127 患者住院时间保持在少于或等于目标值 4.1 天。因此，基础西格玛水平是 1.68，相应地每年由于较差质量导致的质量损失为 1 001 000 美元。

根原因的识别　六西格玛的一个中心宗旨是做数据驱动的决策。虽然初期确定的可能根原因似乎都是合理的，但是小组成员仍需要收集数据证实（或否定）各因素与过长的住院时间存在因果关系。事实证明，18 个可能的原因中许多因素对延长患者住院时间没有作用或是作用很小。

创建一个制定详细数据收集计划，记录数据源、样本大小、数据分析工具和 18 个可能根原因的负责部门。在大多数情况下，数据可通过电子记录获得，但是新的数据要通过其他渠道收集。图形分析工具常用柱状图、散点图、帕累托图、条形图。除了描述性统计（平均数、中位数、标准差），统计分析工具还可以包括非参数假设检验、回归分析、卡方分析。

严谨的数据分析揭示了几个重要的延长住院时间的驱动因素：

- 住院过程不规范。
- 没有使用充血性心力衰竭（CHF）标准订单。
- 病人出院要求和离院时间存在时间间隔。
- 病人住院含周末。
- 由于缺少活动，病人病情恶化。
- 做法没根据黄金标准。
- 当病人满足内部质量标准后仍未出院（与基于证据的决策支持相比延迟了出院时间）

减少住院时间的解决方案。团队集体讨论可能的解决方案，着重解决每一个导致充血性心力衰竭患者延长住院时间的重要问题。基于原因选定的策略包括：

- 耐心等待。寻求令病患更快地脱离急诊科的方法，改善和加快护理程序。
- 充血性心力衰竭（CHF）标准要求。通过开发指令集和跨部门方法以及培训在职医护人员来减少实践中的变化。
- 出院要求执行延迟。开发更好的沟通程序，用于在第一天入院时就预计出院时间和需求。

- 周末滞留。开发人员/资源计划以支持 CHF 标准要求和方法，包括方便使用和出院的方法，改善周末值班的团队间的沟通和切换。规范使用跨部门的应急出院单。
- 病人病情恶化。制订活动计划和触发机制，当活动能力下降时进行物理治疗评估。
- 缺乏黄金标准。通过标准订单和临床路径创建黄金标准。
- 内部质量标准。当满足出院条件时，利用质量管理协调（QMC）解决问题。

实施和控制 这项改进成功地使病人的平均住院时间减少到 2.6 天，91%的患者的平均留院时间少于 4.1 天。开发了一项控制计划以确保改进和收益在长期是稳定的。要素包括控制对象（住院时间、再入院率、已证因素），测量（测量装置、频率、样本大小），行为（采取行动的准则、责任）。大多数的控制项每两周受一次监测，以相对于规范和统计过程控制图的绩效为标准。

关注患者的服务提升：六西格玛设计(DMADV)和精益设计(LDMADV)

有两种方法由于提供了系统的途径来提升和开发新的卫生保健服务和过程而受到欢迎：六西格玛设计（DFSS）和最近使用的设备和程序的精益设计。当新服务或是过程到位时，设计团队要确保所有的质量关键特性都能够被发掘出来，服务改进应包括在过程中引入有效的安全壁垒和防误机制。防误措施是通过过程和设备设计来大大降低或消除人为错误的一种工具，详见第 11 章“精益技术：改进过程的有效性”。

一级防误设计使人无法犯错（例如，除非能百分之百正确连接，否则煤气将不会被接通），二级防误设计大大降低犯错概率（例如，条码药品管理）。

设计方法自然地适合于医疗保健系统，因为大多数根原因，尤其是安全事件，是由于缺少标准过程，或是此过程缺乏必要的障碍以阻止人为失误对病人产生影响。例如，药物整合、涉及技术的任何过程、患者移交的沟通、新的监管要求等。设计和持续创新详见第 4 章“质量计划：设计创新性的产品和服务”，以及第 14 章“运用六西格玛设计实现持续创新”。

标杆管理

另一个工具是标杆分析。标杆分析同样适用于医疗环境和其他商业场景，它既可用于设计也可用于改进。任何医疗组织、设备或是过程的绩效效率和效果，均可通过标杆技术与其他组织进行对比。因为是参照的其他标准和解决方案，这种方法不适合真正需要发散思维的地方，或是已经在领域内取得领先地位的组织（实际上，这可导致自满）。然而，这对于绩效低于它们的同行并寻求改进次优绩效的解决方案的医疗保健组织，这是一个很好的方法。

在此背景下，卫生保健系统的效率可以通过开支和人员来衡量。开支应包括所有报酬和薪酬，对承包商和服务提供商的报酬、材料成本、设施成本，以及不动产的支出。人员应考虑各级人员在基准范围内的时间消耗。例如，一次分析可能包括护理人员、支持人员、管理人员和第三方的服务供应商。

绩效效果应该从提供服务的质量的角度进行分析，也就是分析对于各种各样的顾客来说，医疗保健组织提供服务的效果如何。效果应该考虑到以下因素：护理质量、临床调研、卫生和设备感染、患者和员工安全、顾客和员工满意度。

任何标杆管理都需要标准化绩效对比方法，以保证在不同医疗保健项目之间实现真正意义上的比较（“同类比较”）。卫生保健系统中已经实行了标准化，这在诸如“病历组合调整”和“调整出院”的度量上表现得很明显。

标杆作为绩效改进工具的详细信息参见第 15 章“标杆分析：确定市场领先的最佳实践”。

解决困难问题的模拟实验设计

医院在尝试提高卫生保健服务质量的过程中经常面临如下挑战：在没有得到变化测试结果时就实施过程变更，而测试结果却可以清楚地证明有效性并识别潜在的风险。例如，早已负担过重的过程的中断会严重影响患者的护理质量和安全，从而制约了测试已实行的改进的能力。对于一个面对成功不确定性的人来说，避谈风险很容易限制改变的作用范围，并且破坏其他成功质量改进的效果。

为避免这一问题，仿真和实验设计（DOE）为医院提供了一种有效的质量管理和过程改进的方法。DOE 是逐步统计分析方法，能有效地识别和选择优化绩效的改变方法。这种方法涉及不同要素、设置和配置的迭代，利用成功的测试结果以进一步精炼产品和过程。如果操作合理的话，DOE 方法与其他方法（例如单因素试验法或试误）相比，能够以更少的实现时间产生更精确的结果。其结果是更好地满足客户要求和生产交付约束的稳健设计。关于 DOE 更加详细的概述参见第 19 章“准确可信的测量系统及先进工具”。

设计、实验对于医疗保健并不算新方法。例如，医药研究人员运用精心设计的一系列实验来优化医疗器械和药物处方的使用。然而医院中传统的 DOE 是十分耗时的，是涉及大量因素或是过程变量的现实实验，无法在受控制和受保护的环境下简单实现，因此限制了它在医疗保健上的适用范围（例如，测试不同编制模型的影响）。相比之下，模拟 DOE 方法并不需要密集的、现实的实验，并且它可以快速识别过程配置，同时优化不同目的下的绩效（例如，最大化患者容量并同时最小化人力成本问题）。此方法对于改变测试有高破坏性或高风险可能的情况特别适用，从而为医院提升服务质量，减少成本提供一个新选择。

在一个高水平上，模拟的 DOE 方法包括以下几步：

1. 创建一个刻画活动和过程参与者的过程流模型。
2. 识别过程关心的输出和目标值。
3. 识别测试的输入对输出的影响。
4. 选择测试输入的组合作为不同方案。
5. 运行不同方案下的过程模拟。
6. 运用 DOE 分析结果。
7. 识别输出目标值最好的方案，并得出对于所提出的过程改进的实践结论。

在收敛于最后配置或少数几个需要在实际运行中测试的备选方案之前，可能需要一些迭代以精炼和测试方案。下面是模拟 DOE 方法应用于医疗保健交付环境下能够解决的问题的实例。

人员管理

需要多少急诊护士以维持患者平均逗留时间为 120 分钟左右，并同时以最小的成本满足不同预期患者到来率的要求？

怎样的事务和临床资源整合可以优化急诊部门的服务时间？

从周转时间角度看，增加一个放射科医生能值回额外的费用吗？任何新增的放射科医生都必须要安置在急诊室吗？

床位分配

需要多少不同类型的病床（例如，医疗/外科，重症监护病房（ICU），烧伤科 ICU）以维持整体 75%的利用率？

如果急诊科里面的一个验伤分类室改为检查室，病人的流量会有所增加吗？

急诊科人流量

在星期几开放快速通道能最小化患者等候时间？

若开放快速通道，护士和医生应专注于快速通道吗？

把新入病人候诊室部分改为诊后等待区会如何影响检查室使用率和未诊离院率？诊后等待区应该仅在人流量大的时候开放吗？

将模拟 DOE 方法用于医疗保健服务提供上有几点显见的优势：

• 可以预测并不存在的情况。在模拟急症室人员管理过程中，例如，高人流量、突增的就诊率不需要在现实中真实发生（尽管实际观测范围外的推断必须做到谨慎）。

• 困难的、破坏性的或是在现实环境中测试存在风险的解决方案可以被容易地测量。例如，调整病人的到达率就很困难或是不可能。

• 交互作用可被识别并考虑到过程改进中。特别地，DOE 方法允许主效应测试和交互测试。例如，当病人到达率较高的时候增加护士的利处可能更大。

• 许多不同的配置可以在很短的时间内进行测试。最初的过程模型一旦被创建，方案的设立和测试就相对简单。一般需要数天或数周获得的结果可在几小时内获取。

这种方法有几个缺点。首先，建立离散事件仿真是烦琐和耗时的，并经常需要不可以直接获取的数据。但是，数据可以通过一些规划获取，一旦模型建立，数据可用于多种用途。第二，无论是模拟还是 DOE 方法都没有广泛用于医疗保健，并且此方法可能会遭受质疑。为改善此情况，在专家的协助下，始终在全面实施之前在受保护的环境下进行试点改变。尽管有这些缺点，模拟 DOE 方法的应用依然对于医院过程改善大有裨益。

设计新服务的模拟软件

已被证明在重新设计卫生保健过程中特别有用的工具之一是离散事件模拟（DES）。类似于模拟 DOE 方法，此方法的语言和工具需要相当程度的专业技术知识才能够掌握。但一旦掌握了 DES，它即可被用于实际改变风险过高（例如，患者安全风险），或是大量耗时等的多种情况下。DES 的介绍及其用于医疗保健系统的例子详见第 19 章“准确可信的测量系统及先进工具”。

提升病人安全

医学研究所（IOM）的报告《犯错是人类的本性：建设一个更安全的卫生系统》（2000）定义病人的安全是免受意外伤害。报告介绍了两种错误类型：（1）未能按照预期完成计划的行动；（2）为实现目标使用了错误的计划。此外，医治过程不能因为疏忽使患者接触了化学物质、异物、外伤或传染病毒等而给患者造成意外伤害。

安全系统的特征

医学研究所的报告指出安全系统有以下特点：

• 医疗环境应保证在任何过程、任何时间（无论白天还是夜晚，甚至周末）、任何地点，对所有病人都是安全的。

• 患者只需要告知护理人员自己的特殊需求一次。

• 医疗过程必须做到无缝衔接，这保证相互协同工作的医护人员和技术方法之间可以成为一个协调的整体，尤其是在一项工作随着时间推移在人员之间交接的时候。

• 要对患者诸如过敏、药物、诊断治疗计划和病人的特殊要求做到完全了解，并适当地保护病人的隐私权。

• 确保患者在可承受的情况下的知情权并使其尽量积极配合医治过程，因为了解情况的病人是更安全的。

• 复杂情况应公开诚实地处理，即使是因为医疗人员的人为失误或卫生系统的故障。

• 出于改善提高的目的对错误进行跟踪、分析并解释，而不是出于追究责任的目的。

建立一个公正的文化和问责模式

一个组织的文化可以通过它的使命、愿景和价值观，医师和领导对病人的安全的承诺，领导对组织成员的行为的责任进行描述。现有以下策略来创造一个公正的文化和问责模式。

医疗人员违反行为规范时的执行程序

这些程序应清晰、简洁，并被组织的各级了解。当任何医护人员违反安全规范时，就需要启动一个反馈系统，以便为病人的安全提供保证。变异报告系统应提供一种匿名的方式报告违规现象的发生，同时进行迅速的问责，以确保一线工作人员得到授权。一旦命令链完整地得到执行，随着时间的推移，组织文化将走向成熟。因此即可专注于系统的问题，而不是个体的规范性问题。如果医生和工作人员没有对护理质量和病人的安全负责，那么改善工程将无法为减少严重的安全事件和人为错误提供任何有效或可持续的成果。

建立问责制以减少违规

问责制应作为整体绩效管理体系中不可缺少的一部分去实施和应用。在医疗保健领域，很少有人力资源的绩效管理系统能为处理人为错误，特别是那些涉及严重安全事件的错误，提供一个健康的机制。问责系统对于组织的各个层次和部门应该是公平的、公正的和一致的。必须建立一个无特殊化的文化，以确保健康的事故报告，以便纠正错误和改善不足。

领导轮换制

领导轮换对于保证病人安全举措的稳定性具有关键作用。它背后的道理是“你得到你看到的，而不是你所期望的”。轮换制度通常应该具有目的性，并围绕病人的安全，以及基于行为为组织而定义的工作期望进行构建。轮换制的目的是为了确保对病人安全的有效管理，并使正面与负面的反馈比例达到 5∶1。这个比例是一个能体现领导对病人安全的管理能力的关键指标。

朋辈辅导方案（安全教练）

朋辈辅导计划是病人安全文化转型的基石，发生在基层，为持续改进提供实时辅导。安全教练方案提供实时的行为监测、反馈和数据收集。基于行为的实时监控，通过将基于知识的错误预防措施转变为基于技能的行为模式，可以同时减少错误的前置事件和严重安全事故。该方案还提供了数据，这些数据可以用来追踪行为趋势和人为绩效改进。

预防人为错误的技术实施

防错，在本章前面已经提到，用来减少人为错误的发生。即使是用这种方法，仍然会存在伤害患者，以及其他由于疾病的性质和感染扩散而造成的相互伤害的可能。实施一个错误预防方案，是不断培养减少安全缺陷这种需求的关键。

系统数据分析

严重安全事件和事故报告的系统数据分析，使组织能够识别需要改进的地方并确定优先次序。常见的事故原因需要一个全面的数据库，以使用帕累托分析法对事件数据分层。这也可用于识别高风险和高危行为事件的分析，以找出严重安全事件的原因。结合适当的数据，对常见原因的分析为基于行为的期望和错误预防技术、红色规则和项目选择提供了基础。常见原因分析针对全系统的数据至少每年进行一次，并对有需要的部门或服务项目数据进行分析。

建立基于行为的期望和错误预防技术

这些都是基于常见原因分析，专为处理高危情况和行为而设计的。错误预防技术提供的工具箱使工作人员能够满足基于行为的期望。基于行为的期望和随后的错误预防工具箱应该是为数不多的，并且仅仅与具体的改进机会有关联。

实施红色规则

红色规则是一个最低标准的集合。这些红色规则与特定的病人安全过程有关，并且需要毫无保留地被遵守（例如，病人标志、正确的手部卫生、通用的协议、高风险用药管理和挂牌程序）。红色规则，应着重关注系统和部门这两个层面上风险最高的那些活动。规则数量应该很少，以强调其重要性。

硬布线过程

硬布线过程意味着该过程一旦建立就很难再被改变。当然，需要确保该过程是“好的”之后才能成为固定的，本章已经描述的一些方法和工具可以应用于此，以确保充分设计，包括六西格玛（DMADV）与精益设计（LDMADV）、精益转型与六西格玛（DMAIC）、根原因和特殊原因分析、防错和 PDSA。

聚焦安全

以上所述的原则和工具，于 2004 年 7 月森塔拉·诺福克综合医院展出，该医院曾因全面病人安全计划被授予国家追求品质奖。这个奖项认可了森塔拉对病人安全作为一个系统专科所作的贡献。2006 年，森塔拉·诺福克综合医院作为全美最好的 59 家医院之一，而且是弗吉尼亚州仅有的一家，被列入跨越式集团第一份顶级医院的名单。这个排名是根据医院质量和安全调查结果得出的。该调查是一个国家评级系统，对医院的质量和安全进行评估（森塔拉出版）。森塔拉的战略是采取三管齐下的方法：

1. 落实主要系统解决方案，如新技术。技术包括：创新（如 E-ICU）、SUNRISE 配药软件、PACs 数字图像归档与通话语音转录。

2. 应用次级系统，如针对一个具体问题的行动。次级系统的实现包括条码技术。

3. 改变这些地方的组织文化，包括医院住院部、养老院、医疗办事处和总部。

森塔拉安全文化率先增添了基于行为的期望（BBE）的新基础来防止错误：不能被忽略的红色规则，并且加强根原因分析以带动系统的实时改进。有五项 BBE：

1. 注重细节。
2. 清楚地沟通。
3. 有质疑的态度。
4. 交接有效。
5. 目标明确。

领导承担保持安全文化处于前沿和中心位置的责任。各部门都有安全负责人。各级工作人员均接受技术和过程教育与培训，并分配到监督委员会，定期被提醒“病人安全由我做起”。表彰和奖励按标准执行的员工并捕捉潜在的错误。森塔拉推广公平理念，这种理念鼓励以从错误中学习为基础的系统改善，但要求对工作绩效问责。

提高病人保健质量和安全的成功案例

下面列出的组织因其对于医疗的改进而获得认可。有些获得奖励，有些已赢得了患者的认同。

梅奥诊所

梅奥诊所将“病人的需求放在第一位”，而不是医生的方便，更不是医生们的收入。首席执行官丹尼斯・科特斯表示，为了实现这一使命，医生、护士，以及所有工作人员几乎每周都在想办法提升服务，使病人得到更好的照顾，而不是单纯想着从患者手里得到更多的钱。同时，他还觉得实现这一使命并不容易。十年前，梅奥已认识到，首先需要做的就是消除财务壁垒以提高护理质量。例如，它汇集了所有钱，包括医生和医院系统收到的捐赠，来支付医生和护士的工资。所以，医生和护士护理病人的目标不是增加收入。梅奥提拔首先为患者提供最佳服务，之后才关注财政水平的医生。今天，梅奥诊所是患者、医生和全球标杆学习的首选目的地（Gawande，2009）。

梳邦再也医疗中心（SJMC），印度尼西亚

SJMC 表现出色，它与梅奥诊所、约翰・霍普金斯医院、德国的大脑研究实验室和托比・罗宾斯癌症研究中心一起，已成为世界上最大的医疗旅游设施之一。约有 15%的患者来自印尼国外，远至欧洲和美国，SJMC 因其医疗系统赢得了无数的奖项。SJMC 的服务市场定位全球，涵盖如细胞遗传学、分子研究、骨髓移植、癌症和放射外科手术，以及血管介入放射学等领域的服务。SJMC 的愿景是成为以优良的高等教育和综合医疗保健服务而享誉世界的机构。通过全面质量管理（TQM）方案，他们正在快速实现自己的目标。他们旨在建立以当地和国际标准为蓝本的管理系统，并驱动 SJMC 不断改善。他们还注重通过一支积极向上并有责任感的员工队伍提供优越的硬件设施和服务来强化客户服务质量。雅

各布・托马斯博士，一名团体医疗顾问，一直是这个系统的领导者并在第四届国际质量大会（Sarawak，2007）上解释：我们的服务一直把患者放在首位，以实现更好、更安全、更快和负担得起的照顾。所有的患者在我们中心都能享受到最高水平的护理，这给了他们使用 SJMC 时的平和心态。对患者无微不至的照顾，开始于与每一个患者的首次接触，包括礼宾/保安、接待人员、药剂师及其他相关领域（Thomas，2007）。

山间卫生保健的 LDS 医院

20 世纪 90 年代，在盐湖城的山间卫生保健 LDS 医院，手术期伤口感染率从 1.9%降至 0.4%，而当时的全国平均水平为 4%。此外，标准化项目的实施，减少了全髋关节置换手术中使用的不同假肢的数量，每年节省了将近 100 万美元，同时达到了更好的治疗效果（Pestotnik et al.，1996；James，1993；Morrissey，1996）。现在，山间卫生保健仍然作为一个非营利性系统，以为患者提供服务却收取少量费用而闻名。Brent James 博士是美国的思想领袖之一。

SSM 的卫生服务中心

2002 年，SSM 的健康护理中心（SSMHC），一家以圣路易斯为基础建立的不以营利为目的包括医院和其他健康护理相关机构的卫生系统，成为第一家获得马尔科姆・鲍德里奇国家质量奖（MBNQA）的医疗保健组织（参考前面更多关于鲍德里奇奖的章节）。SSMHC 是申请 MBNQA 的 17 个医疗卫生机构之一，它通过展示质量领导和战略规划（例如，它的战略、财务和人力资源规划的过程，性能管理过程），不断地改进和创新（例如，使用正在进行的调查、访谈、投诉制度、反馈、患者随访电话迅速识别和纠正可能出现的问题和改善服务的提供），不断地改进临床结果（例如，超过 80%的 SSMHC 的充血性心力衰竭病人和心房颤动病人接受了香豆素治疗，而标杆水平为 64%）而成为了胜利者（NIST，2009）。

浸会医院，佛罗里达州彭萨科拉

2003 年，浸会医院成为鲍德里奇奖获得者（NIST，2009）。在 20 世纪 90 年代中期，在病人及其家属眼中，甚至在工作人员和医生眼里，对其满意度都很低。在近几年里，其总体满意度，包括住院病人、门诊病人、门诊手术患者、家庭保健服务，已经接近 99 个百分点。医院工作人员的积极性评价从 1996 年的 47%上升到 2001 年（最近的调查）的 84%，相对于竞争对手的 70%遥遥领先。高层领导以身作则，并通过实施“无借口”政策对医院绩效负责。浸会医院每年用 6.7%的总收入帮助贫困的病人，相比之下，其同行对手为 5.2%和 4%。

慈善健康系统

2007 年鲍德里奇奖的获得者，慈善健康系统（MHS）是一个垂直整合的医疗系统。它在威斯康星州和伊利诺伊州为居民提供服务（NIST，2009）。服务包括以医院为基础的服务（涉及三家医院）、以诊所为基础的服务、急性护理/零售服务，以及保险机构。MHS 通过对质量的关注，使其住院服务、门诊手术、医生的水平，都领先于整个威斯康星州的医疗机构。MHS 的总死亡率符合护理学的全美医疗机构前 15%最佳实践基准（护理科学提供护理管理、临床分析、临床质量改进方案）。自 2003 年以来，社区肺炎死亡率稳步下降，最近的结果为 1.2%，显著低于 4.0%的基准水平。

健康、快乐的患者营造了一个健康、快乐的工作场所。2006 年，MHS 赢得美国退休人员协会（AARP）最佳 50 岁以上工人雇主奖，被《工作母亲》杂志评为 100 家最佳公司之一。此外，在 2007 年，MHS 被评为最友好的 100 个工作场所之一。

成功孕育成功，MHS 通过参与社区活动和合作扩展其对社会的使命。它把约 1.8%的医院收入和超过 2%的门诊收入捐给慈善机构。这超过了国家普通医学外科医院和最佳实践医院的捐助。此外，MHS 在每月的预算中拿出不超过 50 万美元用于为自费患者无法负担的费用所提供的折扣。其他主要的 MHS 社区支援服务，包括一个无家可归者中心（仁慈堂），为保险不足者服务的社区诊所，以及每年超过 38 000 场次的社区教育计划。

夏普医疗

夏普医疗获得 2007 年的鲍德里奇奖，从 2001 年到 2007 年，净收入的增加超过 9 亿美元，使夏普医疗超越当地最大的竞争对手的水平（NIST，2009）。夏普的全部四个急性护理医院在全国非密集社区获得性肺炎患者效能评比中均排在前 10%，并持续上升。从 2004 年至 2007 年，其全部三家有重症监护病房的医院，心脏病发作的死亡病例一直保持在稳定的水平，成为国家质量的标杆。

掌握信息技术是夏普公司成功的一部分。夏普连续两年获得作为 9 家医疗保健机构之一接受“100 个网络最发达”奖。20 世纪 80 年代，夏普成为临床文件系统的先驱，并继续实施一个完全集成的全系统的医院急诊电子医疗记录（EMR）和门诊电子病历。

像其他例子一样，夏普医疗也从本地企业的成功中受益。社区项目的义务管理时间从 2003 年 10 000 小时增加到 2006 年的近 60 000 小时。对圣迭戈脆弱人口、健康研究和更大范围的社区的投入，从2001年约400万美元增加到2006年大约650万美元。

医疗保健质量管理的未来

全球卫生保健的未来将需要多年的改进，以创造出一个高效的模式，满足社会的需要。我们的意见是，吃掉大象只有一个办法：一步一步来。医疗改革会以相同的方式发生——一个过程连着一个过程，一个系统接着一个系统。

参考文献

Information cited in this chapter regarding Baldrige winners is from NIST press releases, accessible through http://www.baldrige.nist.gov/.

American College of Physicians. (2006). The Advanced Medical Home: A Patient-Centered, Physician-Guided Model of Health Care. January 22. Policy Monograph, American College of Physicians, Philadelphia.

Baker, M., Corbett, A., Reinertsen, J. (no date provided). Quality and Patient Safety: Understanding the Role of the Board The Ontario Hospital Association (OHA). Publication # 414, Toronto, ON M5V 3L1

Berwick, D. M., Godfrey, A. B., and Roessner, J. (1990). *Curing Health Care: New Strategies for Quality Improvement*. Jossey-Bass, San Francisco.

Best Health Care Results for Populations: The 'Triple Aim.' (2007). IHI Technical Brief. Institute for Healthcare Improvement, Cambridge, MA.

Building a Better Health Care System. (2009). National Coalition on Health Care, Washington, DC.

Donabedian, A. (1966). Evaluating the Quality of Medical Care. *Milbank Memorial Fund Quarterly*, vol. 44, no. 3 (suppl.), July, pp. 166–206.

Duhig, J. M. (2009). EMRs: Reaching the Holy Grail, Patient Safety & Qaulity Healthcare, January/February 2009, pp. 32–35.

Efficiency Measures. Agency for Healthcare Research and Quality, Rockville, MD Publication No. 08-0030, April.

Gawande, A. (2009). The Cost Conundrum. *The New Yorker.* June 1.

Grout, J. (2007). Mistake-Proofing the Design of Health Care Processes. Agency for Healthcare Research and Quality, Rockville, MD Publication No. 07–0020, May.

Hillestad, R., Bigelow, J., Bower, A., Girosi, F., Meili, R., Scoville, R., and Taylor, R. (2005). Can Electronic Medical Record Systems Transform Health Care? Potential Health Benefits, Savings, And Costs. Health Affairs, 24, no. 5 (2005): 1103–1117 doi: 10.1377/hlthaff.24.5.1103

Institute of Medicine. To Err is Human: Building a Safer Health System. National Academy of Sciences, 2000.

James, B. C. (1993). Implementing Practice Guidelines Through Clinical Quality Improvement. *Frontiers of Health Services Management*, vol. 10, pp. 3–37.

Juran Healthcare (2009). Reduce Heart Failure Length of Stay. Juran, Southbury, CT.

Langley, G. J., Nolan, K. M., Nolan, T. W., Norman, C. L., and Provost, L. P. (1996). *The Improvement Guide: A Practical Approach to Enhancing Organizational Performance.* Jossey-Bass, San Francisco.

Lohr, K. N., and Brooke, R. H. (1984). Quality Assurance in Medicine. *American Behavioral Scientist,* vol. 27, pp. 583–607.

Lohr, Steve (2008). Most Doctors Aren't Using Electronic Health Records. *The New York Times.* June 19.

Martin L. A., Nelson E. C., Lloyd, R. C., and Nolan, T. W. (2007). Whole System Measures. IHI Innovation Series white paper. Institute for Healthcare Improvement, Cambridge, MA.

Martin, L. A., Neumann, C. W., Mountford, J., Bisognano, M., and Nolan, T. W (2009). Increasing Efficiency and Enhancing Value in Health Care: Ways to Achieve Savings in Operating Costs per Year. IHI Innovation Series white paper. Institute for Healthcare Improvement, Cambridge, MA.

Master, R. (1997). Personal communication with the author.

McGlynn, E. A. (2008). Identifying, Categorizing, and Evaluating Healthcare

Midwest Business Group on Health. (2003). Reducing the Costs of Poor-Quality Health Care Through Responsible Purchasing Leadership. MBGH Publication, Chicago.

Moon, Craig A., and Umbdenstock, Rich (2008). Ailing ERs Threaten Patients, Leave Communities Vulnerable. *USA Today.*, May 30.

Morrissey, J. (1996). IHC Sets Pace on Quality Improvement. *Modern Health,* January 29, p. 42.

NIST (2009). 1988–2009 Award Recipients' Contacts and Profiles. Retrieved from http://www.baldrige.nist.gov/Contacts_Profiles.htm.

Pestotnik, S. L., Classen, D. C., Evans, R. S., and Burke, J. P. (1996). Implementing Antibiotic Practice Guidelines through Computer-Assisted Decision Support: Clinical and Financial Outcomes. *Annals of Internal Medicine,* vol. 124, pp. 884–890.

Porter, M. E., Farmer, P. E., and Kim, J. Y. (2008). *Redefining Global Health Care.* The Harvard Business School Centennial The Harvard Business School Centennial Global Business Summit. Business Summit. Presidential Fellows of Harvard College, Cambridge, MA.

Primary Health Care—Now More Than Ever. (2008). *World Health Report 2008.* World Health Organization, Geneva, Switzerland.

Sentara Bayside Web Publication, July 2007 through June 2008.

Sentara Norfolk General Web Publication 2006.

Thomas, J. (2007). Quality in Health Services and Healthcare. Proceedings of the 4th International Quality Congress, Oct. 22–24, Sarawak, Malaysia.

Sternberg, S. (2007). Transparency Provides Better Look at Health Care. *USA Today.* May 28.

U.S. Preventive Services Task Force. (1996). *Guide to Clinical Preventive Services,* 2d ed. Williams & Wilkins, Baltimore, MD.

Weed, L. L. (1968). Medical Records That Guide and Teach. *New England Journal of Medicine,* vol. 278, pp. 593–600, 652–657.

Wennberg, J. E., and Gittelsohn, A. (1973). Small Area Variations in Health Care Delivery. *Science,* vol. 1823, pp. 1102–1108.

Wennberg, J. E., and Keller, R. (1994). Regional Professional Foundations. *Health Affairs,* vol. 13, pp. 257–263.

Williamson, J. W. (1971). Evaluating Quality of Patient Care: A Strategy Relating Outcomeand Process Assessment. *Journal of American Medical Association,* vol. 218, pp. 564–569.

（窦惠婷、苏博洋 译，洪志生 校）

第 24 章

连续流程型组织：质量是一个连续的过程

布赖恩·A·施托克霍夫

关于本章

本章主要讨论那些界定质量管理主题的基本概念，定义了关键术语，并对当前相似但又有所差异的质量改进计划进行明确的区分。本章定义了一些管理质量的关键过程，通过这些过程，质量被整合进了所有组织的战略结构。本章还阐明了尽管质量管理是一个永恒的概念，但作为对人类所面临的无穷无尽的变化和危机的反应，它经历了频繁的变革。

本章要点

1. 加工业中的加工产品和加工方法与装配业中的装配产品和装配方法有着根本的不同，这对质量管理具有重要的影响。加工产品的关键特性包括：最终产品的同质性、基于某一既定方案的生产、批量的或者连续的生产方法。

2. 对于以加工为基础的公司，性能、外观、一致性、美感和被认可的质量决定着产品的整体质量，而耐久性和可用性则更经常与装配产品联系起来。

3. 最终加工产品的质量跟加工过程紧密相连，并且产品设计必须合理地考虑到工艺能力、工艺放大及监管的特殊需求。设计的失败可能造成一系列的慢性问题，如越来越多的存储以及运输、污染、破损、清单、产品转换和产品修复。

4. 后生产过程，如存储、运输和分销，可以显著地影响质量，并且产生安全及可靠性的问题。制造厂家有责任建立质量管理系统，以实现事前管理，而不是事后反应。

引言

如在手册（*Quality Control Handbook*，6th ed.）前面部分提到的，所有工作都是一个过程的结果。然而，本章的重点主要集中在那些以材料加工作为生产核心的行业。这包括但不限于生产食品饮料（如奶酪、酒）、颜料和建筑相关的涂料、化学药品（如粉末涂料、特殊化学制品、农业杀虫剂）、石油、塑料、药物（包括微分子药品和生物制剂）、血制品、纸浆和纸、玻璃、耐火材料、水泥、五金、橡胶、墨水盒燃料、清洁剂、熏香、香水，以及化妆品等的公司。更加特别的，还包含了那些最终产品不能被拆卸或者蒸馏还原成原始成分的产品，如胶水和肉毒杆菌一类的加工消费品和加工干酪产品具有一些无法从原始形式中找到的成分，通常的原因是它们在化学或者分子结构上产生了根本的变化。这些产品与电子产品、家庭器具、汽车之类的装配产品有很大的不同，装配产品很大程度上保存了其成分的特性。表 24—1 中列出了加工产品和装配产品在一些基本特性上的不同。

表 24—1　　装配企业和加工企业的一般特点

特点	企业的类型	
	装配企业	加工企业
生产的基础	按订单组建	按配方生成
差异	产品和组成部分容易辨认	无差别的，相对均质的产品
生产方法	独立的或分开的单位生产	分批次混合或者连续流生产
小体积高复杂度	需要灵活的制造系统以提高质量和进入市场的速度，同时降低成本	规模化和批量式生产。有谨慎的过程控制和产出监控的灵活系统。食物和药物评级，专门的精细的化学品

续前表

特点	企业的类型	
	装配企业	加工企业
大体积低复杂度	把溢价放在库存控制、提前期、降低/限制材料耗损和浪费上	规模化和连续流生产，大量商品的购买和存储，以及有效流转。大量化学品、药品、浮法玻璃、熔炼
客户	实物产品直接进入企业和消费者，或者被其他制造商组装	实物产品直接进入分销渠道，或者作为其他制造商的原料

在加工产业中，有两种最基本的类型。一种是将如原油、矿石和农产品之类的原材料转换成如柴油、铜和面粉一类更加精细的材料，这种作业更常用于生产制成品。另一种则是对成品进行组装以制造供最终消费者使用的最终完工产品(例如通过挤出、成型、混合)。表24—2展示了不同行业的转换和组装工艺的多样性。与其尝试独立地去看待每个产业或者可能的单元操作，倒不如在综合质量原则的指导下，处理遇到的显著特点和特殊问题，这样效果将会更好。

表24—2　　加工工业中单元操作实例

加工工业	转换过程	组装过程
化学品	提炼、萃取、精馏	制定、制丸
食物和饮料	冷冻、杀菌、增厚、冷凝	罐装、瓶装
金属	矿石提炼、熔炼	铸件、滚轧、挤压、锻造
石油	提炼、精馏、混合	装入容器
药品	湿法造粒、过滤、提取、发酵	制片、包衣、封装
塑料	混合、调配	挤出、涂色、塑模、层压
纸浆和纸	切片、过滤、制浆、制造	纸张成型、涂色、容装
耐火材料	制定标准、混合、干燥	制模、铸造、生火
橡皮	混合	压延成型、固化

单元操作是只包括物理变化的基本步骤。

资料来源：Adapted from Bingham and Walden，1988.

在工业和经济分类系统下的加工

在此简要地介绍一下工业分类系统可能是有益处的。工业分类系统最初被政府和机构用来对综合经济活动进行统计分析，这些分类系统对质量经理寻找产业内的数据或者其他产业的案例和标准有帮助。其中主要的分类系统有：

• 北美产业分类系统（North American Industry Classification System，NAICS)。所有产业按照一个六位数字系统分成2 300多类。大部分以加工为基础的企业都被归入制造业的编码下，但可以出现在几个类别当中（见表 24—3）。

表 24—3　　NAICS 分类包含的以加工为基础的公司

编码	产业
11	农业、林业、渔业、捕猎
22	公用事业
31—33	制造业
311	食品制造
312	饮料和烟草产品制造
322	造纸业
324	石油和煤制品制造
325	化学品制造
326	塑料盒橡胶产品制造
327	非金属矿物制造（包括玻璃和水泥）
331	原料金属制造
562	废物管理和修复服务

资料来源：http://www.census.gov/eos/www/naics/.

• 欧洲共同体中的经济活动统计分类（Statistical Classification of Economic Activities in the European Community，NACE）。

• 所有经济活动的国际标准产业分类（International Standard Industrial Classification of All Economic Activities，ISIC）。

• 英国标准的经济活动产业分类（United Kingdom Standard Industrial Classification of Economic Activities，UKSIC）。

• 澳大利亚和新西兰标准产业分类（Australian and New Zealand Standard Industrial Classification，ANZSIC）。

• 俄罗斯经济活动分类系统（Russian Economic Activities Classification System，OKVED）。

• 产业分类标准（Industry Classification Benchmark，ICB）。

注意到所有这些系统描述的分类都是武断的，现实世界中的企业在同一条价值链中能同时提供生产加工、装配和服务类型的产品。通常情况下，加工的产品变成了装配产品的组成部分，比如塑料树脂颗粒（一种加工产品）通过喷射造型法转换成了一辆玩具车（一种装配产品）的零件。在这种模糊的情况下，本章中给出的是通用准则和结论，读者需要根据特定情况得出适用的结论。

加工方法和加工产品的特点

基于质量的视角，加工过程具有怎样的重要意义？加工业中的加工产品和加工方法与装配业中的装配产品和装配方法有着根本的不同，这对质量管理具有重要的影响。以下是那些倾向于成为加工环节一部分的、基于实际情况考虑的特征举例。

最终产品的同质性

• 最终产品是由一些材料混合而成的，这些材料或多或少具有一致性，或者在一个或多个特征和维度上渐变。

• 最终产品的缺陷很难被辨别出，或者联系到一个特定的成分。

• 产品的缺陷可能是由不可逆转的化学或者物理性质变化造成的。

• 隐含着同质性问题的不合格品会遍及整个生产单元，而不像装配产品中不合格的部分能被简单地移除或者代替（例如，一个显卡上的错误芯片）。整个产品单元必须被重新制作、降级或者丢弃。例如，微量的野生酵母菌或者乳酸菌就能够轻易地生长、传播并且污染一整批啤酒。

通过一个特定的配方进行生产

• 一件加工产品是由一个配方生产得来，不像一件装配产品是由连续的步骤或单元操作得来。加工成分的转换一般都是持续发生的，并没有一个操作人员直接参与。

• 将原料转化为产品的反应动力学往往是随着时间的推移连续发生的，并不能简单地停止。这对供货速度、环境保护和保质期都会产生影响。

• 加工中的产品与最终产品在构成、操作特性和外观上都有巨大的差别。

• 理论上，配方生产的数量可以为任意连续值。阀门组件制造商不可能只生产和销售半个单位的产品，但装配中用到的定制的润滑剂却可以按照任意量生产。

• 配方中的配比关系在很大程度上依赖于生产量。表面积—体积比，还有诸如黏度、温度、热量、质量转移等物理特性并不一定与产量呈线性关系或者与之紧密相关。例如，用于生产1升（0.26加仑）烧瓶的用料比例与时间不可能适用于100 000升（26 417加仑）水槽的用料比例与时间。对于质量经理来说，扩大规模面临的实际问题是不同产量内在地决定了不同类型的质量缺陷。

批量或者连续的生产方法

• 一批产品是特定数量的、通常具有统一特性和质量的物料，在一个单一的制造循环中根据单一的订单生产出来的。批量生产在食品和制药产业中比较常见，在这些行业中，产品是按时间序列步骤准备的，并且被事先分成相对均匀的体积。材料开始被放在一个容器中，在转换完成后被移走（如在一批饼干的配料及后续的烘烤过程中，原材料被从某个容器转移到另一个容器）。固定的容器尺寸为前文提到的理论产量提供了一个实际的限制。

• 半批次生产同时具有批量操作和持续的输入和（或）输出操作。为了净化水质的水的氯化反应就是一个例子，氯气被连续地加入水中与之反应。

• 补料批次生产法被应用于生物材料的生产。在这个系统中，对于培养期产品的反应与生产速率的管理是由对生长抑制营养素（如醋酸、葡萄糖、氧气）的持续控制以及添加实现的。

• 连续生产无间断地运行，所有步骤按照时间顺序连续进行。这在白酒、石化和浮法玻璃行业比较典型，其中部分实现（接近）了稳态运行，以使过程中的量不随时间推移而改变。尽管容器或者单元可能有固定的尺寸，但是通过调节输入流，也可能调节生产量。

原材料的变异性

• 尽管输入原料的变异性并不是加工产业所独有的，但是加工过程中常常包括粗糙的、未经改造的天然材料（如塑料中的原油、面包中的粮食）的转化。这些输入可能质量较差，特别是在对于下游加工非常重要的化学和物理性质方面。

• 原材料的成本占了总成本的很大部分。质量经理可以通过最大程度地实现成分材料的一致性，来大幅度提高最低质量水平的底线，从而降低加工过程中的变异性和成本。

• 某些加工产品的原材料是其他加工过程的废弃物（有时被叫作“闭合回路”），所以供应商没有多少动力提供满足严格规范的材料。然而，中介者的参与有助于提高质量（例如，从石油提炼中回收与提取的杂质及失效的催化剂，可用于随后的销售以及转化成能用于钢铁和铸造行业的混合物）。

测量系统和能力的变异性

• 无论是自然的还是再生的，过程的输入原料往往比较复杂，这主要是由于无关组件或者特性对测量可能造成干扰（例如，对潜在致癌的卤素溶解性的负离子，诸如面包中的BrO_3^-的色谱检测，就容易因为 Cl^- 的干扰而变得复杂）。这增加了分析的成本，并降低了抽样验收的价值。

• 由于成本高，测量系统可能不够好，尤其是在与引入商品材料的相对低价相比的时候。结果就是变异性往往被允许传递到生产过程本身。例如，在食品工业中，黏度通常可以通过调味汁流过一个确定的已知直径的小洞所需的时间来测量，或者，也可以通过调味汁流过一个斜坡的时间来测量。尽管用黏度计测量旋转的阻力很简单，但是由于产品的不一致性，例如立轴的粗细与种类（包括轮叶、T 型钢、阀瓣）、旋转速度等的差异，用以确保测量一致性的方法难免会存在问题。这并不是说这些方法没有用（它们可能可以很好地满足现在的需求），而是说它们只提供了一个对典型复杂材料的大概估计，因此在使用过程中需要注意，避免出现不合理的解释。

破坏性抽样

• 虽然质量检测的抽样可能具有像黏度或者 pH 值这样能够在合适的地方频繁测量的特性，但是必要的化学分析需要移动、变换，或者消耗样本，以致这些样本无法再回到生产线上。这与装配产品是不同的，一般情况下，装配产品的特性都能通过一些无损检测手段来检测（可靠性、拉伸、断裂、应力腐蚀性和类似的检测除外）。

• 在某些领域，被抽样的材料不会因为检测过程本身的原因而遭到内在的破坏，但是污染问题却让抽样产品无法回到生产线。在一个有菌环境下测试一个无菌产品即为一例。

• 鉴于抽样的破坏性，需要抽样的频率和数量应该最小化，同时使从小样本中获得的信息最大化。幸运的是，抽样的量与生产量比起来往往很小，不过质量经理可能会对久而久之形成的许多小样本的累计成本感到惊讶。一个抽样检验的成本效益分析或许有助于平衡检测成本与因未检测到而造成的故障成本。

• 由于没有能力做到真正的重复取样来估计样本内的变异性，破坏性抽样的测量系统分析（measurement system analysis，MSA）需要专门的统计方法。嵌套测量仪的 R&R 性（重复性和重现性）允许提取的样本仅仅被一个操作者测试一次，而不是多个操作者测量同一样本（“成分”）。这种方法假设在同一批次内的所有样本具有足够的同一性以表明它们是相同的“成分”，考虑到加工商品本质上的同质性，这一假设是合理的。

假阳性与阴性

• 破坏性抽样和工作条件中存在潜在、微小，却是重要的偏离规范的一个影响：错误的解读可能很常见并且具有显著的影响。假如有一个问题是关于精确度的，一个未被破坏的部分可以重复地被测量，而被破坏的样本只能被测量一次（尽管某一批次可以重复取出样本）。细菌培养器中的细菌溶量就是一个例子，需要对其进行小批量的检测，尤其当细菌处在指数增长前的停滞期并且能够很好地控制而不至于影响产品质量的时候。

• 在统计上，通过筛选许多样本以检测可能存在的少量的阳性物质（也就是偏离规范）需要一个对检测反应灵敏的测量系统，而这很有可能把一些假阳性物质误判为真阳性物质（如图 24—1 所示）。检测中出现阳性物质（无论是真的还是假的）意味着需要频繁地重复检测，而在这段时间里一个生产批次（或者连续流）仍然需要继续生产过程。比如发酵罐，不能简单地停止，使之处于停滞状态。在这样的情况下，频繁的重测可能将表明最初读取的是一个假阳性，这对于生产管理具有很强的扰乱性。然而，统计上，假阳性是 α 和 β 风险不可避免的结果（参见第 19 章“准确可信的测量系统及先进工具”对这些风险措施的讨论）。

		检测结果	
		阳性	阴性
事实	阴性	假阳性	真阴性
	阳性	真阳性	假阴性

图 24—1　基于事实与测试结果的假阳性和假阴性的分类

在一定抽样量中，当事件的发生率小于检测的假阳性率的时候，所谓的“假阳性悖论”就会发生。例如，如果在细胞培养的一个检测支原体污染的培养测试中，一个菌落形成单位（cfu）有一个检测的理论值，该值准确率为 99%（也就是说，当它确实存在时，测验在 99%的情况下都能准确地检测到支原体），然后对细胞中支原体概率是 0.01%的培养细胞进行检测，进行 100 万次检测将产生的预期值如下：

真阳性：1 000 000×（1/10 000）×0.99＝99

真阴性：1 000 000×（9 999/10 000）×0.99＝989 901

假阳性：1 000 000×（9 999/10 000）×0.01＝9 999

假阴性：1 000 000×（1/10 000）×1＝1

在这种情况下，一个读出支原体呈阳性的比例为 99.02%（9999/（9999＋99））的测试可能是一个错误的结果。建议进行相关的管理培训，以便能够切实了解检测出假阳性的概率。

连续抽样

• 加工产品的形成是由相对连续的变化实现的；相反，装配产品则是来源于离散的步骤（例如，在独立的步骤中发生的冲压和钻孔），经过这些步骤，产品的关键指标如深度和宽度不会变化。虽然抽样的确可以在离散的状态下进行，但对于产品什么时候可以被抽样，却是无法精确地知道的，从而导致持续监控成为必然。这使得质量和操作角色之间的区分变得很模糊。

例如，细菌培养中的批次发酵，理论上有四个不同的成长阶段：滞后、指数增长、稳定和死亡。然而，实际上，细菌数量并不是统一的，并且各个细胞的增殖并不是同步的，这样造成阶段转化模糊不清并且因批次而异。因此监控是必要的，典型手段包括计算个体菌细胞（通过显微镜、流体细胞仪）数目，直接和大批量（生物量），间接和个体（群体数量），或者间接和大批量的方法（浓度或者视觉浓度、营养物质摄取、最可能数量）。这使得产品的处理（例如经由补料批次实现的营养补给）及产品阶段的转换都处在最佳的时间。所以，抽样并不只是一个辨别过程失控的质量控制功能，而是变成了生产过程本身的一个部分。

加工企业中的质量维度

质量影响着收入状态的上下限（税收和净收入），所以识别每种产品适合的质量维度及相应的技术措施是相当重要的。有许多测量质量的方法。朱兰把质量定义为“适用性”（《质量管理手册》，第 6 版）。为了能够适合使用，一个加工产品需要有正确的功能并且没有不足。那就是，它必须成功有效地提供顾客所期望的功能，而且没有缺陷。为了减少投入使用之前的相关说明，必须深入理解那些特定产品必须提供和测量的具体内容。此外，质量战略的使用要求能够对顾客的需求有事先的理解而不是事后的跟随。也就是，顾客可能使用你的产品或者服务做什么样的工作，是否存在顾客？以朱兰、Feigenbaum 和其他人的学说为起点，Garvin（1987）提出，虽然大多数企业已经开始积极的质量管理，但是其努力不应仅是防守性的；相反，组织应该学会如何以质占优。Garvin（1987）确定了质量的八个维度，并且被许多行业普遍地引用。这些维度有：

• 性能。产品是否能够做到其基本性能所要求的水平？这个维度必须以可测量的属性和基于特定任务的性能优势为基础。产品可能被分成不同的性能等级，从而对质量差别的评估是在同一等级之内而不是在不同等级之间。例如，人们对日常驾驶使用的机油和轮胎的性能期望明显不同于对赛车专用的此类产品的性能期望。

• 特征。产品是否具备可以补充其基本功能的特征？一根营养条能够提供适当的营养，但是如果加上温和的香料和馅饼的纹理呢？同样地，在治疗疾病上有同样效力的药物可能使用注射或者更加方便的口服形式。

• 可靠性。产品是否将长时间地表现出一致性？可能的故障或者彻底失效是指什么状况？这个维度在加工过程中远没有装配过程中那么通用，这主要是由于加工产品的消耗性使其难以重复回收利用。然而，用于制造地下掩体的混凝土的可靠性就是一个例子，掩体容易受到物理侵蚀。

• 一致性。这些产品的设计和操作特点与说明书或者公认的标准一致吗？一个有多重禁忌或者“黑盒”警告的药物可能被认为超出其既有的绩效期望范围（尽管它可能被放在不同的性能等级中）。注意在实践中，加工产品很少能够像装配产品或机械产品那样被明确地分类为“好的”或者“坏的”；与规范“一致”或者“不一致”的相关术语更为可取，并且与现有质量体系标准一致。这产生的影响随后在本章将会讨论到。

• 耐久性。产品有多大用处，在何种条件下产品损坏到超出可用的条件并且需要更换？一种在重型建筑设备中使用的润滑剂应该有一个与使用条件相关的使用期。顾客希望汽车轮胎在不同驾驶条件下是耐久的、安静的，并且是安全的，虽然赛车专用轮胎并不是为了耐久性而制造，但是有其他一些特征，例如“黏性”就确保了在干燥条件下的道路附着力。

• 售后服务能力。产品是否能相对容易地维护或者维修？这一过程是否被礼貌且合适地完成？需要多长时间能恢复使用？卖给像学校或者医院这样的公共机构的建筑涂料要比家用油漆更容易清洁和维护。

• 美感。产品看起来、摸起来、闻起来、尝起来或者听起来怎样？果汁、糖果、酸奶酪、冰淇淋颜料、墨水和化妆品中的红色被用来制造视觉吸引力（然而，由地上的胭脂虫制造的被神秘标示为“胭脂虫红”的染料可能对一些人并不具吸引力）。因为在美感上并不存在一个通用且一致的观点，所以依此进行市场细分是个很好的切入点。

• 感知质量。由于质量信息的不完全性，使顾客通过间接途径寻求测量。声誉是基于某种假定的认知，该假定认为过去的质量能够预测未来的质量。品牌化旨在创造一种基于感知质量的产品印象。

尽管在质量的这些维度上存在明显的区别，但人们倾向于简单依照“低成本”和“高质量”来理解质量。这反映了一个不言而喻的推论，那就是质量对所有顾客都一样。这可以从以产品和顾客类别（例如家用油漆）而非顾客所需完成的工作种类作为市场细分的基础中看到。本质上，前面描述的维度代表着一种对Porter一般“差异化”战略的扩展，在这种战略中，企业专注于某一独特属性开发产品（Porter，1980）。Porter确定的另外两种战略是“成本领先战略”和“聚焦战略”。虽然Porter不鼓励混合战略，但自他之后的质量研究者仍然认为在很多环境下保持混合策略具有优势（参见Bowman 2008年发表的对过去战略的评论）。不管所追求的一般战略是什么，都需要选择在一个特定质量水平的具体属性。更为重要地，当测量内部质量时，需要考虑所测量的质量特征是否和顾客所关注的一致，无论他们是现实的还是潜在的顾客。

显然，不同的组织和产品具有不同的维度。另外，当考虑到质量的多个维度时，之前讨论过的质量测量的技术挑战变得更为复杂。因此，为你的产品选择一个特定的维度集变得极其重要。对于加工公司，性能、外观、一致性、美感和感知质量更为重要，而耐久性和售后服务性更多地与装配产品相联系。从一个竞争性的立场上看，这给差异化带来机会。

战略性的质量计划、改进和控制

通过在计划、改进和控制的整个过程中发展一个聚焦到一个或者少量质量维度的细分市场，质量可以被用作战略工具。在一般情况下，同时追求所有八项质量维度是不合理的，也不大可能。这是因为对资源分配的质量需求和权衡是这些质量维度所固有的特征。相似地，目标和活动应该结合起来以使加工产品最初计划的质量能够与日常控制和长期改进的努力相一致，并得到不断的加强。如Porter（1996）指出的，“战略包括在一个企业的活动中创造‘适应’”。当开发一个质量细分战略时，需要做出明确的、有意识的选择。关键是发现哪些质量维度对客户来说是最重要的，哪些是竞争产品和竞争企业没有满足的。

过程中的质量战略失败

如果能够认识到质量战略的失败与加工企业是相关的，以及了解质量战略失败所带来的教训，这是有益的。

• 未能测量正确的维度。若是把方便的口服、涂抹以及鼻内投药等方式考虑进去，那些效力突出的注射药可能被别的不那么有效的药物所替代。如Christensen and Raynor（2003）在他们的奶昔案例（他们的同事 Theodore Levitt 的四分之一英寸钻孔的加工产品版本）中指出的那样，理解顾客租用某件产品所要做的工作具有重要的意义。那就是，发现顾客所想要完成的工作，并且设计满足他们需求的产品。

• 有太多对客户来说并不重要的质量维度。想满足所有人的所有需求，或者没有跟上顾客需求及竞争产品的变化，将面临着以高于感知价值很多的成本提供最终产品的风险。例如将品牌延伸到产品线，这种情况与最初想传达有意义的质量信心相距甚远。因为要强调的维度需要在产品计划阶段开发出来，最好的方法是进行一个仔细的市场调研并根据顾客的声音开发一个聚焦在有限质量维度上的真正的细分市场战略。战略需要管理层理解、做出权衡并选择不做什么。

• 太多的生产线延伸。新产品基于各种原因被开发出来：满足那些未被满足的需求的新产品、延伸到新顾客的产品、满足现有顾客变化需求的产品。通过在一个主题上创造差异来扩展产品线有益于适应市场、保持品牌认知度和提高或者稳定市场份额，尤其对于成熟的品牌更是如此。然而，许多小的扩张或者对于削减全线产品的失败将导致过度分化的顾客基础、增加管理费用、产生质量管理困难等风险。并且，品牌扩展并不是产品创新的好的替代品。奥利奥饼干是典型的拥有众多品牌扩展的例子（到本书英文版出版为止，有 49 种以奥利奥饼干为核心的食物产品）。洗涤剂是另一个例子，它有许多不同的种类，比如粉末的、液体的、固体剂型的，以及不同水温、颜色、水硬度的。

从质量角度来说，产品数量的增加要求生产方式从连续加工转向小批量规模生产。潜在的质量问题包括频繁更换、对不同设备的校准和维护、在不同阶段对员工的培训。质量经理应该在产品开发过程中发表意见，确保与产品线扩展相关的质量问题被理解，并在决策制定过程中负起责任。

固守过期的质量测量方法

按照旧的标准测量性能将面临这样的风险，即产品制造通过了内部测试标准却无法满足顾客的期望。这种风险会在以下几种情况中出现：

首先，技术提升创造了改进测量方法的机会。然而，在操作过程中，购买和维护设备、培训员工可能都会过于昂贵。其次，传统标准组织的调整往往慢于技术进步，以致标准迅速过时。行业协会与专业的标准制定组织是新标准的设定者，质量经理不该忽略这类资源（参见本章末“研究资源”）。第三，那些还没调整生产配方以满足长期需要的产品可能固守其质量测量措施。这在食品行业很常见，在这类行业中“过时的”配方能成为一种产品特色。第四，生产者可能没有意识到，或者选择性地忽略行业和市场的变化。

与行业领导者的直接竞争

当致力于提供和行业领导者相同的质量维度时，将会对行业领导者造成清晰且直接的威胁，这可能导致来自雄厚实力的反击。从质量角度来看，这意味着需要面临价格战的风险，或者是需要降低成本。若是想通过降低成本提高竞争优势，质量经理需要适当调整加工过程，而这将改变甚至潜在地危及质量（例如，低质量的产品输入或者过量购买原材料而造成库存问题）。质量问题应该被讨论，并且应该作为市场决策的一部分，从一个战略“跟随者”的角度来考虑。

加工行业的质量生命周期

质量管理的范围远远超出生产的范围。尽管一般概念和质量原则的应用贯穿于整个产品的生命周期，但是各种类型的问题变化着出现，解决这些问题的工具也是。这一部分讨论的是在一个产品生命中的不同阶段的质量，包括产品设计、过程设计、供应链、生产和后期。对战略感兴趣的读者应该考虑质量资源如何配置，以确保在产品生命周期的各个阶段合理使用，并且满足特定的质量维度。对策略感兴趣的读者可能会想他们的挑战是怎样通过将质量管理向前延伸到产品设计，向后延伸到最终用户而被解决的。

过程解剖

在更加详细地讨论一件产品在不同阶段的质量问题之前，讨论一下能够实现产品制造和销售目标的过程是有意义的。（注：后面的内容是稍作修改地引用自 Juran and Godfrey (1999)，pp. 3.37－3.39。）在高水平上，有一些基本过程解剖，计划者需要了解它们的特点。一个“过程解剖”是一个把过程捆绑或者聚集到一起的紧密联系的结构。这个结构支撑着产品的制造和服务的提供。对特定过程解剖的选取也将对产品怎样被创造以及组织回应顾客需求的能力产生极深的影响。图 24—2 阐明了这些。

自治部门。“自治过程”被定义为由一个部门或小组完成的一系列相关活动。在这个过程框架下，部门或者个人组成的小组从供应商那里接受如原材料、零件、信息或者其他的输入数据，并且将它们转化成制品或者服务。所有这些活动都在一个单独的自治部门内部完成。

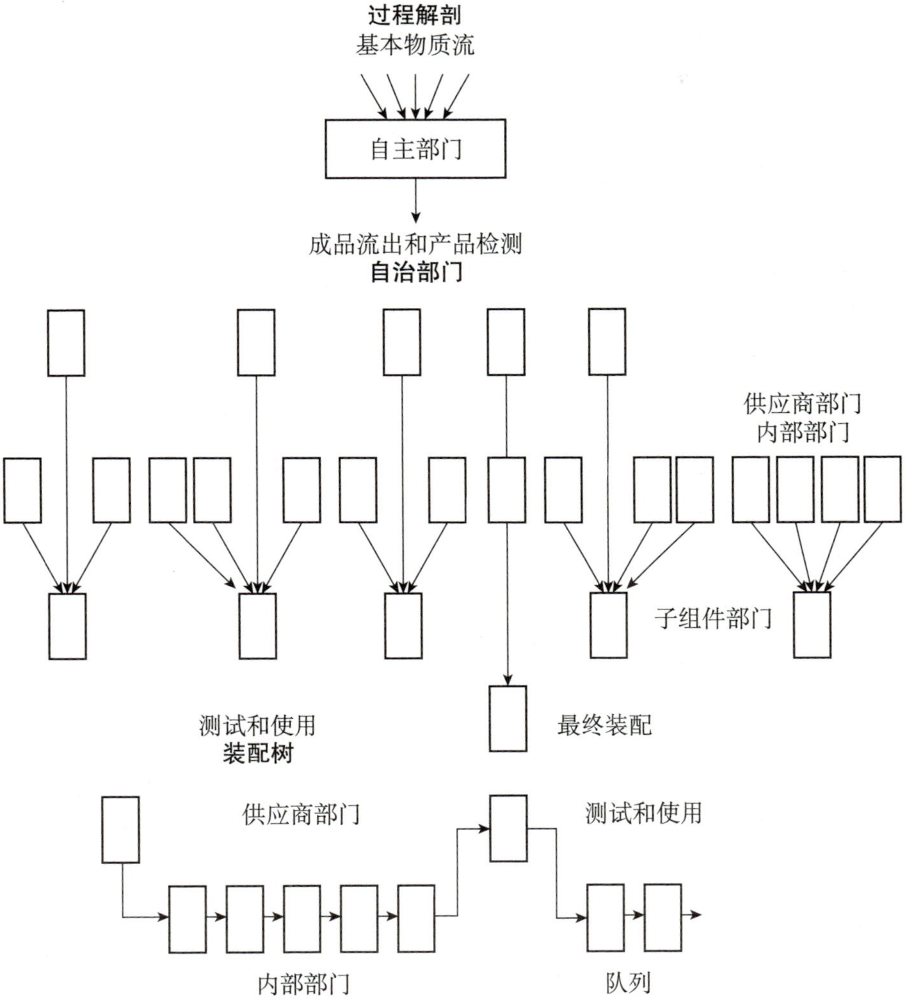

图 24—2　过程解剖

资料来源：Juran Institute，Inc. Copyright 1994. Used by permission.

一个自治过程的例子是个体经营的专业人员（例如内科医生、顾问、技工）。在金融服务业，可能是贷款审批部门。在制造业，一个为人熟知的例子是工具库。它以工具钢和工程图为起点，制造在生产平台使用的冲压机、压铸模、固定装置和计量表。尽管我们把这种过程解剖看作自治的，但是仍然需要源于外部资源的其他过程的输出或者可交付的成果作为进入这个过程的输入。例如，个体经营的内科医生，可能要从设备室、药物公司等地购买设备和材料。这种类型的过程可能能在加工企业的行政职能中找到，但是很少作为生产的一部分。

装配树。装配树是一种合并几个子过程输出的常见过程。他们中的许多都是同时运行的并且被最终装配所需要，或者是为了达到或接近过程的最后结果。这类过程解剖被大型机械和电子行业等广泛应用，这些行业生产汽车、家用电子、电子设备等。也被广泛用于定义医院的多个过程，例如在手术室中的手术。这个树的分支和叶子代表大量生产零部件的供应商或内部部门。零部件的装配是由其他部门实现的。

在办公室，某些收集和汇总数据的过程也有装配树的特征。主要会计报表（例如资产负债表、利润表）的准备需要将许多数据整理成逐步扩大的总述，并最终转化成统一的报告。装配树的设计已经被用在了跨职能和部门层次。在大的运营中，实际上是命令性地使用专家职员，这些专家在不同的跨职能层次贡献了不同的输出。预算过程是一个例子。即使该过程并未命令式地使用专家职员，但实际结果就是这样。这可以通过设计部门来阐释，在这个部门中，各种设计工程师为最终设计方案贡献各自的项目图纸。

队列。另一种常见的形式，队列过程，以顺序排列作为过程的基础。这与许多活动都同时进行的装配树有所不同。顺序排列往往产生一个更加线性的方法，以此使得较低级别的过程能被顺序完成。它要求某些活动必须在其他活动开始之前完成，因为每一个子过程的输出都将作为随后子过程的输入。

选择过程解剖的目的是为了确定能够制造产品功能并实现产品功能目标的过程整体结构或体系。并不是选择了某个过程解剖就意味着整个体系排他性地把团队锁定在唯一的框架体系中，恰恰相反，团队可能选择装配树过程作为总体系统的框架，但是在职能部门或单元水平的子过程中混合运用自治和顺序解剖作为其基础。在加工行业中，过程解剖与材料的单向流动自然地契合，尽管类似于子装配线的混合物可能将在不同阶段被准备和输入生产流。在开发过程中，计划者需要努力地建立提高质量的框架，并且不应该被过往的惯例所限制。

产品设计的质量

传统上认为，质量经理的职责于生产起步之时才开始。生产人员手执工序说明，通过控制、根原因分析和校正活动等日常工作确保生产活动与说明保持一致。制造业正逐渐从“质量源于检查”转变为“质量源于设计”（即使在某些行业中该进程并不快），质量管理也应该适当地从产品设计开始。

加工企业的产品设计的基本原则和其他行业并没有什么不同。顾客的声音（VOC）为产品规范提供了一个初始的基础。对于加工性产品，由于顾客群体普遍是商业客户而非零售客户，顾客的声音是具有高度技术性的（例如，对于生产诊断试剂盒的顾客来说，他们对化学试剂的表面活性特征有着具体和专业的要求）。然后，尤其是在加工性产业中，很难将所有顾客的需求和要求缩小到一个小的属性集。所以，有必要通过与顾客的互动协调持续地改进客观和可测量的产品说明。

客观、可测量的产品说明

要有效地把质量设计到一个产品中，客观和可测量的说明是必要的。产品说明应该包括以下两种信息（参见 Section 27.16 in Juran and Godfrey（1999））：

• 产品的描述性信息。名称、识别码、化学组成、工程设计和图纸、用途和功能、衡量单位、销售的单位和条件、产品的其他定性的特征，以及合适、安全的操作规范和存储信息（例如，材料安全数据单）。

• 产品可测量属性的定量信息。性能的预期水平、范围或限度的数值信息。大多数的产品有 10～100 种这样的测量属性标注在它们的产品说明书上。然而，许多产品只有一个或者小部分属性属于“重要的少数”。为了实现完整性，这些定量规范（预期值和限制）：

①应该能够以可测量的条款阐明产品当前最好的定义，这一被定义好的产品能够满足消费者的需求，并且在现有的技术设施条件下，生产者能够供应并获得商业价值。

②是为规定的测量方法建立的。

③只能应用于那些可在发货时测量的属性。

从质量的角度来看，清楚地定义产品单元和用于确定与规范是否一致的检测方法是非常重要的（参见 Section 27.17 in Juran and Godfrey（1999））。当需要表明与监管的要求相一致，或者为了被接受而比较生产者和顾客的度量差异时，这一点尤为重要。

通过实验设计完成的产品设计

通常加工产品的设计在很大程度上依赖于研究和开发（R&D），以创建新配方，从而满足客户的需求。质量和研发人员需要熟练掌握的设计工具之一就是实验设计（DOE）。本书的第 19 章“准确可信的测量系统及先进工具”介绍了实验设计的内容，在 Juran and Godfrey（1999）第 47 节“实验设计和分析”中涵盖了更多的扩展内容。但从过程的角度来看，某些方面值得进一步强调。

当通过配方进行实验时，我们所关心的属性特征常常依赖于混合成分的比例而不是简单的单个成分的量（体积或者质量）。例如，不锈钢是不同金属的混合，它的抗张强度依赖于金属成分的比例。汽油通常是各种原料的混合物，有时包括一定比例的乙醇，最终混合物的辛烷值依赖于所加入乙醇的比重。尽管最终产品的总量不同，成分比例一致的混合体构成一个整体。在大多数常见的例子中，任何成分的比例都在 0～100 之间。

对比例的依赖约束了传统实验设计（DOE）结构并未提供的设计方法，从而混合设计被开发出来以规避这一问题。随着这些新方法和用户友好软件的开发，研究者再也不用依赖于反复试验和错误且费力的连续实验去优化复杂的混合物，即使在多重设计目标的情况下也是这样。那些有兴趣把概念应用于实践的人可了解更多混合 DOE（实验设计）的技术性资源，例如 Cornell（2002）。对混合商业有兴趣的读者如果乐意可以看一看 Bowles and Montgomery（1997）。

生产过程设计的质量

被设计的产品总是和其所属特定行业息息相关，在生产过程设计中普遍要考虑的三个因素是可制造性设计、规模化和可测试设计。

可制造性的设计

如果一种产品的制造较为简单，那么其生产期间的质量管理，甚至可能产品本身，也是简单的。随着制造过程变得越来越复杂，每个组件、运输、条件的改变等等，都可能是导致失败的源头。由于复杂性的增加，首次合格率趋于下降，潜在地危及了那些不能返工的大批量产品。而且，每一阶段与目标的小偏差可能累计成非叠加、非线性和不可预测的结果。虽然这并不是加工产品所独有，但是与装配产品相比，后期问题显得尤为严重，因为在装配产品中可通过对众多小偏差的加总来合理地评估最终质量。

从商业的角度上看，为便于生产而预先设计一件产品，能够降低生产准备时间和成本，增加开始生产的速度，降低生产和测试的费用，并且最终提高质量。此外，因为生产循环倾向于随着时间推移而变短，创造灵活的、通用的制造平台是有益的，这样可以在不需要大规模的过程和设备变化的情况下制造多种产品。

持续地生产高质量的加工产品的制造系统有如下特点：

- 组成成分的标准化（例子：通过在同一种白漆上添加不同的颜料可以制造不同的配方）。
- 生产设备标准化（例子：可用以制造不同色拉酱调料的混合容器）。
- 最小化组成成分的数量（例子：降低制造活性药品材料中使用的溶剂数量）。
- 使用能够让活性成分精确投放的浓度（例子：浓硫酸可能有利于方便且低成本的储存，但若是为了能满足更严格的运输要求，则可能需要稀释其浓度）。

• 最小化特征中不必要的显著变化（例子：化学缓冲区对基本成分或者最终产品构成成分并没有直接的作用，但是对于商业化生产配方却是必不可少的）。

• 简化配方和说明（例子：减少操作说明的无关信息，并且清晰地识别决策要点）。

• 最小化操作（例子：使用闭合系统消除食品的人工转接和相关污染的风险）。

• 消除调整（例子：在多种产品的生产过程中尽量使用同一装备设置，虽然不是个体最优，但可以实现总体的适当绩效表现）。

• 在良好测试以及健全程序的基础上完成配方（例子：模块化的配方可以被用于不同的应用程序并且方便过程控制）。

• 防错过程（例子：为了避免错误使用水资源，可以根据装罐的受限端口，在水源处配置特定尺寸和形状的喷嘴）。

• 设计利用物理性能的配方（例子：材料添加的顺序或基于密度的流量）。

规模化生产

大部分加工产品都起源于研发实验室。在实验室里通常可以构思产品、确定制造技术、提供足够的数据以便能构造一个可以使用相关工具的制造车间。这个满是烧瓶、试管、台式均质仪和超声波仪、真空过滤器的世界，与通常在化学生产中使用的大型混合容器、管道系统和过滤系统有很大的不同。要获得一个制造的原型通常需要大量的时间、努力和失败。

其原因是多方面的且彼此相关。第一，配方中所需原料的比例可能依赖于规划总量。例如，扩大家常食谱规模的基本经验是，若要加倍原来的配方，则仅需添加大概 1.5 倍于原来的量的调料，若要三倍原来的配方，则需添加原来调料量的 2 倍。第二，材料的物理特性将随着流量的变化而变化（例如，管道中流体的湍流），加工可能非常依赖于速度、混合度等等。第三，物理关系并不都是线性拓展的（例如，当容器尺寸扩大时表面—体积比下降——体积以尺寸立方的速度增长，而面积则以尺寸平方的速度增长）。第四，环境变量，例如温度，几乎对所有生物和化学反应速度都很重要，并且环境控制随着规模扩大变得越来越难。第五，由固定的实物资产（精益术语为历史遗产）组成的生产设备限制着优化。

过程设计开始于研发实验室，有时与产品设计一同进行（虽然对过程过早的强调可能会限制创造力）。对于新产品（而非产品线的延伸）来说，最好在考虑怎么做之前先考虑应该做什么。最初的考虑因素包括原材料质量，连续还是批量生产，单元过程和操作，过程阶段的数量、持续时间和顺序，以及设备。然后，测试原型的设置，确定关键变量，例如，通过筛选设计实现（可参考第 19 章

“准确可信的测量系统及先进工具”以了解更多）。过程条件的优化主要通过比率动力学、实验设计和仿真实现，以便能够建立更加精确的要素设置和条件的组合。过程设计这个阶段的输出是一个暂定的操作程序，可以由试点工厂来开发。

试点工厂阶段提供了一个介于实验室和制造环境之间的过渡步骤。这通常是一个真实的制造单元，它所使用的设备比实验室的更大，却比最终生产设备小。一个试点工厂有助于验证由实验室得来的经验公式，并且有利于解决下文所述因为规模化所带来的问题。试点工厂也生产现场测试、长期研究和控制测验所需要的材料，也有利于制造车间中标准作业程序的开发。

加工企业常见的扩大规模的问题有哪些呢？它们包括：

• 安全。化学反应可能强烈地依赖于物理设置和规模，并且不一定是明显的或者可预测的。常见问题包括失控的放热反应（受反应堆大小、配置和冷却速度的影响）、超压、不可控制的有毒物质的生成、包含的蒸气或者粉尘的爆炸、不可意料的电源或者其他火源的着火、容器溢出引起的泄漏或者着火，以及反应物与溶剂的不良混合。这些生产问题都需要通过制造过程设计尽可能好地解决，而不是依赖于员工的训练和服从。

• 物理的限制。大批量的操作不能简单地采用小批量的过程和设备，使其简单地物理性增大。从液体中过滤提纯出固体就是一个例子。虽然滤纸和吸力过滤器可能足够满足实验室规模的生产，但是商业规模下，为了达到纯度标准，其所需要采用的分离方法却大不相同。作为决定许多加工产品质量的一个关键步骤，过滤方法必须与那些产品开发时采用的方法在模式上有本质的不同，结果却是一致的。大规模的色谱分析、渗滤、超细过滤及类似系统是昂贵的，产品质量和整体生产成本严重地依赖于维修和对故障的早先预测及跟踪。

• 关键质量属性的变化。重要的质量属性和生产规模不可分割。例如，由于碳水化合物结构的共变性，监管部门要为某些生物药剂产品的生产提供相应的产量批准。规模的改变，将需要新的测验和批准。

• 输入流的同步。随着量的增加，以及相应提高的反应率和处理率，输入流可能产生脱节，导致需要空容器或者暂存箱来抵消这种不协调。空箱和管道不产生收入，而封铅等可能由于过低或过度使用而降解。另外，暂存可能会导致污染、产生诸如沉淀或者分层等不该有的物理变化、延续或者引发令人讨厌的化学反应。

• 实地测验。原型的绩效评估不一定能在实验环境下实现，而需要一段时间的实地测验（顾名思义，如除草剂的种植者测试）。在开发的早起阶段，可以拿来做顾客评估的产品量是受到限制的，因为只有实验规模的产品可用（需要注意的是：需求常常超出一般实验室的能力，并争夺那些被用于更早阶段研发的资源）。产品和客户设备的频繁微调是必要的，这主要是由于对物理特性、保质期、操作特点和自然条件（温度、湿度、紫外线、盐度等）下的性能正变得越来越熟悉。

需要牢记的是，扩大生产在一件产品的生命周期中不一定是一次性的事件。一个成功的产品通常将找到一个不断扩大的用户群和新的应用方法。反过来，这又导致产品需求的增加以及产品产量的增加。例如 WD-40 公司，拥有一个用户俱乐部，并且为它的 WD-40“问题解决者”配方（润滑剂、清洁剂、水置换等）发布了一个不断增长的列表，该列表列出其超过 2 000 种用途，包括显然不常见的从引擎发动室赶走蟒蛇。数十年来，尽管配方一直保持“40 个”，但是总量一直在持续地增加。

顾客也可能在一个成功的主题上以生产线扩展的形式要求差异化。一件最初设计为大量制造或者单线连续制造的产品最终可能被迫（像前面提到的，没有一个严格的市场战略）变成多种产品小量生产。正如扩大规模一样，为了应对销量下降而缩小规模也是问题重重，即使其可从扩大规模过程吸取相关的经验教训。

随后的一个挑战是怎样管理即将到来的品种和规模的变化，以便能够最小化其对质量的不良影响。主要的方法是在最初生产过程设计中建立灵活性，即使已经设计了变体，仍然允许大多数产品在大多数时间内经由统一的工艺流生产。例如，在其他条件不变的情况下，对一种会本质改变下游过程特点的化学物质的添加，应该被尽可能迟地加入，以使通用的过程可以维持尽可能长的时间。这可能将不仅影响生产过程和设备设计，而且会影响配方本身。

其他建立过程灵活性的方法包括：

- 小的过程中的量，包括原料。
- 较短的引入时间。
- 较短的停滞时间，包括需要产生后的材料转移和细胞培养。
- 少量用以混合和沉淀的容器。
- 材料从一个过程步骤到另一个的快速转移和转化。
- 快速的反应速率。
- 高产。

少量生产值得更细致的探索。许多小批量或者并行连续流系统，各自生产一个小的量，但是却可以足够灵活地在产品和变体间转换，这可以解决许多大批量生产所固有的问题。每个小的系统能够生产不同的配方，或者在需要更大量的同类产品时可以生产相同配方。它的好处包括：

- 增量调节生产量来满足需求。
- 当某一批次或者系统出现故障时，产量、时间和财务损失应该尽可能小。
- 有更大的能力同时生产不同产品，而非一种顺序的“运动”方式。
- 生产周期扩展到足够长，能够进行有效的采样和过程控制。
- 从大量的运转中收集更多的过程数据，以便更高效地进行过程改进。
- 减少转换时产品和时间的损失；对于大批量生产，大的容器每次都要更换，而较小的系统则允许至少有些生产线能够持续工作于整个产品的生命周期。
- 减少了由设备故障引起的停机时间。
- 对产品更加精确的追踪，隔离特定设备和系统失败的影响。

一些负面影响包括潜在的更高的设备与物理空间的资本支出、更多需要服务和维护的设备，以及额外的操作者（虽然生产系统越来越多地实现了电脑控制和自动化）。如果这些成本大于收益，那么使用可靠、能快速地转化和启动的耐用配方的大批量生产可能是更好的方法。

规模化问题和解决方案随着新的产品、算法、模型、技术和规范的出现不断发展。对化学工程感兴趣的读者可阅读 Zlokarnik（2006），对制药公司感兴趣的可阅读 Levin（2001），生物反应生产方面的可阅读 Doble et al.（2004），食品工程方面的可阅读 Valentas et al.（1990），而更一般的试点工厂流程、设备和规模化方面的则可阅读 McConville（2006）。Brandl（2006）就 ANSI/ISA-S88 和 NS88 的设计模式研究了制造系统的设计，为批量控制提供了一致的标准与术语。

测试和监控的设计

理想的情况是，随着对过程性能信心的提高，质量检查的测试应随之最小化。然而，新的产品、配方的变化、监管的要求和作为过程改进一部分的测试，要求不断地对进程过程和最终产品进行测试。而且，由于加工业的特征（尤其是内在的不遵从规则的生物学制品），监控作为配方的一部分（例如，当 pH 值达到 4.5 时添加 X 成分）是必要的。物理过程也不能例外，在制造不锈钢时，硬化过程需要仔细地控制，因为对规定的时间、温度或者冷却率的微小变化将明显影响最终的性能。

质量经理大部分的日常工作在于通过检验和监控控制生产过程。为了能够查明和解决问题，描述名义值上下允许的偏差的测量及规范范围必须在规划设计中明确地设定。只有实现了更容易的监控，才更有可能获得及时、准确和精确的测量。

供应链的质量

供应链及与之相关的物流与生产、分配，以及运输和存储过程中采购的信息和物料流有关。供应商关系质量的计划、控制和提高在 Juran and Godfrey (1999) 的第 21 节“供应商关系”中有详细讨论。以加工为主的企业需要注意的事项将于下文描述。

质量计划：确立一个资源战略

这里有几个主要注意事项：

• 全球化允许在世界的任何一个地方获取资源，在签订供应合同之前，应当充分了解材料的质量、供应商的能力，以及地方性法规的严格程度。随着供应链在世界范围内延伸得更远，确保所进原材料的质量也就变得更加困难，这主要是由于材料来源国家法规和实际操作的差异性，以及来料在抵达加工者的途中的变数。

• 虽然恰好够用的库存在许多情况下是理想的，比如当新鲜性非常重要时；而一些材料可能是季节性的（例如，食品），这就需要一定的库存，或有备选的供应商。

• 季节性可能影响来料质量（例如，在北美的冬季，产自美国的玉米可能与产自阿根廷的有不同的质量水平）。

• 持有多余的资源可以帮助避免由于供应不足或者质量欠佳而造成的短缺，但是却增加了质量参差不齐的可能，并需要在供应商质量控制中加入检验步骤。需要按照之前的考虑对所购买的每件商品的总成本加以评估。

质量控制：评估、选择和监控供应商绩效

在决定了需求和资源是什么、在哪里、何时和如何取得之后，就要根据具体的供应商和他们满足规范的能力来确定从“谁”那里取得资源。在计划阶段提出的性能指标被进一步开发和采纳，采集和报告的过程也已经确立。这包括了目标、限制和性能的最低标准。

因为许多原材料固有的变化，无论是在烘烤商品中使用的谷物，还是熔炼中使用的矿石，对供应商要求的设定应该被仔细考虑。特别地，虽然严格的参数是理想的，并且需要不断改进，但是过度明确（要求的数量过多或者过于严格）可能导致不必要的过窄的供应商选择范围、高成本的输入、对原材料批次的频繁拒绝，以及较差的供应商关系。

供应商选择应包括以下评估：

• 供应商质量管理系统（例如，ISO 认证）。

• 供应商商业管理，包括研究和开发，这将确保未来持续的竞争力；以及成本结构、管理质量、生产能力（可能包括土地收购能力和加工设备），和方便与供应商沟通的信息技术。

在更具体的层面上，还必须评估供应商的产品的适用性，包括质量、运输和服务。特别地，评估必须与顾客使用说明、关键绩效指标和能力指标相一致。一般来说，化学加工中的原材料的购买要经过一致性的化学分析。当供应商被选定，就应该起草采购和服务水平协议，从正负特性两个方面来指定质量水平，并且阐明对违约的惩罚和纠正程序。当一个供应商的质量被认可且具有一致性后，是否接受原材料便只依赖于对供应商的分析。

质量改进：采购的确定和实施

改进的机会

随着管理和测量的不断发展，可以发现各种改进的契机。如 Juran and Godfrey (1999) 在第21.23节讨论到的，连续改进的过程一般通过五个阶段合作进行：(1) 联合小组编队；(2) 成本降低；(3) 价值增加；(4) 信息共享；(5) 资源共享。最初，精力可能集中在解决问题（例如，产品召回的压力促使双方努力合作)。对于加工企业来说，有非常多的机会使之前被视为机密的信息得到共享，以及使之前受部门和团队界限所限制的资源得到共享。这需要信任，而信任需要时间来培养，并且应该作为供应商战略计划的一部分来考虑。当从以下两个方面考虑原料特点时，合作的优势将显得尤为突出，一方面对顾客有益，另一方面有利于实现产品的个性化。

生产中的质量

生产是质量问题中关注的焦点，关于这方面的内容写了很多。一般地，在原料验收、生产过程中的决策支持和最终产品的投放等各阶段中，分析或者控制实验室扮演了非常重要的角色。一些产业的监管相当严格，并且质量人员必须对相关法律非常熟悉（例如，美国食品和药物管理局制定的现行商品制造规范 (cGMP))。本部分的重点是论述对质量维度持续关注的必要性，以及说明加工产业生产过程中产生的挑战。

生产质量维度

如前面所讨论的，应该清楚地定义一个与市场营销配合使用的质量维度的集合。在市场营销中所提出的规范和那些在研发和制造过程中使用的质量函数往往只存在松散的联系。为了适当地减少产品的关键质量维度，需要对质量维度与特定的技术特点和产品参数进行仔细的对应。此处需要注意的是：组织文化可能未对负责质量和营销的相关人员的良好合作做好支持准备；读者可转到第 12 章“六西格玛：改进过程的效率”寻求解决文化问题的指导。

对应可以通过质量功能展开的规划过程实现，在这个过程中，产品特征对应于过程特征，相应地，过程特征对应于过程控制。在生产过程中，质量功能包括但不限于，保持过程和产品符合设计目标，例如，通过统计过程控制（SPC）。其他的职责包括规划步骤中经验的反馈，以及根据朱兰三部曲对连续改进项目的确定和支持。

批量生产和存储

在加工企业中，输入和输出材料的性质呈现出特定的问题，例如：

• 腐坏。对鲜度的要求可能需要特定的存储条件和保质期限，从而使得输入的原材料必须与生产计划紧密配合，输出能够与顾客需求相符（例如，用于酒精提炼的大量生物原料的存储），并且可能需要干燥存储或者保湿存储技术。

• 安全。许多干燥材料有安全隐患，无论是作为原料输入、加工品或者成品输出。例如，易燃的金属粉末（例如，铝、钛、镁），天然的或者有机的材料（例如，粮食、糖、奶粉、花粉、聚乙烯）都可能引起粉尘爆炸。不恰当的灰尘控制也会导致污染和质量的降低。

• 加工过程中的运输。从仓库到生产的频繁的批量材料运输必须通过管道进行，从而会出现从一批原材料到另一批原材料的转换的问题，也会出现运输中的清洁问题。转换的问题将在随后更详细地讨论。

生产调度

虽然不直接影响质量，但是生产调度和质量接口非常重要。例子包括：

• 库存。原材料的延迟或提前运输会给现有库存造成压力，进而影响下游质量。延迟运输明显危及产量，而且可能使供应量降低到使储藏罐和管道干涸的警戒水平线下，或者改变顶部空间、表面积、原材料容量之间的关系（有可能影响气体转换或稳定）。提前运输会增加存储量，使库存处于不是最优的二级水平。同样地，完工产品的延迟运输可能引起备件、溢出问题和质量下降。有鉴于此，在创建制造过程时应特别注意考虑制造安排的灵活性。

• 顾客需求。批量或连续流生产方法都不可以被简单地开启和关闭，因为装配线可能随时要响应顾客减少或增加的需求量。批量生产过程可能持续数天完成，而且一旦启动，它就必须运行直到完成任务，否则将前功尽弃。连续生产方法有助于解决这类问题，但它不一定能够直接使用固定尺寸的硬件以及以此为基础的配方逐步增加或减少产量。最后，加工产品往往是其他制造过程的投入品，准时制生产（JIT）的客户订单将留有很少的时间允许生产调整。

• 不合格批次。在装配线上，某个单一的错误可能使某个单位存在缺陷，而一个系统性的问题，则会致使许多单位产生缺陷。通常，为了使其对后续单位生产造成的损坏降到最低，有缺陷的产品应该立即从流水线中检出、报废或返工。在批量生产中，一个错误可能导致一个有缺陷的批次，这可能意味着数千或数以十万计的最终销售单位（例如，10 万升（26 425 加仑）的某批药品以 3 毫升（0.101 5 盎司液体）为单位出售）。因此，有大量不符合规范说明的产品的情况并不少见。如果产品的追回不可能或不需要，那么我们就需要在严格的生产时间表中考虑更换批次。即使修复是可能的，材料被转移到一个返工或再生产的独立工作过程，这将会占用计划内批次生产所需要的存储能力、原材料和工作人员时间，所有这些都将对生产时刻安排产生影响。

除了消除错误和批次故障，质量管理人员还应该在故障出现之前进行明确的质量测试，形成相应的标准，以便能迅速诊断是否要重新生产，并作出随后的决策，实现质量控制。另外，还要考虑建立一个经过交叉训练的快速反应小组，使工作人员可以采取不会危及其他同在生产过程中的产品的补救活动。小组的任务之一是找出最初的、能和长期纠错活动相一致的紧急应对措施，例如通过失效模式及后果分析（FMEA）或相关的方法。最后，要避免接近 100%的满负荷运营。不要追求产出和能力的最大化，而要追求能力最优，即能够处理计划外生产变动的能力。在许多生产过程中，开工时间（OST，实际开工时间除以生产过程中生产设备的可用时间）最好设置在 80%～90%的范围内。

• 监管机构的检查。监管机构的检查能在发现存在严重缺陷时适当改变生产计划。但是，即使缺陷不存在，检查也会消耗大量的管理时间，并且可能分散注意力，妨碍正常运营。此外，突击巡查难以提前进行安排。为了最大限度地减少对产品质量的影响，需要考虑调动工作人员的临时计划，防止扰乱正常运营。

• 产品扩散。随着时间的推移，一个成长中的公司可能预期会有越来越多的生产配方，渐渐有更多的专业设备和工艺，更频繁的变化，要求员工掌握更多的技能。在这种情况下，每一种产品可能在一年仅生产几次，这样生产人员、程序和设备就很难保持“标准生产”的生产状态。随着每个配方相应的产量的减少，每个批次事实上只是一次实验运行，这将导致大量的批次与批次之间的不同。

随着产品数量的增多，生产计划应考虑到批量返工的概率将增加，并避免过度安排初始运行量。除了减少正在销售的产品品种数量，调度解决方案还可包括更频繁的生产（以更小的批次，延伸到持续性加工），扩大生产运动，在启动过程中实现精确控制，确保进程准时开始。对于最近 20 年来批处理生产调度和进程优化的文献述评，可参考 Méndez et al.（2006）。

产品转换

在制造业中，经常应用“一分钟交换模具”（SMED）的概念实现从一个产品到另一个产品的快速转换。然而，这在加工产品中不大常见，因为很大一部分液体通过管道和软管运输，并且是采取大容器或大单位的生产。原材料、加工品和最终产品的总表面积非常大，使其存取、清洗、清洁、消毒都很困难。湍流使得配件、连接、喷嘴等处的清洁尤其困难。同样，清洗的检查也是困难的。其他的转换问题包括以下内容：

• 产品安全性。从一个产品到另一个产品的生产转换可能是一个艰苦和耗时的过程。使用同一设备处理多种产品的柔性生产系统，可能需要在设计和管理过程中特别注意。在制药和食品加工等行业尤其如此，因为要严格控制产品的成分，某一产品的成分可能会是另一产品的污染物。例如，在食品生产中，多种产品可能共用同一设备进行生产，需要特别注意那些可能会对部分消费者造成生命危险的过敏原（例如，坚果、面筋）。即使是同类批次的生产，也需要注意设备的消毒，消除微生物交叉污染的可能性。

• 产品追回。在管道系统中，大量物理和经济意义上的产品被浪费了。上面提到的安全问题即是一种情况，任何数量的无关原料的混入导致的污染都会危及质量和销量。此外，即使存在一定的杂质是可以接受的，但由于一种产品生产结束，另一种产品即开始生产，转换过程中如果杂质超标，两种产品都可能遭受损失。那些由于温度变化、碳酸化作用、回流等而变质的易腐物品除非可以回收利用，要不然就得处理掉。

在许多情况下，经济损失不仅源于产品价值本身，还来自废弃物存储、运输和处理成本。垃圾处理和填埋费是低质量的重要成本，尤其是需要特殊许可、存储和预防措施的有毒垃圾。无毒液体物质常通过下水道直接排入污水管道系统。然而，那些物质在排放到环境中之前往往需要处理。污水处理设施以悬浮体和糖浓度等参数监控污水和工业污染源。与其他处理设备相同，污水处理厂需要控制诸如此类输入物的特征，从而从根本上改变生物需氧量、成本和最终产品质量。

最小化转换危害和成本的可能解决方案如下：

• 产品调度。按序列法进行产品生产的排序，实现遗留污染最小化（例如，从低黏度产品到高黏度产品的生产排序；从浅色产品到深色产品的生产排序）。

• 有效的清理过程。清管（最初以清理油管的金属丝刷的震鸣声和脏的程度命名）是一种常见的清理管道系统的方法，并且技术不断提供扩展能力，除了清理以外，还包括检查、探测和修理等（见 Hiltscher et al.，2003）。

• 产品标签。在产品标签上注明该产品是通过用于生产多种产品的公共设备生产的，并注明交叉污染的可能性。

• 单独的设备。对有极大质量风险的产品使用不同的、物理上独立的设备。

• 单独的生产设施。通过使专用于一个或小部分兼容产品的设备置放于不同的地点，使产品保持独立。

不管使用何种方法，在工厂中雇用有经验的工程师，根据设施和管道配置设计解决方案都是很重要的。对于那些有兴趣学习一些可以应用在解决方案中的工程语言和管道原则的读者，可以参见 McAllister（2005）。

抽样调查和测量

抽样调查是决策和过程控制中的重要部分。很多时候，抽样调查应当是在项目过程中的控制点进行的高密度的和精确的活动，这些控制点包括：

• 执权人的改变。例如：在轮班间传送产品，或从制造商到货车运输者。

• 重要的不可逆的活动。例如：添加反应物引起不可逆的化学反应。

• 创造一个关键质量特征。例如：果汁的巴氏瞬间灭菌法。

• 主导过程变量的定位。例如：建立运行参数以启动一个稳定不变的过程，时间是管理微生物酶发酵的主导因素。

• 对过程经济有效的检查。例如：在制品从一个密闭容器到另一个的转移过程中的目测检查。

所选取的样本应能代表不同类型决策中所使用的材料。不同样本和决策包括：

• 验收样品要求对输入物料进行测试以核实规范一致性。这可能由供应者、生产者或者两者共同完成（在两者共同完成的情形中，建议使用相同的测量系统，避免由于方法差异所引起的观点不一致）。

• 过程采样属于生产过程控制，并可能有益于制成配方。一个实际限制是以诊断或控制为目标的检测时间将比批次反应时间更长，这将使控制决策的预期和快速反应的能力受到影响。

• 完成产品测试被作为生产过程控制、产品特征描述和产品发布的一部分完成。

• 保存保留样本是为满足可追溯性的需要，也是加速产品生命周期测试的需要，并可能受到监管机构的命令。（如美国联邦法规法典中第 21 条：食品和药物 211.170—留样，和 21 CFR 211.166—稳定性检验。）

• 测量控制样本被用来维持精确的测量体系。

进料的变化

先前所提到的过程中所使用原材料的变化可以通过一些方法在处理产品之前被缓和：

• 把那些已知或怀疑质量已经发生变化的原料放在同一类批次。这方面的一个例子是混合不同地理区域的粮食。这不需要对单个供应商的输入或来源进行详细测量。但是，这种技术使得低质量融入总体成本之中，并导致制造商面临参差不齐的供应链质量。它还降低了对供应商改进的激励。

• 运用统计和化学计量学方法与建模。在详细了解原材料的特点后，可以通过运用精确的方法混合原料，达到提升整体输入质量的目的。多变量统计方法（例如，主成分分析、聚类分析）是适用于此类决策制定的较好方法。比如使用层析法对用于医药品和生物制品的原材料进行等级分类，以及对提取于不同地质层的石油的碳氢化合物进行分析。该方法的优势在于提供了特征较为严格的原材料和调整后的输入，从而减少了下游的问题，尤其是对于要求挑剔的生产过程更是如此。它的一个缺点是前端需要的时间和专业技能。

• 对引入原材料的更严格的要求。例如，为了减少下游调整以适应自然变化，香水制造商可以对芳烃来源的植物设置更严格的纯度、寿命或新鲜度的规范，如树叶、嫩枝、树脂。通过这样做，变异性不进入生产流，从而减少在下游更耗费时间和金钱的付出。然而，这需要与供应商密切合作，并且需要开发成本昂贵的可检测品质特征的测量系统。

过程中的变化

尽管已经尽可能地控制了进料的变化，在处理过程中可能还需要对一些本质性的变化进行管理。处理方法包括：

• 实验设计（DOE）和响应优化。实验设计（DOE）为质量经理理解进料批次间的变化和生产过程中的模型调整提供了相应的方法。通常，批处理被用作一个阻塞的变量（参见第 19 章“准确可信的测量系统及先进工具”，该章对阻塞进行了相关讨论），反映了变量“批处理”不是关注的本质，而是一个会影响质量，并可在统计上给出解释的变量。在这种情况下，除了“批处理”，DOE 模式还生成其他可用来调整最优生产输出的变量设置。

然而，假如与一些值相关（例如，供应者A和供应者B，黏度或PPM污染物），"批处理"本身就可以是一个合理变量。使用DOE方法的结果（$Y=mX+b$），其他变量的设置可以基于已知的"批处理"值，以优化过程输出。对于那些可能超出加工者控制的原料输入范围，这种方法可以实现质量优化。然而，要知道其他变量的适当设置，输入必须被测量，所谓的其他变量包括关注的过程变量（例如，时间、温度、压力），以及混合成分变量。如果使用间接质量代理（例如，供应商），假如存在下列不为操作员所知的关键质量改变，那么将有次优化的风险。

• 变化过程的鲁棒性。一个相关但不一样的方法是允许变量输入进入过程，但不是相应地改变过程，而是使过程具有适应变化的弹性。在鲁棒性参数设计中，主要的目标是发现最小化响应变化的因子设置，而同时确保进程坚守目标。尽管许多替代法已经被开发出来（参见Robinson et al.，2004，鲁棒性参数设计的文献述评），田口方法仍是质量实践者最熟悉的方法。然而，田口的概念在混合设计中的应用仍很有限。最近，有人在研究非线性正交矩阵，并与非参数技术结合，应用于食品配方改进（Besseris，2009）。

• 下游加工基于特征，包括不同产品的可能制造。前面描述的DOE方法的一个扩展是在生产过程中做出实质性的改变以适应输入变化，以便能够制造不同等级或不同类别的产品。不是用过程变量调整实现输出的一致性，而是对生产过程做专门调整以实现不同的生产目标。当有意转移到别的目标的生产成本低于矫正成本（包括由于地价或与顾客需求不符而造成的潜在的损失）时，这种方法是有一定优势的。

• 进化操作（EVOP）。首先应用在化学工业中，这是一种整合了持续、全规模制造的过程优化技术。其前提是批次之间的自然变化提供了用于渐进过程改进的有价值的信息。在正常生产过程中存在一些小的变化，这些变化产生的效应大到足以被检测出来，但不会导致不合格产品的产生。可以参考Box and Draper（1969）的更详细的讨论，或者Box et al.（2009），从一个更新的视角理解过程控制和改进。

过程控制

在一定目标框架下维持过程是过程控制的通用目标。样本测量的输出一般是通过统计过程控制方法（SPC，参见第19章"准确可信的测量系统及先进工具"）进行分析并作出决策的。在考虑将SPC应用于工业过程中时有两个突出因素：短周期运行和动态过程。

首先，在实际生产中遇到的问题是，批处理的材料生产产生的数据点太少，以至于不能有效地使用标准 SPC 方法。一个常见的警示性经验法则是在获得 20 个数据点之前避免使用 SPC 的图表解释法。对于每两周生产一批的生产设备，可能需要将近一年的时间来采集足够的有效样本。更进一步，当每一批（数据点）的生产和前后生产互为独立时候，也就是不同批次分属于不同的生产过程时（涉及灌装设置、可能存在的不同进给率等），想用控制图从特殊的原因变量中区分出共同变量将面临一定的问题。正如前面提到的，由于期望产出的不确定性，针对每个批次的短周期生产运作从实用和质量角度来看更像是一次实验运行。在这种情况下，一个生产活动可能已经接近结束，才得到一个满足目标的过程。参见 Juran and Godfrey（1999）的第 45 部分："统计过程控制"，来获得更多关于短期控制图的信息。

其次，那些经验已知且集中趋势的期望发生转移的过程呈现出特殊的质量控制问题。传统的休哈特统计过程控制图（参见第 19 章"准确可信的测量系统及先进工具"）并不严格适用于批量生产，因为这些过程违反了相同分布和独立观测的假设。也就是说，它们并不稳定，并且表现出连续采样之间的自相关作用。更一般的情况下，常见原因导致的变化（慢性、惯例或者一些不能被计量的变化）与特殊原因导致的变化（如一些零星的、异常的或可转让的变化）互相混淆。在实践中，标准差和均值期望的变化可以被标记为特殊因素（假阳性），比率变化可能很难被识别（假阴性，因为大方差和计算控制的限制）。由于未能达到稳定的状态，批处理的问题尤其突出，而不像过程性加工，一旦材料流被建立起来，可通过设定一些与时间无关的点进行控制（例如，在一个持续的过程中，材料会随时间变化，但是当我们对管道中一个特定的、瞬间的点进行测量的时候，其某个特征将保持某种稳定性）。

我们所需要的是监测偏离正常或者最佳参考轨迹的过程偏差，以及各变量之间的相关性。Nomikos and MacGregor（1995）为同批处理的过程控制做了大量基础性工作，自那之后大量的相关研究陆续发展起来（例如，Brooks（2009）的几何过程控制；Albazzaz and Wang（2007）开发的独立分量分析成了主成分分析（PCA）的替代方法之一；Li et al.（2007）使用更新的非线性偏最小二乘法对批与批之间的控制展开了技术讨论等）。Jørgensen et al.（2006）对批处理监测和控制进行了总结；Cinar et al.（2003）列举了大量的过程监控和质量控制工具，从单变量 SPC 图表扩展到多变量统计过程的监控技术。一个相关的主题是批处理控制的自动化，James（2006）基于 ISA 88 和 95 对批处理自动化的概念作出了很好的介绍，他把控制区分为物理模型（资产，如设备）、过程控制模型

（制造过程中设备导向行动的顺序）和过程模型（过程行动而不考虑设备）。这些研究方向都有丰富的文献资料，前面所引用的文献可以作为研究的起点。

产品补救

当最终产品受到批次之间质量差异的影响时（在极端情况下，不符合规范），质量经理需要设法化险为夷。这里有几种方法可以帮助应对这种情况。

• 对批次进行完全的混合。多个批次成品的混合可以削弱批次间的差异。这种方法是有效的，但是也有其缺点。创造如此“大批次”（在单一容器中完全混合的均匀材料），将会增加劳动力和设备成本，并会产生更大的进行中的工作。另外，“好”的产品基本上被“坏”的产品稀释了，这样最后装运的产品质量将比从一开始就在一个均衡质量水平生产的产品质量更低。

• 部分批次的混合。对欠佳批次的部分混合实质上是将坏的产品“藏”到好的产品里，不过应确保坏的产品的数量足够小，从而最终产品仍在可接受的规范内。类似于前一种混合方法，这种混合方法存在减弱“好”批次的功能的风险，此外还增加了存储和处理成本。

• 批次的返工。如果出现故障的特征有限，并且不以复杂方式相互作用，则批次返工是可能的。例如，在食品中，诸如淀粉或植物胶等增稠剂可以在食品后期制作阶段加入以改变其物理性能和产品稳定性，而不影响其味道或口感。通常，这增加了劳动成本，并可能占用被分配给新一批次生产的容器，从而扰乱了生产计划（尽管委托给专注于合同返工的公司是选择之一）。注意，规章条例可能要求有再加工的书面程序和经过审批的相关质量控制单元（例如，美国食品及药物管理局 21 CFR 211.115—再加工）。

• 超负荷生产。这是一种“致命的浪费”。超负荷生产在这里是指故意超过目标值，从而使得即使质量较差的材料也能符合规范要求。例如，一种生物农药，可能能保证有效成分的最低浓度为 20 g/L（0.044 1 磅/0.264 2 加仑）；如果批次通常以 2g/L 上下波动，将目标值定在 22g/L（0.048 5 磅/0.264 2 加仑），便能确保大多数的产品能满足规范要求。除非价格能得到调整（或运用混合策略），包含额外有效成分的出货产品将导致大约 10%的收入损失。

• 降级。通过对产品划分等级，使得质量较次的产品以较低价格出售，也是一种可行的方法。假设产品质量高时能够以相应高的价格出售，这就代表着收益的损失。监管规定可能被应用（例如，在美国药物回收受到严格管制），在向市场销售之前可能需要来自实验室试验和分析的证据，以及相关的设施检测。为了改善质量，相关记录也应该保存好，例如，对产品质量差的特殊原因的调查

（原料太多、催化剂降解、过程失控或操作员失误、设备磨损等等）。

• 废弃。最后，有些产品需要被废弃。尽管这是高成本的最后选择，但是当不可挽回的问题出现时，这种策略并不少见，当消费者的健康受到威胁时，往往出于“两害相权取其轻”也不得不为之。成本包括材料、劳动力、废弃处理费和机会成本。

后期质量管理

质量管理并不随着批次得到批准或是从生产设备上退出而结束。虽然在生产完成后所有的产品都有可能受到损坏，但是装配产品受到的损坏一般是诸如缺口、划痕、零件松动等较容易被察觉到的，而加工产品更容易受到一些不易被察觉的损坏。下面的段落详细地描述了这些问题。

重新包装—包装。散装材料从生产设备上完工后需要进行包装和再包装，而这是不受制造商直接控制的。为了保证质量的持续性，合约企业应有合适的质量文件和保障系统，以及适用良好的生产规范（GMP）、分销规范（GDP）和相关的标签规定。

分销和运输。在产品到达消费者手里之前的这段配送过程中，产品质量也可能会下降。特别地，环境条件如温度和振动会显著地影响产品的配方和性能；湿度可以通过适当的密闭包装加以控制，因此不需过多考虑。为了减小质量风险，产品设计和质量规划应该包括对运输和储存条件的充分说明。这包括合适的产品配方（如在运输和储存过程中不分离的配方）、包装（如药瓶中的吸湿性凝胶、防紫外线的深色瓶子），以及理解和遵照运输和储存规定（如奶制品的最高温度限制和指定保质期）。应有相关的服务水平协议，并能被严格地执行。产品、装运容器和运输车辆中的监控器可以辅助监察和持续改进。

前面提到过，GDP 是一个关于人用医疗产品的配送指导方针的质量保证系统。其范围包括从产品在生产设备处分类开始，到经过中间商，最后到最终用户的整个过程。不同地区的立法不同，主要来源包括：

• 美国：联邦法规 21CFR 210/211 页，美国药典 1079 页。

• 欧洲：欧盟委员会规章 92/25/EEC。国际药用辅料协会（IPEC）欧洲委员会也发表了 GDP 指导和监督指南。

• 亚洲：各种不同的条例；世界卫生组织在 2005 年采用了第四十届 WHO 专家委员会的药用准备规范的指导方针（WHO Technical Report Series，No. 937，Annex 5，2006）；这个版本在 2009 年进行过修订。

产品安全和责任

流程性商品或原料产品的安全和责任问题与其他产业不尽相同，特别像食品和药物这类消费品，还有那些对人身体有着急性和慢性影响，或是超过生产和使用临界点的化学品。政府部门对此已有一些规定，但是原材料来源的变化、流通渠道和法律的更新使得生产商需要不断改进质量管理。从战略角度来看，主要问题包括：当期用什么样的安全思想来指导内部政策和实践？怎样提前管理好公司的信誉和品牌形象？战术上的问题包括：现今的规章有哪些？怎样把它们运用到实践当中？在流程性产品的质量保证中，通常的违规和薄弱环节有哪些？

安全思想和趋势

过去十年的一个显著变化是保证消费者安全的综合管理系统得到了越来越广泛的重视。系统的集成很重要，它将单独的政策、过程、时间、方法、控制、规划、计划、角色、职责、报告和文档结构等集成在一起。从概念上讲，这提供了协调、积极主动而不是被动的管理。

例如，危险分析和关键控制点（HACCP）是一个安全控制系统。更准确地说，它是食品安全的一组原则（见表24—4）和系统化的方法，强调识别、评估和预防安全危险，而不是检验。在美国，对HACCP的遵守受到了不同机构的监管：美国农业部的食品安全和检验服务机构通过HACCP系统对肉类和家禽进行监管，FDA对果汁和海鲜进行监管（9 CFR 417；21 CFR 120，123，1240）。在国际上，食品法典委员会将HACCP的规章应用在了食品行业的标准、指南和实践上。更进一步来说，HACCP的规章又被其他产业广泛借鉴，包括药品和化妆品。HACCP或其他安全管理系统本身可能就是一个更大的管理系统的一部分。

表24—4　　七点危害分析和关键控制点（HACCP）原则

原则	描述
1. 进行危害分析	工厂确定食品安全隐患并识别用于控制这些危害的预防措施。食品安全隐患指那些给消费者带来食品不安全的所有生物、化学或物理因素。
2. 识别关键控制点	关键控制点（CCP）是在食品生产过程中可以进行控制的点、步骤或过程，以此来预防、消除或减少食品安全隐患使之达到可以接受的水平。

续前表

原则	描述
3. 为每个关键控制点建立关键限值	关键限值是物理、生物或化学隐患在关键控制点所要控制的最大或是最小值，以预防、消除或减少隐患到一个可接受的水平。
4. 建立关键控制点监测要求	监测活动能保证关键控制点的过程得到控制。
5. 建立纠正措施	当监测偏离了所建立的关键限值时需要采取这些措施。如果关键限值不满足，最终的规则需要工厂的 HACCP 计划来识别纠正措施。纠正措施是为了保证没有任何产品由于偏差而对健康有害，也保证不会有掺杂偏差的产品进入商业流通。
6. 建立记录过程	HACCP 的规定要求所有的工厂保存特定文档，包括危害分析和书面 HACCP 计划，以及关键控制点、关键限值、核查活动和偏差处理的监测记录。
7. 建立保证 HACCP 系统按要求工作的步骤	核查能保证工厂按照设计进行运作，也就是说，它们能成功保证安全产品的生产。检验保证了 HACCP 计划是可行的，也就是按照预期进行工作。验证步骤包括审查 HACCP 计划、CCP 记录、关键限值和微生物取样与分析。

国际标准化组织（ISO）22000 是另一个针对食品安全的质量控制系统，但也适用于其他行业。作为 ISO 9000 更为程序化的衍生品，该系统的标准集成了 HACCP 的原则，目前包括：

- ISO 22000——食品安全管理系统——对于食品链中所有组织的要求。
- ISO/TS 22003——食品安全管理系统——要求有为食品安全管理系统提供审计和认证的机构。
- ISO/TS 22004——食品安全管理系统——ISO 22000：2005 的应用指南。
- ISO 22005——饲料和食品链的可追溯性——系统设计与实现的基本原则和要求。
- ISO/DIS 22006——质量管理系统——作物生产中的 ISO 9001：2000 的应用指南（到本书英文版出版为止，仍在发展中）。

注意，这些标准会回溯到供应链中，并且作为凸显以预防为重点的一个表现，仍在不断发展完善中。可追溯性（ISO 22005）是指能够对不同的阶段如生产、加工、配送到最终用户的过程跟踪产品的流动的能力。这包括向前追踪（从农场到零售货架）和向后追踪（从零售货架回到农场）的能力。

不同层级的质量管理人员都应掌握这种发展趋势。在美国，《2002 公众健康安全和生物恐怖活动的防范和应对行动》（通常指《生物恐怖法案》）要求农民、包装者和零售商追踪食品在供应链中来自哪里去往何处：向前一步，向后一步。具体来说，非运输者的直接供货商和接收者的身份，以及每批产品的每种成分的特定来源。如果供应链成员在 24 小时内不能提供所要求的信息，将受到民事和/或刑事处罚。尽管如此，许多供应链参与者仍不合格（Levinson，2009），带来了公共安全和法律风险。

新法规继续出现（如 2009 年《美国食品安全现代化法案》）。幸运的是，新技术和商务实践不断涌现，使得符合规范相对更为容易。例如，条码跟踪系统已被用于装有新鲜农产品的零售容器的标签，允许店内客户扫描，以确定种植者姓名、日期和收割地点。创新质量管理人员应把制度不仅仅看作一个安全问题或一个官僚化的负担，更应看作一个提供品牌差异的机会。

尽管质量保证体系如 HACCP、ISO 和 GMP 十分盛行，但这种体系保证质量的程度不总是清楚的。因此，检查仍然是安全管理的重要组成部分，质量保证计划必须确保绩效与设计和管理规范相符合。质量检查的具体例证是美国农业部食品缺陷行动水平，该水平规定了食品中自然的或不可避免的、不会对人类健康造成危害的缺陷阈值。例如，番茄酱对果蝇数量有个临界值的规定，即每 100 克中有 10 个或更多的果蝇卵、1 个或更多的蛆即属于超标。重要的是，美国农业部提供了常量分析程序手册来协助质量经理做适当的程序测试（目前已绝版，但在 http://www.cfsan.fda.gov 网站上有一个修订的版本）。

尽管这里许多具体的讨论涉及的是食品行业，但原则是广泛适用的，质量人员可能从外部行业找到指导和改进意见，并用于自身行业内部。许多行业加工和制造危险化学品，除了员工安全之外，有毒化学产品的安全问题还涉及产品的标签和使用。接下来讨论的是责任问题，这些特定的主题超出了本次讨论的范围。

责任

本章的前面部分，主要是关于设计、生产、供应和分销链的质量建设。当产品据称不能提供预期结果时，性能故障和损害的法律责任往往成为一个问题。在制药业这类行业中，由于产品的特性，产品责任诉讼被视为商业经营中的必要成本。然而，在许多公司，尤其是规模较小的组织中，对于责任并没有适当的深谋远虑。加工企业关注的问题如下所示。

产品召回

安全是产品召回最主要的因素（其他原因包括不当的标签和性能不佳）。组装产品通常由于设计缺陷被召回，而加工材料可能由于原本应该是良好的“设计”或配方受到污染而被召回。近年来的例子包括产品被正确设计，但由于监管不力的供应链导致出现原材料掺假现象。这强调了早前提及的一点，即应把供应链设计作为产品质量规划的一部分。

加工产品通常由不同于组装产品的监管部门监管。例如，在美国，与食品和药物管理局（食品、药品、化妆品、兽药），或环境保护署（杀虫剂、除草剂、杀鼠剂、杀菌剂）相比，相对较少的加工产品属于消费者产品安全委员会的管辖范围（油漆和涂料除外）。美国农业部也对诸多加工产品的输入原料拥有监督权，包括食品和以植物为基础的药品。质量员工应该留心相关监管机构的召回要求，并以这些作为规划的目的。

计划是管理与产品召回相关的风险和成本的关键，并且是企业管理层的一项职责。遗憾的是，由于可感知的召回成本被最小化，并且被不恰当地计算为间接的、非经常性费用，这并不总能得到相应的关注。直接成本包括产品故障的调查返工和更换、法律工作和对顾客、分销商、监管方的通知。间接成本包括销量的减少、负面的形象、品牌形象受损和股价的下跌。读者可以从 Schoem（2005）中获得有关筹备和产品召回的概述。每个特定行业都有更加专业和具体的指导手册作为指导，比如，《食品召回手册》（Olssen et al.，2009）和《医药零售召回手册》（Olssen et al.，2008）。

正如前面所提到的，随着供应链转为供应网络，可追踪性正受到监管者越来越多的重视。像中国的食品行业，有超过 400 000 家厂商，但其中的大部分都只有少量的员工和低产量。多供应商的联合生产变得十分有必要，这使得可追踪性和召回成为一项艰巨的任务。下面就为管理召回提出一些建议，包括：

• 分配一个人为管理召回负责，包括计划和准备（包括模拟召回）、审计和全面的记录。

• 与行业内其他组织合作开发合适的标准和法规。

• 制造商、分销商和零售商应该考虑签订合同，清楚地规定召回或者更换成本的分配标准。这不是为了转移责任，而是在事件发生前决定行动，使得在发生的时候能快速地执行行动。特别补偿金和免受更多损失的条款是必要的。

不恰当的使用

所有产品都可能被不恰当地使用（我们中有多少人曾经把菜刀用作螺丝刀、凿子或者撬杆?），某些加工产品的固有特性使其更可能被不足使用、过度使用和错误使用。例如，化学农药一般在浓缩状态下出售，过度使用和不当使用是常见的（例如，不恰当的稀释使得使用的产品过于猛烈，或者在投入农田使用之前将除草剂和杀虫剂这两种不兼容的液体放在同一个水桶中搅拌成单一的混合物，随后将差的产品性能归咎于产品本身，而不是使用（或者使用者））。

然而，一个生产者不应只是简单地制造符合规范的产品，还应确保产品的使用符合规范。在法律上生产者有相关的职责，包括想到可能的其他用途（不管合适与否）和应用故障，通过恰当的标签、用法说明和免责声明警告使用者。事故之后，一个质量经理不应该单单利用客户投诉和事件报告与顾客沟通恰当的使用方法，而应该把其当作机会来“防错”或改进产品设计。一个完善的避免不恰当使用的产品不仅限制了责任，而且提供了一个使产品差异化的方法。

仿冒品

黑市和灰市通常没有被看作质量范围的一部分。然而，那些市场在常规监管环境外运作，并且会对合法生产者的产品质量、消费安全及品牌形象造成损害。尤其是在诸如手提包和手表等日用消费品行业中，假冒伪劣产品的存在是一个突出的问题。这些产品一般是未经授权的，或者是通过有缺陷的配方和制造商而生产出来的。举例来说，药品很容易从网上和不可靠的分销渠道获得，它们中的一部分也许质量很好，能符合所有相关标准，另一些则不然。世界健康组织估计，在落后国家消费的药品中，超过25%是不合格或者是假的（WHO，2003）。大部分组装类产品的伪造品与精品的区别一看便知，但像咳嗽药这样的假冒伪劣产品却很难辨别和追踪，特别是在正常使用需要全消耗该产品的情况下。

有一些特定的法律和管理方法已经被用于打击假冒产品。从质量的角度来看，可以采用一些清楚的、可靠的、难以模仿的方式来突出产品的特色。此外，有些事件可能对合法、高质量的产品和商标，甚至是整个产业都产生负面影响，对于这类事件的发生应该做好应对准备。

质量和公众

公众对于质量的看法远远超出质量专员对质量的通常认识。这对于那些必须控制潜在的可能引起分歧的社会和政治问题的加工公司更是如此。这方面的例子很多，包括生产过程中的技术应用（比如转基因原材料）、全球贸易、商品的公平贸易生产、制药成本（高成本、价格歧视）、环境保护和土地利用。消费者购买商品不仅仅出于使用的目的，也是为了表态和间接参与社会变革。

在战略层面，观念和趋势在对现有产品产生威胁的同时，也可能提供与竞争者产品差异化的机会。行业贸易集团和政府说客在管理观念和主导立法中扮演很重要的角色，而感知质量是主要质量维度之一，并且应被纳入到质量管理范畴中。一些关于产品分歧问题的判断标准并不采用单独的可测量的特性，而是采用不确定的、难以捉摸的特性，这并非巧合。在战术层面，公众的看法会在质量标准、测试、文件和透明度上存在变化。

一般的含义包括如下：

• 产品 vs 过程：尽管制造商可能认为产品而非生产过程是产品质量的基本或者唯一标准，消费者却认为产品生产过程与做出购买决定息息相关。这甚至延伸到原材料的来源。

• 高预期：模糊不清的甚至是不相关的期望，使得一致性的保证非常困难。用测试来“证明”一致性，而不是用没有不一致的证据去说明就是一个例子，就好像“证明”谷类等转基因产品不会产生过敏原。大众和立法者对检验抱有期望，但他们所理解的检验和统计概念中的假设检验是不一样的，统计检验从不会试图证明假设或者某些东西的缺失，而只是拒绝或者不能拒绝某个假设，或者尽管做出很大的努力也不能证明存在性。

• 文档和透明度。为了有效地说明与期望的一致性，质量经理应该考虑使用正规的测量系统、验证方法和能说明感知特点的文件。如果没有相应的规则，产业参与者有义务确定适当的测量方法，并尽可能地积极参与到方式开发中。除此之外，质量经理应该准备以能被公众接受的格式建立文档。

预测

加工企业的质量在未来究竟是什么样的？目前，诸如全球化等趋势将使供应商和消费者有更为广阔的视野，并且促进政府监管的日益增长，以及各个经济体及供应链的最终标准化。行业特定的挑战包括消费者权益保护、与仿制品的竞争、商品定价、环境管理的公共需求、生产半定制产品的灵活性，以及供应商、生产者和消费者之间的透明度。从战略角度来说，管理者应该积极打造其组织的质量管理项目，从而更有利于提高组织的全面竞争力。从战术角度来说，为了加强组织的战略转化，在质量计划、改善和控制过程中，响应性是不可或缺的。总而言之，要想将质量作为战略和战术工具，优异的灵活性是必需的。请考虑以下部分所描述的现象。

低成本竞争

随着全球贸易的持续（虽然有时缓慢）扩张，世界各地拥有低成本结构优势的竞争者源源不断地供应低成本产品，成本成为企业竞争压力的驱动因素之一。

这些竞争迫使企业在不降低产品质量的基础上降低价格，或者在一个或多个维度上实现产品的差异化。应用本书中提供的原则和做法将帮助企业在较低成本的基础上提高质量水平。

输入、处理、输出过程中的监管变化

监管机构通常强调产品的安全性和有效性，然而具体手段是随着行业的进步和成熟不断变化和发展的。在新兴行业，不管是产品还是过程的标准都几乎是空白的，因此监管工作的重点应放在可控制的部分：输入（例如生产者和来料的许可和资格认证）。随着时间的推移，监管转移到产品的创造：接下来的处理过程。然后，经过输入和处理过程的信心建立，监管工作将更加专注于生产的是什么：生产输出。下面两个例子说明了这种趋势：

• 仿制药。仿配方药开始变得随处可见。药物通常是具有活性的小分子化学物质，一般可通过化学规范一致性测试鉴定和检查仿制版，以确定其和专有版本是否一致。然而，生物仿制药通常是大型复杂的分子，如蛋白质和多肽，很难被区别出来，而且在体内会产生不可预知的交互作用。此外，一直都有争议的是，只有原厂家才能够可靠而重复地生产生物药品，主要是因为它们的配方、生产过程和质量控制是复杂的，并且由于专利原因，这些细节很可能不被透露。因此，生物药品的安全性和有效性取决于生产过程。

然而，技术进步将逐步加强人们对于最终产品的信心，而不管其创造过程。同时，公众对于药品高价格和低竞争的看法将导致生产和质量检测过程的立法变化，用以促进企业生产生物制药。质量经理应当使用分析工具和方法预测技术变革，制造过程更高的可重复性，以及最终产品的新标准和规则的新要求。对于原产品的生产者，市场营销应重点放在品牌推广上，同时要求质量管理人员对方法和工具进行微调，以满足品牌形象塑造的需求。

• 转基因作物（GMO）。过去的监管重点强调冗长的企业注册过程，包括产品研制的正式许可和通知手续，特别着重于基因本质和输入参量。而现在重心则转向下游生产过程，但尚未发展到将最终消费产品当作首要控制点。例如，目前要想证明食物过敏原并未出现在最终和加工食品中是非常困难的，只能在产品（如玉米片）上标注含有或不含转基因原料。另外，更为困难的是在技术上如何说明一个完整的高度复杂的转基因营养配方与非转基因食品是类似的。再者，质量管理人员应该预见到能够充分体现最终加工产品与其他可用版本等价的需求和新型技术。

知识产权

众多加工食品都有商业秘密配方（比如曾广为报道的，可口可乐公司的配方由极少数高管掌握）。然而，电子信息存储和传输、外包、配方的盗用、日益增长的竞争者关于原材料购买信息的可得性，以及逆向工程能力，这些都对知识产权的独占造成了一定的挑战。质量管理人员应当预见到对替代配方和过程的需求，以保持竞争中的领先优势。

商品定价

商品价格可能会由于其对地理分散的供应链有更强的依赖性和连通性，从而出现波动变化。例如，以石油为基础的产品依赖石油，而它的价格会对地缘政治事件做出迅速反应。质量的含义就是根据管理者的要求降低生产成本，适应来料质量的变化，这主要是通过企业努力寻找替代性原材料和供应商实现的。比起屈从于降低价格，一些企业倾向于转向高端市场，生产市场利润率较高的产品，以满足逐渐增多的小客户群体的更为专业的需求。

消费主义

公众的期望必须作为超越单纯的技术规范的质量概念的一个方面。规章制度将逐渐渗透到需要在产品和质量测量上做出改善的各个领域。例如，美国对食品配置中禁用反式脂肪的禁令，以及越来越多的证明加工食品导致肥胖的言论可能最终引起配方的变化和责任管理的各项措施。即使没有规章要求，消费者健康意识方面的转变也将驱动新的生产方法的开发，例如食品企业提高富含纤维的加工食品的销售量的方法是寻找新的纤维来源，或采用新型碾磨工艺和烹调方法（Brat，2009）。

半定制化

更多选择意味着更多的配方和更短的生产期。在制药行业，基因映射和蛋白质组学能力应为适用于特定病人亚群体的药物和遗传图谱做好准备。精制或个性化药品将降低大批量药品的生产量，每次治疗量会有所下降，治疗次数将会增加。作为这一趋势的一部分，对于描述患者具有必要性的诊断和适当的治疗，将会面临更大的需求。最后，由于仿制药进入市场，生产外包将要求把稳健的配方和生产过程转交给第三方。

自动化

在可以应用逻辑和规则的范围内（参见 Hall 和 Johnson 于 2009 年对于艺术的与科学的过程管理比较的讨论），自动化将继续有助于减少变异性，并提高最终产品质量的一致性。特别地，自动化有助于实时采样和检测，以便实现更精确的操作和过程控制。这可能会降低产量和质检人员数量，但会提高技能要求。如刚才所说，自动化也将允许更精确的可重复的生产过程，促进监管重心转到产出品上。

正如本章所强调的，管理人员和质量专家需要扩展视野，更深刻地认识质量在其行业中所扮演的角色。在未来几年，规模上的扩大将很可能成为持续质量改进的驱动力之一。而随着规模的扩大，质量对未来组织成功的影响和控制责任将会更大。

研究资源

本节的内容主要是质量人员感兴趣的信息资源的汇总。这些信息可能对回答问题有所帮助，比如，在哪里找到前沿质量问题的信息来积极开发公司的质量战略？在更加战术性的层面，我可以从哪里找到能在日常工作中帮助员工的相关规定、指导方针、标杆、工具和概念？这更倾向于是一个选择性而非详尽性的清单。此外，即使这些资源可能适用于不同的标题，但是所有条目只被列出一次。

标准化组织

美国国家标准协会（ANSI）：http://www.ansi.org/. 推动和促进自愿协商一致的标准和合格评定体系，维护其完整性。ISO 成员。

国际公职分析化学家协会（AOAC）：http://www.aoac.org/. 提供必要的制定自愿协商和技术标准的工具和过程的科学协会。

美国材料和试验协会（ASTM）：http://www.astm.org/. 制定和发布自愿的、国际共识的技术标准。

食品规范委员会：http://www.codexalimentarius.net/. 开发食品标准、准则和相关文本，如根据FAO/WHO 联合食品标准计划的实务守则。

国际标准组织（ISO）：http://www.iso.org/. 超过 160 个国家的国家标准

机构的网络，进行系统协调，并公布了成品的标准。

国际自动化协会：http://www.isa.org/. 制定标准，认证行业的专业人士，提供教育和培训，出版书籍和技术文章，主办自动化专业会议。

美国药典（USP）：http://usp.org/. 为所有处方药和非处方药品以及其他卫生保健产品的制造或出售授权的美国官方公共标准制定机构。

世界卫生组织（WHO）：http://who.int/. 出版各种标准，包括医药行业的“国际药典”。

贸易协会、专业学会、利益团体

美国国际谷物化学家学会：http://www.aaccnet.org. 在世界范围内的谷物食品行业指导谷物化学家，向专家们收集并传播科技信息。

聚氨酯产业联盟：http://www.polyurethane.org/. 美国生产商和经销商的联盟，主要生产用于制造聚氨酯和聚氨酯产品的化学品和设备。提供关于处理聚氨酯化学品的信息、法规、报告和协助守法，以及标准、测试方法和规范。

美国糖果科技协会：http://www.aactcandy.org/. 一个专业的组织，致力于糖果工业的进步。

美国州国家公路运输官员协会：http://www.aashto.org/. 提供新闻和教育材料，让国家有关部门的材料运输人员为许多材料发展标准。

美国肉类加工者协会：http://www.aamp.com/. 北美最大的肉类贸易组织。

美国毒物控制中心协会：http://www.aapcc.org/. 维护国家毒物数据系统，曝光详细的毒理学资料，在监测以及展示监管安全机构和消费者团体上发挥作用。

美国面包师协会：http://www.americanbakers.org/. 美国烘焙业的贸易组织。

美国饮料协会：http://www.ameribev.org/. 代表饮料生产商、分销商、特许经营企业，并支持饮料行业。

美国奶酪协会：http://www.cheesesociety.org/. 为美国奶酪生产商提供教育资源、交流机会，并支持奶酪生产的高标准。

美国化学学会：http://acs.org/. 出版了大量的科学期刊和数据库，召开大型学术会议，并提供化学教育、科技政策和职业规划项目。

美国化学理事会：http://www.americanchemistry.com/. 代表生产使生活现代化的产品的公司，同时致力于保护环境、公众健康和国家安全。有不同的部门，包括塑料部门和化学氯部门。

美国混凝土学会：http://www. concrete. org/. 在设计、施工、材料、教育和认证方面为国际专业人员提供服务。

美国乳制品协会：http://www. adpi. org/. 国内加工乳制品行业的贸易组织。

美国乳品科学协会：http://www. adsa. org/. 旨在推进乳制品行业发展的组织。

美国钢铁协会：http://www. steel. org/. 代表北美钢铁工业在公共政策领域的发展，为该行业提供了一个信息交换中心，并促进新钢种和炼钢技术的发展和应用。

美国肉类协会：http://www. meatscience. org/. 为对肉类产业感兴趣的人员提供论坛的专业协会。

美国油脂化学家协会：http://www. aocs. org/. 旨在为对脂肪、油、表面活性剂、洗涤剂和相关材料领域有兴趣的人员和组织服务的国际性科学协会。

美国石油组织：http://www. api. org/. 为整个石油和天然气行业提供储罐、管道、压力容器等标准的贸易协会。

美国蛋白质生产商协会：http://www. animalprotein. org/. 通过改善脂肪和动物蛋白饲料的微生物和化学质量，促进安全畜产品的生产和制造，同时提供教育。

美国酿造化学家协会：http://www. asbcnet. org/. 提倡科技酿造的全球权威组织。

美国调香师学会：http://www. perfumers. org/. 在促进行业交流和保持香水行业高水准专业操守的同时，培养和鼓励香水制造的艺术与科学性。

美国甘蔗技师学会：http://www. assct. org/. 服务于农业（种植和收割甘蔗）和生产（从甘蔗中提取和处理蔗糖）的个人。

美国香料贸易协会：http://www. astaspice. org/. 代表并为世界范围内的超过 34 个香料生产成员国提供服务。

调味品协会：http://www. dressings-sauces. org/. 调味品制造商和它们的供应商所形成的组织。

化工生产商和经销商协会：http://www. cpda. com/. 总部设在美国的贸易协会，代表一般农药注册者的利益。其会员包括农药的制造商、配方设计商和分销商。

玉米精炼协会：http://www. corn. org/. 代表美国玉米精炼行业的国家贸易

协会。

化妆品成分审查：http://www. cir-safety. org/. 用一种开放的、公正的和专业的方式全面审查和评估化妆品成分的安全性，并将结果发布在同行评议文献中。

脂肪和蛋白质研究基金会：http://www. fprf. org/. 通过指导和管理研究来提高动物产品的使用和开发其新用途的机构。

食品流通协会：http://www. fidassoc. com/. 旨在增加食品配料分销服务价值的协会。

食品研究所：http://www. foodinstitute. com/. 旨在为公司或贸易组织提供专业服务。

香水基金会：http://www. fragrance. org/. 旨在维护包含大量印刷品和视频的香味图书馆，出版教育材料，举办研讨会和座谈会。

美国玻璃制造工业委员会：http://www. gmic. org/. 该行业协会旨在通过制造工艺、生产力、创新和环保领域的经验交流与合作来提升玻璃制造业的收益水平，确保行业平稳增长并促进行业的可持续发展。

美国食品加工产业协会：http://www. gmaonline. org/. 该协会是服务于食品、饮料以及快消产品行业的科学协会。

独立化妆品制造商与分销商协会：http://www. ifst. org/. 该协会是致力于服务中小型化妆品企业的国际行业协会。

美国食品科学与技术协会：http://www. ift. org/. 食品领域专家与技术人员组成的专业认证机构。

美国食品工艺专家协会：http://www. ift. org/. 食品领域相关科技工艺应用的交流中心。

美国人造油脂与食用油研究协会：http://www. iseo. org/index. html. 该协会为可食用油脂行业提供各类资料与信息。

国际饮品工艺专家协会：http://www. bevtech. org/. 软饮料及其他饮品的工艺专家团体。

理论化学与应用化学国际联合会：http://iupac. org/. 该协会旨在推进化学学科的发展与全球范围内化学品的应用。

果汁产品协会：http://www. juiceproducts. org/. 该协会服务于水果制品与果汁产品行业，关注果汁、蔬菜汁、果汁饮料、果酱、果冻、水果干以及其他相关产品的加工、包装、榨汁、转包、营销等各个环节，同样也服务于行业的上游供应商与食品检测实验室。

塑料制品加工商协会：http://www.mappinc.com/. 该非营利行业协会致力于为加工商提供塑料制品处理培训、行业内合作机会、成本削减方案、营销拓展战略、标杆运营统计数据以及行业新闻等。

美国国家调味品系统协会：http://naffs.org/. 该协会致力于服务包括水果制品、枫糖浆、烹调稳定剂、乳胶剂、食用色素、甜味素、可可以及其他相关调味产品的制造商、加工商与供应商。

美国国家海产品协会：http://www.margarine.org/. 该协会致力于服务海产品行业和关注健康问题的消费者。

美国国家咖啡协会：http://www.ncausa.org/. 该协会致力于维持美国本土咖啡行业的良性发展。

美国国家玻璃制品协会：http://www.glass.org/. 该协会致力于服务平板玻璃（建筑用与车用）的相关企业。

美国国家含油种子制品协会：http://www.oilseed.org/. 该国际行业协会致力于促进包括采购、销售、加工、运输、储存，以及使用植物油及其原材料等涉及含油种子制品的相关企业的商业利益。

美国国家动物副产品加工商协会：http://nationalrenderers.org/. 该协会致力于服务动物副产品加工商（即将肉制品行业的生产废料加工制成动物饲料或用于其他需要）。

西北食品加工商协会：http://www.nwfpa.org/. 该协会是服务于蔬果加工行业的地区性组织。

全国颜料与涂料协会/涂料技术学会联盟：截至本书英文版出版时，全国颜料与涂料协会（http://www.paint.org）和涂料技术学会联盟（http://www.coatingstech.org）的合并正在取得进展。这将使颜料与涂料产业在产品管理、主张、科技，以及必要的商业信息方面取得进步。

美国花生和树坚果加工者协会：http://www.ptnpa.org/. 为花生、树坚果和相关产品的加工者、生产商，以及供应商提供一个论坛。

美国塑料研究所：http://plasticsinstitute.org/. 这是一家专注于为塑料产业提供服务的教育性和研究性组织，支持、培养，以及指导关于塑料的教育和研究。

粉末涂料研究所：http://www.powdercoating.org/. 代表北美粉末涂料产业，促进粉末涂料技术的发展，以及向生产商、消费者和政府宣传粉末涂料的益处。

美国橡胶生产商协会：http://www.rma.org/. 一家国际性的弹性体产品和

产业贸易协会。

美国快餐食品协会：http://www. sfa. org/. 代表快餐食品产业的生产商和供应商的国际性贸易协会。

美国肥皂和洗涤剂协会：http://cleaning101. com/. 代表家用、工业用，以及公共性用途的清洁产品及其原料、包装以及油脂化学产品生产商的非营利性组织。

化妆品化学家协会：http://www. scconline. org/. 拓宽化妆品化学家的兴趣和认知，努力维护公众对化妆品和化妆用具产业的信心。

石油工程师协会：http://www. spe. org/. 向在石油和汽油产品产业和探测领域工作的工程师、科学家和经理人提供有用的信息。

塑料工程师协会：http://www. 4spe. rog/. 推进塑料相关的科学与工程学知识的发展。提供技术资源媒介如塑料学图书馆、科技期刊和论坛。

美国塑料产业协会：http://www. plasticsindustry. org/. 代表整个塑料产业供应链，包括加工者、机械和设备制造商，以及原料供应商的贸易协会。

参考文献

Albazzaz, H., and Wang, X. Z. (2007). "Introduction of Dynamics to an Approach for Batch Process Monitoring Using Independent Component Analysis." *Chemical Engineering Communication*, February, vol. 194, no. 2, pp. 218–233.

Besseris, G. J. (2009). "Multi-Response Unreplicated-Saturated Taguchi Designs and Super-Ranking in Food Formulation Improvement." *International Journal of Quality and Reliability Management*, vol. 26, no. 4, pp. 341–368.

Bingham, R. S., Jr., and Walden, C. H. (1988). "Process Industries," Chapter 28 (pp. 28.1–28.63) in *Juran's Quality Control Handbook*, 4th ed., J. M. Juran and F. M. Gryna (eds.). McGraw-Hill, New York.

Box, G. E. P., and Draper, N. R. (1969). *Evolutionary Operation: A Statistical Method for Process Improvement*. John Wiley & Sons, New York.

Box, G. E. P., Lunceño, A., and del Carmen Paniagua-Quiñones, M. (2009). *Statistical Control by Monitoring and Adjustment*, 2nd ed. John Wiley & Sons, New York

Bowles, M. L., and Montgomery, D. C. (1997). "How to Formulate the Ultimate Margarita: A Tutorial on Experiments with Mixtures." *Quality Engineering*, vol. 10, no. 2, pp. 239–53.

Bowman, C. (2008). "Generic Strategies: A Substitute for Thinking?" *360° The Ashridge Journal*, Spring, pp. 6–11.

Brandl, D. (2006). "Design Patterns for Flexible Manufacturing." *International Society of Automation*, Research Triangle Park, North Carolina p. 205.

Brat, I. (2009). "High-Fiber Foods May Be Easier to Stomach This Time Around." *The Wall Street Journal*, August 20, pp. D1–D2.

Brooks, R. (2009). "Geometric Process Control Moves into Batch Processing." *Process*

Engineering, March/April, vol. 90, no. 2, pp. 21–22.

Christensen, C. M., and Raynor, M. E. (1997). *The Innovator's Solution: Creating and Sustaining Successful Growth*. Harvard Business School Publishing Corporation, Boston, MA.

Cinar, A., Parulekar, S. J., Undev, C., and Birol, G. (2003). *Batch Fermentation: Modeling, Monitoring, and Control*. Marcel Dekker, Inc., New York.

Cornell, J. (2002). *Experiments with Mixtures: Designs, Models, and the Analysis of Mixture Data*, 3rd ed. Wiley Series in Probability & Statistics. John Wiley & Sons, New York.

Doble, M., Kruthiventi, A. K., and Gaikar, V. G. (eds.) (2004). *Biotransformations and Bioprocesses*. Marcel Dekker, Inc., New York

Garvin, D. A. (1987). "Competing on the Eight Dimensions of Quality." *Harvard Business Review*, November–December.

Hall, J. M., and Johnson, M. E. (2009). "When Should a Process Be Art, Not Science." *Harvard Business Review*, March.

Hiltscher, G., Mühlthaler, W., and Smits, J. (2003). *Industrial Pigging Technology: Fundamentals, Components, Applications*. Wiley-VCH, Weinheim, Germany.

James, D. (2006). "Best of the Batch." *IET Manufacturing Engineer*, August/September, vol. 85, no. 4 (pp. 32–37).

Jørgensen, S. B., Bonné, D., and Gregersen, L. (2006). Monitoring and Control of Batch Processes, Chapter 11 (pp. 419–462) in *Batch Processes*, Ekaterini Korovessi and Andreas A. Linninger (eds.). CRC Press, Taylor & Francis Group, LLC, Boca Raton, FL.

Juran, J. M., and Godfrey, A. B. (1999). *Juran's Quality Handbook*, 5th ed. McGraw-Hill, New York.

Levin, M. (2002). *Pharmaceutical Process Scale-Up*. 2nd ed., Marcel Dekker, Inc., New York.

Levinson, D. R. (2009). "Traceability in Food Supply Chain." U.S. Department of Health and Human Services, Office of Inspector General, March, Report OEI-02-06-00210.

Li, C., Zhang, J., and Wang, G. (2007). "Batch-to-Batch Optimal Control of Batch Processes Based on Recursively Updated Nonlinear Partial Least Squares Models." *Chemical Engineering Communications*, March, vol. 194, no. 3, pp. 261–279.

McAllister, E. W. (2005). *Pipeline Rules of Thumb Handbook: Quick and Accurate Solutions to Your Everyday Pipeline Problems*, 6th ed. Gulf Professional Publishing (Elsevier), Burlington, MA.

McConville, F. X. (2006). *The Pilot Plant Real Book*, 2nd ed. FXM Engineering and Design, Worcester, MA.

Méndez, C. A., Cerdá, J., Grossmann, I. E., Harjunkoski, I., and Fahl, M. (2006). "State-of-the-Art Review of Optimization Methods for Short-Term Scheduling of Batch Processes." *Computers & Chemical Engineering*, vol. 30, no. 6/7, pp. 913–946.

Nomikos, P., and MacGregor, J. F. (1995). "Multivariate SPC Charts for Monitoring Batch Processes." *Technometrics*, February, vol. 37, no. 1, pp. 41–59.

Olsson, F., Weeda, T., and Bode Matz, P. C. (2008). *Retail Pharmacy Recall Manual*, The Food Institute, Elmwood Park, NJ.

Olsson, F., Weeda, T., and Bode Matz, P. C. (2009). *Food Products Recall Manual*, 3rd ed. Food Institution Information and Research Center, Elmwood Park, NJ.

Porter M. (1980). *Competitive Strategy: Techniques for Analyzing Industries and Competitors*. The Free Press, New York.

Porter M. (1996). "What Is Strategy?" *Harvard Business Review*, November–December, pp. 61–78.

Robinson, T. J., Borror, C. M., and Myers, R. H. (2004). "Robust Parameter Design: A Review." *Quality and Reliability Engineering International*, vol. 20, no. 1, pp. 81–101.

Schoem, A. H. (2005). "Preparing for and Conducting a Product Recall." *Product Safety and Reliability Reporter*, vol. 33, no. 4, pp. 107–109.

Valentas, K. J., Clark, J. P., and Levin, L. (1990). *Food Processing Operations and Scale-Up*. CRC Press, Boca Raton, FL.

WHO (2003). Substandard and Counterfeit Medicines. Fact Sheet No. 275, November.

Zlokarnik, M. (2006). *Scale-Up in Chemical Engineering*, 2nd ed. Wiley-VCH, Weinheim, Germany.

（秦星红、赵飞 译，洪志生 校）

第 25 章

国防组织：确保无忧绩效 亚历山大·伊克沙

关于本章

相对于其他行业，国防业在维持质量和测量质量方面存在着较大的差异。当前国防业仍然沿用 20 世纪 50 年代设计的传统产品，然而掌握这些产品相关专业知识的员工已经陆陆续续地退休了。同时，国防业对适合现代游击战争的技术的需求正在增加。由于上述快速变化的人员和技术因素，国防业正处于一个特殊的、从老旧的方式到新的方式的转型期中。在转型期内，美国及其同盟的安全处于一种危险状态，国防质量不容马虎。在这特殊的转型期，要保证国防组织能够实现并维持其可靠的绩效，必须对所谓的“毫无疑义的任务保证（NoDoubt Mission Assurance）”[①] 这一全局质量观念进行持续性投资。

① 这一短语仅用于雷神公司（Raytheon）内部用户，被设计用来在员工中强化雷神产品背后的承诺。

本章要点

1. 市场份额驱动的质量标准与符合规范驱动的质量标准是不同的。

2. 任务保证指的是无论何时何地，在使用周期内的任意时刻，武器系统都能够很好地工作。

3. 任务保证的组织模型要对四个关键的领域进行投资：人员、组织系统和结构、顾客关系以及创新。

4. 为了重新调整未来的投资，国防组织必须持续地测量上述四个投资领域的交集部分，那里有一个交叉点（sweet spot）。

5. 实施六西格玛和精益方法，有利于国防组织实现任务保证。

引言

过去几十年来，引导美国和国际制造业发展的质量标准已经经历了多次变革。例如，制造业曾经接受的理论是，统计学可以用来控制生产过程，以使设计阶段的波动最小化。直到自动化的实现，这些理论都是对的。在自动化时代，原先由人工操作的生产过程和一些设计改由机器人处理。事实上，已经难以测量这些机器人到底能够达到多高的精密度，而这些机器人系统实际又是由人工设计和实现的。

随着技术的快速进步，质量标准必然会持续演变。质量在未来将会是什么样子呢？尤其是国防业的质量在未来将会是什么样子？在可以回答这些问题之前，我们必须首先回顾我们在过去 30 年已经学习了什么。

市场份额驱动型的质量标准

在 20 世纪中期的大部分时间里，主要有两种类型的质量标准：（1）追逐市场份额的公司所遵循的标准；（2）监管体制下的公司所遵循的标准。

市场驱动的制造业（如汽车、消费类电子业）曾经需要遵循一些非强制性的质量原则和过程。而今，它们受制于更为严格的控制过程。

制造业在应用质量管理时，更关注科学方法的应用而不是对规则的遵守。实际上，不管过程是涉及产品设计、人员绩效，还是原材料管理，过程质量的目标在于尽可能地剔除超出质量界限的变量。这样组织就可以更为精准地预测其绩效，从而有利于组织以更低的成本和更快的速度来生产满足目标的产品。如此一来，组织就可以高效地与市场上其他没有达到同样效率和效果的组织进行竞争。

事实上，所有的行业都在进行质量制胜的游戏——从服装业到家具业到消费类电子行业。那些曾经昂贵、缓慢以及笨重的商品都渐渐演化成不太昂贵、快捷和轻便的产品。手机就是一个很好的例子。15年前，手机很昂贵，而且性能也不可靠，如今，每个人的口袋里都装着一个功能强大、便捷和性能可靠的手机。另外一个例子是，当20世纪70年代石油危机时，美国汽车业受到来自日本汽车业的挑战。美国之前从未想到日本会提供一个如此消费者友好的、可靠的产品，从那以后，美国汽车市场的版图就一直处于变化之中。

监管体制下的质量标准

在监管体制下运营的组织（如制药业、航空航天业和交通运输业）要遵循第二种质量标准。这类组织的质量标准是由管控和遵守所驱动的。

在这种环境下，要通过一些具体的政策和实践规定来说明如何遵守一个质量管理体系。通过审核可以保证这些实践规定的正确性并不断完善它们，审核工作通常由内部或者第三方组织来执行，从而确保组织获得一定水平的资质认证。有了这种资质认证，顾客和消费者就对产品或制造商的可靠性有了基本的信心。

毋庸置疑，在监管环境下，不管是什么行业的组织都很清楚一个不合格产品可能带来的风险和责任。例如客机的坠毁、潜水艇的故障、病人所服的含毒的药丸、大肠杆菌以及相关的食品召回或者一个有缺陷的心脏起搏器，都将造成全球性的新闻。因此，这些组织对质量标准的遵守程度要远远高于那些只是利用质量来获得市场份额的组织。

执行速度的提升

随时间推移而产生变化的另外的质量变量是沟通速度以及执行速度。简单地说，工作人员需要用比以前更快的速度接受他们所需要的信息。在不久之前，诸如蓝图、制造说明、检查表等重要的信息都是人工记录传递的；现在，这些信息可以实时地传播和更新。事实上，当前成为无纸化的组织是一个主要的行业实践。

多亏了网页、博客和社交网站，人们可以上网获得那些曾经被锁在抽屉里的知识。例如，过去计算一个复杂的数学方程，员工需要多次会见组织里的数学家，而今，一个普通员工只需要上网找到数学公式，然后数分钟内，他们就可以完成之前需要几天或几个星期才可以完成的事情。

国防业的质量

当涉及维持和测量质量时，国防业就显得有点与众不同。研究这个很有趣，因为你会发现国防业仍然在使用 20 世纪 50 年代设计的传统产品。理由是，尽管时代遥远，这些系统仍然能够完美地工作，并且将在接下去的二三十年继续它们的使命。

过时的传统系统和更新的技术被结合在一起。此外，那些掌握了传统系统知识的职员们年纪也都大了。事实上，老一辈专家们正陆陆续续从国防行业（以及其他同类行业）中退下来。他们的离开使得国防组织必须重新筹划不同的战略，从而维持组织绩效和系统的可用性。

同时，国防业对顶尖技术的需求正在不断增加，因为战争的方式正在发生变化——从过去只是关注格斗，到现在注重游击战、智能和信息安全保障。换句话说，现在需要新的武器系统来应对新型敌人。

因此，在过去一二十年间，新旧体系相互融合。但是不管是新的还是旧的体系，其质量必须要完美无缺。但这一要求面临一个挑战，即传统产品的生产接受 1％～2％不合格率。

由于人口和技术的快速演变，国防业正处于一个特殊的转型期——从旧的方式向新的方式转型。在这个转型过程中，质量必须无懈可击。简单地说，国防组织系统是和美国以及相关盟国的国家安全直接相关的，因此，无论是今天还是未来，国防组织承诺及实现的质量都必须是无懈可击的。

定义国防业的可持续性

长期可持续性是每个国防组织都在努力追求的目标，同时也是每个顾客要求国防相关系统和解决方案要实现的。尽管每一个产品或组织都需要可持续性，但是国防业的可持续性尤为重要。

在某些行业里，产品技术以极快的速度更新，以满足全球消费者动态性的需求。以消费性电子产品为例，当移动电话进入分销渠道后，制造者基本不需要跟踪是谁买了电话。没错，这是因为移动电话会有保修单，但是事实上，有多少顾客会真正用那个保修单呢？

因此，对于一个制造商来说，可持续性并不是指去维护一个已有产品的质量，而是指维护其能生产更多产品的能力。为了达到这个目的，对很多制造企业来说，有一个牢固的基础建设才是核心工作。譬如，假设我的工厂将在明天被烧毁，那么多久后可以重建一个同样的新工厂呢？在这个过渡期，我能否使用其他的工厂继续制造产品？如果一整条生产线因为故障停机怎么办？这些是制造业所需面临的问题。

相反，国防业的可持续性主要是指一个产品在装运后可以维持使用三四十年的时间。让我们考虑一个复杂的雷达防御系统，它必须在每天的每一秒没有任何缺陷地工作，否则人的生命，可能是大量的人的生命，将会处于危险境地。为了能够获得长期可持续性，在雷达装运使用后，必须持续考虑大量的变量，包括气候、操作者、老化的部件以及培训等。

由于上述原因，国防组织必须经常评估和调整四个主要领域的投入：人员、组织系统和结构、顾客关系、创新。还必须对这些领域进行持续的研究，从而累积实现长期可持续的相关知识和智慧。

NoDoubt：行业全局观

由于国防业的任何缺陷都可能导致灾难性的后果，通常用NoDoubt（雷神公司的注册商标）来让人们持续关注零缺陷的质量绩效。

NoDoubt并不参考任何具体的标准值或测量值，它是一个全局观。它意味着无论什么时间及地点，不管是一次还是整个生命周期，只要被需要，武器系统都能工作正常。

在国防领域，即使99%的可靠性也是灾难性的。这就是为什么NoDoubt这一概念被全球的关键任务设备的制造商和最终使用者所接受。此外，支持国防组织的工作人员也完全接受NoDoubt的概念，也必须对自己拥有NoDoubt。这些工作人员必须非常清晰他们的使命，理解他们的工作对最终使用者、国家、消费者和组织的重要作用。这些工作人员必须明白他们在组织中所扮演的角色，以及组织期望他们达到的绩效。这些工作人员还必须知道怎样从组织中获得资源、组织系统和他们完成工作所需的支持。

然而，要实现一个完整的任务保证的买进并不容易。它的实现不可能靠单纯的情感投入，或者部署一系列工具或过程。必须能够对四个特殊关键领域进行持续的投入：

1. 人员。
2. 组织系统和结构。
3. 顾客关系。

4. 创新。

任务保证组织模型的起源

这里所阐释的任务保证组织模型是基于作者多年的详细研究所形成的，当初研究是为了更多地了解国防业与不同组织间的差异。在整个研究中，我访问了国防业内的数十个成功的组织，并且与上层管理人员进行了不少于 38 次的深入访谈。受访者有不同的社会经济背景和宗教背景，并且他们的年龄和在业内的工作时间也差别很大。研究发现基于这些受访者的反馈以及我的职业生涯的经验得出。在 25 年的组织高级管理人员的职业生涯中，我走访了 46 个国家，研究了世界上最好和最坏的制造过程，我从这些经验中获得了任务保证和长期可持续性的大量知识。

四个投资领域

如前所述，任务保证模型立足于四个投资领域：人员、组织系统和结构、顾客关系和创新（见图 25—1）。通常，不同组织对每个领域的不同承诺程度决定了组织间的差异性。现在，让我们进一步定义这四个投资领域。

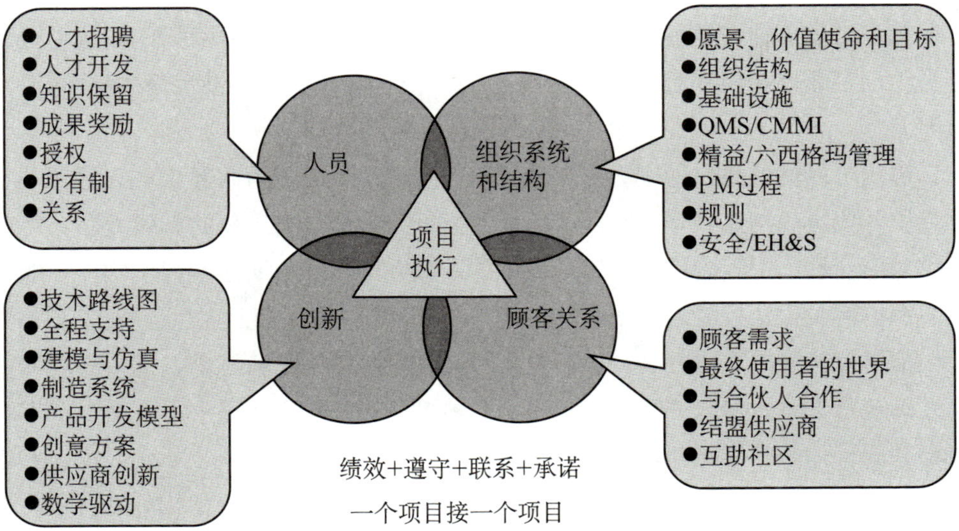

图 25—1　可持续性能的四个投资领域

资料来源：Eksir，2008.

人员（也被称为人力资本）

在快速变化的全球环境中，不能低估人员的价值，因为员工的态度和承诺是大部分国防行业战略的首要因素。雷神集成防御系统的总裁 Daniel L. Smith 经常提及“一切好和坏的根源，都是98.6度的温度”。

在人员领域的投资包括沟通、教育和出版物——本质上，指任何能够有效连接人员和组织的活动。不幸的是，组织必须面对一个事实，即工业经济正在面临劳动力老龄化的问题。当老员工退休时候，他们在工作岗位上所累积的智慧将会丢失。所以主要挑战在于如何获取他们的知识，然后引进新员工来替代他们。

发展一种基于包容性和结果导向的、不受劳动力老龄化影响的任务保证文化，需要对人员和人力资源过程进行持续的和全面的投资。这些投资包括识别和奖励项目，以及员工培训和开发等。有些国防组织会投资于文化活动，从而培育一个信任、包容和更好的团队工作的文化环境。

组织系统和结构

第二个投资的领域是固定资产和可变资产，这些资产提供了一个有利于项目实施的工作环境，包括组织基础设施、物理设备、关键过程和信息系统。这个范畴里的另一个投资内容包括政策和程序（如质量管理系统）、持续改善活动（六西格玛、精益和能力成熟度整合模型），以及能够使员工提高工作效率的工具包和资产。

顾客关系

第三个投资领域处理的是顾客和员工的关系。这可以解决双向的问题，因为让员工理解顾客和让顾客理解一个特殊的国防性组织的任务保证策略都同等的重要。

组织可以通过无数种方法来加强与顾客的联系。组织的内部活动和定期的与领导团队成员的沟通，是能够提醒员工他们每天为什么来工作的有效方法。年度的供应商会议、国际会议以及研讨会也是一些方法，来帮助国际合作伙伴和顾客与组织的使命保证战略建立联系。

如果能够采用上述方法，顾客关系管理就会带来信任和尊重，进一步演变成高度的亲密关系。如此一来，就实现了一种更深的关系，在这个关系中，双方将能够共同合作、互惠互利。

创新

第四个投资领域是研发，因为如果没有持续性的创新，国防组织将不能为其顾客稳定地提供相应的能力。国防组织经常拥有专业的团队来集中推进它在目标领域的专业知识。专利技术、新工作过程，以及突破性产品和技术通常是由这些专业性的创新团队创造的。

创新的一个主要来源是对任务环境的建模与仿真。提议的方案会通过计算机模型来演示，这些模型要使用数学公式和基于规则的系统。这种类型的仿真是在确定最终的建筑概念或者投资材料与资产之前进行的。让顾客接触模拟环境会让他们明白书本理论知识如何在现实中实现。在逼真的计算机模型的帮助下，顾客可以更准确地定义概念、预算、能力和机会。

六西格玛和精益：任务保证的推动者

有些工具或项目较为全面，可以在四个投资领域中进行。六西格玛和精益是这方面的典型例子。

过去 30 年来，美国制造商渐渐地开始接受和应用这两种方法。虽然六西格玛和精益在方法上有点类似，它们都是通过减少相关质量问题以达到生产率的改善，然而，六西格玛和精益也是有一定的区别的。

六西格玛为制造业引进了统计的方法，这样可以以一个较低的总成本来实现产出增加，因此也为顾客提升了价值。除了统计方法之外，六西格玛也是一种思考方法并且在行动方面以生产率为中心。做到这些后，六西格玛就可以帮助组织更好地管理以及预测过程的性能。

那些产品更新换代较为迅速的组织最早采用六西格玛方法。在不久之后，事务性行业认识到六西格玛并不只适用于大批量生产类的运营活动，于是像通用电气、联合信号和摩托罗拉等企业都开始采纳六西格玛，并将其应用于整个组织。

作为与快速更新产品的制造业截然相反的行业，国防业是最后跳上六西格玛班车的行业。不像那些只需维持数月或数年的小机械玩意或手机，国防组织生产的系统必须能够数十年保持零缺陷。

由于这个原因，大多数国防组织已经采用了六西格玛以满足它们的需求。这些组织将六西格玛工具和它们自身内部的工具混合在一起使用，这种组合使它们显得独一无二。这些组织甚至想给六西格玛一个新的名字，并在组织内部和外部都使其品牌化。

关于精益的应用也大同小异。精益适用于那些需要快速移动的零部件的高生产率的商品制造商，比如汽车和消费性电子产业，在这些行业中，减少库存材料的能力直接与基线成本相关。也就是说，当价值 2 亿美元的原材料放在库房中时，它们可不像放在银行里能有利息。

早些时候，这一原则并不被国防业所理解，因为库存一直被认为是收益的来源。换句话说，在商业组织中，原材料在转换成产品并被运送出去之前不能获利，但是国防组织却可以。例如，国防组织一买到板材就开发票给顾客，然而材料可能在数年内都不用，因为原材料可能用来解决传统的设计问题或者生产备件。

最终，国防业也已经决定将精益扩展到制造环境之外的领域。例如，国防业现在以更系统的方式使用精益方法——帮助提高空间使用率、最优化错误防范，以及减少组织层级等。随着时间推移，这种全面应用将会产生非常有效的结果。

重申一遍，此处讨论的六西格玛和精益的关键点是国防业已经得到了如下结论：即使在一个需要使用数年来设计和制造一个产品，然后用数十年支持它的小批量高复杂系统环境下，两种方法都仍然具有实际应用的价值。

如上所述，六西格玛和精益适合任务保证组织模型的全部四个投资领域。实施六西格玛和精益所需要的结构培训（如文件、物流和政策）则属于组织系统和结构的投资领域。

和人员领域相对应的部分是文化调整，因为要创建一种共同语言来使员工从组织学习模型中获益。对六西格玛和精益的应用可以实现组织模型中的顾客关系和创新。也就是说，当员工运用这些方法时，他们可以创造更多的能加强和顾客关系的创新方法。使用六西格玛和精益得到的解决方案的一个普遍特征是有效率，如果这两种方法能够应用恰当，可以减少交货时间、减少冗余重复工作、减少非增值步骤和降低成本。很多国防组织也使用六西格玛和精益方法培训它们的顾客和分包商，这也是创建关系和共同语言的另一种方法。

尽管启用六西格玛/精益的第一个投资领域是组织系统和结构，但它最终将渗透到其他投资领域。通过提升组织的整体能力，它将有效整合一个项目团队。项目团队将可以从加强学习、行为、关系和创新方法中获益——所有这些均将导向为顾客提供和实现最好的解决方案。如此一来，随着一个项目接一个项目，日复一日，组织就会实现可持续和可预测的绩效。

节点上的人员

虽然“人员”独占一个投资领域，人员处于所有投资领域的核心位置，但这一点不是无可争议的，可以进行探讨。当设计一个组织时——制定政策、建造建筑物、实施信息系统——最终还是得依托人工来完成（组织系统和结构）。当建立顾客关系，进而搞明白员工的工作范畴时，必须与员工打交道（顾客关系）。当创建一个能够促进、欢迎和奖励创新而不是拒绝创新的环境时，需要人员参与（创新）。因此，所有四个投资领域都真真切切取决于人员，或者说人力资本。

由于在实现任务保证中人员扮演着如此重要的角色，培育员工“软实力”显得至关重要。也就是说，诸如文化、语言和理解力等要素处于优先地位。软实力的另一方面是员工的技术技能，在成熟的国防组织中，这是需要得到高度重视的。如果员工希望提升他们对组织的价值，那么就需要有定义明确的基本政策，以便员工能够深入理解。例如，员工需要准确地知道如何报名参加附加工作培训课程或者辅导方案。

如果建立了一个能够允许员工自己定义职业生涯的正式制度，员工会直观地知道他们的职位升迁和上级管理者的突发奇想或者运气没有任何关系，相反，他们的成功主要取决于他们能够先人一步地拥有合适的技能与培训。

这种文件化的基础系统帮助组织实现了可持续性，反过来又会减少工作人员的波动。久而久之，组织的可持续性将在员工内部产生一种信心——或者NoDoubt。员工们将相信当他们开车去上班时，所有的事情都已经就绪——他们的办公楼、办公室、计算机、电子邮件、工作等等。这样人们将减少对工作安全的担忧，而是将更多的时间集中在如何为组织解决另一个问题上。总而言之，他们变得更有生产率并且对组织更忠诚。

创造一个最有效的位置

根据我们的任务保证组织模型，实现可持续组织不再是关于使用正确的工具，比如六西格玛和精益，或者其他的过程，而是关于如何建造四个投资领域：人员、组织系统和结构、顾客关系和创新。

当这些投资领域互相重叠时，将会产生一个中心位置，这可以被称为组织模型的“最有效位置”（如图 25—2）。最有效位置的存在意味着只要提供实施项目所需要的所有资源，项目经理就可以很容易地深入了解四个投资领域。这样，项目的总体效率和有效性可以最大化，并达到它的目标。

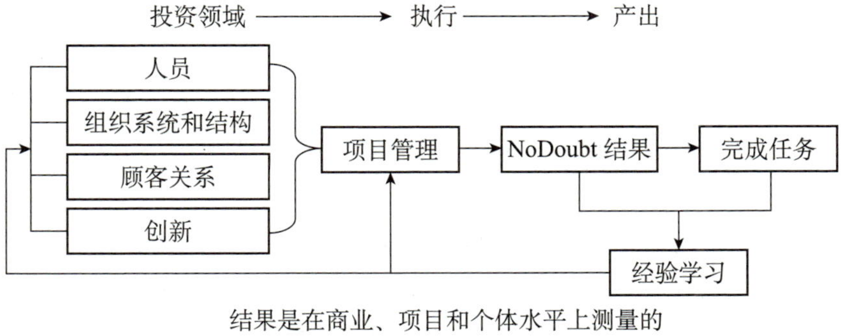

图 25—2　按项目交付给 NoDoubt 顾客

资料来源：Eksir，2008.

绝非巧合的是，当处于组织最有效位置时，项目经理的有效执行也和任务保证的四大支柱有着完美的联系：绩效、遵守、联系与承诺。也就是说，当一个项目被零缺陷地执行，它将按照合同规定进行（绩效）；将遵守所有的内外监管要求（遵守）；将所有的关键成分与顾客成功连接（联系）；将从多个跨组织团队的承诺中获利（承诺）。

项目经理的角色

在继续之前，需要解释一下为什么项目经理的角色对国防业的任务保证模型如此重要。事实上，国防业是少有的把项目管理作为解决方案提供给市场的行业之一。国防业没有直接的分销渠道，没有直接的销售，没有展厅，并且没有直接的邮寄活动。解决方案就是提交一个又一个项目。

如果你愿意的话，可以认为项目经理是一个总承包者。一个总承包者可以支配很多资源：电工、水管工人、泥瓦匠等等。项目经理的工作是尽可能地以有效率和有效益的方式调动这些人员完成工作。项目经理一样也可以深入四个主要资源领域：人员、组织系统和结构、顾客关系和创新。基于国防业和政府之间约定的合同，项目经理必须决定每个领域需要多少资源，以提供所需的解决方案。

例如，如果需要人力资源，项目经理只需要估计需要的人工数，以及对他们的技能需求和安全许可，然后提出要求。如果需要物理空间或信息技术，项目经理只要简单预估需要什么。如果需要政治关系，项目经理应该深入了解当前组织和五角大楼或者白宫的关系。最后，如果需要最新的仿真和建模技术，项目经理可以调用组织的在编技术专家。

持续测量以维持最有效位置

既然四个投资领域的交叉部分，即最有效位置非常重要，那么组织如何知道每个区域是否都准备好了呢？换句话说，组织如何知道投资什么？答案是，通过持续的测量。组织有多种可供选择的方法来测量这些领域：

- 客户组织审查（CBR）——客户的季度书面反馈。
- 顾客的口头反馈。
- 项目健康状况调查——要不间断地进行。
- 每季度的组织审查（QBR）——组织季度性的自我评估。
- 人力资源（HR）评估——通常在年初进行；帮助确定组织的人力资源的缺口在哪里。
- 战略计划——修订组织的总体战略计划并传达给员工。
- 年度经营计划——为下一年设定组织的财务目标。

- 员工意见调查。
- 供应商与合作伙伴论坛——坦诚互动与反馈的理想方式。

所有的这些情报都要直接反馈给组织。在对数据进行分析之后，组织必须能够确定它属于每个投资领域的哪个位置。相应地，根据现在要完成的项目，重新修订投资计划，这样可以维持任务保证的最有效位置，反过来帮助实现可持续的组织。

任务保证模型的普遍性

除了航天业和国防业，任务保证组织模型也可以被简单地应用到其他行业。事实上，几乎所有的行业都已经使用了该模型，因为它们都对上述四个关键领域进行投资。大部分成功的大型组织招聘和开发人力资源（人员），在实体环境中运营和实施信息系统（组织系统和结构），培育和顾客的关系（顾客关系），并且创造新的解决方案（创新）。

国防业与其他行业，比如说制药行业的差别在于其认识程度。换句话说，那些能够从其投资获得大量回报的组织是能够实际理解运作模型的组织。它们一般对这四个领域进行有计划的投资，正视项目经理的核心位置，测量它们的投资，并且在每年年终修订其投资计划。

按照这种模式，大部分国防业的组织已经将该模型发展成熟，以至于四个投资领域的空白缓冲区几乎被完全消除，并有轻微的重叠。这样做的直接结果是，这些组织可以年复一年地，最大化它们矩阵组织的利益，并且最大化四个投资领域的收益。

美军：追求品质的合作伙伴

由于被付诸新闻报道的经常是一些负面消息，比如关于军队合同的成本超支、军队装备不能跟上需求、政府官员能够享受终生雇用等负面故事比比皆是，以及最近爆料出某些军事医院的条件过于简陋，所以很多美国公民总觉得他们的军队服务质量相对较低。

然而，美国军队的质量改善速度实际上要比以前快得多，这是时代的需求。当需要在多条战线进行多场战争时，改善军需产品和过程质量的需求不断增长。简单地说，没什么时候比现在更适合推进 20 世纪 90 年代提出的潜在质量活动。

为此，数以千计的军官、士兵、公务员和承包商通过改善装备、系统、过程和人员的质量，来保护美国和它的同盟。整个军队已经开始实施创新性质量活动，一些浪费性过程被取消了，增加了一些增值服务。Attain有限责任公司的董事长兼首席执行官Greg Baroni说过："这些人已经充分了解质量对任务成功的重要作用，因此，他们能够确保质量和任务齐头并进。"

军队如何完成质量改善？它应该从哪里开始？答案是向诸如雷神公司、洛克希德·马丁公司以及通用电气等国防供应商和承包商学习。这些组织是六西格玛和精益等绩效项目的最早采用者和实践者，这些方法适合于使用精确和应答性信息的军队文化。

基于对六西格玛和精益等方法的最佳实践，多年以来，国防业已经帮助军队建立了一种共识，即长期价值对美国纳税人和国家安全利益的重要性。现在，国防业和美国军队的质量观首次达成了一致，他们双方甚至在同样的语境下使用同样的持续性改善语言。这样可以实现更好的信任、更少的沟通失误，以及更快速运转的机器。

军队提高质量承诺的一个最好的例子是2004年导弹防御局（MDA）创建的导弹防御保证条款（MAP）。由MDA的任务保证和质量安全项目指挥Randy Stone领导，政府、产业和学术界广泛加入，来研究、收集和创建导弹防御系统开发、交付和支持的一系列新标准。MAP是一些贯穿机构部门、项目和供应商的标准与要求的集合。为了能够实施，MAP提供了一个质量管理系统，它远远领先于某些国防业所遵循的最为全面的质量管理系统。

MDA投资数百万美元创建了一个由来自产业和学术界的最受尊敬的质量专家构成的智囊团。该机构的目标是创建一个比AS 9100和ISO 9000等认证标准更为全面和严格的标准。MDA想要一个文件，如果严格执行了六西格玛、精益和根原因纠正措施等最好的方法就能够提供绝对任务保证。MAP是该投资的最终结果。

尽管国防业声称要帮助创建MAP，重点是这个愿景的发起者是MDA。这是美国军队跟随国防业认识质量和可持续性能的重要性并且开辟自己的道路改善质量的最好例子。

一个更为深远的计划

世界正在改变。人们总喜欢谈及第一次和第二次工业革命，但很明显的是我们目前正处于工业革命的恒定状态。我们如此之迅速地突破技术瓶颈，以至于我们都没有来得及为之取名。这就是为什么我们需要一个更深入、更深远的组织模型，让下一代人来依此行事。

组织挥舞六西格玛和精益的大旗，期望这些方法帮助它们改变以及维持组织绩效的时代已经一去不复返了。没错，六西格玛、精益和类似的工具可以部分地改善组织，但它们不是万灵药。未来需要一个更大的模型——该模型需要能够深入理解组织的投资。然而，这只是成功的一半。那些投资还必须能持续可测量，并且年复一年地校准，从而实现最优组织的目标。

致谢

作者对直接贡献于本章的 John Cacciatore 致以诚挚的感谢。

参考文献

Eksir, A. (2008). How Do Defense Organizations Understand and Measure Human Capital. Submitted in partial fulfillment of the requirements for the Qualitative Research Report in the Executive Doctor of Management Program at the Weatherhead School of Management, Case Western Reserve University, Cleveland, OH.

Eksir, A. (2009). The Influence of Team Health on Organization Outcomes.

（洪志生 译，孙军华、苏强 校）

第四部分

关键作用：你在卓越绩效中的角色

第26章

员工授权：处理“有用的多数”过程

玛丽·贝思·爱德蒙　丹尼斯·J·门罗

关于本章

朱兰博士在向本版作者总评第五版手册时，他表达了对于管理者没有尽全力去引导员工提高工作绩效的忧虑。作为帕累托法则的倡议者，朱兰博士经常提醒组织的管理者，他们对组织中的大多数问题负有绝对责任，因此他们应该去解决这些问题。如果80%的问题来自管理层面（关键的少数问题），那还有剩下20%的问题是由劳动者造成的。我们认为在完善阶段，总有些人需要去解决这些“有用的多数”问题。出于对朱兰博士的再次敬意，本章聚焦于授权员工去参与和解决有用的多数问题的必要性。本章旨在提出能够帮助组织有效地激励员工参与，并由此提高绩效、质量与组织可持续性的核心价值、概念和模型。一支富有能力并且积极参与的员工团队是培育以客户为中心的文化与提供高质量产品、服务的基础。

本章要点

1. 员工是企业管理中仅次于顾客的第二重要的资源。员工是提供高质量产品与服务所必需的。为达成这些目标，他们需要处于自我控制的状态。实现这种状态需要他们参与到定义并实施有效的、高效的生产服务过程中来。

2. 实现员工参与对于企业管理而言常常是困难的。这包括许多原因，比如缺乏信任和管理者相互推脱的心理。

3. 授权员工会带来一种高绩效的文化，或者通常称为品质文化。

4. 员工参与可以通过团队参与、设计新的部门过程、教育、交流与员工授权来实现。

5. 作为自我控制的一种形式，员工授权是一种员工拥有知识、技能、权力与愿望在规定范围内决策和行动的状态。

6. 在组织的所有过程中都推进卓越绩效对于员工授权非常重要。管理者在领导变革中的角色是成功实现员工授权的一个重要因素。

7. 管理者必须成为变革的支持者，并能在经济困难时期提供资源。为了取得成功，这是一个需要有效克服的重大挑战。

什么是授权和参与?

世界银行将授权定义为一种强化个人或者群体进行选择并将该选择转换为期望的行动与结果的过程。这一过程的中心是一系列行动，它们既能构建个人与集体资产，又能提高管理该资产使用的组织与制度环境的效益与公平性。

2007年到2008年期间，Towers Perrin领导了一项针对雇员参与及其在组织内影响力的全球劳动力调查研究。他们将雇员参与定义为雇员感受到的自己和雇主之间的联系程度，主要表现为持续性地自愿努力工作，从而帮助组织实现成功的决心与能力。研究结果显示，只有差不多1/5的雇员（21%）完全参与到工作中，同时有8%的雇员完全脱离了他们的工作。这意味着占压倒性的71%的雇员属于我们所说的“中间的大多数”。

David Gershon在他的文章《改变组织内的行为：授权的实践》（Gershon，2007）中很好地阐述了无授权、无员工参与的组织文化中存在的症状。这些症状包括：

- 指责受害者心理。
- 惧怕做决定。
- 缺乏决策参与。
- 新想法得不到重视。
- 领导与员工的对抗心理。
- 不信任与犬儒主义。
- 漠不关心与疲于奔命。
- 由于对他人反应的恐惧，无法自由地表达想法或感受。
- 对学习与发展机会毫不积极。
- 工作环境中充斥着小道消息与诽谤中伤。
- 员工感到不被赏识。
- 缺乏对贡献的褒奖。
- 最顶尖的精英跳槽到更好的工作机会与环境。

未来十年中，婴儿潮一代将退出劳动力市场，新一代雇员开始进入职场，越来越多的组织将必须努力消除这些阻止雇员参与的障碍。我们确信，组织授权和参与会成为下一代人选择雇主时的基本要求。

员工指的是所有积极参与完成组织工作的非管理岗位雇员。包括所有的雇员，以及能够让员工相互协作、为实现卓越绩效同心协力的所有相关网络与组织结构的集合。员工需要遵守组织建立的旨在确保战略战术符合组织目标的政策与过程。每当领导者要求员工增加工作量时，都会面对来自员工的各个方面的质疑。这种怀疑通常是缘于组织不相信、不信任或不愿意接受领导者的指挥。实现有效质量管理，以及最终实现卓越绩效，会催生对政策、流程与过程的必要变革，这些变革都必须由员工来执行。管理者必须与员工一起落实这些变革。但是首先，管理者必须获取员工的认同。缺乏认同会导致管理者难以运用必要的技术方法提升组织绩效。组织需要员工参与，以实现团队分享、提出有关问题诱因的假设、建议对过程进行改变，然后实施这些变革。获取认同的最好方法是向员工证明参与是值得的。当管理者对员工参与以及提出的新程序进行嘉奖和认可时，员工将会更加积极地参与。这种循环很重要，而它以管理者允许员工把时间花在与项目团队一起工作、学习新的能力并进入自我控制状态为起点。因此管理者的角色就是要组建一支有能力、被授权并积极参与的员工团队。

员工授权，或是朱兰博士所说的自我控制状态，是指员工在规定的范围内，有足够的知识、技能、权力与愿望做出决定并予以执行的一种状态。员工对行为的结果负责，同时为组织的成功作出贡献。

在一个充分授权的组织内，员工面对日常的需求与机会需要采取行动，包括顾客满意度、安全运营、服务与产品质量、安全环境实践、商业运营结果，以及持续的过程、产品与人员改进。当员工的目标与组织目标相一致时，他们有机会和有权力将自己对组织的贡献最大化，他们有意愿也有能力采取适当的行动，他们以组织的目的为己任，他们能够实现组织全部的使命与愿景，这时员工授权的潜能也就发挥到了极致。被授权的员工能从信任关系、充分的交流、信息分享与绩效责任制中受益。促成授权的关键要素是终身学习、认可与奖励系统、公平的机会，以及经营决策的参与。因此，授权可以通过以下文字公式来展示：

授权＝校准＋机会＋能力＋承诺

校准

校准指的是计划、过程、信息、资源决策、行动、结果和分析的一致性，以支持关键的组织目标。有效的校准既要有对于意图及目标的共识，又要有对顾客和其他利益相关者需求的了解。校准还要求在组织范围、关键程序和部门或工作组这三个层次上使用互补性的方法与信息，开展计划、追踪、分析和改进。

机会与权力

为了让员工有机会使他们的贡献最大化，组织必须妥善安排组织的事务以做到：

- 个人权力、责任与能力都与自我控制相一致。
- 有效使用权力的障碍得到清除。
- 必要的工具与支持都已经到位。

丽思·卡尔顿酒店为了实现顾客满意，准许每个员工花费最多2 000美元用于当场解决顾客的问题（这个授权的例子最常被前台的员工所使用）。在沃尔特·迪斯尼世界及其他迪斯尼乐园中，演出成员（迪斯尼对“雇员”的称呼）都有权去为丢失门票、洒出食品，以及弄坏纪念品的游客提供替换服务，即使那些损失是由游客自己造成的。在丽思·卡尔顿酒店和迪斯尼，这种授权被视为一种满足顾客需要，强化雇员对于组织愿景、使命与价值认同感的直接方式。在这种意义上，当工作人员拥有了权力与能力去直接解决此类顾客问题时，他们就获得了某种程度上对于组织而言的主人翁意识。

能力

如果没有足够的能力，员工采取某些行动会是非常危险的。经验已表明，没有受过适当训练的同事所给予的反馈可能被视作是过分严厉且没有建设性的。如果员工不知道采取何种行动或者如何采取行动，那么组织的目标也将无法达成。因此，员工必须拥有实现适当目标的能力。一个得到授权的员工知道如何去做该做的事情，并且拥有足够的技能与信息去实现它。

培训是开发员工能力的一种重要方式。在阳光食品公司，雇员培训对于该公司的所有业务活动而言都非常重要。有一个强制性项目恰如其分地取名为“阳光食品大学”，这是所有雇员入职前必须参与的，以确保所有的教育与培训都和组织目标相一致。这个每年都会更新的项目，通过 8 门不同的课程促进跨职能团队与标准化程序的建立，以实现公司整体与雇员个人的利益。在卡尔顿酒店，所有新员工在正式上岗与顾客打交道之前，都要接受 48 小时的入职培训。在 21 天的工作后，将会有一个 4 小时的后续培训，期间将基于该公司的愿景“我们以绅士淑女的态度为绅士淑女们忠诚服务”，对新员工入职 21 天来的表现进行回顾与讨论。

承诺

员工承诺是卓越的绩效与质量的关键要素。这是当员工认为自己有责任创造成功并采取行动去实现成功时，理应抱有的一种心态。

有两种体现员工承诺的行为。第一种行为在员工一心一意地完成本职工作时表现得最为明显，第二种行为则是员工自愿为了团队或组织目标而做出自我牺牲。

一名有承诺的员工会有一个聚焦点。有时候员工对于这一聚焦点过于执着，仿佛已经无视其他。让我们设想现在有一群项目经理。项目经理通常是在矩阵式的组织中工作，他们拥有分配给他们的跨职能部门的资源。项目经理们为了人才、时间、经费与技术持续不断地相互竞争着。对于项目经理而言，要想获得成功，他/她必须坚信所做的工作是整个组织中最重要的，同时绝对不能放弃为了实现项目目标所做的承诺。一旦放弃承诺，他们将难以成功，项目也会面临失败。

同项目经理一样，员工也会自然而然地倾向于对质量有所承诺。即便是设计糟糕的系统与生产过程，员工仍然有可能，也的确能够实现高质量。员工也能够在没有监督、管理低下的情况下保证质量。当员工认为他们是组织内有价值的一员并且得到充分认可与奖励时，组织就获得了员工的承诺。

一个衡量承诺的标准就是员工为了实现承诺而自愿做出自我牺牲的意愿。每个员工都有一个意愿极限，但是这个极限无法估计。个人牺牲必须是有意义的。

如果无法体现自我价值或者无法提供满足感，人们是不会投身于某一任务或项目中去的。为那些能够增进个人成就感的事情，员工是可以做出牺牲的。

这里最关键的信息就是，如果想要员工对于组织目标和任务有所承诺，那么组织应当就这些目标和任务同员工进行沟通。有意义才会有承诺。在员工体会到并且赞同一份工作的意义之前，这份工作只不过是一份养家糊口的工具。当员工对工作有认同感并体会到它的意义后，工作就不再仅仅是工作了：它成为了一种承诺。只有当员工感觉到自己所做的工作有意义，并且是一个更宏伟工作的一部分时，他们才会做出牺牲。员工需要知道自己是如何为组织的成功和目标的实现出了一份力的。

员工能力和员工参与

“员工能力”一词指的是员工所拥有的能够完成工作过程所必要的知识、能力、技能与素质的程度。这些能力包括：建立与维持客户关系的能力，创新与向新的服务、工作过程和科技知识转移，以及适应不断变化的商业、市场与监管需求。

“员工参与”一词指的是在感性和理性层面，对于实现组织的工作、使命与愿景而言员工承诺的程度。员工参与度高的组织，其主要特征是员工受到激励，为了顾客利益与组织成功而尽其所能。在建立和巩固与高管、直接领导以及客户团体的关系时，也可能出现员工参与。

当员工在工作中找到个人意义与动力，以及得到积极的工作反馈与人际间支持时，他们就会感觉到已参与其中。消除那些阻碍员工“干好工作”的障碍，就是一种反馈与支持员工参与的方法。一个积极参与的员工会得益于相互信任的关系、良好的沟通交流、安全的工作环境、授权以及绩效责任制。对于员工参与而言，一些关键要素包括：持续良好的过程、研究与创新、产出管理，以及责任归属模式。

有证据表明，商业成功与追求高品质是紧密相联的。马尔科姆·鲍德里奇国家质量奖以及其他追求卓越的国家性奖项，都在其综合评分框架中包含了员工角色。在其他重大的州、地区或国家性奖项中，卓越绩效的主要因素也都与员工直接相关。大多数国家性质量奖，例如马尔科姆·鲍德里奇国家质量奖，都为员工情况赋予了分值，包括：

5.1 员工参与　　45分

5.2 员工环境　　40 分

7.4 员工产出　　70 分

马尔科姆·鲍德里奇国家质量奖的其他标准也高度依赖于组织是否成功地创造与维系了一个对所有员工而言，有助于员工参与、承诺并且高产的工作环境。为创造一个持续性、高绩效、高质量的组织文化，所有员工的参与和承诺是必不可少的。

其实员工参与并不是一个新事物。至今为止，对于增加员工参与度并进而改善工作环境，已经有了诸多尝试：

20 世纪 70 年代：质量小组。

20 世纪 80 年代：员工参与团队。

20 世纪 90 年代：自我导向小组。

21 世纪 00 年代：部门工作过程团队。

随着组织开始迈向新千年的下一个十年，员工仍然是组织所拥有的仅次于顾客的重要资源。在当今的竞争蓝图中，人力资源远比自然资源重要，对于服务性组织更是如此。人是最重要的。对于他们的激励、教育、参与及忠诚仍是管理者的重要任务。

对于下一代员工——今天的学生来说，授权将变得愈发重要，他们需要从工作中收获比父辈更多的东西。他们更加睿智，需要更多自己的时间，想在岗位上更好地完成工作。他们希望自己的雇主能够与他们相互合作以达到双赢。

构建员工授权和员工参与的基础

核心价值、使命和愿景

组织价值指由组织定义，就组织和员工应该如何运作而设定基准的领导原则和行为。价值反映并强化了一个组织所期望的文化。价值指导着每一名员工的决策，帮助组织达成其使命和实现其愿景，并为在结果导向的组织框架中整合关键绩效要求提供基础。价值的实例包括有远见的领导、组织和个人的学习、有价值的员工和伙伴、灵活性、专注于未来、创新管理、以事实为依据的管理、注重结果和创造价值，以及系统观。

战略规划是大多数组织中的常规活动，是行政管理团队的职能。战略规划为员工提供了两样东西：

1. 组织的愿景、目标和战略。

2. 组织的核心价值。

为了实现对工作的承诺，员工必须有一个聚焦点，这个聚焦点是通过讨论组织的战略愿景、目标及核心价值创造出来的。在组织内的每个层级中，这些目标和价值都必须转化为每个员工的工作和决策。与员工讨论战略愿景、目标和价值的一种常用方式是：通过给执行小组的成员开会来分享信息。许多组织通过遍布企业的墙上公告板展示它们的核心价值。

公开沟通

员工必须有能够畅通无阻地获取相关信息的渠道。曾获得2006年鲍德里奇奖的卓越有限公司（Premiere Inc.），每个季度都会召开有全体员工参与，讨论组织当前形势下的事务及目标的电话会议。除此之外，卓越有限公司为组织成员提供了一份名为“周一时刻”（Monday Minutes）的邮件周刊，定期召开管理层会议，推广其综合性网站，所有这些都是为了使员工能够及时了解组织中的相关事务、结果和变化。

沟通必须明确、及时、可信且有数据和事实作为支撑。员工必须知悉那些曾被认为与他们工作无关、“没有必要知道”的信息。这包括有关产品成本、能源成本、货币时间成本、损耗水平、损耗成本、顾客满意/不满意的水平、单位员工成本、盈利压力等的信息。在一个业绩和质量表现卓越的体系中，员工应该成为进度管理者、问题解决者和决策制定者。公开沟通的必要性在于，员工做日常决策时需要信息，没有信息他们将无法胜任他们的角色要求。

组织的愿景、使命和目标应该由高层管理者明确定义，然后清晰地传达到整个组织当中。相关事务也需要进行沟通，比如由于企业发展而不再需要某个职位时，它会如何影响未来的招聘活动。当管理者想要采取措施摆脱恐惧和实现自由，建立基于数据的决策过程，并培养分享商业目标和结果的习惯时，公开沟通就得到了强化。

获得2008年制造业鲍德里奇质量奖的嘉吉谷物食品公司，实施了被称作“双向沟通流”的方案。这项尝试保证所建立的系统化过程能够满足员工与管理者之间随时进行公开沟通的需求。诸如市政厅式的季度会议、电话会议和部门/职能区域会议等项目提高了整体的参与积极性和知识量。此外还有对于各车间的年度视察，在此期间一线员工可以和高层管理者进行互动，交流各自的成功经验，并对嘉吉谷物食品公司的总体绩效进行评价。

消除恐惧

来自员工的想法和反馈是非常必要的。只有当员工认为发表意见不会招致责备、报复或其他来自朝令夕改的管理层的后果时，他们才会畅所欲言。无论这种担心是否合理，害怕管理者把任何负面评论看作反对意见，对员工而言是一种强大的抑制因素，使他们不敢提出建议、挑战现状或者提出准确而诚实的反馈。这种组织内的恐惧会阻止员工提出改进建议，因为他们担心这种建议会被管理层视为对企业管理的批评。恐惧同样会在追求效率方面抑制员工的积极性，他们也许会认为这样的改进措施会导致职位的减少。当然，对于惩罚犯了错误的员工的恐惧也会导致员工隐瞒失误，比如将不符合质量规定的产品送上货架。

戴明博士经常提到消除恐惧的重要性，因为这样所有的员工“都可以展现他们最好的绩效水平”，不再害怕这样所导致的后果（Deming，1986）。有些组织提供一种积极的方法：要求员工向生产系统提供反馈以挑战陈旧的生产过程，同时找出业绩以及管理实践中的问题。

朱兰博士估计，高达 80％的组织内问题都归咎于管理者的行动，剩下的 20％则是员工的问题。这表明，至少在 80％的问题上，问题产生的深层次原因可以归结到在管理层控制下的管理系统、过程、政策、设备等。对于许多传统的管理者而言，这种问题探究可能会触到痛处。境况可能会非常窘迫，同过去境况的背离也可能让人难以接受。管理者的反应可能是有意或无意地抗拒问题解决团队的行动，以至于使团队不敢继续深入下去。因此，需要大量的努力与文化变革，去消除这种公开沟通之中的恐惧。

评分卡和数据导向

当员工拥有相关事实与数据的知识时，他们才能全心全意为了顾客满意度与持续改进而工作。员工需要了解事实与数据，包括关于花费、故障率与生产服务能力等的参数，从而才能够确定深层次问题、分析可能的问题解决方法，以及做出程序上的改善。数据导向使决策更加客观、不受感情影响。员工需要能够方便地使用数据。他们同时需要训练与指导，来帮助他们了解数据的意义。为了做出适当的解读与决策，员工需要去了解与应用统计学上的概念，比如误差理论。

误差、共同原因、个别原因以及根原因的概念，都是追求卓越与高质量系统的核心概念。许多组织大费周章但却没有办法成功解决问题，原因在于它们不理解这些概念。意识到这种情况后，美国企业已经加快了在数据分析与问题解决能力上的培训。

在追求绩效与品质卓越的努力中，员工团队开始有条不紊以及持续性地改善他们的程序。他们的工作需要询问关于程序的问题，并采集与分析相关数据，以便解答相关问题及消除缺陷。该团队需要学会怎么去问问题、获取数据以及通过分析解答问题。该团队应训练有素或得到授权，能够提供全行业最高的品质。无论是制造业、服务业、保健业，或者是政府部门，在成功的组织内，对于数据的依赖都是相同的。

尘埃谷健康系统公司（PVHS）利用它的顾客获取重要数据——来自病人的反馈。PVHS 针对两个不同的领域——患者与社区，展开了 Avatar 患者满意度调查和社区健康调查以收集数据。Avatar 调查关注所选的调查项目在顾客心目中的重要性程度排序。这项调查还包括了来自过去和现在的患者的投诉与褒奖，以及必要的市场数据，比如社区的健康需要、健康保障服务的利用，以及顾客忠诚度与偏好。

透明度

为实现改进而便宜行事是所有权行为的一例。为了真正像所有者一样思考与行动，员工需要知道组织的经营目标，以及他们的工作如何为目标的达成作出贡献。此外，员工需要知道组织是怎样围绕目标运作的——如果他们要保持对于目标的专注，他们就需要知道经营的结果。透明性要求组织通过内部和外部的手段展示它们的业绩，比如通过公司的网站让员工和消费者有所了解。

在保健业，最终的目的是让公众能够了解到他们所消费的保健服务的基本信息，使他们成为更加明智的买家。随着大量的价格与质量信息变得公开透明，我们总有一天会看到，当消费者打算做一次髋关节置换手术时，将能够通过保险公司提供的网站了解相关信息，包括保险合同内的哪些医院可以做髋关节置换手术，每家医院的质量评估，每家医院去年动了多少手术，该家医院的平均总体价格区间，以及消费者在医疗保险外需要自行负担的费用。

建立信任

组织内的信任是多向的。除非员工信任管理者不会处罚报信者，否则管理者不应指望可以信任来自员工的信息。鼓励信任的管理行为包括：

• 公开与持续的沟通——对所有听众传递相同的信息。

• 诚实——说真话，即便有可能会招致尴尬。

• 公平——维持对每一个人都相同的政策，特别是关于薪酬水平、假期、升职和晋升机会等方面的事情。

• 尊重其他人的意见——倾听他人，了解他们的需求、想法与担忧；对反馈持开放心态，比如雇员满意度调查。

• 参与——在计划和执行变革期间，要寻求那些会受影响者的积极参与。

• 正直——有清晰明确、持久的指导原则指导自己的工作，言出必行，一诺千金。

• 社交氛围——创造一个能够培育新习惯并让员工更容易改变他们观点的氛围。

承诺与协议是通过行动来显示的。亚里士多德曾说：我们反复做的事情造就了我们。构建信任需要大量长时间的持续性行动。阻碍信任的管理行为包括：

• 不诚实——说谎话或者说半真半假的话。

• 造谣——编造谣言，传播谣言，不提供正确的信息。

• 孤立别人——从物理上隔离他们，缺乏适当的沟通，提供极少的沟通机会，在社交上和心理上将其隔离。

• 不守诺言与协议。

员工必须相互尊敬与依赖。公平对待、诚信的人际关系，以及对他人的信心会造就信任。

雇员稳定性

基于诸多原因，在一个追求绩效和质量卓越的组织中，雇用稳定性是一个值得为之努力的目标。这其中最基本的，是对组织投入的数量可观的培训投资的保护以及对良好发展的互信氛围的维持，绩效和质量卓越都建立在此之上。此外，由于雇用稳定性正逐渐在就业市场上变得稀缺，因此这样的承诺对于求职者而言将会非常有吸引力。由于雇用稳定性是一个有价值的战略要素，值得我们考虑和强调影响它的两大因素：因改善措施产生的对于个人职位的威胁，以及周期性的职位波动。

改善造成工作流失的威胁

由于员工持续不断地改善他们的工作过程，一些职位将不再需要了。在员工全心全意地投入到持续性改进之前，对于雇用稳定性的保证是非常必要的。管理者必须对员工明示，组织不会因为过程改善而导致不再需要某些职位，就结束雇佣关系。转岗培训因而变得非常必要。

周期性的职位波动

在许多行业，商业周期会导致商业活动波动，因此就需要提前计划员工长期工作的稳定性。为了满足无法由正式员工来弥补的活动和需求高峰，可以使用其他替代性雇用方式来补充正式员工。这些替代方式包括：

- 加班。
- 临时工。
- 合同工。
- 综合使用上述方式的计划。

让我们回想一下关于维持雇用稳定性的商业案例。我们经常看到组织投入成千上万美元去培训员工，然后因为改进导致了人员冗余而浪费掉相关的培训投入。实现雇用稳定性需要进行计划，而实现它却不那么容易。不是所有的组织都擅长此道，但对于追求成功的长期绩效和质量卓越而言，这还是十分值得的。

劳方阻力

如果上述这些基础部分没有就位，组织就难以甚至不可能成功创造一种追求绩效和质量卓越的文化。一旦员工被迫远离他们的舒适区和日常习惯，并且其对于工作的期望值发生改变时，他们将会通过消极行为形成阻力。特别是当员工没有得到承诺，看不到改变的价值时，这最有可能发生。有很多原因可能导致对变革的阻力，既可能是由于观点的智识上的差异，也可能是由于深层次的心理信仰或偏见。

消除阻力

对员工而言，变革并不一定总是一件麻烦的事情，但相应的激励还是必需的。关键是要去了解员工发展的水平，并采取适当的策略去处理他们的行为。那些成为成功变革者的员工都掌握了处理消极行为的艺术，并学会了如何调整他们的态度，或将消极行为转为积极行为。

变革管理模型可以协助员工领袖和变革者成功推进一项变革项目。例如，Blanchard et al.（1985）提出的情境领导力模型，“根据领导者提供给员工的指导和支持量来区分领导风格”。该模型的前提假设是：通过采取与员工发展水平相适应的领导方式，使工作得以完成，关系得以发展，员工获得一定程度的竞争和承诺，并进入下一个发展阶段。在发展的每个阶段，新的实践系统会与早前的那些产生重叠，每个实践的交集都会提升员工发展的水平。在每一个阶段内，员工会拥有更多的机会发展他们的专业能力，同时也更加主动地使自己的绩效与组织的目标相一致，并投身到质量改进过程中去。

卓越绩效的员工参与

许多组织才刚刚开始要求它们的员工实现更新层次的卓越绩效。这种变革过程需要领导力、团队合作以及清晰的期望与目标。组织必须直面过去的不合规做法，并关注那些会产生更高绩效标准的行为。例如，如果组织在过去对所有紧急需求都开绿灯，这种行为已经导致了质量下降与经费超支。那么组织就必须去与员工交流沟通，通过具体、可识别、可重复的行为让其了解未来的状况。

为了整个项目的成功，组织必须有对于变革过程或是所提议变革的后果感兴趣的人。一旦确定下来变革管理的利益相关者，就需要告知每一个群体那些关键信息，例如：“对我而言有什么好处?”在变革取得成效前必须给出原因，员工必须与组织更高层次的目标相一致。

获得高投资回报的组织一般都做到了把正确的团队安排到正确的位置上。这些组织发现，团队合作会提高生产效率、增加收入、减少旷工与人员流动、提高顾客满意度与组织绩效产出。

因此，在一个绩效卓越的组织内，员工、组织结构、任务、信息、决策、团队合作以及奖励必须认真仔细地组合成一个完整的系统。为了成功，员工领袖以及变革者必须不断接受管理、技术以及人际关系技能的培训，并在以上多种技能中取得一个相对的平衡。

构建领导层的团队合作

在一个不求上进的组织内，领导层的团队合作也无足轻重，而在一个追求卓越绩效的组织内，团队合作是重要的核心能力。在未来，高绩效的组织会拥有一支由高层主管组成的核心团队，而不是仅有一名首席执行官。传统的继任制将会被持续寻找并雇用合适的团队来完成工作的方式所取代。

Jim Collins 在其《从优秀到卓越》中谈到，成功激发组织从优秀到卓越的转换的主管懂得选贤用能，让人们各司其职并清退不称职者，从而建立起一支杰出的执行团队，然后这个团队会想方设法让组织变得更好（Collins，2001）。

培养员工领袖

高绩效组织在培养领袖——可以创造并同他人沟通愿景与策略的领袖——方面将变得更加熟练。如果没有足够的领袖，位于转换过程核心的愿景、沟通与授权将无法如顾客所需和所愿的那样优质、快速地完成。复杂领导技能的培养在近几十年开始浮现，我们常常称其为终身学习。大多数的领导力培养都发生在工作中。高绩效组织构建稳定的系统，使基层领袖在系统中工作时拥有足够的自由与责任。基层领袖是能够严格律己、不需要上级管理的人。

转变文化

Kotter（1996）提出："如果组织文化重视组织的良好绩效，如果它真的有助于充分的领导和管理，如果它鼓励领导层的团队合作，并且如果它促使层级、官僚主义及相互依赖关系最小化，那么这种文化就有助于提高组织的适应能力。"拥有适应性文化的组织是非常具有竞争力且绩效优异的，这类组织整体环境透明、坦诚公正、更加宽容冒险、反应快速，并且持续关注过程改进。而这一切，都有赖于能够追得上持续变革步伐的员工。

美国鲍德里奇国家质量奖获得者阳光食品公司，通过明确界定其所称的"核心观念"来推动组织的文化。核心观念被划分为两部分：核心目的与核心价值，旨在持续提醒组织员工他们到底为何工作、为谁工作。核心目的直接说明了组织的目标——成为全球顾客首选的供应商；核心价值则关注更加微观层次的目标和信条，比如安全、道德、客户服务以及质量。不管市场状况如何，这些观念都不会改变或动摇。核心观念构成了阳光食品公司的基本组织文化，自然使其成为一家运营更佳、效率更高的组织。

管理组织行为

高绩效组织将会投入大量的资金，训练员工领袖通过合适的领导方式，使用组织的问题解决技术，对组织行为进行管理。了解变革的阻力，设法使个人不再单打独斗，将成为高绩效组织的一项核心能力。

建立技术技能

技术系统关注工作过程对于生产以及服务的要求。这个系统包括了诸如过程运营、设备、方法、仪器、过程、知识、工具、技术在内的要素，并且为具有复合能力的运营者提供支持。

集成信息系统

信息系统将集成到高绩效组织的日常运营中。每月或每季度将往期财务或者质量数据发布给少数员工的传统将不复存在。信息透明将成为常态，所有员工都会了解关于顾客、竞争对手、质量、财务以及运营绩效方面的数据。新的绩效反馈系统将取代原有的系统，把来自内外部多个信息来源的精确数据、全系统内的信息传播，以及坦诚对待绩效反馈的意愿结合在一起，促使组织从自鸣得意转为居安思危。较高程度的危机感将会创造一种鼓励员工去寻找问题与机会的文化，并由此推进绩效和质量卓越的企业文化。

辨识关键绩效衡量标准

过程与结果衡量标准将成为例行监督的内容，并被用于改进日常运营以满足顾客对于品质的需要。绩效衡量标准应该满足下列准则：

- 员工行动能极大地影响关键衡量标准。数据的趋势与变化能够追溯到员工的行为。
- 衡量标准对于顾客与员工是重要的。员工应该可以告知顾客他们采取的衡量标准。
- 支持衡量标准的数据要易于获取、分析与理解。将大量的衡量标准合成单一的指数通常难以理解，因此不太有用。员工会因此忽略它是怎么影响复合标准的。
- 数据是实时的。对于即将到来的偏离，衡量标准可以给员工足够的警示。
- 有充足的数据，使得衡量标准具有数据显著性。

在雷克萨斯公园广场，顾客满意度是高于其他标准的最高标准。雷克萨斯采用了所有者满意度指数（OSI），该指数中销量与服务表现对顾客忠诚度评分都有影响。由于使用该指数，雷克萨斯公园广场获得了雷克萨斯精英奖，同时还由于其部门顾客满意度水平的杰出表现而获得了雷克萨斯精英身份。依照雷克萨斯的标准，该荣誉授予将顾客满意度维持在 90%或以上的经营商。雷克萨斯公园广场实现并且远超过了这个标杆。雷克萨斯公园广场的内部标杆是实现高达 95.1%的满意度，并已经持续 8 年达到该水平。

实施控制

在一个高绩效组织中，控制随标准而动，目的是保证一切正常，避免偏离原有的绩效水平。员工应接受如何使用控制工具的训练，确保改进项目实现或者维持预期结果。关于数据控制工具与方法的训练对实现使命，以及对员工解读常用数据，都极其重要。

通常结果

- 改进的质量与运营（更少的损害、缺陷与错误，更高的人均生产效率，更高的管制要求符合度）。

• 成本降低（减少运营、维护以及人力成本）。

• 更高的雇员满意度（积极的自我尊重、认清职业道路、更高的工作满意度与团队合作）。

• 更高的顾客满意度。

绩效管理的一致性

绩效管理关注于实现预期的动机和行为。Daniels and Rosen（1982）将绩效管理定义为“用来管理那些在工作中需要以正向强化作为最大化绩效的主要手段的人的一种系统的、数据导向的方法”。这种方法基于 B. F. Skinner 的研究，研究主要表明行为是其结果的函数。绩效管理的目标是让员工转向自我管理，这样他们最终能够担起自我行为激励的责任。在员工刚开始学习新行为与绩效标准的时候，对员工进行正向强化是十分重要的。随着员工越来越自主，最终他们会成为自我激励与致力于实现组织目标的人。高绩效的员工团队很难建立，但却能成为一项长期的竞争优势。

管理者向员工授权的作用

管理者在组织、推动、实现员工授权方面扮演着至关重要的角色，管理者在为推动绩效改进打好基础方面也有着重要的作用。所有的管理者都不仅要鼓励组织内的其他人员实现高水平的绩效，还必须打头阵，充当“变革先锋”以获得成功。

成为变革先锋

首先，让我们先解释“变革先锋”的意义。Kaufman et al.（2003）将变革者定义为“有责任领导与实施组织变革的个人或群体”。这个解释意味着变革者是得到组织内其他人或实体授权的。

为了便于讨论，我们在这里使用更宽泛的定义：变革先锋指的是组织内无论级别高低，每一个期望并承担领导组织变革的责任的员工。最有效的变革者被证明是那些处在组织最高层的人，因为他们不仅渴望并且有权威与权力推动有益的变革。高层管理者并不需要上述定义中所暗含的授权或指示——他们已通过自己的职位得到了授权——但他们会自愿担当起先锋的角色，以支持他们所确定的组织愿景。

单纯想要推动变革是远不足以保证实施效果的。先锋还必须谨慎地、有条不紊地实现组织内的转换。这种有条不紊的方法通常被称作领导变革。

对于许多组织来说，质量管理是一个并不根植于企业文化的新概念。因此，有必要进行文化变革，从旧的只关注产品或服务质量的范式，转变为重视整个组织绩效的新范式。后者不仅包括产品与服务的创造程序，还包括了对于产品和服务质量并没有直接影响的程序。这些程序通常被称作业务过程，比如应付账款、预测以及定价程序。

一旦我们接受了上述定义，即通常需要组织变革将企业文化范式转变到质量管理上，那么先锋的角色便自然而然地成为能否成功实现变革的关键。正如我们早前强调的，最有效的变革推动者来自所有层级的管理者，即变革领导者。

有效的领导变革包括如下要素：

变革者必须处于前沿位置

20 世纪 80 年代，朱兰拍摄了系列录像带《朱兰质量领先战略》。他表示，管理者“必须成为领导者，而不是拉拉队队长”。这指明了那些亲临前线、领导组织向实现质量主导的愿景转变的领导人，与那些坐在后方、只会要求执行团队“向前冲，做出改善”的管理者之间的差别（见图 26—1）。没有领导者对变革活动明确的、亲临前线的参与，变革注定会失败。

图 26—1 领导与鼓励

变革领导者必须对变革有清晰的愿景

愿景意味着领导者知道未来的景象。但是，请注意本段的标题将“清晰”和“愿景”搭配在了一起。关于组织到底要走向何方的模糊想法是远远不够的，而且很可能导致失败。如果想要组织变革获得成功，则愿景必须是由领导者清晰、简洁、有力地表达出来的。正如 John Kotter 所言："缺乏适当的愿景，变革努力将很容易被分割成一堆混乱的、互不兼容的并且费时的项目，或让组织误入歧途，或让组织毫无进展。"

变革的愿景必须清晰、广泛地传递给整个组织

如果那些最终要去实现愿景的人对于愿景是什么并不明确，甚至全然不知，那么为了实现愿景而进行的运营变革也就成了无的放矢。领导者必须将愿景传达给从高级职员到门店和办公室底层职员在内的所有层级的员工，寻求他们的支持来实现愿景。这有时候被称为是自上而下和自下而上同时进行的变革。

愿景的实现必须有条不紊地进行

这意味着必须将愿景分解为关键战略、战略目标、年度目标与项目，它们会促进更高层次目标的实现，如图 26—2 所示。变革领导者应组建一个委员会，选择组织为实现其年度目标而打算执行的特定项目。他/她还必须同时是这些项目所支持的愿景、战略与目标的主要推动者。

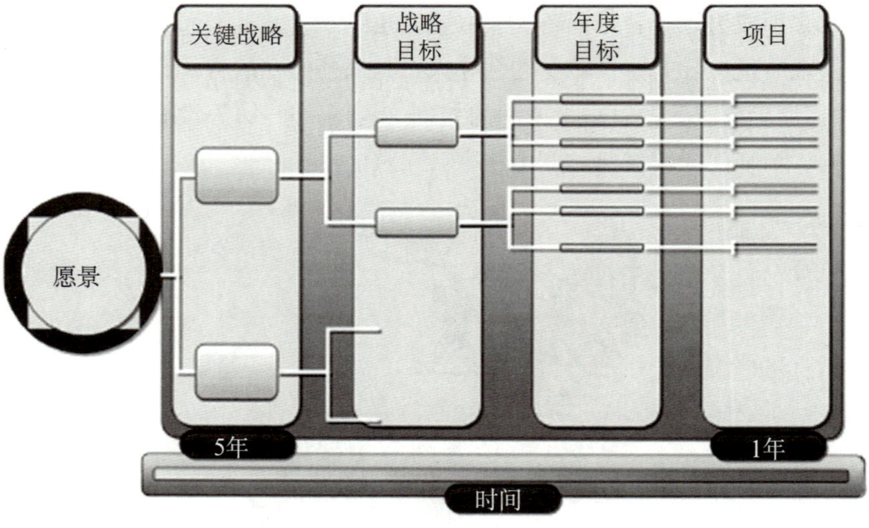

图 26—2 变革愿景的演变

变革者必须理解控制与突破之间的区别

一方面，控制是维持或者恢复现状；另一方面，突破指的是改变现状使其达到一个更新、更好的状态。"控制活动……会导致现有的最佳绩效，但绝不会使其变得比以前更好。如果过去的绩效在一个可接受的水平的话，这也许是一件好事，但是如果……并不是这样的呢？这时便该引入突破的概念了。突破指的是变革，向着更新、更高的绩效水平所开展的动态的、决定性的行动。"（Juran，1995）

在困难时期提供稀缺资源

在本书编写时，包括美国在内，全球正在遭受着自 20 世纪 30 年代以来最严重的经济衰退。这导致许多企业为节省开支而裁员，同时也导致在既定规模下继续生产产品与提供服务面临资源短缺的问题，更不用说追求高质量水平了。短缺已经远远不限于人力了——还有现金、资本改善基金、信用紧缺等。面对这些限制，若想继续有效运营，领导者必须寻找创造性的方法去继续有益的变革，同时中止那些无法对组织绩效产生积极影响的活动。为此人们提出了多种方法。

交叉培训员工

交叉培训生产产品和提供服务的员工，可通过减少运营中的闲置时间来实现低成本与高效益。一名员工拥有更多样化的技能，则他们将能更有效地将这些技能运用到工作中去。因此，组织能够充分有效地用极少的资源维持运营。

让绩效卓越成为每个人的分内之事

直到当下，许多组织还在尝试通过雇用大量监工搜索、找出、消除员工的失误，以期实现更好的结果。问题在于，即便有了大量的监工，仍然难以避免顾客买到缺陷产品。众所周知，监工最多只能找出并移除大约 70%的缺陷产品。当全员参与到过程改善中时，就能够获得一个更加喜人的结果，同时能够明显削减监工人数。

对顾客需求的变化提前计划并做出回应

通过部分使用上文所提到的交叉培训以及使用兼职或临时雇员，组织能够优化人员的编制以使其更能满足顾客的需求，并充分利用有限的资源。特别是当需求是季节性的时候，可以通过计算每个季节的人员需求量从而优化员工编制。可以聘用临时或者兼职雇员来弥补超过淡季员工最低数量的空缺。这也适用于经济萧条期，订单数大幅下跌时的情况。员工掌握了多种技能，管理者就能更容易地在任务之间调配人员，并实现对稀缺资源的更好利用。

创建有效的报告关系以优化资源利用

通过采纳上述建议，组织能够确保员工编制最小化，且能够在困难时期更有效地利用有限的资源。特别是交叉培训，可产生更有效的报告关系。如果像前文所述，组织内的变革领导者来自最高层，那么若能够直接（或者至少较便捷地）接触到领导者，将能更加有效地部署变革，即使是在资源有限的情况下。

避免变革的无效结构

第一个例子是关于旅游业的一家大型组织。负责企业持续改进（CI）的副总裁手下有许多听命于他的持续改进经理。他认为这些经理需要更多的额外技能以提高工作效率，于是为推进变革，他决定采用精益六西格玛法。

第一波精益六西格玛法培训时间已经确定并通知到位，一些帮助持续改进经理学习如何使用这些工具的项目也已经启动。由于众多项目涉及其他部门的过程，许多来自持续改进部门以外的人也被招入项目团队。然而，在项目执行过程中，由于一些团队成员并未充分参与到过程中来，导致开始出现一些早期问题。特别是在分析阶段，当团队开始寻找问题的原因时，一些团队成员不太重视数据，因为他们实际上已经"知道"症结所在。

到了改进阶段，团队对问题的解决方式是先入为主的，正如对于问题成因的分析也是先入为主的一样。过程负责人认为他们从一开始就已经知道了应该如何改正问题。值得一提的是，许多项目的变革先锋和过程负责人都是主导变革的这位副总裁的同级。

团队最终挣扎着坚持完成了他们的项目，并且终于被授予精益六西格玛的黑带认证。这个项目为组织节省了数百万美元的花销，因此培训与咨询的投入所产生的回报是不错的。组织甚至提供了额外的六西格玛设计培训，以进一步强化黑带认证获得者的能力。

然而，受到能源价格变化的大幅影响，麻烦紧随而至。当汽油与柴油价格在2008年初开始持续攀升，从每加仑3美元多涨至4美元多时，组织感受到了巨大的压力。该如何应对？他们采取了大部分组织在需要迅速削减开支时的惯常做法——裁员，甚至包括两个投入大量资金培训出来的持续改进部门的经理。换言之，他们赶走了一些本可以通过更长久和更深远的方式为组织削减开支，从而帮助组织渡过难关的人。最终，整个精益六西格玛法的部署都土崩瓦解。

是什么因素导致了这次变革行动的失败？这里列出了一些重要的组织因素：

• 精益六西格玛法没有与公司的愿景直接而紧密地联系起来。高管对于它的部署和获益知之甚少，当困难时期到来时，他们将这种主动变革视为可以舍弃的。

• 关于这一主动变革没有广泛地进行沟通。团队成员与过程负责人很少甚至没有接受培训，结果是他们没有意识到此方法的价值。

• 可以确定的是，持续改进部门的副总裁有他自己想要实施的变革愿景，但缺乏明确、有条不紊的方案来实现这一愿景。没有一个明确的方案，部署过程过于随意，最终导致失败。

创造有效的变革结构

第二个例子是关于消费电子产业一家有数十亿美元资产的元件制造商与供应商的。该企业在世界范围内运作并且雇用了上万的雇员。

几年前，在发展有了一些起色后，组织管理者决定实施变革，帮助他们协调遍布全球的部门和单位中存在的全然不同的文化。他们选择精益六西格玛作为推动这项变革的方法。从最开始，变革领导者（首席运营官）就制定了统一的愿景，搭建了组织结构，以推动这一部署。图 26—3 描绘了这个组织的结构。

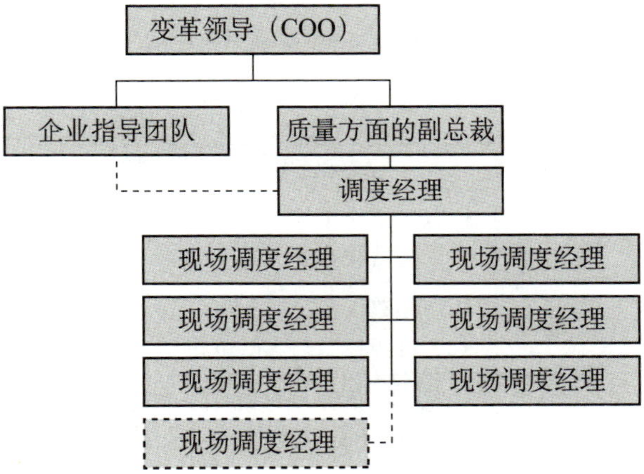

图 26—3 有效的变革架构

资料来源：Juran Institute，Inc.

部署过程是分阶段或分批进行的。组织明确地使用了外部资源，提供组织内所不具备的专业辅助。每一批部署都始于各单位的启动仪式，以传达企业对于六西格玛法部署的愿景。目标明确下来后，参与到每一批部署的各单位都在迎接挑战，实现有挑战性的目标。

但是在第三批实施过程中，该组织如同大多数组织一样，遭遇了一个巨大的挑战：2008 年底出现了全球经济衰退。然而，这个组织采取了同第一个案例中提到的组织截然相反的做法，首席运营官再次强调了组织对于实现精益六西格玛部署的承诺，并且强调了节约成本的重要性，它将支撑组织渡过难关。

结果是什么？尽管收入锐减接近 1/3，组织成功通过精益六西格玛项目实现了其有挑战性的成本节约目标，省下了数以千万计的开支。这很有可能在很大程度上帮助组织渡过了经济衰退。组织现在正准备启动第四批部署。

是什么导致这个案例与前一个案例在变革计划持续性上的巨大差异？很可能

与变革管理组织及部署方法有关。确切地说：

• 变革由来自高层的人领导。将部署成败的责任交予首席运营官，为成功打下良好基础。

• 变革推动者拥有明确的愿景。他知道想实现什么以及如何实现这个目标，使用什么工具、方法与结构。

• 明确、广泛地传达了愿景。全球范围的部署都通过沟通与合作通知到了每一个单位与部门。

• 部署结构涉及组织的各个层级。通过使用层级结构的组织去推动变革，加上如图26—4所示的领导团队，确保了部署能够遍及全组织。

对于这些因素的仔细考虑，再加上周密的结构设计，很明显地成了组织成功抵抗经济萧条的能力。

职位概述	如何使每个人都高效工作
基层员工	• 改善工作场地与工作过程 • 采用自我控制
工程师	• 使用错误校正 • 为自我控制与零缺陷设计程序
监督者	• 通过提供正确的工具、产品、过程、标准等使工人有效工作
高级管理者	• 提供关于运用追求卓越的工具的足够的、有针对性的训练

图26—4 高品质人人有责

参考文献

Material in this section relies heavily on Juran and Godfrey, pp. 8.16–8.19.

Parts of this chapter were edited and updated from Joseph M. Juran and Frank M. Gryna (eds), *Juran's Quality Control Handbook*, 4th ed., McGraw- Hill, New York, 1988, pp. 8.3–8.7.

Blanchard, K., Zigarmi, P., and Zigarmi, D. (1985). Leadership and the One Minute Manger. William Morrow, New York.

Collins, J. (2001). *Good to Great*. HarperCollins, New York.

Daniels, A. C., and Rosen, T. A. (1982). *Performance Management: Improving Quality and Productivity Through Positive Reinforcement*. Performance Management Publications, Atlanta.

Davis, S. M. (1995). Communicating the Quality Message at the Ritz Carlton. *IMPRO95 Conference Proceeding*, Juran Institute, Inc., Wilton, CT.

Deming, W. E. (1986). *Out of the Crisis,* MIT Press, Cambridge, MA.
Gershon, D. (2007). Changing Behavior in Organizations: The Practice of Empowerment, Systems Thinker, vol. 17, no. 10, Dec 2006/Jan 2007, pp. 2–5.
Juran, J. M. and Godfrey, A. B. (1999). Juran's Quality Handbook, Fifth Edition, McGraw-Hill, New York.
Juran, J. M. (1987). Juran on Quality Leadership, videocassette, Juran Institute, Inc.
Juran, J. M. (1989). Juran on Leadership for Quality: An Executive Handbook. The Free Press, New York.
Juran, J. M. (1995). *Managerial Breakthrough*, rev. ed. McGraw-Hill, New York, p. 3.
Juran Institute (1996). Maximizing Employee Assets. *Quality Minute,* vol. 3, no. 9. Center for Video Education, White Plains, NY.
Kaufman, R. A., Oakley-Browne, H., Watkins, R., and Leigh, D. (2003). *Strategic Planning for Success*. John Wiley & Sons, New York, p. 234.
Kotter, J. P. (1996). *Leading Change.* Harvard Business School Press, Boston.
Premier Inc. http://www.baldrige.nist.gov/PDF_files/Premier_Application_Summary.pdf.
Sunny Fresh Foods. http://www.baldrige.nist.gov/PDF_files/Sunny_Fresh_Foods_Application_Summary.pdf.
Park Place Lexus. http://www.baldrige.nist.gov/PDF_files/Park_Place_Lexus_Application_Summary.pdf.
Poudre Valley Health System. http://www.baldrige.nist.gov/PDF_files/2008_Poudre_Valley_Application_Summary.pdf.
Cargill Corn Milling. http://www.baldrige.nist.gov/PDF_files/2008_Cargill_Corn_Milling_%20Application_Summary.pdf.

（杨海龙 译，高鑫、杨坤 校）

第27章

质量办公室：引领前进的方向

理查德·C·H·蔡　约瑟夫·A·德费欧

关于本章

作者用质量办公室这一术语来描述一项全天候的职能，它承担着管理整个组织内的质量系统（小 q）和卓越绩效系统（大 Q）的职责。小 q 质量管理系统是质量办公室的传统职责。大 Q 是由朱兰定义的且是我们在本书中所讨论的系统，它定义了通过应用方法、工具、结构，将所有功能和过程关联为一个“全面组织”方法。

目前，质量办公室正在践行并强化这样一种观点，即质量与业务并不是分离的，质量意识和原则是取得卓越绩效的核心。并不是每一个组织都使用质量办公室这一术语。这一职能可能被称作质量保证、质量部门、卓越绩效项目办公室、战略质量或客户满意办公室等等。未来的（有些目前已经这样做了）质量办公室将发挥双重作用，它将执掌质量管理体系，控制并确保政策和过程一切就位，以避免产品、服务的缺陷并减少风险。另一个作用是推动组织内的卓越绩效。今天，有两个不同的办公室管理和发挥这两种作用：一个通常被称为质量保证（或同样含义的名称），另一个被称为持续改进（或同样含义的名称）。未来的质量办公室将同时承担以上两种职能。质量专员是这一职能的领导者，他们是一群需要站在组织的顾客的角度进行思考的从业者。这一章将讨论为了支持小 q 和大 Q 的运转，需要如何发展质量和卓越绩效办公室，这包括如何确立有效的职能，如何发展和维持职员的技能和行为，以及如何在高层管理人员中建立信誉。

本章重点

1. 质量办公室在战略和战术两个层面都扮演着重要的角色，推动组织努力实现质量和卓越绩效。

2. 管理产品质量与创造转型变革之间的区别导致人们意识到，组织内的平行部门可能需要取得更好的绩效。它们中的一些组织功能可能是临时的或永久性的。

3. 质量办公室的作用、职责，以及它的结构是如何受其使命推动的。其使命是确保组织设计、控制和不断提高产品、工艺甚至组织的绩效，以满足不断变化的客户需求。质量办公室具有直接和间接实现这一使命的功能。

4. 质量办公室应当是条件创造者——在业务和组织层面上，创造条件以推动组织的质量和绩效卓越。

5. 根据整个组织的客户需要，必须有一些能够胜任的专家，具有适当的资格和能力，以确保质量和实现卓越绩效。

6. 技能评估、教育和认证将有助于缩小差距，让现有的质量办公室自己转变成为组织维持自身存在所需要的部门。

未来质量办公室的介绍

世界上最大的技术解决方案和外包组织——计算机科学公司（Computer Sciences Corporation，CSC）熟知未来的质量办公室。六西格玛黑带大师、MSS 的质量管理和改进总监 Darryl W. Bonadio 这样描述质量和质量办公室：

"质量对于 CSC 公司的每个人都是重要的。质量必须成为一种文化的态度，其结果表现为在个人层面上落实我们的五项标准：积极的交谈、自信的观点、结果导向、承担责任，以及尊重我们的客户。CSC 公司的管理服务部门通过其全球过程创新和品质卓越组织来管理质量。这就是我们的质量办公室。我们所制定的企业卓越计划通过强调三个重要原则来迎接这一挑战：一是传递卓越，这是质量原则、工具和方法的一体化，让我们得以实现商业目标并赢得客户的支持。二是传递激情，在我们服务导向的环境中，全身心投入的员工是最有效的质量保证因素。最后是企业绩效管理，它提供了一个端到端的分析和持续改进的反馈循环。”

你可能也需要在自己的组织中定义并建立人们常说的质量或绩效卓越办公室。你甚至或许就是质量总监或副总裁，面临着在自己的工作职责范围内组织并推动质量和卓越绩效的挑战。你需要思考并处理的关键问题包括：

- 这个办公室的作用是什么？
- 它的使命和责任是什么？
- 需要哪种类型的人员？
- 需要何种技能和能力？
- 怎么培养胜任的专家并促使他们去取得质量和卓越绩效？
- 办公室该如何组织以便开发和履行所需要的功能？

这些问题就是编写本章的动因。本章的一个基本目的是在各种组织中，帮助读者提出正确的问题，在组织中提供定义指南以及发展质量和卓越绩效的能力。本章安排如下：

- 我们从关键业务术语和定义开始。
- 接下来提出协调质量和卓越绩效所采取的方法。我们要讨论质量办公室的作用和责任。
- 提供如何组织质量办公室的指导。
- 展示一个质量办公室如何在全球组织中活动的例子，包括组织图表、工作概况，并说明各种质量功能。
- 在本章结尾，我们讨论应如何使用以客户为中心的开发方式，如技能评估、教育和认证要求，来应对培养胜任的专家以推动质量和卓越绩效这一挑战。

改进质量办公室绩效的必要性

朱兰研究院开发并定期进行一项对质量办公室人员能力和技能的评估（Juran Institute，2009）。这些评估的结果说服我们和我们的客户需要做出改变。这里给出了评估和调查结果的回顾说明。

朱兰研究院通过八个步骤实施质量和卓越绩效技能的评估。自1994年起，我们一直在进行这一评估并跟踪结果。研究结果使我们更加认识到，需要提高质量专业人士的技能。它也促使我们提供帮助去弥补差距。这八个步骤是：

1. 评审技能问题和组织的能力模型，以识别组织的需求和内部客户。

2. 解读和编辑关于组织术语的能力问题。

3. 围绕七大主题领域开发能力问题。

- 评估与审计。
- 批判性思维。
- 过程控制。
- 质量理论。
- 根原因分析。
- 统计学及数据分析。
- 团队合作及培训。

4. 利用涵盖了主要议题领域的能力开发问题进行口头和书面评审。

5. 通过提问（回答问题的有效性）和个人反馈（口头和书面评论的个人评分）总结结果。

6. 将受访员工技能同行业最佳技能进行比较，最佳技能水平已经由朱兰研究院通过多重分数评估得出。

7. 分析、解读、总结调查结果，并提交给管理者。

8. 开发一项培训及发展计划，消除差距。

使用一个 5 分量表，针对受评估者的回答打分：

1—没有回答或回答很不详细。

2—回答很弱或不详细。

3—可接受的回答，但细节较少。

4—回答有力，有细节。

5—回答非常有力，出众的细节，理解深入。

我们经历中的典型发现

优势

1. 大部分受访者熟知其组织的产品、技术、工作领域和项目。

2. 大部分人理解质量和卓越绩效的重要性，它是让客户满意和实现更优结果的途径。

3. 从最低层级到主管，能力和技术水平（分数）随着职位升高而提升。

4. 近百分之百的受访者认为这种评价是一项受欢迎的活动，帮助他们意识到质量办公室需要持续开展教育活动。

改进机会

1. 在这七大类主题领域中，以下三个部分通常得分较低：

   a. 根原因分析的图形工具。

   b. 数据分析与统计基础。

   c. 质量管理的理论和方法。

2. 超过75%的质量专业人员不知道质量管理的历史、方法和早期实践者，如戴明（Deming）、休哈特（Shewhart）和朱兰（Juran）。

3. 许多较低级别的质量专业人员缺乏对即使是一些基本的质量方法和工具的了解，而这是组织质量和卓越绩效（Q&PE）能力模型所需的。

4. 总共有超过70%的个人在口头和书面解答问题时不令人满意。

5. 我们的经验表明，一些工作人员由于对质量管理工具和技术（例如图表）了解有限，可能无法推动其工作领域内的质量、卓越绩效和/或改善活动。

6. 许多人无法明确地回答口头问题，他们在清晰和准确地表达自己方面有困难。还有些人答非所问，使人感觉他们没有听清或没有理解问题。

笔者认为有必要进行变革，并需要设立一个项目来改善质量办公室员工的绩效。

操作定义和关键术语

质量办公室

传统上讲，质量办公室的职责是保证发挥相应的功能以提供符合顾客指定要求的产品或服务。质量办公室有多个名称，通常被称为质量部或者质量保证部。在特定行业，诸如制药或医疗设备行业，称为QA或RA，即质量保证或监管体系的缩写；在国防工业中，称为任务保证或质量与任务保证；在其他行业，可以称之为质量与安全保证。在本章中，质量办公室传统上扮演的这些有限的角色受到了挑战。现代意义上的质量办公室被定义为卓越绩效办公室，此内容将在本章稍后部分做介绍。

质量职能

质量职能是根据朱兰三部曲中描述的三种普遍过程，而每天都在开展的行动或活动：质量计划、质量改进和质量控制。

质量计划活动包括集成供应商规划、设计或重新设计工艺、开发新产品或服务、设计评审、阶段评审以及质量计划。

质量改进活动包括解决问题、分析根原因、消除浪费和提高过程能力的项目。

质量控制活动包括执行质量标准、实施来源检查、测试、过程检验、最终检验、审核。

这些功能可能会，也可能不会，由质量人员单独执行，通常需要全组织的员工（员工社群）共同参与和投入。

质量管理原则

ISO 9000 中确认了八项质量管理原则，概括了质量办公室如何领导组织朝着卓越绩效的方向去努力。

1. 以顾客为焦点。组织依存于顾客，因此，组织应当理解顾客当前和未来的需求，满足顾客要求并争取超出顾客期望。

2. 领导作用。领导者应确保组织的目的与方向一致。他们应当创造并保持良好的内部环境，使员工能充分参与实现组织目标的活动。

3. 全员参与。各级人员都是组织之本，唯有充分参与，才能使他们为组织的利益发挥才能。

4. 过程方法。将活动和相关资源作为过程进行管理，可以更高效地取得所期望的结果。

5. 管理的系统方法。将相互关联的过程作为体系来看待、理解和管理，有助于提高实现目标的效果和效率。

6. 持续改进。持续改进的总体业绩应当是组织的永恒目标。

7. 基于事实的决策方法。有效决策建立在数据和信息分析的基础之上。

8. 与供应商互利的关系。组织与供应商是相互依存的，互利关系可增强双方创造价值的能力。

质量管理体系

ISO 9000 系列标准中可以找到对于质量体系的正式定义。ISO 9000 将质量管理体系定义为“在质量方面指挥和控制组织的管理体系”。因为质量是组织内部的功能，所以质量体系是组织内部的体系，而质量和卓越绩效办公室起着重要作用。如果在更大的范围内谈论质量体系，则可能有多个进行“指挥和控制”的办公室。

协调质量与卓越绩效的方法

控制还是开创有利的变革

Gryna et al.（2007）阐述了用于协调质量和卓越绩效活动的方法，包括两种主要形式：

- 为控制而协调是通过正常过程和员工部门实现的，主要通过使用正式程序和反馈渠道。反馈渠道可以采取诸多形式，如审核执行与计划、抽样评估过程和产品质量、控制图和质量报告。
- 为开创变革而协调主要是通过质量项目团队、六西格玛法或精益项目团队、快速提高（或改善）事件，以及开创变革的其他组织形式来实现的。

协调控制往往是质量办公室的工作焦点。然而在越来越多的情况下，过分关注该焦点会导致质量办公室无法在开创变革方面取得重大进步。因此，为了开创变革，“并行组织”应运而生。在我们看来，这一演化之所以发生，是因为许多质量专家缺乏使用管理术语所需要的技能。正如朱兰博士经常说的，“他们不会说金钱的语言，他们说的是事件的语言”（Juran，1954，*Managerial Breakthrough*）。

开创变革的并行组织

所有组织都鼓励开创有益的变革，并阻止不利变革的发生（控制）。多数开创变革的工作是要处理小的、相似的变化。一个例子就是不断引入新产品，包括新的颜色、大小、外形，诸如此类。对于这一层次变革的协调可以通过谨慎计划好的过程来处理。

变革所需的非日常、非常规的程序通常需要新的组织形式，这种新的形式被称为“并行组织”。并行意味着这些组织形式与常规的“线性组织”互补且并存。

为取得在质量和卓越绩效上的变革而建立的并行组织，包括过程团队、项目团队和卓越绩效委员会或理事会。并行组织可以是永久的也可以是临时的。例如，一个商业过程团队或者价值流管理（VSM）团队是永久性的，而一个六西格玛项目团队或者一个精益快速改善团队则是临时的，当目标达成后就会解散。

IT、财务和人力资源部门经常被要求设立项目来减少成本、改进过程和改进员工技能以改进质量。在一些情况下，他们可能会成功；但在另一些情况下，他们缺乏如何去管理质量的知识，并且由于迟迟没有结果而感到疲惫。

高级管理团队有责任在整个组织中推动绩效卓越。绩效卓越不应该被视为只是质量办公室的责任，即使它是实现卓越绩效所不可或缺的。质量办公室应该被视为创造可持续未来的改变领导者。是时候各司其职了。

质量办公室的角色

许多组织传统上把质量管理职能集中到质量办公室（或者质量部）。在过去几十年里，质量与卓越绩效的很多职能已经被交给了其他职能部门。例如，过程能力研究就从质量部门转移到了过程工程部门。此外，由于质量的定义从仅包含操作（小 q）扩展到包含所有活动（大 Q），现在大多数组织在各职能部门都有专职人员，他们接受过专门训练并对质量管理和卓越绩效负责。现在做出决策的权力正在下放。与关键供应商和顾客结成伙伴关系已经日益普遍。此外，组织已经变得更加扁平化，利用跨职能工作团队和项目团队来解决与绩效有关的问题。

那么，什么是或什么应该是质量办公室的角色呢？质量办公室在组织中仅仅起战术作用吗？质量办公室还应该起到战略作用吗？什么是质量办公室的责任呢？它应该有什么样的权力？许多研究者和作者，如 Gryna（2002）、Crosby（2000）、Imler（2006）和 Watkins（2005）讨论了质量办公室不断变化的角色，Spichiger（2002）和 Wescott（2004）讨论了质量专业人员也面临的角色转变。质量办公室的角色应当从两个层面考虑：战术上与战略上。

“成功的战略执行取决于今天实现客户满意和未来实现卓越绩效。我们继续使用朱兰三部曲®为实现和保持马思科有限公司（Masco）建材部门的不断突破奠定坚实的基础。这使我们不断满足或超过当前顾客的期望，为将来的顾客发展创新的、突破性的产品和过程。最重要的是，为全公司提供培养团队成员的方式，将战略付诸行动。作为质量办公室的管理者，我们将不断推动绩效向可持续发展方向改进。”（Steve Wittig，马思科有限公司六西格玛副总裁，BCG，2009）

战术层面

在战术层面上，传统的角色曾经是而且依旧还是对产品质量或服务质量进行独立的评估。例如检查、测试，以及产品或服务的审计。在这一角色上，质量办公室往往被视为局限于支持活动，提供独立评估以确保在追求生产目标时不会牺牲质量要求。

例如：

- 检验和检查。
- 产品测试。
- 供应商质量。
- 根原因的纠正措施。
- 质量系统评审。

随着技术和组织的需求发生改变，质量办公室的角色必须突破传统观点。在战术层面上，质量办公室的角色是：为组织中的其他人创造条件，单独或同其他职能协作，实施质量管理和卓越绩效。扩充的任务举例如下：

- 计算低品质的代价，并据此挑选出适宜的资源以降低成本。
- 在非制造过程进行过程能力研究。
- 在开发过程中尽可能早地参与设计评审。
- 开展供应链协作，对供应商选择和当前绩效进行评估。
- 监控客户满意度，创建和管理纠偏行为过程。
- 参与工程变革过程。
- 通过过程中检查和员工自查减少检验过程。
- 同职能部门合作，推进纠错行动。
- 参与改善或迅速改进活动。
- 使用数据驱动的方法来监控绩效，如统计过程控制。
- 确定改进项目，如精益和六西格玛项目。
- 融入环境、健康、安全项目。
- 培养熟练、有能力的专家，可以向其咨询涉及所有职能的问题。

战略层面

在许多组织中，质量部门往往被视为只有战术作用。许多组织没有充分认识到质量部门可以扮演有用的战略角色。然而，开明的组织已经认识到质量办公室的战略价值。他们将质量办公室视为战略资产，在组织战略、战略目标和商业计划部署的成型、谋划和推行中扮演着关键角色。未来质量办公室的战略方法是将它们的角色视作提供“企业保证”（Juran Institute White Paper，2008）。

以下列出质量办公室需要发挥重要作用的战略活动：

- 愿景、使命和政策的制定。
- 协助高层管理者进行战略制定和目标设定。
- 针对由于低质量带来的费用，为高层管理者推荐解决方法。
- 结合改进目标，参与年度业务计划的制订。
- 演示质量如何影响社会责任和环境。
- 组织内部评估和缩小差距的计划。
- 组织内部改造和改进措施，如精益六西格玛。
- 主要业务过程的创新（如需求创造、产品开发、订单履行、供应链和人力资源管理过程）。
- 开发和部署平衡计分卡与数据系统，支持所有的关键业务过程、政策部署和改善行动。

这些角色与 Gryna et al.（2007）提出的质量办公室应该具有战术和战略双重角色的观点是一致的。

组织未来的质量办公室

为了更好地理解责任，我们需要做一个重要的区分：直接责任和间接责任。直接责任是质量办公室可以控制的活动和结果，由听命于质量主管的全职人员执行。间接责任是那些质量办公室可以影响，但很少或没有直接控制权的活动和结果。间接责任是质量办公室推动他人（非质量部门人员）去做的。质量办公室提供基础设施和手段，使其他部门的人员能够完成这些间接责任。例如，保证质量的过程控制计划的执行。在此，质量办公室推动他人（操作者）来完成这项重要任务。另一个重要的例子是一个旨在实现卓越绩效的变革管理项目的开发和部署。在此，质量办公室负有直接和间接双重责任——有直接责任是因为质量人员是绩效卓越的专家；有间接责任是因为也选择其他部门的非质量人员作为绩效卓越专家。在这两种情况下，质量办公室在培养和推进卓越绩效专家，促进组织改进方面都扮演着不可或缺的角色（如六西格玛和精益六西格玛的绿带、黑带段位，以及精益专家）。

关于使命的思考

谁应该领导质量办公室呢？管理水平如何？质量办公室应该对谁负责？应该向谁报告？这是在设立质量办公室时应该提出的一些问题，也是在思考过质量办公室的使命后才能回答好的。在观念上，我们希望确保使命以及相关的责任能得到对应的管理级别的支持，同时质量办公室能获得适当的授权。权力必须与承担的责任相一致，否则，我们只会得到一个无法胜任其职责的瘫痪的办公室。

例如，在一个为大公司提供客户服务和呼叫中心服务外包的组织中，质量办公室的使命是通过提供这样的服务，帮助组织取得财务增长：

- 有效地提供卓越的客户体验。
- 培养基于事实领导和持续改进的文化。

毫不奇怪，在组织中，质量办公室由质量总监领导，他向首席财务官报告。为支持这一使命，质量办公室的责任应反映前文讨论过的质量办公室在战术和战略两个方面的作用。属于质量办公室责任的职能包括：

- 过程改进（六西格玛和精益）。
- 员工管理（联络中心容量预测、人员配备、日间员工管理）。
- 顾客联系质量（电话和电子邮件的质量）。

注：质量办公室应该永远是执行管理团队的一部分，或者直接向管理团队汇报工作，以确保在领导卓越绩效上的有效性。否则，质量办公室将无人信服。

规模和范围必须符合其使命

质量办公室应该有多大？为确定规模和范围，我们必须权衡质量管理办公室应完成何种质量职能，以及它应当拥有何种职能。在最大可能范围内，质量办公室应使组织中的其他部门尽可能地执行质量和卓越绩效的职能。当质量办公室促使其他部门执行某些职能后，就加强了对这些职能的过程控制权。近几十年来的经验表明，最好的质量和卓越绩效实现方式是通过线性组织而不是通过某一部门。一个全是专家组成的精英部门，采用“公司海鸥”的做法是不可取的。（质量大师 Phillip Crosby 创造了这个海鸥的比喻。在这里它用来说明结果。海鸥飞到你的地盘，带来许多噪声，当它们完事后，就飞走……并留下一堆烂摊子！）

质量办公室应努力使尽可能多的人向朱兰博士所称的“自我控制”迈进，此时他们能够：（1）清楚地知晓期望；（2）通过简短或迅速的反馈途径了解实际绩效；（3）有足够的规制手段和能力，可使实际业绩符合预期。

设有质量办公室的任何群体或领域也必须与它的使命和责任相一致。回顾呼叫中心的例子，组织结构图显示了需要报告给质量总监的范围（见图 27—1），其职责在图 27—2 中列出。

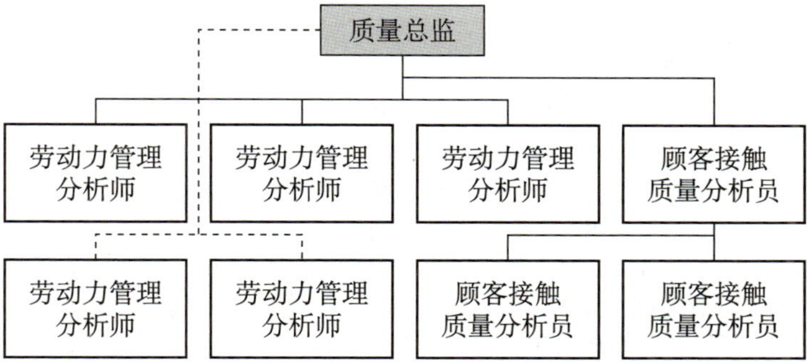

图 27—1　一家呼叫中心公司的质量部组织结构图

表 27—1 列出了未来质量办公室可设立的职位。在不同的行业、组织和文化中，这些职位可能会不同，我们只举出最常见的例子。

举例：在全球范围的跨国公司组织质量办公室

当一个组织成为全球化组织，在世界各地多部门和多区域运营时，其范围、规模和结构就变得更加具有挑战性。质量办公室应在何种程度上集中化（抑或分散化）？有多少结构应该在同一个矩阵中？向质量办公室首脑的直接汇报与间接汇报的关系如何？工厂的质量经理是否应该直接或间接地向当地工厂总经理汇报？

为说明质量办公室的组织形式，让我们来看一个全球性跨国组织的例子。图 27—3 显示了一个全球性组织的组织结构图，其组织的各个部门分布在全球多个地点。鉴于其责任的性质，首席质量官（同时也是质量副总裁）向总裁和首席运营官汇报，总裁和首席运营官向首席执行官汇报，这是符合质量办公室所承担的全球责任的权力层级（见图 27—4）。质量办公室组织结构如图 27—5 所示。工厂一级的质量组织如图 27—6 所示。

质量办公室的组织设计是为了在有重大机遇的地区（如减少供应商的数量和对关键客户质量改进增加全球协调）推动全球标准，充分实行最佳行动（例如维持精益六西格玛项目图书馆和 FMEA 图书馆以捕捉工程经验），以及恢复使用质量评审，强调持续改进。

为支持公司的全球各业务部门，质量办公室在公司中垂直设置（作为全球品质部门），选定的质量人员将协调和推动跨部门的最佳实践（全球功能质量），如图 27—7 所示。

<table>
<tr><th>职务</th><th>责任</th></tr>
<tr><td>质量总监</td><td>• 研究、开发并执行组织企业范围内的精益、六西格玛、质量管理和过程改进。
• 了解经营环境和确保计划得到及时部署。
• 协助识别在现存过程中的持续改进的机会。
• 与多方利益相关者识别关键问题和与团队开发解决方案。
• 培训和指导团队在全组织范围内推动改善。
• 使用DMAIC/精益推动改进。
• 推动六西格玛/精益文化变革在中下级管理层进行。
• 了解精益的概念并促进消除非增值活动。
• 实施可持续的解决方案，设置所有必要的控制机制，如仪表板、审查程序和责任矩阵。
• 向经理和运营团队报告项目状态和结果。
• 审查项目计划，建立相应的质量评估（指标规划）和改进方法。
• 在DMAIC模型的所有方面展示团队领导和管理团队动态（定义、测量、分析、改进、控制）并维护六西格玛原则。
• 采取除过程改进项目之外的其他行动，如设置正确的指标来衡量过程绩效、自动化、故障模式消除和预警系统等等。</td></tr>
<tr><td>劳动力管理分析师</td><td>• 有丰富的呼叫中心环境经验，在电子劳动力管理的应用方面具有很强的认知。
• 负责确保对现有的项目和可预测的未来的人员需求进行最优预测，编制和监督时间表的执行情况，负责招聘工作。
• 与项目主管密切合作评估日常缺勤的影响、呼叫量的变化等。</td></tr>
<tr><td>客户质量经理</td><td>• 负责管理整个组织的通话质量过程。
• 与所有地点的团队合作，充分执行质量过程。
• 与团队和客户合作，确保呼叫标准。
• 负责所有的报告和分析呼叫质量过程。
• 与培训组合作，确保培训成本集中于通话质量过程中确定的特定需求。
• 直接与客户接触，确保他们的需要得到满足。
• 提高组织每天提供给客户的产品的整体质量。</td></tr>
<tr><td>客服专员</td><td>• 在互动质量领域，负责支持多个客户。
• 负责进行电话审计、销售和客户服务培训，以及发展并激励管理者和一线代理。
• 对价值和互动质量的必要性以身作则</td></tr>
</table>

图 27—2 质量办公室呼叫中心公司的责任

表 27—1 质量人员的比较

今天的质量办公室	明天的质量办公室
质量副总裁	企业管理副总裁
质量保证总监	卓越运营总监
质量经理	管理冠军
质量工程师	质量工程师和黑带大师
质量审计师	审计师：质量、财务、安全、环境
技术分析师	技术：分析师、绿带、精益专家

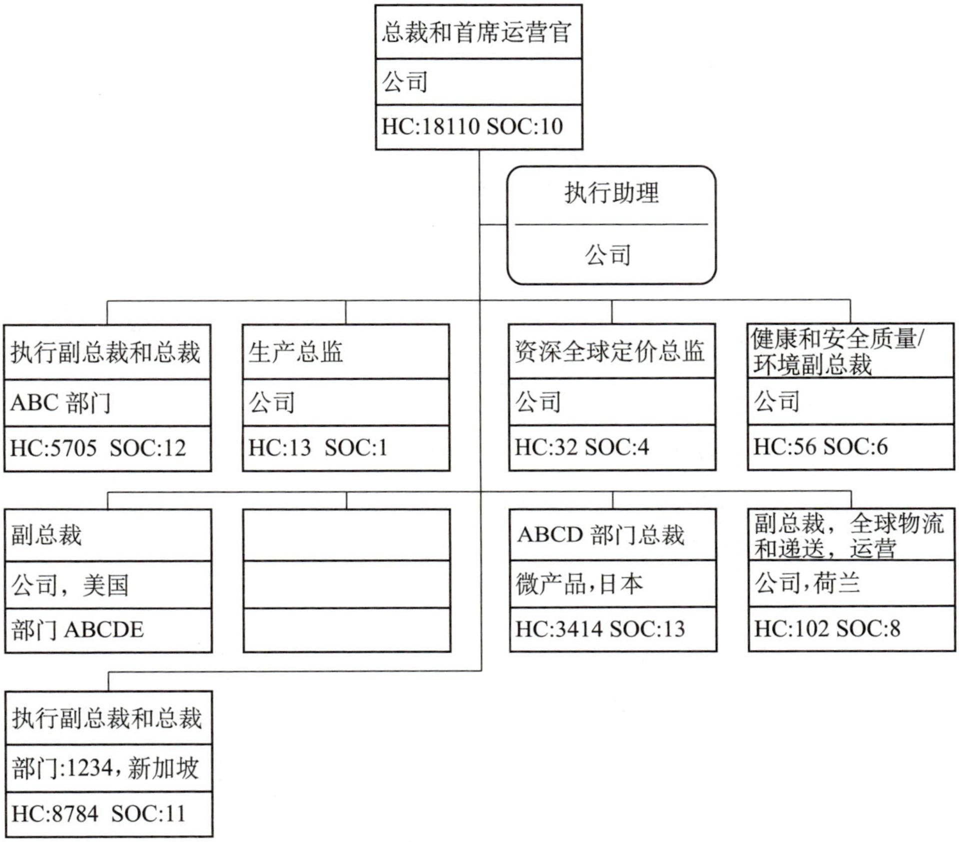

图 27—3　一家全球性跨国公司的首席运营官办公室的组织结构

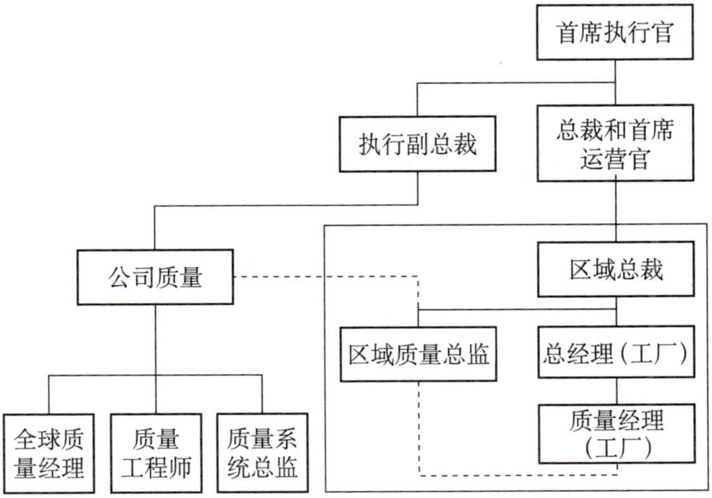

图 27—4　全球性跨国公司的全球质量组织

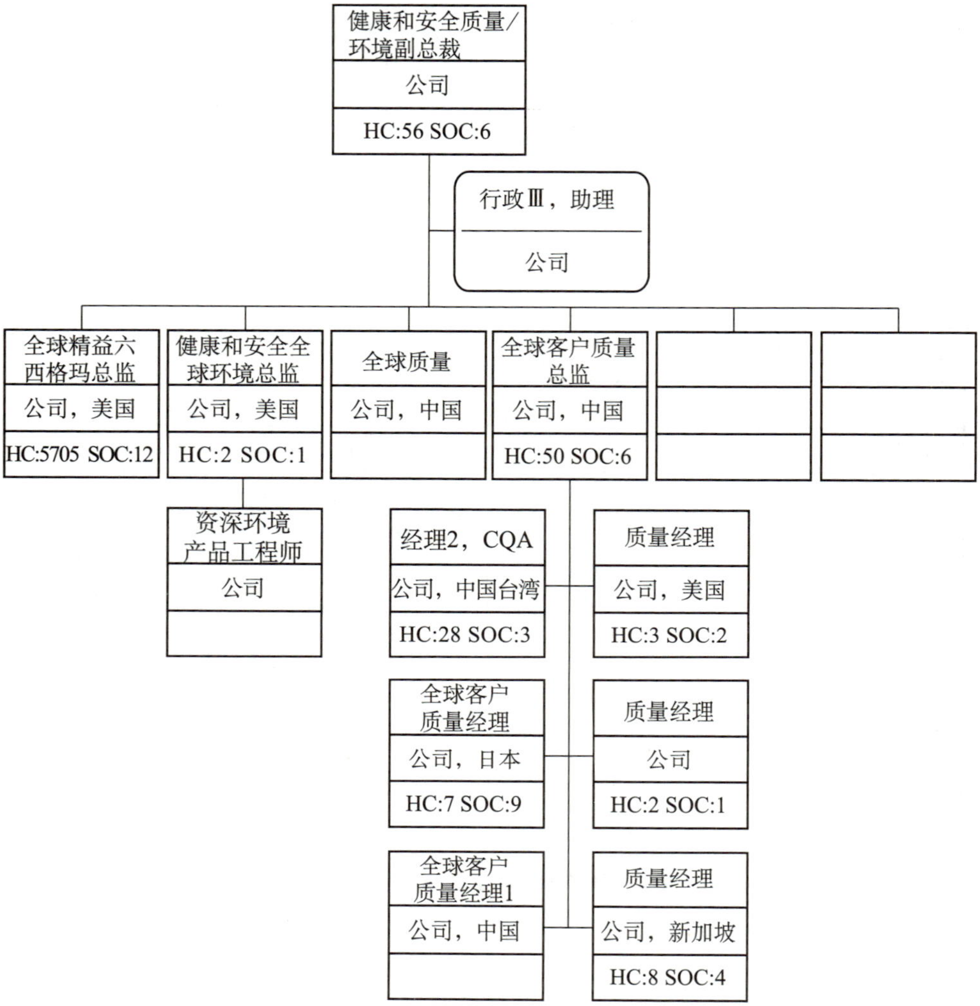

图 27—5　全球性跨国组织的全球质量、环境、健康和安全部门

对图 27—7 中的结构进一步深化，全球质量领导是部门管理团队和全球质量领导小组的一名成员。工厂质量经理向其直接报告。五个职能领导协调全球范围内以下几个方面的最佳实践：客户质量、供应商质量、精益六西格玛、审计和认证、项目管理和年度质量改进计划（AQIP）。对于每个全球职能领域，都设置有具体目标、行动计划和指标。

全球质量部门有一个扁平的结构，该部门拥有资源，且由质量职能领导进行全球协调。全球质量部门负责执行全球过程和 AQIP 的内容和成果。职能领导是每个部门团队的一部分。一些地区性的责任仍将由部门质量领导承担。全球功能质量责任包括：

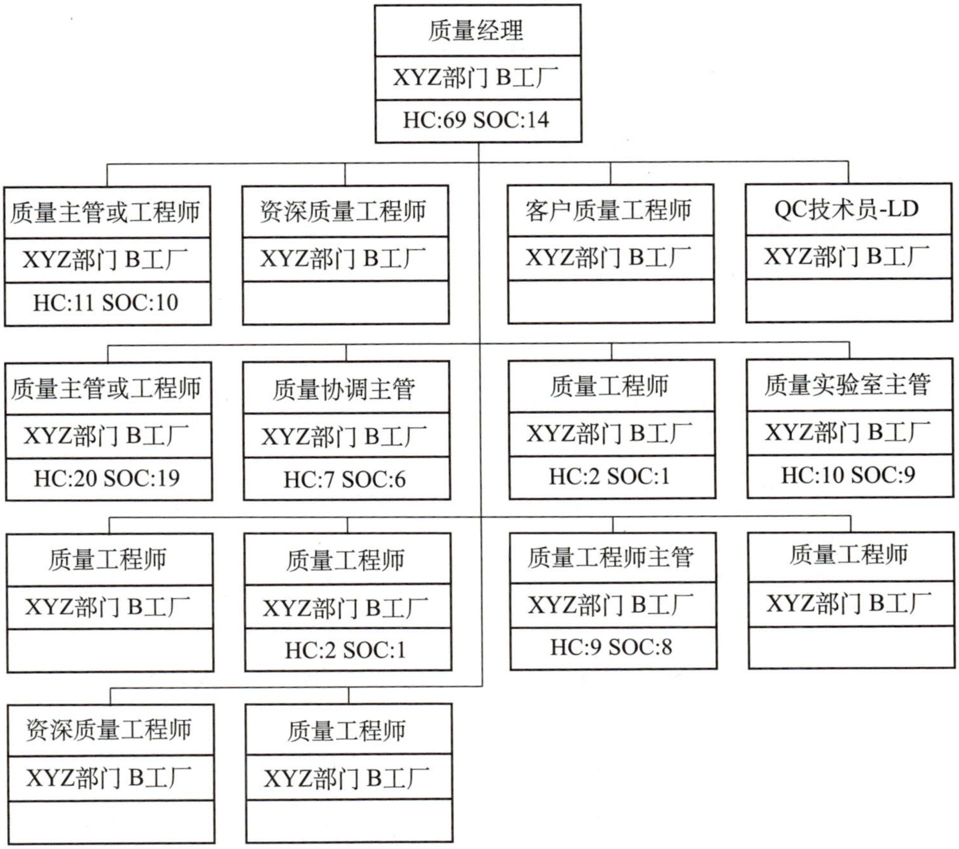

图 27—6　全球性跨国公司工厂级质量组织

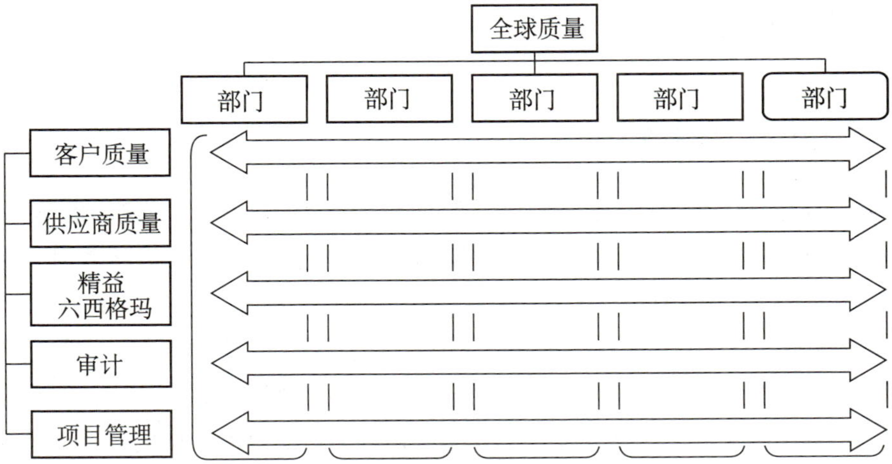

图 27—7　全球质量组织架构

- 客户质量。
  - 协调一致的主动和被动的客户支持。
- 供应商质量。
  - 强化一个供应商和合同制造商的全球标准。
- 精益六西格玛。
  - 消除浪费。
  - 改进产品和过程质量。
- 审计。
  - 质量系统的不断演变。
  - IQRS 的全球审计使用及相关改善计划。
- 项目管理。
  - 协调系统、工具，以及质量过程改善的全球发展和使用。
- 规则。
  - 制造工厂负责与生产相关的 ERA（应急响应行动）、控制、客户投诉及 8D 行动和反应。
  - 销售实体负责从卖方到客户传达 ERA，并将投诉输入到 SAP，通知制造工厂。
  - 从工厂质量经理升级到制造事业部质量领导。
  - 当客户要求上门参观并洽谈质量问题时，这是（地理上）最接近的质量领导的职责。

开发有能力的专家

质量总监（领导）

本节描述了质量工程师和质量总监的能力。由 Bloom（1956）最早提出、Anderson 和 Krathwohl（2001）后来修订的布鲁姆分类法，可以运用到能力矩阵中，来描述各个角色的知识水平和专业要求。每个矩阵由两个主要部分组成。第一部分列出一系列的能力，并通过工具和概念进一步予以定义。在第二部分中，这些工具和概念同布鲁姆分类法中的零到全部六种层次结合起来，这些层次描述了了解和利用能力的认知需求。完整的矩阵，可参见附录中的“能力矩阵”。

修订后的布鲁姆分类法（Anderson and Krathwohl，2001）的六个层次，从最低到最高依次如下：

1. 记忆。从长期记忆中检索、认识并回顾相关知识。

2. 理解。运用口头、书面和图形信息，通过说明、举例、分类、归纳、推理、比较与解释来表意。

3. 运用。通过执行或实施来完成或实现某一过程。

4. 分析。将材料拆解成组成部分，通过区别、整理和归类，确定部分之间的相互关系及其与整体结构或目的的关系。

5. 评价。通过检查和评审，依据尺度和标准做出判断。

6. 创建。把元素结合在一起，形成一个连贯的或功能性的整体；通过创造、规划或生产，重组各元素为一个新的模式或结构。

质量总监（或质量副总裁，或质量经理，取决于组织的大小和职位名称）是领导质量办公室，并与高级管理层一起确保质量已经得到充分计划、保证、控制和改进的人。

质量总监的能力包括所有质量工程师的能力，外加以下能力：

• 领导和管理。激励和影响高级管理层及其他人、管理部门，并领导质量办公室。

• 战略规划和部署。发展并调整战略和目标，将质量和卓越绩效整合进战略规划和部署中。

• 客户关系管理。识别客户及其需求，利用客户反馈，不断提高客户满意度和忠诚度。

• 供应链管理。评估和选择供应商、供应商的管理和改进、供应商认证及发展合作伙伴。

• 质量信息系统。建立指标、监测、评价协议。

• 培训和发展。技能评估、培训需求分析、开发人才。

如上所述，质量负责人也应具有所有六个层次的能力。

质量工程师或质量专员：技术专家

质量工程师，或依个人喜好像朱兰的《质量建筑师》（2003）中一样称为“质量家”，是部署研究和管理质量的行家。质量工程师应具备必要的知识、技能和经验，以成为重要的推动者，可以在一个质量体系中执行三大质量管理过程（质量计划、改进和控制）。质量工程师的能力被归类到附录中能力矩阵的七大类别中。这七大类别是：

1. 质量基本概念。

2. 质量体系。

3. 组织内质量评估。

4. 质量计划。

5. 质量控制。

6. 质量改进。

7. 变革管理。

对质量办公室工程师的能力最低的要求是前三个分类层次：记忆、理解、运用知识。然而，大多数情形中还需要接下来的两种能力：分析和评价（关于质量工程师和质量总监的更多内容，参阅附录二中的能力矩阵）。

对具体例子中的职责、所期望的属性、技能、经验和教育背景，需要不同的质量专员职位，请读者参阅在附录中列举的职位介绍。这些例子展示了在全球化公司中，质量副总裁、总监、经理和工程师的职位说明和要求。

卓越绩效从业者：段位与变革者

除了质量总监及工程师外，未来的质量办公室将包括专职参与者：大师或黑带、精益专家以及变革者。对于许多组织而言，这并非新鲜事物。但其不同之处在于，他们的作用应该与质量办公室紧密相连，确保这些职位继续跟上组织的需求。关于这些角色的更多信息，详见第12章“六西格玛：改进过程的效率”。

下面列出了一些先决条件、属性和能力，是那些未来有可能发展成为质量和绩效卓越专家的人（比如黑带、黑带大师、精益专家、精益大师和其他各种职务）所应当具有的。

该候选人应该：

- 有一个管理或技术专家的职位。
- 有很丰富的商业实践知识且了解组织的经营计划。
- 拥有高级或大学水平的数学和阅读技能，具有基本数据分析与统计知识。
- 已接受质量管理方法和工具的培训。
- 有优异绩效的记录，包括新举措或变革举措的领导力，或显示出有这种能力。
- 不惧怕问责和挑战，并愿意承担谨慎的风险。
- 拥有在目标环境下的扎实技术知识和技能。
- 基于事实和数据做出决定，并追求“最佳实践”。
- 有毅力，稳定、创新而务实。
- 是个好教练、好导师、好老师，最好有领导团队的经验。
- 被组织各层级所信任。

• 具有通用技术和软件的使用经验，不反对学习新工具。

除了技能和经验的先决条件，一些特点和特质会自然地提高候选人推动变革的能力。候选人有如下素质是有益的：

• 善于沟通。
• 有效地应对压力。
• 快速接受新概念。
• 具有“我能行”的态度和能力来管理多重任务。
• 是目标驱动和提早计划型的。
• 是解决方案导向型的。
• 能够有效地与各级组织合作。
• 及时且有效地关注重要的方面。

关键卓越绩效角色的典型例子可以在附录二中找到。

质量关键人员的专业认证

在过去十年中，引进六西格玛导致了对段位认证的舍弃，这主要是吸取了全面质量管理时代的教训。在全面质量管理中，许多所谓的专家都接受了“全面质量管理方法”的培训。不幸的是，很少人进行了收集和分析数据工具的培训。因此，许多组织并没有因全面质量管理计划而受益。摩托罗拉推出的核心课程要求六西格玛从业人员都要学习，这演变成一个超越摩托罗拉本身的认证项目。结果是，出现许多“认证机构”提供诸如黑带大师、黑带、绿带等的认证。大多数认证表示获得认证者在六西格玛和/或精益技能上已是“专家”。认证的确使绩效有所改善，但也由于缺乏对认证机构的监督而出现很多伪专家，许多认证机构是并不精通六西格玛和精益方法或工具的咨询公司或大学。

美国质量协会（ASQ）多年来都在为质量技术员、质量审核员、质量工程师、质量经理提供认证。随着六西格玛运动的不断发展，美国质量协会和它在全球的附属机构也开始提供黑带认证。虽然并非完美，但该协会相对于那些利己的公司来说更适于承担监控认证的职责。认证的基础必须合法方可有效。有太多公司提供段位认证只会导致难以让人信服的认证过程。

美国质量协会的注册质量工程师（CQE）项目是为那些想了解产品和服务质量评估与控制原则的人所设立的（ASQ，2009）。想了解 CQE 项目的知识体系，读者可以访问 www.asq.org，查询注册质量工程师的认证要求。

美国质量协会也提供对于质量人员的质量管理水平的认证，称为质量认证经理/组织卓越。美国质量协会的观点是，质量认证经理/组织卓越是“领导和取得过程改进行动胜利的专家——从小型企业到跨国公司——在复杂的服务和产业环境中，有区域性或全球性视角。获得质量经理/组织卓越认证者能够促进和领导团队努力工作，建立和监控客户/供应商关系，支持战略规划和部署行动，并帮助开发衡量组织改进的测量系统。获得质量经理/组织卓越认证者应能激励和评价员工、管理项目和人力资源、分析财务状况、确定和评估风险，并运用知识管理工具和技术来应对组织的挑战”（ASQ，2009）。

不管通过什么组织对你的专家进行认证，这里有一些从认证中获得的教训：

• 一个项目不足以使人成为专家。

• 无监考的笔试，并不能保证考试者是其本人。

• 组织光签署成功的段位项目是没有保证的，除非组织中的人对于六西格玛知识有所掌握。

• 选择有信誉的认证机构。

发展有能力的专家的责任

对于质量和卓越绩效专家的培训和发展，只有当其对实施和效果有问责和责任时方可成功。这种问责和责任对管理团队绩效来说，与在其他关键竞争或发展战略中是相同的。他们的责任是要就战略达成共识并确保它将支持其他业务、文化和财务战略。他们不负责规划、设计和执行发展战略，这是人力资源职能的责任，质量办公室在技术上提供支援。职责方包括行政领导、人力资源和质量办公室。

行政领导。行政团队承担在组织中创造质量和卓越绩效文化的责任。质量和卓越绩效文化是行为、技能、工具和方法应用于工作后的产物。这些变革在人们没有意识到“如何”塑造和维持这种文化之前是不会出现的。因此，行政团队必须接受质量和绩效卓越的教育，并激发组织的专业开发团队为培训与发展质量和卓越绩效提供方案。在此基础上，管理团队将制定并批准培训及发展工作的战略与战略目标。这种努力可能是全组织范围和长时间段的（3～5年），或集中在某一特定的组织或产品/服务线，或只针对相对较短的一段时间。

人力资源。人力资源（HR）职能（或子职能）负责实施质量和卓越绩效的培训和发展战略。实施活动包括题材的选择、培训设计和实施，以及建立一个评价过程。这与企业其他的培训和发展活动一样，都遵循相同的执行过程。此事可以由内部资源来完成，也可以外包给外部质量和卓越绩效培训机构来完成。现在和过去方法之间的主要差别，在于有一种将质量和卓越绩效训练嵌入到专业发展培训课程中，并为反映组织文化而高度定制化的强烈趋势。尤其是当组织有一个成熟的质量和卓越绩效系统时，这最为明显。

质量办公室。质量办公室负责与人力资源管理专家合作，分享他们在质量和卓越绩效方面的技术专长，这非常类似于销售人员在确定和开发销售培训课程时，分享他们的专业知识。这有别于过去的方式，那时组织有着复杂的（有时是非常庞大的）质量部门，负责确定、开发和交付质量和卓越绩效的培训，并独立于培训部门。这阻碍了将所有活动（大 Q）作为一个整体实施以追求卓越绩效，并导致了 20 世纪 80 年代后期、90 年代早期的“质量与真正的工作”困境。

质量和卓越绩效的一个潜在原则是坚定地关注客户。质量与卓越绩效的培训和开发同样要求这一点。要清楚了解客户是谁，他们需要什么，什么样的特征应该成为培训和开发战略的一部分，随后响应这些需求的主题是重要组成部分。

清楚地了解客户，意味着所有参与者或获益者必须被考虑在训练的设计和实施中。反应性的组织细心地做好客户和其目标的识别，以及对如何通过培训实现这些目标进行沟通。很多时候，因为缺乏明确的定义，组织浪费了大量时间和金钱，培训一些他们从不会使用的工具和技术。例如，向精益六西格玛的先锋或团队成员提供高级统计工具的培训就是浪费。在过去，组织通过考察培训人数和培训主题数来衡量质量和卓越绩效的成功与否，这并不鲜见！

以客户为中心的发展途径

通过关注客户，下述基于设计方法论的途径值得推荐给大家。详情请参阅第 14 章“运用六西格玛设计实现持续创新”。该方法有三个主要步骤：（1）确定所需的能力；（2）按所需的能力评估专家；（3）缩小差距。

1. 确定所需的能力。

a. 确定专家的客户和潜在专家。客户是过程输出或专家执行任务（或将要执行）的接受者。采购经理、设计工程师、运营经理和技术人员、过程负责人、客户服务及高级管理者是典型的客户。

b. 确定客户的需求和它们的优先次序。需要注意的是，需求应该表达为利益（而不是功能）。例如，过程负责人和管理人员需要获得有能力的过程的利益（或改进过程能力的利益）。交叉考虑客户和需求的客户需求矩阵已经开发出来了。可以基于相关性和对客户群的关键性确定需求优先级。

c. 把客户需要转化为技能和能力。接上例，将改进过程能力的利益（需求）转化为技能和能力。所以专家（们）需要以下技能和能力：（1）能够进行过程能力研究，能够理解和解释 C_p 和 C_{pk} 等指标；（2）能够实施 DMAIC 项目，包括实验设计（DOE）确定该过程 $Y=f(x)$ 中的 x，从而改善和优化过程。在许多现有的组织中，工作描述和工作概况说明专家的职责、权限及能力要求。然而，还应当确认这些是确实需要的，并且描述完整，没有遗漏。

2. 按所需的能力评估专家（和潜在的专家）。（该评估工作可以有多种方式，口头和书面评估相结合已被认为是有效的方式。）

a. 书面评估。书面评估的问题应根据所需的技能和能力进行开发。评估包括多项选择题、论述问题和解答题，需要使用专家应该知道的计算公式。对于过程能力的例子，可以问一下何时、如何进行过程能力研究，什么是控制与能力，计算 C_p 和 C_{pk}，这些问题将恰当评估专家是否能够评估过程能力。

b. 口头评估。可以创造并描述组织特定的情境作为面试题目，来验证专家是否能够有效处理这些情境或情况。例如，如果所要求的一种能力是能够在阻力下实施变革，可以根据情境询问特定的变革管理问题，比如："如果面临某些人员抵制并且不愿意执行改进项目选定实施的解决方案，你会采取什么措施?"

3. 缩小差距。

通过书面和口头评估，每一个人在知识、技能和能力方面的差距得以确定。针对每一个人制订发展计划，其中可能包括培训（自学、教授和/或在职培训），分配任务或项目工作从而展现他或她的能力，及/或制定内部认证标准或通过外部专业认证实体进行认证（如通过朱兰研究院、美国质量协会、软件企业研究所(CMMI)、项目管理协会和其他组织)。

评估的结果也可以在组织层面进行归纳总结，来确定组织的差距和培训需求。差距的识别可以在各个职位等级或职能中进行。例如，以下的问题可能是有用的：我们有具有能力的质量工程师吗？我们的质量管理人员具备对于工作很有用的必要能力吗？我们的精益六西格玛黑带能培训其他人并驱动过程改进吗？绿带在获得认证一年后还具有足够有效的知识吗？我们的质量工程师能够在获得质量工程师认证（CQE）五年后仍然具有足够的能力吗？附录中给出了朱兰研究院所做的技能评估的执行总结的一个例子。

组织的培训和发展战略可以由质量办公室与人力资源和其他部门协作制定。开发必要的预算并确保下个月或下个财年的计划到位。质量办公室和人力资源部负责部署计划，其中可能包括使用外部的培训供应商和顾问。

总结

质量办公室在战略和战术两个方面都发挥着重要作用，使组织追求质量和卓越绩效。控制与创造有益变革的区别使人们认识到，为了创造有益的变革，在组织内需要有并行部门或分支。如前所述，其中的一些组织形式可能是临时的或永久性的。质量办公室的角色和职责及它的组织形式受到其使命的推动，可发挥直接和间接作用。质量办公室应该是一个推动组织质量和卓越绩效的机构。在这一角色下，有能力的质量和卓越绩效专家要根据客户对整个组织的需求，确定和发展必要的技能和能力，以实现质量和卓越绩效。

参考文献

Anderson, L. W., and Krathwohl, D. R. (eds.) (2001). *A Taxonomy for Learning, Teaching and Assessing: A Revision of Bloom's Taxonomy of Educational Objectives*, complete edition, Longman, NY.

Bloom, B. S. (ed.) (1956). *Taxonomy of Educational Objectives: The Classification of Educational Goals – Handbook I: Cognitive Domain*, McKay, New York.

Crosby, P. B. (2000). "Creating a Useful and Reliable Organization: The Quality Professional's Role." *Annual Quality Congress*, vol. 54, May, pp. 720–722. American Society for Quality, Milwaukee, WI.

De Feo, J. A. (2008). "Enterprise Assurance," Juran Institute White Paper, Juran Institute, Inc., Southbury, CT.

Gryna, F. M. (2002), "Interview: The Role of Quality and Teams in the 21st Century." *AQP News for a Change*, vol. 6, no. 7, July, pp. 1–3.

Gryna, F. M., Chua, R. C. H., and De Feo, J. A. (2007). "Organization for Quality." Chapter 7 in *Juran's Quality Planning and Analysis for Enterprise Quality*, McGraw-Hill, New York.

Imler, K. (2006). Core Roles in a Strategic Quality System. *Quality Progress*, June, American Society for Quality, Milwaukee, WI. pp. 57–62.

Spichiger, J. (2002). The Changing Role of Quality Professionals. *Quality Progress*, vol. 35, no. 11, November, American Society for Quality, Milwaukee, WI, pp. 31–35.

Watkins, D. K. (2005). Quality Management's Role in Global Sourcing. *Quality Progress*, vol. 38. no. 4, April, American Society for Quality, Milwaukee, WI, pp. 24–31.

Westcott, R. (2004). Metamorphosis of the Quality Professional. *Quality Progress*, October, American Society for Quality, Milwaukee, WI, pp. 22–32.

（李为鹏 译，高鑫、杨坤 校）

第28章

研究开发质量：更多创新，稀缺资源

布赖恩·A·施托克霍夫

关于本章

本章讨论研究机构和开发过程中的质量管理。本章的内容将着重于这两个领域中与同时实现改进顾客满意和降低成本有关的概念、基础架构、方法和工具方面。软件开发过程的质量管理在第29章“软件和系统开发：从瀑布式到灵敏型开发”中讨论。

本章要点

1. 研究开发职能常被定义为“前沿科学”，“市场拉动”和“技术推动”都可以对其形成助推。在遇到独特问题时，这二者可以促进找到解决方案，并找到改善质量的机会。

2. 高质量的研究需要找到规避商业风险和提高创新性的平衡办法。

3. 对于维持高质量的开发研究以及企业取得长期成功来说，企业的组织文化有可能成为隐形的拦路虎。

4. 合适的研发质量衡量方法应该是质量方面落后者、居中者以及领先者共同作用的结果。

5. 质量计划的概念、工具及方法应该用来帮助确认产品的设计是否满足消费者的需求。传统意义上讲，设计包括设计可靠性和设计可维护性，新的设计则除了这二者之外，还延伸到了人体工程学和生态学。

引言

人们常常使用“研发”（R&D）这个组合而成的术语来描述若干个跨部门的过程，这些过程将发端于研究职能的新知识和新技术与随后的新的（或改进的）产品和过程的开发整合起来。然而，由于在大多数组织中这些活动仍是分开的，因此在本章中，将研究过程的质量管理和开发过程的质量管理加以区分是有益处的。其基本目标是帮助读者理解不同的组织是如何通过融合质量管理观念来最终获得更具竞争力的新产品和服务的。

“市场拉动”和“技术推动”：管理驱动力量

朱兰最初的质量螺旋（Gryna，2007，pp. 15 - 16）着重描述了（制造性组织）包括新产品的“开发”在内的跨职能的活动流。从这一螺旋可以看出，对新产品的要求源自市场调研。市场营销部门实施市场调研来确定顾客的需要，同时也获得有关组织满足这些需要的状况的顾客反馈。依据顾客的反馈和改变了的顾客需要，这一螺旋开始新一轮的旋转。

然而，研究开发和顾客之间的“桥梁”可以被二者中任意一个所激发出来。而且，市场调研不是新技术和产品创意的唯一可能源泉。因为消费者（尤其是终端消费者）很难也不可能将其需求全部都表达出来，对于技术类产品尤其如此。战略研究也是产品方案的来源之一，正如 Louis Pasteur 所说，“机会是为有准备的人预备的”。实际上，即时贴便条（Post-it notes）这一产品便是一次实验失败的产物，一位研究人员意识到了这一新产品的机会。低黏性、压敏黏合剂是人们长期以来渴望的产品特征，直到一位科学家利用 3M 公司允许开发工程师私下销售新创意的政策并大获成功才告一段落（Petroski，1992）。

尽管失败并不应该是期望的必经之路，不过长久以来，它是获得开发成功的一部分。Roussel et al.（1991）以及 Miller and Morris（1999）均强调了支持企业战略重点的前瞻性、探索性研究的重要性。Nussbaum（1997）引用汤姆森公司消费类多媒体电子产品部门副总裁的话说，设计过程正在被用于“总体的战略性经营问题”。最近，Beall（2002）强调鼓励“前沿科学”的创新有利于产生新产品。

战略性研究正在日益以概念和技术的提供为中心，这些概念和技术将推动诸如激光技术和光电技术这样的新的或改进的技术的发展。战略性研究通常支持新的、突破性的“平台”技术的开发。这类技术一开始不会产生明显的市场收益，但之后会带来多样的产品和显著的竞争优势，尤其是在涉及知识产权的领域。新的技术和产品概念的这两类不同来源（市场研究和战略导向研究）按其特性可以分别描述为“市场拉动”和“技术推动”。

不管辨识顾客需要和新产品机会的途径如何，研究机构和开发过程中的质量管理已经越来越被人们认识到是一种日益重要的活动。除了对信息、技术、货品和服务的适用性的重视外，缩短研发周期和降低成本的必要性也变得与日俱增。这需要在研究和开发领域同时付出努力。本节将提供一些关于改善协调环节、缩短开发时间及节省成本的方法和过程的具体实例，它们帮助组织在许多领域获得优势。戴尔电脑通过拉近与供应商和顾客的距离来提高速度，从而达到行业的领先水平，并形成了戴尔电脑的核心竞争力（Dell，2000）。速度肯定有其局限性（参考 Thackara 2005 年对“速度需要”哲学的批判），但是研发过程中的质量管理可以同时实现周期的缩短和成本的降低。Jensen and Morgan（1990）发现，在壳牌公司的一个研究中心，一个致力于改进项目要求确立过程的质量团队的活动导致项目周期缩短了12个月。康宁（Corning）公司的实验室 4 年当中节省了 2 100 万美元的费用（Smith，1991），新产品推出的速度却更快而成本也更低。一个旨在降低研究人员实验中的间歇时间的项目“轻而易举”地实现了 120 万美元的节约。类似地，Hutton and Boyer（1991）指出，敏迪电信公司半导体部门的一个质量改进方案使得订制原型产品的交付周期从 22 周缩短到了 6 周。最近，Shankar et al.（2006）报告说，TAP 制药有限公司节省了其信息处理时间的 68%（从原先的 282 天下降到 90 天），因此新产品得以更早上市。这已不是小数，让我们再看看波音公司的例子。波音公司的 787 梦幻客机，和改进后的 747－8 大型喷气式客机，由于延误、返工和项目管理等，已产生了大约 3.5 亿美元的花费（Sanders，2009）。

研究和开发的使命

虽然研究和开发有一般的业务目标，但为了管理研究职能和开发过程，就必须明确和理解其相应的独特使命。为了有助于区分各种类型的研究和开发活动，工业研究学会（the Industrial Research Institute，1996）给出了以下的定义：

• “基础性”（或“基本性”）研究由原创性的实验和/或理论性研究构成，旨在提升科学和工程领域的人类知识。

• “定向的基础性”（或“探索性”）研究是指原创性的科学或技术工作，它或是为了提升（与企业经营战略）相关的科学和工程领域的知识；或是要创造能够开发出具有商业价值的材料、过程或产品的有用的概念，从而在可预见的未来为公司贡献利润。它未必直接针对某一具体问题或需要，但它是被精心挑选出来的，其所针对领域的进展将对公司未来的核心业务产生重大影响。

• “应用性”研究是指为了获取与现有的或计划中的商业性产品、过程、系统或服务有关的特定知识而进行的分析研究。

• “开发”是指将研究成果或其他知识转化为全新的、修正的或改进的产品、过程和服务的方案或设计，不论它们是为了出售还是自用。它包括概念构思、进行设计、测试备选方案、建造原型、初始的小规模系统或实验厂的运行这些阶段。

由 Roussel et al.（1991）提出的有关研究和开发过程的以下基本定义是很有用的：

• 研究：组织用以获取新知识和新认识的过程。

• 开发：组织用以应用和结合从研究中所获得的科学知识的过程，其目的在于提供与组织的使命相一致的产品和/或服务。

后者的定义虽说宽泛但却十分有用。两个定义均包含了“过程”这一词汇。全面质量管理（TQM）、六西格玛以及鲍德里奇国家质量项目等经营管理战略和项目的信条之一便是改进关键过程，正是这些过程产出了符合组织内、外部顾客要求的产品。作为对这一观点的支持，Nussbaum（1997）说：“除了产品之外，同时还关注过程，产业界的这一转变体现了设计领域的前沿动态。”过分地强调产品或者过程中的创新很有可能会对其他部分产生影响（可能会造成更大范围的业务的次优化），因为创新的相对重要性有可能在产品寿命周期中产生变化。如图 28—1 所示，在产品生命周期的初期，创新会极大地影响产品本身；不过到了生命周期的后期，产品相对改变得比较少，过程却需要不断地去改善。类似地，Himmelfarb（1996a）也主张，高层管理者的一个重要职责便是确保产品开发过程能够得到明确的定义（借助于流程图）、文件化、理解、控制和改进。因此，定义研究和开发过程的“产品”和“顾客”是很有用处的，之后便能据此对过程的质量加以定义、测量、计划、控制和改进。

研究开发过程的产品

朱兰（Juran，1992）将产品定义为“过程的输出”，并强调“产品”这个词

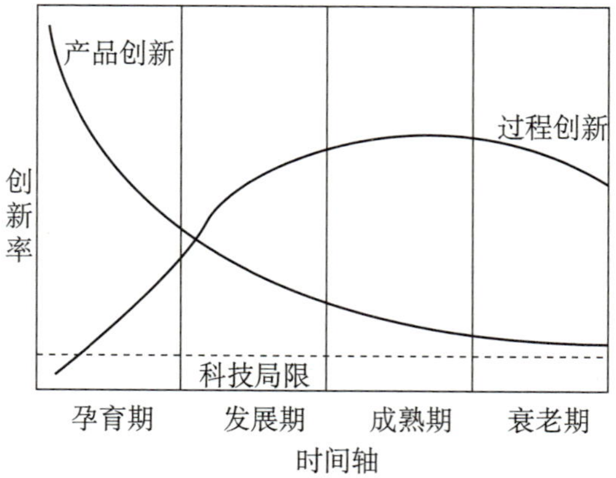

图 28—1 研究开发从产品创新到过程创新的重点的转移

既可以指货品也可以指服务。根据本章的目的，产品将用于表示研究机构或开发过程的最终或中间输出。研究机构的基本“产品”为信息、知识和技术。开发过程的产品是新的或改进了的过程、货品和服务，它们源自对知识和技术的应用。例如，一个研究项目的输出可能是一份包含了该项目或专利应用的研究结论的报告。相应地，一个产品开发过程的最终输出就是用于生产的设计和规范。研究过程和开发过程两者均有中间的或过程中的输出。研究过程可能的中间输出是数学模型、公式、计算或实验设计结果。相应地，开发过程的中间输出一般会有实物模型、产品原型或设计评审会议的记录。

研究开发过程

一般来说，产品开发的步骤如下：

• 产生创意阶段。有时候也称为“创意阶段”，这一阶段包括了新产品创意最初的产生、发展以及交流。创意有可能来自任何地方，包括顾客、研发人员、销售员、公司其他员工、项目团队、展会现场甚至竞争对手。

• 创意筛选阶段。在这一阶段，对之前产生的创意需要进行筛选和过滤。过滤的标准往往包括技术上的可行性、市场销售和研发预算情况、竞争对手态势、知识产权评估以及整体利润率。

• 概念发展阶段。一般来说，“概念的证明”离不开精炼目标市场、产品优化升级、产品生产理念以及研究开发和产品生产的成本等因素。这一阶段包括产品模拟、建立模型以及快速成型。

• 市场发展阶段。从根本上来讲，通过估算预期的销售价格和销售量，再减去成本即可获知预期收入。很多公式可以帮助我们更好地理解这一观点，包括盈亏平衡点理论、净现值以及更加复杂的模型和预测方法。产品开发经常有跨职能团队，向项目经理报告，或者向那些有可能为市场带来新产品和新技术的高级经理们汇报。

• 测试阶段。小批量生产一部分模型，并在一系列条件下进行测试，尤其是针对某些常见用途。测试阶段有可能会通过焦点团体或者公开测试（或是选择某些特定群体）来得到顾客的反馈。在软件开发领域，邀请潜在顾客参与测试是尤其常见的。

• 开发实施阶段。在这一阶段，要考虑到产品上市前过程方面的所有细节，包括正式确定产品规范和开发需求、建立供应商关系，以及确定物流采购计划。在很多行业中，还必须满足相关的一些行业规定。如果上述步骤没有完成的话，通常需要委任一名产品经理进行检查，以确保可以从本阶段顺利过渡到下一阶段。

• 商业化阶段。随着产品上市和渠道的打开，一些商务活动（如广告等）也需要开始了。尽管这一阶段很多时候并不被认为是产品开发阶段的一部分，但实际上这一阶段也会为产品改善提供良好的机会，比如，研发人员可以通过销售人员和市场信息来更好地了解顾客和终端消费者的需求。

很多过程并不能完完全全符合某一步骤，而是包括了多个步骤。Holmes and McClaskey（1994）提供了伊斯曼化学公司所识别并改进了的关键研究过程重叠和交互的例子：经营单位的组织交互、顾客需要的确认和再确认、概念开发、技术转移、项目管理。图 28—2 是伊斯曼化学公司“创新”过程宏观层次的过程图。步骤 1 至步骤 4 表示宏观层次的研究活动，这些活动生成了步骤 4 的“新的或改进的产品或过程概念”。最后一个步骤是宏观层次的开发过程，它产出了分别应用于运营和市场的过程设计和产品设计。

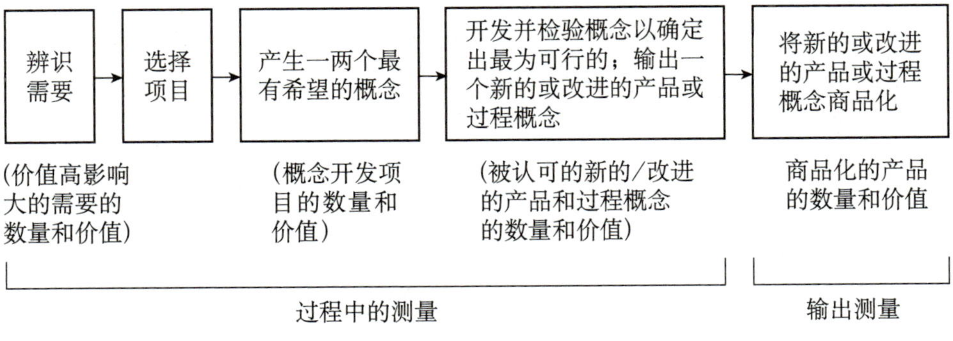

图 28—2　伊斯曼化学公司的创新过程

资料来源：Holmes and McClaskey，1994.

许多组织都应用流程图来描绘它们的产品开发过程，这些流程图反映了过程的主要阶段和“闸门”（决策点）。Altland（1995）讨论了柯达公司所应用的“阶段—闸门”顽健（robust）技术开发过程，他们据此来确保过程和产品技术“具有制造能力并与预期的产品应用相符合”。闸门理论为研究、开发，以及市场销售周期性地同时发生作用提供了一次极好的机会，从而可以为产品流水线设计发挥作用。图 28—3 中的流程图（Boath，1993）描述了某组织新产品开发过程“再造”后的结果。新的过程使“资源利用”的效率提高了 25%。

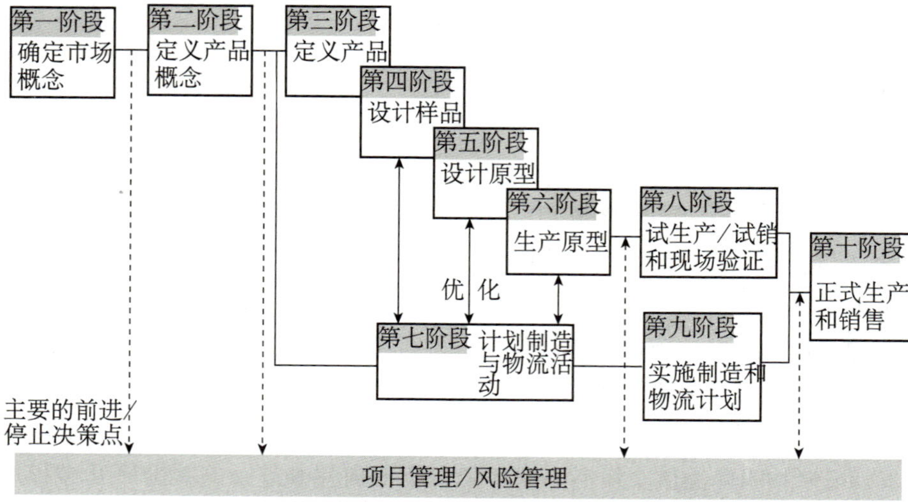

图 28—3 新产品的开发过程

资料来源：Boath，1993.

美林保险集团（Merrill Lynch's Insurance Group Services，Inc.）的 Raven（1996）提供了一个金融服务机构产品开发的项目管理过程的例子。图 28—4 所描述的九步骤过程被佛罗里达的斯特林质量奖（Sterling Award）审查员引作“……卓越样板”的实例。表 28—1 列出了其每个步骤所涉及的活动。Himmelfarb（1996b）提供了有关服务业新产品开发的其他例子。

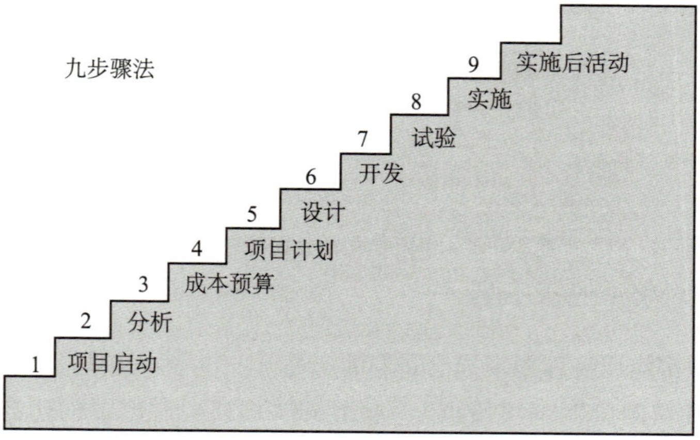

图 28—4 美林保险集团的项目计划和开发过程

资料来源：Raven，1996.

表 28—1　　美林保险集团项目计划和开发过程中各步骤所包括的活动

步骤	活动
1. 项目启动	(1) 准备建议书 (2) 高层执委会的评审 (3) 决定批准与否（是/否）
2. 分析	(1) 确定范围 (2) 获取对于范围的批准 (3) 确立顾客要求 (4) 评审要求 (5) 进行市场研究
3. 成本预算	(1) 确定成本预算 (2) 进行可行性研究
4. 项目计划	(1) 安排进度 (2) 开发行动计划 (3) 安排会议日期
5. 设计	(1) 开发系统设计 (2) 开发业务程序
6. 开发	(1) 备齐证交委和州的文件档案 (2) 完成系统设计 (3) 制订试验方案 (4) 开发工作过程、政策和程序说明书 (5) 编制培训、营销和销售材料 (6) 确定采购和打印要求 (7) 取得批准
7. 试验	(1) 进行程序测试 (2) 进行系统测试 (3) 进行用户可接受性测试 (4) 进行回归测试 (5) 进行质量保证测试 (6) 进行分支机构测试 (7) 获得投产指令
8. 实施	(1) 发放政策和程序说明书、培训材料、营销和销售材料 (2) 进行操作培训 (3) 实施新的系统、程序和过程
9. 实施后活动	(1) 实施后的项目评审和调查

资料来源：Raven，1996.

定义研究和开发的质量

正如质量产品和服务必须具有适用性且免于缺陷，研究和开发过程同样有责任使产品和服务具备这些特征。但由于研发过程中的参与者众多，维度复杂，使得对研发质量做出清晰的定义十分困难（尽管有人会坚持“眼见为实”的观点）。下边列举一些实际中会遇到的例子。

定义研究的质量

在本节中，将从顾客满意（特征的有效性）和成本（提供这些特征的效率）两方面来定义研究的质量。根据 Wood and McCamey（1993）以及 Schumann et al.（1995）的研究，Kumar and Boyle（2001）对研究开发中的质量进行了如下定义：

理解研究开发的顾客是谁，他（或她）的期望是什么，主要的技术是什么，应该如何利用这些技术来满足顾客的期望和整个组织的需求，研究开发的竞争对手是谁，他们会如何做出反应等等。坚持以正确的方式做正确的工作，对质量改善保持持续的注意力，通过移除障碍增强员工能力，以及鼓励员工发挥他们的最大能力等，都可以帮助达到这一目标。

通用电气公司（Garfinkel，1990）定义了研究质量的几个要素：研究的技术性质量、研究的影响力（是“规则改变者”还是改良）、与企业经营业务的相关性、适时性（相对于目标市场需求的早或晚）。杜邦公司的 Darby（1990）将研发质量定义为“创造、预测并满足顾客的要求”，为此就必须“对知识、知识的应用及其与企业经营目标的一致性进行持续的改进”。

信息、知识和技术是探索性和应用性研究过程的基本产品。Godfrey（1991）提供了有关信息质量的一般性讨论。因此，研究活动的产品质量可以从顾客对于该信息的特征的满意程度和该信息中所含不良的免除程度（这降低了成本并缩短了周期，因此提高了效率）这两方面来加以定义。研究信息的特征包括适时、效用、准确和成本。研究的不良既有可能发生在研究过程中，也可能反映在研究的最终产品中。研究产品中可能的缺陷或许会表现为知识的过时、不准确、不相关或投资价值不高等。研究过程中的缺陷涉及过程中的“返工”或“废品”，如由于用错了公式而不得不重发进展报告的一部分，或由于检查出参照样品被污染而必须重做实验。

综合以上观点，研究质量可定义为由研究职能所提供的信息和知识的特征满足用户要求的程度。重要的是，不同的研究开发者和顾客可能会对开发质量有不同的期望。举例来说，不同的研究开发者对研究失败是否一定是成功的必要条件就持不同的态度。又如，关于产品稳定性实验，带有研究导向和市场导向的人可能也会持迥异的态度，这也会导致其在研究质量上产生分歧。

定义开发过程的质量

开发活动的基本结果是新的或改进了的产品和过程。开发过程的质量可以定义为开发过程有效地提供能够重复地满足诸如成本、安全性和性能等设计目标的过程和产品特征的程度。

Gryna et al.（2007）认为，作为结果的产品和过程的特征必须从“大 Q”的角度来加以认识，就是说不仅包括产品和服务的质量，还包括过程、系统、组织和领导力的质量。Port（1996）论述了产品和过程的环境友好性所呈现出的日益增长的重要性。在一份关于环保产品的经济分析报告中，Chen（2001）认为，不一定所有环保产品都对环境保护产生益处，不过我们可以通过颁布合理的法规来规范这一点。各种管制机构正在迫使设计人员正视这类问题，如英国的电池处理规定，德国规定制造商必须确保所有产品运输用包装的可处置性，而荷兰则要求制造商必须回收旧的或损坏的器具进行再生利用。

开发过程中的中间产品、不良，以及由此带来的低效率与过程的返工或废品有关。Berezowita and Chang（1997）引用了由 Hughes（1992）讨论的福特汽车公司的一项研究的结论，即尽管在产品的设计阶段所做的工作成本通常只占到产品总成本的 5%左右，但它对未来产品质量的影响却占到了 70%。Boznak and Decker（1993）认为，与产品设计和开发过程中的不良有关的成本会达到惊人的程度。他们提到了一个计算机制造商的例子，该公司这方面的成本“超过了 2 100 万美元……这相当于 42 万小时的无效劳动……公司在一项产品上损失的毛利几乎高达 5 500 万美元。由于对于产品开发过程缺乏有效的管理，使得该公司总价值为 15.4 亿美元的国际业务岌岌可危”。他们认为，若是该公司导致这些近乎灾难性后果的活动能符合 ISO 9000 的要求的话，这种惨状本来是可以避免的。（参见第 16 章“以国际标准确保组织的符合性”关于 ISO 标准的讨论。）

设计“返工”的例子包括因过时的要求而导致的设计变更，以及由于未能满足一个或多个设计目标（包括进度和成本）而必须进行的部分重新设计。在很多情况下，重新设计的真实成本很容易被忽视，尤其是考虑到销售的主旨就是压缩产品开发周期。对于这个问题，Arundachawat et al.（2009）举了很多关于同步工程设计返工的例子，包括造成重新设计的原因汇总等。作者引用了三种方法评估重新设计：

直接实验法，数学建模法，以及模拟仿真法，但在出版物中只报告了模拟仿真法。

更为一般地，Perry and Westwood（1991）根据技术目标的实现程度，如“满足特定过程能力目标的程度”和“满足顾客需要的百分比和程度，以及在产品开发过程的各个阶段发现的问题数量”，测量开发过程的质量。在摩托罗拉公司的半导体部门，Fiero and Birchr（1989）报告说，通过减少开发过程中的不良，将制成的原型一次通过所有测试的百分比从25%提高到了65%。而且，通过10个职能领域的共同参与，摩托罗拉得以将开发周期从380天缩短到了250天。所报告的15万美元的投资每年能够增收800万美元。

计划和组织研究与开发质量

质量不会凭空诞生，实际上恰恰相反（引用科幻漫画坏人经常说的话，就是“千里之堤往往毁于蚁穴”）。为了提高质量，了解文化差异、企业设施、组织结构以及开发技能中哪些因素会对开发质量起促进作用，哪些起抑制作用是很必要的。要使质量管理到位，还需要了解企业是如何运行的。

辨识和消除障碍

为了成功地在研究和开发活动中计划和实施质量管理，管理者必须首先认识到在研发环境中与开发和实施质量举措有关的可能误区和障碍，并采取相应的应对。Hooper（1990）和Endres（1992，1997）讨论了必须加以解决的文化方面的和组织方面的障碍。例如，研究人员对于质量活动会抑制个人创造性并导致官僚控制的担心，可以通过选择试点项目来加以消除。可以选一个项目来证明，改进研究质量能为研究人员提供更好的资源和过程，从而使他们进行更有效的研究（如缩短收集参考文献所需的时间，利用统计实验设计可以从较少的试验中获得更多的信息）。

Hooper（1990）认为，研发与顾客和经营业务传统上的隔绝是在改进研发质量方面所存在的一种组织上的障碍。Oestmann（1990）讨论了卡特彼勒公司（Caterpillar）解决研究人员与顾客相隔绝问题的方式：“……让有经验的研究工程师到现场去，与大量的顾客相接触。他们的任务就是理解顾客——他们现在是如何使用机器的，将来又会如何使用，当前和未来是哪些因素影响着顾客的购买决策。这样做的目的就是要预见为了制造优异的未来产品所需要的技术。”一旦研究部门开发出了最具有前景的技术，卡特彼勒公司就会采用跨专业的团队来开发所需要的产品概念。由来自营销、工程、制造和研究部门的人员所组成的团队来开发实现顾客需要的产品概念，然后“根据其对顾客的价值来评价每一个创意”。Murphy（2000）提出，另一种解决这个问题的方式就是“把现场带到员工中来”，使竞争情报项目不仅以企业高级管理人员、销售人员以及市场人员为受众，还包括项目研究开发人员感兴趣的内容。这样可以在初期发现科学或者工程研究突破，而这些突破可能需要数年才会在市场驱动的报告、出版物、专利、竞争者的产品中显现出来。

针对开发人员，Gryna（1999）讨论了将产品开发人员置于一种“自我控制”的状态的重要性。（参见第 20 章“产品组织：在精益与绿色的同时保证质量”中的“可控性的概念：自我控制”一节。）在做到让设计人员对其工作产品的质量负责之前，表 28—2 所提出的三个方面的主要标准必须首先得到满足。Gryna 根据对设计人员的调查，确定了每一标准下的具体项目。此表可以作为一个检查表，用以识别出改进设计人员的工作产品的机会及其改进质量的意愿。

表 28—2　　设计人员的自我控制检查表

Ⅰ. 设计人员是否被提供了相应的手段以使他们清楚他们应当做的事情？

A. 他们是否清楚产品的各种应用情况？

1. 他们是否拥有有关操作环境的完全信息？
2. 他们有无接触用户的渠道以便与之讨论产品的应用情况？
3. 他们是否清楚产品在现场可能发生的误用？

B. 他们是否清楚地理解关于产品的各方面要求，如性能、寿命、保证期限、可靠性、可维修性、可达性、可用性、安全性、运行成本和其他产品特征？

1. 非定量特征是否以某种方式得到了定义？
2. 设计人员是否清楚适合相关用户要求的产品复杂性水平？

C. 是否具备充分的设计指南、标准、手册和分类目录？

D. 设计人员是否清楚他们所设计的部分与设计的其余部分的相互作用？

E. 他们是否清楚他们的设计的缺陷（或其他不足）在整个系统的功能、保修成本和用户成本方面的后果？

F. 他们是否清楚各种元器件的相对重要性以及各种元器件的特性？

G. 他们是否清楚相对于设计公差而言的制造过程能力如何？

H. 他们在确定公差时是依据功能需要还是只使用标准公差？

I. 他们是否清楚不完美的设计规范或设计变更所导致的工厂成本和现场成本？

Ⅱ. 设计人员是否被提供了相应的手段以使他们清楚他们正在做的事情？

A. 他们是否具有测试其设计的以下几个方面的手段？

1. 性能、可靠性及其他测试。
2. 未知的设计交互作用或影响。
3. 实物模型或试运行。

B. 对于设计是否进行了独立的评审？

C. 详细设计图纸是否进行了审查？

D. 设计人员是否被要求对设计的分析加以记录？

E. 他们是否从开发测试、生产测试、试验场测试、验收测试和用户体验中收到了充分的反馈信息？

1. 可能的情况下有无提供量化的结果，包括问题的严重性和频次，以及对制造商和用户造成的损失？

续前表

2. 在失效信息中是否包含了有关原因的充分的技术细节?
3. 设计人员是否在需要时上门访问用户?
F. 设计人员是否知道材料的替换或过程的变更?
G. 当他们的设计规范在实践中未被遵守时,他们是否得到了通知?
Ⅲ. 设计人员是否被提供了相应的手段以使他们能够调整设计过程?
A. 是否向他们提供了新的可选材料或设计方案的信息?他们有无手段评估这些替代方案?
B. 是否向他们提供了有关以往设计方案性能的信息?
C. 有关新产品的研究成果是否转交给了设计人员?
D. 采用新供应商的产品是否需要设计人员的认可?
E. 设计人员是否参与制定了确定产品出货的准则?
F. 设计人员是否可以建议涉及功能参数、可靠性和可维修性的权衡的变更?
G. 在设计公布时,设计人员有无被告知对其设计所作的变更?
H. 有无通过充分的分析确定产生设计故障的原因?
I. 设计人员是否被授予了相应的职权以追踪他们的设计至原型阶段,并在需要时变更设计?
J. 设计人员是否可以实施设计变更?
K. 在决定变更设计之前,是否与设计人员一同评审了现场报告?
L. 设计人员是否清楚变更设计的程序和系列指令?

资料来源:Juran Institute, Inc. Copyright 1994. Used by permission.

领导力和基础架构

上层管理者要成功地领导质量活动,就必须清楚自己在质量管理中的作用和职责。Holmes and McClaskey (1994) 论述了在伊斯曼化学公司的情况:

> 分管研究的最高主管们的领导力是最重要和最基本的成功因素。通过将注意力集中于主要的输出并亲自领导对影响输出的关键管理过程的分析和改进,研究主管们转变了他们管理研究活动的方式。自1990年以来,研究管理者通过质量管理的方式来管理研究活动,实现了QM(质量管理)的制度化。伊斯曼化学公司在管理研究活动方面的成功再次证明了朱兰博士(1992)的名言:"据我所知,没有哪个公司在缺乏最高主管掌舵的情况下能够实现世界级的质量。"

上层管理者在领导研究或开发领域中的质量活动时,其主要职责便是建立和培育一个在研究机构和开发过程中开展、推广和持续保持质量活动的基础架构。

研发质量的组织

许多研发机构已经建立起了有利于实现提高顾客满意和降低不良质量成本的目标的结构。目前比较权威的一般是一些管理组织,如质量协会和质量指导团队等。Wood and McCamey (1993) 讨论了宝洁公司应用指导团队以"保持动力"的事例,指导团队的成员代表着组织的各个层次,其中又形成了多个小组以"管理诸如沟通、培训、计划、测量等领域”，并对组织的团队活动形成支持。“指导团队的作用就是使各部门将注意力集中在业务成果上，并设定清晰的、可测量的目标。” Taylor and Jule（1991）讨论了质量委员会在西屋公司的萨凡纳河实验室所起的作用，该委员会由实验室主席、各部门负责人、两位高级研究员和实验室 TQM 经理所组成。实验室委员会在各部门/小组的委员会的支持下，制定、执行和追踪年度的质量改进计划。质量改进计划是由一个实验室经理小组制订的，这一小组由主任发起，负责评估上年的质量进展并“根据雇员的建议选择来年的主要改进领域……”。每位部门经理被委派一个领域并制订出相应领域的改进计划。各个质量改进计划经过评审后便综合成为整个实验室的质量改进计划。Menger（1993）讨论了康宁公司技术部的“世界级质量”委员会的组织与活动，该委员会由直属康宁公司副主席管理的五个主要部门的代表组成。这一世界级质量委员会负责确定改进的优先次序并评审各单位的进展情况，确立并改进有关运转周期、生产率、顾客和雇员满意方面的关键成果指标（key results and indicators，KRI）。图 28—5 描述了其用于追踪和改进绩效的组织结构和过程。图 28—6（Hildreth，1993）是一个在利得勒-普雷克斯生物制品公司（Lederle-Praxis Biologicals）的研发领域管理关键业务过程所应用的结构，这些关键业务过程如临床研究、开发、向制造领域的产品转移等。高层质量委员会是在业务过程质量管理委员会和各现场质量委员会的支持下运作的。

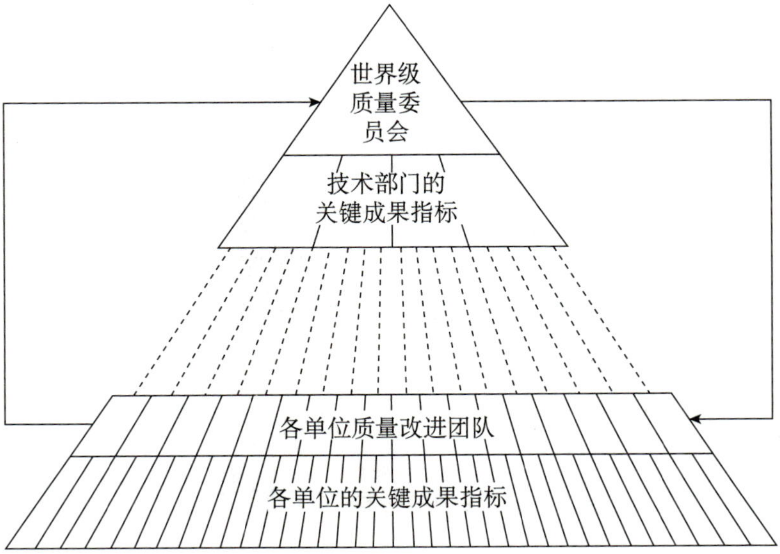

图 28—5　康宁公司技术部的质量组织与关键成果指标的改进过程

资料来源：Menger，1993，pp. 1 - 14.

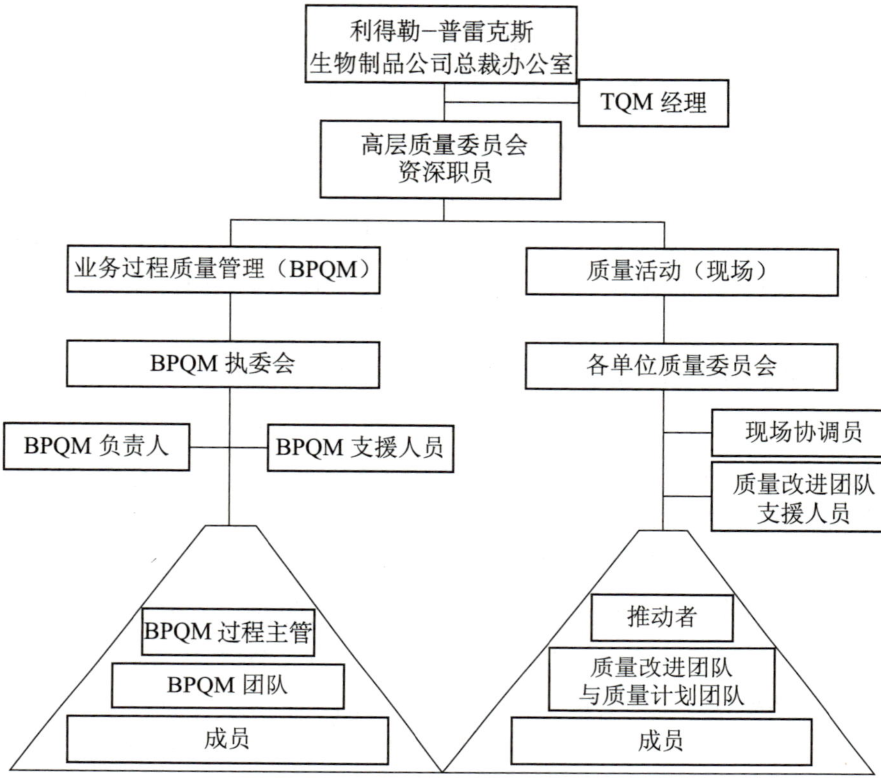

图 28—6 业务过程质量管理与现场质量委员会

资料来源：Hildreth，1993，p. 2A－14.

需要注意的是，如果企业发生兼并（或者战略联盟），研究设施和人员可能彼此间或与总部相距遥远，这时，研发质量有可能会得不到保证。以诺华制药为例，诺华制药在欧洲、亚洲和美国有20个不同的研究团队，有集中、分散、混合式的，非常烦琐，而且随着经济环境以及合作企业文化发生改变，这些团队还会相应发生变化。上述基础架构元素有助于维持质量和组织内部的一致性，同时允许必要的自由度以推动创新。很多读者对研究开发质量和创新性抱有很大的兴趣，可以查阅以下著作来了解更多详情，包括 Richtne'r and Rognes（2008），Argyres and Silverman（2004），Mendez（2003），Gunasekaran（1997），Ogbuehi and Bellas（1992）。

除了组织结构以外，基础架构中为了持续推动研发领域质量活动所必需的其他要素还包括培训、团队、促进者、考评、奖励、表彰等。下文会再讨论关于培训研发人员的特殊要求。

研发中的质量培训

在经理或研究人员能够应用质量概念、过程或工具之前，他们的教育和培训的需要必须得到明确和满足。宝洁公司的 Wood and McCamey（1993）论述了使培训活动与研发环境相适应的重要性：

> 我们的培训有两个关键特征：（1）以业务需要为中心；（2）根据听众的需要来量身定制。这些特征反映了我们从公司的其他方面所获得的启迪。例如，不关注现实业务问题的培训是不受欢迎的，以及某个针对生产部门开发的培训方案不可能原封不动地移植到研发机构中。

类似地，贝尔实验室的 Godfrey（1985）报告说，设计工程师在实验设计和可靠性统计方面的培训取得成功的一个关键因素就是采用基于现实问题的案例研究，这些问题都是"贝尔实验室的工程师们曾经遇到过的……"。对设计人员在现代化技术方面进行培训能够带来丰厚的回报。DeFeo（1987）报告，帕金-爱尔默公司（Perkin-Elmer）对设计工程师进行的组装设计方法论（Boothroyd and Dewhurst，1987，1994）的培训，导致了"加权平均"的组装时间缩短了 48%，组装效率提高了 103%。

Yoest（1991）报告了由阿诺德空军基地的阿诺德工程开发中心斯维尔德鲁普技术部门进行的一项研究的结论，即与相关人员未曾接受过培训的团队相比，那些促进者和团队领导者曾就其角色接受过专门培训的团队更容易成功地完成他们的使命。美国铝业公司技术中心的 Konosz and Ice（1991）也指出："攻关团队和质量改进过程的成功需要三个关键要素：（1）管理层的领导与参与；（2）团队培训；（3）过程促进。"他们还对在研发环境下选拔和培训团队的促进者提供了进一步的细节。上述理论也与 Kumar and Boyle（2001）之前提到的相吻合，这些作者通过了解企业质量文化以及研究员的外在环境，为制造型企业中的研发部门提供了提高开发质量以及管理水平的方法。

确定研发的质量现状

人们常常这样说，为了进行计划和改进，你就必须能够控制；为了能够控制，你就必须能够测量。开发良好的研发质量的测量方法，已经被证明是改进研究职能和开发过程绩效的关键要素。为了便于区分各种类型的测量方法和测量过程，最好将专门用于管理特定的研发过程和产品质量的测量与评价整个研发质量状态的测量区分开来。

测量研发过程和产品的质量

表28—3是组织在1998年和2008年使用最多的前十个指标。Teresko（2008）认为，尽管测量方法可能有所变化，但还是可以看出一些规律性的东西，包括：

- 指数的共通性。如果将这些定义汇集起来，可以为今后做到“一对一”的标杆瞄准提供更好的机会。
- 财务指标。公司关于上一年度上市的新品在本年度的销售情况和利润情况（尽管没有进入前十个问题中）的财务指数有所增长。
- 知识产权指标。人们对科技注册和销售产生了更大的兴趣，某种程度上反映了“开放创新”，影响更多企业涉足知识产权的发展、销售或者注册等领域。

表28—3（a）　1998年曾经用过的研究指数

1. 研发支出在销售收入中所占的比例	76%
2. 新产品完成率	68%
3. 审核通过项目的数量	61%
4. 用于支持的全部产品	54%
5. 全部申报/未决/审批过的专利	51%
6. 过去几年因为新产品上市而增加的销售份额	48%
7. 调查/资源的占有率	46%
8. 研发总数增加/减少的百分比	43%
9. 用于维持产品的调查/资源百分比	39%
10. 每个项目产品的平均成本	39%

资料来源：Goldense Group Inc.，based on 1998 product development metrics survey（Teresko，2008a）.

表28—3（b）　2008年曾经用过的研究指数

1. 研发支出在销售收入中所占的比例	77%
2. 全部申报/未决/审批过/未审批过的专利	61%
3. 全部的研发数量	59%
4. 过去几年因为新产品上市而增加的销售份额	56%
5. 上市新产品的数量	53%
6. 活跃发展阶段的产品/项目数量	47%
7. 用于发展新产品的调查/资源百分比	41%
8. 处于定义/计划阶段的产品数量	35%
9. 项目的平均回报率	31%
10. 研发总数增加/减少的百分比	31%

资料来源：Goldense Group Inc.，based on 2008 product development metrics survey（Teresko，2008b）.

• 绩效指标。尽管 2008 年提到的很多指标还停留在简单的计数层面（有可能导致“完成指标只是达到一个数量，而把质量放在次要地位的风险”），我们同时发现，效率（单位投入的产出）、收入和利润导向的衡量方法变得越来越被人们关注了。

用于研发过程和产品质量的测量指标，其用途和类型可以从几个方面加以分析。Gendason and Brown（1993）主张，任何测量指标要成为有效的管理工具，都必须具有三个性质：首先，它必须是可量化的；其次，它必须在一定的时间框架内是可变的，以对一个有意义的“下降趋势”做出反应；最后，人们能够针对该指标来确定一个目标值。Endres（1997）从时间性、应用性和完整性三个方面对测量指标进行了分类。

时间性。用以衡量研究质量的传统指标一直是滞后性的指标，这样的指标所反映的是研究机构已经完成的事情。Mayo（1994）讨论了贝尔实验室使用的一个指标，是用给定年份的新产品收益除以该年度总的研发成本。通用电气（GE）研发中心的 Garfinkel（1990）讨论了 GE 使用的每百万美元研究经费所能产出的专利数的衡量绩效指标。尽管专利活动可以作为未来商业活动（产品数和相关现金流）的一个重要参考指数，但是却很难反映研究活动未来的状况，因为专利只能反映已经完成的研究工作（实际上，专利一经宣布，在科技高速发展的今天就成为了过去式）。

Sekine and Arai（1994）提供了用以测量设计过程不良的指标的表格，这些指标与管理、前置时间、成本和质量有关。例如，所建议的测量设计质量的一个指标是计算因设计问题导致的不良质量成本总额与因设计、制造及其他原因所导致的不良质量成本总额的比值。其作者宣称，平均而言，60％的损失可归因于设计问题，30％的损失可归因于制造问题，10％的损失可归因于其他方面，如安装等。Goldstein（1990）也提出了类似的测量设计质量的指标，例如，记录设计修正变更与每一新产品的总图纸数的比例。

虽然滞后性指标得到了广泛的应用，但它们在对正在发生的质量进行预先控制方面能力有限。同步指标和控制的实例是闸口评审、设计评审和同行评审的结果。虽然这三者都可以帮助管理质量和风险度，但他们又都有各自的不同之处。

闸口评审主要是根据管理导向原则来衡量该项目的风险与获益，从而确保其是值得继续投资的。闸口评审有可能会是比较严格的，会要求该企业在通过评审前停止目前进度；也有可能是比较温和的，评审的同时可以允许一些目前的工作继续进行。鉴于项目的优级别不同，闸口评审不仅要求技术和终端用户代表出席，还需要财务主管参加才可以进行。

设计评审是评估师在初期根据技术导向原则对产品的概念、需求、设计、生产过程以及生产难易度进行的独立、客观的衡量。Hutchins（1999）要求至少在下面三个阶段实施设计评审：

1. 可行性阶段。在这一阶段，通过对比目前存在的与已知的客户需求，以及对比开发可行性与客户需求，来对初期规范书、制图以及模型进行评估。

2. 中期阶段。在这一阶段，主要是对可行性报告、原型、工作目标以及可靠性数据进行评估。通常，中期可能会有多种设计评审。

3. 最终阶段。根据客户需求对小批试制的产品进行评估，包括产品理念、材料以及使用感觉等。

上述只是简单地对这三个阶段进行了描述，关于设计评审还有更加详细的说明。比如，美国太空总署（NASA）对于常规定向式 NPR 7123.1A 项目从初期了解顾客需求、确定项目目标、试航到最终推出上市以及完成目标经过了 20 次详细的评审（NASA，2007）。关于以上提到的评审，大部分企业都会选择以适中的程度来进行。

Gryna（1988）提供了结构化的设计评审指南。根据 Gryna（1988）和 Jacobs（1967），表 28—4 中概括了设计评审小组的成员构成和职责。Kapur（1996）针对产品设计周期的六个阶段提供了一个类似的设计评审职责矩阵。Hutchins（1999）按照三个阶段将参与者分成了如下几类：设计者和质量工程师（全部三个阶段）、产品设计工程师（中期和最终阶段）、规范标准工程师（中期和最终阶段）、采购代表（最终阶段），以及安全管理者（中期和最终阶段）。

表 28—4　　设计评审小组的成员与职责

成员	职责	设计评审的类型		
		预备	中期	最终
组长	召集、主持评审组会议、发布中期和最终报告	X	X	X
产品设计工程师	准备和提交设计，并根据有关测试和计算数据对决策给出论证	X	X	X
可靠性经理或工程师	就设计与目标一致的最佳可靠性作出评估	X	X	X
质量经理或工程师	确保检验、控制和测试职能能够有效地实施		X	X
制造工程师	确保设计以最低成本和最短时间投入生产		X	X
现场工程师	确保在设计中含有对安装、维护与用户的考虑		X	X
采购代表	确保备有符合成本和进度要求的部件和材料		X	
材料工程师	确保所选材料符合要求		X	
机器工程师	根据满足公差及功能要求所需的机器成本对设计作出评估		X	

续前表

成员	职责	设计评审的类型		
		预备	中期	最终
包装及发货工程师	确保产品无损伤装卸，等等		X	X
营销代表	确保顾客要求现实可行并被各方充分理解	X		
设计工程师（与被评审设计无关的）	对设计是否能够充分满足顾客的全部要求进行建设性的评审	X	X	X
与元器件、价值、人力因素等方面有关的顾问专家（根据需要）	对设计是否符合性能、成本和进度目标进行评审	X	X	X
顾客代表（可选）	一般就设计的可接受性发表意见并请求就特定项目深入调查			X

资料来源：Gryna（1988），adapted from Jacobs（1967）.

同行评审一般是由熟悉项目的个人做出的评估，在研究开发领域，一般是指在业内有相关经验的科学家和工程师。Yamazaki et al.（2006）提供了一种可以用于同行评审的工具和方法。根据橡树岭附属大学（Oak Ridge Associated Universities，2005）的报告，在认识到传统的评估方法有很大的局限性后（研究成果长期不为人所知，评估者对问题不了解，也很难被衡量），美国陆战队研究实验室（ARL）采用了同行评审的方法来评估一部分开发研究绩效（另一部分绩效是通过顾客评估和其他传统绩效评估方法来进行的），并据此回答了股东的以下三个问题：

1. 这个工作具有相关性吗？如果是的话，有没有人关心我们在做什么？有没有一个目标或者目的，无论这个目标是否遥远，可以把我们的赞助商变成相关方？

2. 这个项目具有可生产性吗？即我们是否在朝着目标努力，或者至少及时地为顾客带去我们的产品？

3. 这个工作具有良好的质量吗？即我们是否能通过我们世界级的工作来获得世界级的研究成果？

Brown（2006）提出，在上述三种评估方式中，同行评审是最好的解决第三个问题的工具。还有其他例子，Roberts（1990）讨论了用于验证进展状况的同行评审，这是通过核对计算结果、试验数据推导和研究报告来进行的。Bodnarczuk（1991）对费米国家加速器实验室的基础研究中所应用的同行评审进行了深入的剖析。

同步指标也可以用于开发先行性的指标，以预测研发的绩效，某些情况下还可以用来对研发绩效进行控制。其基本要求是，所确定的同步研发过程指标应与研究开发过程的结果具有显著的相关性，如果不是因果关系的话。例如，图 28—7 显示了产品开发项目的符合性得分与开发周期的长度之间的关系（Cole，1990）。二者的相关关系非常明显，这将有助于识别导致开发周期延长的主要因素（在评分系统内的）。

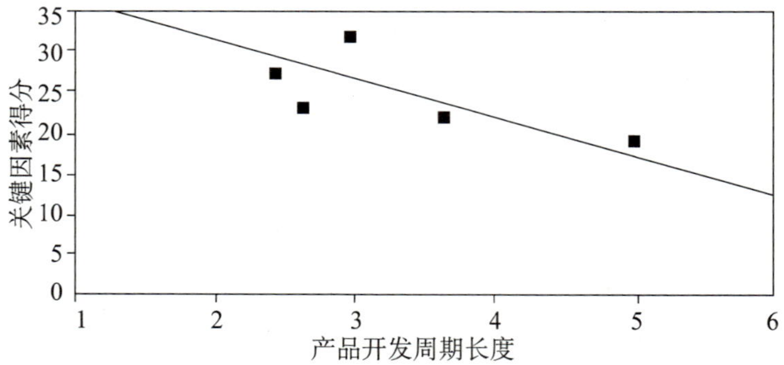

图 28—7　柯达的产品开发项目符合性得分与开发周期长度的关系

资料来源：Juran Institute. Copyright 1994. Used with permission.

财务评分也被证明是研究有效性的重要先行性指标，比如说，净现值波动、期望净现值、现金流贴现、内部收益率，以及决策树等。由伊斯曼化学公司的 Holmes and McClaskey（1994）提出的另一个评估研究有效性的先行性指标，是估计被接受的新的/改进的概念（产品由经营单位接受、过程由制造部门接受）商品化的净现值。图 28—8 表明，伊斯曼化学公司的研究部门实施 TQM 的效果实际上使得其研究的生产率实现了倍增。

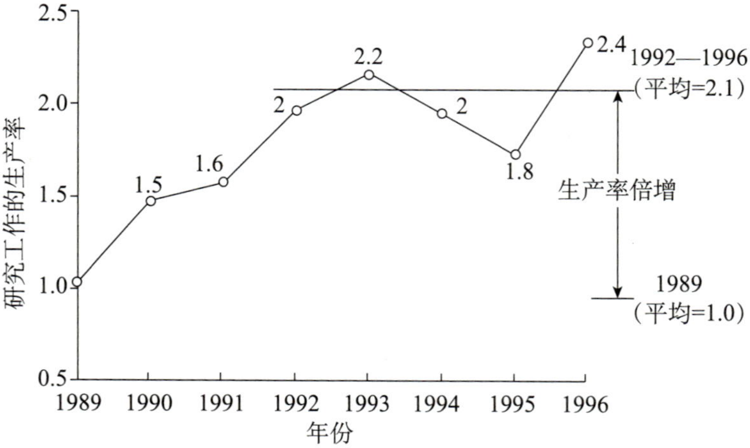

图 28—8　伊斯曼化学公司的 TQM 使研究生产率实现了倍增

资料来源：Juran Institute. Copyright 1994. Used with permission.

最近几年，另一种逐渐兴起的测量研发有效性的方法是使用实物期权（简言之，实物期权提供了一种权利，却没有要求义务，去追求某种商业经营，也即代表了一种选择）。举例来说，最终的质量和研发知识产权带来的利润可能无法准确计算，只能通过财务上的期权价格来进行预估。具体地讲，对知识产权的占有（比如，专利或者商业机密等）提供了一种商业选择。我们可以在财务方面对期权和其可以承受的弹性进行预估（例如，选择通过研究开发来规避版权风险进行生产，或者付经营税费来使用第三方技术等等）。Razgaitis（1999）提供了技术风险评估的核心概念和通过实物期权来进行衡量的方法，Ford and Sobek（2005）提供了汽车产品研究开发中的一个实例。有兴趣的读者如果想了解更多关于研发衡量方法的内容，可以参阅 Boer（1999）的著作。

应用性。除了从时间的角度考察每项研发的测量指标（或测量过程，如同行评审）外，从预期的应用这一角度来加以评价也是有益的。也就是说，该指标是打算针对顾客的满意水平（这种情况下涉及的是研发所提供的产品和服务的主要特征），还是准备用于顾客的不满和组织的低效率（这种情况下涉及的是辨识与量化产品和服务或者其研发过程的主要不良）？朱兰讨论了产品特征与免于不良对于顾客满意和组织绩效的相关影响。

• 过程和产品的特征。与其他研发机构的最佳实践进行标杆对比，这是测量研发质量的一个重要动因。Lander et al.（1994）讨论了一个工业研究机构开展标杆分析的结果，这项研究概括了研发机构在计划、开发和评审活动中的最佳实践的特征。这项研究发现“拥有最佳实践”的公司均表现出了一些共同的特征，它们均：

1. 测量研发对于战略目标的贡献。
2. 应用决策—质量工具和技术来评估所提议的（和当前的）研发工作内容。
3. 协调长期的经营计划和研发计划。
4. 具有达成共识的清晰可测的项目目标。

该研究还揭示出，在上述四个方面表现出色的公司：

1. 确立了旨在确保研发与公司战略相一致并创造经济价值的明确的决策程序。
2. 应用各种测量指标来衡量这种一致性与价值的创造。
3. 维持一个有助于保障决策质量和有利于变革实施的组织氛围。

图 28—9 在宏观层次上描述了拥有最佳实践的公司在研发工作的计划和评审方面普遍采用的过程的特征。

被认为“在研发方面的决策质量堪称典范”的组织有 3M、默克、惠普、通用电气、宝洁、微软、英特尔等，值得注意的是，这些公司保持市场主导地位均

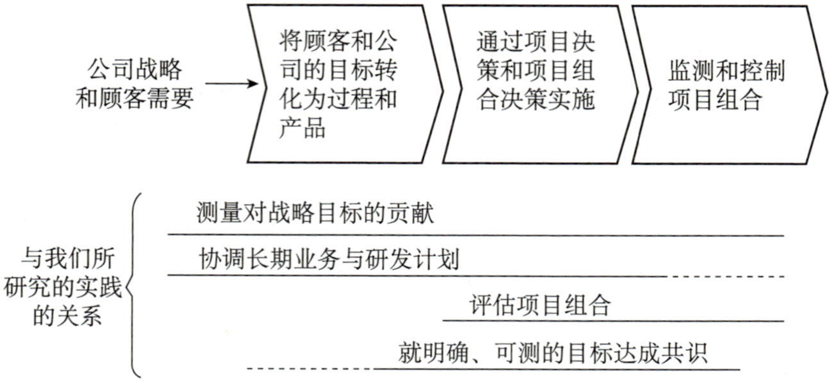

图 28—9 研发最佳实践

资料来源：Lander et al.，1994，p. 3－14.

已有几十年了。Matheson et al.（1994）也提供了一些工具的例子，企业可以用它们来识别在其研发的计划和实施方面采用和改进最佳实践的最佳机会。Hersh et al.（1993）讨论了在美国铝业公司进行的内部顾客调查，除了应用于最佳实践的标杆分析之外，还确定和排序了美国铝业公司技术中心的关键研发绩效特征。他们利用该调查的结果确立了四个主要类别的顾客要求：

1. 有效地管理技术。
2. 将技术与经营战略结合起来。
3. 建立紧密的顾客关系。
4. 提供社会和法律均可接受的解决方案。

这些特征中的每一类别都包含着若干的活动，这些活动相对于顾客的优先次序也得到了确定。例如，在第一个类别，亦即有效地管理技术中，包含了优先度最高的要求，即“为实现共同确定的项目目标而承担义务”，以及优先度第二高的要求，即“满足顾客对成本和性能的期望”。Wasson（1995）也对应用该调查的数据来为美国铝业公司技术中心确立以顾客为中心的愿景和使命陈述进行了讨论。Endres（1997）对于这一调查及其结果提供了进一步的细节。

• 过程和产品的不良。确定顾客的需要是必要的，但还不够充分。研发机构还必须确定并采取提高顾客满意水平和过程效率的方法。Ferm et al.（1993）讨论了联合信号公司（Allied Signal）研究与技术（Research & Technology）实验室通过对业务单位的调查（business unit surveys）来“创建一个概括而通用的顾客满意测量指标……运用测量结果来辨识改进机会，评估内部对质量的感知，设定研究工作对顾客需要符合程度的基线”。（除了对业务单位顾客的调查外，实验室的管理者对实验室的工作人员也进行了同样的调查。调查结果数据使他们能够将内部雇员对于实验室绩效的感知与外部顾客的感知进行比较。）使业务单位确信实验室一直在为项目资金提供良好的价值，这是调查所确认的必须采取行动的关键的少数需要之一。对业务单位所作回答的进一步分析表明，业务单位认为实验室的成果未能实现足够迅速的商业化。然而，实验室认为业务单位已经接受了对于商业化过程的责任。作为对这一观察结果的应对，他们成立了实验室与业务单位的联合团队，以在整个研究项目的进程中，以及后续的商业化和开发过程中，明确地定义和沟通责任。

研究和开发团队之间不可避免地会产生压力。为了更好地管理潜在的矛盾，可以在过程交接时清晰地对期望进行描述，比如，通过使用模版（类似于服务水平协议）来描述从研究到产品开发的可交付的需要。如之前所说，在研究开发方面培养多技能的员工，如使研究部门的员工到开发部门培训等，也是有所裨益的。

美国铝业公司技术中心的 Wasson（1995）也提供了几个用以确定顾客满意度的测量指标：

- 项目如约交付的百分比。
- 获得科技成果的百分比。
- 顾客满意度调查的结果。

完整性。Endres（1997）使用“完整性”一词来表示测量指标全面（即这些指标综合起来要对研发机构是否实现了其绩效目标做出回答）和一致（即所测量的每个指标都与一个或多个目标之间有着直接的联系）的程度。Juran（1964）和 Boath（1992）都强调了建立一个全面的测量指标体系的必要性。图 28—10（Boath，1992）便是一个研发绩效测量指标的金字塔。

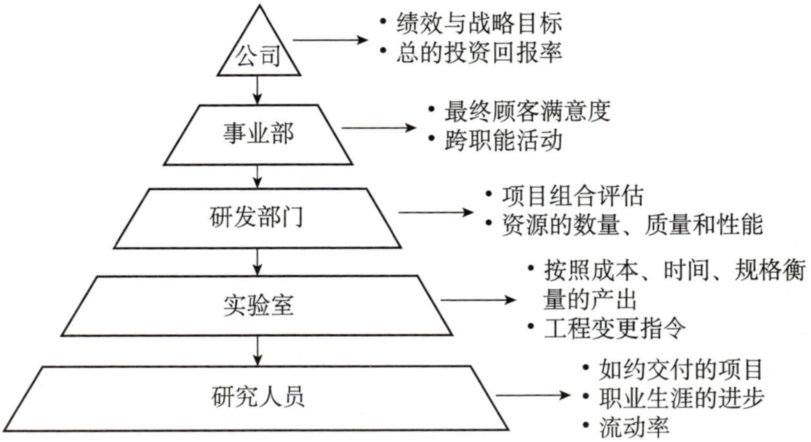

图 28—10 Boath 的研发绩效衡量指标金字塔

资料来源：Juran and Godfrey，1999，p. 19. 9.

尽管多层次测量指标的概念颇为有用，但它不够完整。要做到完整，研究机构和开发过程的绩效测量指标还必须是一致的。Menger（1993）讨论了康宁公司技术部的关键成果指标的开发和应用，研究、开发和工程职能均属于该技术部。康宁的世界级质量委员会为技术部确定关键成果指标。实施改进和测量的一般领域包括：

- 运转周期。
- 生产率。
- 顾客满意度。
- 雇员满意度。

世界级质量委员会要求技术部的 15 个主要单位明确定义上述领域的绩效测量指标。"每年两次，委员会花两天时间去各单位……评审其关键成果指标的质量状况、各单位的关键成果指标与技术部指标的一致性、所取得的进展，以及改进计划。"

Rummler and Brache（1995）提供了另外一些将研发绩效测量指标结合起来的例子。其中一个综合性的例子描述了产品开发过程中组织层次、过程层次、职位/个人层次上的测量是如何联系起来的。

评估研发的总体质量状况

前面关于测量的讨论集中在研究机构和开发过程的测量指标的分类和制定方面。Gryna et al.（2007）阐述了确定组织的总体质量状况的益处。这一过程被定义为质量评估。质量评估包括四个方面：

1. 不良质量成本测定。
2. 基于顾客的质量测量。
3. 质量文化评审。
4. 质量体系评审。

前面已经讨论过确定研发顾客的优先事项及绩效认识的例子。Holmes and McClaskey（1994）提供的一个例子讨论了对于研究领域中的某些质量文化因素的评估问题。伊斯曼化学公司的研究部门在 1989 年发现，尽管已经导入了 TQM 的许多要素（如对许多过程进行了分析并用流程图描绘了出来，对某些过程进行了定期的测量和评审），但以所接受的新的/改进的概念的净现值来衡量，研究工作的输出并未得到改进。上述资料的作者对研究人员进行了访谈，结果发现，尽管沟通情况有所改进，但是：

- 过程改进基本上未曾实施。

• 大多数基层主管和研究人员并未从质量活动中看到什么益处。

• 雇员们对于研究部门管理者期望他们提供些什么感到困惑。（研究的主要输出是什么?）

通过这次访谈活动，伊斯曼化学公司将其质量活动重新聚焦于关键过程的改进上，正是这些过程直接影响着其基本输出，即可商业化的新的/改进的概念。质量活动的重点从关注团队活动和工具向关注使命和成果的转变所产生的效果反映在图 28—8 中。

不良质量成本已经由 J. De Feo 进行了综合的讨论（见第 2 章“质量对社会和文化的影响”）。Kozlowski（1993）对于康宁公司应用质量成本数据确定高不良质量成本领域进行了讨论。例如，导致内部故障成本的一个主要因素是与必须重新做实验有关的“返工”。受命降低这方面成本的一个改进团队认识到，一个有关实验设计的内部培训项目对于提高效率是必要的，而且必须通过正式定义和分享实验目标来改进与各支持小组的沟通情况。

研发的质量体系评估　对于研发的质量体系评估可以依据鲍德里奇奖评奖标准或 ISO 9000 标准来进行。第 17 章“运用国家卓越奖驱动和监测绩效”中，详细阐释了马尔科姆·鲍德里奇国家质量奖的用途和益处。第 16 章“以国际标准确保组织的符合性”，对于质量体系的评审也提供了详细的说明。

对于研发机构的鲍德里奇评估　Kozlowski（1993）讨论了在研究机构中应用鲍德里奇奖准则来提供“对于质量过程的外部视点……这一外部视点，特别是对于顾客的重视，是 1985 年我们开始考虑质量问题时的立场与我们现在所处的立场之间最大的不同”。Van der Hoeven（1993，未发表文章“Managing for Quality in IBM Research”）讨论了 IBM 公司托马斯·华森（Thomas J. Wastson）研究中心开展鲍德里奇评估所使用的过程，以及将鲍德里奇准则根据研究机构的要求进行相应转化的重要性。他们在开展此项活动时，将每一类别的鲍德里奇准则要求分别分配给一位高级研究主管负责。例如，战略计划以及数据收集与分析这两个类别分配给了技术计划和控制副总裁，质量总监协调培训工作以及撰写该类别的评估报告。Van der Hoeven 报告说：“说明和构思恰当的回答要求付出巨大的努力……从现存的部门过程和管理体系出发，仔细斟酌对鲍德里奇评奖准则问题的回答……是无可比拟的。通过评估使过程和实践中存在的差距浮现了出来。”例如，评估揭示了在战略计划、顾客满意和将质量数据收集到部门数据库等过程中实施改进的必要性。

武器研究发展工程中心（ARDEC）是非营利组织中第一批成功应用鲍德里奇国家质量奖（BNQA）准则的单位之一。其中一个研发中心被美国军方选为技术转移方面的标杆，ARDEC 将大约 75%的研发项目都转化成了顾客方案。ARDEC 还因此收获了客户满意，获得了奖励并创造了价值。内部员工的满意度也从 2004 年的 87%上升到 2007 年的 92%，远远超出了政府要求达到的标准。最后，根据美国国家标准与技术研究院（NIST）2008 年的报告，从 2005 年到 2007 年，8 个小组中的 6 个在工程师和科学家多样性方面得到了提升。

最近，Prajogo and Hong（2008）通过将鲍德里奇准则应用到韩国 130 家制造型企业的研发部门，研究了全面质量管理实践和研发绩效之间的关系。他们发现，如果用鲍德里奇标准衡量的话，全面质量管理提供了一系列通用的准则，完全可以被应用到研发领域。

对于研发机构的 ISO 9000 评估。鲍德里奇准则为组织改进质量体系提供了一套综合的评审方法，但有些组织认为这套标准对于开启它们的质量旅程来说过于复杂了。ISO 9000 质量体系标准比鲍德里奇准则应用得更为普遍的原因可以归结为这样一个事实，即 ISO 9000 标准主要集中在质量控制和纠正措施体系上，其范围较为有限。再就是，ISO 9000 标准更多地被供应商的顾客所要求。采用该标准的这些驱动因素导致了针对研究和设计机构来裁剪和实施 ISO 标准的必要性。

Fried（1993）讨论了 AT&T 公司的传输系统业务部门（TSBU）为了取得 ISO 9001 注册所使用的过程。这要求 TSBU 的每一个设计单位都必须取得 ISO 9001 注册。每个 TSBU 设计实验室都任命了一位 ISO 协调员，在其两个主要地区还分别任命了 ISO 经理。最初做出的一个关键决定是对 ISO 9001 标准进行分析，以便确认哪些条款适用于设计单位。被认为适用的每一要素再进一步被区分为“整体的”（适合于以通用的方式采用的）或“局部的”（适合于以适应局部单位要求的方式采用的）两类。表 28—5 归纳了这一分析过程的结果。

表 28—5 ISO 9001 要素与 AT&T 公司 TSBU 的研发单位

ISO 9001 要素	适用与否	整体/局部
管理职责	是	均是
质量体系	是	均是
合同评审	否	
设计控制	是	局部
文件控制	是	局部
采购	是	局部
采购人员提供产品	否	
产品标志和可追踪性	否	
过程控制	否	

续前表

ISO 9001 要素	适用与否	整体/局部
检验和试验	否	
检验、测量和试验设备	是	整体
检验和试验状态	否	
不合格品的控制	否	
纠正措施	是	局部
搬运、储存、包装、交付	是	局部
质量记录	是	局部
内部质量审核	是	整体
培训	是	局部
服务	否	
统计技术	否	

资料来源：Fried (1993), p. 2B—25.

在开过由设计经理、工程师们参加的 ISO 9001 说明会议后，各室的协调员和地区 ISO 经理开展了自评，并对随后的改进行动进行了计划。在 TSBU 成功的注册过程当中，对于设计程序所需变更进行的沟通、与制造单位的计划协调，以及对于审核人员的培训被确认为是最关键的几项活动。

Endres (1997) 引用了 Gibbard and Davis (1993) 提供的金霸王全球技术中心 (Duracell Worldwide Technology Center，DWTC) ISO 9001 注册的演示材料。该机构最初遇到的障碍主要来自技术负责人和技术人员，他们认为那些正规的程序是不必要的，而且会抑制创造性。作者建议应对这种阻力的方式是由高级管理层以“自上而下”的方式去推动注册工作，其中包括有高层主管参与的定期进展审查。DWTC 报告其 ISO 注册的两大益处是它“迫使我们去准确识别我们中心所有项目的顾客”以及确立了“质量管理体系这一基础，只有在这个基础上才能够开展质量改进活动”。

Thelen (1997) 提供了一个关于国际电信协会 (SITA) 的例子。国际电信协会通过整合 ISO 9000、全面质量管理和业务过程改进 (BPI) 的内容，采用了一种综合性的方法。他们还发现 ISO 9000 主张通过提供有竞争力的优势项目（如提高效率以扩展业务）来进行持续性的改善并完善改进内容，而这奠定了 ISO 9000 的权威地位。Thelen 还指出，当把 ISO 9000 应用于研发领域的时候，如果把每个项目都看作有正式顾客的一项服务，会变得更加容易一些。

研究开发中的质量计划活动

下面我们将讨论研发的计划阶段，着重于设计方面。

质量计划：设计和开发中的概念和工具

以下内容将重点提供一些有助于在设计和开发过程中实施朱兰质量计划过程的方法和工具的例子。

实用质量计划工具

如第4章所讨论的，朱兰的质量计划过程主要用于识别顾客及其需要，开发满足这些需要的产品设计特征以及产出这些产品设计特征所必需的过程设计特征，开发为了确保过程能够重复和经济地产出预期产品特征的过程控制。质量功能展开（QFD）便是一种用以收集和加工完成质量计划过程所需信息的工具。

Zeidler（1993）提供了一个关于佛罗里达电力和照明公司在开发一种新型的声控装置时，应用顾客焦点小组、问卷调查和QFD来识别顾客需要和确定设计特征的例子，并总结道，QFD不仅确保了顾客对于产品或服务质量的满意，而且减少了开发时间、启动成本以及昂贵的事后设计变更。由于它保证组织的所有有关方面都成为了QFD团队的成员，因此它还是一件有用的政治工具。

Delano et al.（2000）通过对飞机制造业进行研究，将QFD技术与决策分析（DA）进行了对比。他们认为，二者拥有很多相似之处，在完善多目标决策的时候，决策分析正好是QFD的良好补充，因为它可以生成替代选择并提供相关数据支持。

Miguel and Carnevalli（2008）历经多年，对500家巴西企业中QFD如何在产品开发中发挥作用进行了研究。他们研究发现了QFD发挥作用的最好实例，这些实例包括对上层管理者的建议、培训需要、团队组建、会议的长度和频率、产品试制阶段的利润，以及概念产品在确认未来生产所需部署中的效用。Hermann et al.（2006）也对适用于经验研究的概念框架需求十分关注。他们从绩效的三个维度来衡量QFD，分别是：产品质量改善、研究成本降低，以及产品开发周期加速。建模和测试证明，尽管QFD是有价值的，但它的精确性并不是成功之钥。QFD的产出效果更多依靠QFD团队成员以及技术支持团队的动力和积极性。Zeidler（1993）以及 Miguel and Carnevalli（2008）也同意此观点，他们同样认为 QFD 确实是有用的工具，不过只有在有清晰的目标和支持体系后，才有可能获得成功。

最后，Kang et al.（2007）具体指出了在设计新产品的过程中，研发向市场领域转化时可能遇到的问题。在这个过程中，采用 QFD 质量屋识别设计特征，之后将分析数据（通常用于营销领域，以更好地理解人们的偏好以及人们认为的不同特征的价值）和田口方法（用于设计领域，以开发创建稳健的设计）进行对比。只有将田口方法和之前提到的 QFD 理论同时使用，才能解决实际问题；不然的话，可能会产生更糟糕的结果。

考虑人的因素的设计：工效学和防错设计

作为一项设计特征，其被建造/提供以及被顾客所使用的能力，必须从两个角度加以考虑，即运作（制造和服务）的角度和顾客的角度。从实施制造和服务的角度，设计人员必须考虑到操作者和服务提供人员的局限性。他们还必须考虑到在运作和使用中可能犯的差错的类型。工效学或“人类工程学”便是用来解决有关操作人员、服务提供人员和顾客的需要和局限性方面的问题的。

Thaler（1996）介绍了在飞机舱门装配中应用工效学的一项改进项目的成果。起初操作者“一只手在调整或钻孔时，必须用另一只手将舱门固定到位并抬高几英尺”。这项工作设计导致了很高的工人背部受伤率。工作的重新设计包括设计一个通用的夹钳可以将飞机舱门固定在任何位置，以及为操作者提供可调节的工作椅和运输车。这类改进使得工伤事故减少了 75%，而给工人的赔偿费用也有了大幅度的减少。关于通过改善开发中的人体力学设计来提高可生产性和客户易用性，Gross（1997）也提出了相关观点。实验室的环境还可以进一步改善，比如，提供橡胶地板垫和以最小移动原则来布置实验室空间（例如，如果传统的线型布置空间需要经常变换左右方向的话，就改为网型的布置方式）等。

长町（2008）也对人体力学进行了研究，他通过多元统计分析数据对客户价值进行分级，并在设计规范书中予以充分考虑。这种做法很大程度上是基于市场推动（长町称之为“市场上位”），而非技术推进（长町称之为“产品让路”）的考虑。“感性工程学”一词源于日语，主要包括精神上的感觉和需要，使用定性的、模糊的数据并将其转化为新产品设计的方法。例如，因为之前在开关冷柜门时需要经常弯腰，所以在后来设计冰箱的时候考虑了感性工程学以消除这一动作。《高速公路，有助于高龄驾驶员的汽车设计改革》（“Highway, Car Changes Designed to Help Older Drivers”, 2009）一文指出，致力于为高龄驾驶员提供方便而更改道路、路牌以及汽车结构等的重新设计，既是出于安全性的考虑，也是由人体力学推动的。

与在计划时考虑便于装配、安装和使用相对照，poka-yoke是一种预防或及时纠正差错的方法。该术语的中文含义是“预防疏忽出错”。poka-yoke是一位名叫新乡重夫的日本制造工程师开发的。尽管人们经常混合使用“防错误设计”和“防故障设计”这两个词，实际上二者还是有区别的。防错误设计更多是针对生产线的生产方面，而防故障设计则更多是针对产品设计方面。比如说，一条生产线因为设计安装了放胶器而不会发生胶量不足的状况属于防错误设计；而设计允许生产线暂停，因此消除了监视用胶量的方法属于防故障设计。虽然人为的差错常招致不满，但误差的起因经常可以追溯到设计者对误差或者错误的可能性缺乏足够的认识。Kohoutek（1996b）也讨论了“以人为中心”的设计，同时还针对特定的活动提出了预测人为差错率的方法和参考资料。Bottome and Chua（2005）的著作中给出了另一个在生产过程中通过防故障设计来进行重新设计的例子。通过开展一系列六西格玛项目，基因技术公司（Genentech）通过在药物生产过程中将包装盒上的黑字改成更加醒目的蓝字（可以更加明显地发现错误），在建立药物档案的时候标明档案规则，以及降低产品介绍的复杂程度（改为标签式），逐渐降低了误差数量。通过上述这些防故障设计，从原先的每100例中10例错误降低到大约3.5例。

可靠性设计

可靠性是顾客要求的产品特征之一。Gryna et al.（2007）将可靠性定义为“产品在指定的时间和环境下能够展现要求的功能的能力”，或者简单地说，“产品在要求的时间正常工作的概率”。Ireson（1996）把可靠性称作“在指定环境中，在一个最短时间段或最少周期数或事件数内，产品完成规定功能的能力或可能性”，其中提及了特定的操作条件/环境。顾客、设计师和可靠性工程师对于“故障”（failure）这一术语必须有一个准确且一致同意的定义，注意到这一点是非常重要的。Rees（1992）还讨论了在定义故障之前，识别和明确预期的应用目的和试验程序的重要性。通过要求设计者对成功产品的性能和环境条件建立精确的参数，强制性地使其加深了对产品及其使用、设计的理解。

以下的内容将讨论把可靠性“设计进”产品的方法和工具。达到高度可靠性需要完成的任务构成了可靠性项目，Gryna et al.（2007）讨论了以下主要要素：

- 设置整体可靠性的目标。

- 分配可靠性目标。
- 应力分析。
- 关键零部件的识别。
- 故障模式和影响分析。
- 可靠性预测。
- 设计评审。
- 供应商选择。
- 生产制造中的可靠性控制。
- 可靠性检验。
- 故障报告和纠正措施。

表 28—6（Gryna et al.，2007）给出了典型的可靠性性能指标，据此可以设定具体的数值目标。

表 28—6　　典型的可靠性指标

可靠性指标	含义
平均故障间隔时间（MTBF）	可修复产品两次故障间的平均时间
故障率	单位时间的故障数
平均无故障时间（MTTF）	不可修复产品故障前的平均时间或可修复产品首次故障前的平均时间
平均寿命	平均的寿命值（“寿命”与大修、磨损时间等有关）
至首次故障平均时间（MTFF）	可修复产品首次故障前的平均时间
平均维修间隔时间（MTBM）	特定类型的维修措施平均间隔时间
寿命	一件产品至彻底用坏的时间
可用性（availability）	运行时间占运行与修理时间之和的百分比
系统效能	产品满足用户要求的程度
成功概率	同可靠性（常用于“一次性”或与时间无关的产品）
b_{10} 寿命	总体的 10%将失效的寿命
b_{50} 寿命	中值寿命，或总体的 50%将失效的寿命
百小时修理次数	每运行 100 小时的修理次数

资料来源：Gryna et al.（2007），p. 326.

如前所述，设计评审可以用作设计方案可靠性的同时性指标。因此，对于设计评审会议的关键要求之一便是确保可靠性目标的建立，以及在该设计方案的演进、制造和使用过程中对其内在的和实际的可靠性的持续测量和改进。在供应商的选择和控制过程中，必须考虑采购原材料的可靠性（可以参见第 30 章，“供应链：更好、更快、更友好的供应商”）。在设计的选择和实施阶段，必须始终考虑可靠性在生产过程中的作用。Gryna et al.（2007）、第 13 章“保持绩效的根原因分析”和第 20 章“产品组织：在精益与绿色的同时保证质量”中提供了控制制造过程中的质量和可靠性的指南。

Gryna et al.（2007）把可靠性量化分析的过程划分为了三个阶段，即可靠性分配、可靠性预测和可靠性分析。可靠性分配是将设计方案的总的可靠性目标在其主要的子系统之间，进而在元件之间进行分解分配的过程。可靠性预测是应用可靠性模型和实际性能资料，对在预期作业条件下和任务周期内的可靠性进行预测的过程。可靠性分析是利用可靠性预测的结果来识别设计的优劣势、权衡，并寻求预期的或实际的可靠性绩效改进的过程。这三个阶段后文还会依次进行讨论。

可靠性分配：表 28—7 中的前两部分提供了一个可靠性分配的例子。一个导弹系统在 1.45 小时的工作时间内可靠性目标为 95%，系统的这一目标必须分配到它的子系统和元件中去。表的第一部分展示了 95%这一目标在导弹的六个子系统中的第一层分配。表的中间部分展示了其中一个子系统目标的分配。导弹爆破子系统的可靠性目标 0.995 要分配到它的三个元件当中。点火电路分配到的可靠性是 0.998，或 725 个小时的平均故障间隔时间。

Kohoutek（1996b）建议，考虑到设计余量，应仅将系统故障率的 90%分配到其子系统和元件中。他讨论了另外五种可靠性分配方法。Kapur（1996）提供了若干个应用不同的分配方法的例子。Kohoutek（1996b）还讨论了可靠性政策对于支持单个产品和系列产品的目标设置和改进的应用。

表 28—7　设置可靠性目标

系统细目分类					
子系统	作业类型	可靠性	每小时的不可靠性	失效率目标*	可靠性
气动结构	连续	0.997	0.003	0.002 1	483
火箭发动机	一次性	0.995	0.005		1/200 次
发送器	连续	0.982	0.018	0.012 6	80.5 小时
接收器	连续	0.988	0.012	0.008 4	121 小时
控制系统	连续	0.993	0.007	0.004 9	207 小时
爆破系统	一次性	0.995	0.005		1/200 次
系统		0.95	0.05		

续前表

爆破子系统细目分类				
单元	作业模式	可靠性	不可靠性	可靠性目标
点火电路	连续	0.998	0.002	725 小时
安全和瞄准装置	一次性	0.999	0.001	1/1 000 次
弹头	一次性	0.998	0.002	2/1 000
爆破子系统		0.995	0.005	

单元细目分类			
点火电路元器件分类	使用数量，n	每种元器件故障率 λ，千小时百分比	所有元器件故障率 $n\lambda$，千小时百分比
晶体管	93	0.30	27.90
二极管	87	0.15	13.05
薄膜电阻器	112	0.04	4.48
线圈电阻器	29	0.20	5.80
纸质电容器	63	0.04	2.52
锡质电容器	17	0.50	8.50
变压器	13	0.20	2.60
感应器	11	0.14	1.54
焊接和电线	512	0.01	5.12
MTBF＝1/故障率＝1/$\sum n\lambda$＝1/0.000 715 1＝1 398 小时			

＊1.45 小时的任务时间。

资料来源：Gryna et al.，2007，p. 327，adapted by F. M. Gryna，Jr. from Beaton 1959，p. 65.

可靠性的建模和预测：一般来说，在可靠性能够被预测之前，必须首先构建系统的模型，确定模型中的要素的应力水平，然后依据所估计的应力水平得出各要素的故障率，进而以此来估计子系统及系统的可靠性。Turmel and Gartz（1997）给出了一个包括零件的关键特性和规范界限在内的“细目质量计划”方案，其中还包括了所用的制造过程以及试验和检验程序，并对这些过程和程序的稳定性和能力指标提出了要求。

为了构建可靠性预测的模型，必须掌握系统的各子系统之间以及元件之间的相互关系。Gryna（2001）提出了建立可靠性模型并据此进行可靠性预测的以下步骤：

1. 定义产品及其功能性。系统、子系统和工作单元必须根据其功能结构和边界加以精确的定义。这一精确的定义可以通过绘制一个功能模块图（见图 28—11）来辅助完成。在功能模块图中展示了子系统和更低层次的产品、它们之间的相互关系以及与其他系统的接口。对于大系统或复杂系统而言，或许有必要

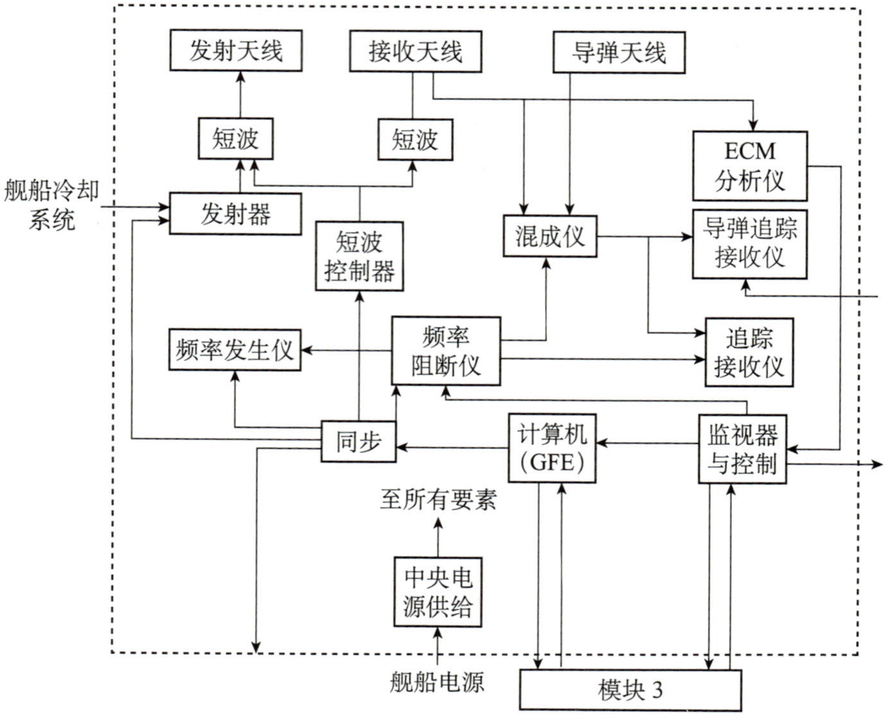

图 28—11 功能模块图

资料来源：Gryna，1998，p. 19. 10.

针对若干个层次的产品来分层绘制功能模块图。

在完成了功能模块图以及对产品的功能要求进行了仔细的定义之后，便可以对导致故障和性能不良的条件加以定义。功能模块图使确定每一单元的边界更容易，确保了重要的项目既不会被忽略也不会被重复考虑。例如，一个用于连接两个单元的开关必须被划归于其中的某个单元（或作为一个独立的单元）。

2. 建立可靠性模块图。可靠性模块图（见图 28—12）与功能模块图类似，但它特别强调那些影响可靠性的方面。该图依序显示出了使每个单元成功运行必须发挥功能的那些要素。图中必须将冗余路径和备选模式清晰地标示出来。那些对于成功运行无关紧要的要素无须包括在图中，如装饰性的孔罩等。另外，由于一件复杂产品是由成千上万个零件构成的，那些只是用于微小用途的零件必须从计算中剔除出去，这类零件对于产品可靠性的影响相对很小。通常可以忽略的项目如接线条、把手、底盘和面板。

3. 开发用来预测可靠性的模型。这应该是一个非常简单的模型（比如指数模型就假设相关部件的故障率是一个常数），也有可能更复杂（用威布尔分布的

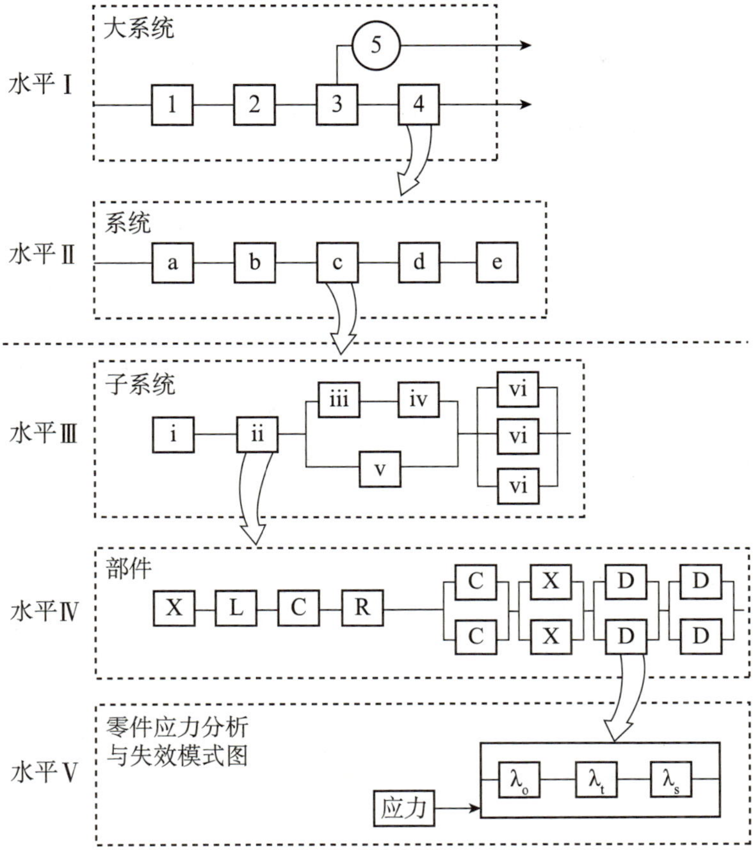

图 28—12　可靠性模块图

方法来预测作为时间的函数的可靠性），或者可能很复杂（用复杂的模型来对冗余或特殊条件进行分配）。

4. 列出影响可靠性的因素。这些因素包括零件功能、公差、零件评级、内外部环境和应力，以及负载循环时间。失效概率相互独立的零件可以被归入同一个模块，以满足预测的假设条件。这些详细信息使得应力分析成为可能。利用应力分析不仅能够提供有关标准输入数据的调整信息，而且还有助于发现设计中的薄弱或可疑的领域。认识到环境条件很大程度上会对故障率造成影响后，可以发现操作参数会经常和报告的故障率信息联系在一起。（一种被设计人员用来改进零件和产品能力以使之能够在各种环境下正常发挥作用的设计方法被称为“稳健性设计”。Phadke（1989），田口等人（2005）以及 Park and Antony（2008）都提供了相关的方法和实例。）

5. 确定零件可靠性数据。所需要的零件数据包括有关突变失效的信息和在已知的运行条件和环境条件下随时间的变异信息。这些数据的获取是设计人员所要面对的一个主要问题，因为没有类似于可以查找材料物理性能的手册那样的专门的可靠性数据库。这样，设计人员（或辅助技术人员）要么必须建立可靠性数据库，要么就得利用各种不同来源的可靠性数据。这些来源如：

- 在可控条件下进行的现场性能研究。
- 规范寿命试验。
- 从零件制造商或行业协会获得的数据。
- 顾客的零件鉴定和检验试验。
- 政府机构和相关的数据库，如可靠性信息分析中心（RIAC）和 RDF 2000（之前的 CNET RDF 93）。这些来源提供了元器件在各种作业环境和应力水平下的故障率和故障曲线，还提供了适合于各种设计演进阶段的可靠性预测程序的例子。

6. 综合以上内容来获得可靠性的数字化分析。

- 进行估计。在缺乏基本的可靠性数据的情况下，根据以前对类似零件类型的经验，可以做出具有相当精确程度的估计。若缺乏这类经验，就必须通过零件评估试验来获取数据。
- 确定功能块和子系统的故障率。第 4 步获得的故障率被用于计算较高阶系统和整个系统的故障率。相关的子系统或装配修正要素，以及之前确定的预防性维修的影响，也应加以应用。
- 确定适当的可靠性测量单位，即选择诸如表 28—6 中所列的可靠性指数或指标。

表 28—7 的底部提供了一个可靠性预测的例子，在这种情况下，零件数目已知，计算点火电路的每种元件的故障率。预测依据如下的假定，即元件的故障时间是统计独立的，服从指数故障分布，运行时间相等。所算出的单元故障率是每 1 000 个运行小时 0.715 1 次或每小时故障次数为 0.000 715 1 次。计算后一个故障率的倒数便得出了 1 398 小时的估计平均故障间隔时间，这一数字超出了对于点火电路的 725 小时的要求。

可靠性分析：在完成了可靠性预测的步骤后，我们可以利用可靠性的模型和预测，来标示设计的“弱点”，并明确可靠性改善过程中需要完成的工作及职责。评估的三种主要方法是：失效模式、影响及致命度分析（FMECA），故障树分析（FTA）以及测试。下面将讨论一下前两种方法，设计测试将会在本章稍后部分再涉及。

- 故障模式、影响及致命度分析。在计划产品的可靠性时，通过应用故障模式、影响及致命度分析（FMECA），工程师们所做的有关运行条件对可靠性和安全性预期影响的分析常常能够得到很大的改善。Gryna et al.（2007）提供了对于故障模式与影响分析（FMEA）和 FMECA 的综合性介绍。FMEA 和 FMECA 用于产品和过程设计人员识别和处理潜在的故障模式及其影响。图 28—13（Gryna et al.，2007）是针对一个移动式草坪洒水车实施 FMECA 的例子，其中包括了每一零件的故障模式、故障模式的影响、故障模式的原因、故障模式的估计概率、故障模式的严重性，以及预防故障的对策措施。

1＝非常低（＜1/1 000）
2＝低（3/1 000）
3＝中等（5/1 000）
4＝高（7/1 000）
5＝非常高（＞9/1 000）

T＝故障类型
P＝发生概率
S＝故障对系统的严重性
H＝液压故障
M＝机械故障
W＝磨损故障
C＝顾客误用

产品　HRC-1
日期　1987 年 1 月 14 日
制表　S. M.

组成零件代号	可能故障	故障原因	T	P	S	故障对产品的影响	备选方案
蜗杆轴承 4224	轴承磨损	与基底配合不良	M	1	4	喷头抖动过度或减缓喷出	改进检验方法
美国查普尔 101 型塑料		喷头抖动过度	M	1	3	同上	改进蜗杆轴承
轴承芯轴	过度磨损	材料配合不当	M	5	4	喷头抖动过度，能量损失	改变芯轴材料
钢衬垫		轴承区积有污水	M	5	4	同上	改进蜗杆密封区
		过度的喷头抖动	M	2	3	同上	改进操作说明书
止推垫圈 4226	过度磨损	过高水压	M	2	5	喷头脱出	在说明书中知会顾客
美国富尔顿 404 型塑料		垫圈有污水	M	5	5	同上	改进蜗杆密封设计
蜗杆 4527	轴承区磨损过度	材料配合不当	M	5	4	喷头抖动过度，能量损失	改变轴承芯轴材料
钢衬垫		轴承区积有污水	M	5	4	同上	改进蜗杆密封设计
		喷头抖动过度	M	2	3	同上	改进操作说明书

图 28—13　故障模式、影响及致命度分析

资料来源：Gryna et al.，2007，p. 331.

• 故障树分析。FMECA 考查的是元件以上层次的所有可能的故障模式，FTA 则重点关注特定的已知不希望出现的故障的影响，如火灾和撞击等，并进而确定导致不希望后果的所有可能的路径。Gryna et al.（2007）和 Hammer（1980）提出了一个关于安全电路的故障树的例子，见图 28—14。所担心的故障结果是当机器的门一直开启时会发生 X 射线的泄漏。底边是直线的铲形符号是一个“与门”，意味着只有当其下的所有事件均发生时其输出才会发生。底边是曲线的铲形符号是一个“或门”，意味着只要其下的输入事件有任何一个或几个发生，其输出就会发生。具体的发生概率可以通过提供故障树上每一事件发生概率的估计值来加以估计。Lazor（1996）也提供了FMECA及FTA分析的例子和比较，其中关于故障树与可靠性模块图之间关系的讨论颇为令人玩味。

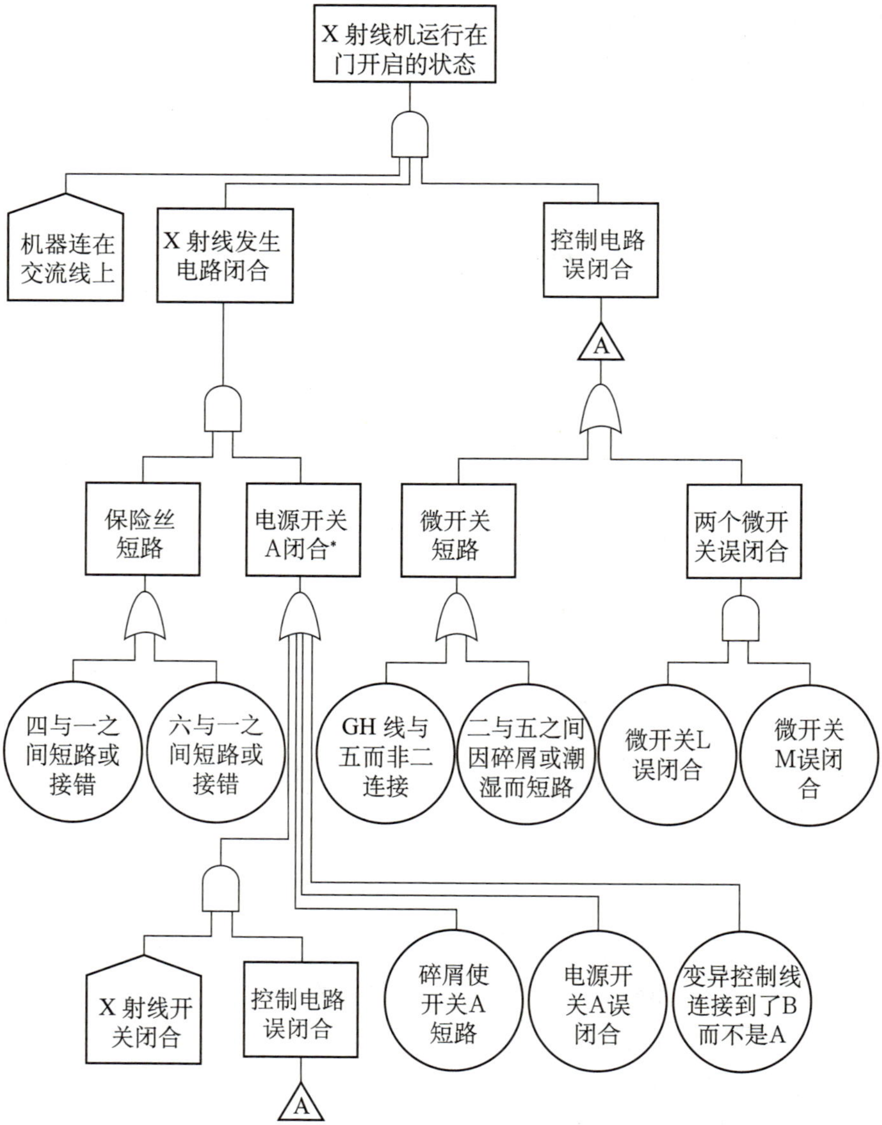

*代表只要出现这种状况，出错指示灯就会闪亮。

图28—14　一个互锁的安全电路的故障树分析

资料来源：Gryna et al.，2007，p. 339.

可靠性改进

考虑到经济分析和管理工具，质量改进的方法也可广泛适用于可靠性的改进。只是在用于诊断和治疗的技术性工具方面会有所差异。改进项目可以通过可靠性预测，设计评审，故障模式、影响及致命度分析，以及其他的一些可靠性评估方法来加以确定。

设计阶段的可靠性改进工作最好由设计人员来做。可靠性工程师可以通过定义需要改进的领域以及协助开发备选方案起到帮助作用。以下这些措施是改进设计的一些途径：

1. 评估用户的需要，以判断某些不可靠零件的功能是否确实必要。如果不是的话，就可以从设计中去掉这些零件。或者，分析一下所用的可靠性指数（或指标）是否正确地反映了用户的真实需要。例如，使用可用性指标有时比可靠性指标更有意义。若是如此，一个良好的维修保养计划就能够改进可用性指标，从而缓解可靠性方面的问题。

2. 考虑可靠性指标与其他参数的权衡，如性能或重量等。再一次，这样的权衡可能能够更好地满足顾客的真正需要。

3. 应用冗余设计为完成某一给定任务提供一种以上的手段，以使只有当所有手段均失效时系统才可能瘫痪。

• 冗余的方式有若干种，其中一种常见的类型是平行冗余。人们所熟悉的一个例子是多引擎的飞机，这种设计保证了即使有一台发动机发生故障，飞机仍能继续飞行至安全降落。

• 在故障互相独立的条件下，并联设计的总可靠性可用下式来表达：

$$P_s=1\ (1-P_i)^n$$

式中，P_s＝系统可靠性；

P_i＝冗余设计中的各独立要素的可靠性；

n＝相同的冗余要素的个数。

• 图 28—15 显示了一些简单的串联—并联式和并联—串联式冗余的例子，并计算出了相应的系统可靠性，显然要优于无冗余设计的情况。

4. 重新审视所选的那些较新的且未经验证的零件。尽量使用其可靠性已经经过现场使用证实的那些标准零件。（但要确认以往的使用条件适合新产品的条件。）

5. 降级使用零件以确保施于零件上的载荷低于其正常的承受能力。降级使用是设计工程师提高元件可靠性或提供较高的可靠性余量的一种方法。Gryna et al.（2007）把降级使用定义为使某产品（元件）在低于正常的额定负载下工作，如将一个额定为 300V 的电容器置于 200V 下使用。Kohoutek 也提供了设计工程

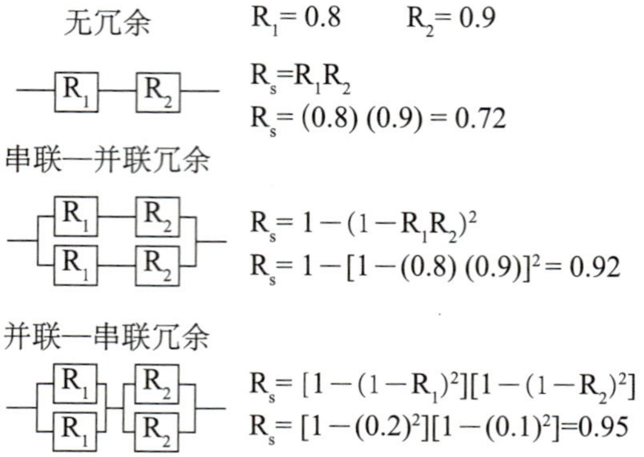

图 28—15　串联—并联与并联—串联的冗余设计

资料来源：Juran Institute. Copyright 1994. Used with permission.

师在设计特定类型的集成电路时使用的降级参考图表的例子。在使用该图表之前，设计工程师首先要确定所考虑元器件的预期运行温度、电压、应力等，然后利用该图表来选择合适的降级系数。

6. 应用能够使产品抵抗非预期环境的“顽健性”设计方法。

7. 控制运行环境以提供发生故障概率低的条件。这方面的常见例子如：(1) 对电子元器件进行封装处理以使之免受气候和震动的影响；(2) 利用冷却系统来降低周围环境的温度。

8. 制订更换计划以使那些低可靠性的零部件在进入损耗阶段之前就能得到更换。很多情况下，只是根据判断退化是否达到规定程度的检验或试验的结果来不定期地进行更换。

9. 规定筛选试验以探测出那些一用即坏的夭折件并剔除掉不合格的元器件。这种试验有多种形式，如工作台测试、“老化”、加速寿命试验。Jensen and Petersen (1982) 提供了设计老化试验程序的指南。Chien and Kuo (1995) 对于如何取得最大化的老化效果提出了颇有见地的意见。

10. 进行研究和开发活动以改进那些对于可靠性影响最大的元器件的基本可靠性。虽然这样的改进避免了随后的权衡，但有可能需要从根本上提升技术水平，从而会导致难以把握的投资规模。对于故障机制的研究形成了一门被称为“失效物理学”或“可靠性物理学”的知识体系。由电气工程师学会资助的《可靠性物理学年会学报》是一份极好的参考资料。

虽说上述的措施中没有哪个能够称得上是一个完美的解决方案，但可选择的范围是很广泛的。有时设计人员能够独立地得出一个解决方案，但更多的时候则需要与其他公司的专家们合作。还有些情况下因要考虑的范围更广从而必须得到客户和/或公司管理层的合作。

可维护性设计

尽管设计开发过程可以产出安全且可靠的产品，但仍然不够充分。用户还要求产品能够随时可用。因此，设计人员还必须考虑预防维护和修理的便捷性问题。可维护性是一个用于描述和量化预防维护的必要程度和修理的便捷程度的广泛使用的术语。Dhillon（1999）提供了一个关于可维护性的正式定义：

> 由具有特定技能水平的人员应用预先规定的程序和资源，在每一规定的维护和修理水平下对某一对象进行维护后，使之保持在或恢复到规定状态的能力的量度。（p. 1）

该定义强调了作为一个设计参数的可维护性与作为一项操作活动的维护之间的差别。

平均修理时间（MTTR）是一个量化的可维护性指标，类似于可靠性指标中的 MTBF。MTTR 是完成修理工作所需的平均时间，假设额外零件的获得没有延迟且技术上是可行的。与可靠性类似，可维护性也有许多可用的测量指标。表 28—8（MIL - STD - 721C，1981）概括了可维护性的可用指标。

表 28—8　　可维护性指标

指标	含义
平均修理时间（MTTR）	修复一次故障所需的平均时间
平均服务时间	完成一次作业以保证产品处于正常状态的平均时间
平均预防维护时间	计划中的预防维护的平均时间
百小时运行修理时间	产品每运行 100 小时需要的修理小时数
预防维护行动率	单位运行时间或日历小时数需要的预防维护行动的数量
停机概率	在规定停机时间内将故障产品修复到正常状态的概率
可维护性指数	产品设计方案的可维护性特征的评估分值
维护成本率	单位运行或日历时间的预防和纠正维护成本

资料来源：MIL - STD - 721C（1981）.

注：该标准已于 1995 年 12 月 5 日被废除，且没有再颁布新的标准，但这仍不失为一个参考。

Kowalski（1996）提供了一个将某系统的可维护性要求在其各个子系统中加以分配的案例。可维护性分配的方法与可靠性分配类似（参见前述的"可靠性分配"）。Kowalski 还讨论了可测性（testability）对于实现可维护性目标的能力的影响。伊斯曼·柯达的 Turmel and Gartz（1997）针对特定的试验方法提供了一个测试能力指数（TCI），用来衡量某一测试/测量方法的内在变异占特定公差范围的比例。其提出的指南是要使测试变异不超过总公差范围的 25%。

可用性设计

设计的可靠性和可维护性均影响着当需要使用产品时的可使用概率。可用性是用运行时间除以运行时间与停工时间之和来计算的，而停工时间可以有两种计算方式：

1. 总停工时间。其中包括了实际修理时间（诊断和修理）、预防维护时间和后勤保障时间（花在等待人员、备品备件等方面的时间）。当使用总停工时间来计算时，所算出的比率称为作业可用性（operational availability）（A_o）。

2. 实际修理时间。当使用实际修理时间来计算时，所算出的比率称为“固有可用性”（intrinsic availability）（A_i）。

在一定条件下，可以计算“稳态”可用性：

$$A_o=\frac{\mathrm{MTBF}}{\mathrm{MTBF}+\mathrm{MDT}}$$

$$A_i=\frac{\mathrm{MTBF}}{\mathrm{MTBF}+\mathrm{MTTR}}$$

式中，MTBF＝平均故障间隔时间；

MDT＝平均总停工时间；

MTTR＝平均实际修理时间。

上述公式表明，特定产品的可用性可以通过提高产品的可靠性（MTBF）或减少诊断和故障时间（MDT 或 MTTR）来加以改进（提高）。这些改进效果的任何组合的实现，都必须在增加可靠性还是提高可维护性之间进行权衡分析。

上述稳态可用性公式的优点是简洁易懂。然而，它们必须基于如下假定：

- 产品运行在其寿命周期内故障率恒定的区间上，此时故障间隔时间呈指数分布。
- 停工时间和修理时间同样服从指数分布。
- 查找系统故障的行为不会改变故障率。
- 不会发生可靠性的增长。（这样的增长可能是因为设计的改进或去除了可疑零件。）
- 预防性维护被安排在可用性计算的时间框架之外。

根据这些条件，O'Connor（2002）给出了针对各种可靠性模块图的公式和例子，如串联、并联和并联—备用结构等。Malec（1996）则提供了计算瞬时可用性和任务间可用性（mission interval availability）的通用公式和实例。后一概念是指一件产品在其整个任务期间都可用的概率。

Gryna（2007）提供了一些具体的权衡决策，设计人员在提高可维护性时应当对之加以关注。其具体内容包括：

- 可靠性或是可维护性。对于任何一项设计要求来讲，设计者都必须面对是提高可靠性还是可维护性的选择。

• 模块或是非模块构造。模块设计需要花费更多的努力，但可以减少现场诊断和维修的时间。故障只需被定位到模块水平，然后就可以将故障模块加以更换。对故障模块的修理，如果有需要的话，可以在另外的时间和地点进行，而不影响顾客对设备的使用。

• 修理或是废弃。对某些产品或模块而言，现场修理的费用超出了工厂生产新品的费用。在这种情况下，设计应使丢弃和替换过程容易进行。

• 内置的或是外接的测试设备。具备内置测试能力减少了诊断时间，但通常要求额外的成本。然而，通过向用户提供诊断设备或软件所诊断出的各种故障模式的简单修理指南，虽然有额外多出的成本，却实现了总修理成本的降低。例如，办公用复印机所提供的在何处和如何消除卡纸的信息便起了这样的作用。越来越多的诊断元素可以内置于设备中，而监控和诊断则可通过互联网远程进行。

• 是人工还是机器。设计者同样需要在增加产品性能而减少修理难度，还是减少产品性能而方便维修且提高正常运行时间二者之间做出选择。

Kowalski（1996）提供了另外的关于可维修性设计准则的例子。

识别和控制关键的元器件

设计工程师会将某些元器件确定为关键性的，亦即它们对于可靠性、可用性和可维护性（RAM）或成本目标有着决定性的影响。这些关键的元器件是通过各种适当的分析识别出来的，如可靠性模块图、应力分析、FMEA/FMECA、FTA，以及 RAM 的研究。之所以这些元器件被认为是关键的，是由于它们对设计 RAM 和成本的预期影响，由于人们对其实际性能所知不足或是由于其供应商绩效的不确定性。保证性能和解决不确定性的方法之一是制定一份关键元器件的清单（CCL）并对之加以持续的管理。在设计活动中应当尽早制定关键元器件的清单。将这一清单正规化，列出每一关键元器件的关键特性的本质，制定出控制和改进其性能的计划，是一种通用的做法。关键元器件清单对于以下几个方面起着基础性计划文件的作用：（1）验证零部件质量测试；（2）应用研究和方法的设计指南；（3）零部件、电路或子系统应用的冗余设计指南。

技术状态管理

技术状态管理是用于定义、识别及控制产品的构成和成本的一个过程。在特定的时点上所确定的技术状态被称为是一个“基线”。基线文件包括了图纸、规范、测试程序、标准、检验或试验报告等。技术状态管理始于产品的设计阶段，贯穿产品的整个寿命周期。当应用于产品的设计阶段时，技术状态管理在产品的总体层次上，颇类似于上一段所描述的识别和控制关键元器件的过程。Gryna

(1988) 指出："技术状态指一件产品的物理和功能特性，这里的产品既包括硬件也包括软件"，他同时还定义了构成技术状态管理的三项主要活动：

1. 技术状态识别：定义和识别产品的每一要素的过程。
2. 技术状态控制：管理从提出变更建议到批准实施变更的设计变更的过程。
3. 技术状态记录：详细记录所提议变更的状态以及所批准的变更的实施状态的过程。

技术状态管理之所以必要，是为了确保：

1. 质量螺旋中的所有参与者了解运行中产品的当前状态以及设计或设计变更中所建议的产品状态。
2. 在产品原型、运行和现场服务的详细记录中反映所做的设计变更。
3. 根据最后的技术状态来进行设计和产品测试。

设计测试

一旦应用了前述设计质量的工具和分析方法，就必须确保所做的设计最终能够被制造、提供、安装和服务，以满足顾客的需求。要确保这些能够得以实现，在最后批准批量生产之前，就必须对产品的设计原型和试生产的产品进行实际的测试。表28—9概括了设计评估测试的各种类型和目的。

表28—9　用于设计评估的测试

测试的类型	目的
性能	确定产品满足基本性能要求的能力
环境	评估产品抵抗规定的环境水平的能力，确定因产品运行而产生的内部环境，验证所指定的环境水平
压力	确定产品能够抵抗的压力水平以便确定设计的固有安全余量，确定与时间无关的故障模式
可靠性	确定产品的可靠性并同规范要求比较，监测变化趋势
可维修性	确定进行修理所要求的时间并同规范要求比较
寿命	确定产品至彻底用坏所经过的时间以及与时间或运行周期有关的故障模式
试生产	确定加工和装配过程能否满足设计要求，确定可靠性会否退化

资料来源：Gryna et al.，2007，p. 334.

Meeker et al. (1999) 在《朱兰质量手册》(Juran and Godfrey，1999) 第48章讨论了环境压力试验、加速寿命试验、可靠性增长试验的目的和设计，以及对这些试验数据的可靠性的示范试验和分析。Graves and Menten (1996) 及 Schinner (1996) 也就可靠性测量和改进的实验设计以及加速寿命试验分别进行了类似的讨论。罗马实验室可靠性工程师工具箱 (Rome Laboratory Reliability Engineer's Toolkit，1993) 以及该系列最近的相关出版物对于从 MIL-HDBK-781 (1987) 中选择和应用试验方案进行了讨论。

现场故障与加速寿命试验结果的比较

为了在可行的时间范围内验证设计可靠性，通常必须利用各种环境压力因素来“加速”故障模式的出现。这不仅适用于设备，同样适用于研发产品，例如加速食品和药品的老化，以测试它们的保质期。在引入压力因素时，要关注的一个关键问题就是要保证所产生的故障模式与实际使用中观察到的故障模式相同，由于测试环境是人为模仿的，这一条件并不必然能够满足（例如产品的化学活性可能对特定条件敏感）。Gryna（1988）提供了一个通过绘制概率图来对试验结果和“现场”故障进行比较和联系的例子。图 28—16 中涉及的是两种型号的空调机，图中表示了估计的累积故障百分率与加速试验的天数和实际的现场使用天数的对应关系。由于这两条直线基本上是平行的，因此表明加速试验所产生的故障模式与现场使用环境下的故障模式是相对应的。图中试验数据按 10 天描点。一条粗的垂直线表示的是 5 年的保证期。从这条粗线与现场数据相交处向右边水平方向延伸，与加速试验数据的线相交，图中反映出为了预测 5 年保证期内现场故障发生的百分率所需的加速试验时间，对于这两种空调机而言，分别是 135 天和 175 天。

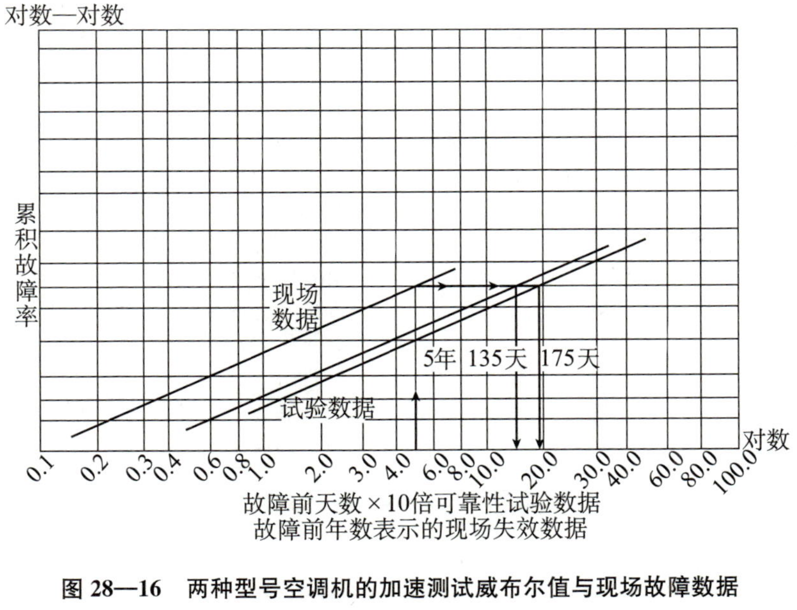

图 28—16　两种型号空调机的加速测试威布尔值与现场故障数据

资料来源：Juran Institute. Copyright 1994. Used with permission.

故障报告和纠正措施系统

为了促进设计的 RAM 和安全性的改进，组织必须定义和建立一个正式的过程，用以报告、分类、分析和改进这些设计参数。这一过程在许多组织中被称为“故障报告和纠正措施系统”（FRACAS）。图28—17，转载自罗马实验室可靠性工程师工具箱（1993），是一个一般性FRACAS过程的高阶流程图。除了过程的步骤之外，还确定了各个职能的职责。同一资料还提供了一份用于辨识现行FRACAS过程中的差距的核对表。Ireson（1996）提供了收集和分析可靠性信息的进一步指南，讨论了在设计、开发、生产和使用各阶段中对于数据的要求。Adams（1996）重点描述了识别故障根原因及推动纠正措施的细节内容，还提供了一个“经营计划”的例子，用于证明投资于故障分析过程所需的设备和人员的必要性。

事件	职能	措施
故障或失灵	操作者：	识别问题，要求维修，说明情况
↓	维修人员：	纠正问题，记录故障
故障报告	质量部门：	检查纠正措施
↓	维修人员：	提出包含支持性数据（时间、地点、设备、品目等）的故障报告
记录数据	质量部门：	确保完整并为失效件指派一个传送标签以利审核控制
↓	可靠性与可维修性部门：	记录所有故障报告，确认故障及其形式，对故障分类（内生的、诱发的、误报等）
故障评审	可靠性与可维修性部门：	确定故障趋势（即同一零件或类似零件中的若干故障）
↓	设计部门：	评审操作程序中的差错
故障分析	可靠性与可维修性部门：	决定对哪些零件进行破坏性分析
	故障分析部门：	进行故障分析以确定其原因（自身的或外部的）
↓	质量部门：	检查该零件的进货检验数据
过往数据评审	设计部门：	必要时对硬件进行再设计
	供应商：	新的零件或新的监测程序
	质量部门：	评估进货检验程序，检验经过再设计的硬件
	可靠性与可维修性部门：	收集和评估过往试验数据以备故障的再发，完成循环

图28—17 FRACAS流程图

预测

过去，研发部门管理者、工程师及科学家经常依靠上面提到的工具方法、过程等研发出成功的产品并获得商业价值，将来他们也会从中继续受益。不过，研发也需要适应新的变化，包括对业内权威的质量标准进行质疑，或者被迫采取新的方法来保证质量水平。下面就是关于未来变化的一些讨论和预测。

• 更多的创业精神。在当前经济衰退的环境下，很多企业选择进行合并，这间接促进了研发人员去自主追求他们真正的兴趣所在。很多研发人员会结合过去以科技为创新主导的经验，自己创建新公司。新企业的成立也会促进那些传统企业去更多地发扬“企业精神”。

• 更多的跨领域互动。随着沟通变得越来越方便，很多人因为共同的爱好而形成松散的、非正式的组织和社团（比如一些网络组织，如脸书、空间、推特及邻客音；尽管特定的组织能否长期存在仍有疑问，但这种趋势终将获胜）。在今后的合作和沟通中，物理上的障碍将变得越来越不重要，这也使得过去一些难以实现的合作和创新变成了可能。

• 研发和市场之间更紧密的联系。最具颠覆性的技术创新并不全都来自市场推动，有些是起初并没有市场的偶然发现，但这些偶然发现宛如埋藏在其他发明下的明珠。这种发明往往能带来更大的技术进步，拓宽更广阔的市场，并帮助销售人员更好地理解未被满足的市场需求。当然，这也是很困难的一步，因为现有客户可能对新技术并不感兴趣（例如销售人员会说，我们的顾客并不感兴趣，别浪费时间了）。这需要研发人员去认真“聆听”消费者的心声，去寻找那些现在不存在、消费者不理解，甚至不知道该如何描述的需求。

• 质量工具的再发展。读者们会发现很多质量报告里边会提及很多新的或者改进的质量工具（如质量功能展开、标杆和决策分析的一体化结合）。在网上可以越来越多地获得专业报告、跨领域互动以及辅助用户攻克技术难题的软件（例如统计），这些都会使新工具得到应用。为了降低成本并提供竞争优势，研发部门的管理者需要经常去本领域之外找寻可以提高质量的办法。

• 分散的组织结构。过去，研发基本上是由很多研发人员集中在物理试验室完成的。技术进步促进了知识的交流，并降低了进入该领域的门槛（比如，DNA 实验的模型已经开始销售并成为孩子们的玩具，仅仅几年之前这项技术还需要不菲的造价）。技术进步同时催生了无论是空间上还是时间上都相对分散的组织结构。这提升了质量水平，并起到了协调组织的作用。

• 研发阶段的业务过程创新。即使是风靡全球的质量改善工具，如六西格玛等，对研发领域的渗透也不如其他领域。来自文化方面的阻力和缺少合适的时机是造成这一问题的主因。如图 28—1 所示，产品创新和过程创新经常是在发展的不同阶段产生的。尽管形式可能还需改善，但持续的过程改善和方法创新使不同阶段之间的差异不那么明显了，因此研发的初期阶段将会得到更多的重视。

• 从企业到学校长期基础研究的变化。经济衰退时期的业务萎缩往往会促进短期研发项目，因为这更有利于规避风险并迅速回笼资金。长期基础研究就相应地由企业转至非营利组织来进行，如政府实验室和大学等地方。Clark and Rhoads（2009）认为，知识产权所带来的利润现在已经可以看到了，将来还会得到进一步发展。

• 知识产权的进一步发展。在一些领域，如生物科技和电子科技领域，专利权阻碍了研发进程。企业需要越来越多地考虑严格保护知识产权所带来的不足之处，需要结合自己的竞争定位，鼓励研发人员挣脱专利对创新的束缚，设计出真正符合消费者需求的创新产品。

• 更真实地反映研发质量的改进的指标。企业逐渐认识到，现有的定量分析工具很难预测研发为企业所带来的实际价值，最多只是近似测量。尽管会受到研发人员的干涉，仍希望管理者去积极寻找新的有价值的衡量指标，以更加稳定地获得成功。

如前文所述，现在已经很少有组织有能力真正实现质量方面的大师级管理。很大一部分原因是因为实际贸易状况、资源限制，以及微观经济和宏观经济不断变化对业务所造成的影响。套用那句经典的"机会只留给有准备的人"，研发方面的科学家、工程师、开发人员以及管理者们有责任将企业兴衰与质量标准、质量工具紧密联系在一起，建立一种稳定可靠的质量体系，以应对未来的机遇与挑战。

研究资源

以下是一份对专业研发人员可能有所帮助的网络资源清单。这份清单旨在提供实例，而非全面的汇总。通过访问大部分网站都可以找到指向更多资源的链接，所以这份清单可以被视为研究的起点。

1. 专业协会、研究机构和一些大型社区网站

美国质量协会（ASQ）：＜http://www.asq.org/＞（包括可靠性部门：＜http://www.asq.org/divisions-forums/reliability/index.html＞）。一个全部都与质量有关的专业协会，涉及多个类别（包括教育、政府、医疗、制造及服务业）。ASQ上有很多关于出版物、会议介绍、标准和认证的资源。

工业研究所（IRI）：＜http://www.iriinc.org/＞有很多工业领域的出版物、会议和工作坊，以及研究相关的网络机会。

电气和电子工程师协会（IEEE）：＜http://www.ieee.org/portal/site＞一个以科技创新为主题的大型网站。IEEE上有很多关于出版物（包括书籍和期刊）、会议介绍、专业发展机会和标准的资源。

医药网站：<http://www. pharmweb. net/>一个配药、制药以及健康相关的专业人士的线上社区。包含了很多指向世界范围内医药方面资源的链接。

可靠性工程师协会（SRE）：<http://www. sre. org/>一个美国的可靠性工程师专业协会，包括美国军用手册和可靠性标准等内容。

2. 科技标准组织

美国试验与材料学会国际组织（ASTM International）：<http://www. astm. org/>一个自愿性标准开发组织，提供很多材料、产品、系统和服务的技术标准。

欧洲标准化委员会（CEN）：<http://www. cen. eu/>一个欧洲贸易促进团体，主要为欧洲公司和消费者清除贸易障碍，并成为提供欧洲各项标准和技术规范的平台。

美国国家标准与技术研究院（NIST）：<http://www. nist. gov/index. html>一个附属于美国商务部的联邦机构，主要旨在通过提高测量科学、标准和技术水平推进美国企业在创新和行业竞争力方面的竞争优势。NIST 主要包括四个合作计划：

- NIST 实验室，致力于美国科技发展，帮助企业持续改善产品和服务。
- 鲍德里奇国家质量项目，在美国企业中推广和促进卓越绩效，每年对绩效卓越和在质量方面有突出贡献的企业颁发马尔科姆·鲍德里奇国家质量奖。
- 霍林斯制造扩展合作计划，在全国范围内为中小制造企业提供技术和商务方面的支持。
- 技术创新计划，对致力于研究潜在革命性技术的企业、学校及社团提供资金奖励。

3. 可靠性方面的资源

- **可靠性信息分析中心（RIAC）**：<http://www. theriac. org/>一个在产品可靠性、可维护性、质量性、支持性和互通性（RMQSI）五个方面提供信息、数据、分析报告、培训以及技术支持的卓越中心和技术单位。主要但不限于为美国国防部服务。
- **威布尔网站**：<http://www. weibull. com/>一个全部关于可靠性工程和可靠性理论的网站。
- **美国国防部研发部门**：一个关于国家安全方面的研发的组织。

  空军研究实验室：<http://www. wpafb. af. mil/AFRL/>

  军队研究实验室：<http://www. arl. army. mil/>

美国国防部先进研究项目局：<http://www. darpa. mil/>

美国海军科研实验室：<http://www. nrl. navy. mil/>

美国海军研究部：<http://www. onr. navy. mil/>

- **美国政府基金会及相关组织**：联邦政府资助的组织，主要从事促进国家利益的研究，可访问具体网站以获得详细信息。

联邦实验室协会（FLC）：<http://www. federallabs. org/>

美国国家科学院：<http://www. nationalacademies. org/>

美国国立卫生研究院（NIH）：<http://www. nih. gov/science/index. html>（还有技术转移办公室（OTT）：<http://ott. od. nih. gov/index. aspx>）

国家超级计算机应用中心：<http://www. ncsa. illinois. edu/>

美国国家科学基金会：<http://www. nsf. gov>（联邦赞助的研发中心，参见<http://www. nsf. gov/statistics/ffrdc/>）

美国航空航天局（NASA）：<http://www. nasa. gov/>

- **美国国家实验室和技术中心**：能源研究部门，支持相关科学研究。访问下面的网站可以得到当前研究项目的信息。

埃姆斯实验室：<http://www. ameslab. gov/>

阿贡国家实验室：<http://www. anl. gov/>

布鲁克海文国家实验室：<http://www. bnl. gov/world/>

费米国家实验室：<http://www. fnal. gov/>

爱达荷国家实验室：<http://www. inl. gov/>

劳伦斯伯克利国家实验室：<http://www. lbl. gov/>

劳伦斯利弗莫尔国家实验室：<https://www. llnl. gov/>

洛斯阿拉莫斯国家实验室：<http://www. lanl. gov/>

国家再生能源实验室：<http://www. nrel. gov/>

美国博思维科实验室：<http://www. nbl. doe. gov/>

橡树岭国家实验室：<http://www. ornl. gov/>

太平洋西北国家实验室：<http://www. pnl. gov/>

普林斯顿等离子物理实验室：<http://www. pppl. gov/>

辐射与环境科学实验室：<http://www. inl. gov/resl>

桑迪亚国家实验室：<http://www. sandia. gov/>

萨凡纳河国家实验室：<http://srnl. doe. gov/>

SLAC国家加速器实验室：<http://www. slac. stanford. edu/>

托马斯·杰斐逊国家加速器设施：<http://www. jlab. org/>

- **欧洲研发组织**：这些组织主要为欧洲共同体内的研究和创新活动提供信息和支持。

  欧锐卡网站：<http：//www. eureka. be/home. do>

  欧洲研究技术组织协会：<www. earto. org>

  欧洲研究区（欧盟委员会：CORDIS）：<http：//cordis. europa. eu/era/home _ en. html>

  联合研究中心：<http：//ec. europa. eu/dgs/jrc/>

- **商业和企业研究室**：很多都是著名的研究组织。网站地址可能会经常改变，访问各个网站以查找研发信息。

  贝尔实验室：<http：//www. bell-labs. com>

  惠普实验室：<http：//www. hpl. hp. com>

  IBM 研究院：<http：//www. research. ibm. com/>

  英特尔研究院：<http：//www. intel. com/research>

  微软研究院：<http：//research. microsoft. com>

  三菱电机研究实验室：<http：//www. merl. com>

  斯坦福国际咨询研究所：<http：//www. sri. com>

  帕罗奥多研究中心公司：<http：//www. parc. com>

- **大学研究实验室**：列举的都是科技发展研究方面著名的院校。具体的网站地址可能会改变，但是可以通过访问学校主页来找到相关内容。

  加州理工学院：<http：//www. caltech. edu/>

  麻省理工学院：<http：//web. mit. edu/>

  普林斯顿大学：<http：//www. princeton. edu/main/research/>

  斯坦福大学：<http：//www. stanford. edu/research/>

参考文献

Adams, J. (1996). Failure Analysis System—Root Cause and Corrective Action. *Handbook of Reliability Engineering and Management*, 2nd ed. Ireson, W., Coombs, C., and Moss, R., eds. McGraw-Hill, New York, chap. 13. *Provides an organized approach to the analysis of failures to determine root cause. The chapter deals primarily with engineering designs of electronic equipment, but the methods are applicable widely.*

Altland, H. (1995). Robust Technology Development Process for Imaging Materials at Eastman Kodak. *Proceedings of Symposium on Managing for Quality in Research and Development*, Juran Institute, Wilton, CT, p. 2B-15. *Use of phase gating as a means of managing project performance and risk.*

Argyres, N. S., and Silverman, B. S. (2004). R&D, Organization Structure and the Development of Corporate Technological Knowledge. *Strategic Management Journal*, Aug.–Sep. vol. 25, no. 8–9, pp. 929–959. *An exploration of the relationship between how a company's research is organized (e.g., centralized vs. decentralized) and the resulting innovation.*

Arundachawat, P., Roy, R., Al-Ashaab, A., and Shehab, E. (2009). Design Rework Prediction in Concurrent Design Environment: Current Trends and Future Research Directions. *Proceedings of the 19th CIRP Design Conference—Competitive Design*, Cranfield University, Bedfordshire, UK, March 2009, pp. 237-244. *Analysis of factors contributing to design rework as part of concurrent engineering, and proposal of "set-based" concurrent engineering as an approach to mitigate design rework risk.*

Beall, G. H. (2002). Exploratory Research Remains Essential for Industry. *Research Technology Management*, vol. 45, no. 6, pp. 26-30. *Discussion of the issues presented to technology managers in R&D by the "fuzzy front end" of the innovation cycle that has a high failure rate and long lag time to demonstrated success.*

Berezowitz, W., and Chang, T. (1997). Assessing Design Quality During Product Development. *ASQC Quality Congress Proceedings*, Milwaukee, WI, p. 908. *Appraisal of design as a factor influencing overall product quality.*

Boath, D. (1992). Using Metrics to Guide the TQM Journey in R&D. *Proceedings of the Symposium on Managing for Quality in Research and Development*, Juran Institute, Wilton, CT. *Presents a performance measurement pyramid to assist in understanding R&D quality.*

Boath, D. (1993). Reengineering The Product Development Process. *Proceedings of the Symposium on Managing for Quality in Research and Development*, Juran Institute, Wilton, CT, pp. 28-36. *An example of efficiency improvement by revamping a new product development process.*

Bodnarczuk, M. (1991). Peer Review, Basic Research, and Engineering: Defining a Role for QA Professionals in Basic Research Environments. *Proceedings of the Symposium on Managing for Quality in Research and Development*, Juran Institute, Wilton, CT. *An example of the use of peer review at Fermi National Laboratory.*

Boer, F. P. (1999). *The Valuation of Technology: Business and Financial Issues in R&D*. Wiley, New York. *Explores the link between R&D and business financials, and provides analytical tools for analyzing new technologies, technology initiatives, and forecasting future value.*

Boothroyd, G., and Dewhurst, P. (1987). *Design for Assembly*, Boothroyd Dewhurst, Inc., Wakefield, RI. *Discussion of a design for assembly (DFA) methodology to help ensure products can be efficiently and effectively assembled.*

Boothroyd, G., and Dewhurst, P. (1994). *Design for Manufacture and Assembly*. Marcel Dekker, New York. *Further discussion and development of the DFA methodology in Boothroyd and Dewhurst (1987).*

Bottome, R., and Chua, R. C. H. (2005). Genentech error proofs its batch records. *Quality Progress* (July), pp. 25–34.

Boznak, R., and Decker, A. (1993). *Competitive Product Development*. Copublished by ASQC Quality Press/Business One Irwin, Milwaukee, WI, p. 53. *A textbook intended to help managers revitalize product development by applying philosophies and methods to reduce development cycle time and cost.*

Brown, E. A. (2006). Measuring Performance at the Army Research Laboratory: The Performance Evaluation Construct. *Journal of Technology Transfer*, vol. 22, no. 2, pp. 21–26. *Discussion of the Performance Evaluation Construct, the measurement system developed to measure progress by the U.S. Army Research Laboratory.*

Chen, C. (2001). Design for the Environment: A Quality-based Model for Green Product Development. *Management Science* (USA), vol. 47, no. 2, pp. 250–263. *Citing electrical vehicles, this paper develops and evaluates models of two product strategies (market-segmentation and mass-marketing), concluding that green products may need regulatory support to be beneficial to the environment.*

Chien, W., and Kuo, W. (1995). Modeling and Maximizing Burn-in Effectiveness. *IEEE Transactions on Reliability*, vol. 44, no. 1, pp. 19–25. *Practical suggestions to make the most of burn-in testing as part of accelerated life testing.*

Clark, D., and Rhoads, C. (2009). Basic Research Loses Some Allure. *The Wall Street Journal*, Wed. Oct. 7, p. A3. *Presents the case that basic research will move in future years from for-profit organizations to academic institutions.*

Cole, R. (1990). Quality in the Management of Research and Development. *Proceedings of the Symposium on Managing for Quality in Research and Development*, Juran Institute, Wilton, CT. *An example of use of compliance scoring to help improve R&D cycle time.*

Darby, R. A. (1990). R&D Quality in a Diversified Company. *Proceedings of the Symposium on Managing for Quality in Research and Development*, Juran Institute, Wilton, CT. *Discussion of how DuPont manages quality; most relevant here for the definition of R&D quality.*

De Feo, J. (1987). Quality Training: the Key to Successful Quality Improvement. *Proceedings of the IMPRO Conference*, Juran Institute, Wilton, CT, pp. 4A–15 et seq. *An example of how training (specifically in design for assembly) is an important part of improving overall product quality.*

Delano, G., Parnell, G. S., Smith, C., and Vance, M. (2000). Quality Function Deployment and Decision Analysis: A R&D Case Study. *International Journal of Operations and Production Management*, vol. 20, no. 5, pp. 591–609. *The authors compare quality function deployment and decision analysis as techniques to assist in product design decisions.*

Dell, M. (2000). E-Business: Strategies in Net Time. Address at the University of Texas, April 27, Austin, TX. *Speech by Dell CEO regarding fundamental change to business and the economy as a result of the Internet.*

Dhillon, B. S. (1999). *Engineering Maintainability: How to Design for Reliability and Easy Maintenance.* Gulf Publishing, Houston TX. *Provides guidelines and fundamental methods of estimation and calculation for maintainability engineers. Also addresses organizational structure, cost, and planning processes.*

Endres, A. C. (1992). Results and Conclusions from Applying TQM to Research. *ASQC Quality Congress Proceedings*, Milwaukee, WI. *Discussion of cultural and organizational barriers to successful deployment of quality improvement in R&D.*

Endres, A. C. (1997). *Improving R&D Performance: The Juran Way*. Wiley, New York. *A detailed look at how to plan, design, implement, and improve quality systems to advance the ability of R&D to reduce cycle times, increase customer satisfaction, and foster innovative product development. This book draws from original research at the Juran Institute and from papers presented at its Symposia on Managing for Quality in R&D.*

Endres, A. C. (1999). *Quality in Research and Development*. Section 19 in Juran, J. M., and Godfrey, A. B., eds. *Juran's Quality Handbook*, 5th ed. McGraw-Hill, New York. *The present topic of R&D quality in the prior edition of Juran's handbook.*

Ferm, P., Hacker, S., Izod, T., and Smith, G. (1993). Developing a Customer Orientation in a Corporate Laboratory Environment, *Proceedings of the Symposium on Managing for Quality in Research and Development*, Juran Institute, Wilton, CT, pp. A-13–A-22. *Presents an example of surveys used to better understand and meet the needs of internal, business unit customers of R&D.*

Fiero, J., and Birch, W. (1989). Designing Cost-Effective Products. *ASQC Quality Congress Proceedings*, Milwaukee, WI, pp. 725–730. *An example of the financial benefits of reducing development cycle time.*

Ford, D. N., and Sobek II, D. K. (2005). Adapting Real Options to New Product Development by Modeling the Second Toyota Paradox: How Delaying Decisions Can Make Better Cars Faster, *Sloan Management Review*, MIT. *Application of real options to decision making in the auto industry.*

Fried, L. K. (1993). AT&T Transmission Systems ISO 9001 Registration: The R&D Compliance Experience. *Proceedings of Symposium on Managing for Quality in Research and Development*, Juran Institute, Wilton, CT, pp. 2B-21–2B-27. *The story of ISO 9001 registration from the perspective of R&D.*

Garfinkel, M. (1990). Quality in R&D. *Proceedings of the Symposium on Managing for Quality in Research and Development*, Juran Institute, Wilton, CT. *Discussion of the different elements that contribute to quality in the R&D environment.*

Gendason, P., and Brown, E. (1993). Measure of R&D Effectiveness: A Performance Evaluation Construct. *Proceedings of Symposium on Managing for Quality in Research and Development*, Juran Institute, Wilton, CT, pp. 2A-17–2A-25. *A review of metrics to measure R&D performance.*

Gibbard, H. F., and Davis, C. (1993). Implementation of ISO 9001 in an R&D Organization, *Proceedings of the IMPRO Conference*, Juran Institute, Wilton, CT, pp. 3B.3-1–3B.3-11. *A case study of issues and solutions as part of implementing ISO 9001 in R&D.*

Godfrey, A. B. (1985). Training Design Engineers in Quality. *Proceedings of the IMPRO Conference, Juran Institute*, Wilton, CT, p. 166 et seq. *Provides discussion and example of tailoring quality training to meet the unique needs of R&D.*

Godfrey, A. B. (1991). Information Quality: A Key Challenge for the 1990s. *The Best on Quality*, vol. 4, Hanser Publishers, Munich. *Provides a general discussion of information quality as one of the key outputs of R&D.*

Goldstein, R. (1990). "The Cost of Engineering Design Corrections." *ASQC Quality Congress Proceedings*, Milwaukee, WI, pp. 549–554. *This paper cites metrics useful in assessing costs of rework.*

Graves, S., and Menten, T. (1996). Designing Experiments to Measure and Improve Reliability. *Handbook of Reliability Engineering and Management*, 2nd ed. Ireson, W., Coombs, C., and Moss, R., eds. McGraw-Hill, New York, chap. 11. *A look at reliability from the perspective of design of experiments, thereby decreasing development cycle time while increasing quality. A case study is provided based on the life of ball bearings.*

Gross, C. (1997). Ergonomic Quality: Using Biomechanics Technology to Create a Strategic Advantage in Product Design. *ASQC Quality Congress Proceedings*, Milwaukee, WI, pp. 869–879. *The author argues for improvement of manufacturability and customer usability by integrating ergonomics with the design process.*

Gryna, F. (1988). Product Development, Section 13, In Juran, J. M. and Godfrey, A. B., eds. *Juran's Quality Control Handbook*, 4th ed. McGraw-Hill, New York. *An overview of quality as part of product development; specifically relevant in this chapter for guidelines regarding design reviews.*

Gryna, F. M. (1999). Operations, Section 22, In Juran, J. M., and Godfrey, A. B., eds. *Juran's Quality Handbook*, 5th ed. McGraw-Hill, New York. *Discussion of quality in manufacture (in manufacturing sector) and backroom activities (in the service sector) in the prior edition of the handbook.*

Gryna, F. M. (2001). *Quality Planning and Analysis*. McGraw-Hill, New York. *A concise, yet thorough, textbook on achieving customer satisfaction and loyalty. Pages 382–383 provide the steps for reliability prediction.*

Gryna, F. M., Chua, R. C. H., and De Feo, J. A. (2007). *Juran's Quality Planning & Analysis for Enterprise Quality*, 5th ed. McGraw-Hill, New York. *A comprehensive textbook about attaining quality leadership throughout an enterprise.*

Gunasekaran, A. (1997). Essentials of International and Joint R&D Projects. *Technovation*. vol. 17, nos. 11–12, Nov.–Dec., pp. 637–647. *Discussion of management issues of international and joint R&D projects, and strategies and methods to make international R&D projects more successful.*

Hammer, W. (1980). *Product Safety Management and Engineering*. Prentice Hall, Englewood Cliffs, NJ. *A reference most relevant in this chapter for the example of a fault tree analysis.*

Herrmann, A., Huber, F., Algesheime, R., and Tomczak, T. (2006). An Emipirical Study of Quality Function Deployment on Company Performance. *International Journal of Quality and Reliability Management*, vol. 23, no. 4, pp. 345–366. *An evaluation of QFD based on its contribution towards improved product quality, reduced costs, and shorter R&D cycle time.*

Hersh, J. F., Backus, M. C., Kinosz, D. L., and Wasson, A. R. (1993). Understanding Customer Requirements for the Alcoa Technical Center, *Proceedings of the Symposium on Managing for Quality in Research and Development*, Juran Institute, Wilton, CT. *Case study citing the use of benchmarking and internal customer surveys to identify and prioritize key R&D performance features.*

Highway, Car Changes Designed to Help Older Drivers (sidebar). Issues & Controversies on File: n. pag. Issues & Controversies. Facts on File News Services, 10 May 2002. Web. 5 Oct. 2009. <http://www.2facts.com/article/ib701090>. *An example of how ergonomic considerations play into the layout and design of roads and vehicles.*

Hildreth, S. (1993). Rolling-Out BPQM in the Core R&D of Lederle-Praxis Biologicals, American Cyanamid. *Proceedings of the Symposium on Managing for Quality in Research and Development*, Juran Institute,Wilton, CT, pp. 2A-9–2A-16. *An example of how organizational structure promotes better management of major business processes, including R&D.*

Himmelfarb, P. (1996a). Senior Managers' Role in New-Product Development. *Quality Progress*, Oct., pp. 31–33. *The author argues the case for management to clearly define the processes of R&D.*

Himmelfarb, P. (1996b). Fast New-Product Development at Service Sector Companies. *Quality Progress*, April, pp. 41–43. *Provides examples of new product development in service industries.*

Ho, H. C. R&D Management. PowerPoint presentation. Department of Technology and Operations Management, California Polytechnic and State University, San Francisco, CA, Sep. 29. <www.csupomona.edu/~hco/MoT/08bRDManagement.ppt>. *A short presentation covering product and process innovation stages, cash flow, types of product development, and location of R&D.*

Holmes, J., and McClaskey, D. (1994). Doubling Research's Output Using TQM. *Proceedings of the Symposium on Managing for Quality in Research and Development*, Juran Institute, Wilton, CT, pp. 4–7. *Discussion concerning various aspects of applying quality concepts and methods to R&D, including leadership issues, project management, process flowcharting, and application of metrics.*

Hooper, J. (1990). Quality Improvement In Research and Development. *Proceedings of Symposium on Managing for Quality in Research and Development*, Juran Institute, Wilton, CT. *The author argues that isolation of R&D staff is an organizational barrier to understanding and meeting customer needs.*

Hughes, J. (1992). Concurrent Engineering: A Designer's Perspective. *Report SG-7-3*, Motorola University Press, Schaumburg, IL. *Provides an automotive industry example of how design influences R&D costs and ultimate product quality.*

Hutchins, D. (1999). *Just in Time*, 2nd ed. Gower Publishing Ltd., Aldershot, UK. *A textbook on JIT concepts and applications. Most relevant to this chapter for discussion of design review as part of JIT (beginning on p. 74).*

Hutton, D., and Boyer, S. (1991). Lead-Time Reduction In Development—A Case Study. *Proceedings of the ASQC Quality Congress*, Milwaukee, WI, pp. 14–18. *A case study showing dramatic reduction in prototype development time.*

Industrial Research Institute (1996). *Industrial Research and Development Facts*, Industrial Research Institute, Washington, DC, July, p. 7. *Definitions of different types of research.*

Ireson, G. (1996). Reliability Information Collection and Analysis. *Handbook of Reliability Engineering and Management*, 2nd ed. Ireson, W., Coombs, C., and Moss, R., eds. McGraw-Hill, New York, chap. 10. *Provides recommendations regarding the method and details of collecting, recording, storing, analyzing using and transmitting information for reliability studies.*

Jacobs, R. (1967). Implementing Formal Design Review. *Industrial Quality Control*, vol. 23, Feb., pp. 398–404. *Provides guidelines for conducting design reviews, including design review team membership and responsibilities.*

Jensen, F., and Petersen, N. (1982). *Burn-in: An Engineering Approach to the Design and Analysis of Burn-in Procedures*. Wiley, New York. *A complete guide to the design of burn-in test procedures.*

Jensen, R. P., and Morgan, M. N. (1990). Quality in R&D—Fit or Folly. *Proceedings of the Symposium on Managing for Quality in Research and Development*, Juran Institute, Wilton, CT. *Report on a project at Shell that yielded a reduction in R&D cycle time.*

Juran, J. M. (1964). *Managerial Breakthrough*, (1995). McGraw-Hill, New York. *One of the classic works by Dr. Juran, containing many of the concepts that allow organizations to break through to new levels of performance.*

Juran, J. M. (1992). Closing speech at the IMPRO Conference, Juran Institute, Wilton, CT. *Final remarks to finish one of the Juran-sponsored conferences on quality.*

Juran, J. M., and Godfrey, A. B. (1999). *Juran's Quality Handbook*. 5th ed. McGraw-Hill, New York. *Prior edition of the present handbook.*

Kang, N., Kim, J., and Park, Y. (2007). Integration of Marketing Domain and R&D Domain in NPD Design Process. *Industrial Management and Data Systems*, vol. 107, no. 6, pp. 780–801. *An approach to new product design that integrates quality function deployment (QFD), Taguchi methods, and conjoint analysis to help resolve conflicts inherent in R&D and marketing relationships.*

Kapur, K. (1996). Techniques of Estimating Reliability At Design Stage. *Handbook of Reliability Engineering and Management*, 2nd ed. Ireson, W., Coombs, C., and Moss, R., eds. McGraw-Hill, New York. *Discussion of reliability estimation during product design. A design review responsibility matrix is given on p. 24.5.*

Kohoutek, H. (1996a). Human-Centered Design. *Handbook of Reliability Engineering and Management*, 2nd ed. Ireson, W., Coombs, C., and Moss, R., eds. McGraw-Hill, New York, chap. 9. *Discussion of "usability" as a controllable factor in human reliability in the context of machine-human interactions.*

Kohoutek, H. (1996b). Reliability Specifications and Goal Setting. *Handbook of Reliability Engineering and Management*, 2nd ed. Ireson, W., Coombs, C., and Moss, R., eds. McGraw-Hill, New York, chap. 7. *An examination of how reliability can be improved through proper establishment and use of specifications.*

Konosz, D. L., and Ice, J. W. (1991). Facilitation of Problem Solving Teams. *Proceedings of the Symposium on Managing for Quality in Research and Development*, Juran Institute, Wilton, CT. *Discussion of problem-solving teams and training within the context of R&D.*

Kowalski, R. (1996). Maintainability and Reliability. *Handbook of Reliability Engineering and Management*, 2nd ed. Ireson, W., Coombs, C., and Moss, R., eds. McGraw-Hill, New York, chap. 15. *An in-depth review of designing products to provide improved maintenance and reliability characteristics.*

Kozlowski, T. R. (1993). Implementing a Total Quality Process into Research and Development: A Case Study, *Proceedings of the Symposium on Managing for Quality in Research and Development*, Juran Institute, Wilton, CT. *A case study in the application of TQM, including use of Baldrige criteria and quality cost data to identify projects.*

Kumar, V., and Boyle, T. A. (2001). A Quality Management Implementation Framework for Manufacturing Based R&D Environments, The International Journal of Quality and

Reliability Management, vol. 18, no. 3, pp. 336–359. *A summary of best practices for achieving quality in applied R&D departments of manufacturing companies, with recommendations to promote good management practices, awareness by the R&D staff of the external environment, and quality culture.*

Lander, L., Matheson, D., and Ransley, D. (1994). IRI's Quality Director's Network Takes R&D Decision Quality Benchmarking One Step Further. *Proceedings of the Symposium on Managing for Quality in Research and Development*, Juran Institute, Wilton, CT, pp. 3-11 to 3-18. *Report on results of a benchmarking study of the best features of practices in R&D portfolio planning, development, and review.*

Lazor, J. (1996). Failure Mode and Effects Analysis (FMEA) and Fault Tree Analysis (FTA) (Success Tree Analysis—STA). *Handbook of Reliability Engineering and Management*, 2nd ed. Ireson,W., Coombs, C., and Moss, R., eds. McGraw-Hill, New York, chap. 6. *Describes methods and elements of fault tree analysis and FMEA (covering system-level, design-level and process-level analyses).*

Malec, H. (1996). System Reliability. *Handbook of Reliability Engineering and Management*, 2nd ed. Ireson, W., Coombs, C., and Moss, R., eds. McGraw-Hill, New York, chap. 21. *This chapter delves into designing and evaluating system reliability; provides formulas and examples for calculating availability metrics.*

Matheson, D., Matheson, J., Menke, M. (1994). SDG's Benchmarking Study of R&D Decision Making Quality Provides Blueprint for Doing the Right R&D. *Proceedings of the Symposium on Managing for Quality in Research and Development*, Juran Institute, Wilton, CT, pp. 3-1 to 3-9. *Provides examples of tools to identify opportunities for implementing and improving best practices in R&D planning and implementation.*

Mayo, J. (1994). Total Quality Management at AT&T Bell Laboratories. *Proceedings of the Symposium on Managing For Quality in Research and Development*, Juran Institute, Wilton CT, pp. 1-1 to 1-9. *Report regarding Bell Labs' TQM program, including metrics to evaluate performance.*

Meeker, W. Q., Escobar, L. A., Doganaksoy, N., and Hahn, G. J. (1999). Reliability Concepts and Data Analysis. Section 48 in Juran, J. M., and Godfrey, A. B., eds. *Juran's Quality Handbook*, 5th ed. McGraw-Hill, New York. *A discussion of many of the concepts and technical details of reliability analysis.*

Mendez, A. (2003). The Coordination of Globalized R&D Activities through Project Teams Organization: An Exploratory Empirical Study. *J. World Business*, vol. 38, no. 2, pp. 96–109. *An empirical study of project team positioning and their role in the organization of R&D within multinational firms. The pharmaceuticals, chemicals and computer industries are explored.*

Menger, E. L. (1993). Evolving Quality Practices at Corning Incorporated. *Proceedings of the Symposium on Managing for Quality in Research and Development, Juran Institute*, Wilton CT, pp. 1-9 to 1-20. *Reviews how Corning has organized to better manage R&D performance.*

Miguel. P. A. C., and Carnevalli, J. A. (2008). Benchmarking Practices: of Quality Function Deployment: Results from a Field Study. *Benchmarking: An International Journal*, vol. 15, no. 6, pp. 657–676. *A survey analysis of QFD deployment at numerous development organizations in Brazil.*

MIL-HDBK-781. (1987). Reliability Test Methods, Plans and Environments for Engineering Development, Qualification and Production. *A U.S. military handbook for reliability engineers.*

MIL-STD-721C. (1981). Definitions of Terms for Reliability and Maintainability. *A U.S. military standard, containing definitions for design engineers. Note: this standard was canceled without replacement (12/5/1995) but remains a useful reference.*

Miller, W. L., and Morris, L. (1999). *Fourth Generation R&D: Managing Knowledge, Technology, and Innovation*. Wiley, New York. *A guide for managing the seemingly contradictory requirements of creativity and business, thereby driving innovation throughout an organization.*

Murphy, J. (2000). Using Competitive Technical Intelligence Techniques to Complement Research-and-Development Processes. *Managing Frontiers in Competitive Intelligence.* Fleisher C. S. and Blenkhorn, D. L. eds.. Quorum Books, Westport, CT, pp. 136–148. *A discussion of the role of competitive technical intelligence in R&D, including topics of technology scouting and technical literature analysis.*

Nagamachi, M. (2008). Perspectives and the New Trend of Kansei/Affective Engineering. *The TQM Journal,* vol. 20, no. 4, pp. 290–298. *Review of the Kansei approach to ergonomic engineering, updating prior publications by the author in this area.*

NASA (2007). NASA Systems Engineering Processes and Requirements. NPR 7123A, Appendix G: Technical Review Entrance and Success Criteria. Effective March 26, 2007. Retrieved Oct. 8 < http://nodis3.gsfc.nasa.gov>. *A listing of the specific elements required as part of a comprehensive design review.*

NIST (2008). 2007 Award Recipient Application Summaries (Nonprofit): U.S. Army Armament Research, Development and Engineering Center (ARDEC). n. pag. Retrieved 8 Oct. 2009. <http://www.quality.nist.gov/2007_Application_Summaries.htm>. *The published summary of the Baldrige application that led to ARDEC receiving the award (note: applications themselves are not released).*

Nussbaum, B. (1997). Annual Design Award Winners. *Business Week,* June 2. *An overview of design award winners and the organizational factors helping support them.*

Oak Ridge Associated Universities. (2005). Performance Measurement of Research and Development (R&D) *Activities. n. pag. Retrieved 2 Oct.* 2009. <http://www.orau.gov/pbm/documents/rd.html>. *A brief discussion of issues in measuring R&D performance, and the approach being taken by the Army Research Laboratory.*

O'Connor, P. D. T. (2002). *Practical Reliability Engineering,* 4th ed. Wiley, New York. *A hands-on guidebook for reliability engineers, covering all the major methods for the design, development, manufacture and maintenance of reliable products and systems.*

Oestmann, E. (1990). Research On Cat Research Quality. *Proceedings of Symposium on Managing for Quality in Research and Development,* Juran Institute, Wilton, CT. *A report of findings and recommendations regarding the quality of research at Caterpillar.*

Ogbuehi, A., and Bellas, R. A. Jr. (1992). Decentralized R&D for Global Product Development: Strategic Implications for the Multinational Corporation. *International Marketing Review,* vol. 9, no. 5, pp. 60-70. *An analysis of the risks and rewards multinational corporations face when establishing local R&D centers.*

Park, S. H., and Antony, J. (2008). *Robust design for Quality and Six Sigma.* World Scientific Publishing Co., Singapore. *A reference book on robust design that emphasizes statistics and the integration of the method with Six Sigma.*

Perry, W., and Westwood, M. (1991). Results from Integrating a Quality Assurance System with Blount's Product Development Process. *Proceedings of the Symposium on Managing for Quality in Research and Development,* Juran Institute, Wilton, CT. *A case study in quality assurance applied to the product development process.*

Petroski, H. (1992). *The Evolution of Useful Things.* Alfred A. Knopf, New York. *A historical perspective on the development of simple, everyday items (such as forks and paper clips) and the corresponding cultural changes. Pages 84–86 describe the specific circumstances surrounding the acrylate-copolymer adhesive used in Post-It notes.*

Phadke, M. S. (1989). *Quality Engineering Using Robust Design.* Prentice Hall, Englewood Cliffs, NJ. *A textbook on the robust design techniques originally developed by Taguchi, intended to help engineers design high-quality products and processes at low cost.*

Port, O. (1996). Green Product Design. *Business Week,* June 10. *An overview of environmental considerations as an important dimension of quality and part of product design.*

Prajogo, D. I., and Hong, S. W. (2008). The Effect of TQM on Performance in R&D Environments: A Perspective from South Korean Firms. *Technovation,* vol. 28, no. 12, pp. 855–863. *A study of the effectiveness of total quality management practices in R&D environments in terms of product quality and innovation.*

Raven, J. (1996). Merrill Lynch Insurance Group Services' Project Management Process. Handout distributed at Florida's Sterling Award Conference, Orlando, May 29, 1996. *Provides recommended steps in managing a project through the R&D process.*

Razgaitis, R. (1999). *Early-Stage Technologies: Valuation and Pricing*. Wiley, New York. *Provides a comprehensive approach to assessing the future of new technologies based on intellectual property rights, risk assignment, deal-making and economics. Includes six valuation methods for intellectual property.*

Rees, R. (1992). The Purpose of Failure. *Reliability Review*, vol. 12, March, pp. 6–7. *In the context of designing for reliability, the author discusses the importance of identifying and defining the intended purpose of the application and test procedure prior to defining failures.*

Rome Laboratory Reliability Engineer's Toolkit: An Application Oriented Guide for the Practicing Reliability Engineer. (1993). ADA278215. Systems Reliability Division, Rome Laboratory, Rome, NY; 255 pp. *A practical set of tools of interest to reliability engineers.*

Richtne'r, A., and Rognes, J. (2008). Organizing R&D in a Global Environment: Increasing Dispersed Co-operation versus Continuous Centralization. *European Journal of Innovation Management*, vol. 11, no. 1, pp. 125–141. *Discussion of the choice of R&D location and organization in terms of "geographically dispersing and contracting forces" on R&D activities.*

Roberts, G. (1990). Managing Research Quality. *Proceedings of the Symposium on Managing for Quality in Research and Development*, Juran Institute, Wilton, CT. *In this report, the author discusses peer reviews used to verify progress by checking calculations, test data reduction, and research reports.*

Roussel, P. A., Saad, N. K., and Erickson, T. J. (1991). *Third Generation R&D*, Harvard Business School Press, Boston, MA. *The authors argue that research and development departments should not have an unfettered hand, nor be bound by strict business requirements. Instead, they should be integrated with a company's overall strategy.*

Rummler, G., and Brache, A. (1995). *Improving Performance—How to Manage the White Space on the Organization Chart*, 2nd ed. Jossey-Bass, San Francisco. *The authors provide comprehensive examples of linking organizational-, process-, and job/performer-level measures for a product development process.*

Sanders, P. (2009). Boeing Settles in for a Bumpy Ride. *The Wall Street Journal*, Wed. Oct. 7, p. B1. *An article describing problems with the new 787 Dreamliner and 747-8 jet redesign engineering and manufacturing problems.*

Schinner, C. (1996). Accelerated Testing, *Handbook of Reliability Engineering and Management*, 2nd ed. Ireson, W., Coombs, C., and Moss, R., eds. McGraw-Hill, New York, chap. 12. *Discussion and example applications of methods to estimate reliability and useful life through accelerated testing (e.g., thermal cycling, stress testing).*

Schumann, P. A., Ransley, D.L., and Prestwood, D. (1995). Measuring R&D Performance. *Research & Technology Management*, vol. 38, no. 3, pp. 45–54. *A case is made regarding the importance of formal metrics in successful management of R&D.*

Sekine, K., and Arai, K. (1994). *Design Team Revolution*. Productivity Press, Portland, OR, p. 191. *The authors provide tables of possible design process deficiency measures associated with management, lead times, costs, and quality.*

Shankar, R., Frapaise, X., and Brown, B. (2006). Lean Drug Development in R&D. *Drug Discovery and Development*, no. 5, May. Retrieved Oct. 7, 2009. <http://www.dddmag.com/lean-drug-development-in-rd.aspx>. *A brief overview of lean and report on the success in applying lean principles to drug development.*

Smith, G. (1991). A Warm Feeling Inside. *Business Week*: Bonus Issue, October 25, p. 158. *A description of efforts to reduce time to market for new products at Corning, and the resulting benefits.*

Taguchi, G., Chowdhury, S., and Wu, Y. (2005). *Taguchi's Quality Engineering Handbook*. Wiley, Hoboken, NJ. *A review of the theory behind Genichi Taguchi's robust design, with 94 case studies from across diverse industries and processes. Also compares Taguchi's methods with other quality philosophies.*

Taylor, D. H., and Jule, W. E. (1991). Implementing Total Quality at Savannah River Laboratory. *Proceedings of the Symposium on Managing for Quality in Research and Development*, Juran Institute, Wilton, CT. *A case study of TQM at a government lab, including the role of a quality council.*

Teresko, J. (2008a). Seven Emerging Trends in R&D Metrics: More Companies Tracking 'True Performance Metrics'. *Industry Week*. May issue. Retrieved Oct. 2, 2009. <http://www.industryweek.com/articles/seven_emerging_trends_in_rd_metrics_16115.aspx>. *Discussion of trends seen in the ways organizations measure R&D performance. See Teresko (2008b) for a list of the associated metrics.*

Teresko, J. (2008b). Metrics Matter: The Top R&D Metric Used in 2008 is R&D Spending as a Percentage of Sales. *Industry Week*, May issue. Retrieved Oct. 2, 2009. <http://www.industryweek.com/articles/metrics_matter_16116.aspx>. *An assessment of recent R&D spending, and comparison of the top 10 R&D metrics used by industry in 1998 and 2008, based on survey data. See Teresko (2008a) for discussion of trends.*

Thackara, J. (2005). *In the Bubble: Designing in a Complex World*. MIT Press, Cambridge, MA. *The author explores what value new technology and devices add to our lives, with the belief that ethics and responsibility can guide designs without impeding innovation. Most relevant here is Chapter 2, which focuses on "speed."*

Thaler, J. (1996). The Sikorsky Success Story. *Workplace Ergonomics*, March/April. *A report on how ergonomic changes to an aircraft assembly process helped reduce employee injuries and related costs.*

Thelen, M. J. (1997). Integrating Process Development, ISO 9000 and TQM in SITA Research and Development. *The TQM Magazine*, vol. 9, no. 4, pp. 265–269. *A case study in the implementation of a quality process in R&D based on an integration of ISO 9000, Business Process Improvement and Total Quality Management.*

Turmel, J., and Gartz, L. (1997). Designing in Quality Improvement: A Systematic Approach to Designing for Six Sigma. *Proceedings of the ASQC Annual Quality Congress*, ASQC, Milwaukee, WI, pp. 391–398. *The authors discuss design for reliability and maintainability within the context of Six Sigma.*

Wasson, A. (1995). Developing and Implementing Performance Measures for an R&D Organization Using Quality Processes, *Proceedings of the Symposium on Managing for Quality in Research and Development*, Juran Institute, Wilton, CT. *Discussion of linking customers to business vision and mission statements, and corresponding metrics.*

Wood, L., and McCamey, D. (1993). Implementing Total Quality in R&D. *Research Technology Management*, July-August, pp. 39–41. *Discussion of the need to debunk the myths that the Total Quality approach only works in manufacturin, and that total quality inhibits creativity.*

Wood, L.V., and McCamey, D. A. (1993). Implementing total quality in R&D. *Research & Technology Management*, vol. 36, no. 4, pp. 39–41. *In recognizing the difficulty in getting a buy-in for quality management within R&D, the authors provide numerous practical recommendations to assist in launching a successful quality improvement initiative.*

Yamazaki, A., Sakagawa, M., Seki, T., and Enomoto, S. (2006). Peer Review as a Tool in R&D Program Management. *Journal of the Society of Program Management*, vol. 8, no. 2, pp. 28–33. *An assessment of peer review as a means for improving research theme selection. Although the authors recognize inherent problems, they argue that the method is a valuable and expanding means of R&D quality improvement worldwide.*

Yoest, D. T. (1991). Comparison of Quality Improvement Team Training Methods and Results in a Research and Development Organization. *Proceedings of the Symposium on Managing for Quality in Research and Development*, Juran Institute, Wilton, CT. *This piece drives home the importance of training to meet the specific needs of R&D staff.*

Zeidler, P. (1993). Using Quality Function Deployment to Design and Implement a Voice Response Unit at Florida Power and Light Company. *Proceedings of the Symposium on Managing for Quality in Research and Development*, Juran Institute, Wilton, CT, pp. A-45 to A-56. *Describes the application of QFD and other tools to improve designs and better meet customer expectations.*

（王颂 译，高鑫、杨坤 校）

第29章

软件和系统开发：从瀑布式到灵敏型开发

布鲁斯·J·海斯

关于本章

本章将通过一系列经过证明的权威资源，着重阐释得到广泛认可的软件质量改进的准则及其相关信息。我们发现，随着科技的发展、政策的改变以及客户需求的变化，对这些准则灵活适应性的需求与日俱增。在这种情况下，会产生很多能改进软件开发质量系统的方法。以下各节将更加深入地从这些因素的结构和机制来展开剖析。

本章要点

1. 合理化顾客需求的最佳实践，以及该领域质量改进所扮演的角色，包括10种能达到软件质量卓越的方法。

2. 质量基础，应考虑那些特殊情况下需要的软件和科技，这和对硬件质量的管控是相似的。

3. 软件和IT技术的观念和硬件有所不同，但又有相通之处。因此，那些简单说软件过程无法进行量化的说法是靠不住的。2002年，国家标准和技术研究院（NIST）的一份关于软件和 IT 的研究报告指出，那些优秀的企业使用了 6 大类标准中的超过 40 种关键因子。

4. 如果能认识到很多失败机制的本源，那就迈出了建立预防性质量体系的第一步。

5. 因为很多人都或多或少地对软件代码有所了解，所以如果缺少一定的知识或沟通，则在进行权衡或安排时，就有可能产生很多未预料到的问题。

软件质量的需要及内容

目前计算机、软件以及互联网已经成为产品、服务、商务、政府活动和其他社会活动中的主要推动力量，同时软件的质量管理挑战已经渗透到了包括进程、程序、方法以及应用者在内的各方面，因此软件质量对性能及应用有着非常重要的意义。众所周知，日新月异的科技进步会带来持续的变革，因此关于设计质量以及其他涉及软件（或者软件性能）开发的质量改进往往显得没有以前那么重要。商业活动的基础包括需求、速度、运输能力、生产能力以及其他商业需要，因为以上商业活动可能会在优先级别上产生冲突，因此使人们对在软件开发以及实施过程中质量方法的开发及应用产生一定程度的延迟。对于软件、质量以及商务活动来讲，上述内容又恰恰是保证达成商业目标的重要因素。

还有一种观点认为，软件设计和编程更具艺术性而非科学性，因此我们不能用在硬件和服务领域中业已认可的规定去衡量软件及其服务。所有这些，再加上快速发展的工具、方法以及新的程序语言，带给了我们一个新的难题——质量在软件开发过程中到底扮演何种角色。尽管如此，还是出现了越来越多的优秀事例，这些事例指引着需求合理化的道路，并且指明在这个领域改善质量的作用。

软件质量中的最佳实践可以被严格定义为那些通过软件获得支持并达到目标的组织，下面十项最佳实践都可以体现软件质量的卓越性：

1. 通过建立有创新性的、有突破意义的软件产品和服务来实现计划，并可持续地、无故障地支持顾客需求及技术规范，从而使顾客和商业需求获得优势。

2. 根据编写好的软件，对具体的、特定的以及正式的用户、商业事务和/或科学问题进行预测和/或解决。

3. 在编写编码前，对顾客、消费者和利益相关者的需要进行理解、记录和全面检查。

4. 确定如何测量每个顾客需求的绩效，从而为所编写的软件建立一种闭合的、平衡的绩效测量系统。

5. 建立、记录、沟通并维护（持续改进）一套完整的过程（从供应商到消费者），来对软件产品和服务进行创造、测试、发行，以及维护。有时候这被称为软件或系统开发寿命周期（SDLC），参见图 29—1。

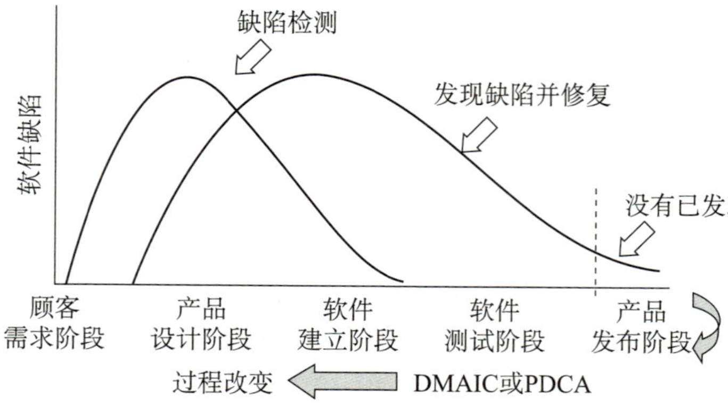

图 29—1 软件或系统开发寿命周期

6. 实施用于驱动持续改进的软件过程绩效测量，设置优先级，确定规模和大小，并对软件项目绩效进行监控。

7. 设立一个软件质量领导角色，作为质量监控专员，指导软件质量系统的整体计划和实施。

8. 建立一种可以高效协作、代码重用、信息共享以及与所有利益相关者、员工、顾客公开沟通的氛围。

9. 提供优质的培训和支持，以使软件过程中的所有参与者都理解产品、过程和服务质量需求的基础，并将之转化为在特定角色和过程中的贡献。

10. 根据组织战略和目标来管理、排序并组织适合企业文化的软件过程。

目前全球范围内还没有统一适用的软件质量标准，不过大部分学者、标准机构、协会和软件领域的专家都认为，符合这些基本原则的软件质量还是很有保障的。因为科技和实际情况会经常发生变化，所以那些致力于确定固定方法的做法都是很有风险的。即使确定了某一种方法，也会发现维护、交流、培训以及在实践中维持这种方法是弊大于利的。

同样，我们发现朱兰博士在撰写关于设计和制造有形商品的质量改进的著作的时候也面临着相似的难题。他一定同样也注意到，设计和制造过程实际是一个瞬息万变的过程。不过他还是根据一些事实和研究发现制定了一套通用的持续改进的方法。

这是我们在研究软件质量改进时都无法回避的难题。那些商界领袖和决策者通常会有两个选择：(1) 在被问到关于软件开发的问题时，根据未知因素及变化模糊地回答："这不可能，咱们还是按照目前的方式进行吧，也许会很不错呢"（不管你相不相信，大部分组织都会选择这条路）；(2) 接受朱兰博士以及成百上千个此领域的研究学者共同得出的结论，认为存在一种通用的、得到共识的方法。

我们认为，相比较于制造品或者硬件开发，软件开发具有其独特性。目前关于软件质量最首要的问题不是如何实现某一个"零部件"无变化的再现性，而是使软件"在第一时间就要正确"。一旦软件被编写好后，实现软件的再现性并不困难（对硬件来说并不总是如此）。通过磁性介质或者网络链接来复制和传输程序（软件代码）是很方便的，而且只会产生很少甚至没有改变（指影响功能或者产生新的故障）。保证软件质量的关键是其功能性"在第一时间就要正确"。如果不这样，我们就要面对现行版本（或补丁）带来的损失，因为它会影响（在顾客处）使用中的软件。我们从质量过程理论可以发现，未被察觉的故障是成本最高，也是具有最高风险及最难被 100%发现（或者检测）出来的。当对比硬件或者制造产品的时候，软件方面的相关方法是稍微有区别的，但总体还是一样，即通过减少工作过程的变化及组成最终产品的零部件数目，来尽可能早地阻止缺陷的发生。因此，当考虑到软件和技术的特殊情况时，质量的基础内容是可以成功予以借鉴的。

因为创新和快速市场化是科技导向的产品和服务的两个重要因素，这个话题在软件开发领域起着主导作用，并经常与以质量为优先的观念发生冲突。一些人甚至提出，与其稍后提供那些无故障的产品或者服务，还不如第一时间将新产品投向市场。尽管短期内有很多历史案例来支持这一观点，但如果我们将产品寿命和成本因素考虑在内的话，会发现在很多情况下，质量问题导致第一个将未成型的成品推向市场的组织失败了，因为后来者能够提供更加"干净"无误的产品或服务。他们较低的成本（作为较少软件故障修改的结果）以及高度的市场认可（更多满足客户需求的特征）为公司赢得了明显的市场份额，并从那些不注重第一次成品质量的公司处赢得了顾客。不注重第一次成品质量的公司的成本和负债会增长（因为要对缺少功能、软件漏洞以及资源问题进行应对），那些后来者则凭借较低的成本来获得消费者的青睐，提供新式的产品功能，从而获得更多的利润。

这种情况提供了一种吸引人的实施软件质量系统的商业案例。对于质量专家或者企业家来说，理解这一顺序能更好地建立一种质量预防系统并引入管理团队。

根据这一内容，本章将通过很多证明过的权威资源，提出软件质量改进的准则及其相关信息。我们还注意到由于技术、战略、业务和顾客需求的改变，导致对这些准则灵活适用性的需求与日俱增。在这种情况下，更加需要使软件开发能够有效地计划和展开，并改进其质量体系。以下各节会更深入地讨论这些因素的结构和机制。

软件故障案例

理解和模拟那些与组织希望得到的改善相关的案例是很重要的。在开始改善过程之前，先对这些问题的原因进行研究和学习也是十分有必要的。有数以千计的关于软件开发的比较糟糕的故事。有些是因为非恶意的漏洞产生了很多不便（如经常需要重新启动应用系统或者硬件），还有一些导致了严重的系统故障以及影响软件寿命的后果。我们提及这些是因为希望读者可以通过理解发生这些故障的原因来更好地理解为什么需要创建一个预防性的质量系统。下面的这些实例是不同行业的知名企业中发生的一些软件故障，都导致了严重的商业后果。

源自一家知名的线上服务提供商：

某个周三，因为网络中断，导致600万用户无法登录网络空间长达19个小时。系统事故始于凌晨1点，当时它正在为网络路由系统安装新的软件，这是其他互联网服务提供商的问题域。该公司官方报道，系统最终在晚上7：45修复完毕，但是很多用户还说他们直到晚上8：30才能登录……在做了真诚的道歉后，该公司发言人说将对那些在他们的系统上建立商业平台的成员进行一定金额的赔付。他在发言稿中称，“我们为这次耽搁表示抱歉，并衷心感谢用户们的耐心以及一如既往的支持”。[①]

源自一家航空公司的预定系统：

某个周二，一次电脑故障导致多个运营商的预订系统五个多小时无法为乘客受理业务，乘客在登机时只能人工制作登机牌和行李标签。发言人表示，这个系统问题还导致了旅行社或者用Group's Travel这个网站办理的用户业务无法被受理。这次系统故障在8：45修好了一部分，10：50全部修复完毕。发言人表示“已经全部恢复正常”，并表示官方将调查这次事故的原因。[②]

源自欧洲太空总署：

1996年6月4日，一支无人驾驶火箭在离地40秒后即爆炸了。那是这支火箭的第一次飞行，它耗费了70亿美元的造价和10年的研发时间。爆炸的火箭及其搭载的货物价值5亿美元。调查委员会对爆炸原因进行了研究，并在两周后发表了报告。爆炸的原因是系统内一个软件的设计错误。火箭水平速度应该以64位浮点数表示，但是系统上却是16位符号整数。这个数字比32 767——这个16位符号整数“存储”的最大的数字还大，因此转换过程失效了。[③]

---

① CNET News. com. Staff，Staff Writer，AOL Back Online，a Day Late，August 8，1996.

② *Knight Ridder/Tribune Business News*，July 1998 by Aline Mckenzie.

③ ARIANE 5 Flight 501 Failure Report by the Inquiry Board，the Chairman of the Board，Prof. J. L. Lions.

源自一家知名的糖果制造商：

一家糖果生产商几个月前斥资 1.12 亿美元引进了新的 ERP 系统。但是因为库存数据不足以及其他问题，导致整个订单的出运期出现了延误。在软件问题修复好之后，这家公司该季度的销售额因此下降了 12%，比去年同期减少了 1.505 亿美元。软件和其商业过程修复直到今年才结束。①

很多故障都是由在预防阶段的不充分的计划、设计以及展开引起的。换句话说，故障是由缺少稳健性的过程引起的：

1. 根据阶段性的产品、程序和项目管理技术来实施整个项目，并且保证计划、预测、资源配置、预算以及应急计划等的顺利进行。

2. 根据所有可能的利益相关者的要求、彼此协作的部件和相关系统，明确全部需求和规范。

3. 利用一个经过验证的、一致的过程来对每个需求和规范设置优先级、整理数据以及测量性能。

4. 将需求和规范转化为有规律的、可追踪的、可测试的、有效的软件编码。

5. 用稳健的、系统化的、制度化的测试系统，包括代码、模型、系统、终端顾客仿真、模拟以及压力（负载）测试，来测试代码。

6. 根据终端顾客或者系统的要求，有逻辑、有计划、有顺序地维护软件。

上文提及的那些失败案例显示出软件开发质量与可靠程度在商业运营中所起的重要作用。幸运的是，随着大家对软件缺陷率的不断重视和分析，很多软件质量方面的知识也得以补充完善。大量的关于软件质量方面的研究结论也见诸报端并广泛传播开来。这些信息在网络上广泛流传，可以根据兴趣或需要到知名的搜索网站搜索此类相关话题。这些信息往往可以成为建立商业模型、理解故障模式和影响、开发培训，以及更好地认识附加价值、规避风险的有用资源。

软件开发的质量框架

大量标准协会、企业联合会、分析公司、顾问公司以及行业协会组织已经利用这些研究建立了软件质量的标准。如前文所述，目前还没有被所有行业认可或者通用的标准。不过，对于很多关键任务来说，还是可以找到问题或行业的标准的。尽管本章中出现的大部分标准及框架都有相同的地方，但实际上，它们都是根据各领域、行业和应用规模的需求，按照不同的模型经过分析而得出的。因

① Editorial Research Team led by Mari Keefe Computer World—Top 10 Corporate Information Technology Failures of the 90’s.

此，对于软件质量的专家、开发人员以及相关管理者来说，他们需要对包括组织内部的产品和服务、技术、环境因素、主要的致障因素、潜在责任、规章要求，以及市场上的客户需求等诸多方面进行考量，从而确定一条包含现存软件质量标准、设计过程或引进外援的最佳行动路线。

软件质量系统一旦确定了，如何理解以及描述目前软件开发过程的可行性以及有效性就变得尤为重要了。我们可以通过评估组织和职能、分析绩效以及衡量支持目标的手段来考量有效性。为了更好地支持这种描述，理解目前的过程框架以及方法论就变得十分有必要了。

根据软件开发方法论，关于如何提高软件质量目前主要有两种思想。一是基于之前的软件方法，即软件开发项目应该包含典型的大的项目管理周期（及其相关理论和文件），这种方式被称为瀑布式开发（即在开发到下一个阶段的下一个规则前，先完成这个阶段的所有规则，见图29—2）。因为工厂往往会有一个批量式生产的范围，所以项目资源很大程度上也是“批量”运行的。因为利用这种方法可以实现规模经济及效率，所以一旦过程、资源以及产品中有做得不到位的地方，就会产生风险和负债情况。这些风险（资源浪费、时间压缩等）会加重“为完成而做”的心态。为了降低这些风险，理解原因及其与成功之间的关系就变得尤为重要了。

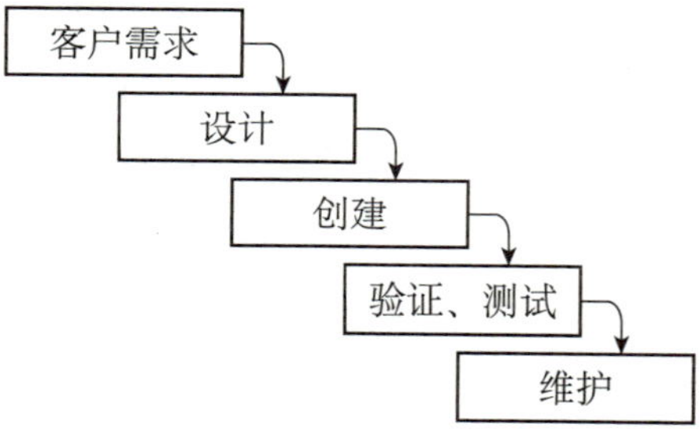

图29—2 瀑布式发展过程

相当一部分软件领域的专家，认为软件开发是一种创造的艺术而胜过科学，他们对瀑布式开发过程理论持怀疑态度。他们相信这个系统的官僚主义会影响创造性思维和创新性。当方法、商业需要、技术和/或客户需求产生不一致的时候（如快速创新以适应市场的迅捷性），市场需求和开发过程的约束的不一致性就显现出来了。在这种情况下，会产生通过变通方案以及不严格符合需求来避开过程的态度和行为。如果这些情况发生的话，需要注意识别（并处理）它们。这种情况增加了质量职能的短期压力，以进行适当的检查并回击这些行为。为了使其有效，行动最终要通过周密的计划、设置目标、培训、沟通以及强化来改变。

相反地，很多软件质量过程的成功案例都源自瀑布式开发理论。在一段时期内，这经常是那些复杂的、以控制关键过程为主要使命的系统。例子包括一些大型企业的商务系统平台（如 ERP、MRP 和财务软件等）和大型的应用平台（操作系统、航空电子系统和控制系统等）。其中一个例子是用来控制美国国家航空航天局（NASA）的航天飞机的软件。引用 NASA 一位管理者在一篇关于航天飞机软件开发过程的文章中的话："主要观点如下：你不可能让人们通过软件编码来自由操控飞机，因为那上面有很多人的性命。只要在航天飞机上了轨道后稍微做些动作来操控就好了。"① 在这项被描述成"软件的成人礼"的开发中，NASA 创造了也许是软件开发历史上最成功的瀑布式开发过程。当然，它不一定对每个人都适用。

用这种方法设计的软件被称为"软件遗产"，它还能解决长期的问题，尤其是那些经常改变的产品，以及随着时间推移经常需要根据客户需求进行变化的定制化服务。如果解决得当，瀑布式开发可以成为这些类型的软件开发的有效过程。

用这种方法进行质量控制以及保证计划需要将具体的质量活动写进主要项目计划，分配资源并制定相关预算，工作展开得到高级管理层和执行层的支持。瀑布式开发趋向于更多依赖对质量政策的遵循以实现目标，而不是过程中的全部个体为质量负责。

软件开发的第二种方法是迭代式（或者有时叫增长式）软件开发过程（见图 29—3 和图 29—4）。顾名思义，软件项目及其功能和商业价值被分成了小的部分，并且不断增量完成。基本过程始于计划和开始阶段，这一阶段产生了产品的雏形（根据基本需求），同时要完成两件事情：一是要求用户对雏形产品给出反馈，二是要求对需要完成的任务列出控制表（有可能是根据内在或者外在需求实现的新特征或者重新设计）。在用户对目前版本产品提供反馈和对项目任务列表进行分析后就进入了迭代阶段，在这一阶段会产生新版本的产品。版本和任务范围需要进行周密计划，一般建议将范围定得小一些，以降低风险。瀑布式开发是为了批量生产（如前所述），迭代式开发则是为了精细化生产（至少从理论上来讲）。还有很多其他方法和补充工具都支持并引导了迭代式软件的开发，包括灵敏型过程（AGILE）②、敏捷软件开发模型（SCRUM）③、统一软件开发过程（RUP）④、极限编程⑤以及很多其他方法。

---

① Charles Fishman, *They Right the Write Stuff*, Fast Company. com, Issue 06, December 1996.

② Jim Highsmith and The Agile Alliance, authors of the *AGILE Manifesto*, 2001.

③ Ken Schwaber, *Agile Project Management with Scrum*, Microsoft Press, Feburary 11, 2004.

④ Framework created by the Rational Software Corporation, a division of IBM since 2003.

⑤ Copeland, Lee "Extreme Programming," *Computerword* (online), December 2001, webpage.

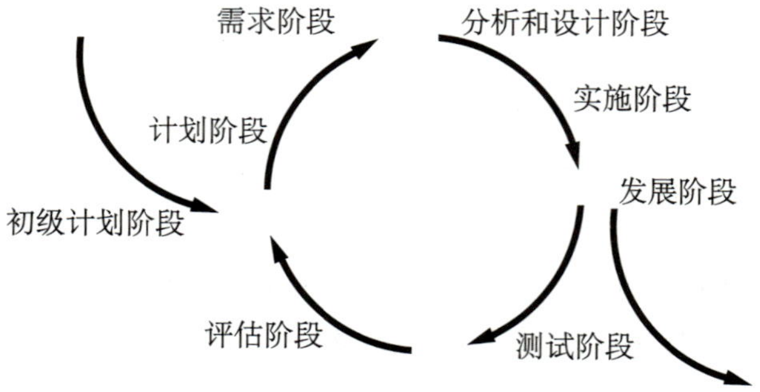

图 29—3　迭代式发展循环

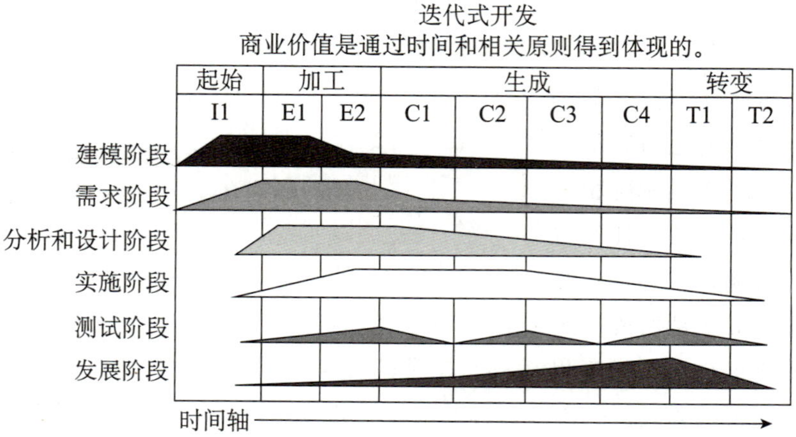

图 29—4　迭代式开发顺序

下边这些组织维护着知名的详细软件质量标准和框架，并且是获得信息、学习以及标杆管理的很好的来源：

• 软件工程学院（SEI），集成的软件能力成熟度模型（CMMI）。

• 电气和电子工程师协会（IEEE），超过 60 种软件工程标准。

• 国际标准化组织（ISO），软件的综合开发和软件质量标准。

• 美国国家标准与技术研究院（NIST），软件的综合开发和软件质量标准及案例研究。

• 美国国防部和军事化标准。包括很多种代理格式的标准及案例研究在内的很多知识。

• 不同行业的标准。这些主要适用于计算机、半导体、制药设备、网络、飞机、信息系统、能源以及各种固件等。

关于软件质量的方法和框架有很多，在一章的篇幅内很难完全涵盖，强烈建议读者利用这些资源并结合其他相关资源，来完整地了解其在满足组织质量系统需要时的形式、发展和功能。一旦确定了合适的内容和范围，整合质量的计划、方法以及改进过程就变得有的放矢了。

软件开发中的质量测量

在典型的软件开发过程中，初期的质量测量方法都是基于软件故障的研究和分析。软件故障应该在多阶段中利用各种技术来追踪，包括从手动运行到自动运行的技术。在软件质量改进中，我们认知、衡量，有效地发现问题的本质、原因、切入点，检测、避免故障等很多方面的能力保证了我们可以获得重要的统计信息并将之用于软件质量改进。

在软件检测研究中，我们首先应该认识到一点，即庞大的过程中一定会有故障存在。很多瀑布式开发过程，以及迭代开发中的一小部分增量开发过程都遵照图 29—1 所示的通用顺序。请注意很大一部分故障都是在初始阶段就产生的，但是直到后面的阶段才被发现。有趣的是，我们发现，最开始资源负载较低，项目中间阶段急剧增长，到了产品产出阶段又开始下降。这个过程告诉了我们什么？首先，这表明，且有研究数据支持，若能在过程的较早阶段发现并消除问题，就会有较少的问题被遗留到现场，而在现场发现和修复故障的成本都是高昂的。其次，尽管大部分故障都是在测试阶段才被发现的，事实上他们很可能在更早的阶段就产生了。因为测试阶段存在着大量我们可以发现的故障，这个阶段变成了我们注意力的焦点，并且被提升到很重要的地位，被视为主要的过程瓶颈。其实，这些故障的根源极有可能是在之前的阶段产生的。在很多组织中，高度依赖测试阶段寻找和修正故障导致了反应式的文化，这可能会导致成本和资源的浪费。建立一种清晰的、阶段化的、有数据依据的测量系统，除了关注发现故障的点外还关注故障产生的阶段，对于预防故障、提高软件质量来说是重要的一步。

尽管一些已经发现的故障实际上是编码错误，但更多可被称为“需求错误”。换句话说，我们没有收集到关于需求的足够的或正确的信息，并将其处理得足够细致以获得无缺陷的程序。有一些典型的项目管理方式正是对这一观点的最好佐证。如我们之前所说的，前端的资源负载非常低，导致组织需求过程及其产生的数据和信息的质量只能得到局部最优化。历史数据和研究告诉我们，在研究的初始阶段多花一些时间，就可以在其后的过程中节省很多时间（并降低故障数量）。

因此，软件质量（尤其是在初期阶段）需要将注意力集中在衡量并理解工作时间、故障率、故障发生点、发现点、代码长度、发现和修复的成本以及其他各方面之间的关系上。这些方面正是我们在初始工作中所需要的基本数据。收集和分析更多数据，可以为我们提供具体信息来最终建立预防模型，来理解软件开发过程的结果和权衡（见29—5）。

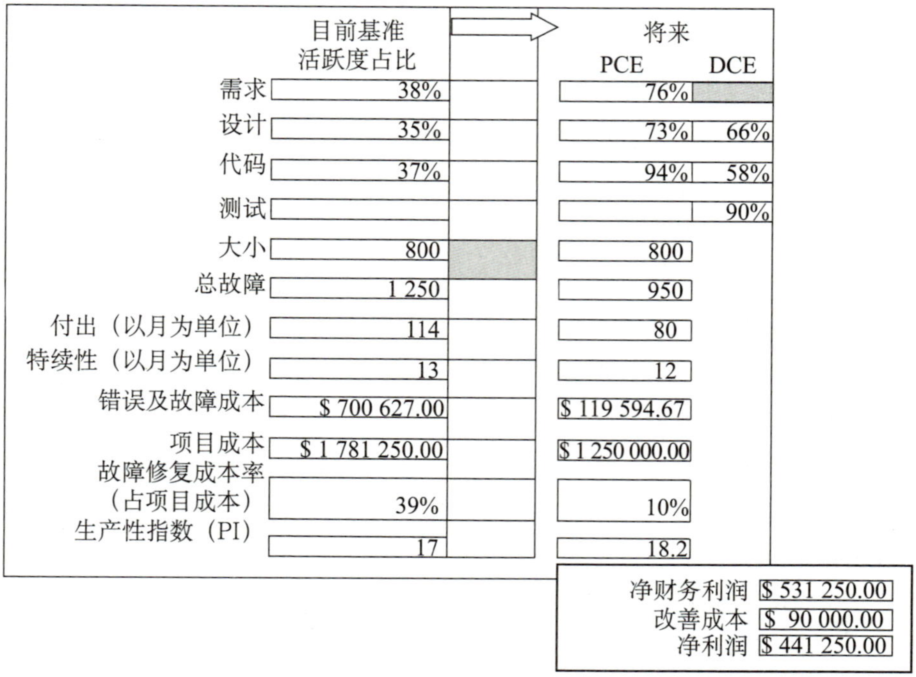

图29—5 预测软件发展利润

正是通过这些基础数据，我们能开始建立模型来理解目前软件质量性能的基础和趋势。尽管关于缺陷的研究和数据都是事后应对性质的，它们在初期仍然可以有助于建立一套预防系统。

对现场（软件发布后）的故障给予高度重视是有着很明显的原因的。它们具备非常高的可视度，消耗资源并带来风险。一般来说，故障根源也很难得到根除。在处理故障的初始阶段，组织经常采取猜测以及修补的办法，结果经常会带来更多的问题。软件代码的效果可能被削弱，补丁和其他部分的关系有可能很难达到很好的效果。

测量系统分析（MSA）也是与软件质量数据和测量相关的一个很重要的方法。类似于硬件和制造过程的相关理论，软件质量数据也会存在明显的变化。一般来说，30%～50%的数据对于准确解决问题来说是不够的，除非已进行了合适的测量方法研究。这一点对我们根据相关数据来测量系统、解决问题、消除故障显得尤为重要。

很多软件组织被它们收集的大量数据所淹没。自动系统、呼叫中心、咨询台等产生了数以千计的数据。但是这些数据却经常得不到重视，因此也得不到最大程度的应用，或者干脆被直接忽略掉。在这种情况下，帮助组织重新发现这些数据的价值（具体来说，去除掉不产生价值的数据，并将有价值的数据转换为解决问题的信息）就变得尤为重要了。

一旦整理好信息，软件质量领域的一项与 MSA 相关的重要活动就是保证对每一个问题解决项目都建立了测量研究（Gauge R&R 以及其他技术在本书的其他章节也有提及），且测量系统是通用的。MSA 在软件环境中经常涉及简单的修复，包括精炼并减少报告故障的种类、决定合适的方法、研究报告故障与实际故障的类型，以及研究故障报告的人工配合度及协调度。

成功的软件会通过对准确的数据进行分析，制定出有效的方案（PDCA、DMAIC 等），来解决过程中的难题。这些数据可以帮助建立基本的控制，以及建立长期和短期改进的改进过程。

软件的品质方针

当面临启动、评估或者改善一个现有或者全新的软件质量项目时，有许多值得考虑的方面，包括：

1. 现有程序与组织的成熟度、作用、经验以及目标软件开发过程的结果。

2. 对于软件开发功能的校准、理解、影响，以及会对经营结果和企业寿命产生影响的程度（此外还包括了收入、增长、责任、市场、社区以及其他利益相关方目标）。

3. 详细的软件开发程序，包括其自身制度化的程度、适用范围、扩展度、一致性以及效果。

4. 测试系统所拥有的能力，即通过提供足够数据与分析能力以确保必要的度量标准，使得测量与改进的品质、周期、成本、准时绩效、效率与其他关键变量变得可以实现。

5. 当前组织所用的工具、科技、编程技术、方法论以及语言的适当性、有效性和效果。

6. 在关键过程和决策制定过程中（基于可靠的数据）有效且一致地评估和改进的程度。

7. 与实施软件质量程序及其寿命相关的可视度、交流、优先权、管理角色和责任。

这些因素与其他因素构成了软件质量程序的初步评价基础。对于这些因素的有效性评估，有助于建立对软件开发组织的能力、程序、实践、态度、文化与优先性的一般基础理解。对于这种“目前实际情况”的评估来讲，将其与组织的现有质量计划（如果存在的话）以及最佳实践相比较，能够识别出程序中哪些方面需要去弥补，以及哪些方面运转良好。利用并加强积极要素，确认并定量化差距，可以为开发和优化一个有效且可实现的软件质量计划提供重要的输入。

具体来讲，假设一个组织拥有翔实的质量计划、良好的培训体系、明确的目标愿景，以及出色的质量专家，但是却缺少一个可靠而稳定的测量系统，其质量保证的结果也往往会是令人失望的。在了解了测量系统的重要性后，就需要将其放在优先考虑的位置上，接下来的质量活动才会有效率。如果缺乏对测量系统重要性的足够认识，将会使组织面临更多的困难。因此，质量方案需要通过完善的测量系统优先进行测量后，才能得出是否可靠的结论，从而确保规避风险。

建立用来评估软件开发的质量系统有很多方法。这些方法包括雇用职业团队（通常是专家）、自我评估技术和网络工具。在选择这些方法的时候，需要综合考虑范围、大小、预算、开发类型和其他因素。

在决定何时、怎样以及需要做多少评估时，必须考虑许多因素。成熟的组织也许已经从许多必要的信息中，获得了众多全面并且定期计划的评估方案。如果评估是可行的，组织就应该使用它，比如 ISO 系列认证，SEI（软件工程研究院）的 CMM/CMMI 程序，国家或地区的质量奖，以及公司现有的评估项目。尽管每一个评估都是为别的目的而不是软件质量创新设计的，但是它们中的许多属性都可以应用于测定软件质量的成熟度与就绪情况。

应该审议现有的战略文件、目标、政策、过程、程序、文件、数据、组织图以及其他相关计划与信息，从而为估计将要进行的评估，以及计划和准备评估打下基础。

任何评估（特别是涉及外部评论者时）都可能成为分散组织注意力及制造紧张氛围的来源。如果组织没有就评估的目标、日程、个人在评估周期内的作用与职责、对文件和声明的信心，以及评估所产生的最终结果的利用进行沟通，则组织将无法创造一个获取准确信息的环境。通常来说，任何评估都应该在要求人们回应前，提前且准确地传达到整个组织。

还应多次强调沟通以表明其重要性。通常来说，当高层领导者详述了评估的目标、范围、环境、规模、时间、地点以及可能的追踪等细节时，会产生最佳效果。这种沟通也可用来梳理工作过程，探求合作方式，以及确认涉密程度。当在日常会议和非正式沟通的场合都经常使用这种沟通的时候，它就会减少组织内部的阻力，并且确保信息的准确性和自由流动。事后评价沟通也应该被排上日程。与参与活动的人分享信息，有助于后续活动的开展推进，获得对于结果的认同感。

评估过程的一个基本输入是确认组织内的人在他们的日常活动中实际做了什么。通过建立程序去决定怎么获得、获取多少、从哪里获得信息是非常重要的。当考虑调查或者访谈的样本量时，应该评估多种选择。

样本大小（多少以及来自哪里）

样本大小通常由组织大小与是否使用网络技术来决定。需要使用适当的统计样本去确保恰当的置信级别并控制方差。当使用网络技术时，获得一个 100%回收率的样本也不是不可能的。网络评估尽管无法实现现实的观察与对话，但仍具有迅速收集、处理、储存与检索大量信息的能力，提高了我们再利用与持续分析详细数据的能力。

人口统计特征（不同的地点、文化与地理因素）

人口统计特征对于评估而言是非常重要的。通常，某一区域的过程和实践会先获得结果，并可以促进组织进一步成熟发展。有时，某些地理区域需要遵守当地法律或法规制度。因此，将许多消费者、客户甚至供应商都纳入到评估当中是很有必要的。这是一个了解外部资源如何看待程序优缺点的好方法。

之前收集的信息的有效性

如果存在最近收集的并且充分的信息资源（之前的审核或评估），很明显这些信息或许会有助于研究与描述软件程序，以及组织内与之相关的各个方面。在使用这些信息做出决策前，要仔细理解信息的完整性、准确性、应用范围以及适用情境。

网络技术的使用

基于网络的评估工具正变得越来越普及和精确。这些评估工具通常内置有一定的分析能力去自动进行比较与差距分析。它们通常能够获取使用者的命令与意见，然后能够使用这些信息去进行快速检索与总结。基于网络的系统有许多优点，但是非网络系统能够观测面对面的实际行为。通常来说，将基于网络的技术与基于现实观测的技术相结合，能够提供最精确的评估结果。

评估的时机

所有努力都应该用来设计一个能够实现最大化精确性和效率性的评估方案。

这也许意味着需要将评估活动与企业其他也会争夺资源与时间的活动并行考虑，例如主要事件、会议、季度末的冲刺等。

组织文化（对评估的接受与抗拒）

如果这是组织第一次经历正规的评估，那么出现剧烈抗拒评估的现象也是很正常的。克服抗拒的最好方法是仔细的思考、频繁的沟通与积极的回顾。习惯了评估的组织将能够在较少的沟通下迅速推进。质量与程序成熟度低下的组织需要更好的推动措施和更有力的理由，比如强大的高层领导的承诺示范。

资源的可获取性

要进行周密的考虑，使资源能够在没有任何负面影响的情况下被应用。典型的是调查或访谈，需要一个小时或者更长的准备时间，以及差不多的面对面访问或调查时间。管理者必须创造一个雇员参与的安全地带。

一旦以上事项得到（目标组织与评估团队的）理解和支持，就应该着手制定调研时间表和展开方案部署工作。日程安排需要落实具体的时间、地点、名称、职务以及职能责任。进行评估的组织会提供行政资源去管理和沟通主进度计划，以及那些可能在调研期间发生的变化。

评估结果的传递和使用需要在核心部署团队中进行仔细解释与讨论。要在主要的和系统性的变革（比如建立程序管理系统或者建立测量系统）实施之前，识别改善的差距与机遇，以防止早期出现的失误。另一方面，杠杆强度和局部优势也许会增加早期采纳程序与项目的机会。至此我们就能充分地准备、沟通、排序和实施行动与部署计划了。

随着软件质量系统的评估、计划、选择与设计逐步完善，组织现在已经能够详细实施多样化的战略与详细的战术活动去增加组织的活力了。这些努力的早期阶段是具有挑战性的，并且需要警觉性，以确保那些“做事的老方法”（比如主观的优先排序、被动的问题解决方式、不准确的测量系统等）不会再对新系统产生影响。需要设计并推动频繁的“基于数据与事实的回馈”，特别关注质量系统对经营目标的校准与实现。

接下来的部分会对软件开发、质量策划战略与活动进行定义。

1. 程序管理。开发或者采用一个文件化、制度化与合适的程序与方案，包括定义、文件归档、培训、测量、问题解决、创新以及其他所有可采用程序（包括但不限于商业与用户需求、体系构造与设计、代码编程、测试、发布、结构管理）的部署。

2. 项目管理。对项目各个方面的计划、实施、监督与控制，尤其关注效率、质量、资源分享与使用、整合、供应链管理与风险管理。应用项目管理方法，例如项目管理学会（PMI）的“项目管理知识体系”以及其他项目管理的最佳实践，能够确保形成一个针对所有项目工作的完善和量化的方法。

3. 开发与设计。为需求的创造与管理开发周密的质量指南、程序与标准。这包括整合商业与用户的需求、将需求转化为规范、与需求相关的绩效测量、架构设计和开发的确认、代码质量与检测、软件测试、检验与确认、发布。

4. 产品和过程支持。确保完善与可行的配置管理（包括识别、控制、状态统计与审计）的开发，以及详细的软件质量保证程序与方案（根据经营性与功能性需要与产品规格对产品进行比较和测试）。

5. 过程与产品改进。构思、设计与实施一个持续性的、预防性的和可行的问题解决程序，确保所有指标（酌情包括绩效、目标、符合性和控制）都得到定期评审，正确的应用，并分析原因（利用质量工具与团队）。还要实施行动计划去消除产生过程与产品瑕疵的原因，并对所有行动进行反馈，以确保对绩效进行改善。

正如本章一直提到的，对那些正被使用的开发程序（瀑布式和迭代式）、正被使用的技术，以及商业需求的范围与环境都要进行详细的思考，以决定每个组件所需要的普遍性程度。而实施这些程序和技术还需要通过一些强有力的、增值的经营活动，去合理化它们的需求，确保组织高效地予以接受和实施。

需求与问题定义

正如之前部分的讨论，软件开发程序的最初阶段（问题、描述、需求、设计）是最重要的，却经常没有获得关注和资源。大多数产品与软件设计专家认为，开发程序时最重要的步骤是对“将要解决的问题”进行详细研究与特征描述。如果能充分且准确地做到这一步，则接下来的风险与其他潜在失败的可能性将大大降低。如果组织频繁地调整设计重点或者开发顺序，改变基础程序部分或者修改程序的架构，就会导致软件开发后期因为资源或者开发周期不足而影响关键程序开发的情况。顽健的质量计划体系会识别这些动态，并进行资源平衡调配，从而降低风险，保证组织获得成功。

在软件开发领域有许多详细的问题定义方法。这些从客户间的非正式讨论到针对细节的开发团队，再到持续发展的量化市场调研的各式方法，驱动着对优化与计划工具的使用。此外，组织与程序的成熟度经常决定着哪些地方需要获得怎样的关注。这些正在使用的工具与技术周期，会对涉及需求优化、处理、区分与产品规范的科技与工具产生影响，以实现完整和详细的理解。

在创新非常重要的、高技巧性的环境下，类似TRIZ[①]（俄语的“发明者的问题解决理论”）这样的工具，会被用来有效、快速地适应复杂环境，开发低风险的备选方法。通过使用算法（而不是头脑风暴），TRIZ提供了问题公式化、系统分析、失败分析与系统进化模式的工具与方法，去研发新产品与精炼现有产品。这类系统工具能够通过利用一致的“程序方式”定义问题，帮助提升软件质量。

对于其他类型的开发（创新与速度不那么重要时），质量功能展开（QFD）与其他形式的矩阵方法能够提供一个与需求和能力相区别的跨职能的视角。通过高度结构化的文件与回馈程序优化特征与需求，从而在应用到最终设计之前，对可能的解决方案进行全面的审查。

这些结构化程序的价值在于在开发阶段的早期（通常也是最重要的阶段），（问题定义和寻求解决方案）提供了一种一致性水平、可预见性和测量标准，同时建立了可以在后期获得更可靠结果的程序。质量系统因此与产生高质量产品的程序实现同步。

一旦最初的问题得到充分探析，并识别出基本的解决方法，那么相应的标准与规范就必须紧随着开发出来。对软件质量而言，这样做的目的是确保需求可以得到完整的体现，足够详细可以满足编码的要求，建立了合理的文档，并且保证这些描述是可以被测量和测试的。它包含了“硬规定”（机器界面的固件或程序中基于技术与数据的固定程式）与“软数据”（关于人机交互的语言或者解释）。

工程密集的组织趋向于频繁使用“硬数据”去满足它们在软件设计方面的需求。在这种文化中，有时候容易忽略有关用户偏好的特定语言需求。在这种情况下，通过质量程序去强化一种相对平衡的需求功能，鼓励和确保硬数据和软数据的充分使用，是非常重要的。

在高度“人机互动”（即系统自动处理任务，提供获取信息的快速通道，或者接受程序输入）的软件开发中，也许会朝着软数据的方向曲解需求。在某些程序中，这种重要的信息被称为语言数据。语言数据通常高度地与硬规定互补，并且能够在因地制宜地应用并关注“硬”需求方面发挥至关重要的作用。质量与项

① Genrich Altshuller created the Teoriya Resheniya Izobreatatelskish Zadatch (theory of solving inventive problems, or TRIZ).

目管理活动应该确保“软”和“硬”两方面的平衡发展。

下面给出一个实用而简单的例子。考虑这个系统的开发过程：航空公司通过互联网预订机票。会有一定的“硬数据”的要求，包括访问时间、等待时间、屏幕的可用性等（容易测量和比较直接的数据）。在另一个层面上，用户可能表达出对另外一些属性的关注，例如他们能否预定特定类型的座位，是否可享用一顿优选的餐食，以某种方式查看预订数据，或通过其他技术（邮件、手机、PDA）收到他/她操作的确认信息。显然，能够正确地接收并处理上下文相关的语言数据，并通过硬数据提供基本需求的设计，将拥有更有利的市场地位，并能为客户在不同细分市场上提供服务。

有一类潜在需求值得探索、处理并且优先满足。这些需求可能来自客户、市场以及潜在用户未被满足的需要，也可能来自新出现的全新技术能力。如狩野模型工具等①，可以协助制定高效指导思想，挖掘、采集信息，分类并且处理潜在的以及其他类型的要求。

同样，质量计划必须确保能够平衡这些多样化的需求，从而确保活动、计划、过程和措施的有效性，最终保证为客户和最终用户提供最高质量的输出结果。

至于需求内容和文档管理，可以使用许多工具、模型和编程语言，小至便条手册，大到具有自动代码生成功能的系统。不要过多考虑信息采集和文档管理的方法细节或技术，质量计划应当支持基本理念，满足不同类型的要求，捕获完整且有意义的信息。同时质量计划应确保在衡量每种需求的优先性和可测量性时，所用的工具及方法是可行的、高效的，以方便闭环检验。

优化设计及性能

在质量管理的各个领域，可以使用许多统计数据、统计方法和工具来协助软件设计的优化，因为这些涉及软件的性能。假设开发进程是足够的、完整的，其性能评定一般需要三个阶段的测量：

- 在设计之初进行“代码检查”，以验证代码是否存在缺陷（编码错误）。
- 在设计中通过模块级的功能测试，后期根据每一个关键要求在系统集成层级进行测试（单位和字符串测试）。

① 狩野纪昭教授于 1980 年提出了这个产品开发和顾客满意度理论。它将顾客偏好分为五类。

• 在软件最后处于应用状态时，进行现场测试和负荷测试（即系统测试和压力测试）。

在需求分析阶段，检验和测试都需要经常进行优化。在需求分析的较早阶段进行测试和检验时，可以将容差内置到软件以及进程中，以便更容易地进行检查、测试、文档记录和跟踪。经常测试较小数量的代码和功能能更好地分配资源负荷，降低潜在的质量及可靠性风险。可追溯性是跟踪代码缺陷的发生点（相对于检测点）的关键性质，它有助于进行根原因分析。采用这些方法将在增量阶段提高测试覆盖率，提升能力，优化设计，而不是直到需求分析的最后阶段才进行。

测试可以是一个复杂的、具有技术挑战性的课题。一般情况下，软件的复杂性取决于代码的大小（长短）、代码的年龄、重复使用的数量、所用的编程语言、代码的级别（组成部分、模块或是系统的），以及程序员的知识和经验。

这些检验和试验过程不但能进行代码和系统的性能测试，还能提供有关效率、效益、可靠性和设计质量的相关数据。试验计划必须在初始设计及设计要求的艺术性和可适用的系统性等关键方面具有顽健作用。数据的收集、存储、检索和使用，作为决定软件性能阈值是否达到可发布要求，以及所有性能阈值（负载的和压力的）都达到后系统能否可靠运行的指标，尤为重要。此外，这些数据应对于确定故障模式是有价值的，有助于分析根原因。

作为一个笼统的概念，随着被测试/检查的组件或系统的大小与复杂性的增加，测试的有效性会降低，质量风险及可靠性风险会增加。当产品处在最复杂和完全组装好的状态时，即设计周期的后期，这些属性也可能受到不利影响。

出于这些原因，在开发过程的早期使用增量的、与设计并行的检测方法便非常有必要了。与制造过程类似，较晚发现的缺陷与现场发现的缺陷（即被漏掉的缺陷）水平直接相关。

有很多专门的质量工具可以帮助优化设计。当需要长期贯彻使用、有适当的培训支持和领导力支持、具有同步使用的工艺要求时，这些质量工具最为有效。例如六西格玛设计（DFSS）、顽健设计、项目管理，以及很多其他工具都为优化提供了技术路线图和工具。与优化相关的工具（C&E矩阵、方针规划），概念选择相关的工具（蒙特卡罗、TRIZ、普格），设计权衡相关的工具（狩野规划、QFD、制定标准），统计分析相关的工具（DOE、回归），以及其他诸多工具，都在早期需求表征、分析以及设计优化中起着重要的作用。

虽然设计优化的大部分发生在企业内部，但已发布的产品却几乎也总是需要增强和优化。持续监控客户和现场反馈以及产品发布后的缺陷数据，可以为现有设计的改进、下一代产品升级及软件发布提供有价值的信息。质量管理的作用之一是作为客户监察员，确保反馈渠道畅通，现场数据准确跟踪，并且定期举办讨论会以分析数据功能。分析这些数据的质量工具相对传统（如趋势图、帕累托图、运行图表等），可帮助观察现场性能并与预期绩效目标做对比。此外，需要对完成每一个目标所付出的努力以及失败的根原因进行详细分析，并制订纠正行动计划以及实施全面监控。

质量计划和执行都应促进且确保能够从早期开始、逐层深入且行之有效地使用优化方法与工具，以使软件设计优化过程处于最佳实施状态。测试设计和检查计划应当于早期阶段（需求阶段）进行，以确保实现全面优化并且避免测试中的“僵局”。当现场故障发生时，应追踪故障状况，并对故障产生的根原因采取迅速且彻底的纠正行动。

优化软件过程

在许多方面，软件过程与其他过程并无太大异处，但它又确实有一些独特之处，无形产品是很难被挑选出来并且检查的。出于这个原因，我们对过程优化方法有所修改。与大多数过程类似，我们的优化方案通常关注如下几点：

- 提高过程结果的质量（符合要求和无缺陷软件）。
- 改进软件过程的效率和速度（减少生成高质量结果所需的时间、浪费和资源）。
- 优化过程成本（如构建/购买/外包决定的权衡分析）。
- 利用科学的方法定期改进过程，以提高预期成果。

过程优化工作几乎总是从构建一个基于当前工作完成情况的“现有”过程开始的。我们几乎都不是从零开始设计一个新过程，不过在需要这样做的时候，这里所讨论的很多原则也都是适用的。就像在其他章节中所讨论的那样，目前有很多种高效率的用于过程分析和可视化的工具，包括常规的进程图、流程图、价值流图、跨职能图（“水道”）等。所有这些工具的要点在于，确保能精确展现当前的“现有”进程。要做到这些，还要借助强大的简化能力和技术。如果只是一两个人来承担过程的开发，可能就难以精确展示当前进程了。这是因为，在建立（或确认）一个进程的活动中，不同的人、部门、职能的工作差异将会表现得非常明显。过程变革几乎总是意味着浪费或者是风险的源泉，从而造成瑕疵。当创建一个“现有”的过程图时，特别是在软件环境下，要确保这是一项“团队运动”，这是理解过程活动中的变动以及引起关于变动原因讨论的唯一途径。懂得这些知识技能，将会确保让那个创建“将来”过程的过程成为一个增值的主张，并且由负责这项工作的团队导入进来。还要确保探究出明确的周期、瑕点以及其他数据收集点和检查点，并测试它们在过程中的有效性。

一旦这样做了，在过程中的何处收集以及为什么收集过程关键数据等问题也就有所明确了。虽然我们可以通过消除非增值步骤和平滑处理过程来使过程合理化，但对于那些不太明显的问题，仍需要数据来进行分析和改进。新的过程应该有清晰明确的数据采集点和采集方法。如果“现有”过程暂时缺乏足够的数据采集点，则需要确保“将来”的过程包括了它们。一旦数据采集过程开始了，也就意味着开始计算其“优劣程度”了，而这将对最终的目标和控制产生影响。在数据收集过程中所处的阶段将决定所收集的数据类型。在软件程序中，一般会包括：

1. 代码检查数据（指定长度代码中的故障数）。
2. 周期时间和进度绩效数据（时期或阶段）。
3. 单元测试和系统测试数据（缺陷的发现点和发生点）。
4. 付出（每个项目阶段利用的资源）。
5. 现场故障报告和消除故障（故障服务台）。
6. 交付时间（准时交货）。
7. 功能交付（对照承诺或原始设计规范）。

这一类数据将帮助我们理解被研究过程的性能特点。在过程优化工作中，重点应放在发现系统问题或逆转消极趋势（即会再次出现在不同团队和产品线的问题）上，例如在测试中不断积压的工作，过多的缺陷布满所有产品线，积压等待测试的软件，等等。对这些系统性的问题，也可以使用其他传统的质量改进方法（DMAIC、PDCA等）来分析。

在系统水平上的软件过程优化往往被视为低优先级的。因为前面所讨论的原因，例如为了跟上快速的技术周期而面临的发布软件的紧迫性，更重视交付，以及创新团队忽略他们目前工作中的不太重要的事件。这恰恰表明，质量角色必须着眼于整体过程，并成为系统失败机制的“看门狗”。

从过程中学习

最佳实践组织保持并扩大成果的一个关键的成功要素是快速识别、复制和制度化所学到的关键经验教训，以及在开发和其他过程事件中学到的相关知识。这种行为存在于这些组织中并非偶然。在实践中，它是一个很好的提高影响和“延伸”改进项目范围的想法和规划战略。渗透在职能、组织、产品、行业和地理集群之间的知识会创造这样一个环境，在这个环境里，普通和专业信息都可以进行共享和重复利用，以更好和更快地影响商业成果。

在软件开发中，知识共享（和归档）是一个非常重要的过程。相比任何其他技术，软件在系统间的合作、人机之间的交互作用，以及保证复杂系统的连贯性方面有着更重要的作用。因为有很多人潜在地“接触”软件代码，当交易或维修过程中缺少适当的知识和沟通时，就会潜在地隐含巨大的无法预料的问题。低劣的文件编制会进一步恶化形势，由于缺少关于某个部分或子系统要做什么（以及为什么做）的说明，会让下一个需要修改或继续编码的人难以理解。频繁的人事变动、资源分配、优先权、定位、系统和其他因素（所有在一个快节奏的软件开发环境中常见的因素）决定了从基础架构到开发现状再到现场绩效，整个过程中清楚沟通和理解需要的必要性。

此外，成功故事、部落知识、文化，以及想法和方法的全面共享，都是对文化和行为的强大的和补充的驱动力。为达到这个目的，企业需要创造和利用机会，让人（和系统）在结构化（正式）和非结构化（非正式）两种途径上开展协作和分享。

软件质量计划及其要求都应该体现这种需求，并且促进实现或完善知识共享。质量计划、项目管理及开发之间的潜在合作点天然地存在于软件开发生命周期的许多地方，它开始于规划和需求阶段，并一直延伸到发布和后期支持阶段。考虑和记录知识共享的要求应该存在于每个自然阶段的回顾期或结束期（开发和/或质量）。知识共享的价值和定期交流知识分享的成功案例，将有助于组织的扩大发展。

信息共享应包括但不限于以下几条：

1. 成功的问题解决方案。这些方案可以实现客户及相关者的利益诉求，并可以提高一般过程或产品的功能属性。

2. 细化过程的有关知识和产品设计的成功案例。这可以包括质量、性能、周期、方法、创新、顾客满意度、成本降低、准时交货等方面。

3. 通过团队或个人之间的协作和沟通产生的独特而重要的成功案例。

4. 可以被其他团队、职能或地区普遍采用的成功的过程变革。

5. 能够复用已经存在的设计、架构、代码或其他现成品的机会。这可以避免重复工作，提高工作效率。

为了实现作为过程的一部分的这些属性而创建的要求和准则只是实施的一个方面。同样重要的是，还要在人员培训、部门活动和系统中嵌入这些概念的价值和重要性。应在数据库和系统中建立分区，以便能够检索和索引项目文件，从而使项目补救变得更加简单，这可以导致更高频率的采纳和使用。

常规过程要求范围以外的“知识共享事件”也有利于让人们知晓成功案例并使其制度化。最佳实践组织通过成立委员会、内部展览、专题会议、主题报告和其他交流手段来进行知识交流。

在外包过程中软件的计划和控制

过去几年，伴随着软件的不断发展，很多企业都趋向于采用劳动外包的形式，以显著降低成本。这种趋势从出现到现在才十几年，却极大地提高了成功的可能性并提升了效率。软件质量方法为软件组织如何、何时以及多大程度上采取外包行动提供了一种工具。

尽管从之前的发展历史来看，软件作为工具参与到服务外包的活动中来是最近的事情，不过制造和服务领域中的外包概念却是早在 50 多年前就被专家提出了。亚洲起始于日本，然后发展到韩国，最后“亚洲六小虎”，包括马来西亚、新加坡、泰国、中国台湾、中国香港以及菲律宾，都由行政部门引导，根据相关的社会经济政策，在低科技制造工作中追求经济成功，并致力于追求最大化地降低劳动成本。在许多方面，这提高了东西方经济的平等性。不过这些措施同时也从西方经济中剥离了许多高收入工作岗位，并且对产品质量和外包服务产生了重大影响（开始是负面的，不过之后从总体来讲是积极的影响）。这一趋势使许多美国产业出现衰退，并且一直难以复苏。这些产业包括钢铁、服装、一些汽车和家电产品、电器件、电池以及其他。经过多年努力，很多亚洲企业由原先的政府资助模式转变为质量—市场导向模式。它们开始了解如何找到其产品的卖点，并在近 50 年慢慢地登上了世界经济的主导舞台。

在西方，随着越来越多的人感到了前述失业带来的压力，他们发现西方经济需要在生产创新上找到新的“高科技模式”（包括通信、互联网技术、生物科学、航空航天以及软件行业）。这些产业共同创造了一种大规模服务导向的经济模式，事实上正是这种经济代替了在第一次外包生产浪潮中失去的工作，并最终引领西方经济走出 20 世纪 90 年代的泥沼。

历史的教训往往是珍贵的，因为它不仅能告诉我们如何成功，也可以让我们借鉴如何避免失败。那些带领经济走出泥沼，或者推动降低成本以获得更大利润的力量，是有迹可循的。在引领工业化国家进步的时候，要充分注意到领导者为了保持平衡而对长期以及短期情况所做出的决定。他们必须制定好长期的战略决定，并且仔细地对目前和未来的机会成本和风险进行评估。

那些拥有众多教育程度很高的人才以及相对低成本劳动力的国家，很希望能够获得软件服务外包的机会。这些国家的相关企业往往可以得到政府的大力支持，政府希望在企业做成生意的基础上也可以将本国的软件服务水平继续进行提升。因此对很多企业来说，它们很容易就会迅速做出相关行动来配合软件服务外包，并降低成本。成功的例子一般是企业根据成本—利润的生命周期来做出决定。企业需要预先仔细思考好如何做、怎么做以及为什么做的问题，并且为了取得最大利润，需要将如何做进行量化。如果不这样，企业常会遭遇失败，或者在长期运营中付出更高的代价。

2003《CIO 杂志》的一篇题为“服务外包的隐性成本”的文章指出，外包项目所声称节约的成本的 72%都损失在了开始阶段、转型阶段、量产阶段以及维护阶段。如果有人认为外包的初期目标就是为了把一份每小时 100 美元的工作降低到每小时 20 美元，则根本不需要外包这么麻烦。事实上，在很多情况下，如果一个企业可以简单地找到节约现有成本的办法（包括效率上、质量上以及操作时间的改善方面），可能就根本不需要再去找服务外包了。

当然，外包确实会带来益处，不过只有在客户需要、生意需要并且外包供应商有能力保质保量地完成生产这三者都满足的情况下才会体现外包的益处。简单地说，如果企业将一项定义不清、结构松散的复杂项目外包出去，其结果可能得到的仅仅是廉价但是质量非常不好、性能也无法得到保障的产品。产品发布后可能被迫需要提供数个小时的支持，甚至取消项目。

为了有效管理这些风险，我们在计划和管理外包活动时必须牢记一些质量基础。如前文所言，软件过程中的不同阶段，包括开发、命名、需求、设计、编码、测试以及推出阶段，都会产生缺陷。数据显示，缺陷最有可能产生在初期阶段，却在后期才被发现，这样会导致花费高额的成本费用去弥补这个缺陷。软件项目中最常见的一类失败就是需求定义和计划不良，包括为需求提供具体的情境以及可操作的细节。在大部分服务外包的案例中，找到合适的外包供应商一直是软件项目需求阶段的核心问题。由于一个企业致力于发展到成熟期的第三等级或者第四等级，并不意味着其产出的产品也具有第三等级或者第四等级的特征，如果总公司需求过程仅展示了低于第一等级的质量特征的话就更是如此了，所以在很多情况下，即使服务外包商具备很强的能力，但是限于沟通、语言以及其他文化障碍，它们仍然很难满足每个需求。简而言之，很有必要对需求阶段持续进行精心的管理。

软件质量工具可以帮助企业迅速制定策略、简化工具、强化行为，这样就能极大地减少需求阶段的失败率、缺陷次数以及周期时间，从而达到控制外包失败率的目的。这些方法也能保证项目的如期进行，并通过量化数据的方式来对项目进度进行有效监控。通过软件工具制定出一项策略，企业可以在很大程度上去除考虑问题时的主观性并提高相关活动的质量。很多企业都致力于用软件工具先制定策略，这样可以极大地提高制定批量活动标准的效率，并且可以监视活动中的一切过程并提高相关外包供应商的产品质量。

为了保证服务质量，这些外包企业往往坚持以六西格玛、ISO认证或者其他本行业的相关标准和认证来作为商务活动的前提。因此，先坚持或者遵从这些服务理念，然后再执行相关生产活动，对企业最终可能达到的结果具有非常重要的意义。一个重要问题是，那些有兴趣进行服务外包的企业必须做好它们自己的功课。不要指望那些声称将要获得某项认证（或达到某项标准）而不去付诸行动的外包供应商能提供高质量的产品，尤其是在产品周期的末段。

控制外包供应商质量的工作包括常规检查、管理以及对过程的持续监控。质量数据和质量工具必须按特定的顺序使用（某些情况下以迭代的形式），这样才能让其发挥最大作用。一开始，可能会在某些项目上多耗费些时间，不过这可以通过参与者将其迅速渗透为过程的一部分来实现长期获益。

过程进行中需要频繁展开反馈和有丰富数据的检查，主要针对开发过程中的各方面，包括缺陷率、代码检查结果、测试结果、总体遏制有效性（TCE）、阶段遏制有效性（PCE）以及缺陷遏制有效性（DCE）。这些数据有助于控制并管理项目失败的风险。这些数据还保证了过程处于“程序化控制”的状态下（要求的行为和标准都已满足）。数据看板可以很形象地指出哪些过程处于“失控状态”，这便于管理者迅速反应和行动。

很多时候，做出服务外包的决定仅仅是为了降低成本。追求软件质量卓越的实质是为了量化并理解过程中发生的变化，最终消除产生这些变化的根原因。在成功的企业中，这是取得突破性进展的关键。那些仅局限于以降低成本来做出重大决策的企业，往往会掉进陷阱。成本在生产中往往是一个滞后的和依赖性变量。过分注重它，企业会不可避免地迷失前进方向。无一例外地，成本的变化是由很多独立变量（先行指标）的影响和交互作用所导致的，而这些变量是很难在会计系统中测量出来的。统计分析、优化、特征分析以及在合适的时机改进合适的变量（或组合变量），才是决定成本要素的关键。服务外包的问题上，很多企业就是因为仅仅注重成本，或者将服务外包的主要目标定义为省钱，才掉进了成本陷阱。

希望成为最佳实践的企业应利用软件质量项目原则来：（1）在服务外包项目多样性、供应商选择以及计划和实施的导向性方面起到决定性的作用；（2）提供一种过程和工具来降低风险并管理外包项目；（3）以预防的形式保证服务外包项目当前活动的质量。

软件质量系统的管理

自 20 世纪 70 年代早期开始，软件和 IT 改变了传统意义上产品、过程和服务的设计、传输以及维护方式。软件和 IT 技术以指数的速度发展着，并成为人们工作、休闲以及教育过程中的主要推动力量。大多数专家预测，这项全球性产业 2006 年在美国总共得到 1 万亿美元的投入，数据同时显示，因为软件质量不好而造成的成本损失超过了 2 500 亿美元。还有一些专家认为这项损失可能高达 5 000 亿美元，这意味着每家企业有 25%～50%的软件和 IT 预算存在风险。

因为软件质量不好而造成的成本损失包括项目取消、项目超支、项目延期、后期维护费用过高、效率低下以及生产能力差等方面。著名的电脑科学技术作家、教育家和研究者霍华德·鲁宾教授认为："简而言之，如果这个问题得不到改善的话，因为项目管理不善而引起的成本损失将开始超过总产出额……质量的确会成为产品的重要因素之一，而且科学技术和制度亦是如此。"

鲁宾教授所提到的"科学技术"正是一些业内领先的企业所矢志提倡的活动。在 IT 领域第一次实现了用以事实或者数据为基础的系统来设置企业生产优先顺序、解决问题，以及设计新的基于软件的系统，并且这种系统正在产生突破性的结果。企业的那些 IT 主管、首席技术官和首席财务官慢慢地意识到，只要找到适应生产过程和 IT 过程的差异之处，以及与之相关的急剧变化，那些使企业生产和业务发展提高效率的方法也一样可以适用于软件和 IT 领域。

与科技的爆炸性发展并行的是，一些老牌企业，制造业，以及服务（和产品）过程，都开始转变为用全面质量管理和六西格玛理论来进行再创新。尤其是后者，六西格玛理论带来了令人吃惊的结果。很多关注产品或过程人力部分的改进（包括人力资源、过程改造、操作说明以及规范创新等）都往往忽视了软件的作用，其实恰恰是软件在很多情况下为科技发展提供了可能。造成这种忽视软件作用情况的原因经常是因为对系统、过程以及产品缺乏整体认知度及协同意识。具体来说，组织单一、部门间障碍、个人主义以及缺少协同工作的精神都有可能造成这种问题。

科技的迅速发展也麻痹了很多软件和 IT 企业。在这些企业追求站在科技曲线的顶端并享有广告效益的时候，它们往往会选择在彻底解决一个问题之前就转向另一个问题。因此，很多科技带来的利益是很难被衡量并计入最终效果的。这可能会最终导致沟通不畅，员工产生挫败感，客户的不满以及生产的效率低下，而这些本是可以避免的。

这种企业中功能失调的例子之一是，花费了数百万美元建立起来的企业系统最终却仅仅成了很多表格操作的后台工具。难道是本就打算如此的吗?

在产品软件的舞台,比如手机产品,六西格玛的硬件(由六西格玛产品线产出)被用在三西格玛的网络上,提供着二西格玛的服务;而且因为软件太过复杂,软件工程师很难知道如何使用其全部功能。在这种情况下,客户体验到的整体质量水准到底是多少呢?也许是二西格玛吧。一个这样小小的手机创新能最终在市场上获得成功并为企业带来可观的利润吗?也许一时能,但是绝不会是一世。

一个复杂的软件质量理论能通过建立组织、设置优先级以及提供某种可以更好地理解待解决的问题、顾客的需求,和各种概念可测量的业务指标的工具来极大地提高绩效。

另外,很多传统的测量工具,比如服务水平协议(SLA)、IT看板指标、维修中心和服务台数据、生产时间确定以及解决缺陷等都是应对性的,单一的某个工具可能并不会产生所需要的结果,共同作用才构成了软件质量系统。实际上,当检查这些指标时,会发现相关的开发水平常常不明显、没有持续性,而且很多情况下很难被发现。那么,当被问到下面这些问题的时候,应如何描述它们呢?

问题:预防性的还是应对性的?

回答:诚实地来讲,答案可能是应对性的。

问题:这些是先行指标还是滞后指标?

回答:大部分是滞后的。

问题:它们显示的是原因还是结果?

回答:可能会是结果吧。

上述描述中哪里体现了预防性的理念呢?什么方法会驱使一个企业进行有效的、预防性的因果分析呢?人们又如何从繁杂的数据和变量中寻找那一个最关键的变量呢?

企业必须意识到,需要像对待其他过程一样来对待软件过程。因此最关键的变量需要被特征化、优先化、具体化并能够被测量和控制。软件质量的方法论恰好能提供这样的理论工具。它们往往具备如下特点:有持续性,具备适用性,并且能消除传统理论中质量方面的不足。

在软件开发过程中,传统测量指标往往是根据实验结果对每千条生产线中的缺陷因子进行分析、检测并修正错误等。这些大部分是关于“缺陷及其反应”的指标。有多大的概率能利用有序的制度以及那些工具,包括工程理念、语言以及数据收集工具等,来发现缺陷到底是在哪一步产生的?企业往往把大量的时间和金钱用在检测过程,却很少会去关注缺陷是在哪里产生的以将其隔离。而且,企业很少会去检测系统性缺陷、代码、绩效的模式。再一次，稳健的软件质量过程通过持续、有序地利用已被证明有效的工具为这个问题提供了答案。

这个领域早期的成功应用者有一些共同的特质。其中就包括，领导者解决业务问题不惧传统组织的观念以及固有思维。他们愿意去对管理策略进行变革，对员工个人进行培训，建立以数据和事实为依据的工作氛围，以及坚持追求卓越绩效和预防缺陷——而不仅仅是遵从某种标准。这是消除影响的唯一方法。人们观念的变化才能引起自身的能力发生改变。观念源于需要，而需要源于企业的实际情况。

很多时候，那些无形、无法被量化同时又带有很强主观性的过时的计划过程对企业的发展起引导作用。如果计划阶段的特征也相似的话，使用简单的优化工具，比如失效模式和效果分析（FMEA）、方针管理以及因果分析工具等，能帮助确定商业需求、客户需求以及软件预算。在计划阶段的早期，如果使用更先进的工具，还能明显减少下游的失败次数。为商务活动服务是一项好的计划所必备的条件之一。换句话说，计划需要一个闭环过程，自需求而始，由结果而终。如果结果很成功，过程就得到了加强，同时会引导产生更大的变化。如果结果不成功，企业需要知道失败的原因，并找到下次如何做好的方法。不过请记住，如果什么都没有被测量或者监视，过程就不会得到改进。

所以作为商务活动、生产过程以及服务活动的领导者，我们必须要问这样几个问题：我们真的愿意为软件或者 IT 开发来多支付 25%～50%的预算吗？如果企业可以因为质量改善而获得在生产过程、供应链以及服务等方面的成本降低，我们愿意这样做吗？软件和 IT 同样可以作用于其他职能方面来引导企业发展。每个企业都应该量化、总结并设定目标去改善，并最终达到消灭浪费的目的。

当然，软件和 IT 的特征是不同的，当然也不是那么不同。如果说这些过程很难被衡量，这并不是一个好借口。在 2002 年国家标准与技术研究院的一项研究中，列出了被很多最佳实践企业采用的 6 大类超过 40 个关键测量指标。具体数据几乎可以涵盖各个行业。东西就在那。企业需要研究这些数据并开始应用它们。一些人可能会反驳，认为其成本太高或者有很多东西是很难被改变的。这是一种短视的、方便主义的反驳，而且毫无逻辑性。对于已经陷入了应对项目延迟、项目取消，以及项目超支的恶性循环的企业来说尤其如此。

只有正视这些问题，研究并讨论与其相关的活动，包括计划、实施方案、理论工具以及实践周期，企业才能找到利用软件来获得成功的正确之路，而这会引导企业最终走向成功。

参考文献

Computer Aid, Inc. (2006). Interview with Howard Rubin, "What the Future Holds for IT." March.

Professional Societies, Institutes, and Communities

CMM and CMMI are registered trademarks of Software Engineering Institute.

The Institute of Electrical and Electronics Engineers (IEEE): Over 60 individual, detailed software engineering standards in IEEE Software Engineering Standards Index. http://standards.ieee.org/reading/ieee/

International Standards Organization (ISO): Comprehensive set of software development and software quality standards. For full list of standards visit http://www.iso.org/iso/home.htm

National Institute for Standards and Technology (NIST): Comprehensive set of software and software quality standards and case studies. http://www.nist.gov/public_affairs/siteindex.htm

Software Engineering Institute (SEI): Capability Maturity Model, Integrated (or CMMI). SEI is a registered trademark of Carnegie Mellon University. http://www.sei.cmu.edu/index.cfm

（张和子 译，高鑫、杨坤 校）

第 30 章

供应链：更好、更快、更友好的供应商

丹尼斯 · J · 门罗

关于本章

本章涉及生产者和采购商如何更好地发展与供应商之间的关系。这将带来低成本的供应、零部件准时交付且不超支。本章讨论了供应商和生产者/采购商之间关系的转变，即从过去往往是处于对抗状态的供应商转变为重要的合作伙伴。与供应商成为伙伴有助于实现更快、更便宜以及更友好的供应关系这一目标。

本章要点

1. 供应商、制造商和顾客的三重角色对于理解供应链和供应商关系的重要性。

2. 供应商、制造商和顾客的伙伴关系可以帮助供应链中的所有层次实现价值最大化。

3. 应用精益供应链原理可加快速度（更短的补货时间）。

4. 在供应链中应用朱兰三部曲®有助于提高速度，这也是最有效地降低供应商和制造商的不良质量成本（COPQ）的方法。

5. 有效的供应商计分卡可以帮助制造商客观地选择和保持最理想的供应基地。同时，计分卡也可以有效地帮助计划、控制和改进供应基地和供应商管理过程。

6. 供应商审核对于供应商计分卡系统起着重要的支持作用。

7. 供应商审核会导致供应商的持续改进活动。

引言

无论是制造商品还是提供服务的组织都非常依赖材料、零部件以及产品的供给。实际上许多制造商仅仅是把成百上千种零部件整合成最终产品的组装者。就拿汽车制造商来说，它们购买无数种零部件，从发动机到小的紧固件。最终的成品汽车几乎没有一个部分是在汽车制造商的工厂中生产的（通常的例外是汽车的车身盖板）。其他产业，诸如航空航天、国防建设承包商、消费品制造商，都遵循这种采购和组装零部件形成最终产品的模式。那种生产从原材料到最终产品的所有部件的高度集成的制造商的年代已经过去了。

这里描述的情况往往更加复杂。原材料供应商通常是唯一不对自己的产品进行某种程度的深加工或者组装的厂商。在一个典型的供应关系中：

- 原材料供应商给小型零部件制造商提供产品，例如：塑料树脂。
- 小型零部件制造商为部件装配商提供产品，例如：模具零件。
- 部件装配商为子系统集成商提供产品，例如：一个仪表板的百叶窗。
- 子系统集成商为最终产品整合商提供产品，例如：仪表板。
- 最终产品整合商为销售网点或客户提供产品，例如：完整的汽车。

或者以使用供应的产品来提供服务的服务提供商为例：为几栋高层写字楼提供清洁服务需要使用多家供应商提供的大量清洁用品；一个零售网点需要采购大量货物；大型百货公司、消费类电子商店和类似商家都需要数千家供货商。

实际上，每一级的供应商，无论是原材料供应商还是为最终用户提供产品的终端供应商，都必须在适当的时间、以适当的价格提供高质量的产品。因此，供应链和供应商关系这一主题对于当今各种类型的组织都是非常重要的。

三重角色

每一个加工团队都要管理过程和生产产品。为此，加工团队要扮演三个与质量相关的角色，如图 30—1 所示。图中展示了这三种角色之间的相互关系：

- 顾客。加工团队需要获得各种输入用于实施过程。加工团队就是那些提供输入者的客户。
- 加工者。加工团队实施各种管理和技术活动来生产自己的产品。
- 供应商。加工团队为其顾客提供产品。

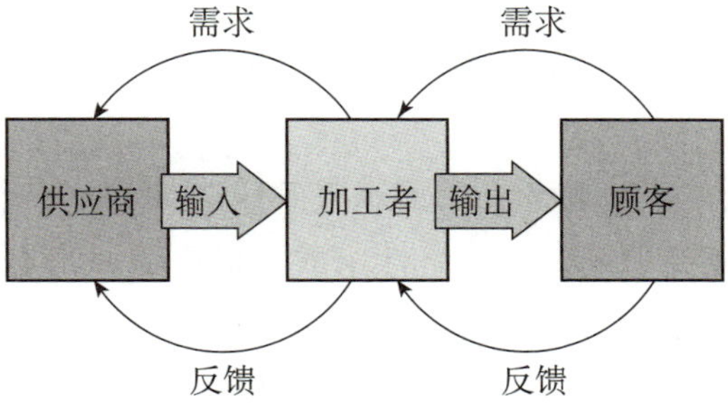

图 30—1　三重角色

资料来源：Juran Institute，Inc.

例如，公司就是一个加工团队。作为顾客时，它获得的输入如下：

- 有关顾客需求、竞争性产品和政府法规的信息。
- 来自销售和投资者的资金。
- 已采购的商品和服务。
- 来自顾客的反馈。

作为加工者时，公司把上述输入和其他输入转换为产品，例如：销售合同、采购订单、畅销的产品和服务、发票和报告等。

作为供应商时，公司为顾客提供商品、服务和发票；为供应商提供采购订单、付款和所有供应活动的反馈信息。

三重角色的概念很简单。然而，由于有大量的供应商、输入、过程、产品和顾客，应用起来就变得相当复杂。复杂性越高，就越需要一种有序的质量规划方法。

正如朱兰博士所描述的，管理供应商、生产者和顾客之间复杂关系的方法就是本章的主题。

更友好的合作伙伴

正如本章的副标题所暗示的，为了能在当今的市场上取得成功，顾客—加工者—供应商必须在所有层级上形成伙伴关系。在“过去的生意方式”中，三者之间的关系常常是对抗性的，但现在这已经不适用了。作为顾客，你必须找到新的和更好的方法去与供应商接触。合作思想被看作其他两者（更快和更便宜）的先决条件，所以我们将会先讨论这个概念。

采购的传统角色

第二次世界大战之后，随着对货品和服务日益膨胀的需求为不断提高的产能所满足，生产运营被视为组织的战略性组成，采购则被归类为一种参谋辅助角色。采购部门的使命就是确保供应商准时、适价、不中断地供应所要求的货品和服务（这里的“适价”通常被理解为“最低的价格”，而不是“最低的总成本”）。

采购人员在供应商谈判、投标评价与分析、文件管理及市场知识等方面发展出了相应的能力。供应商谈判被看作采购部门的主要增值性活动，这是因为供应商关系正是在这类谈判当中建立的。这种着眼于短期的行为，产生的往往是一种对抗性的供应商关系。评价供应商绩效的最重要标准是可用性和低价格。正如Carlisle and Parker（1989）所述：“这种对抗性的倾向……导致双方把大量的管理精力都花在了如何从对方那里挖一块利润上面。”

如果更换供应商，因此而付出的代价则很少被考虑到。新供应商的产品或服务与原供应商或许会有所差异，这种差异会转化为生产过程中其他领域的成本。这种更换供应商的倾向会给购买者带来许多不利，包括：

- 因产品过时而造成的过多存货。
- 因安装或操作要求而造成的生产中断。
- 诸如培训、维护、测试和处置之类的转换成本。
- 试验之后才发现不良质量所引起的生产混乱。
- 成品中变异性的增加。
- 废品、缺陷或顾客不满的增加。

人们很少去识别、计算、分析并降低这些费用。而且，正如戴明（1981）所言："没有人能猜出不满的顾客对企业的未来所带来的损失。"在这种对抗性的氛围盛行之时，共同合作来分析问题的根原因几乎没有可能。

从对手到伙伴

从 20 世纪 70 年代末开始，"质量革命"从日本开始蔓延到世界各国，人们意识到以价格为基础的采购决策和顾客—供应商之间的对抗性关系不再适用了。公司开始认识到交货时间、售后服务、产品开发合作关系、提供的产品和服务的质量同样是重要的，甚至比价格更重要。

但为实现这种更友好的环境，进展并不是一帆风顺的。在 20 世纪 80 年代后期和 90 年代初期，一些顾客的采购职能回到了过去的、同供应链对抗的方法——特别是汽车制造商的供应商们，它们迫于压力提供越来越低的报价并签订长期合同，合同中规定每年的"返点"，作为签订合同的条件。在通用汽车公司，这段时间里供应商面临着巨大的压力，这很大程度上是由于洛佩兹（Jose Ignacio Lopez De Arriortua）的做法。

洛佩兹在通用汽车公司位于德国鲁塞尔斯海姆的欧宝总部的工厂工作时得此恶名。正如 Jonathan Mantle 在他的《汽车大战》中所描述的："［供应商们］把洛佩兹称作'屠夫'。他压榨供应商，直到他们叫苦不迭，然后继续压榨更多。"庆幸的是，这种陈腐策略的逆流并没有持续太长时间。在 20 世纪 90 年代中期，大多数公司为实现对所有人来说都有利的产出，朝着与供应商的战略合作方向前进。1992 年，洛佩兹离开了通用汽车去了大众，随后他因涉嫌盗窃公司的贸易机密而被起诉。洛佩兹与通用汽车所用的方法导致了如 Ed Rigsbee 所描述的："飞去来器总是会回来的"的结果。"供应商削减了通用汽车所需的研发费用，同时，他们开始把尖端的科技转向福特汽车和克莱斯勒公司。看似通用汽车得到了很多，实际上他们失去得更多。"

当然，为了使这种合作关系有效，供应商需要得到一些交易以外的东西。通常来说，公司会为了获得一个更好的价格，而把与供应商分享节约成本作为一种激励。公司在真正承诺合作的同时也会提供协助，例如，使供应商实现过程上的突破，以更低的成本生产和更及时地交付供应。其他的诱人条件还包括对供应商合作伙伴采取独家供应和大宗采购订单等做法。

"通用电气（GE）遵循着不同的降低成本的方式。1992 年 11 月，通用电气召集了电气供应商并宣布了'目标 10'，要求供应商降低 10%的成本。不同的

是，通用电气承诺帮助供应商寻找降低［成本］的策略。”(Rigsbee，2000)

通过供应链合作方式，产品和服务的消费者就能够获得更短的供应商生产时间（更快）以及更低成本的产品和服务（更便宜）。

供应链的优化，也会带来更迅速、更便宜地提供的商品和服务。

将质量融入传统的采购活动中

作为战略性过程的采购

考虑一下如果时间、资源、精力和管理重点都聚焦于这些货品和服务的计划、设计、生产和采购过程可带来的潜在机会，而非只是可获得物本身。改进质量和降低成本的机会可以被识别、测量和管理。对于在同一市场上竞争的两家企业而言，一家企业有着比另一家企业更迅速地识别、测量和管理这些机会的能力，就能够创造出显著的竞争优势。

因此，传统上一直被看作有用但并不增加价值的采购职能正日益被认为是一种战略性的职能，是过程管理和改进的机会所在，也是获得竞争优势的重要手段。

平均来看，制造商每实现1美元的收入便有55美分支付在零部件的采购上。如果成本能够降低5%，就意味着增加了3%的利润。同样的等式对于服务行业也不例外。但是，正如Tully (1995) 所述："削减采购成本与恫吓供应商没什么关系，这似乎有些出人意料。像美国电话电报公司（AT&T）和克莱斯勒公司这样的采购者旨在追求降低所购的每一个零部件或服务的总成本，而非只是价格。它们与供应商建立起了持久的伙伴关系，从而能够年复一年地削减关键成本。"

供应商质量的重要性

要识别供应商关系的机会并加以利用，首要的是对供应商质量有所了解。考虑以下几点：

- 与劣质供应商相关的成本是极高的。对一个家用设备制造商来说，所有保证支出当中的75%可以归因于外购品目的不良质量。
- 在识别和实现诸如即时（JIT）供货、电子数据交换（EDI）、电子资金转账（EFT）、运转周期缩减和外包措施等机会方面，供应商与最终用户之间日益增加的相互依存性。
- 最大限度减少进货检验的趋势。
- 日益增强的根据产品和服务总占有成本而非最低价格来进行采购决策

的趋势。

这些因素要求采购职能必须放弃其交易绩效管理的传统角色。有两家著名的美国公司对于其采购职能的表述颇能体现正在日益成型的新方式的特点。

美国电话电报公司（AT&T）在 1995 年宣称：

使命：在全球范围内提供对 AT&T 及其顾客都构成竞争优势的专业的采购服务。

愿景：成为卓越采购的典范。

克莱斯勒公司：

使命：为了克莱斯勒及其顾客的最大利益来管理和准备扩展企业。

这种角色的变换有着深远的意义：

- 供应商的选择和管理不再是采购部门独享的特权。
- 在内部顾客、采购以及供应商之间的协作、合作和联合解决问题成为必要。
- 采购人员的注意力集中在了过程上，摒弃了只关注交易的做法。
- 在最终用户的公司内部，采购职能被提升到了一个战略的高度，而其交易活动和职责则被最小化或消除。

要实现采购职能向这种战略性方式的成功转变，组织中的每一个成员都必须接受有关采购的新的信念。在实现这一转变的过程中，组织中的最高管理层必须积极地提倡以下观念：

采购已经成为我们组织的一个关键的战略性过程，必须由训练有素的专业人员与我们的最终用户和供应商共同协作，在一个合作性的、解决问题的环境当中，推动质量的提高和持续的改进。

向战略性采购的转变

传统的采购观点与战略性采购观点之间的差别是巨大的，其内容概括在了表 30—1 当中。这些差别要求在文化和行为方面必须有一些重大的变革。

表 30—1　　采购过程的传统观点与战略观点的对比

采购过程的各个方面	传统观点	战略观点
供应商/买主间的关系	对抗、竞争、缺乏信任	合作的、伙伴关系、以信任为基础
关系的时间长度	短期	长期、不限定
关于质量的标准	符合规范	适目的性
质量保证	验收检查	不需要进厂检验
与供应商的沟通	很少，正式，关注采购订单、合同和法律问题	频繁，关注计划、意见和问题解决机会的交流
库存评价	一项资产	一项负债
供应商基地	多家供应商，总体管理	较少供应商，谨慎选择和管理

续前表

采购过程的各个方面	传统观点	战略观点
供应商与最终用户间的接口	不赞成	必需的
采购战略	管理交易、排除阻碍	管理过程及关系
采购业务计划	独立于最终用户组织的经营计划	与最终用户组织的业务计划组合在一起
供应商的管理范围	有益于促进举债经营	有利于解决问题和持续改进
采购决策的着重点	价格	总的占有成本
采购成功的关键	谈判的能力	识别机会和合作解决问题的能力

总的占有成本

在采购专业人员行为方面的最显著转变是采购决策建立在了总的占有成本的基础之上。从整个过程出发（而非只盯着交易）来量化总的占有成本，这将要求识别供应商、最终用户以及必须识别和测定的联合成本。通过联合解决问题，这些成本中的大部分都会降低。表30—2是总的占有成本要素明细表的一个例子。

表30—2　总的占有成本核对表示例

类别	子类	成本要素
购前	购前成本	工程/设计 供应商调查 供应商审核/现场参观 产品测试/技术评审 法律法规的符合性 市场评估 顾客评审/简要说明
购置	材料设备成本	材料/设备的价格 专门特征的成本 发货/搬运/储存 备品条件 租用项目 税负
	新技术成本	修改/翻新 额外培训
	国外采购成本	外国附加税 进口关税 外汇风险 额外的测试要求

续前表

类别	子类	成本要素
购置	安装/启动成本	劳动力 分包商 特别测试 组建设备 所要求的管理费用 培训 专用工具 服务工程 检验
所有权	运行/维护成本	行政/管理费用 进行中的劳动力 常规测试要求 进行中的培训 能源耗费 预防维修 所要求的人员
	库存成本	库存搬运成本
	故障成本	预期停工成本 更换零部件
	老化成本	能源效率 生产率损失
	其他占有成本	环境影响 许可、牌照 环境控制设备 符合性成本 标准化成本
处置	处置成本	清理、处置费用

供应链优化

战略性采购职能的目标是促进供应链的绩效（与供应商和客户形成伙伴关系）的提高。这一促进过程中包括了最终用户和供应商的参与。供应链优化是对供应链绩效所进行的不间断的管理和持续的可测量的改进，从而为有关各方创造价值。整个供应链都必须被考虑到，包括间接供应商、制造商、分销商和最终用户。请注意定义中的关键词：

- 不间断的：供应链优化不是一个事件，而是一个进行中的过程。
- 可测量的：供应链优化的成果是具体的收益。
- 改进：供应链优化的基础是持续的改进。
- 有关各方：真正的供应链优化要求有关各方的参与，从而共享收益。

供应链优化的目标

以质量为中心的供应链优化，其最重要的目标是通过在供应链中联合（供应商和最终用户）创造价值来增加顾客的满意度。在供应商一方，参与诸如供应链优化这样的活动已经不只限于业务经理，还包括了那些实际参与制造和运输产品的人。

此外，在最终用户一方，对这类活动的参与也不限于采购部门，还包括了核心的运营单位。事实上，尽管这类团队活动通常会由采购人员推动，但团队的领导角色以及对于结果的责任应当由核心运营单位的成员来承担。

供应链优化为以下六个领域创造了价值：

- 质量改进：不断减少产品波动，提升将质量计划融入到每一个零部件和服务中的能力，实现可测量的成果。
- 运转周期缩减：持续减少制定和实施关键决策以及完成各种过程所需的时间。
- 不良质量成本缩减：持续地测量和降低因不良质量所导致的预防、检验和故障方面的成本。
- 总占有成本的降低：采购决策的制定要依据包括购前、购置、所有权和处置成本在内的总占有成本，而非只考虑价格。通过识别和消除构成总占有成本的根原因成本来持续地管理不间断的采购过程。
- 技术/创新：通过联合计划和开发来持续识别和配置增值性的技术。
- 风险共担：持续地辨识机会来识别和共担供应链上的风险。

成功的供应链优化要求供应过程作为一个无缝的整体来运行，而不是一系列离散的过程。供应链中的成员设定目标，通过共同努力来实现这些目标，最终旨在满足顾客的需要。

更快

就我们的目的而言，我们将更快的供应定义为缩短供应商的补货提前期。补货提前期被定义为：从给供应商下订单到订单返回并且可以被加工者所使用的这段时间。

补货提前期是任何加工者进行有效率运营的关键。如果加工者的生产速度大于供应商能够补货的速度，那么存货短缺将会出现，除非加工者保持足够的安全库存或者供应商有着足够的成品库存。库存是一种浪费，并且是昂贵的——存货所占用的资金成本，储存存货所需要的场地空间等。但是存货短缺也是一种浪费，甚至比为了避免存货短缺而保持一定的安全库存更加昂贵。在这两种情况下，加工者必须选择其中之一：

- 减缓生产速度以避免存货短缺，这样可能导致无法满足顾客交货时间的要求。
- 与供应商进行合作，减少补货提前期，使生产者能够满足顾客的要求。

当考虑整个供应链的时候（见图 30—2），这个问题将会变得更加值得关注。加工者的一级供应商经历着来自二级供应商的长的补货期，同时二级供应商也经历着来自三级供应商的长的补货期，并且以此类推。很容易想象到，为了保持生产和及时供应，加工者的安全库存将成几何级数增长。

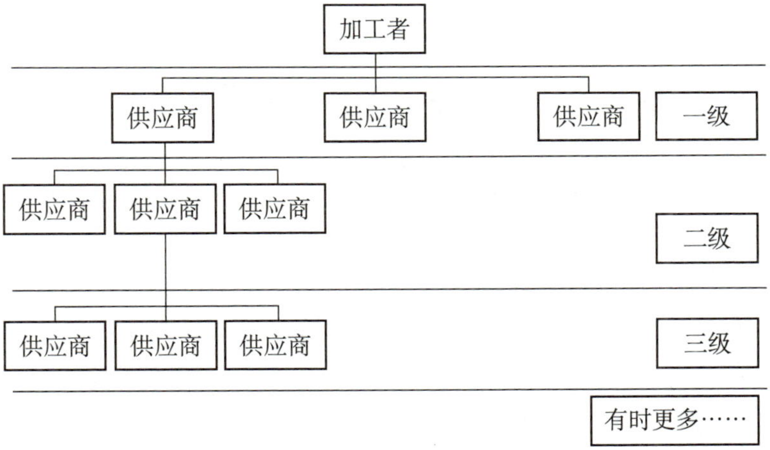

图 30—2　供应链

为了确保供应商的最短可能补货期，加工者必须做三件事情：

第一，了解和优化产品或服务运输到你所在地的物流。当然，这也包括了解供应商所在地与你之间的距离，但是这还远远不够。发货计划足够频繁么？例如，如果他们是按周计划的，那么是否可以改为每天或者是一周几次呢？更频繁的发货可以减少补货时间——这些减少的天数将可以不再算在安全库存的计算范围内。

许多生产者试图通过寻找靠近其生产设施的供应商来解决这一问题。在某些情况下，例如丰田等制造商已经开始协助潜在的供应商在它们附近，甚至是丰田装配厂的隔壁建立生产设施。从地理位置上缩短供应链的想法是好的，但是并非总是适合所有的生产者。在进行采购决策的时候，必须考虑供给线的物理长度。这就是说，即使一个在印度或者中国的供应商，每个部件的价格更低，但是为了弥补因长途供应以及运输本身而额外增加的安全库存成本、改进成本、成品库存成本，可能超出了节省的价格成本。当进行采购决策的时候，必须考虑那些不令人满意的物流成本。

第二，帮助供应商“实现精益”。在你的组织内可能没有资源去直接进行供应商培训和促进它们的有关精益方面的活动，但是你可以通过合同条款要求它们去实施精益管理。通过与供应商分享你由于更短的补货期和更低的存货水平所获得的成果来激励这种活动。当然，它们也愿意从减少浪费中获得好处。

当第一层级的供应商完成了上述活动后，同样的激励继续向第二级、第三级甚至更低层级的供应商延伸。最终目标是，缩短最低层级上产品的生产时间，通常是原材料，直到最终产品完成并且准备运输到客户手中。

回忆前面所讨论的三重角色。无论你的公司处于供应链的任何层级，你的角色之一都是你的产品的加工者。在这个角色当中，你应当考虑这里所描述的精益供应链技术的应用。

从易于管理的角度看，你应当考虑首先与一个关键的供应链——位于第一层级的供应商中最重要的一个和它的次级供应商——一起减少补货时间。利用朱兰的帕累托原则为第一步选择的供应商进行排序，考虑因素包括年度提供价值、补货时间的长度等。

第三，宣传成功。根据 Phelps et al.（2003）所述：“既然你将精益供应链方法应用于所选择的整个供应链上的一个子集，那么你会想同正准备与另一组供应商开始这一过程的你的其他供应商分享你的成功。这也是一种激发他们兴趣的方法，同时让它们感觉到你确实是在帮助他们提高供应水平……”

随着这种提高传播到了你的供应链上的每一个子链，由更迅速的供应产生的效益将会呈几何级数增长，正如现行状态中的浪费、无增值活动以及库存等。这些精益供应链的方法同样也支持供应商关系的第二个方面的改进——“更便宜”，但是有更多的步骤可以让你从供应链中获得最佳的价格。

更便宜

在打造一个主要关注速度的精益供应链的同时，也可以通过减少过程中的浪费来降低生产成本。而要想从供应商那里降低成本，就要重点关注减少不良质量成本（COPQ），它通过提高加工者采购过程的质量，以及供应商产品和过程的质量来实现。

COPQ 是质量总成本的一个组成部分，另一个要素是达到质量的成本，其中包括预防和审查活动。COPQ 包括公司内部和外部的检验成本和失效成本。

如何降低与供应商关系相关的不良质量成本

需要理解的是，COPQ 在朱兰三部曲®的三个阶段：计划、控制和改进都会产生或出现。在质量管理的各个阶段中，可以降低不良质量成本的活动涉及：

- 加工者的不良规划：设计缺陷、未能向供应商清晰地传达需求。
- 供应商的不良控制：无效的过程、缺乏控制计划、缺乏纠偏措施、缺乏监测。
- 缺乏突破改进项目：如果合理执行，突破改进项目也许可以对降低不良质量成本产生最大的影响。

一旦建立起了推动优质供应商关系的组织结构，由质量计划、质量控制和质量改进所构成的三部曲便可应用于供应链中。以下是有关质量管理这三个阶段所包括的活动、各个阶段的可交付成果，以及它们如何影响供应商关系的详细说明。

供应商关系的计划

"本田公司在［北美］大陆所取得的成功是该公司的制造理念的直接结果……制造的成功依赖于两类人：生产产品的人和提供产品所需零部件与原材料的供应商。"（Kevin Fitgerald，1995）

供应商关系的计划是指有关识别顾客需要，以及分析和制定满足这些需要的采购策略方面的活动。计划过程的关键可交付成果之一是一个详细描述目标商品的顾客总占有成本的初始模型。因此，在整个计划过程中还要求进行数据的收集和分析。这一计划过程的核心在于识别合适的顾客和评估顾客对于目标商品的现时需要和未来需要（表 30—3）。此外，计划过程最终要提出一个建议的采购过程流，因此对于该供应产业的结构、动态和变化趋势必须有一个透彻的理解。

表30—3 朱兰三部曲®在供应商关系中的应用

过程	定义	过程	定义
质量计划	开发满足顾客需要所要求的产品和过程的活动	供应商关系的计划	识别顾客需要、分析和制定满足这些需要的采购策略方面的活动
质量控制	评价实际绩效、将实际绩效与目标进行比较、采取措施纠正偏差等方面的活动	供应关系的控制	评估供应商的绩效、选择关键的少数能够优化绩效的供应商并确定供应商绩效的评价指标的活动
质量改进	将质量绩效提升至前所未有的水准的活动	供应商关系的改进	辨识采购过程中的改进机会并加以实施的活动

计划过程要求：

- 顾客对于确定当前及未来采购需要的尽早参与。
- 针对满足这些需要的可用的备选过程方案进行充分的研究与数据收集。

大多数成功的采购计划活动都遵循了类似下述的这样一种方法论：

第一步，整理汇编有关组织过去的、当前的和未来的采购活动的各种文件资料。若没有对于供应商关系的计划活动，人们会想当然地认为，采购活动采取的是一种反应式的业务过程，满足的是即时的、局部的业务需要。对跨越组织多个经营单位的过去、现在和预期的采购活动的记录，使组织能够为实现采购活动的杠杆作用、组织业务单位间的协同配合，以及战略性的、合作的、积极的采购过程管理方式，迈出必要的第一步。可利用的工具有数据收集和趋势分析。

第二步，从采购活动中识别那些对于企业经营既具有高的重要性又有很高支出的商品（第四象限的商品）。一个简单的帕累托分析便常常会揭示出那些驱动着一个组织的采购需要和成本的关键的少数商品。将资源集中于这些关键的少数商品，将使一个组织能够尽早地获取供应链管理的价值。可利用的工具有帕累托分析、数据直方图、分层分析和向管理层的陈述。

第三步，针对该商品组建跨职能的团队。团队中要包括客户代表，还要包括公司职能部门的代表，如技术、采购、质量、财务等。该团队的使命是明确顾客对该商品的采购需要并制定能够满足此需要的采购策略。可利用的工具有头脑风暴法、团队建设、流程图编制等。

第四步，通过数据收集、调查和其他的需求评估活动来确定顾客的采购需要。这是一个关键的步骤，如果做得不正确或不完全，会使任何意图良好的跨职能团队偏离轨道。想当然地以为顾客的需要显而易见，常常会导致致命的错误。通过调查、顾客访问以及焦点小组的方式进行充分的数据收集，会在将来得到不菲的回报。可利用的工具有头脑风暴法、数据收集、流程图、因果图、力场分析、构造假设和检验。

第五步，分析供应行业的结构、能力和趋势。一旦顾客的需求得到了确认和证实，进行行业分析便成为必要。通过提供适用性和价值而使顾客的目标得以满足的是供应链而非采购行为本身。因此，必须对各种可利用的供应链及其绩效与成本结构加以充分的理解。这在计划过程中是一个充分的研究阶段，可能会要求团队临时地分为几个子团队来开展工作。可利用的工具有行业数据收集和分析、流程图、标杆分析和过程能力分析。

第六步，分析商品的总占有成本的成本构成。这一步也要求进行充分的数据收集与分析，甚至是标杆分析，以识别其他公司是如何管理该商品的。在该商品团队的整个生命周期内，总占有成本的模型将会不断得到重新定义、改进和优化。可利用的工具有数据收集和分析、头脑风暴法、流程图、因果图、直方图和帕累托分析。

第七步，将顾客的需要转化为一个采购过程，该过程将使顾客满意并提供管理和优化总占有成本的机会。要将第四步的顾客需求识别与第五步的确认各种备选采购方案详细地对应起来。通过优化总占有成本，即在第六步的基础上，就能够确定一个最佳的采购策略。这种转化要求充分的对话和反馈，以识别和评价采购策略适当与否。可利用的工具有数据收集和分析、头脑风暴法、流程图、因果图、直方图、帕累托分析、力场分析、拜访顾客和供应商。

第八步，获得管理当局的批准以将所制定的采购策略转入运营部门加以实施。现在应将此策略由跨职能团队转入运营管理部门以便加以实施。由于团队中的成员自始至终参与策略的制定，这大大减少了为促进变革而常常需要的“推销工作”。该策略至少应包括以下内容：范围（全球的、地区的、本地的），协议的条款和条件，最终用户的使用方法。应通过预演或者小规模试点来证实其可行性。一旦进行了小规模试点且其可行性得到证明，就应当通过逐点验收试验和实施的方式来执行修正后的过程。这会要求进行某些培训工作。可利用的工具有行政指令、小规模试点、过程调试、验收试验和培训。

对采购活动的计划工作几乎肯定会导致某种程度的与供应商基地的合并整合，这是由于通过跨部门或在多个业务单位之间的联合分析，而将类似的采购集中到了少数的供应商处，从而得以实现规模经济效益。

下面是一个金融机构采购个人电脑的计划过程的例子。

数据分析表明，该机构的大多数个人电脑是通过三方竞价的方式从本地的电脑商店采购的，这使得该机构所用的硬件和软件几乎没有什么标准化。该机构个人电脑的采购一向批量很小，但却为采购部门、付款部门和信息技术支持部门带来了相当的工作量。这些部门负责采购、付款、安装维护以及管理这些设备。

分析显示出采购价格实际上只是个人电脑总占有成本中的一小部分。设备支持、软件评估、培训以及存货控制等都代表着一些重要的隐性成本。

在这种情况下，所建议的采购过程应该将设备和软件标准化，与一家具有广泛地理覆盖范围的电脑分销商谈判采购和服务协议，并限定每半年批量采购一次。当地的几家慈善机构被指定为淘汰设备的捐款对象。获得了合同的供应商现在有了专门的关键绩效指标以便测量和监控其绩效表现。

供应商关系的控制

为了确保加工者获得无缺陷的产品，必须在供应商层级就加以控制。为了确保实现此目标，需要测量和建立适当的过程能力——C_{pk}（过程能力指数）大于1.33或者是西格玛水平大于4σ。通常要达到这种能力水平，需要通过顽健设计方法来实现，例如：面向六西格玛的设计（DFSS），或者是精益和六西格玛等突破性改进方法。

即使是足以适用的过程，有时候一些特殊原因也可能导致过程失控。当这种情况发生时，如有一个好的控制计划，就可以迅速恢复控制。这种控制计划应该是对供应商验收标准要求的一部分。快速恢复控制的核心是使用顽健的根原因和纠正行为（RCCA）方法。一个聪明的加工者会利用自己的资源去帮助供应商建立适当的过程能力和顽健控制计划。

控制在供应商关系中用于评价供应商的绩效和选择能够优化其绩效的关键的少数供应商。与计划一样，控制活动也必须以满足顾客需要为中心。然而，作为已完成的计划过程的结果，已经有了若干用于绩效评价和测量的准则。控制的目的是维持可接受的绩效水平。在供应商关系中，控制的目的就是将顾客满意水准维持在计划过程所确定的水平上。

计划过程中所确定的供应商通常是那些有能力实施改造后的供应过程的供应商。由一个跨职能团队进行的周密持续的评估进一步缩小了供应商基地的范围，有助于选出那些的确能够降低商品的总占有成本的少数供应商。因此，正是由于控制的实施，开始了由传统的采购方式向供应链管理的进化。

控制过程要求有：

- 明确定义的供应链质量目标，这些目标是通过计划活动确立的。
- 对照这些供应链质量目标对供应商绩效的充分、持续的数据收集和评价。
- 必要的纠正措施。

大多数成功的采购控制过程都遵循着类似下述步骤的一个方法论：

第一步，创建一个跨职能的团队。这个跨职能的控制团队包括了顾客、采购、技术以及运营部门的人员。其使命是对计划团队在计划阶段确立的供应链过程的绩效进行持续的管理、测量和评估。跨职能团队首先需要确定质量目标和关键绩效指标。该团队的活动应当有充分的顾客参与。可利用的工具有头脑风暴法、团队建设、流程图、数据收集和向管理层的陈述。

第二步，确定关键的绩效测量指标。绩效测量指标应当在规划阶段就有所考虑。但是，控制团队还需要明确和建立获取和报告这些信息的过程。这一步应当有广泛的供应商参与。可利用的工具有数据收集、流程图、核对表、运行图、散布图和过程能力指数。

第三步，定义绩效标准底线。除了关键绩效指标之外，在考虑对供应商做进一步的战略开发之前，团队要建立起最起码的供应商绩效标准。这些标准将会包括一些财务上的、法律上的和环境方面的考虑。同时，还会提出一些可接受的质量标准的底线，如缺陷率、性能保证以及交货期等。这些最低标准与第二步确定的关键绩效指标一起，都要与顾客和供应商进行沟通。（更多详细内容请看“实施和使用供应商计分卡”部分。）可利用的工具有头脑风暴法，数据收集与分析，向管理层、供应商及顾客的陈述。

第四步，减少供应基地。团队要去掉那些不能达到最低绩效标准的供应商，将活动集中到那些符合标准的供应商身上。通过实施最低绩效标准，控制过程提供了减少供应基地的另一个机会。可利用的工具有数据收集与分析、向管理层陈述。

第五步，评价供应商绩效。根据实际的供应商绩效，对保留下来的供应商的绩效实施持续的评估和评价。这通常会涉及评估供应商的现行质量体系、供应商的产能和过程能力，以及所提供商品的适用性。

供应商评价由跨职能团队来实施，其内容由三类相互关联的不同的评价组成。这些评价确保了对于质量标准和绩效标准的符合，并建立了改进过程的基线。

评价之一：供应商质量体系评价。这是对供应商现有的质量体系进行评价。它要求派出一个评估小组或由能够对质量体系进行认证的第三方对供应商进行实地访问。这一评价主要考察供应商的以下方面：

- 对顾客需求的关注。
- 管理者对全面质量管理的承诺。

- 明确定义的、文件化并充分实施的质量体系。
- 在监控自身工作缺陷方面的员工授权。
- 在调查和纠正质量问题时对基于事实的根原因分析的运用。
- 与供应商一起鼓励和评价质量改进的方案。
- 对运营的所有阶段的持续改进的承诺。

从考虑成本出发，通常会偏重于采用第三方的供应商认证而非采购方雇员进行的评价。如是这样的话，最终用户组织必须清楚地了解这种认证具体包括什么和不包括什么。供应商认证最常采用的标准有：

• ISO 9000 族标准（ISO 9001、ISO 9002、ISO 9003），是一个有效的质量体系的最起码要求的模式和指南（参见第 16 章“以国际标准确保组织的符合性”）。

• ISO 14000 标准，是一个有效的环境体系的最起码要求的模式和指南。

• QS-9000 质量体系要求是由克莱斯勒、福特和通用汽车公司供应商质量要求工作组制定的。它以 ISO 9000 族标准为基础，并加入了对汽车行业的理解和要求（例如，持续改进和先期产品质量规划）。

• AS-9100 质量体系标准，是由国际航空航天质量组织（IAQG）开发的。它同样也基于 ISO 9000 标准，增加了必要的关于解决民用和军用航空和空间需求的航空航天要求（例如，监管机构的角色和职责，航空航天材料的可跟踪性和问责制度）。

• 马尔科姆·鲍德里奇评估，它是为申请美国马尔科姆·鲍德里奇国家质量奖而制定的。它评估组织的现行过程体系、领导方面的组织与文化的问题、授权程度、信息和信息技术的应用等，目的是促进质量规划、质量控制和质量改进（参见第 17 章“运用国家卓越奖驱动和监测绩效”）。

评价之二：供应商经营管理。它评价供应商作为一个持续的经营实体满足其最终用户当前和未来的业务需要的能力。它包括了对供应商当前和未来的财务和运营绩效的评估。这种评价应考察供应商的以下方面：

• 研究与开发举措，以确保与其顾客的需要和未来计划的一致性。

• 成本结构，以确保财务安全。

• 产能，以确保持续生产和交付所要求的产品和服务的能力。

• 信息技术，以评价引入诸如电子数据交换（EDI）和电子资金转账（EFT）等促进信息共享的举措的愿望和能力。

这类评价包括了对于这样一些指标的测量，如债务转换率、利润再投资的百分率、库存销售比率、员工流动率、产能利用率等。

评价之三：供应商过程能力和产品的适用性。这是评价供应商所提供的产品或服务的适用性，同时也是对供应商能够始终如一地生产满足需要的商品的过程能力的评估。评价的焦点在于质量、交货和服务。特别地，这一评价应考察：

- 对顾客要求的符合程度。
- 过程能力（C_{pk}或过程西格玛能力）。
- 关键绩效指标。

这类评价应包括对以下指标的测量：

- 交运产品的不合格率。
- 关键过程的运转周期。
- 顾客满意度。
- 确定的和测量的不良质量成本。

可利用的工具有对供应商的现场访问、数据收集与分析、第三方评估。

供应商关系的改进

改进阶段包括：

- 采购过程的管理、测评和持续改进。
- 在供应链内控制的扩展和持续改进的启动，以确保价值的创造。

改进活动建立在计划和控制阶段已经奠定了的质量、总占有成本和供应链管理的基础之上。在供应链上从供应商到最终用户的所有各方之间建立起信任，是整个供应链的绩效改进的基础。改进阶段的目标是将供应链建成一个犹如有机整体一般运转的供应链，建立共同的目标，进行实时的决策，依据一套统一的关键绩效指标来测量绩效，共同对最终用户的需要作出反应。

以信任为基础，供应链的管理和优化就能持续下去。这种信任感单靠签订一项长期的合同或是竖起一面重视质量的大旗是不可能获得的。它必须通过长时期表现出来的行为和行动来证明。随着合作气氛的日益增强，所有供应链参与者之间的信任程度也会加深，创造价值、联合解决问题以及创新的机会便能够被识别和认识。

五个进展层次。在控制阶段，最终用户和供应商已经确认了整个供应链并绘制了流程图。持续改进阶段一般沿着五个合作层次向前推进：（1）组成联合团队；（2）降低成本；（3）提升价值；（4）信息共享；（5）资源共享。

第一层，组成联合团队。改进阶段始于一个联合团队（最终用户/供应商）的建立。尽管该团队可以有多个目标，但最初的焦点应集中在：

- 目标的整合。

- 供应链业务过程的分析。
- 慢性问题的识别和治疗。

目标的整合保证了供应链中每一个环节的目标和举措能够与最终顾客的需要相一致。此外，目标的整合以及与其相关的活动是建立促进供应链进一步发展所必需的协同和信任的天然起点。

在进行供应链业务过程分析时，团队首先要识别供应链的要素并收集数据用以测量其绩效。数据的收集应当将注意力集中于供应链中最有可能产生质量问题的领域，如过长的运转周期、返工、废品或容易导致顾客不满的方面。

供应链业务过程分析体现了明确供应链（通常利用流程图）和收集反映该供应链绩效数据的初始步骤。数据的收集阶段应重点关注质量问题的高发区域，如运转周期、返工、废品或是顾客不满等。

慢性问题的识别和治疗提供了在这种联合团队的环境中协作解决问题的初始机会。这为由供应链各方成员所组成的质量改进团队提供了绝好的机会。该团队的努力将很容易带来迅即的过程改进和顾客满意的提高，从而提供了在供应链内部进一步培育协作和信任的机会。

第二层，降低成本。第一层次上的活动，特别是联合解决问题团队的成果，有助于在供应商与最终用户之间创造一种信任和协作的文化。这些团队的建立是为了识别和摘取“长在低处的果子”，也就是说，是为了减少那些在联合业务过程中已经识别出且相对容易解决的慢性问题的发生。第二层要求一种更为深入的过程改进方式，常常会涉及供应商的供应商，或最终使用者的顾客。在这一时点上，主动的供应链管理开始取代最终用户与供应商之间的双边关系。

对供应链开展的不良质量成本（COPQ）的研究为组织的降低成本活动提供了有力的指导。这些成本通常可分为三个类别：

- 外部故障成本（即担保、顾客不满、召回成本）。
- 内部故障成本（即废品、返修、被拒收的原材料、停工成本）。
- 鉴定成本（即检验、实验、验证成本）。

针对供应链中所揭示出的不良质量成本，应当组建联合团队，一个项目一个项目地降低这些成本。当活动进入到一个更高的层次时，低层次的活动仍在继续。例如，当供应链进入到第二层次开始测定和管理成本降低的机会时，第一层次的工具和活动仍在持续。这种累积效应持续贯穿了所有五个层次。

第三层，提升价值。当联合团队开始降低不良质量成本时，供应链自身开始作为一个统一的业务过程而非一系列单独的过程运行起来。此时，联合团队需要编制供应链中活动的流程图并评估供应链每一环节所增加的价值。在这个阶段要提出两个问题："这一步骤是否增加了价值"和"如果跳过这一步骤会怎么样"，这样便可以识别和删除不增值的步骤。

第四层，信息交换。在供应链改进的这一层上，传统上被作为机密情报对待的东西得到了常规的分享以及在整个供应链上的广泛发布。此外，诸如 EDI、互联网和内联网应用软件这样的电子商务工具和 Lotus Notes 这样的群组软件正在推动着信息的传输、思想的合作以及实时的决策。

第五层，资源共享。在供应链管理和改进的后几个阶段，传统上分隔机构、部门和公司的"墙"已经被拆除。没有多少人还工作在公司碉堡当中。供应链开始像一个整体的过程一样运行，参与的人员涉及供应链上的不同供应商、顾客组织以及最终用户。供应链上的人员常规地就思想和改进机会进行着合作，其绩效持续地得到测量。来自供应链内各供应商的人员常常驻在他们的顾客所在地，以进一步推动这种合作。

在供应链管理的最高层次上，数据、资源的共享和风险共担的程度已经提升到一个相当的水准。不仅人员与顾客位于同地，而且技术计划、风险承担措施与投资在整个供应链上也是共享的，收益和损失也一同承担。一个无缝隙的供应链过程开始呈现，既为顾客也为供应商创造着价值。

实施和使用供应商计分卡

有效的供应商计分卡可以帮助加工者提高供应链速度以及降低供应链成本。有效性的关键是选择合适的标准来衡量你的供应商，并且测量这些能够直接反映绩效的标准。几乎普遍适用的标准是质量记录、总成本和交货的及时性，但是根据加工者的特殊需要，其他一些标准可能有必要添加进来，例如：

- 设计和技术能力。
- 与生产设施的接近程度。
- 响应能力。
- 过去问题的解决效果。
- 审核结果。
- 价格上升/下降的记录。
- 财务稳定性。

根据加工者对供应商的管理处于何种阶段——计划、控制或改进——适用的标准可能或多或少有些不同。

通常，可使用标准选择矩阵对特殊零件、组件、服务等的供应商（或潜在供应商）进行分级（以图 30—3 为例）。加工者必须设置好那些构成可接受分数的标准。通常使用类似交通灯的方式显示供应商的状况，例如：

ABC 公司——供应商计分卡

产品族：工具　　　　更新日期：10/12/09

		供应商					
标准	权重	A	B	C	D	E	F
质量记录	3	9	8	10	7	9	7
总成本	2	8	10	9	10	9	9
交货及时性	2	8	8	7	9	9	7
财务稳定性	1	9	8	5	8	9	10
审核结果	2	6	7	7	6	8	7
	总分	80	82	81	79	88	77

图 30—3　供应商计分卡

- 85～100，绿色：无行动，继续作为首选供应商。
- 75～84，黄色：供应商必须开发和提交一个及时改进的计划。
- 74 以下，红色：供应商必须提交一个改进计划，同时暂不考虑未来的合作，直到分数提高到一个可接受的水平。如果没有提交可接受的计划或者没有进步，可能需要开发新的供应商。

如果还没有建立指标，那就必须设计出适当的指标。这个指标必须能够反映标准可测量的特征，并且容易被加工者应用到计分系统。例如在表 30—4 中显示了质量记录指标。

表 30—4　　供应商改善活动要求的 18 个月滚动结果

供应商纠正行为要求编号	供应商等级
0	10
1—2	9
3—4	8
5—6	7
6—7	6
7—8	5
8—9	4
10—11	3
12—13	2
14 以上	1

建议评级系统不要过于复杂，计分卡指标应仅仅是那些对加工者有意义的、事关供应商价值的指标（通常 5～6 个标准）。如果一个计分卡系统对于供应商或者采购人员来说太难使用的话，那么它对组织的价值将会降低。

一旦建立起这个指标，就必须合理地加以使用。一些供应商评级系统对于是否向供应商提出正式的纠正行为要求，都给予了供应商质量工程师一定的自由度，这将对供应商评分带来负面影响。这种自由度导致了对供应商绩效的独断决策和错误衡量，因此会降低计分卡的价值。

审核供应商以支持计分卡

通过定期的审核项目来监控供应商的持续改进，对于提高供应商计分卡的有效性是很重要的。特别是对于主要供应商或者关键零部件供应商，审核应该在不超过半年的指定间隔期内完成。如果你的组织有负责一组特定供应商的供应商质量工程师（SQE），通常较明智的做法是让另一些不熟悉那些特定供应商的质量工程师与负责的供应商质量工程师一同参与审核，这样对于评估来说，能减少可能的偏见，同时带来新的观点。如果人员资源是一个问题，加工者应该考虑通过第三方审核来获得公平的评价。

供应商审核使用的检查表应该包括供应商组织能够影响供应质量和零部件质量的所有方面，包括：

- 战略规划过程及其有效性。
- 质量管理系统，适用性以及有效性。
- 测量、控制和改进产品和过程质量的过程的效率和有效性。
- 供应商文化（即是否支持持续改进和过程优化）。
- 人力资本管理（供应商是否实行员工参与和自我控制）。
- 供应商提供产品和服务的质量（抱怨、拒收、纠正活动要求等）。
- 供应商自身供应链的效率和有效性，包括供应商计分卡、审核和质量记录。
- 供应商产品和服务创新过程的效率和有效性。
- 供应商交付绩效。
- 基于用户需求及核心业务战略目标的测量系统。
- 供应商对于客户需求的理解和如何满足那些需求的措施。
- 供应商对于竞争对手优势和劣势的分析以及如何竞争。

- 供应商能够帮助其了解同行业的最佳绩效的标杆管理活动的有效性。
- 供应商对于建立以顾客为导向的文化所需要的文化行为和标准的理解。

供应商的其他属性如果对你的组织也很重要，可以考虑适当加以补充。

供应商的审核评分应该做到尽可能客观。最好能够通过设置清晰的“如果，那么”规则指导审计员的决定。例如：如果是在一个从 1 到 10 的区间内评分，规则可能是“如果供应商的交付绩效是 95％以上，那么指定分数是 10。如果大于 90％而小于 95％，那么指定分数是 9”，以此类推。关键是要通过为每一类评分建立清晰的规则，避免评分决定中主观成分过多。生产商也可以通过为关键审核要素设定更大的分值，来权衡每个元素的重要性。

生产商同样应该建立供应商审核可接受的底线。如果供应商的任何一个审核要素降到了可接受水平以下，那么将要求供应商制订针对每一个缺陷领域的改进计划。精明的生产商将会协助供应商，帮助他们进行改善并满足生产商对其的目标。协助的资源可以来自生产商的组织内部，或者来自在供应商开发和改进方面有专业能力的第三方组织。

参考文献

Carlisle, J. A., and R. C. Parker. (1989). *Beyond Negotiation*, John Wiley & Sons, Chichester, England.

Deming, W. E. (1981). Seminar notes for "Japanese Methods for Productivity and Quality," Course No. 617, W. Edwards Deming, Washington, D.C.

Fitzgerald, K. (1995). "For Superb Supplier Development," *Purchasing Magazine*, September 21, pp. 32–40.

Juran Institute, Inc. (2009). "Quality 101: Basic Concepts and Methods for Attaining and Sustaining High Levels of Performance and Quality (version 4)," Southbury, CT, p. 8.

Juran, J. M., and Godfrey, A. B. eds. (1999). *Juran's Quality Handbook*, 5th ed, McGraw Hill, NY, pp. 21.2–21.3, 21.5–21.7, 21.8–21.9, and 21.17–21.25.

Mantle, J. (1995). *Car Wars: Fifty Years of Greed, Treachery and Skulduggery in the Global Marketplace*, Arcade Publishing, NY, p. 168.

Phelps, T., Hoenes, T., and Smith, M. (2003). *Developing Lean Supply Chains: A Guidebook*, Altarum Institute, The Boeing Company, and Messier-Dowty, Inc., pp. 57–58.

Rigsbee, E. (2000). *Partnershift: How to Profit from the Partnership Trend*, John Wiley and Sons, NY, p. 112.

Tully, S. (1995). "Purchasing's New Muscle," *Fortune Magazine*, vol. 131, no. 3, Feb. 20, pp. 75–83.

（王凯莹 译，高鑫、杨坤 校）

第 31 章

董事会的作用：兼有效率和效果的治理

马科斯·E·J·伯廷　马科斯·伯廷·施密特

关于本章

董事会的作用是指导管理层制订计划以最大程度地满足利益相关者的要求，并与健全的组织持续性相一致，监督这些计划的正确实施。

董事会是否有所作为，对组织及组织绩效都有影响，包括质量结果。不幸的是，这一点并未被所有董事会所认识。不过当分析公司治理的演变时，这一点将变得清晰，这在本章将会讨论到。

本章将叙述董事会的质量（或相当于治理本身），并提出了一些准则：

- 计划公司治理实施。
- 改善董事会绩效。
- 成为有效的董事。

本章对那些需要与董事会成员互动以了解其作用和期望的人也很有帮助。

本章要点

1. 公司治理的演变，以及它是如何影响组织实践和结果的，这一点是理解董事会行为方式的关键。

2. 有效的公司治理为董事会和管理层提供正确的动机，以追求组织和利益相关者的目标。

3. 实施公司治理的方法应该建立在识别什么对组织有利这一问题的基础上，这当然包括遵守规定。

4. 公司治理的实施需要经过四个层级，以创建一个有效的董事会。

层级 1：了解（要求：0～1）。董事会在相关领域内了解需求以改善公司治理。

层级 2：首要步骤（要求＞1～3）。董事会在相关领域内采取具体措施来建立最佳实践方案。

层级 3：实施（要求＞3～7）。董事会已经在相关领域内对公司治理实施了改善。

层级 4：领导力（要求＞7～10）。董事会已经在行业中相关领域内对公司治理完成了最佳改善。

5. 当今世界最成功的组织认为，董事会的关键准则就是必须要平衡所有利益相关者的利益，这样才能确保组织可持续发展并盈利。

公司治理演变和对组织的影响

公司治理是一个动态问题。我们在这里讨论它的演变和影响，不只是针对组织实践，更重要的，是针对组织结果。公司治理始于几千年前，并且一直发展到朱兰和罗丹（1966）的愿景实现的年代。

对股东的历史性责任

早在公元前 3000 年的美索不达米亚地区，就已出现了组织这种形态。在经历了漫长的历史进程后，于 19 世纪中期发展出了现代组织。而直到 20 世纪初，组织的所有权与管理权才逐渐分离开来：组织的拥有者——股东开始脱离组织运营代理人的角色，职业经理人由此诞生。一些最重要的特征包括：

• 弗雷德里克·泰勒的管理第一次采用科学理性的方法，使生产力得到显著提高。

• 埃尔顿·梅奥引导开启了管理思想的人性学派。

• 一类新的管理咨询顾问，像阿瑟·D·里多，詹姆斯·麦克金斯，以及彼得·德鲁克在对沃特森时代的 IBM 和斯隆时代的通用汽车进行的研究，为组织人（Organizations Man）的发展作出了贡献，这两家公司在当时都非常成功。

• 1926 年成立了美国管理协会，它组织了富有影响的研究、课程、会议和出版活动。

在当时涌现的大量管理资料中，并没有发现提及董事会及其成员的文献。而且除了财务、商务、人力资源和其他管理活动（包括美国社会安全分析、质量控制和一些其他专项活动）外，也没有其他任何有关公司董事职业发展的内容。全国公司董事协会成立于 1977 年。这证实了在“组织人”的时代，公司董事认为公司的成功只取决于管理层的能力，董事会的作用仅仅是维护公司所有者的利益。下面我们回顾一下在 20 世纪 60 年代有限的关于董事会职责的认识。

1960 年代：朱兰和罗丹董事会专业化的开始

1961 年 9—10 月，《哈佛组织评论》（*Harvard Organization Review*）发表了第一个管理人员行为规范。美国管理协会的主席委员会在 20 世纪 60 年代也开始为董事会成员组织研讨会，为董事会做了大量的咨询和指导工作。这些经验促使第一本有关董事会的书在 1966 年得以出版，今天我们称之为公司治理，作者是朱兰博士和 J·科斯·罗丹。这本卓越的书叫作《公司董事》。值得注意的是，朱兰博士是多家董事会的成员。

本章两位作者中的一个在 1969 年从朱兰博士那里得到了这本书，这是他终生研究公司治理的开始，这本书为“做什么”与“如何做”的长期实践经验提供了有价值的指导。

令人吃惊的是，这本书很有可能是当时的“关键的少数”之一，它包括整章的今天的政府法规和组织需要的内容：全球最好的公司治理实践的规范。例如它包括：

• 董事会构成。

• 董事和董事会工作的正规化。

• 职业董事。

• 组织董事会及其委员会。

　　• 董事会议。

• 首席执行官和董事会。

• 保持健康的董事会。

朱兰和罗丹（1966）的最终结论在40年后的今天已经成为了现实：

当前的实践大多基于经验主义。工人都是利用自己的经验和直觉来工作，他们中有些人可能会表现得很出色。但董事会重要性的强化及随之而来的董事改善绩效的需要表明，经验主义终将成为历史，未来董事会必将在专业化的基础上发挥作用。

“发展中期”

不幸的是，在这期间，由于经济管制趋缓且私有化和集团化非常流行，公司又回到了强有力的管理层运营状态。公司对公司治理问题和反托拉斯问题也佯装不见。

在这样的经济环境下，公司的掠夺精神和一些首席执行官的过激行为是两次严重金融危机的导火索。

当前：从短期利润和其他流行趋势中吸取经验教训

我们看到了公司治理的复兴，就像朱兰和罗丹早在1960年代预见到的那样。如何分配公司管理者和公司所有者之间的利益，这一问题又出现了。因此，能否通过开发和实施合理、有效的治理实践和管制，满足所有股东的利益，并对此过程加强适当的检查和平衡，现在已经变得极为重要了。

公司治理的复兴源于两次众所周知的经济危机，以及1999年OECD（经济合作与发展组织）《公司治理原则》的准备和出版。基于五年的应用经验，第一次修订版于2004年出版。这些原则帮助政府制定和完善法律法规，从而更有助于国内公司的治理，并为证券交易所、投资商、公司和其他一些在创建优秀的公司治理方面发挥作用的团体提供指导和建议。这些原则代表了在各种类型的组织中创建良好的治理实践需共同具备的一个必要基础。

公司治理提供了从设定组织目标到确定方法以实现目标并监控绩效的一个框架结构。良好的公司治理应该为董事会和管理层提供合适的动机，以追求符合组织及其股东利益的目标，并且促进有效的监控。在单个组织和整个经济体中，如果有一个有效的公司治理体系，那就提供了一定程度的自信，这种自信对市场经济合理发挥作用是非常必要的。这样，资本成本的降低促使公司更有效率地使用资源，从而支持公司成长。

OECD的公司治理原则涵盖了六个基本领域：

1. 为有效的公司治理架构搭建基础。

2. 股东权利和关键所有权职能。

3. 对股东的公平对待。

4. 公司治理中利益相关者的作用。

5. 信息披露及透明度。

6. 董事会的责任。

在国家和全球层面，已出现了强烈的增加和加强新的管制的趋势。可以发现，管制已趋全球化，因此组织在治理公司的时候也必须有所创新，以适应投资基金、银行、主要客户，当然还有政府监管机构的要求，这是件很有意思的事。

另一方面，有越来越多的大学设立公司治理研究机构，如美国的耶鲁大学、瑞士的圣加仑大学和中国的南开大学。还有公司董事协会，例如华盛顿的国家公司董事协会（NACD）和伦敦董事学会，也都做了相关研究，清楚地证实了公司治理最佳实践的应用对组织绩效起到了重要作用：

- 公司层面和国家层面较好的公司治理使其获得更高的评价。
- 较好的公司治理增加了可用金融工具的多样性。
- 较好的公司治理增加了管理者改善绩效的有效性。

计划实施公司治理

实施公司治理的方法应该首先明确：什么是对组织发展有利的，而且它必须与法规相符合。这并没有一定的秘诀，同时，也有很多不同的情况。因此，在给出一个描述性模型和一些有用的治理机制后，我们将从两个不同的角度来提供指导方针：

- 家族式企业的问题和需要。
- 股票市场的问题和需要。

当前治理模型的早期标志

利益相关者与公司治理的相关性，以及董事会的工作在利益分配方面有多么重要，这在之前部分应该已经介绍得很清楚了。我们在这里讨论一个相关的模型，以继续探究一些相关概念。在本章后面讨论系统改善进程时还会提到这个模型。

让我们再次回到几千年前的远古，在埃及萨卡拉建成了一个金字塔。与常见的三角形不同，这个金字塔在结构上清楚地分成了若干层（见图 31—1 中的比较）。

对于董事会来说，还有比用美元钞票中的全视之眼更恰当地比喻它在利益相

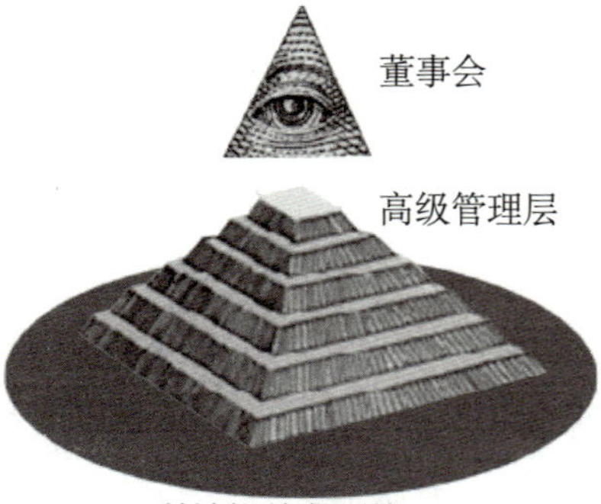

图 31—1　阶梯金字塔透视图

关者环境里的作用吗？它完全俯视着组织。

现在让我们从其他角度再看一看（见图 31—2）。图的中间是董事会（三角形），然后是高级管理层，然后是组织内的较低层级，最后，在外面的是利益相关者环境。

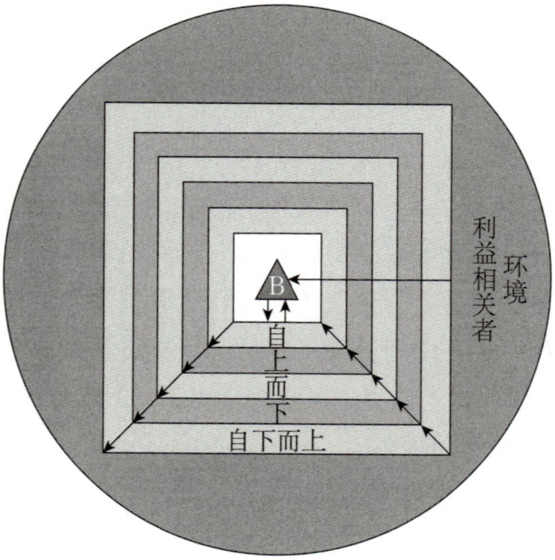

图 31—2　阶梯金字塔俯视图

自上而下指向的箭头代表了简单的政策和规则，它们产生于董事会层级，然后传递至高级管理层，为随后的实施和与金字塔较低层级的沟通做好准备。自下而上指向的箭头代表了反馈回流。

由外向内的连接利益相关者和董事会的箭头又代表了什么呢？它非常重要。董事必须关注利益相关者的期望，并对其进行评价，然后再决定在组织战略中对哪些方面应给予考虑。利益相关者将成为自上而下/自下而上这一过程的一部分。

董事会行为必须是自上而下的，以确保战略清晰、容易理解、便于预算，并与公司目标相一致。董事会不负责实施，它的主要职能是：

- 提供组织的战略指导方针。
- 监督管理。

现在，我们不要忘记实施公司治理是有关“什么对组织的组织有利”的问题。缺少经过验证的可靠秘诀并不意味着没有可用的有利资源，比如下面提到的。

中小型组织的治理机制

在成长较快的中小型组织的最杰出的公司治理特征中，我们特别强调的是：

- 同时兼任一个组织的首席执行官和董事会主席的现象并不常见。
- 董事会执行的最重要的职能，就是建议高层领导者遵从战略规划。
- 董事会没有委员会，或者如果有的话，只有审计委员会。
- 一些董事会有“亲身实践”的方法（绝对不建议，见图 31—1），表现为董事实施管理职能，同时参与组织运营。

因此，为了达到公司治理的目的，董事会至少要历经一次转型，这一点已变得很明显。在一些家族组织中也有类似的情况。我们下文描述的结构关系可以帮助实现这个和其他一些目的。

顾问委员会

“建议”是个关键词。顾问委员会作为一个非正式的智囊团并没有法律上的责任（见图 31—3）。顾问委员会和专业委员会有着相同的需求，他们的有效性取决于基于明显增值的过程时最佳实践的发展和应用，就像本章其他部分所说明的。顾问委员会也可作为转型中的组织形成一个正式的法律委员会的第一步。

在组织发展的早期，良好的顾问委员会既能缓和又能加快规划进程。在家族组织的案例中，顾问委员会在分离家族管理权方面更有优势。当面临挑选更有能力的继任者来运营组织时，顾问委员会表现得更为客观。

家族委员会

正如我们将在下面一节提出的，当更多的家族成员直接或间接地参与组织管理时，家族企业的组织治理会变得更加复杂。在很多国家，成功的家族组织除了拥有董事会外，还有一个代表家族股东的家族委员会（见图 31—4）。家族委员会有如下职能和责任：

- 召开正式会议讨论家族和家族组织的各项事宜。
- 为家族参与建立规则并为董事会制定指导方针。

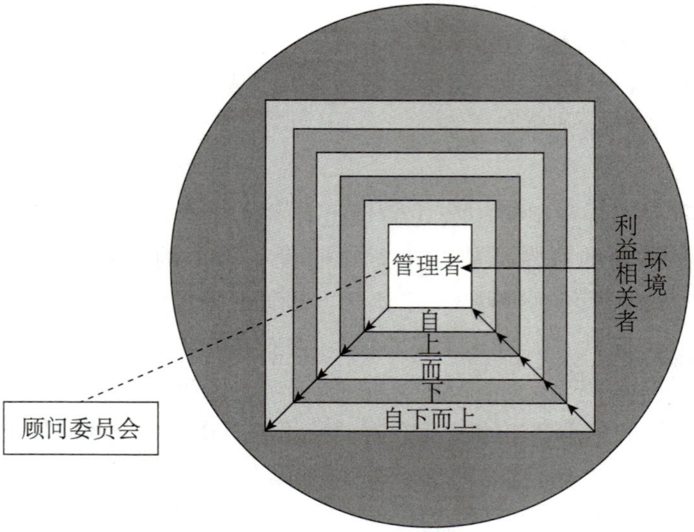

图 31—3 顾问委员会关系图

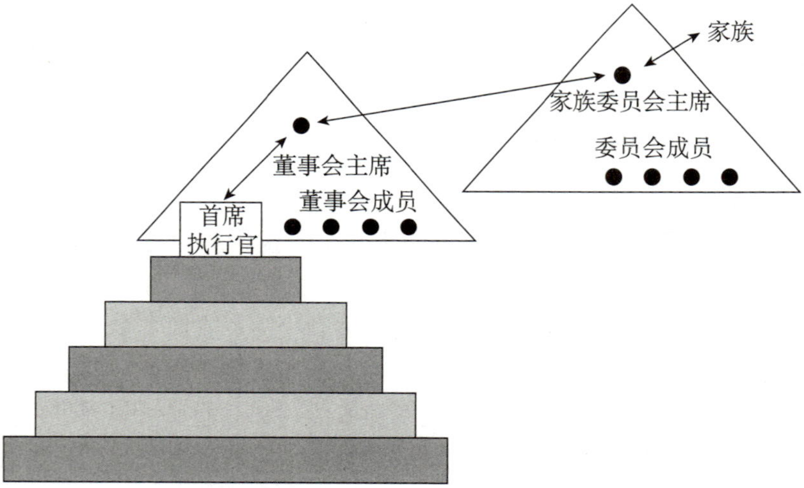

图 31—4 家族委员会关系图

- 成为家族组织和家族股东之间唯一的交流渠道。
- 了解有关家族组织的方针。
- 避免与管理层的个体联系。

家族组织规划

家族组织是世界组织群体组成的一部分，它们占了全部注册组织 70%以上的比例。成功的创建者个人/群体开始计划退休，并且家族成员决定继续管理组织时，是评估公司治理实施情况的时机。全球来看，成功的家族组织往往采取了以下措施：

• 和外聘的咨询顾问合作，组织所有者需要准备一份总体规划，这份规划需要包括新成员、家族委员会（FC）、专业董事会和备选成员（家族成员、重要管理者和独立的外部董事），以及他们需要经过的培训和具备的相关资格。如果现在的董事会是"未经审查即批准"的，它可能只是达到了法律对未上市公司董事会的最低要求。

• 根据对董事会明确的家族指示和正式的运行程序，组织一个家族委员会。这个家族委员会应该是家族股东和董事会之间唯一的交流渠道。

• 在任命一个正式的专业委员会之前，更常见的情况是先组建一个顾问委员会。这将促进家族和管理层之间的转变，并能帮助寻找到专业的外部董事。外部董事可能不愿意成为一个董事会成员，因为要承担自己不是很了解的、与组织有关的全部法律责任。

• 合适的人选是项目成功的关键。至于家族成员，他们必须明白自己可以是管理者、董事会成员、家族委员会成员，或者只是股东，这取决于他们的背景、绩效、能力和培训。一些家族成员可能很乐意成为市场化的经理，其他人可能更喜欢在组织中做一个股东。家族成员的数量一般一代一代增加。在这种情形下，通过购买那些对组织不感兴趣的成员的股票，来修整"家族树"，也是很重要的。

在为成立顾问委员会或正式的法律委员会挑选外部独立董事时，除了要求必需的经验和知识外，还要求独立董事具有以下素质：

• 具有赢得他/她的同辈、家族董事或执行经理尊重的个人品格。
• 以团队形式有效地开展工作的能力。
• 在避免冲突和防止侵害管理职能的同时，向管理者质疑的能力。
• 减少家族冲突的能力。

股票市场规划

当一个组织准备进入股票市场时，董事会一般都需要改善绩效以获得一个更好的评级。如果是这样的话，下一节"系统化公司治理改善"将会十分有用，它说明了一个特定的组织如何选择其需要遵守的规则，并且平衡所有利益相关者的利益，以确保组织健康有益地成长。

一旦实现了这些目标，透明度和良好的沟通则成为在股票市场中成功的关键。

再次强调，在合适的位置拥有合适的人是最重要的。这要求辨识每个董事会成员必须具有的最重要的资格，包括：

• 具有不同行业的坚实背景和经验，至少在市场营销、分销和技术领域有较强的法律、金融和 IT 方面的素质。

• 意识到对顾客忠诚的重要性。

• 意识到技术多样化的重要性。

• 意识到对董事会及其成员进行定期评估的重要性。

董事委员会，特别是治理、审计和报酬方面的，要和大多数独立和专业的董事会成员合作，而且如果有必要的话，也可邀请管理层人员和外部咨询人员加入。

系统化公司治理改善

聚焦结果式改善

在探讨了公司治理对组织的影响之后，下一步理所当然地就是要弄清如何改善治理。实际上是有一些可行的诊断方案的，但都有其特定的优势和劣势，比如自我评估法或360度评价法。然而我们认为，一个全面质量管理环境可能要求特别强调结果，且在某种程度上讲，结果是董事会的产品。

就此而言，我们的改善将基于一种方法，这种方法在 Marcos E. J. Bertin and Hugo Strachan 的文章《评估董事会的一种方法》中提到过。这篇文章曾在2005年的国际质量学术会议（IAQ）上发表。虽然文章的初衷是分析董事的自我评估，但我们已经成功地将这一观念应用到了改善一些组织的董事会的质量上。

有必要注意的是，与其他方法不同，这种方法在其细目分类中包括董事会（对结果）的贡献。这或许是与我们研究范围最为相关的，也是该范围的一个关键。它涵盖两个方面：

• 对组织结果的贡献：董事会制定并管控的成功的关键战略应该和关键绩效指标一样可以得到评估，包括无形资产。这涵盖以下条目：

1. 组织的财务结果。
2. 获取资产的能力。
3. 绩效指标。
4. 品牌价值/组织形象。
5. 组织的智力资本价值。
6. 风险管理。

• 董事会利益相关者的评估：利益相关者包括管理层、全体职员、主要供应商、顾客、政府、社会和少数控股股东。包括以下两个条目：

1. 董事会利益相关者的评估。
2. 组织作为一个整体的群体感知。

注意这种评估输入是由外向内的。这样的话，董事会必须明确利益相关者的意见被如何处理和评估。

应用于结果的四级评分标准

该方法鼓励根据实施公司治理所达到的级别进行评分，即：

• 层级 1：了解（要求：0～1）。董事会在相关领域内了解需求以改善公司治理。

• 层级 2：首要步骤（要求＞1～3）。董事会在相关领域内采取具体措施来建立最佳实践。

• 层级 3：实施（要求＞3～7）。董事会已经在相关领域内对公司治理实施了改善。

• 层级 4：领导力（要求＞7～10）。董事会已经在行业中相关领域内对公司治理取得了可完成的最佳改善。

该方案有助于缩小估算价值的方差值。另外，下面这些问题也可用来加强评估效果：

1. 组织财务结果。是否达到股东/所有者的期望？如果没有，董事会如何积极主动地根据他们的需要来进行合理分配？

2. 获取资产的能力。董事会在这方面是否有所帮助？如果没有，董事会对自己的作用有多少了解？

3. 绩效指标。绩效指标是否已达到理想的状态？董事会能否帮助组织进一步提高绩效？

4. 品牌价值/组织形象。目标是否已实现？董事会是否积极主动致力于对其进行改善？组织形象和行业标准之间有多接近？

5. 组织的智力/无形资本价值。这些资本是否被董事会所关注？是否积极创造/维持这种资本？结果是否足够好？

6. 风险管理。风险管理是否是组织成功的一个关键因素？如果是，董事会有何功绩？

7. 董事会利益相关者的评估。他们是否察觉到关键/必需的战略得到了实施？至少是有所改善？董事会与战略的提出有多相关？

8. 组织作为一个整体的群体感知。组织是否得到评估？如果是，评估结果是否良好？如果不是，是否得到最起码的改善？

• 任何能够定期充分评估这些或相似问题的董事会，都毫无疑问地在正确的方向迈出了一步。

• 对于董事会贡献的评价，可以采用如图 31—5 所示的形式。在这种情况下，注意图的右侧内容，我们通过一个案例来说明这样做的目的。

	董事会贡献	分数	级别		案例 分数	案例 级别
a	组织财务结果				7	III
b	获取资产的能力				3	II
c	绩效指标				5	III
d	品牌价值/组织形象				8	IV
e	组织的智力/无形资本价值				4	III
f	风险管理				7	III
g	董事会利益相关者的评估				1	I
h	组织作为一个整体的群体感知				4	II
	最大值	80			80	
	合计				39	
	结果				4.88	III

图 31—5 运算表

• 虽然在图 31—5 中，作为一个董事会最相关的职能，Ⅲ的结果等级可能看着还不错，但对于利益相关者评估，Ⅰ等级是不能被接受的。这也说明了为什么应该认真考虑整个改进方法中的每一个董事会贡献条目。这些方法我们在下文还会提到。

结果导向的改善方法

公司治理的过程是相互依赖和复杂的，而且涉及所有的利益相关者。虽然少数组织有一些建立自身度量标准和可变性的研究项目，但这需要一定的时间，而且其结果有多实用还不能得知，特别是对于中小规模的组织的董事会更是如此。因此，我们采取一种与众不同的方法，“通过意识进行改善”。

在本节后面我们提供了一系列的分类条目，以帮助进行经常性评审。这个想法的目的是，识别那些可能潜在影响董事会对结果贡献能力的问题，例如前面我们提到的八点内容。有经验的董事可能认为这很简单，但经验不足的董事可由此慢慢熟悉。考虑到董事会对一些事务难免会有分歧，比如利益相关者利益，定期重新进行聚焦也很重要。

像图 31—6 这样的表单应能对以下情况有所帮助：

• 列出潜在的相关条目（左列）。

- 列出各类董事会贡献（上行）。
- 在条目和贡献之间标记明确关系（行与列的交叉处）。
- 应用之前提到的四级评分标准进行量化。

				董事会贡献										
				组织财务结果	获取资产的能力	绩效指标	品牌价值/组织形象	组织的智力/无形资本价值	风险管理	董事会利益相关者的评估	组织作为一个整体的群体感知	目标（Ⅰ-Ⅳ）	优先权	符合？
鉴定的相关条目		分数	级别	Ⅲ	Ⅱ	Ⅲ	Ⅳ	Ⅲ	Ⅲ	Ⅰ	Ⅱ			
6.3	样例条目：类别6中的第三个条目	3	Ⅱ		X			X				Ⅲ		
6.4	样例条目：类别6中的第四个条目	5	Ⅲ					X		X		Ⅳ		
5.2	样例条目：类别5中的第二个条目	4	Ⅲ											
4.1	样例条目：类别4中的第一个条目	1	Ⅰ	X					X			Ⅲ		
4.2	样例条目：类别4中的第二个条目	4	Ⅱ											
		目标		Ⅳ	Ⅲ	Ⅲ	Ⅳ	Ⅳ	Ⅳ	Ⅲ	Ⅲ	在接下来的时间达成目标		
		优先权												
		符合?												

图 31—6 交叉引用表

对于收集的信息应该考虑到：

- 不要关注对结果意义不大的条目（删除交叉线）。
- 增加新确认的因果关系（增加交叉线）。
- 建立改善目标和重点（右侧和底部的条框）。

这将为一些可能最重要的、现实性的董事会事务提供一个全面和单一相结合的评价视角。

分类条目

为避免偏差，在样例中刻意没有提到任何真实的问题。在图 31—6 的例子中，在假设的类别 4～6 中选取条目。在第一行中，显示的是类别 6 中的第三个条目。

每个组织都有不同的目标和需求，每个组织也都应该能在本章选取最有助于满足其自身需求的方式。这些分类条目可以为董事会议程，或者自我评价问卷的制定，或者改善过程，提出激励性的、帮助性的议题，以满足上述目的（见图 31—6）。改善过程在之前的章节曾提到过，分类条目可从以下目录中进行选择：

1. 使命和原则。
2. 董事会和利益相关者。
3. 董事会和股东。

4. 董事会和管理层。

5. 运营规程。

6. 董事会结构。

同样还有关于 IT 治理的董事会条目。出于清楚阐述的目的，在本章的“公司和 IT 治理”一节中，我们将其分开进行了描述。此外还有一些相关的条目，为此我们提供了一个样表（见图 31—7），并针对每个条目都提出了一些指导性问题。这为处理整个类别提供了一种思路。对所有类别的详尽描述可在 Bertin and Watson（2007）中查找到。

					董事会贡献							
					组织财务结果	获取资产的能力	绩效指标	品牌价值/组织形象	组织的智力/无形资本价值	风险管理	董事会利益相关者的评估	组织作为一个整体的群体感知
			分数	级别	Ⅲ	Ⅱ	Ⅲ	Ⅳ	Ⅲ	Ⅲ	Ⅰ	Ⅱ
IT治理	a	IT承诺										
	b	IT结盟										
	c	IT附加值										
	d	IT费用管理										
	e	IT项目成功										
	f	信息有效性										
	g	IT相关风险										
	h	运行IT架构										
		最大值	80									
		总计										
		结果										

图 31—7 IT 治理样表

这里类别的标号是倒序排列的，这样做不止是为了吸引读者的关注，更多地是因为它代表了利益相关者从金字塔的外部（见图 31—1 和图 31—2）——利益相关者——全方位地向核心（组织的使命、原则、价值）移动。这意味着任何分析的深度都将取决于分类选择。这些相关条目如下所列：

使命和原则

使命和原则的积极主动的建立、使命与原则的部署和员工承诺、债务意识、风险预期和缓解、风险和危机管理政策、综合风险和承诺愿景、最佳实践规范。

董事会结构

足够的规模、董事会成员个人档案和选择、独立的主席与首席执行官和首席董事、独立董事的影响、董事会委员会职能和一体化。

董事会运营规程

人员选拔政策、独立董事政策、职能描述、培训和定位、专业管理会议、董事会成员对议程的贡献、董事会报酬和审查、非董事参加会议、董事会评估。

董事会和管理层

CEO 评估、高级管理者报酬、进入管理层、CEO 连任、相关信息提供、风险考虑和危机管理、管理培训和发展。

董事会和股东

薪酬公开、一股一权、董事、委员会和董事会评定、组织信息传递、所有权结构、符合性披露、组织盈利、特殊交易、成员选举和解职。

董事会和利益相关者

利益相关者期望和战略、组织正式披露（包括机构投资人、客户和媒体）和交流、关于社会问题的董事会行为。

公司与 IT 治理

IT 治理关注的是信息技术如何为组织提供最佳服务。考虑到目前 IT 的关键作用，对于董事会来说，IT 治理是个必修科目。因此，如果还没有建立 IT 治理，IT 必须成为日常规程的一部分。董事们也应该对他们的科技能力和整体知识进行提高。

对任何 IT 治理项目来说，不管为其投入多少资源，唯有董事会参与其中，否则 IT 治理就不会奏效，参见图 31—2 中自上而下的部分。

这是为什么呢？关键词还是“一致”。组织目标必须与利益相关者可接受的要求保持一致。同样地，IT 治理的战略也必须与组织的战略保持一致。

因此，董事会必须在 IT 传递的组织价值、相关风险和费用方面，与管理层保持一致。一旦这样，随着董事会确保 IT 项目达到预期，一条通向 IT 治理的大路也就铺开了。

这时董事会应该考虑在 IT 框架的组建中采用标准和最佳实践模型，比如信息及相关技术（COBIT，www.isaca.org）、信息技术基础构架库（ITIL， www. itil. co. uk）之类的控制目标。这方面的详细介绍超出了本章的范围。然而，有一点很重要而且也需要注意的是，架构应有测量能力，但这种能力并不是用来测量董事会绩效的。

本章前面提到的方法是可以应用到改善董事会对IT治理责任的绩效上的。在这里，除了相关的条目，我们也提供了一个样表（见图31—7），并为每个目标提出了一些指导概念。虽然有的公司治理尚未涉及IT治理，但杰出的公司治理大多都包括了IT治理。

IT承诺 它是否是常规董事会会议议程的一部分？董事会成员的IT技能有多熟练？他们是否至少接受过IT方面的教育？董事会成员是否至少在IT管理方面有良好的背景？

IT校准 组织战略的发展是否考虑到了IT的潜在贡献？IT项目是否至少与组织战略相关？开始IT校准是否具有主动性？

IT附加值 董事会是否清楚IT对组织和组织治理进程本身的价值？是否为确保准确的测量作出过努力？IT预算是否更倾向于被看作花费而不是投资？IT花费是否与任何被视为组织竞争力的因素一样管理得当？

IT项目成功 IT项目是否在董事会的层级上进行分析？与董事会的ROI（投资回报率）有多紧密的联系？董事会是否关注项目收益、实现时间框架和后续的工作？

信息有效性 信息是否清晰、准确和及时公布？信息是否被优先考虑？是否有关于如何管理和/或改善组织信息的计划？

IT相关风险 风险是否与董事会层级考虑的IT部署相结合？是否清楚理解了可能的风险？是否在开发上有一些行动计划来控制IT风险或减轻风险的后果？它们是如何运行的？

运行IT架构 是否有一个系统性的方法来考虑IT相关问题？采用IT架构是否采取了一些措施？是否已实施了一些措施？它是如何运行的？

董事会对质量的作用

历史上看，质量对于公司治理来说早已不陌生：

• 1996年，在日本横滨召开的每三年举办一次的国际质量学术会议（IAQ）上，启动了一项“公司治理中的质量（QiCG）”项目。2007年，IAQ出版了《公司治理质量在顶端》一书，与QiCG委员会的结论一起继续成为 IAQ 的一项主要活动。

• 美国鲍德里奇国家质量奖在领导力方面包括了公司治理标准。其他国际质量奖中也包括该方面的内容。

• 国务卿杰出质量奖（ACE）是在 1999 年由美国国务院创建的，表彰美国组织在海外推进最佳实践、良好的公司治理和民主价值观方面发挥的重要作用。

公司治理主要在于领导层要以身作则。同样对质量而言，董事会的委员会应该首先通过成立质量董事会来熟悉质量。本章涉及的概念和指导方针应该能指引正确的前进方向。

质量董事会需要质量董事。像在其他主要方面（比如 IT）以及与特定组织直接相关的方面一样，董事们在质量方面也要拥有一定程度的知识水平。董事们的培训计划也应该与时俱进。

当今最成功的全球性组织都已认识到董事会的关键指导和监督作用，必须平衡所有利益相关者利益的分配，以确保持久的成长和盈利。为了做好质量工作，董事们应该注意以下方面的发展：

• 政府调控重要性的增加逐渐成为全球趋势。

• 更苛求的顾客。

• 全球客户要求供应商达到标准，包括透明和治理。

• 投资和养老基金公司的治理要求。

• 评级机构增加的要求。

• 社会和客户要求组织有可靠的社会责任项目。

• 公司治理标准的不断发展。

• 为组织的董事提供可行的认证项目，比如华盛顿的公司董事国际协会认证项目。

• 大学的公司治理研究机构建立了与组织结果相关的公司治理进程测量方法和多样的研究项目。

组织已逐渐认识到在公司治理中使用科学质量工具的必要性，而采用那些已成功地应用于工厂、服务单位、政府和卫生保健领域等的工具。

我们都认同测量方法很重要，但在董事会履行其职能时，数字不会比测量方法更能提供帮助。董事会的作用是指导管理层制订计划，以最大程度地满足利益相关方的要求，并与可靠的组织持续性相一致，监督计划正确实施。

公司治理的进程是相互依赖的和复杂的，它涵盖了所有利益相关者。虽然客户忠诚度依然是成功的一个关键因素，但我们必须拓宽视野，还是一再重复的观点：质量要从以客户为中心转变到以利益相关方为中心。

参考文献

Bertin, M. E. J. (1996). "Quality on the Board of Directors." *Proceedings of the JUSE International Conference on Quality*, Yokohama, Japan.

Bertin, M. E. J. (2004). "The Impact of an Effective Board of Directors in Organizations Results." *Proceedings of the 48th European Organization for Quality*, Moscow, Russia.

Bertin, M. E. J., and Watson, G. H. (2007). *Corporate Governance: Quality at the Top*. International Academy for Quality, Salem, NH, pp. 83-126.

Bertin, M. E. J. (2007). "Quality in the Board of Directors—What the Board Should Do—How to Measure Board Performance." *Proceedings of the 1st Middle East Quality Organization Annual Conference*, Dubai, UAE.

Bertin, M. E. J. and Bertin Schmidt, Marcos (2009). "Where Were the Boards? Thoughts Regarding the Global Financial Crisis." *Proceedings of the 3rd Middle East Quality Organization Annual Conference*, Dubai, UAE.

Juran, J. M., and, Louden, J. K. (1966). *The Corporate Director*. American Management Association, New York.

Micklethwait, J., and Wooldridge, A. (2003). *The Organizations—A Short Story of a Revolutionary Idea*. The Modern Library New York.

OECD-Organisation for Economic Co-Operation and Development (2004). OECD Principles of Corporate Governance. Paris, France.

Strachan, H., and Bertin, M. E. J. (2005). "An Approach to the Evaluation of a Board of Directors." *ASQ World Conference on Quality and Improvement*, Seattle, WA.

（陈静 译，高鑫、杨坤 校）

附录Ⅰ　非帕累托原理；自己的过失

约瑟夫·M·朱兰

现如今，帕累托原理已普遍出现于我们的工业文献中，它是对在产生某种共同效果的任意总体中，相对少数的因素贡献了大部分的效果这一现象的一种简化称呼。

几年前，我将“关键的少数和微不足道的多数”这一原理命名为“帕累托”。在继之而来的质疑声中，我不得不承认，对于这一原理我错误地使用了错误的名称（Juran，1950）。这一澄清实际上没有起到任何作用——“帕累托原理”这一名称继续使用，并且似乎注定要成为这一现象的一个永久性标签。

由我的这一过失造成的麻烦一直没有完结。当提到帕累托原理时，跟我同属一个时期的作者们会在各种场合添油加醋地编造一些维弗雷多·帕累托实际上并未做过的事情而硬加到他身上。我撰写这篇文章的目的部分即在于尽量减少继续对这位著名的意大利经济学家的工作成果添枝加叶过分渲染的倾向。除此之外，一段时间以来，我常有一种冲动，就是讲讲我在看似不相关的领域（质量控制、密码分析、工业工程、政府管理、管理研究）中的一些早期经历是如何使我最终得出被错误命名的帕累托原理的。

这要从20世纪20年代中期开始说起，我那时作为一名年轻的工程师，注意到各种质量缺陷发生的频次并不相同（之前也有其他许多人注意到这一点），即如果将一长串缺陷按照发生的频次进行排序，相对少数的几类缺陷占了总缺陷数的大部分。当我在20世纪20年代后期和20世纪30年代开始从事质量管理工作时，我注意到（就像之前其他许多人注意到的那样）在员工缺勤、事故原因等方面也存在着类似的现象。

在20世纪30年代后期，我脱离了质量控制领域转而成为西方电气公司的企业工业工程师。在这个职位上，我的职责之一是访问其他公司并就工业工程实践进行经验交流。在这些访问中，最令人振奋的一次发生在通用汽车公司的总部。在那里，我遇到一个极其称职的经理人团队正在处理在集体谈判过程中出现的新的问题。作为一个附带的工具，他们组合了各种各样的数据处理系统以便对工会提出的任一提议进行成本计算。他们是这样做的，首先对设备进行编程，然后通过程序运行（打孔的）员工记录卡。这是一个巧妙的创意，他们的系统在当时相当先进。然而，这一电磁设备投入使用后需要花费几小时甚至几天的时间来处理这些数以十万计的卡片，经理们发现自己总是在等待机器输出结果。

这是值得载入史册的一幕，通用汽车公司的经理们敏锐、好问，对任何新的状况都时刻保持警觉。因此，当该读卡设备输出无意义的数据时，经理们不仅找到了其症结在于电路板接线错误，并且意识到他们碰巧发现了一种通过密码创建信息的手段。作为对他们时常遭遇的没完没了的等待的一种轻松调剂，他们利用一些等待时间进一步深入到这个加密系统中。他们进入得越深，就越发确信他们发展出了一个不能破解的密码系统。

在轻松的午餐时间，他们向我讲了这个牢不可破的密码系统，而我却对他们抱以轻笑。碰巧的是，我在这类问题上是行家里手，因为我在通信兵储备基地的时候正是从事这方面的工作的。自然，事情总是有前因有后果的，在一天的工作结束之前，我在仓促中接受了他们破解加密信息的标书。我确实破解了它，虽然是直到凌晨三点钟的时候。（之后，我进入了短暂而幸福的睡眠时间。）

在接到他们所谓的牢不可破的密码系统已经被破解了的消息之后，他们都震惊了，而在接下来的企业访谈中，我都是带着令人愉悦的传奇人物的光环进行的。作为一个意外收获，一些前所未启的秘密之门向我打开了。其中之一，就是让我首次接触到维弗雷多·帕累托的工作成果。开启这扇门的人就是默尔·黑尔，通用汽车高管薪酬方案的负责人。

黑尔向我展示了他通过将通用汽车现行的高管年薪模式与帕累托曾经构建的数学模型进行比较所得出的一些研究成果。拟合结果出奇地接近。在我的记忆中，我还将这件事与帕累托已经对财富分配不均现象进行了广泛的研究，并且还建立了相应的数学模型来量化这种分布不均现象这一事实关联了起来。

1941年12月，美国参加第二次世界大战的那个月，我被“临时”指派为一名联邦政府行政官员。原计划6周的工作延长到了4年，并且作为副产品，我得到了深入了解联邦政府管理问题的机会。当然，在此期间关键的少数和微不足道的多数这一原理得到了广泛的应用。在战争快结束的时候（1945年），我开始了投身于管理领域的职业生涯：研究、写作、教学、咨询等等。在20世纪40年代后期，通过在纽约大学教授课程并在美国管理协会举办研讨班，我认识到“关键的少数和微不足道的多数”这一原理是一个真正的“普遍”原理，不仅适用于众多的管理职能，而且在物理和生物领域也普遍适用。其他研究者可能也已经意识到这一普适性的原理，但据我所知，还没有一个人形成书面的归纳。

20 世纪 40 年代末，正当我准备《质量控制手册》第一版手稿的时候，我需要给这一通用法则取一个简短的名称。在一篇名为“质量损失的分布不均”（Juran，1951）的结果评论中，我列举了许多分布不均的实例作为归纳的基础。我也注意到帕累托已经发现了财富的分布不均现象。除此之外，我还给出了现在熟知的累积函数曲线的示例，一条用来表示财富的分布不均，另外一条用来表示质量损失的分布不均。这些曲线下面的标题是“适用于财富分布和质量损失分布的不均衡分布的帕累托原理”。尽管附带的文本清晰地说明了帕累托的贡献仅限定在财富领域的研究，但标题却隐含了他已经将不均衡分布原理推广到一般化的概念。这一暗示是错误的，作为一种一般化概念的帕累托原理并不是原始意义上的帕累托。

那么，该一般化概念起源于哪里呢？据我所知，第一次阐述这一概念的人是我。如果我沿着不同的线路构造这一概念，我也可以自大地称它为朱兰原理。然而，我并没有这样构造。但我确实需要一个简短的名称，并且我不排斥帕累托这个名字，因此，就成了帕累托原理。

此事到此就可以告一段落了，因为对于这一一般化概念的反应已经不如先前那么热烈了。取而代之的是，新的一般化概念成了广泛使用和参考的对象。通过在广泛传播的“共性”一文中（第一次发表很可能是在 1954 年的时候）创造并普及了“关键的少数和微不足道的多数”这一专门用语，以及在为美国管理协会制作的讲述“突破”过程的电影胶片中，我对这种新的一般化概念的传播作出了自己的贡献。由此产生的广泛使用也给我带来了新的（来自 Dorian Shainin 和其他人的）质疑，认为此成就应归功于帕累托。这些质疑迫使我去做从一开始就应该做的事情——告诉我自己哪些是帕累托确实做过的。正是这次审视使我自己弄明白了一度曾模糊不清的事实，即帕累托的工作一直都在经济领域进行而并没有将他的模型有目的地运用到其他领域。更糟糕的是，我在《质量控制手册》第一版中所使用的累积函数曲线更确切地应被鉴定为与洛伦茨（1904—1905）的相一致。

总结起来，事实澄清如下：

1. 由于关键的少数和微不足道的多数这一现象适用于很多活动领域，因此，在过去的几个世纪里，已经有许多人在其各自所在的领域中注意到这一现象的存在了。

2. 帕累托注意到这一现象适用于财富的分布情况，并提出了收入分配的对数分布理论以对该现象进行拟合。

3. 洛伦茨提出了累积函数曲线，以图形化形式描绘财富的分布情况。

4. 朱兰（似乎）首先识别出了关键的少数和微不足道的多数这一现象是一个“通用法则”，适用于许多领域。

5. 朱兰将这一通用法则命名为“帕累托原理”。朱兰（1974）还提出了“关键的少数和微不足道的多数”这一说法，并运用洛伦茨曲线，以图形的形式来描绘这一普遍现象。

参考文献

Juran, J. M. (1950). “Pareto, Lorenz, Cournot, Bernoulli, Juran and Others.” *Industrial Quality Control*, October, p. 25.

Juran, J. M., ed. (1951). *Quality Control Handbook*, 1st ed. McGraw-Hill, New York, pp. 37–41.

Juran, J. M. (1954). “Universals in Management Planning and Controlling.” *The Management Review*, November.

Juran, J. M., ed. (1974)., Quality *Control Handbook*, 3d ed. McGraw-Hill, New York, pp. 2–16 to 2–19.

Lorenz, M. O. (1904–1905). “Methods of Measuring the Concentration of Wealth.” *American Statistical Association Publication*, vol. 9, pp. 200–219.

J. M. 朱兰博士，质量控制领域的美国咨询公司院长，管理质量控制计划原则和方法发展的先驱，有着超过50年的十分丰富的管理领域各层级的国际经历。他的客户包括工业巨头以及小企业和政府部门。他在世界各地开设了几百门有关质量控制管理以及其他管理学科的课程。朱兰博士还著有十本专著，包括《质量计划和分析》（与F. M. Gryna合著）、《管理的突破》以及《质量控制手册》，该手册已经被全文或部分地翻译成多种语言，并成为质量研究领域国际标准的参考书。

（岳盼想 译）

附录Ⅱ　能力矩阵和职位介绍

职位	全球部门质量副总经理
主要目标	部门质量副总经理将以为顾客提供业内领先的质量性能的方式为公司效益作出贡献。这位经理将为系统推动组织在现在和未来的商业环境中获得成功的长期目标和质量规划提供愿景式领导。这位经理将逐渐引入正确的能力和过程，使组织的各个层级成为业内领先的团队，进而实现关注顾客的质量解决方案。他/她将频繁地在全球范围内与销售、市场、工程、采购和制造相互作用。
职责	责任和义务包括： 1. 重新调整现有的资源以支持一个前瞻性的方法，用来预测、预防和保护公司及它的顾客免于质量性能问题。 2. 负责公司的质量过程并结合公司的发展方向开发战略质量、愿景、任务和目标。 3. 创建涉及部门所有操作的持续性质量方法论、过程和程序的大方向。 4. 与全球组织合作工作，以确保对性能、质量过程和使用指标的管理。 5. 在公司内部和外部做一名质量倡导者。 6. 推动全面质量管理、精益六西格玛在全球各部门的应用和保持。 7. 负责确保所有办事处都有知识丰富和有效的管理代表监督质量系统标准的保持和持续改进。 8. 经常出差并能根据需要通过电话参与和主持全球会议。 举措包括以下这些： 1. 在部门内推动精益和六西格玛举措。 2. 在整个部门内确保质量体系符合标准和顾客要求。 3. 定期进行过程和体系合规性审计并进行改进。 4. 实施顾客满意度监测并每季度向部门领导层报告结果。 5. 在全球所有的运营部门中推动质量指标报告制度。 6. 在业务团队中，作为顾客支持者来监督部门在满足顾客质量标准及其他要求方面的效果。 7. 围绕顾客质量建立和实施标准化的政策、标准、过程、指标和控制。 8. 确保员工/供应商培训和培养方案的实施以获得对公司质量过程的一致的理解。

续前表

职位	全球部门质量副总经理
职责	9. 促进部门资源的使用和开发，以在产品生命周期的早期处理内外部质量问题，促使团队关注更高价值的前瞻性活动。 10. 使用全球质量和信息技术来开发标准化的数据收集和报告体系。 11. 促进质量绩效与采购决策的结合。 12. 满足年度质量目标。 13. 与公司质量领导层合作，以促成整个公司的最佳实践。 当年目标包括： 1. 确定质量方向，组织质量委员会并担任主席，引导质量战略的开展，设立质量计分卡，明确“正确的”质量工具和度量，推动质量体系的有效性。 2. 顾客支持者要为顾客事件升级和及时的解决作好准备。 3. 吸引和开发业内领先的人才。 4. 报告质量测量。 5. 组织和实施定期的、正式的质量评审。 6. 开发本部门全球质量改善计划并管理执行，把优先顺序与企业目标联系起来。
学历要求	要求学士学位，MBA 更好。
优先学历	认证的六西格玛黑带或黑带大师。质量工程师。
工作经验要求	应聘者必须有在组件级质量环境下 7～10 年的工作经验。 应聘者必须有大量的实施六西格玛的经验以及成功实施六西格玛，以推动工程、生产、成本改进、采购方面的改善的记录。应聘者必须能够在内外部过程中推进六西格玛。 应聘者必须具备有效地识别根原因，以及应用组织手段成功解决障碍而达到行业领先业务绩效的业绩证明。 应聘者必须对新兴产业项目有热情，并且能够影响其他人应对对变革的抵制。 应聘者必须被证明有能力领导不同的全球化团队来实现成本、质量及上市时间的承诺。 此外，应聘者必须： 1. 具备良好的谈判和关系建立能力。 2. 拥有开创道路的技能，使部门能够获得关注顾客的质量驱动的文化。 3. 充满活力以对质量举措提供支持。 4. 推动关键职能的领导者接受质量作为部门成功的关键要素。 5. 提供客观、准确、真实的数据来推动质量方面的改进。 6. 拥有开发、吸引及保留卓越人才和开发有效团队的业绩记录。 7. 拥有与关键工作伙伴合作方面的成功经历。 8. 拥有在组织各个层次管理变革的成功经历。 9. 具有良好的展示和写作技能。 10. 具备经营管理者的风度。
要求的技能	要求的知识包括： 1. 全球产业质量标准的基础知识，包括 ISO/TS 16949，ISO 9000—2000，以及主要的顾客/产业要求。

续前表

职位	全球部门质量副总经理
要求的技能	2. 分析的性格和训练。 3. 如何获得度量。 4. 与关键利益相关方协调问题的能力。 5. 技术知识以及聘用正确人员的能力。 6. 建立强大团队的能力。 7. 全球权威和文化敏感性。 8. 汽车质量标准和要求方面的广博知识。 9. 对经营绩效和质量度量的详细理解。 10. 如何利用个人对业务统计和绩效指标的控制来为特定决策和建议提供有利的环境。
其他	应聘者必须是一位有深厚基础的资深业务领导者——曾经成功使用质量工具和理念领导组织获得更高水平的绩效；能够在公司内部与外部顾客和供应商中建立持久的信誉，创造一条路径使部门获得以顾客为中心、质量驱动的文化。他/她必须能够促使关键职能领导者把质量作为企业的一种关键成功因素。应聘者必须具备能够同公司、客户及供应商的最高领导者有效地交流的风度。应聘者必须是： 1. 一位对未来具有洞察力的人，对事物会如何变化有所认识。 2. 一位质疑预设和惯性思维的领导者。他/她挑战传统及已存在的商业模式，是一位有效的变革推动者。他/她能够满腔热情地传达新兴产业方案并影响其他人改变对变革的抵制。 3. 一位有能力建立强大、有凝聚力的质量管理团队的人，该团队能够接纳不同文化、不同个性和不同理想的员工。 4. 一位能够把战略转化为包括目标、职责、时间表和方案的严格的运营计划的领导者。 5. 一位在面临困难挑战或处于逆境时具有积极态度、充满活力的领导者，能够恪守对客户的承诺。 6. 一位专业、果断的领导者。他/她在面临困难或复杂问题时能够快速解决并展示出勇气及信念的力量。 7. 一位表达能力强、高效的沟通者，能够设立清晰的目标和标准，使员工富有责任。 8. 一位具有符合道德原则的良好行为的人。这些道德原则例如避免利益冲突、避免危害经营状况，以及正确地处理机密信息，明白诚信敬业是建立信任和赢得尊重进而影响和领导他人的关键因素。
职位	**全球客户质量主管**
主要目标	提供必要的内外部指导和交流，以发展、保持客户对组织质量绩效的信任。具体活动包括代表组织进行前瞻性的和反应性的客户质量关系管理。

续前表

职位	全球客户质量主管
职责	责任和义务包括： 1. 协调内部沟通及整合客户质量要求。 2. 协调对投诉和质量绩效问题的全球响应。 3. 作为客户质量问题的主要联系人。 4. 维护全球行动列表和/或项目计划以实现/维持主要客户的优先供应商地位。 5. 在局域网上维护当前客户的计分卡，使全球的子公司都能看到。 6. 确保客户要求的更改通知对所有子公司都是可得的、最新的、可行的。 7. 根据改进的原因数据、有效的问题解决及系统的分析和改善来驱动全局的改善。 8. 参与重要大客户的顾客评估过程。 9. 在实现客户要求过程中传递最佳实践。
要求学历	要求本科学历。
优先学历	MBA，黑带认证，美国质量协会认证，精通办公软件（Excel，Word，PowerPoint 等）
工作经验要求	担任质量角色或在相关生产制造领域至少10～15年的经验，对设计和制造方面的企业质量过程有深入的理解。有跨国公司工作经验者优先。
要求的技能	该职位的人员必须具备良好的领导能力以及卓越的规划和项目管理技能。他/她能够支持变革所需的要素，利用必要的资源来实现变革。在努力、积极实施必要改进以超出客户期望时，他/她必须代表顾客的声音。 该职位的人员一定要是专业的、可靠的，并且能够影响全球范围内关键地区的业主和利益相关者。因此，跨文化的敏感性和可接受性是必需的。善于分析和创造性的思维、独立判断以及清晰简洁展示信息和观点的能力也是必需的。作为一名独立的思考者，该职位的人员一定要能够组织他/她自己的工作，预期、计划并监测工作量。该职位的人员必须具备优秀的写作和口头沟通能力。对质量标准、体系和工具的基于经验的扎实理解也是必需的。
其他	该职位的人员要对需要的国内外出差有所准备。他/她必须是一位良好的团队伙伴，一位自主的、做事主动的人，能够领会需要完成的任务，能够在最低的监管下实现目标。 该职位的人员必须能够胜任质量系统中的领导角色，这是最佳人选必备的条件之一。
职位	全球供应商质量高级经理
主要目标	作为领导和个人贡献者，该职位负责为公司明确和推动全球质量及改进方案。作为供应商质量保证（SQA）的领导，该职位负责围绕原料和产品质量、测试计划、日程、质量问题以及快速开发和生产

续前表

职位	全球供应商质量高级经理
主要目标	环境中的风险，协同所有独立的 SQA 人员创建和实施以质量为中心的方案。该职位要求在生产环境中成功建立、领导、执行质量方案的经验；已证明的质量管理/六西格玛经验；以及已证明的在前瞻性和反应性环境中技术上和实践上的质量经验。
职责	责任和义务包括： 1. 和 SQA 主管们一起定义、设定并实施质量改进方案，方案涉及计划、执行及基于发布的质量/风险评估的所有因素。 2. 在开发、生产和发布质量测量与评估过程中，与部门 SQA 人员一起推动特定过程、交付以及工具的改进。 3. 帮助和支持由部门 SQA 人员领导的支持质量改进方案的特定发布的 SQA 项目。 4. 协同项目管理和开发；支持引导建立关注过程改进的端到端的 SQA，以在全球范围的供应基地帮助驱动“质量上溯”。 5. 在全球范围内负责确保对年度供应商质量改进计划的开发和监测。 6. 针对一组全球范围内实施的普遍标准，和所有部门一起定义、开发及引导遵循一个全球性的 SQA 标准。 7. 管理部门规定的其他职责和义务。
学历要求	要求本科学历。专注于供应商质量保证和管理的概念与原则。
优先学历	同上。
工作经验要求	在多站点生产环境中，有三年质量岗位的经验。具备跨职能（工程或生产）成功管理一个质量改进过程的经验。 至少五年的质量管理工作经验，工作职责曾包括与顾客就 SQA 需求进行交流。
技能要求	供应商质量管理。生产质量管理。预先的质量规划。先进的质量工具，包括 DOE。卓越的沟通和表达技巧。高效的协调和项目管理技能。技能必须是行动和结果导向的。
其他	该职位的人员必须愿意在全球范围内出差，出差占至少 50%的时间。掌握汉语技能者优先考虑。
职位	**公司质量工程师**
主要目标	该职位要为公司在全球范围内实施全面质量管理、六西格玛和精益技术提供工具方法，是内部的全球“资源”。
职责	责任和义务包括： 1. 作为主要的质量培训和发展教练，为领导团队、赞助者、六西格玛黑带和绿带提供指导。 2. 推动外部咨询师与公司员工之间的知识传递。 3. 作为选定项目团队的领导者和推进者。 4. 帮助解决问题，为需要立即解决的问题提供资源。 5. 协调内部沟通，按需要整合顾客的质量需求。 6. 培育在全面质量管理和六西格玛方面的内部专业人员，形成全球的人才网络。

续前表

职位	公司质量工程师
职责	7. 识别内部和外部（供应商）改进机会，帮助公司实现质量和成本削减的目标。帮助管理咨询时间安排和花销。为未来的黑带和黑带大师的选择提供意见。 8. 依照政策和程序，支持公司的全面质量管理项目。 9. 其他管理层指派的相关任务。
学历要求	学士学位和注册六西格玛黑带大师。
优先学历	MBA。
工作经验要求	申请者必须拥有在制造业至少 5～10 年的工作经验，在质量或者制造岗位有运用六西格玛的成功、可量化的业绩。申请者须曾在制造业企业中成功实施六西格玛项目，并因此获得六西格玛黑带大师认证；必须接受过有关团队推进技能的培训和与全面质量管理、精益、六西格玛相关的技能培训；必须具备主要新产品开发过程中必备的知识和成功经验。申请者必须能够经常出差，与全球范围内的分公司和供应商合作。
优先工作经验	拥有在领先的制造业公司中成功实施六西格玛管理经验者优先；有跨国工作经验者优先；除英语以外掌握其他外语者优先。
技能要求	申请者必须具备良好的领导力和出色的策划能力及项目管理技巧。申请者需要具备成功引导团队的能力和团队合作技能。申请者需具备专业精神、值得信赖并能够影响地方分公司和全球范围内的利益相关方。因此，需要敏感于并接受跨文化差异。具备分析和创新思维，能独立判断，能够清晰、简洁地展示和传授质量工具和方法。申请者需具备较强的书面和口头沟通技能，不论与管理层还是普通员工一起，都能高效工作。
其他	该职位申请者必须具备日后进入质量管理层的潜能，这必须作为最佳人选的标准之一。
职位	质量体系和环境符合审核总监
主要职责/工作描述	质量体系和环境符合全球审核总监指导、协调和计划审核活动，评价管理体系的有效性，确保符合质量、环境标准和法规。这包括检查记录和访谈员工，以确保对交易的记录和符合适应的标准、法律和法规。该人员协调公司办事处评估管理系统的过程，以确定管理体系的有效性和防护值。作为评审活动的一部分，该职位强制使用一致的方法评审与运营、排放和浪费管理有关的记录。这要求对一些方面的缺陷数据进行分析，这些缺陷方面包括控制不良，工作量的增大，与法律、政府法规和管理方针或程序的不符合。该职员对使用一致的方法准备给不同地方、分部和公司的发现和建议的报告进行监督。在全球质量副总裁的总指导下，该职员可以进行管理和法律法规工作的专门研究，以确认执行了足够的内部控制，将风险和危害降到最低。审核主任在独立单位层面与各分公司进行合作，计划、协调或有时参与质量和环境审核，以及所有运营的内部控制评估。在开展这些工作的同时，审核经理将完成评估，为不同单位和分公司确立适宜的员工资源和纠正措施。这包括跨单位和跨地区

续前表

职位	质量体系和环境符合审核总监
主要职责/工作描述	审核以发挥最佳实践的作用并分享成功经验。此外，该职员将负责与全部分公司保持合作，确保公司优化了各地区的资源以服务于所有分公司。
责任和义务	评价优先审核报告，启动与当地质量和现场管理层的讨论，评估质量或环境体系的符合性。结果将是一份与不符合项有关的运营风险的存档报告。该职员将确保与当地质量或环境资源的协调，以满足标准和法规要求。 • 专业地计划并执行审核，确保及时完成总结报告。站点经理应负责制订和实施适宜的改进计划以解决审核发现的问题。 • 通过简洁和高质量的审核报告与管理层沟通关于审核发现和改进建议的结果。 • 必要时参与一些特殊项目，包括但不限于协助准备顾客质量或环境审核。 • 积极推进公司质量和环境审核职能的持续改进。 • 国内和国际出差预计不超过 40%时间。
要求	• 商科或相关技术专业的本科学历。丰富的质量和环境体系符合性方面的领导审核和审核管理经验，可替代该方面的专业教育要求。 • 有作为主任审核员的资格任命和认证。 • 7 年以上的审核工作经验，有制造业环境工作经验者优先。 • 具有 ISO 9000—2008、ISO/TS 16949 和 ISO 14001 评估经验。候选人员必须熟悉这些，以及与质量和环境体系符合性相关的任何新的或修订的要求。 • 具备强烈的职业道德、系统性和过程性思维，以及组织能力。 • 熟悉办公软件（Excel、Word、PowerPoint 等）。
关键任务	审核经理负责与不同分公司和单位优化及协调公司内的审核项目。这包括协助审核的策划、计划、执行、跟踪至结束，以及报告结果。关键任务包括： • 主管审核过程，确保审核文档齐全、易理解、有效，以及与最新的标准和法规要求保持同步。 • 制定和维持年度的全球审核计划和运行状态报告。 • 培训各职能的内审员。 • 经常作为审核团队成员参与审核。 • 跟踪审核行动直至结束。 • 向过程拥有者和公司管理层汇报审核项目的关键绩效指标，例如，行动计划的平均超期时间、审核发现问题的再发生、每个部门/地点发现问题的密集度。 • 确保管理层了解不符合质量标准和环境法规的风险。 • 担当公司业务的咨询专家：发展和保持专业性，成为质量体系和环境符合方面的业务专家。
经验	• 编制过程定义和改进的文件。 • 执行适宜的行业过程、质量和环境标准或法规。 • 设计和提供关于标准、法规和审核的培训。

续前表

职位	质量体系和环境符合审核总监
经验	• 与外部监管机构和人员联络，解决主要发现的问题。
必备技能	卓越的与各层次人员沟通和谈判的能力。优秀的分析和问题解决技能。
其他	能够远程和间接地对审核资源进行监督。能够快速消化信息和在没有帮助的情况下与高层管理者处理有关事情。候选人员应求真务实，同时不影响沟通的诚意。能够担当多项任务和采取多项行动。候选人员应：对质量、环境和过程改进的工作有决心和热情；关注细节；灵活且适应性强，善于团队合作，勤奋务实；主动，能主动工作。

资深黑带
资深黑带是公司级的六西格玛和质量专家。资深黑带应具备相应的资质，以培训其他黑带和绿带掌握六西格玛的方法论和工具，并促进其在公司所有部门和层次的应用。此外，资深黑带有能力领导六西格玛与公司战略的融合，参与创建和执行组织的战略业务和运营计划。作为黑带，资深黑带后备人员已经独立领导过数个成功的项目团队。 关键角色 • 提供技术指导和辅导。 • 指导多个项目。 • 向倡导者和高层管理者提供建议。 • 在精益和六西格玛工具和技术方面培训其他员工。 • 在精益和六西格玛方法与公司经营战略整合方面向管理团队提供指导。 • 参与创建和执行组织的战略业务和运营计划。 • 接受在高级工具、战略制定和培训师的培训方面的培训。
黑带
黑带是六西格玛技术专家，被授权全面负责执行不同业务单元、职能或过程中的六西格玛项目。他们被视为改进活动的发起者（initiators），是全职的在工作现场的项目领导者。 关键角色 • 向倡导者及时汇报项目的进展情况。 • 发展、指导和领导跨职能的项目改进团队。 • 在项目的筛选、跟踪和立项方面提供指导和建议。 • 帮助绿带、黄带和业务专家使用六西格玛工具和方法。 • 积极寻求使用六西格玛突破步骤解决长期性的问题，消除浪费，计划新的服务和产品。 • 学习使自己的项目与本地的经营目标相协调。 • 提供项目的管理，协助和领导团队。 • 在适宜的工具方面获得培训和认证。
绿带
绿带是具有丰富知识，能够支持并参与精益和六西格玛项目的员工。他们可以是团队的领导者或者团队成员。 关键角色 • 可以负责项目的执行。

续前表

• 可以担当项目团队的核心成员。 • 积极参与大型黑带项目或提供专业支持。 • 使用精益和六西格玛步骤解决问题。 • 已经完成多个项目，一次一个项目。 • 在绿带工具方面获得培训和认证。
资深精益师
资深精益师是公司级的精益或质量专家。资深精益师应具备相应的资质，以培训其他精益工程师（Lean experts）和团队成员掌握精益方法论和工具，并促进其在公司所有部门和层次的应用。此外，资深精益师有能力领导精益方法与公司战略的融合，参与创建和执行组织的战略业务和运营计划。作为精益工程师，资深精益师后备人员已经独立领导过数个成功的项目团队。 • 提供技术指导和辅导。 • 指导多个项目。 • 向倡导者和高层管理者提供建议。 • 在项目的筛选、跟踪和立项方面提供指导和建议。 • 在精益工具和技术方面培训其他员工。 • 在精益方法与公司经营战略整合方面向管理团队提供指导。 • 参与创建和执行组织的战略业务和运营计划。 • 接受在高级工具、战略制定和培训师的培训方面的培训。
精益工程师
精益工程师是技术专家，被授权全面负责执行不同业务单元、职能或过程中的精益项目。他们被视为改进活动的发起者，是全职的在工作现场的项目领导者。 关键角色 • 及时向倡导者汇报项目的进展情况。 • 发展、指导和领导跨职能的项目改进团队。 • 在项目的筛选、跟踪和立项方面提供指导和建议。 • 帮助精益经理及其他专业人员使用精益工具和方法。 • 积极寻求使用精益方法的步骤解决长期性的问题，消除浪费，计划新的服务和产品。 • 学习使自己的项目与本地的经营目标相协调。 • 提供项目的管理，协助和领导团队。 • 在适宜的工具方面获得培训和认证。

（黎煜　译）

附录Ⅲ　缩写表

ACE—Award for Corporate Excellence

ACH—Automated clearing house

ADLI—Approach, deployment, learning, and integration

AHT—Average handle time

ALOS—Average length of stay

AMI—Acute myocardial infarction

ANOVA—Analysis of variance

ANSI—American National Standards Institute

ANZSIC—Australian and New Zealand Standard Industrial Classification

AOQ—Average outgoing quality

APQC—American Productivity and Quality Center

AQAP—Allied quality assurance publications

AQIP—Annual quality improvement plan

ARDEC—Armament Research, Development, and Engineering Center

ARL—Army Research Laboratory

ARPAnet—Advanced Research Projects Agency Network

ASME—American Society of Mechanical Engineers

ASQ—American Society for Quality

ASTM—American Society for Testing and Materials

ATM—Automatic teller machine

BAM—Business activity monitoring

BBB—Better Business Bureau

BBE—Behavior-based expectation

BPM—Business process management

BPO—Business process outsourcing

BPQM—Business process quality management

BPR—Business process reengineering

CAFÉ—Connecticut Award for Excellence

CCL—Critical-components list

CDP—Carbon disclosure project

CE—European Conformity

CEN—European Committee for Standardization

CEO—Chief executive officer

CFO—Chief financial officer

CFR—Code of Federal Regulations

cGMP—Current good manufacturing practice

CHF—Congestive heart failure

CI—Continuous improvement

CIn—Continuous innovation

CIO—Chief information officer

CMM—Capability maturity model

CMMi—Capability maturity model integration

CMS—Centers for Medicare and Medicaid Services

CMU—Carnegie-Mellon University

COBIT—Control objectives for information and related technology

COO—Chief operating officer

COP^3—Cost of poorly performing processes

COPQ—Cost of poor quality

COTS—Commercial off-the-shelf

C_p—Process capability

C_{pk}—Process capability index

CPM—Critical path method

C_{pm}—Taguchi capability index

CQE—Certified quality engineer

CTO—Chief technology officer

CTQ—Critical to quality

CUMSUM/CUSUM—Cumulative sum

DA—Decision analysis

DC—Discharge

DCE—Defect containment effectiveness

DES—Discrete event simulation

DF—Degree of freedom

DFA—Design for assembly

DFM—Design for manufacturing

DFMA—Design for manufacture and assembly

DFMEA—Design failure mode and effects analysis

DFSS—Design for Six Sigma

DMADV—Define, measure, analyze, design, verify

DMAIC—Define, measure, analyze, improve, control

DOE—Design of experiments

DpKLOC—Defects per thousand lines of code

DPMO—Defects per million opportunities

DRM—Digital Rights Management

DVT—Design verification test

EDI—Electronic Data Interchange

EFQM—European Foundation for Quality Management

EFT—Electronic funds transfer

EHR—Electronic health record

EIU—Environmental impact unit

EMMA—Electronic Municipal Market Access

EMR—Electronic medical record

EMS—Environmental management systems

ENPV—Expected net present value

EP—Environmental protection

ERA—Emergency response action

ERP—Enterprise resource planning

ESD—Emergency services department

ESS—Employee self-service

EU—European Union

EVOP—Evolutionary operations

EWMA—Exponentially weighted moving average

FC—Family Council

FDA—Food and Drug Administration

FDM—Functional deployment matrix

FLC—Federal Laboratory Consortium

FMEA—Failure mode and effects analysis

FMECA—Failure mode effects criticality analysis

FRACAS—Failure reporting and corrective action systems

FTA—Fault tree analysis

FUNDIBEQ—The Ibero-American Foundation for Quality Management

GATT—General Agreement on Tariffs and Trade

GDP—Good distribution practice

GDP—Gross domestic product

GEM—Global excellence model

GHG—Greenhouse gas

GIDEP—Government-Industry Data Exchange Program

GMO—Genetically modified organism

GMP—Good manufacturing practice

H_a—Alternative hypothesis

HACCP—Hazard analysis and critical control points

H_o—Null hypothesis

HR—Human resources

IAQ—International Academy for Quality

IAQG—International Aerospace Quality Group

ICB—Industry classification benchmark

ICU—Intensive care unit

IEC—International Electrotechnical Commission

IEEE—Institute of Electrical and Electronics Engineers

IHI—Institute for Healthcare Improvement

IOD—Institute of Directors

IOM—Institute of Medicine

IPEC—International Pharmaceutical Excipients Council

IRPS—International Reliability Physics Symposium

ISIC—International Standard Industrial Classification of All Economic Activities

ISO—International Organization for Standardization

ISO/DIS—International Organization for Standardization/Draft International Standard

ISO/TS—International Organization for Standardization/Technical Specification

IT—Information technology

ITIL—Information Technology Infrastructure Library

IVR—Interactive voice response

JCAHO—Joint Commission on the Accreditation of Healthcare Organizations

JCF—Juran complexity factor

JDI—Just Do It

JIT—Just in time

JUSE—Union of Japanese Scientists and Engineers

KPA—Key process area

KPC—Key product characteristic(s)

KPI—Key performance indicator

KPIV—Key process input variable

KPOV—Key process output variable

KRI—Key result indicator

LCA—Life cycle assessment

LDMADV—Lean Design for Six Sigma (Define, Measure, Analyze, Design, Verify)

LeTCI—Levels, trends, comparisons, and integration

LSL—Lower specification limit

LSS—Lean Six Sigma

LTC—Long-term care

MANOVA, MANCOVA—Multivariate analysis of variance, multivariate analysis of covariance

MAP—Missile (Defense Agency) assurance provision

MBNQA—Malcolm Baldrige National Quality Award

MDA—Missile Defense Agency

MDT—Mean downtime

MRP—Material requirements planning

MSA—Measurement system analysis

MTBF—Mean time between failure

MTTF—Mean time to failure

MTTR—Mean time to repair

MVT—Manufacturing verification test

NACD—National Association for Corporate Directors

NACE—Statistical classification of economic activities in the European Community

NAFTA—North American Free Trade Association

NAICS—North American Industry Classification System

NASA—North American Space Administration

NATO—North Atlantic Treaty Organization

NHTSA—National Highway Traffic Safety Administration

NICE—Nonpersonal interactivity-Infrastructure availability-Controllability-Effort inevitability

NIST—National Institute of Standards and Technology

NMMC—North Mississippi Medical Center

NPI—New product introduction

NPR—NASA procedural requirements

NPV—Net present value

NQA—National quality award

NVCASE—National Voluntary Conformity Assessment System Evaluation

OA—Operational availability

OECD—Organisation for Economic Co-operation and Development

OEMs—Original equipment manufacturers

OFAT—One factor at a time

OKVED—Russian Economic Activities Classification System

OLA—Operating level agreement

ONE—Organizations of Noteworthy Excellence

OpEx—Operational excellence

OSHA—Occupational Safety and Health Administration

OSI—Owner satisfaction index

OST—On-stream time

OTT—Office of Technology Transfer

OVT—Operations verification test

P4P—Pay for performance

PC—Personal computer

PCA—Principal-component analysis

PCE—Phase containment effectiveness

P-D—Position-dimension

PDA—Personal digital assistant

PDCA—Plan, do, check, act

PDSA—Plan, do, study, act

PERT—Program evaluation and review technique

PFMEA—Process failure mode and effects analysis

PMBoK—Project management body of knowledge

PMI—Project Management Institute

POS—Point of sale

PT—Personal transporter

QA—Quality assurance

QA/RA—Quality assurance/regulatory assurance

QbD—Quality by design

QC—Quality control

QFD—Quality function deployment

QiCG—Quality in corporate governance

QIE—Quality information equipment

QIP—Quality improvement plan

QS—Quality system

QSAR—Quality System Assessment Recognition

R&D—Research and development

R&R—Repeatability and reproducibility

RADAR—Results, approach, deployment, assessment, and review

RAM—Reliability, availability, and maintainability

RCA—Root cause analysis

RCCA—Root cause corrective action

RCM—Reliability-centered maintenance

RIAC—Reliability information analysis center

RIE—Rapid improvement event

RoHS—Restriction of hazardous substances

ROI—Return on investment

RPN—Risk priority number

SCA—Special cause analysis

SCAMPI—Standard CMMI appraisal method for process improvement

SCIP—Surgical care improvement program

SDLC—Systems development life cycle

SEI—Software Engineering Institute

SERVQUAL—Service quality

SIPOC—Supplier-input-process-output-customer

SITA—Société Internationale de Telecommunications Aeronautiques

SL—Service line

SLA—Service level agreement

SME—Subject matter expert

SMED—Single-minute exchange of die

SOA—Service-oriented architecture

SOP—Standard operating procedure

SP—Strategic planning

SPC—Statistical process control

SQC—Statistical quality control

SQE—Supplier quality engineer

SQL—Simple Query Language

SRE—Society of Reliability Engineers

SST—Self-service technology

STS—Sociotechnical system

TCE—Total containment effectiveness

TCI—Test capability index

TPM—Total productive maintenance

TPS—Toyota Production System

TQC—Total quality control

TQM—Total quality management

TRIZ—Russian for "the theory of solving inventor's problems" or "the theory of inventor's problem solving"

TSR—Tele-service representative

UKSIC—United Kingdom Standard Industrial Classification of Economic Activities

UNIVAC—Universal Automatic Computer, first commercial computer

USDA—U.S. Department of Agriculture

USL—Upper specification limit

VOC—Voice of the customer

VoIP—Voice over Internet Protocol

VSM—Value stream map

WAIS—Wide-area information server

WCQ—World-class quality

WHO—World Health Organization

WWW—World Wide Web

XML—Extensible Markup Language

附录Ⅳ　术语表

验收测试（acceptance test）：一种高度结构化的测试形式，用于测试完整的、集成的系统，以评估其对指标或规格的符合性。此方法多用于复杂系统，如计算机系统等。

传感器精度（accuracy of a sensor）：传感器准确报告真实数据的程度，即传感器的估值能够在何种程度上与基于已确立的标准得到的“真实值”保持一致。

活动（activities）：过程或子过程的步骤。

管理者（administrator）：被授权建立标准并监管其执行的监管者或机构。

广告（advertising）：对产品或服务进行宣传以促进销售的过程，需要对版权进行技术和法律层面的审核；通过教育或警告信息来传播产品安全性的活动。

亲和图（affinity diagram）：一种用来将相同或类似条目簇聚在一起的图表工具。在质量改进中，通常在制作因果图前使用，也可在产品质量设计过程中用于将相似的需求与特性簇聚在一起。

年度目标（annual goals）：组织在一年（或几年）的时间内寻求实现的目标；用于指明工作努力的目标或终点。

仲裁（arbitration）：争议各方同意遵从共同认可的第三方所做出的裁决的争议调停过程。仲裁是一种解决争议的有效途径，可以避免法律诉讼所带来的高昂费用和长期拖延。

装配树（assembly tree）：将多个子过程的输出集成在一起的过程。

自治过程（autonomous process）：一组通常由一个部门或单一组织来执行的相互关联的活动。

可用性（availability）：用于设计语境下，指产品在规定的使用条件下表现出令人满意的性能的可能性。

避免过分约束（avoidance of unnecessary constraints）：不向团队提出过分的产品规格和指标要求。

建立质量目标的基准（basis for establishing quality goals）：在目标说明书

中，除项目范围之外，还必须包含项目目标。在设定质量目标的过程中，一个必须着重加以考虑的方面就是如何选择设定目标的基准。

标杆学习（benchmarking）：一个最近出现的名词，意指通过了解其他组织已经实现的目标来设定本组织自身的目标，其目的在于识别最佳的等级及其得以实现的方法。

偏倚（bias）：导致总体或样本过程出现失真的各种因素的影响或作用。

黑带（black belts）：具备开发、指导和领导跨职能改进团队能力的现场实施专家。

突破（breakthrough）：旨在形成有价值的变革以及史无前例的绩效水平的有组织的创新活动。

业务过程适应性（business process adaptability）：过程平稳地适应需求与环境的变革并保持其性能与效率的能力。

业务过程管理（business process management，BPM）：一种对改进项目所引发的变革加以支持的过程。

业务过程外包（business process outsourcing，BPO）：近年来逐渐兴起的一种将组织部分业务过程转包给第三方的实践形式。

能力成熟模型集成（capability maturity model integration）：一种过程改进方法论，使组织能够通过业务单元和项目来更好地管理其过程，并最终改进组织绩效。

碳披露计划（carbon disclosure project，CDP）：一个非营利组织，其使命在于向投资方或股东提供导致气候变暖的商业活动中的责任与风险的相关信息。

延滞分析（carryover analysis）：其典型形态是一种基于矩阵的设计评估工具，用来描述设计元素（尤其是失效倾向）与其先前版本的差异程度。

原因（cause）：经证实的引发现存缺陷的原因。通常存在多种原因，并且这些原因大多遵从帕累托原则，即少数关键的原因引发了多数的缺陷。

促变者（change agent）：负责引领实施组织变革的个体或小组；可以由组织中任何级别的任何人来承担，只要其愿意且能够承担创新或引领变革的责任。

公司负担费用（company-financed）：由公司支付的费用。在产品测试中，此术语指由工业组织向独立的测试实验室支付该实验室为其特定产品颁发标识（认证、印封、标签）所涉及的测试服务的相关费用。

比较性能（comparative performance）：最终产品在竞争中的性能表现。

竞争性分析（competitive analysis）：与竞争对手的产品逐项进行性能的对比分析。通常采用矩阵来描述各项性能与竞争对手产品的对比，尤其关注行业中的最佳水平。

概念学习（conceptual learning）：寻求对因果关系进行更深刻的理解的过程，其最终目的与结果是“知道为什么”。

财团（consortium）：一种商业组织团体，包括来自不同国家的组织成员。这种财团通常都是致力于特定项目的。

客户负担费用（consumer-financed）：由客户支付的费用。在这种情况下，测试实验室主要靠发布测试结果（通常采用月刊加年度报告的形式）来获得收入。

用户至上主义（consumerism）：对通过集体行为来帮助消费者解决其问题的运动的一种流行称谓，主张质量应超越技术规范的层面，要全方位表达公众的需求。

控制（control）：一种通用的管理过程，用以保证所有关键作业过程的持续稳定，并预防导致过程劣化的变化，以确保过程预定目标的实现。

控制图（control chart）：一种图形化的工具，用以判断过程是否处于稳定状态（通常指统计学意义上的稳定）。最流行的控制图当属休哈特统计过程控制图。

控制站（control station）：实施质量控制的区域。在组织的低层，通常是一个具体的物理空间。

相关（correlation）：统计术语，指任意两个或多个随机变量之间偏离独立性的程度。例如，对某种表征出现频次的数据与猜想原因的数据进行描点以表明其间的联系。

不良质量成本（cost of poor quality，COPQ）：随着产品、服务或过程中的缺陷的消除而消失的成本；通常用占销售额或总成本的百分比来计算。

成本（costs）：组织为满足顾客需要而花费的总费用。对于质量而言，成本通常包括设计并提供高质量产品或服务的费用以及由于不良质量而损失的成本。

委员会（council）：一种执行组织，其职责是监管、协调所有旨在实现战略计划的战略活动。它对执行战略计划并监管关键绩效指标负有责任。

关键因素（critical factors）：涉及人的生命、健康、环境或巨额费用的关键特性。

危机分析（critical analysis）：在设计过程中识别易受影响并引发风险或危机的“关键的少数”重要特征，并对其给予资源优先与特别关注的方法；通常采用矩阵来描述特征或零部件相对于用户所要求的水平的失效程度，并配以对纠正措施的详细描述。

文化需求（cultural needs）：顾客（尤其是内部顾客）需求的一部分，超越了产品或过程的一般层面上的需求，而代以保持地位、工作安全、自尊、他人的尊重、习惯模式的保持以及其他一些可以被称作文化模式的因素。文化需求一般很少被公开声明。

顾客（customer）：接受产品或服务的组织或个人。顾客既可以是内部的，也可以是外部的。

顾客流失（customer disloyalty）：顾客不再喜欢制造商的产品的一种消极状态。因发现了更好性能的产品和服务，他们对曾经忠于的产品制造商不再保持忠诚。

顾客不满意（customer dissatisfaction）：顾客在产品满足其需求方面的负面感受。

顾客忠诚（customer loyalty）：因产品或服务满足顾客需求并顺利交付而使顾客产生的一种愉悦状态。

顾客需求表（customer needs spreadsheet）：一种用来描述顾客群体与其需求之间的关系的表格工具。与广泛的顾客需求强相关的特征将被分配较高的优先级并得到更多关注。“质量屋”或“质量功能展开”（QFD）是此类表格工具的一种高级形态。

顾客反应（customer reaction）：与可得到的其他产品相比较，顾客如何评价本产品。

顾客满意（customer satisfaction）：顾客对于其需求得到满足程度的正面感受。

客户服务（customer service）：旨在提升顾客感受的一系列活动，包括：对产品使用过程的跟踪观察，以发现潜在风险或因错误的使用而导致的伤害；将信息反馈给相关方；向用户提供培训和警告等。

风俗与传统（customs or traditions）：对行为和决策加以指导和约束的文化元素。

周期时间（cycle time）：执行过程所需要的时间，特别指涉及在多个部门间流转执行多个步骤的过程。

缺陷（defect）：任何不能满足使用要求或与规格不一致的情况。

展开（deployment）：在战略规划中，将目标分解并展开至更低层次的子目标的过程。

可维护性设计（design for maintainability）：针对产品使用过程中维护的经济性与易操作性而对特定设计进行的评估。

面向制造与装配的设计（design for manufacture and assembly）：在产品设

计过程中，针对制造与装配过程中的复杂性及潜在问题进行考虑，以寻求装配操作的简化并防止误操作。

保质设计（design for quality）：一种结构化的产品（包括产品与服务）开发过程，旨在确保最终输出能够满足用户需求。

六西格玛设计（design for six sigma，DFSS）：一种同时关注设计过程与制造过程的方法论，旨在将产品制造过程的缺陷降到几近没有并做到缺陷可预知。

设计网络图（design network）：一种用来描述产品设计过程中的并行活动或串行活动的树状图表工具。通常会列出完成活动的总时间，并辅以最早开工时间及其相应的完工日期。设计网络图多用于管理复杂设计活动。

诊断（diagnosis）：研究症状、分析原因、验证猜想（假设），进而揭示原因的过程。

诊断过程（diagnostic journey）：包含从症状到推理原因，从推理原因到验证推理，从验证到明确根原因的全部过程。

文件化（documentation）：记录信息，以满足特定规范或法规的要求。例如，安全法规以及产品责任方面要求的增长已显著提升了对文件化的要求。

主因（dominance cause）：对现有缺陷负主要责任的原因。在追求性能突破时，必须首先加以消除。

空转演练（dry run）：对新过程的排演，由计划团队模拟演练真实的运作过程；产品在确保失效影响受到有效控制的工况下的试运行（也就是说，产品尚未交付给顾客）。

环保质量（ecoquality）：一种概念及相关活动，致力于促使工业界回应顾客、管理当局以及股东的要求，承担起提升产品与服务的环保性、降低碳排放等方面的职责。

员工参与度（employee engagement）：雇主所感受到的与员工的关系水平，体现为员工凭借其自主努力和持续的信念帮助组织取得成功的意愿与能力。

授权（empowerment）：提升个体或组织地位的过程，旨在帮助其做出正确选择、付诸行动并取得成效。

熵（entropy）：所有生物和组织向着其最终消亡发展的趋势。

设备与物资（equipment and supplies）：执行过程所必需的物理设备和其他耐用物品。

估算（estimation）：基于样本值估计其总体参数值的过程。

外部顾客（external customers）：公司、组织或系统以外的顾客，或与产品使用过程相关的代理商。他们从组织提供的产品中获得价值。这一名词主要是对应于内部顾客而言的，后者指组织内部的顾客。

故障（failure）：损害产品或服务满足顾客需求的能力的一切失效、缺陷与错误。

故障模式与影响分析（failure mode and effect analysis，FMEA）：风险分析的一种方法，其首先计算由特定失效发生的概率、失效的影响以及失效被提前感知并纠正的可能性三者所构造的综合影响系数，进而据此确立在故障预防性设计中各项可能发生的故障的优先级。

故障树分析（fault tree analysis）：在故障预防性设计中，跟踪追溯引发特定故障的原因的所有可能组合的一种工具。

特征（feature）：产品或服务在满足顾客需求方面所拥有的性质与特点。

财务控制（financial control）：评估实际的财务绩效并将其与目标值进行对比，进而采取行动消除差异（通常称为“会计方差”）的过程。

财务改进（financial improvement）：这一过程旨在改进财务绩效。其有多种形式，包括：成本削减项目、新装备、旨在增加销售的新产品开发、企业收购与兼并、合资等等。

财务计划（financial planning）：准备年度财务与运营预算的过程，包括：在年初定义本年要完成的事项；将事项转换为财务数据——收益、成本、利润；确定完成所有这些事项的收益。

流程图（flow diagram）：一种广泛流行的过程描述方法，使用标准符号来描述活动及其过程流向。最初起源于 20 世纪 50 年代的软件设计领域，并逐渐发展为现在被广泛应用的过程描述图。

焦点小组（focus group）：当前在顾客需求分析方面广为流行的技术，使顾客置身于由经过训练的促进者所带领的小组之中，以寻求对用户需求的理解。

术语表（glossary）：用于在各群体之间，特别是顾客与供应商之间消除名词和术语的歧义。可以看作一种基于特定使用语境的工作字典，如对于办公座椅而言，“舒适”一词究竟意味着什么。

目标声明（goal statement）：在项目管理语境中，指用来向项目团队传达项目意图与目的的一段书面文字，其中应该包含项目特定的目标。

交接（handoff）：在人员或部门之间传递物料或信息，一般特指跨部门界限的传递。

隐藏的客户（hidden customer）：因不太容易进入视野而被忽视的那些顾客。他们可能会对产品设计产生显著影响。

同质性（homogeneity）：意味着缺陷可以在整个产品单元中传播。与装配产品不同，其缺陷零件难以被取出或更换。

人力资源职能（或子职能）（human resources function（or subfunction））：在质量语境中，是指组织中的人力资源部门在卓越质量和卓越绩效培训与发展战略方面所负有的责任。

固有性能（inherent performance）：最终产品在一个或多个维度上的表现。

创新（innovation）：做事情的新方法；创造新产品或服务的增值的、根本性和革命性变革；改进过程或系统。

内部顾客（internal customer）：生产组织内部的顾客。组织中的每一个成员都扮演着三种角色：供应商、加工者和顾客。

库存（inventory）：包括原材料、在制品、成品、纸质或电子文档等。

关键控制特性（key control characteristic）：在制造或装配过程中必须严格控制使其不偏离目标值的过程参数；影响输出的输入参数。

语言（language）：语言即意味着沟通。许多国家存在多种语言和方言，这将构成沟通中的重要障碍。

精益（Lean）：一种旨在通过消除产品与过程中的浪费来降低成本、改进效率的系统优化过程，也指系统优化后所达到的状态。

线性（linearity）：在测量系统分析（MSA）语境中，指偏倚值随测量设备在运行区间范围内测量点的不同而变化的情况。

面向质量的管理（managing for quality）：一组普遍方法的集合，任何组织（包括企业、商业机构、代理商、大学、医院等）都可以通过面向质量的管理来确保其产品、服务和过程满足相关方需求，从而获得优异的结果。

政府强制认证（mandated government certification）：依照法律要求，适用政府强制认证法规的产品在向公众销售之前必须被独立机构证明其适用性。

市场本位原则（market as a basis）：在制定影响产品可销售性的质量目标的过程中，迎合或超越市场质量需求。

市场实验（market experiments）：在市场中测试、验证关于产品特征的想法，从而对新概念进行分析或评估。

市场领导力（market leadership）：被市场营销者称为“特许权”的一种最先进入市场并取得市场优势的能力。

市场研究（market research）：包含可解答如下三个基本问题的各种技术：（1）对于用户而言什么是最重要的？（2）重要性的次序如何？（3）与竞争对手相比，我们在满足用户需求方面做得如何？

市场营销（marketing）：促进销售的过程，包括：提供危险、警告、解毒剂的明示标签；合同中约定的现场培训；向分销商和经销商提供安全信息；建立安全规程的展示；安装后的测试以及用户安全培训；公布与安全有关的应知应会和禁忌列表；建立良好的顾客关系以减少抱怨与敌意等。

材料（materials）：包括有形资产、数据、事实、图表或信息等（这些连同设备和物资一起，也可以构成输入需求及相关工作）。

均值（mean）：一组数值的平均值。

平均无故障时间（mean time between failures，MTBF）：产品两次连续故障之间的平均时间。

中位数（median）：一组数值中位于中间的数值。

仲裁（mediation）：由第三方，即仲裁者帮助争议双方制定解决方案的过程。

商人（merchants）：购买商品用于转售的人，包括批发商、分销商、代理商与经纪人，以及任何处理商品的人。

方法（method）：一系列任务、活动或过程的有序安排。

使命声明（mission statement）：对组织存在的理由的简短易记的表述；对公司的业务、目标以及实现目标的手段的定义。

防错（mistake proofing）：通过设计并实施创新性的工具或方法来消除产生缺陷的误操作发生机会，进而减少缺陷。

众数（mode）：在一组数值中，出现次数最多的数值。

模块化测试（modular test）：对过程中各个分段的测试。

需求分析表（needs analysis spreadsheet）：一种工具，用来描述将主需求分解为更细化和可测量的条款的过程。

监察员（ombudsman）：一个瑞典语单词，指一种负责听取公民抱怨并保护他们免受官僚主义伤害的政府官员。

运转时间（on-stream time，OST）：过程装置的实际运转时间与可用运转时间的比值。对多数过程而言，其最佳值应处于80％～90％之间。

操作学习（operational learning）：用于验证行为—输出链的过程，其目的在于“知道怎么做”。

组织（organization）：被赋予一定职责、权限和关系的一组人员和设施。

感知需求（perceived needs）：顾客基于其直觉感知所表达的表象的、假想的、潜在而肤浅的需求，可能完全不同于供应商对产品质量构成的理解和感知。

绩效（performance）：对产品是否在主要特征方面达到了预期指标的评价，其评价指标应基于可测量的属性与优势来设定。

卓越绩效（performance excellence）：组织实施旨在改进产品与服务、过程、人员和财务绩效等质量的一系列追求卓越目标的行动后所达到的绩效状态。

性能失效（performance failure）：产品失效后的表现。

绩效管理（performance management）：一种系统化的、数据导向的员工管理策略，以心理上的正面强化作为提升绩效的主要手段。

计划—执行—研究—行动（plan—do—study—act，PDSA）循环：一种用于解决日常零星问题的快速循环改进和控制工具。

计划网络图（planning network）：一种用来管理复杂计划任务的工具。

方针（policies）：管理行动的指南，诸如质量方针、环境方针、安全方针、人力资源方针等。

潜在顾客（potential customers）：当前尚未使用本组织的产品或服务，但将来有可能成为顾客的人。

传感器精度（precision of a sensor）：对传感器在多次重复性测量中再现其量值的能力的衡量指标。

预控（pre-control）：一种统计技术，旨在探知过程状态以及可能导致缺陷的变异（而非在统计上显著的变化）。

程序（procedure）：执行一项行动或过程的特定方法。

过程（process）：将输入转换为输出的一组相互关联的资源与活动。

过程分析（process analysis）：一种过程流程图技术，能够显示每一项任务所需时间、依赖条件（诸如需访问计算机网络等），以及各项任务间“浪费”的时间。通常是以交互方式驱动与推进的，因而需要有经验的过程专家的支持。

过程解剖（process anatomy）：一种将过程绑定在一起的耦合结构，该结构能够支持产品制造或服务分发。

过程能力（process capability）：评价过程是否能稳定地满足预期目标的一种方法。

过程控制（process control）：一种连续的管理过程，通过在控制点进行测量来评估作业过程的实际绩效，将其与质量目标相比较，并针对偏差采取行动。

过程特征（process feature）：在制造产品、提供服务以及实现产品特征目标以满足顾客需求的过程中所需要涉及的全部属性与特性。

过程目标（process goal）：过程的量化目标。

加工者（processor）：组织中负责生产或执行过程的员工、部门、职能与业务单元、代理等，也可以是使用产品或输出作为生产其自己产品的输入的组织。

产品（product）：过程的结果。

产品设计（product design）：基于大量技术和专业知识的一种创造性过程。

产品设计表（product design spreadsheet）：一种用于记录、分析满足顾客需求所涉及的产品特征和目标的方法。

产品改进（product improvement）：一种提升质量竞争力的活动，旨在改进产品以提升其对顾客的吸引力并在市场销售中较现有产品更具竞争力。

产品补救（product remediation）：最终产品受到批次性质量波动影响的状态。这种状态必须得到有效管理。

生产率（productivity）：一种产出绩效指标，诸如每小时的单位产量等。

项目目标（project goals）：一个项目所特有的目标。项目目标应具有可测量性、可达性、现实性和时限性。

心理需求（psychological needs）：对于多数产品或服务而言，心理需求是指超出产品或服务的技术特征层面的顾客需求，包含心理方面的诸多本能因素。

买方（purchaser）：为自己或他人购买产品的人。

质量（quality）：一组特征满足需要的程度。

质量控制（quality control）：一组普遍应用的管理过程，致力于指导运作过程以获得持久的稳定性，预防负面变异并维持现状。质量控制需要闭环反馈。质量控制的目的在于维持或恢复过程状态，以将缺陷控制在可接受的水平并满足顾客需求。

质量功能展开（quality function deployment）：一种用于收集、整理完成作业质量计划过程所需要的信息的有效工具。

质量管理（quality management）：质量体系中所有与质量方针、质量目标、质量职责的制定及其实施有关的质量计划、质量控制、质量改进活动等均属于质量管理的范畴。

质量优势（quality superiority）：仅仅依照组织内部标准所设定的卓越质量。其必须以用户需求以及用户所追求的收益为基础。

质量体系（quality system）：与实施质量管理有关的组织架构、过程、程序和资源。

质量担保（quality warranties）：一种责任保证，可以激励制造商奉行质量优先策略，激励销售商寻求高可信度的货源。

极差（range）：一组数值中最大值和最小值之间的差。

排列（ranking）：按照发生频次对缺陷进行排序。

快速改进事项（rapid improvement events，RIEs）：由精益专家或六西格玛黑带帮助或指导精益团队开展价值流分析，并在短期内快速开发和实施解决方案的突击性活动。

表彰（recognition）：对优秀绩效进行表扬、嘉奖的一种仪式性活动，通常采取非物质奖励形式。

冗余（redundancy）：针对特定任务设置多于一个执行要素，只有当所有要素都失效后，系统才整体失效。

可靠性（reliability）：产品开始运转后在稳定工况下持续实现所设定的功能的能力。简而言之，即产品按要求工作的可能性。在精益管理的语境中，是指在承诺的日期之前，持续提供产品或服务的能力。

纠正路线（remedial journey）：从问题原因定位到对过程的矫正调整以消除问题原因；从矫正措施实施到验证措施在作业工况下的有效性；从可行的纠正措施到处理变革的阻力；从处理变革的阻力到建立新的控制以巩固成果。

纠正方案建议（remedial proposals）：有关如何从根源上消除引发顾客问题的因素的计划。

纠正（remedy）：能够消除或中和引发缺陷的因素的调整。

可重复性（repeatability）：由同一测量人员用同一测量仪器对同一工件的同一特征进行多次重复性测量所得到的量值之间的差异。

补给时间（replenishment time）：从向供应商下达订单直至货物到达并可供制造商使用所需的时间。

可再现性（reproducibility）：由不同测量人员用同一测量仪器对同一工件的同一特征进行多次重复性测量所得到的量值均值之间的差异。

投资回报（return on investment，ROI）：预期的收益与所需投资之间的比值。

收益（revenue）：总收入，无论是来源于销售收入、预算拨款、学费还是政府补贴。

评审过程（review process）：对现在已达到的水平与目标之间的差距，以及现状的测量结果与所追求的目标之间的差距的一种检查活动，有助于提升实现目标的可能性。

奖励（rewards）：薪酬、涨工资、奖金、提升等等，通常在对员工进行年度绩效考核之后兑现。过去，这种考核大多基于成本、生产率、进度等传统指标对目标实现程度进行评价，现在这种情况正在改变。

根原因分析（root cause analysis，RCA）：相对于 PDCA 循环，这是一种更为深入的分析，旨在探究引发事件的真正的根原因（有一种特殊情况，就是有些原因本身就是根原因，但其更容易被查明）。

可销售性分析（salability analysis）：一种用来描述顾客为特定产品属性愿意

承受的价格或分销成本的矩阵工具，可以用来评估究竟是哪些特征促使顾客购买产品，以及他们愿意支付的价格。

散点图（scatter diagram）：一种用来绘制一个连续变量相对于另一个变量变化的图形工具，用于判定相关性，是进行回归分析构造预测公式的前序工作。

计分卡与关键绩效指标（scorecards and key performance indicators）：贯穿全组织范围的可视化测量，用来衡量战略规划实现的程度。

选择矩阵（selection matrix）：一种用来表示将要作出的选择，并根据商定的标准进行排序的矩阵工具，用于改进和设计阶段。

自检（self-inspection）：一种将产品判定权委托给工人的模式。

测量装置（sensor）：一种特定的探测仪器或测量工具，用来识别特定现象是否出现及其强度，并将这种感觉知识转换为信息。

仿真（simulation）：一种设计与分析技术，在直接的实验难以实现时，通过操作和观察模拟真实世界过程的数学或物理模型来获得实验的结果。

六西格玛（Six Sigma）：一种致力于从根本上改进顾客体验、降低制造成本并培育领先者的质量过程。

六西格玛DMAIC（Six Sigma DMAIC）：对过程进行定义（define）、测量（measure）、分析（analyze）、改进（improve）和控制（control），以使长期缺陷率降至百万分之三点四的六西格玛目标。

偶发峰值（sporadic spike）：由一个或多个非预期因素导致废品损失出现计划之外的瞬时激增。

稳定性（stability）：在测量系统分析语境中，指在一段时期内测量系统由同一测量主体测量某一特征的过程中得到的量值的总方差。

标准差（standard deviation）：方差的平方根。

绩效标准（standard of performance）：已确立的明确的目标，所有工作都以其为目的展开。

统计推断（statistical inference）：通过采样并运用统计方法，对总体特征进行估计的过程。在质量领域，这些估计值和统计结论被用来指导从业人员做出下一步应该如何采取实际行动（或终止行动）来改进过程的决定。

统计质量控制（statistical quality control）：包括采样和控制图等在内的一系列基于统计的方法，经常被用来防止过程偏差。

法令（statute）：用来定义法规的目的以及需要加以规范约束的事项的授权法案，其任务是建立“游戏规则”并设立专门机构来进行管理。

指导组（steering team）：也称作质量理事会或质量委员会。该团队在指导和协调组织的各项质量管理活动方面扮演中心角色。

战略部署过程（strategic deployment process）：执行战略的程序，其任务是将顾客关注的焦点与组织的愿景、使命、价值观、方针、战略、长期目标、短期目标和项目结合起来。

战略规划（strategic planning）：定义长期经营目标并规划其实现途径的系统方法。

战略（strategy）：一种已明确定义的计划、想法或行动步骤，关注组织如何赶上或超越竞争对手。

数据分层（stratification）：将数据归入不同类别，通常在识别引发缺陷的原因的质量诊断中应用。

子过程（subprocesses）：在程序设计或执行过程中，将大过程分解所得到的小过程单元。

供应商（supplier）：向顾客提供产品的个人或组织。

支持过程（support processes）：诸如行政支持、打印服务外包、复印服务、临时救援等过程。

调查（survey）：在获得用户对有关满意度或需求的预设问题答案的过程中采用的一种被动技术。

猜忌（suspicions）：由久远战争、宗教信仰的差异、种族差异等带来的之前固有的敌意。

症状（symptom）：缺陷或错误的外在表征。一种缺陷可能存在多种症状。

技术本位论（technology as a basis）：基于技术建立质量目标的传统策略，在很多组织中都得到应用。

技术转让（technology transfer）：专门技能或诀窍（诸如方法或发明）的转让。可以有多种途径，诸如国际化的专业机构及其办事处、会议、互访、培训课程和研讨会、大学的技术转让办公室等。

推测或假设（theory or hypothesis）：在质量语境中，指未经证实的引发缺陷或症状的判断。通常，针对缺陷经常会提出多个推测。

全面生产维护（total productive maintenance，TPM）：一种设备维护策略，主张由设备操作者依照持续的原则执行大多数日常例行维护。TPM 力图识别并消除所有损失的根源，并追求零损失。

培训（training）：传授执行过程所必需的技能和知识。

运输（transport）：在场所之间或周围移动人员或货物。

树状图（tree diagram）：采用类似树枝的形式来描述需要并行完成的事件的

各种工具都可以被称为树状图。它不如设计网络图精细，但却有助于从全局着眼来理解活动。

理解鸿沟（understanding gap）：对顾客需求理解的缺失。

计量单位（unit of measurement）：被定义用来量化描述质量特征的数量单位，如提供服务的小时数、电量的千瓦数或药物的浓度等。

高层领导（upper managers）：企业的最高层次的领导者。对于公司而言，高层领导包括董事长（首席执行官）以及副董事长；对于自治部门而言，高层领导包括总经理及其直接下属经理。

用户友好性需求（“user-friendly” needs）：当该需求得到满足时，非专业人员也能够充满自信地使用技术性较强的复杂产品或服务。

价值分析（value analysis）：计算为特定产品特征所需付出的增量成本以及为满足特定顾客需求所需的成本，进而将其与备选设计的成本相比较。

方差（variance）：各个数据与平均数之差的平方的平均数。

愿景（声明）（vision（statement））：组织或企业所渴望达到的未来状态，应定义顾客、员工、股东或社会公众期望从组织所获得的收益。

市场的声音（voice of market）：产品的当前、未来或目标客户，以及产品能够获得的市场空间。

（段桂江　译）

译后记

约瑟夫·M·朱兰（Joesph M. Juran，1904—2008）博士是举世公认的现代质量管理的领军人物。他出生于罗马尼亚，1912 年随家庭移民美国，1917 年加入美国国籍，曾获工程学和法学学位。在其职业生涯中，他做过工程师、企业主管、政府官员、大学教授、劳工调解人、公司董事、管理顾问等。朱兰提出了质量即“适用性”的概念，强调了顾客导向的重要性。朱兰理论体系中的主要概念还包括质量螺旋、质量管理三部曲、关键的少数原理等。如同质量管理领域中的另一位大师戴明博士一样，朱兰在日本经济复兴和质量革命中的贡献也受到了高度的评价。1979 年，朱兰创办了朱兰研究院，主要从事质量管理的培训、咨询和出版活动。20 世纪 90 年代后，朱兰仍然担任研究院的名誉主席和董事会成员，以 90 多岁的高龄继续从事讲演和咨询活动。

本手册堪称质量管理领域中研究和实践的集大成之作，自从 1951 年第一版出版以来，已经被译成许多国家的文字。前四版的书名为《质量控制手册》，1999 年出版的第五版和 2010 年的第六版更名为《朱兰质量手册》（*Juran's Quality Handbook*）。第六版手册收录了自第五版以来的质量管理方法的演变，如六西格玛和精益。由于这本手册所具有的全面性、实用性和权威性，再加上朱兰本人在质量管理领域中的大师级地位，在半个多世纪中，这本手册一直是质量管理领域最具有影响力的出版物之一，被人们称誉为“质量管理领域中的圣经”。

这样一本既具有理论意义又极具实践价值的经典之作在我国出版，相信必将对我国的质量管理研究和实践产生积极的作用。本书的译者均为国内各大院校以及相关科研机构的中青年骨干。第一部分（第 1～10 章）由焦叔斌翻译，第二部分（第 11～19 章）由段桂江、岳盼想主译，第三部分（第 20～25 章）由苏强主译，第四部分（第 26～31 章）由杨坤主译。姜琳对书稿的翻译、整理和校对做了大量工作。此外，王晓生、杨跃进和刘建勇对本手册的部分章节进行了校对，南萍、王卫卫、徐立镇、张海永等参与了资料的整理。谬误不当之处敬请读者批评指正。（e-mail：jianglin@caq.org.cn）

经典阅读

管理的 12 个问题（第 2 版）

焦叔斌　著

ISBN：978-7-300-18349-7　出版时间：2013.12　定价：37 元

计划、组织、领导、控制具体化为 12 个问题：（1）我是谁？——使命定位；（2）我要到哪里去？——愿景和目标；（3）我们的处事原则是什么？——核心价值观；（4）我如何到那里去？——战略管理；（5）我当如何工作？——职位设计；（6）我们当如何工作？——结构与过程；（7）我当如何领导人们？——领导力；（8）我如何让人们都知道要到哪里去？——沟通；（9）我如何让人们全力以赴？——激励；（10）我们应当测量什么？——制定控制标准；（11）如何测量？——测量方法；（12）造成偏差的原因是什么？——根原因分析。

企业生命周期

伊查克·爱迪思　著

ISBN：978-7-300-24515-7　出版时间：2017.10　定价：68 元

爱迪思博士以系统的方法巧妙地把一个企业的发展比作一个像人和生物那样的生命体，把企业生命周期分为十个阶段，生动准确地描述了每个阶段的特征，并提出相应的对策，揭示企业发展的基本规律，以做到让企业长久地保持活力。大多数 CEO 可以从书中看到他们自己、他们的公司是如何被生动刻画和描述的。对这一切进行深入研究会让你避免很多类似的失误。

赫茨伯格的双因素理论（修订版）

弗雷德里克·赫茨伯格　著

ISBN：978-7-300-22885-3　出版时间：2016.06　定价：39 元

赫茨伯格因为提出了著名的“双因素理论”而在管理学界拥有极高的声望。本书阐释了作者是如何基于实际调查取样得出保健因素和激励因素对员工工作态度的不同影响的。从方法论上说，作者取样、观察、分析和报告的方法，值得学习效仿。从对企业界的价值上说，“保健因素”和“激励因素”的区分，为企业对员工进行有效激励，从而提高工作效率和工作满意度，提供了实际的价值。

创业简史：塑造世界的开拓者

乔·卡伦　著

ISBN：978-7-300-24943-8　出版时间：2017.10　定价：59 元

殖民扩张、工业革命、信息革命、太空探索，从两河流域的商业文明，到古罗马、唐宋中国的繁华，再到近代英国工业革命和美国这片充满机会的创业沃土，书中生动描述了每个时期创业活动的特征以及代表了创业精神的典范人物的故事。

Joseph M. Juran, Joseph A. De Feo
Juran's Quality Handbook: The Complete Guide to Performance Excellence, 6th edition
0-07-162973-4

北京市版权局著作权合同登记号：01-2012-0615

图书在版编目（CIP）数据

朱兰质量手册：通向卓越绩效的全面指南：第6版/（美）朱兰，（美）德费欧主编；卓越国际质量科学研究院等译．—北京：中国人民大学出版社，2013.12

（卓越质量译丛）

ISBN 978-7-300-18284-1

Ⅰ．①朱…　Ⅱ．①朱…　②德…　③卓…　Ⅲ．①质量管理-手册　Ⅳ．①F273.2-62

中国版本图书馆CIP数据核字（2013）第307599号

卓越质量译丛

朱兰质量手册——通向卓越绩效的全面指南（第六版）

约瑟夫·M·朱兰
约瑟夫·A·德费欧　主编

中国质量协会　卓越国际质量科学研究院　主持翻译

焦叔斌　苏　强　杨　坤　段桂江　姜　琳　岳盼想　等　译

Zhulan Zhiliang Shouce

出版发行	中国人民大学出版社		
社　　址	北京中关村大街31号	**邮政编码**	100080
电　　话	010－62511242（总编室）		010－62511770（质管部）
	010－82501766（邮购部）		010－62514148（门市部）
	010－62515195（发行公司）		010－62515275（盗版举报）
网　　址	http://www.crup.com.cn		
	http://www.ttrnet.com(人大教研网)		
经　　销	新华书店		
印　　刷	涿州市星河印刷有限公司		
规　　格	165 mm×245 mm　16开本	**版　　次**	2014年2月第1版
印　　张	72.75　插页2	**印　　次**	2020年10月第7次印刷
字　　数	1 289 000	**定　　价**	280.00元
